Günter Bentele · Hans-Bernd Brosius
Otfried Jarren (Hrsg.)

Öffentliche Kommunikation

Studienbücher zur Kommunikations- und Medienwissenschaft

Herausgegeben von Günter Bentele, Hans-Bernd Brosius, Otfried Jarren

Herausgeber und Verlag streben mit der Reihe „Studienbücher zur Kommunikations- und Medienwissenschaft" an, das Fachgebiet Kommunikationswissenschaft als Ganzes wie die relevanten Teil- und Forschungsgebiete darzustellen. Die vielfältigen Forschungsergebnisse der noch jungen Disziplin Kommunikationswissenschaft werden systematisch präsentiert, in Lehrbüchern von kompetenten Autorinnen und Autoren vorgestellt sowie kritisch reflektiert. Das vorhandene Basiswissen der Disziplin soll damit einer größeren fachinteressierten Öffentlichkeit zugänglich gemacht werden.

Herausgeber und Verlag wollen mit der Reihe dreierlei erreichen:

- Zum ersten soll zur weiteren Entwicklung, Etablierung und Profilierung des Faches Kommunikationswissenschaft beigetragen werden. Kommunikationswissenschaft wird als sozialwissenschaftliche Disziplin verstanden, die sich – mit interdisziplinären Bezügen – vor allem mit Phänomenen der öffentlichen Kommunkation in der Gesellschaft befasst.
- Zum zweiten soll den Studierenden und allen am Fach Interessierten ein solider, zuverlässiger, kompakter und aktueller Überblick über die Teilgebiete des Faches geboten werden. Dies beinhaltet die Darstellung der zentralen Theorien, Ansätze, Methoden sowie der Kernbefunde aus der Forschung. Die Bände konzentrieren sich also auf das notwendige Kernwissen. Die Studienbücher sollen sowohl dem studienbegleitenden Lernen an Universitäten, Fachhochschulen und einschlägigen Akademien wie auch dem Selbststudium dienlich sein. Auf die didaktische Aufbereitung des Stoffes wird deshalb großer Wert gelegt.
- Zum dritten soll die Reihe zur nötigen Fachverständigung und zur Kanonisierung des Wissens innerhalb der Disziplin einen Beitrag leisten. Die vergleichsweise junge Disziplin Kommunikationswissenschaft soll mit der Reihe ein Forum zur innerfachlichen Debatte erhalten. Entsprechend offen für Themen und Autorinnen bzw. Autoren ist die Reihe konzipiert. Die Herausgeber erhoffen sich davon einen nachhaltigen Einfluss sowohl auf die Entwicklung der Kommunikationswissenschaft im deutschen Sprachraum als auch einen Beitrag zur Außendarstellung des Faches im deutschen Sprachraum.

Die Reihe „Studienbücher zur Kommunikationswissenschaft" wird ergänzt um ein „Handbuch der Öffentlichen Kommunikation" sowie ein „Lexikon der Kommunikationswissenschaft", das von den gleichen Herausgebern betreut wird. Das Handbuch bietet einen kompakten, systematischen Überblick über das Fach, die Fachgeschichte, Theorien und Ansätze sowie über die kommunikationswissenschaftlichen Teildisziplinen und deren wesentliche Erkenntnisse. Das Lexikon der Kommunikationswissenschaft ist als Nachschlagewerk für das gesamte Lehr- und Forschungsgebiet der Kommunikationswissenschaft konzipiert.

Günter Bentele · Hans-Bernd Brosius
Otfried Jarren (Hrsg.)

Öffentliche Kommunikation

Handbuch Kommunikations- und Medienwissenschaft

Westdeutscher Verlag

Bibliografische Information Der Deutschen Bibliothek
Die Deutsche Bibliothek verzeichnet diese Publikation in der Deutschen Nationalbibliografie; detaillierte bibliografische Daten sind im Internet über <http://dnb.ddb.de> abrufbar.

1. Auflage März 2003

Lektorat: Barbara Emig-Roller

Der Westdeutsche Verlag ist ein Unternehmen der Fachverlagsgruppe BertelsmannSpringer.
www.westdeutscher-verlag.de

Umschlaggestaltung: Horst Dieter Bürkle, Darmstadt
Umschlagbild: Nina Faber de.sign, Wiesbaden
Redaktion: Dr. Joachim Pöhls, Hofgeismar
Satz: Ute Opitz-Karig, Leipzig
Druck und buchbinderische Verarbeitung: Wilhelm & Adam, Heusenstamm
Gedruckt auf säurefreiem und chlorfrei gebleichtem Papier
Printed in Germany

ISBN 3-531-13532-5

Inhalt

Vorwort

Wie jedes Projekt dieser Art hat auch dieses Handbuch eine längere Vorgeschichte: Vor bereits gut fünf Jahren sprachen die drei Herausgeber des Öfteren über die Notwendigkeit, den Forschungsgegenstand „Öffentliche Kommunikation“ in der allgemeinen (sozial-)wissenschaftlichen Debatte stärker zu konturieren. Gleichzeitig begann die Deutsche Gesellschaft für Publizistik- und Kommunikationswissenschaft (DGPuK) in dieser Phase eine Diskussion über ihr fachliches Selbstverständnis, die mittlerweile in einer Broschüre „Die Mediengesellschaft und ihre Wissenschaft“ dokumentiert ist. Der Bedarf an Selbstverständigung war und ist groß, auch weil das Fach in den letzten Jahrzehnten allein im deutschsprachigen Raum erheblich gewachsen ist. Wachstum hat positive wie negative Folgen, führt auf alle Fälle zur Notwendigkeit, die Debatte über den Kern und die Peripherie, über „musts“ und „nice to have“, zu führen. An dieser Debatte haben sich die Herausgeber in unterschiedlichen Rollen, aber mit Interesse und Engagement beteiligt. Mit dem vorliegenden Handbuch soll der bislang zwischen den drei Herausgebern und zahlreichen Fachkolleginnen und Fachkollegen geführte Austausch dokumentiert und weitergeführt werden. Das nun, nach gut zwei Jahren Diskussions-, Schreib-, Überarbeitungs- und Redaktionszeit, vorliegende „Handbuch der Öffentlichen Kommunikation“ stellt insofern eine Zwischenbilanz der Debatte dar. Kerngebiete des Faches, wesentliche Theorien, Ansätze und Befunde, werden zusammenfassend und systematisch präsentiert.

Der zentrale Begriff „Öffentliche Kommunikation“ bezeichnet dabei in diesem Kontext Kommunikationsprozesse und -strukturen, die öffentlich stattfinden und häufig – aber nicht zwingend – durch Massenmedien vermittelt sind. Die bewusste Wahl dieses Begriffs signalisiert dabei nicht nur, dass zu den Gegenständen des Fachs beispielsweise auch Kommunikationsprozesse gehören, die mit dem Begriff „Massenkommunikation“ nicht mehr einzufangen sind, so z.B. viele Bereiche interner und externer Kommunikation von Unternehmen und anderen Organisationen. Der Begriff soll vor allem ausdrücken, dass es wirklich *Kommunikationsprozesse* sind, die im Kern unseres Faches stehen, und nicht die Beschaffenheit von Medien. Medien – verstanden in ihrer materiellen Dimension (Luft, Licht, etc.), verstanden als semiotisches (Sprache, Schrift, Bild) und technisches Phänomen (Kamera, Fernsehgerät, Handy), vor allem aber unter organisatorischer Perspektive (die Zeitung X, das Fernsehen, das Internet) innerhalb von Gesellschaften betrachtet – sind maßgeblicher Teil und Akteur öffentlicher Kommunikationsprozesse und -strukturen. Das Fach ist aber nicht auf die Betrachtung von Medien allein fokussier- oder gar reduzierbar.

Die Kommunikations- und Medienwissenschaft ist, auch bei den Einführungswerken, eine „späte“ Disziplin. Seit vielen Jahren liegen für Nachbardisziplinen wie Soziologie und Politikwissenschaft diverse Hand- und Lehrbücher, Einführungsreihen und eine größere Zahl von Lexika vor. Unterschiedliche Herausgeber- und Autorenteams in diesen Fächern versuchen, ihre jeweilige Sicht des Faches zu vermitteln, also konkurrierende Erklärungs- und Deutungsangebote zu bieten. Die

Kommunikations- und Medienwissenschaft hat noch keine vergleichbare Vielfalt entwickelt, ihr mangelt es noch an einer hinreichenden Diskurs- und Streitkultur. Die Herausgeber waren daher – dies war ein *erstes Ziel* des vorliegenden Bandes – bestrebt, nicht allein ihr eigenes Bild vom Fach durchzusetzen, sondern *unterschiedliche Sichtweisen* und Interessen zu ermöglichen. Das allerdings erfolgt auf Basis eines spezifischen Verständnisses dessen, was unserer Auffassung nach öffentliche Kommunikation ausmacht und wozu vorrangig gelehrt und geforscht werden sollte. Das Bekenntnis zur sozialwissenschaftlichen Tradition des Faches, in einem breiten und historisch fundierten Verständnis, wird hier dokumentiert. Der *sozialwissenschaftliche Kern* des Faches ist die Grundlage für den nun stärker sichtbar werdenden Erfolg – in Forschung, Lehre wie in Anwendung, Entwicklung und Beratung. Diesen Kern zu profilieren, zu pflegen und weiter zu entwickeln ist ein *zweites Anliegen* des Handbuchs. Dabei versteht sich von selbst, dass Autorinnen und Autoren auch aus anderen Disziplinen, die sich mit Facetten der öffentlichen Kommunikation befassen, an dieser Debatte Anteil haben sollen und müssen.

Das „Handbuch der Öffentlichen Kommunikation" soll *drittens* einen Beitrag leisten, die *Lehrbuchkultur* in unserem Fach nachhaltig zu verbessern. Zwar wurden gerade in den letzten Jahren vermehrt Bücher vorgelegt, die in das Fach einführen, doch mangelt es aus unserer Sicht immer noch an Publikationen für Lehrende und Studierende gleichermaßen, die das gesamte Gebiet umfassen und systematisch sowie reflexiv angelegt sind. Zweifellos finden sich in vielen Einführungspublikationen Kapitel oder Abhandlungen zur Fachgeschichte, über die Teilgebiete oder zu zentralen Theorien und Methoden, doch ist zumeist eine Fokussierung bezogen auf das jeweilige Vermittlungsziel auszumachen.

Mit dem Handbuch wird *viertens* eine allgemeine *Orientierung* angestrebt, d.h. es wird über das Fach selbst, seine Teilgebiete, seine Theorien, seine Methoden und wesentliche Kernergebnisse informiert und reflektiert. Das kommunikations- und medienwissenschaftliche Wissen ist aber zu umfangreich, um das in hinreichender Breite wie Tiefe in einem einzigen Handbuch zu leisten. Deshalb haben sich Herausgeber und Verlag von Beginn an für ein umfassenderes Publikationskonzept entschieden: Ergänzend zum „Handbuch der Öffentlichen Kommunikation", das – wie unten erläutert – auf einer Prozess- und einer Fachlogik aufbaut, erscheint das „Lexikon der Kommunikationswissenschaft", das schwerpunktmäßig gegenstandsbezogene Stichworte enthält. Während das Handbuch einen kompakten systematischen Überblick über das Fach bietet und zur Reflexion einlädt, ist das Lexikon als Nachschlagewerk für das gesamte Lehr- und Forschungsgebiet der Kommunikations- und Medienwissenschaft konzipiert. Es wird ca. 870 Stichwortbeiträge enthalten und in systematischer Form wesentliche Forschungserkenntnisse präsentieren. Die Beiträge in Lexikon und Handbuch nehmen dabei Bezug aufeinander. Ergänzt werden Handbuch und Lexikon durch die von den Herausgebern betreute Reihe „Studienbücher zur Kommunikationswissenschaft". Mit den Studienbüchern soll ein Beitrag zur stärkeren Systematisierung und Standardisierung des Wissens in der noch jungen Disziplin Kommunikations- und Medienwissenschaft, und zwar bezogen auf die unterschiedlichen Teildisziplinen, geleistet werden. Von der Vernetzung der genannten Publikationsformen erhoffen sich die Herausgeber einen nachhaltigen Einfluss sowohl auf die Entwicklung der Kommunikations- und Medienwissenschaft als auch einen Beitrag zur Außendarstellung des Faches im deutschen Sprachraum.

Das vorliegende „Handbuch der Öffentlichen Kommunikation“ ist wie folgt aufgebaut: Im ersten Teil werden die zentralen *Forschungsfelder* des Prozesses öffentlicher Kommunikation behandelt, also institutionelle Rahmenbedingungen, Kommunikatorforschung (Journalistik und Public Relations), Forschung zu Medieninhalten, Nutzungs- und Wirkungsforschung. Die hierbei benutzte *Prozesslogik* basiert auf der allgemeinen Struktur des (öffentlichen) Kommunikationsprozesses, wie sie international gebräuchlich ist.

Der zweite Teil behandelt kommunikationswissenschaftliche *Teildisziplinen* und der dritte Teil *Forschungsgebiete und Forschungsgegenstände*, die in der Kommunikations- und Medienwissenschaft heute wichtig sind. Diese beiden Teile beruhen auf einer *Fachsystematik*, mit der sich heute – empirisch gesehen – Forschung und Lehre darstellen. Die Teildisziplinen Kommunikations- und Mediengeschichte, Kommunikations-, Medien- und Öffentlichkeitstheorien, Kommunikationspolitik, Methoden der Kommunikationsforschung und Medienstrukturen sind dabei eher klassisch zu nennende Lehr- und Forschungsbereiche, die sich historisch herausgebildet haben und heute in vielen Instituten und Studiengängen durch Professuren abgedeckt werden. Bei den Teildisziplinen Medienpsychologie, Medienpädagogik, Medienökonomie, Medienrecht und Medieninformatik zeigen sich gemeinsame Interessen mit den entsprechenden anderen Fächern; die transdisziplinäre Ausrichtung des Faches wird hier besonders deutlich. Diese Teildisziplinen sind durch Professuren, Fachgruppen innerhalb der DGPuK, sogar eigene wissenschaftliche Gesellschaften oder Zeitschriften vergleichsweise weit institutionalisiert.

Bei den kommunikations- und medienwissenschaftlichen Forschungsgebieten und Gegenständen handelt es sich um noch nicht so stark institutionalisierte Gebiete, als dass man ohne weiteres von Teildisziplinen sprechen könnte: politische Kommunikation, Online-Kommunikation, Medienmanagement und Gender-Studies. Vertreter einer eher philologisch oder geisteswissenschaftlich orientierten Medienwissenschaft und kulturwissenschaftlich ausgerichtete Autoren benutzen u.a. den Begriff der *Medienkultur*, um medial vermittelte Produktions- und Rezeptionsprozesse, vor allem aber Medieninhalte im Kontext kultureller Muster zu beschreiben und zu analysieren. Dem angelsächsischen „Cultural Studies Approach“ entsprechen hierzulande kulturorientierte Medienanalysen mit ethnografischem oder semiotischem Charakter. Grundsätzlich sind in dieser Richtung auch Überlegungen zu finden, Medien und Medienentwicklung in einer anthropologischen Dimension zu interpretieren. Auch hier sind trans- und interdisziplinäre Anschlussmöglichkeiten gegeben.

Zweifellos sind weitere Beiträge im Rahmen eines Handbuches denkbar, so z.B. zu Forschungsgebieten wie Unterhaltungskommunikation oder zur Entwicklung des Faches. Über eine größere Zahl an Beiträgen wurde wiederholt und anhaltend diskutiert, und nicht immer waren sich Autoren und Herausgeber einig über die Gewichtung oder die Zuordnung eines Beitrages. Gleichwohl blieb es das Ziel, die jeweiligen Forschungsgebiete systematisch und zusammenhängend darzustellen und insoweit das vorliegende Werk als Ausgangspunkt für die Fortsetzung des begonnenen fachinternen Diskurses zu nutzen. Die ergänzte, bearbeitete und erweiterte Neuauflage ist also Programmatik. Das vorliegende Buch soll allen Fachkolleginnen und Fachkollegen die Teilhabe an der Diskussion ermöglichen, und so fordern wir auch dazu auf, das Gespräch mit uns zu suchen.

Ein solches Handbuch-Projekt kann nur dann erfolgreich sein, wenn eine Reihe unterschiedlicher Akteure mit- und zusammenspielen: Neben den Herausgebern vor allem die Autoren, der Redakteur und der Verlag. Wir danken den Autorinnen und Autoren – vielfach hervorragende Spezialisten in ihrem Gebiet – für ihre Mitwirkung, für ihre Bereitschaft zur Bearbeitung der Artikel, und denjenigen, die sich an die ersten Zeitvorgaben gehalten haben, für ihre Geduld. Ein besonderer Dank geht an Dr. Joachim Pöhls, der nicht nur umsichtig und kompetent redigierte sowie technische Arbeiten koordinierte, sondern auch inhaltliche Betreuungs- und Konzeptaufgaben übernahm und damit einen wesentlichen Anteil am Gelingen des Bandes hat. Dem Verlag – hier insbesondere Frau Emig-Roller – sei für ein immer zuverlässiges und kooperatives Agieren gedankt.

Wir laden Leserinnen und Leser – dies ist eine Wiederholung und kein leeres Wort – zur Kritik und zu Reaktionen ein; die Herausgeber wissen selbst sehr gut, dass es nicht nur manche Lücke zu füllen gibt, sondern dass nichts so gut ist, als dass es nicht noch verbessert werden kann.

Günter Bentele, Hans-Bernd Brosius, Otfried Jarren
Leipzig, München, Zürich im Oktober 2002

E-Mail-Anschriften:
bentele@rz.uni-leipzig.de
brosius@ifkw.uni-muenchen.de
jarren@ipmz.unizh.ch

Teil 1

Forschungsfelder des Prozesses öffentlicher Kommunikation (Prozesssystematik)

Institutionelle Rahmenbedingungen und Organisationen der öffentlichen Kommunikation

Otfried Jarren

Medienforschung als Organisations- und Strukturanalyse

Medien als Organisationen fristen als theoretischer und empirischer Forschungsgegenstand innerhalb der Publizistik- und Kommunikationswissenschaft nach wie vor ein Schattendasein. Dabei haben renommierte Sozialwissenschaftler wie Paul F. Lazarsfeld und Robert K. Merton bereits in einem frühen Aufsatz drei relevante Fragestellungen für die Medienforschung benannt:

- die Wirkung der Existenz von Massenmedien
- die Wirkung einer bestimmten Eigentums- und Organisationsform der Massenmedien
- die Wirkung der von den Medien verbreiteten Inhalte (vgl. Lazarsfeld/Merton 1957).

Während die dritte Wirkungsfragestellung intensiv innerhalb der Publizistik- und Kommunikationswissenschaft bearbeitet wurde und wird (vgl. den Beitrag Brosius in diesem Band), gilt dies weniger für die beiden ersten Aspekte. Wirkungen allein aufgrund der Existenz von bestimmten Medien (beispielsweise des Internets) anzunehmen, ist zwar plausibel, doch lassen sich mögliche Effekte allein aufgrund der Existenz spezifischer Medien oder ihrer organisatorischen Verfasstheit nur schwer empirisch erfassen. Stark vernachlässigt hat die Disziplin die Organisationen und damit die Analyse der Meso-Ebene der Gesellschaft (Medienorganisation, -strukturen).[1] So konnte Theis 1993 einem Aufsatz den Titel geben „Organisationen – eine vernachlässigte Größe in der Kommunikationswissenschaft" (vgl. auch Theis-Berglmair 1999). Und das, obwohl Medien als Organisationen Struktur, Inhalt und Prozess der öffentlichen Kommunikation weitgehend bestimmen („Mediengesellschaft").

Konkrete Medienleistungen, bestimmte Programmqualitäten sind von der Medieninstitutionalisierung (Systemebene), von der rechtlichen Verfasstheit der Medien (privates Unternehmen oder öffentlich-rechtliche Anstalt), der ökonomischen Ausrichtung von Medienunternehmen, und von redaktionellen Organisationsformen sowie den damit verbundenen publizistischen Entscheidungsprogrammen abhängig (vgl. Theis 1993). Die Handlungsbedingungen der Kommunikatoren (Journalisten) sind von redaktionellen Strukturen, diese von den durch die Unternehmung zugewiesenen Ressourcen und Aufträgen abhängig. Handeln, Organisation und Struktur können in einem systematischen Zusammenhang gesehen und entsprechend auch empirisch betrachtet werden: Durch Handlungen von Individuen entstehen soziale Formen wie Organisationen und aus ihnen bilden sich Strukturen. Vorhandene

---

1 Mit „Medienorganisationen" werden hier alle Organisationen, die am Prozess der öffentlichen Kommunikation beteiligt sind, bezeichnet. Auch PR-Stabsstelle oder -Abteilungen wirken partiell auf den Prozess der öffentlichen Kommunikation ein. Vgl. dazu den Beitrag von Bentele in diesem Band.

Strukturen wirken auf die weitere Organisationsbildung und -entwicklung und diese wiederum auf die gesellschaftlichen Handlungsmöglichkeiten von Einzelnen wie auch von kollektiven Akteuren zurück. Strukturen können als das (intendierte wie nicht intendierte) Ergebnis von individuellen und kollektiven Handlungen begriffen werden. Strukturen sind also vorgegeben und bewirkt: Sie begrenzen und ermöglichen zugleich menschliches Handeln (vgl. Giddens 1984).

1 Medienorganisation – eine vergessene Kategorie in der Publizistik- und Kommunikationswissenschaft

Die moderne Welt ist von Organisationen, Strukturen und komplexen Systemen geprägt. Aber Organisations- und Strukturfragen finden im Alltag wie in der Wissenschaftspraxis der Publizistik- und Kommunikationswissenschaft nur partiell Aufmerksamkeit. Was die Medien anbetrifft ist dies für das Alltagsleben erklärlich, wenn auch nicht verständlich: Die Rezipienten stören sich an bestimmten Medieninhalten und fallweise protestieren sie gar öffentlich gegen Sex oder Gewalt im Programm oder gegen einen bestimmten Sender. Dass aber Rezipienten für bestimmte Organisationsformen, Medienstrukturen oder gegen Fusionen argumentieren, das gibt es selten. Qualitätsdefizite im Rundfunk, die oftmals beklagten Sex- und Gewaltsendungen, sind aber keine Zufälle, sie sind nicht allein auf individuelle Fehlleistungen einzelner Kommunikatoren, sondern zumeist auf das Vorhandensein spezifischer Organisationen und der in ihnen vorherrschenden dominanten Handlungsformen zurückzuführen: Ist ein Sender auf hohe Publikumsquoten zum Erlangen von Werbung angewiesen, weil er sich ausschließlich daraus finanziert, so muss ein „attraktives" Programm erstellt werden. Entsprechend ist der Sender organisiert und wird in ihm gehandelt. Andere Regeln gelten grundsätzlich für den gebührenfinanzierten öffentlichen Rundfunk, der nicht Aufmerksamkeit und Quoten um jeden Preis erzielen muss und der zudem einer gesellschaftlichen Kontrolle unterworfen ist (vgl. auch den Beitrag Beck in diesem Band). Bestimmte Programmleistungen und -qualitäten können also typisierend auf bestimmte Medienstrukturen, damit verbundene dominante ökonomische Regeln zurückgeführt und von bestimmten Organisationstypen erwartet werden (vgl. McQuail ^{3}1994; Meier/Jarren 2001). Diese Typisierung ermöglicht einen Rahmen für die in jedem Einzelfall notwendige empirische Analyse (vgl. den Beitrag Bonfadelli in diesem Band).

Die Organisationsdimension wird in der Forschung vielfach nicht hinreichend berücksichtigt, weil in Teilen der Publizistik- und Kommunikationswissenschaft eine stark individualistische Denkweise und stark sozial-psychologisch geprägte Forschungstradition vorherrscht. Dies hat mit der Geschichte des Faches und den dominanten Paradigmen zu tun, in denen es vor allem um Mediennutzungs- und -wirkungsfragen, und damit um Einzelne und allenfalls Gruppen (und somit um die Mikro-, und nicht die Meso-Ebene), geht. Die industrielle Produktionsweise im Medienbereich ist zwar erkannt, aber es wurde weder theoretisch noch begrifflich die Konsequenz daraus gezogen. Organisationsfragen werden eher vereinzelt, so in der Journalismus- (vgl. Rühl 1969, 1989; Hienzsch 1990; Weischenberg 1992; Altmeppen 1999), der Medienunternehmens- (vgl. für die Presseunternehmen bspw. Neverla/Walch 1993 und für den Rundfunk: Dygutsch-Lorenz 1971) und seit kurzem in der PR-Forschung (vgl. Röttger 1999), behandelt. Zwar wird in vielen einführenden

Darstellungen von Medienorganisation oder sogar -system gesprochen, doch blieben die damit bezeichneten Gegenstände eigentümlich blass. Das, obwohl bereits das Feldschema von Gerhard Maletzke das Medium als Organisation, gleichsam aber nur als einen den Kommunikationsprozess beeinflussenden Faktor, vorsieht. Letztlich ist auch dieses Modell der Paar- oder Individualkommunikation nachempfunden. Ein Blick in die vorliegenden Lexika bestätigt diesen Eindruck bis in die heutige Zeit, denn Stichworte wie Organisation oder Struktur finden wir kaum.

Ebenso wie Organisation ist der Begriff Medium zwar vielfach im Gebrauch, aber unklar definiert. Es muss deshalb von einer Art Sammelbegriff gesprochen werden. Die begriffliche Unschärfe zeigt sich besonders deutlich, wenn von „Neuen Medien" gesprochen wird, vor allem, wenn damit lediglich neue technische Vertriebswege gemeint sind (vgl. Meier/Bonfadelli 1987). Vielfach steht, wenn von Medien gesprochen wird, die Materialität oder Technizität im Mittelpunkt, weniger die spezifischen sozialen Eigenschaften von Medien wie bspw. die Schrift. Vor allem aber wird der Zusammenhang zwischen technischen Aspekten und sozialen Organisationsweisen nicht hinreichend erfasst: Medien werden aber erst durch ihre soziale Form, durch ihre organisatorische Verfasstheit und die daraus resultierenden Bedingungen (Arbeitsmöglichkeiten für Kommunikatoren; inhaltliche Angebotsformen etc.), zu einem relevanten Gegenstand der Medienforschung.

2 Medien als Organisationen: Verständnis und Definitionen

2.1 Medien

Medien können nicht nur als technische Mittel oder Mittler verstanden werden. Der Medienbegriff ist also nicht zu trennen von technischen u n d sozialen Bedingungen und somit von der Organisationsform, denn sie bestimmen die soziale Kommunikationspraxis. Vor allem Saxer (1999) hat auf die Doppelnatur von Medien hingewiesen und dabei zwischen dem kommunikationstechnischen (beim Buch bspw.: Materialität, Druck, Schrift, Schreib- und Lesefähigkeit) und dem sozialen Potenzial von Medien (beim Buch bspw.: Autoren, -organisationen, Verlage, Lesezirkel) unterschieden. Nach Saxer sind die Kommunikationstechniken selbst eher als aussagenneutral anzusehen. Erst durch ihre Institutionalisierung, also durch die gewählte Organisationsform und die damit verbundenen rechtlichen, ökonomischen und kulturellen Regeln, erhalten Medien ihre soziale Bedeutung.

Saxer definiert: „Medien sind komplexe institutionalisierte Systeme um organisierte Kommunikationskanäle von spezifischem Leistungsvermögen" (Saxer 1999: 6) und er unterscheidet

- Medien als Kommunikationskanäle (Transportsysteme für bestimmte Zeichensysteme)
- Medien als (komplexe) Organisationen (arbeitsteilig organisierte Produktions- und Distributionsstätten)
- Medien als Institutionen (Normen- und Regelsystem zur Stabilisierung moderner Gesellschaften.

Hier interessieren die Medien als komplexe soziale Organisationen, die wesentlich Struktur, Inhalt und Prozess der öffentlichen Kommunikation prägen: Wie sind sie verfasst, welche Leistung erbringen unterschiedliche Organisationsformen, was sind die Gründe für Leistungsunterschiede? Diese Fragen können innerhalb eines Mediensystems synchron oder diachron analysiert werden, aber auch durch einen Vergleich von Mediensystemen bearbeitet werden (vgl. bspw. Gellner 1990).

2.2 Organisationen, Strukturen und soziale Systeme: Theoretische Aspekte

Die moderne Gesellschaft ist von Organisationen geprägt. Organisationen sind ein Ergebnis des gesellschaftlichen Differenzierungsprozesses. Alle Individuen sind zeitlebens in unterschiedliche Organisationen eingebunden (Kindergarten – Schule – Betrieb – Verein – Altenclub u.a.m.). Organisationen dienen dazu, Berechenbarkeit, Planbarkeit und Zuverlässigkeit bezogen auf unterschiedliche soziale Rollen und Handlungen zu ermöglichen. Organisationen haben somit eine Individuen wie Gruppen entlastende Funktion: Bestimmte soziale Aufgaben werden an sie delegiert. Andererseits setzen Organisationen Grenzen, schränken also durch Angebotsformen und Regeln Handlungsmöglichkeiten ein. Organisationen treten Individuen somit als weitgehend verselbstständigte Sozialsysteme (mit Mitgliedschafts-, Erwartungs- oder Entscheidungsregeln) gegenüber. Die spezifischen Logiken und Gesetzmäßigkeiten von Organisationen können zwar prinzipiell durch die Handlungen Einzelner oder von Gruppen geändert werden, das ist aber eher Ausnahme und nicht die Regel. Organisationen können dann als soziale Systeme aufgefasst werden, wenn sich dauerhafte Rollen- und Interaktionsstrukturen in ihnen ausprägen und sie über einen bestimmten Grad an Eigenkomplexität verfügen. Von Organisationsautonomie spricht man, wenn Organisationen relativ unabhängig von Einflüssen aus unterschiedlichen Umwelten bspw. bei der Zielfindung oder Personalauswahl entscheiden können.

Organisationen sind also relativ stabile soziale Gebilde, die für bestimmte Zwecke und auf relative Dauer etabliert werden. In ihnen wird zielgerichtet und in der Regel arbeitsteilig gehandelt. Der Organisationsbegriff wird dabei mehrdeutig benutzt:

- Organisation als Tätigkeit (Organisieren)
- Organisation als Merkmal/Eigenschaft sozialer Gebilde (Organisiertheit)
- Organisation als Resultat des Organisierens und damit als soziale Gebilde (Organisat).

Organisation als soziale Gebilde oder Systeme, die sich beschreiben lassen und für die bestimmte Regeln auszumachen sind, sind beim Blick auf die Analyse von Medien relevant (vgl. Kieser/Kubicek 1992). In der Organisationssoziologie werden Organisationsmodelle entwickelt und Typen von Organisationen aufgrund empirischer Analyse gebildet (vgl. Türk 1989). Organisationen werden dann als plan- und veränderbare soziale Einheit begriffen. Diese organisationssoziologische Herangehensweise unterscheidet sich von systemtheoretischen Definitionen, die Organisationen abstrakter definieren und von Organisationen als Entscheidungen sprechen (vgl. Marcinkowski 1993: 98ff.; vgl. Luhmann 2000). Da aber Organisationen mehr als Entscheidungssysteme sind, da in ihnen nämlich in vielfacher Weise gehandelt wird, reicht diese Definition nicht aus, weil damit Entwicklung und Wandel von Organisationen und ihr „Innenleben" nicht hinreichend empirisch erfasst werden können.

Organisationen haben folgende Merkmale:

- Sie sind bewusst, planvoll und dauerhaft an der Erreichung bestimmter Ziele ausgerichtet.

- Sie besitzen eine geschaffene und anerkannte Ordnung und Struktur (Festlegung von Leitungs- und Anordnungsbefugnissen mit Kommunikations- und Entscheidungswegen).
- Die Aktivitäten und die verfügbaren Ressourcen werden so koordiniert, dass die Erreichung des Ziels auf Dauer gewährleistet werden kann.

Organisationen bestehen aus Personen oder Gruppen, die arbeitsteilig – also in einer gegebenen Struktur – und zielgerichtet miteinander interagieren, um bewusst bestimmte Ziele zu erreichen. Organisationen sind auf eine gewisse Dauer angelegt, und in ihnen wird strategisch gehandelt. Dazu müssen Organisationen sich eine gewisse innere Stabilität (durch Regeln, Strukturbildung, Hierarchien) verleihen, doch bleiben sie offen für Beziehungen mit ihren Umwelten. Geschlossenheit, als Voraussetzung für eine Handlungsfähigkeit, und Offenheit, als Voraussetzung zur Wahrnehmung von Umwelteinflüssen, kennzeichnet daher Organisationen, die sich dynamisch weiterentwickeln (vgl. zur Organisationsforschung zusammenfassend Ortmann 1997).

Organisationen werden also geschaffen, verändert, und sie weisen gewisse Formen von Hierarchien mit horizontalen wie vertikalen Aufgaben- und Kompetenzverteilungen auf. Sie geben sich eine formale Struktur, weil sich die Handlungen der Organisationsangehörigen auf den Zweck der Organisationsziele ausrichten sollen (vgl. Hahne 1998). Der Grad an formellen Regelungen ist desto ausgeprägter, je zweckgerichteter, größer und damit arbeitsteiliger eine Organisation ist.

Organisationen mit ähnlichen Aufgaben, so im Bereich der Medien, können insgesamt als spezifischer Organisationskomplex beschrieben werden, weil für alle Organisationen ähnliche Bedingungen und Regeln gelten. Vielfach wird, um den Zusammenhang unterschiedlicher Organisationen in einem Sektor deutlich zu machen, von einer Branche (Medienwirtschaft) gesprochen (vgl. Kübler 1994: 107f.). Sozialwissenschaftlich angemessener ist hingegen die Bezeichnung derartiger Organisationskomplexe (a) als Struktur oder (b und c) als soziale Systeme.

a) In der handlungstheoretischen Perspektive bestehen Strukturen aus Elementen (Organisationen) und deren Interaktionsbeziehungen. Strukturen sind die Gesamtheit der relativ dauerhaften Grundlagen und Wirkungszusammenhänge sozialer Gebilde (wie Gruppen und Organisationen) und ihre sozialen Beziehungen in einem bestimmten Bereich. Sie ermöglichen und begrenzen individuelles als auch organisationales Handeln. Strukturen sind also institutionelle, mehr oder minder dauerhafte Gegebenheiten, mit denen sozial Handelnde konfrontiert sind, in denen sie sich bewegen und die sie verstehen müssen, wenn sie etwas verändern wollen. Strukturen sind nicht Zwang, weil Strukturen nicht extern vom Handelnden existieren, wohl aber setzen sie Grenzen. Strukturen können deshalb als constraints (d.h. als ein die Handlungsmöglichkeiten begrenzender Rahmen) begriffen werden. In der Strukturanalyse wird nicht nur nach dem Vorhandensein von Elementen gefragt, sondern es interessiert auch die Anordnung und die Beziehung dieser Elemente (bspw. die unterschiedlichen Beziehungen zwischen Organisationen der Werbewirtschaft und dem öffentlichen oder dem privaten Rundfunk) zueinander. Durch die Analyse wird die jeweils vorherrschende Ordnung sichtbar. Durch den Vergleich zu verschiedenen Zeitpunkten oder zwischen verschiedenen Ländern können Unterschiede in den Strukturen erkannt werden.

b) Aus der Sicht der Systemtheorie können alle mit Kommunikationsaufgaben befassten Organisationen als spezialisierte soziale Einheiten zu einem (Teil-)Systemtypus zusammenfasst werden. Dauerhafte Beziehungen zwischen sozialen Einheiten führen zur Herausbildung eines sozialen Systems, in dem bestimmte Rollen-, Interaktions- und Kommunikationsstrukturen auszumachen sind. Bei (Teil-)Systemen handelt sich dabei zumeist um Organisationskomplexe in einem Sektor, die zur Lösung spezieller Aufgaben untereinander in einer Beziehung stehen. In ihnen wird arbeitsteilig, spezialisiert und bezogen aufeinander an der Lösung gesellschaftlicher Probleme gewirkt. Innerhalb der Organisationskomplexe, aus denen (Teil-)Systeme hervorgehen oder die als vernetzte Strukturen mit systemischem Charakter begriffen werden können, gelten spezifische Formen der Problemlösung, Fachsprachen, Codes u.a.m. Teilsysteme, Ergebnis funktionaler Differenzierung und Spezialisierung, setzen einzelnen Organisationen gleichsam den (Handlungs-, Entscheidungs- oder Kommunikations-)Rahmen. Von (Teil-)Systemen zu sprechen setzt allerdings klare Definitionen hinsichtlich der dazugehörigen Elemente, ihrer Merkmale und Eigenschaften voraus. Darüber wird innerhalb der unterschiedlichen systemtheoretischen Ansätze debattiert (vgl. bspw. Görke/Kohring 1996).

c) Unter sozialen Systemen kann man aber auch, unter Rückgriff auf Giddens (1984), raum-zeitlich verfestigte Interaktionsmuster (also Organisationen und Strukturen), verstehen. Diese sind einer empirischen Analyse zugänglich. Soziale Systeme sind – nach Giddens – durch spezifische Strukturmomente und Integrationsmuster kennzeichenbar. Sie sind – und hier liegt der entscheidende Unterschied zu systemtheoretischen Denkmodellen – nicht als abgeschlossene Gebilde zu verstehen, sondern es wird von fließenden Grenzen zwischen Organisationen und Systemen ausgegangen. Der Grad an Systemhaftigkeit ist variabel, und so können auch Netzwerke zu sozialen Systemen gezählt werden (vgl. Giddens 1984: 204ff.). Giddens' Idee, Organisation als „reflexive Strukturation" zu begreifen, ist insbesondere für die Analyse von Medienorganisationen relevant, weil diese bislang systemtheoretisch noch nicht überzeugend als autonomes Sozialsystem gefasst werden konnten. Zudem bietet insbesondere die Systemtheorie Luhmanns kein Denkwerkzeug und kein methodisches Instrumentarium für empirische Analysen.

3 Medienorganisationen und Medienstrukturen als Forschungsgegenstand der Publizistik- und Kommunikationswissenschaft

3.1 Organisationskonzept und Stand der Forschung: Typen von Medienorganisationen

Medienorganisationen lassen sich also als „organisierte soziale Handlungssysteme" (Siegert 1993: 13) auffassen, in denen sinnhaft und strategisch agiert wird und die veränderlich sind und insoweit auch verändert werden. Medienorganisationen sind wiederum als Elemente der Medienstruktur aufzufassen. Medienleistungen sind somit nicht allein das Ergebnis von Handlungen innerhalb eines oder zwischen Medienunternehmen, sondern sie sind auch abhängig von den im Medienbereich agierenden Verbänden, gesellschaftlichen wie staatlichen Akteuren. Letztere machen durch rechtliche Entscheidungen, durch Gesetze oder Rundfunklizenzen, Vorgaben für Unternehmen. Verbände und gesellschaftliche Akteure fordern von Unternehmen bestimmte Programmleistungen wie auch -qualitäten und sie nehmen damit – alle zusammen – in vielfältiger Weise auf Medienunternehmen Einfluss. Auf die einzelne Medienorganisation wirken also viele Umweltbedingungen ein. Ein Teil dieser Anforderungen werden in der Organisation antizipiert, so durch die Bildung von entsprechenden Schnittstellen zur Umwelt: Mittels Stabsstellen werden medienrechtliche, -politische oder ökonomische Entwicklungen beobachtet und für Organisationsentscheidungen ausgewertet (Wissensmanagement). Je nach Zielsetzung einer Organisation kommt es zur Ausbildung unterschiedlicher Abteilungen oder Stabsstellen.

Für die Analyse im Medienbereich ist eine Unterscheidung zwischen drei unterschiedlichen Formen von Organisationstypen relevant, und zwar

a) Betriebe bzw. Unternehmen
b) Verbände und gesellschaftliche Akteure und
c) staatliche Akteure.

(a) Betriebe bzw. Unternehmen dienen wirtschaftlichen Zwecken, und sie geben sich zur Erreichung dieser Ziele eine entsprechende Organisation. Medien sind zumeist als Betriebe organisiert. Zweck eines Medienbetriebs ist die kostengünstige Her-, Bereitstellung und Distribution von Informations- und Kommunikationsangeboten oder die Erbringung von dazu notwendigen Dienstleistungen. Der Mediensektor setzt sich aus verschiedenen Teilbereichen (bspw. Verlags-, Rundfunk-, Werbewirtschaft oder Filmproduktion u.v.a.m.) mit zahlreichen Unternehmen zusammen. Innerhalb dieser Teilbereiche finden wir wiederum eine Vielzahl unterschiedlicher, spezialisierter Organisationen.

(b) Verbände sowie gesellschaftliche Einrichtungen fassen wir als Akteure auf. Diese Organisationen verfügen zumeist über einen Akteursstatus, weil in ihnen strategisch, koordiniert und bezogen auf bestimmte Ziele agiert wird. So versuchen gesellschaftliche Organisationen, wie Verbraucherverbände oder Kirchen, bestimmte inhaltliche (normative) Ziele gegenüber Medienorganisationen durchzusetzen, während Verbände auch ökonomische Interessen verfolgen. Die Akteure lassen sich anhand ihrer Ziele unterscheiden: (ba) Parteien, Kirchen oder weltanschauliche Gruppen wirken auf die Medien eher indirekt ein, so durch Tätigkeiten in Aufsichtsgremien beim öffentlichen Rundfunk oder durch die Bildung von oder die Beteiligung an medienpolitischen Foren. Sie verfolgen gegenüber den Medien zumeist normative Interessen und streben durch ihre Aktivitäten eine gute Medienpräsenz oder -resonanz an. Sie agieren aber eher indirekt, weil sie die Unabhängigkeit der Medien normativ zu beachten haben. (bb) Zu den auf die Medien stärker direkt einwirkenden Akteuren sind Organisationen zu zählen, die bestimmte Teilbereiche (bspw. Verband der Filmproduzenten) repräsentieren oder Interessen bestimmter Gruppen (bspw. Journalisten) organisieren, um diese Ziele direkt innerhalb des Medienbereichs selbst oder gegenüber der den Medienbereich regulierenden Politik durchzusetzen. Es existieren zahlreiche Verbände (bspw. Mediengewerkschaften, Verlegerorganisationen, Verbände privater Rundfunkunternehmen oder der Werbewirtschaft), die durch ihre Handlungen auf einzelne Entscheidungsprozesse, Medienunternehmen und die Medienstruktur insgesamt Einfluss nehmen (vgl. auch den Beitrag von Siegert in diesem Band).

(c) Als staatliche Akteure werden hier vor allem hoheitlich agierende Organisationen wie Regierungen, Parlamente, Wettbewerbsbehörden, internationale Einrichtungen (bspw. Bundesrat, EU-Kommission) oder Regulierungsbehörden (Landesmedienanstalten) bezeichnet, die durch rechtliche Entscheide (Gesetze, Lizenzen) oder wirtschaftliche Maßnahmen (Subventionen, Zölle, Programmquoten etc.) auf die Medienorganisationen einwirken und deren Handlungsmöglichkeiten beeinflussen.

Von besonderem Gewicht sind in der Bundesrepublik Deutschland rechtliche Akteure, so vor allem das Bundesverfassungsgericht („Rundfunkurteile") (vgl. die Beiträge von Vowe sowie von Schulz/Jürgens in diesem Band).

Die genannten Akteure wirken gleichsam von außen auf die Medien ein: Sie wirken an der Formulierung der Medienordnungspolitik mit, ermöglichen die Etablierung einer bestimmten Medienstruktur (Beispiel: „duale Rundfunkordnung"; vgl. Theis 1992) und etablieren mittels Aushandlungsprozessen und Rechtsentscheiden bestimmte Medienorganisationen (Beispiel: private vs. öffentlich-rechtliche Rundfunkveranstalter). Sie wirken aber nicht nur von außen, sondern sind zum Teil auch innerhalb der von ihnen geschaffenen Medienorganisationen präsent (Beispiel: Parteien- oder Staatsvertreter in den Rundfunk- und Verwaltungsräten öffentlich-rechtlicher Anstalten).

3.2 Medienstrukturen als Forschungsgegenstand

Aus Medienunternehmen, Verbänden und spezifischen gesellschaftlichen wie politischen Akteuren setzt sich zusammen, was wir als die Medienstruktur bezeichnen können. Am Beispiel der bundesdeutschen Medienstruktur hat Theis-Berglmair (1994: 39) zum einen die Elemente (Akteure) und zum anderen die Beziehungen (Interaktionen) zwischen diesen aufgezeigt und damit die Struktur benannt. Anhand grafischer Darstellungen können Veränderungen im Zeitablauf, so durch das Hinzutreten von neuen Akteuren oder in der Interaktionsintensität, festgestellt werden. Theis-Berglmair konnte bspw. die Entwicklung von einer rein öffentlich-rechtlich geprägten hin zu einer dualen Rundfunkstruktur so dokumentieren und den Wandel sichtbar werden lassen (vgl. dazu auch die Hinweise in den Beiträgen von Siegert sowie von Vowe in diesem Band).

Medienstrukturen werden in den publizistik- und kommunikationswissenschaftlichen Teildisziplinen Mediengeschichte und -ökonomie, Medienpolitik und -recht betrachtet. Medienrechtliche Entscheidungen sind deshalb relevant, weil damit Leitvorstellungen für Medienordnungen (duale Rundfunkordnung) sowie Organisationsregeln definiert werden. In historischer und ökonomischer Analyse wird versucht, unterschiedliche Medienleistungen auf organisationale Bedingungen, die auf rechtlichen Entscheiden basieren, zurückzuführen. Die „Problemaufteilung in einzelne Teildisziplinen" (Haas 1987: 1) bei der Organisations- und Strukturanalyse wirft aber, weil es keinen eigentlichen disziplinären Ort für die Behandlung dieser Fragen gibt, Probleme auf. In vielen Darstellungen finden wir eine Befassung mit Medienorganisationen vorrangig unter normativen Aspekten. „Die politologische Analyse der Kommunikationswirklichkeit kann das Kommunikations- und Medienrecht ('Legalverfassung') sowie den Massenkommunikations- und Medienzugang (Teil der 'Realverfassung') nicht losgelöst von den Medienorganisationsformen sehen, unter die auch die wirtschaftlichen und technischen Zwänge der Massenkommunikationsmittel fallen. […] Die Analyse der Organisationsstrukturen zielt darauf ab, das Massenkommunikationswesen eines politischen Systems exakt zu beschreiben und bestehende, die politische Öffentlichkeit mitbeeinflussende und mitbestimmende (Macht-)Faktoren transparent zu machen" (Pürer ^{4}1990: 65). In dieser Perspektive stellen Organisationen keine Eigengebilde dar, sondern sie sind lediglich das Ergebnis politischer und rechtlicher Entscheidungen und Bedingungen. Zugleich werden Ökonomie und Politik als äußerer Zwang angesehen, obwohl sie Bestandteil der Ordnung, der Struktur und auch jeder Organisation selbst sind. Der Eigensinn und die Eigenlogik jeder Organisation, sei sie nun politisch oder marktlich begründet, fehlt in dieser Sichtweise. Der normativ geprägte Blick auf Medienorganisationen ist auf historische Faktoren zurückzuführen, vor allem was den Rundfunk angeht, für den lange Zeit staatliche Vorgaben galten.

Unterschiedliche Herrschaftsformen führen zu unterschiedlichen Ordnungen für Organisation und Arbeitsweise von Medien (vgl. Kepplinger 1982: 12f.). Diese Sichtweise ist vor allem für komparative Studien, den internationalen Vergleich von Rundfunkorganisationen oder Medienstrukturen, relevant. Für die Betrachtung nationaler Medienstrukturen reicht dieser Blick nicht aus, weil die Medien zu sehr im Kontext des politischen Systems betrachtet, marktrelevante Faktoren aber vernachlässigt werden. Vor allem bleiben damit die Organisationen mit ihren spezifischen Merkmalen und ihrem unterschiedlichen publizistischen Leistungspotenzial außerhalb des Sichtfeldes. Statt von Normen oder Idealvorstellungen auszugehen, sind konkrete Organisationen, deren interne Struktur sowie die Ergebnisse des Organisationshandelns zu betrachten.

4 Die Organisation von Medienunternehmen und Redaktionen – Ausgewählte Befunde

Im Wirtschaftssystem finden wir Organisationenformen vor, die darauf angelegt sind, dauerhaft und effizient ökonomische Ziele zu erreichen. Die ökonomische Ziel- und Zweckorientierung steht im Mittelpunkt von Medienunternehmen, und die Ziele sollen durch bestimmte Aufgaben-, Ressourcen- und Verantwortungszuweisungen erreicht werden. In der Regel erfolgt dies auf Basis einer formalen Organisation und der Bildung hierarchischer Strukturen. Unterschieden werden kann im Medienbereich im Wesentlichen zwischen einerseits Linienorganisation und andererseits funktionaler Organisation (vgl. Schaubild 1):

Schaubild 1
Organisationsformen

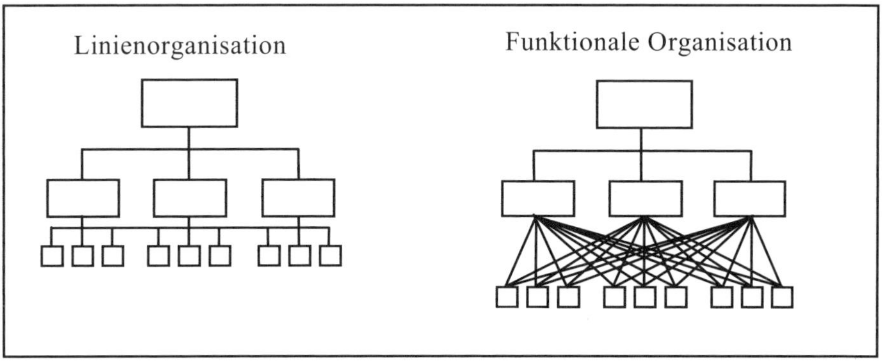

Nach Röttger (1999: 167)

In der Linienorganisation, bspw. üblich bei einer Tageszeitungsredaktion, hat jede Stelle oder jedes Ressort einen direkten Vorgesetzten. Die Ressortleiter haben die Chefredaktion als vorgesetzte Stelle, die Ressortleiter stehen ihrerseits den Ressorts und damit den ihnen zugewiesenen Journalisten als Vorgesetzte vor. In größeren Einheiten können Planungs- und Koordinationsaufgaben an Inhaber von Stabsfunktionen (Chef vom Dienst; Textchef; Planungsredakteur) gegeben werden. In der funktionalen Organisation hingegen finden wir das Prinzip der Mehrfachunterstellung, verbunden mit einer fachlichen Spezialisierung einzelner Stellen. Diese Form finden wir bspw. bei Fachzeitschriften, wo verantwortliche Ressortleiter auf unterschiedliche Fachkompetenzen zurückgreifen müssen (vgl. zu Organisation bei Zeitungsredaktionen Moss 1998).

Organisationsformen können unter höchst unterschiedlichen Fragestellungen empirisch analysiert werden, so indem Strukturen innerhalb einer Organisation betrachtet oder Organisationen miteinander verglichen werden um Ist- und Soll-Zustand empirisch zu erfassen. Bei der Organisationsanalyse finden betriebswirtschaftliche Analysetechniken als auch Methoden der empirischen Sozialforschung Anwendung. Da Organisationen nicht zuletzt durch bestimmte Informations- und Kommunikationsprozesse bestimmt sind, entsteht – zumal bei virtuellen Organisationen oder beim Einsatz von Informationsnetzen – ein neues Forschungsfeld für die empirisch arbeitende Kommunikationswissenschaft (vgl. bspw. Höflich 1995). Fragestellungen innerhalb der allgemeinen Organisationsanalyse mit Blick auf Medienorganisationen sind:

- Werden bestimmte Ziele durch die gewählte Organisation effektiv und effizient erreicht?
- Stimmen formale und informale Strukturen überein?
- Ergeben sich aufgrund der gefundenen Organisationsform Vor- oder Nachteile bezogen auf bestimmte Ziele (wie Fähigkeit zur Produktinnovation, thematische Offenheit, journalistische Unabhängigkeit von Redakteuren, Zufriedenheit der Redaktionsmitglieder u.v.a.m.)?

Durch Organisations- und Produktvergleich (bspw. Benchmarking) kann festgestellt werden, ob eine bestimmte redaktionelle Organisation zu einem bestimmten Output führt.

4.1 Beispiel: Innere Organisation von Rundfunkunternehmen

Für Rundfunkorganisationen gelten spezifische Ziele, die sich aus normativen Vorgaben (Gesetz, Lizenz), der dominanten Finanzierungsform (Werbe- vs. Gebührenfinanzierung), der jeweiligen Marktposition (bspw. Monopol- oder Wettbewerbsposition) und aus den selbst gesetzten Unternehmenszielen ergeben. Zu den Zwecken und Zielen von Rundfunkunternehmen können – wir nehmen dazu eine idealtypische Unterscheidung vor – gehören:

- Eigenständige Erstellung oder Zusammenstellung eines Programms?
- Ausrichtung des Programms auf eine allgemeine Öffentlichkeit oder auf eine spezielle Zielgruppe?
- Finanzierung des Programms durch Gebühren oder nur durch Werbung? u.a.m.

Die unterschiedliche publizistische Ausrichtung von Rundfunkunternehmen, hier haben wir zwischen öffentlich-rechtlichen und privat-kommerziellen unterschieden, führt zum Aufbau unterschiedlicher Organisationseinheiten. Dieser Unterschied lässt sich formal an den unterschiedlichen Organigrammen der beiden Organisationstypen ablesen (vgl. Pantenburg 1996: 131, 188). Organisationsformen des Rundfunks sind aufgrund ihrer großen Bedeutung für die Programmleistung Ansatzpunkte für die rundfunkrechtliche Regulierung wie auch für Qualitätssicherungsansätze (vgl. zur Regulierung bspw. Fix 1988 und Kops 1996; vgl. zur Qualitätssicherung bspw. Wyss 2000).

4.2 Beispiel: Redaktionelle Organisation bei Medienunternehmen und publizistische Leistung

Rühl hat Redaktionen als umweltoffene Systeme begriffen, die zumeist Ressorts ausprägen. Ressorts können nach räumlichen (Lokales etc.) oder sachlichen Kriterien (Politik, Wirtschaft etc.) gebildet werden und ermöglichen den Journalisten das Erbringen spezifischer Leistungen aufgrund entsprechender journalistischer Entscheidungsprogramme (vgl. Rühl 1969). Ressorts bei Medienunternehmen können als journalistische Organisationen und damit als Systeme organisierten Handelns aufgefasst werden. Die Entscheidung zur Ausbildung bestimmter redaktioneller Strukturen ist zum einen vom Unternehmen und seinen ökonomischen Zielen und zum anderen von der Redaktion und ihren publizistischen Zielen abhängig. Durch derartige Strukturentscheidungen wird das gesamte redaktionelle Organisations- wie das journalistische Entscheidungsprogramm beeinflusst. Jarren und Donges (1996) konnten am Beispiel von Radiosendern zeigen, dass das Vorhandensein oder Nicht-Vorhandensein von bestimmten redaktionellen Strukturen in quantitativer wie qualitativer Hinsicht für die Programmleistung der Sender relevant ist. Im Falle der Ausbildung einer als traditionell bezeichneten Redaktionsstruktur war die Bearbeitung von bestimmten Bereichen erkennbar, und sie erfolgte mithilfe eines spezialisierten, fachlich qualifizierten journalistischen Personals.

Schaubild 2
Traditionelle redaktionelle Strukturierung

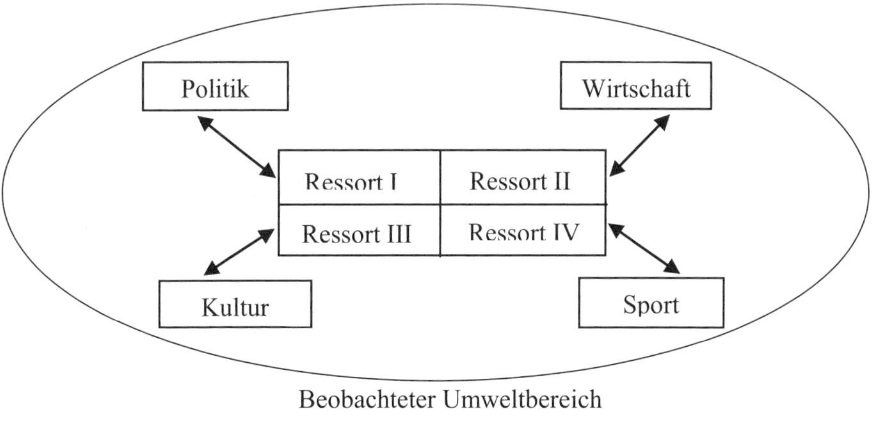

Jarren/Donges (1996: 183)

Schaubild 3
Redaktionelle Strukturen nach neuem Organisationstyp

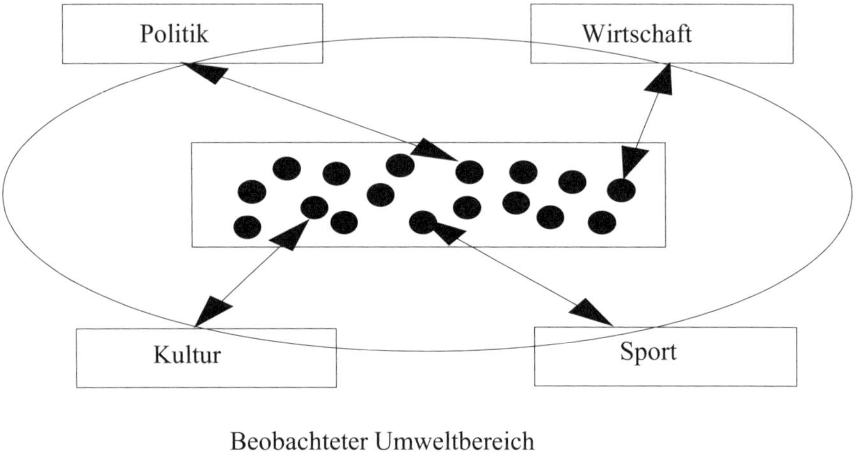

Jarren/Donges (1996: 184)

Im Fall von gering entwickelten Redaktionsstrukturen, wie sie bei privat-kommerziellen Radiounternehmen vorgefunden wurden, findet sich eine systematische Bearbeitung hingegen nicht. Dort existiert bspw. keine auf ein Feld wie Politik spezialisierte Redaktion (Ressort Politik), und es gibt keine fachlich einschlägig tätigen Journalisten und folglich kein auf Dauer gestelltes und spezialisiertes Entscheidungsprogramm (vgl. auch Altmeppen 1999: 43ff.).

Redaktionelle Strukturen, journalistische Rollen und der Aufbau journalistischer (Fach-)Kompetenz wirken zusammen und erst auf dieser Basis ist eine spezielle Programmleistung möglich. Empirische Folgestudien, so über redaktionelle Organisation, journalistisches Handeln und Qualifikation, haben diesen Befund bestätigt. So sprechen Altmeppen, Donges und Engels (1999) im Zusammenhang mit dem Journalismus beim privaten Rundfunk von einem Transformationsprozess im Journalismus generell, auch weil sich in diesem Teilsystem des Rundfunks nur noch geringe formale Organisationsstrukturen ausmachen lassen. „In keinem Sender gibt es eine klassische Ressortgliederung, die redaktionelle Struktur ist permanenten Änderungen unterworfen […] die tagesaktuelle Arbeit [wird] in hohem Maße durch informelle, situativ geprägte Organisation gestaltet" (Altmeppen/Donges/Engels 1999: 262). Derartig strukturierte Organisationen sind nur zu bestimmten publizistischen Leistungen fähig. Die ökonomische Logik innerhalb dieses Mediensektors wirkt also auf die Ausbildung konkreter Organisationsstrukturen ein und die Organisationsweise prägt das journalistische Selbstverständnis wie auch das Handeln – und die vorfindliche ökonomische Logik wirkt sich auf das inhaltliche Angebot der Medien aus.

5 Organisations- und Strukturanalyse in der Publizistik- und Kommunikationswissenschaft: Anwendungsfelder und zukünftige Aufgaben

Die Analyse von konkreten Organisationsformen im Medienbereich ist in mehrfacher Hinsicht von Relevanz:

- Organisationsoptimierung: Effizienz und Effektivität

Durch die Analyse von Organisationsformen und bestimmten Organisationsweisen kann geklärt werden, ob diese bezogen auf die Erreichung bspw. von Programmzielen angemessen bzw. optimal sind (vgl. bspw. Meckel 1999).

- Medien- und Qualitätsmanagement: Zielerreichung

Das Management von Medienbetrieben und -redaktionen basiert auf bestimmten, zum Teil wählbaren, Organisationseinheiten oder Entscheidungsprogrammen. Die Überprüfung von redaktionellen Abläufen bezogen auf das Ziel, die publizistische Qualität zu kontrollieren oder zu verbessern, setzt organisatorische Maßnahmen – wie Konferenzsystem, Berichtswesen – voraus (vgl. bspw. Wyss 2000).

- Regulierung: Staatliche Regulierung und Selbstregulierung

Die für den Rundfunkbereich verbindliche staatliche Regulierung setzt in der Regel an Organisationen an: Von ihnen wird ein bestimmtes Programm oder die Vermeidung bestimmter, als schädlich angesehener Programminhalte erwartet. Jugendschutzbeauftragte sind ein Beispiel dafür, wie durch organisatorische Vorschriften Regulierungsziele durchgesetzt werden können. Aber auch Selbstregulierung setzt auf organisatorische Maßnahmen: Eine Redaktion oder ein Medienbetrieb muss durch die Bestellung von Beauftragten (bspw. zur Kontrolle von Programmen auf bestimmte Inhalte), die Schaffung von Stabsstellen oder durch die Einrichtung von Beiräten dazu beitragen, dass die von der Leitung vorgegebenen Ziele eingehalten werden. Presseräte oder Programmbeiräte, zum Teil extern von Unternehmen angesiedelt, ermöglichen den Unternehmen Selbstregulierungsansätze (vgl. bspw. Jarren/Donges 2000). Über die Leistungsfähigkeit von Selbstregulierungsansätzen können, da es an empirischen Studien mangelt, noch keine gesicherten Aussagen gemacht werden. Unter dem Aspekt der Rundfunkregulierung werden auch Fragen des Outsourcing diskutiert, weil sich hier die Frage stellt, wer beispielsweise für die Einhaltung von Werbe- oder Sponsoringregelungen Sorge trägt, die zwar nicht die Produktion aber die Distribution von Rundfunksendungen betreffen (vgl. zusammenfassend Conrad 1999).

Über die Branche hinaus vermag die Analyse von Akteuren, die auf die Medien einwirken, einen Beitrag zur Erklärung des Medienwandels zu liefern: Durch Normen, Regeln, Organisationsvorschriften, ökonomische Vorgaben oder die Vermittlung gesellschaftlicher Ziele wirken sie auf konkrete Medien, deren Organisation und Programmleistung ein. Vor allem den strukturierenden Akteuren, unter anderem aus dem ökonomischen (bspw. Werbe- oder Media-Agenturen) oder aus dem politischen Bereich (bspw. nationale Parlamente oder supranationale Organisationen wie die World Trade Organization [WTO]), kommt dabei eine besondere Bedeutung zu. Durch ihre Entscheidungen und Maßnahmen bestimmen sie Rahmen und Struktur im Mediensystem und damit beeinflussen sie wiederum direkt wie auch indirekt die Handlungen aller am Mediensystem beteiligten Akteure. Mit Hilfe empirischer Fallstudien kann beispielsweise geklärt werden, welchen Einfluss Media-Agenturen auf die ökonomischen Grundlagen von Medienbranchen haben.

Organisations- und Strukturanalyse bedingen sich also: Aus der Analyse einzelner Organisationen lassen sich empirische Erkenntnisse über spezifische Strukturmuster in ausgewählten Bereichen oder Sektoren der Medienbranche gewinnen. Aus der komparativen Strukturanalyse, beispielweise durch die vergleichende Betrachtung von dualen Rundfunksystemen in unterschiedlichen westeuropäischen Ländern, lassen sich Kriterien für die Bewertung, Analyse und Prognose der Teilsysteme in einzelnen Ländern entwickeln.

Medienorganisationsanalyse kann demgemäß einen konkreten Beitrag zum Verständnis vom Handeln und vom Output bestimmter Redaktionen oder Medienunternehmen bieten. Die Analysen sind somit im hohen Maße praxis- und handlungsrelevant (vgl. Ansätze im Bereich des Redaktions- oder Medienmanagements). Zugleich aber ermöglicht die Analyse von Medienorganisationen einen empirischen Blick auf bzw. in Medienstrukturen („Branche"). Vor allem komparative Studien sind angezeigt, um das Wissen über die Entwicklung hin zur „Mediengesellschaft" in unterschiedlichen Systemen zu erfassen und zu erklären. Andererseits bieten theoretische Ansätze (Strukturationstheorie; systemtheoretische Ansätze) Erklärungspotenzial zum Verständnis der Entwicklung in und von Mediensystemen. Dabei kann insbesondere die Verbindung von akteurs- und systemtheoretischen Ansätzen weiterführend sein (vgl. bspw. Wehmeier 1998). Die Publizistik- und Kommunikationswissenschaft muss sich mehr denn je mit Theorieangeboten, die sich auf die Meso- bzw. Makro-Ebene beziehen, auseinander setzen, wenn sie den Anschluss an die anderen Sozialwissenschaften halten will.

Literatur

Altmeppen, Klaus-Dieter (1999): Redaktionen als Koordinationszentren. Opladen, Wiesbaden.

Altmeppen, Klaus-Dieter/Donges, Patrick/Engels, Kerstin (1999): Transformation im Journalismus. Berlin.

Conrad, Rainer (1999): Outsourcing – ein vorläufiges Schlusswort. In: Media Perspektiven, Nr. 1, S. 40-41.

Dygutsch-Lorenz, Ilse (1971): Die Rundfunkanstalt als Organisationsproblem. Bielefeld.

Fix, Oliver (1988): Organisation des Rundfunks. Wiesbaden.

Gellner, Winand (1990): Ordnungspolitik im Fernsehwesen: Bundesrepublik Deutschland und Grossbritannien. Frankfurt/Main, Bern, Paris.

Giddens, Anthony (1984): The constitution of society. Cambridge.

Görke, Alexander/Kohring, Matthias (1996): Unterschiede, die Unterschiede machen: Neuere Theorieentwürfe zu Publizistik, Massenmedien und Journalismus. In: Publizistik, 41. Jg., S. 15-31.

Haas, Hannes (Hrsg.) (1987): Mediensysteme. Struktur und Organisation der Massenmedien in den deutschsprachigen Demokratien. Wien.

Hahne, Anton (1998): Kommunikation in der Organisation. Opladen, Wiesbaden.

Hienzsch, Ulrich (1990): Journalismus als Restgröße. Opladen.

Höflich, Joachim R. (1995): Vom dispersen Publikum zu elektronischen Gemeinschaften. Plädoyer für einen erweiterten kommunikationswissenschaftlichen Blickwinkel. In: Rundfunk und Fernsehen, 43. Jg., S. 518-537.

Jarren, Otfried/Donges, Patrick (1996): Keine Zeit für Politik? Berlin.

Jarren, Otfried/Donges, Patrick (2000): Medienregulierung durch die Gesellschaft? Opladen, Wiesbaden.

Kepplinger, Hans Mathias (1982): Massenkommunikation. Rechtsgrundlagen, Medienstrukturen, Kommunikationspolitik. Stuttgart.

Kieser, Alfred/Kubicek, Herbert (1992): Organisation. Berlin, New York.

Kops, Manfred (Hrsg.) (1996): Die Organisationsstruktur des öffentlich-rechtlichen Rundfunks in der aktuellen Diskussion. Berlin.

Kübler, Hans-Dieter (1994): Kommunikation und Massenkommunikation. Münster, Hamburg.

Lazarsfeld, Paul F./Merton, Robert K. (1957): Mass communication, popular taste and organized social action. In: Rosenberg, Bernard/White, David M. (Hrsg.): Mass culture: the popular art in America. New York, S. 457-473 (zuerst 1948).
Luhmann, Niklas (2000): Organisation und Entscheidung. Opladen, Wiesbaden.
Marcinkowski, Frank (1993): Publizistik als autopoietisches System. Opladen.
McQuail, Denis (³1994): Mass communication theory. London, Thousand Oaks, New Delhi.
Meckel, Miriam (1999): Redaktionsmanagement. Opladen, Wiesbaden.
Meier, Werner A./Bonfadelli, Heinz (1987): „Neue Medien" als Problem der Publizistikwissenschaft. In: Rundfunk und Fernsehen, 35. Jg., S. 169-184.
Meier, Werner A./Jarren, Otfried (2001): Ökonomisierung und Kommerzialisierung von Medien und Mediensystem. In: Jarren, Otfried/Meier, Werner A. (Hrsg.): Themenheft „Ökonomisierung der Medienindustrie: Ursachen, Formen und Folgen", Medien & Kommunikationswissenschaft, 49. Jg., S. 145-158.
Moss, Christoph (1998): Die Organisation der Zeitungsredaktion. Opladen.
Neverla, Irene/Walch, Susi (1993): Entscheidungsstrukturen in Printunternehmen. In: Bruck, Peter A. (Hrsg.): Print unter Druck. München, S. 293-386.
Ortmann, Günther (Hrsg.) (1997): Theorien der Organisation. Opladen.
Pantenburg, Ursula (1996): Die Organisation der Leitungsspitze von Rundfunkanstalten. Mannheim.
Pürer, Heinz (⁴1990): Einführung in die Publizistikwissenschaft. München.
Röttger, Ulrike (1999): Public Relations – Organisation und Profession. Öffentlichkeitsarbeit als Organisationsfunktion. Eine Berufsfeldstudie. Wiesbaden.
Rühl, Manfred (1969): Die Zeitungsredaktion als organisiertes soziales System. Fribourg.
Rühl, Manfred (1989): Organisatorischer Journalismus. Tendenzen der Redaktionsforschung. In: Kaase, Max/Schulz, Winfried (Hrsg.): Massenkommunikation. Theorien, Methoden, Befunde (= Kölner Zeitschrift für Soziologie und Sozialpsychologie, Sonderheft 30). Opladen, S. 253-269.
Saxer, Ulrich (1999): Der Forschungsgegenstand der Medienwissenschaft. In: Leonard, Joachim-Felix/Ludwig, Hans-Werner/Schwarze, Dietrich/Strassner, Erich (Hrsg.): Medienwissenschaft. Ein Handbuch zur Entwicklung der Medien und Kommunikationsformen. Berlin, New York, S. 1-14.
Siegert, Gabriele (1993): Marktmacht Medienforschung. München.
Theis, Anna M. (1992): Vom Umgang mit Komplexität – Organisatorische Konsequenzen des dualen Rundfunksystems. In: Rundfunk und Fernsehen, 40. Jg., S. 493-506.
Theis, Anna Maria (1993): Organisationen – eine vernachlässigte Größe in der Kommunikationswissenschaft. In: Bentele, Günter/Rühl, Manfred (Hrsg.): Theorien öffentlicher Kommunikation. München, S. 309-313.
Theis-Berglmair, Anna Maria (1994): Medienwandel – Modellwandel? In: Jarren, Otfried (Hrsg.): Medienwandel – Gesellschaftswandel? Berlin, S. 35-50.
Theis-Berglmair, Anna M. (1999): Die Grundlagen der Organisationsforschung in der Medienwissenschaft. In: Leonard, Joachim-Felix/Ludwig, Hans-Werner/Schwarze, Dietrich/Strassner, Erich (Hrsg.): Medienwissenschaft. Ein Handbuch zur Entwicklung der Medien und Kommunikationsformen. Berlin, New York, S. 70-82.
Türk, Klaus (1989): Neuere Entwicklungen in der Organisationsforschung. Stuttgart.
Wehmeier, Stefan (1998): Fernsehen im Wandel. Konstanz.
Weischenberg, Siegfried (1992): Journalistik. Medienkommunikation: Theorie und Praxis. Opladen.
Wyss, Vinzenz (2000): Qualitätsmanagement in der Redaktion. In: Held, Barbara/Russ-Mohl, Stephan (Hrsg.): Qualität durch Kommunikation sichern. Frankfurt/Main, S. 221-232.

Kommunikatorforschung: Journalistik

Martin Löffelholz

1 Journalistik und Journalismus – begriffliche und historische Annäherungen

„Die Journalistik, überhaupt, ist die treuherzige und unverfängliche Kunst, das Volk von dem zu unterrichten, was in der Welt vorfällt." Im 19. Jahrhundert, als der Dramatiker und zeitweilige Zeitungsherausgeber Heinrich von Kleist (1777-1811) 1810 diesen Definitionsversuch publizierte (vgl. Kleist 1979), bedeutete „Journalistik" nichts anderes als „Journalismus". Der Philosoph Friedrich Nietzsche (1844-1900) setzte beide Begriffe ebenfalls gleich: Höhnisch, aber durchaus nicht falsch, übersetzte er den aus dem Französischen stammenden Terminus als „Tagelöhnerei" (zit. n. Weischenberg 1992: 13). Erst Richard Wrede, der 1899 in Berlin eine private Journalistenschule gründete und wenige Jahre später ein „Handbuch der Journalistik" (Wrede 1902) herausgab, benutzte den Begriff im heutigen Sinn – als Bezeichnung für die wissenschaftlich-reflektierende Auseinandersetzung mit dem Berufs- und Arbeitsfeld Journalismus.

Seit Mitte der Siebzigerjahre des 20. Jahrhunderts hat sich an verschiedenen deutschen Universitäten die Journalistik als Studienfach etabliert (vgl. Löffelholz 1989). Dabei entstanden unterschiedliche Auffassungen über die Beziehungen der Journalistik zum Journalismus. Um den Gegenstand der wissenschaftlichen Teildisziplin Journalistik zu bestimmen, ist es daher nicht nur erforderlich, den Journalismus zu definieren, sondern auch den Stellenwert der Journalistik in der Kommunikationswissenschaft zu beschreiben. Im Wesentlichen lassen sich drei Modelle charakterisieren:

- Journalistik *ohne* Kommunikationswissenschaft: Das *exklusive Modell* reduziert die Journalistik auf eine Anleitung für journalistisches Handeln. Dieses instrumentelle Verständnis entstand in Anlehnung an Vorstellungen aus den USA, wonach die Journalistik als akademisches Fach vor allem Nachwuchs für den Arbeitsmarkt produzieren soll. Basis dieser Position ist die Prämisse, die Journalistik könne „epistemologisch den Gegenstand ihrer wissenschaftlichen Betrachtung genauer fassen" als die Kommunikationswissenschaft, weil journalistische Tätigkeit „zweifelsfrei gegenständlicher [ist] als die Frage, wie Medien wirken und wie sich die Menschen in der Medienwelt verhalten." (Pätzold 2000: 427). Eine solche Verengung des Gegenstandsbereichs erscheint anachronistisch – erst recht im Zeitalter des Internet, in dem bestimmte Kommunikator- und Rezipientenrollen entgrenzt werden.
- Journalistik *mit* Kommunikationswissenschaft: Das *additive Modell* beruht auf der Prämisse, dass die Journalistik als eigenständiges akademisches Ausbildungsfach zwar ihre Berechtigung besitzt, von der Kommunikationswissenschaft und ihren Erkenntnissen aber durchaus profitieren kann, sofern deren Angebote – wie beispielsweise die Medienwirkungsforschung – für die Ausbildung von Jour-

nalistinnen und Journalisten verwertbar sind (vgl. Haller 2000). Dieses Modell basiert ebenfalls auf einem reduktionistischen Journalistik-Verständnis, das zwar komplexer begründet, jedoch immer noch an den jeweils aktuellen Ansprüchen beruflicher Praxis gemessen wird.

- Journalistik *in* der Kommunikationswissenschaft: Das *integrative Modell* beschreibt die Journalistik – über eine normative Orientierung journalistischen Handelns hinaus – als Bestandteil der Kommunikationswissenschaft. Journalistik in diesem Sinn analysiert „in einem auf die Kommunikationsverhältnisse der Gesellschaft bezogenen Kontext, was Journalismus leistet und wie Journalismus wirkt und unter welchen Bedingungen er dies tut“ (Weischenberg 1992: 27). Die Journalistik ist demnach als Feld der Kommunikatorforschung anzusehen. Der Kommunikatorbegriff verweist auf Rollen im Kommunikationsprozess und geht auf Modelle zurück, in denen eine Quelle (Kommunikator) mit einem Rezipienten in Verbindung gebracht wird. Die Kommunikatorforschung – neben der Journalistik wird die Öffentlichkeitsarbeit dazu gerechnet – beschäftigt sich also mit den Strukturen, Prozessen und Leistungen der Entstehung von Medienangeboten.

Was als Gegenstandsbereich der Journalistik, die sich als integraler Lehr- und Forschungszweig der Kommunikationswissenschaft versteht, anzusehen ist, variiert freilich in Abhängigkeit vom gewählten Journalismusverständnis. Gleiches gilt für den Begriff „Journalismus“: Dieser bezeichnet ein Berufs- und Arbeitsfeld zur Produktion aktueller Medienaussagen, dessen Eingrenzung ebenfalls auf dem zugrunde gelegten Journalismuskonzept beruht. Heute konkurrieren normative mit empirisch-analytischen Zugängen, realistische (ontologische) mit konstruktivistischen Beschreibungen, individualistische mit system-orientierten Modellen. Erhöht wird die Komplexität durch den Relevanzgewinn kultur- (versus sozial-)bezogener Annäherungen sowie durch neue integrative Sozialtheorien, die derzeit für die Journalismusforschung fruchtbar gemacht werden (vgl. Löffelholz 2000a).

Die Emergenz der Journalismusforschung begann parallel zur Professionalisierung des Journalismus als Beruf, also etwa Mitte des 19. Jahrhunderts. Die Anfänge einer theoretischen Beschreibung des Journalismus werden mit dem Werk von Robert Eduard Prutz (1816-1872) verbunden, der 1845, also vor mehr als 150 Jahren und lange bevor die Zeitungskunde als Studienfach an Universitäten etabliert wurde, eine „Geschichte des deutschen Journalismus“ (Prutz 1971) publizierte. Zu den Vorläufern eines modernen Journalismusverständnisses gehört daneben vor allem Max Weber (1864-1920), dessen „Vorbericht über eine vorgeschlagene Erhebung über die Soziologie des Zeitungswesens“ eine theoriegeleitete und empirisch-analytisch ausgerichtete Bestandsaufnahme der deutschen Presse implizierte, insbesondere der journalistischen Produktions- und Arbeitsbedingungen. Sieht man von den Bemühungen des Reichsverbands der Deutschen Presse ab, Webers Vorschläge zumindest verkürzt zu realisieren, blieben seine Ideen jedoch in der sich zu dieser Zeit etablierenden Zeitungswissenschaft ohne Widerhall (vgl. Kutsch 1988: 12ff.). Anders als in den USA, wo sich Universitäten vor allem für die berufspraktische Seite des Journalismus interessierten, etablierte sich die deutsche Zeitungswissenschaft primär als historisches Fach mit literatur- und staatswissenschaftlichen Bezügen. Obgleich mit der Einrichtung von Universitätsinstituten eine institutionelle Basis vorhanden war, kümmerte sich die Zeitungswissenschaft des frühen 20. Jahrhunderts daher „nicht um eine sozialwissenschaftliche Erforschung des Journalismus und der Journalisten.“ (Kutsch 1988: 22)

Unter nationalsozialistischer Herrschaft lieferten Subjektivität und Normativität, die schon in der Weimarer Republik kennzeichnend für das Verständnis des Journalismus waren, wichtige Folien, um aus der deutschen Zeitungswissenschaft eine „akademische Instanz der Rechtfertigung" (Baum 1994: 140) zu machen. In dieser Zeit übernahm die expandierende Disziplin insbesondere Aufgaben in der Journalistenausbildung. Dieser neue „Praktizismus" stärkte das Fach, obgleich er auf nichts anderes als eine faschistische Politisierung hinauslief. Nach dem Zweiten Weltkrieg waren manche Prämissen der Nazi-Zeit keineswegs völlig desavouiert. Deutlich zeigt sich das im Werk des Zeitungswissenschaftlers Emil Dovifat (1890-1969), der seit 1928 in Berlin lehrte, eine zentral gesteuerte Propaganda gut hieß und im Nachkriegsdeutschland zu den Gründungsvätern der westdeutschen Publizistikwissenschaft gehörte. Seine „Gesinnungspublizistik" bildete die Basis für einen personenbezogenen Journalismusbegriff (vgl. Dovifat 1962: 30). Dovifats normatives, subjektivistisches und praktizistisches Verständnis von Journalismus geht weit hinter die Vorschläge von Weber und anderen Vertretern einer soziologisch ausgerichteten Journalismusforschung zurück. Sein Einfluss sowohl auf die journalistische Berufspraxis (Begabungsideologie) als auch auf die wissenschaftliche Theoriebildung (subjektbezogener Journalismusbegriff) ist gleichwohl bis in die heutige Zeit nachweisbar.

Die Erfolge des Empirismus, des (Neo-)Positivismus und der analytischen Philosophie als Grundlagen wissenschaftlicher Erkenntnis führten nach dem Zweiten Weltkrieg zunächst in den USA, später auch in Deutschland zu einer Umorientierung der Journalismusforschung. Mit der Einsicht in die Notwendigkeit intersubjektiver Überprüfbarkeit und dem Verzicht auf normative Weltbilder zugunsten logischer Arbeit im Detail konzentrierte sich die Forschung zunehmend auf spezifische Problemfelder, die mithilfe empirischer Methoden erhellt werden sollten.

Als erster Forschungsschwerpunkt kristallisierte sich in den USA die Frage nach dem Entscheidungsverhalten von Journalisten heraus. David Manning White (1950) übertrug den in diesem Kontext entwickelten „Gatekeeper"-Ansatz auf die Journalismusforschung. Er reduzierte seine Analyse freilich auf die Betrachtung der individuellen, von strukturellen Bedingungen scheinbar unabhängigen Auswahlentscheidungen des Gatekeepers (Torhüter, Schleusenwärter), der entscheidet, welche Themen das „Tor" der Medien passieren dürfen. Mit der Entscheidung für eine empirisch-analytische Vorgehensweise war also nicht zwingend eine Abkehr vom methodologischen Individualismus verbunden. Erst die empirisch begründete These, dass die Selektion von Nachrichten auf komplexeren Prozessen beruht, weitete den Blick. Hervorzuheben ist in diesem Kontext Warren Breeds (1955) Untersuchung redaktioneller Kontrollmechanismen. Die Gatekeeper-Forschung wandte sich zunehmend einer organisationsbezogenen Perspektive zu und bereitete den Boden für eine im weitesten Sinn systemtheoretische Herangehensweise.

Die erste empirische Studie, in der ein „organisiertes soziales System" und nicht die journalistischen Subjekte den theoretischen Fokus bildete, wurde 1969 publiziert. Ihr Autor, der Kommunikationswissenschaftler Manfred Rühl, hat die weitere Entwicklung der Journalismusforschung seitdem nachhaltig geprägt. Seine Fallstudie über die Strukturen und Funktionen einer Zeitungsredaktion (vgl. Rühl 1969) gehört zu den ersten Untersuchungen, die einen Umbruch in der deutschen Publizistikwissenschaft signalisierten: von der Vermutungs- und Behauptungswissenschaft zur Beschreibungs- und Erklärungswissenschaft. Aus einer weitgehend praktizistischen Apologie entstand so nach und nach die moderne empirisch-analytische Journalismusforschung.

Mit neuen Paradigmata verschwanden ältere Ansätze freilich nicht, sondern blieben – im Sinne von Alternativen – erhalten. Journalismusbezogene Theorien entwickelten sich weder, im Sinne des englischen Philosophen Francis Bacon (1561-1626), linear-kumulativ noch, im Sinne des Wissenschaftstheoretikers Thomas Kuhn, als regelmäßige Abfolge normaler und revolutionärer Phasen. Die theoretische Basis der Journalistik wurde zunehmend entgrenzt im Sinne einer diskontinuierlichen Herausbildung einer Multiperspektive. Erkenntnisfortschritte beruhen weniger auf der Substitution „veralteter" Theorien, sondern primär auf Komplexitätsgewinnen durch die Entwicklung neuer und die Modifikation älterer Theorien (vgl. Löffelholz 2000b: 18 u. 32ff.).

2 Theoretische Konzepte der Journalistik

Heute präsentiert sich die Journalistik als ein pluralistisches, differenziertes und dynamisches Forschungsgebiet innerhalb der Kommunikationswissenschaft. Gerade die Heterogenität der theoretischen Ansätze, die im Zuge des Relevanzgewinns der Kommunikatorforschung entstanden sind, erschweren freilich ihre Systematisierung. Schon in den Siebzigerjahren unterschied Weiß (1977) in einer umfangreichen Sekundäranalyse drei Forschungsrichtungen: das Konzept der „Aussagenentstehung", den berufssoziologisch beeinflussten „Professionalisierungsansatz" sowie die aus den USA importierte „Gatekeeperforschung". Anfang der Achtzigerjahre bewog die unübersichtliche Situation Manfred Rühl, seine Habilitationsschrift mit Bemerkungen über die „Schwierigkeiten, Journalismus zu identifizieren" (Rühl 1980: 11), einzuleiten. Am Beginn der Neunzigerjahre konstatierte Rühl in einer Bestandsaufnahme weiterhin „ein pluralistisches Gefüge sehr verschiedenartiger Bestrebungen [...], die nur zum Teil in wechselseitiger Berührung stehen. Die Weiterarbeit an den nebeneinander herlaufenden, sich da und dort kreuzenden oder auch ineinander überleitenden Forschungen scheint keine integrierende Journalismustheorie zu versprechen." (Rühl 1992: 127) Diese Einschätzung teilen, Ende der Neunzigerjahre, auch Scholl und Weischenberg. Sie beobachten „drei kaum verbundene Richtungen der Journalismusforschung, die sich von einem unterschiedlichen Verständnis von Journalismus leiten lassen: Journalismus als Addition von Personen, als Addition von Berufsrollen und als Ergebnis von Kommunikationsprozessen." (Scholl/Weischenberg 1998: 27)

Im Unterschied zu diesen traditionellen Versuchen, theoretische Konzepte der Journalistik zu systematisieren, wird in diesem Beitrag ein neuer Ordnungsrahmen vorgestellt. Neben klassischen Konzepten werden Strömungen berücksichtigt, die auf neueren soziologischen Diskussionen über die Integration von Mikro- und Makroansätzen beruhen. Der Begriff des „Theoriekonzepts" ist dabei nicht gleichzusetzen mit dem Terminus „theoretischer Ansatz". Theoriekonzepte bezeichnen keinen in sich geschlossenen Ansatz, sondern subsumieren unter einem charakteristischen Label unterschiedliche theoretische Ansätze, die sich in ihrem Entstehungskontext, ihrer Herangehensweise, ihrem jeweiligen Untersuchungsfokus, der Komplexität ihrer Theoriearchitektur und ihrem Ertrag für die empirische Forschung ähneln. Insgesamt lassen sich acht Theoriekonzepte identifizieren, die für die Journalistik besonders relevant sind: normativer Individualismus; materialistische Medientheorie; analytischer Empirismus; legitimistischer Empirismus; (kritische) Handlungstheorien; funktionalistische Systemtheorien; integrative Sozialtheorien sowie die so genannten Cultural Studies (siehe Tabelle 1).

Um den empirischen Ertrag der Theoriekonzepte quantitativ einschätzen zu können, wurden – ausgehend von aktuellen Bestandsaufnahmen zur Journalismusforschung (vgl. Löffelholz 2000a; Weaver 1998; Scholl/Weischenberg 1998; Böckelmann 1993) – die dort verzeichneten empirischen Studien den Konzepten systematisch zugeordnet. Die Bewertung theoretischer Komplexität basiert demgegenüber auf einer qualitativen Analyse der jeweiligen Theoriearchitektur im Hinblick auf Qualitätskriterien wie Kommunikabilität, Intersubjektivität, Zweckoptimalität, Konsistenz und Viabilität (vgl. Löffelholz 2000b: 21f.). Gefragt wurde zudem, welche Schritte der Theoriebildung (Klassifikation, Typologie, Modell, Entwurf) erreicht wurden, wie differenziert argumentiert wird und wie weit das jeweilige Konzept im Hinblick auf die Beschreibung des Gegenstandsbereiches reicht. Deutlich wird, dass die starke Differenzierung der theoretischen Diskussion primär im deutschen Sprachraum vollzogen wird. In der anglo-amerikanischen Journalismusforschung dominiert dagegen nach wie vor der „analytische Empirismus“; in Großbritannien besitzen daneben die Cultural Studies Relevanz.

2.1 Der normative Individualismus

Mit dem Konzept des „normativen Individualismus“ werden Überlegungen aus der Frühphase der Journalismusforschung charakterisiert, die Anfang des 20. Jahrhunderts in den Wissenschaften insgesamt alles andere als ungewöhnlich waren und bis in die heutige Zeit nachwirken. Wissenschaftler wie Otto Groth, Karl Bücher, Karl Jäger oder Hans Amandus Münster orientierten sich an einer individualistischen Weltanschauung, die Ende des 18. Jahrhunderts begann und die sozialphilosophische Lehre des Utilitarismus fundierte, wonach Nützlichkeit als moralische Kategorie und Grundlage sittlichen Verhaltens betrachtet wurde. Der Individualismus bildete die normative Basis einer journalistischen Begabungsideologie, die bei manchen Fachvertretern darin kulminierte, Journalisten zu geistigen „Führern“ zu erheben (vgl. z.B. Jäger 1926: 3f.) Wegen der isolierten Konzentration auf die Begabung und Gesinnung einzelner Journalisten blieben empirischer Ertrag und theoretische Komplexität des „normativen Individualismus“ (sehr) gering. Gesellschaftliche und organisatorische Bezüge, wie Arbeitsteilung und redaktioneller Arbeitsprozess, wurden zwar von manchen erkannt, aber letztlich doch auf das Tun einzelner Personen zurückgeführt (vgl. Bücher 1926: 31ff.).

2.2 Die materialistische Medientheorie

Mit der Gründung der DDR begannen Wissenschaftler wie Hermann Budzislawski, der die Nazi-Zeit im US-Exil verbrachte, an der Karl-Marx-Universität in Leipzig eine „sozialistische Journalistik“ als Zweig der marxistisch-leninistischen Gesellschaftswissenschaften zu entwerfen. Ihr Augenmerk galt vor allem der Ableitung theoretischer Aussagen über den Journalismus aus den Werken von Marx, Engels und Lenin. In diesem Konzept wird der Journalismus definiert als „ausgeprägt klas-

Tabelle 1
Synopse theoretischer Konzepte der Journalismusforschung

Konzept	*Vertreter*	*Kontext*	*Fokus*	*Komplexität*	*Ertrag*
normativer Individualismus	Karl Bücher, Hermann Boventer, Emil Dovifat, Otto Groth, Walter Hagemann	Individualismus, normative Publizistik, „Zeitungswissenschaft“	Begabung und Gesinnung journalistischer Persönlichkeiten	sehr gering	gering
materialistische Medientheorie	Hermann Budzislawski, Emil Dusiska, Horst Holzer, Wulf D. Hund	historischer und dialektischer Materialismus	Journalismus als klassenabhängige und kapitalverwertende Warenproduktion	gering	sehr gering
analytischer Empirismus	Maxwell E. McCombs, Klaus Schönbach, Winfried Schulz, David Weaver, David M. White	Empirismus, analytische Philosophie, Theorien mittlerer Reichweite	Nachrichtenselektion, Agenda Setting und journalistische Akteure	mittel	hoch
legitimistischer Empirismus	Wolfgang Donsbach, Hans-Mathias Kepplinger, Renate Köcher	Empirismus, Medienwirkungsforschung, politische Normen	Verhaltensnormen, Wirklichkeitsbezug und journalistische Akteure	mittel	mittel
(kritische) Handlungstheorien	Achim Baum, Hans-Jürgen Bucher, Maximilian Gottschlich	Basiskonzepte aus Linguistik und Soziologie, Kritische Theorie	Journalismus als soziales und kommunikatives Handeln, Handlungsregeln	hoch	gering
funktionalistische Systemtheorien	Bernd Blöbaum, Alexander Görke, Matthias Kohring, Manfred Rühl	Differenzlogik, Theorie autopoietischer sozialer Systeme	Journalismus als soziales System in der Weltgesellschaft	sehr hoch	mittel
integrative Sozialtheorien	Klaus-Dieter Altmeppen, Martin Löffelholz, Christoph Neuberger, Siegfried Weischenberg	soziokultureller Konstruktivismus, Akteur-Struktur-Dynamik, Strukturationstheorie	journalistische Kognitionen und Kommunikationen im Systemzusammenhang	hoch	gering
Cultural Studies	Stuart Allen, John Hartley, Elisabeth Klaus, Rudi Renger	Kritische Theorie, Semiotik, Linguistik, Handlungstheorien	Journalismus als Teil der Populärkultur zur (Re-)Produktion von Bedeutung	mittel	sehr gering

senmäßig bestimmte Institution des politischen Überbaus der Gesellschaft, zugleich geistig-praktische politische Tätigkeit der periodischen und öffentlichen Verbreitung politisch aktueller Information und Argumentation. Der Journalismus stellt jene Massenkommunikation her, derer die Gesellschaft oder die sozialen Klassen bedürfen, um unter den Bedingungen hochentwickelter und universeller gesellschaftlicher Beziehungen, raschen Entwicklungstempos der Gesellschaft sowie der Einbeziehung großer Massen in die Klassenauseinandersetzung bzw. in die Gestaltung der gesellschaftlichen Verhältnisse entsprechend dem jeweiligen Klassenkampf zu lenken und zu organisieren." (Dusiska 1973: 113ff.) Im Rahmen dieses Verständnisses wurden u.a. „Organisatorische Grundlagen der Redaktionsarbeit", eine „Genretheorie der proletarischen Presse" sowie eine Systematik der „journalistischen Methodik" erarbeitet (vgl. Weischenberg 1992: 27ff.). Berufspolitisch war die „sozialistische Journalistik" recht erfolgreich; sie monopolisierte die Journalistenausbildung in der DDR.

In Westdeutschland dagegen fristeten die „materialistische Medientheorie" und das damit verbundene Journalismuskonzept ein Nischendasein. Fachvertreter wie Horst Holzer (1973) oder Wulf D. Hund und Bärbel Kirchhoff-Hund (1980) analysierten den Journalismus als Produktionsprozess von Medienaussagen, der „klassenabhängig" sei sowie den Bedingungen der „Kapitalverwertung" und der Entwicklung der „Produktivkräfte" unterliege (vgl. Hund/Kirchhoff-Hund 1980: 88ff.). Die mediensoziologische Operationalisierung des Materialismus führte dazu, gesellschaftliche Kommunikation generell und den Journalismus speziell als ökonomisch determiniert zu beschreiben: Medien gelten danach als Produktionsunternehmen und Nachrichten als Waren. Dieser Ökonomismus, aber auch die ideologische Zurichtung des Ansatzes haben seine theoretische Komplexität wie seine empirische Relevanz gemindert. Am Beginn des 21. Jahrhunderts orientiert sich die wissenschaftliche Debatte kaum noch an diesem Konzept, obgleich der Hinweis auf Kommerzialisierungsphänomene zum Standardrepertoire empirischer Journalismusanalysen gehört.

2.3 Der analytische Empirismus

Im Gegensatz dazu stellt der „analytische Empirismus" das zentrale Paradigma der kontemporären Journalismusforschung dar. Der Erfolg des Konzeptes beruht vor allem auf der Übernahme der Prämissen des Empirismus und der analytischen Philosophie (z.B. der Qualitätsnorm „intersubjektive Überprüfbarkeit") sowie auf der konzentrierten Entwicklung und empirischen Prüfung von Theorien mittlerer Reichweite (und mittlerer Komplexität) wie etwa des Gatekeeper- oder des Agenda-Setting-Ansatzes. Auf eine gesellschaftstheoretische Einordnung des Journalismus zielt dieses Konzept nicht. Primär für eine konsistente Theorie im Sinne des empirisch-analytischen Paradigmas sind verschiedene Bedingungen, die hier nur knapp skizziert werden können. So soll eine Theorie mindestens zwei Variablen verknüpfen, und die in ihr enthaltenen Variablen und Begriffe müssen hinlänglich definiert sein. Begriffe sind durch Transformationsregeln mit Beobachtungen zu verbinden, also durch Regeln, welche die Bedeutung der Begriffe durch Beobachtungsausdrücke wiedergeben. Einschränkende Bedingungen, welche die Anwendung der Theorie kontrollieren, sind genau anzugeben (vgl. Löffelholz 2000b: 21ff.).

Von *der* empirisch-analytischen Journalismusforschung zu sprechen, ist freilich waghalsig – angesichts der enormen theoretischen, methodischen und thematischen Vielfalt, die sich seit den Siebzigerjahren entwickelte. Zu den untersuchten Themenfeldern gehören beispielsweise die beruflichen Einstellungen und Bewusstseinsstrukturen von Journalisten, die Professionalisierung und Sozialisation in Medienbetrieben, die redaktionellen Organisationsstrukturen und Arbeitsbedingungen, die Folgen der Einführung neuer Technologien oder die Berufssituation von Frauen im Journalismus (vgl. Böckelmann 1993). Die empirisch-analytische Journalismusforschung als eigenes Konzept zu formulieren, fällt darüber hinaus schwer, weil die methodologischen Prämissen des „analytischen Empirismus" in anderen Journalismuskonzepten weitgehend übernommen werden – insbesondere in den Handlungs- und Systemtheorien sowie den integrativen Sozialtheorien, weniger dagegen in den Cultural Studies. Nicht überraschend ist daher, dass die Beschreibung von Methoden und Befunden der Journalismusforschung (siehe Abschnitt 3) in erster Linie auf Werken gründet, die den Prämissen des „analytischen Empirismus" folgen.

2.4 Der legitimistische Empirismus

Als empirisch-analytisch begründet definieren auch die Vertreter des „legitimistischen Empirismus" ihr Journalismuskonzept. Die Bezeichnung „legitimistischer Empirismus" ist an Baums (1994) gesellschaftstheoretisch begründete Kritik der Journalismusforschung angelehnt. Baum bezeichnet die Arbeiten von Elisabeth Noelle-Neumann, Hans Mathias Kepplinger, Renate Köcher, Wolfgang Donsbach und anderen als „Legitimismus der Mainzer Schule" der Publizistikwissenschaft, um diesen Ansatz von den „funktionalistischen Systemtheorien" abzugrenzen (vgl. Baum 1994: 208ff.). Bis Ende der Siebzigerjahre hatten sich Fachvertreter des „legitimistischen Empirismus" vor allem mit dem Publikum (Noelle-Neumann) und den Medienaussagen (Kepplinger) befasst. Donsbach, ein Schüler Noelle-Neumanns, verband demgegenüber Aussagen über den Berufsjournalismus mit der Aussage Noelle-Neumanns, der große Einfluss der Massenmedien ist nur zufriedenstellend zu erklären, wenn die Medienwirkungsforschung sich auch den Kommunikatoren zuwendet. Entscheidend ist dabei die Frage, wie journalistische Berufseinstellungen legitimiert sind, also „ob diejenigen, die den größten Einfluß auf die Inhalte der Massenkommunikation ausüben, mit dieser Macht so umgehen, daß der Gemeinschaft daraus kein Schaden erwächst." (Donsbach 1982: 10) So interpretiert erscheint die Journalismusforschung als Teil der Medienwirkungsforschung.

Um die Leitfrage des „legitimistischen Empirismus" zu beantworten, werden kommunikationspolitische Normen, insbesondere die verfassungsrechtliche Stellung der Medien, mit Befunden der empirisch-analytischen Journalismusforschung konfrontiert. Aussagen über das journalistische Selbstverständnis, die politischen Präferenzen von Journalisten, ihren Motiven, die sie mit ihrem Beruf verbinden, werden verbunden mit Aussagen über den Umgang mit Kollegen sowie den Vorstellungen, die Journalisten vom Publikum besitzen. Eine Analyse dieser Merkmale und Einstellungen wird deshalb als wichtig erachtet, da sie – wie unterstellt wird – handlungsrelevant sind, also Konsequenzen für die journalistischen Produkte und damit das Publikum besitzen (siehe Abschnitt 3.5).

Kritiker des „legitimistischen Empirismus" bemängeln, dass das Konzept primär auf die individuellen Einstellungen von Journalisten abhebt, die strukturellen Bedingungen der Medienproduktion aber außer Acht lässt, etwa die Zeit- und Quellenabhängigkeit journalistischen Handelns. Kritisiert wird auch die Gleichsetzung von Journalismus und Medien: Dadurch wird die Abhängigkeit journalistischen Handelns insbesondere von ökonomischen Strukturen ausgeblendet. Zudem wird nicht nachgewiesen, sondern nur unterstellt, dass die Kommunikationsabsichten der Journalisten und ihre Einstellungen handlungsrelevant sind. Unzulässig sind schließlich die Schlussfolgerungen von Befragungsdaten auf (vermutete) Inhalte und von Inhaltsanalysen auf (vermutete) Einstellungen (vgl. z.B. Altmeppen/Löffelholz 1998: 105ff.; Schönbach/Stürzebecher/Schneider 1994: 139ff.; Baum 1994: 222ff.).

2.5 Die (kritischen) Handlungstheorien

Kennzeichnend sowohl für den analytischen wie für den legitimistischen Empirismus ist eine (implizite) Orientierung an Denkfiguren, die auf handlungstheoretische Grundüberlegungen zurückgehen und von Soziologen wie Max Weber, Alfred Schütz und Thomas Luckmann entwickelt worden sind. „'Soziales' Handeln aber soll ein solches Handeln heißen, welches seinem von dem oder den Handelnden gemeinten Sinn nach auf das Verhalten anderer bezogen wird und daran in seinem Ablauf orientiert ist." (Weber ^{6}1984: 19) Kerngegenstände der an Weber orientierten Handlungstheorien sind demnach die handelnden Akteure, ihre Handlungen und deren Sinn. Soziales Handeln wird durch Regeln geformt, die sich im Prozess menschlicher Interaktion bilden. Handlungstheoretisch orientierte Journalismusforschung, wie etwa die Beschreibung und Analyse redaktioneller Entscheidungsprozesse, zielt primär auf die Typologisierung journalistischer Handlungsformen, -muster und -regeln.

Im Unterschied zur Medienwirkungsforschung, die mit der Ethnomethodologie, der Alltags- und Lebensweltanalyse und dem symbolischen Interaktionismus (Nutzen-Ansatz) elaborierte handlungstheoretische Ansätze fruchtbar gemacht hat, erschöpft sich die Verarbeitung der „(kritischen) Handlungstheorien" in der Journalismusforschung oft in der Verwendung entsprechender Begriffe. Theoretisch elaborierte Ansätze haben bislang nur wenige Fachvertreter entwickelt: Zu nennen sind vor allem die an Jürgen Habermas' kritisch-theoretischem Ansatz orientierten Arbeiten von Gottschlich (1980) und Baum (1994) sowie der sprachwissenschaftlich begründete Ansatz von Bucher (2000).

Baum möchte zeigen, dass die Massenkommunikation über das soziale Handeln in lebensweltliche Kontexte eingebettet ist und somit der „Originalmodus des journalistischen Handelns verständigungsorientiert ist" (Baum 1994: 395). Gleichwohl verwendet er Habermas' Theorie des kommunikativen Handelns primär als Folie für seine differenzierte Kritik der Kommunikatorforschung, ohne den Ansatz im Detail für die Journalistik zu operationalisieren. Gottschlich (1980) setzt sich, ebenfalls unter Berufung auf das verständigungsorientierte Werk von Habermas, mit der Rolle des Journalismus für den gesellschaftlichen Diskurs und der mit Legitimität des gesellschaftlichen Einflusses von Journalisten auseinander. Darauf aufbauend entwickelt er einen normativen Bezugsrahmen für die Analyse und Überwindung des von ihm konstatierten journalistischen „Orientierungsverlustes“, der aus der Diskrepanz zwischen subjektiven Berufsvorstellungen und objektiver Berufsrealität rührt.

Um die Dichotomie von Mikro- und Makro-Analysen aufzuheben, bemüht sich Bucher (2000) schließlich um eine Handlungstheorie, in der nicht einzelne Akteure im Mittelpunkt stehen, sondern die Zusammenhänge journalistischer Handlungen (Handlungsnetze) als komplexe soziale Ereignisse. „Für institutionelles Handeln, wie es das journalistische Handeln darstellt, ist es charakteristisch, daß die Funktion und der Zweck der Institution den Rahmen bildet für die Intentionen von Einzelhandlungen. Oder strenger formuliert: Die Funktionen und Zwecke der Institution sind die Bedingung der Möglichkeit, innerhalb dieser Institution in spezifischer Weise intentional zu handeln. Umgekehrt eröffnen deshalb die individuellen Handlungen aufgrund ihres indexikalischen Charakters auch einen Weg zur Rekonstruktion der Funktionen und Zwecke von Institutionen.“ (Bucher 2000: 255) Mit den Basisbegriffen der Regel, des kommunikativen Prinzips, des gemeinsamen Wissens und der Rekursivität des Verstehens orientiert sich dieser Ansatz an der spezifischen Dynamik der Kommunikation und nicht an den Absichten der Handelnden. Eine solche Handlungstheorie verhält sich nach Auffassung von Bucher komplementär zur Systemtheorie.

2.6 Die funktionalistischen Systemtheorien

Begonnen hat die Ausarbeitung „funktionalistischer Systemtheorien“ als Konzept für die Beschreibung des Journalismus mit der Studie „Die Zeitungsredaktion als organisiertes soziales System“ (Rühl 1969), die einen Perspektivenwechsel einleitete: „Redaktionelles Handeln als Herstellen von Zeitungen in einem industriell hochentwickelten Gesellschaftssystem erfolgt nicht nur durch einige Nachrichten sammelnde, redigierende und schreibende Redakteure, sondern vollzieht sich vielmehr als durchrationalisierter Produktionsprozeß in einer nicht minder rationalisierten und differenzierten Organisation.“ (Rühl 1969: 13) Rühl wandte sich also gegen die normative und individualistische Tradition der deutschen Journalismusforschung und entwarf eine Alternative: „Die Person als Paradigma ist ein viel zu komplexer und viel zu unelastischer Begriff, um als Bezugseinheit für Journalismus dienen zu können. Dafür wird der Begriff des Sozialsystems vorgeschlagen, der es zuläßt, zwischen Journalismus und seinen Umwelten zu unterscheiden.“ (Rühl 1980: 435-439) Seine Überlegungen zur Redaktion als soziales System differenzierte und erweiterte er in einer Reihe von Publikationen – insbesondere in seiner Habilitationsschrift „Journalismus und Gesellschaft“ (Rühl 1980).

Zu den wesentlichen Bausteinen „funktionalistischer Systemtheorien“ gehören das System/Umwelt-Paradigma als „Ordnungsprinzip einer allgemeinen Theorie des Journalismus“ (Rühl 1992: 127) und die Identifikation einer journalismusspezifischen Funktion, die für Rühl zunächst in der „Herstellung und Bereitstellung von Themen zur öffentlichen Kommunikation“ (Rühl 1980: 323) liegt. Weitere Theoriebausteine sind die Annahme einer journalismusinternen Herausbildung und Differenzierung von (Entscheidungs-)Strukturen (vgl. Rühl 1980: 251ff.) sowie die gesellschaftliche Einbettung des Journalismus, der „stets abhängig von einem soziohistorisch zu bestimmenden Gesellschaftssystem“ (Rühl 1992: 131) sei. Im Laufe der vergangenen Jahrzehnte orientierten sich viele an diesem Grundverständnis und versuchten, es weiterzuentwickeln (vgl. als Überblick: Löffelholz 2000a: 147ff.) Denn die Trennung von Journalisten als Personen vom Journalismus als Sozialsystem versprach eine Überwindung der simplifizierenden Vorstellungen aus der Frühzeit der Journalismusforschung sowie den Anschluss an die gesellschaftstheoretische Debatte, ohne den Anspruch auf eine empirische Prüfung der Theorie aufgeben zu müssen.

Der Systembegriff wird in der Kommunikatorforschung freilich keineswegs einheitlich verwendet. Grenzt Rühl die Redaktion als soziales System konsequent von dem Verlag, dem Publikum, dem Redaktionsarchiv, der Technologie oder den handelnden Personen ab, kritisieren andere gerade diese Geschlossenheit. Um realitätsnäher zu operieren, seien offenere Systemvorstellungen notwendig (vgl. z.B. Dygutsch-Lorenz 1971). Daneben lassen sich Vorstellungen beobachten, die mit dem Systembegriff operieren, aber dennoch das Erbe individualistischer Ansätze pflegen. So versteht Kepplinger (2000: 86f.) den Journalismus als ein Akteurs- oder Regelsystem, das als heterogenes Bündel von Personen, Organisationen und Institutionen verstanden wird. Der Begriff Journalismus bezeichnet danach die Bedingungen, Arten und Auswirkungen der Berufstätigkeit von Journalisten; der Journalismus gilt als Subsystem der Massenkommunikation.

Auch innerhalb der „funktionalistischen Systemtheorien" werden unterschiedliche Ansätze verfolgt, die sich vor allem hinsichtlich der systemischen Einbindung unterscheiden: Handelt es sich beim Journalismus um ein Funktionssystem *in der Gesellschaft*, wie Rühl (1980) oder Scholl/Weischenberg (1998) annehmen? Oder operiert der Journalismus als Bestandteil, als organisiertes Leistungssystem, *in einem Funktionssystem* wie Öffentlichkeit, Publizistik oder Massenmedien? Divergente Auffassungen gibt es dementsprechend in Bezug auf die Strukturen, welche die innere Ordnung des Systems ausmachen, sowie in Bezug auf die (Primär-)Funktion, die dem Journalismus zugeschrieben wird. Rühl selbst modifizierte sein Konzept mehrfach (vgl. Rühl 1992: 129, 2000: 73).

Kritik müssen sich die Vertreter „funktionalistischer Systemtheorien" aus unterschiedlichen Blickwinkeln gefallen lassen. Moniert wird, dass systemtheoretische Ansätze die Relevanz journalistischer Subjekte für den Vollzug journalistischer Handlungen unterschätzen sowie die weit reichenden Verschränkungen zwischen medienspezifischen (etwa ökonomischen) und journalistischen Prozeduren ausblenden. Kritisiert wird zudem die Dichotomie von System und Subjekt, durch die handlungstheoretische Ansätze auf eine mikrostrukturelle Akteursperspektive verkürzt würden, obgleich Handlungstheorien sich ausdrücklich mit dynamischen sozialen Strukturen beschäftigen (vgl. zusammenfassend: Löffelholz 2000b: 55f.).

2.7 Die integrativen Sozialtheorien

Angesichts dieser Kritik an den „funktionalistischen Systemtheorien" intensivierte sich in den Neunzigerjahren die Suche nach „integrativen Sozialtheorien", um die Dichotomie von System und Subjekt, Struktur und Handlung zu überwinden. Keiner dieser Ansätze vermag zwar allen Ansprüchen an eine elaborierte Theorie zur Beschreibung des Journalismus zu genügen. Gleichwohl handelt es sich zumeist um Theoriearchitekturen hoher Komplexität. So überträgt Christoph Neuberger (2000) das Konzept der Akteur-Struktur-Dynamiken des Soziologen Uwe Schimank, in dem Akteur-, Institutionen- und Systemtheorie verbunden werden, auf die Journalismusforschung. Journalistische Organisationen – wie beispielsweise Redaktionen – können danach sowohl als Institutionenkomplexe als auch als kollektiv handelnde Akteure analysiert werden. Interaktionen werden dabei nicht allein aus strukturellen Imperativen abgeleitet, sondern können durchaus zu einer eigenständigen Strukturgenerierung führen. Ähnlich argumentieren Klaus-Dieter Altmeppen (2000a) und Thorsten Quandt (2002), die die Strukturationstheorie von Anthony Giddens als Ausgangspunkt für empirische Untersuchungen journalistischen Handelns fruchtbar machen wollen.

Eine integrative Perspektive verfolgt seit längerem auch der Hamburger Kommunikationswissenschaftler Siegfried Weischenberg. Nach ihm sind die Themen der Journalistik auf vier Ebenen bezogen: die Mediensysteme (Normenkontext), die Medieninstitutionen (Strukturkontext), die Medienaussagen (Funktionskontext) und die Medienakteure (Rollenkontext). „Normen, Strukturen, Funktionen und Rollen bestimmen in einem Mediensystem, was Journalismus ist, der dann nach diesen Bedingungen und Regeln Wirklichkeitsentwürfe liefert." (Weischenberg 1992: 67). Das – von ihm so benannte – „Zwiebel-Modell" setzte er zunächst als Ordnungsschema journalismusbezogener Forschungsgegenstände ein. Später avancierte es zu einem „Modell zur systematischen Erfassung von Faktoren, welche ein Journalismus-System konstituieren" (Scholl/Weischenberg 1998: 21f.).

Dabei berufen sich Scholl und Weischenberg vor allem auf die konstruktivistische Systemtheorie, also einen Ansatz, der neben dem Systembegriff („Kommunikationen") auch den Akteurbegriff („Kognitionen") benutzt. „Das Modell setzt das System/Umwelt-Paradigma insofern konsequent um, als es die diversen Umwelten, mit denen das System Journalismus 'in Kontakt' steht, durchdekliniert und in Hinblick auf Formen 'struktureller Kopplung' abklopft." (Scholl/Weischenberg 1998: 22) So nützlich die in dem Modell zusammengefassten Ordnungsprinzipien sind, so offenkundig sind freilich die theoretischen Brüche, wenn ein Anschluss an die konstruktivistische Systemtheorie angestrebt wird. Dass ein Modell, welches auf einflusstheoretischen Prämissen basiert, kompatibel zu einem Ansatz sein soll, der von der operationalen Geschlossenheit sozialer Systeme ausgeht (vgl. Scholl/Weischenberg 1998: 47ff.), erschließt sich nicht unmittelbar. Ob ein als Systematisierung geeigneter Katalog von Forschungsgegenständen ohne Anpassung zu einem Modell der Beziehungen des Systems Journalismus zu seinen Umwelten werden kann, ist ebenfalls zweifelhaft.

Der lange Weg zu einer integrativen Journalismustheorie, in der die Bindungen zwischen Makro-, Meso- und Mikroebenen des Journalismus konsistent und viabel dargelegt werden, beginnt also erst. Erhebliches Integrationspotenzial ist in diesem Zusammenhang einem Ansatz zuzutrauen, der für die Journalismusforschung bisher – trotz des Anspruchs von Scholl/Weischenberg (1998) – nur begrenzt fruchtbar gemacht wurde: der soziokulturelle Konstruktivismus, der die Zusammenhänge von Kognition, Kommunikation, Medien und Kultur in den Fokus rückt (vgl. Schmidt 1996).

2.8 Die Cultural Studies

Im Unterschied zum soziokulturellen Konstruktivismus wird in anders abgeleiteten kulturwissenschaftlichen Überlegungen das System-Paradigma beiseite gelassen und versucht, von einer neuen Warte aus den Journalismus adäquat zu beschreiben. Ausgangspunkte dafür bieten die so genannten Cultural Studies: Ausgehend von Überlegungen aus dem Marxismus, der Kritischen Theorie, der Semiotik, der Linguistik und den Handlungstheorien geht es ihnen um die kontextuelle Erforschung – und Veränderung (!) – des Verhältnisses von Kultur, Medien und Macht. Angesichts der vielfältigen Wurzeln und der Offenheit des Konzeptes ist es nicht überraschend, dass die Cultural Studies keinen geschlossenen theoretischen Ansatz darstellen; sogar der verwendete Kulturbegriff variiert stark. Bislang konzentrierten sich die Cultural Studies auf die Rezeption und Aneignung von Medien, hauptsächlich auf die Unterhaltungsprogramme des Fernsehens (vgl. Hepp 1999).

Mit den Arbeiten von John Hartley (1996), Stuart Allan (1999) und Rudi Renger (1999) wurden erstmals aufwändigere Versuche unternommen, die Kerngedanken der Cultural Studies in die Journalismusforschung zu übertragen. Journalismus wird von ihnen als „kultureller Diskurs" und Teil der Populärkultur begriffen. Journalismus als Bereich der Alltagskultur dient als Sphäre zur (Re-)Produktion von Bedeutung, Sinn und Bewusstsein. Dabei geht es den Cultural Studies weniger darum, wie journalistische Aussagen im Detail produziert werden. Stattdessen wird Journalismus, aus der Rezipientenperspektive, als Alltagsressource gesehen, die der sozialen Zirkulation von Bedeutung und Vergnügen dient. Medien wie die Tageszeitung werden als spezifische „Bedeutungsstruktur" interpretiert, als „literarische und visuelle Konstrukte, die symbolische Mittel und Wege anwenden und von bestimmten Regeln bzw. Normen, Konventionen und Traditionen geformt werden." (Renger 2000: 475)

Ob sich dieses Theoriekonzept (bislang) mittlerer Komplexität in der Journalismusforschung durchsetzen kann, wird sich zeigen. Generell festzuhalten ist jedenfalls, dass der Kulturbegriff, der in der deutschsprachigen Kommunikationswissenschaft eher stiefmütterlich behandelt wurde, für die journalismusbezogene Theoriebildung relevanter wird. Im Zuge der Globalisierung des Wirtschaftssystems entwickeln sich „transnationale Kulturen", welche die Produktionszusammenhänge in Medienkonzernen zunehmend prägen. An Bedeutung gewinnt der Kulturbegriff weiterhin, weil in einer globalisierten Welt das verbindet, was trennt – die Möglichkeit, sich als kulturell unterschiedlich wahrnehmen zu können (vgl. Hepp/Löffelholz 2001).

3 Methoden, Themen und Desiderata der empirischen Journalismusforschung

Die Emergenz theoretischer Konzepte der Journalistik verdeutlicht, dass der Status journalismusbezogener Theorien nicht auf Dauer festgelegt werden kann. Dementsprechend gelten die Ergebnisse einer theoriegeleiteten Erforschung des Journalismus so lange als valide, bis sie durch andere Sichtweisen und Befunde abgelöst werden, die einen höheren Grad an Konsistenz aufweisen. Generell basieren Aussagen über den Journalismus – ob von Wissenschaftlern, Berufspraktikern oder Laien – auf Beobachtungen, also auf individuell, kulturell und sozialstrukturell geprägten

Unterscheidungen. Die Befunde der Journalismusforschung sind somit gebunden an die jeweiligen theoretischen Konzepte, die den Blick des Forschers lenken, und an die jeweiligen Methoden, die eingesetzt werden, um den Journalismus empirisch zu beschreiben. Einen Journalismus „an sich" gibt es nicht.

In der empirischen Journalismusforschung finden sich neben der Befragung als häufigster Forschungsmethode teilnehmende Beobachtungen und Inhaltsanalysen, seltener dagegen experimentelle Designs (vgl. Böckelmann 1993). Viele Befunde basieren auf Fallstudien oder Stichprobenuntersuchungen mit eng definierten Grundgesamtheiten und sind deshalb nicht verallgemeinerbar. Dennoch besitzt die Journalistik mittlerweile vielfältige Kenntnisse über den Journalismus. Die entsprechenden Studien stehen zumeist in der Tradition des analytischen Empirismus, basieren also auf theoretischen Ansätzen mittlerer (oder geringer) Reichweite, die nicht direkt miteinander kompatibel sind. Weil übergeordnete theoretische Bezüge – etwa aus den System- oder Handlungstheorien – die Forschung bislang nur begrenzt geleitet haben, ergibt sich aus den zahlreichen Befunden „ein buntes, aber auch sehr beliebig wirkendes Mosaik der Aussagenentstehung und ihrer Akteure" (Scholl/Weischenberg 1998: 39). Um dieses Mosaik zu beschreiben, werden die vielfältigen empirischen Befunde – in Modifikation eines Vorschlags von Weischenberg (1992: 67ff.) – fünf thematischen Aspekten zugeordnet, die durch spezifische Leitfragen charakterisiert werden:

- Systemaspekt: Welche Beziehungen bestehen zwischen Journalismus und Gesellschaft?
- Strukturaspekt: Welche Bedingungen und Strukturen kennzeichnen den Journalismus?
- Produktaspekt: Welche Spezifika weisen journalistische Produkte auf?
- Leistungsaspekt: Welche Leistungen erbringt der Journalismus?
- Akteursaspekt: Welche Merkmale charakterisieren journalistische Akteure?

3.1 Journalismus als soziales System in der Gesellschaft

Der Journalismus, wie wir ihn heute kennen, entwickelte sich im 19. Jahrhundert. Mit der Professionalisierung journalistischer Berufsrollen und dem Übergang zur großbetrieblichen Produktionsweise reduzierte sich die Relevanz des bis dahin dominierenden „schriftstellernden Journalismus" (vgl. Baumert 1928). Es entstand – mit unterschiedlichen Ausprägungen in einzelnen Ländern (vgl. Requate 1995) – ein differenziertes Berufs- und Arbeitsfeld mit komplexen Organisationsstrukturen und vielfältigen Leistungen für unterschiedliche Zielgruppen. Werden wissenschaftliche Zustandsbeschreibungen zum Journalismus des beginnenden 21. Jahrhunderts zusammengetragen, finden sich dort üblicherweise Klagen über die Relevanzverluste des Aufklärungsjournalismus und die „ständige Entwicklung weg von der Information hin zur fiktionalen Unterhaltung" (Scholl/Weischenberg 1998: 261). Rund 200 Jahre vor diesen Einschätzungen, am Ende des 18. Jahrhunderts, kritisierte ein zeitgenössischer Beobachter in einer zeitungskundlichen Schrift, dass „ein Ritterordenfest bis auf den Winkel des gebogenen Knies voran dargestellt und dagegen der Abschluß eines Bündnisses unter einem Wust unerheblicher Nachrichten versteckt ist." (Schwarzkopf 1795: 84) Dieses Zitat illustriert, dass der Aufklärungsjournalismus von Beginn an nur ein Segment des sozialen Bereichs war, dem im Zuge funktionaler Differenzierung die primäre Verantwortung für die Beobachtung der Gesellschaft zugewachsen ist.

In Anlehnung an funktionalistische Systemtheorien kann der moderne Journalismus als Leistungssystem der Öffentlichkeit beschrieben werden, das alle Systeme einer funktional differenzierten Gesellschaft auf der Basis von Realitätstests aktuell beobachtet und damit ihre (Selbst-)Beobachtung ermöglicht. Journalistische Leistungen bilden eine wichtige Voraussetzung, damit gesellschaftliche Subsysteme wie beispielsweise Politik, Wirtschaft, Sport oder Kunst sich beobachten und ihre Operationen an eine sich verändernde Umwelt anpassen können. Als soziales System selektiert, bearbeitet und publiziert der Journalismus im Rahmen spezieller Organisationen (z.B. Redaktionen), bestimmter Handlungsprogramme (z.B. den Regeln journalistischer Recherche) und redaktioneller Rollendifferenzierung (z.B. Ressorts) Themen, die zielgruppenspezifisch als informativ und relevant gelten.

Insofern erweist sich der Journalismus als Sozialsystem, das seine Leistungen und Strukturen zwar permanent prüft und gegebenenfalls anpasst, insgesamt aber mehr auf Stabilität als auf Variation ausgerichtet ist: Eher werden bewährte und akzeptierte Strukturen zur Herstellung aktueller Medienaussagen routinisiert und tradiert als innovative Programme, Prozesse und Rollen erprobt. So wird erklärbar, warum neue Medientechnologien keineswegs immer und keineswegs sofort im Journalismus implementiert werden. Seine Evolution beruht nicht nur auf steter Anpassung, sondern auch auf der Stabilisierung ausgewählter Neuerungen. Innovation und Tradition ermöglichen die Evolution des Journalismus (vgl. Löffelholz 1999).

Seine Leistungen erbringt der Journalismus im Rahmen spezifischer Bedingungen, die abhängig von der Gesellschaft sind, in der er operiert (vgl. Rühl 1980). Besonders deutlich wird das in der international vergleichenden Journalismusforschung. Zwar konzentrieren sich die meisten komparativen Studien auf Einzelaspekte (vgl. als Überblick: Esser 2000: 125ff. sowie Abschnitt 3.5). Seit einigen Jahren werden aber Versuche unternommen, Journalismus-Systeme mehrdimensional zu vergleichen. Als forschungsleitender Ausgangspunkt wurde in Deutschland oftmals das von Weischenberg entwickelte Mehrebenen-Modell des Journalismus gewählt (siehe Abschnitt 2.7). Auf dieser Grundlage betrachtet Esser (1998) den deutschen und den britischen Journalismus mit dem Ziel, diejenigen Einflussfaktoren zu identifizieren, die dem jeweiligen System seine nationale und kulturelle Identität verleihen. Sievert (1998) fragt, inwieweit der europäische Einigungsprozess zu einer Synchronisierung von Journalismus-Systemen geführt hat. Und Scholl/Weischenberg (1998) schlussfolgern aus einer vergleichenden Betrachtung der Ergebnisse von fünf Journalistenbefragungen, dass sich Journalismussysteme normativ zwar unterscheiden, strukturell aber ähneln können.

Um den Journalismus als soziales System beschreiben zu können, ist eine weitere Beobachtung wichtig: In der so genannten Mediengesellschaft erweist sich die Beziehung zwischen Journalismus und Gesellschaft zunehmend als reflexiv: Deshalb setzt sich die derzeitige Forschung vor allem mit den Konsequenzen auseinander, die sich aus der Mediatisierung der Gesellschaft, also der wachsenden Relevanz von Medien für gesellschaftliche Prozesse, und ihren Rückwirkungen auf den Journalismus ergeben. Beobachtet wird in diesem Kontext u.a. eine wachsende Professionalisierung der Public Relations. Die Analyse der Beziehungen von Journalismus und Öffentlichkeitsarbeit stellt daher einen Schwerpunkt der empirischen Kommunikatorforschung dar. Nachdem zunächst, auf der Basis verschiedener Studien, ein deterministischer Einfluss der Public Relations auf den Journalismus konstatiert worden war, gehen neuere Untersuchungen von komplexen Interrelationen zwischen beiden sozialen Bereichen aus. Handlungstheoretisch werden ihre Beziehungen als „Intereffikation“, systemtheoretisch als „Interpenetration“ beschrieben (vgl. als Überblicke: Löffelholz 2000c, Schantel 2000).

Neben dem reflexiven Verhältnis zur Gesellschaft unterliegt der Journalismus seit seiner Genese vielfältigen Strukturbedingungen, darunter juristischen und politischen Normen (z.B. der Freiheit der Medien vom Staat), die in Deutschland vor allem im Grundgesetz und in den Landespresse- bzw. Landesmediengesetzen beschrieben werden, sowie in marktwirtschaftlich verfassten Gesellschaften in besonderer Weise ökonomischen Einflüssen. Dazu gehören der Medienwettbewerb, die Medienkonzentration, die erwerbswirtschaftliche Ausrichtung der meisten Medienorganisationen sowie ihre Abhängigkeit von der Werbung als wichtigster Finanzierungsquelle. Während die einzelnen Einflüsse differenziert beschrieben werden können, ist das Zusammenspiel von Journalismus und Medienunternehmen empirisch bislang nicht hinreichend geklärt. Grundsätzlich diskutiert wird in diesem Kontext, ob Outsourcing, Redaktionsmanagement, veränderte Themenauswahl, neue Präsentationsformen und die professionelle Vermarktung journalistischer Produkte Vorboten einer weiteren ökonomischen Kolonialisierung des Journalismus sind, journalistische Produkte also nur noch als Wirtschaftsgüter begriffen werden, deren Produktion ausschließlich ökonomischer Rationalität folgt (vgl. Altmeppen 2000b).

3.2 Strukturen und Strukturwandel des Journalismus

Mit der Frage nach der Relevanz ökonomischer Einflüsse für die Organisation und die Ergebnisse journalistischer Arbeit scheinen die Sechziger- und Siebzigerjahre wieder aufzuleben, in denen die Kritik an der Manipulation der Medien zum üblichen Repertoire einschlägiger politischer Debatten gehörte. Abseits solcher Diskussionen, die in der materialistischen Medientheorie ihren wissenschaftlichen Ausdruck fanden, wandte man sich der empirischen Analyse der Beziehungen des Journalismus zu seinen Umwelten freilich nur zögerlich zu. Denn die Journalismusforschung orientierte sich am Leitbild des Gatekeepers, interessierte sich also mehr für intra-redaktionelle Strukturen und Prozesse, um die zentrale Frage zu beantworten, wie aus Ereignissen Nachrichten werden (Nachrichtenselektionsforschung). Die zunächst individualistische Perspektive in der Gatekeeperforschung wurde nach und nach durch institutionale und system-orientierte Modelle ersetzt. Journalistisches Handeln erfolgt demnach innerhalb verschiedener Strukturebenen (z.B. redaktionelle Hierarchie oder Ressortgliederung) und wird von technologischen, organisatorischen und ökonomischen Imperativen sowie externen Einflüssen geprägt (vgl. zusammenfassend Weischenberg 1992: 237ff.).

Zur Beschreibung der Bedingungen, Strukturen und Prozesse journalistischer Arbeit werden heute primär Systemmodelle eingesetzt. Intern differenziert sich der Journalismus danach über Normen, Organisationen, Handlungsprogramme und Arbeitsrollen aus, die einem permanenten Anpassungsprozess unterworfen sind. So wird konstatiert, dass Beschreibungen journalistischer Organisationsziele heute weniger den Kontakt zum politischen Staatsbürger betonen als die Rolle von Rezipienten als Konsumenten. Auf der Ebene journalistischer Programme zeigt sich der

Strukturwandel u.a. in einer stärkeren Vermischung informations- und unterhaltungsorientierter Darstellungsformen. Rollenbezogen steht neben dem klassischen Redakteur, der recherchiert, redigiert und schreibt, immer häufiger ein marketinggeschulter Manager, der einen hohen Anteil von Planungs- und Koordinationsarbeiten zu bewältigen hat (vgl. Blöbaum 2000; Altmeppen/Löffelholz 1998).

Angelehnt an „funktionalistische Systemtheorien" können ethische Prinzipien ebenfalls als Strukturen des Journalismus verstanden werden. Solche normativen Strukturen sind beispielsweise als „Publizistische Grundsätze des Deutschen Presserates" institutionalisiert. In der Journalistik wie im Journalismus geraten ethische Prinzipien immer dann in den Fokus, wenn (wieder einmal) ein Skandal oder eine Krise entdeckt werden. Offenbar ist die Fähigkeit zur Selbstreflexion als Voraussetzung zur Veränderung von Handlungsmustern im Journalismus unzureichend verankert (vgl. Löffelholz 1995). Zur Analyse der Ethik des Journalismus werden unterschiedliche Ansätze vorgeschlagen: Während Wissenschaftler, die sich an den Prämissen des „normativen Individualismus" orientieren, die „personale Selbstverpflichtung" (Boventer [2]1985: 440) des Journalisten betonen, stellen Vertreter anderer Theoriekonzepte dieser reduktionistischen Auffassung komplexere Modelle gegenüber (vgl. z.B. Rühl/Saxer 1981: 475). Systematisch unterschieden werden heute die System-, Institutionen-, Professions- und Individualethik (vgl. Pürer 1992). Wird die überindividuelle Dimension ethischer Normen akzeptiert, „ist zwar sehr wohl noch von einer persönlichen Verantwortlichkeit zu sprechen, ihre Bedeutung ist allerdings erheblich geschwunden." (Thomaß 2000: 357).

In der Analyse des Strukturwandels aktueller Medienkommunikation beschäftigt sich die empirische Journalismusforschung besonders intensiv mit den Konsequenzen der Technisierung journalistischer Arbeit. Anfangs wurde vor allem die Einführung elektronischer Redaktionssysteme thematisiert (vgl. Weischenberg 1982). Heute geht es um die umfassende Konvergenz von Massenmedien, Telekommunikation und Computertechnologie und die damit verbundenen technologischen und ökonomischen Herausforderungen des Online-Journalismus (vgl. Altmeppen/Bucher/Löffelholz 2000). Traditioneller massenmedialer Journalismus und innovativer netzbasierter Journalismus unterscheiden sich, soviel ist heute schon sichtbar, in einer Vielzahl von Dimensionen – von der Organisationsstruktur und den Marktzutrittsmöglichkeiten über die Struktur und Tiefe journalistischer Produkte bis zum Rezeptionsfokus und den Interaktionsmöglichkeiten (siehe Tabelle 2).

Nicht nur für die berufliche Praxis, auch für die Theoriebildung bedeutet der netzbasierte Journalismus eine enorme Herausforderung. Das Internet ermöglicht die massenhafte Distribution von Informationen, ohne im klassischen Sinn ein Massenmedium zu sein. Das Internet ermöglicht die Verknüpfung von Massen- und Individualkommunikation – mit Konsequenzen für diese herkömmlichen Kommunikationsformen, die bislang weitgehend unbekannt sind. Das Internet ermöglicht, technologisch gesehen, eine Demokratisierung der Informationsdistribution, deren Grenzen dort liegen, wo individuelle Anbieter mit kapitalstarken, professionalisierten Organisationen konkurrieren müssen. Das Internet ermöglicht die bewusste Auswahl vielfältigster Informationen, setzt diese aber gleichzeitig voraus. Angesichts dieser Veränderungen erscheint eine schlichte Übertragung bisheriger Theoriebestände auf den Netz-Journalismus als wenig einleuchtend. Erst mit der Weiterführung der Journalismustheorie über die Denkfigur der „Massenmedien" hinaus kann der netzbasierte Journalismus angemessener analysiert werden (vgl. Quandt 2000).

Tabelle 2
Vergleich von massenmedialem und netzbasiertem Journalismus

Dimension	*massenmedialer Journalismus*	*netzbasierter Journalismus*
Organisationsstruktur	zentralisiert	dezentralisiert
Marktzutritt	sehr begrenzt	begrenzt
Produktionsfokus	nachfrageorientiert	angebotsorientiert
Produktionszyklus	alternierend	permanent
Produktstruktur	geschlossen	offen
Produkttiefe	gering bis mittel	sehr hoch
Produktaktualität	mittel bis hoch	sehr hoch
Rezeptionsfokus	angebotsorientiert	nachfrageorientiert
Interaktivität	gering	hoch

Nach: Löffelholz (1999: 275)

3.3 Spezifika journalistischer Produkte

Wie unterschiedlich massenmedialer und netzbasierter Journalismus strukturiert sind, zeigt sich in besonderer Weise bei ihren jeweiligen Produkten: Hypermedia als charakteristische Produkte der Netzkommunikation sind nonlinear aufgebaut und besitzen damit eine potenzielle inhaltliche Tiefe, die kein lineares Medium (nicht einmal ein vielbändiges Lexikon) erreichen kann. Dieser Aspekt wird freilich erst seit kurzem detaillierter analysiert (vgl. z.B. Meier/Perrin 2000). Dagegen liegen zu dem Aufbau, den Formen und der Sprache journalistischer Produkte für klassische Massenmedien eine Vielzahl von Arbeiten vor. Viele davon sind keine empirischen Studien, sondern Handbücher für die berufliche Praxis. In den letzten Jahren hat die Zahl wissenschaftlich begründeter Ratgeber zugenommen – beispielsweise für journalistische Darstellungsformen (vgl. Weischenberg 1988), journalistisches Texten (vgl. Häusermann 2001) oder das Design (vgl. Blum/Bucher 1998) und die Optimierung journalistischer Texte (vgl. Heijnk 1997). Neben diesen deutlichen Zeichen einer Verwissenschaftlichung der Journalistik existieren schon länger Publikationsreihen (zum Beispiel der Verlage List und UVK), die eine Kodifizierung journalistischen Wissens ebenfalls befördern.

Die Forschung hat sich primär mit den so genannten Berichterstattungsmustern sowie den journalistischen Darstellungsformen auseinander gesetzt. Berichterstattungsmuster werden als „Gesamtstrategien des Wirklichkeitsbezugs und der Thematisierung im Journalismus" (Schmidt/Weischenberg 1994: 224) verstanden. Neben dem Informationsjournalismus (auch: objektive Berichterstattung) unterscheiden Schmidt und Weischenberg als relevante Berichterstattungsmuster Präzisionsjournalismus, Interpretativen Journalismus, Neuen Journalismus und Investigativen Journalismus. Vor allem (aber nicht nur) in westlichen Industriestaaten besitzt der Informationsjournalismus mit seinem charakteristischen Anspruch auf Objektivität besondere Relevanz (vgl. Schmidt/Weischenberg 1994). Objektivität wird von der US-Wissenschaftlerin Gaye Tuchman als strategisches Ritual entmythologisiert. Nach ihrer Auffassung handelt es sich dabei um einen Prozess der Routinisierung journalistischer Tätigkeit, der im Wesentlichen aus fünf Prozeduren besteht: der Präsentation widerstreitender Möglichkeiten zu einem Thema, der Präsentation stützender Fakten zu den Aussagen, dem gezielten Einsatz von Anführungszeichen, der Strukturierung von Informationen in einer bestimmten Anordnung sowie der Trennung von Nachricht und Meinung (vgl. Tuchman 1978).

Darstellungsformen (auch Genres oder Stilformen) werden demgegenüber als strategische Symboltechniken zur Gestaltung und Präsentation von Medienangeboten beschrieben. Sie gehören – wie z.B. die Recherche – zu den journalistischen Handlungsprogrammen. Aus der Vielzahl an unterschiedlichen Darstellungsformen werden in der beruflichen Praxis, mit medienspezifischen Besonderheiten, hauptsächlich Meldung und Bericht als tatsachenbetonte, Kommentar und Glosse als meinungsbetonte sowie Reportage und Feature als unterhaltungsbetonte Formen eingesetzt. Zur Beschreibung und Systematisierung journalistischer Darstellungsformen wurden unterschiedliche theoretische Ansätze entwickelt – neben Versuchen aus der Linguistik auch materialistisch, systemtheoretisch und konstruktivistisch inspirierte Angebote. Insbesondere im konstruktivistischen Ansatz wird betont, dass Darstellungsformen sowohl das journalistische Handeln als auch das Rezeptionshandeln des Publikums orientieren (vgl. Schmidt/Weischenberg 1994): Rezipienten selektieren das, was sie lesen, hören oder sehen möchten, auch aufgrund gewohnter Muster der Berichterstattung.

3.4 Leistungen des Journalismus

Auch generell gilt: Was der Journalismus leistet, bestimmt (auch) das Publikum – jedenfalls wenn ein empirisch-analytischer Ansatz zugrunde gelegt wird, der sich mit normativen Aussagen über das, was der Journalismus leisten soll, nicht zufrieden gibt. Ob eine Meldung informativ, relevant oder verständlich ist, kann nur beurteilt werden, wenn Ansprüche des Journalismus, Analysen journalistischer Produkte und Einschätzungen des Publikums aufeinander bezogen werden. Erst eine solche umfassende Perspektive ermöglicht Aussagen, beispielsweise, über die Qualität journalistischer Produkte – ein Thema, das die empirische Journalismusforschung in den letzten Jahren intensiv beschäftigt hat (vgl. als Überblick: Fabris 2000). Diskutiert werden in diesem Kontext u.a. Kriterien zur Bestimmung von Qualität (vgl. Hagen 1995), die Verbindung publizistischer und ökonomischer Erfolgsfaktoren (vgl. Heinrich 1994), qualitätssichernde Infrastrukturmaßnahmen (vgl. Ruß-Mohl 1994), Regeln erfolgreichen journalistischen Handelns (vgl. Haller [3]1989) sowie Ansprüche, die aus einer Ethik des Journalismus abgeleitet werden (vgl. Thomaß 2000).

Nach wie vor werden die Vorstellungen über das, was der Journalismus in der und für die Gesellschaft leistet, weniger von empirisch geprüften Einsichten als von normativen Ansprüchen geprägt. Diese Ansprüche werden vor allem im politischen und juristischen Diskurs formuliert – etwa in den medienbezogenen Urteilen des Bundesverfassungsgerichts. Danach umfasst der Auftrag beispielsweise des öffentlich-rechtlichen Rundfunks neben der Meinungs- und politischen Willensbildung die kulturelle Information sowie die Unterhaltung (vgl. von Sell 1992). Solchen pauschalen Aufgabenkatalogen stehen differenzierte empirische Studien gegenüber, in denen ermittelt wurde, welche journalistischen Produkte von welchen Rezipienten in welcher Weise mit welchen Konsequenzen tatsächlich genutzt werden (vgl. z.B.

Berg/Kiefer 1996; Jäckel 1999). Erst wenn die Ergebnisse kommunikationswissenschaftlicher Nutzungs- und Wirkungsforschung einbezogen werden, können die Leistungen des Journalismus umfassender bestimmt werden. Der Verstehens- und Aneignungsforschung kommt dabei besondere Relevanz zu, weil die „Konsumenten“ journalistischer Angebote „ihre Präferenzen im Medienbereich nur erschwert, oder, im Falle der Vollfinanzierung aus Werbung, überhaupt nicht durchsetzen können“ (Kiefer 1998: 239). Zu berücksichtigen ist deshalb eine „Forschung, die nicht das Nutzungsverhalten, gemessen in Quoten, Reichweiten und Zeitaufwand, für den entscheidenden Indikator von Rezipientenpräferenzen hält, sondern die Schwierigkeiten der Rezipienten bei der Präferenzerkennung wie -formulierung in bezug auf Medienprodukte in ihren Ansätzen zentral berücksichtigt“. (Kiefer 1998: 240)

3.5 Merkmale und Einstellungen journalistischer Akteure

Für die Beschreibung journalistischen Handelns besitzen individuelle Merkmale journalistischer Akteure keine besondere Relevanz, zumindest im systemtheoretischen Konzept. Trotz des Aufschwungs entsprechender Ansätze hat jedoch die Zahl empirischer Journalismusstudien, die forschungspraktisch ein individualistisches Journalismusverständnis zugrunde legen, keineswegs abgenommen. Nach wie vor geht es in den meisten empirischen Untersuchungen um die Merkmale, Einstellungen und Selbstbeschreibungen journalistischer Akteure. Quantitativ stellt dieses Themenfeld den wichtigsten Forschungszweig der empirischen Journalismusforschung dar. Die Erklärung dafür liegt auf der Hand: Ein systembezogenes Journalismusverständnis zu operationalisieren ist schwieriger, eine entsprechend angelegte Untersuchung durchzuführen aufwändiger. Ob das Problem gelöst werden kann, indem eine individuen-zentrierte Empirie systemtheoretisch begründet wird, wie das Scholl/Weischenberg (1998: 51ff.) versucht haben, wird sogar von Systemtheoretikern skeptisch beurteilt (vgl. Rühl 2000: 69f.).

Die akteursorientierte Journalismusforschung hat sich in den letzten Jahrzehnten mit einer Vielzahl von Themen beschäftigt: Berufsmotivation und Ausbildung, Qualifikationsanforderungen und Kompetenzen, berufliche Sozialisation und Professionalisierung, sozialer Status und Berufszufriedenheit, intramediäre und intermediäre Mobilität, berufsrelevante Einstellungen und journalistische Ethik, politische Einstellungen und Publikumsbilder, Abhängigkeiten und Entscheidungsprozesse, Rollenselbstverständnis und dessen Handlungsrelevanz (vgl. Böckelmann 1993: 25f.). Besonders intensiv analysiert wurde die Frage, welches berufliche Selbstverständnis Journalistinnen und Journalisten besitzen und wie handlungsrelevant dieses ist. Nicht untertrieben ist es, dieses Problemfeld als das – auch wegen seiner medienpolitischen Relevanz – umstrittenste Thema der empirischen Journalismusforschung zu bezeichnen. Die diesbezüglichen Untersuchungen lassen sich dem analytischen Empirismus, dem legitimistischen Empirismus sowie den integrativen Sozialtheorien zuordnen.

Wichtige Meilensteine in der Entwicklung der empirischen Kommunikatorforschung stellen die Studien „The news people“ (Johnstone/Slawski/Bowman 1976) und, daran angelehnt, „The American journalist“ (Weaver/Wilhoit 1986) dar. Ihre Analysen waren repräsentativ angelegt, erweiterten also die Kommunikatorforschung, die bis dahin auf Fallstudien begrenzt war, erheblich. Die Samples beider

Untersuchungen konzentrierten sich auf den nachrichtlichen Journalismus, während der eher unterhaltungsorientierte Zeitschriftensektor ausgeblendet blieb. Ein Jahrzehnt später replizierten Weaver und Wilhoit (1996) ihre Untersuchung, was einen Vergleich der Befunde ermöglicht. Wenig verändert haben sich danach die beruflichen Rollenselbstbilder: Sowohl Anfang der Achtziger- als auch Anfang der Neunzigerjahre dominierten im US-amerikanischen Journalismus die Rollen des Interpretierers, des Rechercheurs und des Vermittlers von Informationen. Im Unterschied zu den geringen Veränderungen journalistischer Selbstbilder ermittelten Weaver und Wilhoit aber einen Wandel ethischer Normen: 1982 war beispielsweise nur jeder dritte US-Journalist bereit, persönliche Dokumente interviewter Personen ohne Erlaubnis zu verwenden; zehn Jahre später stimmte immerhin nahezu die Hälfte der Befragten dieser Recherchepraktik zu.

In Deutschland erregten in den Siebziger- und Achtzigerjahren empirische Arbeiten besonderes Aufsehen, welche dem „legitimistischen Empirismus“ zuzurechnen sind (vgl. z.B. Köcher 1985; Donsbach 1982; Kepplinger 1979). Der Studie von Renate Köcher kommt besondere Relevanz zu: Sie unternahm als erste den Versuch, das Rollenselbstverständnis in unterschiedlichen Journalismussystemen empirisch zu vergleichen. Nach ihren Befunden verstehen sich deutsche – im Gegensatz zu britischen – Journalisten als „Missionare“. Sie beschränken sich nicht auf die Rolle des Vermittlers von Informationen, sondern praktizieren vorwiegend einen wertungsorientierten Journalismus und nehmen damit politisch Einfluss. Nach den Ergebnissen weiterer Studien im Kontext des „legitimistischen Empirismus“ stellen Journalisten eine gesellschaftliche Macht dar, eine privilegierte Berufsgruppe, die zwar über mehr Partizipationschancen als die übrigen Bürger, aber keine entsprechende gesellschaftliche Legitimation verfügt. Journalisten bilden eine ungewöhnlich homogene Berufsgruppe mit ähnlichen politischen Einstellungen, die mit ihren Merkmalen, Interessen und Einstellungen jedoch keineswegs die Gesamtbevölkerung repräsentiert (vgl. z.B. Donsbach 1982: 218ff.).

Von der Vorgehensweise und den Interpretationen der Vertreter des „legitimistischen Empirismus“ grenzen sich zwei neuere Untersuchungen dezidiert ab: die repräsentative Studie „Journalismus in Deutschland“ (vgl. Weischenberg/Löffelholz/Scholl 1998), die auf der konstruktivistischen Systemtheorie aufbaut, sowie die Sozialenquete ost- und westdeutscher Journalisten (vgl. Schönbach/Stürzebecher/Schneider 1994), die im empirisch-analytischen Theoriekonzept verankert ist. Beide stellen die Datengrundlage über den deutschen Journalismus auf ein solides Fundament. Nach den Befunden dominieren im Selbstverständnis deutscher Journalisten das Rollenselbstbild des neutralen Vermittlers sowie ein insgesamt pluralistisches Rollenverständnis. Anders als von Vertretern des „legitimistischen Empirismus“ behauptet, besitzt der Journalismus als Vierte Gewalt dagegen eine untergeordnete Bedeutung. Insgesamt wird – mit Bezug auf die Befunde von Weaver und Wilhoit (1996) – eine „Konvergenz im Journalismus der Demokratien westlichen Typs“ (Weischenberg/Löffelholz/Scholl 1994: 165f.) konstatiert.

Dieser Befund ist freilich zurückhaltend zu interpretieren, weil zwar eine Reihe von Fragen in der deutschen und der US-amerikanischen Untersuchung gleich formuliert war, letztlich aber kein einheitliches Forschungsdesign verwendet wurde (vgl. Esser 2000: 127). Dieses Vorgehen ist in der vergleichenden Forschung nicht untypisch; die meisten akteursbezogenen Untersuchungen beziehen sich auf einen national begrenzten Journalismus. Insgesamt hat die international vergleichende

Journalistenforschung, eingeleitet von Köchers (1985) Pionierstudie, in den letzten Jahren an Relevanz gewonnen. Zu nennen ist in diesem Zusammenhang zum Beispiel das Projekt „Media and Democracy" unter der Leitung von Thomas E. Patterson und Wolfgang Donsbach, in dem berufliche Einstellungen und redaktionelle Strukturen am Beispiel von fünf Ländern untersucht wurden. Obgleich es sich keineswegs um eine für den gesamten Journalismus repräsentative Studie handelt, sieht Donsbach seine Annahme erneut bestätigt, dass deutsche Journalisten einen missionarischen Stil der Berichterstattung pflegen und nicht durch redaktionelle Kontrolle korrigiert werden (vgl. Donsbach 1993a: 158, 1993b: 291; Patterson/Donsbach 1996). Als weiteres wichtiges Projekt komparativer Journalistenforschung hervorzuheben ist das Vorhaben von David Weaver (1998), über einen Vergleich von 25 Journalistenbefragungen aus 21 Ländern strukturelle Ähnlichkeiten oder Unterschiede entdecken zu wollen. So interessant die Einzelbefunde sind – der Versuch endet „mit einem bescheidenen Fazit, nämlich daß weitere Forschung notwendig sei, um die gravierenden Abweichungen erklären zu können." (Esser 2000: 126)

4 Perspektiven von Journalismus und Journalistik

Insgesamt konnte die empirische Journalismusforschung zweifellos wichtige Lücken und Widersprüche beseitigen. Offene Fragen bleiben jedoch. Denn manche Antworten provozieren neue Fragen. Und außerdem: Der Gegenstandsbereich entwickelt sich weiter. Digitalisierung und Cyberspace, Online-Kommunikation und Internet, Medienkonvergenz und Multimedia, Globalisierung und kulturelle Synchronisation, Segmentierung und Content-Produktion, Kommerzialisierung und Trivialisierung – wer nach den Perspektiven von Journalismus und Journalistik fragt, bekommt heute vielfältige und keineswegs widerspruchsfreie Antworten.

Um heute den Journalismus zu charakterisieren, ist es offenbar opportun, mit Begriffen wie Wandel, Zukunft und Dynamik zu hantieren (vgl. z.B. Chalaby 2000: 33ff.). Dabei geht es jedoch weder um Theoriebildung noch um die Beobachtung der langfristigen Emergenz des Journalismus. Manche Reden über digitale, multimediale, interaktive und sonstige „neue" Medien gehören mehr zu einer legitimierenden Debatte über die Relevanz der Kommunikations- und Medienwissenschaft als zu einer wissenschaftlichen Analyse des Journalismus. Auf diese Weise lässt sich die Dynamik des Journalismus nur begrenzt beschreiben, geschweige denn erklären. Gleichwohl wird immer wieder versucht, die „Zukunft des Journalismus" (Weischenberg/Altmeppen/Löffelholz 1994) und der Journalismusforschung (vgl. Quandt 2000; Scholl/Weischenberg 1998: 261ff.) auszuloten. Prognosen sind jedoch nur innerhalb eines engen Zeithorizontes sinnvoll, häufig selbsterfüllend (oder selbstzerstörend) und eher auf die Problematisierung der Gegenwart als auf die Planung der Zukunft bezogen.

In Abgrenzung zu unilinearen Stufenmodellen soziokultureller Anpassung (Sozialdarwinismus), die auf einem trivialen Biologismus basieren, ist auf der Grundlage systemtheoretischer Überlegungen davon auszugehen, dass die Veränderungen im Journalismus nicht zu einer – wie auch immer gearteten – Höherentwicklung führen müssen. Es gibt keine Gewähr dafür, dass Variation, Selektion und Stabilisierung als relevante Evolutionsmechanismen Systeme dauerhaft in eine bestimmte Richtung verändern. Im Gegenteil: Für moderne Gesellschaften ist eine reflexive

Modernisierung geradezu charakteristisch. Evolution ermöglicht dem Journalismus Bestandssicherung, ohne jedoch zwangsläufig eine höhere Fähigkeit zur Selbststeuerung und eine günstigere Umweltanpassung zu gewährleisten. Voraussetzung für Evolution in diesem Sinn sind die Fähigkeiten, Bewährtes zu bewahren (Tradition) und Neues zu integrieren (Innovation). Nur so wird es möglich, den Bestand des Journalismus in einer dynamischen Umwelt zu sichern (vgl. Löffelholz 1999: 269f. u. 274f.).

Keine einfachen Antworten gibt es auch für die Perspektiven der Journalismustheorie. Die Emergenz theoretischer Konzepte der Journalismusforschung zeigt, dass die Herausbildung einer integrativen Supertheorie zur Beschreibung aktueller Medienkommunikation unwahrscheinlich ist. Die Beschreibung des Journalismus wird weiterhin multiperspektivisch erfolgen. Dabei gilt es, Ansätze mit Integrationspotenzial weiterzuentwickeln und sozial-theoretisch abgeleitete Ansätze stärker für die empirische Forschung zu operationalisieren. Denn diese bleibt für die Journalistik zentral.

Literatur

Allan, Stuart (1999): News culture. Buckingham, Philadelphia.

Altmeppen, Klaus-Dieter (2000a): Entscheidungen und Koordinationen. Dimensionen journalistischen Handelns. In: Löffelholz, Martin (Hrsg.): Theorien des Journalismus. Wiesbaden, S. 293-310.

Altmeppen, Klaus-Dieter (2000b): Funktionale Autonomie und organisationale Abhängigkeit. Inter-Relationen von Journalismus und Ökonomie. In: Löffelholz, Martin (Hrsg.): Theorien des Journalismus. Wiesbaden, S. 225-239.

Altmeppen, Klaus-Dieter/Bucher, Hans-Jürgen/Löffelholz, Martin (2000) (Hrsg.): Online-Journalismus. Perspektiven für Wissenschaft und Praxis. Wiesbaden.

Altmeppen, Klaus-Dieter/Löffelholz, Martin (1998): Zwischen Verlautbarungsorgan und ‚vierter Gewalt'. Strukturen, Abhängigkeiten und Perspektiven des politischen Journalismus. In: Sarcinelli, Ulrich (Hrsg.): Politikvermittlung und Demokratie in der Mediengesellschaft. Opladen, Wiesbaden, S. 97-123.

Baum, Achim (1994): Journalistisches Handeln. Eine kommunikationstheoretisch begründete Kritik der Journalismusforschung. Opladen.

Baumert, Dieter Paul (1928): Die Entstehung des deutschen Journalismus. Eine sozial-geschichtliche Studie. München, Leipzig.

Berg, Klaus/ Kiefer, Marie-Luise (Hrsg.) (1996): Massenkommunikation V. Eine Langzeitstudie zur Mediennutzung und Medienbewertung 1964-1995. Baden-Baden.

Blöbaum, Bernd (2000): Organisationen, Programme, Rollen. Die Struktur des Journalismus. In: Löffelholz, Martin (Hrsg.): Theorien des Journalismus. Wiesbaden, S. 169-183.

Blum, Joachim/Bucher, Hans-Jürgen (1998): Die Zeitung: Ein Multimedium. Textdesign – ein Gestaltungskonzept für Text, Bild und Grafik. Konstanz.

Böckelmann, Frank (1993): Journalismus als Beruf. Bilanz der Kommunikatorforschung im deutschsprachigen Raum von 1945 bis 1990. Konstanz.

Boventer, Hermann (^{2}1985): Ethik des Journalismus. Zur Philosophie der Medienkultur. Konstanz.

Breed, Warren (1955): Social control in the newsroom. In: Social Forces, 33. Jg., S. 326-335.

Bucher, Hans-Jürgen (2000): Journalismus als kommunikatives Handeln. Grundlagen einer handlungstheoretischen Journalismustheorie. In: Löffelholz, Martin (Hrsg.): Theorien des Journalismus. Wiesbaden, S. 245-273.

Bücher, Karl (1926): Gesammelte Aufsätze zur Zeitungskunde. Tübingen.

Chalaby, Jean K. (2000): Journalism studies in an era of transition in public communications. In: Journalism. Theory, practice and criticism, 1. Jg., S. 33-39.

Donsbach, Wolfgang (1982): Legitimationsprobleme des Journalismus: gesellschaftliche Rolle der Massenmedien und berufliche Einstellungen von Journalisten. Freiburg/Breisgau, München.

Donsbach, Wolfgang (1993a): Redaktionelle Kontrolle im Journalismus. Ein internationaler Vergleich. In: Mahle, Walter A. (Hrsg.): Journalisten in Deutschland. Nationale und internationale Vergleiche und Perspektiven. München, S. 143-160.

Donsbach, Wolfgang (1993b): Journalismus versus journalism – ein Vergleich zum Verhältnis von Medien und Politik in Deutschland und den USA. In: Donsbach, Wolfgang/Jarren, Otfried/Kepplinger, Hans Mathias/Pfetsch, Barbara (Hrsg.): Beziehungsspiele – Medien und Politik in der öffentlichen Diskussion. Fallstudien und Analysen. Gütersloh, S. 283-315.

Dovifat, Emil (1962): Zeitungslehre. Bd. 1. Berlin.

Dusiska, Emil (Hrsg.) (1973): Wörterbuch der sozialistischen Journalistik. Leipzig.

Dygutsch-Lorenz, Ilse (1971): Die Rundfunkanstalt als Organisationsproblem. Düsseldorf.

Esser, Frank (1998): Die Kräfte hinter den Schlagzeilen. Englischer und deutscher Journalismus im Vergleich. Freiburg/Breisgau.

Esser, Frank (2000): Journalismus vergleichen. Journalismustheorie und komparative Forschung. In: Löffelholz, Martin (Hrsg.): Theorien des Journalismus. Wiesbaden, S. 123-145.

Fabris, Hans-Heinz (2000): Vielfältige Qualität. Theoretische Ansätze und Perspektiven der Diskussion um Qualität im Journalismus. In: Löffelholz, Martin (Hrsg.): Theorien des Journalismus. Wiesbaden, S. 363-374.

Gottschlich, Maximilian (1980): Journalismus und Orientierungsverlust. Grundprobleme öffentlich-kommunikativen Handelns. Wien, Köln, Graz.

Hagen, Lutz M. (1995): Informationsqualität von Nachrichten. Opladen.

Haller, Michael ([3]1989): Recherchieren. Ein Handbuch für Journalisten. München.

Haller, Michael (2000): Die zwei Kulturen. Journalismustheorie und journalistische Praxis. In: Löffelholz, Martin (Hrsg.): Theorien des Journalismus. Wiesbaden, S. 101-122.

Hartley, John (1996): Popular reality. Journalism, modernity, popular culture. London u.a.

Häusermann, Jürg (2001): Journalistisches Texten. Sprachliche Grundlagen für professionelles Informieren. Konstanz.

Heijnk, Stefan (1997): Textoptimierung für Printmedien. Theorie und Praxis journalistischer Textproduktion. Opladen.

Heinrich, Jürgen (1994): Medienökonomie. Bd. 1: Mediensystem, Zeitung, Zeitschrift, Anzeigenblatt. Opladen.

Hepp, Andreas (1999): Cultural Studies und Medienanalyse. Eine Einführung. Opladen, Wiesbaden.

Hepp, Andreas/Löffelholz, Martin (Hrsg.) (2002): Grundlagentexte zur transkulturellen Kommunikation. Konstanz.

Holzer, Horst (1973): Kommunikationssoziologie. Reinbek.

Hund, Wulf D./Kirchhoff-Hund, Bärbel (1980): Soziologie der Kommunikation. Arbeitsbuch zu Struktur und Funktion der Medien. Reinbek.

Jäckel, Michael (1999): Medienwirkungen. Ein Studienbuch zur Einführung. Opladen, Wiesbaden.

Jäger, Karl (1926): Zeitungswissenschaft (Journalistik). Dessau.

Johnstone, John W.C./Slawski, Edward J./Bowman, William W. (1976): A sociological portrait of American journalists and their work. Urbana, London.

Kepplinger, Hans Mathias (1979): Angepaßte Außenseiter. Ergebnisse und Interpretationen der Kommunikatorforschung. In: Kepplinger, Hans Mathias (Hrsg.): Angepaßte Außenseiter. Was Journalisten denken und wie sie arbeiten. Freiburg/Breisau, München, S. 7-28.

Kepplinger, Hans Mathias (2000): Problemdimensionen des Journalismus. Theoretischer Anspruch und empirischer Ertrag. In: Löffelholz, Martin (Hrsg.): Theorien des Journalismus. Wiesbaden, S. 81-99.

Kiefer, Marie-Luise (1998): Medienkultur als Nachfrageproblem? In: Duchkowitsch, Wolfgang/Hausjell, Fritz/Hömberg, Walter/Kutsch, Arnulf/Neverla, Irene (Hrsg.): Journalismus als Kultur. Analysen und Essays. Opladen, Wiesbaden, S. 227-240.

Kleist, Heinrich von (1979): Lehrbuch der französischen Journalistik. In: Kisch, Egon Erwin (Hrsg.): Klassischer Journalismus. München, S. 89-93.

Köcher, Renate (1985): Spürhund und Missionar. Eine vergleichende Untersuchung über Berufsethik und Aufgabenverständnis britischer und deutscher Journalisten. Diss. Univ. München.

Kutsch, Arnulf (1988): Max Webers Anregung zur empirischen Journalismusforschung. Die ‚Zeitungs-Enquête' und eine Redakteurs-Umfrage. In: Publizistik, 33. Jg., S. 5-31.

Löffelholz, Martin (1989): Politik im Wissenschaftssystem. Planung und Implementation der hochschulgebundenen Journalistenausbildung. Münster.

Löffelholz, Martin (1995): Beobachtung ohne Reflexion? Strukturen und Konzepte der Selbstbeobachtung des modernen Krisenjournalismus. In: Imhof, Kurt/Schulz, Peter (Hrsg.): Medien und Krieg – Krieg in den Medien. Zürich, S. 171-191.
Löffelholz, Martin (1999): Perspektiven politischer Öffentlichkeiten. Zur Modellierung einer system- und evolutionstheoretischen Analyse. In: Kamps, Klaus (Hrsg.): Elektronische Kommunikation? Perspektiven politischer Partizipation. Opladen, Wiesbaden, S. 263-279.
Löffelholz, Martin (Hrsg.) (2000a): Theorien des Journalismus. Ein diskursives Handbuch. Wiesbaden.
Löffelholz, Martin (2000b): Theorien des Journalismus – eine metatheoretische und historische Orientierung. In: Löffelholz, Martin (Hrsg.): Theorien des Journalismus. Wiesbaden, S. 15-60.
Löffelholz, Martin (2000c): Ein privilegiertes Verhältnis. Inter-Relationen von Journalismus und Öffentlichkeitsarbeit. In: Löffelholz, Martin (Hrsg.): Theorien des Journalismus. Wiesbaden, S. 186-208.
Meier, Klaus/Perrin, Daniel (2000): Praxistraining Internet-Journalismus. Vernetztes Texten lehren. In: Altmeppen, Klaus-Dieter/Bucher, Hans-Jürgen/Löffelholz, Martin (2000) (Hrsg.): Online-Journalismus. Wiesbaden, S. 297-313.
Neuberger, Christoph (2000): Journalismus als systembezogene Akteurkonstellation. Vorschläge für die Verbindung von Akteur-, Institutionen- und Systemtheorie. In: Löffelholz, Martin (Hrsg.): Theorien des Journalismus. Wiesbaden, S. 275-291.
Patterson, Thomas E./Donsbach, Wolfgang (1996): News decisions. Journalists as partisan actors. In: Political Communication, 13. Jg., S. 455-468.
Pätzold, Ulrich (2000): Journalismus und Journalistik. Definitionsproblem und theoretische Perspektive. In: Löffelholz, Martin (Hrsg.): Theorien des Journalismus. Wiesbaden, S. 417-428.
Prutz, Robert E. (1971): Geschichte des deutschen Journalismus. Erster Teil. Faksimiledruck nach der 1. Auflage von 1845. Mit einem Nachwort von Hans Joachim Kreutzer. Göttingen.
Pürer, Hans (1992): Ethik in Journalismus und Massenkommunikation. Versuch einer Theorien-Synopse. In: Publizistik, 32. Jg., S. 304-322.
Quandt, Thorsten (2000): Das Ende des Journalismus? Online-Kommunikation als Herausforderung für die Journalismustheorie. In: Löffelholz, Martin (Hrsg.): Theorien des Journalismus. Wiesbaden, S. 483-509.
Quandt, Thorsten (2002): Virtueller Journalismus im Netz? Eine strukturationstheoretische Annäherung an das Handeln in Online-Redaktionen. In: Baum, Achim/Schmidt, Siegfried J. (Hrsg.): Fakten und Fiktionen. Über den Umgang mit Medienwirklichkeiten. Konstanz, S. 233-253.
Renger, Rudi (1999): Populärer Journalismus. Bedeutungsproduktion und -rezeption zwischen Information und Unterhaltung. Habilitationsschrift Univ. Salzburg.
Renger, Rudi (2000): Journalismus als kultureller Diskurs. Cultural Studies als Herausforderung für die Journalismustheorie. In: Löffelholz, Martin (Hrsg.): Theorien des Journalismus. Wiesbaden, S. 467-481.
Requate, Jörg (1995): Journalismus als Beruf: Entstehung und Entwicklung des Journalistenberufs in 19. Jahrhundert. Deutschland im internationalen Vergleich. Göttingen.
Rühl, Manfred (1969): Die Zeitungsredaktion als organisiertes soziales System. Bielefeld.
Rühl, Manfred (1980): Journalismus und Gesellschaft. Bestandsaufnahme und Theorieentwurf. Mainz.
Rühl, Manfred (1992): Theorie des Journalismus. In: Burkart, Roland/Hömberg, Walter (Hrsg.): Kommunikationstheorien. Ein Textbuch zur Einführung. Wien, S. 117-133.
Rühl, Manfred (2000): Des Journalismus vergangene Zukunft. Zur Theoriegeschichte einer künftigen Journalismusforschung. In: Löffelholz, Martin (Hrsg.): Theorien des Journalismus. Wiesbaden, S. 65-79.
Rühl, Manfred/Saxer, Ulrich (1981): 25 Jahre Deutscher Presserat. Ein Anlaß für Überlegungen zu einer kommunikationswissenschaftlichen Ethik des Journalismus und der Massenkommunikation. In: Publizistik, 26. Jg., S. 451-503.
Ruß-Mohl, Stefan (1994): Der I-Faktor. Qualitätssicherung im amerikanischen Journalismus. Modell für Europa? Zürich, Osnabrück.
Schantel, Andrea (2000): Determination oder Intereffikation? Eine Metaanalyse der Hypothesen zur PR-Journalismus-Beziehung. In: Publizistik, 45. Jg., S. 70-88.
Schmidt, Siegfried J. (1996): Die Welten der Medien. Grundlagen und Perspektiven der Medienbeobachtung. Opladen.
Schmidt, Siegfried J./Weischenberg, Siegfried (1994): Mediengattungen, Berichterstattungsmuster, Darstellungsformen. In: Merten, Klaus/Schmidt, Siegfried J./Weischenberg, Siegfried (Hrsg.): Die Wirklichkeit der Medien. Eine Einführung in die Kommunikationswissenschaft. Opladen, S. 212-236.

Scholl, Armin/Weischenberg, Siegfried (1998): Journalismus in der Gesellschaft. Theorie, Methodologie und Empirie. Opladen, Wiesbaden.

Schönbach, Klaus/Stürzebecher, Dieter/Schneider, Beate (1994): Oberlehrer und Missionare? Das Selbstverständnis deutscher Journalisten. In: Neidhardt, Friedhelm (Hrsg.): Öffentlichkeit, öffentliche Meinung, soziale Bewegungen. Opladen, S. 139-161.

Schwarzkopf, J. von (1795): Über Zeitungen. Frankfurt/Main (Neudruck: München 1993).

Sell, Friedrich-Wilhelm von (Hrsg.) (1992): Verfassungsrecht und Rundfunk. Die sieben Entscheidungen des Bundesverfassungsgerichts 1961 bis 1991. Berlin.

Sievert, Holger (1998): Europäischer Journalismus. Theorie und Empirie aktueller Medienkommunikation in der Europäischen Union. Opladen.

Thomaß, Barbara (2000): Von Aristotels zu Habermas. Theorien zur Ethik des Journalismus. In: Löffelholz, Martin (Hrsg.): Theorien des Journalismus. Wiesbaden, S. 351-362.

Tuchman, Gaye (1978): Making news. A study in the construction of reality. New York.

Weaver, David (Hrsg.) (1998): The global journalist. News people around the world. Cresskill.

Weaver, David H./ Wilhoit, G. Cleveland (1986): The American journalist. Bloomington, IN.

Weaver, David H./Wilhoit, G. Cleveland (1996): The American journalist in the 1990s. U.S. news people at the end of an era. Mahwah, CA.

Weber, Max (^{6}1984): Soziologische Grundbegriffe. Tübingen.

Weischenberg, Siegfried (1982): Journalismus in der Computergesellschaft. Informatisierung, Medientechnik und die Rolle der Berufskommunikatoren. München u.a.

Weischenberg, Siegfried (1988): Nachrichtenschreiben. Journalistische Praxis zum Studium und Selbststudium. Opladen.

Weischenberg, Siegfried (1992, 1995, 1998): Journalistik. Theorie und Praxis aktueller Medienkommunikation. 3 Bde. Opladen.

Weischenberg, Siegfried/Altmeppen, Klaus-Dieter/Löffelholz, Martin (1994): Die Zukunft des Journalismus. Technologische, ökonomische und redaktionelle Trends. Opladen.

Weischenberg, Siegfried/Löffelholz, Martin/Scholl, Armin (1994): Merkmale und Einstellungen von Journalisten. Journalismus in Deutschland II. In: Media Perspektiven, Nr. 1, S. 21-33.

Weischenberg, Siegfried/Löffelholz, Martin/Scholl, Armin (1998): Journalism in Germany. In: Weaver, David (Hrsg.): The global journalist. News people around the world. Cresskill, S. 229-256.

Weiß, Hans Jürgen (1977): Journalismus als Beruf. Forschungssynopse. In: Presse- und Informationsamt der Bundesregierung (Hrsg.): Kommunikationspolitische und kommunikationswissenschaftliche Forschungsprojekte der Bundesregierung (1974-1978). Bonn, S. 109-139.

White, David Manning (1950): The „gate keeper“: A case study in the selection of news. In: Journalism Quarterly, 27. Jg., S. 383-390.

Wrede, Richard (1902): Handbuch der Journalistik. Berlin.

Kommunikatorforschung: Public Relations

Günter Bentele

1 Begriff und Gegenstand

1.1 Begriff und Definitionen

Für den Grundbegriff „Public Relations“ existieren – wie bei allen sozial- und kommunikationswissenschaftlichen Grundbegriffen – eine Vielzahl von Definitionen. Zunächst einmal war und ist „Public Relations“ (abgekürzt PR) – im deutschsprachigen Raum synonym als „Öffentlichkeitsarbeit“ bezeichnet – ein Begriff zur Bezeichnung eines Berufsfeldes bzw. zur Bezeichnung der Tätigkeit, die in diesem Berufsfeld verrichtet wird. Vergleichbare Begriffe für benachbarte Berufsfelder sind „Journalismus“ oder „Werbung“, Überschneidungen existieren mit dem Begriff „Organisationskommunikation“ (vgl. den Beitrag von Theis-Berglmair in diesem Band), oder – in historischer Perspektive – mit dem Begriff „Propaganda“ (vgl. Bentele 1999a).

Der Begriff „Public Relations“ – wörtlich als „Öffentliche Beziehungen“ ins Deutsche übersetzt – wurde in den USA wohl zum ersten Mal im Jahr 1882 (vgl. Grunig/Hunt 1984: 14) verwendet, hat sich aber erst seit den Zwanzigerjahren durchgesetzt. In Deutschland hießen die ersten Praktiker, die diese Tätigkeit ausübten, „Literaten“, „Preßoffiziere“ oder – etwas später – Propagandamtsleiter, die Abteilungen wurden „Literarisches Büro“, „Presseabteilung“, „Nachrichtenstelle oder -amt“, „Presse- oder Propagandaamt“ etc. genannt. Was den deutschen Begriff „Öffentlichkeitsarbeit“ anbelangt, so hatte Albert Oeckl mehrfach die Erfindung dieses Begriffs für sich reklamiert, jüngere PR-historische Forschungen haben aber gezeigt, dass der Begriff spätestens im Jahr 1917 einschlägig im Kontext einer Selbstverständnisdiskussion der evangelischen „Preßverbände“ verwendet wurde (vgl. Döring 1998; Liebert 1997).

Definitionen in sozialwissenschaftlichen Fächern sind meist zeitabhängig und erfolgen aus verschiedenen Perspektiven. Noch in den Fünfziger- und Sechzigerjahren dominierten Definitionen für PR, die den öffentlichen Informationsvorgang und seine Ziele (z.B. Herstellung von Vertrauen) in den Mittelpunkt stellten. Heute wird Public Relations international weitgehend als (Teil des) Kommunikationsmanagements von Organisationen definiert. Public relations „is part of the management of communication between an organization and its publics.“ (Grunig/Hunt 1984: 6).[1]

Gemäß der Unterscheidung in Alltags-, Berufs- und wissenschaftliche Theorien (vgl. McQuail 1994: 4ff. und Rühl 1987: 102ff.) ist es sinnvoll, drei *Definitionsper-*

1 Vgl. auch die Definition des Autors: „Öffentlichkeitsarbeit oder Public Relations sind das Management von Informations- und Kommunikationsprozessen zwischen Organisationen einerseits und ihren internen oder externen Umwelten (Teilöffentlichkeiten) andererseits. Funktionen von Public Relations sind Information, Kommunikation, Persuasion, Imagegestaltung, kontinuierlicher Vertrauenserwerb, Konfliktmanagement und das Herstellen von gesellschaftlichem Konsens.” Vgl. Bentele (1997a: 22ff.)

spektiven zu unterscheiden: eine Alltagsperspektive, eine Berufsperspektive und eine wissenschaftliche Perspektive. In der *Alltagsperspektive* wird PR von Laien, „von außen" und ohne spezielle Kenntnisse betrachtet und häufig mit ambivalenten oder negativen Konnotationen versehen, nicht selten aber auch positiv gesehen („cooler" Beruf). Aus der *Berufsperspektive* äußern sich PR-Praktiker, wobei diese Definitionen häufig normativ und positiv aufgeladen sind. „Werbung um öffentliches Vertrauen", „Vertrauenswerbung", „Gutes tun und darüber reden" waren Definitionen und Verständniskerne von PR-Praktikern aus den Fünfziger- und Sechzigerjahren.[2] Heute wird Public Relations von *Berufsverbänden* oft – nicht empirisch fundiert, sondern normativ – mit „Dialog" gleichgesetzt.

Aus einer *wissenschaftlichen Perspektive* wird versucht, PR möglichst allgemeingültig zu definieren. Hier lassen sich unterschiedliche *disziplinäre* Sichtweisen ausmachen: Innerhalb der Wirtschaftswissenschaften – insbesondere in Marketing-Lehrbüchern – wird PR häufig als ein Instrument innerhalb der Kommunikationspolitik (oder des Kommunikationsmix) von Unternehmen aufgefasst. Kommunikationspolitik wird – neben Produkt-, Preis- und Distributionspolitik wiederum als ein Bereich innerhalb des „Marketing-Mixes" definiert (vgl. z.B. anstatt vieler Kotler/Bliemel 1992: 828ff.; Meffert 1993: 120; Nieschlag/Dichtl/Hörschgen 1991: 495ff.). PR wird in dieser klassischen Marketinglehre dem Marketing prinzipiell untergeordnet, als unternehmensbezogene Tätigkeit, die mit einem bestimmten Instrumentenensemble arbeitet, aufgefasst.[3] Erst neuere Ansätze geben diese Unterordnung auf (vgl. Haedrich 1994) oder „erfinden" Marketing als Kommunikation unter dem Begriff „integrierte Marketingkommunikation" neu (vgl. Duncan 1993).

Kommunikationswissenschaftler definieren PR in der Regel breiter, beziehen die Tätigkeit auf das Kommunikationsmanagement von Organisationen insgesamt (also auch politische Parteien, Parlamente, Kommunalverwaltungen, Vereine, Verbände, Umweltgruppen, Bürgerinitiativen etc.) und berücksichtigen häufig den gesellschaftlichen Gesamtkontext. Vergleicht man vorhandene Definitionen, so ist feststellbar, dass PR vor allem als *Tätigkeit*, häufig als *Teil* bzw. *Funktion von Organisationen*, darüber hinaus als *Funktionselement innerhalb der gesamten Gesellschaft* gesehen wird. Die Tätigkeitsperspektive, die organisationsbezogene Perspektive und die gesellschaftsbezogene Perspektive markieren also weitere Definitionsmöglichkeiten und somit Grundverständnisse von Public Relations (vgl. Signitzer 1988; Bentele 1998a).

In der organisationsbezogenen, kommunikationswissenschaftlichen Perspektive steht die Frage im Mittelpunkt, was PR für Organisationen generell (nicht nur für Unternehmen) leistet. Unter gesellschaftlicher, makrosozialer Perspektive lässt sich die Frage stellen, ob sich PR als *Typ öffentlicher Kommunikation* und (in system-

---

2 Vgl. z.B. die Definitionen von Hundhausen und Oeckl in Deutschland, Bernays in den USA: „Public Relations ist die Unterrichtung der Öffentlichkeit (oder ihrer Teile) über sich selbst mit dem Ziel, um Vertrauen zu werben." (Hundhausen 1951: 53); „Öffentlichkeitsarbeit ist das bewußt geplante und dauerhafte Bemühen, gegenseitiges Verständnis und Vertrauen in der Öffentlichkeit aufzubauen und zu pflegen" (Oeckl 1964: 43). „Public Relations is the attempt, by information, persuasion and adjustment, to engineer public support for an activity, cause, movement, or institution." (Bernays [2]1956: 3). Vgl. auch Zedtwitz-Arnim (1961: 21).

3 Zur Kritik dieser Auffassung und zur Diskussion des Verhältnisses von Public Relations und Marketing vgl. z.B. Ehling/White/Grunig (1992); Bentele (1998a: 50ff.); Hutton (2001).

theoretischer Perspektive) als *publizistisches Teilsystem* der Gesellschaft rekonstruieren und wissenschaftlich entfalten lässt.

1.2 Gegenstand

Public Relations – verstanden als organisierte kommunikative Tätigkeit (Kommunikationsmanagement) innerhalb von Organisationen, verstanden als Berufsfeld oder als soziales System – ist der Gegenstand der wissenschaftlichen (Teil-)disziplin „PR-Wissenschaft“ oder „Organisationskommunikation“, wobei sehr viel dafür spricht, „Public Relations“, „Organisationskommunikation“ und „Kommunikationsmanagement“ synonym zu verwenden (Grunig 1992a: 4). Bei der „PR-Wissenschaft“ handelt es sich zunächst einmal – im Gegensatz zur älteren „PR-Kunde“ der Fünfziger- und Sechzigerjahre (vgl. Ronneberger/Rühl 1992: 53ff.) – um eine Wissenschaft. In Deutschland hat sich diese Disziplin – analog beispielsweise zur „Journalistik“ – wesentlich als kommunikationswissenschaftliche Teildisziplin entwickelt. Sie beschäftigt sich heute mit der Geschichte und Entwicklung des Gegenstands PR, mit entsprechenden Theorien, mit ethischen Fragestellungen und Problemen, mit der systematischen Beschreibung und empirischen Analyse des Berufsfelds PR und dessen Teilfeldern (z.B. politische Public Relations, Unternehmens-PR, Non-Profit-PR, kommunale Öffentlichkeitsarbeit, Öffentlichkeitsarbeit von Verbänden, Kirchen, Gewerkschaften etc.), dem Einfluss und den Wirkungen von PR etc. Weitere wichtige Gebiete sind die Systematisierung und die wissenschaftliche Analyse der in diesem Berufsfeld eingesetzten Kommunikations*instrumente* (wie z.B. Presseinformationen, Pressekonferenzen, Geschäftsberichte), *Methoden* (z.B. Methoden der Management-Analyse wie der SWOT-Analyse, Methoden der Medienresonanzanalyse, Methoden der empirischen Kommunikationsforschung) und komplexeren Kommunikations*verfahren* (Event-PR, Issues-Management, Krisen-PR etc.). Sowohl in Deutschland, vor allem aber international wird in den letzten zehn Jahren allerdings immer deutlicher, dass PR-Wissenschaft ein eigenständiges, interdisziplinäres Unterfangen ist, das sich nicht auf kommunikationswissenschaftliche Methoden und Erkenntnisse beschränken lässt, sondern theoretische und methodische Perspektiven beispielsweise aus der Wirtschaftswissenschaft, der Organisations- und Sozialpsychologie (z.B. Persuasionsforschung), der Soziologie, Politikwissenschaft, Linguistik und anderen Disziplinen integriert.

Aus kommunikationswissenschaftlicher Sicht ist PR-Forschung ein Typ von „Kommunikator-Forschung“. Sofern der Begriff „Kommunikator“ nicht nur auf Journalisten beschränkt wird, kann man darunter *Akteure* verstehen, die an der Herstellung von öffentlicher Kommunikation beteiligt sind. Bestimmte *Funktionen* im Prozess der öffentlichen Kommunikation, nämlich die *Generierung*, *Verarbeitung* und *Weiterverbreitung* von Information und öffentlich relevanten Themen, machen Akteure zu Kommunikatoren. Diese *Kommunikatorfunktionen* gelten für beide publizistischen Bereiche bzw. Teilsysteme, das journalistische System und das PR-System. Schwerpunkte der *Generierung* von Themen liegen – darauf weisen die vorliegenden empirischen Befunde hin – beim PR-System, Schwerpunkte der *Weitervermittlung* beim Mediensytem. Nach dem Kriterium der Zugehörigkeit zum sozialen Subsystem lassen sich *journalistische Kommunikatoren* von *PR-Kommunikatoren* und diese wiederum von *Fachkommunikatoren* (z.B. Politiker, Manager) unterscheiden. Nach dem Kriterium der beruflichen *Involvierung* lassen sich *Berufskommunikatoren* (Journalisten und PR-Praktiker) von *funktionalen Kommunikatoren* (Politikern, Sportlern etc.) unterscheiden. Darüber hinaus ist die Unterscheidung zwischen *personalen* und *korporativen* Kommunikatoren (z.B. Behörden, Unternehmen, Verbände etc.) sinnvoll. Public Relations wird sowohl von personalen Kommunikatoren (z.B. Pressesprechern, Unternehmenssprechern, Einzelberatern etc.) als auch von korporativen Kommunikatoren (PR-Abteilungen, PR-Agenturen) vollzogen, jedenfalls in der Regel in einem *organisatorischen Zusammenhang*. Die Organisation gibt die Rahmenbedingungen, die Kommunikationsziele, das Budget etc. vor. Insofern lässt sich als Gegenstand der PR-Forschung und der PR-Wissenschaft auch die Beschäftigung mit Kommunikatoren unterschiedlichen Typs begreifen.

2 Forschungsentwicklung im Fach

Schon in der älteren zeitungs- und publizistikwissenschaftlichen Literatur wird der Gegenstand Public Relations durchaus gesehen und behandelt. 1875 beispielsweise beschreibt Wuttke (1875: 135ff.) in seiner frühen Arbeit über die Entstehung der öffentlichen Meinung den großen Einfluss der *Preßbüros* nach der Revolution 1848 – einer Zeit, in der viele unabhängige Zeitungen gegründet worden waren. Diese „verdeckte" politische PR, die zum Ziel hatte, Regierungseinfluss auf die Öffentlichkeit zu sichern, wurde später auch von Otto Groth (1929) thematisiert, wenn er in seinem Werk „Die Zeitung" den publizistischen Aktivitäten des Staates, der Stadtverwaltung, der Parteien und Interessenverbände einen ganzen Band widmet. Dieses deskriptiv-historisch, teilweise kritisch angelegte Werk kann heute als das erste umfangreiche wissenschaftliche Werk zur Geschichte, Organisation und zum Einfluss der Presse- und Öffentlichkeitsarbeit auf die Presse und die öffentliche Meinung in Deutschland gelesen werden. Walter Schöne (1923) befasste sich schon frühzeitig systematisch mit kommunaler Öffentlichkeitsarbeit. Dissertationen über die staatliche Presse- und Informationspolitik lassen sich spätestens seit den Dreißigerjahren nachweisen, Dissertationen zur innerbetrieblichen Information werden seit den Vierzigerjahren geschrieben, die erste Nachkriegsdissertation über Public Relations stammt von Ernst Vogel (1951), etwa zehn weitere Dissertationen folgen allein in den Fünfzigerjahren (vgl. dazu umfassend Spiess 1969).

Die Schriften einflussreicher Autoren der Fünfziger- und Sechzigerjahre (Hundhausen 1951; Oeckl 1964, 1976) nehmen zwar zeitgenössische, wissenschaftliche Literatur auf, im Kern handelt es sich bei deren theoretischen Überlegungen um *normative Praktikertheorien*, ergänzt um – aus der Berufserfahrung heraus entwickelte – normative *Systematiken* (Leitsätze, Prinzipien, goldene Regeln), die für die PR-Praxis durchaus Nutzwert hatten, heutigen Anforderungen an empirisch prüfbare wissenschaftliche Theorien aber nicht genügen können.

In der publizistik- und kommunikationswissenschaftlichen Literatur – auch der Einführungsliteratur – der Fünfziger- bis Ende der Achtzigerjahre führte PR ein Schattendasein. Das Fach befasste sich vor allem mit Journalismus und Medien, als Kommunikatoren wurden fast ausschließlich *journalistische Kommunikatoren* betrachtet (vgl. z.B. Pürer [4]1990), PR wurde allenfalls als „Sonderfall" (vgl. Kübler

1994) mariginalisiert. Der grundlegende Überblick über die deutschsprachige Kommunikatorforschung von Böckelmann (1993) verwendet den Begriff „Journalist" sogar als ein Substitut für den Begriff „Kommunikator".

Erst in der Einführungsliteratur der Neunzigerjahre (z.B. Merten 1999; Weischenberg 1995) und der neuesten Einführungsliteratur (z.B. Jarren/Bonfadelli 2001; Burkart [4]2002) wird der PR ein größerer, angemessener Stellenwert eingeräumt. Allerdings sind z.B. in der historisch ausgerichteten Literatur zur Kommunikationspolitik durchaus relevante PR-Fragestellungen (z.B. die publizistische Beeinflussung öffentlicher Meinung) aufgegriffen worden, wenn beispielsweise die Bismarck'sche Pressepolitik behandelt wurde (vgl. Koszyk 1966: 229ff.).

In der zeitungs- und publizistikwissenschaftlichen Tradition bis in die Neunzigerjahre hinein ist eine spezifische *Verkürzung* festzustellen, wenn es um Kommunikationsaktivitäten von Organisationen geht, die nicht Medienorganisationen sind (vgl. dazu Bentele 1997b). PR wurde traditionell – und in einigen einführenden Werken bis heute – vor allem in der Rolle als *Quelle* bzw. Informationslieferant für den Journalismus wahrgenommen, was zugleich als Einflussmöglichkeit auch als eine Gefahr für den Journalismus betrachtet wird. In dieser – journalismuszentrierten – Perspektive werden die Kommunikationsleistungen von Organisationen nicht als deren genuine Leistungen für Stakeholder, Öffentlichkeiten und die gesamte Gesellschaft analysiert, sondern nur als Zulieferleistung für den Journalismus, der als zentrale öffentlichkeitsgenerierende Akteursgruppe der Gesellschaft verkannt wird. Schon Groth (1929) nimmt die publizistischen Leistungen des Staates, der Stadtverwaltung, der politischen Parteien und der Interessenverbände primär oder ausschließlich unter der Perspektive der „Stoffbeeinflussung" journalistischer Arbeit wahr. Die viele Jahrzehnte einflussreiche „Zeitungslehre" von Emil Dovifat sah dies ähnlich (Dovifat/Wilke 1976: 139ff.). Neuere Beispiele sind z.B. das weit verbreitete Buch von Meyn (1994: 176 ff.), in dem die PR-Leistung von *Pressestellen* auf ihre *unterstützende Funktion* für den Journalismus reduziert wird. Am deutlichsten kommt diese Sichtweise im Begriff des „subsidiären Journalismus" (Kunczik 1988: 240ff.; Noelle-Neumann/Schulz/Wilke 1989: 52) zum Ausdruck. „Subsidiärer" Journalismus – als Bezeichnung für PR – wird dem „originären" Journalismus gegenübergestellt, auf diese Weise nicht nur funktional reduziert, sondern auch *abgewertet.*

Eine zweite Betrachtungsperspektive, unter der PR im Fach – allerdings eher unbewusst – wahrgenommen wurde, ist die *Produktperspektive.* PR-Medien (wie Werkzeitschriften, Amtsblätter kommunale Blätter etc.) tauchen schon seit langem als spezielle Medienformen in publizistik- und kommunikationswissenschaftlichen Darstellungen auf (vgl. Groth 1929; Dovifat 1968, 1969). Auch in der jüngeren Einführungsliteratur werden z.B. Verbandszeitschriften und Amtsblätter als wichtige Medien wahrgenommen (z.B. Pürer/Raabe (1994: 194). Standes-, Berufs- und Verbandszeitschriften, Kunden-, Haus- und Werkzeitschriften, auch konfessionelle Zeitschriften werden als Zeitschriftentypen erwähnt und analysiert. Die dahinter stehende *Kommunikationsleistung* von Parteien, Kommunalverwaltungen, Vereinen oder Bürgerinitiativen wird nur selten wahrgenommen (vgl. Jarren 1984).

Während in den Sechziger- und Siebzigerjahren in Deutschland zwar eine Reihe von wissenschaftlichen Einzelstudien erschienen ist, der Typ Praktikerliteratur jedoch dominierte,[4] haben sich in den Achtzigerjahren die wissenschaftlichen Aktivitäten verstärkt,[5] um seit Anfang der Neunzigerjahre einen deutlichen Boom zu erleben. Folgende Indikatoren markieren diesen „Entwicklungsschub“: eine deutlich zunehmende Zahl der wissenschaftlichen Publikationen zum Themenfeld PR, eine Verfünffachung der Zahl der Aufsätze in der Fachzeitschrift ›Publizistik‹ (vgl. Bentele 1997b), eine deutliche Zunahme der akademischen Abschlussarbeiten mit diesem Feld. Zwischen 1980 und 1990 sind in Deutschland, Österreich und der Schweiz etwa 200 akademische Abschlussarbeiten (Magister- und Diplomarbeiten, Dissertationen) entstanden, seit Ende der Achtzigerjahre werden pro Jahr etwa 10 bis 15 Dissertationen und weit über 100 Diplom- und Magisterarbeiten geschrieben (vgl. Signitzer 1990; Bentele 1999b). Wichtig waren vier von der Herbert Quandt-Stiftung gesponsorte wissenschaftliche Konferenzen Ende der Achtziger- und Anfang der Neunzigerjahre, auf denen führende amerikanische und deutsche Kommunikationswissenschaftler neue Forschungsergebnisse und Ideen zur PR-Forschung austauschten und so der Anschluss an die amerikanische PR-Forschung entwickelt werden konnte (vgl. Avenarius/Armbrecht 1992; Armbrecht/Avenarius/Zabel 1993 und Armbrecht/Zabel 1994). Seit 1992 ist die Fachgruppe „Public Relations und Organisationskommunikation“ innerhalb der Deutschen Gesellschaft für Publizistik- und Kommunikationswissenschaft (DGPuK) aktiv, die sich mit einer Reihe von Themen auf Fachtagungen beschäftigt hat und mittlerweile Zentrum der deutschsprachigen Forschungsaktivitäten geworden ist (vgl. Bentele/Szyszka 1995; Bentele/Steinmann/Zerfaß 1996; Bentele/Liebert 1995; Szyszka 1997a, 1999; Röttger 2001).

Heute ist die PR-Forschung im Fach Kommunikations(- und Medien)wissenschaft in Deutschland weitgehend anerkannt, was neben diesen wissenschaftlichen Aktivitäten gewiss auch mit der steigenden Relevanz der PR als Berufsfeld für Absolventen des Fachs zu tun hat.

Unterscheidet man zwischen *PR-Forschung* – darunter verstehe ich die planmäßige und zielgerichtete Suche nach neuen Erkenntnissen im Gebiet Public Relations – und *PR-Wissenschaft,* die die Entwicklung eigener Theorien und Methoden, Forschungstraditionen, eines wissenschaftlichen „body of knowledge“ und einer wissenschaftlichen Infrastruktur (mit Lehrstühlen/Instituten, Studiengängen, regelmäßigen Forschertreffen, Forschungsprogrammen, wissenschaftlichen Gesellschaften etc.) voraussetzt, dann lässt sich feststellen, dass in den USA sicher von einer PR-Wissenschaft gesprochen werden kann. Eine kontinuierliche – und nicht nur vereinzelte – PR-Forschung hat im deutschsprachigen Raum etwa im Jahr 1970 begonnen (vgl. Signitzer 1990). Seit Anfang der Neunzigerjahre ist – wie gezeigt – eine deutlich beschleunigte Entwicklung festzustellen, die mittlerweile eine personelle und institutionelle Breite erreicht hat, dass man von einer sich entwickelnden PR-Wissenschaft sprechen kann.

---

4 Vgl. dazu die bibliografischen Übersichten bei Flieger (1983), den entsprechenden Nachfolgebänden (Flieger 1985, 1990, 1995) und die Bibliografie von Lieb (1991).

5 Ein wichtiges Handbuch erschien 1982 (Haedrich/Barthenheier/Kleinert 1982), die erste Bibliografie im selben Jahr (Flieger 1983), daneben einige Nürnberger Dissertationen (z.B. Hintermeier 1982; Knorr 1984). Hinzu kommen mehrere Tagungsbände, die auf die wissenschaftlichen Aktivitäten vor allem von Franz Ronneberger und Manfred Rühl zurückgehen.

3 Theorien, zentrale Ansätze, Ergebnisse

3.1 Grundlagenforschung, angewandte Forschung, Forschungsparadigmen

In den USA hat sich die PR-Wissenschaft seit etwa Anfang bis Mitte der Siebzigerjahre von einem eher praktizistisch ausgerichteten Fach zu einer wirklichen wissenschaftlichen Disziplin entwickelt hat (vgl. Grunig 1992b), in der das Handeln von PR-Praktikern als zu erklärende, abhängige Variable verstanden wird. In dieser Zeit sind eine Reihe von Modellen, Theorien geringerer oder größerer Reichweite und von empirischen Studien in verschiedenen Bereichen entstanden, die teils auch international breit zur Kenntnis genommen wurden. Im deutschsprachigen Raum hat man sich dabei frühzeitig auf diese Entwicklungen bezogen (vgl. Signitzer 1988), mittlerweile sind jedoch in Deutschland und in Europa eigene Diskussionsforen, Theorien und empirische Studien entstanden, die teils zu wissenschaftlichen Traditionen geführt haben. Im Folgenden wird der Fokus auf den deutschsprachigen Raum gelegt, was allerdings international bekannte Modelle und Theorien, die meist in den USA entwickelt wurden, teilweise einschließt.

In den USA erschien Ende der Achtzigerjahre ein erster Forschungsüberblick von Pavlik (1987), der damals ein deutliches Anwachsen von PR-Forschungsaktivitäten zwischen 1975 und 1985 feststellt, gleichzeitig aber auch betont, dass nur ein kleiner Teil der Publikationen der Grundlagenforschung (basic research), der weitaus größere Teil der angewandten Forschung (applied research) zuzurechnen ist. Bislang liegt kein vergleichbarer neuerer Überblick vor. Auch die im aktuellen „Handbook of Public Relations“ (Heath 2001) erschienenen Arbeiten gehen nur punktuell weiter. Auf der Basis dieser Systematik und einer ähnlichen von Signitzer (1990) hat der Autor dieses Beitrags eine Systematik entworfen, die die Grundlage für das folgende Kapitel sein wird (vgl. auch Bentele 1999b).

3.2 Einführungsliteratur und Metaforschung

Während in den USA als dem führenden Land der PR-Wissenschaft eine Reihe von qualitativ hochstehenden, akademischen „Textbooks“ existieren, die umfassend konzipiert sind, allerdings teilweise auch „how-to-do“-Teile enthalten (vgl. z.B. Baskin/Aronoff/Lattimore ^{4}1997; Cutlip/Center/Broom ^{7}1994; Grunig/Hunt 1984; Newsom/Scott/Turk 1992; Wilcox/Ault/Agee 1992), existiert in Deutschland zwar eine große Zahl von einführenden Monografien, doch sind die meisten dieser Bücher der Praktikerliteratur zuzurechnen: Sie vermitteln vor allem Techniken der Presse- und Medienarbeit, Techniken der internen Kommunikation, der strategischen PR, der Krisen-PR, der CI-Planung etc.[6] Auch wenn in einigen dieser Monografien Kapitel zur Geschichte der PR, zur PR-Ausbildung etc. enthalten sind, verzichten sie doch vielfach darauf, vorliegende Forschungsergebnisse zu integrieren.

Faulstich (2000) versteht PR – in Abgrenzung zu organisationsbezogenen und gesellschaftsbezogenen Theorieansätzen als „spezielle System-Umwelt-Interaktion“ und geht davon aus, dass Public Relations nach innen (Organisationskultur) und außen (Kultur, Gesellschaft) agiert. Eine Reihe von Grundbegriffen (Öffentlichkeit,

---

6 Als qualitativ bessere Beispiele vgl. Brauer (1993), Reineke/Eisele (^{2}1994), Rota (^{2}1994). Zur Pressearbeit vgl. z.B. Falkenberg (2000), zur internen Kommunikation Meisert (1993), zur CI-Planung Birkigt/Stadler/Funck (^{9}1998).

Wert, Sinn) wird diskutiert und differenziert, unterschiedliche „Medien" in ihrer Bedeutung für die Öffentlichkeitsarbeit werden unterschieden sowie Methoden und Strategien der PR dargestellt. Avenarius ([2]2000) versteht PR als „Grundform gesellschaftlicher Kommunikation" und ist bemüht, auch aktuelle wissenschaftliche Erkenntnisse in die breite Darstellung der praktischen PR einfließen zu lassen. Neben diesen wenigen Monografien existieren einige instruktive Aufsatzsammlungen, die für Zwecke der PR-Ausbildung an Universitäten zusammengestellt worden sind (z.B. Dorer/Lojka 1991; Fischer/Wahl 1993; Donsbach 1997). Außerdem gibt es einige Bände, die Spezialbereiche behandeln und dies jeweils mit einer Mischung aus systematisch-wissenschaftlichen Aufsätzen und Fallstudien aus der Praxis realisieren, z.B. zum Thema integriertes Kommunikationsmanagement (Ahrens/Scherer/Zerfaß 1995) oder dialogorientierte Unternehmenskommunikation (Bentele/Steinmann/Zerfaß 1996).

Ein Forschungsbereich, der zwischen Metaforschung und theoretischer Grundlagenforschung liegt, ist die auf *PR-Grundbegriffe* orientierte Forschung. Beispielsweise haben verschiedene – meist interdisziplinär ausgerichtete – PR-Tagungen zu den Begriffen „Öffentlichkeit" oder „Image" stattgefunden, bei solchen Gelegenheiten entstanden schärfere Konturen solcher Begriffe und Diskussionen, die eine Einordnung dieser Begriffe in bestimmte Theorien erleichtern. Die Begriffe „Öffentlichkeit" (vgl. Faulstich 1993; Szyszka 1999), „Image" (vgl. Armbrecht/Avenarius/Zabel 1993; Faulstich 1992) oder „Issues Management" (vgl. Röttger 2001) sind Beispiele.

Der Entwicklungsstand der *Meta*-Forschung mag ein Kriterium der Reife eines wissenschaftlichen Faches innerhalb der Sozialwissenschaften sein. Ein Element der Meta-Forschung sind *Bibliografien*. Heinz Flieger (1983) brachte die erste PR-Bibliografie in Deutschland heraus, es folgten drei Ergänzungsbände (Flieger 1985, 1990 und 1995). Während hier wissenschaftliche Standards nicht immer eingehalten wurden, erschien 1991 in Lüneburg eine wissenschaftliche PR-Bibliografie von Jutta Lieb (1991), die bislang nicht fortgesetzt wurde. Das zweibändige Handwörterbuch der PR (Merten 2000) enthält neben einer systematischen Stichwortsammlung eine umfangreiche Bibliografie. Das erste systematische PR-Handbuch war schon Anfang der Achtzigerjahre erschienen (Haedrich/Barthenheier/Kleinert 1982), seither sind mehrere PR-Lexika mit allerdings sehr unterschiedlicher Qualität der Artikel herausgegeben worden (Pflaum/Pieper [2]1993; Brauner u.a. 2001). Die Beiträge zu einer wissenschaftlichen *Metaforschung* wie z.B. Pavlik (1987) für die USA, Bentele (1999b) für Deutschland oder – bezogen auf die Determinationsthese und den Intereffikationsansatz – Schantel (2000) sind noch sehr rar.

3.3 Allgemeine PR-Theorien und grundlegende Begriffe

Hält man eine Differenzierung zwischen allgemeinen PR-Theorien und PR-Theorien „mittlerer Reichweite" (vgl. dazu Kap. 3.4) für sinnvoll, so lässt sich feststellen, dass Überlegungen zu einer allgemeinen PR-Theorie bislang eher selten sind, dass aber eine Reihe von PR-Theorien mittlerer Reichweite existieren.

Ein einfacher Typ allgemeiner Theorien sind die organisationsbezogenen Modelle der Public Relations, die von Form und Inhalt her einfachen kybernetischen bzw. systemtheoretischen Modellen entsprechen. Grunig und Hunt (1984) konzipieren

Organisationen und ihre Subsysteme (darunter auch das PR-Subsystem) als offene Systeme. PR wird als Teil des Management-Subsystems gesehen, das – vor allem durch seine „boundary-role“ – die Funktionen hat, für Verständigung mit anderen organisatorischen Subsystemen sowie mit externen „publics“ zu sorgen. Long und Hazleton (1993) entwickelten ein kombiniertes, einfaches kybernetisches Modell, bei dem sie von einem Umweltsystem (environmental supersystem) ausgehen, das u.a. rechtliche, politische, ökonomische, technologische Dimensionen enthält sowie von einem organisatorischen Subsystem, das wiederum ein kommunikatives Subsystem (die PR-Abteilung) enthält, die mit dem System des Zielpublikums verbunden ist. Das organisatorische und das kommunikative System werden als Input-Transformation-Output-Systeme, als einfach informationsverarbeitende Systeme also, konzipiert. Ähnlich wird in dem in den USA am weitesten verbreiteten Lehrbuch die Disziplin Public Relations als Modell eines offenen Systems konzipiert, in dem Struktur und Prozess, Zielgrößen und Veränderungen in der Umwelt als wichtigste Elemente, zwischen denen Beziehungen bestehen, unterschieden werden (vgl. Cutlip/Center/Broom [7]1994: 244).

Für den deutschsprachigen Raum existiert ein systematischer „Theorieentwurf“ des Typs allgemeine Theorie, nämlich der von Ronneberger und Rühl (1992). Die Autoren entwerfen Teile einer PR-Theorie, wobei sie – mit Niklas Luhmann – von einem System-Umwelt-Paradigma ausgehen und auf dieser Basis einen „äquivalenzfunktionalistischen“ Ansatz entwickeln. Neben einer Reihe von metatheoretischen Reflexionen ist die Unterscheidung dreier Analyseebenen: einer *Makro-*, einer *Meso-* und eine *Mikroebene* der Public Relations ein Kernstück des Ansatzes. Auf der Makroebene wird das Verhältnis von Public Relations zur Gesamtgesellschaft untersucht, die Autoren sprechen hier von der *Funktion* von PR. Mit der Mesoebene sind die Wechselbeziehungen zwischen PR und anderen gesellschaftlichen Funktionssystemen (Politik, Wirtschaft, Wissenschaft, Recht, Freizeit, Familie etc.) angesprochen, die Autoren sprechen hier von *PR-Leistungen*. Die Mikroebene enthält inner- und interorganisatorische Wechselbeziehungen, dieser Ebene wird der Begriff *„PR-Aufgaben“* vorbehalten. Die gesellschaftliche Funktion der PR wird in „autonom entwickelten Entscheidungsstandards zur Herstellung und Bereitstellung durchsetzungsfähiger Themen (effecitive topics oder issues)“ gesehen, die gesellschaftliche Wirkungsabsicht von PR ist es für die Autoren, durch „Anschlußkommunikation und Anschlußinteraktion öffentliche Interessen [...] und das soziale Vertrauen der Öffentlichkeit zu stärken – zumindest das Auseinanderdriften von Partikularinteressen zu steuern und das Entstehen von Mißtrauen zu verhindern“ (beide Zitate Ronneberger/Rühl 1992: 252). Der interessante Anstoß, den dieses Buch gibt, ist die Frage, ob und inwieweit wir es bei dem Phänomen Public Relations nur mit einem organisatorischen oder auch mit einem gesellschaftlichen Subsystem zu tun haben. Publizistik ließe sich – so die implizite These – im Rahmen eines systemtheoretischen Zugangs und unter Voraussetzung einer funktional gegliederten Gesellschaft als soziales Teilsystem neben der Politik, der Wirtschaft, der Wissenschaft etc. begreifen. Innerhalb dieser Sichtweise würde dieses System der Gesellschaft nicht nur die Beobachtung von Ereignissen und Sachverhalten außerhalb der jeweiligen Gesellschaften, sondern auch die Selbstbeobachtung ermöglichen.

Zerfaß (1996) hat einen entwickelten Ansatz einer Theorie der Unternehmenskommunikation vorgelegt, in dem er sozial- und gesellschaftstheoretische Ansätze, kommunikations- und PR-theoretische Ansätze mit wirtschaftswissenschaftlichen verknüpft. Weit über traditionelle Ansätze und Modelle der Marketinglehre hinausgehend, ordnet er die kommunikativen Funktionen von Unternehmen neu: Marktkommunikation als Kommunikation mit dem Marktumfeld, Organisationskommunikation als Kommunikation mit (internem) Organisationsumfeld, Public Relations als Kommunikation mit dem gesellschaftspolitischen Umfeld. Er entwickelt methodische und systematische Perspektiven eines PR-Managements.

Allgemeine PR-theoretische Überlegungen auf konstruktivistischer Basis stammen von Merten (1992) und Kückelhaus (1998). Public Relations wird dabei grundlegend als ein „Prozeß intentionaler und kontingenter Konstruktion wünschenswerter Wirklichkeiten ..." (Merten/Westerbarkey 1994: 210) definiert, der Images in der Öffentlichkeit erzeugen und befestigen soll. Merten (1999) fundiert PR dabei innerhalb des Prozesses der Evolution öffentlicher Kommunikation.

Bentele (1994b) hat demgegenüber einen *rekonstruktiven* Ansatz vorgelegt, der – auf Basis des hypothetischen Realismus – davon ausgeht, dass die Konstruktion von kommunikativer und medial vermittelter PR-Wirklichkeit wesentlich ein Rekonstruktionsprozess ist, der nach drei wesentlichen Grundprinzipien (Perspektive, Selektion und Konstruktion) verläuft (ausführlich dazu Bentele 1988). In diesem Prozess nehmen unterschiedliche Akteurs- bzw. Kommunikatorgruppen (Politiker, PR-Praktiker, Journalisten) reale Ereignisse (es wird zwischen natürlichen, sozialen und Medienereignissen unterschieden) wahr, transformieren sie nach bestimmten Regeln und Routinen und (re-)konstruieren selbst reale PR- und Medienwirklichkeit, die aus Zeichen, Texten und Themen besteht. Von Rezipienten und Kommunikatoren wird erwartet, dass Medienwirklichkeit, zumindest wenn es sich um Berichterstattung über die „vormediale" Welt handelt, in einer *Adäquatheits*- oder *Passungsrelation* zu dieser stehen. Für PR und für die Massenmedien gelten ähnliche Regeln des Wirklichkeitsbezugs (z.B. Wahrheit, Objektivität). Es sind verschiedene Texte und Themenkonstruktionen über dieselben sozialen Wirklichkeiten möglich. Verlassen solche Texte und medialen Darstellungen einen bestimmten Realitäts„korridor", werden die *Diskrepanzen* zwischen der direkt erfahrbaren und der medialen Wirklichkeit, die ja diese wiedergeben soll, zu groß, so entstehen Glaubwürdigkeits- und Vertrauensprobleme. Der Vertrauensprozess wird in der von Bentele (1994a) entwickelten *Theorie öffentlichen Vertrauens* als ein grundlegender sozialer „Mechanismus", gleichzeitig als wichtigster Zielwert für Public Relations verstanden. Resultate dieses Prozesses, die von „Vertrauensfaktoren" (wie Sachkompetenz, Kommunikationsadäquatheit, kommunikative Konsistenz etc.) wesentlich bestimmt werden, sind als Vertrauenswerte messbar und durch die Einhaltung von Regeln beeinflussbar.

3.4 Theorien mittlerer Reichweite

Unter „Theorien mittlerer Reichweite" (middle range-theories) sind nach Robert K. Merton (1968: 39f.) relativ einfache Verknüpfungen von Ideen zu verstehen, die eine begrenzte Zahl von Tatsachen über Struktur und Funktion sozialer Gebilde zusammenbringen. Theorien mittlerer Reichweite sind empirisch prüfbare Theorien, Beispiele der Kommunikationswissenschaft sind der Agenda-Setting-Ansatz, der uses-and-gratifications-approach, die Hypothese der wachsenden Wissenskluft oder die Hypothese der Schweigespirale. In der internationalen PR-Forschung können wir als Beispiele für Theorien mittlerer Reichweite das 4-Typen-Modell von Grunig und Hunt (1984) sowie dessen Weiterentwicklungen, die situative Theorie der Teilöffentlichkeiten, ebenfalls von Grunig, oder die Forschung zu verschiedenen *PR-Rollen* begreifen.

Das 4-Typen-Modell der PR von Grunig und Hunt (1984: 22) zeichnet einerseits eine historische Entwicklung der Public Relations von Publicity-Modell bis zum Modell der symmetrischen Kommunikation nach. Andererseits stellt es ein auf systematische Kriterien bezogenes Modell dar, das u.a. den Vorteil bot, die seit Jahrzehnten geführten Diskussionen um das „Wesen der Public Relations" zu beenden bzw. diese Diskussion zumindest zu differenzieren. Das 4-Typen-Modell ist viel beachtet, aber auch – z.B. als zu idealistisch – kritisiert worden. Grunig hat das Modell gleichzeitig in Richtung eines „mixed-motive-models" und vor allem in Richtung eines „excellence-models" (Grunig 1992a; Dozier/Grunig/Grunig 1995) weiterentwickelt (Grunig 2001). Das Modell war weltweit fruchtbar, wurde mit der Exzellenz-Studie zu einer „middle range theory" weiterentwickelt, die viele empirische Studien angeregt hat (Grunig/Grunig/Dozier 2002).

Die „situative Theorie der Teilöffentlichkeiten" (situative theory of publics) wurde ebenfalls von Grunig auf Basis der Schriften von John Dewey und Herbert Blumer entwickelt (Grunig/Hunt 1984: 138ff.). Eine Teilöffentlichkeit wird hier als eine Gruppe von Menschen definiert, die a) einem ähnlichen Problem gegenüberstehen, b) erkennen, dass dieses Problem besteht und sich c) organisieren, um mit diesem Problem umzugehen. Auf Basis dieser Konzeption werden vier Typen von Teilöffentlichkeiten unterschieden: Bei der *Nicht-Teilöffentlichkeit* besteht kein Problem, a) bis c) in der Liste treffen nicht zu. Die *latente Teilöffentlichkeit* erkennt das Problem noch nicht, ist aber schon vorhanden, nur a) trifft zu. Bei der *bewussten Teilöffentlichkeit* wird das Problem als solches erkannt, a) und b) treffen zu. *Die aktive Teilöffentlichkeit* beginnt, sich zu organisieren, um mit dem Problem umzugehen, a), b) und c) treffen zu. Ein fünfter Typ, der der *aktivistischen Teilöffentlichkeit,* hat seit den Achtzigerjahren verstärkt Aufmerksamkeit erfahren. Aktivistische Teilöffentlichkeiten spielen eine besonders einflussreiche Rolle bei der Aktivierung der bewussten und der aktiven Teilöffentlichkeiten.

Bei der Forschung über *organisatorische PR-Rollen* (zu einem Forschungsüberblick vgl. Dozier 1992) geht es um die Unterscheidung und die empirische Überprüfung von Berufsrollen, z.B. der beiden wichtigsten Rollen, der Techniker- und der Managerrolle. Die Forschung dreht sich u.a. um Fragen, in welchen Organisationen unter welchen Bedingungen unterschiedliche Rollen bevorzugt auftreten, wie die Rollen mit Berufszufriedenheit und anderen Variablen zusammenhängen.

Eine normativ und deskriptiv ausgerichtete Theorie mittlerer Reichweite hat Roland Burkart mit der „verständigungsorientierten Öffentlichkeitsarbeit" (VÖA) entwickelt, der von der „Theorie des kommunikativen Handelns" von Jürgen Habermas ausgeht. Verständigungsorientierte Öffentlichkeitsarbeit, so Burkart (1992), verlangt Kommunikation über die objektive Welt, die subjektive Welt und die soziale Welt und führt zu *Verständigung* und – weitergehend – zu *Einverständnis*. Es werden vier Phasen unterschieden (Information, Diskussion, Diskurs und Situationsdefinition), mit denen ein praxisorientiertes Modell vorgeschlagen wird, über Dialoge zur Konfliktaustragung und Konfliktbewältigung zu kommen. Kritische Kommentare und eine Stellungnahme Burkarts finden sich in Bentele/Liebert (1995).

Die einzige PR-Theorie mittlerer Reichweite, die in Deutschland bislang eine wirkliche Forschungstradition hervorgebracht hat, ist die so genannte Determinationsthese.[7] Ähnlich wie schon Sigal (1973) und Turk (1986) in den USA untersuchte Barbara Baerns in Deutschland das Problem, in welchem Maß und in welcher Form PR-Quellen von Journalisten aufgegriffen werden und in die Berichterstattung eingehen. Das Verhältnis zwischen Journalismus und Public Relations wurde in Deutschland vor allem unter dem Aspekt diskutiert, welche „Macht" Journalismus und PR jeweils haben. So hat Baerns (1991) die These formuliert, dass Öffentlichkeitsarbeit die Informationsleistung tagesbezogener Medienberichterstattung determiniere. Sie kommt – auf Basis mehrerer Inhaltsanalysen – zu dem Schluss, dass sich in der Berichterstattung der Medien (Nachrichtenagenturen, Print- oder Funkmedien) konstant hohe Anteile von Beiträgen (in der Regel über 60 Prozent) zeigen, die auf Öffentlichkeitsarbeit basieren. Öffentlichkeitsarbeit habe sowohl die Themen der Medienberichterstattung als auch das Timing unter Kontrolle (Baerns 1991: 98). Eine Reihe von Nachfolgestudien entstanden im Gefolge der Studien von Baerns: In den Studien von Grossenbacher ([2]1989) sowie Barth und Donsbach (1992) wird die Determinationsthese teilweise bestätigt, aber auch dadurch differenziert, dass intervenierende Variablen (Nachrichtenwert und Krisensituation) eingeführt werden, während in „Normalsituationen" der PR-Einfluss relativ groß ist, ist er in Krisensituationen deutlich geringer (Barth/Donsbach 1992: 163). Rossmann (1993) stellte einen großen Einfluss von Greenpeace-Pressemeldungen auf die Berichterstattung fest, in einer Input-Output-Studie zur Messeberichterstattung über die Frankfurter Messe (Mathes/Salazar-Volkmann/Tscheulin 1995: 167) wurde deutlich, dass – je nach Einzelmesse – zwischen 53 und 78 Prozent der Medienberichterstattung direkt PR-induziert waren. Fröhlich (1992) kam u.a. zu dem Ergebnis, dass es auch eine Anpassung der PR an das System Journalismus gibt, und Saffarnia (1993) konnte für eine Tageszeitung in Österreich innerhalb des Untersuchungszeitraums feststellen, dass der Prozentsatz von Artikeln, die auf Quellen der Öffentlichkeitsarbeit beruhen, mit 34 Prozent kleiner als in anderen Studien war. Damit wurde der Befund einer „mächtigen PR" für das von ihm untersuchte Material relativiert. In einer Input-Output-Studie zur Lokalpolitik (Schweda/Opherden 1995) wird der Befund eines großen PR-Einflusses ebenso relativiert.

Deutlich wurde an vielen Studien zur „Determinationshypothese", dass es einen starken PR-Einfluss auf die journalistische Berichterstattung gibt. Einflüsse von PR-Seite auf die Themenselektion und das Timing, d.h. den Zeitpunkt, zu dem die Themen für die Öffentlichkeit zur Verfügung gestellt werden, stellen aber nur *eine* Einflussrichtung in der Beziehung zwischen PR und Journalismus dar.

Bentele, Liebert und Seeling (1997) entwickelten deshalb das *Intereffikationsmodell,* das eine Basis für die Untersuchung gegenseitiger Beziehungen bereitstellt. Im Intereffikationsmodell (Intereffikation = gegenseitige Ermöglichung), das eine komplexe Gesamtbeziehung von gegenseitigen Einflüssen, Anpassungen, Erwartungen und Orientierungen modelliert, werden *Induktionen* (kommunikative Anregungen, die Resonanzen hinterlassen) und *Adaptionen* (Anpassungshandeln) sowohl der PR-Seite wie auch der journalistischen Seite unterschieden. Zu den Induktionsleistungen vonseiten des PR-Systems in Richtung auf das journalistische System gehört die Themengenerierung (Issue-building, Agenda-building), die Bestimmung über

7 Vgl. zusammenfassend Burkart ([4]2002: 293ff.), vgl. auch Weischenberg (1995: 207ff.).

den Zeitpunkt der Information (Timing), also die beiden Dimensionen, die innerhalb der „Determinationsthese" untersucht worden sind, aber auch die Bewertung von Sachverhalten, Personen, Ereignissen etc. Zu den Adaptionen des PR-Systems gehören Anpassungen an zeitliche, sachliche und soziale (z.B. redaktionelle) *Regeln* oder *Routinen* des Journalismus, beispielsweise Anpassungen an die Zeiten des Redaktionsschlusses. Auch „Aktualität" als journalistischer Qualitätsfaktor stellt eine Adaptionsvorgabe für das PR-System dar. Adaptiert wird z.B. dadurch, dass ein „Aufhänger" für ein nicht so aktuelles Thema gesucht wird. Vonseiten des Journalismus sind Induktionsleistungen vor allem durch die *Selektion* der Informationsangebote, in der Entscheidung über *Platzierung* und *Gewichtung* der Information, der journalistischen *Eigenbewertung* dieser Information, weiter in der *Veränderung* (Vervollständigung, Nachrecherche) sowie in der journalistischen *Informationsgenerierung* (Themensetzung, Bewertung) vorhanden. Journalistische *Adaptionsprozesse* finden durch die Orientierung an organisatorischen, sachlich-thematischen und zeitlichen Vorgaben des PR-Systems statt.

Die Beziehungen zwischen Journalismus und Public Relations werden auf drei Ebenen (individuelle Akteure, organisatorische Ebene wie Redaktionen und PR-Abteilungen sowie Systemebene) differenziert, weiterhin wird eine *sozial-psychische,* eine *sachliche* und eine *zeitliche Dimension* unterschieden. Für Bentele, Liebert und Reinemann (1998), Rinck (2001) und einige andere Studien hat sich dieses Modell bewährt. Schantel (2000) sieht im Modell einen wissenschaftlichen Fortschritt, moniert jedoch, dass die Systemebene noch nicht ausgearbeitet sei. Adaptionsbeziehungen sind empirisch bislang noch wenig untersucht.

Während durch die Studien im Gefolge der Determinationshypothese zwar durchgehend ein mehr oder weniger starker PR-Einfluss auf die Berichterstattung nachgewiesen werden konnte, ist es eine *empirisch* zu untersuchende Frage, mit welcher *Induktionsstärke*, in welcher *Ausprägung* und in welchen *Berichterstattungsbereichen* (lokale Berichterstattung, politische, wirtschaftliche Berichterstattung, Sport- Kultur- oder Wissenschaftsberichterstattung) diese gegenseitigen Einflussnahmen ablaufen. Es ist wahrscheinlich – und wird von Journalisten so angenommen – dass sich der PR-Einfluss von Ressort zu Ressort, aber auch von Medium zu Medium unterscheidet (vgl. Weischenberg 1995: 213). Journalisten selbst sehen PR-Einflüsse als eher gering an, dies zeigen u.a. die Ergebnisse einer repräsentativen Journalistenstudie von 1992 (vgl. Löffelholz 1997; Scholl/Weischenberg 1998: 132ff.). Journalisten aus Nachrichtenagenturen und Anzeigenblättern schreiben der PR allerdings größeren Einfluss zu als andere Journalisten (Löffelholz 1997: 198 ff.). Vergleicht man jedoch den inhaltsanalytisch und in Input-Output-Studien gemessenen relativ starken thematischen und Aktualitätseinfluss mit diesen Selbsteinschätzungen, so liegt es nahe, die Selbstsicht der Journalisten als eine Art *Selbsttäuschung* oder Rationalisierung zu interpretieren (Bentele/Liebert 1996).

Bestimmte *kommunikationswissenschaftliche Teiltheorien* wurden mehrfach für die PR-Forschung nutzbar gemacht. So hat beispielsweise Saxer (1992) die Innovationstheorie von Everett M. Rogers als Basistheorie verwendet, um PR-Prozesse theoretisch-analytisch zu beschreiben, er entwickelt den Ansatz einer evolutionären Systemtheorie der PR als Innovationsprozess. Windahl und Signitzer (1992) haben eine Reihe von kommunikationswissenschaftlichen Modellen zusammengestellt, die ursprünglich nicht für PR-Prozesse entwickelt worden waren, aber für Kommunikationsplanung anwendbar sind.

3.5 PR-Geschichte

Wohl nicht aus Gründen der Zahl und Masse, sondern auch aus historischen Gründen ist nicht nur die PR-Forschung insgesamt, sondern auch die Literatur zur PR-Geschichte in den USA breiter und differenzierter als die entsprechende Forschung in Deutschland. Neben Autobiografien von bekannten PR-Praktikern (Bernays 1965; Hill 1993) stehen Biografien beispielsweise über Ivy L. Lee (Hiebert 1966) oder Edward L. Bernays (Tye 1998). Die bekannten Gesamtdarstellungen von Cutlip (1994, 1995) gehören zum Typ der fakten- und ereignisorientierten PR-Historiografie (vgl. Bentele 1997a) und beziehen sich bezüglich des 20. Jahrhunderts vor allem auf die Entwicklung der PR-Agenturen. Wirtschafts- und sozialhistorische Ansätze (Tedlow 1979; Ewen 1996) liegen ebenso vor wie zahlreiche historische Darstellungen – z.B. in den Textbooks – die unterschiedliche Perioden unterscheiden und sogar durch Modelle bzw. theoretische Überlegungen fundiert sind.[8]

In Deutschland gab es schon frühzeitig Hinweise auf die Wichtigkeit der Quellen (Prutz 1845; Groth 1929) für journalistische Arbeit. Diese frühen Arbeiten sind zwar heute – ebenso wie historische Darstellungen über die Geschichte der Werbung (vgl. Reinhardt 1993) wichtige Quellen für historische PR-Forschung, jedoch selbst keine PR-historischen Darstellungen. Als eine der ersten PR-historischen Arbeiten hatte Sänger (1966) eine Geschichte staatlicher Öffentlichkeitsarbeit vorgelegt (vgl. dazu auch Nöth-Greis 1997), und Binder (1983) hatte die Entstehung der unternehmerischen PR nach dem Zweiten Weltkrieg untersucht.

Erst seit einigen Jahren beginnen Kommunikationswissenschaftler, sich mit der Geschichte der PR in Deutschland zu befassen. Der von Szyszka (1997a) herausgegebene Band enthält historische Fallstudien sowie einige reflektierende Beiträge zur PR-Geschichtsschreibung. Bentele (1997a) entwickelt den *funktional-integrativen Schichtenansatz,* einen neuen Ansatz zur PR-Geschichtsschreibung, der – bezogen auf menschliche Kommunikationsgeschichte – verschiedene aufeinander aufbauende Kommunikations„schichten“ unterscheidet. Auf dieser Basis wird eine historische Periodisierung für die Entwicklung der Öffentlichkeitsarbeit in Deutschland entwickelt, die sechs Perioden deutscher PR-Geschichte unterscheidet. Kunczik (1997) hat zum ersten Mal eine fundierte PR-Geschichte für Deutschland vorgelegt, er konzentriert sich auf die unternehmerische und die politische Öffentlichkeitsarbeit von den Anfängen bis zur Zeit des Nationalsozialismus. In dieser materialreichen Monografie wird deutlich, dass die auch in Deutschland kolportierte Legende, Public Relations sei eine amerikanische „Erfindung“ und habe sich erst nach dem Zweiten Weltkrieg in Deutschland entwickelt, als widerlegt gelten kann. Neuere Einzelstudien zeichnen die Öffentlichkeitsarbeit innerhalb von Wirtschaftsbranchen, z.B. der Elektroindustrie (Zipfel 1997), von Organisationen wie beispielsweise der Evangelischen Kirche (Döring 1998), der Europäischen Kommission (Gramberger 1997) oder des Bauhauses (Sohn 1997) historisch nach oder analysieren bestimmte – schon früh eingesetzte PR-Instrumente wie betriebliche Kriegszeitschriften im ersten Weltkrieg (Heise 2000).

8 Vgl. dazu einen umfassenden Überblick bei Hoy (2002).

3.6 Berufsfeldforschung

Ein großer Teil der deutschsprachigen PR-Literatur und der akademischen Abschlussarbeiten kann der Kategorie „beschreibende Berufsfeldforschung" zugerechnet werden. Dabei liegen nur wenige Studien vor, die den Anspruch erheben, das gesamte Berufsfeld abzudecken, dafür aber eine Reihe von Studien, die einzelne Teile von Berufsfeldern (z.B. PR-Agenturen, bestimmte Wirtschaftsbranchen, kommunale PR etc.) oder auch die PR einzelner Organisationen behandeln.

Die bislang umfangreichste Studie zum gesamten Berufsfeld wurde in drei Bänden von Böckelmann (1988, 1991a und 1991b) vorgelegt. Pressestellen in der Wirtschaft, in Organisationen (Verbände, Kammern, Gewerkschaften, politische Parteien und Religionsgemeinschaften) und bei der Öffentlichen Hand (Bundes- und Länderbehörden, Gerichte, Bezirksregierungen, Großstädte, Regional- und Kommunalverbände) wurden repräsentativ befragt. Materielle Ausstattung, Berufs- und Rollenselbstverständnis, beruflicher Werdegang, Erfolgskriterien der PR-Arbeit etc. waren die thematischen Schwerpunkte. Neuere Studien stammen von Merten (1997) und Röttger (2000), die eine repräsentative Berufsfeldstudie des Hamburger Raums vorgelegt hat. Die auch theoretisch anspruchsvolle Arbeit – es wird ein organisationsbezogener Ansatz zugrunde gelegt – ermöglicht eine Reihe neuer und fundierter Einsichten in das Berufsfeld, so beispielsweise die, dass der Professionalisierungsgrad in diesem Beruf deutlich geringer ist als vielfach angenommen. Nöthe (1994) hat eine empirisch fundierte, auch historisch und strukturell ausgerichtete Überblicksstudie über das Feld der *PR-Agenturen* vorgelegt.

Was den Bereich der *Unternehmens-PR* anbelangt, so dominieren sowohl für Branchenüberblicke wie auch spezielle Aufgabenbereiche wie Krisen-PR die praktisch orientierte und normativ geprägte Literatur: Einen empirisch fundierten Überblick über die PR der *Versicherungsbranche* gibt Bittl (1993), Sühling (1996) befasst sich mit dem Sektor der Handelsunternehmen, und Zühlsdorf (2002) hat eine aktuelle Unternehmensbefragung über alle Branchen hinweg vorgelegt.

Für den Bereich der *politischen Öffentlichkeitsarbeit*, d.h. die kommunikativen Aktivitäten politischer individueller und institutioneller Akteure (vgl. den Überblick bei Bentele 1998b), liegen theoretisch orientierte Ansätze und einige empirische Studien vor. Interessant ist der Versuch von Jarren und Röttger (1999), die Beziehungen zwischen Politikern, politischen Öffentlichkeitsarbeitern und Journalisten als ein von diesen Akteuren durch Beobachtungen, Selektionen und Interaktionen konstituiertes *Handlungssystem* zu beschreiben, das den funktionellen Bezug der beiden gesellschaftlichen Subsysteme Politik und Medien garantiert. Dieser Ansatz kann möglicherweise auch für andere Bereiche fruchtbar gemacht werden. Empirisch wurden Pressestellen der „Öffentlichen Hand" in einer älteren Studie (Böckelmann 1991b) untersucht: Gefragt wurde u.a. nach der Struktur der Pressestellen, nach internem und externem Einfluss, nach eingesetzten Kommunikationsinstrumenten, nach beruflichem Selbstverständnis und nach der Herkunft der Akteure sowie nach ihrer Berufszufriedenheit. Eine Mitte der Neunzigerjahre durchgeführte Berliner Studie (Pfetsch/Dahlke 1996) hat Leistungsrollen der Sprecher von Regierungen in Bezug auf die Ziele und Mittel politischer Öffentlichkeitsarbeit analysiert. Zu wichtigen Institutionen im politischen Bereich, vor allem dem *Presse- und Informationsamt der Bundesregierung,* existieren vor allem Studien, die die Arbeitsweise der Institution in den Mittelpunkt stellen oder auch spezielle Aspekte, beispielsweise den rechtlichen Aspekt (z.B. Schürmann 1992). Marschall (1999) stellt die Aktivitäten und Struktur der Parlaments-PR in Deutschland, Österreich und anderen europäischen Ländern systematisch dar, die Public Relations einer wichtigen politischen Institution in Europa, der Europäischen Kommission, wird – bezogen auf einen Zeitraum von über 40 Jahren – von Gramberger (1997) analysiert.

Für den *Medienbereich* liegen neben einigen älteren auch neuere Studien vor: Fröhlich (1994) stellt die PR des öffentlich-rechtlichen Rundfunks empirisch und historisch ausgerichtet dar, Erlinghagen, Klein und Lessinger (1994) haben eine empirische Bestandsaufnahme der PR-Aktivitäten von Zeitungsverlegern in Nordrhein-Westfalen vorgelegt. Der Bereich *Messe-PR* ist auch vielfach Gegenstand normativer Abhandlungen gewesen. Roloff (1992) gibt eine systematische Bestandsaufnahme der Messe-PR und entwickelt ein neues – konsistenztheoretisches – Modell der PR von Messen. Die Entwicklung der kommunikativen Messefunktion skizziert Bentele (1999c) am Beispiel der Leipziger Messe. Für die Frankfurter Messe liegen auch methodisch interessante Evaluationsstudien vor (vgl. Mathes/Salazar-Volkmann/Tscheulin 1995).

Die *PR von Verbänden* analysiert Hackenbroch (1998), wohingegen die Studie von Arlt (1998) eine theoretisch anspruchsvolle, empirisch gehaltvolle und gleichzeitig kritische Analyse zur Öffentlichkeitsarbeit von *Gewerkschaften* in Deutschland enthält. Historisch und systematisch analysiert Döring (1998) die Öffentlichkeitsarbeit der Evangelischen Kirche Deutschlands.

Mit dem Thema PR-Aus- und -Weiterbildung befassen sich Brauer (^{4}2002) und von Schlippe, Martini und Schulze-Fürstenow (1998), die Überblicke über Möglichkeiten, in den Beruf PR zu gelangen, geben. Bentele und Szyszka (1995) behandeln auch die historische Entwicklung der PR-Ausbildung in Deutschland, Szyszka (1995) entwickelt dabei ein normatives Kompetenzmodell, in dem er drei für PR-Berufe notwendige Kompetenzbereiche (Sachkompetenz, Fachkompetenz und reflexive Kompetenz) unterscheidet.

3.7 Weitere Aspekte

Zum Thema *Moral in der PR* liegen in Deutschland einige begriffliche und kritische Analysen (Bentele 1992; Steinmann/Zerfaß/Ahrens 1993) sowie eine umfangreiche Sammlung von Kodizes (Avenarius 1998) vor. Becher (1996) legte eine empirische Studie zu diesem Thema vor: 374 DPRG-Mitglieder wurden 1992/93 zu ihrem beruflichen Selbstverständnis, ihrem Selbstbild, nach moralischen Grenzen bezüglich fiktiver Fälle, Lösungsmöglichkeiten moralischer Konfliktsituationen, Bekanntheit von PR-Kodizes etc. befragt. Die Studie ergab u.a., dass der Code d'Athènes der weitaus bekannteste war, das Selbstbild der DPRG-Mitglieder in fast allen Dimensionen besser als das angenommene Fremdbild war. Das Thema „*Gender und PR*“ ist in Deutschland bislang nur wenig empirisch untersucht.

Ein relevanter Forschungsbereich, der allerdings nur teilweise der Berufsfeldforschung zuzurechnen ist, ist die Forschung zu PR-Instrumenten und PR-Verfahren. Die Literatur zu diesem Themenbereich ist stark praktisch orientiert, es werden vor allem Praktikerhinweise und Systematiken beispielsweise zur Medienarbeit, zur internen Kommunikation oder zur Krisenkommunikation gegeben. Empirische Forschung zu einzelnen PR-Instrumenten ist deutlich seltener. Hier stehen z.B. Umfragen zum Einsatz bestimmter PR-Instrumente oder die systematische Aufbereitung von Fallstudien im Vordergrund. Einen älteren Überblick über Werkzeitschriften in Deutschland gibt Haller (1982), das Instrument Sozialbilanzen untersucht Popp (1990). Zum Thema *PR-Kampagnen*, einem eher komplexen PR-Verfahren, hat Ulrike Röttger (1997) einen Band herausgegeben, der nicht nur eine Reihe von Analysen zu PR-Kampagnen, sondern auch neue Ansätze zur Kampagnen-Theorie enthält. Eine Umfrage zum Einsatz von Instrumenten der *Krisen-PR* liegt von Kunczik, Heintzel und Zipfel (1995) vor, Fallstudien sind in Bentele und Rolke (1998) zu finden. Instrumente und Verfahren der *Investor Relations* finden sich bei Kirchhoff und Piwinger (^{2}2001). Literatur zur *PR-Evaluation* und zu Messmethoden der angewandten PR-Forschung (vgl. z.B. Baerns 1995; Hilger 1997; GPRA 1997) ist ein im deutschsprachigen Raum noch nicht sehr weit entwickelter Bereich.

Zum Thema *Internationale PR* konzentrieren sich die bislang vorliegenden Arbeiten auf das Entstehen von Nationenimages und die Möglichkeiten, diesen Prozess durch PR-Kommunikation zu steuern. Ein Forschungsüberblick zum Thema stammt von Kunczik (1990), eine Studie, die auch eine Reihe von Fallstudien enthält. Tagungsbände, die theoretische Ansätze, Fallstudien und empirische Studien enthalten, stammen von Mahle (1995) und Süssmuth (1996). Der letztgenannte Band enthält eine Reihe von historischen und inhaltsanalytischen Studien zu den Deutschlandbildern in Dänemark und England, Frankreich und den Niederlanden.

4 Desiderate, Herausforderungen

Während eine systematische PR-Forschung in den USA seit nunmehr fast 30 Jahren existiert und – auf Basis entwickelter Wissenschaftsinfrastruktur – von einer interdisziplinären PR-Wissenschaft gesprochen werden kann, ist in Deutschland und Europa eine systematische PR-Forschung deutlich jünger. Deutschland scheint aber das Land zu sein, das wissenschaftlich den größten Output hervorbringt, dies legt zumindest die im Aufbau befindliche europäische Bibliografie (European Body of Knowledge, EBOK) nahe, die der europäische Verband der PR-Forscher und Ausbilder (Euprera) herausgibt (<www.euprera.org>). Größtenteils ist die PR-Wissenschaft noch eng mit der Kommunikationswissenschaft – weltweit wohl der wichtigsten „Mutterdisziplin“ – verbunden, gewisse Emanzipationsbestrebungen – unter Vorzeichen der Interdisziplinarität – sind aber unverkennbar.

Bestimmte Bereiche der theoretisch orientierten Grundlagenforschung sind gut entwickelt und haben – wie bezüglich Grunigs 4-Typenmodell, der Forschung zu PR-Rollen oder in Deutschland im Fall der Determinationsthese bzw. dem Intereffikationsansatz – eigene Forschungstraditionen hervorgebracht. Die Akzeptanz von Themen der PR-Forschung auch innerhalb der Kommunikationswissenschaft und in anderen Disziplinen scheint zu wachsen.

Ein wichtige Herausforderung für die unmittelbare Zukunft wird die Entwicklung von allgemeinen organisations- und gesellschaftsorientierten *PR-Theorien*, deren Einbettung in bzw. Anschluss an umfassendere Theorien (z.B. Öffentlichkeitstheorien, Gesellschaftstheorien) sein. Die Frage komplexerer Handlungs- und/oder Systemtheorien der Public Relations, die Frage, ob und wieweit Public Relations als ein soziales Subsystem besser zu verstehen ist, steht auf der wissenschaftlichen Agenda.

Eine weitere Herausforderung wird die Abgrenzung, aber auch die Entwicklung von Kooperationsmöglichkeiten zwischen unterschiedlichen wissenschaftlichen *Paradigmen* sein. Ein Teil der angewandten PR-Forschung ist Managementforschung, der oft ein gänzlich anderes Forschungsparadigma zugrunde liegt als den Sozialwissenschaften. Sind sozial- und kommunikationswissenschaftliche Forschungsmethoden primär retrospektiv, auf die systematische Beobachtung und Analyse von vergangenen (oder gerade stattfindenden) Ereignissen ausgerichtet, ist dieser Teil der Managementforschung – eng mit dem Paradigma des Operations Research (vgl. Staehle [7]1994: 38ff.) verbunden – auf zukünftige Ereignisse, z.B. die *Optimierung von Kommunikationsprozessen,* ausgerichtet. Forschung zu PR-Leitlinien, die Entwicklung strategischer und operativer Programme bis hin zur Zeit- und Budgetplanung, z.B. die Potenzialanalysen (wie die vergleichende Analyse von Stärken, Schwächen, Chancen und Risiken), die Entwicklung von Steuerungsinstrumenten, Optimierungsprogrammen etc. (Zerfaß 1996) sind hier zu nennen. Eine wichtige Herausforderung wird die Kooperation unterschiedlicher Paradigmen sein.

Defizite in Deutschland bestehen bezüglich der wissenschaftlichen Infrastruktur: In Europa ist eine kontinuierlich fortgeschriebene Bibliografie erst im Aufbau, die Produktion wissenschaftlich solider Einführungsliteratur und von Handbüchern befindet sich in Deutschland und in Europa noch im Anfangsstadium.

Während die Berufsfeldforschung recht weit und differenziert entwickelt ist, obwohl für ganz Deutschland noch keine repräsentative Studie vorliegt, sind noch viele Defizitbereiche – im Vergleich beispielsweise mit der Journalismusforschung – auszumachen: PR-Geschichte, PR-Ethik und PR-Methoden sind Beispiele. Durch einen guten Wissenschafts-Praxis-Transfer war es jedoch möglich, differenzierte Instrumente der angewandten Forschung (z.B. im Bereich der Medienresonanzanalyse) zu entwickeln, die auch für die Wissenschaft einen Fortschritt darstellen.

Literatur

Ahrens, Rupert/Scherer, Helmut/Zerfaß, Ansgar (Hrsg.) (1995): Integriertes Kommunikationsmanagement. Ein Handbuch für Öffentlichkeitsarbeit, Marketing, Personal- und Organisationsentwicklung. Frankfurt/Main.

Arlt, Hans-Jürgen (1998): Kommunikation, Öffentlichkeit, Öffentlichkeitsarbeit. PR von Gestern, PR für morgen – Das Beispiel Gewerkschaft. Opladen.

Armbrecht, Wolfgang/Avenarius, Horst/Zabel, Ulf (Hrsg.) (1993): Image und PR. Kann Image Gegenstand einer Public Relations Wissenschaft sein? Opladen.

Armbrecht, Wolfgang/Zabel, Ulf (Hrsg.) (1994): Normative Aspekte der Public Relations. Grundlagen und Perspektiven. Eine Einführung. Opladen.

Avenarius, Horst (1998): Die ethischen Normen der Public Relations. Kodizes, Richtlinien, freiwillige Selbstkontrolle. Neuwied.

Avenarius, Horst ([2]2000): Public Relations. Die Grundform der gesellschaftlichen Kommunikation. Darmstadt.

Avenarius, Horst/Armbrecht, Wolfgang (Hrsg.) (1992): Ist Public Relations eine Wissenschaft? Grundlagen und interdisziplinäre Ansätze. Bd. 1. Opladen.

Baerns, Barbara (1991): Öffentlichkeitsarbeit oder Journalismus. Zum Einfluss im Mediensystem. Köln (zuerst 1985).

Baerns, Barbara (Hrsg.) (1995): PR-Erfolgskontrolle. Messen und Bewerten in der Öffentlichkeitsarbeit. Verfahren, Strategien, Beispiele. Frankfurt/Main.

Barth, Henrike/Donsbach, Wolfgang (1992): Aktivität und Passivität von Journalisten gegenüber Public Relations. In: Publizistik, 37. Jg., S. 151-165.

Baskin, Otis/Aronoff, Craig/Lattimore, Dan ([4]1997): Public relations. The profession and the practice. Madison, WI.

Becher, Martina (1996): Moral in der PR? Eine empirische Studie zu ethischen Problemen im Berufsfeld Öffentlichkeitsarbeit. Berlin.

Bentele, Günter (1988): Objektivität und Glaubwürdigkeit von Medien. Eine theoretische und empirische Studie zum Verhältnis von Realität und Medienrealität. Berlin (unveröffentl. Habilitationsschrift).

Bentele, Günter (1992): Ethik der Public Relations als wissenschaftliche Herausforderung. In: Avenarius, Horst/Armbrecht, Wolfgang (Hrsg.): Ist Public Relations eine Wissenschaft? Grundlagen und interdiszplinäre Ansätze. Bd. 1. Opladen, S. 151-170.

Bentele, Günter (1994a): Öffentliches Vertrauen – normative und soziale Grundlage für Public Relations. In: Armbrecht, Wolfgang/Zabel, Ulf (Hrsg.) (1994): Normative Aspekte der Public Relations. Grundlagen und Perspektiven. Eine Einführung. Opladen, S. 131-158.

Bentele, Günter (1994b): Public Relations und Wirklichkeit. Anmerkungen zu einer PR-Theorie. In: Bentele, Günter/Hesse, Kurt R. (Hrsg.): Publizistik in der Gesellschaft. Festschrift für Manfred Rühl zum 60. Geburtstag. Konstanz, S. 237-267.

Bentele, Günter (1997a): Grundlagen der Public Relations. Positionsbestimmung und einige Thesen. In: Donsbach, Wolfgang (Hrsg.): Public Relations in Theorie und Praxis. Grundlagen und Arbeitsweise der Öffentlichkeitsarbeit in verschiedenen Funktionen. München, S. 21-36.

Bentele, Günter (1997b): Defizitäre Wahrnehmung? Die Herausforderung der PR an die Kommunikationswissenschaft. In: Bentele, Günter/Haller, Michael (Hrsg.): Aktuelle Entstehung von Öffentlichkeit. Akteure, Strukturen, Veränderungen. Konstanz, S. 67-84.

Bentele, Günter (1997c): PR-Historiographie und funktional-integrative Schichtung. Ein neuer Ansatz zur PR-Geschichtsschreibung. In: Szyszka, Peter (Hrsg.) (1997): Auf der Suche nach Identität. PR-Geschichte als Theoriebaustein. Berlin, S. 137-169.

Bentele, Günter (1998a): Berufsfeld Public Relations. PR-Fernstudium. Studienband 1. Berlin.

Bentele, Günter (1998b): Politische Öffentlichkeitsarbeit. In: Sarcinelli, Ulrich (Hrsg.) (1998): Politikvermittlung und Demokratie in der Mediengesellschaft. Opladen, S. 124-145.

Bentele, Günter (1999a): Öffentlichkeitsarbeit in der DDR. Verständnisse, Berufsfeld und zeitgeschichtlicher Faktor. In: Wilke, Jürgen: Medien und Zeitgeschichte. Konstanz, S. 395-408.

Bentele, Günter (1999b): Public relations and public relations science in Germany: An overview. In: Brosius, Hans-Bernd/Holtz-Bacha, Christina (Hrsg.): The German Communication Yearbook. Cresskill, NJ, S. 179-210.

Bentele, Günter (1999c): Die Leipziger Messe als Kommunikationsereignis. In: Zwahr, Hartmut/Topfstedt,Thomas/Bentele, Günter (Hrsg.): Leipzigs Messen 1497 – 1997. Teilband I (1497-1914). Köln, Weimar, Wien, S. 33-48.

Bentele, Günter/Haller, Michael (Hrsg.) (1997): Aktuelle Entstehung von Öffentlichkeit. Akteure, Strukturen, Veränderungen. Konstanz.

Bentele, Günter/Liebert, Tobias (Hrsg.) (1995): Verständigungsorientierte Öffentlichkeitsarbeit. Darstellung und Diskussion des Ansatzes von Roland Burkart (= Leipziger Skripten für Public Relations und Kommunikationsmanagement, Nr. 1/1995). Leipzig.

Bentele, Günter/Liebert, Tobias (1996): Ostdeutsche Wirtschaftsjournalisten über PR. Umfrage zu Berichterstattung und Informationsquellen. In: Public Relations Forum, Nr. 1, S. 26-31.

Bentele, Günter/Liebert, Tobias/Reinemann, Carsten (1998): Informationsfluß und Resonanz kommunaler Öffentlichkeitsarbeit. Teil I (Leipzig) und Teil II (Halle). Leipzig (unveröff. Forschungsbericht).

Bentele, Günter/Liebert, Tobias/Seeling, Stefan (1997): Von der Determination zur Intereffikation. Ein integriertes Modell zum Verhältnis von Public Relations und Journalismus. In: Bentele, Günter/Haller, Michael (Hrsg.): Aktuelle Entstehung von Öffentlichkeit. Akteure, Strukturen, Veränderungen. Konstanz, S. 225-250.

Bentele, Günter/Rolke, Lothar (Hrsg.) (1998): Konflikte, Krisen und Kommunikationschancen in der Mediengesellschaft. Casestudies aus der PR-Praxis. Berlin.

Bentele, Günter/Steinmann, Horst/Zerfaß, Ansgar (Hrsg.) (1996): Dialogorientierte Unternehmenskommunikation. Grundlagen, Praxiserfahrungen, Perspektiven. Berlin.

Bentele, Günter/Szyszka, Peter (Hrsg.) (1995): PR-Ausbildung in Deutschland. Entwicklung, Bestandsaufnahme und Perspektiven. Opladen.

Bernays, Edward L. ([2]1956): The theory and practice of public relations. A resume. In: Bernays, Edward L.: The engeneering of consent. Oklahoma.

Bernays, Edward L. (1965) Biography of an idea. Memoirs of public relations counsel Edward L. Bernays. New York (deutsche Übers. unter dem Titel: Biographie einer Idee. Die hohe Schule der PR. Lebenserinnerungen von E. L. Bernays. Düsseldorf, Wien 1967).

Binder, Elisabeth (1983): Die Entstehung unternehmerischer Public Relations in der Bundesrepublik Deutschland. Münster.

Birkigt, Klaus/Stadler, Marinus M./Funck, Hans Joachim (^{9}1998): Corporate Identity. Grundlagen, Funktionen, Fallbeispiele. München.

Bittl, Andreas (1993): Public Relations in der Versicherungswirtschaft. Karlsruhe.

Böckelmann, Frank E. (1988): Pressestellen in der Wirtschaft. Berlin.

Böckelmann, Frank E. (1991a): Die Pressearbeit der Organisationen. München.

Böckelmann, Frank E. (1991b): Pressestellen der Öffentlichen Hand. Berlin.

Böckelmann, Frank E. (1993): Journalismus als Beruf. Bilanz der Kommunikatorforschung im deutschsprachigen Raum von 1945 bis 1990. Konstanz.

Brauer, Gernot (1993): ECON Handbuch Öffentlichkeitsarbeit. Düsseldorf u.a.

Brauer, Gernot (^{4}2002): Wege in die Öffentlichkeitsarbeit. Einstieg, Einordnung, Einkommen in PR-Berufen. Konstanz.

Brauner, Detlef/Leitolf, Jörg/Raible-Besten, Robert/Weigert, Martin M. (Hrsg.) (2001): Lexikon der Presse- und Öffentlichkeitsarbeit. München.

Burkart, Roland (1992): Public Relations als Konfliktmanagement. Ein Konzept für verständigungsorientierte Öffentlichkeitsarbeit. Untersucht am Beispiel der Planung von Sonderabfalldeponien in Niederösterreich. Wien.

Burkart, Roland (^{4}2002): Kommunikationswissenschaft. Grundlagen und Problemfelder. Umrisse einer interdisziplinären Sozialwissenschaft. Wien, Köln, Weimar.

Cutlip, Scott (1994): The unseen power: public relations. A history. Hillsdale, NJ.

Cutlip, Scott (1995): Public relations history: from 17th to the 20th century. The antecedents. Hillsdale, NJ.

Cutlip, Scott M./Center, Allen H./Broom, Glen M. (^{7}1994): Effective public relations. Englewood Cliffs (zuerst 1952).

Donsbach, Wolfgang (Hrsg.) (1997): Public Relations in Theorie und Praxis. Grundlagen und Arbeitsweise der Öffentlichkeitsarbeit in verschiedenen Funktionen. München.

Dorer, Johanna/Lojka, Klaus (Hrsg.) (1991): Öffentlichkeitsarbeit. Theoretische Ansätze, Empirische Befunde und Berufspraxis der Public Relations (= Studienbücher zur Publizistik- und Kommunikationswissenschaft, Bd. 7). Wien.

Döring, Ulrike (1998): Öffentlichkeitsarbeit der Evangelischen Kirche in Deutschland. Eine Bestandsaufnahme. Historische Entwicklung, theologische und kommunikationspolitische Determinanten sowie eine kritische Analyse berufsfeldbezogener Verständnisse und Tätigkeitsmuster. Leipzig.

Dovifat, Emil (1968): Handbuch der Publizistik. Allgemeine Publizistik. Bd. 1. Berlin.

Dovifat, Emil (1969): Handbuch der Publizistik. Praktische Publizistik (Teil 1 u. 2). Bd. 2 u. 3. Berlin.

Dovifat, Emil/Wilke, Jürgen (1976): Zeitungslehre. Bd. I. Berlin, New York.

Dozier, David M. (1992): The organizational roles of communications and public relations practitioners. In: Grunig, James E. (Hrsg.): Excellence in public relations and communication management. Hillsdale, NJ, S. 327-355.

Dozier, David M./Grunig, Larissa A./Grunig, James E. (1995): Manager's guide to excellence in public relations and communication management. Mahwah, NJ.

Duncan, T. (1993): A marketing perspective on IMC. Paper presented at the Perspectives on Integrated Marketing Communication Seminar. Des Moines, IA.

Ehling, William P./White, Jon/Grunig, James E. (1992): Public relations and marketing practises. In: Grunig, James E. (Hrsg.): Excellence in public relations and communication management. Hillsdale, NJ, S. 357-393.

Erlinghagen, Friederike/Klein, Ulrike/Lessinger, Eva-Maria (1994): Zur Verlegenheit der Verleger. Öffentlichkeitsarbeit von Tageszeitungsverlagen. Bochum.

Ewen, Stuart (1996): PR! A social history of spin. New York.

Falkenberg, Viola (2000): Pressemitteilungen schreiben. Frankfurt/Main.

Faulstich, Werner (Hrsg.) (1992): Image – Imageanalyse – Imagegestaltung. 2. Lüneburger Kolloquium zur Medienwissenschaft. Bardowick.

Faulstich, Werner (1993): Konzepte von Öffentlichkeit. 3. Lüneburger Kolloquium zur Medienwissenschaft. Bardowick.

Faulstich, Werner (2000): Grundwissen Öffentlichkeitsarbeit. München.

Fischer, Heinz D./Wahl, Ulrike (Hrsg.) (1993): Public Relations. Öffentlichkeitsarbeit. Geschichte, Grundlagen, Grenzziehungen. Frankfurt/Main.
Flieger, Heinz (1983): Public Relations – Theorie und Praxis. Bibliographie der deutschsprachigen Literatur mit Annotationen. Wiesbaden.
Flieger, Heinz (1985): Public Relations, Theorie und Praxis. Bibliographie der deutschsprachigen PR-Literatur mit Annotationen. Ergänzungsband 1. Wiesbaden.
Flieger, Heinz (1990): Public Relations, Theorie und Praxis. Bibliographie der deutschsprachigen PR-Literatur mit Annotationen. Ergänzungsband 2. Wiesbaden.
Flieger, Heinz (1995): Public Relations. Theorie und Praxis. Bibliographie der deutschsprachigen PR-Literatur mit Annotationen. Ergänzungsband 3. Wiesbaden.
Fröhlich, Romy (1992): Qualitativer Einfluss von Pressearbeit auf die Berichterstattung: Die „geheime Verführung" der Presse? In: Publizistik, 37. Jg., S. 37-49.
Fröhlich, Romy (1994): Rundfunk-PR im Kontext. Historische und organisationstheoretische Bedingungen. Opladen.
GPRA (Hrsg.) (1997): Evaluation von Public Relations. Dokumentation einer Fachtagung. Frankfurt/Main.
Gramberger, Marc R. (1997): Die Öffentlichkeitsarbeit der Europäischen Kommission 1952-1996. PR zur Legitimation von Integration? Baden-Baden.
Grossenbacher, René (^{2}1989): Die Medienmacher. Eine empirische Untersuchung zur Beziehung zwischen Public Relations und Medien in der Schweiz. Solothurn.
Groth, Otto (1929): Die Zeitung. Ein System der Zeitungskunde (Journalistik). Bd. 2. Mannheim, Berlin, Leipzig.
Grunig, James E. (Hrsg.) (1992a): Excellence in public relations and communication management. Hillsdale, NJ.
Grunig, James E. (1992b): The development of public relations research in the United States and its status in communication science. In: Avenarius, Horst/Armbrecht, Wolfgang (Hrsg.): Ist Public Relations eine Wissenschaft? Opladen, S. 103-132.
Grunig, James E. (2001): Two-way symmetrical public relations: Past, present, and future. In: Heath, Robert L.: Handbook of public relations. London, Thousand Oaks, New Delhi.
Grunig, James E./Hunt, Todd (1984): Managing public relations. New York u.a.
Grunig, Larissa A./Grunig, James E./Dozier, David M. (2002): Excellent public relations and effective organizations. Mahwah, NJ.
Hackenbroch, Rolf (1998): Verbände und Massenmedien. Öffentlichkeitsarbeit und ihre Resonanz in den Medien. Wiesbaden.
Haedrich, Günther (1994): Die Rolle von Public Relations im System des normativen und strategischen Managements. In: Armbrecht, Wolfgang/Zabel, Ulf (Hrsg.): Normative Aspekte der Public Relations. Grundlagen und Perspektiven. Eine Einführung. Opladen, S. 91-107.
Haedrich, Günther/Barthenheier, Günter/Kleinert, Horst (Hrsg.) (1982): Öffentlichkeitsarbeit. Dialog zwischen Institutionen und Gesellschaft. Berlin, New York.
Haller, Klaus (1982): Werkzeitschriften in der Bundesrepublik Deutschland. Berlin.
Heath, Robert L. (2001): Handbook of public relations. London, Thousand Oaks, New Delhi.
Heise, Joachim S. (2000): Für Firma, Gott und Vaterland. Betriebliche Kriegszeitschriften im Ersten Weltkrieg. Das Beispiel Hannover. Hannover.
Hiebert, Roy Eldon (1966): Courier to the crowd. The story of Ivy Lee and the development of public relations. Ames, IA.
Hilger, Angelika (1997): Kontrolle von Public Relations. Stuttgart.
Hill, John W. (1993): The making of the public relations man. Renewed by Elena K. Hill. Lincolnwood, IL.
Hintermeier, Josef (1982): Public Relations im journalistischen Entscheidungsprozeß dargestellt am Beispiel einer Wirtschaftsredaktion. Düsseldorf.
Hoy, Peggy (2002): Ansätze und Probleme einer PR-Historiographie. Ein Vergleich der PR-Geschichtsschreibung in den USA und Deutschland anhand einer systematischen Literaturbestandsaufnahme. Leipzig (unveröff. Magisterarbeit).
Hundhausen, Carl (1951): Werbung um öffentliches Vertrauen. Essen.
Hutton, James G. (2001): Defining the relationship between public relations and marketing. Public relations' most important challenge. In: Heath, Robert L.: Handbook of public relations. London, Thousand Oaks, New Delhi, S. 205-214.

Jarren, Otfried (1984): Kommunale Kommunikation. Eine theoretische und empirische Untersuchung kommunaler Kommunikationsstrukturen unter besonderer Berücksichtigung lokaler und sublokaler Medien. München.

Jarren, Otfried/Bonfadelli, Heinz (Hrsg.) (2001): Einführung in die Publizistikwissenschaft. Bern, Stuttgart, Wien.

Jarren, Otfried/Röttger, Ulrike (1999): Politiker, politische Öffentlichkeitsarbeiter und Journalisten als Handlungssystem. Ein Ansatz zum Verständnis politischer PR. In: Rolke, Lothar/Wolff, Volker (Hrsg.): Wie die Medien die Wirklichkeit steuern und selber gesteuert werden. Opladen, Wiesbaden, S. 199-221.

Kirchhoff, Klaus Rainer/Piwinger, Manfred (Hrsg.) (^{2}2001): Die Praxis der Investor Relations. Effiziente Kommunikation zwischen Unternehmen und Kapitalmarkt. Neuwied, Kriftel.

Knorr, Ragnwolf H. (1984): Public Relations als System-Umwelt-Interaktion. Dargestellt an der Öffentlichkeitsarbeit einer Universität. Wiesbaden.

Koszyk, Kurt (1966): Deutsche Presse im 19. Jahrhundert. Geschichte der Deutschen Presse Teil 2. Berlin.

Kotler, Philip/Bliemel, Friedhelm (1992): Marketing-Management. Analyse, Planung, Umsetzung und Steuerung. Stuttgart.

Kübler, Hans-Dieter (1994): Kommunikation und Massenkommunikation. Ein Studienbuch. Münster, Hamburg.

Kückelhaus, Andrea (1998): Public Relations: Die Konstruktion von Wirklichkeit. Kommunikationstheoretische Annäherungen an ein neuzeitliches Phänomen. Wiesbaden.

Kunczik, Michael (1988): Journalismus als Beruf. Köln, Wien.

Kunczik, Michael (1990): Die manipulierte Meinung. Nationale Image-Politik und internationale Public Relations. Köln, Wien.

Kunczik, Michael (1997): Geschichte der Öffentlichkeitsarbeit in Deutschland. Köln u.a.

Kunczik, Michael/Heintzel, Alexander/Zipfel, Astrid (1995): Krisen-PR. Unternehmensstrategien im umweltsensiblen Bereich. Köln u.a.

Lieb, Jutta (1991): P.R. Bibliographischer Überblick über Themenbereiche der Öffentlichkeitsarbeit. Bardowick.

Liebert, Tobias (1997): Über einige inhaltliche und methodische Probleme einer PR-Geschichtsschreibung. In: Szyszka, Peter (Hrsg.): Auf der Suche nach Identität. PR-Geschichte als Theoriebaustein. Berlin, S. 79-99.

Löffelholz, Martin (1997): Dimensionen struktureller Kopplung von Öffentlichkeitsarbeit und Journalismus. In: Bentele, Günter/Haller, Michael (Hrsg.): Aktuelle Entstehung von Öffentlichkeit. Akteure, Strukturen, Veränderungen. Konstanz, S. 187-224.

Long, Larry W./Hazleton Jr., Vincent (1993): Definition and model of the public relations process. In: Fischer, Heinz D./Wahl, Ulrike (Hrsg.) (1993): Public Relations. Öffentlichkeitsarbeit. Geschichte, Grundlagen, Grenzziehungen. Frankfurt/Main, S. 223-236.

Mahle, Walter A. (Hrsg.) (1995): Deutschland in der internationalen Kommunikation (= AKM Studien, Bd. 40). Konstanz.

Marschall, Stefan (1999): Öffentlichkeit und Volksvertretung. Theorie und Praxis der Public Relations von Parlamenten. Opladen, Wiesbaden.

Mathes, Rainer/Salazar-Volkmann, Christian/Tscheulin, Jochen (1995): Medien-Monitoring – Ein Baustein der Public Relations-Erfolgskontrolle. Untersuchungen am Beispiel Messe und Medien. In: Baerns, Barbara (Hrsg.) (1995): PR-Erfolgskontrolle. Messen und Bewerten in der Öffentlichkeitsarbeit. Verfahren, Strategien, Beispiele. Frankfurt/Main, S. 147-172.

McQuail, Denis (1994): Mass communication theory. An introduction. London, Thousand Oaks, New Dehli.

Meffert, Heribert (1993): Marketing. Grundlagen der Absatzpolitik. Mit Fallstudien Einführung und Relaunch des VW-Golf. Wiesbaden.

Meisert, Hansjürgen (1993): Mitarbeiter besser informieren. Theorie und Praxis der Unternehmenspublizistik. Ein Handbuch für redaktionelle Arbeit (= Kommunikation für heute und morgen, Bd. 9). Frankfurt/Main.

Merten, Klaus (1992): Begriff und Funktion von Public Relations. In: PR-Magazin, Nr. 11, S. 35-46.

Merten, Klaus (1997): Das Berufsbild von PR – Anforderungsprofile und Trends. Ergebnisse einer Studie. In: Schulze-Fürstenow, Günther/Martini, Bernd-Jürgen (Hrsg.): Handbuch PR. Öffentlichkeitsarbeit in Wirtschaft, Verbänden, Behörden. Neuwied (Loseblattsammlung), 3.635, S. 1-23.

Merten, Klaus (1999): Einführung in die Kommunikationswissenschaft. Bd. 1/1: Grundlagen der Kommunikationswissenschaft. Münster.
Merten, Klaus (2000): Das Handwörterbuch der PR. 2 Bde. Frankfurt/Main.
Merten, Klaus/Westerbarkey, Joachim (1994): Public Opinion und Public Relations. In: Merten, Klaus/Schmidt, Siegfried J./Weischenberg, Siegfried (Hrsg.): Die Wirklichkeit der Medien. Eine Einführung in die Kommunikationswissenschaft. Wiesbaden, S. 188-211.
Merton, Robert K. (1968): Social theory and social structure (enlarged edition). New York.
Meyn, Hermann (1994): Massenmedien in der Bundesrepublik Deutschland. Berlin (überarb. u. aktualisierte Neuauflage).
Newsom, Doug/Scott, Alan/Turk, Judy VanSlyke (1992): This is PR. The realities of public relations. Belmont, CA.
Nieschlag, Robert/Dichtl, Erwin/Hörschgen, Hans (1991): Marketing. Berlin.
Noelle-Neumann, Elisabeth/Schulz, Winfried/Wilke, Jürgen (Hrsg.) (1989): Fischer Lexikon Publizistik Massenkommunikation. Frankfurt/Main.
Nöthe, Bettina (1994): PR-Agenturen in Deutschland. Münster.
Nöth-Greis, Gertrud (1997): Das Literarische Büro als Instrument der Pressepolitik. In: Wilke, Jürgen (Hrsg.) (1997): Pressepolitik und Propaganda. Historische Studien vom Vormärz bis zum Kalten Krieg. Köln, Weimar, Wien.
Oeckl, Albert (1964): Handbuch der Public Relations. Theorie und Praxis der Öffentlichkeitsarbeit in Deutschland und der Welt. München.
Oeckl, Albert (1976): PR-Praxis. Der Schlüssel zur Öffentlichkeitsarbeit. Düsseldorf, Wien.
Pavlic, John V. (1987): Public relations. What research tells us. Newbury Park u.a.
Pfetsch, Barbara/Dahlke, Kerstin (1996): Politische Öffentlichkeitsarbeit zwischen Zustimmungsmanagement und Politikvermittlung. Zur Selbstwahrnehmung politischer Sprecher in Berlin und Bonn. In: Jarren, Otfried/Schatz, Heribert/Weßler, Hartmut (Hrsg.): Medien und politischer Prozeß. Politische Öffentlichkeit und mediale Politikvermittlung im Wandel. Opladen, S. 137-154.
Pflaum, Dieter/Pieper, Wolfgang (Hrsg.) (²1993): Lexikon der Public Relations. Landsberg.
Popp, Christine (1990): Sozialbilanzen. Gesellschaftsbezogene Verfahren der Public Relations. Nürnberg.
Prutz, Robert E. (1845): Geschichte des deutschen Journalismus. Erster Teil. Hannover (Nachdruck: Göttingen 1971).
Pürer, Heinz (⁴1990): Einführung in die Publizistikwissenschaft. Systematik, Fragestellungen, Theorieansätze, Forschungstechniken. München.
Pürer, Heinz/Raabe, Johannes (1994): Medien in Deutschland. Bd. 1: Presse. München.
Reineke, Wolfgang/Eisele, Hans (²1994): Taschenbuch der Öffentlichkeitsarbeit. Public Relations in der Gesamtkommunikation. Heidelberg.
Reinhardt, Dirk (1993): Von der Reklame zum Marketing. Geschichte der Wirtschaftswerbung in Deutschland. Berlin.
Rinck, Annette (2001): Interdependenzen zwischen PR und Journalismus. Eine empirische Untersuchung der PR-Wirkungen am Beispiel einer dialogorientierten PR-Strategie von BMW. Wiesbaden.
Roloff, Eberhard (1992): Messen und Medien. Ein sozialpsychologischer Ansatz zur Öffentlichkeitsarbeit. Wiesbaden.
Ronneberger, Franz/Rühl, Manfred (1992): Theorie der Public Relations. Ein Entwurf. Opladen.
Rossmann, Torsten (1993): Öffentlichkeitsarbeit und ihr Einfluss auf die Medien. Das Beispiel Greenpeace. In: Media Perspektiven, Nr. 2, S. 85-94.
Rota, Franco P. (²1994): PR- und Medienarbeit im Unternehmen. Instrumente und Wege effizienter Öffentlichkeitsarbeit. München.
Röttger, Ulrike (Hrsg.) (1997): PR-Kampagnen. Über die Inszenierung von Öffentlichkeit. Opladen.
Röttger, Ulrike (2000): Public Relations – Organisation und Profession. Öffentlichkeitsarbeit als Organisationsfunktion. Eine Berufsfeldstudie. Wiesbaden.
Röttger, Ulrike (Hrsg.) (2001): Issues Management. Theoretische Konzepte und praktische Umsetzung. Eine Bestandsaufnahme. Wiesbaden.
Rühl, Manfred (1987): Soziale Verantwortung und persönliche Verantwortlichkeit im Journalismus. In: Flöhl, Rainer/Fricke, Jürgen (Hrsg.): Moral und Verantwortung in der Wissenschaftsvermittlung. Die Aufgabe von Wissenschaftler und Journalist. Mainz, S. 101-118.
Saffarnia, Pierre A. (1993): Determiniert Öffentlichkeitsarbeit tatsächlich den Journalismus? Empirische Belege und theoretische Überlegungen gegen die PR-Determinierungsannahme. In: Publizistik, 38. Jg., S. 412-125.

Sänger, Gisela (1966): Funktion amtlicher Pressestellen in der demokratischen Staatsordnung. Frankfurt/Main, Berlin.

Saxer, Ulrich (1992): Public Relations als Innovation. In: Avenarius, Horst/Armbrecht, Wolfgang (Hrsg.): Ist Public Relations eine Wissenschaft? Grundlagen und interdisziplinäre Ansätze. Bd. 1. Opladen, S. 47-76.

Schantel, Alexandra (2000): Determination oder Intereffikation? Eine Metaanalyse der Hypothesen zur PR-Journalismus-Beziehung. In: Publizistik, 45. Jg., S. 70-88.

Schlippe, Bettina von/Martini, Bernd-Jürgen/Schulze-Fürstennow, Günther (Hrsg.) (1998): Arbeitsplatz PR. Einstieg, Berufsbilder, Perspektiven. Neuwied, Kriftel.

Scholl, Armin/Weischenberg, Siegfried (1998): Journalismus in der Gesellschaft. Theorie, Methodologie und Empirie. Opladen.

Schöne, Walter (1923): Das kommunale Nachrichtenwesen. In: Zeitschrift für die gesamte Staatswissenschaft, 77. Jg., S. 507-552.

Schürmann, Frank (1992): Öffentlichkeitsarbeit der Bundesregierung. Strukturen, Medien, Auftrag und Grenzen eines informativen Instruments der Staatsleitung. Berlin.

Schweda, Claudia/Opherden, Rainer (1995): Journalismus und Public Relations. Grenzbeziehungen im System lokaler politischer Kommunikation. Wiesbaden.

Sigal, Leon V. (1973): Reporters and officials. The organization and politics of news-making. Lexington, MA, Toronto, London.

Signitzer, Benno (1988): Public Relations-Forschung im Überblick. In: Publizistik, 33. Jg., S. 92-116.

Signitzer, Benno (1990): Umrisse einer künftigen Public Relations-Wissenschaft und ihre Funktion im Professionalisierungsprozeß. In: Dörrbecker, Klaus/Rommerskirchen, Thomas (Hrsg.): Blick in die Zukunft: Kommunikations-Management. Perspektiven und Chancen der Public Relations. Remagen-Rolandseck, S. 282-294.

Sohn, Cornelia (1997): 'Wir überleben alle Stürme'. Die Öffentlichkeitsarbeit des Bauhauses. Köln u.a.

Spiess, Volker (1969): Verzeichnis deutschsprachiger Hochschulschriften zur Publizistik 1885 – 1967. Berlin, München.

Staehle, Wolfgang H. ([7]1994): Management. Eine verhaltenswissenschaftliche Perspektive. München.

Steinmann, Horst/Zerfaß, Ansgar/Ahrens, Rupert (1993): Ethische Problemfelder der Public Relations-Beratung. In: PR-Magazin, Nr. 10, S. 33-40.

Sühling, Vera I. (1996): Public Relations für Handelsunternehmen. Grundlagen, Strategien und Konzeption eines integrierten Kommunikations-Managements. Göttingen.

Süssmuth, Hans (Hrsg.) (1996): Deutschlandbilder in Dänemark und England, in Frankreich und den Niederlanden (= Schriften der Paul-Kleinewefers-Stiftung, Bd. 3). Baden-Baden.

Szyszka, Peter (1995): Öffentlichkeitsarbeit und Kompetenz: Probleme und Perspektiven künftiger Bildungsarbeit. In: Bentele, Günter/Szyszka, Peter (Hrsg.): PR-Ausbildung in Deutschland. Entwicklung, Bestandsaufnahme und Perspektiven. Opladen, S. 317-342.

Szyszka, Peter (Hrsg.) (1997a): Auf der Suche nach Identität. PR-Geschichte als Theoriebaustein. Berlin.

Szyszka, Peter (1997b): Bedarf oder Bedrohung? Zur Frage der Beziehungen des Journalismus zur Öffentlichkeit. In: Bentele, Günter/Haller, Michael (Hrsg.): Aktuelle Entstehung von Öffentlichkeit. Akteure, Strukturen, Veränderungen. Konstanz, S. 209-224.

Szyszka, Peter (1999): Öffentlichkeit. Diskurs zu einem Schlüsselbegriff der Organisationskommunikation. Wiesbaden.

Tedlow, Richard S. (1979): Keeping the corporate image. Public relations and the business 1900 – 1950. Greenwich, CT.

Turk, Judy VanSlyke (1986): Information subsidies and media content: A study of public relations influence on the news. In: Journalism Monographs, Bd. 100, S. 1-29.

Tye, Larry (1998): Edward L. Bernays & the birth of public relations. New York.

Vogel, Ernst (1951): Public Relations. Öffentliche Meinungs- und Beziehungspflege in Theorie und unternehmerischer Praxis. Frankfurt/Main.

Weischenberg, Siegfried (1995): Journalistik. Bd. 2. Opladen.

Wilcox, Dennis L./Ault, Phillip H./Agee, Warren K. (1992): Public relations. Strategies and tactics. New York.

Windahl, Sven/Signitzer, Benno (1992) (with Jean T. Olson): An introduction into planned communication. London u.a.

Witzer, Brigitte (1992): Kommunikation in Konzernen. Konstruktives Menschenbild als Basis neuer Kommunikationsstrukturen. Opladen.

Wuttke, Heinrich (1875): Die deutschen Zeitschriften und die Entstehung der öffentlichen Meinung. Leipzig.

Zedtwitz-Arnim, Georg Volkmar Graf von (1961): Tu Gutes und rede darüber. Public Relations für die Wirtschaft. Berlin, Frankfurt/Main, Wien.

Zerfaß, Ansgar (1996): Unternehmensführung und Öffentlichkeitsarbeit. Grundlegung einer Theorie der Unternehmenskommunikation und Public Relations. Opladen.

Zipfel, Astrid (1997): Public Relations in der Elektroindustrie. Die Firma Siemens und AEG 1847 bis 1939. Köln u.a.

Zühlsdorf, Anke (2002): Gesellschaftsorientierte Public Relations. Eine Strukturationstheoretische Analyse der Interaktion von Unternehmen und kritischer Öffentlichkeit. Wiesbaden.

Medieninhalte

Heinz Bonfadelli

1 Medieninhalte als Untersuchungsgegenstand[1]

Der Begriff „Medieninhalt" (engl.: media content) bezieht sich sowohl auf die *physischen Botschaften* (engl.: messages), d.h. Zeitungsartikel, Fernsehsendungen oder Hörfunkbeiträge bzw. Texte, Bilder oder Töne, als auch auf die *symbolischen Bedeutungen* (engl.: meanings), die mittels dieser materiellen Zeichenträger im Kommunikationsprozess übermittelt werden. In neueren Arbeiten, die auf der so genannten Cultural Studies Tradition basieren, wird dafür ganz allgemein, und zwar medienunabhängig, der Begriff „Text" benutzt. Traditionellerweise standen eher die dokumentarischen *Informationsangebote* und weniger die fiktionale Unterhaltung im Zentrum des Interesses, und die (amerikanische) Forschung war zudem stark auf das *Medium Fernsehen* fokussiert.

Die Analyse der Inhalte der modernen Massenmedien stand wegen ihrer *massenhaften Verbreitung* sowie ihrer enormen *Popularität*, und nicht zuletzt wegen der damit verknüpften *Wirkungsvermutungen* bezüglich des Publikums von Beginn an sowohl im Zentrum der empirischen Forschung der Publizistikwissenschaft als auch im Fokus der kritischen Öffentlichkeit. Die anhaltende Diskussion um die mediale Thematisierung von sozialen Problemen (vgl. Bonfadelli/Meier 1993) wie Gewalt, Sexualität, Pornografie und Rassismus, aber auch die journalistische Medienkritik (vgl. Weßler u.a. 1997) an neuen Medienangeboten wie jüngst dem Reality-TV im Allgemeinen (vgl. Winterhoff-Spurk/Heidinger/Schwab 1994) bzw. der Reality-Show „Big Brother" (vgl. Mikos u.a. 2000) im Speziellen oder an der so genannten Tendenz zum Infotainment als Boulevardisierung der Information (vgl. Wittwen 1995; Krüger 1996) illustrieren dies. Die Medieninhalte sind zudem *direkt sichtbar* und im Vergleich zu den Kommunikatoren oder den Publika für Untersuchungen besonders *leicht zugänglich* (vgl. McQuail 1987: 235).

Aus diesem Grund sind auch die Bezüge zu den anderen Elementen des medienvermittelten Kommunikationsprozesses wie Kommunikatoren, Medien, Realität und Rezipienten oder zu weiteren Forschungsfeldern der Publizistikwissenschaft wie beispielsweise Nachrichten, Wirtschafts-, Sport-, Wissenschaftskommunikation oder Unterhaltung und Werbung, aber auch Gender- oder Kultivierungsforschung besonders eng und vielfältig, was die Abgrenzung des Gegenstands erschwert und die Herausbildung eines eigenständigen Forschungsbereichs behindert hat. Dementsprechend wird der Untersuchungsgegenstand „Medieninhalte" meist über den wissenschaftlichen Zugriff, d.h. die Untersuchungsmethode der Inhaltsanalyse, definiert (vgl. Schrott/Lanoue 1994; Merten 1995; Früh 1998; Deacon u.a. 1999; Gunter 2000).

---

1 Der Beitrag stützt sich in Teilen auf Bonfadelli/Leonarz/Süss (2001) und Bonfadelli (2002).

Schaubild 1
Perspektiven und Instrumente zur Analyse von Medieninhalten

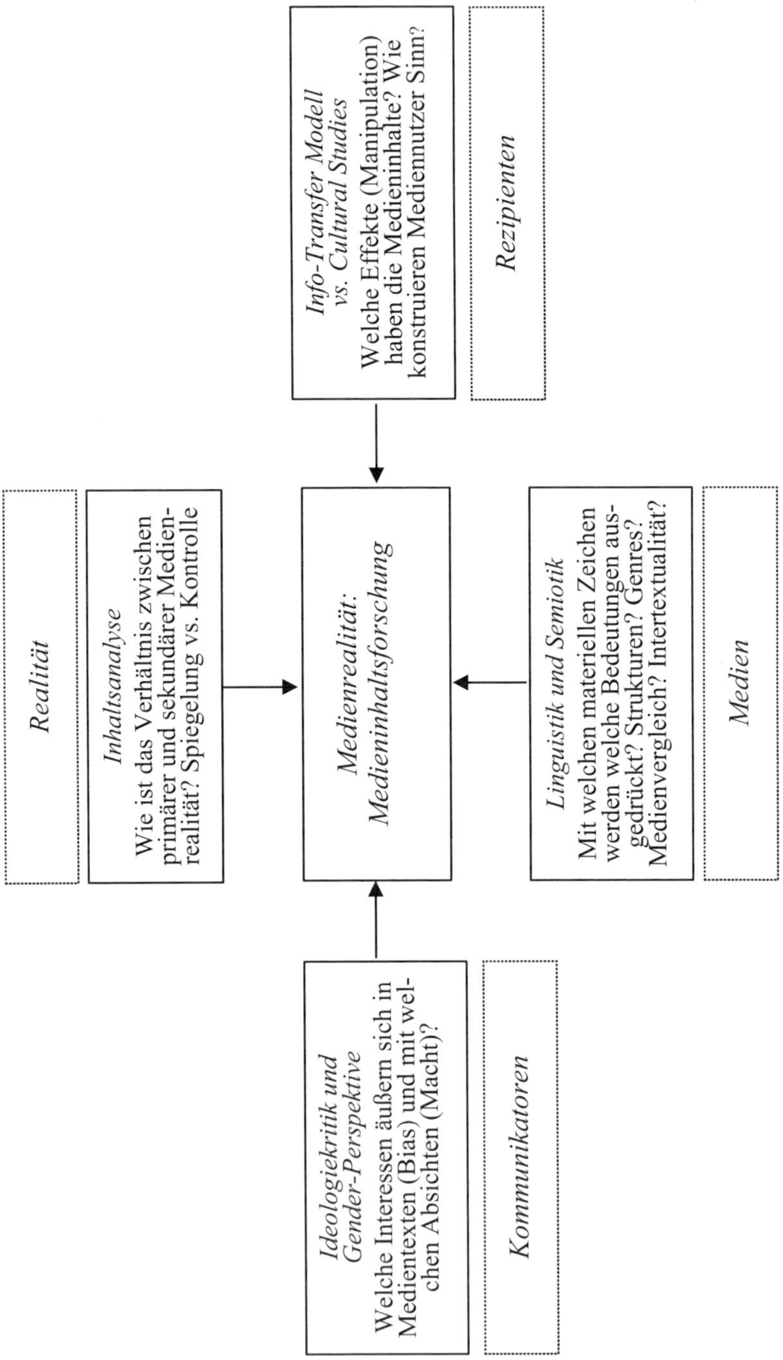

Schaubild 1 zeigt, in Relation zu welchen Elementen des Kommunikationsprozesses oder aus welcher Perspektive heraus Medieninhalte bevorzugt analysiert werden:

Kommunikatoren. Vor allem in der frühen Forschung wurden Medieninhalte meist als Ausdruck der Interessen und Werthaltungen von Kommunikatoren betrachtet. In Analysen politischer Propaganda wurde darum versucht, Rückschlüsse auf ihre Urheber zu ziehen. Im Rahmen der Gatekeeperforschung interessiert, wie die Kommunikatoren des Mediensystems aus der Vielfalt der Ereignisse der Welt selektiv jene auswählen, über die dann aus je anderen Perspektiven in den Massenmedien berichtet wird, und welche Faktoren diesen Entscheidungsprozessen unterliegen. Umgekehrt kann nach den extramedialen Faktoren (z.B. Öffentlichkeitsarbeit von Interessengruppen) gefragt werden, welche die Medieninhalte beeinflussen. Zur Beantwortung dieser Fragen sind verschiedenste theoretische Perspektiven (vgl. Shoemaker 1987: 6; Shoemaker/Reese 1996: 1; Kepplinger 1989a) formuliert worden. Grundsätzlich gilt aber, dass nicht die Medieninhalte selbst im Zentrum der wissenschaftlichen Aufmerksamkeit stehen, sondern deren Antezedenzen wie beispielsweise die Journalisten.

Medien. In Bezug auf die verschiedenen Massenmedien (Zeitungen, Zeitschriften, Fernsehen, Hörfunk oder neuerdings Internet) und ihre medienspezifischen Charakteristika interessiert in der Forschung vor allem, welche Inhalte bzw. Genres für ein bestimmtes Medium typisch sind, d.h. inwiefern z.B. Konkurrenz oder Komplementarität bezüglich „Information" und „Unterhaltung" im intermediären Vergleich besteht und wie sich solche Konstellationen vor dem Hintergrund der zunehmenden Kommerzialisierung des Mediensystems im Zeitverlauf verändern. In Deutschland ist in diesem Zusammenhang auf die kontrovers geführte Konvergenz-Debatte zur Entwicklung der Politikberichterstattung zu den politischen Inhalten des öffentlichrechtlichen im Vergleich zum privaten Fernsehen zu verweisen (vgl. Bruns/Marcinkowski 1996, 1997; Krüger 1998b). Auch hier interessieren aber die Inhalte nicht primär, sondern nur als Indikatoren des Medienwandels.

Realität. Seit Anbeginn beschäftigen Fragen wie „Wie verhalten sich Medien und Realität zueinander?" (Schulz 1989: 135) oder „Wie wirklich ist die Medienwirklichkeit?" (Bentele 1993: 152) die publizistikwissenschaftliche Forschung. Mittels der Methode der Inhaltsanalyse wird immer wieder neu untersucht, inwiefern Medieninhalte ein Spiegel der Realität sind oder diese nur verzerrt wiedergeben. Besonders Regierungen, Politiker und andere Interessengruppen werfen den Medien periodisch vor, „einseitig" oder „verzerrt" (engl.: bias bzw. „Medien-Bias"-Forschung) über die Realität zu berichten, d.h. nicht „ausgewogen" oder „objektiv" zu sein. Der Mehrzahl der empirischen Studien unterliegt das normative Postulat bzw. die naivrealistische Position der journalistischen Nachrichtentheorie, dass die Massenmedien die primäre Wirklichkeit abbilden können und dies auch tun sollen. In erkenntnistheoretischer Hinsicht wird dieses Paradigma mittlerweile durch die konstruktivistische Position infrage gestellt (vgl. Schulz 1989: 140ff.; Bentele 1993: 158ff.).

Rezipienten. Mit Bezug auf das Publikum (Leser, Hörer, Zuschauer) interessiert, welche Medieninhalte auf Interesse stoßen und genutzt werden. Darüber hinaus wird im Rahmen der Medienwirkungsforschung untersucht, welche Inhalte bei welchen Rezipienten zu welchen Wirkungen führen, etwa fiktionale Fernsehgewalt in der Kultivierungstheorie von George Gerbner oder die Agenda-Setting-Funktion von dokumentarischer Kriminalität in der Presse (vgl. Gerbner/Gross 1976; Gerbner u.a. 1979; O'Keefe/Reid-Nash 1987; Signorielli/Morgan 1990; Gerbner 2000). Umgekehrt, d.h. aus einer Rezipientenperspektive und im Rahmen von Cultural Studies Ansätzen, wird gefragt (vgl. Krotz 1992; Hepp 1999): „Wie schreiben Rezipienten den Medienbotschaften aktiv Sinn zu und wie konstruieren sie so eine soziale Realität?"

Als Fazit illustrieren diese Ausführungen, dass Medieninhalte meist in Relation zu den Kommunikatoren oder zu den Rezipienten untersucht werden. Für sich allein bilden sie selten einen eigenständigen Gegenstand, außer aufgrund von quantifizierenden Aussagen- bzw. Inhaltsanalysen (vgl. Früh 1998; Merten 1995) oder qualitativen Textanalysen (Hijmans 1996), welche die „sekundäre" *Medienrealität* zu erfassen und zu beschreiben versuchen.

2 Fragestellungen und Forschungsentwicklung

Die Durchsicht der wichtigsten Fachzeitschriften im Bereich der Publizistikwissenschaft deckt eine *breite Palette von Fragestellungen* auf, die im Zusammenhang mit der Analyse und Beschreibung der Strukturen von Medieninhalten stehen, wobei die Methode der quantifizierenden Inhaltsanalyse eine herausragende Rolle spielt. Die folgende Übersicht kann aber sicher keine Vollständigkeit beanspruchen (vgl. Schulz 1989: 136ff.; Shoemaker/Reese 1996: 41ff.).

Repräsentanz bzw. Stereotypisierung von Bevölkerungsgruppen und Minoritäten. Besonders oft befasste sich die Forschung damit, wie verschiedene Bevölkerungsgruppen in den Medien repräsentiert werden. Die Häufigkeit der Berichterstattung wird inhaltsanalytisch erhoben und mit Bevölkerungsstatistiken verglichen (vgl. Taylor/Bang 1997). Normativ wird sodann oft von der Prämisse ausgegangen, dass die Medienberichterstattung mindestens dem Bevölkerungsanteil entsprechen sollte. Ein klassisches Beispiel stellt die Untersuchung von Minoritäten und Ausländern in Kurzgeschichten populärer amerikanischer Magazine dar (vgl. Berelson/Salter 1946). Die Minoritäten waren im Bevölkerungsvergleich unterrepräsentiert und zudem unvorteilhafter dargestellt. Greenberg (1986) bzw. Greenberg und Brand (1994) bestätigen in ihren Literaturüberblicken diese frühen Hinweise auf die stereotypisierende Funktion der Medien. Andere Forscher gingen sogar noch weiter, indem sie die Frage aufwarfen, ob sich in der Medienberichterstattung rassistische Tendenzen äußern (vgl. van Dijk 1991). Neben der in den USA besonders häufig untersuchten Gruppe der Schwarzen (vgl. Poindexter/Stroman 1981) hat es auch zur Berichterstattung über arme und alte Leute (vgl. Davis/Kubey 1982; Bosch 1988; Jürgens 1994) immer wieder inhaltsanalytische Studien gegeben, wobei in den 90er-Jahren im deutschsprachigen Raum die „Alten" als vergessene Zielgruppe von Medien und Werbung verstärkt Aufmerksamkeit erlangt haben (vgl. Wyss 1994; Schenk 1998).

Darstellung von Frauen und Männern in den Medien. Der oben genannte Befund der Unterrepräsentanz oder nach Tuchman (1978b) sogar der „symbolischen Annihilierung" gilt übrigens auch für die besonders häufig untersuchten Frauenbilder (vgl. Velte 1995; Fröhlich/Holtz-Bacha 1995; Klaus 1998) bzw. die Frage nach der stereotypen Darstellung von Frauen und Männern im deutschsprachigen Fernsehen (vgl. Küchenhoff 1975; Leinfellner 1983; Weiderer 1993; Scarbath/Gorschenk/Grell 1994), im Hörfunk (vgl. Werner/Rinsdorf 1998), in Frauenzeitschriften (vgl. Ulze 1977) oder in der Presse (Schmerl 1985) wie auch in der Werbung (vgl. Schmerl 1980; Brosius/Staab 1990). Obwohl die Analyse fiktionaler Medieninhalte im Vordergrund gestanden hat, gibt es auch einige Studien aus dem dokumentarischen Bereich (z.B. Tschopp 1989; Cornelissen/Küsters 1990; Rakow/Kranich 1991; Hemmer 1993; Nyffeler 1994), und zwar zu den Frauen in den Fernsehnachrichten oder in der Wahlberichterstattung.

Medienkultur und Wertewandel. Die Frage nach der medialen Repräsentanz von Bevölkerungsgruppen kann thematisch ausgeweitet werden auf das Verhältnis zwischen (Medien-)Kultur und Gesellschaft. Albrecht (1956) beispielsweise untersuchte anhand von Kurzgeschichten in populären Magazinen die Hypothese, Literatur spiegle kulturelle Normen der Gesellschaft. In einer Langzeitperspektive untersuchte Rosengren (1994) die Bedeutung der Grundwerte „Freiheit" und „Gleichheit" in Leitartikeln fünf schwedischer Zeitungen zwischen 1945 und 1975. Wirkungsorientiert verglich er zudem die Berichterstattung über verschiedene Länder mit den „mental maps" (Rosengren 1989: 361ff.), d.h. den präferierten Ländern: Bei Knaben mit hohem TV-Konsum im Unterschied zu wenigsehenden Mädchen nahmen die USA einen signifikant höheren Stellenwert ein. Oder Buchmann und Eisner (1999) analysieren Heirats- und Bekanntschaftsinserate in Schweizer Tageszeitungen zwischen 1900 und 1996 als Indikatoren für langfristige Veränderungen der Alltagskultur. Brosius und Staab (1990) wiederum untersuchten, ob sich in der Darstellung von Frauen und Männern in der Anzeigenwerbung des ›Stern‹ zwischen 1969 und 1988 emanzipatorische Tendenzen nachweisen lassen.

Kriminalität und Gewalt. Zahlreiche Inhaltsanalysen dokumentieren den großen Stellenwert von Gewalt und Kriminalität im amerikanischen Fernsehen (vgl. Gerbner/Gross 1976; Gerbner u.a. 1979; National Television Violence Study 1995, 1997), aber auch in den öffentlich-rechtlichen Fernsehprogrammen (vgl. Groebel/Gleich 1993; Winterhoff-Spurk 1994; Bonfadelli 1995) oder im Reality-TV (vgl. Krüger 1994) in Deutschland. Im Vergleich mit entsprechenden Kriminalitätsstatistiken vermitteln die Medien sowohl in den fiktionalen als auch in den dokumentarischen Inhalten ein stark verzerrtes Bild von gesellschaftlicher Gewalt und Kriminalität. Nach Kunczik (1994: 43) gilt: „Fernsehgewalt ist mit der maskulinen Rolle verbunden und wird zwischen Fremden ausgeführt. Gewalt kann für den Empfänger zwar tödlich sein, ist aber selten schmerzhaft. Gewalt wird von den als gut und als schlecht charakterisierten Protagonisten erfolgreich als Instrument zur Erreichung von Zielen und zur Lösung von Konflikten eingesetzt." Gewalt wurde aber nicht nur im Fernsehen untersucht; ergänzend gibt es verschiedenste Untersuchungen zur Berichterstattung in der Presse sowohl im deutschen Sprachraum (vgl. Lamneck 1990; Derwein 1995; Scharf/Mühlenfeld/Stockmann 1999; Fröhlich 1998; Althoff 1999) als auch in den USA (vgl. Cohen 1975; Antunes/Hurley 1977; Graber 1979; Lotz 1991). Auch hier wird immer wieder festgehalten, dass die Kriminalitätsberichterstattung eher exzessiv sei und nicht parallel zur Entwicklung der Kriminalitätsstatistiken verlaufe. Gerade von Kriminologen wird daraus oft gefolgert, dass die Medien eine herausragende Rolle bei der Entstehung von Kriminalitätsfurcht spielten (vgl. Sheley/Ashkins 1981; Killias 1983; O'Keefe/Reid-Nash 1987). Es sind aber nicht nur Gewalt und Kriminalität, welche das Interesse der Medien auf sich ziehen, sondern in einem weiteren Sinn „Bad News", wie die Glasgow University Media Group (1976, 1980) in verschiedensten Inhaltsanalysen dokumentierte und kritisch hinterfragte.

Ausländer, Fremdenfeindlichkeit und Rechtsradikalismus. In den letzten Jahren hat sich die Forschung in Deutschland verstärkt dem Problem der Ausländer- und

Asylberichterstattung zugewandt und in diesem Zusammenhang die Frage nach dem Entstehen und der Verstärkung von Fremdenfeindlichkeit und Gewalt im Zusammenhang mit rechtsradikalen politischen Tendenzen aufgeworfen (vgl. Ruhrmann/Kollmer 1987; Groebel 1994; Brosius/Esser 1995; Eckhardt/Horn 1995; Hömberg/Schlemmer 1995; Weiß u.a. 1995; Funk/Weiß 1995; Weiß 1996; Handel 1998).

Konflikte, Krisen, Terrorismus und Kriegsberichterstattung. Neben der individuellen Gewalt bildet auf der gesellschaftlichen Ebene die Berichterstattung über Konflikte, Krisen und Krieg ein ebenfalls intensiv bearbeitetes Feld für Inhaltsanalysen. Im Zusammenhang mit der medialen Aufmerksamkeit gegenüber sozialen Unruhen oder Protestbewegungen haben verschiedene Fallstudien untersucht, von welchen Faktoren nicht nur die Intensität, sondern auch die Bewertung der Anliegen der Protestgruppen abhängt. Konstatiert wird dabei, dass die Medien im Allgemeinen weniger als „Watchdogs", sondern mehr als „Guarddogs" operierten (vgl. Olien/Tichenor/Donohue 1989), d.h. dass sie sich vorab am Wertsystem des herrschenden politischen Systems orientierten (vgl. Gitlin 1980; Shoemaker 1984; Kliment 1995; McLeod/Detenber 1999). Im Zentrum der Berichterstattung stehen somit weniger die inhaltlichen Anliegen der Protestgruppen, sondern die im Umfeld von Demonstrationen sich ereignende Gewalt (vgl. Halloran/Elliott/Murdock 1970). Intensiv erforscht wurde auch das Verhältnis zwischen Medien und Militärs in der Berichterstattung zum Vietnam-, Falkland- oder Golfkrieg, wobei eine Entwicklung in Richtung Ausschluss der Medien von den eigentlichen Kriegsschauplätzen bei gleichzeitig kontrollierter Informationsabgabe durch PR-Spezialisten konstatiert wird (vgl. Löffelholz 1993; Imhof/Schulz 1995; Kohring/Görke/Ruhrmann 1996; Hallin 1997).

Umwelt, Wissenschaft, Technik und Risiken. Zur Umwelt- und Wissenschaftskommunikation sind seit den 80er-Jahren vermehrt Inhaltsanalysen durchgeführt worden. Dabei wird oft auch die Frage nach den mit neuen Technologien wie beispielsweise der Gentechnologie verbundenen Risiken angesprochen. Dies hat zur Herausbildung eines eigenständigen Bereichs „Risikokommunikation" (vgl. Ruhrmann 1992; vgl. auch den Beitrag Ruhrmann in diesem Band) geführt. Görke, Kohring und Ruhrmann (2000) oder Leonarz und Schanne (1999) untersuchten die Gentechnologie in der Presse im Zeitverlauf. Kepplinger (1991, 1993) konstatiert aufgrund seiner Längsschnittanalysen zudem eine technikkritische Haltung der Presse und als Folge mangelnde Technikakzeptanz bei der Bevölkerung, wobei diese Interpretation kontrovers diskutiert worden ist (Peters 1991). Auch Singer und Endreny (1987) bemängeln, dass in der Berichterstattung die negativen Folgen von Wissenschaft und Technik überbetont, dagegen die tatsächlichen Risiken nicht angemessen gewichtet würden. Die Medien konstruieren Risiken nach ihren eigenen Regeln und halten sich dabei nicht an die Risikokonzeptionen der Experten (vgl. Wilkins/Patterson 1987; Singer 1990; Stallings 1990). Als Defizite wurden auch die Unausgewogenheit bezüglich zentraler Themen, eine gewisse Oberflächlichkeit, mangelnde Genauigkeit und eine relativ hohe Fehlerrate in der Berichterstattung nachgewiesen (vgl. Saxer u.a. 1986; Haller 1987). Als Fazit konstatieren Meier (1993) bzw. Meier und Schanne (1996) aufgrund einer Meta-Analyse der Forschung auf der Ebene der Berichterstattung Darstellungs-, Kontext-, Komplexitäts- und Umsetzungsprobleme, wobei sie als Ursachen sowohl Quellen- und Abhängigkeitsprobleme des Journalismus als auch Kompetenz- und Organisationsprobleme bei den Journalisten und Redaktionen ausmachen.

Gesundheit, Krankheit und Medizin. Im Zusammenhang mit der Medienberichterstattung über technische Innovationen, aber auch den damit zusammenhängenden Risiken ist das Interesse der Medien für Gesundheitsfragen seit den 80er-Jahren deutlich angestiegen, was wiederum entsprechende inhaltsbezogene Studien stimuliert hat (vgl. Borchers/Kühn 1991). Neben der Analyse des Angebots und der Themenstrukturen (vgl. Wigand 1994; Thierbach 1988) oder der Frage nach der Qualität der Gesundheitsberichterstattung (vgl. Wallack 1988) wird normativ oft nach dem präventiven oder mobilisierenden Potenzial der Medien bezüglich gesundheitsförderlicher Verhaltensweisen gefragt (vgl. Kristiansen/Harding 1984). Sicher die größte Aufmerksamkeit auf sich gezogen hat seit den 80er-Jahren „AIDS" als Medienthema (vgl. Kinsella 1989; Oberauer 1989; Mackenthun 1990; Bosshart 1993; Dickinson 1990; Glasgow Media Group 1998; Miller 1998).

Mediale Konstruktion von Medienereignissen. Zwei klassische Untersuchungen belegen die konstruktive Funktion des Fernsehens: Lang und Lang (1973) verglichen die Live-Übertragung einer Parade zu Ehren des Korea-Generals McArthur in Chicago 1951 mit den unmittelbaren Eindrücken von Beobachtern vor Ort, wobei sie deutliche Unterschiede, ja gar einen Gegensatz zwischen „Fernsehen" und „direkt dabei sein" herausarbeiteten. Halloran, Elliott und Murdock (1970, 1973) analysierten 1968 die Berichterstattung über eine Vietnam-Demonstration in London. Weil die Medien im Vorfeld einen gewaltorientierten Erwartungsrahmen aufgebaut hatten, war eine adäquate Berichterstattung über die unerwartet friedlich ablaufende Demonstration im Sinne einer „self fulfilling prophecy" offenbar nicht mehr möglich. Auch Kepplinger (1983) belegt anhand einer Inhaltsanalyse zu den Ölkrisen von 1973/74 und 1978/79 Abweichungen der Berichterstattung von der Realität und Rückwirkungen auf den Ereignisverlauf selbst. Allerdings sind es nicht immer nur die Medien selbst, welche die Realität in ihrer Berichterstattung verzerrt wiedergeben. Es gibt auch „Medienereignisse" (vgl. Dayan/Katz 1992) wie Staatsfeierlichkeiten, Hochzeiten von Royals oder Begräbnisse wie dasjenige von Prinzessin Diana (vgl. Meckel u.a. 1999), welchen eine für die Gesellschaft wichtige rituelle Funktion zukommt und die nach medialen Darstellungserfordernissen inszeniert werden.

Nachrichtengeografie. In den 70er-Jahren bildete schließlich die Analyse der internationalen Nachrichtenflüsse vor dem Hintergrund von politischen Diskussionen, die im Rahmen der UNESCO (vgl. Stevenson/Shaw 1984) unter dem Stichwort einer „New World Information and Communication Order" ausgetragen wurden, ebenfalls einen Forschungsschwerpunkt. Ausgangspunkt war die Hypothese eines einseitigen Nachrichtenflusses von der westlichen industrialisierten Welt zur Dritten Welt hin. Zudem wurde aufgrund von Vergleichen von Bevölkerungsdaten einerseits und der Auslandsberichterstattung andererseits konstatiert, dass die Nachrichtenagenturen, aber auch die nachgelagerten Medien in räumlicher Hinsicht ein Weltbild präsentierten, das stark von den realen geografischen Proportionen abweiche (vgl. Schulz 1983; UNESCO 1984). Die Befunde der zahlreichen Studien belegen, dass die Auslandberichterstattung tatsächlich durch Faktoren wie Zentrismus, Kommunikationsmagnetismus, Regionalismus und Nähe oder Interesse stark geprägt wird (vgl. Kamps 1998: 283).

Zusammenfassend betrachtet gibt es eine Vielzahl von Studien, welche mehr oder weniger deutliche Abweichungen der Medienrealität im Vergleich zur primären Realität festhalten. Diese Verzerrung wird zum Teil als Folge der politischen Haltung der Medienschaffenden oder aber der ideologischen Linie der Medien interpretiert. Allerdings stehen solche extramedialen Vergleichsdaten nur in den seltensten Fällen zur Verfügung (vgl. Best 2000).

Gehalt, Vielfalt, Verständlichkeit, Redundanz. Neben der Analyse von inhaltlichen Fragestellungen befassen sich weitere Studien eher mit formalen Aspekten der Medienrealität. Untersucht werden Dimensionen wie Informationsgehalt oder Vielfalt und Ausgewogenheit von Themen (vgl. Krüger 1996). Eine wichtige Rolle gespielt hat auch das Konzept der Textverständlichkeit oder die Redundanz als Gegenpol zur Informationsdichte. Ausgangspunkt war die Überlegung, dass aufgrund von Textmerkmalen wie Satzlänge als Anzahl Worte oder Wortlänge als Anzahl Silben rezipientenbezogen die Verständlichkeit eines Textes berechnet und vorhergesagt werden könne. Im Verlauf der Forschungsentwicklung sind unterschiedlichste so genannte Verständlichkeitsformeln entwickelt worden (vgl. Groeben 1982). Anwendungsorientiert sollen aufgrund dieser Überlegungen schließlich Pressetexte (vgl. Heijnk 1997) oder neuerdings auch Internetangebote (vgl. Schweiger 1996) leserbezogen optimiert werden können.

Tabelle 1
Themenvielfalt in Informationsangeboten des Fernsehens

Beitragsdauer	ARD	ZDF	RTL	SAT.1	PRO 7	Alle Sender
Politik	30	24	3	13	0	17
Wirtschaft	6	5	0	0	0	3
Gesellschaft	24	24	15	21	13	21
Kultur/Wissenschaft	12	12	3	0	0	8
Umwelt/Natur	8	15	0	0	4	7
Freizeit/Sport	2	2	2	2	8	3
Unterhaltung/Medien	7	2	9	5	17	7
Alltag	4	9	19	29	21	14
Boulevard/sonstiges	7	8	48	28	36	21
Gesamt in %	100	100	100	100	100	100
Beitragsdauer in min.	1'230	1'804	1'018	792	557	5.401

Untersucht wurden 4 Programmwochen 1995, prime time 19-23 Uhr, Untersuchungsgegenstand waren die nichttagesaktuellen Informationssendungen, aber unter Miteinbezug von Infotainment-Sendungen. Quelle: Krüger (1996: 367).

Format-Analysen. Gemeint sind Strukturanalysen von dokumentarischen wie fiktionalen Angeboten des Fernsehens wie Nachrichten (vgl. Kamps/Meckel 1998) oder Wissenschaftsmagazine im Fernsehen (vgl. Hömberg/Jankers 2000), Talk- (vgl. Krüger 1998a; Plake 1999), Game- und Reality-Shows (vgl. Keppler 1994; Berghaus/Staab 1995; Wegener 1994) oder Soap Operas (vgl. Rössler 1988; Themenheft 1990a+b; Jurga 1995); untersucht werden aber auch Printangebote wie Nachrichtenmagazine (vgl. Landgrebe 1994). Im Zentrum stehen oft Fragen nach den formal-inhaltlichen Strukturen wie der Typologisierung sowie der Herkunft und Entwicklung von Genres (vgl. McQuail 1987: 263ff.). Im Printbereich wurden auch die verschiedenen journalistischen Darstellungsformen (vgl. Roloff 1982) bzw. Textsorten aus linguistischer Perspektive wie die Nachricht, das Interview, die Reportage, der Kommentar oder Leserbriefe (vgl. Pritchard/Berkowitz 1991; Windisch 1993) untersucht.

Programmqualität, Medienleistungen, Benchmarking. Vor dem Hintergrund der Etablierung des dualen Rundfunksystems in Deutschland haben sich in jüngster Zeit die Bemühungen zur Erfassung der Qualität von Medienangeboten (z.B. TV-Nachrichten) vor allem der öffentlich-rechtlichen Anbieter aus einer Produzentenperspektive heraus verstärkt. Als Folge hat sich die Medienwissenschaft intensiver mit dieser Thematik auseinander gesetzt und verschiedene Modelle zur Dimensionierung und Operationalisierung entwickelt (vgl. McQuail 1992; Schatz/Schulz 1992; Meier/Bonfadelli 1994). Mittlerweile hat sich die Diskussion medial auf die Presse ausgeweitet und neben der bloßen Messung geht es zunehmend auch um Fragen der Sicherstellung von Qualität (vgl. Wallisch 1995; Weßler u.a. 1997; Haller 2000).

Die hier sicher nicht vollständig, aber auch nicht systematisch skizzierbaren, weil sich überlappenden Forschungsfelder mit den darauf bezogenen Fragestellungen illustrieren die überaus intensive und breite Beschäftigung der Publizistikwissenschaft mit den Medien und ihren Angeboten. Weil die Medieninhalte zudem einem ständigen Wandel unterliegen und sich der Druck nach Programminnovationen gerade beim Fernsehen in den letzten Jahren noch verstärkt hat, gibt dies auch aufseiten der Publizistikwissenschaft zu ständig neuen oder aktualisierten Analysen der Medieninhalte Anlass.

3 Theoretische Perspektiven

3.1 Selektionsprozesse: die Gatekeeper-Forschung

Die Gatekeeper-Forschung befasste sich seit den 40er-Jahren mit der Frage, wie die Medien die Ereignisse auswählen, über die sie berichten. Zur Erklärung dieses Selektionsprozesses sind im Verlaufe der Forschungsentwicklung verschiedenste theoretische Ansätze entwickelt worden (vgl. Donsbach 1987; Kepplinger 1989a; Shoemaker/Reese 1996: 63ff.).

Subjektsphäre. In einer ersten Phase stand die Ebene des Individuums bzw. die Subjektsphäre im Zentrum. Es wurde davon ausgegangen, dass subjektive Faktoren wie Werthaltungen, politische Einstellungen, Berufsrollenverständnis und soziodemografische Unterschiede (beispielsweise Alter, Geschlecht, soziale Herkunft) für die Gatekeeping-Prozesse von Bedeutung sind.

Professionssphäre. Die Einsicht, dass Journalisten als Rollenträger in Medienorganisationen in ihrem Handeln vielfältigen sozialen und organisationellen Einflüssen ausgesetzt sind, hatte zur Folge, dass sich das Augenmerk von den individuellen Unterschieden abwandte und die Gemeinsamkeit und strukturellen Ähnlichkeiten im Selektionsprozess stärker ins Zentrum der Forschung rückten. Neben der Analyse von *Rollenerwartungen* und damit verknüpften *Sanktionen* in der Redaktion erlangte ab den 60er-Jahren die *Nachrichtenwerttheorie* einen zunehmenden Stellenwert (vgl. Östgaard 1965; Galtung/Ruge 1965). „Nachrichtenfaktoren" sind zentrale Merkmale von Ereignissen (Konflikt, Schaden, Negativität, geografische Nähe, Verlauf des Ereignisses etc.). Je ausgeprägter und je mehr Faktoren auf ein Ereignis zutreffen, desto größer ist nach der Nachrichtenwerttheorie die Chance, dass die Medien darüber berichten. Neben diesem Additivitätsprinzip gibt zudem das Komplementaritätsprinzip: Wenn ein Ereignis einzelne Faktoren nicht aufweist, müssen andere Nachrichtenwerte umso stärker zutreffen. Schließlich gilt, dass wenn aufgrund der Nachrichtenfaktoren ein Ereignis für nachrichtenwürdig befunden wird, die seinen Nachrichtenwert bestimmenden Merkmale in der Berichterstattung besonders hervorgehoben bzw. überbetont werden. Im Verlauf der Entwicklung der Nachrichtenwerttheorie wandte man sich von der Prämisse der quasi objektiv in der Realität vorhandenen Ereignismerkmale ab; die Nachrichtenwerte wurden nun in einer konstruktivistischen Perspektive stärker als Selektionsregeln interpretiert (vgl. Schulz 1976; Staab 1990).

Organisations- und Institutionssphäre. Individuelle Präferenzen, Rollenerwartungen und Selektionsregeln sind wiederum in den institutionell-organisatorischen Kontext des jeweiligen Mediums integriert, wobei nach Tuchman (1977, 1978a) *Produktionsroutinen* aufgrund von technischen und organisatorischen Arbeitsabläufen eine wichtige Rolle spielen. Damit sind Faktoren gemeint wie z.B. die vorhandenen ökonomischen Ressourcen oder der verfügbare Raum für die Berichterstattung. Ebenfalls zu beachten sind auf dieser Ebene Aspekte wie die Zuliefersysteme, der Druck von Interessengruppen, Einfluss der Werbung oder andere ökonomische Faktoren.

Gesellschaftssphäre. Medien operieren schließlich immer in einem spezifischen gesellschaftlichen Kontext, wobei Faktoren wie das Ausmaß der vorhandenen Pressefreiheit, medienpolitische Rahmenbedingungen oder die vorherrschende politische Kultur ebenfalls eine Rolle spielen.

Wie es der Name schon andeutet, Theorien der Nachrichtenselektion befassen sich schwerpunktmäßig mit dokumentarischen Medieninhalten. Wieweit sich diese Ansätze auch auf den fiktionalen Bereich übertragen lassen, ist unklar. Festzuhalten ist aber, dass selektions- und produktionsbezogene Fragestellungen im fiktionalen Bereich bedeutend weniger untersucht worden sind; darauf bezogene theoretische Perspektiven fehlen darum noch weitgehend.

3.2 Präsentationsmuster: Bias-, Frame- und Ritual-Perspektive

Im Vergleich zum Gatekeepingprozess sind zur Frage, wie die spezifisch journalistische Thematisierung und Präsentation von Ereignissen verstanden und erklärt werden kann, nur vereinzelt theoretische Perspektiven entwickelt worden.

Nachrichten-Bias bzw. instrumentelle Aktualisierung. Die Nachrichten-Bias-Forschung befasst sich mit der Frage, inwiefern die Medienrealität als sekundäre Wirklichkeit in vielen Fällen nicht mit der so genannten primären Realität übereinstimmt. Unausgewogenheit oder Verzerrung (engl.: bias) als Gegensatz zum Konzept „Objektivität" wird dabei meist eingeengt auf die Behauptung, dass der Berichterstattung der Journalisten oder Medien zu einem Ereignis eine implizite oder explizite Bewertung unterliege. Erklärt werden solche Bewertungen einerseits durch Rückgriff auf die Werthaltungen der Journalisten oder die (politische) Linie eines Mediums. Kepplinger (1989b) hat mit seiner Theorie der instrumentellen Aktualisierung eine Differenzierung der Bias-Forschung geliefert, indem er davon ausgeht, dass Journalisten in vielen Fällen Ereignisse nicht selbst bewerten. Der trotzdem vorhandene Bias in der Berichterstattung über Konflikte kommt nach ihm dadurch zustande, dass einseitig nur solche Quellen – so genannte opportune Zeugen – zitiert werden, welche die eigene Position stützen bzw. in ein vorteilhaftes Licht rücken oder die Gegenposition ablehnen bzw. negativ beleuchten. Mittlerweile sind solche Prozesse der instrumentellen Aktualisierung auch empirisch untersucht worden (vgl. Weiß 1985,1989; Hagen 1992).

Frame- bzw. Schema-Theorie. Diese neueren Ansätze (vgl. Entman 1993; Scheufele 1999) sind im Vergleich zum Bias-Ansatz offener formuliert, und dementsprechend ist ihr Anwendungsbereich breiter. Zentraler Ausgangspunkt ist die Prämisse, dass Journalisten über ein Ereignis oder Thema immer aus einer bestimmten Perspektive berichten. Je nach dem verwendeten bzw. zugrunde liegenden Frame oder Schema werden gewisse Informationen in den Vordergrund gerückt und zugespitzt, während andere Aspekte weggelassen bzw. im Hintergrund bleiben. Gamson und Modigliani (1989) beispielsweise sprechen von „Packages" als durchgehenden Argumentationslinien in kontroversen thematischen Diskursen wie der Kernenergie. In verschiedenen qualitativen Inhaltsanalysen sind solche Prozesse des Framings bzw. der Rahmung von Realität untersucht worden (vgl. Entman 1991; Dunwoody 1992; Liebes 1992). Methodisch wird freilich oft zu wenig klar, welche Kriterien in einem Text erfüllt sein müssen, um von einem Frame zu sprechen. Neben der inhaltlichen Perspektive des Framings gibt es auch Wissenschafter, welche so genannte Media-Frames oder Media-Logics untersuchen. Darunter werden eher formale Strukturen von Medienberichten verstanden. Peters (1994) unterscheidet beispielsweise in der Wissenschaftsberichterstattung zwischen Popularisierungs-, Orientierungs-, Kontroverse- und Skandal-Frames. Brosius und Eps (1993) haben sich darüber hinaus am Beispiel der Berichterstattung über die Anschläge gegen Ausländer und Asylanten in Deutschland mit der Frage befasst, inwiefern bestimmte Schlüsselereignisse die journalistischen Selektionskriterien und den Framing-Prozess verändern können.

Ritualistische Perspektive. In Fortführung der Idee, dass Nachrichten und Medienberichte aufgrund formaler Muster konstruiert sind und dramaturgischen Regeln gehorchen, untersuchte Fürsich (1994) Fernsehnachrichten aufgrund einer Ritual-Perspektive (vgl. Real 1996: 41ff.). Auch Hickethier (1997, 1998) versucht in seiner qualitativen Analyse, die Strukturen von TV-Nachrichten im Rahmen einer Narrationstheorie zu analysieren. Im Zentrum steht die Überlegung, dass auch dokumentarischen Textsorten wie den Nachrichten dramaturgische Prinzipien unterliegen und sie sich darum an Erzählstrukturen orientieren.

3.3 Wirkungsperspektive: Agenda-Setting, Kultivierung, Schweigespiralen-Effekte

Die Selektion von Medieninhalten und die journalistische Konstruktion von Medienrealität interessiert die Publizistikwissenschaft nicht zuletzt darum, weil davon ausgegangen wird, dass die Medienbotschaften bei den Rezipienten zu bestimmten Wirkungen führen. Im Folgenden soll die Frage nach den Medienwirkungen aber nur insoweit kurz skizziert werden, als dabei je nach theoretischer Perspektive (vgl. Bonfadelli 1999) andere Facetten der Medieninhalte von Bedeutung sind: In der Agenda-Setting- oder Kultivierungs-Theorie ist beispielsweise die *Frequenz*, mit der über ein Thema wie Gewalt berichtet wird, für allfällige Medienwirkungen entscheidend, während in der Schweigespiralen-Theorie zusätzlich die *Konsonanz* der Berichterstattung sowie deren Sichtbarkeit als *Öffentlichkeitseffekt* eine Rolle spielen.

Bei den verschiedenen Konsistenz-Theorien wiederum sind die Bewertungen als Bias ausschlaggebend. Medienframes dagegen können mehr oder weniger mit den kognitiven Schemata bei den Rezipienten übereinstimmen, d.h. der Rezeptionsprozess kann als schema-gesteuert analysiert werden.

3.4 Meta-Theorie: Realismus vs. Konstruktivismus

Zusammenfassend betrachtet zeigen die vorliegenden empirischen Inhaltsanalysen, aber auch die zu ihrer Erklärung formulierten theoretischen Perspektiven, dass die Massenmedien in der Regel die Wirklichkeit nicht repräsentieren, sondern eine eigene Medienwirklichkeit nach spezifischen Kriterien konstruieren. Darauf können nach Schulz (1989: 139) auf der Meta-Ebene zwei verschiedene Antworten gegeben werden, die zwei grundsätzlich verschiedenen erkenntnistheoretischen Positionen entsprechen, die er als „kopernikanische" bzw. „ptolemäische" Standpunkte charakterisiert.

Realismus. Nach dem „ptolemäischen" oder realistischen Paradigma ist die primäre Wirklichkeit prinzipiell erkennbar, d.h. es kann darüber mehr oder weniger objektiv berichtet werden. Die Massenmedien werden als „passive" oder „neutrale" Informationskanäle begriffen, deren Aufgabe es ist, die Realität möglichst wirklichkeitsgetreu abzubilden. Die Medien werden somit als Spiegel der Wirklichkeit begriffen (vgl. Bentele 1993: 156ff.).

Konstruktivismus. Nach dem „kopernikanischen" Paradigma sind die Medien ein integraler Bestandteil der Gesellschaft, und es gibt keine prinzipielle Trennung zwischen sekundärer Medienwirklichkeit und primärer Realität. Vielmehr gibt es unterschiedlichste gesellschaftliche Instanzen, die ihre je eigene Weltsicht konstruieren und zu kommunizieren versuchen. Es macht darum prinzipiell auch keinen Sinn, die Medienrealität mit Indikatoren einer so genannten primären Wirklichkeit zu vergleichen. Möglich ist nur, die hinter der Medienrealität stehenden und sie konstituierenden Konstruktionsprinzipien aufzudecken.

4 Methodische Instrumente

In der Publizistikwissenschaft sind seit den 50er-Jahren eine Vielzahl bewährter sowohl standardisierter und quantitativer (vgl. Merten 1995; Früh 1998) als auch qualitativer Instrumente (Hijmans 1996) zur Analyse von Medieninhalten entwickelt worden.

4.1 Das Instrument der quantitativen Inhaltsanalyse

Der große Stellenwert der quantitativen Inhaltsanalyse in der Publizistikwissenschaft ist nach wie vor unbestritten. Nur diese Methode erlaubt *verlässliche* und *quantifizierende* Aussagen über *große Textmengen,* welche für die Massenmedien typisch sind. Dazu sind repräsentative Stichproben notwendig, die sowohl den Vergleich zwischen verschiedenen Medien oder Medienangeboten als auch Trendaussagen im Zeitverlauf ermöglichen. Die Verlässlichkeit wird methodisch garantiert durch das *standardisierte* Vorgehen, indem *systematisch* bei allen Untersuchungseinheiten (z.B. ganze Zeitungsausgaben, einzelne Artikel, Bilder, Akteure, Wertungen) aufgrund eines explizierten *Kategorienrasters* auf die gleiche Weise bestimmte Merkmale erhoben und als Themenfrequenzen oder Wertungstendenzen ausgewertet werden. Trendmäßig macht sich einerseits eine verstärkte Anwendung elektronischer Inhaltsanalysen (vgl. Galliker/Pousaz 2000) bemerkbar, andererseits wird in der angewandten Forschung die öffentlichkeitsrelevante Medienberichterstattung beispielsweise in Deutschland systematisch in Form eines so genannten *Media-Monitorings* überwacht.

Die *Zuverlässigkeit bzw. Reliabilität* von quantitativen Inhaltsanalysen geht zum Teil zulasten einer eingeschränkten *Gültigkeit bzw. Validität*. Beschränkt sich doch die Analyse einerseits nur auf *manifeste Inhalte*, andererseits wird die Häufigkeit des Auftretens von Themen, Akteuren oder Wertungen meist mit deren Bedeutung gleichgesetzt. Kritisiert wird darum etwa aus einer ideologiekritischen Perspektive heraus, dass den *Abwesenheiten* – Worüber wird nicht berichtet? – und den *Latenzen* – Was wird zwischen den Zeilen gesagt? – sowie den *Singularitäten* als wichtigen Einzelfällen in der traditionellen Inhaltsanalyse zu wenig Bedeutung beigemessen werde. Ebenfalls werde der Kontext der Aussagenentstehung sowie der Außenrezeption vernachlässigt, was die Gültigkeit und Relevanz vieler Inhaltsanalysen beschränken würde (vgl. Ritsert 1972; Baacke 1977).

4.2 Perspektiven qualitativer Textanalysen

Es gibt eine Vielzahl *qualitativer Verfahren der Textanalyse*, die je nach der unterliegenden mehr theoretischen oder stärker methodologischen Perspektive unterschiedlich gruppiert werden können und sich zum Teil auch mehr oder weniger stark überschneiden (vgl. Berger 1995; Real 1996; Hijmans 1996). Im Rahmen des vorliegenden Beitrags kann deshalb nur sehr kursorisch skizziert werden, worin die Zielsetzungen und Vorgehensweisen einzelner dieser qualitativen Zugriffe auf Medieninhalte bestehen. Dies auch darum, weil die verschiedenen Analyseinstrumente meist sehr eng mit darauf bezogenen bzw. ihnen unterliegenden theoretischen Perspektiven zusammenhängen.

Schaubild 2
Typologien qualitativer Ansätze zur Analyse von Medientexten

Hijmans 1996	*Berger 1995*	*Real 1996*
rhetorische Analyse	semiotische Interpretation	Rezeptionsanalyse
narrative Analyse	psychoanalytische Interpretation	textuelle Analyse
Diskursanalyse	marxistische Interpretation	Produktion/Hegemonie
semiotische Analyse	feministische Interpretation	Gender-Analyse
interpretative Analyse	soziologische Interpretation	historisch-ethische Analyse
	ästhetische Interpretation	postmoderne Ästhetik
	mythologische Interpretation	

Semiotische Analyse. Die Semiotik hat sich als eigene wissenschaftliche Disziplin auf der Basis der Werke von Charles Sanders Peirce (1839-1914) und Ferdinand de Saussure (1857-1913) anfangs des 20. Jahrhunderts etabliert. Semiotik, die allgemeine Theorie der Zeichen und Zeichensysteme, grenzt sich insofern von der Linguistik ab, als sie nicht nur sprachliche Zeichen – Laute und Schrift – untersucht, sondern alles, was sich irgendwie auf ein Objekt bezieht und eine „Bedeutung" hat. Die Semiotik interessiert sich also für Kommunikation mittels Zeichen und untersucht alle kulturellen Vorgänge als Kommunikationsprozesse. Seit den 70er-Jahren werden vermehrt auch Inhalte der Massenmedien aus semiotischer Perspektive betrachtet (vgl. Nöth 2000). Insbesondere zur Analyse von (bewegten) Bildern eignen sich semiotische Ansätze. Aber auch Werbebotschaften und die Konstruktion von Gender in den Massenmedien (vgl. van Zoonen 1994) sind geeignete Untersuchungsgegenstände, gerade weil viele Botschaften durch Zeichen, Metaphern, Symbole, Slogans und/oder bloße Andeutungen vermittelt werden. Es ist das Ziel von semiotischen Analysen, solche latenten Bedeutungen – *Konnotationen* – und gegenseitigen Verweise von Texten aufeinander – *Intertextualität* – aufzudecken.

Diskurs- und Gesprächsanalyse. Während in der Semiotik die latenten Bedeutungen von Zeichen zentral sind, stehen die manifesten linguistischen Charakteristika von Texten in der Diskursanalyse (vgl. van Dijk 1983, 1991; Jäger 1993; Fairclough 1995) im Zentrum. Der Begriff „Diskurs" wird sehr unterschiedlich gebraucht und dementsprechend vielfältig sind die Formen der Diskursanalyse. Untersucht wird aber meist, *wie* Medienaussagen aufgebaut sind, d.h. welche Metaphern, rhetorischen Strategien (vgl. Windisch 1993) und Argumentationsmuster benutzt werden. Aufgedeckt werden soll vor allem in der *politischen Sprache*, mit welchen sprachlichen und sonstigen propagandistischen Mitteln Kommunikatoren versuchen, welche Botschaften mit welchen ideologischen Inhalten welchen Zielgruppen möglichst effektiv zu kommunizieren. Im Unterschied dazu befassen sich Dialoganalysen mit den spezifischen Redekonstellationen und Gesprächsverläufen von Fernseh- und Radiogesprächen (vgl. Burger 1991).

Cultural Studies Perspektive. Obwohl die Cultural Studies sich seit den 70er-Jahren mit der Analyse von populärkulturellen Medieninhalten befassen (vgl. Fiske 1987; Real 1996), haben sie im deutschsprachigen Raum in den Sozialwissenschaften erst vereinzelt Resonanz gefunden (vgl. Holly/Püschel 1993; Hepp 1999). Kultur wird in den Cultural Studies als „practice of everyday living" gesehen. Alle Errungenschaften der menschlichen Gesellschaft, seien es Waren des alltäglichen Gebrauchs, Fernsehsendungen wie die Soap Opera „Dallas" oder reine Symbole, können als Text verstanden werden, der gelesen und interpretiert werden kann und der etwas aussagt über die Ideale, Sehnsüchte, Ängste, Machtverhältnisse oder die Rollenbilder einer Gesellschaft oder Gruppe. In methodischer Hinsicht finden dabei unterschiedliche Verfahren Anwendung, so auch semiotische Instrumente oder die Diskursanalyse. Entscheidend ist, dass ein Text aus der Sicht der Cultural Studies *nicht unabhängig vom Rezipienten* verstanden werden kann. Texte sind dementsprechend *polysemisch*, und es ist die Aufgabe der Cultural Studies, die spezifischen Leseweisen – dominant-hegemonial vs. ausgehandelt vs. oppositionell – herauszuarbeiten, welche Texte suggerieren. Von Bedeutung sind dabei immer auch Fragen nach den konkreten *Machtverhältnissen*, die durch ideologische Texte gestützt oder untergraben werden.

Gender Perspektive. Der Impuls, Medieninhalte unter einer Geschlechterperspektive zu analysieren, ging von der Frauenbewegung der 1970er-Jahre aus, die in der medialen Stereotypisierung von Frauen und Fixierung auf traditionellen Leitbildern ein Hindernis für ihre Gleichstellung in der Gesellschaft sah. Seitdem hat sich die sozialwissenschaftliche Frauenforschung erweitert, und der in einer ersten Phase aktuelle Gleichheitsansatz wurde in den 80er-Jahren durch den Differenzansatz ergänzt (vgl. Fröhlich/Holtz-Bacha 1995; Klaus 1998). Solche Fragen werden nicht nur mittels der quantitativen Inhaltsanalyse angegangen. Untersucht wird vermehrt auch mittels qualitativer semiotischer Analyseinstrumente, aber auch im Rahmen der Cultural Studies Perspektive, wie im Alltag und in den Medien „Geschlecht" bzw. „Geschlechterunterschiede" tagtäglich neu geschaffen werden.

5 Fazit

Ausgehend von kulturpessimistischer und journalistischer Medienkritik wurde sowohl im Rahmen der sozialwissenschaftlichen Publizistikwissenschaft als auch in der kulturalistischen Medienwissenschaft eine Vielzahl unterschiedlicher theoretischer Perspektiven und darauf bezogener quantifizierender und qualitativer Instrumente zur Analyse der verschiedensten Medieninhalte entwickelt. Dabei stehen letztlich immer wieder ähnliche Fragen im Zentrum, auf die jeweils je andere Antworten gegeben werden: Welche inhaltlichen und formalen Strukturen charakterisieren die Medienrealität? Welche Beziehung besteht zwischen der sekundären Medienrealität und der primären Wirklichkeit? Wer steht mit welchen Interessen hinter einer Medienbotschaft? Welche Wirkungen haben bestimmte Medienbotschaften beim Publikum, oder wie wird einem Medientext durch die Rezipienten Bedeutung zugeschrieben? – Und weil die Medien tagtäglich mit immer wieder neuen Botschaften und Inhalten ihr Publikum zu überraschen und an sich zu binden versuchen, bedarf es aufseiten der Publizistikwissenschaft ebenfalls ständig neuer Analysen der Medienkultur im Wandel.

Literatur

Albrecht, Milton C. (1956): Does literature reflect common values? In: American Journal of Sociology, 21. Jg., S. 722-729.

Althoff, Martina (1999): Die Wirklichkeit der Medien und die Berichterstattung über Kriminalität. In: Leviathan, 27. Jg., S. 479-499.

Antunes, George E./Hurley, Patricia A. (1977): The representation of criminal events in Houston's two daily newspapers. In: Journalism Quarterly, 54. Jg., S. 756-760.

Arnheim, Rudolf (1960): The world of the daytime serial. In: Schramm, Wilbur (Hrsg.): Mass communications. Urbana, Chicago, London, S. 392-411.

Baacke, Dieter (1977): Produktanalysen und Rezipienten, oder: kritische Medien-Analyse, bis heute für sich geblieben. In: Prokop, Dieter (Hrsg.): Massenkommunikationsforschung 3: Produktanalysen. Frankfurt/Main, S. 9-31.

Bentele, Günter (1993): Wie wirklich ist die Medienwirklichkeit? Einige Anmerkungen zum Konstruktivitsmus und Realismus in der Kommunikationswissenschaft. In: Bentele, Günter/Rühl, Manfred (Hrsg.): Theorien öffentlicher Kommunikation. München, S.152-171.

Berelson, Bernard/Salter, Patricia (1946): Majority and minority Americans: An analysis of magazine fiction. In: Public Opinion Quarterly, 10. Jg., S. 168-190.

Berger, Arthur Asa (1995): Essentials of mass communication theory. [Kap. „The artwork (or text)".] Thousand Oaks, London, New Delhi, S. 27-51.

Berghaus, Margot/Staab, Joachim Friedrich (1995): Fernseh-Shows auf deutschen Bildschirmen. Eine Inhaltsanalyse aus Zuschauersicht. München.

Best, Stefanie (2000): Der Intra-Extra-Media-Vergleich – ein wenig genutztes Analyseinstrument und seine methodischen Anforderungen. Ein Beitrag zur Nachrichtenwert-Theorie. In: Publizistik, 45. Jg., S. 51-69.

Bonfadelli, Heinz (1995): Formen der Gewalt im Alltag und in den Medien. In: Amman, Daniel/Doelker, Christian (Hrsg.): Tatort Brutalo. Gewaltdarstellungen und ihr Publikum. Zürich, S. 40-56.

Bonfadelli, Heinz (1999): Medienwirkungsforschung I: Grundlagen und theoretische Perspektiven. Konstanz.

Bonfadelli, Heinz (2002): Medieninhaltsforschung. Grundlagen, Methoden, Anwendungen. Konstanz.

Bonfadelli, Heinz/Leonarz, Martina/Süss, Daniel (2001): Medieninhalte. In: Jarren, Orfried/Bonfadelli, Heinz (Hrsg.): Einführung in die Publizistikwissenschaft. Bern u.a.

Bonfadelli, Heinz/Meier, Werner A. (Hrsg.) (1993): Krieg, AIDS, Katastrophen... Gegenwartsprobleme als Herausforderung der Publizistikwissenschaft. Konstanz.

Borchers, Cornelia/Kühn, Christiane (1991): „Morbus Mohl". Das Thema „Gesundheit" in den Medien. Eine Auswahlbibliographie. Berlin.

Bosch, Eva Maria (1988): Exkurs: Alter in der fiktiven Fernsehrealität – Eine Analyse der Konstruktion von Altersdarstellungen und ihrer Rezeption durch ältere Menschen. In: Eckhardt, Josef/Horn, Imme: Ältere Menschen und Medien. Eine Studie der ARD/ZDF-Medienkommission. Frankfurt/Main, S. 131-149.

Bosshart, Louis (1993): AIDS: Reden über „Reden über AIDS". In: Bonfadelli, Heinz/Meier, Werner A. (Hrsg.): Krieg, AIDS, Katastrophen... Gegenwartsprobleme als Herausforderung der Publizistikwissenschaft. Konstanz, S. 95-107.

Brosius, Hans-Bernd/Eps, Peter (1993): Verändern Schlüsselereignisse journalistische Selektionskriterien? Framing am Beispiel der Berichterstattung über die Anschläge gegen Ausländer und Asylanten. In: Rundfunk und Fernsehen, 41. Jg., S. 512-530.

Brosius, Hans-Bernd/Esser, Frank (1995): Eskalation durch Berichterstattung? Massenmedien und fremdenfeindliche Gewalt. Opladen.

Brosius, Hans-Bernd/Staab, Joachim Friedrich (1990): Emanzipation durch Werbung? Die Darstellung von Frauen und Männern in der Anzeigenwerbung des „stern" von 1969-1988. In: Publizistik, 35. Jg., S. 292-303.

Bruns, Thomas/Marcinkowski, Frank (1996): Konvergenz Revisited. Neue Befunde zu einer älteren Diskussion. In: Rundfunk und Fernsehen, 44. Jg., S. 461-478.

Bruns, Thomas/Marcinkowski, Frank (1997): Politische Information im Fernsehen. Eine Längsschnittstudie zur Veränderung der Politikvermittlung in Nachrichten- und politischen Informationssendungen. Opladen.

Buchmann, Marlis/Eisner, Manuel (1999): Freizeit als Element des Lebensstiles und Mittel kultureller Distinktion, 1900 – 1996. In: Honegger, Claudia/Hradil, Stefan/Traxler, Franz (Hrsg.): Grenzenlose Gesellschaft? Opladen, S. 590-608.

Burger, Harald (1991): Das Gespräch in den Massenmedien. Berlin, New York.

Cohen, Shari (1975): A comparison of crime coverage in Detroit and Atlanta newspapers. In: Journalism Quarterly, 52. Jg., S. 726-730.

Cornelissen, Waltraud/Küsters, Kirsten (1990): Zur Rolle der Frau in den Nachrichtensendungen. In: Frauenforschung, 8. Jg., S. 108-119.

Davis, Richard/Kubey, Robert (1982): Growing old on Television. In: Pearl, David/Bouthilet, Lorraine/Lazar, Joyce (Hrsg.): Television and behavior. Ten years of scientific progress and implications for the eighties. Rockville, MD, S. 201-208.

Dayan, Daniel/Katz, Elihu (1992): Media events: The live broadcasting of history. London.

Deacon, David/Pickering, Michael/Golding, Peter/Murdock, Graham (Hrsg.) (1999): Researching communications. A practical guide to methods in media and cultural analysis. London, New York.

Derwein, Christof (1995): Wie wird Kriminalität in der Presse dargestellt, ist die Darstellung wirklichkeitsfremd, und gibt es Entsprechungen im Vorstellungsfeld der Bevölkerung. Diss. Univ. Frankfurt/Main.

Dickinson, Roger (1990): Beyond the moral panic: Aids, the mass media and mass communication research. In: Communications, 15. Jg., S. 21-35.

Dijk, Teun A. van (1983): Discourse analysis: Its development and application to the structure of news. In: Journal of Communication, 33. Jg., Nr. 2, S. 20-43.

Dijk, Teun A. van (1991): Racism and the press. London, New York.

Donsbach, Wolfgang (1987): Journalismusforschung in der Bundesrepublik: Offene Fragen trotz „Forschungsboom". In: Wilke, Jürgen (Hrsg.): Zwischenbilanz der Journalistenausbildung. München, S. 105-142.
Dunwoody, Sharon (1992): The media and public perceptions of risk: How journalists frame risk stories. In: Bromley, Daniel/Segerson, Kathleen (Hrsg.): The social response to environmental risk. Boston, Dordrecht, London, S. 75-100.
Eckhardt, Josef/Horn, Imme (1995): Fremde Kulturen im Fernsehen. Ergebnisse einer qualitativen ARD/ZDF-Grundlagenstudie. In: Media Perspektiven, Nr. 1, S. 2-10.
Entman, Robert M. (1991): Framing U.S. coverage of international news: Contrasts in narratives of the KAL and Iran air incidents. In: Journal of Communication, 41. Jg., Nr. 4, S. 6-27.
Entman, Robert M. (1993): Framing: Toward clarification of a fractured paradigm. In: Journal of Communication, 43. Jg., Nr. 4, S. 51-58.
Fairclough, Norman (1995): Media discourse. London u.a.
Fiske, John (1987): Television culture. London.
Fröhlich, Romy (1998): Tatort Nachbarschaft: Frauen und Männer als Opfer und Täter in der lokalen Gewaltberichterstattung. In: Publizistik, 43. Jg., S. 376-394.
Fröhlich, Romy/Holtz-Bacha, Christina (1995): Frauen und Medien. Eine Synopse der deutschen Forschung. Opladen.
Früh, Werner (1998): Inhaltsanalyse. Theorie und Praxis. München.
Funk, Peter/Weiß, Hans-Jürgen (1995): Ausländer als Medienproblem? Thematisierungseffekte der Medienberichterstattung über Ausländer, Asyl und Rechtsextremismus in Deutschland. In: Media Perspektiven, Nr. 1, S. 21-29.
Fürsich, Elfriede (1994): Fernsehnachrichten als Ritual. Ein neuer Ansatz zur Interpretation. In: Publizistik, 39. Jg., S. 27-57.
Galliker, Mark/Pousaz, Oliver (2000): Der Realitätsbezug der Printmedien. Zur Wahrnehmung der Schweiz in der New York Times, in der Washington Post und im Daily Telegraph (1993-1999). In: Medienpsychologie, 12. Jg., S. 117-140.
Galtung, Johan/Ruge, Mari Holmboe (1965): The structure of foreign news. The presentation of the Congo, Cuba and Cyprus crises in four Norwegian newspapers. In: Journal of Peace Research, 2. Jg., S. 64-91.
Gamson, William/Modigliani, Andre (1989): Media discourse and public opinion on nuclear power: A constructionist approach. In: American Journal of Sociology, 95. Jg., S. 1-37.
Gerbner, George (2000): Die Kultivierungsperspektive: Medienwirkungen im Zeitalter von Monopolisierung und Globalisierung. In: Schorr, Angela (Hrsg.): Publikums- und Wirkungsforschung. Ein Reader. Wiesbaden, S. 101-121.
Gerbner, George/Gross, Larry (1976): Living with television: The violence profile. In: Journal of Communication, 26. Jg., Nr. 2, S. 173-199.
Gerbner, George u.a. (1979): The demonstration of power: Violence profile N. 10. In: Journal of Communication, 29. Jg., Nr. 3, S. 177-196.
Gitlin, Todd (1980): The whole world is watching us. Mass media and the making and unmaking of the new left. Berkeley, CA.
Glasgow Media Group (Hrsg.) (1998): The circuit of mass communication. Media strategies, representation and audience reception in the AIDS crisis. London u.a.
Glasgow University Media Group (1976): Bad news. London.
Glasgow University Media Group (1980): More bad news. London.
Görke, Alexander/Kohring, Matthias/Ruhrmann, Georg (2000): Gentechnologie in der Presse. Eine internationale Langzeitanalyse von 1973 bis 1999. In: Publizistik, 45. Jg., S. 20-37.
Graber, Doris A. (1979): Is crime news coverage excessive? In: Journal of Communication, 29. Jg., Nr. 3, S. 81-92.
Greenberg, Bradley S. (1986): Minorities and the mass media. In: Bryant, Jennings/Zillmann, Dolf (Hrsg.): Perspectives on media effects. Hillsdale, NJ, S. 165-188.
Greenberg, Bradley S./Brand, Jeffrey E. (1994): Minorities and the mass media: 1970 to 1990. In: Bryant, Jennings/Zillmann, Dolf (Hrsg.): Media effects. Advances in theory and research. Hillsdale, NJ, S. 273-314.
Groebel, Jo (1994): Medien, Gewalt und Fremdenfeindlichkeit. In: Winkler, Beate (Hrsg.): Was heißt hier denn fremd? Thema Ausländerfeindlichkeit: Macht und Verantwortung der Medien. Ein Medienhandbuch. München, S. 16-25.
Groebel, Jo/Gleich, Uli (1993): Gewaltprofil des deutschen Fernsehprogramms. Opladen.

Groeben, Norbert (1982): Leserpsychologie: Textverständnis – Textverständlichkeit. Münster.
Gunter, Barry (2000): Media research methods. Measuring audiences, reactions and impact. [Kap.: Overview of media research methodologies: media output.] London, Thousand Oaks, New Delhi.
Hagen, Lutz (1992): Die opportunen Zeugen. Konstruktionsmechanismen von Bias in der Zeitungsberichterstattung über die Volkszählungsdiskussion. In: Publizistik, 37. Jg., S. 444-460.
Haller, Michael (1987): Wie wissenschaftlich ist Wissenschaftsjournalismus? In: Publizistik, 32. Jg., S. 305-319.
Haller, Michael (2000): Informationsleistung. TÜV für Regionalblätter. In: message, Nr. 4, S. 44-48.
Hallin, Daniel C. (1997): The media and war. In: Corner, John/Schlesinger, Philip/Silverstone, Roger (Hrsg.): International media research. A critical survey. London, New York, S. 206-231.
Halloran, James D./Elliott, Philip/Murdock, Graham (1970): Demonstrations and communication. A case study. Harmondsworth.
Halloran, James D./Elliott, Philip/Murdock, Graham (1973): Politische Demonstration und gesellschaftliche Kommunikation. In: Aufermann, Jörg/Bohrmann, Hans/Sülzer, Rolf (Hrsg.): Gesellschaftliche Kommunikation und Information. Bd. 2. Frankfurt/Main, S. 633-651.
Handel, Ulrike (1998): Tatort Hannover. Ausländer und Deutsche in der Kriminalitätsberichterstattung im Vergleich. In: Quandt, Siegfried/Gast, Wolfgang (Hrsg.): Deutschland im Dialog der Kulturen. Konstanz, S. 135-148.
Heijnk, Stefan (1997): Textoptimierung für Printmedien. Theorie und Praxis journalistischer Textproduktion. Opladen.
Hemmer, Katrin (1993): Mediale Rezeption weiblicher Provokation: die Behandlung des Frauenstreiks vom 14. Juni 1991 in der Berner Presse. Bern.
Hepp, Andreas (1999): Cultural Studies und Medienanalyse. Opladen.
Hickethier, Knut (1997): Das Erzählen der Welt in den Fernsehnachrichten. Überlegungen zu einer Narrationstheorie der Nachricht. In: Rundfunk und Fernsehen, 45. Jg., S. 5-18.
Hickethier, Knut (1998): Narrative Navigation durchs Weltgeschehen. Erzählstrukturen in Fernsehnachrichten. In: Kamps, Klaus/Meckel, Miriam (Hrsg.): Fernsehnachrichten. Prozesse, Strukturen, Funktionen. Opladen, Wiesbaden, S. 185-202.
Hijmans, Ellen (1996): Review essay. The logic of qualitative media content analysis: A typology. In: Communications, 21. Jg., S. 93-108 .
Holly, Werner/Püschel, Ulrich (Hrsg.) (1993): Medienrezeption als Aneignung. Methoden und Perspektiven qualitativer Sozialforschung. Opladen.
Hömberg, Walter/Jankers, Melanie (2000): Wissenschaftsmagazine im Fernsehen. Exemplarische Analysen öffentlich-rechtlicher und privater Wissenschaftssendungen. In: Media Perspektiven, Nr. 12, S. 574-580.
Hömberg, Walter/Schlemmer, Sabine (1995): Fremde als Objekt. Asylberichterstattung in deutschen Tageszeitungen. In: Media Perspektiven, Nr. 1, S. 11-20.
Imhof, Kurt/Schulz, Peter (Hrsg.) (1995): Medien und Krieg – Krieg in den Medien. Zürich.
Jäger, Siegfried (1993): Text- und Diskursanalyse. Eine Anleitung zur Analyse politischer Texte. DISS-Texte Nr. 16. Duisburg.
Jurga, Martin (Hrsg.) (1995): Lindenstrasse. Opladen.
Jürgens, Hans Wilhelm (1994): Untersuchung zum Bild der älteren Menschen in den elektronischen Medien. Kiel.
Kamps, Klaus (1998): Nachrichtengeographie. Themen, Strukturen, Darstellung: ein Vergleich. In: Kamps, Klaus/Meckel, Miriam (Hrsg.): Fernsehnachrichten. Prozesse, Strukturen, Funktionen. Opladen, Wiesbaden, S. 275-294.
Kamps, Klaus/Meckel, Miriam (Hrsg.) (1998): Fernsehnachrichten. Prozesse, Strukturen, Funktionen. Opladen, Wiesbaden.
Keppler, Angela (1994): Wirklicher als die Wirklichkeit? Das neue Realitätsprinzip der Fernsehunterhaltung. Frankfurt/Main.
Kepplinger, Hans Mathias (1983): German media and the supply of oil in 1978 and 1979. In: Smith, Nelson/Theberge, Leonard J. (Hrsg.): Energy coverage – media panic: An international perspective. New York, S. 22-49.
Kepplinger, Hans Mathias (1989a): Theorien der Nachrichtenauswahl als Theorien der Realität. In: Aus Politik und Zeitgeschichte, Beilage 15 zur Wochenzeitung „Das Parlament“, S. 3-16.
Kepplinger, Hans Mathias (1989b): Instrumentelle Aktualisierung. Grundlagen einer Theorie publizistischer Konflikte. In: Kaase, Max/Schulz, Winfried (Hrsg.): Massenkommunikation. Theorien, Me-

thoden, Befunde (= Kölner Zeitschrift für Soziologie und Sozialpsychologie, Sonderheft 30). Opladen, S. 199-220.

Kepplinger, Hans Mathias (1991): Aufklärung oder Irreführung? Die Darstellung von Technikfolgen in der Presse 1965-1986. In: Krüger, Jens/Russ-Mohl, Stephan (Hrsg.): Risikokommunikation. Technikakzeptanz, Medien und Kommunikationsrisiken. Berlin, S. 109-143.

Kepplinger, Hans Mathias (1993): Technik-Kritik in den Medien. In: Bonfadelli, Heinz/Meier, Werner A. (Hrsg.): Krieg, AIDS, Katastrophen... Gegenwartsprobleme als Herausforderung der Publizistikwissenschaft. Konstanz, S. 193-211.

Killias, Martin (1983): Massenmedien und Kriminalitätsfurcht. Abschied von einer plausiblen Hypothese. Schweizerische Zeitschrift für Soziologie, 9. Jg., S. 419-436.

Kinsella, James (1989): Covering the plague. AIDS and the American media. New Brunswick, London.

Klaus, Elisabeth (1998): Kommunikationswissenschaftliche Geschlechterforschung. Zur Bedeutung der Frauen in den Massenmedien und im Journalismus. Opladen.

Kliment, Tibor (1995): Showdown für die Medien? Zum Wechselverhältnis zwischen Protestgewalt und Medienberichterstattung. In: Friedrichsen, Mike/Vowe, Gerhard (Hrsg.): Gewaltdarstellungen in den Medien. Opladen, S. 258-291.

Kohring, Matthias/Görke, Alexander/Ruhrmann, Georg (1996): Konflikte, Kriege, Katastrophen. Zur Funktion internationaler Krisenkommunikation. In: Meckel, Miriam/Kriener, Markus/Rullmann, Anja (Hrsg.): Internationale Kommunikation. Opladen, S. 283-298.

Kristiansen, Connie M./Harding, Christina M. (1984): Mobilization of health behavior by the press in Britain. In: Journalism Quarterly, 61. Jg., S. 364-370, 398.

Krotz, Friedrich (1992): Kommunikation als Teilhabe. Der „Cultural Studies Approach". In: Rundfunk und Fernsehen, 40. Jg., S. 421-431.

Krüger, Udo Michael (1994): Gewalt in Informationssendungen und Reality-TV. Quantitative und qualitative Unterschiede im öffentlich-rechtlichen und privaten Fernsehen. In: Media Perspektiven, Nr. 1, S. 72-85.

Krüger, Udo-Michael (1996): Boulevardisierung der Information im Privatfernsehen. In: Media Perspektiven, Nr. 7, S. 362-374.

Krüger, Udo Michael (1998a): Thementrends in Talkshows der 90er Jahre. In: Media Perspektiven, Nr. 12, S. 608-624.

Krüger, Udo-Michael (1998b): Zwischen Konkurrenz und Konvergenz. Fernsehnachrichten öffentlich-rechtlicher und privater Rundfunkanbieter. In: Kamps, Klaus/Meckel, Miriam (Hrsg.): Fernsehnachrichten. Prozesse, Strukturen, Funktionen. Opladen, S. 65-84.

Küchenhoff, Erich (1975): Die Darstellung der Frau und die Behandlung von Frauenfragen im Fernsehen. Stuttgart.

Kunczik, Michael (1994): Gewalt und Medien. Köln, Weimar, Wien.

Lamneck, Siegfried (1990): Kriminalitätsberichterstattung in den Massenmedien als Problem. In: Monatsschrift für Kriminologie und Strafrechtsreform, 73. Jg., S. 163-176.

Landgrebe, Klaus Peter (1994): Nachrichtenmagazine – ihr Stil, ihr Erfolg: in Europa und den USA. München.

Lang, Kurt/Lang, Gladys (1973): Mac Arthur Day in Chicago: Die Einseitigkeit des Fernsehens und ihre Wirkungen. In: Aufermann, Jörg/Bohrmann, Hans/Sülzer, Rolf (Hrsg.): Gesellschaftliche Kommunikation und Information. Bd. 2. Frankfurt/Main, S. 498-525.

Leinfellner, Christine (1983): Das Bild der Frau im TV. Salzburg.

Leonarz, Martina/Schanne, Michael (1999): Gentechnologie als Medienthema. In: Bonfadelli, Heinz (Hrsg.): Gentechnologie im Spannungsfeld von Politik, Medien und Öffentlichkeit. Zürich, S. 63-97.

Liebes, Tamar (1992): Our war/their war: Comparing the Intifadah and the Gulf war on U.S. and Israel television. In: Critical Studies of Mass Communication, 9. Jg., S. 44-55.

Löffelholz, Martin (Hrsg.) (1993): Krieg als Medienereignis: Grundlagen und Perspektiven der Krisenkommunikation. Opladen.

Lotz, Roy Edward (1991): Crime and the American press. New York.

Mackenthun, Gerald (1990): Massenmedien und AIDS – Berichterstattung. In: Rosenbrock, Rolf/Salmen, Andreas (Hrsg.): AIDS-Prävention. Berlin, S. 77-84.

McLeod, Douglas/Detenber, Benjamin (1999): Framing effects of television news coverage of social protest. In: Journal of Communication, 49. Jg., Nr. 3, S. 3-23.

McQuail, Denis (1987): Mass communication theory. An introduction. [Kap. "Content".] London u.a., S. 233-280.

McQuail, Denis (1992): Media performance. Mass communication and the public interest. London.

Meckel, Miriam/Kamps, Klaus/Rössler, Patrick/Gephart, Werner (1999): Medien-Mythos? Wiesbaden.
Meier, Werner A. (1993): Berichterstattung über Umweltrisiken. Eine Meta-Analyse publizistikwissenschaftlicher Forschung. In: Bonfadelli, Heinz/Meier, Werner A. (Hrsg.): Krieg, AIDS, Katastrophen... Gegenwartsprobleme als Herausforderung der Publizistikwissenschaft. Konstanz, S. 213-238.
Meier, Werner A./Bonfadelli, Heinz (1994): Medienleistungen. In: ZOOM K&M, Nr. 3, S. 45-53.
Meier, Werner A./Schanne, Michael (Hrsg.) (1996): Gesellschaftliche Risiken in den Medien. Zur Rolle des Journalismus bei der Wahrnehmung und Bewältigung gesellschaftlicher Risiken. Zürich.
Merten, Klaus (1995): Inhaltsanalyse. Einführung in Theorie, Methode und Praxis. Opladen.
Mikos, Lothar/Feise, Patricia/Herzog, Katja/Prommer, Elizabeth/Veihl, Verena (2000): Im Auge der Kamera. Das Fernsehereignis Big Brother. Berlin.
Miller, David (Hrsg.) (1998): The circuit of mass communication. Media strategies, representation and audience reception in the AIDS crisis. London.
National Television Violence Study (1995): Executive summary 1994 – 1995. Studio City, CA.
National Television Violence Study (1997): Vol. 2. Executive summary. Santa Barbara, CA.
Nöth, Winfried (2000): Handbuch der Semiotik. Stuttgart.
Nyffeler, Bettina (1994): Frauen und Männer im Wahlkampf: eine geschlechtsspezifische Medienanalyse. Bern.
Oberauer, Claudia (1989): Infektion der kollektiven Phantasie. AIDS in journalistischen Texten. In: Medien Journal, 15. Jg., S. 124-134.
O'Keefe, Garrett/Reid-Nash, Kathaleen (1987): Crime news and real world blues. In: Communication Research, 14. Jg., S. 147-163.
Olien, Clarice/Tichenor, Phillip/Donohue, George (1989): Media coverage and social movements. In: Salmon, Charles (Hrsg.): Information campaigns. Balancing social values and social change. Newbury Park, London, New Delhi, S. 139-163.
Östgaard, Einar (1965): Factors influencing the flow of the news. In: Journal of Peace Research, 2. Jg., S. 39-63.
Peters, Hans Peter (1991): Durch Risikokommunikation zur Technikakzeptanz? Die Konstruktion von Risiko„wirklichkeiten" durch Experten, Gegenexperten und Öffentlichkeit. In: Krüger, Jens/Russ-Mohl, Stephan (Hrsg.): Risikokommunikation. Technikakzeptanz, Medien und Kommunikationsrisiken. Berlin, S. 11-66.
Peters, Hans Peter (1994): Wissenschaftliche Experten in der öffentlichen Kommunikation über Technik, Umwelt und Risiken. In: Neidhardt, Friedhelm (Hrsg.): Öffentlichkeit, öffentliche Meinung, soziale Bewegungen (= Kölner Zeitschrift für Soziologie und Sozialpsychologie, Sonderheft 34). Opladen, S. 162-190.
Plake, Klaus (1999): Talkshows. Die Industrialisierung der Kommunikation. Darmstadt.
Poindexter, Paula M./Stroman, Carolyn A. (1981): Blacks and television: A review of the research literature. In: Journal of Broadcasting, 25. Jg., S. 103-122.
Pritchard, David/Berkowitz, Dan (1991): How reader's letters may influence editors and news emphasis: A content analysis of 10 newspapers, 1948 – 1978. Journalism Quarterly, 68. Jg., S. 388-395.
Rakow, Lana/Kranich, Kimberlie (1991): Woman as sign in television news. In: Journal of Communication, 41. Jg., Nr. 1, S. 8-23.
Real, Michael (1996): Exploring media culture. A guide. Thousand Oaks, London, New Delhi.
Ritsert, Jürgen (1972): Inhaltsanalyse und Ideologiekritik. Frankfurt/Main.
Roloff, Eckart Klaus (1982): Journalistische Textgattungen. München.
Rosengren, Karl Erik (1989): Medienkultur: Forschungsansatz und Ergebnisse eines schwedischen Langzeitprojekts. In: Media Perspektiven, Nr. 6, S. 356-371.
Rosengren, Karl Erik (Hrsg.) (1994): Media effects and beyond. Culture, socialization and lifestyles. London.
Rössler, Patrick (1988): Dallas und Schwarzwaldklinik: eine Programmstudie über Seifenopern im deutschen Fernsehen. München.
Ruhrmann, Georg (1992): Risikokommunikation. In: Publizistik, 37. Jg., S. 5-24.
Ruhrmann, Georg/Kollmer, Jochem (1987): Ausländerberichterstattung in der Kommune. Inhaltsanalyse Bielefelder Tageszeitungen unter besonderer Berücksichtigung ausländerfeindlicher Alltagstheorien. Opladen.
Russ-Mohl, Stephan (1992): Am eigenen Schopfe... Qualitätssicherung im Journalismus – Grundfragen, Ansätze, Näherungsversuche. In: Publizistik, 37. Jg., S. 83-96.
Saxer, Ulrich u.a. (1986): Massenmedien und Kernenergie. Journalistische Berichterstattung über ein komplexes, zur Entscheidung anstehendes, polarisiertes Thema. Bern, Stuttgart.

Scarbath, Horst/Gorschenk, Margareta/Grell, Petra (1994): Sexualität und Geschlechtsrollenklischees im Privatfernsehen. Inhaltsanalytische Fallstudien. Berlin.
Scharf, Winfried/Mühlenfeld, Hans-Ulrich/Stockmann, Ralf (1999): Zur Kriminalitätsberichterstattung in der Presse. In: Publizistik, 44. Jg., S. 445-462.
Schatz, Heribert/Schulz, Winfried (1992): Qualität von Fernsehprogrammen. Kriterien und Methoden zur Beurteilung von Programmqualität im dualen Fernsehsystem. In: Media Perspektiven, Nr. 11, S. 690-712.
Schenk, Michael (1998): Das vergessene Publikum. In: Medienwissenschaft Schweiz, Nr. 1+2, S. 71-82.
Scheufele, Dietram (1999): Framing as a theory of media effects. In: Journal of Communication, 49. Jg., Nr. 1, S. 103-122.
Schmerl, Christiane (1980): Frauenfeindliche Werbung. Sexismus als heimlicher Lehrplan. Berlin.
Schmerl, Christiane (Hrsg.) (1985): In die Presse geraten. Darstellung von Frauen in der Presse. Köln, Wien.
Schrott, Peter, R./Lanoue, David J. (1994): Trends and perspectives in content analysis. In: Borg, Ingwer/Mohler, Peter (Hrsg.): Trends and perspectives in empirical social research. Berlin, New York, S. 327-334.
Schulz, Winfried (1976): Die Konstruktion von Realität in den Nachrichtenmedien. Freiburg/Breisgau, München.
Schulz, Winfried (1983): Nachrichtengeographie. Untersuchungen über die Struktur der internationalen Berichterstattung. In: Rühl, Manfred/Stuiber, Hans-Werner (Hrsg.): Kommunikationspolitik in Forschung und Anwendung. Festschrift für Franz Ronneberger. Düsseldorf, S. 281-291.
Schulz, Winfried (1989): Massenmedien und Realität. Die „ptolemäische" und die „kopernikanische" Auffassung. In: Kaase, Max/Schulz, Winfried (Hrsg.): Massenkommunikation. Theorien, Methoden, Befunde (= Kölner Zeitschrift für Soziologie und Sozialpsychologie, Sonderheft 30). Opladen, S. 135-149.
Schweiger, Wolfgang (1996): Gebrauchstexte im Hypertext- und Papierformat. Ein Vergleich der Nutzerfreundlichkeit. In: Publizistik, 41. Jg., S. 327-345.
Sheley, Joseph F./Ashkins, Cindy D. (1981): Crime, crime news, and crime views. In: Public Opinion Quarterly, 45. Jg., S. 492-506.
Shoemaker, Pamela (1984): Media treatment of deviant political groups. In: Journalism Quarterly, 61. Jg., S. 66-75.
Shoemaker, Pamela (1987): Building a theory of news content: A synthesis of current approaches. (= Journalism Monographs, Nr. 103). Columbia.
Shoemaker, Pamela/Reese, Stephen D. (1996): Mediating the message. Theories of influences on mass media content. White Plains, NY.
Signorielli, Nancy/Morgan, Michael (Hrsg.) (1990): Cultivation analysis. Newbury Park, CA, London.
Singer, Eleanor (1990): A question of accuracy: How journalists and scientists report research on hazards. In: Journal of Communication, 40. Jg., Nr. 4, S. 102-116.
Singer, Eleanor/Endreny, Phyllis (1987): Reporting hazards: Their benefits and costs. In: Journal of Communication, 37. Jg., Nr. 3, S. 24-40.
Staab, Joachim (1990): Nachrichtenwert-Theorie. Formale Struktur und empirischer Gehalt. München.
Stallings, Robert A. (1990): Media discourse and the social construction of risk. In: Social Problems, 37. Jg., S. 80-95.
Stevenson, Robert L./Shaw, Donald L. (1984): Foreign news and the world information order. Ames, IA.
Taylor, Charles R./Bang, Hae-Kyong (1997): Portrayals of Latinos in magazine advertising. In: Journalism and Mass Communication Quarterly, 74. Jg., S. 285-303.
Themenheft (1990a): Soap opera. In: Communication Research Trends, 10. Jg.
Themenheft (1990b): More on soaps. In: Communication Research Trends, 10. Jg.
Thierbach, Dieter (1988): Medizinische Themen in Tages- und Wochenzeitungen. In: Fischer, Heinz-Dietrich (Hrsg.): Handbuch der Medizinkommunikation. Informationstransfer und Publizistik im Gesundheitswesen. Köln.
Tschopp, Cosima (1989): Die Nationalratswahlberichterstattung in der Deutschschweizer Tagespresse: eine inhaltsanalytische Betrachtung der Jahre 1989 und 1987 unter besonderer Würdigung der Kandidatinnen. Zürich.
Tuchman, Gaye (1977): The exception proves the rule. The study of routine news practice. In: Hirsch, Paul/Miller, Peter/Kline, Gerald F. (Hrsg.): Strategies for communication research. Beverly Hills, CA, S. 43-62.
Tuchman, Gaye (1978a): Making news. A study in the construction of reality. New York.

Tuchman, Gaye (1978b): The symbolic annihilation of woman by the mass media. In: Tuchman, Gaye/Kaplan, Daniels/Benét, James (Hrsg.): Heart & home. Images of woman in the mass media. New York, S. 3-38.

Ulze, Harald (1977): Frauenzeitschriften und Frauenrollen. Berlin.

UNESCO (1984): Foreign news in the media: International reporting in 29 countries. Paris.

Velte, Jutta (1995): Die Darstellung von Frauen in den Medien. In: Fröhlich, Romy/Holtz-Bacha, Christina (Hrsg.): Frauen und Medien – Eine Synopse der deutschen Forschung. Opladen, S. 181-241.

Wallack, Lawrence (1988): Stimulating accurate health information in the media: Barriers to change. In: Media Information Australia, 49. Jg., S. 13-16.

Wallisch, Gianluca (1995): Journalistische Qualität. Definitionen – Modelle – Kritik. Konstanz.

Wegener, Claudia (1994): Reality-TV: Fernsehen zwischen Emotion und Information. Opladen.

Weiderer, Monika (1993): Das Frauen- und Männerbild im Deutschen Fernsehen. Eine inhaltsanalytische Untersuchung der Programme von ARD, ZDF und RTLplus. Regensburg.

Weiß, Hans-Jürgen (1985): Die Tendenz der Berichterstattung und Kommentierung der Tagespresse zur Neuordnung des Rundfunkwesens in der Bundesrepublik Deutschland. Ergebnisse einer quantitativen Inhaltsanalyse. In: Media Perspektiven, Nr. 12, S. 845-866.

Weiß, Hans-Jürgen (1989): Öffentliche Streitfragen und massenmediale Argumentationsstrukturen. Ein Ansatz zur Analyse der inhaltlichen Dimension im Agenda-Setting Prozess. In: Kaase, Max/Schulz, Winfried (Hrsg.): Massenkommunikation. Theorien, Methoden, Befunde (= Kölner Zeitschrift für Soziologie und Sozialpsychologie, Sonderheft 30). Opladen, S. 473-489.

Weiß, Hans-Jürgen u.a. (1995): Gewalt von Rechts – (k)ein Medienthema? Zur Fernsehberichterstattung über Rechtsextremismus, Ausländer und Asyl in Deutschland. Opladen.

Weiß, Ralph (1996): Zwischen Anstiftung und Aufklärung. Zur Rolle der Medien gegenüber Rechtsextremismus – ein Forschungsüberblick. In: Jungk, Sabine (Hrsg.): Zwischen Skandal und Routine? Rechtsextremismus in Film und Fernsehen. Marburg, S. 176-198.

Werner, Petra/Rinsdorf, Lars (1998): Ausgeblendet? Frauenbild und Frauenthemen im nordrhein-westfälischen Lokalfunk. Opladen.

Weßler, Hartmut/Matzen, Christiane/Jarren, Otfried/Hasebrink, Uwe (Hrsg.) (1997): Perspektiven der Medienkritik. Die gesellschaftliche Auseinandersetzung mit öffentlicher Kommunikation in der Mediengesellschaft. Opladen.

Wigand, Rolf (1994): Health information dissemination in the information age: Media, messages and roles. In: Communications, 19. Jg., S. 209-221.

Wilkins, Lee/Patterson, Philip (1987): Risk analysis and the construction of news. In: Journal of Communication, 37. Jg., Nr. 3, S. 80-92.

Windisch, Uli (1993): Der verbale K.O.: die konfliktäre Kommunikation am Beispiel von Leserbriefen. Zürich.

Winterhoff-Spurk, Peter (1994): Gewalt in Fernsehnachrichten. In: Jäckel, Michael/Winterhoff-Spurk, Peter (Hrsg.): Politik und Medien. Analysen zur Entwicklung der politischen Kommunikation. Berlin, S. 55-69.

Winterhoff-Spurk, Peter/Heidinger, Veronika/Schwab, Frank (1994): Reality TV. Formate und Inhalte eines neues Programmgenres. Saarbrücken.

Wittwen, Andreas (1995): Infotainment. Fernsehnachrichten zwischen Information und Unterhaltung. Bern u.a.

Wyss, Vinzenz (1994): Was leisten Zielgruppenmedien für Alte? Eine Inhaltsanalyse der deutschschweizerischen Zielgruppenmedien für Senioren. Lizentiatsarbeit Univ. Zürich.

Zoonen, Liesbet van (1994): Feminist media studies. London u.a.

Nutzungsforschung

Uwe Hasebrink

1 Begriffsklärungen und Abgrenzung des Gegenstandsbereichs

1.1 Zielsetzung

Der erste Teil dieses Handbuchs folgt einer Systematik, die an einem Prozessmodell öffentlicher Kommunikation orientiert ist: Auf institutionelle Rahmenbedingungen, Kommunikatoren und Medieninhalte folgen mit der Nutzungs- und Wirkungsforschung zwei Bereiche, die den Rezipienten und damit den Publika von Medienangeboten gewidmet sind. Dabei hat die Nutzungsforschung eine prekäre Zwischenposition inne. Zwar steht außer Zweifel, dass öffentliche Kommunikation voraussetzt, dass die medialen Angebote von irgendwem „genutzt" werden: „In fact, it is hard to imagine any form of media studies that is not, on some level, about audiences." (Webster 1998: 190) Aber gerade weil dies so selbstverständlich ist, hatte die Nutzungsforschung Schwierigkeiten, eigenes theoretisches Profil zu gewinnen; lange Zeit war sie eingezwängt zwischen den Interessen der Medienunternehmen, für die eine pragmatische und an Werbekunden orientierte Publikumsforschung einen integralen Bestandteil ihres Geschäfts darstellt, und einem von Politik und Öffentlichkeit geschürten Wirkungsdiskurs, der die Mediennutzer fast ausschließlich im Zusammenhang mit (meist negativen) Wirkungen der Medien zur Kenntnis nimmt. Die Folgen der jahrelangen Vernachlässigung sind nicht zu übersehen, da es kaum systematische Darstellungen dieses Bereichs gibt, die über eine eher additive Zusammenstellung relevanter Forschungsthemen und -befunde hinausgingen. Der vorliegende Aufsatz soll in diesem Sinne einen kleinen Beitrag leisten, indem er versucht, die vorhandenen Forschungszweige zu sortieren und so die Gestalt einer Nutzungsforschung, die dem Status der Mediennutzung als einem zentralen Bestandteil öffentlicher Kommunikationsprozesse gerecht wird, sichtbar werden zu lassen.

1.2 Der Gegenstandsbereich der Nutzungsforschung

Der Gegenstandsbereich der Nutzungsforschung lässt sich in umgangssprachlicher Annäherung mit der Frage „Was machen die Menschen mit den Medien?" umreißen. Analytisch können die Unterbereiche a) Mediennutzung im engeren Sinne von *Medienkontakten*, b) *Medienauswahl*, c) *Medienrezeption* und d) *Medienaneignung* unterschieden werden (siehe Schaubild 1).

Von *Mediennutzung im engeren Sinne* wird gesprochen, wann immer Menschen mit einem Medienangebot in Kontakt kommen (vgl. Hasebrink 1995: 16; Meyen 2001: 8), was in diesem Fall heißt, dass sie dem Angebot zumindest ein Minimum an Aufmerksamkeit schenken und es wahrnehmen. Mediennutzung in dem so gemeinten engeren Sinne bezieht sich also auf den bloßen Kontakt zwischen Nutzer und Medienangebot – unabhängig davon, wie dieser Kontakt beschaffen ist, wieso

Schaubild 1
Inhaltliche Struktur des Gegenstandsbereichs der Nutzungsforschung

Mediennutzung im engeren Sinne (Medienkontakte)		
prä-kommunikative Phase Medienauswahl	*kommunikative Phase* Medienrezeption	*post-kommunikative Phase* Medienaneignung

er zustande kommt und welche Bedeutung er für den Nutzer hat. Ein Großteil der so genannten Publikumsforschung bezieht sich im Wesentlichen auf die Erfassung und Beschreibung solcher Kontakte, indem sie fragt, wer wann wie lange Kontakt mit welchem Medienangebot hatte (siehe dazu Kapitel 3).

Kommt diesem Forschungsbereich, wie in Schaubild 1 veranschaulicht wird, durch den hohen Abstraktionsgrad der Kategorie des Kontakts eine übergeordnete Rolle zu, so lassen sich die drei weiteren Unterbereiche genauer im Prozess der Kommunikation verorten. Die Darstellung folgt der unter anderem bei Levy und Windahl (1985) verwendeten Unterscheidung zwischen prä-kommunikativer, kommunikativer und post-kommunikativer Phase. Im Wesentlichen auf die prä-kommunikative Phase bezieht sich die Forschung zur *Medienauswahl.* Untersucht werden die Hintergründe für die beobachtbare Mediennutzung: Welche Motive liegen dem Kontakt mit einem konkreten Medienangebot zugrunde? Warum werden bestimmte Angebote von vielen genutzt, während andere ihr Publikum nicht finden? (siehe dazu Kapitel 4) Auf die kommunikative Phase bezieht sich die Forschung zur *Medienrezeption.* Dieser Begriff verweist darauf, dass nach dem Zustandekommen eines Kontakts zwischen Nutzer und Medienangebot dieses Angebot aufgenommen, verarbeitet und interpretiert wird. Es geht um die während der Nutzung ablaufenden kognitiven und emotionalen Verarbeitungsprozesse (siehe dazu Kapitel 5). Schließlich umfasst die Nutzungsforschung in jüngerer Zeit zunehmend auch Untersuchungen, die sich auf die post-kommunikative Phase beziehen und der *Medienaneignung* gewidmet sind. Damit ist gemeint, dass die Nutzer mit dem rezipierten Medienangebot etwas für sich anfangen, sie integrieren es in ihr Weltbild, ziehen bestimmte Konsequenzen aus ihm (siehe dazu ebenfalls Kapitel 5).

Wird mit den Begriffen Nutzung, Auswahl, Rezeption und Aneignung die Perspektive der Nutzer in den Vordergrund gerückt, so verweist der Begriff der *Medienwirkung* auf potenzielle Einflüsse der Medienangebote auf die Menschen, die sie rezipieren, also auf Veränderungen aufseiten der Nutzer, die durch die Nutzung bestimmter Medienangebote zustande kommen. Medienwirkungen stellen daher einen eigenständigen Gegenstandsbereich der Forschung dar (siehe dazu den Beitrag von Brosius in diesem Band), wenngleich offensichtlich ist, dass es sich hier um eine analytische Unterscheidung handelt – im konkreten Medienhandeln einzelner Rezipienten sind alle genannten Ebenen ineinander verschränkt und empirisch schwer voneinander zu trennen.

1.3 Publikum, Publika, individuelle Nutzer

Bis hierher wurden verschiedentlich die Begriffe Nutzer, Publikum oder auch Publika benutzt, um diejenigen zu bezeichnen, die die Medien nutzen. Diese verschiedenen Begriffe verweisen auf einen weiteren strukturierenden Aspekt der Nutzungsforschung, nämlich die Frage der Analyseebene: Bezieht sich Mediennutzung auf das Verhalten einzelner Nutzer oder auf ein Publikum bzw. mehrere Publika?

Kennzeichnend zumindest für die akademische Nutzungsforschung ist die stark an individuellen Prozessen orientierte Theoriebildung; theoretisch wie empirisch steht die Beschreibung und Erklärung des Verhaltens Einzelner im Vordergrund, also eine im Grunde psychologische Perspektive. Da es aber im Zusammenhang mit Medien der öffentlichen Kommunikation letztlich weniger um Individuen als um überindividuelle Aggregate geht, spielt für die Nutzungsforschung der Begriff des *Publikums* (im angloamerikanischen Sprachraum: *audience*) eine wesentliche Rolle. In seiner viel zitierten Systematisierung des Prozesses der Massenkommunikation hat Gerhard Maletzke (1963: 37) die Nutzer von Medienangeboten in ihrer Gesamtheit als „disperses Publikum" bezeichnet. Damit unterschied er das Publikum der Massenmedien von dem „Präsenzpublikum" etwa im Theater oder bei Sportveranstaltungen. Disperse Publika sind instabile Gebilde, die „jeweils von Fall zu Fall dadurch (entstehen), daß sich eine Anzahl von Menschen einer Aussage der Massenkommunikation zuwendet" (Maletzke 1963: 28); die Mitglieder dieser Publika sind in der Regel räumlich voneinander getrennt, es bestehen keine direkten Beziehungen zwischen ihnen, sie wissen nur, dass außer ihnen noch zahlreiche andere Menschen dasselbe Medienangebot rezipieren.

Dieser Publikums-Begriff macht deutlich, dass es um ein sehr flüchtiges Phänomen geht, das schwer zu fassen ist. Die Konsequenz daraus ist, dass es „das" Publikum eines Medienangebots nicht geben kann: Wann immer in Forschung und Praxis vom Publikum eines Angebots die Rede ist, handelt es sich dabei um eine Konstruktion, um eine mehr oder weniger gut begründete Setzung, was man unter einem Publikum verstehen will.

Wurde der Begriff Publikum in früheren Jahren so gut wie ausschließlich im Singular verwendet, so ist in den letzten Jahren zunehmend die Pluralform *Publika* (entsprechend englisch: audiences) anzutreffen. Mit der Rede vom Publikum ist die Assoziation einer homogenen Gruppe von Menschen verbunden. Die Vielzahl hoch ausdifferenzierter Medienangebote, die im Zuge der Individualisierung erhöhte Wahlfreiheit der Nutzer (vgl. Jäckel 1996) und die Fülle unterschiedlicher situativer Kontexte der Mediennutzung stützen demgegenüber die These, dass sich das Publikum „verstreut" (Hasebrink 1994), und lassen es inhaltlich geboten erscheinen, zumindest von verschiedenen Publika der Medien zu sprechen (vgl. Klaus 1997). Der Abschied von einem einheitlichen Publikumsbegriff, mit dem auch grundlegende Vorstellungen von Öffentlichkeit und öffentlicher Kommunikation infrage gestellt werden, hat in der Mediaforschung zu einer starken Beachtung spezifischer Zielgruppen und zur Untersuchung von Mediennutzertypen und Lebensstilen geführt; in der stärker auf Rezeptions- und Aneignungsprozesse bezogenen Forschung wurden spezifische Interpretationsgemeinschaften (Klaus 1997: 468f.; Morley 1996) und Fankulturen untersucht (Vogelgesang 1996; siehe dazu Kapitel 6). Hier bleibt festzuhalten, dass die theoretische Zusammenführung von individueller Ebene und Aggregatebene eine noch nicht hinreichend eingelöste Herausforderung der Nutzungsforschung darstellt.

Nach der Bestimmung des Gegenstandsbereichs soll im folgenden Teil die Entwicklung verschiedener relevanter Forschungsstränge skizziert werden (Kapitel 2). Die weitere Gliederung folgt der oben vorgenommenen Strukturierung des Gegenstandsbereichs: Auf die im Wesentlichen auf die Erfassung von Medienkontakten bezogene Reichweitenforschung (Kapitel 3) folgen Ausführungen zur Medienauswahl (Kapitel 4) sowie zur Medienrezeption und -aneignung (Kapitel 5). Ein eigenes Kapitel ist den Forschungsansätzen gewidmet, die sich mit den interindividuellen Unterschieden in Mediennutzung und Medienrezeption auseinander setzen (Kapitel 6). Im Schlusskapitel werden anhand des so skizzierten Forschungsstands einige Desiderata formuliert (Kapitel 7).

2 Forschungsentwicklung

Der folgende Abriss der Entwicklung des Forschungsgebiets orientiert sich an den maßgeblichen Interessen, die sich als Motoren und Wegweiser der Entwicklung erwiesen und zu klar unterscheidbaren Forschungssträngen geführt haben. Es handelt sich dabei zum einen um die Interessen der Medienunternehmen, denen an Werbeträgerforschung und redaktioneller Forschung gelegen ist (2.1), zum anderen um die Interessen, die aus Gesellschaft und Kultur hervorgehen und sowohl von der sozialwissenschaftlichen als auch von der geistes- und kulturwissenschaftlichen Forschung aufgegriffen worden sind (2.2).

2.1 Werbeträgerforschung und redaktionelle Forschung der Medienunternehmen

Für die Entwicklung der Nutzungsforschung war das Interesse der werbetreibenden Industrie von maßgeblicher Bedeutung. Der Kern des Geschäfts eines großen Bereichs des Medienmarkts besteht darin, Aufmerksamkeit für Werbebotschaften zu erzeugen. Die „Ware", die das Medienunternehmen den Werbekunden liefert, besteht in Anhaltspunkten für die erzielte Aufmerksamkeit für deren Werbebotschaften; diese Anhaltspunkte liefert die Nutzungsforschung bzw. die im Zusammenhang mit den werbebezogenen Interessen heute meist so genannte Mediaforschung.

Dieses klar definierte ökonomische Interesse an Informationen über das Nutzungsverhalten stößt angesichts der oben angesprochenen Flüchtigkeit des Phänomens „Publikum" auf erhebliche Schwierigkeiten. Etwa ab 1930 entwickelte sich aber, zunächst in den USA, eine Forschungskonzeption, die diese Schwierigkeiten zu überwinden half (vgl. Webster/Phalen 1997). Eng angelehnt an das damals in der Sozialwissenschaft prominente Konzept der Masse, ging diese Konzeption von einem Massenpublikum aus, das aus einer großen Menge über Zeit und Raum verstreuter autonomer Einzelmitglieder besteht, zwischen denen keine Beziehungen bestehen; zu einer Einheit, eben zum Publikum, werden sie nur dadurch, dass sie sich einem bestimmten Medienangebot zuwenden. Ausgehend von diesem Modell des Massenpublikums hat sich bis heute ein Forschungszweig industriellen Maßstabs entwickelt, der hinsichtlich der in ihn fließenden Mittel, der methodischen Standards (siehe dazu ausführlich Koschnick ^{2}1995) und der Relevanz, die den Ergebnissen in der Praxis zukommt, im gesamten sozialwissenschaftlichen Bereich beispiellos ist und sich zu einer realen Marktmacht entwickelt hat (vgl. Siegert 1992).

An diesem „dominanten Modell" (Webster/Phalen 1997) des Massenpublikums hat sich die wissenschaftliche Diskussion seit jeher gerieben. Kritisiert wurden und werden zum einen die offensichtlichen inhaltlichen Einschränkungen, die sich durch die strikte Konzentration auf den Medien*kontakt* als Analyseeinheit ergeben. Mediennutzung aus dieser Perspektive wird rein behavioristisch definiert, d.h. frei von sozialen Kontexten, von den sozialen Beziehungen der Nutzer, von individuellen Bedürfnissen und Motiven. Zum anderen wird die klar interessengeleitete Perspektive dieser Forschung kritisiert, die das Ziel verfolgt, die Grundlage für eine möglichst weitreichende Kontrolle der Nutzer durch die Medien zu schaffen (vgl. Ang 1991).

Neben der skizzierten an den Interessen der Werbewirtschaft orientierten Forschung dient die von den Medienunternehmen betriebene *redaktionelle Forschung* dem Ziel, von den tatsächlichen oder potenziellen Nutzern Rückmeldung über das Medienangebot zu erhalten, um dieses besser auf die Interessen und Vorlieben der Nutzer abstimmen zu können. Auch hier hat sich ein beträchtlicher Forschungsmarkt entwickelt, der auf ein breites Methodenspektrum zurückgreift: Kein Relaunch einer Zeitschrift und keine neue Fernsehserien-Produktion wird ohne vorherige Gruppendiskussionen oder Akzeptanztests durchgeführt, Radiosender testen in Telefonumfragen ihr gesamtes Musikspektrum, Zeitungen und Zeitschriften lassen sich bei so genannten Copy-Tests mit Abonnenten zu jedem Artikel Rückmeldung geben. Im Gegensatz zur Werbeträgerforschung findet diese Forschung nicht in der Öffentlichkeit statt; vielmehr handelt es sich um Marktforschung im klassischen Sinne, durch die jeder Akteur für sich einen Vorteil vor den Wettbewerbern erreichen möchte. Entsprechend finden die Ergebnisse dieser Forschung in der wissenschaftlichen Literatur kaum Niederschlag, sie gelangen in der Regel nicht an die Öffentlichkeit.

Zusätzlich zu den genannten Forschungsarten ist speziell für die deutsche Situation eine für die Nutzungsforschung maßgebliche Studie zu nennen: die seit 1964 im Auftrag der ARD/ZDF-Medienkommission durchgeführte Studie „Massenkommunikation" (siehe Berg/Kiefer 1996, zuletzt Ridder/Engel 2001 und van Eimeren/Ridder 2001). Diese „Langzeitstudie zur Mediennutzung und Medienbewertung" kann mittlerweile auf acht Erhebungswellen zwischen 1964 und 2000 zurückblicken. Ursprünglich nicht als Langzeitstudie konzipiert, sondern in erster Linie zur Untersuchung des damals noch neuen Wettbewerbsverhältnisses zwischen Printmedien und Hörfunk einerseits und dem Fernsehen andererseits gedacht, hat sich diese Studie zu einer wesentlichen Informationsquelle auch für die akademische Nutzungsforschung entwickelt. Erfasst werden zum einen die Mediennutzung und andere Tätigkeiten an einem Stichtag sowie verschiedene Einstellungsmerkmale gegenüber den verschiedenen Medien, darüber hinaus Merkmale des Freizeitverhaltens und des politischen Interesses. Über die Erhebungswellen hinweg wurde versucht, die Erhebungsinstrumente weitgehend vergleichbar zu halten, um so Entwicklungslinien nachvollziehen zu können. Einem solchen Versuch sind zwangsläufig Grenzen gesetzt, im Detail ergeben sich zahlreiche Bedenken hinsichtlich der Vergleichbarkeit über die Zeit (vgl. Lauf/Peiser 1999; Kiefer 1999); gleichwohl bieten die Daten, die aus den Wellen von 1970 bis 1995 beim Zentralarchiv für Sozialwissenschaften in Köln verfügbar sind, einen reichen Fundus für historisch vergleichende Auswertungen (z.B. Peiser 1996).

2.2 Akademische Nutzungs- und Rezeptionsforschung

Die im Folgenden skizzenhaft beschriebene Entwicklung der akademischen Nutzungsforschung ist zum Teil durch parallel laufende Stränge gekennzeichnet, zwischen denen erst sehr spät Verbindungen hergestellt wurden; dies gilt insbesondere für die sozial- und die geistes- bzw. kulturwissenschaftliche Forschung zu diesem Bereich. Insofern kann kein gradliniger Prozess nachgezeichnet werden, sondern nur ein Nebeneinander der verschiedenen Einzelentwicklungen. Immerhin münden diese in den letzten Jahren in eine Phase, die durch größere gegenseitige Offenheit geprägt ist.

In den Blick der sozialwissenschaftlich orientierten Forschung kam das Publikum der Massenmedien zunächst aufgrund der weit verbreiteten Besorgnis über negative Effekte der Medien auf ihr Publikum und die Gesellschaft insgesamt. Lag der Werbeträgerforschung ein Verständnis vom *Publikum als Masse* zugrunde, so ging die frühe akademische Publikumsforschung von einem Verständnis vom *Publikum als Wirkung* aus – Publikum war das, worauf die Medien wirken (vgl. Webster 1998: 193). Von dieser Vorstellung (siehe dazu den Beitrag von Brosius in diesem Band) konnte sich die Nutzungsforschung nur langsam befreien. Zunächst gelangte das Nutzungsverhalten des Publikums lediglich als eine Art „Filter" in den Blick der Forschung, der direkte Wirkungsprozesse be- oder sogar ganz verhinderte.

Erstmals zu ihrem „eigenen Recht" kam die Nutzungsforschung durch die Pionierarbeiten von Herta Herzog (z.B. 1944), in denen diese sich Anfang der 40er-Jahre mit der Frage auseinander setzte, welche Gratifikationen die Hörerinnen und Hörer bei der Nutzung von täglichen Radioserien und Quizprogrammen erhalten. Der damit eingeführte Grundgedanke wurde in den Folgejahren fortentwickelt und führte zum Hauptforschungsstrang der Nutzungsforschung, dem *Uses-and-Gratifications-Approach* bzw. *Nutzen-und-Belohnungs-Ansatz* (vgl. Blumler/Katz 1974; Rosengren/Wenner/Palmgreen 1985; siehe dazu Abschnitt 4.1). Hauptgegenstand dieser Forschung ist weniger die Nutzung selbst, sondern sind die Funktionen, die die Medien für ihre Nutzer und damit für die Gesellschaft insgesamt erfüllen. Diese Zielsetzung stand im Zusammenhang mit der fortschreitenden Ausdifferenzierung der Medien, die sowohl für die Medienunternehmen als auch für Politik und Gesellschaft die Frage aufwarf, welche Medien und welche Medienfunktionen sich als Bestandteile der öffentlichen Kommunikation behaupten oder ins Hintertreffen geraten würden. Insofern war und ist diese Forschungsperspektive auch gut kompatibel mit den Forschungsinteressen der Medienunternehmen, die im Rahmen ihrer Marktforschung, sei es im Zusammenhang mit der Einführung neuer Medientechnologien, sei es im Zusammenhang mit der Gestaltung konkreter Angebote, die vom potenziellen Publikum erwarteten Gratifikationen untersuchen.

An der Adaptation des Uses-and-Gratifications-Approach im deutschsprachigen Raum waren insbesondere Karsten Renckstorf (1980) und Will Teichert (1972, 1973) beteiligt; der von ihnen so genannte *Nutzenansatz* greift die oben genannten Grundüberlegungen auf, betont aber in Anlehnung an den Symbolischen Interaktionismus sehr viel deutlicher den Status der Mediennutzung als soziales Handeln, das sich nicht nur auf individuelle Nutzenkalkulationen beschränkt, sondern eine explizite soziale Orientierung umfasst.

Die individuenorientierte Perspektive der Uses-and-Gratifications-Forschung wie auch großer Teile der Wirkungsforschung brachte es mit sich, dass die Medienpsychologie (z.B. Groebel/Winterhoff-Spurk 1989) sich stets mit Nutzungsforschung beschäftigte, u.a. auch mit Medien, die in der vor allem auf publizistische Medien konzentrierten Kommunikationswissenschaft eine vergleichsweise geringe Rolle spielen: die kognitive Filmpsychologie (z.B. Ohler 1996) und die Lesepsychologie (z.B. Groeben/Vorderer 1988).

Zunächst weitgehend getrennt von den bisher beschriebenen Forschungssträngen entwickelten sich auch im geistes- und kulturwissenschaftlichen Bereich theoretische Ansätze zur Nutzungsforschung. In ihrem Überblick über verschiedene Traditionen der Publikumsforschung unterscheiden Jensen und Rosengren (1990) insgesamt fünf Entwicklungslinien; neben der Wirkungsforschung und der Uses-and-Gratifications-Forschung nennen sie drei weitere: Literaturwissenschaft, Cultural Studies und Rezeptionsanalysen. Die Literaturwissenschaft hat sich seit dem Beginn des 20. Jahrhunderts für die Perspektive der Leser geöffnet, indem nicht mehr nur die historisch „richtige" Interpretation von Texten im Vordergrund stand, sondern auch berücksichtigt wurde, dass diese von verschiedenen Personen mit unterschiedlichen Voraussetzungen etwa hinsichtlich ihrer Genrekenntnis gelesen wurden.

Auf der Grenzlinie zwischen Sozial- und Kulturwissenschaften sind die so genannten *Cultural Studies* anzusiedeln. Die Ursprünge werden in frühen Arbeiten von Raymond Williams (^{2}1971) gesehen; wesentliche Ausgangspunkte sind ein breites Kulturverständnis, welches die ganze Lebensführung, die alltägliche Praxis umfasst, einschließlich des Umgangs mit Medien. Konsequenz für nutzungs- und rezeptionsbezogene Untersuchungen ist die Priorität des jeweiligen sozialen und kulturellen Kontextes. Angestoßen insbesondere durch das erstmals 1972 publizierte „Encoding-Decoding-Modell" von Stuart Hall (1980 bzw. 1999) entstanden seit den späten 70er-Jahren zunächst im angloamerikanischen Bereich mehrere ethnografische Nutzungs- und Rezeptionsstudien (z.B. Morley 1980; Lull 1980). Seit Anfang der 90er-Jahre (Krotz 1992b; Göttlich/Winter 1999) erschienen auch im deutschsprachigen Raum zahlreiche Arbeiten, die sich auf diese Tradition beziehen. Ein wichtiger Verdienst dieser Forschungsrichtung ist es, dass sie sich, wie auch die oben genannte Medienpsychologie, explizit mit den populären Mediengenres als Bestandteilen kultureller Praxis auseinander setzt (z.B. Fiske 1987) – ein Bereich, der in der kommunikationswissenschaftlich geprägten Nutzungsforschung, die sich in erster Linie mit im engeren Sinne publizistischen Medienangeboten befasste, vernachlässigt worden war.

Als weitere Entwicklungslinie der Publikumsforschung, die deutliche Überlappungen mit den Cultural Studies aufweist, identifizieren Jensen und Rosengren (1990) die „reception studies", Rezeptionsstudien im engeren Sinne. Hierzu zählen sie eine weite Gruppe von meist qualitativen Studien (z.B. Ang 1985; Liebes/Katz 1986; Lull 1988; Morley 1986), in denen sozialwissenschaftliche und geisteswissenschaftlich-hermeneutische Konzepte miteinander verbunden werden und die Rezeption direkt auf die rezipierten Texte bezogen wird.

Mit dieser Entwicklung lösen sich die zu Beginn der Forschungsentwicklung noch relativ klar erkennbaren Grenzen zwischen den verschiedenen Forschungssträngen zum Gegenstand der Nutzungsforschung weiter auf. Heutige Nutzungsforschung lässt sich meist kaum noch eindeutig der einen oder anderen Tradition zuordnen – sie fließen, zumindest in der Programmatik, je nach Fragestellung in unterschiedlichen Mischungsverhältnissen in die Forschung ein. Die Kombination verschiedener theoretischer und methodischer Zugänge wird als Voraussetzung dafür gesehen, die Bedeutung eines medialen Phänomens für eine bestimmte Nutzergruppe angemessen zu erfassen (vgl. Paus-Haase u.a. 1999).

3 Die Vermessung von Publika: Reichweitenforschung

3.1 Methodische Aspekte der Reichweitenforschung für verschiedene Medien

Die *Fernsehzuschauerforschung* kann als die technisch ausgereifteste Reichweitenforschung bezeichnet werden. Bereits sehr früh, nämlich als 1963 mit dem Start des ZDF erstmals Konkurrenz im Fernsehbereich entstand, wurden kontinuierliche Messungen des Nutzungsverhaltens begonnen. Seit damals sind dafür Messgeräte im Einsatz, die das Einschaltverhalten in ausgewählten Haushalten – heute sekundengenau – erfassen. Die Personen in den Haushalten sind aufgefordert, immer dann, wenn sie fernsehen, auf einer besonderen Fernbedienung die ihnen zugeordnete Personentaste zu drücken und sich so anzumelden bzw. sich beim Verlassen des Fernsehraums oder bei der Beendigung der Fernsehnutzung wieder abzumelden. Über die Jahre hinweg wurden die Geräte technisch weiterentwickelt, heute erfassen die Messgeräte auch die Nutzung von Teletext, Video- und Computerspielen. Zudem wurde die Datenübermittlung und -auswertung erheblich beschleunigt. Die in den Haushalten aufgezeichneten Daten eines Tages werden nachts automatisch von einem zentralen Rechner abgerufen, sodass den Fernsehveranstaltern schon am nächsten Morgen die Ergebnisse vom Vortag zur Verfügung stehen. Diese kontinuierliche Fernsehforschung wird seit 1985 von der Gesellschaft für Konsum-, Markt- und Absatzforschung (GfK) in Nürnberg durchgeführt (vgl. Müller 2000). Im Auftrag der Arbeitsgemeinschaft Fernsehforschung (AGF), welcher die wichtigsten öffentlich-rechtlichen und privaten Fernsehveranstalter angehören, betreibt die GfK Messgeräte in etwa 5.500 Haushalten mit etwa 12.700 Personen.

Die Reichweiten und Marktanteile, die die GfK tagtäglich liefert, haben den Status einer offiziellen Währung, wenn es um die Berechnung von Werbepreisen geht. Neben diesen Werten, die für die Programmplaner und Werbetreibenden im Vordergrund stehen, werden die Daten der GfK auch genutzt, um monatlich und jährlich zusammenfassende Auswertungen über die Marktanteile der einzelnen Kanäle sowie über allgemeine Trends der Fernsehnutzung, etwa die durchschnittliche Sehdauer pro Tag, zu berechnen (siehe dazu die jährlich erscheinenden Überblicksartikel in der Zeitschrift ›Media Perspektiven‹, z.B. Darschin/Kayser 2001).

Für den *Hörfunk* ist die entsprechende Forschung aus vielerlei Gründen bei weitem nicht so perfektioniert wie für das Fernsehen. Die wichtigste Erhebung ist die jährlich in zwei Erhebungswellen durchgeführte Media Analyse, die von der Arbeitsgemeinschaft Media Analyse (AG.MA) durchgeführt wird, der neben den Hörfunkveranstaltern und Printverlagen auch Werbe- und Media-Agenturen und die werbetreibende Wirtschaft angehören (siehe z.B. Klingler/Müller 2001). Die Media Analyse beruht auf standardisierten, seit 2000 telefonisch durchgeführten Befragungen von mehr als 50.000 repräsentativ ausgewählten Befragten. Kern der Befragung ist ein Tagesablauf, anhand dessen die Befragten in 15-Minuten-Intervallen für den vorhergehenden Tag angeben müssen, ob sie in dem betreffenden Zeitintervall Radio gehört haben, welches Programm dies war, wo sie sich zu diesem Zeitpunkt aufgehalten haben und welchen Tätigkeiten sie nachgegangen sind. Anhand dieser Tagesabläufe werden dann wiederum Reichweiten der einzelnen Programme für verschiedene Zeitintervalle berechnet (z.B. Viertelstunden-, Stunden- und Tagesreichweiten) sowie die Marktanteile der Programme an der Gesamthördauer.

Diese einmal jährlich publizierten Daten stellen die entscheidende Basis für die Werbeschaltungen des ganzen folgenden Jahres dar. Damit ist die Informationsgrundlage für die Veranstalter von Hörfunkprogrammen nur sehr dürftig. Kurzfristige Hörerreaktionen in der Folge von Programmänderungen sind kaum ermittelbar; sie schlagen sich frühestens mit dem Erscheinen der nächsten Media Analyse nieder. Für detailliertere Analysen im Hinblick auf bestimmte Programmplätze bleibt daher kaum eine Alternative zu eigenen gezielten Untersuchungen; da diese aufwändig sind, besteht diese Option nur für die größeren Veranstalter.

Auch für die *Tageszeitungen und Zeitschriften* stellt die Printversion der Media Analyse die maßgebliche Grundlage für den Verkauf von Werbung dar. Anders als beim Hörfunk stellt hier die Reichweite, also die Zahl (oder der relative Anteil) der Leser eines bestimmten Printmediums die allein ausschlaggebende Information dar, während die Nutzungsdauer keine Rolle spielt. Auch hier wurden in jahrelangen Verhandlungen zwischen den beteiligten Akteuren Konventionen festgelegt, die für die Planung als Basiswährung akzeptiert werden. In den Printfragebögen werden die Befragten für jeweils konkrete Zeitungs- oder Zeitschriftentitel gefragt, ob sie den betreffenden Titel im Erscheinungsintervall „durchgeblättert oder gelesen" haben. Wer dies bejaht, wird als Leser gezählt.

Im Printbereich spielt außer der Media Analyse auch die Informationsgemeinschaft zur Feststellung der Verbreitung von Werbeträgern (IVW) eine Rolle, die zur Auflagenkontrolle von Printmedien geschaffen wurde. Auf der Basis von Meldungen der mitwirkenden Verlage werden vierteljährlich Berichte über die verbreitete und verkaufte Auflage der einzelnen Titel veröffentlicht. Die Meldungen der Mitglieder werden regelmäßig von unabhängigen Prüfern im Hinblick auf die Einhaltung der IVW-Richtlinien überprüft (siehe <www.ivw.de>).

Der Bereich der *Online-Medien* kann aufgrund seiner kurzen Geschichte noch nicht so ausdifferenzierte und vor allem nicht so breit akzeptierte Erhebungsmethoden vorweisen wie die älteren Medien (vgl. Welker 1998; siehe dazu auch den Beitrag von Rössler in diesem Band). Auf den ersten Blick scheinen Nutzungsanalysen einfach zu sein, da jeder Anbieter einer Website die anfallenden Verbindungsdaten auswerten kann. Für systematische Analysen und insbesondere für den Vergleich zwischen verschiedenen Angeboten sind Daten dieser Art jedoch unzureichend. Weit gediehen ist mittlerweile der Versuch, die Häufigkeit der Nutzung von Online-Angeboten auch über die IVW zu erfassen. Dort werden zwei Kennwerte zur Beschreibung der Nutzung angegeben (siehe <www.ivw.de>):

- Als „PageImpression" wird die Anforderung einer HTML-Seite bezeichnet, unabhängig davon, wie viele Elemente diese enthält und wie viele davon vom Nutzer angeklickt werden.
- „Visits" (Besuche, Nutzungsvorgänge) kommen dann zustande, wenn ein Nutzer zu einer Webadresse gelangt. Diese dauern so lange, wie der Nutzer sich auf den Seiten dieser Adresse aufhält bzw. bis er eine neue Adresse außerhalb dieses Angebots besucht.

Auf eine gewisse Tradition können mittlerweile einige Befragungsstudien verweisen, die die Entwicklung der Häufigkeit, Dauer und tageszeitlichen Platzierung der Online-Nutzung sowie die dabei genutzten Dienste nachzeichnen. In Deutschland sind dies (unter den veröffentlichten Studien) insbesondere die seit 1997 jährlich durchgeführten ARD/ZDF-Studien zur Online-Nutzung (zuletzt von van Eimeren/Gerhard/Frees 2001).

3.2 Ausgewählte Ergebnisse der Reichweitenforschung

Die notwendige Voraussetzung für die Nutzung der elektronischen Medien ist deren technische Verfügbarkeit, die Nutzung von Hörfunk, Fernsehen und Online-Angeboten setzt entsprechende Geräte voraus. Eine Vollversorgung der bundesdeutschen Haushalte ist seit Anfang der 60er-Jahre bei den Hörfunk-, seit Mitte der 70er-Jahre auch bei den Fernsehgeräten gegeben. Beim Fernsehen steigt die Zahl der Haushalte, in denen mehr als ein Fernsehgerät vorhanden ist. Fast eine Selbstverständlichkeit ist heute, dass zumindest das meistgenutzte Gerät über eine Fernbedienung verfügt. Annähernd verdoppelt hat sich im Laufe der 90er-Jahre die Zahl der Personen, die Teletext (früher Videotext genannt) nutzen können – vier Fünftel der Bevölkerung verfügen in ihrem Gerät über den Decoder für diesen das Fernsehen ergänzenden Textdienst. Anscheinend an eine Obergrenze gestoßen ist die Verbreitung des Videorecorders, nach rascher Ausbreitung in den 80er- und frühen 90er-Jahren besitzen heute zwei Drittel der Haushalte ein solches Gerät. Noch in den Anfängen steckt die Entwicklung des digitalen Fernsehens, die zur Zeit noch identisch ist mit der Verbreitung des Angebots von Premiere World; 2000 verfügten sieben Prozent der Bevölkerung über einen Decoder zum Empfang dieses digitalen Programmpakets bzw. des analogen Vorgängers, des Pay-TV-Programms Premiere.

Wesentlich für die Nutzung des Fernsehens ist außerdem der Verbreitungsweg, über den die Haushalte ihre Fernsehprogramme empfangen. In Deutschland ist der Anteil der Haushalte, die ihre Programme über ein Kabelnetz empfangen, im Vergleich zu anderen großen europäischen Ländern sehr hoch: Der terrestrische Empfang über Haus- oder Wohnungsantennen ist mittlerweile nur noch marginal (11,3% der Haushalte) hinter dem Kabel (56,3%) und dem Satelliten (32,4%). Dies führt dazu, dass ein durchschnittlicher Fernsehhaushalt Ende des Jahres 2000 38 verschiedene Programme empfangen konnte (vgl. Darschin/Kayser 2001: 162). In den letzten Jahren von besonderem Interesse ist die Entwicklung des Computers und der Online-Medien. Im Jahr 2000 verfügten zwei Fünftel der Haushalte über einen Computer, knapp 15 Prozent konnten von zu Hause aus über ein Modem Online-Medien nutzen. Die diesbezüglichen Zahlen entwickeln sich in den letzten Jahren rasch, hier ist vorerst weiter mit deutlichen Steigerungen zu rechnen (vgl. van Eimeren/Gerhard/Frees 2001).

Neben der Frage der technischen Erreichbarkeit, häufig auch als „technische Reichweite" bezeichnet, stellt sich die weitere für die Mediennutzung grundlegende Frage, welche Personen oder Gruppen denn tatsächlich durch welche Medien erreicht werden, zwischen welchen Personen und welchen Angeboten es überhaupt zu einem Kontakt kommt. An einem durchschnittlichen Tag im Jahre 2000 erreichten das Fernsehen knapp drei Viertel und der Hörfunk knapp vier Fünftel der Bevölkerung, etwa ebenso groß ist der Anteil derjenigen, die mindestens eine Tageszeitung lesen (siehe Tabelle 1). Diese Werte sind über die letzten Jahre hinweg recht stabil geblieben. Die Aufgliederung für die Tageszeitungen zeigt, dass bei der Zeitungsnutzung die regionalen Abonnementszeitungen im Vordergrund stehen, während die im Hinblick auf ihr Renommee oft im Blickpunkt stehenden überregionalen Tageszeitungen bundesweit nur auf bescheidene Reichweiten kommen, die noch deutlich unter denen der Kaufzeitungen liegen und insgesamt nur ein Drittel der Reichweite der ›Bild-Zeitung‹ erzielen.

Tabelle 1
Tagesreichweiten tagesaktueller Medien 2000 (in %)

Fernsehen	72,4
Hörfunk	79,0
Tageszeitungen*	78,0
regionale Abo-Zeitungen*	68,1
überregionale Abo-Zeitungen*	5,5
darunter: FAZ	*1,4*
SZ	*1,8*
Kaufzeitungen*	21,0
darunter : Bild	*17,5*

**) bezogen auf Montag bis Samstag;*
FAZ = ›Frankfurter Allgemeine Zeitung‹, SZ = ›Süddeutsche Zeitung‹, Bild = ›Bild-Zeitung‹
Quelle: Media Perspektiven 2000

Eine der in den 60er-Jahren heiß umstrittenen Fragen, nämlich ob durch die Ausbreitung des damals noch relativ „neuen" Mediums Fernsehen die „alten" Medien, insbesondere die Tageszeitung, an Reichweite verlieren würden, wiederholt sich derzeit im Hinblick auf die Online-Medien und ihre Konsequenzen für die anderen Medien. Bisher ist das Ergebnis eindeutig: Ein einmal etabliertes Medium wird nicht ohne weiteres durch ein neues Medium verdrängt. Diese These ist in der Forschung als das „Riepl'sche Gesetz" bekannt: Wolfgang Riepl (1913) hatte in einer Arbeit über das Nachrichtenwesen des Altertums herausgearbeitet, dass neue Medien die alten nicht ersetzen, sondern ergänzen, wobei sich jeweils gewisse Funktionsverschiebungen ergeben können. Betrachtet man sich die Reichweiten der drei tagesaktuellen Medien im Tagesverlauf, werden klare Funktionsunterschiede sichtbar (vgl. Ridder/Engel 2001: 105f.). Von morgens bis in den späten Nachmittag ist der Hörfunk das meistgenutzte Medium; zwischen 7.00 Uhr und 12.30 Uhr erreicht das Radio laufend etwa 30 Prozent der Bevölkerung, bis 18.00 Uhr nimmt die Reichweite auf etwa 20 Prozent ab. Das Radio ist damit der wichtigste Begleiter durch den Tag, was auch darin zum Ausdruck kommt, dass immerhin 40 Prozent der Radionutzungsdauer auf Situationen außer Haus, also etwa im Auto oder bei der Arbeit entfällt (vgl. Klingler/Müller 2000: 420). Ab 18 Uhr beginnt dann die Domäne des Fernsehens, das gegen 21.00 Uhr mit 58 Prozent der Bevölkerung seine höchste Reichweite erzielt. Die Tageszeitung erreicht ihre Nutzungsspitzen von ungefähr neun Prozent in der Zeit zwischen 6.00 und 9.00 Uhr. Diese seit Jahren recht stabilen Tagesverläufe stellen für die Medienpraxis entscheidende Rahmenbedingungen für ihre Angebotsplanung dar.

Die Nutzung von Medien braucht Zeit, die verschiedenen Medien konkurrieren tagtäglich untereinander sowie mit nicht-medienbezogenen Aktivitäten um die 24 Stunden maximal verfügbarer Zeit. Die in Tabelle 2 angegebenen Nutzungsdauern, die in der Studie „Massenkommunikation" im Jahr 2000 ermittelt wurden (Basis: deutschsprechende Bevölkerung ab 14 Jahren in Deutschland), ergeben in der Summe immerhin 8 Stunden und 22 Minuten Mediennutzung pro Person und Tag (vgl. Ridder/Engel 2001: 104f.). Dieser Wert berücksichtigt nicht, dass einige Medien auch parallel genutzt werden, also dass bei der Zeitungslektüre Radio gehört wird. Daher liegt die Netto-Nutzungsdauer etwas geringer, was aber nichts daran ändert, dass Medien offenbar große Strecken des Tages begleiten. Die höchste Nutzungsdauer erreichen Hörfunk und Fernsehen mit jeweils über drei Stunden pro Tag. Aber auch andere Medien nehmen erhebliche Teile des täglichen Zeitbudgets der Bevölkerung in Anspruch. Über die Jahrzehnte hinweg haben die verschiedenen neu hinzukommenden Medien in der Regel keine Nutzungszeit von anderen Medien abgezogen. Der Haupttrend seit Beginn der 60er-Jahre besteht vielmehr in einer Ausweitung der Gesamtmediennutzung (vgl. Berg/Kiefer 1996: 49). Dies ist auch derzeit bei der ansteigenden Verbreitung und Nutzung der Online-Medien zu beobachten, die bisher keine erkennbaren Spuren in den Nutzungsdauern der „alten Medien" hinterlassen haben.

Tabelle 2
Nutzungsdauer verschiedener Medien 2000 (in Minuten pro Tag)

Hörfunk	206
Fernsehen	185
CD/MC/LP	36
Tageszeitung	30
Bücher	18
Internet	13
Zeitschriften	10
Video	4
gesamt	502

Quelle: Massenkommunikation 2000, Ridder/Engel (2001: 105).

Tabelle 3
Fernsehdauer in Ost und West nach Altersgruppen im Jahr 2000 (in Minuten pro Tag)

	West	Ost
3-13 Jahre	91	123
14-19 Jahre	112	132
20-29 Jahre	147	143
30-39 Jahre	169	191
40-49 Jahre	200	231
50-64 Jahre	222	263
ab 65 Jahre	262	299

Quelle: AGF/GfK, Darschin/Kayser (2001: 163).

Die bisherigen Darstellungen beziehen sich jeweils auf die Gesamtbevölkerung. Für tiefergehende Fragen ist es oft ratsam, zwischen verschiedenen Bevölkerungsgruppen zu differenzieren, die sich in ihrem Umgang mit den Medien teilweise erheblich unterscheiden. An dieser Stelle kann nur ein grober Überblick erfolgen. Ein wesentlicher Faktor ist das Alter bzw. die mit dem Alter verbundene spezifische Position in der Gesellschaft. Mit zunehmendem Alter wird deutlich länger ferngesehen (siehe Tabelle 3). Seit Jahren stabil sind auch Befunde, dass in Ostdeutschland deutlich mehr ferngesehen wird als in Westdeutschland. Als die ausdauerndsten Radiohörer erweisen sich die 30- bis 50-Jährigen mit ungefähr vier Stunden täglicher Hördauer, während Jugendliche und über 70-Jährige nur auf knapp zweieinhalb Stunden täglich kommen (vgl. Klingler/Müller 2000: 420). Auch der Grad der formalen Bildung schlägt sich in Nutzungsdauern nieder, insbesondere beim Fernsehen. Je höher die formale Bildung, desto niedriger die Sehdauer. Beim Hörfunk sind die Bildungsunterschiede nicht so ausgeprägt, erhebliche Unterschiede sind dagegen zwischen Berufstätigen mit hoher Hördauer und Nicht-Berufstätigen mit niedriger Hördauer zu beobachten. Bei der Tageszeitung zeigt sich, dass Ältere und formal höher Gebildete länger Zeitung lesen, als Personen mit geringerer formaler Bildung und Jüngere.

4 Medienauswahl: Bedürfnisse, Motive, Vorlieben und Auswahlentscheidungen

4.1 Nutzen und Belohnung durch Mediennutzung

Der Nutzen-und-Belohnungs-Ansatz weist in seiner klassischen Form die in Schaubild 2 schematisch wiedergegebene Grundstruktur auf. Im Kern handelt es sich um einen motivationalen Ansatz, der zu erklären versucht, warum Mediennutzer sich ganz bestimmten Angeboten zuwenden. Er unterscheidet dabei Bedürfnisse – etwa das Informationsbedürfnis –, aus denen auf der Basis von Erwartungen gegenüber bestimmten Medien konkrete Motive entwickelt werden, ein ganz bestimmtes Medienangebot zu nutzen. Erfüllt das Medium die Erwartungen, erhält also der Nutzer die „Gratifikation", die er sich von der Nutzung versprochen hat, erhöht das wiederum die Wahrscheinlichkeit, dass bei der nächsten Gelegenheit, bei der sich das betreffende Bedürfnis einstellt, wieder dasselbe Medium ausgewählt wird.

Schaubild 2
Elemente des Nutzen-und-Belohnungs-Ansatzes

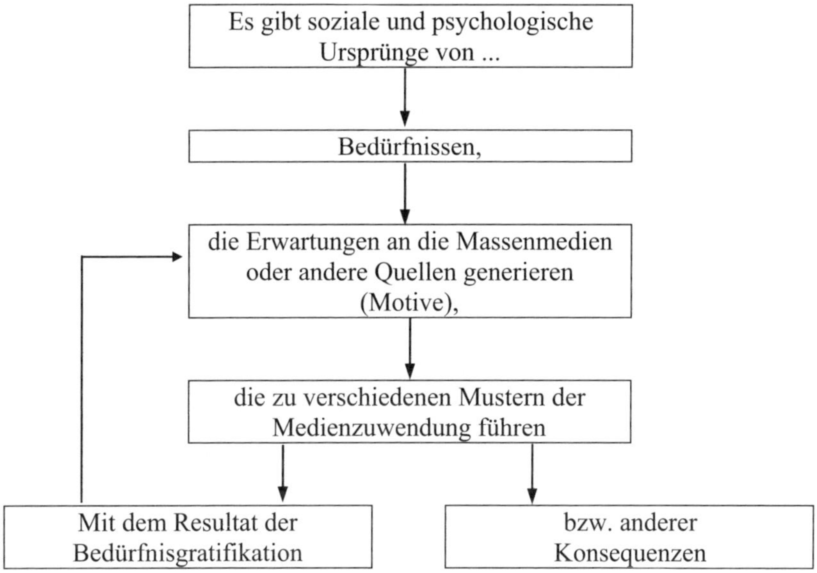

Quelle: Schenk 1987: 384, nach Katz/Blumler/Gurevitch 1974: 20

Methodisch beinhalten die meisten Studien standardisierte Befragungen, in denen die Befragten anhand einer Liste mit Motivitems (z.B. „Ich sehe fern, weil es mich entspannt") angeben, welche der Motive wie stark auf ihre Mediennutzung zutreffen. Zu den Motiven bzw. Funktionen der Massenmedien, die in mehreren verschiedenen Studien verwendet wurden und sich als empirisch nachweisbar erwiesen, gehören die folgenden (nach McQuail 1983: 82f. und Meyen 2001: 16): (1) Informationsbedürfnis (Orientierung in der Umwelt, Ratsuche, Neugier, Lernen, Sicherheit durch Wissen); (2) Bedürfnis nach persönlicher Identität (Bestärkung persönlicher Werte, Suche nach Verhaltensmodellen, Identifikation mit anderen, Selbstfindung); (3) Bedürfnis nach Integration und sozialer Interaktion (Zugehörigkeitsgefühl, Gesprächsstoff, Geselligkeits-/Partnerersatz, Rollenmodell, Kontaktsuche); (4) Unterhaltungsbedürfnis (Wirklichkeitsflucht, Ablenkung, Entspannung, kulturelle und ästhetische Erbauung, Zeitfüller, emotionale Entlastung, sexuelle Stimulation).

Das recht einfache handlungstheoretische Modell, das der Forschung zum Nutzen-und-Belohnungs-Ansatz zugrunde liegt, ist in der Folge in zahlreichen Studien verwendet und verfeinert worden (siehe die Überblicke von Rosengren/Wenner/Palmgreen 1985; Rubin 1994). Wesentlich war dabei zum einen die von Palmgreen (1984) eingeführte Unterscheidung zwischen *gesuchten* und *erhaltenen Gratifikationen* (gratifications sought and obtained). Weitere wichtige Impulse gingen von der psychologischen Einstellungsforschung aus, die sich mit der Beziehung zwischen Einstellung und Verhalten befasst. Die dabei verwendeten Erwartungs-Wert-Modelle, denen zufolge sich die Einstellung gegenüber einem Medienangebot aus den wahrgenommenen Attributen des Angebots und der subjektiven Bewertung dieser Attribute ergeben, stellen ein Äquivalent zu den Motiven des ursprünglichen Uses-and-Gratifications-Ansatzes dar (für einen Überblick siehe Doll/Hasebrink 1989). Ein Beispiel für die Anwendung dieser Modelle auf konkrete Medienangebote liefern Schenk und Rössler (1987), die Konkurrenzsendungen („Dallas" und „Schwarzwaldklinik") untersucht haben.

Die Grundgedanken dieses ganzen Forschungsbereichs, dass Mediennutzer die sie interessierenden Angebote gezielt, auf der Grundlage ihrer Motive und Ziele auswählen, ist mittlerweile weitgehend zum Allgemeingut der Nutzungsforschung geworden. Gleichwohl hat der Ansatz und die auf ihm aufbauende empirische Forschung viel Kritik erfahren. So wird die Annahme kritisiert, die Nutzer seien sich der Motive ihrer Mediennutzung stets bewusst und könnten daher bei Befragungen entsprechend Auskunft geben. Außerdem vernachlässigt die Forschung in der Tradition des Nutzen-und-Belohnungs-Ansatzes die Bedingungen, die das jeweils verfügbare Angebot für das Auswahlverhalten vorgibt. Ein weiterer Vorwurf lautet, es sei der Forschung nicht gelungen, allgemein konsentierte Motivkataloge zu erarbeiten – erst recht nicht solche, die sich auf eine konsistente Theorie berufen können, etwa auf eine Theorie psychologischer Bedürfnisse, wie sie in einer frühen Phase McGuire (1974) noch eingefordert und in Ansätzen entwickelt hatte. Sehr heterogen sind auch die Objekte, auf die sich die jeweiligen Motive beziehen: Mal geht es um das Fernsehen als Ganzes, mal um verschiedene Genres, mal um konkrete Serien oder Nachrichtensendungen. Hinzu kommt, dass viele Studien nicht über die reine Deskription der Nutzungsmotive hinauskommen, also nicht prüfen, inwieweit mit den erfassten Motiven überhaupt konkretes Nutzungsverhalten vorhergesagt bzw. erklärt werden kann.

Zu den Versuchen, anknüpfend an die Uses-and-Gratifications-Forschung erweiterte Modelle zu formulieren, die dem alltäglichen Medienumgang näher kommen, gehören einige Arbeiten, die die Determinanten der Medienauswahl systematisiert haben, etwa das von Webster und Wakshlag (1983) vorgelegte Modell der Fernsehprogrammauswahl. Die dort unterstellte Einflusskette hat zwei Ausgangspunkte: einerseits die *Struktur der Angebote*, andererseits die *Bedürfnisse der Zuschauer*. Diese Bedürfnisse prägen im Sinne des Nutzen-und-Belohnungs-Ansatzes *sparten- und genrebezogene Vorlieben* sowie die *Vorlieben für bestimmte Einzelangebote*. Als entscheidenden zusätzlichen Faktor führt das Modell die so genannte *Verfügbarkeit* ein, d.h. die Frage, ob die potenziellen Nutzer überhaupt Zeit und Gelegenheit haben, sich einem Medienangebot zuzuwenden. Vermittelt werden kann diese Beziehung außerdem durch die *Anwesenheit weiterer Personen*, die es z.B. erforderlich machen, sich auf eine gemeinsame Auswahlentscheidung zu einigen. Nach diesem Modell haben aber nicht nur die Bedürfnisse der Rezipienten, sondern auch die *Struktur des Angebots* – was ist wann verfügbar? – einen Einfluss auf die Programmwahl; dieser wird zudem vermittelt durch die *Kenntnis des Angebots*.

4.2 Weitere Faktoren der Medienauswahl

Anders als die Tradition des Nutzen-und-Belohnungs-Ansatzes, die sich für zeitlich relativ stabile und den Nutzern bewusste Motive interessiert, widmet sich eine Forschungsrichtung, die insbesondere mit Dolf Zillmann (2000) verbunden ist, den Anteilen des Auswahlprozesses, die flüchtiger und an konkrete Situationen gebunden sind. Die Ausgangsthese besteht darin, dass Mediennutzung der *Stimmungsregulierung* („mood management") dient. In experimentellen Untersuchungen konnte gezeigt werden, dass Rezipienten in Situationen, in denen sie gelangweilt sind, verstärkt anregende oder aufregende Angebote auswählen; umgekehrt bevorzugen sie in angespannten Situationen eher beruhigende Inhalte und Darstellungsformen. Die entsprechende Forschung hat für die verschiedensten Arten von Medienangeboten und die verschiedensten situativen Bedingungen nachgewiesen, dass die situative Befindlichkeit das Auswahlverhalten mit prägt, ohne dass dies im Sinne des Nutzen-und-Belohnungs-Ansatzes in vorhergehenden oder nachträglichen Befragungen explizit abfragbar wäre.

Ein weiterer Aspekt des Auswahlverhaltens ist die Bildung von *Gewohnheiten*. Die tagesaktuellen Medien sind auf die Herausbildung von Nutzungsroutinen ausgerichtet. Entsprechend ist Mediennutzung hoch habitualisiert, ein Umstand, der oft von der oben behandelten selektiven bzw. „aktiven" Nutzung abgegrenzt und als eher „passiver" Umgang mit den Medien angesehen wird. Dieser durchaus negative Beigeschmack, der sich mit der Gewohnheitsbildung verbindet, ist allerdings unangebracht. Die Herausbildung von Routinen ist ein entscheidendes Instrument, um wichtigen Bedürfnissen und Aufgaben im Alltag einen festen Platz zu schaffen, ohne diese täglich neu organisieren zu müssen.

Diese Gewohnheitsbildung und die mit ihr verbundenen stabilen Nutzungsmuster sind insbesondere für das Fernsehen intensiv untersucht worden. Dabei kommt zunächst der Anordnung des Fernsehangebots in „Kanälen" große Bedeutung zu. Neben der Grundentscheidung, ob und wann überhaupt ferngesehen wird, ist die Auswahl eines bestimmten Kanals die wichtigste beobachtbare Aktionsform der Fernsehzuschauer. Viele Untersuchungen zum Zuschauerverhalten haben klare Hinweise darauf erbracht, dass das Auswahlverhalten eng mit dem Strukturmerkmal Kanal zusammenhängt. Die klassischen Untersuchungen zu diesem Bereich (vgl. etwa Goodhardt/Ehrenberg/Collins ²1987; Barwise/Ehrenberg 1988) haben das Phänomen der *Kanaltreue* sichtbar gemacht: Zuschauer zeigen die Tendenz, unabhängig vom konkreten Inhalt die Angebote bestimmter bevorzugter Kanäle eher zu sehen als die anderer Kanäle. Damit hängen die so genannten *Vererbungseffekte* zusammen: Zwischen zwei aufeinander folgenden Sendungen eines Kanals bestehen besonders hohe Publikumsüberlappungen. Befunde dieser Art sind seit Jahren maßgeblich für die Programmierung von Fernsehen: Programmplaner versuchen, solche Effekte gezielt auszunutzen und noch zu steigern, um optimale „audience flows" zu erreichen, also die Mitnahme möglichst vieler Zuschauer zur jeweils folgenden Sendung.

Neben der Anordnung in Kanälen begünstigen weitere Merkmale des Angebots die Herausbildung von Routinen. Dazu gehören die regelmäßigen und festen Sendeplätze für bestimmte Serien oder Reihen, auf die sich die Zuschauer einstellen können. Die Gewohnheitsbildung geht zwar durchaus nicht so weit, dass die Zuschauer alle Episoden einer bestimmten Serie oder Reihe ansehen. Als Daumenregel für die „Programmbindung" kann einer Untersuchung auf Basis der GfK-Daten zufolge unterstellt werden, dass etwa knapp ein Drittel der Zuschauer einer Episode auch die nächste Episode eben dieser Serie oder Reihe sehen (vgl. Zubayr 1996: 148). Es lässt sich aber zeigen, dass die große Mehrheit derjenigen, die zum Zeitpunkt der nächsten Episode diese nicht sehen, also „untreu" sind, nicht etwa eine andere Sendung sehen, sondern überhaupt nicht fernsehen – etwa deshalb, weil sie keine Gelegenheit dazu haben und somit die oben aufgeführte Voraussetzung der Erreichbarkeit nicht gegeben ist.

Mit zunehmender Zahl an verfügbaren Optionen steigt auch die Bedeutung des Faktors „Kenntnis des Angebots" für das Auswahlverhalten. In Untersuchungen zum Umgang mit Vielkanalfernsehen lassen sich verschiedene Strategien der Zuschauer beobachten, die Fülle der potenziellen Angebote überschaubar zu halten und für sich zu bewältigen. Eine erste Selektions- und Vereinfachungsstrategie bezieht sich auf die überhaupt beachteten und dann auch genutzten Kanäle. International übereinstimmende Erfahrungen gehen dahin, dass „mit steigender Zahl verfügbarer Kanäle anteilmäßig immer weniger auch tatsächlich genutzt werden" (Winterhoff-Spurk 1991: 165). Die Zuschauer legen ihren Auswahlentscheidungen von vornherein nur ein eingeschränktes persönliches Kanalrepertoire aus etwa sieben bis zehn Kanälen zugrunde. Für die übrigen Kanäle erweist sich dagegen der Faktor „Kenntnis des Angebots" als schwer zu nehmende Hürde. Viele Zuschauer wissen gar nicht, welche Kanäle sie empfangen können, geschweige denn, was diese ihnen zu bieten haben.

Die Frage der begrenzten Repertoires, aus denen ausgewählt wird, stellt sich für den *Hörfunk* noch schärfer. Im Vergleich zum Fernsehen ist beim Hörfunk eine außerordentliche Kanaltreue zu beobachten. Von der in den 80er- und 90er-Jahren erheblich gestiegenen Zahl empfangbarer Programme machten die einzelnen Hörer nur in sehr eingeschränktem Maße Gebrauch. Im Laufe von zwei Wochen wurden über Jahre hinweg weitgehend unverändert im Durchschnitt 2,8 verschiedene Programme gehört; und diejenigen, die an einem bestimmten Tag vom Hörfunk erreicht wurden, hörten an diesem Tag im Schnitt 1,3 verschiedene Programme; erst mit der Einführung der telefonischen Erhebungsmethode im Rahmen der Media Analyse seit dem Jahr 2000 ergaben sich leicht höhere Werte mit 4,0 Programmen im Laufe von zwei Wochen und 1,5 Programmen pro Tag (vgl. Klingler/Müller 2000: 418). Angesichts der großen Zahl verfügbarer Hörfunkprogramme dokumentieren aber auch diese Zahlen, dass sich die Radiohörer jeweils auf ein sehr eng begrenztes Repertoire von Programmen beschränken. Für die Veranstalter von Hörfunkprogrammen bedeutet dies, dass sie darauf angewiesen sind, möglichst viele Stammhörer zu gewinnen, die ihrem Programm möglichst treu sind – Konsequenz ist die für viele Hörfunkprogramme typische Formatierung mit der Maxime, möglichst „durchhörbar" zu sein.

5 Medienrezeption und -aneignung: Verarbeitung, Interpretation und Verwendung von medialen Angeboten

Ein Großteil der publikumsbezogenen Forschung beschränkt sich auf Fragestellungen der vorangegangenen Kapitel, es geht um Reichweiten, Nutzungsdauern und um die Auswahl zwischen verschiedenen konkurrierenden Angeboten. Deutlich weniger

Aufmerksamkeit findet die eigentliche Rezeption von Medienangeboten, also das, was die Nutzer mit dem, was sie ausgewählt haben, tatsächlich machen – dabei stellen naheliegenderweise gerade diese Rezeptionsprozesse das entscheidende Bindeglied zwischen Mediennutzung und Medienwirkung dar. An dieser Stelle kann nur eine grobe Übersicht über die wesentlichen Grundgedanken heutiger Rezeptionsforschung gegeben werden.

5.1 Der Prozesscharakter der Rezeption

Hinter konkreten Medienkontakten, wie sie die Nutzungsforschung im engeren Sinne beschreibt, stehen Nutzungs- und Rezeptions*prozesse*, die sich über eine gewisse Zeit erstrecken. Zur Beschreibung des rezeptionsbegleitenden Erlebens wurden verschiedene Konzepte entwickelt. Ein besonders prominentes Schlagwort ist das so genannte *Involvement.* Wie Donnerstag (1996) gezeigt hat, wird dieser Begriff zwar sehr häufig verwendet – allerdings in höchst unterschiedlichen Kontexten. Mit einem mehr oder weniger ausgeprägten Involvement bei der Medienrezeption ist im Allgemeinen der Grad der inneren Beteiligung gemeint, mit der die Mediennutzer ein Medienangebot verfolgen. Woran diese innere Beteiligung festzumachen ist, daran scheiden sich die Geister: am Grad der Erregung, an der Aufmerksamkeit, am Interesse an den dargestellten Themen, an der Intensität der Informationsverarbeitung, an der Verbindung zwischen den Medieninhalten und persönlichen Erfahrungen, zentralen Einstellungen und Werten der Rezipienten (vgl. Donnerstag 1996: 297). Relevant ist das Konzept unter anderem für die Forschung, die sich mit der Persistenz von Rezeptionsprozessen befasst, also mit der Frage, inwieweit etwa die Zuschauer eines Fernsehfilms diesen vollständig ansehen oder aber die Rezeption unter- oder ganz abbrechen (vgl. Vorderer 1992). In eher wirkungsorientierten Forschungskontexten dient Involvement als intervenierende Variable, mit der Unterschiede der Wirkung von Medienbotschaften auf die Einstellungen von Rezipienten erklärt werden sollen (z.B. Petty/Cacioppo/Schumann 1983).

Während das Involvement-Konzept je nach Verwendung zwischen der emotionalen und kognitiven Ebene schwankt, sind die meisten anderen Konzepte, die sich auf rezeptionsbegleitende Prozesse beziehen, insbesondere am sozio-emotionalen Erleben interessiert. Dies gilt etwa für die Forschung zum Spannungserleben (z.B. Vorderer 1994) sowie zur para-sozialen Interaktion mit Medienfiguren (siehe die Beiträge in Vorderer 1996). Ein weiterer Forschungsbereich versucht, dem rezeptionsbegleitenden Erleben durch die kontinuierliche Erfassung verschiedener physiologischer Maße für die Erregung nachzuspüren (z.B. Bente 1992; Mangold 1998). Gehen die genannten Arbeiten im Wesentlichen auf psychologische Konzepte zurück, so hat sich insbesondere Krotz aus soziologischer bzw. symbolisch-interaktionistischer Perspektive mit dem emotionalen Erleben (vgl. Krotz 1993) und dem während der Medienrezeption ablaufenden Rollenhandeln auseinander gesetzt (vgl. Krotz 1992a, siehe auch schon Teichert 1973).

5.2 Die Beziehung zwischen Text und Rezipient

Weniger der Beschreibung des Rezeptionserlebens als vielmehr der Interpretation der rezipierten Inhalte gilt ein weiterer Forschungsbereich. Die Auseinandersetzung mit Prozessen der Interpretation von Medienangeboten setzte erst ernsthaft ein, als in der Psychologie wie in der Soziologie ein stark durch Reiz-Reaktions-Schemata geprägtes Menschenbild verblasste. Solange menschliches Verhalten im Wesentlichen als Reaktion auf äußere Reize betrachtet wurde, konnte kein Platz sein für Rezeptionsprozesse. Mit der „kognitiven Wende" der Psychologie wuchs dann aber das Bewusstsein dafür, dass menschliche Wahrnehmungs- und Informationsverarbeitungsprozesse sowohl Selektions- als auch Konstruktionsleistungen voraussetzen. Um Medienangebote zu verstehen, aktivieren die Rezipienten ihr Vorwissen, in Abhängigkeit von ihrem Interesse und ihrer persönlichen Betroffenheit nehmen sie daher Medienberichte sehr unterschiedlich wahr, sie interpretieren sie nach ihren Vorstellungen, nach ihren Schemata (siehe dazu umfassend Früh 1994).

Diese Einsicht hatte insbesondere für den häufig untersuchten Bereich der Nachrichten-Nutzung und -Rezeption große Konsequenzen. Lange Zeit hatten dort wirkungsbezogene Fragestellungen im Vordergrund gestanden, die sich etwa mit dem Einfluss verschiedener Gestaltungsmerkmale von Nachrichten auf die Behaltensleistungen bei den Zuschauern befassten. Die dieser Forschung zugrunde liegende Prämisse war, dass die Rezipienten die in den Nachrichten vermittelten Informationen möglichst „gut", d.h. möglichst vollständig und möglichst korrekt im Sinne der Nachricht wiedergeben können sollten. Brosius (1995) hat demgegenüber ein Modell der Alltagsrationalität in der Nachrichtenrezeption formuliert, das sich von den üblichen normativ geprägten Erwartungen an die Nachrichtennutzung abgrenzt. Nach diesem Modell ist „Nachrichtenrezeption unter den Modellannahmen wissenschaftlicher Rationalität [...] die Ausnahme, Rezeption unter den Modellannahmen der Alltagsrationalität die Regel". Dabei lässt sich Letztere von der wissenschaftlichen Rationalität wie folgt abgrenzen: „Die Art der Verarbeitung ist nicht systematisch und vollständig, sondern heuristisch und schemageleitet. Dadurch werden berichtete Sachverhalte in ihrer Komplexität reduziert und in bereits bestehende kognitive Strukturen eingepaßt." (Brosius 1995: 305)

Der mit diesem Modell exemplarisch angesprochene Forschungsbereich erkennt an, dass die Prämisse, Rezipienten könnten als im wissenschaftlich-rationalen Sinne „ideale" Leser oder Zuschauer angesehen werden, die den Kern der in den Nachrichten enthaltenen Botschaft systematisch entschlüsseln, nicht plausibel, jedenfalls empirisch nicht haltbar ist, und lenkt damit den Blick auf die Interpretations- und Konstruktionsprozesse der Rezipienten. Diese werden allerdings, da sie an dem Maßstab der eigentlichen Aussage des Textes gemessen werden, weiterhin als eine Art Defizit behandelt, als Abweichung von der Norm. Demgegenüber geht ein anderer Forschungsbereich einen Schritt weiter. Die Beziehung zwischen Medienangeboten und Rezipienten oder in einem weiten Sinne zwischen Texten und Lesern wurde von Stuart Hall (1980, deutsch: 1999) als Text-Leser-Modell konzipiert, welches zu einer theoretischen Basis der Forschung im Rahmen der so genannten Cultural Studies wurde. Dieses Modell unterscheidet zwischen der Encodierung von Bedeutungen bei der Produktion von Medienangeboten und der Decodierung von Bedeutungen bei der Rezeption. Die Prämissen dieses Modells und zahlreicher darauf aufbauender Rezeptionsstudien lassen sich in Anlehnung an Livingstone (1996: 165) wie folgt zusammenfassen:

Bedeutung ist nicht einfach im Text enthalten, weshalb Encodierung und Decodierung nicht unbedingt zu gleichen Bedeutungen führen und die in der Gesellschaft zirkulierenden Bedeutungen nicht allein aus der Kenntnis des Textes vorhergesagt werden können. Die zentrale These, die oft auf die Formel „Texts are made by their readers" gebracht wird, weist den Rezipienten die entscheidende Rolle bei der Bedeutungsproduktion zu, da Texte notwendig zumindest teilweise offen und vieldeutig sind. Zwar gehen die meisten Autorinnen und Autoren von „bevorzugten Lesarten" (preferred readings) aus, die dem Text eingeschrieben sind; allerdings beziehen sich diese nur auf einen idealen Leser bzw. eine ideale Leserin: Für tatsächliche Leser und Leserinnen ist eher davon auszugehen, dass diese bei der Rezeption auf der Basis des Textes eine Bedeutung „aushandeln" (negotiated readings) oder gar eine Position entwickeln, die der encodierten Bedeutung geradezu entgegengesetzt ist (oppositional reading). Im Rahmen dieser Forschungstradition bleibt allerdings umstritten, wie genau das Verhältnis zwischen Text und Rezipient letztlich zu bestimmen ist. Während auf der einen Seite die Freiheit der Rezipienten zu kreativen Deutungen betont wird (z.B. Fiske 1992), wird auf der anderen Seite angenommen, dass auch in den subjektiven Bedeutungskonstruktionen die vorherrschenden gesellschaftlichen und kulturellen Bedeutungsmuster wirksam werden (z.B. Morley 1992: 35f.).

5.3 Medienaneignung

Der Bogen zwischen den zuvor behandelten Aspekten der Medienrezeption und der hier zu behandelnden letzten Stufe des Gegenstandsbereichs der Nutzungsforschung, eben der Medienaneignung, wird in dem „Kaskaden-Modell der Medienrezeption" von Krotz (1997; vgl. auch Mikos 2001) geschlagen. Darin unterscheidet er vier Stufen: a) das unmittelbare Miterleben, das von den eigenen Erwartungen, Bedürfnissen und Voreinstellungen geprägt wird; b) einen inneren Dialog, bei dem die Rezipienten diese eigene Perspektive mit den vermuteten Ansichten und Bewertungen anderer vergleichen; c) der tatsächliche oder vorgestellte Austausch mit den in der Rezeptionssituation anwesenden Personen; d) die Folgegespräche über Medienangebote im Alltag. Im Sinne dieses Verständnisses von der Medienrezeption als Kommunikation mit sich und anderen wird auch von der Fernsehaneignung als „innerer" Rede gesprochen: Die Rezipienten fragen sich laufend, auf welche Form der Kommunikation sie sich einlassen, was die Inhalte mit ihnen und ihrer Welt zu tun haben und was davon sie mit ihren Freunden oder anderen Bezugspersonen teilen möchten (vgl. Charlton/Klemm 1998: 713). Aneignungsprozesse sind empirisch bisher überwiegend anhand von Gesprächen während oder nach der Rezeption untersucht worden (Hepp 1998, Holly/Püschel 1993, Klemm 2001).

In einem umfassenderen Verständnis ist der Aspekt der Aneignung von Medieninhalten zur zentralen Perspektive für Versuche geworden, Mediennutzung und Medienrezeption in einen theoretisch kohärenten Rahmen zu stellen. Zu nennen sind hier insbesondere die Arbeiten zur „strukturanalytischen Rezeptionsforschung" (z.B. Charlton/Neumann 1986, 1990) und zum „praktischen Sinn" des Mediengebrauchs (Weiß 1999, 2001). Beiden Ansätzen ist gemeinsam, dass das Hauptinteresse der Bewältigung des Alltags und der mit ihm verbundenen Anforderungen gilt. Es geht also nicht um Mediennutzer oder Rezipienten, sondern um Menschen, die ihr Leben zu bewältigen und ihre Identität zu bilden haben, wozu sie sich – unter anderem – der Medien bedienen. Eine wichtige Kategorie der strukturanalytischen Rezeptionsforschung ist die der *thematischen Voreingenommenheit*: Die für die Rezipienten jeweils maßgeblichen Themen, die Fragen und Probleme, an denen sie sich gerade

„abarbeiten", prägen die Zuwendung zu bestimmten Medienangeboten, die Aufmerksamkeit, mit der diese rezipiert werden, sowie die Interpretation der rezipierten Inhalte. Die Aneignung, also das, was die Nutzer mit den Medienangeboten für sich anfangen können, ist in dieser Perspektive die entscheidende Ebene, die die in den vorhergehenden Kapiteln behandelten Ebenen der Medienkontakte, der Medienauswahl und der Medienrezeption prägt.

Weiß (2001) geht – bezogen auf das Fernsehen, aber analog auf andere Medien erweiterbar – im Hinblick auf die theoretische Integration des Gegenstandsbereichs einen wichtigen Schritt weiter: Über die oft nur abstrakt bleibende These hinaus, wonach der individuelle Alltag und der soziale Kontext bei der Untersuchung der Mediennutzung berücksichtigt werden müssten, entwickelt er zum einen eine theoretisch abgeleitete Systematik von Orientierungen, die als generative Prinzipien das Alltagshandeln organisieren („Muster der Praxeologie"). Zum anderen unterscheidet er verschiedene Grundformen der visuellen Wahrnehmung, mit der „die Art und Weise, in der sich der Fern-Sehende den Sinngehalt des Angeschauten innerlich und gegenwärtig macht" (Weiß 2001: 249), charakterisiert werden kann: Anschauen, Einstimmenlassen, Vorstellen, Fühlen, Entziffern, ästhetisches Genießen und Begreifen. Ein Verständnis der Tätigkeit „fernsehen" ergibt sich danach als Kombination aus alltagspraktischem Sinn und den genannten Grundformen der Wahrnehmung in Interaktion mit den Gattungen des Fernsehens, die als „'Ordnungsformen' für den geistigen Zugriff auf das Dargestellte" (Weiß 2001: 250) fungieren. Wie Weiß am Beispiel einiger kommunikationswissenschaftlicher Forschungsbereiche demonstriert, erweist sich diese theoretische Konzeption als praktische Hilfe bei der Systematisierung und Integration der zum Teil sehr disparaten Befunde zur Nutzungs- und Rezeptionsforschung.

6 Individuelle Unterschiede in der Mediennutzung

Bei der bisherigen Darstellung der einzelnen Teilbereiche der Nutzungsforschung wurde noch nicht systematisch berücksichtigt, dass sich auf allen Ebenen der Mediennutzung erhebliche individuelle Unterschiede zeigen. In diesem Kapitel sollen daher ergänzend drei entsprechende Forschungsstränge skizziert werden.

6.1 Zur Konstruktion von Zielgruppen

Für die Medienpraxis ist es ein Allgemeinplatz, dass Medienangebote im Hinblick auf bestimmte Zielgruppen konzipiert werden müssen. Die große Bedeutung, die die Zielgruppenorientierung gewonnen hat, speist sich aus zwei Quellen: Die erste besteht in der Beobachtung, dass verschiedene Zuschauergruppen unterschiedliche Vorlieben und Interessen haben und daher nicht mit ein und demselben Angebot erreicht werden können. Die zweite besteht in dem Interesse der Medien als Werbeträger, ihren Werbekunden möglichst homogene Nutzergruppen anbieten zu können, bei denen die Wahrscheinlichkeit einer positiven Reaktion auf die Werbebotschaft hoch und die Gefahr von „Streuverlusten" gering ist.

Die in der Praxis wichtigste Unterscheidung ist die zwischen werbe-relevanten und werbe-irrelevanten Zielgruppen; im einfachsten (und häufigsten) Fall wird dies am Alter festgemacht: Die für die Werbewirtschaft entscheidende Gruppe ist die der

14- bis 49-jährigen Erwachsenen, während die älteren Generationen (bisher) wenig beachtet werden. Weitere wesentliche Merkmale, anhand derer Zielgruppen definiert werden, sind Geschlecht, Einkommen und Bildungsstand. Obwohl die genannten Merkmale nur sehr grobe Untergliederungen des Gesamtpublikums darstellen, gehen diese doch mit zum Teil drastischen Unterschieden in der Mediennutzung einher: Der Musikgeschmack etwa und damit die Vorlieben für bestimmte Hörfunksender sind in hohem Maße altersabhängig; die Lektüre der so genannten Qualitätszeitungen ist in erster Linie eine Frage der Bildung; mit Sportsendungen, zumindest soweit es sich um Fußball, Boxen oder Motorsport handelt, werden Männer weitaus besser erreicht als Frauen.

Mit der Ausdifferenzierung der Medienmärkte wuchs aber das Interesse an weiteren Kriterien zur Definition von Zielgruppen; mittlerweile enthalten die meisten Media-Studien die eine oder andere Lifestyle-Typologie, die auf der Grundlage von Einstellungen sowie Freizeit- und Konsumgewohnheiten gebildet werden. Die Branche entwickelt beträchtliche Phantasie, wenn es darum geht, neue mehr oder weniger blumig betitelte Zielgruppen zu konstruieren, um diese dann an die Werbekunden zu vermarkten – ein anschauliches Beispiel ist die Konstruktion der „Info-Elite", mit der die Einführung des Nachrichten-Magazins ›Focus‹ begleitet wurde (vgl. Reigber 1997).

6.2 Gruppenspezifische Mediennutzung

Zielt der vorherige Forschungsstrang darauf ab, mit Blick auf verbesserte Vermarktungsmöglichkeiten bestimmte attraktive Zielgruppen zu konstruieren, so befassen sich andere Forschungsbereiche intensiv mit der Ungleichheit von Mediennutzung, wie sie in bestimmten Bevölkerungsgruppen anzutreffen sind. So hat etwa seit der deutsch-deutschen Vereinigung die Frage viel Beachtung gefunden, warum das Mediennutzungsverhalten in den neuen Bundesländern nach wie vor deutlich von der Nutzung in Westdeutschland abweicht (vgl. z.B. Darschin/Kayser 2001).

Die breiteste Forschungstradition in diesem Sinne befasst sich mit der geschlechterspezifischen Mediennutzung (siehe z.B. die Beiträge in Klaus/Röser/Wischermann 2001). Zum einen liegt eine Fülle von deskriptiven Informationen über beobachtbare Unterschiede zwischen den Geschlechtern im Hinblick auf ihre Mediennutzung vor (vgl. z.B. van Eimeren/Oehmichen 1999). Zum anderen liegen kritische Analysen vor, die die Beschreibungskategorien, mit denen die Mediennutzung charakterisiert wird, hinterfragen und als Bestandteil überkommener männlich geprägter Maßstäbe erkennen, mit denen weibliche Mediennutzung als „defizitär" qualifiziert wird, etwa indem sie als eher „unterhaltungsorientiert" bezeichnet wird (vgl. Klaus 1996). Und schließlich liegen zahlreiche Studien vor, die in theoretischer und methodischer Hinsicht eng an die Cultural Studies anschließen und im Sinne der oben angesprochenen Forschung zur Aneignung von Medienangeboten zu rekonstruieren versuchen, welchen Beitrag Medien und Mediennutzung bei der Bewältigung des Alltags und der Behauptung sozialer Identität von Frauen spielen (z.B. Gray 2001).

6.3 Individualisierung und Integration

Angesichts der verstärkten Zielgruppenorientierung der Medienangebote und der zum Teil gravierenden Unterschiede in der Mediennutzung zwischen verschiedenen Teilgruppen der Bevölkerung ist oft die These zu hören, die Entwicklung werde zur Fragmentierung des Publikums, zur Auflösung von Öffentlichkeit und zu gesellschaftlicher Desintegration führen. Anlässe für die Wahrnehmung, dass sich mit den Angeboten auch die Mediennutzung ausdifferenziert, dass „sich das Publikum verstreut" (Hasebrink 1994) und damit die Integrationsfunktion insbesondere des Fernsehens ausgehöhlt wird, ergeben sich in mehrfacher Hinsicht. Die Fernsehnutzung verteilt sich auf eine wachsende Zahl von Kanälen, der Anteil der Fernsehnutzung außerhalb der Prime Time nimmt tendenziell zu, ebenso das durch Zweit- und Drittgeräte bzw. durch die wachsende Zahl der Ein-Personen-Haushalte begünstigte Alleinsehen, das vermehrte Umschalten und die Nebenbei-Nutzung des Fernsehens (vgl. dazu ausführlich Jäckel 1996: insbes. 167-245). Insgesamt zeigt sich, dass sich durch die gestiegene „Wahlfreiheit in der Fernsehnutzung" (Jäckel 1996) zunehmend individualisierte, an individuellen Bedürfnissen, Interessen und Vorlieben orientierte Formen der Fernsehnutzung herausbilden (vgl. Berens/Kiefer/Meder 1997), während die Strukturen der Medienangebote im Prozess der Massenkommunikation an Prägekraft verlieren (vgl. hierzu auch die soziologischen Diskussionen zum Konzept der Individualisierung und die damit diagnostizierte Auflösung von Bindungen an traditionelle Werte und Institutionen).

Einen weiteren Schub in dieselbe Richtung erfährt diese Diskussion im Zuge der Einführung digitalen Fernsehens und der raschen Ausbreitung der Zugangsmöglichkeiten zum Internet und zu Online-Diensten. Im Zeichen entgeltfinanzierter und versparteter Fernsehangebote und jederzeit individuell abrufbarer Informationen aller Art erscheint kaum mehr vorstellbar, wie die klassische Integrationsfunktion der Massenmedien künftig erfüllbar sein könnte: Die neuen Angebote setzen auf Differenzierung, auf Sparten- und Nischenangebote, auf Special Interest und damit auf eine noch konsequentere Unterscheidung von Zielgruppen bis hin zur unmittelbaren Ansprache individueller Rezipientinnen und Rezipienten.

Die genannten Befürchtungen scheinen allerdings aus verschiedenen Gründen übertrieben zu sein. Zum einen ist zu konstatieren, dass auch bei noch so starker Zielgruppenorientierung seitens der Medienanbieter die Mediennutzer auch weiterhin verschiedene Medien miteinander kombinieren: Für ihre Alltagsbewältigung können sie Verschiedenes gebrauchen, insofern gehören sie verschiedenen Zielgruppen gleichzeitig an (vgl. Hasebrink 1997). Zum anderen ist schon die Prämisse fraglich, dass gesellschaftliche Integration die Nutzung *desselben* Medienangebots voraussetzen soll. Angesichts der ausgeprägten Konkurrenzbeobachtung und der hohen Reflexivität der Medien, die in zunehmendem Maße die Konkurrenz beobachten, gegenseitig aufeinander Bezug nehmen und erfolgreiche Formate sofort kopieren, ist diese Annahme unplausibel. Und schließlich ist darauf zu verweisen, dass gesellschaftliche Integration zuallererst von den konkreten Alltagsbedingungen abhängt, wie sie sich für die verschiedenen Teilgruppen der Gesellschaft darstellen. Insoweit diese sich auseinander entwickeln, folgt daraus vermutlich ein entsprechend verändertes Nutzungsverhalten, das wiederum zu Erscheinungen führen kann, wie sie unter dem Stichwort „Digital Divide" weltweit diskutiert werden (vgl. Kubicek/Welling 2000).

7 Fazit

Wie anfangs angekündigt, muss der Versuch, das breite Feld der Nutzungsforschung in einem Zusammenhang darzustellen, teilweise in einem Nebeneinander-Stellen der verschiedenen Bereiche bestehen. Es sollte aber deutlich geworden sein, dass trotz der bisher sehr kargen Bezüge zwischen den verschiedenen Forschungssträngen mittlerweile die Voraussetzungen für ein integriertes Forschungsfeld Nutzungsforschung besser denn je sind. In den folgenden Thesen sollen wesentliche Punkte der obigen Ausführungen noch einmal aufgegriffen und mit Desiderata für die künftige Forschung verknüpft werden.

- Die in vielerlei Hinsicht große Kluft zwischen der Reichweitenforschung der Medienunternehmen einerseits und der akademischen Forschung andererseits sollte so weit wie möglich überbrückt werden. Aufgrund der unterschiedlichen Interessen werden selbstverständlich die jeweils eigenen Profile erhalten bleiben müssen; in verstärkter Zusammenarbeit liegen aber große Erkenntnispotenziale – etwa wenn die Massendaten der Reichweitenforschung auch von akademischer Seite ausgewertet werden könnten oder wenn die akademische Forschung es verstünde, ihre Grundlagenforschung so der Praxis zu vermitteln, dass diese daraus lernen kann.
- Auch innerhalb der akademischen Forschung bedarf es verstärkter Kooperation zwischen quantitativ und qualitativ orientierten Forschungssträngen aus der Sozialwissenschaft sowie zwischen diesen und der eher geistes- und kulturwissenschaftlichen Perspektive. Die Voraussetzungen scheinen gut, die früher recht heftig geführten Debatten sind mittlerweile einer deutlich pragmatischeren Haltung gewichen, die dazu führt, dass mehr Studien mit Methodenkombinationen arbeiten. Hinzu kommt, dass u.a. mit der Arbeit von Weiß (2001) theoretische Rahmenkonzepte vorliegen, die es sehr erleichtern, Befunde aus den verschiedenen Bereichen der Nutzungsforschung miteinander in Beziehung zu setzen.
- Eine weitere Kluft besteht offenbar noch zwischen den inhaltsorientierten Studien, die sich im Wesentlichen auf Informationsangebote beziehen, und den erlebensorientierten Studien, die in der Regel am Beispiel von fiktionalen oder unterhaltenden Angeboten durchgeführt werden.
- Alle Beteiligten sollten das Ihre dazu beitragen, dass das Feld der Nutzungsforschung etwas von seiner Disparatheit verliert: mehr kumulative Forschung, mehr Sekundäranalysen und mehr Anstrengungen für die theoretische Durchdringung der verschiedenen Phänomene (unter Rückgriff auch auf Ansätze benachbarter wissenschaftlicher Disziplinen).

Literatur

Ang, Ien (1985): Watching Dallas. London.

Ang, Ien (1991): Desperately seeking the audience. London.

Barwise, Patrick/Ehrenberg, Andrew S.C. (1988): Television and its audience. London.

Bente, Gary (1992): Fernsehen und Emotion. Neue Perspektiven der psycho-physiologischen Wirkungsforschung. In: Medienpsychologie, 4. Jg., S. 186-204.

Berens, Harald/Kiefer, Marie-Luise/Meder, Arne (1997): Spezialisierung der Mediennutzung im dualen Rundfunksystem. Sonderauswertung zur Langzeitstudie Massenkommunikation. In: Media Perspektiven, Nr. 2, S. 80-91.

Berg, Klaus/Kiefer, Marie-Luise (Hrsg.) (1996): Massenkommunikation V. Eine Langzeitstudie zur Mediennutzung und Medienbewertung 1964-1995. Baden-Baden.

Blumler, Jay G./Katz, Elihu (Hrsg.) (1974): The uses of mass communication: Current perspectives on gratifications research. Beverly Hills, CA.

Brosius, Hans-Bernd (1995): Alltagsrationalität in der Nachrichtenrezeption. Ein Modell zur Wahrnehmung und Verarbeitung von Nachrichteninhalten. Opladen.

Charlton, Michael/Klemm, Michael (1998): Fernsehen und Anschlußkommunikation. In: Klingler, Walter/Roters, Gunnar/Zöllner, Oliver (Hrsg.): Fernsehforschung in Deutschland. Themen – Akteure – Methoden. Teil-Bd. 2. Baden-Baden, S. 709-728.

Charlton, Michael/Neumann, Klaus (1986): Medienkonsum und Lebensbewältigung in der Familie. Methode und Ergebnisse der strukturanalytischen Rezeptionsforschung – mit fünf Falldarstellungen. München.

Charlton, Michael/Neumann, Klaus (1990): Rezeptionsforschung als Strukturanalyse. In: Charlton, Michael/Bachmair, Ben (Hrsg.): Medienkommunikation im Alltag. Interpretative Studien zum Medienhandeln von Kindern und Jugendlichen. München u.a., S. 25-56.

Darschin, Wolfgang/Kayser, Susanne (2001): Tendenzen im Zuschauerverhalten. Fernsehgewohnheiten und Programmbewertungen 2000. In: Media Perspektiven, Nr. 4, S. 162-175.

Doll, Jörg/Hasebrink, Uwe (1989): Zur Bedeutung von Einstellungen gegenüber Sendungstypen bei der Programmauswahl. In: Groebel, Jo/Winterhoff-Spurk, Peter (Hrsg.): Empirische Medienpsychologie. Weinheim, S. 45-63.

Donnerstag, Joachim (1996): Der engagierte Mediennutzer: das Involvement-Konzept in der Massenkommunikationsforschung. München.

Eimeren, Birgit van/Gerhard, Heinz/Frees, Beate (2001): ARD/ZDF-Online-Studie 2001: Internetnutzung stark zweckgebunden. Entwicklung der Onlinemedien in Deutschland. In: Media Perspektiven, Nr. 8, S. 382-397.

Eimeren, Birgit van/Oehmichen, Ekkehardt (1999): Mediennutzung von Frauen und Männern. Daten zur geschlechtsspezifischen Nutzung von Hörfunk, Fernsehen und Internet/Online 1998. In: Media Perspektiven, Nr. 4, S. 187-201.

Eimeren, Birgit van/Ridder, Christa-Maria (2001): Trends in der Nutzung und Bewertung der Medien 1970 bis 2000. Ergebnisse der ARD/ZDF-Langzeitstudie Massenkommunikation. In: Media Perspektiven, Nr. 11, S. 538-553.

Fiske, John (1987): Television culture. London.

Fiske, John (1992): Cultural studies and the culture of everyday life. In: Nelson, Cary/Treichler, Paula A./Grossberg, Lawrence (Hrsg.): Cultural studies. New York, London, S. 154-165.

Früh, Werner (1994): Realitätsvermittlung durch Massenmedien. Transformation der Wirklichkeit. Opladen.

Goodhardt, Gerald J./Ehrenberg, Andrew S.C./Collins, Max Allan ([2]1987): The television audience. Patterns of viewing. An update. Aldershot.

Göttlich, Udo/Winter, Carsten (1999): Wessen cultural studies? Die Rezeption der cultural studies im deutschsprachigen Raum. In: Bromley, Roger (Hrsg.): Cultural studies: Grundlagentexte zur Einführung. Lüneburg, S. 25-42.

Gray, Ann (2001): Bilanz der angloamerikanischen Publikums- und Rezeptionsforschung. Probleme mit den Publika. In: Klaus, Elisabeth/Röser, Jutta/Wischermann, Ulla (Hrsg.): Kommunikationswissenschaft und Gender Studies. Wiesbaden, S. 73-91.

Groebel, Jo/Winterhoff-Spurk, Peter (Hrsg.) (1989): Empirische Medienpsychologie. Weinheim.

Groeben, Norbert/Vorderer, Peter (1988): Leserpsychologie: Lesemotivation – Lektürewirkung. Münster.

Hall, Stuart (1980): Encoding/decoding. In: Hall, Stuart/Hobson, Dorothy/Lowe, Andrew/Willis, Paul (Hrsg.): Culture, media, language. Working papers in cultural studies 1972-1979. London, S. 128-138. [deutsch (1999): Kodieren/dekodieren. In: Bromley, Roger (Hrsg.): Cultural studies: Grundlagentexte zur Einführung. Lüneburg, S. 92-112].

Hasebrink, Uwe (1994): Das Publikum verstreut sich. Zur Entwicklung der Fernsehnutzung. In: Jarren, Otfried (Hrsg.): Medienwandel – Gesellschaftswandel? 10 Jahre dualer Rundfunk in Deutschland. Eine Bilanz. Berlin, S. 265-287.

Hasebrink, Uwe (1995): Ergebnisse der Mediennutzungsforschung. In: Jarren, Otfried (Hrsg.): Medien und Journalismus. Bd. 2: Eine Einführung. Opladen, S. 16-51.

Hasebrink, Uwe (1997): Ich bin viele Zielgruppen. Anmerkungen zur Debatte um die Fragmentierung des Publikums aus kommunikationswissenschaftlicher Sicht. In: Scherer, Helmut/Brosius, Hans-Bernd (Hrsg.): Zielgruppen, Publikumssegmente, Nutzergruppen. Beiträge aus der Rezeptionsforschung. München, S. 262-280.

Hepp, Andreas (1998): Fernsehaneignung und Alltagsgespräche: Fernsehnutzung aus der Perspektive der cultural studies. Opladen.

Herzog, Herta (1944): What do we really know about daytime serial listeners? In: Lazarsfeld, Paul F./Stanton, Frank N. (Hrsg.): Radio research, 1942-43. New York.

Holly, Werner/Püschel, Ulrich (Hrsg.) (1993): Medienrezeption als Aneignung. Methoden und Perspektiven qualitativer Medienforschung. Opladen.

Jäckel, Michael (1996): Wahlfreiheit in der Fernsehnutzung. Eine soziologische Analyse zur Individualisierung der Massenkommunikation. Opladen.

Jensen, Klaus B./Rosengren, Karl Erik (1990): Five traditions in search of the audience. In: European Journal of Communication, 5. Jg., S. 207-238.

Katz, Elihu/Blumler, Jay G./Gurevitch, Michael (1974): Utilization of mass communication by the individual. In: Blumler, Jay G./Katz, Elihu (Hrsg.): The uses of mass communications: Current perspectives on gratifications research. Beverly Hills, CA, S. 19-32.

Kiefer, Marie-Luise (1999): Wie betreibt man wissenschaftliche Langzeitforschung? Eine Replik auf die Kritik von Lauf/Peiser. In: Rundfunk und Fernsehen, 47. Jg., S. 243-256.

Klaus, Elisabeth (1996): Der Gegensatz von Information ist Desinformation, der Gegensatz von Unterhaltung ist Langeweile. In: Rundfunk und Fernsehen, 44. Jg., S. 402-417.

Klaus, Elisabeth (1997): Konstruktionen der Zuschauerschaft. Vom Publikum in der Einzahl zu den Publika in der Mehrzahl. In: Rundfunk und Fernsehen, 45. Jg., S. 456-474.

Klaus, Elisabeth/Röser, Jutta/Wischermann, Ulla (Hrsg.) (2001): Kommunikationswissenschaft und Gender Studies. Wiesbaden.

Klemm, Michael (2001): Zuschauerkommunikation: Formen und Funktionen der alltäglichen kommunikativen Fernsehaneignung. Frankfurt/Main.

Klingler, Walter/Müller, Dieter K. (2000): MA 2000 Radio: Erstmals mit Telefoninterviews erhoben. Hörfunknutzung und -präferenzen in Deutschland. In: Media Perspektiven, Nr. 9, S. 414-426.

Klingler, Walter/Müller, Dieter K. (2001): MA 2001 Radio: Kontinuität bei Methode und Ergebnissen. Hörfunknutzung in Deutschland. In: Media Perspektiven, Nr. 9, S. 434-449.

Koschnick, Wolfgang J. (^{2}1995): Standard-Lexikon für Mediaplanung und Mediaforschung in Deutschland. 2 Bde. München u.a.

Krotz, Friedrich (1992a): Handlungsrollen und Fernsehnutzung. Umriß eines theoretischen und empirischen Konzepts. In: Rundfunk und Fernsehen, 40. Jg., S. 222-246.

Krotz, Friedrich (1992b): Kommunikation als Teilhabe: der cultural-studies-approach. In: Rundfunk und Fernsehen, 40. Jg., S. 412-431.

Krotz, Friedrich (1993): Fernsehen fühlen. Auf der Suche nach einem handlungstheoretischen Konzept für das emotionale Erleben des Fernsehens. In: Rundfunk und Fernsehen, 41. Jg., S. 477-496.

Krotz, Friedrich (1997): Das Wohnzimmer als unsicherer Ort. Zu Morleys „Aufzeichnungen aus dem Wohnzimmer". In: montage a/v, 6. Jg., H. 1, S. 97-104.

Kubicek, Herbert/Welling, Stefan (2000): Vor einer digitalen Spaltung in Deutschland? Annäherung an ein verdecktes Problem von wirtschafts- und gesellschaftspolitischer Relevanz. In: Medien & Kommunikationswissenschaft, 48. Jg., S. 497-517.

Lauf, Edmund/Peiser, Wolfram (1999): Zur Validität der Langzeitstudie Massenkommunikation. Eine kritische Untersuchung ihrer Trenddaten zur Mediennutzung. In: Rundfunk und Fernsehen, 47. Jg., S. 231-242.

Levy, Mark R./Windahl, Sven (1985): The concept of audience activity. In: Rosengren, Karl Erik/Wenner, Lawrence A./Palmgreen, Philipp (Hrsg.): Media gratifications research: Current perspectives. Beverly Hills, CA, S. 109-122.

Liebes, Tamar/Katz, Elihu (1986): Patterns of involvement in television fiction: A comparative analysis. In: European Journal of Communication, 2. Jg., S. 151-172.

Livingstone, Sonia (1996): Die Rezeption von Unterhaltungsangeboten. In: Hasebrink, Uwe/Krotz, Friedrich (Hrsg.): Die Zuschauer als Fernsehregisseure? Zum Verständnis individueller Nutzungs- und Rezeptionsmuster. Baden-Baden, Hamburg, S. 163-177.

Lull, James (1980): The social uses of television. In: Human Communication Research, 6. Jg., S. 197-209.

Lull, James (Hrsg.) (1988): World families watch television. Newbury Park, CA.

Maletzke, Gerhard (1963): Psychologie der Massenkommunikation. Hamburg (Neuausgabe 1978).

Mangold, Roland (1998): Emotionale Wirkungsaspekte während der Fernsehrezeption. In: Klingler, Walter/Roters, Gunnar/Zöllner, Oliver (Hrsg.): Fernsehforschung in Deutschland. Themen – Akteure – Methoden. Teil-Bd. 2. Baden-Baden, S. 641-660.

McGuire, William J. (1974): Psychological motives and communication gratifications. In: Blumler, Jay G./Katz, Elihu (Hrsg.): The uses of mass communications: Current perspectives on gratifications research. Beverly Hills, CA, S. 167-196.

McQuail, Denis (1983): Mass communication theory. An introduction. London.

Media Perspektiven (2000): Basisdaten. Daten zur Mediensituation in Deutschland 2000. Frankfurt/Main.

Meyen, Michael (2001): Mediennutzung: Mediaforschung, Medienfunktionen, Nutzungsmuster. Konstanz.

Mikos, Lothar (2001): Rezeption und Aneignung – eine handlungstheoretische Perspektive. In: Rössler, Patrick/Hasebrink, Uwe/Jäckel, Michael (Hrsg.): Theoretische Perspektiven der Rezeptionsforschung. München, S. 59-72.

Morley, David (1980): The „nationwide" audience: Structure and decoding. London.

Morley, David (1986): Family television: Cultural power and domestic leisure. London.

Morley, David (1992): Television, audiences and cultural studies. London.

Morley, David (1996): Medienpublika aus der Sicht der Cultural Studies. In: Hasebrink,Uwe/Krotz, Friedrich (Hrsg.): Die Zuschauer als Fernsehregisseure? Zum Verständnis individueller Nutzungs- und Rezeptionsmuster. Baden-Baden, Hamburg, S. 37-51.

Müller, Dieter K. (2000): Fernsehforschung ab 2000 – Methodische Kontinuität. Organisatorische Modifikationen und inhaltliche Erweiterungen beim System der AGF/GfK Fernsehforschung. In: Media Perspektiven, Nr. 1, S. 2-7.

Ohler, Peter (1996): Der Zuschauer als Filmregisseur aus der Perspektive einer kognitiven Filmpsychologie. In: Hasebrink,Uwe/Krotz, Friedrich (Hrsg.): Die Zuschauer als Fernsehregisseure? Zum Verständnis individueller Nutzungs- und Rezeptionsmuster. Baden-Baden, Hamburg, S. 197-238.

Palmgreen, Philip (1984): Der „Uses-and-Gratifications-Approach". Theoretische Perspektiven und praktische Relevanz. In: Rundfunk und Fernsehen, 32. Jg., S. 51-62.

Paus-Haase, Ingrid/Hasebrink, Uwe/Mattusch, Uwe/Keuneke, Susanne/Krotz, Friedrich (1999): Talkshows im Alltag von Jugendlichen. Der tägliche Balanceakt zwischen Orientierung, Amüsement und Ablehnung. Opladen.

Peiser, Wolfram (1996): Die Fernsehgeneration. Eine empirische Untersuchung ihrer Mediennutzung und Medienbewertung. Opladen.

Petty, Richard E./Cacioppo, John T./Schumann, David W. (1983): Central and peripheral routes to advertising effectiveness: The moderating role of involvement. In: Journal of Consumer Research, 10. Jg., S. 134-148.

Reigber, Dieter (1997): Der Einsatz von Zielgruppenmodellen als Instrument für das Anzeigenmarketing. In: Scherer, Helmut/Brosius, Hans-Bernd (Hrsg.): Zielgruppen, Publikumssegmente, Nutzergruppen. Beiträge aus der Rezeptionsforschung. München, S. 114-140.

Renckstorf, Karsten (1980): Alternative Ansätze der Massenkommunikationsforschung. Berlin.

Ridder, Christa-Maria/Engel, Bernhard (2001): Massenkommunikation 2000: Images und Funktionen der Massenmedien im Vergleich. Ergebnisse der 8. Welle der ARD/ZDF-Langzeitstudie zur Mediennutzung und -bewertung. In: Media Perspektiven, Nr. 3, S. 102-125.

Riepl, Wolfgang (1913): Das Nachrichtenwesen des Altertums. Mit besonderer Rücksicht auf die Römer. Leipzig, Berlin.

Rosengren, Karl Erik/Wenner, Lawrence A./Palmgreen, Philip (Hrsg.) (1985): Media gratifications research: Current perspectives. Beverly Hills, CA.

Rubin, Alan M. (1994): Media uses and effects: A uses-and-gratifications-perspective. In: Bryant, Jennings/Zillmann, Dolf (Hrsg.): Media effects. Advances in theory and research. Hillsdale, NJ, S. 417-436.

Schenk, Michael (1987): Medienwirkungsforschung. Tübingen.

Schenk, Michael/Rössler, Patrick (1987): „Dallas" und „Schwarzwaldklinik". Ein Programmvergleich von Seifenopern im deutschen Fernsehen. In: Rundfunk und Fernsehen, 35. Jg., S. 218-228.

Siegert, Gabriele (1992): Marktmacht Medienforschung: die Bedeutung der empirischen Medien- und Publikumsforschung im Medienwettbewerbssystemen. München.

Teichert, Will (1972): „Fernsehen" als soziales Handeln. In: Rundfunk und Fernsehen, 20. Jg., S. 421-439.

Teichert, Will (1973): Fernsehen als soziales Handeln (II). Entwürfe und Modelle zur dialogischen Kommunikation zwischen Publikum und Massenmedien. In: Rundfunk und Fernsehen, 21. Jg., S. 356-382.

Vogelgesang, Waldemar (1996): Jugendmedien und Jugendszenen. In: Rundfunk und Fernsehen, 44. Jg., S. 346-364.

Vorderer, Peter (1992): Fernsehen als Handlung. Fernsehfilmrezeption aus motivationspsychologischer Perspektive. Berlin.
Vorderer, Peter (1994): „Spannung ist's, wenn's spannend ist": Zum Stand der (psychologischen) Spannungsforschung. In: Rundfunk und Fernsehen, 42. Jg., S. 323-339.
Vorderer, Peter (Hrsg.) (1996): Fernsehen als „Beziehungskiste". Parasoziale Beziehungen und Interaktionen mit TV-Personen. Opladen.
Webster, James G. (1998): The audience. In: Journal of Broadcasting & Electronic Media, 42. Jg., S. 190-207.
Webster, James G./Phalen, Patricia F. (1997): The mass audience. Rediscovering the dominant model. Mahwah, NJ.
Webster, James G./Wakshlag, Jacob J. (1983): A theory of television program choice. In: Communication Research, 10. Jg., S. 430-446.
Weiß, Ralph (1999): „Praktischer Sinn", soziale Identität und Medienrezeption. In: Hasebrink, Uwe/Rössler, Patrick (Hrsg.): Publikumsbindungen. Medienrezeption zwischen Individualisierung und Integration. München, S. 113-136.
Weiß, Ralph (2001): Fern-Sehen im Alltag. Zur Sozialpsychologie der Medienrezeption. Wiesbaden.
Welker, Martin (1998): Online-Nutzung und -Nutzer in Deutschland: Ein Überblick über methodische Anlagen empirischer Forschung. In: Prommer, Elizabeth (Hrsg.): Computervermittelte Kommunikation: Öffentlichkeit im Wandel. Konstanz, S. 87-112.
Williams, Raymond ([2]1971): Culture and society: 1780-1950. Harmondsworth (Neudruck New York 1983)
Winterhoff-Spurk, Peter (1991): Wer die Wahl hat ... – Medienpsychologische Aspekte der Fernsehprogrammvermehrung. In: Jäckel, Michael/Schenk, Michael (Hrsg.): Kabelfernsehen in Deutschland. Pilotprojekte, Programmvermehrung, private Konkurrenz. Ergebnisse und Perspektiven. München, S. 159-180.
Zillmann, Dolf (2000): Mood management in the context of selective exposure theory. In: Roloff, Michael E. (Hrsg.): Communication Yearbook, Bd. 23. London, S. 103-123.
Zubayr, Camille (1996). Der treue Zuschauer? Zur Programmbindung im deutschen Fernsehen. München.

Medienwirkung

Hans-Bernd Brosius

Einleitung

Medienwirkungsforschung ist ein zentraler Bereich der Kommunikationswissenschaft. Andere Bereiche beziehen sich häufig auf dieses Kernstück. Analysen des Medieninhalts, Untersuchungen der Mediennutzung und Studien zum Journalismus haben zwar durchaus eigene Fragestellungen, die Ergebnisse werden jedoch häufig erst unter Wirkungsgesichtspunkten interessant bzw. werden unter dieser Perspektive interpretiert. Wenn beispielsweise Inhaltsanalysen von Fernsehgewalt (z.B. Groebel/Gleich 1993) zeigen, dass es im deutschen Fernsehen etwa 60 Morde pro Tag gibt, dann ist diese Inhaltsanalyse der Medien natürlich nicht losgelöst zu sehen von der Frage der Wirkung. Gerade bei der heutigen Gewaltdiskussion wird jeder sofort nach der *Wirkung* dieser 60 Morde fragen, ob beispielsweise Jugendliche durch intensiven Fernsehkonsum aggressiv werden. Kommunikator- und Journalismusstudien (vgl. Schneider/Schönbach/Stürzebecher 1993; Schönbach/Stürzebecher/Schneider 1994 oder Weischenberg/Löffelholz/Scholl 1994a, 1994b), die relativ differenzierte Bilder des deutschen Journalismus liefern, sind natürlich auch im Kontext von Wirkungen der Massenmedien zu sehen: Inwiefern vermittelt uns der Journalismus ein adäquates Weltbild, führt die Ausbildung und Sozialisation der Journalisten zu einer bestimmten Art der Berichterstattung, die wiederum bestimmte Wirkungen erzielt? Ähnliches gilt für umfangreiche Mediennutzungsstudien, wie sie beispielsweise von Berg und Kiefer (1992, 1996; vgl. auch jüngst Ridder/Engel 2001) in regelmäßigen Abständen vorgelegt werden: Auch diese Studien sind unter dem Blickwinkel der Wirkung interessant. Welche individuellen und sozialen Wirkungen hat es beispielsweise, dass die Deutschen in ihrer Freizeit täglich mehr als sieben Stunden Medien nutzen?

Unter Wirkungen der Massenmedien werden im Allgemeinen alle Veränderungen verstanden, die ganz, partiell oder in Wechselwirkung mit anderen Faktoren auf Medien bzw. deren Inhalte zurückgeführt werden können. Damit sind sowohl Phänomene auf der Mikro-Ebene (einzelne Rezipienten) als auch auf Makro-Ebene (Gesellschaft oder Teile davon) gemeint. Langfristige und kurzfristige, direkte und vermittelte Wirkungen werden ebenso untersucht wie Wirkungen in Form von Veränderungen oder Stabilisierungen. Dabei wird den Medien ein kausaler Einfluss zugeschrieben. Die Vielzahl der Definitionen kann an dieser Stelle nicht dargestellt werden; detailliertere Diskussionen des Wirkungsbegriffs finden sich bei Kepplinger (1982), Schulz (1982), McLeod/Kosicki/Pan (1991), Merten (1991, 1994) und Bonfadelli (1999).

Methodisch werden Wirkungen hauptsächlich in experimentellen Untersuchungsanlagen, mit denen Kausalität nachgewiesen werden kann (Mikro-Ebene), und in Längsschnittanalysen (Makro-Ebene) untersucht. In Experimenten werden in der Regel Gestaltungs- und Präsentationsmerkmale der Medieninhalte variiert (vgl. beispielsweise Kepplinger 1987; Brosius 1995). Bei den Längsschnittanalysen werden häufig Inhaltsanalysen der Berichterstattung und Befragungen der Rezipienten kombiniert (vgl. beispielsweise Kepplinger u.a. 1992; Schenk 1995). Neben diesen beiden Hauptströmungen lassen sich etliche weitere methodische Ansatzpunkte finden, die hier ebenfalls nicht detailliert beschrieben werden können (vgl. hierzu Bonfadelli 1999).

Die Medienwirkungsforschung hat sich in den letzten 20 Jahren derart differenziert, dass die empirischen Befunde und theoretischen Analysen in einem Beitrag der vorliegenden Art kaum umfassend dargestellt werden können. Vor allem ist es bei der gegebenen Kürze nahezu ausgeschlossen, gleichzeitig Forschungsergebnisse und theoretische Ansätze zu präsentieren. Der vorliegende Beitrag nimmt daher eine relativ grobe Strukturierung der verschiedenen Aspekte der Wirkungsforschung nach acht Punkten vor. Auf die Darstellung von Ergebnissen wird weitgehend verzichtet. Stattdessen wird auf die entsprechenden Lehrbücher (Bonfadelli 1999, 2000; Jäckel 2000; Schenk ²2002) verwiesen, welche aus verschiedenen Perspektiven die Forschungsergebnisse umfassender präsentieren. Einen sehr gut lesbaren und historisch orientierten Überblick über die „Meilensteine“ der Forschung geben Lowery und DeFleur (³1995), was einzelne Teilbereiche betrifft, sind die Bücher von Bryant und Zillmann (1994) sowie von Harris (³1999) empfehlenswert.

1 Geschichte der Medienwirkungsforschung

Die gesellschaftliche Diskussion um – vor allem negative – Medienwirkungen ist nicht neu. Seit die „Neuen Zeitungen” im 17. Jahrhundert publiziert wurden, wurde regelmäßig mit dem Aufkommen jedes weiteren „neuen Mediums” die Wirkung diskutiert. Die Inhalte seien zu gewalttätig und damit sozial desorientierend, vor allen Dingen bei jüngeren Rezipienten (vgl. Kunczik 1993). Auch Nachahmungseffekte wurden immer wieder festgestellt und auf die Berichterstattung zurückgeführt. Beispielsweise wurde Goethes Roman „Die Leiden des jungen Werther“ im ausgehenden 18. Jahrhundert in mehreren europäischen Städten verboten, mit der Begründung, das Buch produziere Nachahmungstaten. Tatsächlich fanden sich in ganz Deutschland verteilt mehrere Selbstmordfälle, die denen des Romanprotagonisten ähnlich waren. Die Suizidenten benutzten so wie Werther eine Pistole, sie trugen häufig die typische gelb-blaue Werther-Kleidung und hatten den Roman noch in ihrer Tasche.[1] Trotz dieser Einzelfallbeobachtungen, die auf massive Medienwirkungen hindeuten, kann man zu Beginn des 20. Jahrhunderts sicher noch keine systematische Wirkungsforschung konstatieren. Es gab jedoch offenbar gesellschaftliche Kreise, die von einer starken und negativen Wirkung der aufkommenden Massenmedien überzeugt waren.

Die wissenschaftliche Beschäftigung mit Medienwirkungen wurde wesentlich durch die beiden Weltkriege vorangetrieben. In beiden Weltkriegen spielte die Propaganda, d.h. die informationelle und emotionale Beeinflussung sowie die argumentative Zersetzung des Gegners bzw. die Aktivierung der eigenen Seite, eine ganz er-

1 In ähnlicher Weise hat Gabriel Tarde (1912) zum ausgehenden 19. Jahrhundert beobachtet, dass Verbrechen den Leitungen der Telegraphenlinien folgen, wie er das formulierte. Er hat dies am Beispiel der Nachrichten über „Jack the Ripper“ untersucht. Er stellte fest, dass die Darstellung der Morde von „Jack the Ripper“ in der englischen Provinz mit einem gewissen Zeitabstand zu Nachahmungstaten führten.

hebliche Rolle. Dies und die aufkommenden Unterhaltungsmedien (Film und Hörfunk) haben direkt oder indirekt die ersten größeren systematischen Forschungsaktivitäten im Bereich Medienwirkung ausgelöst. Die ersten Projekte trugen auch mit dazu bei, ein methodisches Inventar der Wirkungsforschung zu entwickeln (Befragungstechniken, Inhaltsanalyse oder statistische Analysemethoden).[2] Einer der Autoren, der auch heute noch häufig zitiert wird, ist Walter Lippmann, dessen Buch „Public opinion" (1922) zu den Klassikern der Wirkungsforschung zählt. Der Werk enthält – zumindest angedacht – Grundzüge von etlichen Ansätzen der modernen Wirkungsforschung (z.B. Agenda-Setting oder die Nachrichtenwert-Theorie). Im Zuge des Zweiten Weltkriegs ist Carl Hovland zu nennen, der in Amerika ein umfangreiches Forschungsprogramm zur Wirkung von Propaganda gestartet hat. In einer Vielzahl von einzelnen Experimenten untersuchte er, wie Argumente gestaltet werden müssen, damit sie eine möglichst große Überzeugungskraft haben (vgl. Hovland/Janis/Kelley 1953).

Einen weiteren Entwicklungsschub hat die Wirkungsforschung dann in den 50er-Jahren in Amerika durch die *Einführung des Fernsehens* erhalten. Wie immer bei der Einführung eines neuen Mediums traten relativ schnell Kulturpessimisten auf, die das Ende des Abendlandes befürchteten, weil das Fernsehen die Kinder verderbe, uns die Lust am Lesen nehme, unsere moralischen Standards durcheinander bringe usw. (im Überblick Kunczik 1993). Andererseits gab es auch Optimisten, welche die erweiterten Informations- und Kommunikationsmöglichkeiten in den Mittelpunkt stellten.[3] Mit der Einführung des Fernsehens gab es erhebliche Forschungsanstrengungen, um die positiven und negativen Wirkungen dieses neuen Mediums, vor allen Dingen auf Kinder, näher zu untersuchen (vgl. z.B. Schramm/Lyle/Parker 1961). Ganz ähnliche Schübe der Forschungsaktivität lassen sich seither beobachten, beispielsweise durch die Einführung des Videorecorders, privater Fernseh- und Hörfunksender (vgl. Becker/Schönbach 1989) oder der „neuen" Medien (Online-Kommunikation; das Zusammenwachsen von Computer und Fernsehen; vgl. Rössler 1999).

2 Meta-Theorien der Medienwirkung

Man kann – vor allem in einer zeitlichen Perspektive – drei Metatheorien der Medienwirkung unterscheiden: Theorien der starken, der schwachen und der selektiven

2 Zu erwähnen sind hier vor allem die so genannten Payne-Fund-Studien, die sich in den 20er-Jahren vor allem mit Inhalten, Nutzung und Wirkung von Spielfilmen beschäftigten (vgl. hierzu ausführlich Lowery/DeFleur [3]1995). Die Medienwirkungsforschung hat immer erheblich davon profitiert, dass die sozialwissenschaftliche Methodenforschung Fortschritte gemacht hat. Man kann praktisch parallel zu den Studien der Medienwirkungsforschung den methodischen Fortschritt erkennen. So hat beispielsweise die systematische Entwicklung der Umfrageforschung durch George Gallup in den 30er-Jahren die Wahl- und Meinungsforschung ganz erheblich beeinflusst. Ebenso hat die Entwicklung experimenteller Designs sowie die Entwicklung von Panel-Studien in den 40er-Jahren den Nachweis von Wirkungen im engeren Sinne erst ermöglicht, indem systematische Beziehungen zwischen Ursachen und Wirkungen identifiziert werden konnten. Nicht zuletzt sind die Fortschritte in der Datenanalyse zu nennen, die es erlauben, dem komplexen Beziehungsgeflecht von Massenmedien und Rezipienten gerecht zu werden.

3 Dies führte zu Forschungen im Zusammenhang mit der Wissenskluft-Hypothese; vgl. Tichenor/Donohue/Olien (1970).

Medienwirkung. Der Begriff Wirkung impliziert, wenn wir von Medien reden, eigentlich immer etwas Anrüchiges. Wirken hat viel mit Beeinflussen und Manipulieren zu tun, sodass viele Menschen Medienwirkung intuitiv als etwas Negatives ansehen. Man kann aber durchaus positive und negative sowie beabsichtigte und unbeabsichtigte Wirkungen unterscheiden. Die Medienwirkungsforschung der letzten 60 Jahre wird typischerweise mit drei verschiedenen *Metatheorien* von Wirkung charakterisiert (vgl. Donsbach 1991; Lowery/DeFleur ^{3}1995): Die erste kann als Theorie der *starken Medienwirkungen* bezeichnet werden. Diese Theorie wurde mit Begriffen wie „hypodermic needle" (eine Nadel, die praktisch ohne Widerstand durch die Haut der Rezipienten durchgeht und ihnen eine Wirkung appliziert) oder „magic bullet" (die magische Kugel, die alles durchdringt) charakterisiert (vgl. Klapper 1960). Medienbotschaften wirken nach dieser Metatheorie in gleicher Weise auf alle Rezipienten. Es besteht praktisch eine Eins-zu-eins-Beziehung zwischen den Medienbotschaften und den Wirkungen. Wenn also in den Medien ein Präsidentschaftskandidat positiv dargestellt wird, so werden auch mehr Rezipienten diesen Kandidaten bevorzugen und ihn wählen. Diese Vorstellung der allmächtigen Medien führte vielfach in der öffentlichen Diskussion zu einer fast panischen Angst vor den weitreichenden Wirkungen („legacy of fear"; siehe hierzu Lowery/DeFleur ^{3}1995).

Die Theorie der starken Medienwirkungen hat relativ wenig empirische Unterstützung gefunden. Die meisten Studien, die als Beleg für starke Medienwirkungen angeführt werden, zeigen bei einer genaueren Betrachtung der Ergebnisse gar nicht so starke Wirkungen. Als Beispiel kann die Wirkung des Hörspiels „The invasion from Mars" von Orson Welles, das 1938 in den USA im Hörfunk ausgestrahlt wurde, dienen (vgl. Cantril 1940). Im Anschluss an dieses Hörspiel kam es durch eine Verkettung von unglücklichen Umständen zu einer Panik: Viele Hörer, die erst während der Sendung einschalteten, hielten das Hörspiel für Realität, haben also den fiktiven Charakter nicht erkannt. Schätzungen haben ergeben, dass mehr als eine Million Menschen in Amerika Furcht empfunden haben. Etliche sind auf die Straße gelaufen, sind aus der Stadt geflüchtet oder haben die Wasser- und Elektrizitätswerke angerufen. Dies wird als der klassische Beweis für eine starke Medienwirkung angeführt. Auf den ersten Blick erscheint es auch beeindruckend, wenn Leute auf ein Hörspiel so massiv reagieren wie in diesem Fall. Allerdings haben das Hörspiel damals etwa zwölf Millionen Zuhörer gehört, von denen sich also weniger als zehn Prozent gefürchtet haben und ein winziger Bruchteil (im Promillebereich) in echte Panik ausgebrochen ist. Unter Berücksichtigung der hohen Reichweite des Hörspiels ist dies eher eine schwache Wirkung. Außerdem hat schon Cantril (1940), der den Fall dokumentiert hat, festgestellt, dass nur ganz bestimmte Rezipienten (mit hoher Ängstlichkeit und bestimmten psychischen Prädispositionen) in Panik ausbrachen. Es handelte sich also keineswegs um eine gleichförmige Wirkung auf alle Rezipienten.[4]

4 In ähnlicher Weise kamen andere frühe Studien, beispielsweise die erwähnten Payne-Fund-Studien (z.B. Holaday/Stoddard 1933), zu Ergebnissen, die sich nur auf den ersten Blick als starke Medienwirkung interpretieren lassen, auf den zweiten Blick aber erkennen lassen, dass die festgestellte Medienwirkung auch damals sehr stark davon abhing, was für eine Art von Botschaft präsentiert wurde und welche Rezipientengruppe diese Botschaft erhielt.

Die Meta-Theorie der starken Wirkungen und das in diesem Zusammenhang immer wieder erwähnte Stimulus-Response-Modell wurden in der Kommunikationswissenschaft selbst kaum je aktiv vertreten (vgl. hierzu Brosius/Esser 1998). Heutige Wissenschaftler scheinen diese Modelle eher zu nutzen, um ihre jetzige Position davon abzugrenzen. Allerdings stellt man in der öffentlichen Debatte immer wieder fest, dass die Furcht vor den allmächtigen Medien weiterhin stark verbreitet ist. Die „Invasion vom Mars" mag die Leute nur minimal geängstigt haben, in den darauf folgenden Tagen konnte Cantril aber immerhin etwa 13.000 Presseartikel über die „Panik" sammeln, die nachfolgende Medienberichterstattung erst erweckte den Eindruck einer starken Wirkung bei der Bevölkerung.[5]

Die zweite Meta-Theorie der schwachen Medienwirkungen wird häufig auf die berühmte Studie „The people's choice" von Lazarsfeld, Berelson und Gaudet (1944) zurückgeführt. Die Autoren fanden, dass bei der Präsidentenwahl 1940 zwei Drittel der befragten Personen bereits ein halbes Jahr vor der Wahl ihre Wahlentscheidung getroffen hatten und dass die Wirkung der Berichterstattung über den Präsidentschaftswahlkampf in erster Linie in einer Aktivierung bestand: Personen, die viel über diesen Präsidentschaftswahlkampf im Radio hörten oder in der Zeitung lasen, gingen mit größerer Wahrscheinlichkeit zur Wahl. Der für die Entwicklung des Modells schwacher Medienwirkungen zentrale Befund war, dass die Berichterstattung eher zu einer Verstärkung bereits bestehender Meinungen als zu einer Veränderung dieser Meinungen führte. Konversion, also eine Veränderung der Meinungen fand Lazarsfeld nur in acht Prozent aller Fälle. Diese acht Prozent gleichen in ihrer Größenordnung weitgehend den weniger als zehn Prozent, die bei „The invasion from Mars" in Furcht gerieten. Einmal ein Beweis für schwache, einmal für starke Wirkung. Dies zeigt, dass der Prozentanteil derjenigen, die sich von einer bestimmten Medienbotschaft beeinflussen lassen, nur ein begrenzt gültiger Indikator für die Stärke von Medienwirkungen sein kann. Bei der Beurteilung der Wirkungsstärke ist also offensichtlich die Art der Wirkung wichtiger als das Ausmaß. Eine Medienwirkung wird für stärker gehalten, wenn zwar nur wenige Rezipienten von ihr betroffen sind, diese aber sehr heftig reagieren. Nur so kann man beispielsweise die immer wieder aufflammende Diskussion um die schädliche Wirkung von Gewalt erklären. Eine einzelne Gewalttat, die sich irgendwie mit der Rezeption von Gewaltfilmen in Zusammenhang bringen lässt, wird als Beleg starker Medienwirkung empfunden, obwohl das *Ausmaß* äußerst gering ist, wenn man die absolute Anzahl der Zuschauer der jeweiligen Filme heranzieht.

Die Kernidee des sich entwickelnden Modells der „minimal effects" (vgl. Klapper 1960) war, dass Menschen als aktive Kommunikationspartner im Mediensystem Botschaften selektiv, im Sinne ihrer bereits bestehenden Voreinstellungen nutzen (vgl. den Überblick bei Donsbach 1991). Diese selektive Nutzung von Medien führt dazu, dass bereits bestehende Meinungen verstärkt werden, es aber nicht zu Meinungsänderungen und damit zu Wirkungen kommt. Die Selektivität der Rezipienten als Barriere für Medienwirkungen wurde mit psychologischen Ansätzen der kognitiven Dissonanz konzeptuell (z.B. Festinger 1957; Osgood/Tannenbaum 1955) theoretisch untermauert. Allerdings zeigen zahlreiche Studien (siehe hierzu Donsbach 1991), dass die Selektionsbarriere nicht immer funktioniert und dass Wirkungen

5 Dabei muss man hier wohl eher von einer starken Wirkung der Medien auf die *Medienberichterstattung* sprechen.

auch ohne bewusste Verarbeitung aufseiten der Rezipienten erzielt werden können (vgl. Brosius 1995).

Die dritte Meta-Theorie der selektiven Medienwirkungen kann man in der einfachsten Form wie folgt beschreiben: Manche Medienbotschaften führen bei manchen Rezipienten unter bestimmten Umständen und zu gewissen Zeiten zu einer Wirkung. Es ist also von der Art der Botschaft, dem Medium, der Art der Präsentation, den Voreinstellungen der Rezipienten und den zeitlichen Umständen abhängig, ob eine Wirkung auftritt oder nicht. Aufgrund des gewachsenen Kenntnisstands über Medienwirkungsprozesse steht nicht mehr die Frage im Mittelpunkt, *ob* es Medienwirkung gibt oder nicht, sondern *unter welchen Bedingungen* aufseiten der Medien und der Rezipienten es zu Wirkungen kommt. Das ist weitgehend auch heute der Stand der Theoriebildung. Auch im Rückblick auf die Ergebnisse der frühen Forschung erscheint ein solcher Ansatz plausibel (vgl. Lang/Lang 1981).

Die Frage nach der Wirkung der Medien hat auch gegenwärtig nichts von ihrer Aktualität eingebüßt, die Flut der einschlägigen Veröffentlichungen deutet eher sogar auf eine wachsende Bedeutung hin. Dafür gibt es mehrere Gründe. Zum einen hat sich, seit etwa den 60er-Jahren, das Verhältnis zwischen Medien und Politik intensiviert. Politik ist heute ohne Medien gar nicht mehr denkbar. Politiker handeln nur noch auf einer Ebene bezogen auf Sachprobleme, auf der anderen Ebene handeln sie bezogen auf Publizität in den Medien (vgl. Kepplinger 1993, 1998). Politiker versuchen, Medien für ihre Zwecke zu instrumentalisieren, Medien versuchen, Politiker für ihre Zwecke zu instrumentalisieren, und Interessengruppen versuchen, ihre Ziele über Medien zu erreichen. Das Verhältnis zwischen Politik und Medien ist nach wie vor sehr intensiv. Waren allerdings in früherer Zeit durch Zensur sowie Partei- und Verbandspresse die Strukturen verflochten, so sind sie es heute eher durch die Interaktionen zwischen Journalismus und Politik. Die Verflechtungen zeigen sich nicht nur darin, dass Journalisten Pressesprecher der Bundesregierung werden oder dass Politiker sich in Aufsichtsräten und Kontrollorganen von Medienunternehmen finden.

Die zunehmende Verflechtung von Medien, Politikern und Interessengruppen fällt in eine Zeit, in der sich das Medienangebot kontinuierlich vermehrt. Dies ist zunächst rein quantitativ zu verstehen; es gibt mehr Fernsehkanäle, es gibt mehr Hörfunkkanäle, und es gibt vor allen Dingen mehr Zeitschriften auf dem Markt. Rezipienten haben also eine vielfältige Wahlmöglichkeit zwischen verschiedenen Medien und könnten damit ihr Informations- und Unterhaltungsangebot ganz auf ihre eigenen Wünsche abstimmen und unerwünschte Medienwirkungen vermeiden. Auf der anderen Seite ist das Mediensystem aber auch so konzentriert wie noch nie. Es gibt Verlage, die Zeitungen besitzen, Hörfunksender betreiben und an Fernsehsendern beteiligt sind. Gerade die Konzentration von Medien unterschiedlicher Art lässt die Frage nach der Medienwirkung brisant erscheinen: Welche Vorstellungen von der Welt entwickeln Rezipienten, wenn im Fernsehprogramm Inhalte präsentiert werden, die in gleicher Form auch in Zeitschriften und anderen Presse- und Funkmedien auftauchen, ohne dass für Rezipienten die Gleichschaltung der Information erkennbar wäre? Ist die Vielfalt der Meinungen noch gewährleistet, führt die Konzentration der Medienunternehmen nicht auch zu unerwünschten Medienwirkungen?

3 Wirkung in Abhängigkeit vom Medium

Wenn wir von Medien reden, dann meinen wir unter kommunikationswissenschaftlicher Perspektive vor allem *Fernsehen*, *Hörfunk* und *Presse* sowie *Online-Medien*. Weniger häufig untersucht werden *Film*, *Plakate, Buch oder Telefon*. Diese *verschiedenen Medien* haben verschiedene Forschungsaktivitäten hervorgerufen, die wiederum in unterschiedliche Theorien mündeten. Medienwirkungstheorien beziehen sich häufig nur auf bestimmte Ausschnitte des Mediensystems. Beispielsweise umfasst der Kultivierungsansatz (also die Frage, ob Vielseher Vorstellungen von der Welt entwickeln, die nicht mehr an der tatsächlichen Welt, sondern an der Fernsehwelt orientiert sind) praktisch ausschließlich den Fernsehbereich (vgl. Gerbner u.a. 1994; Morgan/Shanahan 1997). Andere Theorien, z.B. der Personenwahrnehmung oder visuellen Anmutung, sind eher im Bereich Plakate bzw. Pressebilder überprüft worden (vgl. Kepplinger 1987). Theorien der argumentativen Vernetzung von Medienbotschaften bzw. der argumentativen Überzeugungskraft wurden fast ausschließlich im Bereich der Presse überprüft (vgl. Hovland/Janis/Kelley 1953), nicht zuletzt, weil entsprechendes Versuchsmaterial leichter experimentell zu manipulieren ist. Die Vielfalt von Theorien liegt an den unterschiedlichen Informationsqualitäten der Medien. Die vornehmlich wortorientierte Berichterstattung der Presse hat andere Wirkungsqualitäten als die flüchtige Präsentation im Radio oder die bildorientierte Berichterstattung des Fernsehens (vgl. Donsbach/Brosius/Mattenklott 1993). Die Vielfalt der Medien und ihre unterschiedlichen Informationsqualitäten tragen also mit zu einer Vielfalt von Theorien zur Medienwirkung bei.

4 Wirkungsfelder

Die unterschiedlichen Medien berichten bzw. publizieren in *verschiedenen inhaltlichen Feldern*. Diese lassen sich relativ grob unterscheiden in die Bereiche *politische Kommunikation* (also Information), *Unterhaltung* und *Werbung* (vgl. die entsprechenden Beiträge in diesem Handbuch). Ähnlich wie für die unterschiedlichen Mediengattungen wurden auch für diese Felder unterschiedliche Theorien der Medienwirkung entwickelt. So bezieht sich die Agenda-Setting-Theorie auf die politische Kommunikation (vgl. zum Überblick Rogers & Dearing 1988; Brosius 1994). Darüber hinaus wurde die Agenda-Setting-Theorie bis 1980 fast ausschließlich auf die Berichterstattung der Zeitungen angewendet und erst später auf die Fernsehberichterstattung übertragen. Innerhalb der drei einzelnen Felder finden wir verschiedene Unterbereiche, die wiederum eigene Forschungsaktivitäten und eigene Theoriebildungen hervorgerufen haben. Zunächst bleiben wir im Bereich der politischen Kommunikation. Beispielsweise beschäftigt sich die gerade angesprochene Agenda-Setting-Theorie mit der *Themenauswahl* der Medien und ihren Wirkungen beim Rezipienten. Die Medien berichten aber nicht nur über Themen mit verschiedener Intensität, sondern sie stellen auch *Personen* mit unterschiedlicher Intensität und Tendenz dar. Die Darstellung der Personen in Medien beeinflusst, wie diese Personen wahrgenommen und beurteilt werden. Diese Wirkungsmechanismen sind zum Teil sehr subtil. So hat beispielsweise der Kamerawinkel, aus dem eine Person aufgezeichnet wird, einen Einfluss auf die Wahrnehmung von Sympathie und Kompetenz dieser Person (vgl. zusammenfassend Kepplinger 1987).

Medien stellen jedoch nicht nur Sachverhalte und Personen dar, sie bewerten sie auch. Nicht nur in Kommentaren finden sich *Themenbewertungen*, sondern auch in Nachrichten sind oft Informationen enthalten, die eine bestimmte Bewertung nahe legen. Es gibt zwei Theorien, die behaupten, dass Informationen an sich nicht neutral sind, sondern werthaltig, indem sie eine bestimmte Sichtweise der Dinge nahe legen. Die Theorie der instrumentellen Aktualisierung wurde von Kepplinger und Mitarbeitern entwickelt (vgl. Kepplinger u.a. 1989, 1992), der Priming-Ansatz von Iyengar (1991; Iyengar/Kinder 1987). Beide Theorien skizzieren etwa Folgendes: Wenn Journalisten beispielsweise während der Auseinandersetzung um eine Arbeitszeitverkürzung auf 35 Stunden eine Meldung platzieren, dass in Japan die Arbeiter in den Industrieunternehmen im Durchschnitt 48 Stunden arbeiten, dann ist das zunächst eine neutrale Information. Sie wird aber in der Auseinandersetzung über die Arbeitszeitverkürzung in Deutschland instrumentell, d.h. sie nützt der Seite, die gegen Verkürzungen ist, und schadet der anderen Seite. Sie nützt der Seite, die gegen weitere Arbeitszeitverkürzungen ist, weil dadurch implizit die Wettbewerbsfähigkeit der deutschen Wirtschaft infrage gestellt wird. Insofern hat also auch zunächst neutral erscheinende Information im Bereich politischer Kommunikation häufig wertenden Charakter.

Der vielleicht wichtigste Bereich politischer Kommunikation ist der Bereich der *Wahlen und Wahlkampfkommunikation*. Medien berichten nicht nur über Wahlen, vor allem der Wahlkampf selbst hat sich durch die Berichterstattung verändert, was natürlich in sich selbst schon eine Art von Wirkung darstellt. Die Parteien richten ihre Aktivitäten an den Medien aus, die Kandidaten suchen den Zugang zum Wähler über die Medien. Wahlen sind ein konstituierendes Element unserer Demokratie, daher ist die Wirkung der politischen Berichterstattung im Wahlkampf besonders wichtig. Verschiedene Theorien der Wahlentscheidung berücksichtigen die Medien als eine Einflussgröße. Die entsprechenden Studien untersuchen, wie die Berichterstattung über die Wahlen an sich, über die Kandidaten und Parteien sowie über die Wahlkampfthemen die Wahlentscheidung bzw. die Wahlabsichten der Wähler beeinflusst (vgl. Patterson 1993; Kepplinger/Brosius/Dahlem 1994; Kindelmann 1994; Brettschneider 2000).

Im Feld der *Unterhaltung* hat die Forschung wiederum ganz andere Schwerpunktsetzungen vorgenommen. Hier interessiert weniger, welche Themen behandelt und wie sie bewertet werden. Vielmehr steht vor allem die Wirkung von *Gewalt* seit etlichen Jahrzehnten im Mittelpunkt. Allein zu diesem Phänomen zählt Kunczik (^{4}1998) mehr als 5.000 Studien, die sich unter verschiedenen Perspektiven mit der Wirkung von Gewalt beschäftigen. Diesen Studien liegen mehrere, sich teilweise widersprechende Theorien der Wirkung zugrunde, deren Darstellung im Rahmen des vorliegenden Überblicks nicht möglich ist (vgl. hierzu Friedrichsen/Vowe 1995; Kunczik ^{4}1998).

Seltener sind Studien, die sich mit der Wirkung von *Sexualität* und ihrer Darstellung in den Medien beschäftigen. In diesem Unterbereich geht es vor allen Dingen um die Wirkung von Pornografie und Erotik auf wahrgenommenes Sexualverhalten, das Männer- und Frauenbild sowie Einstellungen zu Sexualität (vgl. hierzu Zillmann/Bryant 1989; Ertel 1990). Vor allem bei Serien und Spielfilmen wird die Darstellung von *sozialen Gruppen* (z.B. Geschlechterrollen) untersucht (vgl. Greenberg/Brand 1994). Wie werden Männer und Frauen, ältere Menschen oder Minderheiten dargestellt? Welche Attribute werden ihnen gegeben? In welchen Körperhaltungen werden sie dargestellt? Hierzu zählen auch Untersuchungen von *Lebensstilen* in der Unterhaltung. Wie wirken sich die dargestellten Lebensstile beispielsweise in der Serie „Dallas" auf Vorstellungen von Rezipienten, wie man leben sollte, aus?

Das dritte Forschungsfeld beschäftigt sich mit der Wirkung von *Werbung* in den einzelnen Medien (vgl. beispielsweise Schenk/Donnerstag/Höflich 1990; Brosius/Fahr 1996; Felser 1997): Da es sich bei Werbung um intendierte Beeinflussung von Rezipienten handelt, die diesen auch bewusst ist, sind hier ganz eigene Theorien der Wirkung entwickelt worden. Im Mittelpunkt stehen Fragen, ob für eine Kaufentscheidung vorher die Einstellung zu einem Produkt positiv verändert werden muss oder ob Kaufverhalten auch ohne Einstellungsänderung beeinflusst werden kann. Kommen Wirkungen auch ohne bewusste Verarbeitung der Werbeinhalte, also bei geringer Involviertheit, zustande?

5 Arten der Wirkung

Medien wirken sowohl auf den einzelnen Rezipienten als auch auf das gesellschaftliche System insgesamt bzw. seine Teile. *Gesellschaftliche Wirkungen* ergeben sich häufig schon aus der Tatsache, dass Massenmedien existieren (vgl. Lang/Lang 1953). Menschen verändern ihr Verhalten, wenn sie wissen, dass sie von Medien (vor allem dem Fernsehen) beobachtet werden. Dies gilt nicht nur für Politiker, sondern auch für normale Bürger. Gerade das Fernsehen hat zudem den Zeitplan und die Freizeitgestaltung vieler Familien verändert (vgl. Becker/Schönbach 1989). Vormals genuine Ereignisse, wie beispielsweise die Olympischen Spiele, verändern ihren Charakter durch die Präsenz der Medien. Auch die politische Kommunikation und der politische Prozess werden durch die Medien und ihre Omnipräsenz verändert (vgl. Kepplinger 1992; Jäckel/Winterhoff-Spurk 1994). Die Landung der amerikanischen Truppen in Somalia wurde beispielsweise so terminiert, dass die amerikanischen Sender zur Hauptsendezeit darüber live berichten konnten. Obwohl diese gesellschaftlichen Wirkungen zweifellos große Bedeutung haben, sind in der empirischen Forschung allerdings hauptsächlich *individuelle Medienwirkungen* untersucht worden. Dabei unterscheiden sich die Studien danach, wo sie die Wirkung ansiedeln.

Einstellungsänderungen

Wohl am häufigsten haben sich Medienwirkungsforscher mit Einstellungsänderungen befasst, vor allem im Zeitraum von 1940 bis 1960. Hierbei zeigte sich zwar im psychologischen Labor, dass Einstellungen durch Argumente veränderbar waren, die Feldforschung, die sich Einstellungsänderungen in der Realität annahm, fand jedoch marginale Effekte (vgl. Klapper 1960). Es zeigte sich immer wieder, dass Einstellungen durch Medienpräsentation tatsächlich nur sehr schwer geändert werden können, weil die Voreinstellungen dazu führen, dass Rezipienten Informationen selektiv wahrnehmen, verarbeiten und erinnern. Vor allem Einstellungen zu werthaltigen Themen (beispielsweise Abtreibung) lassen sich auch durch massive Medienangebote kaum ändern. Anders ist es bei Themen, zu denen die Rezipienten noch keine feste Voreinstellung haben (vgl. Brosius/Ehmig 1988).

Die relative Immunität der Einstellung von Rezipienten gegenüber Medienbotschaften betrifft in schwächerer Form auch die Einstellung gegenüber *Personen.* Bei Personen ist es allerdings häufig so, dass Rezipienten sie in den Medien zum ersten Mal sehen bzw. sie nie in der Realität erleben. In diesem Fall lassen sich Einstellungen gegenüber einer Person leichter formen. Einstellungsänderungen gibt es natürlich auch im Bereich der *Politik.* Parteipräferenzen als Vorstufe zur Wahlentscheidung werden in begrenztem Maße durch die Berichterstattung beeinflusst. Wenn man die Veränderungen in der Parteienpräferenz über mehrere Jahre verfolgt, fällt es methodisch gesehen besonders schwer, Beziehungen zwischen der Art der Berichterstattung und den Parteipräferenzen herzustellen. Erstens sind Parteipräferenzen auch über längere Zeiträume stabil. Zweitens sind Veränderungen nur schwer auf einzelne, mit inhaltsanalytischen Methoden bestimmbare Medieninhalte zurückführbar. Einstellungsänderungen gibt es natürlich auch im Bereich von Werbung, z.B. gegenüber *neuen Produkten* oder Innovationen. Wenn zum Beispiel eine ganz neue Produktkategorie auf den Markt gebracht wird (Anrufbeantworter, Personal Computer, tragbares Telefon oder Ähnliches), dann können durch die Berichterstattung darüber Einstellungen zu diesem Produkt geformt und auch verändert werden (vgl. Weimann 1994).

Der relativ geringe Einfluss der Medien auf Einstellungen und Meinungen ist vermutlich auch dadurch bedingt, dass Medien nur selten völlig einseitig berichten und Rezipienten meistens mehrere Medien nutzen. Dadurch erhalten sie meist Informationen mit verschiedener Tendenz, sodass sich Wirkungen auch gegenseitig aufheben können. Die öffentlich-rechtlichen Rundfunkanstalten sind beispielsweise zur Ausgewogenheit verpflichtet. Auch bei Zeitungen gibt es ein breites Meinungsspektrum, das dem Selektionsverhalten der Rezipienten entgegenkommt. Anders wäre die Situation, wenn Medien konsonant nur einen Standpunkt präsentieren, und dies kumulativ über längere Zeit (vgl. Noelle-Neumann 1973) oder andere Standpunkte totschweigen (Wagner 1991). Dies bedeutet, dass Einstellungen dann stark von Medieninhalten geprägt werden, wenn die Rezipienten von Medien nur einseitige Informationen erhalten und gleichzeitig aus anderen Quellen (z.B. interpersonale Kommunikation) keine Informationen erhalten können.

Wissensveränderungen

Eine zweite, häufig untersuchte Form von Wirkung ist die *Wissensveränderung.* Hier stellen Studien immer wieder fest, dass diese Form der Wirkung besonders stark ist (vgl. im Überblick Lowery/DeFleur ^{3}1995). Wissensveränderungen beziehen sich auf verschiedene Gegenstandsbereiche, beispielsweise *Weltwissen.* Medien beeinflussen unsere Vorstellungen über andere Länder, über andere Völker, über andere Sitten und Gebräuche (vgl. Winterhoff-Spurk 1989). Medien beeinflussen auch unsere *politische Informiertheit.* Regelmäßige Mediennutzer wissen über Themen und Argumente Bescheid, die in den Medien präsentiert werden. Wenig-Nutzer kennen diese Themen und Argumente häufig nicht. Allerdings behalten Rezipienten nur einen Bruchteil dessen, worüber die Medien berichten (vgl. Brosius 1995). Dabei hat die Gestaltung einer Nachrichtensendung einen Einfluss darauf, wie gut die entsprechenden Inhalte behalten und verstanden werden.

Eine Theorie, die in diesem Zusammenhang große Bedeutung hat, ist die Theorie der wachsenden Wissenskluft (vgl. Tichenor/Donohue/Olien 1970). Diese besagt, dass Menschen mit höherem sozioökonomischem Status, die schon über viel Vorwissen verfügen, leichter politische Inhalte lernen als andere. Wenn also ein neues Thema aufkommt, dann lernen die bisher schon privilegierten Menschen schneller etwas über dieses neue Thema als die bisher schon weniger Informierten. Diese Theorie wird seit der Verbreitung des Internet erneut kontrovers diskutiert, weil sie die erzieherische und meinungsbildende Funktion der Massenmedien infrage stellt. Die Hoffnungen, dass durch allseits verfügbare Medien Ungleichgewichte in der Informiertheit beseitigt werden können, haben sich bisher nicht erfüllt (vgl. Gaziano 1997).

Verhaltensänderungen

Man könnte vermuten, dass es eine hohe Übereinstimmung zwischen Einstellung und Verhalten geben sollte. Dies ist aber, wie etliche Meta-Analysen (z.B. Eckes/Six 1994; Kim/Hunter 1993) feststellen, nur bedingt der Fall. In vielen Fällen gibt es erstaunliche Diskrepanzen zwischen den beiden Größen. Daher lassen sich die Ergebnisse der Forschungen zu Einstellungsänderungen nicht notwendigerweise auf Verhaltensänderungen übertragen. Die *Verhaltensänderung* ist wohl die weitreichendste Wirkungsart, wenn also Rezipienten aufgrund einer Medienbotschaft ihr Verhalten ändern. Verhaltensänderungen können wiederum in verschiedenen Bereichen und je nach Medium unterschiedlich auftreten. Beispielsweise können Rezipienten ihr *Sozialverhalten* ändern, wenn sie etwa durch die Rezeption von Berichten über Kriminalität anderen Personen misstrauischer begegnen. In der Werbeforschung wird häufig das *Kaufverhalten* untersucht (vgl. Kroeber-Riel 1984). Anders als redaktionelle Berichterstattung zielt Werbung explizit auf Verhaltensänderungen, was den Rezipienten wiederum bewusst ist. Medienwirkungsprozesse laufen unter diesen Rahmenbedingungen anders ab. Eine weitere Form der Verhaltensänderung liegt vor, wenn jemand aufgrund von Medienberichterstattung seine *Wahlentscheidung* ändert (vgl. Noelle-Neumann 1980; Klingemann/Kaase 1994). Die Wahlentscheidung wird zwar nicht massiv von Medien beeinflusst; andere Faktoren (die bisherigen Wahlentscheidungen, soziodemografische Charakteristika, Milieus und politische Interessen) sind hier wichtiger. Bei relativ knappen Wahlausgängen sind jedoch auch schwache Wirkungen gesellschaftlich bedeutsam, vor allem dann, wenn Medien konsonant berichten (vgl. Noelle-Neumann 1973).

Diese drei Wirkungen – Einstellungsänderung, Wissensänderung, Verhaltensänderung – sind die klassischen Formen, die auch in den entsprechenden Studien am häufigsten untersucht wurden. Sie beziehen sich jeweils auf relativ dauerhafte Veränderungen. Die Wirkung der Medien ist, so kann man resümieren, unter normalen Umständen begrenzt: Solche dauerhaften und massiven Wirkungen lassen sich nur unter bestimmten Randbedingungen (konsonante Berichterstattung, unbekannte Themen, persuasive Darstellungsformen usw.) erzielen. In der normalen Rezeptionssituation kommt es eher zu schwachen Verhaltens-, Wissens- oder Meinungsänderungen. Rezipienten verhalten sich nicht wie Pingpong-Bälle, die durch einmaligen leichten Anstoß ihre Richtung ändern. Wirkungen sind dabei selektiv: Bei einigen Rezipienten haben bestimmte Medienbotschaften wohldefinierte Wirkungen, in anderen Konstellationen kommt es zu keinerlei Effekt.

Sonstige Wirkungsformen

Wirkungen können jedoch auch kurzfristig und relativ flüchtig auftreten. Mit *Priming* ist gemeint, dass Medien die Urteile von Rezipienten nicht beeinflussen, indem sie direkt etwas über das Urteilsobjekt sagen (vgl. Iyengar/Kinder 1987). Das amerikanische Fernsehen beeinflusst also beispielsweise nicht die Meinung über Präsident Bush, indem es ihn als einen guten oder schlechten Präsidenten bezeichnet. Vielmehr beeinflusst es dadurch, dass es bestimmte Themenbereiche in den Mittelpunkt stellt. Iyengar (1990) konnte zeigen, dass die Betonung der Außenpolitik, für die George Bush vom amerikanischen Publikum eine hohe Kompetenz zugeschrieben wurde, zu positiven Urteilen über seine Politik insgesamt führte, während die Betonung der Wirtschaftspolitik dagegen, für die ihm nur geringe Kompetenz zugeschrieben wurde, negative Urteile über seine Politik bewirkte. Die Medien können also durch die Themenauswahl Meinungen nahe legen. Die Themenauswahl zu einem bestimmten Objekt beeinflusst nicht nur, für wie wichtig Rezipienten dieses Thema halten (Agenda-Setting), sondern auch wie sie über das betreffende Urteilsobjekt denken (Priming). Insofern sind die Thematisierungs- und die Priming-Funktion der Medien miteinander verknüpft.

Attribution, vor allen Dingen im Bereich von politischer Information untersucht, behandelt die Frage, wer als verantwortlich wahrgenommen wird (vgl. Staab 1992). Ein gutes Beispiel liefert eine Studie von Iyengar (1991). Der Autor hat zwei Beiträge zum Thema Obdachlosigkeit untersucht. In dem einen Beitrag hat er die Obdachlosen im Bild gezeigt, hat sie zu Wort kommen lassen und nach ihren Problemen gefragt. In dem anderen Beitrag kamen Vertreter der Regierung zu Wort, die das Obdachlosenproblem schilderten. Die Wirkung dieser beiden Präsentationen war völlig unvermutet: Wenn die Obdachlosen selbst zu Wort kamen, glaubten die Rezipienten eher, dass die Obdachlosen selbst schuld an ihrem Schicksal sind. In der anderen Version wurde die Regierung für verantwortlich gehalten.

Kultivierung bedeutet, dass Vielseher des Unterhaltungsprogramms ihr Weltbild aus der Darstellung des Fernsehens ableiten. Dies wurde vor allem im Bereich Gewalt und Fernsehen von Gerbner und seinen Mitarbeitern untersucht (vgl. Gerbner u.a. 1994). Vielseher überschätzten beispielsweise das Risiko, Opfer eines Gewaltaktes oder einer kriminellen Handlung zu werden. Wenigseher schätzen das Risiko dagegen eher realistisch ein, orientiert an den tatsächlichen Wahrscheinlichkeiten. Vielseher überschätzen auch den Anteil von Reichen, Verbrechern, Ärzten oder Rechtsanwälten in der Gesellschaft. Mit Inhaltsanalysen konnte Gerbner zeigen, dass die Vielseher die „Fernsehantwort" gaben, ihr Weltbild also durch das Fernsehen kultiviert wurde.

Framing bedeutet, dass Journalisten wie Rezipienten Ereignisse und Themen in bestimmte Interpretationsrahmen stellen, sodass sie zu ganz bestimmten Urteilen kommen. Der Interpretationsrahmen steuert die Nachrichtenauswahl aufseiten der Journalisten und die Nachrichtenrezeption der Rezipienten. Wir konnten dies am Beispiel der Berichterstattung über fremdenfeindliche Straftaten zeigen: Nach den Ausschreitungen von Hoyerswerda und Rostock (im Osten) verlagerte sich das *berichtete* Geschehen in die östlichen Bundesländer, obwohl tatsächlich mehr Straftaten im Westen stattfanden. Später, nach dem Attentat von Solingen (im Westen) wurde dagegen häufiger über Straftaten in den westlichen Bundesländern berichtet, obwohl sich an der tatsächlichen Verteilung der Straftaten nichts geändert hatte (vgl.

Brosius/Eps 1993, 1995). Die Antworten von Rezipienten reflektierten ebenfalls eher die Medienberichterstattung als die tatsächliche Ereignislage.

Die zuletzt genannten Wirkungsarten sind alle viel subtiler als die relativ massiven Einstellungs-, Verhaltens- oder Wissensänderungen. Man kann jedoch beobachten, dass sich die gegenwärtige Medienwirkungsforschung verstärkt diesen subtilen Indikatoren von Wirkung zugewandt hat. Dabei spielt folgende Überlegung eine wichtige Rolle: Zwar haben diese subtilen Wirkungen vielleicht nur einen kurzfristigen Effekt, aber gerade durch die Kumulation können eine ganze Reihe von langfristigen und stabilen Wirkungen erzielt werden. Weil außerdem die Wirkungen nicht so offensichtlich sind, können sich Rezipienten schlechter gegen eine Beeinflussung schützen. Daher können allmählich Einstellungs- und Verhaltensänderungen erreicht werden, die nicht mehr auf einzelne Berichte zurückführbar sind, sondern durch die Häufung einzelner Wirkungen zustande kommen. Damit können auch unspezifische Bewertungsmuster, Wahrnehmungen und Urteile über Themen, Objekte und Personen die Grundlage für längerfristige Wirkungen legen.

6 Das Prisma als Modell der Medienrezeption

Rezipienten haben eine *aktive Rolle* bei der Verarbeitung von Medienbotschaften. Dies bedeutet, dass sie nicht einfach Medieninhalte im Kopf abbilden und nicht einfach Meinungen übernehmen. Auf die selektive Wahrnehmung der Rezipienten wurde schon weiter vorne hingewiesen. In diesem Zusammenhang wird oft davon gesprochen, dass die Rezipienten wie ein Filter aus dem Medienangebot bestimmte, ihnen passende Informationen aufnehmen. Das Bild des Filters ist jedoch für die Medienrezeption nur begrenzt geeignet, da es impliziert, dass zwar selektiert wird, aber die ausgewählte Information unverändert aufgenommen wird. Dies entspricht aber nicht den Bedingungen, unter denen Medienrezeption normalerweise stattfindet (vgl. Brosius 1995). Rezipienten formen vielmehr Medieninhalte um, rekonstruieren sie auf der Basis von Voreinstellungen oder Hintergrundwissen (vgl. auch Merten 1985). Ein und dieselbe Meldung wird möglicherweise von verschiedenen Rezipienten völlig unterschiedlich verstanden, je nachdem, welchen Hintergrund sie haben. Wenn ein Journalist beispielsweise einen bestimmten Politiker als nationalbewusst darstellt, dann versteht der eine Rezipient darunter etwas Positives, der nächste etwas Negatives. Sie werden dann völlig unterschiedliche Vorstellungen darüber entwickeln, ob beispielsweise der Politiker reformfreudig, sozial oder kompetent ist. Nach dem Verarbeitungsprozess unterscheidet sich die rezipierte Information deutlich von dem intendierten oder intersubjektiv feststellbaren Sinn des Originalbeitrags. Angemessener erscheint es deswegen, das Bild eines Prismas zu benutzen, das die Rekonstruktion und Elaboration von Medieninhalten durch die Rezipienten berücksichtigt. Diese Sichtweise wird beispielhaft im dynamisch-transaktionalen Ansatz vertreten (vgl. Früh 1991).

Besonders häufig nehmen Rezipienten Rekonstruktionen und Elaborationen von Medienbotschaften vor, wenn deren Inhalt *dissonant* zu bestehenden Voreinstellungen ist. Wenn also jemand eine bestimmte Meinung vertritt, dann wird er Informationen, die dieser Meinung widersprechen, umdeuten, sie nicht so wichtig nehmen, sie nicht glauben oder einfach nicht zur Kenntnis nehmen (vgl. Festinger 1957). Donsbach (1991) konnte allerdings zeigen, dass die Dissonanz nur dann zu einer selektiven Wahrnehmung von Information führt, wenn es sich um positive Botschaften handelt, und nicht, wenn es sich um negative Botschaften handelt. Der Schutzschild der Selektivität wird also dann durchbrochen, wenn es sich um etwas Negatives handelt. Da in der Medienberichterstattung ein Großteil der Meldungen negative Inhalte vermitteln, können sich Rezipienten dissonanten Informationen nicht gut entziehen.

Bei der Medienrezeption spielt der Grad der Aufmerksamkeit eine wichtige Rolle. In der Werbeforschung (vgl. Krugman 1965) und in der Nutzenforschung (vgl. Jäckel 1992) werden *hohe und geringe Involviertheit* unterschieden (vgl. auch Petty/Cacioppo 1986; Chaiken 1980). Bei geringer Involviertheit rezipieren Nutzer nur beiläufig (möglicherweise nur als eine Nebentätigkeit) und schenken dem argumentativen Gehalt einer Botschaft wenig Aufmerksamkeit. Stattdessen lassen sie sich durch periphere Reize (wie die Attraktivität des Kommunikators oder die Emotionalität der Darstellung) leiten. Bei hoher Involviertheit schenken dagegen Rezipienten vor allem dem argumentativen Gehalt der Information viel Aufmerksamkeit und verarbeiten diese sehr sorgfältig. Diese Unterscheidung ist für die Werbung bedeutsam. Gerade bei Werbeunterbrechungen sinkt die Aufmerksamkeit der Rezipienten ab, sie werden höchstens durch periphere und intensive Reize erreicht. Für die Frage, ob und wie eine Botschaft überzeugen kann, ist die Art der Verarbeitung wichtig (vgl. Petty/Cacioppo 1986). Eine Botschaft, die nur nebenbei verarbeitet wird, muss andere Qualitäten haben als eine, die zentral und mit voller Aufmerksamkeit verarbeitet wird. Gerade die Fernsehberichterstattung begünstigt durch ihren hohen Informationsfluss und die illustrativen Bilder eine Rezeption mit geringer Involviertheit.

Die Art und Weise, wie Rezipienten Informationen verarbeiten, lässt sich durch psychologische Theorien *der Wahrnehmung* und *des Gedächtnisses* beschreiben. Rezipienten können nur eine bestimmte Menge von Informationen behalten, sie sind also gerade bei informationsdichten und sequenziellen Medien wie Fernsehen und Hörfunk fast zwangsläufig überfordert. Dies betrifft nicht nur die Informationsaufnahme, sondern vor allem auch die Weiterverarbeitung. Nur ein Bruchteil der präsentierten Informationen wird wirklich behalten. Vieles geht verloren oder wird mit anderen Informationen vermischt (vgl. Findahl/Höijer 1985). Außerdem sind wir aus dem Alltag gewohnt, vornehmlich Einzelfallinformationen zu sammeln und unsere Entscheidungen auf diese auszurichten. Valide statistische Informationen können Rezipienten dagegen nur schwer in ihrer Bedeutung einschätzen. Ein Großteil der Verarbeitung erfolgt also heuristisch, folgt gedanklichen Abkürzungen, nutzt Vorurteile und bestehende Interpretationsmuster, basiert auf bestehenden Schemata (vgl. Graber 1984; Brosius 1991).

7 Dynamik der Wirkung

Die meisten Menschen nutzen jeden Tag über mehrere Stunden die verschiedenen Massenmedien. Daher ist es nahezu unmöglich, die Wirkung einzelner Beiträge zu isolieren. Informationen überlagern, ergänzen oder widersprechen sich. Medienwirkungen kumulieren über die Zeit, schwächen sich ab, aber verstärken sich auch. Zudem sind Massenmedien nicht die einzige Informationsquelle, andere Menschen beeinflussen uns vermutlich sogar stärker. In der bereits erwähnten Studie von Lazarsfeld, Berelson und Gaudet (1944) „The peoples' choice“ wurden vermutlich zum ersten Mal Massenkommunikation und interpersonale Kommunikation zueinander in Beziehung gesetzt. Bei der Wahlentscheidung hatten Massenmedien einen schwächeren Einfluss als personale Kommunikation, d.h. mehr Leute treffen ihre Wahlentscheidung aufgrund von Gesprächen mit Bekannten und Freunden als aufgrund von Informationen aus den Massenmedien. Lazarsfeld hat daraus die These des *Zwei-Stufen-Flusses* von Kommunikation abgeleitet und in mehreren Folgestudien auch empirisch untersucht (vgl. zusammenfassend Weimann 1994). Die meisten Menschen werden hiernach nicht primär durch die Massenmedien beeinflusst. So genannte Meinungsführer übernehmen dagegen Informationen aus den Massenmedien und geben sie durch interpersonale Kommunikation an andere Menschen weiter. Meinungsführer sind also die zentralen Knotenpunkte im System von Kommunikation und fungieren quasi als Ansprechpartner für Massenmedien. Die Theorie des Zwei-Stufen-Flusses wurde mehrfach empirisch untersucht, mit unterschiedlichen Ergebnissen. Vor allem im Bereich der *Diffusion* von Neuerungen hat die Theorie empirische Unterstützung gefunden. Es lassen sich für jedes Produkt ganz spezifische Meinungsführer identifizieren, die das Produkt relativ früh übernehmen, häufig aufgrund von Informationen aus den Massenmedien, und an denen sich andere orientieren. Im Bereich der politischen Kommunikation sind die empirischen Ergebnisse gemischt, häufig konnten keine Meinungsführer gefunden werden.

Die meisten Wirkungsstudien sind kurzfristig angelegt. Direkt im Anschluss an die Präsentation einer Medienbotschaft wird nach den erwarteten Effekten gefragt. Die in dieser Form gefundenen starken Effekte sind oft als künstlich bezeichnet worden (vgl. McGuire 1986), weil die Wirkungsstärke einer Medienbotschaft über die Zeit exponentiell abnimmt. Es gibt aber auch Ansätze, die zeigen, dass das nicht immer so ist. Eine Bedingung für eine langfristige Wirkung liegt vor, wenn Medien *kumulativ* und *konsonant* berichten, d.h. wenn in Medien eine bestimmte Botschaft, eine bestimmte Meinung, ein bestimmtes Argument immer wieder auftaucht. In diesem Fall addieren sich die vielleicht kleinen und nicht-messbaren Wirkungen einzelner Präsentationen zu einer starken Wirkung. Dies wird intensiv im Bereich der Werbung diskutiert. Wenn Werbetreibende eine Medienkampagne starten, dann erwarten sie erst durch die kumulative Präsentation einer Werbebotschaft eine positive Wirkung auf den Verkaufserfolg ihres Produkts. Kumulative und konsonante Berichterstattung gibt es durchaus auch im Bereich der politischen Kommunikation (vgl. beispielsweise Knoche/Lindgens 1988). Wenn Berichterstattung konsonant ist, dann haben Rezipienten in Bereichen, in denen sie ausschließlich auf Massenmedien angewiesen sind (man nehme die Darstellung von Politikern, die den meisten Bürgern noch nie persönlich begegnet sind), keine Möglichkeit, Informationen selektiv auszuwählen.[6]

Alle geschilderten Sachverhalte deuten auf eine zeitliche Dynamik bei der Entstehung einer Medienwirkung hin. In der Werbung werden auf der Grundlage von solchen langfristigen Wirkungsperspektiven Streupläne entwickelt, die eine Opti-

6 Eine interessante Untersuchung, die in der Form nie repliziert werden konnte, stammt aus den 50er-Jahren und untersuchte den so genannten Sleeper-Effekt (Hovland/Weiß 1951; ein neuerer Überblick findet sich bei Shoemaker/Reese 1991). Wenn eine unglaubwürdige Quelle etwas sagt, dann wirkt das Argument zunächst nicht. Im Laufe der Zeit kommt es aber zu einer Dissoziierung der Verbindung von Quelle und Botschaft, d.h. Rezipienten vergessen, welche Quelle zu der Botschaft gehört. Dadurch, dass dann die Botschaft unabhängig von der Quelle erinnert wird, wird sie wirksam und verändert langfristig die Einstellungen der Rezipienten.

mierung der zeitlichen Abfolge von Werbebotschaften anstreben. Allerdings beobachtet man auch „wear out"-Effekte: Ab einer gewissen Intensität von Werbung stellen sich gegenläufige Effekte ein, das Produkt wird schlechter beurteilt, die Kaufbereitschaft nimmt ab. Es gibt auch mehrstufige Wirkungsketten, die man als *Wirkungskaskaden* bezeichnen kann. In der Werbung ist eine solche Kette als *AIDA*-Modell bekannt. AIDA ist eine Abkürzung, die für Attention-Interest-Desire-Action steht. Ein Werbender muss nach dieser Konzeption zunächst die Aufmerksamkeit erwecken und dann das Interesse für das Produkt steigern, sodass es zu einem Kaufwunsch (desire) kommt. Dieser Kaufwunsch muss dann auch noch in Action, also in der Realisierung des Kaufes, enden.

Eine andere Wirkungskaskade wurde weiter oben schon angedeutet: Wenn beispielsweise durch die *Agenda-Setting*-Funktion die Medien bestimmte Themen in den Mittelpunkt ihrer Berichterstattung stellen, dann führt diese Thematisierung nicht nur dazu, dass Rezipienten dieses Thema für wichtig halten, sondern dass sie daraufhin die Partei, der sie für dieses Thema Kompetenz zutrauen, mit größerer Wahrscheinlichkeit präferieren (vgl. Brosius/Kepplinger 1992). Auch in diesem Fall ist eine Wirkung also nicht auf ein Phänomen beschränkt, sondern es kommt zu mehrstufigen Wirkungsabläufen. Eine ähnliche Form der Wirkungsdynamik findet sich im Modell der Schweigespirale (vgl. Noelle-Neumann 1980). Menschen haben nach dieser Konzeption eine immanente Furcht, sich durch abweichende Meinungen in der Gemeinschaft zu isolieren. Daher werden sie ihre eigene Meinung nicht so bereitwillig äußern, wenn diese eine Minderheitsmeinung ist. Wenn sich Minderheiten jedoch besonders lautstark äußern und Unterstützung in den Massenmedien finden, dann überschätzen viele die Stärke dieser Minderheit. Dies führt dazu, dass sich die Anhänger der Minderheitsmeinung nunmehr ermutigt fühlen, ihre Meinung laut zu äußern, die Anhänger der Mehrheitsmeinung dagegen zunehmend schweigsamer werden. Durch die unterschiedliche Redebereitschaft kommt es zu einem Spiralprozess, bei dem die Minderheitsmeinung irgendwann als Mehrheitsmeinung wahrgenommen wird. Dies kann in einem letzten Schritt zu Meinungsänderungen führen, sodass die Minderheitsmeinung tatsächlich zur Mehrheitsmeinung geworden ist.

Ein in letzter Zeit vielfach untersuchtes Phänomen ist der so genannte Third-Person-Effekt (vgl. Davison 1983; Brosius/Engel 1996). Mehrere empirische Studien konnten zeigen, dass die Menschen glauben, andere werden von Medien stärker beeinflusst als sie selbst. Besonders Eliten wie z.B. Politiker sind für solche Wahrnehmungen anfällig. Der Glauben, dass andere stärker beeinflusst werden, kann in einem zweiten Schritt aber auch das eigene Verhalten bzw. die eigenen Meinungen beeinflussen. So konnte Gunther (1995) beispielsweise zeigen, dass Personen, bei denen der Third-Person-Effekt besonders ausgeprägt ist, eher Zensurmaßnahmen befürworten.

In Bezug auf die Dynamik von Medienwirkungen sind auch Rückkopplungseffekte zu beobachten. Die Verflechtung von Medien und Politik ist ein Beispiel. Viele politische Ereignisse, über die berichtet wird, finden nur statt, weil es Medien gibt. Solche Ereignisse (z.B. Pressekonferenzen) werden von einigen Autoren „Pseudoereignisse" (vgl. Kepplinger 1992) oder Medienereignisse genannt. Dem gegenübergestellt sind genuine Ereignisse, die auch stattfinden, wenn keine Medien dabei sind (z.B. Erdbeben). Es gibt aber auch eine dritte Gruppe von Ereignissen, die zwar auch ohne Medien stattfinden würden, durch die Anwesenheit der Medien aber eine ganz andere Struktur und einen ganz anderen Ablauf bekommen. Sportereignisse oder Parteitage sind „inszenierte Ereignisse“. Dass die Fußballspieler Trikots mit Werbebotschaften tragen, ist eine Folge der Tatsache, dass die Medien über Fußballspiele berichten. Dass Politiker sich in einer ganz bestimmten Art und Weise verhalten, ganz bestimmte Aussagen machen, ist auch eine Folge davon, dass Medien dabei sind. Insofern haben Medien allein durch ihre Anwesenheit eine vielfältige rückkoppelnde Wirkung auf die *öffentliche Meinung*, auf das politische, aber auch auf das *soziale System*.

8 Rezipientenmerkmale: Auf wen wirken Medien?

Die meisten Studien beschäftigen sich mit Wirkungen auf *Individuen* bzw. auf die *Bevölkerung* allgemein und versuchen, die Stärke der Wirkung in der Bevölkerung zu bestimmen. Entsprechend der gängigen Meta-Theorie der selektiven Medienwirkungen werden allerdings nicht alle Personen beeinflusst. Ein wichtiges Ziel von Medienwirkungsstudien ist entsprechend, die durch *soziodemografische* oder *psychologische Merkmale* definierten Rezipienten zu finden, auf die die Medien besonders stark oder schwach wirken. Psychologische Variablen wie Unsicherheit und Ängstlichkeit sind dabei erklärungskräftiger als soziodemografische, weil sie näher am Verarbeitungsprozess angesiedelt sind. Mittlerweile hat die Kommunikationsforschung eine ganze Reihe solcher psychologischer Variablen identifiziert, die Mediennutzung und -wirkung beeinflussen (vgl. im Überblick Rubin/Palmgreen/Sypher 1994). Neben diesen durch psychologische und soziodemografische Merkmale definierten Gruppen sind in letzter Zeit zunehmend auch *„Randgruppen“* untersucht worden. Unter Randgruppen werden dabei Konstellationen von Personen verstanden, die sich durch eine ihnen eigene Sozialisation oder durch eine typische Motiv- oder Interessenlage auszeichnen. Diese Gruppierungen können zum Teil sehr extrem auf Medieninhalte reagieren. Kunczik, Bleh und Maritzen (1993) folgern beispielsweise, dass die meisten Kinder und Jugendlichen nicht von Gewalt in den Medien beeinflusst werden, dass aber wenige, durch ihre Sozialisation bereits Vorgeschädigte, sehr stark reagieren. Brosius und Esser (1995) fanden, dass *fremdenfeindliche* Jugendliche auf die Berichterstattung über die Ausschreitungen von Hoyerswerda, Rostock und Solingen mit einer Flut von Nachahmungstaten reagierten. *Politiker* sind in dem oben definierten Sinne ebenfalls eine Randgruppe. Medien wirken vermutlich – hier fehlen noch Untersuchungen – auf Politiker ganz anders als auf andere Gruppen von Menschen. Politiker sind ja Medieninhalten viel massiver ausgesetzt als jeder von uns. Wenn sie jeden Morgen mit einer Mappe aller Artikel, die über sie erschienen sind, konfrontiert werden, erhalten sie eine wesentlich stärkere Dosis von Medienbotschaften als wir alle. Darüber hinaus reagieren Politiker auf dieses Medienecho ganz anders als normale Rezipienten. Politiker wollen von den Medien positiv dargestellt werden und treffen bestimmte Entscheidungen möglicherweise nur, weil sie einen bestimmten Medientenor erzielen wollen. Ein dokumentiertes Beispiel ist die Ölkrise 1973, als auf massiven Druck von Medien und öffentlicher Meinung ein Sonntagsfahrverbot erlassen wurde (vgl. Kepplinger/Roth 1978). Unter ökonomischen bzw. rationalen Gesichtspunkten war dies eine unnötige Entscheidung, weil dadurch nicht in nennenswertem Umfang Öl eingespart werden konnte. Der erzielte Effekt war vermutlich, dass den Bürgern das Problem der Ölverknappung bewusster wurde.

Trotz der Fülle der Studien sind auch an vielen Stellen noch Forschungslücken. Die Medienwirkungsforschung ist ein vitales Forschungsfeld, das gerade durch die rapiden Änderungen der Medienlandschaft permanent neue Perspektiven eröffnet. Dabei ist es illusorisch, eine Gesamttheorie der Wirkung zu erwarten. Abhängig von der Art des Mediums, den einzelnen Inhalten, ihrer Präsentationsform und den Rezipienten haben sich etliche Theorien mittlerer Reichweite entwickelt, die parallel bestehen und entwickelt werden. Der vorliegende Beitrag konnte die Theorienvielfalt nur anreißen und viele Gedanken nur verkürzt entfalten. Für eine intensivere Beschäftigung mit diesem Gebiet sei auf die zitierte Literatur verwiesen.

Literatur

Becker, Lee B./Schönbach, Klaus (1989): Audience responses to media content diversification: Coping with plenty. Hillsdale.

Berg, Klaus/Kiefer, Marie-Luise (1992): Massenkommunikation IV. Eine Langzeitstudie zur Mediennutzung und Medienbewertung 1964-1990. Baden-Baden.

Berg, Klaus/Kiefer, Marie-Luise (1996): Massenkommunikation V. Eine Langzeitstudie zur Mediennutzung und Medienbewertung 1964-1995. Baden-Baden.

Bonfadelli, Heinz (1999): Medienwirkungsforschung I. Grundlagen und theoretische Perspektiven. Konstanz.

Bonfadelli, Heinz (2000): Medienwirkungsforschung II. Anwendungen in Politik, Wirtschaft und Kultur. Konstanz.

Brettschneider, Frank (2000): Candidate-Voting. Die Bedeutung von Spitzenkandidaten für das Wählerverhalten in Deutschland, Großbritannien und den USA von 1960 bis 1998. In: Klingemann, Hans-Dieter/Kaase, Max (Hrsg.): Wahlen und Wähler. Analysen aus Anlass der Bundestagswahl 1998. Opladen, S. 1-49.

Brosius, Hans-Bernd (1991): Schema-Theorie: Ein brauchbarer Ansatz für die Wirkungsforschung? In: Publizistik, 36. Jg., S. 285-297.

Brosius, Hans-Bernd (1994): Agenda-Setting nach 25 Jahren Forschungsaktivität: Methodischer und theoretischer Stillstand? In: Publizistik, 39. Jg., S. 269-288.

Brosius, Hans-Bernd (1995): Alltagsrationalität in der Nachrichtenrezeption. Ein Modell der Wahrnehmung und Verarbeitung von Nachrichteninhalten. Opladen.

Brosius, Hans-Bernd/Ehmig, Simone C. (1988): Beiträge oder Aussagen: Durch welche Informationseinheiten werden Konfliktbeurteilungen gesteuert? In: Publizistik, 33. Jg., S. 58-70.

Brosius, Hans-Bernd/Engel, Dirk (1996): The causes of third-person effects: Unrealistic optimism, impersonal impact, or generalized negative attitudes towards media influence? In: International Journal of Public Opinion Research, 8. Jg., S. 142-162.

Brosius, Hans-Bernd/Eps, Peter (1993): Verändern Schlüsselereignisse journalistische Selektionskriterien? Framing am Beispiel der Berichterstattung über Anschläge gegen Ausländer und Asylanten. In: Rundfunk und Fernsehen, 41. Jg., S. 512-530.

Brosius, Hans-Bernd/Eps, Peter (1995): Framing auch bei Rezipienten? Der Einfluss der Berichterstattung über fremdenfeindliche Anschläge auf die Vorstellungen der Rezipienten. In: Medienpsychologie, 7. Jg., S. 169-183.

Brosius, Hans-Bernd/Esser, Frank (1995): Eskalation durch Berichterstattung. Massenmedien und fremdenfeindliche Gewalt. Opladen.

Brosius, Hans-Bernd/Esser, Frank (1998): Mythen in der Wirkungsforschung: Auf der Suche nach dem Stimulus-Response-Modell. In: Publizistik, 43. Jg., S. 341-361.

Brosius, Hans-Bernd/Fahr, Andreas (1996): Werbewirkung im Fernsehen. Aktuelle Befunde der Medienforschung. München.

Brosius, Hans-Bernd/Kepplinger, Hans Mathias (1992): Beyond agenda-setting: The influence of partisanship and television reporting on the electorate's voting intentions. In: Journalism Quarterly, 69 Jg., S. 893-901.

Bryant, Jennings/Zillmann, Dolf (1994): Media effects. Advances in theory and research. Hillsdale.

Cantril, C. Hadley (1940): The invasion from Mars: A study in the psychology of panic. Princeton.

Chaiken, Shelley (1980): Heuristic versus systematic information processing and the use of source versus message cues in persuasion. In: Journal of Personality and Social Psychology, 39. Jg., S. 752-766.

Davison, W. Phillips (1983): The third-person effect in communication. In: Public Opinion Quarterly, 47. Jg., S. 1-15.

Donsbach, Wolfgang (1991): Medienwirkung trotz Selektion. Einflußfaktoren auf die Zuwendung zu Zeitungsinhalten. Köln.

Donsbach, Wolfgang/Brosius, Hans-Bernd/Mattenklott, Axel (1993): Die zweite Realität: Ein Feldexperiment zur Wahrnehmung einer Wahlkampfveranstaltung durch Teilnehmer und Fernsehzuschauer. In: Holtz-Bacha, Christina/Kaid, Lynda Lee (Hrsg.): Die Massenmedien im Wahlkampf. Untersuchungen aus dem Wahljahr 1990. Opladen, S. 104-143.

Eckes, Thomas/Six, Bernd (1994): Fakten und Fiktionen in der Einstellungs-Verhaltens-Forschung: Eine Meta-Analyse. In: Zeitschrift für Sozialpsychologie, 25. Jg., S. 253-271.

Ertel, Henner (1990): Erotika und Pornographie: Repräsentative Befragung und psychophysiologische Langzeitstudie zu Konsum und Wirkung. München.

Felser, Georg (1997): Werbe- und Konsumentenpsychologie. Stuttgart.

Festinger, Leon (1957): A theory of cognitive dissonance. Stanford.

Findahl, Olle/Höijer, Birgitta (1985): Some characteristics of news memory and comprehension. In: Journal of Broadcasting & Electronic Media, 29. Jg., S. 379-396.

Friedrichsen, Mike/Vowe, Gerhard (Hrsg.) (1995): Gewaltdarstellungen in den Medien. Opladen.

Früh, Werner (1991): Medienwirkungen: Das dynamisch-transaktionale Modell. Opladen.

Gaziano, Cecilie (1997): Forecast 2000: Widening knowledge gaps. In: Journalism and Mass Communication Quarterly, 74. Jg., S. 237-264.

Gerbner, George/Gross, Larry/Morgan, Michael/Signorelli, Nancy (1994): Growing up with television: the cultivation perspective. In: Bryant, Jennings/Zillmann, Dolf (Hrsg.): Media effects. Advances in theory and research. Hillsdale, S. 17-42.

Graber, Doris A. (1984): Processing the news. How people tame the information tide. New York.

Greenberg, Bradley S./Brand, Jeffrey E. (1994): Minorities and the mass media: 1970s to 1990s. In: Bryant, Jennings/Zillmann, Dolf (Hrsg.): Media effects. Advances in theory and research. Hillsdale, S. 273-314.

Groebel, Jo/Gleich, Uli (1993): Gewaltprofil des deutschen Fernsehprogramms. Eine Analyse des Angebots privater und öffentlich-rechtlicher Sender. Opladen.

Gunther, Albert C. (1995): Overrating the X-rating: The third-person perception and support for censorship of pornography. In: Journal of Communication, 45. Jg., Nr. 1, S. 27-38.

Harris, Richard J. ([3]1999): A cognitive psychology of mass communication. Mahwah.

Holaday, Perry W./Stoddard, George D. (1933): Getting ideas from the movies. New York.

Hovland, Carl I./Janis, Irving L./Kelley, Harold H. (1953): Communication and persuasion. New Haven.

Hovland, Carl I./Weiß, Walter (1951): The influence of source credibility on communication effectiveness. In: Public Opinion Quarterly, 15. Jg., S. 635-650.

Iyengar, Shanto (1990): The accessibility bias in politics: Television news and public opinion. In: International Journal of Public Opinion Research, 2. Jg., S. 1-15.

Iyengar, Shanto (1991): Is anyone responsible? How television frames political issues. Chicago.

Iyengar, Shanto/Kinder, Donald R. (1987): News that matters. Chicago.

Jäckel, Michael (1992): Mediennutzung als Niedrigkostensituation. Anmerkungen zum Nutzen- und Belohnungsansatz. In: Medienpsychologie, 4. Jg., S. 246-266.

Jäckel, Michael (2000): Medienwirkungen. Ein Studienbuch zur Einführung. Opladen.

Jäckel, Michael/Winterhoff-Spurk, Peter (1994): Politik und Medien: Analysen zur Entwicklung der politischen Kommunikation. Berlin.

Kepplinger, Hans Mathias (1982): Die Grenzen des Wirkungsbegriffs. In: Publizistik, 27. Jg., S. 98-113.

Kepplinger, Hans Mathias (1987): Darstellungseffekte. Experimentelle Untersuchungen zur Wirkung von Pressefotos und Fernsehfilmen. Freiburg/Breisgau, München.

Kepplinger, Hans Mathias (1992): Ereignismanagement. Wirklichkeit und Massenmedien. Zürich.

Kepplinger, Hans Mathias (1993): Am Pranger: Der Fall Späth und der Fall Stolpe. In: Donsbach, Wolfgang/Jarren, Otfried/Kepplinger, Hans Mathias/Pfetsch, Barbara (Hrsg.): Beziehungsspiele. Medien und Politik in der öffentlichen Diskussion. Gütersloh, S. 159-220.

Kepplinger, Hans Mathias (1998): Die Demontage der Politik in der Informationsgesellschaft. Freiburg/Breisgau.

Kepplinger, Hans Mathias/Brosius, Hans-Bernd/Dahlem, Stefan (1994): Wie das Fernsehen Wahlen beeinflußt. Theoretische Modelle und empirische Analysen. München.

Kepplinger, Hans Mathias/Brosius, Hans-Bernd/Staab, Joachim Friedrich/Linke, Günter (1989): Instrumentelle Aktualisierung. Grundlagen einer Theorie publizistischer Konflikte. In: Kaase, Max/Schulz, Winfried (Hrsg.): Massenkommunikation. Theorien, Methoden, Befunde (= Kölner Zeitschrift für Soziologie und Sozialpsychologie, Sonderheft 30). Opladen, S. 199-220.

Kepplinger, Hans Mathias/Brosius, Hans-Bernd/Staab, Joachim Friedrich/Linke, Günter (1992): Instrumentelle Aktualisierung. Grundlagen einer Theorie kognitiv-affektiver Medienwirkungen. In: Schulz, Winfried (Hrsg.): Publizistische Medienwirkungen. Weinheim, S. 161-188.

Kepplinger, Hans Mathias/Roth, Herbert (1978): Kommunikation in der Ölkrise des Winters 1973/74. Ein Paradigma für Wirkungsstudien. In: Publizistik, 23. Jg., S. 337-356.

Kim, Min-Sun/Hunter, John E. (1993): Attitude-behavior relations: A meta-analysis of attitude relevance and topic. Journal of Communication, 43. Jg., Nr. 1, 101-142.

Kindelmann, Klaus (1994): Kanzlerkandidaten in den Medien. Eine Analyse des Wahljahrs 1990. Opladen.

Klapper, Joseph T. (1960): The effects of the mass media. New York.

Klingemann, Hans-Dieter/Kaase, Max (1994): Wahlen und Wähler. Analysen zum Anlaß der Bundestagswahl 1990. Opladen.

Knoche, Manfred/Lindgens, Monika (1988): Selektion, Konsonanz und Wirkungspotential der deutschen Tagespresse. Politikvermittlung am Beispiel der Agentur- und Presseberichterstattung über die GRÜNEN zur Bundestagswahl 1987. In: Media Perspektiven, Nr. 8, S. 490-510.

Kroeber-Riel, Werner (1984): Konsumentenverhalten. München.

Krugman, Herbert E. (1965): The impact of television advertising: Learning without involvement. In: Public Opinion Quarterly, 29. Jg., S. 349-356.

Kunczik, Michael (1993): Gewalt im Fernsehen. Stand der Wirkungsforschung und neue Befunde. In: Media Perspektiven, Nr. 3, S. 98-107.

Kunczik, Michael ([4]1998): Gewalt und Medien. Köln.

Kunczik, Michael/Bleh, Wolfgang/Maritzen, Sabine (1993): Audiovisuelle Gewalt und ihre Auswirkungen auf Kinder und Jugendliche. Eine schriftliche Befragung klinischer Psychologen und Psychiater. In: Medienpsychologie, 5. Jg., S. 3-19.

Lang, Gladys E./Lang, Kurt (1981): Mass communications and public opinion: Strategies for research. In: Rosenberg, Morris/Turner, Ralph H. (Hrsg.): Social psychology. Sociological perspectives. New York, S. 653-682.

Lang, Kurt/Lang, Gladys E. (1953): The unique perspective of television and its effect: A pilot study. In: American Sociological Review, 18. Jg., S. 3-12.

Lazarsfeld, Paul F./Berelson, Bernard/Gaudet, Hazel (1944): The people's choice. New York.

Lippmann, Walter (1922): Public opinion. New York.

Lowery, Shearon/DeFleur, Melvin L. ([3]1995): Milestones in mass communication research. Media effects. New York.

McGuire, William. J. (1986): The myth of massive media impact: Savagings and salvagings. In: Public Communication and Behaviour, 1. Jg., S. 175-257.

McLeod, Jack, M./Kosicki, Gerald M./Pan, Zhongdang (1991): On understanding and misunderstanding media effects. In: Curran, James/Gurevitch, Michael (Hrsg.): Mass media and society. London, S. 231-266.

Merten, Klaus (1985): Re-Rekonstruktion von Wirklichkeit durch Zuschauer von Fernsehnachrichten. In: Media Perspektiven, Nr. 10, S. 753-763.

Merten, Klaus (1991): Artefakte der Medienwirkungsforschung. Kritik klassischer Annahmen. In: Publizistik, 36. Jg., S. 36-55.

Merten, Klaus (1994): Wirkungen der Medien. In: Merten, Klaus/Schmidt, Siegfried J./Weischenberg, Siegfried (Hrsg.): Die Wirklichkeit der Medien. Eine Einführung in die Kommunikationswissenschaft. Opladen, S. 291-328.

Morgan, Michael/Shanahan, James (1997): Two decades of cultivation research: An appraisal and meta-analysis. In: Communication Yearbook, 20. Jg., S. 1-45.

Nisbett, Richard E./Ross, Lee (1980): Human inference: Strategies and shortcomings of social judgment. Englewood Cliffs.

Noelle-Neumann, Elisabeth (1973): Konsonanz, Kumulation und Öffentlichkeitseffekt. In: Publizistik, 18. Jg., S. 26-55.

Noelle-Neumann, Elisabeth (1980): Die Schweigespirale. Öffentliche Meinung, unsere soziale Haut. München.

Osgood, Charles E./Tannenbaum. Percy H. (1955): The principle of congruity in the prediction of attitude change. In: Psychological Review, 62. Jg., S. 42-55.

Patterson, Thomas E. (1993): Out of order. New York.

Patterson, Thomas E./McClure, Robert D. (1979): The unseeing eye. The myth of television power in national politics. New York.

Petty, Richard E./Cacioppo, John T. (1986): Communication and persuasion. New York.

Ridder, Christa-Maria/Engel, Bernhard (2001): Massenkommunikation 2000: Images und Funktionen der Massenmedien im Vergleich. Ergebnisse der 8. Welle der ARD/ZDF-Langzeitstudie zur Mediennutzung und -bewertung. In: Media Perspektiven, Nr. 3, S. 102-125.

Rogers, Everett M./Dearing, James W. (1988): Agenda-setting research: Where has it been, where is it going? In: Communication Yearbook, 11. Jg., S. 555-594.

Rössler, Patrick (Hrsg.) (1999): Online-Kommunikation. Opladen.

Rubin, Rebecca B./Palmgreen, Philip/Sypher, Howard E. (1994): Communication research measures: A sourcebook. New York.

Schenk, Michael (1995): Soziale Netzwerke und Massenmedien. Tübingen.

Schenk, Michael (^{2}2002): Medienwirkungsforschung. Tübingen.

Schenk, Michael/Donnerstag, Joachim/Höflich, Joachim (1990): Wirkungen der Werbekommunikation. Köln.

Schneider, Beate/Schönbach, Klaus/Stürzebecher, Dieter (1993): Journalisten im vereinigten Deutschland. Strukturen, Arbeitsweisen und Einstellungen im Ost-West-Vergleich. In: Publizistik, 38. Jg., S. 353-382.

Schönbach, Klaus/Stürzebecher, Dieter/Schneider, Beate (1994): Oberlehrer und Missionare? Das Selbstverständnis deutscher Journalisten. In: Neidhardt, Friedhelm (Hrsg.): Öffentlichkeit, öffentliche Meinung und soziale Bewegungen (= Kölner Zeitschrift für Soziologie und Sozialpsychologie, Sonderheft 34). Opladen, S. 139-161.

Schramm, Wilbur/Lyle, Jack/Parker, Edwin B. (1961): Television in the lives of our children. Stanford.

Schulz, Winfried (1982): Ausblick am Ende des Holzweges. Eine Übersicht über die Ansätze der neuen Wirkungsforschung. In: Publizistik, 27. Jg., S. 49-73.

Shoemaker, Pamela J./Reese, Stephen D. (1991): Mediating the message. Theories of influences on mass media content. New York.

Staab, Joachim F. (1992): Ausstrahlungseffekte von Beiträgen in Fernsehnachrichten. Zur Ursachenattribution bei der Rezeption politischer Medieninhalte. In: Rundfunk und Fernsehen, 40. Jg., S. 544-556.

Tarde, Gabriel (1912): Penal philosophy. Boston.

Tichenor, Philip. J./Donohue, George A./Olien, Clarice N. (1970): Mass media flow and differential growth in knowledge. In: Public Opinion Quarterly, 34. Jg., S. 159-170.

Wagner, Hans (1991): Medien-Tabus und Kommunikationsverbote. München.

Weimann, Gabriel (1994): The influentials: People who influence people. New York.

Weischenberg, Siegfried/Löffelholz, Martin/Scholl, Armin (1994a): Merkmale und Einstellungen von Journalisten. In: Media Perspektiven, Nr. 4, S. 154-167.

Weischenberg, Siegfried/Löffelholz, Martin/Scholl, Armin (1994b): Journalismus in Deutschland. Merkmale und Einstellungen von Journalisten. In: Journalist, Nr. 5, S. 55-69.

Winterhoff-Spurk, Peter (1989): Fernsehen und Weltwissen: Der Einfluss von Medien auf Zeit-, Raum- und Personenschemata. Opladen.

Zillmann, Dolf/Bryant, Jennings (1989): Pornography: Research advances and policy considerations. Hillsdale.

Teil 2

Kommunikationswissenschaftliche Teildisziplinen

Kommunikations- und Mediengeschichte

Jürgen Wilke

1 Begriff und Gegenstand

Die Kommunikations- und Mediengeschichte befasst sich – als historische Teildisziplin der Kommunikationswissenschaft – mit den Ursprüngen und der Entwicklung von (Massen-)Medien und (Massen-)Kommunikation. Der heutige Name für diese Teildisziplin hat sich erst in jüngerer Zeit eingebürgert, obwohl der damit bezeichnete Forschungsbereich bereits eine längere Tradition hat. Da zunächst aber die gedruckte Presse das einzige publizistische Massenmedium war, sprach man üblicherweise von Pressegeschichte, welche sowohl die Zeitung als auch die Zeitschrift umspannte. Auch von „Geschichte des Journalismus" war schon frühzeitig einmal (1845) die Rede (Prutz 1971).

Dem Aufkommen neuer Medien seit dem späten 19. Jahrhundert folgte – in dem gebührenden Abstand, der eine Historisierung bedingt – die Ausdifferenzierung eigener Forschungsgebiete wie Film- und Rundfunkgeschichte. Dies war Teil der Entgrenzung der Zeitungswissenschaft zur Publizistik- und Kommunikationswissenschaft. Indem der Terminus „Medium" dann zum Oberbegriff der genannten Kommunikationstechniken avancierte, weil er ihre Gemeinsamkeit bezeichnet – „technische Mittel zur massenhaften Verbreitung von Aussagen an die Öffentlichkeit" –, wurde „Mediengeschichte" zur Bezeichnung für die Teildisziplin ihrer historischen Untersuchung. Mit der Ausweitung des Medienbegriffs auf jede Art zeichengebundener Vermittlung ist in letzter Zeit auch der Erstreckungsbereich der Mediengeschichte schier uferlos ausgedehnt worden (vgl. Faulstich 1996, 1997, 1998; Hörisch 2001). Um dies zu vermeiden, wird in der Publizistik- und Kommunikationswissenschaft an einem technisch-institutionellen Medienbegriff festgehalten. Die Begriffsbildung „Kommunikationsgeschichte" ist Resultat einer theoretischen Neuorientierung: Dass auch in der historischen Forschung die Institutionenzentriertheit der Mediengeschichte aufgegeben oder zumindest ergänzt wird durch eine mehr prozesshafte Betrachtung, d.h. das Untersuchungsinteresse auf die durch (Massen-)Medien vermittelte gesellschaftliche Kommunikation gerichtet ist (vgl. Lerg 1977; Wilke 2000).

Die Medien- und Kommunikationsgeschichte ist ihrerseits eine integrierende Teildisziplin der Publizistik- und Kommunikationswissenschaft. Denn historisch zu erforschen und darzustellen sind die verschiedenen Elemente und Dimensionen der Medienkommunikation: Dazu gehören ihre technischen Voraussetzungen und deren Fortentwicklung, die politischen und rechtlichen Rahmenbedingungen, die Medieninstitutionen und der Produktionsapparat, die daran beteiligten Personen(gruppen), die Medieninhalte und Programme, ferner die Formen der Präsentation, schließlich die Nutzung der Medien durch die Rezipienten und ihre Wirkungen. Auf diese Dimensionen konzentrieren sich jeweils eigene Forschungsbereiche wie Technikgeschichte, Zensur- und Rechtsgeschichte, Unternehmensgeschichte, Programmgeschichte, Genregeschichte, Rezeptionsgeschichte und Wirkungsgeschichte. Diese müssen in einer umfassenden Medien- und Kommunikationsgeschichte zusammengeführt werden.

Legt man einen technischen Medienbegriff zugrunde, so lässt sich der Beginn vermittelter, massenhafter und öffentlicher Kommunikation auch zeitlich eindeutig datieren: Sie setzt ein mit der Erfindung der Drucktechnik durch Johannes Gutenberg Mitte des 15. Jahrhunderts. In den Jahrhunderten und Jahrtausenden davor gab es keine technischen Medien. Doch ist diese lange Phase historisch nicht ganz außer Betracht zu lassen. Mit dem Auftreten der ersten uns bekannten Schriften Mitte des 3. Jahrtausends v.Chr. setzte der Übergang von der oralen zur literalen Kommunikation ein (vgl. Ong 1987). In der antiken Rhetorik und in den „Acta urbis", der so genannten römischen „Staatszeitung", kann man Vorformen der späteren Massenkommunikation sehen. In zunehmendem Maße gründete die Kommunikation im Mittelalter bereits auf Schriftlichkeit. Von Gutenberg an nahm dann die Geschichte der (Druck-)Medien ihren Anfang. Bis zur Herausbildung der ersten periodischen Zeitungen vergingen jedoch nochmals anderthalb Jahrhunderte. Als ihre Vorstufen und Frühformen können die in dieser Zeit entstandenen Flugblätter, „Newen Zeytungen" und Flugschriften gelten. In der zweiten Hälfte des 17. Jahrhunderts trat die Zeitschrift als zweite Gattung der periodischen Presse hinzu. Dadurch kam es zu einer Funktionserweiterung der Massenkommunikation. Diese blieb bis zum Ende des 19. Jahrhunderts eine Sache ausschließlich der Druckmedien. Dann folgten in immer kürzeren Abständen neue Medien: Zunächst der Film, seit den Zwanzigerjahren des 20. Jahrhunderts der Rundfunk (Hörfunk), seit den Dreißigerjahren das Fernsehen (wenn dieses sich auch erst seit den Fünfzigerjahren durchsetzte).

Der Forschungsbereich der Medien- und Kommunikationsgeschichte erstreckt sich – sieht man von der „Vorgeschichte" in Altertum und Mittelalter ab – somit bisher über rund fünf Jahrhunderte. Seine Grenze zur Gegenwart ist offen und verschiebt sich mit deren Voranschreiten fortlaufend. In dieser kommunikationswissenschaftlichen Teildisziplin werden nämlich nicht nur die weiter zurückliegenden Jahrhunderte der Mediengeschichte erforscht. Es geht darin vielmehr auch um die jüngere Zeitgeschichte. Das „Dritte Reich" (1933-1945) gehört hier ebenso dazu wie die inzwischen durch die deutsche Wiedervereinigung 1990 historisch gewordene Deutsche Demokratische Republik (DDR).

2 Forschungsentwicklung

Die Medien- und Kommunikationsgeschichte verfügt in der Kommunikationswissenschaft über die am längsten zurückreichende Forschungstradition. Denn diese Disziplin – bzw. ihr Vorläufer: die Zeitungswissenschaft – ist in Deutschland im Wesentlichen zunächst aus historischen Erkenntnisinteressen heraus entstanden. Sie fasste seit dem frühen 20. Jahrhundert akademisch Fuß, zu einer Zeit, als die deutsche Universität vom Geist des Historismus durchdrungen war und die Frage nach der historischen Genese für die Geisteswissenschaften weithin konstitutiv war. Andere Ansätze (wie z.B. soziologische) konnten sich daneben zunächst nicht etablieren. So war die Entwicklung der Zeitungswissenschaft in Deutschland über Jahrzehnte hinweg primär historisch geprägt. Biografische Untersuchungen eher über einzelne meinungsbildende Publizisten als Journalisten sowie Monografien über einzelne Zeitungen und Zeitschriften standen im Vordergrund. Ferner wurden

Studien zu Themen und Personen „im Spiegel" der Presse angestellt. Dabei wurden durchaus unterschiedliche historiografische Traditionen wirksam, bei Karl Bücher und seinen Schülern (Emil Dovifat, Walter Schöne) die historische Schule der Nationalökonomie mit einem starken pressewirtschaftlichen Schwerpunkt, bei anderen (z.B. Gerhard Menz) mehr die sozial- und kulturhistorische Betrachtungsweise Karl Lamprechts oder auch eine Erweiterung des literaturgeschichtlichen Arbeitsfelds (z.B. Karl d'Ester).

In auffälligem Kontrast zu dem vorherrschenden historischen Forschungstrieb in der aufstrebenden Zeitungs- und Publizistikwissenschaft begegnete die historische Mutterdisziplin der Presse (zumal der Zeitung) mit Desinteresse und Abwehr. Dabei hatte Johann Gustav Droysen in seiner „Historik" (1868), dem klassischen Lehrbuch der Geschichtswissenschaft des 19. Jahrhunderts, die Zeitungen als Quellen durchaus aufgeführt und sie der Gattung der „Überreste" zugerechnet, die nicht aus der Absicht entstanden sind, der Überlieferung zu dienen. Nachhaltiger wirkten jedoch die Vorbehalte, die Leopold von Ranke gegenüber der Zeitung vorbrachte. Als historische Quelle erschien sie ihm unzuverlässig, von Einseitigkeit, ja Parteilichkeit bestimmt. Sie war deshalb ungeeignet für den Historiker, dessen eigentliche Aufgabe er darin sah, vergangene Ereignisse so zu beschreiben, wie sie wirklich gewesen sind. Die Einwände gegen die Zeitung entsprangen hier einem historischen Essenzialismus, dem Glauben an die Objektivität von Ereignissen, die herauszuschälen Ziel der Geschichtsschreibung sein sollte.

Im frühen 20. Jahrhundert zeigten sich zwar erste Ansätze für einen Wandel im Verhältnis der Geschichtswissenschaft zur Zeitung. Martin Spahn demonstrierte 1908 als erster ihren Wert als historische Quelle (vgl. Wilke 1987). Was Ranke noch als Mangel erschienen war, darin erblickte er gerade einen Vorzug, da sich die „Spiegelung" der Ereignisse in den vielfältigen Perspektiven der Menschen einer Zeit nirgendwo besser als in der Presse erkunden lasse. Auch die Fülle der darin behandelten Themen und ihre Aktualität seien von Nutzen für den Historiker. Ein Augenmerk fand die Presse im Übrigen in der von Karl Lamprecht inaugurierten Kulturgeschichte. Doch beide Anregungen blieben in der Zunft der deutschen Geschichtswissenschaft im Großen und Ganzen folgenlos. Die Zurückhaltung gegenüber der Zeitung als historischer Quelle gab man nicht auf, ja man übertrug sie auch auf die Presse als Gegenstand. Eine geschichtsbildende Rolle wurde ihr kaum irgendwo zugestanden. Daran hat sich lange Zeit, ja mehr oder weniger bis heute nicht allzuviel geändert. Zwar werden Zeitung und Zeitschrift in der Geschichtsschreibung inzwischen nicht mehr in dem Maße ignoriert wie früher. Ihnen werden durchaus relevante Einzelstudien, ja gelegentlich auch grundlegende Arbeiten gewidmet (z.B. Requate 1995; Schildt 1995). Und auch in Gesamtdarstellungen finden sie ihren Platz (Nipperdey 1987, 1990, 1992; Wehler 1987-1995). Doch reflektieren diese oft nur unzulänglich den Forschungsstand. Es fehlt in der Geschichtswissenschaft nach wie vor an einer zureichenden, theoretisch fundierten Vorstellung von der gesellschaftlichen Rolle der Massenmedien.

In der Zeitungs- und Publizistikwissenschaft blieb die historische Perspektive bis in die Zeit nach dem Zweiten Weltkrieg dominierend. Daran begann sich erst etwas zu ändern, als in den Sechzigerjahren des 20. Jahrhunderts die Rezeption der US-amerikanischen sozialempirischen Kommunikationswissenschaft einsetzte. Obwohl diese auf europäische Anregungen zurückging, denen es ihrerseits nicht an historischer Tradition gebrach (vgl. Wilke 1990), traten dadurch jetzt aktuelle Fragestellungen der Massenkommunikation in den Vordergrund, insbesondere psychologische und soziologische. Wissenschaftstheoretisch durch den kritischen Rationalismus begründet, ging damit ein Aufschwung quantitativer Methoden einher. Befragungen, Experimente, Inhaltsanalysen wurden als geeignete Verfahren eingesetzt, um zu generalisierbaren Aussagen zu gelangen. Da bzw. so weit diese Methoden lebender Untersuchungspersonen bedürfen („reaktive Verfahren") und auf die Erforschung kontemporärer medialer Stimuli angelegt sind, konnten sie zur historischen Forschung kaum taugen. Der beschriebene Paradigmenwechsel führte vielmehr dazu, dass die historische Zeitungs- und Publizistikwissenschaft ihre einstige Bedeutung einbüßte, ja in dieser Disziplin an den Rand gedrängt wurde. Wohl entstanden auch weiterhin pressegeschichtliche Studien. Und seit den Sechzigerjahren kam es, angestoßen vor allem durch Winfried B. Lerg (1965), zu einer Welle auch von rundfunkhistorischen Untersuchungen. Den Bedeutungsverlust der historischen Teildisziplin der Publizistik- und Kommunikationswissenschaft hielten diese jedoch ebenso wenig auf wie die seit den Sechzigerjahren publizierte mehrbändige „Geschichte der deutschen Presse" (Lindemann 1969; Koszyk 1966; 1974). Zwar konnte sich diese auf Jahrzehnte unentbehrlich machen, obwohl sie schon zum Zeitpunkt des Erscheinens zu wünschen übrig ließ (vgl. Welke 1974) und vergleichsweise altertümlich anmutete, ohne Bezug zur neueren Kommunikationsforschung. Danach vergingen Jahrzehnte, bis wieder presse- und mediengeschichtliche Überblicksdarstellungen vorgelegt wurden (vgl. Stöber 2000; Wilke 2000).

Wie in anderen Sozialwissenschaften, die ebenfalls eine Enthistorisierung erlebt hatten, kam es in der Kommunikationswissenschaft indessen zu einer Rückkehr historischer Perspektiven, weshalb man geradezu von einer „Rehistorisierung" gesprochen hat. Auch die Geschichtswissenschaft selbst öffnete sich jetzt sozialwissenschaftlichen Fragestellungen. Zu der Wiederbelebung der Medien- und Kommunikationsgeschichte als kommunikationswissenschaftlicher Teildisziplin haben in der Bundesrepublik Deutschland verschiedene Ursachen beigetragen: Auf der einen Seite eine verstärkte pressegeschichtliche Grundlagenforschung, die daran ging, erst eigentlich das Materialobjekt so vollständig wie möglich (und erhalten) nachzuweisen (Bogel/Blühm 1971, 1985; Böning 1996ff.). Hinzu kamen Anstöße, historische und empirische Publizistikwissenschaft miteinander zu verbinden. Dies geschah, indem theoretisch inspirierte Fragestellungen und Konzepte der Publizistikwissenschaft auf ihre historische Dimension befragt bzw. für historische Untersuchungen fruchtbar gemacht wurden (z.B. Wilke 1984). In Verbindung damit wurde zugleich die Inhaltsanalyse als quantitative Methode auch für pressegeschichtliche Untersuchungen eingesetzt.

Mit dem zeitlichen Fortschreiten gerieten zunehmend auch die „modernen" audio-visuellen Medien zu historischen Untersuchungsobjekten. Filmgeschichten waren schon seit den Fünfzigerjahren geschrieben worden, wenn auch primär auf Technik und Produktion oder für Cineasten auf Ästhetik abgestellt (von Zglinicki 1956; Gregor/Patalas 1962). Die Beschäftigung mit der Fernsehgeschichte setzte, von frühen Vorläufern abgesehen (vgl. Goebel 1953), erst später ein. Darstellungen häuften sich hier dann in den Neunzigerjahren (vgl. Uricchio 1991; Kreuzer/Thomsen 1993-1994; Winker 1994; Hickethier 1998). Die Aufarbeitung der Film- und Fernsehgeschichte war jedoch – anders als die Presse- und Rundfunk-(Radio-)Geschichte – weniger im Kernbereich der Publizistik- und Kommunikationswissenschaft angesiedelt als in einer sich strategisch zur Medien- und Kulturwissenschaft ausweitenden Literaturwissenschaft. Untersuchungen literar- und sprachgeschichtlicher Provenienz haben zur Erforschung auch der Frühgeschichte der Presse beigetragen (vgl. z.B. Schilling 1990; Fritz/Straßner 1996).

3 Quellen und Quellenprobleme

In der Medien- und Kommunikationsgeschichte ist man wie in jeder historischen Forschung auf Quellen angewiesen. Die Primärquellen bilden die Medienprodukte selbst, also zunächst Zeitungen (einschließlich ihrer Vorläufer wie Flugblätter, Flugschriften und Messrelationen) sowie Zeitschriften. Dass es sich bei den Druckmedien um Speichermedien handelt, hat für den Forschungsprozess im Prinzip zwei Vorteile, nämlich den Erhalt und die Zugänglichkeit. Allerdings sind Zeitungen als aktuelle, an den Tag gebundene Erzeugnisse lange Zeit nicht als ein lohnendes historisches Sammelobjekt betrachtet worden. Deshalb ist ihre Überlieferung zumal für frühere Jahrhunderte oft lückenhaft. Anders war dies bei den Zeitschriften, die wegen ihres wissenschaftlichen oder literarischen Inhalts oft aufbewahrt und jahrgangsweise gebunden wurden. Deshalb sind Zeitschriften auch frühzeitiger und vollständiger bibliografisch verzeichnet und erschlossen worden (vgl. Kirchner 1928/32, 1969-1989).

Seit den Sechzigerjahren des 20. Jahrhunderts wurden auch verstärkt Bemühungen unternommen, die in Bibliotheken und Archiven erhaltenen Zeitungssammlungen systematisch zu erfassen und in Bestandsverzeichnissen nachzuweisen. Dies geschah zunächst für das 17. Jahrhundert (vgl. Bogel/Blühm 1971, 1985). Ergänzt und über das 18. Jahrhundert hinweg weitergeführt wird dies inzwischen durch biobibliografische Handbücher, welche die Produktion periodischer Druckschriften in den großen Pressezentren des deutschsprachigen Raums dokumentieren. Bearbeitet wurden zunächst Hamburg und Altona, die „Doppelhauptstadt" des deutschen Pressewesens; nächstens wird Leipzig folgen (vgl. Böning 1996ff.). Erst damit werden die historischen „Presselandschaften" in Deutschland in ihrer ganzen Breite überschaubar. Mit den Mitteln heutiger Computertechnik ist in den Neunzigerjahren, gefördert von der Österreichischen Akademie der Wissenschaften, eine Datenbank der Wiener Presse 1889-1997 aufgebaut worden, die – bisher einzig in ihrer Art – für Sekundäranalysen zur Verfügung steht (vgl. Melischek/Seethaler 1992, 1997). Eine gleichartige Datenerhebung ist für die Berliner Presse der Weimarer Republik erprobt worden (vgl. Melischek/Seethaler 1995).

Nachteilig für die historische Zeitungsforschung war außer der mangelnden Bestandskenntnis auch die Verstreutheit und Lokalgebundenheit der Bestände. Hierfür ist durch die vorerwähnten Verzeichnisse wie auch anderweitig bibliografisch Abhilfe geschaffen worden (vgl. Hagelweide 1974). Einen entscheidenden Fortschritt für die Zugänglichkeit der Presseorgane brachte die ebenfalls seit den Sechzigerjahren systematisch betriebene Mikroverfilmung. Wesentlich verdient gemacht hat sich darum das beim Dortmunder Institut für Zeitungsforschung angesiedelte Mikrofilmarchiv der deutschsprachigen Presse (MFA 1998). Die Verfilmung hat nicht nur der Erhaltung verfallsbedrohter Pressebestände gedient, sondern sie hat zugleich den Zugang dazu verbessert.

Historische Forschung zu den neueren auditiven und audio-visuellen Medien steht vor anderen Problemen hinsichtlich der Primärquellen. Der Film als chemisch fixiertes Vorführ-Medium zirkulierte früher nur in begrenzter Kopienzahl. Erhalten blieben solche, welche primär in Filmarchiven und Filmmuseen gesammelt wurden (so etwa beim Deutschen Institut für Filmkunde in Frankfurt/Main und bei der Deutschen Kinemathek in Berlin). Mit der Speicherung auf Videobändern wurde auch für Filme die Zugänglichkeit verbessert, zumal seitdem das Fernsehen zu einer vorrangigen Abspielstätte von Streifen auch älterer Produktion geworden ist. Künftig kommt – wie für andere Medienprodukte – hier auch die CD-ROM als Speichermedium, insbesondere in Form der DVD (Digital Versatile-Disc), infrage.

Dagegen steht bei den elektronischen Funkmedien die Flüchtigkeit der Ausstrahlung von Sendungen der Forschung als Erschwernis entgegen. Tondokumente aus der Frühzeit des Radios sind nur zu einem geringen Teil erhalten. Das gilt auch noch für die Anfänge des Fernsehens. Ersatzweise muss man hier deshalb auf gedruckte Quellen zurückgreifen, in denen diese Medien ihren Niederschlag gefunden haben, vor allem auf die Programmpresse oder auf gesendete Manuskripte. Mit dem Aufkommen von Speichermedien, erst dem Tonband, dann Kassetten und Videobändern, war das Problem der Erhaltung von Programmbeständen in Hörfunk und Fernsehen technisch im Prinzip zwar gelöst. Das heißt aber nicht, dass dies auch praktisch durchweg praktiziert wurde. Denn die Rundfunkanstalten verstehen sich nicht als historische Dokumentationszentren, sondern sie betreiben Programmarchivierung zum Eigengebrauch. Deren Nutzung für Forschungszwecke wird durch horrende Preise für die Abgeltung anfallender Dienstleistungen bei Überspielungen behindert. Jede der Rundfunkanstalten hat zudem ihr eigenes Archiv. Als zentrale Dokumentationsstelle ist das Deutsche Rundfunkarchiv in Frankfurt/Main (DRA) zu nennen, das über größere historische Ton- und Bildressourcen verfügt und diese auch für die Forschung erschließt und zugänglich macht. Die Programm- und Quellenbestände des Rundfunks der ehemaligen DDR sind in einer Außenstelle des DRA in Potsdam-Babelsberg zusammengeführt worden. Erleichtert werden könnte der Zugang zu audio-visuellen Primärquellen durch eine Deutsche Mediathek. Die seit längerem diskutierten Pläne, mit einer solchen Einrichtung zur Sicherung des „audio-visuellen Gedächtnisses" beizutragen, sind bisher leider nicht realisiert worden. Eine Unterbringung im Sony-Center am Potsdamer Platz in der Nachbarschaft des Filmmuseums Berlin scheiterte.

Außer auf Primärquellen ist die Erforschung der Medien- und Kommunikationsgeschichte auf Sekundärquellen angewiesen. Dafür kommen alle Quellen infrage, die in irgendeiner Weise etwas zur historischen Rekonstruktion dieses Objektbereichs beitragen können. Die Eignung der Quelle bestimmt sich nach den jeweiligen medien- und kommunikationsgeschichtlichen Fragestellungen; andererseits sind diese in ihrer Untersuchbarkeit davon abhängig, dass einschlägige Quellen überhaupt vorhanden sind.

Die Sekundärquellen lassen sich nach ihrer Herkunft, ihrem Gehalt und ihrer Zuordnung zu den Elementen des Massenkommunikationsprozesses unterscheiden. Klassische historische Quellenbestände, wie sie sich vor allem in amtlichen Archiven finden, erhellen vorzugsweise die Beziehungen zwischen Staat und Presse (Medien). Die dadurch bedingte, vergleichsweise ergiebige Quellenlage hatte zur Folge, dass die obrigkeitliche Medienkontrolle (Zensur) besonders ausgiebig erforscht wurde, wobei noch die territoriale Zersplitterung in Deutschland auch in dieser Hinsicht mit ausschlaggebend war (vgl. u.a. Fischer 1982). Noch mehr Anlass, den Zusammenhang mit dem politischen System zu thematisieren, bestand bei der Entwicklung elektronischer Medien. Denn diese sind organisatorisch von Beginn an durch staatliches Handeln reguliert worden, und dies nicht nur in Zeiten totalitärer Herrschaft, wie im „Dritten Reich“ und in der DDR, sondern auch – wenngleich in anderer Form – unter den demokratischen Verhältnissen der Weimarer Republik und der Bundesrepublik Deutschland.

Daneben blieben andere Aspekte der Medien- und Kommunikationsgeschichte unterbelichtet, und zwar z.T. allein schon aufgrund der Tatsache, dass es an einschlägigen Quellenbeständen fehlt. Davon betroffen ist etwa die privatwirtschaftliche Seite der Mediengeschichte. Unternehmensarchive des Pressegewerbes sind zumeist nicht vorhanden bzw. nicht erhalten geblieben (u.a. durch Kriegseinwirkung zerstört), und wenn, dann eher auch von literarischen als rein publizistischen Verlagen wie z.B. demjenigen von Johann Friedrich Cotta. Auch die Nachlässe von Journalisten ließ man in der Regel – anders als bei berühmten Literaten, Politikern oder Filmkünstlern – der Vergessenheit anheim fallen. Somit sind der historischen Erforschung der Medienproduktion und Medienproduzenten quellenmäßig vielfach Grenzen gesetzt.

Ordnet man die Quellen den einzelnen Elementen des Massenkommunikationsprozesses zu, so braucht man zunächst solche, die über die Kommunikatoren Auskunft geben. Damit sind jene Personen gemeint, die an der Produktion und Distribution von publizistischen Medien beteiligt sind. Notwendig sind hier in erster Linie lebens-, berufs- und werkgeschichtliche Quellen. Für die Inhalte und Formen der Massenkommunikation sind die Medienprodukte selbst die Primärquellen. Versteht man unter „Medium” den „Kommunikationskanal”, so sind technikgeschichtliche Quellen gefragt. Dies können einesteils wiederum biografische sein. Doch besitzen hierfür in neuerer Zeit die Fach- und Branchenpresse eine bevorzugte Bedeutung. Mit dem Adressaten oder Empfänger im Massenkommunikationsprozess befassen sich die historische Rezeptions-, Publikums- und Wirkungsforschung. Die Quellen früherer Jahrhunderte liefern hierfür selbstverständlich nicht Daten, wie sie in der Gegenwart erhoben werden (können). Immerhin sind gelegentlich Abonnenten-, Subskriptions- oder Pränumerationslisten von Presseorganen überliefert. Auch Lektürebestandsverzeichnisse vermitteln ein Bild z.B. von den Lesegesellschaften des 18. Jahrhunderts. Seit den Zwanzigerjahren des 20. Jahrhunderts gibt es (aufgrund des Kartenverkaufs) Daten über den Kinobesuch und (aufgrund der Empfangsgenehmigungen) über die Anzahl der angemeldeten Radiogeräte. Die erste Befragung zur Soziologie des Kinopublikums wurde 1913 durchgeführt (vgl. Altenloh 1914). Mit fortschreitender Zeit sind die Daten der quantitativen Leser-, Hörer- und Zuschauerforschung, deren Erhebung sich nach dem Zweiten Weltkrieg in Deutschland (nach amerikanischem Vorbild) durchsetzte, ihrerseits selbst zu Quellen der Geschichtsschreibung geworden. Dies gilt übrigens generell für früher gemachte Befunde der Kommunikationswissenschaft, innerhalb der Kommunikatorforschung nicht weniger als in der Rezipientenforschung.

Schwieriger noch als die Rezeption lässt sich historisch die Wirkung der Medien rekonstruieren, sofern man an jener nicht allein schon diese ablesen will. In der historischen Wirkungsforschung muss man ebenso wie in der heutigen den Begriff der Medienwirkung definieren und zwischen einer Makro- und Mikroperspektive unterscheiden, also zwischen gesellschaftlichen und individuellen Medienwirkungen. Je nachdem richtet sich der Bedarf an (zusätzlichen) Quellen, die als historische leider vielfach keine hinreichend präzisen Antworten auf dic dazu gestellten Forschungsfragen erlauben. Eine Quelle, die historisch stellvertretend für Wirkungsfragen genutzt werden kann, aber kritisch bewertet werden muss, sind die seit der zweiten Hälfte des 19. Jahrhunderts bis zum Zusammenbruch des „Dritten Reiches" vorliegenden amtlichen Stimmungsberichte (vgl. Stöber 1998).

4 Methoden und Theorien

Zur Erforschung der Medien- und Kommunikationsgeschichte stehen verschiedene Methoden zur Verfügung. Zunächst einmal sind es die hermeneutischen der herkömmlichen Geschichtswissenschaft auch. Diese sind in dieser kommunikationswissenschaftlichen Teildisziplin lange Zeit die beherrschenden, ja die einzig üblichen gewesen. Dabei war es gerade die in der klassischen Geschichtswissenschaft entwickelte strenge Quellenkritik, der die Presse selbst in den Augen der Historiker nicht standhielt. Sie deshalb als unzulänglich zu betrachten, ist aber nur zu begründen, wenn man von Medien eine objektive Wiedergabe der Wirklichkeit erwartet. Wählt man dagegen einen konstruktivistischen oder rezeptionstheoretischen Ansatz, so entfällt dieser Einwand. Nichtsdestotrotz ist die historische Quellenhermeneutik auch für die Medien- und Kommunikationsgeschichte unverzichtbar. Zu fragen ist bei den Quellen nach Authentizität, Herkunft, Vollständigkeit, Lücken, (Sinn-)Gehalt, Zielrichtung usw.

Wenn man sich mit der jüngeren Medien- und Kommunikationsgeschichte beschäftigt, kommen neben den stofflich „sedimentierten" Quellen auch Interviews mit Betroffenen und Zeitzeugen, also Methoden der „oral history", infrage. Das dadurch gewonnene Material muss jedoch einer besonders kritischen Prüfung unterzogen werden, da es nicht nur wegen menschlicher Erinnerungslücken fehleranfällig ist, sondern auch wegen subjektiv intendierter (Selbst-)Darstellungsbedürfnisse. Dennoch können dergleichen Befragungen hilfreich und lohnend sein, um bestimmte offene Fragen zu klären oder individuelle Sichtweisen und Reaktionen in Betracht zu ziehen.

Zur Erforschung der Medien- und Kommunikationsgeschichte sind in den letzten Jahren zunehmend auch quantitative Verfahren eingesetzt worden. Kennzeichnend für sie ist, dass gezählt und gemessen wird, d.h. bestimmten Ausprägungen der Wirklichkeit Zahlen zugeordnet werden. Absicht und Vorteile des Messens liegen in der durch Quantifizierung zu erreichenden Genauigkeit (wo sonst nur von „oft" oder „selten" die Rede ist), in den möglichen Rechenoperationen sowie in der Möglichkeit, Relationen zwischen gemessenen Untersuchungsgrößen bestimmen zu können. Quantitative Verfahren sind gerade geeignet, häufig, ja massenhaft und gleichförmig auftretende Sachverhalte zu erfassen, wie es zumal bei Erscheinungen der Massenkommunikation der Fall ist. Während die herkömmliche historische Quellenhermeneutik einen Hang zur Individualisierung hat, sind sie dazu prädestiniert, Strukturen zu beschreiben und zu erklären. Daher treten quantitative Verfahren durchaus mit dem Anspruch auf größere Evidenz und Geltungskraft der Ergebnisse auf.

Quantitative Verfahren können in der Erforschung der Medien- und Kommunikationsgeschichte auf mehreren Ebenen und auf verschiedene Arten verwendet werden. Zunächst ist zu trennen zwischen der Auswertung vorhandener und der Erhebung neuer, bisher unbekannter Daten. Vorhandene Daten auszuwerten, setzt das Vorhandensein einschlägiger Datenquellen voraus. Dies ist, was die Massenmedien angeht, zwar für die jüngere, nicht aber für die ältere Vergangenheit der Fall. Für Letztere hat allenfalls die historische Demografie allgemeine Datenreihen ermittelt (vgl. Mitchell 1980; Flora u.a. 1983). Bevölkerungszahl und Bildungsstand sind hiervon am ehesten mediengeschichtlich relevant. An spezifischen Daten wie z.B. Auflagenzahlen und Preisangaben fehlt es in älterer Zeit zumeist. Für die jüngere Mediengeschichte sind systematische Datensammlungen in weit größerem Umfang vorhanden, und zwar sowohl für die Presse als auch für Film, Hörfunk und Fernsehen. Neben Produktionsdaten fehlt es auch nicht an Rezeptionsdaten. Auf die kontinuierlichen Untersuchungen der Leser-, Hörer- und Zuschauerforschung wurde schon hingewiesen. Sie sind jedoch ganz überwiegend für die Interessen der Werbewirtschaft erhoben worden, was ihren Wert für andere Fragestellungen einschränkt. Im Grunde gilt dies auch für die seit 1964 in Mehrjahresintervallen durchgeführte „Massenkommunikations"-Studie zur Mediennutzung und Medienbewertung (vgl. Kiefer 1996).

Werden im Gefolge der vorgenannten Fälle praktisch vorhandene Daten ermittelt und für medienhistorische Fragestellungen aufbereitet (möglicherweise einer Sekundäranalyse unterzogen), so ist es etwas anderes, wenn entsprechend relevante Sachverhalte durch Zähl- und Messverfahren eigens quantifiziert werden. Da retrospektiv lediglich die Medienprodukte überliefert und zugänglich sind, weder aber ihre Produzenten noch Rezipienten befragt werden können, bieten sich quantitative Verfahren vorzugsweise für die Analyse von Medieninhalten an. Doch lassen sich aufgrund prozessproduzierter Daten auch Lebensläufe (z.B. von Journalisten) in größerer Fallzahl statistisch erfassen und zu einer „kollektiven" Biografie zusammenfügen (vgl. Schmid 2000). Auch lassen sich medienhistorische Sekundärquellen quantitativ auswerten, z.B. amtliche Stimmungsberichte (vgl. Stöber 1998). Das schmälert jedoch nicht die Vorrangsstellung quantitativer Inhaltsanalysen auch in der historischen Medienforschung. Wegen der historischen Tiefendimension und wegen der einfacheren Zugänglichkeit der Primärquellen bieten sich dafür in erster Linie Zeitungen (und Zeitschriften) an. Hörfunk- und Fernsehsendungen kommen dafür aber im Prinzip gleichermaßen infrage, sofern die Primärquellen verfügbar gemacht werden können.

Die Geschichtsschreibung klassischer Provenienz, der es auf eine möglichst getreue Rekonstruktion der Vergangenheit ankam, war erklärtermaßen theorieabstinent. Theorien werden hier verstanden als Annahmen über Zusammenhänge zwischen Tatsachen und ihnen zugrunde liegenden allgemeineren Gesetzmäßigkeiten. Allerdings ist sehr wohl zu fragen, ob in der scheinbar voraussetzungslosen Geschichtsschreibung nicht häufig implizit Theorien unterstellt worden sind. Schon die gewählte Methodik besitzt stets gewisse theoretische Implikationen. So ist die herkömmliche, deskriptiv-singularisierende ideografische Quellenarbeit der Historiker darauf angelegt, geschichtliche Fakten auf individuelle Absichten und Motive zurückzuführen und diese dadurch zu „verstehen". Empirisch-quantitative Verfahren dienen dagegen eher der Strukturanalyse, der Prüfung von Hypothesen und der Erklärung von historischen Sachverhalten aus ihren Ursachen.

Mittlerweile hat sich die disziplingeschichtliche Konstellation jedoch verändert. Die Geschichtswissenschaft ist ihrerseits seit einiger Zeit dabei, ihre Theorieabstinenz aufzugeben und sich sozialwissenschaftlichen Theoriebeständen gegenüber zu öffnen. Einen Trend zu stärker theoretisch inspirierten Untersuchungen gibt es auch in der Medien- und Kommunikationsgeschichte. Diese sollen traditionelle historische Arbeitsweisen hier zwar nicht verdrängen. Sie reichen mit ihrer wissenschaftlichen Erklärungskraft aber nicht selten weiter als jene und sind daher mehr als eine bloße Ergänzung. Gerade im Anschluss an heutige Erscheinungen der Massenkommunikation und ihre theoretische Erklärung kann untersucht und beschrieben werden, wie sich diese langfristig herausgebildet und verändert haben.

Indes sind in der Medien- und Kommunikationsgeschichte ganz unterschiedliche Theorieverständnisse anzutreffen. Einerseits sind diese normativer Art, entweder ästhetisch oder politisch. Ersteres gilt etwa für große Teile der Filmgeschichtsschreibung (wofür Siegfried Kracauer [1964] ein „Ahnherr" ist), Letzteres für die einflussreiche Theorie des Strukturwandels der Öffentlichkeit von Jürgen Habermas (1962). Bei solchen normativen Theorien ist zu fragen, ob und inwieweit sie mit den historischen Fakten in Einklang stehen. Was Habermas' Konzeptualisierung von bürgerlicher Öffentlichkeit angeht, so ist diese bestritten worden. Das weist auf die unabdingbare Bedeutung faktengerichteter mediengeschichtlicher Forschung hin. Andere theoretische Ansätze haben eher deskriptiven Charakter, so etwa das in der medienwissenschaftlichen Fernsehgeschichtsschreibung beliebte Theorem des „medialen Dispositivs", womit die jeweilige, durch Technik und Organisation des Mediums bedingte „Wahrnehmungsanordnung" (Hickethier 1991, 1998) gemeint ist. Mediengeschichte wird hier als deren Veränderung und „Modernisierung" beschrieben. Auch der Übernahme „ganzheitlicher" soziologischer Theorien begegnet man, etwa von Norbert Elias' psychogenetischer Zivilisationstheorie (vgl. Ludes 1995). Davon abzuheben sind empirisch gehaltvolle, sozial- und (im engeren Sinne) kommunikationswissenschaftliche Theorien, die historisch fruchtbar gemacht werden können. Als Beispiel dafür ist die Theorie der Nachrichtenauswahl anzuführen, die auch retrospektiv für Untersuchungen unterschiedlicher zeitlicher Erstreckung fruchtbar gemacht wurde (vgl. Wilke 1984). Doch können medien- und kommunikationsgeschichtliche Studien auch an andere derartige Theorien anknüpfen (z.B. Agenda-Setting, Meinungsklima, Imagebildung, Konsonanz, Selbstreferenzialität der Medien). Im Rückgriff auf solche Theorien kann die Medien- und Kommunikationsgeschichte einen ergänzenden Beitrag auch zur Geschichtsschreibung der Historiker liefern, denen diese Erklärungsansätze in der Regel unbekannt sind. Als Beispiel hierfür sei die Rolle der Presse im Vorfeld des Ersten Weltkriegs genannt (vgl. Rosenberger 1998).

5 Forschungsfelder und Forschungsfragen

Wie in aller historischen Forschung kommt es in der Kommunikations- und Mediengeschichte auf eine möglichst faktengetreue, quellenbasierte Rekonstruktion von Handeln, Zuständen und Prozessen in der Vergangenheit an. Daran besteht jedoch nicht nur ein antiquarisches Interesse, also zu wissen, „wie etwas gewesen ist". Vielmehr sollen aus der Geschichte auch Sachverhalte und Vorgänge erklärt werden, also wie sich bestimmte kommunikations- und mediengeschichtliche Erscheinungen herausgebildet haben, oder welche historische Dimension diese besitzen. Damit kann diese Teildisziplin auch zur Selbsterkenntnis der Gegenwart beitragen.

5.1 Vor- und Frühgeschichte der Massenkommunikation

Legt man einen technisch-institutionellen Medienbegriff zugrunde, so erscheint die Zeit vor der Erfindung der Drucktechnik lediglich als Vorphase der Massenkommunikation. Gleichwohl gab es schon in der Antike Formen öffentlicher Kommunikation, die hierfür relevant sind: Genannt wurden bereits die Rhetorik bei den Griechen und Römern, die in Phasen der Demokratie und Republik erblühte, ferner die „Acta Urbis", offizielle Anschläge am Forum Romanum. Auch das Nachrichtenwesen war im Altertum bereits weit entwickelt. Historiker und Literaturwissenschaftler sind dabei, mediale Aspekte der Vermittlung und einen „Medienwandel" auch schon im Mittelalter zu entdecken und zu beschreiben.

Für eine auf technische Vervielfältigung abhebende Kommunikations- und Mediengeschichte bildet(e) Johannes Gutenbergs Erfindung des Drucks mit beweglichen Lettern (um 1450) die Initialzündung. Wie es dazu kam, ist von einer grundlegenden Bewandtnis, sodass sich um die Details vorzugsweise die Druck- und Buchforschung kümmerte. Doch führte diese Erfindung rasch auch zur Entstehung von Druckwerken, die als Vorläufer der späteren periodischen Presse gelten können: Einblattdrucke und Flugblätter primär zur Information und Flugschriften zur Meinungsbildung und Propaganda. Diese Medien erlebten ihre erste Blütezeit in der Reformation, ja diese wäre ohne sie überhaupt nicht möglich gewesen. Dem ersten neuzeitlichen Kommunikationsereignis widmen sich bis heute immer wieder auch mediengeschichtliche Studien (vgl. u.a. Heintzel 1998).

5.2 Entstehung und Ausbreitung der Zeitung

Nahe liegenderweise interessierte sich die frühe Pressegeschichtsschreibung vor allem für die Frage nach den ersten Zeitungen. ›Aviso‹ und ›Relation‹, beide aus dem Jahr 1609 überliefert, sind die ältesten erhaltenen Zeitungen. Ihre wöchentliche Erscheinungsweise betrachtet man dafür als ausschlaggebendes Kriterium. Periodika, die vorangegangen waren, wie die Messrelationen (halb-/jährlich seit 1583, vgl. Bender 1994) oder das Monatsblatt (›Annus Christi‹, 1597), erfüllten das publizistische Merkmal des regelmäßigen Erscheinens und damit auch der Aktualität nur unzureichend. Nach neueren Befunden ist bereits 1605 als „Geburtsjahr" der ›Relation‹ anzunehmen. Weil die Frage der Herkunft der beiden ersten Wochenblätter im Vordergrund stand, hat eine systematische, vergleichende Untersuchung ihres Inhalts lange auf sich warten lassen (vgl. Schröder 1995).

Im 17. Jahrhundert nahm die Zahl der Zeitungen im deutschsprachigen Raum rasch zu, und sie war größer als in allen anderen europäischen Ländern zusammengenommen. Die Vielfalt war hier eine Folge der deutschen Kleinstaaterei. Dies hat zahlreiche lokalgeschichtliche Studien über die Anfänge der Presse nach sich gezogen. Trotz ihrer begrenzten Optik bilden sie bis heute eine unentbehrliche Grundlage der Pressegeschichtsschreibung. Nach den Druckern, die die Zeitungen herstellten, fiel den Postmeistern eine wichtige Rolle für die Nachrichtenbeschaffung und den Zeitungsvertrieb zu. Doch waren Letztere gegenüber Ersteren von geringerer Relevanz. Die Drucktechnik war schon bald nach ihrer Erfindung unter zunächst kirchliche und dann staatliche Aufsicht geraten. Die etablierte Zensur wurde dann auch auf die Zeitungen übertragen. Neben zentralen kaiserlichen Bestimmungen gab es solche auf der Ebene der Territorialherren. Deshalb bietet sich in Deutschland auch hier schon von früh an ein recht vielfältiges Bild (vgl. u.a. Fischer 1982).

5.3 Entstehung der Zeitschrift

Nur wenige Jahrzehnte nach der Zeitung entstand eine andere Gattung der periodischen Presse, die Zeitschrift. Indem sie spezielle Themeninteressen befriedigt(e), dient(e) sie einer funktionalen Erweiterung der Massenkommunikation. Sieht man von einem untauglichen, nationalistisch gefärbten Versuch ab, die Priorität auch bei dieser Pressegattung für Deutschland zu reklamieren, ist unbestritten, dass das französische ›Journal des Sçavants‹ (1665ff.) als erste Zeitschrift anzusehen ist. Typenprägend waren in Deutschland die ›Acta Eruditorum‹ (1682ff., in lateinischer Sprache) und die ›Monatsgespräche‹ (1688ff.) des Christian Thomasius. Im 18. Jahrhundert wuchs die Zahl der Zeitschriften stark an und diese diversifizierten sich in eine ganze Reihe verschiedener Typen. So hat man geradezu von einem „Jahrhundert der Zeitschrift" gesprochen. Aus den schon weiter oben genannten Gründen fanden Zeitschriften größere Aufmerksamkeit als Zeitungen. Das kam insbesondere bestimmten Typen zugute, der Moralischen Wochenschrift sowie der literarischen oder der historisch-politischen Zeitschrift (vgl. Martens 1968; Wilke 1978; Max 1942). Die systematische bibliografische Erfassung ermöglichte auch Gesamtdarstellungen der Zeitschriftengeschichte (vgl. Kirchner 1958/1962). Neuerdings angestiegen ist das Interesse für die Frauenzeitschriften (vgl. Weckel 1998).

5.4 Reichweite, Inhalt, Kontrolle der Presse

Nicht grundlos ist von einer zeitweiligen Überbewertung der Zeitschrift in der Pressegeschichte gesprochen worden (vgl. Welke 1977). Denn man habe übersehen, dass Zeitschriften oft nur kurzlebig waren, nur geringe Auflagen hatten und insgesamt geringere Reichweiten erzielten als die Zeitungen. Multiplikationseffekte kamen vor allem durch die kollektiven Formen der Lektüre zustande. Für die Gesamtreichweite der frühen Druckmedien liegen zumindest Schätzungen vor. Bei 30.000 Zeitungsexemplaren ist um 1700 mit einem Publikum von 300.000 Rezipienten pro Ausgabe zu rechnen. Deren Zahl verzehnfachte sich bis 1800. Erst spät setzte im 18. Jahrhundert in Deutschland der Kampf um Pressefreiheit ein. Angebliche frühere Maßnahmen der Liberalisierung, etwa unter Friedrich dem Großen in Preußen, erwiesen sich als Legende. Wohl aber ließ sich bei diesem schon die Instrumentalisierung von Zeitungen zur gezielten Nachrichtenpolitik nachweisen. Neben solchen Fragen ist der Inhalt der Zeitungen in der Forschung lange Zeit zu kurz gekommen. Dabei wurde über ungeheuer viele Ereignisse und Vorgänge berichtet. Es dominierten allerdings politisch-militärische Nachrichten, und zwar solche aus anderen Ländern (vgl. Wilke 1984). Höhepunkte dafür stellten die Amerikanische und die Französische Revolution dar.

5.5 Presse im 19. Jahrhundert

Die Entwicklung der Presse war in Deutschland im 19. Jahrhundert durch widerstreitende Trends und wiederholte Brüche bestimmt (vgl. Wilke 2000). Staatliche

Maßnahmen wirkten immer wieder retardierend, so zunächst diejenigen Napoleons und dann die Wiedereinführung der Vorzensur durch die Karlsbader Beschlüsse 1819. Deren Zustandekommen und die dadurch bedingten Verbote sind jedoch wiederum besser erforscht als ihre tatsächlichen Auswirkungen im Inhalt der Zeitungen. Ein neuerlicher Rückschlag folgte den Errungenschaften, die für die Presse in der Revolution von 1848 erzielt wurden. Erst das Reichspressegesetz von 1874 brachte die Pressefreiheit. Eine retardierende Wirkung hatte auch das im 18. Jahrhundert eingeführte staatliche Anzeigenmonopol, das Anzeigen und die daraus zu erzielenden Einnahmen den politischen Zeitungen vorenthielt. Anzeigen mussten vielmehr in eigenen Organen, den „Intelligenzblättern", erscheinen, die sich hierauf jedoch bald nicht mehr beschränkten, sondern auch anderen redaktionellen Stoff aufnahmen. Trotz dieser Einschränkungen expandierte die Zahl der Zeitungen im 19. Jahrhundert stark, zumal nach der Aufhebung des Intelligenzzwangs (in Preußen 1850) und der Gewährleistung der Pressefreiheit. Ähnliches gilt für die Zeitschriften, deren Spektrum sich durch neue Typen erweiterte, u.a. durch Satireblätter und Illustrierte (vgl. Koch 1991).

Nach der Unterdrückung im so genannten Vormärz (1819-1848) entwickelte sich das Zeitungswesen in der zweiten Hälfte des 19. Jahrhunderts in zwei Richtungen. Einerseits, dem sich durchsetzenden Konstitutionalismus und Parlamentarismus folgend, zur Meinungs- und Parteipresse. Andererseits zur Massenpresse, welche sich im Typ des Generalanzeigers manifestierte. Das Verhältnis von Staat und Presse blieb im Übrigen konfliktreich. Schwindende Möglichkeiten der präventiven amtlichen Pressekontrolle versuchte man durch die Justiz und durch inhaltliche Einflussnahme zu kompensieren. Das ist insbesondere für das Wirken Otto von Bismarcks ausgiebig belegt worden. Mit der Expansion des Pressewesens im 19. Jahrhundert – an seinem Ende wurden mehr als 3.000 Zeitungen mit einer Gesamtauflage von über 10 Millionen Exemplaren gezählt – formierte sich in Deutschland auch der Journalistenberuf (vgl. Requate 1995). Doch existiert eine Berufsgeschichte des Journalismus erst partiell.

5.6 Film und visuelle Medien

Bis zum Ende des 19. Jahrhunderts waren Zeitung und Zeitschrift die einzigen publizistischen Massenmedien. Seitdem sind in immer kürzeren Abständen neue Medien hinzu gekommen. Damit hat sich auch das kommunikations- und mediengeschichtliche Forschungsfeld erweitert. Zunächst war dies der Fall durch den (Kino-) Film. Wiederum interessierten besonders dessen Anfänge. Die Aufnahme und Projektion bewegter Bilder erforderte technische Lösungen, die sukzessive verbessert wurden und die kuriositätenreiche Vorgeschichte dieses Mediums ausmachen (vgl. von Zglinicki 1979). Das Bedürfnis nach bildlicher Vergegenwärtigung hatte ohnehin schon in den Jahrhunderten zuvor optische Medien hervorgebracht (vgl. Hick 1999). Die ersten öffentlichen Filmvorführungen fanden 1895 statt, nahezu zeitgleich in Frankreich und Deutschland. Unter welchen Umständen, das ist erst durch jüngere Untersuchungen vollends erhellt worden (vgl. Loiperdinger 1999). Außer mit den technischen Fortschritten bis hin zum Tonfilm Ende der Zwanzigerjahre (vgl. Jossé 1984; Mühl-Benninghaus 1999a) hat man sich historisch bevorzugt mit der Herausbildung der Filmgenres und dem Wandel der Filmästhetik beschäftigt. Organisationsgeschichtlich bildeten der Übergang vom Wanderkino zum ortsfesten Kinogewerbe und die Entstehung des Filmverleihs als eigene Sparte entscheidende Stationen. Damit einhergehend löste der Langfilm den Kurzfilm in den Kinoprogrammen ab (vgl. Müller 1994). Wegen ihrer herausragenden Stellung auf dem deutschen Filmmarkt in den Zwanziger- und Dreißigerjahren des 20. Jahrhunderts ist als Unternehmen die Universum Film AG (UFA) am intensivsten untersucht worden (vgl. Kreimeier 1992).

5.7 Rundfunk

Die Entdeckung der Funkwellen durch Heinrich Hertz in den Achtzigerjahren des 19. Jahrhunderts ebnete den Weg für ein weiteres Medium der Massenkommunikation. Diese Technik fand (in einer mediengeschichtlich nicht untypischen Weise) zunächst Verwendung für militärische Zwecke. Nach dem Ersten Weltkrieg entstand daraus der Rundfunk „an alle". Wie es dazu kam, welche Interessen(gruppen) daran beteiligt waren und in welcher Form er organisiert wurde, ist durch die historische Forschung eingehend aufgeklärt worden (vgl. Bausch 1956; Lerg 1965; 1980). Dies war umso nötiger, als der Rundfunk in Deutschland in den Zwanzigerjahren des 20. Jahrhunderts durch amtliche Verordnungen, unter Umgehung von Öffentlichkeit und parlamentarischen Instanzen, etabliert worden war. Die Handhabe dafür bot das Telegrafenrecht. Anders als in der seit je privatwirtschaftlichen Struktur des Pressewesens in Deutschland, erfolgte hier die Organisation durch behördliche Vorsorge. Zwar waren an den regionalen Sendegesellschaften, die nach der Aufnahme des offiziellen Sendebetriebs Ende Oktober 1923 gegründet wurden, anfangs auch private Kapitalgeber beteiligt, wenn auch nur als Minderheiten. Doch wurden sie 1932, in der Endphase der Weimarer Republik, durch die Verstaatlichung des Rundfunks hinausgedrängt. Hatte die Forschung zunächst über die Organisation des frühen Rundfunks früher Klarheit geschaffen, so ist eine Programmgeschichte erst vor wenigen Jahren vorgelegt worden (vgl. Leonhard 1997). Sie hat das Bild vom frühen Unterhaltungs- und Bildungsrundfunk wesentlich differenziert. Das gleiche gilt für die Wirtschaftsgeschichte des Rundfunks (vgl. Führer 1997).

5.8 Medien unter NS-Herrschaft

Unter der nationalsozialistischen Herrschaft, die mit der „Machtergreifung" Adolf Hitlers am 30. Januar 1933 begann und mit der Kapitulation am 7./8. Mai 1945 endete, wurden die Medien der Massenkommunikation in Deutschland wie nie zuvor der Staatsmacht und ihrer Propaganda dienstbar gemacht. Weil man ihnen eine wesentliche Rolle für das totalitäre System zumaß, waren Untersuchungen dazu nach dem Zweiten Weltkrieg dringlich und ein wichtiger Teil der Zeitgeschichtsforschung. Der NS-Lenkungsapparat erwies sich jedoch als weniger homogen als angenommen (vgl. u.a. Abel 1968). Während sich die versuchte „Gleichschaltung" der Presse schrittweise vollzog, zunächst durch Ausschaltung der kommunistischen und sozialdemokratischen und dann im Kampf gegen die bürgerlichen Blätter, konnte der Rundfunk im Handstreich übernommen und zentralisiert werden (vgl. Diller 1980). Weil die führenden Nationalsozialisten dem Film besondere Wertschätzung entgegengebracht und ihn zur raffinierten Propaganda genutzt hatten, wurde dieses Medium zu einem bevorzugten Gegenstand des historischen Forschungsinteresses am „Dritten Reich". Dabei ließ sich allerdings nur ein Bruchteil der gedrehten Filme als offen propagandistisch einstufen (vgl. Albrecht 1969). Allzu große Gleichförmigkeit der journalistischen Berichterstattung war auch nicht erwünscht, aus Gründen der Glaubwürdigkeit und zeitweilig aus Rücksicht auf das Ausland. Dafür sprechen selbst die inzwischen publizierten amtlichen Presseanweisungen (vgl. Bohrmann 1984ff.). Dies änderte sich mit dem Krieg und dem Einsatz der Tagesparolen. Verständlicherweise sehr interessiert hat die Frage nach dem Spielraum publizistischer Opposition im „Dritten Reich". Auf welcher „Gratwanderung" man sich hier befand, ist beispielhaft für die ›Frankfurter Zeitung‹ gezeigt worden (vgl. Gillessen 1986).

5.9 Nach 1945

Mit dem Zusammenbruch des nationalsozialistischen Regimes setzte 1945 in Deutschland auch eine neue Phase der Kommunikations- und Mediengeschichte ein. Es kam zu einem Neuanfang unter maßgeblichem Einfluss der alliierten Besatzungsmächte. Dieser Neuanfang ist als konstitutive Phase später historisch mehrfach untersucht worden (vgl. u.a. Koszyk 1986). Dies gilt zumindest für die von den Westmächten besetzten Zonen. Amerikaner, Briten und Franzosen suchten durch ihre Lizenzierungspraxis ein demokratisches, pluralistisches Pressewesen zu errichten und organisierten den Rundfunk in Form möglichst staatsunabhängiger öffentlich-rechtlicher Anstalten (vgl. Bausch 1980). Damit haben sie die Medienordnung der 1949 gegründeten Bundesrepublik tiefgreifend geprägt. Einen anderen Weg beschritt man hingegen unter der Ägide der sowjetischen Besatzungsmacht in deren Zone, aus der die DDR hervorging. Hier entstand abermals ein staatlich gelenktes, jetzt von kommunistischen Prinzipien geprägtes Mediensystem. Seine Geschichte und Funktionsweise wissenschaftlich aufzuarbeiten, damit konnte erst nach der politischen Wende in der DDR und der deutschen Wiedervereinigung begonnen werden (vgl. Holzweißig 1997; Mühl-Benninghaus 1999b). Mit zeitlicher Entfernung von ihrer Gründung 1949 wird die Bundesrepublik Deutschland selbst zunehmend historisch. Dies schlägt sich inzwischen auch in entsprechender kommunikations- und mediengeschichtlicher Literatur nieder (vgl. Wilke 1999).

Literatur

Abel, Karl Dietrich (1968): Presselenkung im NS-Staat. Berlin.

Albrecht, Gerd (1969): Nationalsozialistische Filmpolitik. Stuttgart.

Altenloh, Emilie (1914): Zur Soziologie des Kino. Die Kino-Unternehmung und die sozialen Schichten ihrer Besucher. Jena.

Bausch, Hans (1956): Der Rundfunk im politischen Kräftespiel der Weimarer Republik. Tübingen.

Bausch, Hans (1980): Rundfunkpolitik nach 1945 (= Rundfunk in Deutschland, Bd. 3/4). 2 Bde. München.

Bender, Klaus (Bearb.) (1994): Relationes Historicae. Ein Bestandsverzeichnis der deutschen Meßrelationen von 1583 bis 1648. Berlin.

Bogel, Else/Blühm, Elger (Bearb.) (1971/1985): Die deutschen Zeitungen des 17. Jahrhunderts. Ein Bestandsverzeichnis mit historischen und bibliographischen Angaben. 2 Bde. + Nachtrags-Bd. Bremen, München.

Bohrmann, Hans (Hrsg.) (1984ff.): NS-Presseanweisungen der Vorkriegszeit. Edition und Dokumentation. München u.a.

Böning, Holger (Hrsg.) (1996ff.): Deutsche Presse. Biobibliographische Handbücher zur Geschichte der deutschsprachigen periodischen Presse von den Anfängen bis 1815. Bd. 1. Hamburg. 3 Bde. Bd. 2. Altona. Stuttgart-Bad Cannstatt.

Diller, Ansgar (1980): Rundfunkpolitik im Dritten Reich (= Rundfunk in Deutschland, Bd. 2). München.

Doering-Manteuffel/Mančal, Josef/Wüst, Wolfgang (Hrsg.) (2001): Pressewesen der Aufklärung. Periodische Schriften im Alten Reich. Berlin.

Dussel, Konrad (1999): Deutsche Rundfunkgeschichte. Eine Einführung. Konstanz.

Faulstich, Werner (1996): Medien und Öffentlichkeit im Mittelalter. 800-1400 (= Die Geschichte der Medien, Bd. 2). Göttingen.

Faulstich, Werner (1997): Das Medium als Kult. Von den Anfängen bis zur Spätantike (8. Jahrhundert) (= Die Geschichte der Medien, Bd. 1). Göttingen.

Faulstich, Werner (1998): Medien zwischen Herrschaft und Revolte. Die Medienkultur der frühen Neuzeit (1400-1700) (= Die Geschichte der Medien, Bd. 3). Göttingen.

Fischer, Heinz-Dietrich (Hrsg.) (1982): Deutsche Kommunikationskontrolle des 15. bis 20. Jahrhunderts. München u.a.

Flora, Peter u.a. (Hrsg.) (1983): State, economy, and society in Western Europe 1815-1975. A data handbook in two volumes. Frankfurt/Main, London, Chicago.

Fritz, Gerd/Straßner, Erich (1996): Die Sprache der ersten deutschen Wochenzeitungen im 17. Jahrhundert. Tübingen.

Führer, Karl Christian (1997): Wirtschaftsgeschichte des Rundfunks in der Weimarer Republik. Potsdam.

Füssel, Stephan (1999): Gutenberg und seine Wirkung. Frankfurt/Main, Leipzig.

Gillessen, Günther (1986): Auf verlorenem Posten. Die Frankfurter Zeitung im Dritten Reich. Berlin.

Goebel, Gerhart (1953): Das Fernsehen in Deutschland bis zum Jahre 1945. In: Archiv für das Post- und Fernmeldewesen, 5. Jg., S. 259-391.

Gregor, Ulrich/Patalas, Enno (1962): Geschichte des Films. Gütersloh.

Habermas, Jürgen (1962): Strukturwandel der Öffentlichkeit. Untersuchungen zu einer Kategorie der bürgerlichen Gesellschaft. Neuwied, Berlin.

Hagelweide, Gert (1974): Deutsche Zeitungsbestände in Bibliotheken und Archiven. Düsseldorf.

Heintzel, Alexander (1998): Propaganda im Zeitalter der Reformation. Persuasive Kommunikation im 16. Jahrhundert. St. Augustin.

Hick, Ulrike (1999): Geschichte der optischen Medien. München.

Hickethier, Knut (1991): Apparat – Dispositiv – Programm. Skizze einer Programmtheorie am Beispiel des Fernsehens. In: Hickethier, Knut/Zielinski, Siegfried (Hrsg.): Medien/Kultur. Schnittstellen zwischen Medienwissenschaft, Medienpraxis und gesellschaftlicher Kommunikation. Berlin, S. 421-447.

Hickethier, Knut (1998): Geschichte des Deutschen Fernsehens. Stuttgart, Weimar.

Holzweißig, Gunter (1997): Zensur ohne Zensor. Die SED-Informationsdiktatur. Bonn.

Hörisch, Jochen (2001): Der Sinn und die Sinne. Eine Geschichte der Medien. Frankfurt/Main.

Jossé, Harald (1984): Die Entstehung des Tonfilms. Beitrag zu einer faktenorientierten Mediengeschichtsschreibung. Freiburg/Breisgau, München.

Kiefer, Marie-Luise (1996): Massenkommunikation V. Eine Langzeitstudie zur Mediennutzung und Medienbewertung 1964-1995. Baden-Baden.

Kirchner, Joachim (1928/1932): Die Grundlagen des deutschen Zeitschriftenwesens. Mit einer Gesamtbibliographie der deutschen Zeitschriften bis zum Jahre 1790. 2 Bde. Leipzig.

Kirchner, Joachim (1958/1962): Das deutsche Zeitschriftenwesen. Seine Geschichte und seine Probleme. Wiesbaden.

Kirchner, Joachim (1969-1989): Bibliographie der Zeitschriften des deutschen Sprachgebietes bis 1900. 4 Bde. Stuttgart.

Koch, Ursula E. (1991): Der Teufel in Berlin. Von der Märzrevolution bis zu Bismarcks Entlassung. Illustrierte politische Witzblätter einer Metropole 1848-1890. Köln.

Koszyk, Kurt (1966): Deutsche Presse im 19. Jahrhundert (= Geschichte der Deutschen Presse, Bd. 2). Berlin.

Koszyk, Kurt (1974): Deutsche Presse 1914-1945 (= Geschichte der Deutschen Presse, Bd. 3). Berlin.

Koszyk, Kurt (1986): Pressepolitik für Deutsche 1945-1949 (= Geschichte der Deutschen Presse, Bd. 4). Berlin.

Kracauer, Siegfried (1964): Theorie des Films. Die Errettung der äußeren Wirklichkeit. Frankfurt/Main.

Kreimeier, Klaus (1992): Die UFA-Story. Geschichte eines Filmkonzerns. München, Wien.

Kreuzer, Helmut/Schanze, Helmut (1991): Fernsehen in der Bundesrepublik Deutschland: Perioden – Zäsuren – Epochen. Heidelberg.

Kreuzer, Helmut/Thomsen, Christian W. (Hrsg.) (1993-1994): Geschichte des Fernsehens in der Bundesrepublik Deutschland. 5 Bde. München.
Leonhard, Joachim-Felix (Hrsg.) (1997): Programmgeschichte des Hörfunks in der Weimarer Republik. München.
Lerg, Winfried B. (1965): Die Entstehung des Rundfunks in Deutschland. Herkunft und Entwicklung eines publizistischen Mittels. Frankfurt/Main.
Lerg, Winfried B. (1967): Die Entstehung des Fernsehens in Deutschland. In: Rundfunk und Fernsehen, 15. Jg., S. 349-375.
Lerg, Winfried B. (1977): Pressegeschichte oder Kommunikationsgeschichte. In: Presse und Geschichte. Beiträge zur historischen Kommunikationsforschung. München, S. 9-24.
Lerg, Winfried B. (1980): Rundfunkpolitik in der Weimarer Republik (= Rundfunk in Deutschland, Bd. 1). München.
Lindemann, Margot (1969): Deutsche Presse bis 1815 (= Geschichte der Deutschen Presse, Bd. 1). Berlin.
Loiperdinger, Martin (1999): Film & Schokolade. Stollwercks Geschäfte mit lebenden Bildern. Frankfurt/Main.
Ludes, Peter (1995): Langfristige Medienentwicklungen. Zu ihrer Analyse im Lichte der Theorien von Stein Rokkan und Norbert Elias. In: Historical Social Research, 20. Jg., Nr. 2, S. 55-87.
Martens, Wolfgang (1968): Die Botschaft der Tugend. Die Aufklärung im Spiegel der deutschen Moralischen Wochenschriften. Stuttgart.
Max, Hubert (1942): Wesen und Gestalt der politischen Zeitschrift. Ein Beitrag zur Geschichte des politischen Erziehungsprozesses des deutschen Volkes bis zu den Karlsbader Beschlüssen. Essen.
Melischek, Gabriele/Seethaler, Josef (Hrsg.) (1992): Die Wiener Tageszeitungen: Eine Dokumentation. Bd. 3: 1918-1938. Frankfurt/Main u.a.
Melischek, Gabriele/Seethaler, Josef (1995): Berliner Tageszeitungen 1918-1933. In: Relation: Medien – Gesellschaft – Geschichte, 2. Jg., Nr. 1, S. 69-110; 2. Jg., Nr. 2, S. 47-86.
Melischek, Gabriele/Seethaler, Josef (1997): Dokumentation der Wiener Tageszeitungen 1889-1997 [Datenbank].
Mikrofilmarchiv der deutschsprachigen Presse e.V. (MFA) (1998): 10. Bestandsverzeichnis. Berlin.
Mitchell, Brian R. (1980): European historical statistics 1750-1975. London.
Mühl-Benninghaus, Wolfgang (1999a): Das Ringen um den Tonfilm. Strategien der Elektro- und Filmindustrie in den 20er und 30er Jahren. Düsseldorf.
Mühl-Benninghaus, Wolfgang (1999b): Rundfunk in der SBZ/DDR. In: Schwarzkopf, Dietrich (Hrsg.): Rundfunkpolitik in Deutschland. Wettbewerb und Öffentlichkeit. Bd. 2. München, S. 795-873.
Müller, Corinna (1994): Frühe deutsche Kinematographie. Formale, wirtschaftliche und kulturelle Entwicklungen 1907-1912. Stuttgart.
Nipperdey, Thomas (1987): Deutsche Geschichte 1800-1866. Bürgerwelt und starker Staat. München.
Nipperdey, Thomas (1990/1992): Deutsche Geschichte 1866-1918. Bd. I: Arbeitswelt und Bürgergeist. Bd. II: Machtstaat vor der Demokratie. München.
Ong, Walter J. (1987): Oralität und Literalität. Die Technologisierung des Wortes. Opladen.
Prutz, Robert (1971): Geschichte des deutschen Journalismus. Zum ersten Male vollständig aus den Quellen gearbeitet. Erster Theil. Hannover. Faksimiledruck mit einem Nachwort von Hans Joachim Kreutzer. Göttingen (zuerst 1845).
Requate, Jörg (1995): Journalismus als Beruf. Entstehung und Entwicklung des Journalistenberufs im 19. Jahrhundert. Deutschland im internationalen Vergleich. Göttingen.
Rosenberger, Bernhard (1998): Zeitungen als Kriegstreiber? Die Rolle der Presse im Vorfeld des Ersten Weltkrieges. Köln, Weimar, Wien.
Schanze, Helmut (Hrsg.) (2001): Handbuch der Mediengeschichte. Stuttgart.
Schildt, Axel (1995): Moderne Zeiten. Freizeit, Massenmedien und „Zeitgeist" in der Bundesrepublik der fünfziger Jahre. Hamburg.
Schilling, Michael (1990): Bildpublizistik der frühen Neuzeit. Aufgaben und Leistungen des illustrierten Flugblatts in Deutschland bis um 1700. Tübingen.
Schmid, Sigrun (2000): Journalisten der frühen Nachkriegszeit. Eine kollektive Biographie am Beispiel von Rheinland-Pfalz. Köln, Weimar, Wien.
Schröder, Thomas (1995): Die ersten Zeitungen. Textgestaltung und Nachrichtenauswahl. Tübingen.
Schulz, Günther (Hrsg.) (1999): Geschäft mit Wort und Meinung. Medienunternehmer seit dem 18. Jahrhundert. München.

Stöber, Rudolf (1998): Die erfolgverführte Nation. Deutschlands öffentliche Stimmungen 1866-1945. Stuttgart.
Stöber, Rudolf (2000): Deutsche Pressegeschichte. Einführung, Systematik, Glossar. Konstanz.
Uricchio, William (Hrsg.) (1991): Die Anfänge des deutschen Fernsehens. Tübingen.
Weckel, Ulrike (1998): Zwischen Häuslichkeit und Öffentlichkeit. Die ersten deutschen Frauenzeitschriften im späten 18. Jahrhundert und ihr Publikum. Tübingen.
Wehler, Hans Ulrich (1987-1995): Deutsche Gesellschaftsgeschichte. 3 Bde. München.
Welke, Martin (1974): Die Geschichte der Zeitung in den ersten Jahrhunderten ihres Bestehens. Kritische Bemerkungen zu Margot Lindemanns „Deutsche Presse bis 1815". In: Daphnis, 3. Jg., S. 92-105.
Welke, Martin (1977): Zeitung und Öffentlichkeit im 18. Jahrhundert. Betrachtungen zu Reichweite und Funktion der periodischen deutschen Tagespublizistik. In: Presse und Geschichte. Beiträge zur historischen Kommunikationsforschung. München, S. 71-99.
Wilke, Jürgen (1978): Literarische Zeitschriften des 18. Jahrhunderts. Teil I: Grundlegung; Teil II: Repertorium. Stuttgart.
Wilke, Jürgen (1984): Nachrichtenauswahl und Medienrealität in vier Jahrhunderten. Eine Modellstudie zur Verbindung von historischer und empirischer Publizistikwissenschaft. Berlin, New York.
Wilke, Jürgen (1987): Massenmedien als Quelle und Forschungsgegenstand der Kommunikationsgeschichte. In: Bobrowsky, Manfred/Langenbucher, Wolfgang R. (Hrsg.): Wege zur Kommunikationsgeschichte. München, S. 697-711.
Wilke, Jürgen (1990): Paul F. Lazarsfeld und die Geschichte. In: Langenbucher, Wolfgang R. (Hrsg.): Paul F. Lazarsfeld. Die Wiener Tradition der empirischen Sozial- und Kommunikationsforschung. München, S. 177-192.
Wilke, Jürgen (Hrsg.) (1999): Mediengeschichte der Bundesrepublik Deutschland. Köln, Weimar, Wien.
Wilke, Jürgen (2000): Grundzüge der Medien- und Kommunikationsgeschichte. Von den Anfängen bis ins 20. Jahrhundert. Köln, Weimar, Wien.
Wilke, Jürgen (Hrsg.) (2002): Unter Druck gesetzt. Vier Kapitel deutscher Pressegeschichte. Köln, Weimar, Wien.
Winker, Klaus (1994): Fernsehen unterm Hakenkreuz. Organisation – Programm – Personal. Köln, Weimar, Wien.
Zglinicki, Friedrich von (1979): Der Weg des Films. Die Geschichte der Kinematographie und ihrer Vorläufer. Berlin. Reprint Hildesheim, New York (zuerst 1956).

Kommunikationstheorien

Roland Burkart

1 Der Erkenntnisgegenstand „Kommunikation"

Wenn heute von „Kommunikation" die Rede ist, dann glaubt vermutlich jeder zu wissen, worum es geht. Doch die alltägliche Selbstverständlichkeit der Begriffsverwendung täuscht in Wahrheit über die Komplexität des Prozesses hinweg, der damit angesprochen wird. (vgl. dazu Merten 1977, der 160 Definitionen von Kommunikation anführt) Als Erkenntnisobjekt findet man Kommunikation auch in verschiedenen wissenschaftlichen Disziplinen, und keines dieser Fächer kann von sich behaupten, dem Analysegegenstand in all seinen Bezügen gerecht zu werden.[1]

Die Kommunikationswissenschaft ist daher häufig mit der Frage nach der „eigentlichen" Bedeutung von Kommunikation konfrontiert, und dahinter verbirgt sich nicht selten die Hoffnung auf eine klare Antwort, die den Blick auf die „richtige" Definition und die „wichtigste" Theorie freigibt. Gleich zu Beginn soll deshalb die Position des Autors dazu formuliert werden: Erstens: Es gibt keine übergreifende, alles umfassende Kommunikationstheorie und es wird bzw. kann sie niemals geben. Das Verständnis von Kommunikation (und damit auch ihre Definition) ist stets verbunden mit dem jeweiligen Erkenntnisinteresse und der damit zusammenhängenden (analytischen) Perspektive. Es sind die Probleme in der kommunikativen Realität, von denen abhängt, welche Perspektive(n) man einnimmt oder einnehmen soll, und darüber kann nur im konkreten Fall nachgedacht werden. Zweitens: Die Publizistik- und Kommunikationswissenschaft ist keine kommunikative Universalwissenschaft und kann dies – infolge der angesprochenen Komplexität des Erkenntnisobjektes – auch gar nicht werden. Ihre Erkenntnisinteressen sind vornehmlich im Bereich öffentlicher Kommunikationsprozesse angesiedelt, und diese Perspektive will der vorliegende Beitrag im Auge behalten.

Allerdings bringt diese Eingrenzung nur scheinbar Licht ins Dunkel: Denn seit unser Fach als eigenständige universitäre Wissenschaft existiert, gibt es immer wieder Diskussionen um sein Selbstverständnis, und es ist bis heute durchaus strittig, wo die fachlichen Grenzen eigentlich zu ziehen sind (vgl. etwa Bonfadelli/Jarren 2001; Renger/Siegert 1997) und ob bzw. inwieweit man sich überhaupt mit interpersonaler Kommunikation auseinander setzen soll, wo es doch in der Publizistikwissenschaft primär um massenmedial vermittelte und damit eben um „öffentliche" Kommunikation gehen soll. (Saxer 1980; Rühl 1985) Allerdings stimmen die meisten Kommunikationswissenschaftler darin überein, dass öffentliche Kommunikation

---

1 Dies gilt z.B. für Soziologie, Psychologie bzw. Sozialpsychologie, Politikwissenschaft, Pädagogik, Theaterwissenschaft, Sprachwissenschaft/Linguistik – um nur die vielleicht wichtigsten jener Disziplinen zu nennen, die sich mit „sozialer" Kommunikation, d.h. in der Regel mit Kommunikation zwischen Menschen befassen. Darüber hinaus gibt es aber auch naturwissenschaftliche (Biologie, Physik, Chemie) sowie mathematisch-technische Fächer (Informatik), die ebenfalls auf jeweils verschiedene Aspekte von Kommunikation ihre Aufmerksamkeit richten.

nur dann angemessen zu begreifen ist, wenn man auch menschliche Kommunikation ganz grundsätzlich ins Auge fasst.[2] Daher erscheint es sinnvoll, den allgemeinen Begriff „Kommunikation" einleitend kurz zu beleuchten. (vgl. ausführlicher dazu Burkart ^{4}2002: 20ff.)

Was ist Kommunikation?

Zunächst ist festzuhalten, dass interpersonale Kommunikation (mindestens) einen Partner voraussetzt und daher immer schon eine Form der *sozialen Interaktion* darstellt.[3] Der Sinn und Zweck dieser Interaktion lässt sich ganz allgemein als „*Bedeutungsvermittlung* zwischen Lebewesen" (Maletzke 1963: 18) begreifen. *Menschliche* Kommunikation kann außerdem (im Gegensatz zu großen Bereichen der tierischen Kommunikation) bewusst und absichtsvoll (intentional) stattfinden, und in der Regel hat man es auch mit einem *intentionalen Handeln* zu tun, dessen allgemeines Ziel in der Erreichung von *Verständigung* besteht. Diese Verständigung ist jedoch meist nicht Selbstzweck, sondern Mittel zum Zweck der Realisierung jeweils spezifischer *Interessen*. Außerdem gilt, dass es stets eines *Mediums* bedarf, d.h. bestimmter Vermittlungsinstanzen (wie z.B. Sprache, Schrift etc.)[4] und dass es sich dabei stets um einen *Zeichen*prozess handelt. Für *menschliche* Kommunikation ist überdies die Möglichkeit des *symbolischen* Zeichengebrauchs typisch: Zeichen können in ihrer *Repräsentationsfunktion* auftreten, d.h. sie stehen stellvertretend für etwas anderes. Daraus ergibt sich, dass man menschliche Kommunikation als „*symbolisch vermittelte Interaktion*" definieren kann.

Der interaktive Charakter von Kommunikation impliziert überdies *Reziprozität*: der Mitteilungshandlung eines Kommunikators muss die Verstehenshandlung eines Rezipienten entsprechen. Schließlich scheint noch *Reflexivität* (Rückbezüglichkeit) ein wesentliches Kriterium von Kommunikation zu sein: mit Luhmann (1970b) lässt sich Reflexivität in zeitlicher (Feedback), sozialer (Wahrnehmung des Wahrgenommenwerdens) und in sachlicher Hinsicht (Kommunikation über Kommunikation) unterscheiden (ausführlich: Merten 1977: 86ff.).

Kommunikationstheoretische Dimensionen

In der Folge werden nun einige Theoriekonzepte von Kommunikation vorgestellt, die speziell im Hinblick auf ihren öffentlichen Charakter relevant erscheinen. Die Systematik, nach der dies geschieht, ist nicht unabhängig vom zugrunde liegenden Theorieverständnis.

„Theorie" wird (aus empirischem Blickwinkel) als die Summe jenes (mehr oder weniger) gesicherten Wissens begriffen, „das aus dem Zusammenwirken von Erfahrung und Denken [...] entsteht." (Seiffert/Radnitzky ^{2}1994: 368) Eine Theorie begegnet uns (in der Regel) als sprachliches Gebilde – genauer: als eine „systematisch geordnete Menge von Aussagen bzw. Aussagesätzen über einen Bereich der

2 Diese Auffassung findet sich auch im Selbstverständnispapier der Deutschen Gesellschaft für Publizistik- und Kommunikationswissenschaft (DGPuK 2001: 3)

3 „Intrapersonale" Kommunikation (wie z.B. Selbstgespräche) werden hier nicht berücksichtigt.

4 Der Medienbegriff ist viel komplexer, als es hier den Anschein haben mag – darauf wird am Ende dieses Beitrags noch näher eingegangen. Vgl. dazu ausführlicher: Burkart (42002: 39ff.)

objektiven Realität oder des Bewußtseins." (Klaus/Buhr ^{8}1972: 1083) Als Sinn und Zweck einer Theorie gilt ihre explikative sowie ihre prognostische Funktion, d.h. sie „muß in der Lage sein, sowohl die Sachverhalte ihres Objektbereiches zu erklären als auch neue, bis dahin unbekannte Sachverhalte vorauszusagen." (Klaus/Buhr ^{8}1972: 1083) Die Reichweite einer Theorie, also gleichsam die Anzahl der Sachverhalte, die sie zu erklären und vorherzusagen vermag, hängt vom Allgemeinheitsgrad des Objektbereiches ab, den sie zu erfassen sucht.[5]

So existieren einerseits Theorien, die Kommunikation schlechthin zum Erkenntnisobjekt erheben. Sie stellen jeweils ganz bestimmte Besonderheiten menschlicher Kommunikation (nämlich: ihre Kennzeichen und Ziele) in den Vordergrund und erheben teilweise Anspruch auf einen hohen Allgemeinheitsgrad bzw. auf große Reichweite: Manche ihrer Aussagen sollen praktisch überall dort Gültigkeit besitzen, wo Menschen in kommunikative Verbindung miteinander treten. Andererseits existieren Theorien, die konkrete kommunikative Phänomene (wie Journalismus, Öffentlichkeitsarbeit, Kommunikationspolitik etc.) zum Gegenstand haben. Sie lassen sich zwar in der Regel auf Theorien des höheren Niveaus zurückführen, ihre Reichweite ist aber wesentlich geringer, sie wollen nur mehr für den jeweils ausgewählten Bereich der kommunikativen Wirklichkeit zuständig sein.[6]

Vor dem Hintergrund dieses Theorieverständnisses können kommunikationstheoretische Ansätze nunmehr den folgenden drei allgemeinen Dimensionen zugeordnet werden:

1. einer grundlegenden („universalen") Dimension nach der Sichtweise des Erkenntnisobjektes „Kommunikation".

Hier sind theoretische Überlegungen versammelt, die unterschiedliche Aspekte des Kommunikationsgeschehens zum Erkenntnisobjekt erheben. Zunächst geht es darum, dass der Kommunikationsprozess immer auch als „*Zeichenprozess*" gesehen werden kann, in dem Bedeutungen vermittelt werden. In diesem Zusammenhang wird auch der Aspekt einer „*Konstruktion von Wirklichkeit*" zu beachten sein, der dabei stets zum Ausdruck kommt. Darüber hinaus wird die „*Wechselseitigkeit*" allen kommunikativen Geschehens in den Mittelpunkt gerückt und schließlich wird die Tatsache der „*Umweltbezogenheit*" von Kommunikation betont.

2. einer zweckorientierten („funktionalen") Dimension nach dem Kommunikationsinteresse.

---

5 Der Theoriebegriff in den Sozialwissenschaften kann nicht problemlos verwendet werden. Im strengen (naturwissenschaftlichen) Sinn sollte es sich dabei ja stets um Gesetzesaussagen handeln, die keine Ausnahmen zulassen, d.h. Gültigkeit ohne raumzeitliche Beschränkung beanspruchen können. Die Sozialwissenschaften verfügen dagegen bislang eher selten über nomologische Aussagen in diesem strengen Sinn. Häufiger findet man dagegen Verallgemeinerungen und Hypothesen, die raumzeitlichen Beschränkungen unterliegen. Der amerikanische Soziologe Robert K. Merton (1957) hat dafür die Bezeichnung „Theorien mittlerer Reichweite" (auch: Quasi-Theorien) eingeführt. Sozialwissenschaftliche Erklärungen und Prognosen sind daher auch nicht (wie in den Naturwissenschaften) „nomologisch-deterministische" Aussagen, sondern „probabilistische" (Wahrscheinlichkeitsaussagen), deren Unsicherheitsfaktor entsprechend größer ist. Deshalb sollte man anstatt von Kommunikations*theorien*, vielleicht besser von „kommunikationstheoretischen Ansätzen" sprechen. (Siehe weiterführend dazu: Prim/Tilman 1973; Friedrichs 151997)

6 Diese Unterscheidung verschiedener Theorieniveaus erfolgt im Anschluss an ähnliche Versuche in der Soziologie. (vgl. Hondrich 1976) Es soll nicht unerwähnt bleiben, dass man noch ein weiteres Theorieniveau unterscheiden kann, nämlich Theorien, die sich Theorien selbst als Objekt gewählt haben: die Wissenschaftstheorien. (vgl. dazu: Seiffert/Radnitzky 21994)

Ansätze, die hier zuzuordnen sind, rücken jeweils voneinander unterscheidbare Ziele von Kommunikation in den Vordergrund. Sie beantworten die Frage nach dem Verwendungszweck von Kommunikation auf unterschiedliche Weise. Unter Bezugnahme auf die Problembereiche, die von der jeweiligen Position aus ins Auge gefasst werden, kann man zwischen dem Ziel der *Beeinflussung*, der *Emanzipation* und der *Therapie* unterscheiden.

3. einer konkreten („gegenständlichen“) Dimension nach der Wahl des kommunikativen Realitätsbereiches.

Ansätze, die hier zuzuordnen sind, rücken voneinander unterscheidbare Ausschnitte der kommunikativen Wirklichkeit in den Vordergrund (z.B. interpersonale Kommunikation, Gruppenkommunikation, Kommunikation in der Familie, Kommunikation zwischen Institutionen/Organisationen/Unternehmen u.ä.). Für die Publizistik- und Kommunikationswissenschaft ist dieser Ausschnitt vornehmlich die öffentliche, massenmedial vermittelte Kommunikation.

Im vorliegenden Beitrag werden einige jener Ansätze beleuchtet, die der universalen Dimension von Kommunikation zugeordnet werden können. Es geht dabei also um elementare Besonderheiten menschlicher Kommunikation, die relativ hohe Allgemeingültigkeit für sich beanspruchen: Sie sollen für das zwischenmenschliche Gespräch ebenso zutreffen, wie für den Massenkommunikationsprozess – dabei wird freilich keinesfalls Anspruch auf Vollständigkeit erhoben.[7]

2 Kommunikation als Zeichenprozess

Genau genommen verweist das Verständnis von Kommunikation als Zeichenprozess auf die Begründer der modernen Zeichenlehre (Semiotik), die Amerikaner Charles S. Peirce und Charles W. Morris (vgl. dazu ausführlich: Bentele/Bystrina 1978; Nöth ^{2}2000; Oehler 2000). Danach ist ein Zeichen etwas, das für etwas anderes steht und das für die Zeichenbenützer (Sender und Empfänger) Bedeutung(en) hat. Der (auch historisch) erste Denkansatz, der hier zu erwähnen ist, rückt jedoch nicht diese semiotische Perspektive der Bedeutung, sondern den technischen Aspekt der Übertragung in den Mittelpunkt.

2.1 Zur „Übertragung“ von Zeichen

Das theoretische Konzept stammt von den beiden Mathematikern Claude Shannon und Warren Weaver (1976, zuerst 1949), die das Bit als Einheit einer Informationsmenge definiert haben.[8] Als Telefontechniker waren sie damit beschäftigt, die technisch-physikalischen Probleme beim Telefonieren – also: bei der Übertragung von elektrischen Signalen – zu lösen bzw. zu minimieren. Sie veranschaulichten diesen Übertragungsprozess mit folgendem Modell:

7 Vollständigkeit sollte man von Theorien generell nicht erwarten, denn „Theoretisieren“ heißt ja immer auch: eine ganz bestimmte Betrachtungsperspektive einnehmen und damit zugleich eine (bzw. viele) andere ausschließen.

8 Shannon und Weaver waren in den 40er-Jahren Mitarbeiter einer amerikanischen Telefongesellschaft (der Bell Telephone Laboratories), ab 1954 lehrte Shannon am Massachusetts Institute of Technology. Shannon und Weaver gelten gemeinsam mit Norbert Wiener als Begründer der mathematischen Informationstheorie.

Schaubild 1
Kommunikation als Zeichenübertragung

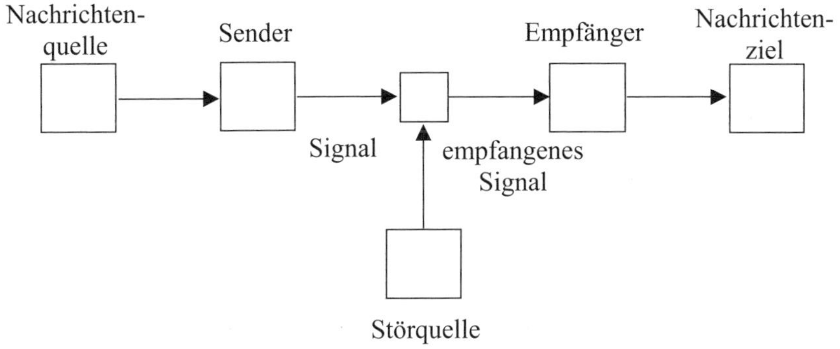

Shannon/Weaver (1976: 44).

Eine Nachrichtenquelle produziert eine Information, die von einem Empfänger aufgenommen wird und dort an ihr Ziel gelangt. Zu diesem Zweck muss die Nachricht von einem Sender in ein dem Übertragungskanal angemessenes Signal umgeformt (encodiert) werden. Beim Telefon ist die Nachrichtenquelle die (in das Telefonmikrofon) sprechende Person, der Sender ist die Telefonanlage, die den Schalldruck der Stimme in Stromimpulse übersetzt, der Kanal ist ein Draht und das Signal ist (ein sich ändernder) elektrischer Strom in diesem Draht. Der Kanal ist also das Mittel, um Signale vom Sender zum Empfänger zu übertragen. Der Empfänger führt dann den entgegengesetzten Arbeitsgang des Senders durch, indem er die Signale wieder in die ursprüngliche Information rückverwandelt (decodiert) und damit an ihr Ziel bringt. Bezogen auf die Face-to-face-Kommunikation ohne technische Hilfsmittel wäre die Nachrichtenquelle das Gehirn des Sprechers, dessen Stimmbänder würden dem Sender entsprechen, der das Signal erzeugt, welches durch die Luft (den Kanal) übertragen wird. Die Ohren (und die dort stimulierten Gehörnerven) stellten den Empfänger dar und dessen Gehirn würde schließlich dem Ziel (bzw. Bestimmungsort) der Botschaft entsprechen. (vgl. Weaver 1976: 16)

Ein zentrales Element dieses Signalübertragungsprozesses besteht noch in der Geräusch- oder Störquelle (engl. „noise-source"). Damit wird darauf hingewiesen, dass dem Signal während seiner Übertragung Dinge hinzugefügt werden, die von der Nachrichtenquelle nicht beabsichtigt waren. Das sind z.B. Tonverzerrungen, atmosphärische Störungen etc. – Funktechniker sprechen hier vom „Rauschen" –, welche die Signalstärke reduzieren. Bezogen auf die Face-to-face-Kommunikation ist hier z.B. an Straßenlärm oder sonstige Umweltgeräusche zu denken, die den Empfang der „Sprechsignale" stören.

Die technischen Probleme der Nachrichtenübermittlung lassen sich somit auf die Frage zuspitzen: „Wie genau können Zeichen bzw. Signale in Kommunikationsprozessen übertragen werden?" Fragen abseits dieser technisch-physikalischen Problematik vernachlässigt die mathematische Kommunikationstheorie, „Information" darf in dieser mathematisch-technischen Kommunikationstheorie nämlich nicht mit „Bedeutung" gleichgesetzt werden. „Tatsächlich können zwei Nachrichten, von denen eine von besonderer Bedeutung ist, während die andere bloßen Unsinn darstellt, in dem von uns gebrauchten Sinn genau die gleiche Menge an Information enthalten." (Weaver 1976: 18)

Ein derartiger Informationsbegriff ist für die Analyse sozialer Kommunikationsprozesse allerdings nur bedingt brauchbar, weil er die Bedeutung der übertragenen Bits vernachlässigt. Der Publizistikwissenschaftler Harry Pross hat einmal dafür plädiert, Information als „Korrelat von Unkenntnis" (Pross 1977: 23) zu begreifen. Aus dieser (psychologischen) Perspektive heraus gilt eine Mitteilung nur dann als „informativ", wenn sie die Unkenntnis bzw. das subjektive Nichtwissen des Empfängers verringert. „Information" lässt sich aus dieser Position „als dasjenige definieren, das Ungewissheit beseitigt oder reduziert." (Attneave 1965: 13)

Was den Übertragungsprozess betrifft, so können Sinn und Bedeutung gar nicht im wörtlichen Sinn „übertragen", sondern bestenfalls im Bewusstsein (des Gegenübers) wachgerufen werden. Die Vorstellung einer Übertragbarkeit von Sinn impliziert die heute stark kritisierte und als überholt geltende „Container-Metapher" (Krippendorff 1994: 86), wonach die Botschaft einem Behälter gleiche, der objektiv bestimmbare Bedeutungen enthält, die man nur eindeutig zu entziffern brauche. Kommunikation lässt sich demgegenüber jedoch wesentlich realitätsnäher als „Aktualisierung von Sinn" (Luhmann 1971: 32) begreifen.

Andererseits kann das Prinzip der „Encodierung" und „Decodierung" als elementares Merkmal aller Kommunikationsprozesse (auch der öffentlichen) gelten. Überdies enthält der Hinweis auf die störenden Nebengeräusche bei der elektrischen Signalübertragung heuristisches Potenzial für eine über die Technik hinausreichende Analyse von Kommunikation.

All dies hat bereits vor Jahrzehnten der Soziologe Bernhard Badura (1971) erkannt, als er die technische Perspektive des Shannon/Weaver-Konzeptes auf die sprachliche Kommunikation übertrug und eine sozialwissenschaftlich adaptierte Variante des ursprünglichen Modells vorlegte.

2.2 Zur Ver- und Entschlüsselung von Zeichen

Nach Badura hat eine sozialwissenschaftliche Analyse menschlicher Kommunikation nämlich mehrfache Encodierungs- und Decodierungsprozesse zu berücksichtigen. Badura folgt dabei der auf den Semiotiker Charles W. Morris zurückgehenden Differenzierung einer syntaktischen, semantischen und pragmatischen Dimension sprachlicher Zeichen: Aus *syntaktischer* Perspektive hat man die Beziehung der Zeichen untereinander im Auge, Untersuchungsgegenstand sind die grammatischen Regeln, nach denen die Zeichen miteinander verknüpft werden können. Die *semantische* Perspektive rückt die Beziehung zwischen den sprachlichen Zeichen und den außersprachlichen Gegenständen, auf die sie verweisen, die sie „be-zeichnen" sollen, in den Mittelpunkt. Die Semantik untersucht also die Bedeutung sprachlicher Zeichen. Die *pragmatische* Perspektive schließlich betont die Beziehung zwischen den Zeichen und ihren Benützern. Die Pragmatik als „Lehre von der Zeichenverwendung" (Schlieben-Lange 1975) fragt nach der Art und Weise des Gebrauchs sprachlicher Zeichen. Sie untersucht, was mit sprachlichen Zeichen „gemacht" wird, wozu sie benützt werden.

Sprache ist ohne Sprachbenützer nicht denkbar. Nach grammatikalischen Regeln geformte Sätze gewinnen erst dann (sinnlich wahrnehmbare) Realität und können erst dann eine kommunikative (Mitteilungs-)Funktion erfüllen, wenn sie zu Äußerungen eines Sprechers werden. Gesprochene oder geschriebene Sprache stellt immer eine bestimmte Form der Sprachbenützung dar. Deshalb ist neben der semantischen (und syntaktischen) v.a. die pragmatische Perspektive ein wichtiger Aspekt im menschlichen Kommunikationsprozess.

Diese Einsicht geht auf Charles S. Peirce zurück, der mit seinem semiotischen Pragmatismus darauf abzielte, „die Bedeutung von Zeichen durch ihren Handlungsbezug zu bestimmen." (Oehler 2000: 14) In dieser Tradition steht auch die vom englischen Sprachphilosophen John Austin (1972) (mit)begründete und von John Searle (1971) weiterentwickelte *„Sprechakttheorie"*, die das Sprechen einer Sprache als eine Form menschlichen Handelns begreift. Danach ist die Bedeutung einer sprachlichen Äußerung eben nicht schon dadurch feststellbar, dass man die Bedeutung jedes einzelnen Wortes kennt. Im Gegenteil: Die Bedeutung einer Äußerung wird erst dann erkennbar, wenn man weiß, wozu der Sprecher die geäußerten Worte eigentlich benützt bzw. benützen will. Eine Sprache sprechen, bedeutet demnach Sprech„akte" auszuführen – also z.B. Behauptungen aufzustellen, Versprechungen zu geben, Fragen zu stellen, Appelle abzugeben etc. Die Konsequenz aus dieser Einsicht besteht darin, dass das Verstehen einer Äußerung, also das Erkennen, was der Kommunikator denn eigentlich zum Ausdruck bringen will, sowohl vom Erkennen der Bedeutung der Zeichen (Semantik) und ihrer Kombination (Syntaktik) als auch von einer kommunikatorgerechten Interpretation des gesetzten Sprechaktes (Pragmatik) abhängt.

2.3 Gesellschaftliche Randbedingungen von Kommunikation

Bisher ist mithilfe der Semiotik auf die mehrfachen Encodierungs- und Decodierungsprozesse sprachlicher Kommunikation hingewiesen worden, Saxer (1981) hat die Semiotik sogar als „Basistheorie" der Publizistikwissenschaft reklamiert. Dennoch darf sich eine sozialwissenschaftliche Analyse mit der Behandlung rein sprachlicher Variablen noch nicht zufrieden geben. Und in der Tat lassen sich mit Badura – in Entsprechung zu den technischen Nebengeräuschen der elektrischen Signalübertragung – vier Bereiche „gesellschaftlicher Randbedingungen" (Badura [2]1995: 19) kommunikativer Prozesse klassifizieren: a) die Kommunikationssituation, b) das Informationsniveau, c) der emotive Erlebnishorizont und d) die Interessen. Badura entwirft schließlich eine sozialwissenschaftliche Erweiterung des ursprünglichen Shannon/Weaver-Schemas (Schaubild 2).

Die gesellschaftlichen Randbedingungen beeinflussen die Prozesse des Ver- und Entschlüsselns von zu vermittelnden Inhalten, und das gilt für die interpersonale Kommunikation ebenso wie für die öffentliche. So kann bereits die *Kommunikationssituation* (a) sehr stark den Rezeptionsvorgang beeinträchtigen: Er wird oberflächlicher, unkonzentrierter etc. sein, wenn ich beim Überqueren der Straße zufällig ein Plakat wahrnehme oder beim Warten auf die U-Bahn in einer Zeitschrift blättere, als wenn ich z.B. ganz gezielt nähere Informationen über Kommunikationstheorien in einer Fachzeitschrift suche. Die Informationsaufnahme ist ebenso von der Art der medialen Vermittlung bestimmt: audiovisuelle Medien provozieren andere Prozesse der Aufmerksamkeit und Wahrnehmung als Printmedien usw. Was das *Informationsniveau* (b) betrifft, so wird der Umstand, wie verständlich, wie abstrakt, wie konkret etc. eine Information aufbereitet ist, Einfluss auf ihre Verstehbarkeit haben, ebenso wird das beim Empfänger bereits vorhandene Vorwissen den Übertragungsprozess beeinflussen, also etwa beschleunigen, verlangsamen oder völlig behindern: Jemand, der die „Sprache" der mathematischen Logik nicht beherrscht, wird mit den entsprechenden Formeln wenig anfangen können. Überdies ist der *emotive Erlebnishorizont* (c), also die Gefühle und Einstellungen, die bei einem Informationsübertragungsprozess wachgerufen werden, als ein wichtiges Variablenbündel zu beachten: so wird z.B. Kriegsberichterstattung bei Menschen, die selber an einem Krieg teilnehmen mussten, andere Gefühle aktualisieren, als bei der „Nachkriegsgeneration". Und schließlich beeinflussen die *Interessen* (d), die einem Thema und/oder einer Person entgegengebracht werden, sowohl die Selektion der Information, als auch die Qualität des Ver- und Entschlüsselungsprozesses: Ein Wissenschaftler z.B., der einen Artikel für eine Fachzeitschrift formuliert, wird Interesse an einer sehr präzisen Darstellung haben, weil er mit einer aufmerksamen und kritischen Rezeption rechnet; die Rezipienten derartiger Medien werden in der Regel auch mehr Zeit für eine solche Lektüre aufwenden als für das Lesen tagesaktueller Nachrichten in einer Zeitung.

Schaubild 3
Randbedingungen von Kommunikation

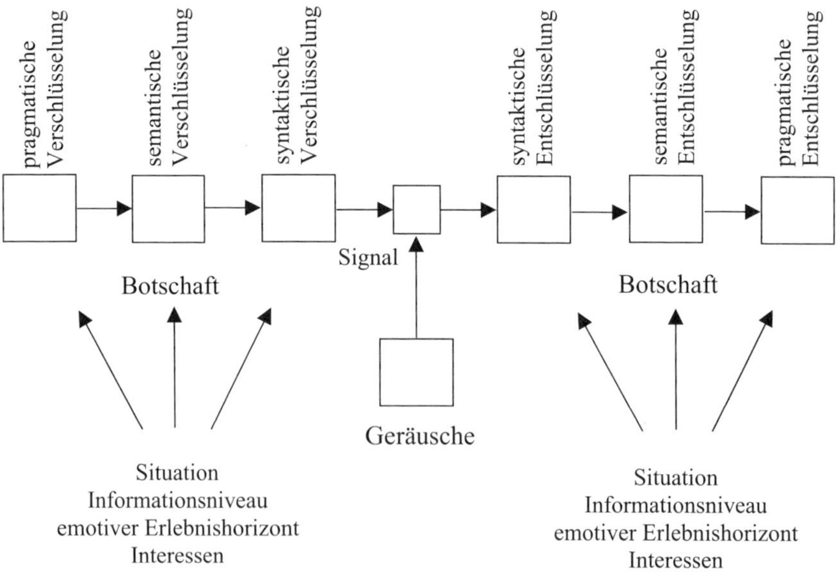

Badura (1971: 20, [2]1995: 19)

2.4 Konstruktivistische Implikationen von Kommunikation

Die sozial- (bzw. sprach-)wissenschaftliche Interpretation des Shannon/Weaver-Ansatzes durch Badura hat den Blick auf die subjektiven Interpretationsleistungen gelenkt, die bei jedem Kommunikationsprozess unter dem Einfluss ganz bestimmter gesellschaftlicher Randbedingungen – also keineswegs zufällig – stattfinden.

Die konstruktivistische Position radikalisiert diese Perspektive, indem sie darauf hinweist, dass wir im Rahmen von Kommunikationsprozessen stets Wirklichkeiten entwerfen.

Empirische nachweisbare Hinweise dafür, dass sich Wahrnehmung nicht in den Sinnesorganen vollzieht, sondern in den entsprechenden Hirnregionen, scheint es längst zu geben: Gemäß dem Bremer Neurophysiologen, Biologen und Philosophen Gerhard Roth (1987) ist Wahrnehmung nichts anderes als das Zuweisen von Bedeutungen zu an sich bedeutungsfreien neuronalen Prozessen. Die eigentliche Bedeutungszuweisung erfolgt also im Gehirn und zwar „auf der Grundlage früherer interner Erfahrung und stammesgeschichtlicher Festlegungen“ (Schmidt 1987: 15). Mit diesem Hinweis warnen die Konstruktivisten vor der umgangssprachlichen Semantik des Begriffes „Konstruktion“ im Sinne einer absichtsvollen (willentlichen) Herstellung von etwas: Zwar sei die gesellschaftliche Konstruktion von Wirklichkeit(en) stets an konkrete Individuen gebunden, „die wohl als Träger, aber nur bedingt als Gestalter dieser Konstruktion anzusehen sind“ (Schmidt 1999: 124), denn die Konstruktionsprozesse gehorchen „den biologischen, kognitiven und sozialen Bedingungen, denen sozialisierte Individuen in ihrer sozialen und natürlichen Umwelt unterworfen sind“ (Schmidt 1994: 5).

Im Kern handelt es sich beim Konstruktivismus um eine philosophische bzw. erkenntnistheoretische Strömung, die sich als Resultat sehr unterschiedlicher Denkansätze[9] mit dem Beitrag des Subjekts im Prozess des Erkennens von Wirklichkeit auseinander setzt. Aufgrund des konstruierten Charakters der Wirklichkeit ist es für Konstruktivisten nicht zielführend, nach dieser Wirklichkeit „an sich“ zu suchen. Vielmehr empfiehlt es sich, „in erkenntnistheoretischen Diskussionen von Was-Fragen auf Wie-Fragen umzustellen; denn wenn wir in einer Wirklichkeit leben, die durch unsere kognitiven und sozialen Aktivitäten definiert wird, dann ist es ratsam, von Operationen und deren Bedingungen auszugehen, statt von Objekten oder von 'der Natur'“. (Schmidt 1994: 5) Zugespitzt formuliert: Wir erfahren dann mehr über die Welt, in der wir leben, wenn wir nicht versuchen, „die Wirklichkeit“ zu beobachten, sondern wenn wir beobachten, wie (andere) Menschen die Welt beobachten, d.h. wenn wir zu erkennen versuchen, was sie eigentlich genau tun, wenn sie beobachten. In diesem Sinn wird der Konstruktivismus auch als eine Theorie der Beobachtung des Beobachtens bzw. als eine Theorie der „Beobachtung zweiter Ordnung“ (Schmidt 1994: 7) begriffen.

Die konstruktivistische Perspektive hat sich im Laufe der 90er-Jahre des 20. Jahrhunderts in der Publizistik- und Kommunikationswissenschaft explizit bemerkbar gemacht. (siehe dazu: Merten/Schmidt/Weischenberg 1994) und sie scheint in der publizistikwissenschaftlichen Diskussion auch durchaus anschlussfähig zu sein. (vgl. dazu etwa Scholl 2002) Zum einen ist die „Container-Metapher“ (Krippendorff

9 Genannt werden die empirische Kognitionstheorie nach Maturana, Heinz von Foersters Kybernetik zweiter Ordnung, Ernst von Glasersfelds Radikaler Konstruktivismus, die Systemtheorie Niklas Luhmanns und die Unterscheidungslogik George Spencer Browns (vgl. Schmidt 1993: 105).

1994: 86) ohnehin längst passé. Kein Kommunikationswissenschaftler geht mehr davon aus, dass in kommunikativen Prozessen vorgefertigte, feststehende Bedeutungen übertragen werden – im Gegenteil: seit Kommunikation als interaktiver Vorgang begriffen wird, gilt es als evident, dass das in den Medien dargebotene Bild der Realität nur sehr bedingt Rückschlüsse „auf die physikalischen Eigenschaften der Welt, die Strukturen der Gesellschaft, den Ablauf von Ereignissen, die Verteilung der öffentlichen Meinung“ (Schulz 1989: 139) zulässt. Auch die Forderung nach objektiver Berichterstattung etwa im Nachrichtenjournalismus gerinnt konstruktivistisch gewendet zu einer regulativen Idee, die die Wirklichkeitskonstruktionen seitens der Journalisten steuert (vgl. Schmidt/Weischenberg 1994).

Und zum anderen passt dieser Denkansatz recht gut zu jenen Forschungstraditionen, die immer schon das Individuum bzw. seine Wahrnehmung von „Wirklichkeit“ als eine nicht zu vernachlässigende Größe im Kommunikationsgeschehen betrachtet haben: In den Blick geraten dabei z.B. aus der Kommunikatorperspektive die Nachrichtenwerttheorie oder aus der Rezipientenperspektve der Nutzenansatz (vgl dazu näher: Burkart 1999, ^{4}2002: insbes. 302ff.)

3 Kommunikation als interaktiver Vorgang

Kommunikation impliziert stets (mindestens) ein Gegenüber, man hat es immer mit einem doppelseitigen Geschehen zu tun, in dem die Partner wechselseitig aufeinander Bezug nehmen müssen. Zwei fundamentale Theorieperspektiven sind es, die dies in den Mittelpunkt rücken: der „Symbolische Interaktionismus“ und die „Theorie des kommunikativen Handelns.“

3.1 Kommunikation als symbolische Interaktion

Schon bisher war davon die Rede, dass man menschliche Kommunikation als Zeichenprozess begreifen kann. Mit dem auf George Herbert Mead zurückgehenden Konzept des „Symbolischen Interaktionismus“ (S.I.) wird dieser Zeichencharakter von Kommunikation in den Mittelpunkt gerückt.[10]

Unter einem „Zeichen“ (vgl. ausführlicher Burkart ^{4}2002: 46ff. und 153ff.) versteht man ganz allgemein jede materielle Erscheinung, der eine Bedeutung zugeordnet (worden) ist. Ein Zeichen deutet in der Regel auf etwas hin, das von ihm selbst verschieden ist. „Zeichen können materielle Gegenstände (z.B. ein Wegweiser aus Holz), deren Eigenschaften (z.B. die rote Farbe) oder materielle Ereignisse (z.B. eine Handbewegung ...) sein.“ (Schaff 1968: 27) Nach ihrem Verhältnis zur Realität kann man natürliche und künstliche Zeichen,[11] nach ihrer Funktion im Kommuni-

10 George Herbert Mead lehrte in den 30er-Jahren Soziologie in Chicago, erst posthum wurden seine Vorlesungen veröffentlicht (Mead 1968). Eine ausführlichere Darstellung seiner Position samt weiterführender Literaturhinweise findet sich bei Burkart 42002: 46ff. und 153ff.)

11 Natürliche Zeichen sind Anzeichen oder Symptome der Objekte, auf die sie hindeuten, sie sind eigentlich nicht zum Zweck der Kommunikation entstanden (z.B. der Hof um den Mond als Anzeichen für Wetterverschlechterung, Erröten als Symptom für Scham usw.). Künstliche Zeichen sind zum Zweck der Kommunikation entstanden/geschaffen, sie sind in der Regel auch „konventionelle“ Zeichen, also Resultat einer sozialen Übereinkunft (z.B. alle sprachlichen Codes).

kationsprozess Signale[12] und Symbole unterscheiden. Als „Symbol" tritt ein Zeichen auf, wenn es eine Repräsentationsfunktion erfüllt, d.h. wenn es anstelle des jeweiligen Gegenstandes, Zustandes oder Ereignisses im Bewusstsein von Menschen jene Vorstellungen, Gedanken oder Empfindungen aktualisieren kann, die normalerweise nur der betreffende Gegenstand/Zustand oder das betreffende Ereignis selbst hervorruft. Die Möglichkeit, Zeichen nicht nur als Signale, sondern auch als Symbole einzusetzen, kann als ein Spezifikum der menschlichen Kommunikation gelten. Erst der Mensch ist in der Lage, auf Zeichen und die dabei vermittelten Bedeutungen nicht mehr bloß zu reagieren, sondern diese (Bedeutungen) auch zu verstehen, d.h. einem Zeichen bestimmte Vorstellungsinhalte zuordnen zu können. Dies impliziert aber zugleich die intersubjektive Variabilität von Bedeutungen. Verschiedene Menschen können ein und demselben Symbol unterschiedliche Bedeutungen zuweisen.

Verständigung ist daher nur in dem Maß möglich, in dem zwei Kommunikationspartner mithilfe von Symbolen ganz ähnliche Vorstellungen in ihrem Bewusstsein aktualisieren.[13]

Schaubild 3
Verständigung als Schnittmenge von Bedeutungsvorräten

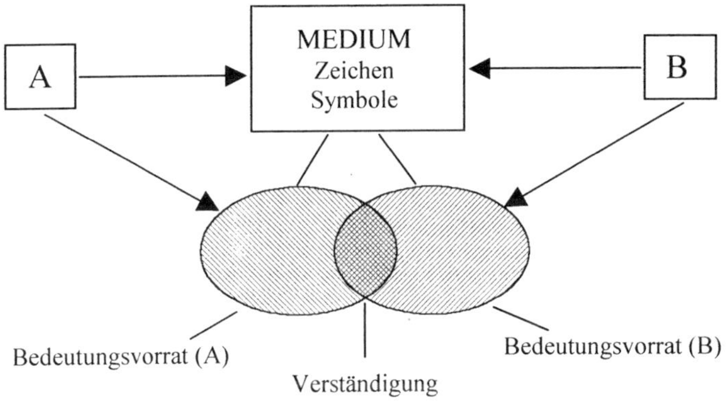

Burkart ([4]2002: 60)

Der S.I. macht nun ausdrücklich das In-Beziehung-Treten des Menschen mit seiner Umwelt zum Thema: Die Dinge und ihre Bezeichnungen, die wir für sie verwenden, repräsentieren unser Verhältnis zu ihnen, sie symbolisieren die subjektive Wirklichkeit unserer Erfahrungen, der Eindrücke aus unserer Umwelt. Nach Herbert Blumer ([2]1995: 23f.) gründet das handlungstheoretische Verständnis dieses Theoriekonzepts[14] auf drei Prämissen:

---

12 Als Signal tritt ein Zeichen dann auf, wenn es zur unmittelbaren Einwirkung auf das Verhalten anderer Menschen dient (z.B. die Handzeichen eines Verkehrspolizisten).

13 Mead spricht in diesem Fall von „signifikanten Symbolen" (Mead 1968: 85).

14 Im Grunde handelt es sich beim Symbolischen Interaktionismus nicht genuin um eine Kommunikationstheorie – eher wahrscheinlich um eine kommunikationswissenschaftliche Basistheorie (vgl. auch Burkart 1997a). Der Grund für die Behandlung dieses Ansatzes im vorliegenden Überblick ist in der

1. Menschen handeln „Dingen“ gegenüber auf der Grundlage von Bedeutungen, die diese Dinge für sie besitzen.
2. Die Bedeutung dieser Dinge entsteht in/wird abgeleitet aus den sozialen Interaktionen, die man mit seinen Mitmenschen eingeht.
3. Diese Bedeutungen werden im Rahmen der Auseinandersetzung mit eben diesen Dingen in einem interpretativen Prozess benützt und auch abgeändert.

Im symbolisch-interaktionistischen Sinn verfügen die Dinge also über keine ihnen innewohnende „Wesenhaftigkeit“, sondern sie existieren (was ihren Sinn betrifft) ausschließlich raum- und zeitgebunden, also kulturspezifisch. Die Bedeutung eines Gegenstandes ist als „soziale Schöpfung“ (Blumer ^{2}1995: 31) zu begreifen: als Ergebnis von Interpretations- und Definitionsprozessen, die zwischen Menschen ablaufen, wenn sie im Hinblick auf den Gegenstand handeln.

Dies alles gilt nicht bloß für die Objekte unserer Umwelt, sondern auch für uns selbst: Identität (Ich-Bewusstsein) entsteht aus der Perspektive des S.I. in hohem Maß im Rahmen von Interpretationen der Reaktionen anderer auf unser Verhalten. Man kann im S.I. daher auch eine Sozialisationstheorie sehen.[15] Ein zentraler Aspekt ist dabei die Fähigkeit, sich aus der Perspektive des Gegenübers zu betrachten, d.h. (mental) die Rolle eines anderen – sowie auch mehrerer anderer – zu übernehmen. Der (erwachsene) Mensch ist in der Lage, sich aus der Perspektive mehrerer anderer betrachten zu können, er verfügt also über die Fähigkeit, die Rolle des „verallgemeinerten Anderen“ einzunehmen. Dieser verallgemeinerte Andere ist schließlich als „man“ in unserem Bewusstsein präsent, und dies ist die Voraussetzung für unsere Integration in die jeweilige Gesellschaft: Wir wissen, was „man“ in der Regel von uns erwartet, wie „man“ sich in einer bestimmten Position verhält, was „man“ zu tun hat usw. Es liegt auf der Hand, dass diese theoretische Position nicht bloß für interpersonale, sondern auch für die öffentliche, massenmedial vermittelte Kommunikation Relevanz besitzt. Und in der Tat hat sie in der 2. Hälfte des 20. Jahrhunderts zu einer völlig neuen Sichtweise in der Massenkommunikationsforschung geführt.

Medienrezeption als interpretatives Handeln

Die Rezeption symbolisch-interaktionistischen Denkens in der Kommunikationswissenschaft zu Beginn der 70er-Jahre des 20. Jahrhunderts leitete einen grundlegenden Perspektivenwechsel in der Medienwirkungsforschung ein. Die über Massenmedien vermittelten Aussagen waren nicht mehr mit Stimuli gleichzusetzen, die bereits vorfabrizierte Bedeutungen besitzen, sondern als „interpretationsbedürftige Objekte“, die lediglich ein „Wirklichkeitsangebot“ (Teichert 1973: 381) darstellen. Medienrezeption gilt seither als aktive und zielorientierte „wirklichkeitserstellende Aktivität“ (Teichert 1973: 357).[16] Damit musste auch das bis dahin vorherrschende Bild

herausragenden Bedeutung zu sehen, die ihm in der Tradition der Massenkommunikationsforschung zukommt.

15 „Sozialisation“ meint die (soziale) Menschwerdung des Menschen, die sowohl Vergesellschaftung als auch Individualisierung umfasst. Danach bildet sich die menschliche Persönlichkeit niemals gesellschaftsfrei heraus, sondern stets in einer konkret-historischen Lebenswelt. (vgl. dazu ausführlicher Burkart ^{4}2002: 144ff.)

16 Bereits Jahre zuvor hatte man ja schon Zweifel an der Angemessenheit der Wirkungsperspektive gehegt und dafür plädiert, die klassische Wirkungsfrage „Was machen die Medien mit den Menschen?“ einfach umzukehren in „Was machen die Menschen mit den Medien?“ (Katz/Foulkes 1962: 378)

vom „passiven" Rezipienten, der vorfabrizierte Inhalte aus den Medien einfach aufnimmt, durch die Vorstellung vom „aktiven Publikum" ersetzt werden, das nach der Befriedigung seiner jeweils subjektiven Bedürfnisse strebt. Es darf nicht unerwähnt bleiben, dass hier auch noch ein weiterer handlungstheoretisch orientierter Ansatz Pate stand: der „Uses-and-Gratifications-Approach" (Blumler/Katz 1974; Renckstorf 1977; vgl. auch Burkart ^{4}2002: 220ff.), der Medienrezeption als bedürfnisgesteuerten Prozess begreift, von dem man sich eine „Belohnung" (Gratifikation) erwartet.

Alles in allem führte diese Umorientierung in der Medienwirkungsforschung zum Konzept vom „aktiven Publikum" (Rosengren/Wenner/Palmgreen 1985), das Medieninhalte gezielt zur Befriedigung individueller Bedürfnisse benützt. In der deutschsprachigen Kommunikationsforschung war damit eine Forschungstradition begründet, die seither unter dem Namen „Nutzenansatz" oder „Mediennutzung als soziales Handeln" auftaucht.[17] Aus dieser Perspektive ist davon auszugehen, dass praktisch jeder Inhalt zur Befriedigung ganz verschiedener Bedürfnisse dienen kann und die Medienzuwendung aus ganz unterschiedlichen Motiven heraus erfolgt.[18] Als „Nutzungsarten" gelten seither z.B. Ablenkung/Zeitvertreib/Unterhaltung, das Herstellen quasi-persönlicher Beziehungen (para-soziale Interaktion), Identifikation, Projektion, Legitimation und Umweltkontrolle (Information).[19]

3.2 Kommunikation als Verständigungshandeln

Mit der „Theorie des kommunikativen Handelns" von Jürgen Habermas (1981) rückt Kommunikation ganz zentral als Verständigungsprozess ins Zentrum theoretischer Reflexion. Verständigung bedeutet im Unterschied zum Symbolischen Interaktionismus allerdings nicht bloß das Übereinstimmen der Kommunikationspartner in der Symbolinterpretation. Habermas legt in seiner Analyse des kommunikativen Handelns vielmehr die grundlegenden („universalen") Voraussetzungen von Verständigung frei.

Im Mittelpunkt steht *sprachliche* Kommunikation, weil er Sprache als das humanspezifische Medium der Kommunikation begreift und in allen anderen Formen sozialer Interaktion Derivate sprachlichen Handelns sieht. Zu diesem Zweck knüpft er bei der angelsächsischen Sprechakttheorie an, die – wie bereits weiter oben erwähnt – Sprechen als eine Form menschlichen Handelns definiert und damit die pragmatische Zeichendimension betont. Die für den Menschen typische „kommunikative Kompetenz" besteht aus dieser Perspektive in der Fähigkeit, einen (grammatikalisch wohlgeformten) Satz in Realitätsbezüge einbetten zu können:[20] Demgemäß lässt sich zwischen Sprachfähigkeit und Kommunikationsfähigkeit unterscheiden – das Vorhandensein beider Kompetenzen müssen verständigungsbereite Kommuni-

---

17 Eine Vielzahl von fundierten Texten dazu gibt es von Karsten Renckstorf – insbesondere sei verwiesen auf Renckstorf (1977: 7-59, 119-135, 167-194); als Kurzinformation eignet sich: Renckstorf (1994: 43-45 u. 51-54).

18 Deshalb spricht man in diesem Zusammenhang auch von der motivationalen Perspektive in der Medienwirkungsforschung. (vgl. Drabczynski 1982)

19 Vgl. dazu näher: Schenk (^{2}2002: 641ff.); Burkart (^{4}2002: 228ff.); Bonfadelli (1999: 159ff. u. 197ff.).

20 Die Theorie des kommunikativen Handelns heißt daher auch „Theorie der kommunikativen Kompetenz" oder „Universalpragmatik".

kationspartner einander wechselseitig unterstellen, um überhaupt in einen Kommunikationsprozess eintreten zu können.

Dieses wechselseitige Unterstellen besteht genau im (in der Regel unreflektiert vorhandenen) Wissen beider Kommunikationspartner, dass ganz bestimmte universale Ansprüche Gültigkeit besitzen, die beide anerkennen müssen und denen sie daher auch zu entsprechen haben. Es handelt sich dabei um die Geltungsansprüche Verständlichkeit, Wahrheit, Wahrhaftigkeit und Richtigkeit. Habermas spricht auch von unterschiedlichen „Welten", in denen die Menschen einander kommunikativ begegnen.[21] Konkret heißt das: Damit Verständigung zustande kommen kann, müssen beide Kommunikationspartner voneinander annehmen, dass sie

1. die Regeln der gemeinsamen Sprache beherrschen (also: „*verständlich*" formulieren können), sie müssen
2. unterstellen, dass sie Aussagen über Wirklichkeiten machen, deren Existenz auch der jeweils Andere anerkennt (sie müssen also unterstellen, dass sie „*wahre*" Aussagen machen), sie müssen
3. davon ausgehen, dass sie ihre tatsächlichen Absichten zum Ausdruck bringen (sie müssen also unterstellen, dass sie wahrhaftig kommunizieren, ihr Gegenüber nicht täuschen wollen und somit „*vertrauenswürdig*" sind) und sie müssen schließlich
4. annehmen, dass sie mit ihren Interessen und Absichten die geltenden Werte und Normen nicht verletzen (sie müssen also unterstellen, dass sie ihre Interessen richtigerweise vertreten, weil sie akzeptabel sind bzw. als „*legitim*" begriffen werden können).

Im kommunikativen Alltag werden allerdings einer oder mehrere dieser kommunikativen Geltungsansprüche vielfach verletzt bzw. angezweifelt. Der besprochene Idealzustand existiert in der Regel nicht – so die Theorie. In diesen Fällen kommt Verständigung nicht zustande, und Kommunikation kann nicht ungestört fortgesetzt werden.

Die Alltagskommunikation hält für derartige Situationen jedoch einen Reparaturmechanismus bereit – den „*Diskurs*":[22] der zweifelnde Kommunikationspartner versucht, sein Verständigungsdefizit dadurch auszugleichen, dass er von seinem Gegenüber Begründungen für dessen Behauptung oder für dessen Verhalten fordert. Erst wenn solche Begründungen vorliegen und auch anerkannt werden, kann Kommunikation weiter (ungestört) fortgesetzt werden. Ungestörte (erfolgreiche, Verständigung erzielende) Kommunikation verlangt also Einverständnis über kommunikative

21 Gemeint sind die „objektive Welt" der Gegenstände (Personen, Dinge, Vorgänge, Ideen etc.), die „subjektive Welt" der Erlebnisse, Eindrücke, Empfindungen etc. (die nur der jeweiligen Person selbst zugänglich ist) und die „soziale Welt" der nach (jeweils bestimmten) Normen geregelten sozialen Beziehungen.

22 Habermas unterscheidet drei Formen des Diskurses: den „theoretischen Diskurs" als Form der Argumentation, in der kontroverse Wahrheitsansprüche zum Thema gemacht werden, den „praktischen Diskurs" als jene Form der Argumentation, in der Ansprüche auf normative Richtigkeit zum Thema gemacht werden, und den „explikativen Diskurs", in dem die Verständlichkeit, Wohlgeformtheit oder Regelrichtigkeit von symbolischen Ausdrücken zum Thema gemacht wird (Habermas 1981: Bd. 1, 344). Lediglich der Geltungsanspruch der Wahrhaftigkeit stellt eine Ausnahme dar: Er gilt als diskursunfähig, denn er ist „nicht von der Art, daß er wie Wahrheits- oder Richtigkeitsansprüche unmittelbar mit Argumenten eingelöst werden könnte. Der Sprecher kann allenfalls in der Konsequenz seiner Handlungen beweisen, ob er das Gesagte auch wirklich gemeint hat. Die Wahrhaftigkeit von Expressionen läßt sich nicht begründen, sondern nur zeigen" (Habermas 1981: Bd. 1, 69).

Geltungsansprüche – konkret über die *Wahrheit* der Aussagen, die *Vertrauenswürdigkeit* der Kommunikationspartner und die *Legitimität* der in Rede stehenden Interessen. Dieses Einverständnis über kommunikative Geltungsansprüche darf nicht mit Übereinstimmung in der (jeweils thematisierten) Sache oder gar Zustimmung zu dieser verwechselt werden! Das wird bei oberflächlicher Lektüre manchmal missverstanden.

Die Theorie des kommunikativen Handelns ist eine Theorie, die weltweit große Aufmerksamkeit erzielt hat.[23] Kritisch wird bisweilen vermerkt, sie sei praxisfern, weil sie sich auf universale Bedingungen von Kommunikation konzentriere, und damit die konkrete, empirische Lebenspraxis ausblende: Im Nichtbeachten gesellschaftlicher Phänomene sieht z.B. Kunczik (1984) ihre entscheidende Schwäche, „denn es ist unmöglich, die Bedingungen der idealen Sprechsituation zu realisieren. [...] Die Theorie [...] ist nicht einmal als Bezugsrahmen zur Einschätzung empirischer Situationen brauchbar." (Kunczik 1984: 110)[24]

Kritik dieser Art greift daneben. Einmal, weil Habermas nirgends behauptet, mit seiner Theorie empirische Realität beschreiben zu wollen – im Gegenteil: Er begreift die Bedingungen der idealen Sprechsituation sogar selbst als „kontrafaktisch",[25] also für die Realität sozialer Kommunikation als nicht zutreffend. Und zweitens lassen sich insbesondere auf Basis der kommunikativen Geltungsansprüche entsprechende Messgrößen generieren, mit denen man sehr wohl die reale Qualität von Verständigung evaluieren kann. Die gilt für Journalismus (vgl. Burkart 1998) ebenso wie für Öffentlichkeitsarbeit. (vgl. Burkart 1996, 1997b sowie den Beitrag von Bentele in diesem Band)

4 Kommunikation als umweltbezogenes Phänomen

Menschliche Kommunikationsprozesse sind nicht isolierte Phänomene, sondern stets eingebettet in ein bestimmtes soziales bzw. gesellschaftliches Umfeld. Sowohl Kommunikatoren als auch Rezipienten, aber auch die Aussagen und die eingesetzten Medien sind nicht unabhängig von den psychischen, sozialen und ökonomischen Bedingungen zu denken, unter denen Kommunikation stattfindet.

Ganz grundsätzlich ist damit auch auf systemtheoretisches Denken verwiesen, denn etwas als „System" betrachten, heißt, Wirklichkeit als Menge von untereinander abhängigen Elementen und Beziehungen betrachten. Es gibt in der publizistikwissenschaftlichen Diskussion eine Reihe von systemtheoretisch argumentierenden Autoren (z.B. Blöbaum 1994; Marcinkowski 1993; Rühl ^{2}1995; Saxer ^{2}1995; als Überblick: Scholl 2002), auf die hier aber nicht näher eingegangen werden kann. Stattdessen soll die Umweltbezogenheit von Kommunikation abschließend anhand zweier Modelle zur Massenkommunikation demonstriert werden.

---

23 Vgl. dazu die kommentierte Textcollage zur Theorie des kommunikativen Handelns (Burkart/Lang 21995).

24 Stellvertretend für die umfangreiche (auch durchaus kritische) Rezeption Habermas'schen Denkens vgl. Honneth/Joas (32002, zuerst 1986).

25 Dies geschah bereits in Veröffentlichungen, die ein Jahrzehnt vor seinem Hauptwerk erschienen sind (vgl. etwa Habermas 1971: 140).

4.1 Massenkommunikation aus sozialpsychologischer Perspektive

Bereits in den 60er-Jahren entwickelte Gerhard Maletzke (1963, Nachdrucke 1972 u. 1978) mit seinem „Feldschema" ein umfassendes Modellkonzept, das Abhängigkeiten und Wechselbeziehungen im Prozess der Massenkommunikation aufzeigt. Er begreift Massenkommunikation als ein Beziehungssystem zwischen den Grundfaktoren Kommunikator, Aussage, Medium und Rezipient und stellt dar, wie jeder Teil auf die anderen verweist und auch umgekehrt von den anderen beeinflusst wird.

Schaubild 4
Feldschema der Massenkommunikation

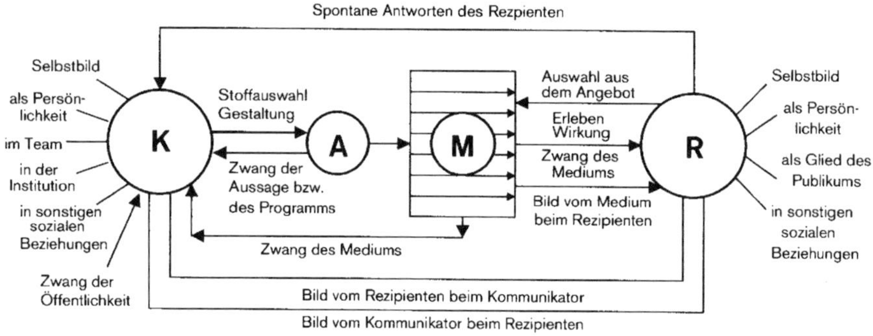

Maletzke (1963: 41)

Das Modell hebt hervor, dass sowohl Kommunikator als auch Rezipient weder voraussetzungslos noch völlig isoliert voneinander in den Massenkommunikationsprozess eintreten, sondern stets in Abhängigkeit von ihren subjektiven psychischen und sozialen Dispositionen handeln. Kommunikatoren und Rezipienten handeln aber auch nicht unabhängig voneinander, sondern sind in ihrem Produktions- und Rezeptionsverhalten vom wechselseitig vorhandenen Fremdbild beeinflusst, überdies besteht grundsätzlich die Möglichkeit zum Feedback. Schließlich wird das Handeln der Kommunikatoren und Rezipienten in der Massenkommunikation noch von verschiedenen Zwängen beeinflusst, die sich aus der Zugehörigkeit zur jeweiligen sozialen Gruppe bzw. Organisation ergeben.

Maletzkes Bezugsrahmen ist also ein primär sozialpsychologischer: Im Mittelpunkt stehen Kommunikatoren und Rezipienten als Personen(gruppen), die durch psychische bzw. soziale Merkmale charakterisierbar sind und in mehrfachen Abhängigkeiten und Wechselbeziehungen zueinander stehen.

4.2 Massenkommunikation unter den Bedingungen digitaler Vernetzung

In Anlehnung an die Tradition von Maletzke lässt sich aus aktueller Perspektive im Lichte der technischen Entwicklung ein weiteres Modellkonzept entwerfen, das den Bezugsrahmen der digitalen Vernetzung in den Mittelpunkt rückt und einen „Elektronisch mediatisierten Kommunikationsraum" (Burkart/Hömberg 1998) skizziert.

Das Modell hebt hervor, dass sich Unterschiede zwischen Kommunikator- und Rezipientenrolle tendenziell einebnen, aber nicht vollständig auflösen. Statt von Kommunikatoren und Rezipienten wäre daher künftig im Anschluss an Goertz (1995) von „Beteiligten" zu sprechen, wobei eine Gruppe von Beteiligten (die ehemaligen Kommunikatoren) die Rollenmacht über die Inanspruchnahme und Indienstnahme von Kommunikationsmitteln besitzt, während der anderen Gruppe (den ehemaligen Rezipienten) v.a. die Möglichkeiten der Teilhabe und Teilnahme offen stehen. Die Auswahl und Gestaltung der Aussagen sowie ihre Wahrnehmung und Wirkung sind von der jeweils vorhandenen Kommunikationsstruktur und den eingesetzten Medienanwendungen abhängig. Die technische Kommunikationsstruktur wird schließlich von jenen Beteiligten bereitgestellt, die als „organisierende Beteiligte" (OB) den elektronischen Kommunikationsraum erst möglich machen (z.B. Internet-Provider, Rundfunkanstalten, Post, Telekom, Mailbox-Betreiber etc.).

5 Medientheorien

Häufig ist nicht bloß von Kommunikations-, sondern auch von „Medientheorien" die Rede. Mit dem Medienbegriff ist es ähnlich wie mit dem Kommunikationsbegriff: Er ist kaum eindeutig definierbar. In seiner vagen Alltagsbedeutung verwenden wir ihn meist im Plural – „die Medien" – als Sammelbegriff sowohl für die elektronischen Massenmedien (Hörfunk und Fernsehen), als auch für die diversen Erzeugnisse auf dem Printsektor (Zeitungen, Zeitschriften etc.) Seit den 80er-Jahren des 20. Jahrhunderts ist verstärkt von „neuen Medien" die Rede. Gemeint sind damit v.a. Kabel- und Satellitenfernsehen, Fax, Computer, neuerdings das Internet.
Aus diesem technikzentrierten Blickwinkel ist das Begriffsfeld aber längst genauer strukturierbar. Entsprechend der Einsicht, dass es zur Bedeutungsvermittlung stets einer Vermittlungsinstanz bedarf, hat schon vor geraumer Zeit der Publizistikwissenschaftler Harry Pross (1972) eine Differenzierung in primäre, sekundäre und tertiäre Medien eingeführt. *Primäre Medien* sind die Medien des menschlichen Elementarkontaktes, also unmittelbar leibgebundene Ausdrucksmöglichkeiten. Darunter fallen neben der Sprache auch alle nonverbalen Vermittlungsinstanzen wie Mimik und Gestik. Als *sekundär* begreift Pross all jene Medien, die auf der Produktionsseite ein Gerät erfordern, nicht aber beim Empfänger. Flugblatt, Plakat, Buch, Zeitung zählen z.B. dazu. *Tertiäre Medien* sind schließlich jene Kommunikationsmittel, die sowohl auf der Sender- wie auch auf der Empfängerseite ein technisches Gerät erfordern. Dies trifft z.B. auf das Telefon zu, aber insbesondere auf die elektronischen Massenmedien wie Hörfunk, Film, Fernsehen, CDs, neuerdings auch auf Computer und Datenträger verschiedenster Art. Als Folge der „Konvergenz", des Zusammenwachsens von Telekommunikation, Computer und Rundfunk (vgl. Latzer 1997) ist in diesem Zusammenhang nun sogar von *quartären* Medien (auch: digitalen oder Online-Medien) die Rede: Sie basieren auf der Technik der Digitalisierung und setzen die Nutzung eines Computers mit Online-Verbindung voraus. (Zur Begrifflichkeit vgl. Winter 1998) Neu ist, dass die bisher kaum veränderbare Rollenfixierung von Sender und Empfänger durch interaktive Momente eine gewisse Flexibilität erfährt. Als quartäre Medien gelten mithin Online-Zeitungen, Websites bzw. Homepages im Internet, Diskussionsforen, Newsgroups, Chats etc.

Schaubild 5
Elektronisch mediatisierter Kommunikationsraum

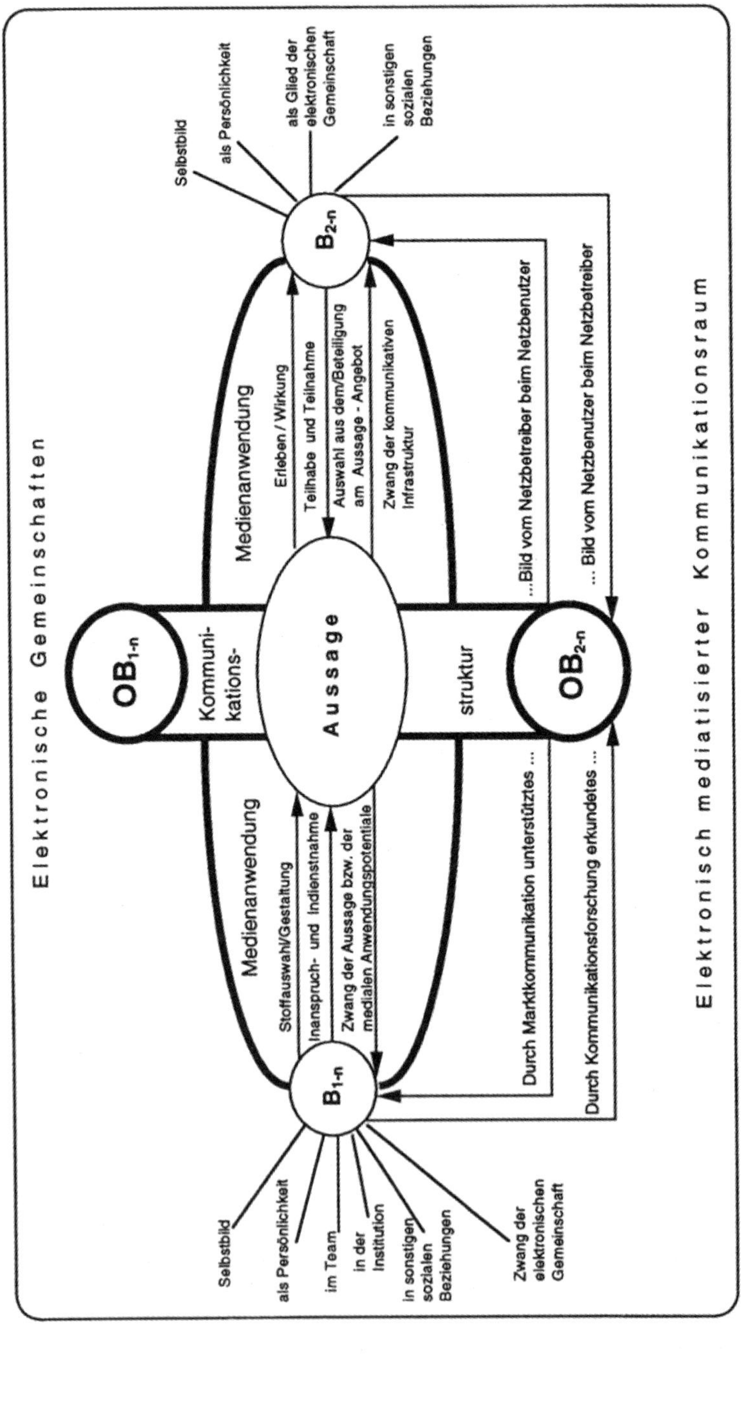

Burkart/Hömberg (1998: 34)

Medientheorien treten bisweilen als „Einzelmedientheorien" auf, die eben nur ein einziges Medium thematisieren und dabei v.a. dessen technische Besonderheiten in den Mittelpunkt rücken. Faulstich (1991: 20-86) beschreibt z.B. eine Reihe von Film- und Radiotheorien, um bilanzierend allerdings deren Theoriestatus zu disqualifizieren: In der Regel bieten sie keine Gesetzesaussagen mit prognostischer Bedeutung, sondern lediglich vortheoretische Beschreibungen (Faulstich 1991: 91), weil sie stets einen Reflex auf die Entwicklung des Mediums selbst darstellen. Angesichts der erwähnten Konvergenztendenzen scheint die „Hoch-Zeit von Einzelmedientheorien" (Faulstich 1998: 23) aber ohnehin vorbei zu sein.

Dies ist keineswegs bedauerlich, denn aus publizistikwissenschaftlicher Perspektive ist das theorieträchtige Hochstilisieren technischer Besonderheiten ein fehlgeleitetes Unterfangen: Selbst wenn man die Mediengeschichte als die ständige Vervollkommnung medialer Techniken begreifen kann (Schulz 1974; Hiebel 1997), so sind derartige technikzentrierte Klassifikationen dennoch „kommunikationswissenschaftlich untauglich" (Weischenberg 1998: 52), weil wir bloß durch das Betrachten der Apparate, Kanäle und Leitungen nicht erfassen können, „was da vorgeht, wenn sich Publizistik oder Massenkommunikation, unter Mitwirkung von Internet, in und mit einer sozialen Umwelt ereignen". (Rühl 1998: 101) Dies können wir nur dann, wenn wir den doppelten Charakter jedes Mediensystems nicht übersehen, nämlich kommunikationstechnisches Potenzial und Sozialsystem zugleich zu sein. Techniken werden erst durch ihre Vergesellschaftung zum publizistischen Medium, und dies bedeutet, dass sie „über die Funktion eines technischen Vermittlungssystems hinaus in einen spezifischen institutionalisierten Handlungskontext eingebunden sind." (Neverla 1998a: 29f.) Demgemäß können „*Medien*" aus publizistikwissenschaftlicher Perspektive definiert werden als „komplexe institutionalisierte Systeme um organisierte Kommunikationskanäle von spezifischem Leistungsvermögen." (Saxer 1998: 54)[26]

Als erste (Massen-)Medientheorie in diese Richtung kann der vorhin erwähnte „klassische" Ansatz von Maletzke (1963, Nachdrucke 1972 u. 1978) interpretiert werden, der (wie aus der Modelldarstellung ersichtlich) v.a. psychologische Variablen beinhaltet. Maletzkes Konzept ist dennoch als eine kommunikationswissenschaftliche Medientheorie zu klassifizieren.[27] Neben „kritischen" Medientheorien (z.B. Holzer 1994) lassen sich nach Faulstich (1991, 1998) schließlich noch systemtheoretische Medientheorien anführen – für Parsons (1980) sind z.B. Macht und Geld zentrale gesellschaftliche Interaktionsmedien.

Es soll nicht unerwähnt bleiben, dass man parallel zu den hier angesprochenen sozialwissenschaftlichen Denkansätzen spätestens seit den 80er-Jahren des 20. Jahrhunderts auch im Umfeld der Germanistik sowie der Sprach- und Literaturwissenschaft eine verstärkte Auseinandersetzung mit Medientheorie registrieren kann[28] –

---

26 Ein bislang kaum beachteter Vorschlag besteht darin, zwischen Medien „erster Ordnung" (die Vermittlungs- und Speichertechniken) und Medien „zweiter Ordnung" (institutionalisierter Einsatz der Vermittlungstechniken zur Verbreitung von Inhalten) zu unterscheiden. (Kubicek/Schmid/Wagner 1997: 34)

27 Spätere kommunikationswissenschaftliche Medientheorien vernachlässigen nach Faulstich kurioserweise aber wieder den Medienbegriff (vgl. Faulstich 1998: 24).

28 Faulstich erklärt dies völlig richtig mit der Einsicht in die mediale Bedingtheit jedes literarischen Einzelwerkes. (vgl. Faulstich 1998: 12)

auch von einer eigenen „Medienwissenschaft" (vgl. den Sammelband von Rusch 2002) ist die Rede.

Fazit: Genauso wie Kommunikationstheorien, lassen sich auch Medientheorien nicht auf einen gemeinsamen Nenner bringen, denn es hängt wie immer von der Problemstellung bzw. vom erkenntnisleitenden Interesse ab, welche Perspektive in den Blick gerät. Für die Zukunft scheint jedenfalls eines sicher zu sein: Überlegungen zur Kommunikations- und Medientheorie werden immer mehr zu einem interdisziplinären Unterfangen.

Literatur

Attneave, Fred (1965): Informationstheorie in der Psychologie. Bern.

Austin, John Langshaw (1972): Zur Theorie der Sprechakte. Stuttgart.

Badura, Bernhard (1971): Sprachbarrieren. Zur Soziologie der Kommunikation. Stuttgart-Bad Cannstatt.

Badura, Bernhard ([2]1995): Mathematische und soziologische Theorie der Kommunikation. In: Burkart, Roland/Hömberg, Walter (Hrsg.): Kommunikationstheorien. Ein Textbuch zur Einführung (= Studienbücher zur Publizistik- und Kommunikationswissenschaft, Bd. 8). Wien, S. 16-22.

Bentele, Günter/Bystrina, Ivan (1978): Semiotik: Grundlagen und Probleme. Stuttgart, Berlin u.a.

Bentele, Günter/Rühl, Manfred (Hrsg.) (1993): Theorien öffentlicher Kommunikation. Problemfelder, Positionen, Perspektiven (= Schriftenreihe der Deutschen Gesellschaft für Publizistik- und Kommunikationswissenschaft, Bd. 19). München.

Bentele, Günter/Steinmann, Horst/Zerfaß, Ansgar (Hrsg.) (1996): Dialogorientierte Unternehmenskommunikation: Grundlagen – Praxiserfahrungen – Perspektiven. Berlin.

Blumer, Herbert ([2]1995): Der methodologische Standort des symbolischen Interaktionismus. In: Burkart, Roland/Hömberg, Walter (Hrsg.): Kommunikationstheorien. Ein Textbuch zur Einführung (= Studienbücher zur Publizistik- und Kommunikationswissenschaft, Bd. 8). Wien, S. 23-39.

Blumler, Jay G./Katz, Elihu (Hrsg.) (1974): The uses of mass communications. Current perspectives on gratifications research. Beverly Hills, London.

Blöbaum, Bernd (1994): Journalismus als soziales System. Geschichte, Ausdifferenzierung und Verselbständigung. Opladen.

Bonfadelli, Heinz (1999): Medienwirkungsforschung I. Grundlagen und theoretische Perspektiven. Konstanz.

Bonfadelli, Heinz/Jarren, Otfried (2001): Publizistik- und Kommunikationswissenschaft – ein transdisziplinäres Fach. In: Jarren, Otfried/Bonfadelli, Heinz (Hrsg.): Einführung in die Publizistikwissenschaft. Bern, Stuttgart, Wien, S. 3-14.

Bonfadelli, Heinz/Rathgeb, Jürg (Hrsg.) (1997): Publizistikwissenschaftliche Basistheorien und ihre Praxistauglichkeit. Zürcher Kolloquium zur Publizistikwissenschaft. Dokumentation (= Diskussionspunkt, Bd. 33). Zürich.

Burkart, Roland (1996): Verständigungsorientierte Öffentlichkeitsarbeit. Der Dialog als PR-Konzeption. In: Bentele, Günter/Steinmann, Horst/Zerfaß, Ansgar (Hrsg.): Dialogorientierte Unternehmenskommunikation: Grundlagen – Praxiserfahrungen – Perspektiven. Berlin, S. 245-270.

Burkart, Roland (1997a): Publizistikwissenschaftliche Basistheorien: Eine Annäherung aus drei Perspektiven. In: Bonfadelli, Heinz/Rathgeb, Jürg (Hrsg.): Publizistikwissenschaftliche Basistheorien und ihre Praxistauglichkeit. Zürcher Kolloquium zur Publizistikwissenschaft. Dokumentation (= Diskussionspunkt, Bd. 33). Zürich, S. 51-66.

Burkart, Roland (1997b): Verständigungsorientierte Public Relations-Kampagnen. Eine kommunikationswissenschaftlich fundierte Strategie für Kampagnenarbeit. In: Röttger, Ulrike (Hrsg.): PR-Kampagnen. Über die Inszenierung von Öffentlichkeit. Opladen 1997 (2. Auflage 2001), S. 285-300.

Burkart, Roland (1998): Von verständigungsorientierter Öffentlichkeitsarbeit zum diskursiven Journalismus. In: Duchkowitsch, Wolfgang/Hausjell, Fritz/Hömberg, Walter/Kutsch, Arnulf/Neverla, Irene (Hrsg.): Journalismus als Kultur. Analysen und Essays. Festschrift für Wolfgang R. Langenbucher zum 60. Geburtstag. Opladen, Wiesbaden, S. 163-172.

Burkart, Roland (1999): Alter Wein in neuen Schläuchen? Anmerkungen zur Konstruktivismus-Debatte in der Publizistik- und Kommunikationswissenschaft. In: Rusch, Gebhard/Schmidt, Siegfried J.

(Hrsg.): Konstruktivismus in der Medien- und Kommunikationswissenschaft. Frankfurt/Main, S. 55-72.

Burkart, Roland ([4]2002): Kommunikationswissenschaft. Grundlagen und Problemfelder. Umrisse einer interdisziplinären Sozialwissenschaft. Wien.

Burkart, Roland/Hömberg Walter (Hrsg.) ([2]1995): Kommunikationstheorien. Ein Textbuch zur Einführung (= Studienbücher zur Publizistik- und Kommunikationswissenschaft, Bd. 8). Wien.

Burkart, Roland/Hömberg, Walter (1998): Elektronisch mediatisierte Gemeinschaftskommunikation. Eine Herausforderung für die kommunikationswissenschaftliche Modellbildung. In: Pfammatter, René (Hrsg.): Multi Media Mania. Reflexionen zu Aspekten Neuer Medien. Konstanz, S. 19-36.

Burkart, Roland/Lang, Alfred ([2]1995): Die Theorie des kommunikativen Handelns von Jürgen Habermas – Eine kommentierte Textcollage. In: Burkart, Roland/Hömberg, Walter (Hrsg.): Kommunikationstheorien. Ein Textbuch zur Einführung (= Studienbücher zur Publizistik- und Kommunikationswissenschaft, Bd. 8). Wien, S. 40-68.

Dernbach, Beatrice/Rühl, Manfred/Theis-Berglmair, Anna Maria (Hrsg.) (1998): Publizistik im vernetzten Zeitalter. Berufe – Formen – Strukturen. Opladen, Wiesbaden.

DGPuK (2001): Deutsche Gesellschaft für Publizistik- und Kommunikationswissenschaft: Die Mediengesellschaft und ihre Wissenschaft. Herausforderungen für die Kommunikations- und Medienwissenschaft als akademische Disziplin. Selbstverständnispapier. Erarbeitet unter der Leitung von Anna M. Theis-Berglmair und Günter Bentele. München. – Elektronische Publikation. ULR: http://www.dgpuk.de

Drabczynski, Michael (1982): Motivationale Ansätze in der Kommunikationswissenschaft. Theorien, Methoden, Ergebnisse. Berlin.

Duchkowitsch, Wolfgang/Hausjell, Fritz/Hömberg, Walter/Kutsch, Arnulf/Neverla, Irene (Hrsg.) (1998): Journalismus als Kultur. Analysen und Essays. Festschrift für Wolfgang R. Langenbucher zum 60. Geburtstag. Opladen, Wiesbaden.

Faulstich, Werner (1991): Medientheorien. Einführung und Überblick. Göttingen.

Faulstich, Werner (Hrsg.) (1998): Grundwissen Medien. München.

Friedrichs, Jürgen ([15]1997): Methoden empirischer Sozialforschung. Opladen.

Goertz, Lutz (1995): Wie interaktiv sind Medien? Auf dem Weg zu einer Definition von Interaktivität. In: Rundfunk und Fernsehen, 43. Jg., S. 477-493.

Habermas, Jürgen (1971): Vorbereitende Bemerkungen zu einer Theorie der kommunikativen Kompetenz. In: Habermas, Jürgen/Luhmann, Niklas: Theorie der Gesellschaft oder Sozialtechnologie – Was leistet Systemforschung? Frankfurt/Main, S. 101-141.

Habermas, Jürgen (1981): Theorie des kommunikativen Handelns. Bd. 1: Handlungsrationalität und gesellschaftliche Rationalisierung. Bd. 2: Zur Kritik der funktionalistischen Vernunft. Frankfurt/Main.

Habermas, Jürgen (1984): Vorstudien und Ergänzungen zur Theorie des kommunikativen Handelns. Frankfurt/Main.

Habermas, Jürgen/Luhmann, Niklas (1971): Theorie der Gesellschaft oder Sozialtechnologie – Was leistet Systemforschung? Frankfurt/Main.

Hachmeister, Lutz (1987): Theoretische Publizistik. Studien zur Geschichte der Kommunikationswissenschaft in Deutschland. Berlin.

Hiebel, Hans H. (Hrsg.) (1997): Kleine Medienchronik. Von den ersten Schriftzeichen zum Mikrochip. München.

Holzer, Horst (1994): Medienkommunikation. Einführung in handlungs- und gesellschaftstheoretische Konzeptionen. Opladen.

Hondrich, Karl Otto (1976): Entwicklungslinien und Möglichkeiten des Theorievergleichs. In: Lepsius, Rainer M. (Hrsg.): Zwischenbilanz der Soziologie. Verhandlungen des 17. Deutschen Soziologentages. Stuttgart, S. 14-36.

Honneth, Axel/Joas, Hans (Hrsg.) ([3]2002): Kommunikatives Handeln. Beiträge zu Jürgen Habermas' „Theorie des kommunikativen Handelns". Frankfurt/Main (zuerst 1986).

Jarren, Otfried/Bonfadelli, Heinz (Hrsg.) (2001): Einführung in die Publizistikwissenschaft. Bern, Stuttgart, Wien.

Katz, Elihu/Foulkes, David (1962): On the use of the mass media as „escape": Clarification of a concept. In: Public Opinion Quaterly, 26. Jg., S. 377-388.

Klaus, Georg/Buhr, Manfred (Hrsg.) ([8]1972): Philosophisches Wörterbuch. Berlin.

Krippendorff, Klaus (1994): Der verschwundene Bote. In: Merten, Klaus/Schmidt, Siegfried J./Weischenberg, Siegfried (Hrsg.): Die Wirklichkeit der Medien. Eine Einführung in die Kommunikationswissenschaft. Opladen, S. 79-113.

Kubicek, Herbert/Schmid, Ulrich/Wagner, Heiderose (1997): Bürgerinformation durch neue Medien? Opladen.

Kunczik, Michael (1984): Kommunikation und Gesellschaft. Theorien zur Massenkommunikation. Köln.

Latzer, Michael (1997): Mediamatik – die Konvergenz von Telekommunikation, Computer und Rundfunk. Opladen.

Luhmann, Niklas (1970a): Soziologie als Theorie sozialer Systeme. In: Luhmann, Niklas: Soziologische Aufklärung. Aufsätze zur Theorie sozialer Systeme. Opladen, S. 113-136.

Luhmann, Niklas (1970b): Soziologische Aufklärung. Aufsätze zur Theorie sozialer Systeme. Opladen.

Luhmann, Niklas (1971): Sinn als Grundbegriff der Soziologie. In: Habermas, Jürgen/Luhmann, Niklas (1971): Theorie der Gesellschaft oder Sozialtechnologie – Was leistet Systemforschung? Frankfurt/Main, S. 25-100.

Maletzke, Gerhard (1963): Psychologie der Massenkommunikation. Theorie und Systematik. Hamburg (Nachdrucke 1972, 1978).

Marcinkowski, Frank (1993): Publizistik als autopoietisches System. Politik und Massenmedien. Eine systemtheoretische Analyse. Opladen.

Mead, George Herbert (1968): Geist, Identität, Gesellschaft. Hrsg. v. Charles Morris. Frankfurt/Main.

Merten, Klaus (1977): Kommunikation. Eine Begriffs- und Prozeßanalyse. Opladen.

Merten, Klaus (1999): Einführung in die Kommunikationswissenschaft. Bd. 1: Grundlagen der Kommunikationswissenschaft. Münster.

Merten, Klaus/Schmidt, Siegfried J./Weischenberg, Siegfried (Hrsg.) (1994): Die Wirklichkeit der Medien. Eine Einführung in die Kommunikationswissenschaft. Opladen.

Merton, Robert K. (1957): Social theory and social structure. Glencoe.

Neverla, Irene (1998a): Das Medium denken: zur sozialen Konstruktion des Netz-Mediums. In: Neverla, Irene (Hrsg.): Das Netz-Medium. Kommunikationswissenschaftliche Aspekte eines Mediums in Entwicklung. Opladen, Wiesbaden, S. 17-35.

Neverla, Irene (Hrsg.) (1998b): Das Netz-Medium. Kommunikationswissenschaftliche Aspekte eines Mediums in Entwicklung. Opladen, Wiesbaden.

Nöth, Winfried (^{2}2000): Handbuch für Semiotik. Stuttgart u.a.

Oehler, Klaus (2000): Einführung in den semiotischen Pragmatismus. In: Wirth, Uwe (Hrsg.): Die Welt als Zeichen und Hypothese. Perspektiven des semiotischen Pragmatismus von Charles Sanders Peirce. Frankfurt/Main, S. 13-30.

Parsons, Talcott (1980): Zur Theorie der sozialen Interaktionsmedien. Hrsg. u. eingel. v. Stefan Hensen. Opladen.

Pfammatter, René (Hrsg.) (1998): Multi Media Mania. Reflexionen zu Aspekten Neuer Medien. Konstanz.

Prim, Rolf/Tilman, Heribert (1973): Grundlagen einer kritisch-rationalen Sozialwissenschaft. Heidelberg.

Pross, Harry (1972): Medienforschung. Darmstadt.

Pross, Harry (1977): Kommunikationspolitik und neue Medien. In: Reimann, Helga/Reimann, Horst (Hrsg.): Information. München, S. 21-36.

Renckstorf, Karsten (1977): Neue Perspektiven in der Massenkommunikationsforschung. Beiträge zur Begründung eines alternativen Forschungsansatzes. Berlin.

Renckstorf, Karsten (1994): Kommunikationswissenschaft als sozialwissenschaftliche Disziplin. Theoretische Perspektiven, Forschungsfragen und Forschungsansätze. Nijmegen.

Renger, Rudi/Siegert, Gabriele (Hrsg.) (1997): Kommunikationswelten. Wissenschaftliche Perspektiven zur Medien- und Informationsgesellschaft. Innsbruck, Wien.

Rosengren, Karl Erik/Wenner, Lawrence A./Palmgreen, Philip (Hrsg.) (1985): Media gratifications research. Current perspectives. Beverly Hills.

Roth, Gerhard (1987): Erkenntnis und Realität: Das reale Gehirn und seine Wirklichkeit. In: Schmidt, Siegfried J. (Hrsg.): Der Diskurs des Radikalen Konstruktivismus. Frankfurt/Main, S. 229-255.

Röttger Ulrike (Hrsg.) (1997): PR-Kampagnen. Über die Inszenierung von Öffentlichkeit. Opladen 1997 (2. Auflage 2001).

Rühl, Manfred (1985): Kommunikationswissenschaft zwischen Wunsch und Machbarkeit. Einige Betrachtungen zu ihrer Identität heute. In: Publizistik, 30. Jg., S. 229-246.

Rühl, Manfred (^{2}1995): Theorie des Journalismus. In: Burkart, Roland/Hömberg, Walter (Hrsg.): Kommunikationstheorien. Ein Textbuch zur Einführung (= Studienbücher zur Publizistik- und Kommunikationswissenschaft, Bd. 8). Wien, S. 117-133.

Rühl, Manfred (1998): Von fantastischen Medien und publizistischer Medialisierung. In: Dernbach, Beatrice/Rühl, Manfred/Theis-Berglmair, Anna Maria (Hrsg.): Publizistik im vernetzten Zeitalter. Berufe – Formen – Strukturen. Opladen, Wiesbaden, S. 95-107.

Rusch, Gebhard (Hrsg.) (2002): Einführung in die Medienwissenschaft. Konzeptionen, Theorien, Methoden, Anwendungen. Wiesbaden.

Rusch, Gebhard/Schmidt, Siegfried J. (Hrsg.) (1999): Konstruktivismus in der Medien- und Kommunikationswissenschaft. Frankfurt/Main.

Sarcinelli, Ulrich (Hrsg.) (1998): Politikvermittlung und Demokratie in der Mediengesellschaft. Beiträge zur politischen Kommunikationskultur. Opladen, Wiesbaden.

Saxer, Ulrich (1980): Grenzen der Publizistikwissenschaft. Wissenschaftswissenschaftliche Reflexionen zur Zeitungs-/Publizistik-/Kommunikationswissenschaft seit 1945. In: Publizistik, 25. Jg., S. 525-543.

Saxer, Ulrich (1981): Thesen zum Verhältnis von Semiotik und Publizistikwissenschaft. In: Bentele, Günter (Hrsg.): Semiotik und Massenmedien. München, S. 39-49.

Saxer, Ulrich (^{2}1995): Systemtheorie und Kommunikationswissenschaft. In: Burkart, Roland/Hömberg, Walter (Hrsg.): Kommunikationstheorien. Ein Textbuch zur Einführung (= Studienbücher zur Publizistik- und Kommunikationswissenschaft, Bd. 8). Wien, S. 91-110.

Saxer, Ulrich (1998): Mediengesellschaft: Verständnisse und Mißverständnisse. In: Sarcinelli, Ulrich (Hrsg.): Politikvermittlung und Demokratie in der Mediengesellschaft. Beiträge zur politischen Kommunikationskultur. Opladen, Wiesbaden, S. 52-73.

Schaff, Adam (1968): Essays über die Philosophie der Sprache. Wien.

Schenk, Michael (^{2}2002): Medienwirkungsforschung. Tübingen.

Schlieben-Lange, Brigitte (1975): Linguistische Pragmatik. Stuttgart.

Schmidt, Siegfried J. (Hrsg.) (1987): Der Diskurs des Radikalen Konstruktivismus. Frankfurt/Main.

Schmidt, Siegfried J. (1993): Kommunikation – Kognition – Wirklichkeit. In: Bentele, Günter/Rühl, Manfred (Hrsg.) (1993): Theorien öffentlicher Kommunikation. Problemfelder, Positionen, Perspektiven (= Schriftenreihe der Deutschen Gesellschaft für Publizistik- und Kommunikationswissenschaft, Bd. 19). München, S. 105-117.

Schmidt, Siegfried J. (1994): Die Wirklichkeit des Beobachters. In: Merten, Klaus/Schmidt, Siegfried J./Weischenberg, Siegfried (Hrsg.): Die Wirklichkeit der Medien. Eine Einführung in die Kommunikationswissenschaft. Opladen, S. 3-19.

Schmidt, Siegfried J. (1999): Blickwechsel. Umrisse einer Medienepistemologie. In: Rusch, Gebhard/Schmidt, Siegfried J. (Hrsg.): Konstruktivismus in der Medien- und Kommunikationswissenschaft. Frankfurt/Main, S. 119-145.

Schmidt, Siegfried J./Weischenberg, Siegfried (1994): Mediengattungen, Berichterstattungsmuster, Darstellungsformen. In: Merten, Klaus/Schmidt, Siegfried J./Weischenberg, Siegfried (Hrsg.): Die Wirklichkeit der Medien. Eine Einführung in die Kommunikationswissenschaft. Opladen, S. 212-236.

Scholl, Armin (Hrsg.) (2002): Systemtheorie und Konstruktivismus in der Kommunikationswissenschaft. Konstanz.

Schulz, Winfried (1974): Bedeutungsvermittlung durch Massenkommunikation. Grundgedanken zu einer analytischen Theorie der Medien. In: Publizistik, 19. Jg., S. 148-164.

Schulz, Winfried (1989): Massenmedien und Realität. Die „ptolemäische" und die „kopernikanische" Auffassung. In: Kaase, Max/Schulz, Winfried (Hrsg.): Massenkommunikation. Theorien, Methoden, Befunde (= Kölner Zeitschrift für Soziologie und Sozialpsychologie, Sonderheft 30). Opladen, S. 135-149.

Searle, John R. (1971): Sprechakte. Ein sprachphilosophischer Essay. Frankfurt/Main.

Seiffert, Helmut/Radnitzky, Gerard (Hrsg.) (^{2}1994): Handlexikon zur Wissenschaftstheorie. München.

Shannon, Claude E./Weaver, Warren (1976): Mathematische Grundlagen der Informationstheorie. München (zuerst engl. 1949).

Teichert, Will (1973): „Fernsehen" als soziales Handeln (II). Entwürfe und Modelle zur dialogischen Kommunikation zwischen Publikum und Massenmedien. In: Rundfunk und Fernsehen, 21. Jg., S. 356-382.

Weaver, Warren (1976): Ein aktueller Beitrag zur mathematischen Theorie der Kommunikation. In: Shannon, Claude E./Weaver, Warren: Mathematische Grundlagen der Informationstheorie. München, S. 11-39.

Weischenberg, Siegfried (1998): Pull, Push und Medien-Pfusch. In: Neverla, Irene (Hrsg.): Das Netz-Medium. Kommunikationswissenschaftliche Aspekte eines Mediums in Entwicklung. Opladen, Wiesbaden, S. 37-61.

Winter, Carsten (1998): Internet/Online-Medien: In: Faulstich, Werner (Hrsg.): Grundwissen Medien. München, S. 274-295.

Öffentlichkeitstheorien

Kurt Imhof

1 Begriff und Gegenstand

Der Begriff „Öffentlichkeit" ist unauflösbar mit politisch-rechtlichen, sozialintegrativen und deliberativen Ansprüchen verbunden. Aus diesen Ansprüchen leiten sich die Forderungen an die Bedingungen und Formen öffentlicher Kommunikation ab, und durch sie unterscheiden sich publizistische Produkte von anderen Waren und Dienstleistungen. Diese Einbettung des Öffentlichkeitsbegriffs in die zentralen Norm- und Werthorizonte der Moderne lässt sich in allen Öffentlichkeitstheorien feststellen. Deshalb ist zunächst eine Skizze der *normativen Prämissen* des modernen Öffentlichkeitsverständnisses erforderlich. Diese hat Immanuel Kant in seinem universalistischen Vernunfts- und Tugendbegriff zusammengefasst. Mit Vernunft und Tugend als Voraussetzung des „Austritts aus der selbstverschuldeten Unmündigkeit" (Kant 1912: 36) ist auf eine öffentliche Sphäre verwiesen, in der das freie Räsonnement *beides* hervorbringt. Diese deliberativ entstehende Vernunft wirkt sich auf zwei Seiten hin aus: Zum einen sorgt sie für die *Mündigkeit* der Staatsbürger und versetzt sie qua eigenes Denkvermögen in die Lage, zu theoretischen und praktischen Einsichten zu gelangen, die auf prinzipielle Weise an das Denkvermögen der anderen Staatsbürger anschlussfähig sind. Zum anderen sind Vernunft und Tugend Voraussetzung der Gesellschaftsfähigkeit des Menschen. Gerade weil das Räsonnement Universalistisches hervorbringt, können sich die Menschen auf das *Allgemeingültige* einigen – so die rationalistische Utopie der Aufklärungsphilosophie. Soziale Integration ist damit gleichzeitig das Produkt wie auch ein Akt der Vernunft. Voraussetzung hierzu ist die Freiheit der Reflektierenden. In politischer Hinsicht wird dadurch die Meinungs- und Redefreiheit zur *Bedingung* der Vernunft und diese wiederum adelt das Prinzip der Publizität. Öffentlichkeit wird so zur zentralen Forderung der Aufklärung gegenüber der Staatsgewalt der anciennes régimes.

Diese Öffentlichkeit eines räsonierenden Publikums setzt die Existenz von *Privatheit* voraus. Privatheit – mit der familiären Intimsphäre als ihrem Kern – bezeichnet jenen Bereich, in dem Privatleute ihren natürlichen Affekten (Familie) und ihren *privaten* Geschäften (Markt) nachgehen. Aus dieser doppelten Sphäre privater Intimität und wirtschaftlicher Konkurrenz treten die Privatleute heraus, um nun als *Bürger* in öffentlichem Diskurs über die Belange der Allgemeinheit zu befinden. In diesem Prozess kristallisiert sich *die „öffentliche Meinung"* als ein im herrschaftsfreien Räsonnement der *Gleichen* erreichtes *„Zusammenstimmen"* (Kant 1923: 467) der privaten Meinungen. Dieses „Zusammenstimmen" ist Ausdruck von Vernunft. Indem die Aufklärungsphilosophie der Staatsgewalt der anciennes régimes ein räsonierendes Publikum gegenüberstellt, wird unmissverständlich der Anspruch auf die Vernünftigkeit und die Moral alles Politischen gesetzt. Kant kann Öffentlichkeit entsprechend als Prinzip der bürgerlichen Rechtsordnung *und* als Methode der Aufklärung zugleich bestimmen (Kant: Kritik der reinen Vernunft; zit. n. Kosellek 1973: 101). Indem der bürgerlichen Öffentlichkeit das moralisch Richtige und das Vernünftige zukommt, gehört ihr die Zukunft. Die einsame Herrschaftsgewalt des Feudalherrschers (oder patrizischer Familien) ist nur noch Vergangenheit in der Gegenwart: Im Rahmen dieser geschichtsphilosophischen Perspektive wird jetzt das „dunkle Mittelalter" wie die Epochenbestimmungen „Renaissance", „neue" und (angesichts der Französischen Revolution:) „neueste Zeit" entdeckt (Koselleck 1984: 302ff.) und in der Lichtmetaphorik der „Aufklärung" entfaltet sich eine *Fortschrittsperspektive*, welche die Dunkelheit, die Unvernunft mitsamt der Unmündigkeit der *Vergangenheit* zuordnet, während dem Licht, der Vernunft und der Mündigkeit die *Zukunft* gehört. Durch diesen normativen Gehalt wird Öffentlichkeit zum Schlüsselterminus der modernen Staats-, Staatsrechts- und Gesellschaftstheorie. In *politisch-rechtlicher Hinsicht* emanzipiert sich in der Folge der Untertan zum Staatsbürger und das räsonierende Publikum zum Souverän, während die staatlichen Institutionen dem Öffentlichkeitsprinzip und dem bürgerlichen Recht unterworfen werden. In *deliberativer Hinsicht* versteht sich die Aufklärungsöffentlichkeit als Vernunft konstituierende Versammlungsöffentlichkeit, deren verschiedene Erscheinungsräume (Aufklärungsgesellschaften, Nationalvereine etc.) über die Interaktionsgeflechte des (Bildungs-)Bürgertums und über Periodika miteinander und mit dem Parlament – gleichsam dem Ausschuss der bürgerlichen Öffentlichkeit – verbunden sind. In *sozialintegrativer Hinsicht* konstituiert dies die bürgerliche Gesellschaft, die sich alsbald über Wahlrechtsreformen im Zeichen der Nationalbewegungen zur verfassten Staatsnation erweitert. Die epochenbegründende Wirkmächtigkeit dieses Öffentlichkeitsverständnisses der Aufklärung äußert sich darüber hinaus anhand der Kritik an seinen *uneingelösten* Potenzialen, die die ganze Moderne kennzeichnet. Von Hegel, Marx und Tocqueville bis hin zur zeitgenössischen Staats- und Gesellschaftstheorie entfaltet sich eine ununterbrochene Geschichte der Kritik, die bis hinein in das Feuilleton und die zeitkritische Talkshow implizit oder explizit an diesen Potenzialen Maß nimmt.

2 Theorien

Für die Entwicklung von Öffentlichkeitskonzepten ist dieser Hintergrund in dreierlei Hinsicht von Bedeutung. Erstens haben wir es aufgrund der Zentralität des Begriffs mit gesellschaftstheoretischen Konzepten zu tun und damit mit sozialwissenschaftlichen Klassikern. Zweitens sind „Öffentlichkeit" und „öffentliche Meinung" Grundbegriffe der politischen Kommunikation (Hölscher 1978: 413-468). Dies bedeutet, dass die Begriffsverwendung zwischen wissenschaftlich gefassten und alltagssprachlichen Bedeutungen oszilliert. Drittens rekurrieren die Öffentlichkeitskonzepte immer auf die Differenz zwischen der „real existierenden Öffentlichkeit" und dem Aufklärungsverständnis. In der hier notwendigen Kürze lassen sich drei Entwicklungslinien unterscheiden, die sich – wenn auch in unterschiedlichem Ausmaß – in den aktuellen Theorien der öffentlichen Meinung sowie in system- und/oder diskurstheoretisch konzipierten Öffentlichkeitsmodellen spiegeln.

Es handelt sich dabei erstens um die auf Georg Wilhelm Friedrich Hegel und Karl Marx zurückgehende Auseinandersetzung mit dem Vernunfts- und Universalitätsanspruch der bürgerlichen Öffentlichkeit angesichts einer in Staat, Öffentlichkeit und (Privat-)Wirtschaft geteilten Gesellschaft (2.1). Zweitens haben wir es mit einer in der Zwischenkriegszeit relevanten und für die jüngsten Öffentlichkeitskonzepte erstaunlich aktuellen Entwicklungslinie zu tun, welche Öffentlichkeit und öffentliche Meinung gerade unter Berücksichtigung der funktionalen, hierarchischen und segmentären Differenzierung der modernen Gesellschaft zu konzipieren sucht (2.2). Beide Linien führen drittens zur Kritischen Theorie, in der auch wieder, allerdings nun in negativer Dialektik, die Einheit der Gesellschaft in der zur Kulturindustrie mutierten Öffentlichkeit gesucht wird (2.3). Auf dieser Basis lassen sich dann mit der „Schweigespirale" ein sozialpsychologisches Konzept der „öffentlichen Meinung" und der Integration von Gesellschaft (2.4) sowie die aktuellen system- und/oder diskurstheoretisch konzipierten Öffentlichkeitstheorien einführen (2.5). Zum Schluss gilt es, in integrativer Absicht die angelegten heuristischen Potenziale in einem arenatheoretischen Öffentlichkeitsmodell zusammenzuführen (2.6).

2.1 Kritik am Vernunfts- und Universalitätsanspruch einer beherrschten Öffentlichkeit

In Radikalisierung der bereits von Hegel geäußerten Kritik an der bürgerlichen Öffentlichkeit, deren moralischen Wahrheitsanspruch Hegel unter Verweis auf die von subjektiven Interessen bestimmte bürgerliche Gesellschaft infrage stellt, geht es Marx darum, das Konzept der bürgerlichen Öffentlichkeit mitsamt seinem Anspruch der Repräsentation von Universalinteressen als „Fiktion" zu entlarven (Marx/Engels 1959: 472; vgl. Hohendahl 2000: 54-58). Unter Verweis auf die sozialökonomischen Machtdifferenziale erklärt Marx die bürgerliche Öffentlichkeit als Repräsentationsforum von Klasseninteressen und den bürgerlichen Staat als deren Machtbasis und dementiert damit das politisch-rechtliche und deliberative Postulat der Aufklärungsöffentlichkeit, d.h. deren Anspruch der Repräsentation des Volkes und auf die Realisation universalistischer Vernunft. Im Lichte des Diktums von der „Herrschenden Ideologie als Ideologie der Herrschenden" (Marx/Engels 1932) entfaltet sich in dieser Tradition eine ideologiekritische, am „falschen Bewusstsein" orientierte Debatte über die Bedingungen der Selbsterkenntnis des Proletariats als revolutionäres Subjekt. Von entscheidender Bedeutung ist hierfür Lenins „Was tun?" aus dem Jahre 1902 (1982: 139-220). Die erkenntnistheoretischen und politischen Konsequenzen dieser Revolutionstheorie auf der Basis massenmedialer „Enthüllungen" führten, maßgeblich über Rosa Luxemburg (1970: 71ff.) und Georg Lukàcs (1970), selbst wiederum zu einer breiten Öffentlichkeitsreflexion unter den bewusstseinsstrukturell argumentierenden Vertretern des Marxismus. Stellvertretend hierfür sei das Werk von Antonio Gramsci genannt, der vor dem Hintergrund des italienischen Faschismus die Selbstaufklärung des Proletariats vom Erreichen einer „politisch-ethischen Hegemonie" in der öffentlichen Kommunikation abhängig macht (Gramsci 1974). An dieser Konzeption orientiert sich etwa auch das Konzept einer „proletarischen Gegenöffentlichkeit" bei Oskar Negt und Alexander Kluge (1972). Insbesondere unter Anschluss an Gramsci wird in der Gegenwart diese Denktradition einer zu beherrschenden oder aber beherrschten Öffentlichkeit als sozialintegrativer Rahmen moderner Gesellschaft in den Cultural Studies und im Kommunitarismus (vgl. Etzioni 1996) wiederbelebt – freilich unter Verzicht auf eine klassenantagonistische Perspektive.

2.2 Die Öffentlichkeit im Licht der Differenzierung moderner Gesellschaften

Im Licht der hierarchischen, segmentären und funktionalen Differenzierung wird die sozialintegrative und (mit Einschränkungen) die deliberative Dimension des aufklärungsliberalen Öffentlichkeitsverständnisses früh zu einem zentralen Reflexionsgegenstand, der es auch unter der Bedingung dieser Differenzierungen erlaubte, die Einheit von Gesellschaft zu denken. Bereits Marx sieht allein die „freie Presse" in der Lage, die Idiosynkrasien der staatlichen Bürokratie und die je aus der Arbeitsteilung resultierenden, partikularistischen Perspektiven der Bürger zu überwinden. Die medienvermittelte Öffentlichkeit sieht er als „intellektuelle Macht", die alleine befähigt ist, das „besondere Interesse zum allgemeinen Interesse" zu erheben und dadurch „die ganze Wahrheit" zu fördern (Marx 1975: 296-323). Die hier angelegte Perspektive einer fortschreitenden Differenzierung führt maßgeblich über Emile Durkheims „De la division du travail social" von 1893 (Durkheim 1926) sowie Ferdinand Tönnies 1887 publizierte „Gemeinschaft und Gesellschaft" (1991) und Max Webers Rationalisierungstheorie im 1922 veröffentlichten „Wirtschaft und Gesellschaft" (1985) zu einer nicht-organizistischen Bearbeitung der sozialwissenschaftlichen Grundfrage der Bedingungen der Integration moderner Gesellschaften. Dabei interessierten sich sowohl Max Weber wie Ferdinand Tönnies vertieft für die Bedeutung und Funktion öffentlicher Kommunikation für die soziale Integration und die gesellschaftliche Steuerung. Obwohl Max Weber den Begriff Öffentlichkeit nur alltagspragmatisch verwendete, fügen sich seine Partei- bzw. Verbandssoziologie, seine Charismatheorie und sein ausgeprägtes Interesse für das „Zeitungswesen" zu einer öffentlichkeitstheoretischen Heuristik, welche die Legitimationsbedürftigkeit des Staates, die Funktion und den Wandel der Parteien und ihrer plebiszitär-charismatischen Führer sowie die Medien aufeinander bezieht (Weber 1988; Winckelmann 1988; Mommsen 1959, ²1982). In Kombination mit seiner Parteisoziologie, in der Weber die Ablösung der alten „Honoratiorenparteien" durch moderne, charismatisch geführte (Wahl-)„Maschinen" konstatiert, wird dem Zeitungswesen bereits *plebiszitäre Macht* zugeschrieben, welche dem Staat von außen Personal wie Agenda aufdrängt. Diese frühe „Medialisierungsperspektive" erklärt die zentrale Bedeutung, die Max Weber bereits 1910 der Erforschung des „Zeitungs-" und des „Vereinswesens" anlässlich der ersten „Verhandlungen" der Deutschen Gesellschaft für Soziologie (DGS) verleiht (Weber 2001: 313-326).

Für die Diskussion von Öffentlichkeit und öffentlicher Meinung ist auch die „Kritik der öffentlichen Meinung" von Ferdinand Tönnies (1922) von zentraler Bedeutung. An sie schließen unter anderem die Arbeiten von Gerhard Münzner (1927) und Karl Mannheim wie Ernst Manheim an. Darüber hinaus führt die Entwicklungslinie von Tönnies Werk bis hin zur „Schweigespirale" (vgl. 2.4). Tönnies versucht mit seinem Konzept der „Gelehrtenrepublik" und seiner Unterscheidung von *konsensueller* „Öffentlicher Meinung" (bei Tönnies stets groß geschrieben) und in verschiedenen Aggregatzuständen (fest, flüssig, gasförmig) befindlichen, mehr oder weniger partikulären „öffentlichen Meinungen", das Räsonnement und daraus hervorgehende konsensuelle Überzeugungen mit der Einsicht in die Aufsplitterung in eine Vielzahl unterschiedlich verfestigter „öffentlicher Meinungen" zu verbinden. Er kombiniert damit eine räsonierende bürgerliche Elite (zu welcher auch die Redakteure zählen), die über das „Zeitungswesen" erzieherisch wirkt, mit einem in Milieus segmentierten Publikum. Auf dieser Basis perzipiert Tönnies den sukzessiven Ersatz der religiösen Sittlichkeit durch eine öffentliche Meinung: „die öffentliche Meinung wird das soziale Gewissen, wie die Religion es immer gewesen ist; sie wird selber die endliche Religion, in dem Masse, wie sie sich mit ethischem Gefühl erfüllt und dieses zu läutern sich angelegen sein lässt" (Tönnies 1922: 573). Mit dieser Konzeption versucht Tönnies, die Integration der modernen Gesellschaft und die vernunftskonstituierende Deliberation in Anlehnung an die Aufklärungsphilosophie, aber unter Reflexion auf die Pluralität der Gesellschaft zu beschreiben. Bis zur „Frankfurter Schule" tritt nun im Anschluss an Tönnies die (historische) Erforschung des Zeitungswesens (vgl. etwa Bücher 1926: 1-64) und des Publikums *auseinander*. Für Letzteres werden die Arbeiten Karl Mannheims zentral. In seiner „Wissenssoziologie" tritt die „Seinsgebundenheit" des Denkens in den Mittelpunkt, indem er die „Ideologien" bzw. die „soziale Sicht" systematisch mit der „sozialen Seinslage" in Zusammenhang bringt (Mannheim 1929). Dieser Pfad theoretischen Denkens richtet die Aufmerksamkeit auf ein in Klassen und Milieus gegliedertes Publikum und dessen sozialstrukturelle Verankerung. Ähnlich wie beim frühen Marx, der die Presse zur „intellektuellen Macht" erklärte, führt ihn dies zum Konstrukt der „freischwebenden Intellektuellen". Diese sind aufgrund ihrer Seins*un*gebundenheit einzig noch in der Lage, das seinsgebundene, ideologische Denken zu transzendieren. Durch diese Orientierung an sozialstrukturellen Lagen und damit verbundene Gruppenideologien relativiert sich vorübergehend die Bedeutung der Öffentlichkeitstheorie. Schon bei Gerhard Münzner wird unter Übernahme von Tönnies' Begrifflichkeit „fester", „flüssiger" und „gasförmiger öffentlicher Meinungen" auf die weltanschauliche Eigenlogik sozialer Milieus verwiesen und der Einfluss der Presse auf die flüssigen und gasförmigen Formen der öffentlichen Meinung beschränkt. Diese sozialstrukturelle Wende führt von einem Öffentlichkeitsverständnis weg, in dem sich Politik, Medien, Wirtschaft und Publikum in ihrer Interdependenz beschreiben lassen. Die öffentliche Meinung ist nun einerseits in der Tradition Webers abhängig von der Definitionsmacht plebiszitär-charismatischer Führer, ihrer Parteien und der Presse, andererseits fest an „Seinslagen" von Gruppen gebunden und die noch bei Tönnies vorhandenen Bezüge zwischen Medien, Politik, Ökonomie, Publikum und öffentlicher Meinung geraten zugunsten einer Aufteilung von „Zeitungsforschung" einerseits und einer immer komplexer werdenden Analytik von „Weltanschauungen" und Alltagsperspektiven von Individuen und Gruppen in der „Wissenssoziologie" und der Publikumsforschung andererseits aus dem Blick.[1]

1 Aus dieser Engführung hätten die Arbeiten des jüngeren Cousins von Karl Mannheim, Ernst Manheim, herausführen können (vgl. Averbeck 2000: 97-111). Ernst Manheim löst in seinem 1933 erschienenen Werk „Die Träger der öffentlichen Meinung. Studien zur Soziologie der Öffentlichkeit" (Manheim 1979) die strikte sozialstrukturelle Verankerung von Weltanschauungen auf zugunsten einer Perspektive, die der Kommunikation wieder die Kraft zum Einstellungswandel verleiht und damit über eine Dialektik zwischen Seinslagen einerseits, Bedingungen, Formen und Inhalte öffent-

2.3 Zerfall der Öffentlichkeit: Kulturindustrie

Die in der Zwischenkriegszeit sukzessive verloren gegangene Sicht auf die Interdependenz von Medien, Politik, Ökonomie und Publikum erhält mitsamt der Einsicht in den Strukturwandel der Öffentlichkeit in der Tradition der „Kritischen Theorie" bzw. der „Frankfurter Schule" wieder zentrale Bedeutung.[2] Außerdem ist gerade auch in dieser Tradition der Anschluss an die geschichtsphilosophischen Gehalte des Öffentlichkeitsverständnisses der Aufklärung zentral. Dieser Anschluss kommt am klarsten in der „Dialektik der Aufklärung" von Max Horkheimer und Theodor W. Adorno und im „Strukturwandel der Öffentlichkeit" von Jürgen Habermas zur Geltung.

Der „Strukturwandel der Öffentlichkeit" ist weit über die Publizistik- und Kommunikationswissenschaft hinaus zu einem zentralen Terminus für die Veränderung der Bedingungen öffentlicher Kommunikation geworden. Der Begriff geht auf die gleichnamige 1962 publizierte Habilitationsschrift von Jürgen Habermas zurück (1990). Diese fügt sich ein in die Tradition der „Kritischen Theorie" und ist stark inspiriert durch die Kulturindustriethesen der „Dialektik der Aufklärung" von Max Horkheimer und Theodor W. Adorno (1969: 128-176). In ihrer Theorie und Empirie (Radio Research Project, Filmmusic Projekt) der „Kulturindustrie", deren Vorarbeiten in die 30er-Jahre zurückweisen (vgl. Adorno 1932: 103-124; Benjamin 1980: 473ff.), wird erstmals der Versuch unternommen, das Wechselverhältnis von Medium, seinen strukturellen Bedingungen, Inhalt und Rezeption sowie die Legitimationsbedürftigkeit staatlicher Institutionen gleichzeitig zu berücksichtigen. Dies erfolgt systematisch auf der Basis einer Perspektive, die Gesellschaft als jenen Zusammenhang begreift, innerhalb dessen die Massenmedien die kommunikativen Prozesse vermitteln. Inspiriert durch die Debatten über die Bedingungen der Selbsterkenntnis des revolutionären Subjekts bzw. des „falschen Bewusstseins" in der marxistischen Tradition und über die sozialstrukturelle Determination von Bewusstseinsstrukturen in der Wissenssoziologie gerät das Verhältnis von Kultur und Gesellschaft schon in den frühen 30er-Jahren in den Mittelpunkt des Forschungsinteresses. Horkheimer formulierte dies programmatisch als Frage nach der dialektischen Beziehung zwischen dem Alltagsbewusstsein der Menschen, ihrem kulturellen Wissen und Lebensstil *und* der sozialen Ordnung. Entscheidende Vermittlungsinstanz ist die zur „Kulturindustrie" *mutierte* Öffentlichkeit. Auf der Basis des Erkenntnisparadigmas der Kritischen Theorie, die Gesellschaft systematisch aus dem „Spannungsverhältnis des Möglichen und des Wirklichen" (Adorno), d.h. im Licht der Differenz zwischen tradierten Freiheitsansprüchen und der gesellschaftlichen Realität zu analysieren, kommen Horkheimer und Adorno in ihrer Verknüpfung von Gesellschafts- und Medientheorie vor dem Hintergrund des Nationalsozialismus und

---

licher Kommunikation andererseits den sozialen Wandel moderner Gesellschaften wieder thematisieren kann. Doch diese, weit über die Zwischenkriegszeit hinausführende Perspektive erhielt nie mehr die nötige Resonanz: Mit der Publikation seines Werkes musste Ernst Manheim emigrieren.

2 Dies gilt auch für die bei John Dewey im Zentrum stehende Vorstellung einer Kommunikationsgemeinschaft und einer kommunikativen Vernunft. In Reaktion auf Walter Lippmanns Untersuchungen zur kollektiven Meinungsbildung (1990 [zuerst 1922]) unter den Bedingungen der durch die Massenmedien geprägten „Großen Gesellschaft" (Wallas 1921) und auf dessen Fundamentalkritik an der gängigen Demokratietheorie (Lippmann 1993) schließt Dewey seinen Öffentlichkeitsbegriff direkt an seine Handlungstheorie an (vgl. Dewey 1996: 26ff.) und definiert ihn diskurstheoretisch.

der fortgeschrittenen nordamerikanischen Medien- und Unterhaltungsindustrie zu vernichtenden Urteilen über das „Projekt Moderne". Im Wesentlichen lassen sich aus den Arbeiten drei Thesen kondensieren, die innerhalb der Medientheorie der Frankfurter Schule den Stellenwert von Basissätzen erreichen (vgl. Müller-Doohm 2000: 69-92). *Erstens*: Die umfassende Ökonomisierung führt zur Konformität, zur Standardisierung und zur Trivialisierung der medienvermittelten Massenkultur. Im Anschluss an Max Weber fügt sich dieser Prozess ein in die Vernichtung des Individuums im Zuge der vereinseitigten und vereinseitigenden Rationalisierung der Moderne. Damit verliert die Kunst ein urteilsfähiges Publikum, und dies beschleunigt wiederum die Degradierung der Kultur zur unterhaltenden Zerstreuung. Diese Perspektive führt zum bekannten Diktum, dass die Kulturindustrie nicht nur den Bedürfnisdispositionen der Konsumenten entspricht, sondern diese Dispositionen selbst erzeugt. *Zweitens*: Durch die Dominanz des Verwertungs- und Tauschprinzips erhalten Kulturprodukte mitsamt ihren Repräsentanten „Warencharakter". D.h. die affektuelle Zuwendung ist Ausdruck des ökonomischen Erfolgs und des damit verbundenen Prestiges und nicht der Gebrauchswert, der sich im Verhältnis von Kulturproduktion und -rezeption einstellt. *Drittens*: Durch ihre zentrale Bedeutung für die Wirklichkeitskonstruktionen und die Sinnvermittlung in der Gesellschaft sorgt diese warenproduzierende Kulturindustrie für ein „falsches Bewusstsein" im Sinne *affirmativer Bewusstseinsstrukturen* und dadurch für die Regression des Politischen wie der Kulturproduktion und -rezeption.[3] Daraus ergibt sich das – später weit über die Frankfurter Schule und über ihre Intentionen hinaus diffundierende – Interesse für Effekte der Symbolisierung, Inszenierung, Emotionalisierung und Personalisierung in der öffentlichen Kommunikation.

Jürgen Habermas beschreibt im „Strukturwandel" den Bogen vom klassischen Öffentlichkeitsverständnis bis zu den Kulturindustrieanalysen und präzisiert diese im Hinblick auf die Bedingungen und Formen öffentlicher Kommunikation im Spätkapitalismus. Entsprechend dem Erkenntnisparadigma der kritischen Theorie orientiert er sich in Anlehnung an die idealtypisierende Methode Max Webers am „Idealtypus" bürgerlicher Öffentlichkeit, d.h. am prototypischen Öffentlichkeitsverständnis der Aufklärungsbewegung, um die real existierende Öffentlichkeit im Licht der ursprünglich angelegten Freiheitspotenziale zu analysieren. Damit gewinnt er eine analytische und eine normative Ausgangsbasis, um die Veränderung der Bedingungen der öffentlichen Kommunikation – und damit immer auch die Veränderungen der Gesellschaft insgesamt – beschreiben zu können.

Habermas unterscheidet einen *sozialen Strukturwandel* und einen *politischen Funktionswandel* der Öffentlichkeit. Bezüglich Ersterem postuliert Habermas eine Verschränkung der im bürgerlichen Öffentlichkeitsverständnis konstitutiven Trennung der öffentlichen und der privaten Sphäre durch die wachsenden staatlichen Eingriffspotenziale in die Wirtschaft sowie durch die Entwicklung des Sozialrechts und – damit verbunden – einen sukzessiven Bedeutungsverlust der orientierungsstiftenden Wirkung der Klassenschranken (vgl. Habermas 1990: 225-274): Die Öffentlichkeit entgrenzt sich vom (Bildungs-)Bürgertum, damit verliert der bildungsbür-

3 Horkheimer und Adorno konstatieren entsprechend eine Standardisierung der Kultur („Kultur schlägt heute alles mit Ähnlichkeit") und eine Vorherrschaft des „Amusements". Dieses dient der „Verlängerung der Arbeit unterm Spätkapitalismus" und werde von demjenigen gesucht, der „dem mechanisierten Arbeitsprozess ausweichen will, um ihm von neuem gewachsen zu sein".

gerliche Diskurshabitus an Bedeutung. Entsprechend wird eine Entwicklung vom kulturräsonierenden zum *kulturkonsumierenden* Publikum im Zuge seiner Erweiterung und Heterogenisierung (insbesondere durch Wahlrechtsreformen) konstatiert.

Korrelativ zu dieser Verschränkung der Sphären Öffentlichkeit und Privatheit bestimmt Habermas den politischen Funktionswandel der Öffentlichkeit als Entwicklung von den Versammlungsöffentlichkeiten der Aufklärungsbewegung und den diese Versammlungsöffentlichkeiten integrierenden (Aufklärungs-)Periodika hin zu einer massenmedial „hergestellten" Öffentlichkeit. Diese löst sich vom Publikum ab und wird durch Staat, Parteien und insbesondere durch die organisierten Privatinteressen der Wirtschaft okkupiert und „vermachtet". Dieser *Vermachtungsprozess* bedeutet die Elimination des im Idealtypus bürgerlicher Öffentlichkeit angelegten emanzipativen Gehalts, also des herrschaftsfreien Diskurses und seiner Rationalitätspotenziale (vgl. Habermas 1990: 275-342). In Anlehnung an die Ausdifferenzierung der bürgerlichen Öffentlichkeit aus der „repräsentativen Öffentlichkeit" (Habermas 1990: 58-67) der anciennes régimes deutet Habermas diese Vermachtung als *Refeudalisierungsvorgang* (vgl. Habermas 1990: 292, 337).

Auch wenn sein Gesamtargument aus der Fallhöhe des Öffentlichkeitsverständnisses eines idealtypisierten Öffentlichkeitsbegriffs und in der ideologiekritischen Tradition der Frankfurter Schule die Bedingungen der Integration von – und der Deliberation in – modernen Gesellschaften an den geschichtsphilosophischen Maßstäben der Aufklärung beurteilt, verweist der „Strukturwandel der Öffentlichkeit" auf ein zentrales Phänomen des sozialen Wandels. Habermas' Konzeption dieses Strukturwandels hat außerordentlich viele Debatten ausgelöst und ist inzwischen – auch durch ihn selbst – revidiert worden (vgl. Habermas 1990: 11-50; Heming 1997). Dies gilt erstens für den Ausgangspunkt seiner Analyse, den Idealtypus der bürgerlichen Öffentlichkeit. Der Überstilisierung dieses Idealtypus und seiner Rationalitätspotenziale entgingen die Heterogenität des bürgerlichen Publikums der Aufklärungsära und die verschiedenen Formen von Gegenöffentlichkeiten, die sich in der zweiten Hälfte des 18. Jahrhunderts abzeichneten (vgl. Imhof 1996a: 68-129). Zweitens unterschätzte Habermas die allerdings erst im Verlauf der 1960er-Jahre evident gewordene Bedeutung „zivilgesellschaftlicher Assoziationen" bzw. sozialer Bewegungen und Protestparteien für die Agenda der medienvermittelten Kommunikation. Noch versperrte die Theorie der Kulturindustrie den Blick auf ein vielfältiges Publikum, das sich keineswegs ausschließlich auf sein konsumierendes Verhalten reduzieren lässt. Drittens wurde der Strukturwandel der Öffentlichkeit den Differenzierungsprozessen *zwischen* den „Vermachtungsinstanzen" der „refeudalisierten Öffentlichkeit", d.h. von Politik, Ökonomie und Medien, nicht gerecht.

2.4 Schweigespirale: Integration durch Isolationsfurcht

Ebenfalls auf die Debatten der Zwischenkriegszeit, insbesondere auf Tönnies' Theorie der öffentlichen Meinung (allerdings ohne die damit verbundenen aufklärungsphilosophischen Konnotationen) verweist die Theorie der Schweigespirale von Elisabeth Noelle-Neumann (1980 [zuerst 1972]). Charakteristisch für diese Tradition der konzeptionellen Fassung von Gesellschaft und öffentlicher Meinung ist das Element der sozialen Kontrolle bzw. der Konformität wie schon bei Durkheim, Tönnies und Walter Lippmann (1960 [zuerst 1922]). In der Theorie der Schweigespirale und der breiten, damit verbundenen Kontroverse (vgl. Katz 1981: 28-37; Donsbach/Stevenson 1986: 7-36; Merton 1984: 31-42; Scherer 1990; Fuchs/Gerhards/Neidhardt 1991: 91-105; Splichal 1999: 169-220; Glynn u.a. 1999: 3-30; Noelle-Neumann/Schulz/Wilke 1995) wird dies jedoch nicht klassisch, d.h. als Ausdruck normativer Integration der Individuen begründet, sondern in einer anthropologischen Wendung sozialpsychologisch erklärt. Die Schweigespirale erhält ihre Dynamik dadurch, dass die Meinungsbekundung eines Individuums aufgrund einer postulierten „Isolationsfurcht" von der perzipierten öffentlichen Meinung abhängt. Diese öffentliche Meinung wird entsprechend definiert als Meinung im kontroversen Bereich, über die man sich äußern kann, ohne sich zu isolieren. In dieser Perspektive wird die Isolationsfurcht des Menschen zum Kernelement der Integration der Gesellschaft und zum Steuerungselement von Kommunikation: Nimmt das Individuum bei seiner Umweltbeobachtung eine Zunahme derjenigen Meinung wahr, die seiner eigenen Position entspricht, dann erhöht sich die Wahrscheinlichkeit seines öffentlichen Bekenntnisses. Umgekehrt wird die eigene Meinung verschwiegen, wenn sie dem wahrgenommenen „Meinungsklima" nicht entspricht: „Wer feststellt, dass sich seine Meinung ausbreitet, fühlt sich dadurch gestärkt und äußert seine Meinung sorglos, redet ohne Isolation zu fürchten. Wer feststellt, dass seine Meinung Boden verliert, wird verunsichert und verfällt in Schweigen" (Noelle-Neumann 1989: 420f.). Bezüglich der Umweltbeobachtung des Individuums – und damit des Bezugsgrunds der öffentlichen Meinung – werden in der Literatur (uneinheitlich) die perzipierte Bevölkerungsmeinung, die Bezugsgruppenmeinung und die medienvermittelte „veröffentlichte Meinung" angeführt.

2.5 System- und diskurstheoretische Öffentlichkeitstheorien

Durch die Auseinandersetzung mit dem „zweiten" Strukturwandel der Öffentlichkeit (Münch 1995) in Gestalt der Autonomisierung und Ökonomisierung der Medien, der Erosion politischer Milieus und der Zunahme der Wechselwähler, durch die Einsicht in die gewachsene Resonanz von sozialen Bewegungen und Protestparteien (vgl. Rucht 1994: 337-358; Imhof 1996c: 165-186), durch die Beobachtung von Medialisierungseffekten sowie der massiv beschleunigten Veränderung der medienvermittelten Kommunikation und auch durch die intensivierten Auseinandersetzungen über die Integration moderner Gesellschaften haben Begriff und Gegenstand „Öffentlichkeit" in der jüngsten Zeit nochmals an Bedeutung gewonnen (vgl. Imhof/Jarren/Blum 2002). Korrelativ dazu intensivierten sich die publizistikwissenschaftlichen, die soziologischen und die politikwissenschaftlichen Anstrengungen, die analytischen Potenziale von Öffentlichkeitskonzepten zu nutzen. In ihnen erhalten die Interdependenzen der Teilsysteme Medien, Politik und Ökonomie sowie die Resonanzformen und -chancen etablierter wie nicht-etablierter politischer Akteure Aufmerksamkeit (vgl. Gerhards/Neidhardt 1990: 90-101; Habermas 1992: 399-467; Peters 1993; Marcinkowski 1993; Stark 1998: 191-200; Sarcinelli 1998: 273-296, Jarren 2000: 22-41; Jarren/Imhof/Blum 2000; Imhof/Kamber 2001: 425-453; Weßler 2002). In diesem Rahmen wächst insbesondere den Medialisierungseffekten für Organisationen im politischen und im ökonomischen System Bedeutung zu (vgl. Jarren 1994: 23-34; Kaase 1998: 24-51; Pfetsch 1998: 233-252; Imhof/Jarren/Blum 1999: 11-18; Imhof 2000: 324-331).

Mit dieser Fokussierung zeichnen sich die zeitgenössischen, system- und diskurstheoretischen Öffentlichkeitstheorien im Vergleich zur Theoriegeschichte durch fünf Charakteristika aus: Zum *Ersten* sind diese Öffentlichkeitskonzepte stark durch die in der Systemtheorie zentrale Beobachtungssemantik geprägt. Dadurch wird Öffentlichkeit als Medium der Selbstbeobachtung moderner Gesellschaften konzipiert. Zum *Zweiten* ist kennzeichnend, dass in der aktuellen Literatur deutlicher als in der Theoriegeschichte verschiedene Ebenen von Öffentlichkeit – von der Interaktionskommunikation über die Versammlungskommunikation bis zur wiederum hierarchisch und segmentär gegliederten Medienkommunikation – unterschieden und die dazwischen liegenden Stufen in ihrer Bedeutung für die Selektion von Akteuren und Themen diskutiert werden (vgl. Gerhards/Neidhardt 1990: 90-101; Habermas 1992: 452; Donges/Jarren [3]1998: 95-110). Zum *Dritten* rückt die funktionale Differenzierung in den Vordergrund: Dies führt zu Öffentlichkeitskonzepten, welche die Interdependenz von Teilsystemen moderner Gesellschaften – insbesondere zwischen Medien und Politik – und deren Folgeeffekte zu integrieren suchen (Medialisierungs- oder Mediatisierungseffekte). Zum *Vierten* bedeutet dies eine ausgeprägte Differenzierung der Akteure und der Rollen in der öffentlichen Kommunikation insbesondere auch unter dem Aspekt der Unterscheidung von etablierten versus nicht-etablierten Akteuren. Zum *Fünften* schließlich werden die dem Öffentlichkeitsbegriff inhärenten Werte und Normen expliziter als in der Theoriegeschichte reflektiert. Dies erlaubt es, die Konzepte anhand ihrer normativen Ansprüche zu unterscheiden (Peters 2002). Und zwar im Hinblick auf die politisch-rechtlichen (Transparenzfunktion), deliberativen (Validierungsfunktion) und sozialintegrativen (Orientierungsfunktion) Konnotationen des Öffentlichkeitsbegriffs (vgl. Donges/Imhof 2001: 101-136). Die in diesen Funktionsbestimmungen enthaltenen klassischen Geltungsansprüche an eine als Kommunikationssystem gedachte Öffentlichkeit lassen sich auf die Sammlung von Themen und Meinungen (Input), ihre Verarbeitung (Throughput) und ihre Vermittlung (Output) beziehen (vgl. Neidhardt 1994: 7-41).

Normativ anspruchslos sind so genannte Spiegelmodelle von Öffentlichkeit, wie sie in systemtheoretischen Ansätzen herausgearbeitet werden. Öffentlichkeit ermöglicht demnach die Selbstbeobachtung von Gesellschaft im Rahmen von Themen (vgl. Marcinkowski 1993: 118; Gerhards 1994: 87). Wie in einem Spiegel sieht ein Beobachter der Öffentlichkeit nicht nur, wie er selbst in der öffentlichen Meinung abgebildet wird, sondern er „sieht auch die Konkurrenten, die quertreibenden Bestrebungen, die Möglichkeiten, die nicht für ihn, aber für andere attraktiv sein könnten“ (Luhmann 1990: 181; 1996).

Normativ betrachtet lässt sich in diesem Modell nur die Forderung nach Offenheit auf der Inputseite ableiten (Transparenzfunktion), während bezüglich der diskursiven Validierung und Orientierung durch Argumente keine Ansprüche erhoben werden. Entscheidend ist aus dieser Sicht nur, dass in dem „Spiegel Öffentlichkeit“ alle Akteure und Meinungen abgebildet werden und nicht durch Ausschluss einzelner Gruppen oder Meinungen die Selbstbeobachtung beeinträchtigt wird.[4]

4 Als speziellen Fall gilt es, das Öffentlichkeitskonzept des vor allem im deutschen Sprachraum diskutierten autopoietischen Systemfunktionalismus zu diskutieren. In diesem Kontext fokussiert sich die Diskussion auf die Frage der Stabilisierung und der Steuerung von Gesellschaft. Dabei konzentriert sich das theoretische Denken auf die Problematik, wie die autopoietisch geschlossenen Teilsysteme aus dem Bannkreis selbstreferenzieller Steuerung zur reflektierten Fremdreferenz auf das eigene System geführt werden können (vgl. Teubner 1989; Marcinkowski 1993).

Normativ anspruchsvoller sind Diskursmodelle öffentlicher Meinungsbildung, wie sie von Habermas (1981, 1992) vertreten werden. Habermas betont die Relevanz aller drei normativen Funktionen von Öffentlichkeit. Zur Transparenzfunktion schreibt er: „Die bürgerliche Öffentlichkeit steht und fällt mit dem Prinzip des allgemeinen Zugangs. Eine Öffentlichkeit, von der angebbare Gruppen eo ipso ausgeschlossen wären, ist nicht etwa nur unvollständig, sie ist vielmehr gar keine Öffentlichkeit" (Habermas 1990: 156). Für Habermas gehört daher die Möglichkeit, als Bürger am öffentlichen Diskurs teilzunehmen zu den Grundrechten. Dazu zählen auch materielle Lebensbedingungen, welche die chancengleiche Wahrnehmung der Mitgliedschaftsrechte gewährleisten.

Die Validierungsfunktion ist dann erfüllt, wenn die Akteure in der Öffentlichkeit verständigungsorientiert handeln. Handlungen erfüllen dann dieses Kriterium, „wenn die Handlungspläne der beteiligten Aktoren nicht über egozentrische Erfolgskalküle, sondern über Akte der Verständigung koordiniert werden. Im kommunikativen Handeln sind die Beteiligten nicht primär am eigenen Erfolg orientiert; sie verfolgen ihre individuellen Ziele unter der Bedingung, dass sie ihre Handlungspläne auf der Grundlage gemeinsamer Situationsdefinitionen aufeinander abstimmen können" (Habermas 1981, Bd. 1: 385). Der Begriff des „Kommunikativen Handelns" setzt also klassisch auf Deliberation und baut auf die Rationalitätspotenziale sprachlicher Verständigung.

Auf der Output-Seite geht es nach diskurstheoretischen Vorstellungen darum, das politische System und seine Entscheidungsträger möglichst eng an die öffentliche Meinung zu binden, wobei öffentliche Meinung hier verstanden wird als das Ergebnis freier Deliberation, an der sich potenziell alle Staatsbürger beteiligen können. Diese Perspektive legt entsprechend Wert auf „zivilgesellschaftliche Akteure",[5] die über mediale Resonanz in der Lage sind, die Problemlösungsroutinen des politischen Systems (vgl. Peters 1993: 340ff.) zu unterbrechen (vgl. Habermas 1992: 460-464). Empirisch führt diese Argumentationsstrategie zu einem dynamischen Modell, das „Öffentlichkeit im Ruhezustand" bzw. strukturzentrierte Phasen sozialen Wandels mit Krisenphasen in Beziehung setzt und dabei den Ursprung und die Karriere von Kommunikationsverdichtungen analysiert.[6]

2.6 Arenatheoretisches Modell

Auf der Basis der normativen Gehalte, die dem Öffentlichkeitsbegriff eingeschrieben sind, wird klar, dass Öffentlichkeit weder im Hinblick auf ihre politisch-rechtlichen und sozialintegrativen noch hinsichtlich ihrer deliberativen Bedeutungsfelder in den Medien aufgeht. Es ist deshalb zweckmäßig, einen diesen Bedeutungsfeldern gegenüber „offenen" Öffentlichkeitsbegriff zu verwenden, in dem Öffentlichkeit als gegliedertes Netzwerk von Kommunikationen beschrieben wird (vgl. Habermas 1992: 435f.). Dieses Netzwerk von Kommunikationen ist hierarchisch, segmentär

5 Das Konzept der Zivilgesellschaft und zivilgesellschaftlicher Akteure in der öffentlichkeitstheoretischen Diskussion geht auf Antonio Gramsci zurück. Vgl. Bobbio (1988: 73-100).

6 Vgl. zu diesem Konzept diskontinuierlichen sozialen Wandels bereits Hannah Arendts (1974 [zuerst 1963]) revolutionszentrierte Perspektive sowie Ralf Dahrendorfs (1969) Unterscheidung in „aktive" und „passive" Öffentlichkeit. Zum Konzept der strukturzentrierten Phasen und Krisenphasen mit Bezug auf die Dynamik öffentlicher Kommunikation vgl. Imhof (1990: 55-90, 1996b: 200-292).

und funktional differenziert. In der hierarchischen und segmentären Dimension gilt es, neben den verschiedenen Kommunikationsebenen (Interaktionskommunikation, Versammlungskommunikation, medienvermittelte Kommunikation) auch unterschiedliche Definitionsmacht und Partizipationschancen zu berücksichtigen. Dies ist in einer Perspektive von Interesse, die nach den Bedingungen fragt, unter denen soziale Bewegungen auf Kosten etablierter Akteure Resonanz erzielen und die Routinen des politischen Systems unterbrechen. Insbesondere im Hinblick auf medienvermittelte Kommunikation ist auch eine Perspektive notwendig, welche die funktionale Differenzierung moderner Gesellschaften im Blick hat: An der medienvermittelten Kommunikation partizipieren funktional differenzierte Akteure in ihren *Leistungsrollen* gegenüber verschiedenen *Publikumsrollen*.

Fasst man dies zusammen, dann ist die Öffentlichkeit das Produkt eines Ausdifferenzierungsprozesses, der mit der Moderne beginnt. In ihrer „Urform" nimmt die Öffentlichkeit zunächst die Gestalt der Versammlung an, während den Periodika der Aufklärungssozietäten die Aufgabe zufällt, diese Versammlungsöffentlichkeiten zu integrieren. Neben der Begründung der Legitimationsgrundlagen der politischen Institutionen unter dem Druck neuer politischer Akteure – insbesondere dem Aufklärungsliberalismus – und der Entstehung neuer, nun politischer Medien, ist für die Öffentlichkeit auch die Ausdifferenzierung einer Marktwirtschaft konstitutiv. Mit dieser Entkoppelung der Ökonomie von der Politik an der Schwelle zur Moderne ist die Bedingung für die spätere Ausdifferenzierung des Mediensystems vom politischen System gegeben. Damit etablieren sich neben politischen Organisationen auch kommerziell orientierte Unternehmen und die Medien, die sich je auf unterschiedliche Publikumsrollen beziehen:

- Bei den politischen Organisationen (Regierung, Behörden, Parteien und Verbände) handelt es sich – neben dem Parlament – um Bestandteile des politischen Systems, welches über die Parteien und Verbände gegenüber der Zivilgesellschaft offen ist. Der Kommunikationsadressat der politischen Organisationen ist, neben der eigenen Klientel, das *Staatsbürgerpublikum* in seiner politischen Rolle als Souverän. Zu diesem Zweck haben diese Organisationen spezialisierte Kommunikatorrollen ausdifferenziert, und sie interagieren mit Marketingorganisationen, die sich auf Politik spezialisiert haben.
- Die Unternehmen sind Bestandteile des Wirtschaftssystems. Im Wettbewerb um Aufmerksamkeit und Sozialprestige kann kein Unternehmen auf öffentliche Kommunikation verzichten. Der Kommunikationsadressat ist neben den Mitarbeitern und Kapitaleignern in der Regel das nach Kaufkraft-, Bildungs- und Lebensstilgruppen gegliederte Publikum in seiner *Konsumentenrolle*. Darüber hinaus lässt sich beobachten, dass die Unternehmen insbesondere im Rahmen von „Krisenkommunikation" neben weiteren „Stakeholders" auch das Staatsbürgerpublikum ansprechen. Auch zu diesem Zweck wurden spezialisierte Kommunikatorrollen bzw. Teilorganisationen ausdifferenziert (Personalabteilungen, Marketing-, PR-Agenturen und Corporate-Communications-Abteilungen).
- Die öffentlich-rechtlichen und privaten Medienorganisationen schließlich entwickelten sich im Strukturwandel der Öffentlichkeit zu einem ausdifferenzierten Mediensystem, das die Funktion der Beobachtung der Gesellschaft für ihre Teilnehmer und Teilsysteme mitsamt ihren Organisationen sichert. Im Zuge des Autonomiegewinns der Medien von ihren politischen oder religiösen Bindungen transformierte sich der Kommunikationsadressat der Medien sukzessiv vom

Staatsbürgerpublikum und der Klientel der Parteien und Verbände hin zu einem Publikum, das ebenfalls nach Kaufkraft, Bildung und Zugehörigkeit zu Lebensstilgruppen gegliedert, in seiner *Medienkonsumentenrolle* angesprochen wird. Die Medienorganisationen haben sich auf die öffentliche Kommunikation über alle Teilsysteme spezialisiert, sind entsprechend binnendifferenziert, und sie betreiben ihr Agenda-Setting durch intensive wechselseitige Beobachtung.

Die am Staatsbürgerpublikum orientierten politischen Organisationen und die am Konsumenten interessierten Unternehmen sowie die Medien befinden sich in einem spannungsreichen Abhängigkeitsverhältnis. Sie sind ökonomisch sowie bezüglich der Herstellung von legitimen Entscheidungen, Bekanntheitsgrad, Sozialprestige und Prominenz voneinander abhängig. Das Kommunikationsnetz Öffentlichkeit wird maßgeblich im historisch variablen Interdependenzverhältnis der auf Publizität angewiesenen Organisationen aus den Teilsystemen Politik, Medien und Wirtschaft generiert.

Von diesen etablierten und am Prinzip Öffentlichkeit orientierten Organisationen gilt es, nicht-etablierte Akteure in Form von sozialen Bewegungen und Protestparteien zu unterscheiden. Sie sind an den Verfahren der Machtallokation innerhalb des politischen Systems in der Regel nicht beteiligt, weder an das Wirtschaftssystem noch an das Mediensystem gekoppelt und verfügen über kein traditionelles Sozialprestige. Resonanzchancen können sie nur über Aktionsformen realisieren, die ihre Themen medienwirksam in die politische Kommunikation einbringen. Die Aufmerksamkeitschancen solcher nicht-etablierter politischer Akteure sind über die Zeit ungleich verteilt. Das historisch variable Interdependenzverhältnis der auf Publizität angewiesenen Organisationen aus den Teilsystemen Politik, Medien und Wirtschaft (Strukturwandel der Öffentlichkeit) und die unterschiedlichen Aufmerksamkeitschancen „zivilgesellschaftlicher" Akteure (Krisen- und Umbruchperioden sozialen Wandels) verweisen auf die doppelte Entwicklungsdynamik der Bedingungen und Formen öffentlicher Kommunikation.

3 Diskussionen und Desiderate

Wenn wir in Reflexion auf die im modernen Öffentlichkeitsbegriff angelegten normativen Ladungen davon ausgehen, dass es sich beim zentralen Wert der Moderne um denjenigen der Demokratie handelt, dann ist damit impliziert, dass Gesellschaften auf sich selbst einwirken können. Dafür benötigen die Bürgerinnen und Bürger zwingend *einen politischen Begriff* von „ihrer" Gesellschaft und damit die Wahrnehmung eines *gemeinsamen politischen Geltungsbereichs,* und es wird ein Handlungssystem Politik gebraucht, das in der Lage ist, über allgemein verbindliche Entscheidungen in diesem Geltungsbereich Ordnungslücken zu bearbeiten. Der Wert Demokratie impliziert weiter, dass dieses Handlungssystem Politik nicht in seinem parlamentarischen, d.h. deliberativen Kern gefangen bleibt, sondern vielmehr die Annahme gerechtfertigt bleibt, dass sich die Bürgerinnen und Bürger im Sinne Kants als Autoren jener Gesetze und Institutionen betrachten können, denen sie sich selbst unterwerfen. Beides, der politische Begriff von ihrer Gesellschaft wie die Bedingung der Möglichkeit, dass diese Bürgergesellschaft auf sich selbst einwirken kann, setzt Öffentlichkeit voraus. In dieser Öffentlichkeit, und *nur in dieser*, ist das, was wir in politischem Sinne Gesellschaft nennen, beobacht- und qua Intervention gestaltbar.

Dies setzt nun aber die *Verschränkung* des politischen Geltungsbereichs mit Öffentlichkeit voraus. *Wenn*, dann ließ sich diese Verschränkung in der Moderne *bisher nur* im Rahmen des Nationalstaats einigermaßen realisieren. In diesem Ordnungskonstrukt vollzog sich die Verbindung des auf einer Rechtsordnung basierenden Staates mit der Idee der Nation, d.h. der symbolischen Konstruktion des Nationalstaates. Dieser Prozess vollzog sich *durch und mit* der Herausbildung einer politischen Öffentlichkeit, die sich auf eben den mit dem Nationalstaat definierten politischen Geltungsbereich bezog und bezieht.

Den gängigen Gesellschaftstheorien mit ihren Gesellschaftsbegrifflichkeiten (Informationsgesellschaft, Mediengesellschaft, Weltgesellschaft, Risikogesellschaft, Optionengesellschaft, postnationale Gesellschaft etc.) ist jedoch eigen, dass sie das Verschränkungsverhältnis von politischer Öffentlichkeit und politischem Geltungsbereich nicht oder nur peripher thematisieren. Diese Gesellschaftsbegriffe sind gegenüber dieser Verschränkung unterkomplex und unsensibel. Gleichwohl reflektieren sie Veränderungsdynamiken, die diese Verschränkung tangieren. So diagnostizieren die Ansätze der Individualisierungstheorien eine Enttraditionalisierung und entsprechend einen Verlust tradierter Ligaturen zugunsten von vielfältigen lebensbiografisch variablen Identitätsbezügen. Theorien der Weltgesellschaft, der Globalisierung und der Informations- und Mediengesellschaft diagnostizieren eine Relativierung und geradezu eine Unterminierung des nationalstaatlichen Ordnungsprinzips. Damit wird gleichsam von innen wie von außen die politische Ordnungsstruktur der Moderne infrage gestellt. In öffentlichkeitstheoretischer Hinsicht ist es insbesondere die folgende Entwicklung, die zentrale Aufmerksamkeit verdient:

Im Prozess eines transnationalen ökonomischen Steuer- und Standortwettbewerbs und eines nachhinkenden politischen Koordinationsmodus auf supranationaler Ebene schwindet die „klassische" Verschränkung zwischen der politischen Öffentlichkeit und territorial gebundenen politischen Geltungsbereichen: In der politischen Kommunikation der nationalen Medienarenen gibt es keine europäische Innenpolitik. Die medienvermittelte politische Kommunikation hinkt dem Transfer politischer Macht an supranationale Institutionen hinterher, diese wiederum den Steuerungsanforderungen einer transnationalen Ökonomie. So gibt es weder ein europäisches Mediensystem noch nationale Mediensysteme, die sich europäisch ausrichten. Im Gegenteil: Die Berichterstattung über die Institutionen der EU ist, gemessen an ihrer politischen Bedeutung, marginal und an nationalen Interessengesichtspunkten ausgerichtet (vgl. Gerhards 2000: 277-305). Dieses Öffentlichkeitsdefizit muss als Legitimations-, Integrations- und Identitätsdefizit beschrieben werden, und es erfordert auch die historisch informierte Diskussion über die Konstitutionsbedingungen transnationaler „rechtsstaatlicher" Öffentlichkeit (vgl. Habermas 1992, 1998; Imhof 2002).

Umgekehrt verhält es sich auf nationaler Ebene: In der laufenden Restrukturierung und Konzentration der Medienlandschaft werden Regionen und Publikumsmärkte medial neu erschlossen. Dieser Erschließungsprozess orientiert sich nicht mehr an politisch definierten Territorien, sondern an Kriterien des Absatzes. Dadurch werden traditionelle regionale Strukturen überformt bzw. neue Regionen kreiert. In diesem Prozess schwindet die Korrespondenz zwischen Wahlkreisen und darauf bezogenen politischen Öffentlichkeiten. Auf dieser Basis ist wieder eine Diskussion über die Bedingungen und Formen der Regulierung des Mediensystems vonnöten (vgl. Jarren/Donges 2000).

Literatur

Adorno, Theodor W. (1932): Zur gesellschaftlichen Lage der Musik. In: Zeitschrift für Sozialforschung, 1. Jg., S. 103-124.

Arendt, Hannah (1974): Über die Revolution. München (zuerst 1963).

Averbeck, Stefanie (2000): Zerfall der Öffentlichkeit? Sozialwissenschaftliche Diagnosen in der Zeit der Weimarer Republik. In: Jarren, Otfried/Imhof, Kurt/Blum, Roger (Hrsg.): Zerfall der Öffentlichkeit? Opladen, Wiesbaden, S. 97-111.

Benjamin, Walter (1980): Das Kunstwerk im Zeitalter seiner technischen Reproduzierbarkeit. In: Benjamin, Walter: Gesammelte Schriften. Bd. 2. Berlin, S. 473ff. (zuerst 1936).

Bobbio, Norberto (1988): Gramsci an the concept of civil society. In: Keane, John (Hrsg.): Civil society and the state. London, S. 73-100.

Bücher, Karl (1926): Die Grundlagen des Zeitungswesens. In: Bücher, Karl: Gesammelte Aufsätze zur Zeitungskunde. Tübingen, S. 1-64.

Dahrendorf, Ralf (1969): Aktive und passive Öffentlichkeit. In: Löffler, Martin (Hrsg.): Das Publikum. München.

Dewey, John (1996): Die Öffentlichkeit und ihre Probleme. Bodenheim (zuerst engl. 1927).

Donges, Patrick/Imhof, Kurt (2001): Öffentlichkeit im Wandel. In: Jarren, Otfried/Bonfadelli, Heinz (Hrsg.): Einführung in die Publizistikwissenschaft. Bern, S. 101-136.

Donges, Patrick/Jarren, Otfried (^{3}1998): Öffentlichkeit und öffentliche Meinung. In: Bonfadelli, Heinz/ Hättenschwiler, Walter (Hrsg.): Einführung in die Publizistikwissenschaft. Zürich, S. 95-110.

Donsbach, Wolfgang/Stevenson, Robert L. (1986): Herausforderungen, Probleme und empirische Evidenzen der Theorie der Schweigespirale. In: Publizistik, 31. Jg., S. 7-36.

Durkheim, Emile (1926): De la division du travail social (= Reihe Bibliothèque de philosophie contemporaine). Paris (zuerst 1893).

Etzioni, Amitai (1996): Die faire Gesellschaft. Jenseits von Sozialismus und Kapitalismus. Frankfurt/Main.

Fuchs, Dieter/Gerhards, Jürgen/Neidhardt, Friedhelm (1991): Öffentliche Kommunikationsbereitschaft. Test eines zentralen Bestandteils der Theorie der Schweigespirale. In: Discussion Paper FS III. Berlin, S. 91-105.

Gerhards, Jürgen (1994): Politische Öffentlichkeit. Ein system- und akteurstheoretischer Bestimmungsversuch. In: Neidhardt, Friedhelm (Hrsg.): Öffentlichkeit, öffentliche Meinung, soziale Bewegungen (= Kölner Zeitschrift für Soziologie und Sozialpsychologie, Sonderheft 34). Opladen, S. 77-105.

Gerhards, Jürgen (2000): Europäisierung von Ökonomie und Politik und die Trägheit der Entstehung einer europäischen Öffentlichkeit. In: Bach, Maurizio (Hrsg.): Die Europäisierung nationaler Gesellschaften (= Kölner Zeitschrift für Soziologie und Sozialpsychologie, Sonderheft 40). Opladen, Wiesbaden, S. 277-305.

Gerhards, Jürgen/Neidhardt, Friedhelm (1990): Strukturen und Funktionen moderner Öffentlichkeit. In: Discussion Paper FS III, Berlin, S. 90-101.

Glynn, Caroll J., u.a. (1999): Public opinion. Boulder, Oxford.

Gramsci, Antonio (1974): Socialismo e fascismo: l'Ordine Nuvo: In: Opere di Antonio Gramsci. Bd. 11. Torino (zuerst 1921-1922).

Habermas, Jürgen (1981): Theorie des kommunikativen Handelns. Bd. 1: Handlungsrationalität und gesellschaftliche Rationalisierung. Bd. 2: Zur Kritik der funktionalistischen Vernunft. Frankfurt/Main.

Habermas, Jürgen (1990): Strukturwandel der Öffentlichkeit. Frankfurt/Main (zuerst 1962).

Habermas, Jürgen (1992): Faktizität und Geltung. Frankfurt/Main.

Habermas, Jürgen (1998): Die postnationale Konstellation. Politische Essays. Frankfurt/Main.

Heming, Ralf (1997): Öffentlichkeit, Diskurs und Gesellschaft. Zum analytischen Potential und zur Kritik des Begriffs der Öffentlichkeit bei Habermas. Wiesbaden.

Hohendahl, Peter Uwe (Hrsg.) (2000): Öffentlichkeit. Geschichte eines Begriffs. Stuttgart, Weimar.

Hölscher, Lucian (1978): Öffentlichkeit. In: Brunner, Otto/Conze, Werner/Koselleck, Reinhart (Hrsg.): Geschichtliche Grundbegriffe. Bd. 4. Stuttgart, S. 413-468.

Horkheimer, Max/Adorno, Theodor W. (1969): Dialektik der Aufklärung. Frankfurt/Main (zuerst 1944, 1947).

Imhof, Kurt (1990): Mythos und Moderne. Zur Fragilität der posttraditionalen Gesellschaft. In: Bornschier, Volker, u.a. (Hrsg.): Zur Diskontinuität des sozialen Wandels. Frankfurt/Main, S. 55-90.

Imhof, Kurt (1996a): Übergänge. In: Imhof, Kurt/Romano, Gaetano: Die Diskontinuität der Moderne. Zur Theorie des sozialen Wandels (= Theorie und Gesellschaft, Bd. 36). Frankfurt/Main, S. 68-129.
Imhof, Kurt (1996b): Intersubjektivität und Moderne. In: Imhof, Kurt/Romano, Gaetano: Die Diskontinuität der Moderne. Zur Theorie des sozialen Wandels (= Theorie und Gesellschaft, Bd. 36). Frankfurt/Main, S. 200-292.
Imhof, Kurt (1996c): Eine Symbiose: Soziale Bewegungen und Medien. In: Imhof, Kurt/Schulz, Peter (Hrsg.): Politisches Räsonnement in der Informationsgesellschaft (= Mediensymposium Luzern, Bd. 2). Zürich, S. 165-186.
Imhof, Kurt (2000): Strukturwandel der Politik durch den Strukturwandel der Öffentlichkeit. In: Blindenbacher, Raoul/Letsch, Bruno (Hrsg.): Vom Service Public zum Service au Public. Bern, S. 324-331.
Imhof, Kurt (2002): Öffentlichkeit und Identität. In: Kaelble, Hartmut/Schmidt-Gernig, Alexander (Hrsg.): Transnationale Öffentlichkeiten und Identitäten im 20. Jahrhundert. Berlin, S. 15-39.
Imhof, Kurt/Jarren, Otfried/Blum, Roger (1999): Einleitung. In: Imhof, Kurt/Jarren, Otfried/Blum, Roger (Hrsg.): Steuerungs- und Regelungsprobleme in der Informationsgesellschaft (= Mediensymposium Luzern, Bd. 5). Opladen, Wiesbaden, S. 11-18.
Imhof, Kurt/Jarren, Otfried/Blum, Roger (Hrsg.) (2002): Integration und Medien (= Mediensymposium Luzern, Bd. 7). Opladen, Wiesbaden.
Imhof, Kurt/Kamber, Esther (2001): Politik und Gesellschaft im Strukturwandel der Öffentlichkeit. Zur Veränderung der Konstitutionslogiken der öffentlichen Kommunikation im Licht der Integrations- und Ordnungsdebatten. In: Allmendinger, Jutta (Hrsg.): Gute Gesellschaft? Plenumsband A zum 30. Kongress der Deutschen Gesellschaft für Soziologie. Opladen, S. 425-453.
Jarren, Otfried (Hrsg.) (1994): Medien und Journalismus: Eine Einführung. Opladen.
Jarren, Otfried (2000): Gesellschaftliche Integration durch Medien? Zur Begründung normativer Anforderungen an die Medien. In: Medien und Kommunikationswissenschaft, 48. Jg., S. 22-41.
Jarren, Otfried/Donges, Patrick (2000): Medienregulierung durch die Gesellschaft? Eine steuerungstheoretische und komparative Studie mit Schwerpunkt Schweiz. Opladen, Wiesbaden.
Jarren, Otfried/Imhof, Kurt/Blum, Roger (Hrsg.) (2000): Zerfall der Öffentlichkeit (= Mediensymposium Luzern, Bd. 6). Opladen, Wiesbaden.
Kaase, Max (1998): Demokratisches System und die Mediatisierung von Politik. In: Sarcinelli, Ulrich (Hrsg.): Politikvermittlung und Demokratie in der Mediengesellschaft. Opladen, Wiesbaden, S. 24-51.
Kant, Immanuel (1912): Beantwortung der Frage: Was ist Aufklärung? In: Kant, Immanuel: Akademie-Ausgabe. Bd. 8. Berlin.
Kant, Immanuel (1923): Werke. Hrsg. von Ernst Cassirer, Bd. VI: Schriften 1790-1796. Berlin.
Katz, Elihu (1981): Publicity and pluralistic ignorance: Notes on ‚The Spiral of Silence'. In: Baier, Horst/ Kepplinger, Hans Mathias/Reumann, Kurt (Hrsg.): Öffentliche Meinung und sozialer Wandel. Opladen, S. 28-27.
Koselleck, Reinhart (1973): Kritik und Krise. Frankfurt/Main.
Koselleck, Reinhart (1984): Vergangene Zukunft. Zur Semantik geschichtlicher Zeiten. Frankfurt/Main.
Lenin, Wladimir Iljitsch (1982): Was tun? Brennende Fragen unserer Bewegung. In: Lenin, Wladimir Iljitsch: Ausgewählte Werke. Bd. 2. Berlin, S. 139-220.
Lippmann, Walter (1990): Die öffentliche Meinung. Reprint. Bochum (zuerst 1922).
Lippmann, Walter (1993): The phantom public. New Brunswick (zuerst 1925).
Luhmann, Niklas (1990): Gesellschaftliche Komplexität und öffentliche Meinung. In: Luhmann, Niklas: Soziologische Aufklärung 5. Opladen, S. 170-182.
Luhmann, Niklas (1996): Die Realität der Massenmedien. Opladen.
Lukàcs, Georg (1970): Geschichte und Klassenbewusstsein. Neuwied (zuerst 1921).
Luxemburg, Rosa (1970): Organisationsfragen der russischen Sozialdemokratie. In: Hillmann, Susanne (Hrsg.): Schriften zur Theorie der Spontaneität. Hamburg, S. 71ff.
Manheim, Ernst (1979): Aufklärung und öffentliche Meinung. Studien zur Soziologie der Öffentlichkeit im 18. Jahrhundert. Nachdruck hrsg. von Norbert Schindler. Stuttgart (zuerst 1933).
Mannheim, Karl (1929): Ideologie und Utopie. Frankfurt/Main.
Marcinkowski, Frank (1993): Publizistik als autopoietisches System. Opladen.
Marx, Karl (1975): Die freie Presse als Vermittlerin. In: Marx, Karl/Engels, Friedrich: Gesamtausgabe (MEGA). Bd. I/1. Berlin, S. 296-323.
Marx, Karl/Engels, Friedrich (1932): Die Deutsche Ideologie. In: Rjazanov, D./Adoratzkij, V. (Hrsg.): Historisch-kritische Gesamtausgabe. Abt. I. Bd. 5. Wien.

Marx, Karl/Engels, Friedrich (1959): Manifest der Kommunistischen Partei. In: Marx, Karl/Engels, Friedrich: Werke. Bd. 4. Berlin.
Merten, Klaus (1984): Some silence in the spiral of silence. In: Kaid, Lynda Lee/Nimmo, Dan/Sanders, Keith R. (Hrsg.): Political Communication Yearbook 1984. Carbondale, S. 31-42.
Mommsen, Wolfgang (1959): Max Weber und die deutsche Politik 1890-1920. Tübingen.
Mommsen, Wolfgang (^{2}1982): Max Weber: Gesellschaft, Politik und Geschichte. Frankfurt/Main.
Müller-Doohm, Stefan (2000): Kritische Medientheorie – die Perspektive der Frankfurter Schule. In: Neumann-Braun, Klaus/Müller-Doohm, Stefan (Hrsg.): Medien- und Kommunikationssoziologie. Eine Einführung in zentrale Begriffe und Theorien. München, S. 69-92.
Münch, Richard (1995): Dynamik der Kommunikationsgesellschaft. Frankfurt/Main.
Münzner, Gerhard (1927): Presse und öffentliche Meinung. Karlsruhe.
Negt, Oskar/Kluge, Alexander (1972): Öffentlichkeit und Erfahrung. Zur Organisationsanalyse von bürgerlicher und proletarischer Öffentlichkeit. Frankfurt/Main.
Neidhardt, Friedhelm (1994): Öffentlichkeit, öffentliche Meinung, soziale Bewegungen. Einleitung. In: Neidhardt, Friedhelm (Hrsg.): Öffentlichkeit, öffentliche Meinung, soziale Bewegungen (= Kölner Zeitschrift für Soziologie und Sozialpsychologie, Sonderheft 34). Opladen, S. 7-41.
Noelle-Neumann, Elisabeth (1980): Die Schweigespirale. Öffentliche Meinung – unsere soziale Haut. München, Zürich (zuerst 1972).
Noelle-Neumann, Elisabeth (1989): Die Theorie der Schweigespirale als Instrument der Medienwirkungsforschung. In: Kaase, Max/Schulz, Winfried (Hrsg.): Massenkommunikation. Theorien, Methoden, Befunde (= Kölner Zeitschrift für Soziologie und Sozialpsychologie, Sonderheft 30). Opladen, S. 420ff.
Noelle-Neumann, Elisabeth/Schulz, Wilfried/Wilke, Jürgen (Hrsg.) (1995): Öffentliche Meinung. Publizistik, Massenkommunikation. Frankfurt/Main.
Peters, Bernhard (1993): Die Integration moderner Gesellschaften. Frankfurt/Main..
Peters, Bernhard (2002): „Öffentlichkeit" als Testfall für Gesellschaftstheorien. In: Imhof, Kurt/Jarren, Otfried/Blum, Roger (Hrsg.) (2002): Integration und Medien (= Mediensymposium Luzern, Bd. 7). Opladen, Wiesbaden.
Pfetsch, Barbara (1998): Regieren unter den Bedingungen medialer Allgegenwart. In: Sarcinelli, Ulrich (Hrsg.): Politikvermittlung und Demokratie in der Mediengesellschaft. Opladen, Wiesbaden, S. 233-252.
Rucht, Dieter (1994): Öffentlichkeit als Mobilisierungsfaktor für soziale Bewegungen. In: Neidhardt, Friedhelm (Hrsg.): Öffentlichkeit, öffentliche Meinung, soziale Bewegungen (= Kölner Zeitschrift für Soziologie und Sozialpsychologie, Sonderheft 34). Opladen, S. 337-358.
Sarcinelli, Ulrich (1998): Politikvermittlung und Demokratie in der Mediengesellschaft. Opladen, Wiesbaden.
Scherer, Helmut (1990): Massenmedien, Meinungsklima und Einstellung: Eine Untersuchung zur Theorie der Schweigespirale. Opladen.
Splichal, Slavko (1999): Public opinion. Development and controversis in the twentieth century. Lanham, Oxford.
Stark, Carsten (1998): Die blockierte Demokratie: kulturelle Grenzen der Politik im deutschen Immissionsschutz. Baden-Baden.
Teubner, Gunther (1989): Recht als autopoietisches System. Frankfurt/Main.
Tönnies, Ferdinand (1922): Kritik der öffentlichen Meinung. Berlin.
Tönnies, Ferdinand (1991): Gemeinschaft und Gesellschaft: Grundbegriffe der reinen Soziologie. Darmstadt (zuerst 1887).
Wallas, Graham (1921): The great society. A psychological analysis. New York.
Weber, Max (1985): Wirtschaft und Gesellschaft. Tübingen (zuerst 1922).
Weber, Max (1988): Politik als Beruf. In: Winckelmann, Johannes (Hrsg.): Max Weber. Gesammelte politische Schriften. Tübingen.
Weber, Max (2001): Vorbericht über eine vorgeschlagene Erhebung über die Soziologie des Zeitungswesens. In: Pöttker, Horst (Hrsg.): Öffentlichkeit als gesellschaftlicher Auftrag. Klassiker der Sozialwissenschaften über Journalismus und Medien. Konstanz (zuerst 1910).
Weßler, Hartmut (2002): Multiple Differenzierung und kommunikative Integration. In: Imhof, Kurt/Jarren, Otfried/Blum, Roger (Hrsg.) (2002): Integration und Medien (= Mediensymposium Luzern, Bd. 7). Opladen, Wiesbaden.
Winckelmann, Johannes (Hrsg.) (1988): Max Weber. Gesammelte politische Schriften. Tübingen.

Medienpolitik – Regulierung der medialen öffentlichen Kommunikation

Gerhard Vowe

1 Theoretische Zugänge zur Medienpolitik

Es gibt keine systematisch ausgearbeitete und allgemein akzeptierte Theorie der Medienpolitik; vielmehr gibt es eine Reihe von Ansätzen, die den Anspruch erheben, Medienpolitik beschreiben, erklären und voraussagen bzw. gestalten zu können. In Übereinstimmung mit dem Profil der Kommunikationswissenschaft als einer Integrationswissenschaft ist die Theorie der Medienpolitik davon geprägt, dass unterschiedliche Bezüge zu anderen Disziplinen darum konkurrieren, das dominante Muster der medienpolitischen Analyse zu bilden. Im Folgenden werden die vier wichtigsten Fachbezüge charakterisiert, die jeweils eigene Modelle, Kategorien und Methoden ausgebildet haben: der historische, der juristische, der sozialwissenschaftliche und der ökonomische Zugang. Die Differenzierung von Ansätzen innerhalb dieser Denkmuster kann nur angedeutet werden. Auf Basis der verschiedenen Zugänge wird ein synthetisierendes Modell der Medienpolitik entwickelt.

In der *historischen Denktradition* wird Medienpolitik erzählt, d.h. in einer chronologischen Abfolge dargestellt. Den kognitiven Ausgangspunkt dieses Zugangs bildet die *Rekonstruktion von Entwicklung*. Das Schwergewicht liegt auf Ereignissen, insbesondere politischen Entscheidungen, die aus ihrem jeweiligen Kontext und aus den vorangegangenen Ereignissen heraus begründet werden. Besonders deutlich wird dies in den medienpolitischen Chroniken für die Bundesrepublik Deutschland (vgl. Heinrich 1991; Kopper 1992; Schütz 1999) und in den medienpolitischen Teilen der Werke von Stuiber (1998) sowie von Pürer und Raabe (1994). Umgekehrt wird sowohl in den epochenübergreifenden (vgl. Wilke 1999, 2000; Stöber 2000; Dussel 1999) als auch in epochenspezifischen medienhistorischen Abhandlungen (vgl. für Rundfunk Lerg 1980; Bausch 1980) der Medienpolitik große Bedeutung für die jeweilige Medienentwicklung zugeschrieben. Innerhalb dieses Musters finden sich erhebliche Differenzierungen, etwa in der Systematisierung der Epochen oder in der jeweiligen Gewichtung von Ereignis und Kontext (vgl. z.B. Jürgens 1984 vs. Koszyk 1966, 1972). Soweit diese Arbeiten über die deskriptive Darstellung der Verläufe hinausgelangen, werden Entwicklungsstrukturen und Typologien der Medienpolitik deutlich (vgl. beispielhaft Schramm/Siebert/Peterson 1956). Besondere Aufmerksamkeit ist dem totalitären Typ der Medienpolitik gewidmet worden (z.B. Diller 1980; Frei/Schmitz 1989). Die zahlreichen historischen Fallstudien bieten detaillierte Einblicke in die Komplexität spezifischer medienpolitischer Konstellationen.

Der fachlich und politisch einflussreichste Zugang zur Medienpolitik ist *rechtswissenschaftlicher* Art. In diesem Muster wird Medienpolitik aus der Auslegung grundlegender Normen heraus begriffen – verbunden mit einem auch faktisch eingelösten Gestaltungsanspruch. Den kognitiven Ausgangspunkt bilden verfassungsrechtlich kodifizierte Leitwerte, in erster Linie die Kommunikationsfreiheiten, die in der medienrechtlich dominierenden Interpretation als Freiheit der individuellen *und* kollektiven Meinungsbildung verstanden werden und damit als eine entscheidende Voraussetzung für die Integration der Gesellschaft. Medien werden publizistisch, als „Medium und Faktor der Meinungsbildung" gesehen, als Mittel der „gesellschaftlichen Selbstbeschreibung". Ihre Gemeinwohlorientierung stehe in steter Gefahr und sei insbesondere beim Rundfunk durch eine positiv definierte Ordnung zu sichern, mit der die publizistische Leistung gewährleistet werden kann: Freiheit durch Ordnung („objektivrechtliches Element" der Kommunikationsfreiheit). Andere Faktoren der Medienentwicklung wie ökonomische Erfordernisse, technische Möglichkeiten, soziale Veränderungen oder politische Interessen werden in diesem Denkmuster durchaus berücksichtigt, immer aber im Hinblick auf die freiheitssichernde Aufgabe der Medien eingeschätzt. Insbesondere für den Rundfunk war und ist dieses Denkmuster von unmittelbarer medienpolitischer Bedeutung. Denn es wurde im Zuge der Rechtsprechung des Bundesverfassungsgerichts entwickelt und fungiert nach wie vor als kognitive Folie zur Gestaltung des Rundfunkbereichs (grundlegend: Hoffmann-Riem ^{2}1989, 1996: 114-158, 2000; Grimm 1995, 1999). Andere Interpretationsstränge der Verfassungsnormen konnten sich demgegenüber in Wissenschaft und Rechtsprechung nicht durchsetzen, etwa das traditional-liberale Verständnis von Kommunikationsfreiheit als einer individuellen Freiheit von Kommunikatoren und Rezipienten, die es gegen staatliche Eingriffe zu schützen gilt und aus deren ungehinderter Wahrnehmung sich erst die kollektiven Funktionen ergeben („subjektivrechtliches Element" der Kommunikationsfreiheit – vgl. Engel 1993: 27; Bullinger 1980: 118; Ricker/Schiwy 1997). Bei aller Pluralität der Staatsrechtslehre bzw. des Medienrechts formieren sich die verschiedenen Ansätze dennoch zu einem gemeinsamen Muster für die medienpolitische Analyse. Gemeinsam sind der Ausgangspunkt (grundlegende Normen), die Methode (Interpretation von Normen und Kreation von Regeln) und der Anspruch (Begründung und Gestaltung statt Erklärung).

Für *sozialwissenschaftlich* orientierte Autoren ist die *Erklärung aus Systemfunktionen* ein charakteristischer Zugang zur Medienpolitik. Dabei bestehen durchaus Verbindungen zum juristischen Muster über die grundlegenden Normen und zum historischen über die Entwicklungsstrukturen. Sie argumentieren bevorzugt in einem strukturell-funktionalen Paradigma: Medienpolitische Strukturen werden aus ihrer Leistung für die gesellschaftliche Makroebene erklärt. Daraus wird gefolgert, dass die Medien gesteuert werden müssen, damit sie z.B. gesellschaftliche Integration oder Kontrolle politischer Macht gewährleisten. Erst Medienpolitik bringe die funktionalen Anforderungen an Medien zum Ausdruck (wegweisend dazu: Ronneberger 1978, 1980, 1986; außerdem Rühl 1973; Schatz /Lange 1982; Kepplinger 1982). Die Kommunikationswissenschaft reagiert auf die „Steuerungsprobleme des Mediensystems" (Saxer 1994: 23), entwickelt Lösungen als Vorgaben für die Medienpolitik und bewertet die Medienpolitik entsprechend. Insofern sind auch die politologisch und soziologisch orientierten Arbeiten von normativen Vorgaben im Hinblick auf die Funktionen von Medien geprägt. Unterschiede ergeben sich dahingehend, was Medien gesellschaftlich bewirken sollen und Medienpolitik folglich hemmen oder fördern soll. So steht bei Glotz (1966) die demokratische Teilhabe im Vordergrund; bei Langenbucher (1999) die gesellschaftliche Integration; bei Kepplinger (1982) die Bewahrung von Freiheitsräumen; bei Holzer (1973) Herrschaftssicherung und Legitimationsbeschaffung. Medienpolitik wird dabei nicht mehr allein dem Staat als

Wirkungsbereich zugerechnet, sondern aus dem Zusammenwirken vieler Subsysteme begriffen, die das „Politisch-Administrative System" bilden (so Schatz/Habig/Immer 1990; zusammenfassend Ronneberger ^{2}1995: 198). Auf dieser kognitiven Basis sind zahlreiche empirische Arbeiten entstanden, bei denen einzelne Gestaltungsprozesse zumeist auf der Basis von Dokumentenanalysen und Expertengesprächen rekonstruiert wurden (z.B. Mettler-Meibom 1986; Wiek 1996; Eisermann 2001). Dadurch wird die Komplexität der Interessenkonstellationen und Entscheidungsprozesse deutlich. Parallel dazu hat sich ein komparatives Vorgehen als methodisch fruchtbar herausgestellt, bei dem medienpolitische Systeme im Hinblick auf ihre Strukturen und ihre Leistungsfähigkeit verglichen werden (vgl. Kleinsteuber 1993; Gellner 1990).

Die autopoietische Wende in der soziologischen Systemtheorie hat sich insofern in der Theorie der Medienpolitik niedergeschlagen, als bei den entsprechend inspirierten Autoren die Möglichkeiten der funktional begründeten Steuerung durch Medienpolitik skeptisch eingeschätzt werden (vgl. Marcinkowski 1993; Grothe 2000). Teils in Abgrenzung, teils in Ergänzung zu systemtheoretischen Ansätzen hat sich eine akteurstheoretisch orientierte Linie herausgebildet, die Medienpolitik als Ergebnis der Interaktion politischer Interessen begreift und bevorzugt die Entwicklung von „Policy-Netzwerken" und „Arenen" in der Rundfunkpolitik nachzeichnet. Dabei wird an dem Konzept der Steuerung im Hinblick auf politische Ziele festgehalten, diese aber aus der Koppelung an eine hierarchische Struktur gelöst; stattdessen werden Alternativen wie „Kontextsteuerung" und „prozedurale Steuerung" entwickelt (z.B. Jarren/Donges 2000).

Aus der *wirtschaftswissenschaftlichen* Beschäftigung mit Medien hat sich ein weiteres Muster für die Analyse der Medienpolitik entwickelt – insbesondere über den Begriff der Regulierung. Zentral ist dabei die Rolle des Staates für die Medienwirtschaft: Es geht um die normative Bestimmung von *Notwendigkeit und Möglichkeit staatlicher Eingriffe* in die Medienmärkte (vgl. Heinrich 1999: 83ff.; Kops 1999; Kruse 1996; Kiefer 2001; als Gegenpol mit dem Fokus auf Konzentrationskontrolle: Knoche 1978). Ausgangspunkt ist, dass der Wettbewerb zwischen den Marktteilnehmern gesamtgesellschaftlich und publizistisch positive Wirkungen zeitige und jeglicher Eingriff in die empfindlichen Märkte als begründungspflichtig angesehen wird. Die unterschiedlichen Formen und Intensitäten der Interventionen werden in der normativen Wirtschaftswissenschaft unter Effizienzgesichtspunkten bewertet, ihre Begründungen geprüft (negative und positive externe Effekte, Meritorik, Paternalismus) und Empfehlungen insbesondere für die Rundfunkpolitik gegeben. Dabei wird weitgehend unterstellt, dass eine Regierung bestrebt sei, die Wohlfahrt eines Landes zu maximieren, und dass dies über eine medienökonomische Politikberatung im Hinblick auf die Konsequenzen von medienpolitischen Entscheidungen auch unterstützt werden könne.

2 Medienpolitik aus entscheidungstheoretischer Perspektive

Die Pluralität dieser vier Denkmuster macht eine Synthese zugleich möglich und notwendig. In jedem wird ein Aspekt von Medienpolitik betont, der für dichte Beschreibungen, plausible Erklärungen und handlungsrelevante Voraussagen von Bedeutung ist. Folglich nimmt das im Folgenden entwickelte Modell alle Aspekte auf, verzichtet jedoch in Abgrenzung zu den dargestellten Ansätzen möglichst weitgehend auf normative Vorgaben.[1] Die Einbindung der verschiedenen disziplinären Aspekte in einen einheitlichen Erklärungszusammenhang ermöglicht der Public-Choice-Ansatz,[2] mit dem ökonomische Modelle ihre Beschränkung auf wirtschaftsbezogene Entscheidungen verlieren und ihren Geltungsbereich auf öffentliche Entscheidungsprozesse zu Problemen von allgemeiner Bedeutung erweitern. Die Anwendung dieses Ansatzes auf Medienpolitik beruht auf entscheidungs-, institutions- und kommunikationstheoretischen Grundlagen (vgl. Kapitel 2.1 bis 2.3). Auf dieser Basis wird ein mehrdimensionales Analysemodell für Medienpolitik entwickelt.

2.1 Medienpolitik als Entscheidung

Medienpolitik ist abzugrenzen von politischer Kommunikation. Sinnvollerweise kann nicht immer schon dann von Medienpolitik gesprochen werden, wenn es um Wirkungen von Medien auf Politik geht oder wenn sich Politik der Medien bedient, sondern erst dann, wenn es um Entscheidungen *über* mediale Kommunikation geht. Entscheidungen bilden somit den Kern von Medienpolitik; folglich bietet sich an, die medienpolitische Analyse auf ein entscheidungstheoretisches Fundament mit drei Komponenten zu stellen:

- Entscheidungen werden von *Akteuren*[3] getroffen und sind Ergebnis eines akteursinternen Zusammenwirkens von Motivation, Kognition und Ressourcen. Die Akteure handeln im Prinzip rational, sie wählen also diejenige Möglichkeit des Handelns aus, die das günstigste Verhältnis von Kosten und Nutzen aufweist.[4]
- Akteure handeln nicht isoliert, sondern in Akteurskonstellationen, in denen *Interaktionen* als Zusammenspiel von Konflikt und Kooperation ablaufen.
- Das Handeln der Akteure unterliegt *Restriktionen.* Ihr Spielraum wird begrenzt durch Bedingungen, die sie selbst nicht kontrollieren können: Hierzu zählen die situativen Beschränkungen der Ressourcen, die konventionalisierten Weltbilder, die normative Prägung der Motive und die Spielregeln für die Auseinandersetzung mit anderen Akteuren.

Politische Entscheidungen werden auf dieser Basis nicht funktional als Lösungen gesellschaftlicher Probleme,[5] sondern akteurbezogen aus dem Mit- und Gegenein-

---

1 Die normative Orientierung in den jeweiligen Denkmustern hat die Erklärungskraft der Forschung nicht gestärkt. Denn die tatsächlich getroffenen medienpolitischen Entscheidungen, ihre Voraussetzungen und ihre Konsequenzen sind nicht aus den normativen Vorgaben zu deduzieren. Darüber hinaus sind die normativen Vorgaben selbst erklärungsbedürftig.

2 Im deutschen Sprachraum haben sich die Begriffe »Neue Politische Ökonomie« und »Ökonomische Theorie der Politik« eingebürgert (Frey/Kirchgässner [2]1994: 6). Die grundlegenden Arbeiten finden sich bei Rowley (1993). Für die Anwendung im Medienbereich siehe z.B. Bizer (1999), Große Holtforth (2000).

3 Unter Akteur wird hier jede Einheit verstanden, der Entscheidungsfähigkeit unterstellt und damit Handlungen zugerechnet werden können – nicht nur im politischen Bereich. Zum Akteurskonzept des Rational Choice-Ansatzes siehe Elster (1999), Sen (1999), Esser (1999).

4 Kosten und Nutzen gehen in unterschiedlichen Dimensionen in die Kalkulation ein (monetär, zeitlich, sozial, kognitiv). Einzubeziehen sind auch Kosten und Nutzen auf der Meta-Ebene, also z.B. für die entscheidungsbezogenen Informationsprozesse.

5 Dem funktionalistischen Ansatz wird hier deshalb nicht gefolgt, weil Funktionen keine hinreichende Erklärung für politische Handlungen liefern können. Je höher das zu lösende Problem angesetzt wird,

ander eigennütziger Akteure innerhalb eines gegebenen Rahmens begriffen. Dies gilt auch für Entscheider im politischen Raum. Diese orientieren sich ebenso wie alle anderen, die in Politik und Kommunikation tätig sind, in erster Linie an ihrem eigenen Nutzen (vgl. Frey/Kirchgässner [2]1994).

2.2 Medienpolitik als verbindliche Entscheidung über Regeln

Das Spezifische politischer Entscheidungen ist ihre kollektive Verbindlichkeit. Einen herausragenden Typ politischer Entscheidungen bilden Regulierungen, das sind kollektiv verbindliche Entscheidungen über Regeln.[6] Ihre besonderen Merkmale sind der Entscheidungsgegenstand und die Bindungskraft, mit der die Setzung von Regeln ausgestattet ist. Beide Momente lassen sich institutionentheoretisch begründen (vgl. Williamson 1990; North 1992; Scharpf 2000): Soziale Regeln wirken als Restriktionen des Handelns und reduzieren die Komplexität von Handlungen und Erwartungen. Erst dadurch werden stabile soziale Beziehungen möglich. Einige Regeln werden verbindlich gesetzt, und es werden eigens Organisationen gebildet und als staatliche Instanzen mit Macht ausgestattet, um die Befolgung der Regeln notfalls auch gegen Widerstreben durchsetzen zu können. Deren Handeln ist wiederum soweit institutionalisiert, dass hohe Erwartungssicherheit garantiert ist. Ein Beispiel ist die Gesetzesbindung des bürokratischen Entscheidens.

Grundsätzlich haben alle Akteure Interesse an verbindlichen Regeln, da sich dadurch ihre Kosten für die Koordination untereinander reduzieren. Rechtssicherheit und sozialer Frieden, aber auch der allgemeine Bildungsstand, kulturelle Vielfalt und eine gut informierte Öffentlichkeit sind *öffentliche Güter*, die einen erheblichen Aufwand erfordern, von deren Nutzung aber niemand ausgeschlossen werden kann. Darum ist die Wahrscheinlichkeit hoch, dass Akteure ein öffentliches Gut nutzen, ohne dafür entsprechende Aufwendungen zu leisten. Damit ist die verlässliche Versorgung mit einem öffentlichen Gut tendenziell gefährdet. Da aber alle ein – wenn auch niederrangiges – Interesse an den öffentlichen Gütern haben, ist es politisch durchsetzbar, ihre Bereitstellung durch verbindliche Regeln zu sichern, sie z.B. über öffentliche Mittel zu finanzieren oder dafür sogar öffentliche Einrichtungen zu bilden. Dann verknüpfen sich mit ihrer Produktion spezifische Interessen, zumeist bürokratische Nutzenkalküle. Es besteht aber weder empirisch noch theoretisch ein zwingender Zusammenhang zwischen öffentlichen Gütern, öffentlichen Mitteln und öffentlichen Einrichtungen (vgl. Frey/Kirchgässner [2]1994: 54).

desto unschärfer wird das Verhältnis zwischen Problem und Lösung: Gesellschaftliche Stabilität lässt sich beispielsweise auf viele Arten erreichen. Die Stärke eines funktionalistischen Ansatzes besteht darin, eine Menge von funktionsäquivalenten Möglichkeiten für Regulierung zu entwickeln. Welche davon ausgewählt wird, lässt sich aber funktionalistisch nicht mehr erklären. Funktionale Argumentationen zielen auf Beratung und Gestaltung, nicht auf Erklärung.

6 Im Anschluss an Parsons (1969: 352 ff.); vgl. Rühl (1973: 14); Münch (1976: 81) und Luhmann (1975). Im Unterschied zur wirtschaftswissenschaftlichen Begrifflichkeit (vgl. Weizsäcker 1982; Stigler 1975) wird unter Regulierung hier nicht allein staatliche Regelsetzung verstanden. Eine Abgrenzung gegen Konzepte wie Steuerung kann hier nicht geleistet werden.

2.3 Medienpolitik als Regulierung der medialen öffentlichen Kommunikation

Bei medienpolitischen Regulierungen geht es um Regeln als den Kern der Rahmenbedingungen speziell für mediale öffentliche Kommunikation.[7] Medienpolitik ist somit ein Teilbereich der Kommunikationspolitik.[8] Mediale öffentliche Kommunikation wird hier aus der Ökonomik heraus als eine spezielle *Tauschbeziehung* zwischen strategisch handelnden Akteuren aufgefasst. Die Akteure operieren als Anbieter und Nachfrager von kommunikativen Gütern und Dienstleistungen auf spezifischen Märkten, die durch die Regulierungen ein institutionelles Gerüst bekommen. Regulierungen wirken als Restriktionen. Sie steuern weder das kommunikative Handeln der Akteure – in dem Sinne, dass sie ihnen Ziel und Weg vorgeben – noch deren Präferenzen; aber sie beeinflussen beides, indem sie durch die Festlegung von Grenzen den Handlungsraum für manche Akteure erweitern, für andere verengen (vgl. Rühl 1973: 12).

2.4 Modell der Medienpolitik

Auf dieser theoretischen Basis kann nun Medienpolitik in drei Dimensionen differenziert werden.

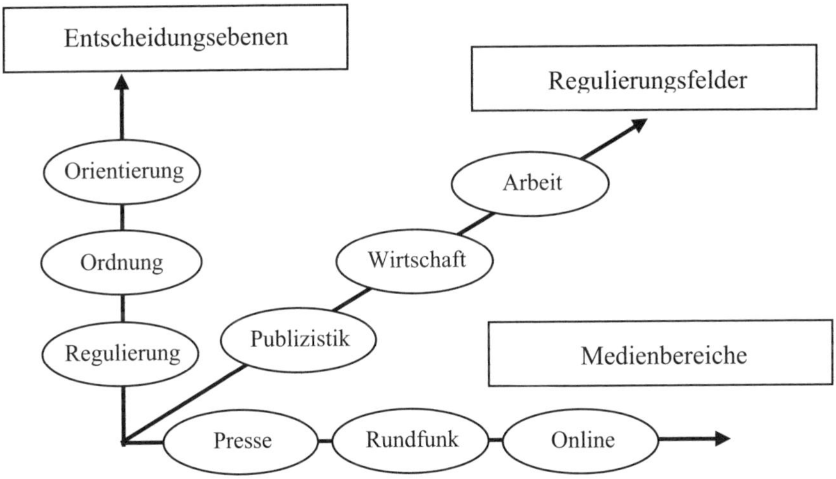

7 Einen anderen Teil der Rahmenbedingungen bilden die Ressourcen für mediale Kommunikation, vor allem die finanziellen Budgets und die technischen Möglichkeiten, die auch von politischen Entscheidungen beeinflusst werden.

8 Man kann Humankommunikation auf zwei orthogonalen Dimensionen ordnen: dem Grad der *Publizität* (Eckpunkte: Intimkommunikation und Kommunikation, die prinzipiell von allen beobachtbar ist) und dem Grad der *Medialität* (Eckpunkte: Kopräsente Kommunikation und räumlich/zeitlich medial vermittelte Kommunikation). Entsprechend können unterschiedliche Bereiche von Kommunikationspolitik definiert werden. Die Abgrenzung von Medien- und Kommunikationspolitik wird von vielen Autoren anders gefasst – vgl. z.B. Ronneberger (1986); Schütz (1999); Kopper (1992); Jarren (1994); Kepplinger (1994).

3 Differenzierung von Regulierungsfeldern: Publizistik, Wirtschaft, Arbeit

Eine erste Differenzierung bezieht sich darauf, welche kommunikativen Beziehungen mit Regelsetzungen strukturiert werden:

- die Beziehungen zwischen politischen Organisationen und Medienorganisationen auf dem Markt politischer Meinungsbildung;
- die Beziehungen auf den medienwirtschaftlichen Märkten;
- die Beziehungen innerhalb der Medienorganisationen.[9]

3.1 Regulierung der publizistischen Beziehungen

Geprägt ist die medienpolitische Regulierung insgesamt von ihrer publizistischen Komponente, also den Regeln mit Blick auf die Bildung öffentlicher Meinung. Im Mittelpunkt stehen dabei *politische* Probleme und Interessen – sie geben der Publizistik ihre Brisanz und drängen andere Themenbereiche wie Wirtschaft, Kultur oder Sport an den Rand. Mit medienpolitischen Regulierungen werden die Bedingungen für die Beziehung zwischen den beiden wichtigsten Akteurstypen in der politischen Kommunikation festgelegt, den *politischen Organisationen* (Parteien, Verbände und Gebietskörperschaften) und den *Medienorganisationen* (Verlage, Rundfunk- und Internetanbieter, Agenturen, Inserenten, Rechteanbieter).

Politische Organisationen stehen im *Wettbewerb* um politische Machtpositionen (vgl. Downs 1957; Frey/Kirchgässner ^{2}1994: 366ff.). In einem demokratischen System sind einige zentrale Machtpositionen an den Gewinn von Mehrheiten bei den Bürgern gebunden. Die politischen Akteure konkurrieren also in den verschiedenen Arenen um die Zustimmung der Bürger. Im Gegenzug konkurrieren die Bürger um Vorteile, die ihnen in ihren verschiedenen Rollen aus politischen Entscheidungen erwachsen. Voraussetzung für Zustimmung ist *Aufmerksamkeit* – eine gerade im politischen Bereich knappe Ressource. Der durchschnittliche Bürger nimmt nur in dem Maße Informationen auf, wie die Kosten ihrer Beschaffung und Verarbeitung den erwarteten Nutzen aus der Entscheidung nicht übersteigen. Sein Handeln ist geprägt von „rationaler Ignoranz" (Downs 1957). Im Wettbewerb um Aufmerksamkeit für politische Botschaften bieten die Medien unschätzbare Vorteile. Vor allem bieten sie die Erreichbarkeit von denjenigen, die an Politik wenig interessiert oder die, obschon interessiert, die Botschaften politischer Akteure für wenig glaubwürdig halten. Durch Einbinden von politischen Botschaften in Informations- und in Unterhaltungsformate kann diese zweifache Aufmerksamkeitsschwelle unterlaufen werden. Voraussetzung dafür ist eine *Tauschbeziehung* zwischen den Akteursgruppen. Medienorganisationen verfolgen je nach Organisationsstruktur eine Strategie der Gewinn- oder der Budgetmaximierung (vgl. Williamson 1990). Sie bieten Publizität und konkurrieren um attraktive Inhalte. Politische Organisationen bieten Nachrichten und konkurrieren um Publizität. Folglich generieren sie Botschaften, die – wie sie hoffen – besser als die der politischen Konkurrenz auf die mediale Nachfrage zu-

9 Die Regulierung der Arbeitsverhältnisse im Medienbereich kann hier nicht dargestellt werden. Die relevanten Teilbereiche sind Mitbestimmung, Tariffragen, Absicherung für den Risikofall, Ausbildung und Professionszugehörigkeit – alles eine Domäne der Verbände in einem rechtlich festgelegten Rahmen.

geschnitten sind. Damit lassen sie sich auf die Spielregeln der Nachfrager ein (vgl. dazu Jarren/Altmeppen/Schulz 1993; Theis-Berglmair 1997).

Beide Seiten sind an der *Stabilität* der Beziehungen interessiert. Es senkt die Kommunikationskosten, wenn Handeln der anderen Seite erwartbar wird. Stabilisierend wirken Regulierungen als der politische, oft auch rechtlich kodifizierte Teil des institutionellen Gerüsts. Die beiden Akteursgruppen sind nicht nur von Regulierung betroffen und an ihr interessiert, sondern auch an ihr beteiligt. Durch Regulierung wird der *Einfluss* der Politik insgesamt auf die Medien *abgesichert*, um die Medien als politisches Forum zu erhalten und den politischen Organisationen in ihrer Konkurrenz mit nicht-politischen Kommunikatoren ausreichende Publizität zu verschaffen. Andererseits wird durch Regulierung der Einfluss der Politik *begrenzt*: Den Medienorganisationen wird ein Spielraum garantiert, dessen Grenzen zeitlich, sachlich und sozial variabel sind. Von daher wird durch Regulierung sowohl die Autonomie als auch die Heteronomie der Medien verhindert. Die Regulierung lässt den politischen Einfluss um ein akzeptables Maß oszillieren. Dies ist strukturell dadurch gesichert, dass in kooperativen Arrangements zwischen Medienorganisationen und politischen Organisationen über Regulierungen entschieden wird. Die Regelung der Interdependenz von Politik und Medien beruht auf einer Selbstbindung der politischen Akteure (z.B. in der Form gesetzlich garantierter „Staatsfreiheit"). Abgesichert wird dies durch die Koppelung zum Recht; die Einhaltung von Grenzen politischen Einflusses sollen unabhängige Gerichte garantieren. Die verbinden mit dieser Aufgabe ihrerseits eigenständige Organisationsinteressen.

Weiterhin wird durch medienpolitische Regulierung verhindert, dass der *Einfluss* eines *einzelnen* politischen Akteurs oder einer Akteursgruppe übermächtig wird. Vor allem die beiden großen Parteien halten sich wechselseitig in Schach. Durch medienpolitische Arrangements bleiben die Publizitätschancen auch der Oppositionspartei(en) gewahrt. Eine an die Regierung gekommene Partei wird nicht durch Regulierung den Zugang der Regierung zu den Medien derart verbessern, dass sich die Möglichkeiten der Opposition dramatisch verschlechtern. Denn in einem demokratischen System wird sie die Möglichkeit ihrer Abwahl in Rechnung stellen und nicht das Risiko eingehen, sich selbst für die Zukunft völlig chancenlos zu stellen – ein wichtiger Anreiz für den „kooperativen Föderalismus" (vgl. Große Holtforth 2000: 121, 146). Bei diesen Arrangements ist zu erwarten, dass die beiden großen Parteien Verträge zulasten Dritter machen, z.B. zulasten von sozialen Bewegungen oder von randständigen Parteien. Auf diese Weise haben sich Asymmetrien entwickelt. Einzelne Akteurstypen haben ihren Medieneinfluss gegen andere sichern und ausbauen können – so die Parteien im Vergleich zu den Verbänden. Aber auch da fungieren Instanzen des Rechts als Korrektive, die grobe Verstöße gegen Chancengleichheit ahnden.

3.2 Regulierung der wirtschaftlichen Beziehungen: Regeln für die Medienmärkte

Mit Regulierungen werden darüber hinaus die Bedingungen auf den verschiedenen Medienmärkten festgelegt, vor allem auf dem Rezipientenmarkt und dem Inserentenmarkt. Außerdem konkurrieren Medienorganisationen auf dem Rechtemarkt um Nutzungsrechte und Gebietskörperschaften auf dem Standortmarkt um die Investitionsentscheidungen der Medienorganisationen. Alle diese wirtschaftlichen Beziehungen – Programme gegen Aufmerksamkeit, Zielgruppen gegen Werbeentgelte, Eigentumsrechte gegen Entgelt, Investitionen gegen Unterstützung – werden im Vergleich zu anderen Wirtschaftsbereichen intensiv reguliert. Dies gilt besonders für Rezipientenmärkte: Beispiele sind die Regeln zum Schutz von Kindern und Jugendlichen, Urhebern, Verbrauchern. Dabei verbinden sich die Interessen der Marktteilnehmer an stabilisierenden Regelungen mit den Eigeninteressen von Regulierungsbehörden, Selbstkontrolleinrichtungen usw. Da die Medienorganisationen eine Vermittlungsposition zwischen Rezipienten und politischen Organisationen einnehmen und auf beiden Seiten in Tauschbeziehungen stehen, ist ihr Handeln auch zweifach von Regulierungen bestimmt.

4 Differenzierung von Medienbereichen: Presse, Rundfunk, Online

Die Akteurskonstellationen und die Schwerpunkte der Regulierung unterscheiden sich so sehr von Medienbereich zu Medienbereich, dass von abgrenzbaren Teilbereichen der Medienpolitik gesprochen werden kann. Unter den Medienpolitik*en* kommt der Presse-, der Rundfunk- und der Onlinepolitik besondere Bedeutung zu.[10]

4.1 Pressepolitik in Deutschland: Konstanz und Konsens an der medienpolitischen Peripherie

Der *Schwerpunkt* der pressepolitischen Regulierung liegt auf den Beziehungen zwischen den Presseorganisationen, die an ihrer publizistischen Unabhängigkeit interessiert sind, und den politischen Organisationen, die über die unabhängige Presse Einfluss auf die öffentliche Meinung zu nehmen suchen, und dies umso mehr, je geringer die Bedeutung der partei- und verbandseigenen Presse geworden ist. Pressepolitische Regulierung begrenzt diese Einflussnahme, d.h. sie ermöglicht bestimmte Formen und schließt andere aus. Vor allem sichert sie einen Spielraum der Presseunternehmen gegen staatliche Eingriffe. So ist der Zugang zum Pressemarkt nicht reglementiert (Lizenzfreiheit). Die Bedingungen für hoheitlichen Einfluss auf die Inhalte sind eng definiert. Die rechtlichen Regelungen für journalistisches Handeln bilden einen weit gesteckten Rahmen und werden durch selbstregulative Vorkehrungen der Presseorganisationen ausgefüllt. Die publizistische Schlüsselfunktion der

10 Zu der jeweiligen Regulierungslage im Einzelnen siehe die Beiträge von Stöber, Beck, Blum, Steinmaurer, Rößler und Schulz/Jürgens in diesem Band. Bei der Pressepolitik steht die Tageszeitung im Mittelpunkt, bei der Rundfunkpolitik das Fernsehen und bei der Onlinepolitik das World Wide Web (WWW). Die Politik im Hinblick auf Film, Buch, Tonträger usw. wird im Folgenden nicht behandelt, da die Schwerpunkte in der Medienpolitik nach der publizistischen Bedeutung gesetzt werden. Der Darstellung liegt eine Systematik nach Ansatzpunkten der Regulierung zugrunde (Regulierung der Teilnehmer, der Inhalte und der Prozeduren der Kommunikation – vgl. Kopper/Rager u.a. 1993). Implizit werden die Teilbereiche der Medienpolitik dann noch nach einem strategischen Gesichtspunkt differenziert und zwischen regulativen (Ge- und Verbote), performativen (staatliche Leistungen), ökonomischen (An- und Abreize) und kommunikativen (positive und negative Beeinflussung) Instrumenten unterschieden (die leitende Unterscheidung bei Jarren 1998: 617). Innerhalb der Medienbereiche können Regulierungen auf einzelne Phasen des Kommunikationsprozesses spezifiziert werden (Informationsbeschaffung, Medienproduktion, Distribution, Rezeption). Im Folgenden werden allein die deutschen Regulierungsverhältnisse dargestellt. Ein internationaler Vergleich kann ebenso wenig geleistet werden wie die Einbettung in den historischen Kontext.

Nachrichtenselektion wird von konkurrierenden Agenturen wahrgenommen und ist damit dem Einfluss eines einzelnen Akteurs entzogen. Auch die pressespezifische Regulierung der Arbeitsbeziehungen (eingeschränkte Mitbestimmung – „Tendenzschutz") und der Wettbewerbssituation (verschärfte Fusionskontrolle) zeugen von der publizistischen Aufladung der Pressepolitik: Leitend ist die Sorge, dass ein bestimmter politischer Akteur sich der Presse bemächtigen könnte. Selbst die strukturpolitischen Regulierungen wie die Beschränkung der Rundfunkwerbung sind politisch-publizistisch geprägt. Maßgebend sind dafür die strategischen Interessen der politischen Organisationen: Sicherung der Publizitätschancen für die politischen Organisationen insgesamt durch Erhaltung der Presse als eines vielfältigen politischen Forums und Verhinderung der Dominanz einzelner politischer Organisationen in der Presse insgesamt.

Über das Ob, das Was, das Wann, das Wer und das Wie der Regulierung ergeben sich Auseinandersetzungen zwischen den pressepolitischen Akteuren. In dieser *Konstellation* sind die beiden großen Parteien von besonderem Gewicht; den Gegenpol bilden die Verlegerverbände und die medienrelevanten Gewerkschaften, die in keinem anderen Medienbereich ein vergleichbar starkes Gewicht haben und sich in Gremien der Selbstregulation (z.B. dem Presserat) routiniert miteinander auseinander setzen. Auch deswegen hat der Bund sich auf das Wettbewerbsrecht beschränkt und seine presserechtliche (Rahmen-)Gesetzgebungskompetenz nicht wahrgenommen. Stattdessen haben die Länder den Rahmen für journalistisches Handeln abgesteckt, flankiert von Präzedenzentscheidungen durch Gerichte. Da die Pressewirtschaft bislang weitgehend national strukturiert ist, konnte auch die EU-Kommission aus der Regulierung herausgehalten werden. Insgesamt agieren die staatlichen Instanzen also im Pressebereich sehr zurückhaltend. Mittlerweile ist die Pressepolitik geprägt von Konstanz und Konsens, von Routine und Arrangement. Sie hat erheblich an politischer Brisanz verloren und ist an die Peripherie der Medienpolitik gerückt.

4.2 Rundfunkpolitik in Deutschland: Detaillierte Regulierung – intensive Konflikte

Sehr viel stärker als im Pressebereich wird beim Rundfunk reguliert,

- wer als Anbieter an der Rundfunkkommunikation teilnehmen darf und wer nicht;
- was Inhalt von Rundfunkkommunikation sein darf und was nicht;
- wie Rundfunkkommunikation ablaufen darf und wie nicht.[11]

Der *Zugang zum Rundfunkbereich* ist für Anbieter genau geregelt. Grundlage dafür sind die ersten drei Rundfunkurteile des Bundesverfassungsgerichts (BVerfGE 12: 205ff.; 31: 314ff.; 57: 295ff.), die auf der Basis eines publizistischen Verständnisses von Rundfunk (Funktion: Bildung öffentlicher Meinung) das *Spektrum der Anbieter* festgelegt hatten: die öffentlich-rechtliche Form der Rundfunkanbieter wird vorgezogen, die privat-kommerzielle hingenommen und die staatliche ausgeschlossen. Nach zähem Ringen einigten sich 1984 die rundfunkpolitischen Hauptakteure – Landesregierungen, die beiden großen Parteien und Medienorganisationen – darauf, diesen Rahmen durch ein *„duales Rundfunksystem"* auszufüllen, mit dem öffentlich-

11 Das zentrale Regelwerk ist der von den Bundesländern gemeinsam beschlossene und mehrfach veränderte „Rundfunkstaatsvertrag" (vgl. Stuiber 1998: 330f.).

rechtliche und privat-kommerzielle Rundfunkanbieter in ein geregeltes Verhältnis gestellt werden.

Öffentlich-rechtliche Anbieter sind weder Behörden noch Unternehmen. Sie werden durch Gesetz begründet, erfüllen aber die ihnen gesetzte „öffentliche Aufgabe" in Eigenverantwortung und ohne Gewinnorientierung. Mit dieser Konstruktion wird in Abkehr von der deutschen Tradition Rundfunk öffentlich, aber nicht staatlich organisiert, und eben dies staatsrechtlich garantiert. Die öffentlich-rechtlichen Anbieter sind föderal strukturiert – in einem weitgehend von landes- und parteipolitischen Interessen geprägten und seit jeher umstrittenen Zuschnitt. In ihrer Binnenstruktur ist der jeweilige Rundfunkrat von besonderer Bedeutung – ein Gremium, durch das die politischen Organisationen Einfluss auf die öffentlich-rechtlichen Anbieter nehmen.

Wer als *privat-kommerzieller Anbieter* auf den Rundfunkmarkt treten darf, wird in einem Zulassungsverfahren politisch entschieden. Vor allem dafür sind die Landesmedienanstalten gegründet worden – rechtlich eigenständige, aus der Rundfunkgebühr finanzierte Organisationen mit föderalem Zuschnitt. Sie werden von den Landesregierungen und den sie tragenden Parteien kontrolliert, und zwar vor allem über die Aufsichtsgremien und über die Besetzung der Leitung (vgl. Jarren/Schulz 1999: 126, 143). Sie vergeben nach publizistischen und ökonomischen Kriterien die für privat-kommerzielle Nutzung vorgesehenen terrestrischen Frequenzen und regeln die Belegung der Kabelkanäle. Damit konkurrieren die Landesmedienanstalten um die Standortentscheidungen der Anbieter; andererseits ist ihre Kooperation erforderlich, um bundesweite privat-kommerzielle Programme zu ermöglichen. Außerdem kontrollieren die Landesmedienanstalten, ob die privaten Anbieter die Rechtsvorschriften (z.B. Werbeanteil) und die Vereinbarungen (z.B. Informationsanteil) einhalten. Für die Durchsetzung von Regeln steht ein abgestuftes Sanktionspotenzial – vom Bußgeld bis zum Lizenzentzug – zur Verfügung; die Anstalten setzen aber auf die Kooperation der privaten Anbieter und auf informelle Verfahren.

Für die Kontrolle der *Konzentration* und damit der Anbieterstruktur im privaten Fernsehen ist ein rundfunkspezifisches Instrumentarium entwickelt worden, das sich nicht auf Fusionskontrolle beschränkt. Entgegen den früher leitenden Vorstellungen von Außenpluralismus durch Wettbewerb und Binnenpluralismus durch Anbietergemeinschaften orientiert sich die derzeit gültige Regelung an einem Marktanteilsmodell. Damit wurde den großen deutschen Rundfunkunternehmen ein limitiertes Wachstum ermöglicht – mit Verweis auf den internationalen Wettbewerb. Im Gegenzug ist bislang weitgehend verhindert worden, dass ausländische Anbieter Zutritt zu den deutschen Medienmärkten erhielten. Dadurch blieb das Verhältnis zwischen Medienorganisationen und politischen Organisationen überschaubar und wechselseitiger Einfluss gesichert. Zwar hat sich auf EU-Ebene trotz einiger Anläufe keine rundfunkspezifische Kontrolle der Konzentration entwickelt, aber im Rahmen ihrer allgemeinen Wettbewerbspolitik ist die EU-Kartellbehörde auch im Medienbereich tätig geworden; so hat sie z.B. die Kooperation von Bertelsmann und Kirch beim digitalen Pay-TV unterbunden, vor allem um den Zugang für Anbieter von digitalen Programmen offen zu halten.

Zur Regulierung der *Inhalte von Rundfunkkommunikation*: Die Rundfunkpolitik nimmt vielfältig Einfluss darauf, wie viele und welche Programme gesendet und welche nicht gesendet werden dürfen. Vor allem durch Privilegierungen für öffentlich-rechtliche Fernsehprogramme bei Frequenzvergabe bzw. Kabelbelegung und durch programmstrukturelle Vorschriften werden die Publizitätschancen der politischen Akteure zu wahren versucht. Die *öffentlich-rechtlichen Anbieter* sind bevorzugt gehalten, die „Grundversorgung" vor allem mit politischer Information in der gebotenen Gründlichkeit und Vielfalt zu sichern (BVerfGE 73: 118ff.; 74: 297ff.). Dies konkretisiert sich im gesetzlichen „Programmauftrag" – mit Konsequenzen für die politische Balance, die regionale Berichterstattung und das kulturelle Niveau. Mit dieser publizistischen Schlüsselstellung wird die politische Garantie einer Finanzierung der öffentlich-rechtlichen Anbieter gerechtfertigt: Jeder Rezipient wird zur Zahlung von Gebühren verpflichtet, und die finanzstarken öffentlich-rechtlichen Anbieter alimentieren die finanzschwachen. Der verbindliche Gebührensatz wird alle zwei Jahre in einem mehrstufigen Aushandlungsprozess zwischen den öffentlich-rechtlichen Anbietern, einer Kommission mit Sachverständigen und den Landesregierungen erhöht (vgl. Heinrich 1999: 93). Den prozeduralen Rahmen hat das Bundesverfassungsgericht gesteckt, um bei der Absicherung des Programmauftrages sowohl Staatsferne zu gewährleisten als auch der Budgeterweiterung Schranken zu setzen (BVerfGE 87: 181ff.; 90: 60ff.).

Die *privaten Anbieter* sind dadurch nicht vollständig aus der publizistischen Verpflichtung entlassen; dazu dient vor allem der Hebel des Zulassungsverfahrens. Bei der Auswahl zwischen konkurrierenden Bewerbern um eine Frequenz mischen sich publizistische und ökonomische Kriterien: Neben „wirtschaftlichem Engagement im Zulassungsgebiet" sind die „Relevanz für Meinungsvielfalt" und das „Ausmaß an tagesaktueller Berichterstattung" entscheidend. Dadurch wird erreicht, dass der Anteil politischer Information am Programm oberhalb dessen liegt, was Sender und Rezipienten freiwillig anbieten bzw. nachfragen. Auch die Unterscheidung von Voll-, Sparten- und Fensterprogrammen bietet Möglichkeiten des Eingriffs, z.B. durch die Auflage, im Rahmen von Vollprogrammen regionale Formate zu senden oder bei einem bestimmten Marktanteil Fensterprogramme von Unabhängigen einzurichten.[12] Selbstverständlich gelten für öffentlich-rechtliche und private Anbieter gleichermaßen die *allgemeinen publizistischen Regeln*, mit denen Rechtsgüter geschützt werden sollen, die mit der Rundfunkfreiheit kollidieren, so im Hinblick auf den *Jugendschutz* oder auf den *Schutz der Persönlichkeit* derjenigen, über die berichtet wird.

Für den *Verbraucherschutz* ist von besonderer Bedeutung, dass die Verfügung über Übertragungsrechte für große (Sport)Ereignisse durch rundfunkpolitische Entscheidungen auf europäischer Ebene eingeschränkt ist. Explizit wurde ein Recht auf Kurzberichterstattung eingeführt, das einem Fernsehveranstalter von dem Inhaber der Übertragungsrechte für die jeweiligen Ereignisse nicht streitig gemacht werden kann. Umstrittener ist die Regelung, dass Ereignisse von nationaler Bedeutung, wie z.B. Fußballländerspiele, nicht ausschließlich im Pay-TV gezeigt werden dürfen. Die Kontingentierung von Werbung und Teleshopping hat hingegen vor allem strukturpolitische Effekte. Von der Begrenzung der Werbung im Rundfunk profitieren vor allem die Publikumszeitschriften.

Insgesamt wird die Rundfunkpolitik von *publizistischen* Aspekten dominiert: Meinungsvielfalt, Informationsleistung, Stellenwert politischer Themen. Aber *öko-*

12 Nur als Soll-Vorschrift durchsetzbar war die vor allem von Frankreich favorisierte verbindliche Quotierung im Hinblick auf den Anteil nationaler bzw. europäischer Produktionen am TV-Programm – dies hätte die Abschottung der nationalen Fernsehmärkte gegen ausländische Anbieter ergänzt.

nomische Probleme gewinnen an Bedeutung: grenzüberschreitende Freizügigkeit für Produkte, Dienstleistungen, Arbeit, Kapital auch im Rundfunkbereich, Standortfaktoren, Wettbewerbsfähigkeit. Komplementär dazu verändert sich die Akteurskonstellation: Nach wie vor sind CDU/CSU und SPD, die Landesregierungen und die Landesmedienanstalten rundfunkpolitische Akteure von Gewicht. Sie setzen sich in eingespielten Verfahren der Konfliktaustragung und der Konsensfindung („kooperativer Föderalismus") miteinander und mit den Rundfunkanbietern auseinander. Grundlage für alle bildet die Orientierung am Bundesverfassungsgericht – einem Akteur mit dem Motiv und den Ressourcen, den Rundfunkbereich zu gestalten. Gegenüber der nationalen und regionalen gewinnt die supranationale Ebene an Boden. Insbesondere die EU-Kommission wird mehr und mehr zu einem Gegengewicht gegenüber den föderalen Akteuren. Aber auch dadurch hat die Akteurskonstellation keine pyramidale Gestalt angenommen: Die hoheitlichen Instanzen – ob regional, national oder supranational – bilden einen Teil des rundfunkpolitischen Netzes und handeln mit den anderen Mitspielern – Unternehmen und Verbänden – tragfähige Lösungen für die anstehenden Probleme aus. Insofern korrespondieren Ökonomisierung und Europäisierung der Rundfunkpolitik – nationale publizistische Erfordernisse kollidieren mit den transnationalen ökonomischen Erfordernissen (vgl. Eifert/Hoffmann-Riem 1999: 91).

4.3 Onlinepolitik in Deutschland: Regulierung im Schnittpunkt unterschiedlicher Politiktraditionen

Im Schnittpunkt von drei sehr unterschiedlichen Politikkulturen – der Informatikpolitik, der Telekommunikationspolitik (vgl. Schneider 1999) und der Rundfunkpolitik – hat sich binnen kürzester Frist ein eigener Medienpolitikbereich herausgebildet: Onlinepolitik. Das Tempo der Regulierung zeigt, dass auch die Politik von der Beschleunigung erfasst ist, der die Medienentwicklung in Gestalt der Onlinekommunikation unterliegt.

Die *Schwerpunktsetzung* der Onlinepolitik ist geprägt von einer ambivalenten öffentlichen Diskussion, in der einerseits Inhalte thematisiert werden, denen negative Wirkung unterstellt wird, und in der andererseits günstige Bedingungen für die dynamische Entwicklung eines Kommunikationsbereichs gefordert werden, dem wie kein anderer Modernität und Prosperität zugesprochen wird. Mit der eigenständigen Regulierung ist die Onlinekommunikation dem engen Korsett der Rundfunkregulierung entzogen worden (vgl. Schulz 1997). So wird anders als beim Rundfunk auf ein Zulassungsverfahren verzichtet. Ebenso wenig wurde ein Universaldienst rechtlich-politisch durchgesetzt – anders als bei der Telekommunikation. Die Verantwortlichkeit für justiziable Inhalte ist durch eine Rollendifferenzierung pragmatisch geregelt. Weniger öffentlich thematisiert, aber langfristig von größerer Bedeutung ist, dass durch den Einfluss der Informatik neue Probleme auf die Agenda der Medienpolitik gekommen sind, vor allem Datensicherheit (digitale Signatur, Kryptographie) und Datenschutz.

Die *Akteurskonstellation* der Onlinepolitik ist geprägt vom Kompetenzstreit zwischen Bund und Ländern. Die Balance wurde durch die Teilung der Online-Dienste, die über das WWW angeboten und genutzt werden, in „Teledienste" und „Mediendienste" wieder hergestellt; damit war verhindert, dass die Länder aus der

Arena gedrängt wurden. Da dieser Medienbereich als publizistisch unbedeutend angesehen wird, haben sich die Parteien nur schwach in diesem Bereich engagiert. Die Organisation der wirtschaftlichen Interessen ist unübersichtlicher als in anderen medienpolitischen Konstellationen: Neben einigen neuen Verbänden sind die Unternehmen selbst und informelle Nutzervereinigungen in den Regulierungsprozess involviert. Dabei versuchen die Akteure, die Probleme aus der hoheitlichen Regulierung herauszuhalten und in Form von Selbstregulation zu lösen. In vergleichsweise hohem Maße sind transnationale Akteure in die Regulierung eingebunden (vgl. Mueller 2000).

5 Differenzierung von Entscheidungsebenen: Regulierung, Ordnung, Orientierung

So wie der Spielraum der kommunikativen Akteure wird auch der Spielraum der regulierenden Akteure durch Regulierungen begrenzt – durch Regeln *für* die Entscheidung. Die sind im politisch-rechtlichen Ordnungsrahmen festgelegt, der seinerseits in grundlegenden Orientierungsmustern wurzelt. Diese beiden Ebenen oberhalb der Regulierung gilt es in das Gesamtbild der Medienpolitik einzubeziehen. Ein zentrales Element des *Ordnungsrahmens* bilden die in der Verfassung garantierten *Kommunikationsfreiheiten* – die Meinungs-, die Informations- und die Medienfreiheit. In der deutschen verfassungsrechtlichen Diskussion wird die Medienfreiheit in unterschiedlicher Weise auf die Regulierung bezogen (siehe dazu oben 1.2 sowie den Beitrag von Schulz und Jürgens in diesem Band). Dabei dominiert die Interpretation der Medienfreiheit als Freiheit der Medien *durch* den Staat über die Interpretation als Freiheit der Medien *vom* Staat; diese Dominanz hat die medienpolitische Regulierung stark geprägt.

Das zweite zentrale Element des Ordnungsrahmens bildet die Abgrenzung der Domänen durch die *Kompetenzverteilung* zwischen Bund und Ländern. Immer wieder hat der Bund versucht, medienpolitische Kompetenzen an sich zu ziehen. Um ihre Domäne zu verteidigen, mussten die Länder unter Beweis stellen, dass sie über Partei- und Landesgrenzen hinweg zu einer kooperativen Politik mit dem Ergebnis bundeseinheitlicher Lösungen in der Lage waren. Dies geschah durch weitgehend identische Landespressegesetze, durch Kooperation bei der Ausgestaltung des dualen Systems, durch eine gemeinsame Rechtsgrundlage für den Onlinebereich u.a.m. Aufgrund der Länderkompetenz ist gesichert, dass nur im Konsens der parteipolitischen Lager über grundlegende Regulierungen des Medienbereichs entschieden werden kann. Die Länder waren eher bereit, Kompetenzen an die Verbände und Unternehmen abzugeben. Dies kommt in den Selbstkontrolleinrichtungen für Presse, Werbung, private Fernsehanbieter und im Multimediabereich zum Ausdruck. Die partielle Verlagerung von Kompetenzen auf die supranationale Ebene der EU konnte nur teilweise durch die Länder verhindert werden. Für den Rundfunkbereich zeichnet sich eine europäische Ordnung ab, deren kompetenzrechtliche Dimension durch die EG-Richtlinie „Fernsehen ohne Grenzen" (1989/1997) deutlich markiert wurde. Der Kompetenzbereich der EU hat sich über das wirtschaftliche Moment hinaus in die kulturellen Momente des Rundfunks hinein erweitert – getrieben von den besonderen Anreizstrukturen der EU-Kommission und begrenzt durch das Subsidiaritätsprinzip (vgl. Heinrich 1999: 107ff.; Dörr 2000).

Ein medienpolitisches Gegengewicht zu den Landesregierungen bilden Organisationen der *Judikative*. Insbesondere das Bundesverfassungsgericht hat nicht nur für den Rundfunkbereich grundlegende Regeln gesetzt und dabei auch Entscheidungen über Kompetenzverteilungen gefällt. In keinem anderen Politikbereich ist dem Bundesverfassungsgericht eine vergleichbare Gestaltungskraft zugestanden worden wie im Medienbereich. Es hat in der Interpretation der Rundfunkfreiheit den positiven Pol gestärkt und damit seine eigene gestaltende Rolle begründet; denn auf dieser Grundlage kann die Rundfunkgesetzgebung daraufhin geprüft werden, ob sie der publizistischen Funktionszuweisung dient. Das Bundesverfassungsgericht hat darüber hinaus mehrfach der weiteren Gesetzgebung einen z.T. detaillierten Rahmen vorgegeben.[13]

Dies macht deutlich, dass über Elemente des Regulierungsrahmens selbst auch wieder in einer zumeist langwierigen Auseinandersetzung entschieden wird. Aber nach einer Festlegung z.B. von Kompetenzen ist der Rahmen der unmittelbaren Disposition der Akteure entzogen, sodass die Interaktion der medienpolitischen Akteure stabilisiert wird. Die Trennung von Entscheidungen erster und zweiter Ordnung ist politisch von Belang, denn Konsens und Dissens können entsprechend divergieren: Medienpolitische Stabilität ist so lange gewährleistet, wie die Akteure auch bei harten Konflikten über eine spezifische Regulierung sich im Grundsatz darüber einig sind, ob und durch wen die strittige Angelegenheit zu entscheiden sei. Mit jeder Regulierung wird dieser Ordnungsrahmen aktualisiert, d.h. zugleich im Grundsatz bestätigt und in Nuancen verändert.

Der Ordnungsrahmen ist seinerseits geprägt von grundlegenden *politisch-kulturellen Orientierungen* – konventionalisierten Mustern, die Medienpolitik prägen, selbst aber den Entscheidungen weitgehend entzogen sind. Orientierung stiftet vor allem der *Wertehorizont*, die letztlich maßgebende Instanz für Regulierungs- und Ordnungsentscheidungen. Zentrale Leitwerte sind (1) die *Sicherheit* des Gemeinwesens: dann soll vor allem verhindert werden, dass durch öffentliche Kommunikation Herrschaftsstrukturen oder Grundwerte gefährdet werden, (2) die *individuelle Freiheit*: dann soll vor allem gewährleistet werden, dass eine möglichst große Vielfalt kommunikativer Möglichkeiten zur Auswahl steht, und (3) die Gleichheit der Gesellschaftsmitglieder: dann soll vor allem eine möglichst gleiche Teilhabe aller Gesellschaftsmitglieder an der öffentlichen Kommunikation erreicht werden. Das Profil der jeweiligen nationalen (oder transnationalen) Medienpolitik ist bestimmt durch spezifische Mischungen dieser Leitwerte (vgl. Witte 1982; Vowe 1999).

Eine weitere tragende Säule des Orientierungsmusters bildet das dominante *Medienbild*, insbesondere die damit verbundenen Kausalschemata. Voraussetzung für alle medienpolitischen Entscheidungen ist die Unterstellung starker, direkter, genereller Wirkungen von Medien. Dies wird an den Unterschieden deutlich, die *zwischen* den Medien gemacht werden. Dem Fernsehen wird unvergleichlich stärkere Wirkung zugeschrieben als anderen Medien; folglich wird an der Idee der „Rundfunkordnung" festgehalten, also an der Gewährleistung der Rundfunkfreiheit durch den Staat. Dies steht in deutlichem Kontrast zur Presse- und Filmfreiheit (BVerfGE

13 Eine handlungstheoretische Erklärung der Entscheidungen auf der Ordnungsebene ist bislang erst in Ansätzen sichtbar (vgl. Frey/Kirchgässner ^{2}1994: 55). Erforderlich wäre in diesem Zusammenhang eine Anreizanalyse des Bundesverfassungsgerichts („Anerkennungsmaximierung" – Bizer 2000: 78f.). Grundlegend dafür sind die Arbeiten zur „constitutional political economy" (Rowley 1993).

1994: 36). Im Mittelpunkt der Vorstellungen steht dabei (noch) die publizistische Wirkung auf die öffentliche Meinung. Ergänzt wird das Bild der starken Medien durch die Vorstellung vom schwachen Publikum, das es zu schützen, zu erziehen und zu lenken gilt. Grundsätzlich vorstellbar wäre auch ein anderes Medienbild, in dem z.B. das Medienangebot nicht als Ursache, sondern als Folge von Rezipiententenentscheidungen gesehen wird. Gegenüber kommunikationswissenschaftlichen Befunden erweist sich das Kausalmuster der starken Medien und der schwachen Massen als weitgehend resistent. Auf dieser Robustheit beruht die politisch relevante Stabilisierungsleistung der Orientierungsmuster – wissenschaftliche und politische Rationalität treten auseinander.

Literatur

Bausch, Hans (1980): Rundfunkpolitik nach 1945. 2 Bde. München.
Bizer, Kilian (1999): Anreizstrukturen der Akteure beim Kinder- und Jugendschutz in der Werbung. Darmstadt.
Bizer, Kilian (2000): Umweltpolitik und Gewaltenteilung – die Sonderabgabenrechtsprechung des Bundesverfassungsgerichts als Indiz für ein „Judikationsversagen"? In: Bizer, Kilian u.a. (Hrsg.): Staatshandeln im Umweltschutz. Berlin, S. 67-89.
Bullinger, Martin (1980): Kommunikationsfreiheit im Strukturwandel der Telekommunikation. Baden-Baden.
Bullinger, Martin (1999): Die Aufgaben des öffentlichen Rundfunks: Wege zu einem Funktionsauftrag. Gütersloh.
Diller, Ansgar (1980): Rundfunkpolitik im Dritten Reich. München.
Dörr, Dieter (2000): Europäische Medienordnung und -politik. In: Hans-Bredow-Institut (Hrsg.): Internationales Handbuch für Hörfunk und Fernsehen 2000/2001. Baden-Baden, S. 65-88.
Downs, Anthony (1957): An economic theory of democracy. New York.
Dussel, Konrad (1999): Deutsche Rundfunkgeschichte. Konstanz.
Eifert, Martin/Hoffmann-Riem, Wolfgang (1999): Die Entstehung und Ausgestaltung des dualen Rundfunksystems. In: Schwarzkopf, Dietrich (Hrsg.): Rundfunkpolitik in Deutschland. München, S. 50-116.
Eisermann, Jessica (2001): Mediengewalt. Wiesbaden.
Elster, Jon (1999): Wesen und Reichweite rationaler Handlungserklärung. In: Gosepath, Stefan (Hrsg.): Motive, Gründe, Zwecke. Frankfurt/Main, S. 57-75.
Engel, Christoph (1993): Privater Rundfunk vor der Europäischen Menschenrechtskonvention. Baden-Baden.
Esser, Hartmut (1999): Soziologie: Spezielle Grundlagen. Frankfurt/Main.
Frei, Norbert/Schmitz, Johannes (1989): Journalismus im Dritten Reich. München.
Frey, Bruno S./Kirchgässner, Gebhard (^{2}1994): Demokratische Wirtschaftspolitik. München.
Gellner, Winand (1990): Ordnungspolitik im Fernsehwesen: Bundesrepublik Deutschland und Großbritannien. Frankfurt/Main u.a.
Glotz, Peter (1966): Demokratische Kommunikationspolitik in der entwickelten Industriegesellschaft. In: Hereth, Michael (Hrsg.): Junge Republik. München, Wien, S. 75-102.
Grimm, Dieter (1995): Die Meinungsfreiheit in der Rechtsprechung des Bundesverfassungsgerichts. In: Neue Juristische Wochenschrift, 48. Jg., S. 1697-1704.
Grimm, Dieter (1999): Das Normziel Freiheit. Interview. In: epd-Medien 65/99, S. 3-14.
Große Holtforth, Dominik (2000): Medien, Aufmerksamkeit und politischer Wettbewerb. Berlin.
Grothe, Thorsten (2000): Restriktionen politischer Steuerung des Rundfunks. Wiesbaden.
Heinrich, Herbert (1991): Deutsche Medienpolitik. Nauheim.
Heinrich, Jürgen (1994): Medienökonomie. Bd. 1: Mediensystem, Zeitung, Zeitschrift, Anzeigenblatt. Opladen.
Heinrich, Jürgen (1999): Medienökonomie. Bd. 2: Hörfunk und Fernsehen. Opladen, Wiesbaden.
Hoffmann-Riem, Wolfgang (^{2}1989): Kommentar zu Art. 5 Abs. 1,2 GG. In: Wassermann, Rudolf (Hrsg.): Kommentar zum Grundgesetz für die Bundesrepublik Deutschland. Reihe Alternativkommentare. Bd. 1. Neuwied, S. 408-533.

Hoffmann-Riem, Wolfgang (1996): Regulating media. Licensing and supervision of broadcasting in six countries. New York.
Hoffmann-Riem, Wolfgang (2000): Regulierung der dualen Rundfunkordnung. Baden-Baden.
Hoffmann-Riem, Wolfgang/Schulz, Wolfgang/Held, Thorsten (2000): Konvergenz und Regulierung. Optionen für rechtliche Regelungen und Aufsichtsstrukturen im Bereich Information, Kommunikation und Medien. Baden-Baden.
Holtz-Bacha, Christina (1993): Presseförderung im westeuropäischen Vergleich. In: Bruck, Peter A. (Hrsg.): Medienmanager Staat. München, S. 443-567.
Holzer, Horst (1973): Kommunikationssoziologie. Reinbek.
Jarren, Otfried (1994): Medien- und Kommunikationspolitik in Deutschland. In: Jarren, Otfried (Hrsg.): Medien und Journalismus 1. Opladen, S. 107-143.
Jarren, Otfried (1998): Medienpolitische Kommunikation. In: Jarren, Otfried/Sarcinelli, Ulrich/Saxer, Ulrich (Hrsg.): Politische Kommunikation in der demokratischen Gesellschaft. Opladen, S. 616-629.
Jarren, Otfried/Altmeppen, Klaus-Dieter/Schulz, Wolfgang (1993): Parteiintern – Medien und innerparteiliche Entscheidungsprozesse. In: Donsbach, Wolfgang u.a.: Beziehungsspiele – Medien und Politik in der öffentlichen Diskussion. Gütersloh, S. 111-157.
Jarren, Otfried/Donges, Patrick (2000): Medienregulierung durch die Gesellschaft? Eine steuerungstheoretische und komparative Studie mit Schwerpunkt Schweiz. Wiesbaden.
Jarren, Otfried/Schulz, Wolfgang (1999): Rundfunkaufsicht zwischen Gemeinwohlsicherung und Wirtschaftsförderung. In: Schwarzkopf, Dietrich (Hrsg.): Rundfunkpolitik in Deutschland. München, S. 117-148.
Jürgens, Ekkehardt (1984): Deutsche Mediengeschichte. In: Modellversuch Journalisten-Weiterbildung (Hrsg.): Fernstudium Kommunikationswissenschaft. Bd. 1. München, S. 59-133.
Kepplinger, Hans Mathias (1982): Massenkommunikation: Rechtsgrundlagen, Medienstrukturen, Kommunikationspolitik. Stuttgart.
Kepplinger, Hans Mathias (1994): Kommunikationspolitik. In: Noelle-Neumann, Elisabeth/Schulz, Winfried/Wilke, Jürgen (Hrsg.): Fischer Lexikon Publizistik Massenkommunikation. Frankfurt/Main, S. 116-139.
Kiefer, Marie-Luise (2001): Medienökonomik: Einführung in eine ökonomische Theorie der Medien. München, Wien.
Kleinsteuber, Hans J. (1982): Rundfunkpolitik in der Bundesrepublik. Opladen.
Kleinsteuber, Hans J. (1993): Mediensysteme in vergleichender Perspektive. In: Rundfunk und Fernsehen, 41. Jg., S. 317-338.
Knoche, Manfred (1978): Einführung in die Pressekonzentrationsforschung. Berlin.
Kopper, Gerd G. (1992): Medien- und Kommunikationspolitik der Bundesrepublik Deutschland: ein chronologisches Handbuch 1944 bis 1988. München u.a.
Kopper, Gerd G./Rager, Günter, u.a. (1993): Steuerungs- und Wirkungsmodelle. In: Bruck, Peter A. (Hrsg.): Medienmanager Staat. München, S. 35-181.
Kops, Manfred (1999): Prinzipien zur Gestaltung von Rundfunkordnungen. In: Berg, Hans-Joachim (Hrsg.): Rundfunkgremien in Deutschland. Bd. 2. Berlin, S. 11-113.
Koszyk, Kurt (1966): Deutsche Presse im 19. Jahrhundert. Berlin.
Koszyk, Kurt (1972): Deutsche Presse 1914–1945. Berlin.
Kruse, Jörn (1996): Publizistische Vielfalt und Medienkonzentration zwischen Marktkräften und politischen Entscheidungen. In: Altmeppen, Klaus-Dieter (Hrsg.): Ökonomie der Medien und des Mediensystems. Opladen, S. 25-52.
Langenbucher, Wolfgang R. (1999): Rundfunk und Gesellschaft. In: Schwarzkopf, Dietrich (Hrsg.): Rundfunkpolitik in Deutschland. München, S. 149-315.
Lerg, Winfried (1980): Rundfunkpolitik in der Weimarer Republik. München.
Luhmann, Niklas (1975): Macht. Stuttgart.
Marcinkowski, Frank (1993): Publizistik als autopoietisches System: Politik und Massenmedien. Opladen.
Mettler-Meibom, Barbara (1986): Breitbandtechnologie. Opladen.
Meyn, Hermann (2001): Massenmedien in Deutschland. Berlin.
Mueller, Milton (2000): Technology and institutional innovation: Internet domain names. In: International Journal of Communications Law and Policy, 5. Jg., S. 1-32.
Münch, Richard (1976): Theorie sozialer Systeme. Frankfurt/Main.
North, Douglas C. (1992): Institutionen, institutioneller Wandel und Wirtschaftsleistung. Tübingen.
Parsons, Talcott (1969): On the concept of political power. Politics and social structure. New York.

Presse- und Informationsamt der Bundesregierung (Hrsg.) (1998): Bericht der Bundesregierung über die Lage der Medien in der Bundesrepublik Deutschland (Medienbericht '98). Bonn.
Pürer, Heinz/Raabe, Johannes (1994): Medien in Deutschland. Bd. 1: Presse. München.
Ricker, Reinhart/Schiwy, Peter (1997): Rundfunkverfassungsrecht. München.
Ronneberger, Franz (1978): Kommunikationspolitik. Teil I: Institutionen, Prozesse, Ziele. Mainz.
Ronneberger, Franz (1980): Kommunikationspolitik. Teil II: Kommunikationspolitik als Gesellschaftspolitik. Mainz.
Ronneberger, Franz (1986): Kommunikationspolitik. Teil III: Kommunikationspolitik als Medienpolitik. Mainz.
Ronneberger, Franz ([2]1995): Theorie der Kommunikationspolitik. In: Burkart, Roland/Hömberg, Walter (Hrsg.): Kommunikationstheorien. Wien, S. 191-203.
Rowley, Charles K. (Hrsg.) (1993): Public choice theory. 3 Bde. Aldershot, Bookfield.
Rühl, Manfred (1973): Politik und öffentliche Kommunikation. Auf dem Wege zu einer Theorie der Kommunikationspolitik. In: Publizistik, 18. Jg., S. 5-25.
Rühl, Manfred (1985): Kommunikationspolitik in der Entwicklung zu einem wissenschaftlichen Spezialgebiet. In: Schreiber, Erhard/Langenbucher, Wolfgang R./Hömberg, Walter (Hrsg.): Kommunikation im Wandel der Gesellschaft. Düsseldorf, S. 303-312.
Saxer, Ulrich (1986): Systematische Kommunikationspolitik. In: Langenbucher, Wolfgang R. (Hrsg.): Publizistik- und Kommunikationswissenschaft. Wien, S. 148-159.
Saxer, Ulrich (1994): Konstituenten wissenschaftlicher Kommunikationspolitik. In: Bentele, Günter/Hesse, Kurt R. (Hrsg.): Publizistik in der Gesellschaft. Konstanz, S. 15-50.
Scharpf, Fritz W. (2000): Interaktionsformen. Akteurzentrierter Institutionalismus in der Politikforschung. Opladen.
Schatz, Heribert/Habig, Christopher/Immer, Nikolaus (1990): Medienpolitik. In: Beyme, Klaus von/ Schmidt, Manfred G. (Hrsg.): Politik in der Bundesrepublik Deutschland. Opladen, S. 331-359.
Schatz, Heribert/Lange, Klaus (1982): Massenkommunikation und Politik. Frankfurt/Main.
Schneider, Volker (1999): Staat und technische Kommunikation. Opladen, Wiesbaden.
Schramm, Wilbur/Siebert, S. Fred/Peterson, Theodore (1956): Four theories of the press. Urbana, IL.
Schulz, Wolfgang (1996): Recht im Widerstreit. Regulierung der Medienwirtschaft durch Recht. In: Altmeppen, Klaus-Dieter (Hrsg.): Ökonomie der Medien und des Mediensystems. Opladen, S. 221-236.
Schulz, Wolfgang (1997): Regulierung von Medien- und Telediensten. Köln.
Schütz, Walter J. (Hrsg.) (1999): Medienpolitik: Dokumentation der Kommunikationspolitik in der Bundesrepublik Deutschland von 1945 – 1990. Konstanz.
Sen, Amartya K. (1999): Rationale Trottel: Eine Kritik der behavioristischen Grundlagen der Wirtschaftstheorie. In: Gosepath, Stefan (Hrsg.): Motive, Gründe, Zwecke. Frankfurt/Main, S. 76-102.
Stigler, George J. (1975): The citizen and the state. Essays on regulation. Chicago, London.
Stöber, Rudolf (2000): Deutsche Pressegeschichte. Konstanz.
Stuiber, Heinz-Werner (1998): Medien in Deutschland. Bd. 2: Rundfunk. Konstanz.
Theis-Berglmair, Anna Maria (1997): Das demokratische Element der Ungewißheit. In: Schatz, Heribert u.a. (Hrsg.): Machtkonzentration in der Multimediagesellschaft ? Opladen, S. 25-33.
Tonnemacher, Jan (1996): Kommunikationspolitik in Deutschland: Eine Einführung. Konstanz.
Vowe, Gerhard (1999): Medienpolitik zwischen Freiheit, Gleichheit und Sicherheit. In: Publizistik, 44. Jg., S. 395-415.
Weizsäcker, Carl Christian von (1982): Staatliche Regulierung – positive und normative Theorie. In: Schweizerische Zeitschrift für Volkswirtschaft und Statistik, 118. Jg., S. 325-343.
Wiek, Ulrich (1996): Politische Kommunikation und Public Relations in der Rundfunkpolitik. Berlin.
Wilke, Jürgen (Hrsg.) (1999): Mediengeschichte der Bundesrepublik Deutschland. Köln, Weimar, Wien.
Wilke, Jürgen (2000): Grundzüge der Mediengeschichte. Von den Anfängen bis ins 20. Jahrhundert. Weimar.
Williamson, Oliver E. (1990): Die ökonomischen Institutionen des Kapitalismus. Tübingen.
Witte, Eberhard (1982): Ziele deutscher Medienpolitik. München, Wien.

Medienökonomie

Gabriele Siegert

1 Begriff und Gegenstand

Bereits der 1982 von Kopper formulierte Titel „Medienökonomie – mehr als 'Ökonomie der Medien'" (Kopper 1982a) deutet eine Gegenstandsbestimmung an, die über die rein wirtschaftswissenschaftliche hinausgeht.[1] Diese Orientierung ist trotz der veränderten Medienstrukturen nach wie vor dadurch gerechtfertigt, dass Medienangebote nicht als rein privatwirtschaftliche Güter angesehen werden können, sondern in ihrer gesellschaftspolitischen Dimension, als Instanzen der gesellschaftlichen Selbstbeobachtung und der politischen Willensbildung, berücksichtigt werden müssen. Während für Jürgen Heinrich (1999: 595) dieser Doppelcharakter der Medien – Wirtschaftsgut und Kulturgut – nicht per se problematisch ist, thematisiert Klaus-Dieter Altmeppen (1996b: 10) besonders dieses Spannungsverhältnis, wenn er das zentrale Problem von Medien und Ökonomie im Widerspruch von ökonomischer Profiterwartung und publizistischen Funktionen sieht. Deshalb kann sich die Publizistik- und Kommunikationswissenschaft nicht auf die Analyse publizistischer Funktionen beschränken und die ökonomische Analyse den Wirtschaftswissenschaften überlassen, die, nachdem Medien zu einem gewichtigen Wirtschaftsfaktor geworden sind, ein gesteigertes Interesse an medienökonomischen Fragestellungen entwickelt haben. Sie muss vielmehr mit der Medienökonomie auch die publizistisch relevanten Aspekte in die Diskussion einbringen.

Das Erkenntnisinteresse einer derart publizistikwissenschaftlich orientierten Medienökonomie wie sie u.a. Marie-Luise Kiefer (1997a und 2001), Manfred Knoche (1997 und 1999a), Werner A. Meier (1997), Matthias Karmasin (1998) oder Klaus-Dieter Altmeppen (1996b) fordern, gilt also nicht nur der wirtschaftlichen Entwicklung der Medien, sondern auch und gegebenenfalls vor allem der ökonomischen Bedingtheit publizistischer Phänomene. Mithin sind es im Besonderen publizistische Probleme, die unter Berücksichtigung wirtschaftswissenschaftlicher Methoden und Theorien bearbeitet werden sollen (vgl. Kiefer 1997a: 59). Diese Abgrenzung des Untersuchungsbereiches der Medienökonomie ergänzt die ökonomisch orientierten Definitionen, wie sie u.a. von Robert Picard (1989: 7) vorgelegt wurden: „Media economics is concerned with how the media operators meet the informational and entertainment wants and needs of audiences, advertisers, and society with available resources. It deals with the factors influencing production of media goods and services and the allocation of those products for consumption." (Vgl. ähnlich u.a. Heinrich 1994a: 19; Alexander/Owers/Carveth [2]1998: 2) Die Medienökonomie muss darüber hinaus im Sinne der Definition von Michael Schenk (1989: 4) „die Konse-

---

1 Im Folgenden wird auf die zum Teil getroffene Unterscheidung zwischen Ökonomie als Wirtschaft und Ökonomik als Lehre von der Wirtschaft nicht weiter eingegangen.

quenzen der Ökonomisierung für das gesamte Kommunikations- und Informationssystem einer Gesellschaft" reflektieren.

Die konkrete Eingrenzung des Untersuchungsgegenstands der Medienökonomie anhand der Begriffe Medienunternehmen und Medienindustrie erweist sich allerdings als problematisch. Zum einen schwankt seine Bandbreite mit der Definition von Medium als Massenmedium, deren langwierig erarbeitete Klarheit durch die Entwicklung der Online-Kommunikation erneut aufgeweicht erscheint. Zum anderen variiert er mit den entsprechenden Definitionskriterien für Medienunternehmen: Denn eine formale Eingrenzung auf Unternehmen impliziert die Prinzipien der Autonomie und des Privateigentums sowie das erwerbswirtschaftliche Prinzip und schließt insofern formal z.B. öffentlich-rechtliche Rundfunkanstalten aus.[2] Und die sachlichen Abgrenzungskriterien für Medienunternehmen wie u.a. arbeitsteilige Produktion in großbetrieblicher Verbundproduktion, Distribution in einem spezifischen Vertriebsnetz, zeitverbrauchender Konsum und spezifische Relevanz der Aktualität (vgl. Heinrich 1999: 594f.) engen den Untersuchungsgegenstand der Medienökonomie viel stärker ein als die allgemeine Bezeichnung „firms producing and selling output into the various media industries." (Alexander/Owers/Carveth [2]1998: 2), die letztlich auch Organisationen einbezieht, die reine Content-Produzenten und eben keine Content-Provider sind.

Zusammenfassend beschäftigt sich die Medienökonomie deskriptiv mit der Beschreibung und Analyse von Medienstrukturen, Medienmärkten, Wettbewerb und Medienunternehmen sowie normativ mit deren optimaler Organisation, also mit Verfahren zur Allokation von Ressourcen. Sie untersucht, welche Konsequenzen die ökonomische Organisation der Medien und die erwerbswirtschaftliche Ausrichtung der Medienorganisationen auf die Produktion, Distribution und Konsumtion von Medienangeboten haben, also auch die ökonomische Bedingtheit des journalistischen Handelns und die Struktur der Medienangebote. Dabei werden die einzelwirtschaftlichen bzw. individuellen Aktionen und Kalküle, d.h. die Bedingungen der Nutzung und Rezeption, auch im Hinblick auf die gesellschaftliche Funktion der Massenmedien berücksichtigt. Um das Spannungsverhältnis zwischen ökonomischer Effizienz und Erwartung an die publizistische Leistung eingehend thematisieren zu können, bedient sich die Medienökonomie in interdisziplinärer Weise sowohl ausgesuchter wirtschafts- als auch sozial- und kommunikationswissenschaftlicher Theorien, Ansätze und Modelle.[3] In weiten Teilen, besonders in der publizistik- und kom-

2 Der Begriff Medienorganisationen kann dagegen als übergeordneter Begriff verwendet werden. Im Folgenden werden die Begriffe Medienunternehmen und Medienorgansiationen weitgehend synonym verwendet.

3 Zu denken ist hier aus wirtschaftswissenschaftlicher Perspektive an dynamische Wettbewerbstheorien wie z.B. Theorien des funktionsfähigen Wettbewerbs (Workable Competition oder Industrieökonomie), an die Neue Politische Ökonomie oder Institutionenökonomik mit ihren verschiedenen Ansätzen, wie z.B. Prinzipal-Agent-Ansatz oder Transaktionskostenökonomik oder an betriebswirtschaftliche Dienstleistungstheorien. Aus soziologischer Perspektive bieten sich der historische Materialismus und die kritische Theorie der Frankfurter Schule sowie systemtheoretische Modelle, vor allem aber Ansätze zum sozialen Wandel und Modelle aus der Techniksoziologie an. Kommunikationswissenschaftliche Modelle und Ansätze, z.B. der Gatekeeper-Forschung haben ebenso medienökonomische Relevanz wie die so genannte Nachrichtenwert-Theorie, vor allem dann, wenn sie die Bedeutung von strukturellen Besonderheiten thematisieren. Einige Ansätze aus der kommunikationswissenschaftlichen Nutzungs- und Wirkungsforschung, z.B. erweiterte Modelle des uses-and-gratifications-approach, können sinnvoll eingesetzt werden, um die Strategien von Medienorganisationen

munikationswissenschaftlich orientierten Medienökonomie, herrscht zudem Konsens darüber, dass ökonomische Effizienz kein ausreichender Mechanismus zur Steuerung medialer Produktion ist und deshalb durch gesellschaftlich-politische Zielvorgaben ergänzt werden muss, was eine Politische Ökonomie der Medien angemessen erscheinen lässt.

Medienökonomische Studien weisen vor allem zwei unterschiedliche Arten der Gliederung auf: Zum einen die Aufteilung nach Branchen oder Mediengattungen, wie z.B. Presse, Fernsehen, Film (vgl. z.B. Albarran 1996), die dadurch gerechtfertigt erscheint, dass auf die einzelnen Mediengattungen die wesentlichen Kennzeichen medialer Produktion, Distribution und Rezeption (z.B. Preise, Materialität des Angebots, Ausschlussfähigkeit) unterschiedlich stark zutreffen – mit entsprechenden Konsequenzen für die Gestaltung der jeweiligen Medienbranche. Gegen eine solche Aufteilung spricht die schleichende Irrelevanz von Mediengattungen angesichts neuer Informations- und Kommunikationstechnologien und die Vernachlässigung der wichtigen Gemeinsamkeiten und Vernetzungen medialer Produktion.[4] Zum anderen finden sich zahlreiche Untersuchungen, die der wirtschaftswissenschaftlichen Logik folgend in makro- und mikroökonomische oder volkswirtschaftliche und betriebswirtschaftliche Aspekte unterscheiden. Während unter Makroökonomie solche Untersuchungen subsummiert werden, die sich mit der gesamtwirtschaftlichen Position und den entsprechenden Aspekten der Medien, mit den *aggregierten* Plänen der Einzelwirtschaften[5] sowie mit der Politischen Ökonomie der Medien befassen, widmen sich mikroökonomische Studien den Medienmarktstrukturen, den Marktstrategien und dem Marktverhalten von Medienunternehmen sowie den Medienangeboten als Marktergebnissen und dem Nachfrageverhalten der Mediennutzer. Einige Autoren, z.B. Jürgen Heinrich (1994a und 1999) oder Alison Alexander, James Owers und Rod Carveth (^{2}1998) versuchen, beide Prinzipien in ihren Ausführungen zu verbinden. Davon zu unterscheiden sind explizit betriebswirtschaftliche Analysen (Medienmanagement), die sich mit den Funktionsdimensionen von und Entscheidungsprozessen in Medienunternehmen beschäftigen (vgl. auch den Beitrag von Insa Sjurts in diesem Band). Manfred Knoche (1999a: 81ff.) ergänzt diese Gliederungs-

zu hinterfragen. Die kommunikationswissenschaftliche „Spielart“ des Konstruktivismus kann zur Analyse ökonomisch dominierter Konstruktion von Medienrealität hilfreich sein.

4 Mediengattungen verlieren deshalb an Relevanz, weil in der technischen Produktion zukünftig bei allen Medien von einem digitalisierten Contentpool ausgegangen werden muss, der lediglich für die Distribution unterschiedliche Materialien und Wege (z.B. Papier via klassischem Vertrieb, digitale Version via Netz, digitale Bild- und Tonkombinationen via terrestrische Frequenz) benutzt, und weil in der inhaltlichen Produktion eine singuläre und ausschließliche Inhalte-Medium-Kombination durch die Mehrfachverwertung unmöglich wird. Zugleich konvergieren die Inhalte selbst in dem Sinn, dass z.B. Fernsehinhalte wie Boulevardzeitungen (Tabloid-TV) oder Online-Angebote anmuten, Online-Angebote vermehrt Bewegtbild- und Tonkombinationen einsetzen, sich also dem Fernsehen annähern, oder Zeitungen bildlastiger werden. Nach wie vor sind Mediengattungen jedoch bestimmend für die Distribution und die Rezeption, weil sie sich unterschiedlich in die Alltagskontexte der Nutzer einfügen. Oftmals täuscht die Aufteilung in einzelne Mediengattungen aber auch über den gemeinsamen dienstleistungsdominierten Charakter der Angebote hinweg.

5 D.h. es werden nicht die Pläne der einzelnen, ökonomischen Akteure – Medienunternehmen „x“ und Mediennutzer „y“ – betrachtet, sondern deren Zusammenfassung (Aggregation) zu jeweils einer makroökonomisch relevanten Größe – „die“ Anbieter, „die“ Unternehmen, „die“ Nachfrager.

vorschläge noch um die Mesoebene, unter die er Medienmärkte, Wettbewerb, Konzentration und Mediensystem fasst.[6]

2 Forschungsentwicklung im Fach

Medienökonomische Überlegungen haben durchaus Tradition, wenn sie auch lange nicht explizit als „medienökonomisch“ tituliert wurden. So haben z.B. Max Weber (1910) oder Edward Alsworth Ross (1910) Aussagen zur Kommerzialisierung der Presse und deren Auswirkungen auf die journalistische Produktion von Nachrichten gemacht. Die Definition des deutschen Verlegers und Zeitungswissenschafters Karl Bücher (1926: 21), wonach eine Zeitung ein Unternehmen ist, das Werberaum als Ware produziert, die jedoch nur durch den redaktionellen Teil absetzbar wird, ist zu einer viel beachteten Aussage geworden, denn sie betont die Eigenschaft der Medien, ein Kuppelprodukt zu sein und degradiert den Journalismus als Gehilfen, um Inseratenraum in der Zeitung gewinnbringend verkaufen zu können.

In den 50er- und 60er-Jahren finden sich einige wenige Beiträge zu medienökonomischen Fragestellungen, die sowohl in kommunikationswissenschaftlichen als auch in wirtschaftswissenschaftlichen Fachzeitschriften publiziert wurden (vgl. die Auflistung bei Picard 1989: 124f.). Die kommerzialisierteren Strukturen des US-amerikanischen Rundfunksystems schlagen sich dabei in der früheren Erarbeitung von grundlegenden Überlegungen zur Medienökonomie nieder (vgl. Owen/Beebe/Manning 1974; Owen 1975). In den 70er-Jahren widmen sich viele Autoren medienökonomischen Problemstellungen unter historisch-materialistischer Perspektive und im Zusammenhang von Kritischer Politischer Ökonomie und Kapitalismusanalyse (vgl. die Zusammenstellung bei Knoche 1999a: 71). Darüber hinaus überwiegen Sektorenbetrachtungen zur Presseökonomie, vor allem zur Pressekonzentration, und damit verbunden zur publizistischen Vielfalt.

Die immer schon enge Verbindung zwischen medienökonomischen Forschungsaktivitäten und praktischer Medienentwicklung zeigt sich besonders deutlich im Zuge der Einführung des privaten Rundfunks, als Aspekte wie publizistische Vielfalt, Niveau oder Legitimität des öffentlich-rechtlichen Rundfunks, neu diskutiert werden (vgl. auch Schenk 1989: 3) und sich Anfang bis Mitte der 80er-Jahre der Begriff Medienökonomie zu etablieren beginnt. Erste, den Begriff verwendende Beiträge resümieren vorrangig die bisherige Forschung, präzisieren relevante Forschungsfragen und thematisieren vorhandene Forschungsdefizite (vgl. Kopper 1982a und 1982b; Fleck 1983 und 1987; Schenk/Hensel 1986 und 1987). Gleichzeitig werden in den 80er-Jahren viele Beiträge publiziert, die sich der Medienkonzentration und dem Medienwettbewerb (vgl. u.a. Röper 1986), rundfunkspezifischen Abhandlungen (vgl. u.a. Eichhorn/von Loesch 1983) oder allgemeinen medienökonomischen Analysen in Zusammenhang mit dem Phänomen der Kommerzialisierung (vgl. u.a. Bagdikian 1983; McQuail 1986) widmen.

Das Ende der 80er-Jahre und die 90er-Jahre sind gekennzeichnet durch eine Fülle medienökonomischer Literatur. Da die Medienpraxis in fast allen Ländern maßgeblich ökonomisch geprägt ist, sind medienökonomische Aspekte auch in der Bear-

6 Diese Unterteilung wird jedoch nicht einheitlich gebraucht, gelegentlich werden Makro- (Markt-, Strukturebene), Meso- (Organisationsebene) und Mikroebene (individuelle Akteure) unterschieden, zum Teil die betriebswirtschaftliche Perspektive unter der mikroökonomischen subsummiert.

beitung anderer Medienthematiken und den entsprechenden Publikationen nicht mehr wegzudenken und können hier nicht alle aufgeführt werden. So finden sich natürlich in den verschiedenen Einführungen in die Publizistik-, Kommunikations- und Medienwissenschaft Beiträge und Kapitel zur Medienökonomie (vgl. u.a. McQuail ^{3}1994: 154ff.; Ludwig 1994; Prott 1994). In der explizit medienökonomisch orientierten Literatur ist in den 90er-Jahren eine deutliche Hinwendung zu mikroökonomischen und betriebswirtschaftlichen Problemstellungen, darunter besonders zum Medien- und Redaktionsmanagement, auffallend (vgl. u.a. Eichhorn/Raffée 1990; Sohn u.a. 1999; Meckel 1999).[7]

Auch die Etablierung der wichtigsten medienökonomischen Zeitschrift ›The Journal of Media Economics‹ fällt in diese Zeit: 1988 gegründet, erscheint sie fünf Jahre lang nur zwei bzw. drei Mal pro Jahr und erst ab 1993 als vierteljährliche Fachzeitschrift. Ihrer Eigenbeschreibung folgend befasst sie sich sowohl mit Aspekten der Medienökonomie als auch mit denen des Medienmanagements sowie mit denjenigen Aspekten der Wirtschaftspolitik, die sich auf die Medien auswirken, wobei sich die Beiträge besonders auf die Marktstruktur, das Marktverhalten der Unternehmen und das Marktergebnis (structure, conduct, performance) einzelner Medienbranchen beziehen. Eine zweite medienökonomisch und medienmanagement-orientierte Fachzeitschrift ›The International Journal on Media Management‹ wurde 1999 gegründet.

Gleichzeitig finden sich in dieser Zeitspanne auch zunehmend Beiträge zur fälligen Gegenstandsbestimmung und Begriffseingrenzung der Medienökonomie (vgl. u.a. Gomery 1989 und 1993; Kiefer 1997a, 1997b; Meier 1994, 1997; Altmeppen 1996b; Knoche 1999a), Bestandsaufnahmen und Sammelbände, die den medienökonomischen Forschungsstand – teilweise unter spezifischer Perspektive – reflektieren und/oder fortschreiben (vgl. u.a. Schenk/Donnerstag 1989; Altmeppen 1996a; Golding/Murdock 1997; Kaase/Neidhardt/Pfetsch 1997; Ubbens 1997; Ludwig 1998; Karmasin 1998: 35ff.; McQuail/Siune 1998), Forschungsberichte und Untersuchungen, die medienökonomisch relevante empirische Datenbestände liefern (vgl. u.a. Bruck 1993, 1994; Seufert 1994, 2000; Röper 1999; Röper/Pätzold 1993) sowie Publikationen zu den Grundlagen der Medienökonomie, die teilweise als Einführungen in die medienökonomische Lehre gedacht sind (vgl. Picard 1989; Alexander/Owers/Carveth ^{2}1998; Heinrich 1994a, 1999; Albarran 1996).

Der Bedeutungszuwachs der Medienökonomie in der aktuellen Medienentwicklung und ihre interdisziplinäre Einordnung sowohl in der Publizistik- und Kommunikationswissenschaft als auch in den Wirtschaftswissenschaften spiegeln sich ansatzweise in ihrer universitären Verankerung und Entwicklung wieder (vgl. u.a. Karmasin 1998: 451ff.; Hess/Schumann 1999; Knoche 1999a: 72f.). Die Diskussion, welcher der beiden Disziplinen die Medienökonomie letztlich zuzuordnen ist bzw. ob denn angesichts der Interdisziplinarität der praktischen Probleme überhaupt derart eindeutig zugeordnet werden muss, kann an dieser Stelle nicht geführt werden (vgl. dazu u.a. Heinrich 1999: 593f.).[8] Verwiesen sei hier auf die Forderung von Marie-

7 Ob ihres expliziten Praxisbezugs und der direkten Anwendbarkeit provozieren diese Arbeiten auch die Kritik, sie seien „Zuarbeit für die Medienindustrie“.

8 Die Tatsache, dass diese Diskussion gegenwärtig wieder aufflammt, ist meines Erachtens darauf zurückzuführen, dass Bildungseinrichtungen, im Besonderen Universitäten, ihre Legitimität nachweisen müssen und ihnen verstärkt Praxisorientierung abverlangt wird. Medienökonomische Themen sind „populär“, „zukunftsorientiert“ und „drittmittel-attraktiv“ und bilden damit eine geeignete Pro-

Luise Kiefer (2001:11) nach „verändernder Interdisziplinarität“: Eine Vorgehensweise, bei der der Standpunkt der eigenen Wissenschaft verlassen wird, um sich in die Sichtweise einer anderen Disziplin hineinzuversetzen und bei der letztlich eine eigenständige fachliche Kompetenz entwickelt werden muss.

3 Wissenschaftliche Perspektiven und Theorien

Medienökonomische Forschungen können aus verschiedenen wissenschaftlichen Perspektiven betrieben werden. Diese Theorie-Perspektiven geben dabei nicht in erster Linie ein je spezifisches Set an medienökonomischen Themen vor, sondern stellen vielmehr unterschiedliche Blickwinkel dar, die je andere Aspekte einer Problemstellung beleuchten. Sie können insofern als unterschiedliche Zugänge zu den verschiedenen Problemstellungen der Medienökonomie begriffen werden (vgl. u.a. ›Medien & Kommunikationswissenschaft‹ 2/2001). In Anlehnung an Werner A. Meier (1997), Christian Steininger (2000) und Manfred Knoche (1999a) können in erster Linie die neoklassische Perspektive, die Neue Institutionenökonomik und die Neue Politische Ökonomie sowie die Politische Ökonomie und die Kritsche Politische Ökonomie differenziert werden.

Die neoklassische Perspektive geht von grundsätzlicher Konsumenten- und Produzentenfreiheit aus und weist dem Staat wenige, aber dezidierte Aufgaben zu, z.B. Wahrung der Rechtsordnung oder Monopolkontrolle, vernachlässigt jedoch das gesellschaftspolitische Umfeld. Obwohl diese Perspektive den Marktmechanismus grundsätzlich als geeignetes Koordinierungsinstrument auch für den Medienbereich ansieht und teilweise Optimierungsvorschläge dafür vorlegt, kommen ihre Vertreter dennoch über den Gutcharakter des Rundfunks (meritorisches oder öffentliches Gut), die diversen Informationsmängel, die Medienangebote kennzeichnen, die mangelnden oder schwer durchsetzbaren Eigentumsrechte und das Konzept des Marktversagens dazu, einzelne Mängel an der Marktbewertung zu formulieren, z.B. dahingehend, dass der Markt ungeeignet ist, um Meinungsvielfalt herzustellen (vgl. u.a. Heinrich 1994a: 98ff., 1999: 21ff.).

Dass es durchaus fließende Übergänge zwischen den einzelnen Perspektiven geben kann, zeigt der Marktstruktur-Marktverhalten-Marktergebnis-Ansatz (structure-conduct-performance), der, obwohl ursprünglich im neoklassischen Sinn aus der Industrieökonomie kommend, geeignet ist, publizistik- und kommunikationswissenschaftliche mit ökonomischen Aspekten auf unterschiedlichen Analyseebenen und prozessorientiert zu verknüpfen. Entsprechend oft wird der Ansatz verwendet, teils mit stärker ökonomischer, teils mit stärker kommunikationswissenschaftlicher Betonung (vgl. u.a. Gomery 1989, 1993; McQuail 1992: 87; Hendriks 1995; Sjurts 1996; Gundlach 1998: 12ff.; Meier 2001) und soll deshalb in abgeänderter Version in Kapitel vier als Struktur für medienökonomische Forschungsfelder verwendet werden.

Auch die Neue Politische Ökonomie und die Institutionenökonomie wollen verschiedene Ebenen der Analyse verknüpfen. Institutionenökonomie untersucht die Funktionsweise von Institutionen im Medienbereich, wie z.B. Markt oder Unternehmen, wobei die grundsätzliche Existenz von Institutionen mit ihrer ökonomischen

filierungsplattform, bei der keine Disziplin zurückstehen möchte. Auch Meier (1997: 173) konstatiert: „Kurz, die Beschäftigung mit medienökonomischen Fragestellungen muss nicht mehr besonders gerechtfertigt werden. Medienökonomie liegt im Trend.“

Effizienz begründet wird. Wie die damit eng verbundene Neue Politische Ökonomie baut sie auf dem Theoriebestand der Neoklassik auf, versucht aber deren Vernachlässigung des gesellschaftspolitischen Umfeldes zu umgehen, indem sie explizit Phänomene wie Macht oder Privateigentum behandelt. Suboptimale Marktergebnisse, wie z.B. die publizistische Qualität im Pressemarkt, werden letztlich über die Charakteristika der Angebote auf das Verhalten der Nachfrager, d.h. der Rezipienten, zurückgeführt. Da dieses im Medienmarkt nicht grundlegend verändert werden kann, fordert die Neue Politische Ökonomie auch die generelle Überprüfung der Steuerung über den Marktmechanismus (vgl. u.a. Kiefer 1997b und 2001).

Auch hier finden sich fließende Übergänge bzw. diffuse Zuordnungen. Unter dem in der medienökonomischen Literatur weitverbreiteten allgemeineren Begriff »Politische Ökonomie« finden sich neben Abhandlungen, die eher an die Perspektive der Neuen Politischen Ökonomie anschließen, sowohl solche, denen es ohne expliziten Rückgriff auf theoretische Ansätze darum geht, für den Medienbereich relevante Politikfelder auszumachen und zu begründen, als auch solche, die stärker die Argumentation der Kritischen Politischen Ökonomie vertreten.

In der Perspektive der Kritischen Politischen Ökonomie werden der Zusammenhang zwischen Staat, Ökonomie und Massenkommunikation, die Organisationsformen und Funktionsweise der Massenkommunikation sowie die Alltagspraxis des Publikums und dessen Gebrauchswertansprüche an die Medien unter den Bedingungen einer kapitalistischen Gesellschaft kritisch analysiert. Die in der Neoklassik vernachlässigte gesellschaftliche Bedingtheit wird dabei explizit betont. Medien erfüllen in dieser Perspektive besondere Funktionen, die als kapitalökonomische, warenzirkulierende, absatzökonomische, herrschaftliche und regenerative Funktion differenziert werden. Massenkommunikation selbst ist insofern als Kapitalverwertungsprozess zu verstehen, Medienangebote haben eindeutigen Warencharakter und konzentrationsfördernde Kapitalbewegungen werden durch staatliche Deregulierungs- und Privatisierungspolitik unterstützt (vgl. u.a. Holzer 1994: 185ff.; Mosco 1996; Golding/Murdock 1997; Knoche 1999b; Prokop 2000).

Vereinzelt finden sich in medienökonomischen Arbeiten systemtheoretische Perspektiven (vgl. Siegert 1996 und 2001b; Theis-Berglmair 2000), die sich ebenfalls auf die Makroebene konzentrieren. Sie befassen sich vor allem mit der Beziehung zwischen den Systemen Publizistik und Wirtschaft und der Konvertibilität der beiden Rationalitäten Publizität/Aufmerksamkeit und Geld, um über diese Analyse die besondere Bedeutung der Medien zu thematisieren. Im Zusammenhang mit der gegenwärtig vielbeachteten „Ökonomie der Aufmerksamkeit“ stellen sie der Ökonomisierung der Medien eine Mediatisierung der Ökonomie gegenüber.

4 Medienökonomische Forschungsfelder und -befunde

Wie erwähnt soll zur besseren Strukturierung der wichtigsten medienökonomischen Forschungsfelder und -themen eine Erweiterung des Marktstruktur-Marktverhalten-Marktergebnis-Ansatzes (structure-conduct-performance) zugrunde gelegt werden (vgl. Schaubild 1).

Dabei werden Medienmarktstruktur und Marktverhalten der Medienorganisationen in Interdependenz zu allgemeinen politischen, technologischen, ökonomischen und sozialen Rahmenbedingungen als ursächliche Bedingungen für Marktergebnisse

Schaubild 1
Allgemeine politische, ökonomische, technologische und soziale Rahmenbedingungen, z.B. Internationalisierung und Globalisierung, Digitalisierung und Konvergenz, Regulierung und Privatisierung, Individualisierung, und Erlebnisorientierung

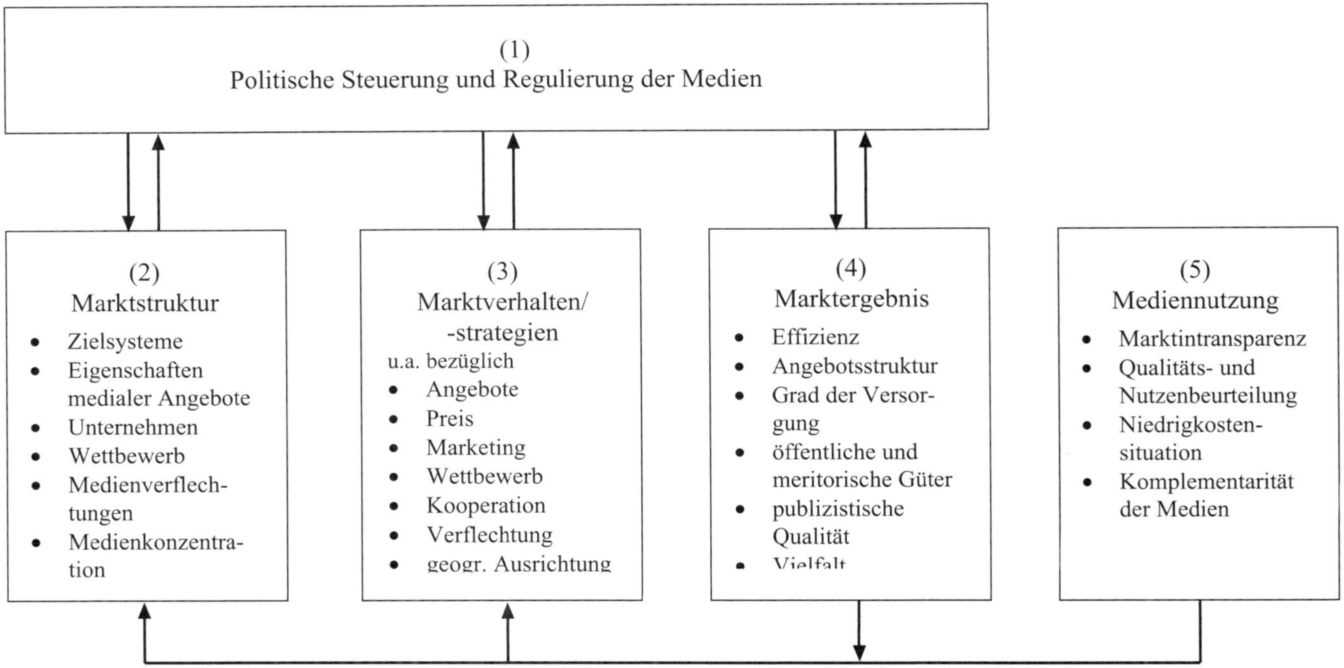

gesehen und Marktergebnisse in einer zirkulären Verknüpfung wiederum als Ursachen für Medienmarktstrukturen und Marktverhalten. Erweiterungen zum klassischen Structure-conduct-performance-Modell finden sich im Folgenden zum einen darin, dass sowohl Einflüsse der Medienmarktstruktur als auch des Marktverhaltens von Medienorganisationen vor allem auf die politischen Rahmenbedingungen eingefügt wurden, denn Entwicklungen wie z.B. Deregulierung werden ja nicht unwesentlich von den Marktakteuren beeinflusst. Zum anderen wurden Aspekte der Mediennutzung als eigenes Feld hinzugefügt, weil dem Umgang mit und der Nutzung von Medienangeboten medienökonomisch besondere Aufmerksamkeit geschenkt werden muss. Die Mediennutzung hat wiederum Auswirkungen auf die Medienangebote, die Marktstrategien der Medienorganisationen und die Marktstruktur. Die einzelnen, nummerierten Bereiche und ihre prominent bearbeiteten Themen werden anschließend kurz unter Hinweis auf die entsprechende Literatur erläutert.

Zu 1) In Zusammenhang mit Medienökonomie wird notwendigerweise die *politische Steuerung und Regulierung der Medien* analysiert, vor allem im Hinblick auf die zunehmende Bedeutung privatwirtschaftlicher Akteure in der politischen Regulierung, auf die Spannungen zwischen den für die Medienentwicklung relevanten Bereichen Medien- und Wirtschaftsrecht sowie auf die unterschiedlichen Regulierungsmodelle und Paradigmen, die im Zuge der Medienkonvergenz aufeinander treffen (vgl. u.a. Hoffmann-Riem 1988; Grisold 1996; Jarren 1999; Jarren/Donges 1999; Latzer 1997; Farda 2000).

Zu 2) Untersuchungen und Analysen, die sich mit den Kennzeichen der *Medienmarktstruktur* auseinander setzen, bilden einen deutlichen Schwerpunkt in der medienökonomischen Literatur. Konsens besteht weitgehend über die Eigenschaften medialer Angebote. Sie sind die Ursache nicht nur für die Spezifik und Komplexität der medialen Leistungserstellung, sondern auch für die Spezifik der Medienmarktstrukturen und damit Grundlage für medienökonomisch orientierte Analysen. Zu nennen sind hier die Unsicherheit in der Leistungserstellung, weil z.B. aufgrund der Aktualität nicht klar ist, was als Input in die Produktion einfließen muss, die hohen First-Copy-Kosten (Blaupausen-Produktion), weil der Großteil der Kosten bei der Produktion der ersten Version verbraucht wird und weitere Versionen vergleichsweise billig zu produzieren und zu verbreiten sind, der Verbundcharakter von journalistisch-künstlerischen und Werbeträgerleistungen (Kuppelprodukt) sowie die eingeschränkte Qualitätsbeurteilung durch die Rezipienten.

Diese Eigenschaften hängen eng mit der Dienstleistungsdominanz und damit mit der Immaterialität medialer Angebote zusammen, die auch die Nicht-Rivalität des Konsums und die nur bedingte bzw. Nicht-Ausschlussfähigkeit der Nutzung bedingen.[9] Problematisiert werden in diesem Zusammenhang deshalb die Meritorik von Medienangeboten, vor allem von Rundfunkangeboten, und die unterschiedlichen Normen- und Zielsysteme von öffentlich-rechtlichen und privatwirtschaftlichen Medienorganisationen. Dabei wird zum Teil kontrovers über die Marktfähigkeit von Medienangeboten und damit über die Eignung des Marktes zur Problemlösung dis-

9 Inwieweit diese Eigenschaften Konsequenzen für die Medienunternehmen haben, ist jedoch von deren zugrunde liegender Abgrenzung abhängig. Sie treffen auf Content-Produzenten, die ihre Angebote vorwiegend im Business-to-business-Geschäft an klassische Medien absetzen, nur bedingt zu.

kutiert (vgl. u.a. Bates 1988; Kiefer 1997c, 1998; Knoche 1997: 131ff.; Friedrichsen/Never 1999; Gundlach 1998).[10]

Die Bildung, Abgrenzung und Charakteristika von Medienmärkten und Medienwettbewerb (vgl. u.a. Dittmers 1990; Kruse 1989; Altmeppen 1996c) sowie die Unternehmensverflechtungen, strategischen Allianzen und Mergers (vgl. u.a. Röper/Pätzold 1993; Röper 1999; Ozanich/Wirth 1998; Knoche 2001) werden seit langem in der Medienökonomie und aktuell besonders im Rahmen von Globalisierung und Digitalisierung thematisiert und durch Beispiele aus der medienpolitischen Praxis, z.B. in Form der Hauptgutachten der Monopolkommission oder der Befunde der Kommission zur Ermittlung der Konzentration im Medienbereich (KEK), fundiert.

Medienunternehmerische Interessen forcieren Verflechtungs- und Konzentrationsprozesse, nicht nur, um effektiver produzieren, sondern auch um ihre Mehrfachverwertungspotenziale erweitern zu können, und stehen damit ab einem gewissen Grad den medien- und gesellschaftspolitischen Interessen, die die Vielfalt der Angebote von der Vielfalt der Anbieter abhängig sehen, deutlich entgegen. Klarer Schwerpunkt medienökonomischer Forschung ist deshalb die Medienkonzentration in Zusammenhang mit publizistischer Vielfalt und Meinungsvielfalt (vgl. u.a. Bagdikian 1980; Bates 1993; Heinrich 1992, 1994b; Knoche 1996, 1997; Kruse 1996; Die Landesmedienanstalten 1995; Meier/Trappel 1998; Seufert 1997). In diesem Forschungsfeld gibt es vor allem dahingehend Übereinstimmung, dass Medienmärkte aufgrund der Charakteristika medialer Angebote stark zu Konzentration neigen und Medienkonzentration durch ihre enge Verknüpfung mit Meinungsmacht besonders genau beobachtet und reguliert werden muss.

Zu 3) Die *Marktstrategien der Medienorganisationen* sind ebenfalls ein Schwerpunkt medienökonomischer Literatur. Und zwar vor allem deshalb, weil die Medienangebote als Marktergebnisse ganz wesentlich durch die Strategien der Medienorganisationen bedingt sind und diese insofern Verantwortung in Bezug auf die Medienlandschaft und -entwicklung haben. Denn es lassen sich nicht nur medienrelevante Entwicklungen wie z.B. Globalisierung, Digitalisierung und Deregulierung zu einem großen Teil auf die Aktionen der Medienunternehmen zurückführen, sondern vor allem Entwicklungen, die die Medienlandschaft inhaltlich prägen, wie z.B. das Ausmaß und die Struktur der publizistischen Vielfalt sowie die Hybridisierung und die Boulevardisierung der Medieninhalte. Neben Abhandlungen, die, zum Teil mit spezifischem Blick auf Börse, Kapitaleigner und Investoren, die Orientierung der Medienorganisationen an verschiedenen Anspruchsgruppen thematisieren (vgl. Karmasin 1998; Siegert 1997), finden sich Studien zu spezifischen Medienmarktstrategien (vgl. u.a. Sjurts 2000; Siegert 2001a), zu Medienmarketing und redaktionellem Marketing auch in Verbindung mit der Qualitätssicherung (vgl. u.a. Rager/Schaefer-Dieterle/Weber 1994; Reiter/Ruß-Mohl 1994) sowie zur Organisation, Finanzierung, Kostenrechnung und zum Mediencontrolling (vgl. u.a. Ludwig 1996; Schneider/Knobloch 1999) (zum Medienmanagement vgl. den Beitrag von Insa Sjurts in diesem Band).

Zu 4) Die *Marktergebnisse* in ihren ökonomischen, gesellschaftspolitisch und publizistischen Ausprägungen, d.h. im Hinblick auf Effizienz, Angebotsstruktur, Versorgungsgrad, Berücksichtigung gesellschaftlicher Interessen, Meritorik, publi-

10 In diesem Rahmen finden sich auch Analysen zu den Chancen von nicht-kommerziellen Medien (vgl. u.a. Dorer 1998).

zistische Qualität oder Vielfalt, werden in medienökonomischen Studien immer in Verbindung mit der Medienmarktstruktur oder dem Marktverhalten der Medienorganisationen thematisiert und finden sich deshalb in den oben genannten Publikationen. Wichtig ist jedoch, dass in diesem Bereich nicht nur die ökonomischen, sondern vor allem die genannten publizistischen Bewertungskategorien anzuwenden sind. Ökonomisierung als Prozess einer verstärkten Orientierung an wirtschaftlichen bei Vernachlässigung publizistischer Kriterien äußert sich demnach auf der Inhaltsebene z.B. in abnehmender Meinungsvielfalt sowie in zunehmender Boulevardisierung und Eigenwerbung. Insofern erscheint es geradezu unabdingbar für publizistisch relevante Kriterien Kennzahlen zu entwickeln, um sie in die meist kennzahlenorientierten ökonomischen Analysen angemessen einbringen zu können.

Zu 5) Die *Mediennutzung* spielt in der Medienökonomie eine wichtige Rolle. Die Marktintransparenz, die eingeschränkte Qualitäts- und Nutzenbeurteilung durch die Rezipienten und die Mediennutzung als Niedrigkostensituation machen Medienangebote zu Erfahrungs- und Vertrauensgütern und prägen damit wesentlich die Komplexität sowohl der Medienmarktstruktur als auch die Marktstrategien. Aspekte der Mediennutzung werden wie die Marktergebnisse weitgehend mit den Punkten 2 und 3 abgehandelt. Die Mediennutzung begründet darüber hinaus auch die Konkurrenz bzw. Komplementarität der Medien (vgl. dazu u.a. Hagen 1999) und ist die Basis von Medienmarktabgrenzungen. Inwiefern also Medienmärkte konvergieren und z.B. einen gemeinsamen Multi-Media-Markt formen, ist wesentlich von der Nutzung durch die Rezipienten abhängig.

5 Entwicklungsperspektiven der Medienökonomie

Auch wenn Altmeppen (1996b: 10f.) noch zu Recht die mangelnde fachliche Identität anmahnt, beginnt sich die Medienökonomie über ihren deutlich nachvollziehbaren Entwicklungsprozess als anerkannte kommunikationswissenschaftliche Teildisziplin zu etablieren. Neueste Publikationen zu den Grundlagen und Grundfragen der Medienökonomie (vgl. Kiefer 2001; Karmasin/Winter 2000; Schumann/Hess 2000; Altmeppen/Karmasin 2001a, 2001b) und ihre zunehmende institutionelle Verankerung in der Publizistik- und Kommunikationswissenschaft belegen dies nachdrücklich. Gleichzeitig etabliert sich die Medienökonomie verstärkt auch als Teildisziplin in den Wirtschaftswissenschaften und wird dort sowohl in Lehre und Forschung als auch institutionell ausgebaut. Dabei zeigt sich, dass sowohl die Publizistik- und Kommunikationswissenschaft als auch die Wirtschaftswissenschaften die Medienökonomie einerseits in disziplinärer Perspektive betreiben und entsprechend einen disziplinären „blinden Fleck“ riskieren als auch im Sinne „verändernder Interdisziplinarität“ vorgehen. Da sich vermehrt disziplinübergreifende „Annäherungsversuche“ feststellen lassen, erscheint eine interdisziplinäre Verständigung und Zusammenarbeit mehr denn je möglich.

Zugleich ist die Medienökonomie allerdings mit drei Entwicklungen konfrontiert, die die Leistungsfähigkeit der „interdisziplinären“ Teildisziplin herausfordern:

Erstens müssen im Zuge der Internationalisierung und Globalisierung die ohnehin wenigen nationalen Gesamtbetrachtungen der Medienlandschaft ebenfalls internationalisiert werden, und es müssen Phänomene in einem internationalen bzw. globalen Kontext analysiert werden (vgl. u.a. Albarran/Chan-Olmsted 1998; McQuail/

Siune 1998), was nicht nur internationale Kooperationen, Netzwerke und Institutionalisierungen voraussetzt, sondern die Analyse eben durch die unterschiedlichen politischen, kulturellen und ökonomischen Kontexte verkompliziert. Durch die digitale Überwindung von Zeit und Raum verschmelzen zudem Globalisierungs- und Digitalisierungsimplikationen.

Zweitens führt die Entwicklung neuer Informations- und Kommunikationstechnologien (Stichwort: Digitalisierung) nicht nur praktisch zu einem Strukturwandel der Medienwirtschaft mit veränderten Märkten und Marktstrategien, sondern auch zu neuen Rahmenbedingungen für journalistisches Handeln. Damit kommt einerseits der bislang vernachlässigte Telekommunikationsbereich ins medienökonomische Spiel, andererseits potenzieren sich spezifische ökonomische Effekte (vgl. u.a. Knoche/Siegert 1999; Latzer u.a. 1999: 25ff.). Durch den Einbezug der Telekommunikation werden verschiedene Charakteristika medialer Angebote, z.B. die Nicht-Ausschlussfähigkeit oder die fehlende individuelle Abrechnung, obsolet, sodass der ökonomische Regelungsmechanismus zunehmend funktioniert. Die spezifischen ökonomischen Effekte, u.a. Digitalisierung der Wertschöpfung, kritische Masse als Schlüsselfaktor (Netzeffekt), niedrige Grenzkosten und Produktdifferenzierung durch Versioning (Mass Customization) (vgl. European Communication Council 1999; Latzer 2000) führen zu einer neuen Komplementarität von publizistischen und ökonomischen Orientierungen. So ist die Zuständigkeit einer publizistik- und kommunikationswissenschaftlich orientierten Medienökonomie für E- und M-commerce zwar durch die Relevanz der Online-Kommunikation gegeben, muss aber zukünftig genauer diskutiert werden.

Drittens steht die Bezeichnung *Medien*ökonomie – vor allem angesichts der genannten Herausforderungen – auf dem Prüfstand. Bereits 1982 konstatierte Kopper (1982a: 105), dass eine Medienökonomie, die sich allein auf das in ihrem Begriff enthaltene traditionelle Massenmediensystem bezieht, zu kurz greifen würde. Dies trifft umso mehr zu, als mit der Ausdifferenzierung der Mediensysteme neue „Medienanbieter" ökonomisch relevant werden, für die nicht mehr die Verbreitung von Inhalten konstitutiv ist, die aber dennoch in medienökonomische Analysen einbezogen werden müssen. Alternativ werden die Begriffe Kommunikations- oder Informationsökonomie vorgeschlagen. Dabei gilt es zu berücksichtigen, dass der Begriff Informationsökonomie stark technisch konnotiert ist und insofern nicht nur einen weiteren, sondern einen anderen Bedeutungsraum vorgibt, was wiederum vielfältige Implikationen z.B. für die Charakteristika medialer Produktion nach sich zieht. Angesichts der Digitalisierung finden Begriffe wie Online-Ökonomie, Internet-Ökonomie oder digitale Ökonomie Eingang in den Sprachgebrauch. Wenn aber alle Medieninhalte auf absehbare Zeit digitalisiert werden, Inhalte konvergieren und sich Distrubutionskanäle transformieren – wo ist der begriffliche Unterschied?

Die medienökonomische Definitionsarbeit kann also keineswegs als beendet angesehen werden, vielmehr gilt es angesichts von Kommunikations- und Informationsökonomie, digitaler, Online- und Internet-Ökonomie, verstärkt Definitionen und Abgrenzungen zu formulieren, Erklärungszuständigkeiten zu thematisieren sowie interdisziplinäre Zusammenarbeit zu forcieren. Neben den vielen medienökonomischen Forschungsfeldern, die es im Zuge politischer, ökonomischer, sozialer, kultureller und technologischer Neuerungen wieder oder neu zu bearbeiten gilt, muss die bereits viel diskutierte Frage, welche Medienangebote zufriedenstellend über den

Markt geregelt werden können und ob und wann politische Regulierung wie stark eingreifen soll, auch zukünftig problematisiert werden.

Literatur

Albarran, Alan B. (1996): Media economics. Understanding markets, industries and concepts. Ames, IA.

Albarran, Alan B./Chan-Olmsted, Sylvia M. (1998): Global media economics. Commercialization, concentration and integration of world media markets. Ames, IA.

Alexander, Alison/Owers, James/Carveth, Rod (Hrsg.) (^{2}1998): Media economics. Theory and practice. Mahwah, NJ u.a. (zuerst 1993).

Altmeppen, Klaus-Dieter (Hrsg.) (1996a): Ökonomie der Medien und des Mediensystems. Grundlagen, Ergebnisse und Perspektiven medienökonomischer Forschung. Opladen.

Altmeppen, Klaus-Dieter (1996b): Medien und Ökonomie – Medienökonomie. Zur medienökonomischen Forschung und zu diesem Band. In: Altmeppen, Klaus-Dieter (Hrsg.): Ökonomie der Medien und des Mediensystems. Grundlagen, Ergebnisse und Perspektiven medienökonomischer Forschung. Opladen, S. 9-24.

Altmeppen, Klaus-Dieter (1996c): Märkte der Medienkommunikation. Publizistische und ökonomische Aspekte von Medienmärkten und Markthandeln. In: Altmeppen, Klaus-Dieter (Hrsg.): Ökonomie der Medien und des Mediensystems. Grundlagen, Ergebnisse und Perspektiven medienökonomischer Forschung. Opladen, S. 251-272.

Altmeppen, Klaus-Dieter/Karmasin, Matthias (Hrsg.) (2001a): Medien und Ökonomie. Band 1/1: Grundlagen und Grundfragen: Wirtschaftswissenschaft und Kommunikations- und Medienwissenschaft. Wiesbaden.

Altmeppen, Klaus-Dieter/Karmasin, Matthias (Hrsg.) (2001b): Medien und Ökonomie. Band 1/2: Grundlagen und Grundfragen: Soziologie, Politik, Recht, Philosophie, Geschichte, Kultur, Technik, International. Wiesbaden.

Bagdikian, Ben H. (1980): Conglomeration, concentration, and the media. In: Journal of Communication, 30. Jg., Nr. 2, S. 59-64.

Bagdikian, Ben H. (1983): The media monopoly. Boston, MA.

Bates, Benjamin J. (1988): Information as an economic good: sources of individual and social value. In: Mosco, Vincent/Wasko, Janet (Hrsg.): The political economy of information. Madison, WI u.a., S. 76-94.

Bates, Benjamin J. (1993): Concentration in local television markets. In: The Journal of Media Economics, 6. Jg., Nr. 3, S. 3-21.

Bruck, Peter A. (1993): Introduction: Current media economic challenges and policy problems in central Europe. In: The Journal of Media Economics, 6. Jg., Nr. 1, S. 3-12.

Bruck, Peter A. (Hrsg.) (1994): Print unter Druck. Zeitungsverlage auf Innovationskurs. München.

Bücher, Karl (1926): Gesammelte Aufsätze zur Zeitungskunde. Tübingen.

Die Landesmedienanstalten (Hrsg.) (1995). Die Sicherung der Meinungsvielfalt: Berichte, Gutachten und Vorschläge zur Fortentwicklung des Rechts der Medienkonzentrationskontrolle. Berlin.

Dittmers, Manfred (1990): Medienökonomische Aspekte des Wettbewerbs im dualen Rundfunksystem. In: Media Perspektiven, Nr. 6, S. 390-403.

Dorer, Johanna (1998): Freies Radio in Österreich. Chancen für ein triales Rundfunkmodell. In: Medien Journal, 22. Jg., Nr. 2, S. 19-25.

Eichhorn, Peter/von Loesch, Achim (Hrsg.) (1983): Rundfunkökonomie. Wirtschaftliche Aspekte von Hörfunk und Fernsehen (= Zeitschrift für öffentliche und gemeinwirtschaftliche Unternehmen, Beiheft 5). Baden-Baden.

Eichhorn, Peter/Raffée, Hans (Hrsg.) (1990): Management und Marketing von Rundfunkanstalten. Baden-Baden.

European Communication Council (1999): Die Internet-Ökonomie. Strategien für die digitale Wirtschaft. Berlin u.a.

Farda, Constanze (2000): Europäische Medienpolitik. Eine Policy-Analyse der Fernseh- und der Antikonzentrationsrichtlinie. Wiesbaden.

Fleck, Florian H. (Hrsg.) (1983): Die Ökonomie der Medien. Freiburg (Schweiz).

Fleck, Florian H. (1987): Zum Forschungsstand der Medienökonomie. In: Fleck, Florian H./Saxer, Ulrich/Steinmann, Matthias F. (Hrsg.): Massenmedien und Kommunikationswissenschaft in der Schweiz. Zürich, S. 81-93.

Friedrichsen, Mike/Never, Hennig (1999): Fernsehen als öffentliches Gut. Zur institutionellen Ausgestaltung der elektronischen Medien in einer offenen Gesellschaft. In: Donges, Patrick/ Jarren, Otfried/Schatz, Heribert (Hrsg.): Globalisierung der Medien? Medienpolitik in der Informationsgesellschaft. Opladen, Wiesbaden, S. 107-131.

Golding, Peter/Murdock, Graham (Hrsg.) (1997): The political economy of the media. Bde. 1 und 2. Cheltenham u.a.

Gomery, Douglas (1989): Media economics: Terms of analysis. In: Critical Studies in Mass Communication, 6. Jg., S. 43-60.

Gomery, Douglas (1993): The centrality of media economics. In: Journal of Communication, 43. Jg., Nr. 3, S. 190-198.

Grisold, Andrea (1996): Regulierungsreformen am Mediensektor. Der „Fall" Österreich. Frankfurt/Main u.a.

Gundlach, Hardy (1998): Die öffentlich-rechtlichen Rundfunkunternehmen zwischen öffentlichem Auftrag und marktwirtschaftlichem Wettbewerb. Berlin.

Hagen, Lutz (1999): Online-Medien: Substitut oder Komplement? Zusammenhänge mit Nutzungsintensitäten und Reichweiten von Massenmedien. In: Knoche, Manfred/Siegert, Gabriele (Hrsg.): Strukturwandel der Medienwirtschaft im Zeitalter digitaler Kommunikation. München, S. 125-146.

Heinrich, Jürgen (1992): Ökonomische und publizistische Konzentration im deutschen Fernsehsektor. Eine Analyse aus wirtschaftswissenschaftlicher Sicht. In: Media Perspektiven, Nr. 6, S. 338-356.

Heinrich, Jürgen (1994a): Medienökonomie. Band 1: Mediensystem, Zeitung, Zeitschrift, Anzeigenblatt. Opladen.

Heinrich, Jürgen (1994b): Medien und Markt – Europäische Konzentrationstendenzen. In: Burmeister, Hans-Peter (Hrsg.): Medienmacht und Medienmarkt. Audiovisuelle Medien im neuen Europa. Rehburg u.a., S. 49-66.

Heinrich, Jürgen (1999): Medienökonomie. Band 2: Hörfunk und Fernsehen. Opladen, Wiesbaden.

Hendriks, Patrick (1995): Communications policy and industrial dynamics in media markets: Toward a theoretical framework for analyzing media industry organization. In: The Journal of Media Economics, 8. Jg., Nr. 2, S. 61-76.

Hess, Thomas/Schumann, Matthias (1999): Das Fach Medienökonomie an deutschen Universitäten. Arbeitsbericht Nr. 4 des Instituts für Wirtschaftsinformatik der Universität Göttingen. Göttingen.

Hoffmann-Riem, Wolfgang (Hrsg.) (1988): Rundfunk im Wettbewerbsrecht: der öffentlich rechtliche Rundfunk im Spannungsfeld zwischen Wirtschaftsrecht und Rundfunkrecht. Baden-Baden, S. 132-146.

Holzer, Horst (1994): Medienkommunikation. Einführung in handlungs- und gesellschaftstheoretische Konzeptionen. Opladen.

Jarren, Otfried (1999): Medienregulierung in der Informationsgesellschaft. In: Publizistik, 44. Jg., S. 149-164.

Jarren, Otfried/Donges, Patrick (1999): Medienregulierung durch die Gesellschaft? Eine steuerungstheoretische und komparative Studie mit Schwerpunkt Schweiz. Wiesbaden.

Kaase, Max/Neidhardt, Friedhelm/Pfetsch, Barbara (1997): Politik und Ökonomie der Massenkommunikation: Forschungsdesiderate unter veränderten Strukturbedingungen des Mediensystems. In: Publizistik, 42. Jg., S. 3-15.

Karmasin, Matthias (1998): Medienökonomie als Theorie (massen-)medialer Kommunikation. Kommunikationsökonomie und Stakeholder Theorie. Graz u.a.

Karmasin, Matthias/Winter, Carsten (Hrsg.) (2000): Grundlagen des Medienmanagements. München.

Kiefer, Marie-Luise (1997a): Ein Votum für eine publizistikwissenschaftlich orientierte Medienökonomie. In: Publizistik, 42. Jg., S. 54-61.

Kiefer, Marie-Luise (1997b): Politische Ökonomie der Medien. In: Bonfadelli, Heinz/Rathgeb, Jürg (Hrsg.): Publizistikwissenschaftliche Basistheorien und ihre Praxistauglichkeit. Zürich, S. 185-194.

Kiefer, Marie-Luise (1997c): Privatisierung – cui bono? In: Medien Journal, 21. Jg., Nr. 2, S. 4-13.

Kiefer, Marie-Luise (1998): Die ökonomischen Zwangsjacken der Kultur. Wirtschaftliche Bedingungen der Kulturproduktion und -distribution durch Massenmedien. In: Saxer, Ulrich (Hrsg.): Medien-Kulturkommunikation (= Publizistik, Sonderheft 2/1998). Opladen, Wiesbaden, S. 97-114.

Kiefer, Marie-Luise (2001): Medienökonomik. Einführung in eine ökonomische Theorie der Medien. München u.a.

Knoche, Manfred (1996): Konzentrationsboom und Forschungsdefizite. Von der Presse- zur Medienkonzentrationsforschung. In: Altmeppen, Klaus-Dieter (Hrsg.): Ökonomie der Medien und des Mediensystems. Grundlagen, Ergebnisse und Perspektiven medienökonomischer Forschung. Opladen, S. 101-120.

Knoche, Manfred (1997): Medienkonzentration und publizistische Vielfalt. Legitimationsgrenzen des privatwirtschaftlichen Mediensystems. In: Renger, Rudi/Siegert, Gabriele (Hrsg.): Kommunikationswelten. Innsbruck u.a., S. 123-158.

Knoche, Manfred (1999a): Media economics as a subdiscipline of communication science. In: Brosius, Hans-Bernd/Holtz-Bacha, Christina (Hrsg.): German Communication Yearbook. Cresskill, NY, S. 69-100.

Knoche, Manfred (1999b): Das Kapital als Strukturwandler der Medienindustrie – und der Staat als sein Agent? In: Knoche, Manfred/Siegert, Gabriele (Hrsg.): Strukturwandel der Medienwirtschaft im Zeitalter digitaler Kommunikation. München, S. 149-193.

Knoche, Manfred (2001): Die Folgen globaler Multimedia-Unternehmensallianzen. In: Hasebrink, Uwe/Matzen Christiane (Hrsg.): Forschungsgegenstand Öffentliche Kommunikation. Funktionen, Aufgaben und Stukturen der Medienforschung. Baden-Baden, S. 79-94.

Knoche, Manfred/Siegert, Gabriele (Hrsg.) (1999): Strukturwandel der Medienwirtschaft im Zeitalter digitaler Kommunikation. München.

Kopper, Gerd G. (1982a): Medienökonomie – mehr als „Ökonomie der Medien". Kritische Hinweise zu Vorarbeiten, Ansätzen, Grundlagen. In: Media Perspektiven, Nr. 2, S. 102-115.

Kopper, Gerd G. (1982b): Massenmedien. Wirtschaftliche Grundlagen und Strukturen. Analytische Bestandsaufnahme der Forschung 1968 bis 1981. Konstanz.

Kruse, Jörn (1989): Märkte für Fernseh-Rechte. In: Schenk, Michael/Donnerstag, Joachim (Hrsg.): Medienökonomie. Einführung in die Ökonomie der Informations- und Mediensysteme. München, S. 255-263.

Kruse, Jörn (1996): Publizistische Vielfalt und Medienkonzentration zwischen Marktkräften und politischen Entscheidungen. In: Altmeppen, Klaus-Dieter (Hrsg.): Ökonomie der Medien und des Mediensystems. Grundlagen, Ergebnisse und Perspektiven medienökonomischer Forschung. Opladen, S. 25-52.

Latzer, Michael (1997): Mediamatik – Die Konvergenz von Telekommunikation, Computer und Rundfunk. Opladen.

Latzer, Michael (Hrsg.) (2000): Mediamatikpolitik für die Digitale Ökonomie. e-commerce, Qualifikation und Marktmacht in der Informationsgesellschaft. Innsbruck u.a.

Latzer, Michael/Maier-Rabler, Ursula/Siegert, Gabriele/Steinmaurer, Thomas (Hrsg.) (1999): Die Zukunft der Kommunikation. Aktuelle Phänomene und Trends in der Informationsgesellschaft. Innsbruck u.a.

Ludwig, Johannes (1994): Medienökonomie – Eine Einführung in die ökonomischen Strukturen und Probleme von Medienunternehmen. In: Jarren, Otfried (Hrsg.): Medien und Journalismus 1. Eine Einführung. Opladen, S. 147-209.

Ludwig, Johannes (1996): Wie sich publizistische Hochkultur „rechnet". Ein ökonomisches Porträt der ›Zeit‹. In: Publizistik, 41. Jg., S. 277-297

Ludwig, Johannes (1998): Zur Ökonomie der Medien: Zwischen Marktversagen und Querfinanzierung. Von J.W. Goethe bis zum Nachrichtenmagazin Der Spiegel. Opladen, Wiesbaden.

McQuail, Denis (1986): Kommerz und Kommunikationstheorie. In: Media Perspektiven, Nr. 10, S. 633-643.

McQuail, Denis (1992): Media performance. Mass communication and the public interest. London u.a.

McQuail, Denis ([3]1994): Mass communication theory. An introduction. London u.a. (zuerst 1983).

McQuail, Denis/Siune, Karen (Hrsg.) (1998): Media policy. Convergence, concentration and commerce. London u.a.

Meckel, Miriam (1999): Redaktionsmanagement. Ansätze aus Theorie und Praxis. Opladen.

Medien & Kommunikationswissenschaft 2/2001: Themenheft „Ökonomisierung der Medienindustrie: Ursachen, Formen und Folgen".

Meier, Werner A. (1994): Publizistikwissenschaft und Medienökonomie. In: Saxer, Ulrich/Bonfadelli, Heinz (Hrsg.): Einführung in die Publizistikwissenschaft. Zürich, S. 69-92.

Meier, Werner A. (1997): Zwischen traditioneller Medienökonomie und politischer Ökonomie gesellschaftlicher Kommunikation. In: Bonfadelli, Heinz/Rathgeb, Jürg (Hrsg.): Publizistikwissenschaftliche Basistheorien und ihre Praxistauglichkeit. Zürich, S. 180-183.

Meier, Werner A. (2001): Kommerzialisierung als Megatrend. In: Medien Journal, 25. Jg., Nr. 1-2, S. 21-25.

Meier, Werner A./Trappel, Josef (1998): Media concentration and the public interest. In: McQuail, Denis/Siune, Karen (Hrsg.): Media policy. Convergence, concentration and commerce. London u.a., S. 38-59.

Mosco, Vincent (1996): The political economy of communication. London u.a.

Owen, Bruce M. (1975): Economics and freedom of expression. Media structure and the first amendment. Cambridge, MA.

Owen, Bruce M./Beebe, Jack H./Manning, Willard G. (1974): Television economics. Lexington, MA.

Owers, James/Carveth, Rod/Alexander, Alison (1998): An introduction to media economics theory and practice. In: Alexander, Alison/Owers, James/Carveth, Rod (Hrsg.): Media economics. Theory and practice. Mahwah, NJ u.a., S. 1-43 (zuerst 1993).

Ozanich, Gary W./Wirth, Michael O. (1998): Mergers and acquisitions: A communications industry overview. In: Alexander, Alison/Owers, James/Carveth, Rod (Hrsg): Media economics. Theory and practice. Mahwah, NJ u.a., S. 95-107 (zuerst 1993).

Picard, Robert G. (1989): Media economics. Concepts and issues. Newbury Park u.a.

Prokop, Dieter (2000): Der Medien-Kapitalismus. Das Lexikon der neuen kritischen Medienforschung. Hamburg.

Prott, Jürgen (1994): Ökonomie und Organisation der Medien. In: Merten, Klaus/Schmidt, Siegfried J./Weischenberg, Siegfried (Hrsg.): Die Wirklichkeit der Medien. Eine Einführung in die Kommunikationswissenschaft. Opladen.

Rager, Günther/Schaefer-Dieterle, Susanne/Weber, Bernd (Hrsg.) (1994): Redaktionelles Marketing. Wie Zeitungen die Zukunft meistern. Bonn.

Reiter, Sibylle/Ruß-Mohl, Stephan (Hrsg.) (1994): Zukunft und Ende des Journalismus? Publizistische Qualitätssicherung, Medienmanagement, redaktionelles Marketing. Gütersloh.

Röper, Burkhardt (1986): Wettbewerbsprobleme öffentlich- und privatrechtlicher Medien. Berlin.

Röper, Horst (1999): Formationen deutscher Medienmultis 1998/1999. Entwicklungen und Strategien der größten deutschen Medienunternehmen. In: Media Perspektiven, Nr. 7, S. 345-377.

Röper, Horst/Pätzold, Ulrich (1993): Medienkonzentration in Deutschland: Medienverflechtungen und Branchenvernetzungen. Düsseldorf.

Ross, Edward Alsworth (1910): The suppression of important news. In: The Atlantic Monthly, CV, S. 303-311. Wieder abgedruckt in Golding, Peter/Murdock, Graham (Hrsg.) (1997): The political economy of the media. Bd. 2. Cheltenham u.a., S. 3-11.

Schenk, Michael (1989): Einführung in die Medienökonomie. In: Schenk, Michael/Donnerstag, Joachim (Hrsg.): Medienökonomie. Einführung in die Ökonomie der Medien- und Informationssysteme. München, S. 3-11.

Schenk, Michael/Donnerstag, Joachim (Hrsg.) (1989): Medienökonomie. Einführung in die Ökonomie der Medien- und Informationssysteme. München.

Schenk, Michael/Hensel, Matthias (1986): Medienwirtschaft. Eine kommentierte Auswahlbibliographie. Baden-Baden.

Schenk, Michael/Hensel, Matthias (1987): Medienökonomie – Forschungsstand und Forschungsaufgaben. In: Rundfunk und Fernsehen, 35. Jg., S. 535-547.

Schneider, Beate/Knobloch, Silvia (Hrsg.) (1999): Controlling-Praxis in Medien-Unternehmen. Neuwied u.a.

Schumann, Matthias/Hess, Thomas (2000): Grundfragen der Medienwirtschaft. Berlin u.a.

Seufert, Wolfgang (1994): Gesamtwirtschaftliche Position der Medien in den Jahren 1982-1992. Gutachten des DIW im Auftrag des Bundesministeriums für Wirtschaft. Berlin.

Seufert, Wolfgang (1997): Medienübergreifende Unternehmenskonzentration – Mittel zur Kostensenkung oder zur Erhöhung von Marktmacht? In: Schatz, Heribert/Jarren, Otfried/Knaup, Bettina (Hrsg.): Machtkonzentration in der Multimediagesellschaft? Beiträge zu einer Neubestimmung des Verhältnisses von politischer und medialer Macht. Opladen, S. 258-273.

Seufert, Wolfgang (2000): Wirtschaftliche Aspekte von Hörfunk und Fernsehen. In: Hans-Bredow-Institut (Hrsg.): Internationales Handbuch für Hörfunk und Fernsehen 2000/2001. Baden-Baden, S. 160-178.

Siegert, Gabriele (1996): Die Beziehung zwischen Medien und Ökonomie als systemtheoretisches Problem. In: Mast, Claudia (Hrsg.): Markt – Macht – Medien. Publizistik zwischen gesellschaftlicher Verantwortung und ökonomischen Zielen. Konstanz, S. 43-55.

Siegert, Gabriele (1997): Shareholders als neue Zielgruppe der Medien? Von der Orientierung an und dem Einfluß von Anteilseignern und Investoren. In: Scherer, Helmut/Brosius, Hans-Bernd (Hrsg.): Zielgruppen, Publikumssegmente, Nutzergruppen. Beiträge aus der Rezeptionsforschung. München, S. 76-96.

Siegert, Gabriele (2001a): Medienmarken-Management. Relevanz, Spezifika und Implikationen einer medienökonomischen Profilierungsstrategie. München.

Siegert, Gabriele (2001b): Ökonomisierung der Medien aus systemtheoretischer Perspektive. In: Medien & Kommunikationswissenschaft, 49. Jg., S. 167-176.

Sjurts, Insa (1996): Die deutsche Medienbranche. Eine unternehmensstrategische Analyse. Wiesbaden.

Sjurts, Insa (2000): Chancen und Risiken im globalen Medienmarkt – Die Strategien der größten Medien-, Telekommunikations- und Informationstechnologiekonzerne. In: Hans-Bredow-Institut (Hrsg.): Internationales Handbuch für Hörfunk und Fernsehen 2000/2001. Baden-Baden, S. 31-45.

Sohn, Ardyth Broadrick/Lacy, Stephen/Sylvie, George/Wicks, Jan LeBlanc (Hrsg.) (1999): Media management. A casebook approach. Mahwah, NJ u.a.

Steininger, Christian (2000): Zur politischen Ökonomie der Medien. Eine Untersuchung am Beispiel des dualen Rundfunksystems. Wien.

Theis-Berglmair, Anna Maria (2000): Aufmerksamkeit und Geld, schenken und zahlen. Zum Verhältnis von Publizistik und Wirtschaft in einer Kommunikationsgesellschaft – Konsequenzen für die Medienökonomie. In: Publizistik, 45. Jg., S. 310-329.

Ubbens, Wilbert (1997): Medienökonomie in modernen Industriestaaten. Eine Auswahlbibliographie. In: Kopper, Gerd G. (Hrsg.): Europäische Öffentlichkeit. Entwicklung von Strukturen und Theorie. Berlin, S. 233-334.

Weber, Max (1910): Rede auf dem ersten Deutschen Soziologentag in Frankfurt 1910. In: Weber, Max (1988): Gesammelte Aufsätze zur Soziologie und Sozialpolitik. Tübingen, S. 431-449.

Qualitative Methoden der Kommunikationsforschung

Friedrich Krotz

1 Begriff und Gegenstand

Im Prinzip ist jede *Methode der Wissenschaft* ein Verfahren, Theorien, also gedachte oder kommunizierte Aussagen oder Sinnzusammenhänge, nach bestimmten Kriterien mit der gemeinten Realität in Beziehung zu setzen. Dies kann heißen, dass man ausgehend von Theorien untersucht, wie sich die Realität zu diesen Theorien verhält, es kann aber auch umgekehrt heißen, dass man versucht, ausgehend von der Realität Beschreibungen und Theorien zu konstruieren, die sich wie auch immer sinnvoll auf diese Realität beziehen. Diese Unterscheidung ist allerdings nur analytisch, weil man die Realität immer nur mithilfe von Vorannahmen begreifen und sich Theorien nur auf der Basis empirisch-praktischer Bewährung in Alltag oder Wissenschaft entfalten können.

Auf derartige Methoden bzw. Verfahren, die sich insbesondere mit der Datenerhebung und der Datenanalyse beschäftigen, haben sich Wissenschaftlergemeinschaften oder Teile von ihnen explizit oder implizit geeinigt – deshalb beruhen Methoden letztlich auf *sozialen Konventionen*, dass dieses oder jenes Vorgehen Sinn macht und anderes nicht (vgl. Kuhn [3]1978). Zugleich sind sie aber auch *Vorschriften*, die bestimmen, wie, auf der Basis welcher Voraussetzungen und mit welchen Zielen und Erwartungen ForscherInnen „der Realität" gegenüberzutreten haben. Deshalb legen sie nicht nur ein *Theorie/Empirie-Verhältnis* fest, sondern implizit oder explizit immer auch *das Verhältnis zwischen ForscherIn und Forschungsgegenstand.* Diese Vorschriften rechtfertigen sich rational, weil ihre Einhaltung *spezifische Gültigkeitsbegründungen* gewährleistet, auf die sich Wissenschaftlergemeinschaften geeinigt haben. Erst aus derartigen, nicht in den Methoden selbst angelegten, sondern wissenschaftstheoretisch oder auch inhaltlich abgeleiteten Überlegungen lassen sich Methoden als Teil von Wissenschaft und als Garant von Wissenschaftlichkeit begründen.

Die *quantitative empirische Kommunikationsforschung* orientiert sich dabei an der Naturwissenschaft, namentlich der Physik, und lässt sich prinzipiell als Messvorgang begreifen. Sie gewinnt ihre Begründung primär aus der analytischen Philosophie, zu deren Spielarten auch der logische Positivismus und der kritische Rationalismus gerechnet werden. Dahinter steht die Annahme, dass es hilfreich ist, sich auf Logik und Mathematik (und vor allem auf diese Hilfsdisziplinen) zu beziehen, wenn man gültiges Wissen gewinnen will. Das beinhaltet insbesondere, dass Datenerhebung und Datenanalyse weder von einem bestimmten Gegenstand noch von einem bestimmten Forscher abhängen und dass der Vorgang des Messens die Realität nicht verändert. Auf der Basis dieser allgemeinen Annahmen lassen sich dann die einzelnen Methoden wie beispielsweise standardisierte Befragung und Experiment in

Lehrbüchern gemeinsam und in Bezug zueinander darstellen (vgl. hierzu den Beitrag von Daschmann in diesem Band).

Gegenüber dieser Einheitlichkeit bilden die *qualitativen Forschungsansätze* einen bunten Strauß unterschiedlicher und unterschiedlich begründeter Verfahren, die sich nur schwer auf einen Nenner bringen lassen. In einer weiten Begriffsverwendung werden alle diejenigen Verfahren als „qualitativ" bezeichnet, die nicht zum fest umrissenen Kanon der quantitativen Methoden gehören. In einer engeren Definition wird das Attribut „qualitativ" synonym mit „interpretativ", „hermeneutisch" bzw. „sinnverstehend" verwendet. Zu den nicht hermeneutisch-interpretativen und dennoch qualitativen Verfahren zählt beispielsweise die weiter unten genauer beschriebene heuristische Kommunikationsforschung, die auf das Finden von Zusammenhängen aus ist. Hier soll der Begriff der qualitativen Kommunikationsforschung im weiteren Sinn verwendet werden.

Im Rahmen der quantitativen empirischen Kommunikationsforschung lassen sich auf der Basis einer einheitlichen wissenschaftstheoretischen Grundlegung und vergleichsweise einheitlichen Vorschriften – Begriffsanalyse, Variablen- und Hypothesenkonstruktion, Dimensionierung, Operationalisierung, Festlegung des Samples etc. – unter dem Begriff der Methoden Beobachtung, Befragung, Experiment und dergleichen voneinander unterscheiden. Im Rahmen der qualitativen Forschung geht es dagegen nicht um die Frage, mittels welcher Vorgehensweisen man Ausprägungen von vorher definierten Variablen erhebt, und auch nicht nur darum, ob man beobachtet oder befragt. Vielmehr beruhen verschiedene qualitative Verfahren darüber hinaus auch auf unterschiedlichen Grundannahmen über die Realität und über sinnvolles Vorgehen – beispielsweise spielen operationalisierte Begriffe oder das Konzept der Variablen, deren Ausprägungen zu messen sind, dabei im Allgemeinen keine Rolle (vgl. Blumer 1972). Der Ethnograf unterscheidet sich z.B. nicht nur durch sein Vorgehen von dem, was ein Hermeneutiker tut, sondern auch in seinen Grundannahmen über die Realität und über sinnvolle Forschung, auch wenn beide die gleiche „Methode" anwenden, also etwa andere befragen, und wenn beide das im Allgemeinen nicht in standardisierter Form tun. Deswegen sprechen wir hier auch von *qualitativen Verfahren* und nicht von *Methoden*, insofern es nicht nur um die Umsetzung einer wohldefinierten Frage geht, sondern eine ganze Forschungsstrategie begründet werden muss. Dies ist auch der Grund dafür, dass Schriften über qualitative Methoden im Allgemeinen ihre Grundpositionen explizit diskutieren, während Lehrbücher für quantitative Forschung die Sinnhaftigkeit ihres Vorgehens oft als gegeben unterstellen.

2 Grundannahmen qualitativer Forschung

Im Denksystem quantitativ angelegter Forschung werden qualitative Verfahren da angewandt, wo quantitative Verfahren nicht angewandt werden können. Darunter fallen erstens Forschungsprobleme, über die nicht genug bekannt ist, um den ausgefeilten Apparat quantitativer Forschung anzuwenden. In diesem Fall wird die qualitative Forschung als explorative Forschung begriffen, deren Ergebnisse einer sichernden quantitativen Untersuchung bedürfen. Hinzu kommen zweitens Bereiche, für deren Untersuchung sich das quantitative Instrumentarium nicht eignet wie beispielsweise linguistische Analysen.

Aus der Sicht der qualitativen Forschung sieht dies anders aus, wie im Folgenden ausgeführt wird. Dazu werden wir uns aus Platzgründen auf die in der Kommunikationsforschung wichtigsten bzw. auf exemplarische Vorgehensweisen beschränken, die sich auch in anderen Sozialwissenschaften finden. Dabei wird aber natürlich auf die für die Kommunikationswissenschaft wichtigsten Besonderheiten eingegangen.

2.1 Die alltagsbezogene Begründung qualitativer Verfahren

Als gemeinsamer Ausgangspunkt der meisten Ansätze der qualitativen Kommunikationsforschung lässt sich die Annahme formulieren, dass *alle Methoden der Wissenschaft (ganz gleich, ob quantitativ oder qualitativ) aus dem alltäglichen Handeln der Menschen* abgeleitet sind. Forschendes Handeln ist nicht identisch mit Alltagshandeln, es unterwirft sich vielmehr besonderen Regeln und Kriterien und vor allem der kritischen Reflexion. Es ist aber *aus dem Alltag ausdifferenziert* worden und nimmt folglich auf entsprechende Alltagsverfahren Bezug.

Diese Annahme impliziert, dass die einzelnen Methoden wie Beobachtung, Befragung, Experiment etc. sowohl als qualitative wie als quantitative Verfahren existieren. Sie impliziert weiter, dass die quantitativen Verfahren spezialisierter sind als die qualitativen, weil etwa das Zählen gleicher Sachverhalte bereits eine Klärung verlangt, inwiefern diese als gleich angenommen werden können und inwiefern nicht – und dies ist keine Frage des Zählens, sondern eine über die Qualität der Dinge. Dies heißt umgekehrt aber nicht, dass die Ergebnisse qualitativer Forschung einer Überprüfung durch quantitative Methoden bedürfen. Vielmehr erheben beide Zugangsweisen ihre eigenen, getrennt zu beurteilenden Gültigkeitsansprüche.

2.2 Die Annahme einer gemeinsamen sozialen Realität von Forscher und Forschungsgegenstand

Die quantitativen Methoden gründen, wie bereits erwähnt, auf dem Paradigma des *Messens* (siehe z.B. Cicourel 1970; Krotz 1990) und unterstellen damit eine prinzipielle Trennung zwischen Forschungssubjekt und Forschungsobjekt, in deren Realisierung das Objekt als vom Forschungshandeln unbeeinflusst angenommen wird. Demgegenüber ist es eine grundlegende Gemeinsamkeit qualitativer Verfahren, dass sie eine solche Trennung für eine unangemessene Abstraktion halten. Denn jedes verstehende Rekonstruieren und Interpretieren, jedes Gespräch und jede Analyse von Daten setzen gemeinsame und für den Forschungsprozess relevante Gemeinsamkeiten zwischen Forscher und Forschungsgegenstand voraus. In der Verwendung qualitativer Verfahren ist deshalb unterstellt, dass *Forschungssubjekt und Forschungsgegenstand Teil eines kommunikativen und kulturellen Zusammenhangs* sind. In einem allgemeineren Sinn kann man deshalb sagen, dass der Mensch als „animal symbolicum“ betrachtet wird, das in einer kommunikativ konstruierten symbolischen Welt lebt. Dies gilt für Forscherin und Forscher ebenso wie für die

Menschen, die die soziale und kommunikative Wirklichkeit konstruieren, um die es im Forschungsprozess geht.

Deshalb muss qualitative Kommunikationsforschung als Prozess verstanden werden, der aus einer Folge kommunikativer und interpretativer Akte besteht (vgl. Hoffmann-Riem 1980; Lamnek 1988). Dies gilt sowohl für die Datenerhebung als auch für die Datenanalyse, also für beide Schritte, in die jede empirische Forschung zerlegt werden kann.

2.3 Forschung als offener Prozess

Damit sind zwei Basisannahmen qualitativer Forschung deutlich: Die Annahme einer gemeinsamen Wirklichkeit, in der sich Forscher und Forschungsgegenstand befinden und das Verständnis von Forschung als einer Folge kommunikativer Akte in rekonstruktiver Zielsetzung, die aus dem Alltag herausdestilliert worden sind. Daran anschließend lässt sich nun die Forderung begründen, dass die an Forschung beteiligten Forschungspersonen der Realität grundsätzlich offen und flexibel gegenübertreten müssen (vgl. Hoffmann-Riem 1980), denn nur dann können sich Forscherin oder Forscher auf die Realität der anderen einlassen. Vor und im Feldkontakt müssen sie immer von der Möglichkeit ausgehen, dass die Ausgangsfrage weiter entwickelt, präzisiert oder sonst modifiziert werden muss und dass sie mit ganz anderen und unerwarteten Sachverhalten zusammenhängt, die zu berücksichtigen sind: Der Forschungsgegenstand selbst kann sich im Laufe des Forschungsprozesses wandeln (vgl. Kleining 1982). Diese Offenheit darf aber nicht mit Beliebigkeit oder einer Anpassung der Ergebnisse an die eigene Sichtweise verwechselt werden.

2.4 Forschung als zirkulärer und multiperspektivischer Prozess

Ein quantitativer Sozialforscher geht aufgrund theoretischer Überlegungen und eventueller explorativer Vorarbeiten mit festen Begrifflichkeiten, detaillierten Operationalisierungen und meistens auch zu testenden Hypothesen in sein Forschungsfeld, die im Prozess nicht geändert werden dürfen (vgl. Friedrichs 1973; Popper [10]1994). Insofern hat quantitative Forschung eine lineare Struktur und muss auch vorab festlegen, was ein Messwert im Hinblick auf die Forschungsfrage wohl bedeuten soll (vgl. Wilson 1973). Das Postulat der Offenheit und daran anknüpfend einer individuellen und sozialen Flexibilität der qualitativen Forschung beinhaltet dagegen, dass jedes Wissen in jedem Augenblick nur vorläufig ist und immer wieder neu geordnet und reinterpretiert werden kann und muss – und zwar im Forschungsprozess selbst, nicht danach.

Daraus lässt sich der Anspruch an die Forschungspersonen ableiten, das *eigene Handeln, seine Voraussetzungen und seine Ergebnisse im Forschungsprozess ständig neu zu reflektieren.* Dementsprechend lassen sich bei qualitativen Methoden die beiden Schritte der Datenerhebung und der -auswertung nur analytisch, aber nicht praktisch voneinander trennen. Auf der Basis der zu einem bestimmten Zeitpunkt gewonnenen Einsichten findet kontinuierlich bzw. immer aufs Neue eine Modifikation und Anpassung von Forschungsschritten statt, die Ergebnisse und ihre Voraussetzungen werden kontinuierlich neu aufeinander bezogen und weiter entwickelt. Insofern ist ein qualitatives Vorgehen in diesem Sinn im Allgemeinen zirkulär, besser *spiralförmig* angelegt, weil es immer wieder, dann aber auf einer höheren Ebene, zu den Ausgangsannahmen zurückkehrt und sie reformuliert.

Eine weitere Konsequenz dieser Annahmen wird im Hinblick auf die Forderung nach *Triangulierung* diskutiert (vgl. Flick [3]1998). Triangulierung besagt, dass Sachverhalte möglichst nicht monomethodisch, sondern multimethodisch zu untersuchen sind. In einem weiteren Sinn steht dahinter die These, dass jedes Erkennen und jede Aussage über einen als unabhängig gedachten Sachverhalt von der Perspektive und vom Standpunkt des Individuums abhängen, das erkennt bzw. eine Aussage für wahr hält. Wenn man also einen sozialen Gegenstand begreifen, beschreiben, erklären, verstehen will, so empfiehlt es sich, ihn von allen Seiten zu sehen, auf ganz unterschiedliche Weise mit unterschiedlichen Verfahren Daten über ihn zu erheben, bei der Interpretation an unterschiedlichen Stellen anzusetzen und möglichst im Team zu arbeiten (als Beispiel: Paus-Haase u.a. 1999).

2.5 Auswahlverfahren und Gültigkeiten

Schließlich ist es wichtig zu berücksichtigen, dass empirische Forschung im Allgemeinen nicht nur Aussagen über das tatsächlich untersuchte Objekt, sondern über allgemeinere Sachverhalte machen will. Studien im Paradigma des Messens wählen deshalb Samples aus, die bezüglich bestimmter Eigenschaften als repräsentativ angenommen werden, und schließen dann mit statistisch bestimmbarem Fehler auf die Gültigkeit der verallgemeinerten Aussage bezüglich der Grundgesamtheit, um die es ja gehen soll.

Demgegenüber argumentiert qualitative Forschung immer *exemplarisch-theoretisch*. Das heißt, dass im Lichte vorgängiger theoretischer, prinzipiell explizit gemachter und reflektierter Annahmen Fälle ausgesucht und analysiert werden. Die Gültigkeit für andere, meist allgemeinere Sachverhalte ergibt sich dann entweder aus der Möglichkeit theoretischer Erklärung für gefundene Strukturen und Zusammenhänge, die ja dann, weil theoretisch begründet, auch für andere Fälle gelten, oder aber aus der Auswahl der Fälle. Dafür gibt es eigenständige Vorgehensweisen – etwa in der Ethnografie, warum man dieses und nicht jenes Dorf untersucht (vgl. Fischer [4]1998). Glaser und Strauss (1967) sprechen im Rahmen der Grounded Theory vom „theoretical sampling“; darunter verstehen sie die Praktik, auf der Basis bereits vorhandenen Wissens weitere, vermutlich anders gelagerte Fälle auszusuchen, um komparativ festzustellen, unter welchen Bedingungen Aussagen gelten und unter welchen nicht. Allgemeiner ist das so genannte *Extremgruppensampling* (vgl. Kleining 1995), das darauf abzielt, bezüglich des zu untersuchenden Sachverhalts möglichst extreme Positionen in den Forschungsprozess einzubeziehen. Deren trotzdem noch vorhandene Gemeinsamkeiten werden dann als Eigenschaften des infrage stehenden Phänomens verstanden: Über den Forschungsgegenstand „Fernsehrezeption“ beispielsweise kann man nur etwas aussagen, wenn man versteht, wie unterschiedliche Inhalte und Genres in unterschiedlichen Situationen und Bedingungen durch unterschiedliche Menschen mit unterschiedlichen Hintergründen und Zielen rezipiert werden. Verallgemeinerungsprozesse finden folglich in den verschiedenen Ansätzen qualitativer Forschung auf unterschiedliche Weise statt und sind natürlich im Einzelfall begründungsbedürftig.

3 Zur Entwicklung der qualitativen Kommunikationsforschung

Wissenschaftshistorisch gesehen haben sich die Sozialwissenschaften immer schon qualitativer Methoden bedient. Beispielsweise Durkheims Schriften zur Methode aus dem 19. (vgl. Durkheim 1964) als auch die verstehende Soziologie Max Webers zu Beginn des 20. Jahrhunderts (vgl. Weber [5]1976), in deren Rahmen beispielsweise das Konzept der Idealtypen entwickelt wurde, lassen sich im heutigen Sinn als qualitativ ansehen.

In der sich von der Philosophie ausdifferenzierenden Psychologie wurde dann, zunächst unter dem Einfluss des Behaviorismus, die quantitative Methodologie entwickelt. Eine besondere Rolle für deren Entwicklung hat dabei der in die USA emigrierte Sozialforscher Paul F. Lazarsfeld seit den Vierzigerjahren des 20. Jahrhunderts gespielt (vgl. Langenbucher 1990). Dabei ist Lazarsfeld immer von einer Einheit der Methoden ausgegangen und war nicht nur an innovativen quantitativen Studien beteiligt (z.B. Jahoda/Lazarsfeld/Zeisel [3]1980), sondern hat auch zur Weiterentwicklung qualitativer Verfahren beigetragen. Er hat diese allerdings konsequent als nur explorativ begriffen (vgl. Lazarsfeld 1972).

In der Folge hat sich die quantitative Forschung in Soziologie und Psychologie und in der erst entstehenden empirischen Kommunikationswissenschaft durchgesetzt. Von Bedeutung für ihren Siegeszug in der Kommunikationswissenschaft war wahrscheinlich auch, dass die Medienveranstalter und die Regulierungsinstitutionen für die Entwicklung von deren Fragestellungen von Bedeutung waren – sie waren immer eher an quantitativ zu beantwortenden Fragen interessiert, wie die Wichtigkeit von Einschaltquoten und Marktanteilen zeigt.

Vor allem in der Soziologie und der Sozialpsychologie hat sich seit den Siebzigerjahren des 20. Jahrhunderts dann wieder eine qualitative Forschungsszene entwickelt, die sich auf hermeneutische, phänomenologische, psychoanalytische und symbolisch-interaktionistische Ansätze beziehen konnte. Von wesentlicher Bedeutung dafür waren in Deutschland die Publikationen der Arbeitsgruppe Bielefelder Soziologen (1973, 1976), die der deutschen Sozialwissenschaft eine Reihe basaler Texte über qualitative Verfahren zugänglich gemacht haben. In der Folge sind auch einige eigenständige deutsche Neuentwicklungen wie die strukturale Hermeneutik Oevermanns, das narrative Interview Schützes und die heuristische Sozialforschung Kleinings (siehe unten) entstanden.

In der Kommunikationswissenschaft sind in diesem Zusammenhang die Aufsätze von Teichert (1972, 1973) und Renckstorf (1973, 1977) zu nennen, deren methodologische Konsequenzen freilich kaum erkannt wurden. Größere Bedeutung erlangte zunächst die Biografieforschung (vgl. Fuchs 1984), vermutlich, weil die Notwendigkeit einer qualitativ orientierten Forschung auf diesem Feld vergleichsweise offensichtlich ist. Im Laufe der Jahre hat sich dann die qualitative Kommunikationsforschung in vielfältige Richtungen ausdifferenziert, wenn sie auch immer die „kleinere Schwester" geblieben ist.

Gegen Ende des 20. Jahrhunderts hat diese Entwicklung international gesehen die Richtung geändert, insofern von einem „linguistic turn" gesprochen werden kann. Neuere Ansätze der qualitativen Forschung begreifen sich immer häufiger als semiotisch fundiert – nicht nur in der Kommunikationsforschung, sondern etwa auch in Ethnologie und Volkskunde (vgl. Geertz ^{2}1991; Berg/Fuchs 1993) oder im Rahmen einer Soziologie, die „Kultur" nicht wie Talcott Parsons auf Normen und Werte verkürzt, sondern wie etwa Raymond Williams als „ganze Lebensweise" versteht. Eine Rolle dafür mag auch die zunehmende Bedeutung interkultureller Forschung (vgl. z.B. Jandt ^{2}1999) in einer zusammenwachsenden Welt spielen. In der deutschen Kommunikationswissenschaft haben sich diese Entwicklungen im Vergleich zu anderen Ländern jedoch (noch) nicht sehr weit durchgesetzt.

In Rahmen der Verbreiterung und Vertiefung qualitativer Forschung ist in den angelsächsischen Ländern eine Reihe von einführenden Lehrbüchern publiziert worden, die sich explizit auf qualitative Kommunikationsforschung beziehen (z.B. Jensen/Jankowski 1993; Lindlof 1995; Berger 2000). In Deutschland dagegen sind die meisten Textbücher über qualitative Verfahren eher allgemein sozialwissenschaftlich inspiriert (vgl. Lamnek 1988, ^{2}1993; Flick ^{3}1998; Flick/von Kardoff/Steinke 2000), jedoch liegen auch einige methodisch orientierte und zugleich genuin kommunikationswissenschaftlich gerichtete Schriften vor (so etwa H.-J. Wagner 1999; H. Wagner u.a. 1999; Paus-Haase/Schorb 2000; vgl. auch Baacke/Kübler 1989; Holly/Püschel 1993; Charlton/Schneider 1997), die freilich – auch mangels einer breiteren wissenschaftsinternen Diskussion – zum Teil noch recht selektiv sind.

4 Ein Überblick über qualitative Verfahren anhand der ihnen unterliegenden theoretischen Orientierungen

Vor diesem Hintergrund lassen sich nun die *einzelnen qualitativen Verfahren* beschreiben. Man kann dies anhand einzelner Methoden wie Beobachtung, Befragung oder Experiment tun, wie es etwa Lamnek (^{2}1993) vorführt, weil jeder quantitativen Methode eine entsprechende qualitative gegenübersteht. Man kann qualitative Methoden auch im Hinblick auf bestimmte Forschungsfelder und Gegenstandsbereiche darstellen (vgl. z.B. Jensen/Jankowski 1993) – jedenfalls dann, wenn man sich dabei auf eine verbindliche theoretische Grundlage wie die Cultural Studies konzentriert und die Methoden, die man vorstellt, daraufhin zuschneidet. Möglich und in einem Überblickstext besonders sinnvoll ist es angesichts der unterschiedlichen Verwurzelungen qualitativer Verfahren aber, diese nach ihren theoretischen Grundannahmen zu unterscheiden, wie es z.B. bei Flick (2001) angelegt ist.

Im vorliegenden Text werden die qualitativen Verfahren pragmatisch zu vier allgemeinen Blöcken zusammengefasst: Wir unterscheiden erstens theoretisch voraussetzungsreiche, zweitens voraussetzungsarme interpretative Verfahren, drittens heuristische Verfahren und fassen die weiteren Vorgehensweisen in einer Residualkategorie zusammen. Dabei werden jeweils einige wichtige Verfahren exemplarisch vorgestellt, aber aus Platzgründen meist auf genauere Beispieldarstellungen verzichtet.

4.1 Theoretisch voraussetzungsreiche Verfahren

Unter theoretisch voraussetzungsreichen Verfahren werden hier in den Sozialwissenschaften gebräuchliche Verfahren verstanden, die eine elaborierte Theorie über die Realität bzw. über Medien, Kommunikation und kommunikatives Handeln voraussetzen. Psychoanalytische Sozial- und Kommunikationsforschung etwa in der Rezeptionsforschung ist ein Beispiel dafür. Ein anderes ist das vor allem in der Soziologie häufig angewandte Verfahren des narrativen Interviews, das auf Schütze (1976) zurückgeht. Danach kann man aus linguistischen Erzähltheorien ableiten, dass alle Erzählungen dramaturgische Zwänge mit sich bringen, aufgrund derer Menschen nicht nur Sachinformationen mitteilen, sondern umfassendere Darstellungen entwickeln, wenn man sie sprechen lässt – man bewegt sie so dazu, mehr zu sagen, als sie eigentlich sagen wollen. Die für die deutsche Kommunikationswissenschaft wichtigsten theoretisch voraussetzungsreichen Verfahren sind aber ohne Zweifel die *phänomenologischen und die hermeneutischen* Verfahren.

Die Verfahren der *Ethnomethodologie und der Konversationsanalyse* gehen auf die Phänomenologie Edmund Husserls zurück, die vor allem Alfred Schütz (1971) den Sozialwissenschaften zugänglich gemacht hat, indem er diese mit den Einsichten Max Webers zusammenbrachte (Lindlof 1995: 33). Sie gehen davon aus, dass die Menschen als kreative Methodologen ihren Alltag konstituieren und sich in ihrem Handeln wechselseitig Sinn anzeigen (vgl. Berger/Luckmann 1980). Dies tun sie in Bezug auf eine „soziale Grammatik“, die jedem sozialen Handeln zugrunde liegt. Dabei entsteht der für Handeln zentrale „Sinn“ nicht als etwas Absolutes und Objektives, sondern wird nur durch den jeweiligen handlungsgrammatikalisch relevanten Kontext rekonstruierbar (vgl. auch Weingarten/Sack/Schenkein 1976).

Die Ethnomethodologie (vgl. Garfinkel 1973) zielt nun auf der Basis dieser Grundannahmen darauf ab herauszufinden, wie dies im Einzelnen vor sich geht und aus welchen Regeln diese „Grammatik“ besteht: Das konkrete Handeln gilt dabei als „indexikalisch“ – es ist empirisch beobachtbar, muss aber auf diese grammatikalischen Regeln der Konstitution von Sinn und Bedeutung, von Alltag und Wirklichkeit hin entschlüsselt werden. Die daran anknüpfende Konversationsanalyse ist ein Verfahren der Analyse dokumentierter Kommunikation.

Angela Keppler beispielsweise hat in diesem Paradigma „Tischgespräche“ von Familien in natürlichen Settings aufnehmen lassen und in Bezug auf den Umgang mit Medien analysiert. Für sie „konzentriert sich die Konversationsanalyse auf die fallunabhängigen Prinzipien und Mechanismen der Interaktion, die als geordnete, d.h. als methodisch hervorgebrachte Objekte betrachtet werden.“ (Keppler 1994: 41). Es geht ihr folglich um die Bestimmung formaler Strukturen und Regeln der Kommunikation. Diese sind als Gleichförmigkeiten definiert, die sich aus Einzelfallanalysen gewinnen lassen, aber darüber hinaus Gültigkeit haben. Sie werden in Form von „Strukturhypothesen“ formuliert und müssen durch „Korpuserweiterung“ an weiteren Fällen validiert werden (Keppler 1994: 42/43; vgl. auch Ayaß 1997). In diesem Prozess darf der Bezug der allgemeinen Aussagen auf das immer konkret und situativ zu verstehende Kommunikationsgeschehen nicht verloren gehen.

Ergänzend lässt sich auf phänomenologisch orientierte Lebensweltanalysen verweisen, wie sie auf der Ebene partizipativer Beobachtung etwa in dem Band von

Hitzler und Hohner (1997) diskutiert werden – beispielsweise, um das lebensweltlich bezogene Handeln von Hip-Hop-Fans herauszuarbeiten.

Demgegenüber untersuchen *hermeneutische Ansätze*, der zweite Typus der in der Kommunikationsforschung häufiger angewandten voraussetzungsreichen Verfahren, subjektives Handeln auf der Basis subjektiver Sichtweisen und versuchen so, methodisch kontrolliert die sozial bedingte individuelle Konstitution von Sinn zu rekonstruieren. Zu den bekanntesten Verfahren dieser Art zählt die objektive oder strukturale Hermeneutik (vgl. Oevermann 1983; Reichertz 1997). Sie hat in der Kommunikationswissenschaft vor allem bei der Untersuchung des medienbezogenen Handelns von Kindern Anwendung gefunden (vgl. Charlton/Neumann 1988, 1990; Aufenanger 1995a, 1995b) und wurde, wenn auch sehr kursorisch, auf die Analyse von Computerspielen und deren Nutzung angewandt (vgl. Krambrock 1998).

Die strukturale Hermeneutik geht davon aus, dass jedes Handeln einen objektiv feststellbaren Sinn besitzt, den es in Einzelfallanalysen zu erhellen gilt. Interaktionen werden dabei als aufeinander aufbauende sequenzielle Prozesse verstanden, die in ihrem Ablauf Handlungsvarianten systematisch möglich machen oder aber ausschließen; in der Untersuchung wird dies rekonstruiert: „Die Feinanalyse gibt ein System von Fragen vor, anhand derer der Interakt beleuchtet werden kann: so die offenstehenden Handlungsmöglichkeiten vor dem Sprecherwechsel, die mutmaßlichen bewußten Motive der Interaktanten, die objektiven Folgen des Interakts für das soziale Handlungsfeld, die semantischen, syntaktischen und pragmatischen Besonderheiten des Sprechakts usw." (Charlton/Neumann 1990: 22). Dabei bildet „Das intuitive Wissen einer Interpretengruppe über die Spielregeln des sozialen Lebens" (Charlton/Neumann 1990: 22) das Kriterium für die Gültigkeit einer Interpretation. Das alltagspraktische „knowing how" wird so gegenstandsbezogen in ein wissenschaftliches „knowing what" überführt. Diese Rekonstruktion kann im Einzelfall ausgesprochen aufwändig werden, weil der latente Sinn jeder einzelnen Aussage nur mittels des Ausschlusses von nicht möglichen Intentionen und Sinnzusammenhängen herausgearbeitet werden kann, die zum Beispiel mithilfe von Gedankenexperimenten (Bohnsack 1991: 71) ermittelt werden. Mit dem Buch von Andreas Werner (2000) liegt für ein derartiges Vorgehen mittlerweile ein systematisch einführender Text vor.

4.2 Theoretisch voraussetzungsarme Verfahren

Während also die voraussetzungsreichen Verfahren ihre Berechtigung aus den ihr unterliegenden Theorien über die kulturelle und soziale Wirklichkeit gewinnen und ihre Gültigkeit in Bezug auf diese Theorien begründen, kommen die *voraussetzungsarmen qualitativen Verfahren* ohne derartige Annahmen aus. Sie werden vielmehr in pragmatischer Absicht verwendet, um inhaltliche Einsichten zu gewinnen. Beispielsweise führten Paus-Haase u.a. (1999), um die Bedeutung von Talkshows für Jugendliche herauszufinden, zunächst eine Reihe von Gruppendiskussionen durch, bei denen sie die TeilnehmerInnen nach soziodemografischen Kriterien variierten. Nach deren Auswertung wurden dann mit einzelnen TeilnehmerInnen vertiefende Interviews und in einer weiteren Stufe biografische Interviews geführt.

Dabei wurden keine Annahmen über die Realität gemacht, sondern die transkribierten Protokolle nach inhaltlichen Kriterien und mit dem Ziel von Nutzungstypologien und anderen Klassifikationen ausgewertet. Hinter diesem Vorgehen stand nur die Annahme, dass man die Menschen, um deren Realität es ging, offen fragen und ihre Argumentation rekonstruieren muss, um angemessene Einsichten zu erhalten.

Mittlerweile liegt in der Kommunikationswissenschaft eine wachsende Zahl derartiger Studien vor, die pragmatisch und kreativ Fragestellungen methodisch und nachvollziehbar beantworten – beispielsweise rekonstruktiv angelegte Untersuchungen, die bisher nicht untersuchte Forschungsfelder theoriegerichtet strukturieren, ohne deswegen auf explorative Teilschritte verkürzt werden zu können, oder Studien, die vertiefende Einsichten gewinnen wollen.

Für die Auswertung in dieser Art gesammelter Daten, etwa Protokolle von Gruppendiskussionen oder Expertendiskussionen, stehen mittlerweile auch spezifische Softwareinstrumente zur Verfügung (z.B. Winmax oder Atlas TI). Deren Verwendung ist allerdings in der Gemeinde der qualitativen Kommunikationsforscher nicht unumstritten, auch sind diese Hilfsmittel bisher nur eingeschränkt brauchbar.

Im Einzelnen lassen sich dieser Art von qualitativen Verfahren neben *Tiefeninterviews* auch *medienbiografische Ansätze* zurechnen (vgl. Sander/Vollbrecht 1989; Schneider 1991; Prommer 1999; vgl. auch Baacke/Kübler 1989 mit weiteren Hinweisen). Dabei geht es meistens um die Erhebung von Biografien in ihrer medienbezogenen Komponente und deren qualitative Auswertung im Hinblick auf vorgegebene Fragestellungen, ihre zeitliche, soziale und kulturelle Verortung sowie um Vergleiche und Kohortenanalysen.

Neben Interviews werden am häufigsten *Gruppendiskussionen* durchgeführt, die ja schon immer als ein Verfahren einer kritischen Sozialforschung galten und dazu dienen können, Hintergründe von Meinungen, Ansichten oder Handlungsweisen aufzudecken. Vor allem in der sozialisationsorientierten Kommunikationsforschung finden sich zahlreiche Anwendungen dieser Methode (vgl. Paus-Haase u.a. 1999; Göttlich/Krotz/Paus-Haase 2001). Sie werden auch in der Marktforschdung benutzt und können, folgt man der Literatur, in ganz unterschiedliche Richtungen ausgewertet werden (vgl. insbesondere Flick/von Kardoff/Steinke 2000).

Weiter gehören *qualitative Inhaltsanalysen* zum methodischen Repertoire jeder Medien- und Kommunikationsforschung. Darunter wird die systematische und theoriegeleitete Untersuchung fixierter Kommunikate verstanden, die Rückschlüsse auf Hintergründe und allgemein auf Aspekte der Kommunikation ermöglicht (vgl. Mayring ^{6}1997). Dabei wird das Datenmaterial z.B. verdichtet und auf seine je thematisch relevanten Kerne reduziert. Mit dem Ziel der Explikation können aber auch einzelne Textteile ausgedeutet und unter Zuhilfenahme von Kontexten erklärt werden; schließlich kann das Vorgehen darauf abzielen, bestimmte Aspekte aus dem Material herauszufiltern, es nach vorgegebenen Ordnungskriterien zu sortieren und zu beurteilen. Dafür steht eine Reihe von Reduktions- bzw. vereinfachenden Konstruktionsverfahren zur Verfügung – Auslassung, Generalisation, Konstruktion allgemeinerer Aussagen, Integration einzelner Aussagen, Selektion und Bündelung, um einige Verfahren anzusprechen (vgl. insbesondere Mayring ^{6}1997). Natürlich gibt es bei derartigen elaborierten Verfahren auch eine Reihe von Kontroll- und Rechtfertigungsverfahren wie die Überprüfung von Ergebnissen am Ausgangsmaterial, an anderen Fällen sowie an der Theorie.

Ergänzend soll auf die so genannten *hybriden Verfahren* hingewiesen werden, also Untersuchungen, in denen gleichberechtigt sowohl qualitative als auch quantitative Verfahren Anwendung finden. Bei der erwähnten Untersuchung von Paus-Haase u.a. (1999) zur Bedeutung von Talkshows für Jugendliche beispielsweise wurde der Prozess der Triangulierung nicht auf verschiedene qualitative Verfahren beschränkt, vielmehr wurde auch eine repräsentative Umfrage unter Jugendlichen integriert, um den Zusammenhang zwischen Sendungsnutzung und gängigen Theorien der Kommunikationswissenschaft zu testen.

Hybride Vorgehensweisen sind heute im Zuge einer stärkeren Orientierung der Wissenschaft an Praxisbedürfnissen zukunftsträchtig – geht es doch Drittmittel- oder Auftraggebern im Allgemeinen nicht um methodischen Purismus, sondern um eine umfassende Untersuchung des infrage stehenden Phänomens. Sie haben aber auch Bedeutung für die Grundlagenforschung, weil sie auf der Basis der so angelegten Triangulierung einen höheren Komplexitätsgrad der Resultate zulassen, ohne spekulativ zu werden. Allerdings liegen bisher nur wenige Schriften vor, die Bedingungen spezifizieren, unter denen ein derartiges Vorgehen Sinn macht und wie die Ergebnisse integriert werden können.

4.3 Findende Forschungsverfahren

Weiter zählen zu den qualitativen Verfahren *findende Forschungsstrategien* wie die Ethnografie, die Grounded Theory und die heuristische Methodologie. Ihre Gemeinsamkeit liegt darin, dass sie auf strukturierte Beschreibungen als Basis für die Entwicklung neuer theoretischer Einsichten abzielen, wobei nach eigenständigen Gütekriterien bewertet wird, wie umfassend und valide gefundene Ergebnisse sind. Dabei gehen sie nicht von inhaltlichen bzw. gegenstandsbezogenen, sondern von Annahmen über Erkenntnisprozesse aus.

Die *Ethnografie* ist bekanntlich die Methode der Untersuchung kultureller Andersartigkeit auf langfristig partizipierende Weise (vgl. Hammersley/Atkinson ^{2}1995; Hirschauer/Amann 1997). Vor allem das Lernen der Sprache der Gastkultur wird als eine wesentliche Bedingung dafür angesehen, brauchbare Einsichten zu gewinnen – deshalb spricht Fischer (^{4}1998: 75) von einer zweiten Sozialisation, die der Ethnograf im Forschungsprozess erlebt. Er muss lernen, in der Spannung zwischen zwei Kulturen zu leben und zu arbeiten. Als Feldforschung beinhaltet Ethnografie alle möglichen Zugänge zur Erfassung kultureller Realitäten, es werden dabei eine Vielfalt einzelner Methoden wie Interviews, Beobachtung, Befragung von Informanten, Teilhabe an Ritualen und Gruppengeschehen verwendet – alles auf der Grundlage einer langfristig angelegten Teilhabe an der kulturellen Realität der anderen. Ethnografen vermessen aber auch Orte, zeichnen Landkarten, zählen Besitztümer und erstellen oder verwenden Statistiken. Daten entstehen auch durch das Führen von Feldtagebüchern und damit durch Selbstbeobachtung. Dieser Vielfalt von Methoden der Datenerhebung steht in der Ethnografie andererseits eine ebenso große Vielfalt in der Datenanalyse gegenüber – manche Ethnografen gehen beispielsweise konversationsanalytisch vor (Neumann-Braun/Deppermann 1998), bei anderen wird oft nicht deutlich, wie sie von den erhobenen Daten zum Abschlussbericht gelangen. Insgesamt ist die Ethnografie deshalb eigentlich kein einzelnes Verfahren im hier gemeinten Sinn, sondern eher eine breit angelegte Forschungsstrategie für partizipierende Langzeituntersuchungen, in deren Verlauf sich der Ethnograf selbst zum Instrument seines Erkenntnisinteresses macht.

Gerade in der kulturorientierten Kommunikationswissenschaft gibt es mittlerweile eine Vielfalt von ethnografischen Ansätzen, vor allem in der Rezeptionsforschung. Ethnografie gilt auch als Methode der Wahl der Cultural Studies, die ja von der zentralen Bedeutung kulturell bestimmter Interpretationskontexte ausgehen (vgl. Morley/Silverstone 1993; Lindlof/Shatzer 1998; die Trierer Gruppe um Vogelgesang, z.B. Vogelgesang 1991). Ebenso gibt es vielfältige Versuche, das kulturelle Artefakt „Internet“, das ja zugleich kultureller Kommunikationsraum ist, ethnografisch zu untersuchen (vgl. Baym 1999; Hakken 1999; Hine 2000; Krotz 2001a).

Ein weiteres heuristisches Verfahren ist unter dem Titel der *Grounded Theory* bekannt geworden. Es wurde von den Soziologen Glaser und Strauss (1967) entwickelt, um die Kluft zwischen sozialer Theorie und quantitativ durchgeführter Empirie zu schließen. Glaser und Strauss gehen dabei von empirisch erhobenen Daten aus, die einen bestimmten Gegenstandsbereich beschreiben. Auf der Basis derartiger Daten sollen zunächst gegenstandsbezogene Theorien entwickelt werden, die sich noch nahe an die empirischen Daten und deren Strukturen anlehnen. Von da kann man dann zu formalen, also allgemeineren Theorien gelangen. Zentraler Bezugspunkt bleiben aber auch da die empirischen Daten, an denen sich die verschiedenen Theorien bewähren müssen.

Dabei geht die Grounded Theory komparativ vor: zunächst werden verschiedene Fälle bzw. Vergleichsgruppen für sich, dann vergleichend untersucht; daraus werden strukturelle Bedingungen und Hypothesen abgeleitet. Dazu werden verschiedene Auswertungsverfahren angewandt, die als verschiedene Formen des Kodierens bezeichnet werden. Sie sind darauf ausgerichtet, die zentralen Bezugsmomente des in den Daten abgebildeten Handelns bzw. des infrage stehenden Phänomens und damit seinen Sinn herauszuarbeiten. Dabei ist es wichtig, nicht den Kontakt zur Lebenswirklichkeit der Untersuchten, also die Nähe zu den primär erhobenen Daten zu verlieren. Der Umgang mit den Daten dient deshalb nicht nur der Entwicklung generalisierter Aussagen und Hypothesen, sondern auch der Überprüfung des Vorgehens wie auch der Daten selbst – zum Beispiel hinsichtlich der Frage, ob sie den relevanten Gegenstandsbereich angemessen abdecken. Prinzipiell wird dabei zirkulär vorgegangen, insofern die Analyse bereits erhobener Daten zu Überlegungen führt, welche weiteren interessanten Fälle zu berücksichtigen sind. Darauf gestützt werden dann weitere Daten erhoben, die ebenfalls komparativ analysiert werden – ein Verfahren, das im Prinzip solange durchzuführen ist, bis sich eine Sättigung feststellen lässt.

Auf das Verfahren der Grounded Theory, das in der Tradition des Symbolischen Interaktionismus konzipiert wurde, wird immerhin gelegentlich im Bereich kultursoziologisch und medienbezogen angelegter Forschung zurückgegriffen, weil es ermöglicht zu untersuchen, wie soziale und kulturelle Realität durch das Handeln der

Menschen konstituiert wird (vgl. Krotz 2001a; Fritz 1991). Hinzuzufügen ist, dass Glaser einerseits und Strauss andererseits ihre Methode – durchaus nicht im Einklang miteinander – in unterschiedliche Richtungen weiterentwickelt haben (z.B. Corbin/Strauss 1990; Strauss ^{2}1998).

Die an der Grounded Theory anknüpfende, explizit so genannte *heuristische Sozialforschung*, die vor allem Gerhard Kleining (1982, 1995) vertritt, hat sich von den theoretischen Grundannahmen des Symbolischen Interaktionismus und auch von dem Gegensatz qualitativ vs. quantitativ gelöst. Methoden gelten hier als Verfahren, um Einsichten zu gewinnen und Theorien zu konstruieren. Kleining konzipiert das findende Vorgehen als Prozess, der sich spezifischen Prinzipien unterwerfen muss: Offenheit des Vorgehens, in dessen Verlauf man ja den Forschungsgegenstand kennen lernen will, Offenheit des Forschungsgegenstandes, den man ja erst am Ende wirklich kennt, die Verpflichtung zu einem Vorgehen, in dessen Verlauf die eingenommene Perspektive maximal variiert wird, um das anvisierte Phänomen von allen Seiten betrachten zu können, und schließlich ein inhaltsbezogenes Analyseverfahren, das nicht wie im quantitativen Bereich auf Unterschiede (in der jeweiligen Ausprägung von Variablen) zielt, sondern auf das Finden von Gemeinsamkeiten aus ist. Diese werden dann, insofern sie allen Perspektiven gemeinsam sind, dem „Forschungsgegenstand" zugeschrieben und machen seine Eigentümlichkeit aus.

Dieses Verfahren des Findens von Theorien hat eine kommunikationswissenschaftliche Anwendung auch in einer Wiederbelebung *intro- und retrospektiver Forschungsansätze* als Gruppenverfahren erfahren, die sich vor allem für die Rezeptionsforschung anbietet – diese ist ja sonst letztlich immer nur auf Indizien angewiesen, wenn sie sich nicht auf die Auskunft der Rezipienten beziehen will (vgl. hierzu auch das Schwerpunktheft 2, 7. Jg. 1999 des ›Journal für Psychologie‹).

4.4 Weitere Verfahren

Abschließend soll auf die *Vielfalt weiterer, bisher in der Kommunikationswissenschaft zum Teil allerdings nur punktuell eingesetzter qualitativer Verfahren* hingewiesen werden, die auch häufig aus nicht sozialwissenschaftlichen Disziplinen übernommen wurden. Beispielsweise entstammt die Diskursanalyse nach van Dijk (für eine einfache Darstellung vergleiche etwa Großmann 1999) der Linguistik und setzt ein Verständnis von sprachlicher Realität als in Diskursen stattfindend voraus, wobei Diskurse verkürzt ausgedrückt Sachverhalte und den sozial und kulturell bestimmten Umgang damit beschreiben. Sie können durch geeignete Analyse der Sprechweisen der Menschen, aber auch als Mediendiskurse untersucht werden – es ist offensichtlich, dass hier zusätzliche Aspekte in die Darstellung qualitativer Verfahren eingebracht werden.

Aufzuzählen sind in dieser Restkategorie ferner unterschiedliche nicht kanonisierte Verfahren der Rezeptionsanalyse, Verfahren einer empirischen Umsetzung von Aneignungstheorien, Versuche, die empirischen Studien Goffmans für die Kommunikationswissenschaft methodologisch fruchtbar zu machen oder in naturalistischen Settings Beobachtungsstudien zu betreiben. Aber auch Aktionsforschungsansätze, die auf eine Veränderung des Feldes hin ausgerichtet sind, sowie die zum Teil eigenständig begründeten methodische Ansätze der Gender Studies müssen hier erwähnt werden, ebenso die Ansätze einer kritischen Sozial- und Kommunikationsforschung, die im Sinne Theodor W. Adornos das Mögliche dem Existenten gegenüberstellt. Weiter ist auf die Verfahren der Bildanalyse und auf semiotische Analysen hinzuweisen sowie auf die ganze Bandbreite medien- und literaturwissenschaftlich geprägter Methoden (vgl. z.B. Hickethier ^{2}1996).

5 Desiderate und offene Fragen

Die Vielfalt qualitativer Verfahren in der Kommunikationswissenschaft bedarf in Zukunft vor allem einer genauen Systematisierung. Es muss auch innerhalb der Kommunikationswissenschaft mit ihren ganz spezifischen Notwendigkeiten ein kritisch geführter Prozess einer Einordnung und Kodifizierung in Gang gebracht werden, der zum Beispiel präzisiert, wann und unter welchen Bedingungen welche Methode angewandt wird. Auch sind manche qualitativen Verfahren in manchen Details nicht hinreichend ausgearbeitet oder wissenschaftstheoretisch validiert bzw. kontextualisiert; dementsprechend ist dann auch oft unklar, worauf genau nun sich der jeweilige Gültigkeitsanspruch bezieht. Kritisch ist auch zu sagen, dass bei einzelnen Studien handwerkliche Probleme deutlich werden und dass sie gelegentlich ihr eigenes Vorgehen zu pauschal rechtfertigen bzw. letztlich nicht nachvollziehbar sind.

Insgesamt lassen sich deshalb fünf vorrangige Erfordernisse einer zukünftigen qualitativen Methodenentwicklung und einer auf qualitative Ergebnisse gestützten Kommunikationswissenschaft benennen: Eine auf erfolgreicher Empirie basierende methodische und wissenschaftstheoretische Grundlagendiskussion, insbesondere auch im Hinblick auf hybride Verfahren, die Klärung von Bedingungen der Anwendung einzelner qualitativer Verfahren, die Klärung des Verhältnisses verschiedener Verfahren zueinander sowie eine Qualitätssicherungsdiskussion. Schließlich sollte die auf quantitative Verfahren verengte Ausbildungssituation verbreitert werden. Während die quantitative Methodologie wenn nicht in allen, so doch in vielen Studiengängen der Kommunikationswissenschaft gelehrt wird, finden qualitative Verfahren bisher kaum systematische Berücksichtigung. Dass sich dies ändern lässt, zeigt der Bericht der Arbeitsgruppe „qualitative Sozialforschung“ (Arbeitsgruppe „Methoden der qualitativen Sozialforschung“ in der Deutschen Gesellschaft für Soziologie 2002) innerhalb der Deutschen Gesellschaft für Soziologie – die Deutsche Gesellschaft für Publizistik- und Kommunikationswissenschaft könnte hier einiges lernen.

Literatur

Arbeitsgruppe Bielefelder Soziologen (Hrsg.) (1973): Alltagswissen, Interaktion und gesellschaftliche Wirklichkeit. 2 Bde. Reinbek bei Hamburg.

Arbeitsgruppe Bielefelder Soziologen (Hrsg.) (1976): Kommunikative Sozialforschung. München.

Arbeitsgruppe „Methoden der qualitativen Sozialforschung“ in der Deutschen Gesellschaft für Soziologie (2002): Vorschlag zur Reform der Methodenausbildung in der Soziologie. In: Soziologie, Nr. 3, S. 99-106.

Aufenanger, Stefan (1995a): Qualitative Forschung in der Medienpädagogik. In: König, Eckard/Zedler, Peter (Hrsg.): Bilanz qualitativer Forschung. Bd. 1: Grundlagen qualitativer Forschung. Weinheim, S. 221-240.
Aufenanger, Stefan (1995b): Strukturanalytische Rezeptionsforschung – Familienwelt und Medienwelt von Kindern. In: König, Eckard/Zedler, Peter (Hrsg.): Bilanz qualitativer Forschung. Bd. 1: Grundlagen qualitativer Forschung. Weinheim, S. 207-220.
Ayaß, Ruth (1997): Das Wort zum Sonntag: Fallstudie einer kirchlichen Sendereihe. Stuttgart.
Baacke, Dieter/Kübler, Hans-Dieter (Hrsg.) (1989): Qualitative Medienforschung, Tübingen.
Baym, Nancy K. (1999): Tune in, log on. Soaps, fandom, and online community. Thousand Oaks.
Berg, Eberhard/Fuchs, Martin (Hrsg.) (1993): Kultur, soziale Praxis, Text. Die Krise der ethnographischen Repräsentation. Frankfurt/Main.
Berger, Artur Asa (2000): Media and communication research methods. Thousand Oaks.
Berger, Peter L./Luckmann, Thomas (1980): Die gesellschaftliche Konstruktion der Wirklichkeit. Frankfurt/Main.
Blumer, Herbert (1972): Sociological analysis and the „variable". In: Lazarsfeld, Paul F./Pasanella, Ann K./Rosenberg, M. (Hrsg.) (1972): Continuities in the language of social research. New York, S. 157-165.
Bohnsack, Ralf (1991): Rekonstruktive Sozialforschung. Opladen.
Charlton, Michael/Neumann, Klaus (1988): Der Methodenstreit in der Medienforschung: Quantitative oder qualitative Verfahren? In: Bohn, Rainer: Ansichten einer künftigen Medienwissenschaft. Berlin, S. 91-107.
Charlton, Michael/Neumann, Klaus (1990): Medienrezeption und Identitätsbildung. Kulturpsychologische und kultursoziologische Befunde zum Gebrauch von Massenmedien im Vorschulalter, in Zusammenarbeit mit Barbara Brauch, Waltraud Orlik und Ruthild Rapp. Tübingen.
Charlton, Michael/Schneider, Sylvia (Hrsg.) (1997): Rezeptionsforschung. Theorien und Untersuchungen zum Umgang mit Massenmedien. Opladen.
Cicourel, Aaron V. (1970): Methode und Messung in der Soziologie. Frankfurt/Main.
Corbin, Juliet/Strauss, Anselm L. (1990): Grounded theory research: Procedures, canons, evaluative criteria. In: Zeitschrift für Soziologie, 19. Jg., S. 418-427.
Durkheim, Émile (1964): The rules of sociological method. Chicago.
Fischer, Hans (Hrsg.) (^{4}1998): Ethnologie: Einführung und Überblick. Berlin.
Flick, Uwe (^{3}1998): Qualitative Forschung. Reinbek.
Flick, Uwe (2001): Qualitative Sozialforschung – Stand der Dinge. In: Soziologie, Nr. 2, S. 53-66.
Flick, Uwe/Kardoff, Ernst von/Steinke, Ines (Hrsg.) (2000): Qualitative Forschung. Ein Handbuch. Reinbek.
Friedrichs, Jürgen (1973): Methoden empirischer Sozialforschung. Reinbek bei Hamburg.
Fritz, Angela (1991): Handeln in Kommunikationssituationen. Versuch einer induktiven Modellbildung. In: Publizistik, 36. Jg., S. 5-21.
Fuchs, Werner (1984): Biographische Forschung. Eine Einführung in Praxis und Methoden. Opladen.
Garfinkel, Harold (1973): Das Alltagswissen über soziale und innerhalb sozialer Strukturen. In: Arbeitsgruppe Bielefelder Soziologen (Hrsg.): Alltagswissen, Interaktion und gesellschaftliche Wirklichkeit. Bd. 1. Reinbek bei Hamburg, S. 189-262.
Geertz, Clifford (^{2}1991): Dichte Beschreibung. Frankfurt/Main.
Glaser, Barney G./Strauss, Anselm Leonard (1967): The discovery of grounded theory. New York.
Göttlich, Udo/Krotz, Friedrich/Paus-Haase, Ingrid (Hrsg.) (2001): Daily Soaps und Daily Talks im Alltag von Jugendlichen. Opladen.
Großmann, Brit (1999): Medienrezeption. Bestehende Ansätze und eine konstruktivistische Alternative. Wiesbaden.
Hakken, David (1999): Cyborg@Cyberspace: an ethnographer looks to the future. London.
Hammersley, Martyn/Atkinson, Paul (^{2}1995): Ethnography. Principles in practice. London, New York.
Hickethier, Knut (^{2}1996): Film- und Fernsehanalyse. Stuttgart.
Hine, Christine (2000): Virtual ethnography. Thousand Oaks.
Hirschauer, Stefan/Amann, Klaus (Hrsg.) (1997): Die Befremdung der eigenen Kultur: Zur ethnographischen Herausforderung soziologischer Empirie. Frankfurt/Main.
Hitzler, Roland/Hohner, Anne (Hrsg.) (1997): Sozialwissenschaftliche Hermeneutik. Opladen.
Hoffmann-Riem, Christa (1980): Die Sozialforschung einer interpretativen Soziologie – Der Datengewinn. In: Kölner Zeitschrift für Soziologie und Sozialpsychologe, 32. Jg., S. 339-372.

Holly, Werner/Püschel, Ulrich (Hrsg.) (1993): Medienrezeption als Aneignung. Methoden und Perspektiven qualitativer Medienforschung. Opladen.

Jahoda, Maria/Lazarsfeld, Paul/Zeisel, Hans (^{3}1980): Die Arbeitslosen von Marienthal. Frankfurt/Main.

Jandt, Fred E. (^{2}1999): Intercultural communication. An introduction. Thousand Oaks.

Jensen, Klaus Bruhn/Jankowski, Nicholas (Hrsg.) (1993): A handbook of qualitative methodologies for mass communication research. London.

Keppler, Angela (1994): Tischgespräche. Über Formen kommunikativer Vergemeinschaftung am Beispiel der Konversation in Familien. Frankfurt/Main.

Kleining, Gerhard (1982): Umriss zu einer Methodologie qualitativer Sozialforschung. In: Kölner Zeitschrift für Soziologie und Sozialpsychologie, 34. Jg., S. 224-253.

Kleining, Gerhard (1995): Lehrbuch Entdeckende Sozialforschung. Bd. 1: Von der Hermeneutik zur qualitativen Heuristik. Weinheim.

Krambrock, Ursula (1998): Computerspiel und jugendliche Nutzer. Hermeneutische Deutungsversuche des Adventure-Computerspiels und seiner jugendlichen Nutzer und Nutzerinnen. Berlin.

Krotz, Friedrich (1990): Lebenswelten in der Bundesrepublik Deutschland. Eine EDV-gestützte qualitative Analyse quantitativer Daten. Opladen.

Krotz, Friedrich (2001a): „fast interessanter und spannender als VL selbst, aber im Moment ja keine allzu große Kunst." Anschlusskommunikation zu Daily Talks und Daily Soaps im Internet. In: Göttlich, Udo/Krotz, Friedrich/Paus-Haase, Ingrid (Hrsg.): Daily Soaps und Daily Talks im Alltag von Jugendlichen. Opladen.

Krotz, Friedrich (2001b): Die Mediatisierung kommunikativen Handelns. Wie sich Alltag und soziale Beziehungen, Kultur und Gesellschaft durch die Medien wandeln. Wiesbaden.

Kuhn, Thomas (^{3}1978): Die Struktur wissenschaftlicher Revolutionen. Frankfurt/Main.

Lamnek, Siegfried (1988): Qualitative Sozialforschung. Bd. 1: Methodologie. Weinheim.

Lamnek, Siegfried (^{2}1993): Qualitative Sozialforschung. Bd. 2: Methoden und Techniken. Weinheim.

Langenbucher, Wolfgang R. (Hrsg.) (1990): Paul F. Lazarsfeld. Die Wiener Tradition der empirischen Sozial- und Kommunikationsforschung. München.

Lazarsfeld, Paul F. (1972): Qualitative analysis. Historical and critical essays. Boston.

Lindlof, Thomas R. (1995): Qualitative communication research methods. Thousand Oaks.

Lindlof, Thomas R./Shatzer, Milton J. (1998): Media ethnography in virtual space: Strategies, limits and possibilities. In: Journal of Broadcasting & Electronic Media, 42. Jg., S. 170-189.

Mayring, Philipp (^{6}1997): Qualitative Inhaltsanalyse. Weinheim.

Morley, David/Silverstone, Roger (1993): Communication and context: ethnographic perspectives on the media audience. In: Jensen, Klaus Bruhn/Jankowski, Nicholas (Hrsg.): A handbook of qualitative methodologies for mass communication research. London, S. 149-162.

Neumann-Braun, Klaus/Deppermann, Arnulf (1998): Ethnographie der Kommunikationskulturen Jugendlicher. In: Zeitschrift für Soziologie, 27. Jg., S. 239-255.

Oevermann, Ulrich (1983): Zur Sache. Die Bedeutung von Adornos methodologischem Selbstverständnis für die Begründung einer materialen soziologischen Strukturanalyse. In: Friedeburg, Ludwig von/Habermas, Jürgen (Hrsg.): Adorno-Konferenz 1983. Frankfurt/Main, S. 234-289.

Paus-Haase, Ingrid/Hasebrink, Uwe/Mattusch, Uwe/Keunecke, Susanne/Krotz, Friedrich (1999): Talkshows im Alltag von Jugendlichen. Der tägliche Balanceakt zwischen Orientierung, Amüsement und Ablehnung. Opladen.

Paus-Haase, Ingrid/Schorb, Bernd (Hrsg.) (2000): Qualitative Kinder- und Jugendmedienforschung: Theorie und Methoden. München.

Popper, Karl (^{10}1994): Logik der Forschung. Tübingen.

Prommer, Elizabeth (1999): Kinobesuch im Lebenslauf: eine historische und medienbiographische Studie. Konstanz.

Reichertz, Jo (1997): Objektive Hermeneutik. In: Hitzler, Roland/Hohner, Anne (Hrsg.): Sozialwissenschaftliche Hermeneutik. Opladen, S. 31-56.

Renckstorf, Karsten (1973): Alternative Ansätze der Massenkommunikationsforschung. In: Rundfunk und Fernsehen, 21. Jg., S. 183-197.

Renckstorf, Karsten (1977): Neue Perspektiven in der Massenkommunikationsforschung. Beiträge zur Begründung eines alternativen Forschungsansatzes. Berlin, S. 7-59.

Sander, Uwe/Vollbrecht, Ralf (1989): Mediennutzung und Lebensgeschichte. Die biographische Methode in der Medienforschung. In: Baacke, Dieter/Kübler, Hans-Dieter (Hrsg.) (1989): Qualitative Medienforschung. Konzepte und Erprobungen. Tübingen, S. 161-176.

Schneider, Silvia (1991): Biographisches Interview und Erinnerungsaktivierung – das Erhebungsinstrument „(Medien-) Kaleidoskop“. Forschungsbericht am Psychologischen Institut der Universität Freiburg der Projektgruppe „Strukturanalytische Rezeptionsforschung“. Unveröffentlichtes Manuskript.

Schütz, Alfred (1971): Gesammelte Aufsätze. 2 Bde. Den Haag.

Schütze, Fritz (1976): Zur Hervorlockung und Analyse von Erzählungen thematisch relevanter Geschichten im Rahmen soziologischer Feldforschung. In: Arbeitsgruppe Bielefelder Soziologen (Hrsg.): Kommunikative Sozialforschung. München, S. 159-260.

Strauss, Anselm L. (²1998): Grundlagen qualitativer Sozialforschung. München.

Teichert, Will (1972): „Fernsehen“ als soziales Handeln. In: Rundfunk und Fernsehen, 20. Jg., S. 421-439.

Teichert, Will (1973): „Fernsehen“ als soziales Handeln (2). In: Rundfunk und Fernsehen, 23. Jg., S. 356-382.

Vogelgesang, Waldemar (1991): Jugendliche Video-Cliquen. Opladen.

Wagner, Hans (unter Mitarbeit von Ute Nawratil, Philomen Schönhagen und Heinz Starkulla) (1999): Verstehende Methoden in der Kommunikationswissenschaft. München.

Wagner, Hans-Joachim (1999): Rekonstruktive Methodologie. Opladen.

Weber, Max (⁵1976): Wirtschaft und Gesellschaft. 2 Halb-Bde. Tübingen.

Weingarten, Elmar/Sack, Fritz/Schenkein, Jim (Hrsg.) (1976): Ethnomethodologie. Beiträge zu einer Soziologie des Alltagshandelns. Frankfurt/Main.

Werner, Andreas (2000): Einführung in die Interpretationstechnik der Objektiven Hermeneutik. Opladen.

Wilson, Thomas P. (1973): Theorien der Interaktion und Modelle soziologischer Erklärung. In: Arbeitsgruppe Bielefelder Soziologen (Hrsg.) (1973): Alltagswissen, Interaktion und gesellschaftliche Wirklichkeit. Bd. 1. Reinbek bei Hamburg, S. 54-79.

Quantitative Methoden der Kommunikationsforschung

Gregor Daschmann

Begriff und Gegenstand

Ziel empirischen wissenschaftlichen Vorgehens ist es, die Gültigkeit von Theorien, also von Aussagen über eine als gegeben angenommene Realität, durch Beobachtungen dieser Realität zu prüfen. Dabei gelten als *quantitative Methoden* alle Verfahren, die versuchen, Merkmale der Beobachtungsobjekte zu messen. Diese *Quantifizierung* ermöglicht es, eine große Zahl von Fällen zu untersuchen, mit mathematischen Verfahren zu bündeln (*deskriptive Statistik*) sowie aus ihrer Analyse Folgerungen abzuleiten (*schließende Statistik*, vgl. Clauß/Finze/Partzsch [3]1999). Dieser Vorteil, auf nicht untersuchte Fälle rückschließen zu können, wird mit dem Nachteil erkauft, nicht alle Eigenschaften des Einzelfalls in ihrer Gesamtheit zu erfassen. Stattdessen konzentriert sich die Erhebung auf a priori ausgewählte *Merkmale*. *Qualitative Methoden* hingegen versuchen, dem Einzelfall in seiner Gesamtheit gerecht zu werden. Dabei wird in Kauf genommen, dass dies nur exemplarisch sein kann, jedoch kaum Aussagen über nicht untersuchte Fälle erlaubt (vgl. dazu den Beitrag von Krotz in diesem Band). Beide Verfahren sind somit in ihren Schwächen und Leistungen komplementär zueinander. Welches von beiden man wählt, ist daher eine Frage des Untersuchungsinteresses (vgl. Bortz/Döring [2]1995: 271f.; Lamnek 1993: 244; Spöhring 1989: 98f.).

Entwicklung

Marksteine der Entwicklung quantitativer kommunikationswissenschaftlicher Methoden kann man in der Fachgeschichte anhand bedeutender Studien identifizieren. Auch wenn die Ursprünge der einzelnen Methoden z.T. weiter zurückreichen (vgl. z.B. W. Schulz [3]1997: 43), waren die Ende der Zwanzigerjahre in den USA entstandenen *Payne-Fund-Studies* (vgl. als Überblick Charters 1970) eine methodische Initialzündung mit Inhaltsanalysen, quantitativen Befragungen sowie experimentellen Designs (vgl. Lowery/DeFleur [3]1995: 40). In den Dreißigerjahren etablierte Gallup in den USA *repräsentative Umfragen* als Instrument der Demoskopie (Ähnliches leistete Noelle-Neumann im Nachkriegsdeutschland). Der *Panel-Befragung* verschaffte die Studie „The people's choice" Akzeptanz (Lazarsfeld/Berelson/Gaudet 1944). Whites Gatekeeper-Studie (1950) sowie Breeds Untersuchung zur Kollegenorientierung in Redaktionen (1955) gaben *Journalistenbefragungen* und *teilnehmenden Beobachtungen* als Instrumenten der Kommunikatorforschung wichtigen Auftrieb. Gleichzeitig führte Hovland vielbeachtete *Experimente* in der Wirkungsforschung durch (vgl. Hovland/Janis/Kelley 1953). In dieser Zeit etablierte sich die *Inhaltsanalyse* als quantitative kommunikationswissenschaftliche Methode (vgl. Berelson 1952). Mit Ansätzen wie z.B. Agenda-Setting (vgl. McCombs/Shaw 1972) oder der Kultivationshypothese (vgl. Gerbner u.a. 1980a, 1980b) wurden in den

Siebzigerjahren *Mehrmethodendesigns* und *Zeitreihenanalysen* zu bedeutenden Instrumenten. Die Entwicklung der Computertechnik seit den Achtzigerjahren führte zu einer rasanten Vermehrung quantitativer Studien (vgl. z.B. Riffe/Freitag 1997: 518) und *elektronischer Inhaltsanalysen* (vgl. Klingemann 1984). Die Entstehung computerunterstützter Telefonlabors in den Neunzigerjahren führte aus ökonomischen Gründen zu einem starken Anstieg von *Telefonumfragen* (vgl. DFG 1999: 5). Zu den empfehlenswerten *Überblicken* über quantitative Methoden gehören u.a. Bortz/Döring (²1995), Diekmann (1997), Friedrichs (¹⁴1990), König (³1973), Kromrey (1998), sowie – speziell für Kommunikationswissenschaftler – Brosius/Koschel (2001). Detailliertere Darstellungen sind u.a. für die *Inhaltsanalyse* Berelson (1952), Früh (⁵2001a), Merten (²1995), für *Auswahlverfahren und Befragungen* Dillman (1978), Hippler/Schwarz/Sudman (1987), Noelle-Neumann/Petersen (³2000) und Schumann (1997), für *experimentelle Methoden* Czienskowski (1996), Huber (³2000) und Zimmermann (1972). Zum *aktuellen Diskussionsstand* methodischer Fragen in der Kommunikationswissenschaft siehe Wirth/Lauf (2001) sowie Wirth/Lauf/Fahr (2003).

Verwendete Theorien und Methoden

Inhaltsanalysen und *Befragungen* bilden das methodische Standardrepertoire der Kommunikationsforschung. Weitere Erhebungsverfahren sind *offene oder verdeckte* (sowie *teilnehmende oder nicht-teilnehmende*) *Beobachtungen* (z.B. Breed 1955; Wilke/Rosenberger 1991; Bandura/Ross/Ross 1961, 1963) sowie *mechanische* oder *physiologische* Verfahren, wie z.B. Einschaltquotenmessungen (vgl. R. Schulz ³1997), Nutzungsprotokollierungen (vgl. z.B. Schweiger 2001) sowie Geräte zur Messung von emotionaler (z.B. Hautgalvanometer, vgl. Zillmann 1982) oder sexueller Erregung (vgl. z.B. Zillmann 1989). Diese Verfahren werden selten angewandt und in der folgenden Darstellung ausgeklammert. Neben den Erhebungsverfahren Inhaltsanalyse und Befragung wird im Folgenden auch das *Experiment* – eine besondere Form der *Untersuchungsanlage* – näher betrachtet, da hierbei fast ausschließlich quantitative Messungen angewandt werden. Zuvor werden die allen Verfahren zugrunde liegenden Prämissen skizziert: Die Anforderungen an *Hypothesenbildung, Systematik* und *Objektivität*, sowie die verwendeten *Operationalisierungs-*, *Mess-* und *Auswahlverfahren*.

Hypothesenbildung. Sinn und Zweck von Theorien ist es, empirische Beobachtungen zu erklären und daraus Prognosen über zukünftige Entwicklungen abzuleiten (Deduktion, vgl. Bortz/Döring ²1995: 16). Sinn und Zweck empirischen Vorgehens ist es, die Gültigkeit von Theorien zu prüfen, sie also zu bestätigen oder zu widerlegen (Induktion). *Theorie und Empirie* stehen somit in einem wechselseitigen Verhältnis: Einerseits ist Empirie ohne theoretische Reflexion unbrauchbar. Erst die Auseinandersetzung mit der Fragestellung führt dazu, das angemessene Vorgehen zu wählen und es auf geeignete Gegenstände anzuwenden. Andererseits sind Theorien, die nicht empirisch getestet werden können, ebenfalls unbrauchbar, weil sie – da sie weder belegt noch widerlegt werden können – keinen *Informationsgehalt* haben (vgl. Diekmann 1997: 132; Popper ¹⁰1994).

Wissenschaftliche Theorien sind aufgrund ihres abstrakten Aussagecharakters und ihres universellen Gültigkeitsanspruchs in ihrer Gänze weder direkt prüfbar noch beweisbar. Deshalb werden zur empirischen Prüfung aus der theoretischen Aussage konkrete Annahmen – so genannte *Hypothesen* – abgeleitet. Empirische Forschung beobachtet somit immer nur eng begrenzte und definierte *Ausschnitte der Realität* (vgl. Friedrichs [14]1990: 69f.). Hypothesen beziehen sich häufig auch auf Fälle, die derzeit nicht beobachtbar sind. Daher ist die Richtigkeit einer Hypothese nie absolut beweisbar. Es gilt allerdings der umgekehrte Fall: Widersprechen die Befunde einer Hypothese, so gilt sie – und mit ihr die Theorie, aus der sie abgeleitet wurde – streng genommen als widerlegt. Die *Falsifikation* ist somit der einzige sichere Rückschluss auf Hypothesen, den empirische Befunde erlauben. Deshalb müssen zu prüfende Hypothesen stets so formuliert sein, dass ein sie widerlegender Fall faktisch möglich ist (*Falsifikationsprinzip*, vgl. Popper [10]1994).

Das Falsifikationsprinzip gilt in dieser Strenge nur in naturwissenschaftlichen Bereichen, in denen *deterministische* Aussagen möglich sind (vgl. Bortz/Döring [2]1995: 19). Sozialwissenschaftliche Aussagen sind hingegen *probabilistisch*: Aufgrund ihres Gegenstands – der Mensch in seinem sozialen Gefüge, kulturellen Hintergrund und kommunikativen Verhalten – beanspruchen sie nicht, auf jeden Einzelfall gleichermaßen zuzutreffen, sondern beschreiben Wahrscheinlichkeiten dafür, dass bestimmte Zusammenhänge auftreten. Aufgrund dieses probabilistischen Aussagecharakters wird die Gültigkeit von Theorien anhand ihres *Bewährungsgrads* (vgl. Holzkamp 1972) eingestuft: Theorien, die mehrfach bestätigt wurden, gelten als bewährt (nie jedoch als endgültig gesichert), Theorien, die mehrfach widerlegt wurden, gelten als belastet (nie jedoch als endgültig widerlegt, vgl. Bortz/Döring [2]1995: 22).

Systematik und Objektivität. Wissenschaftliche Methoden müssen systematisch und objektiv sein. Systematik bedeutet zum einen, dass nicht willkürlich, sondern *planvoll nach anerkannten Regeln* vorgegangen wird, zum anderen, dass diese Regeln *auf sämtliche Objekte gleich* angewandt werden. Objektivität bedeutet die weitestgehende *Reduktion von Subjektivität*, was als *Intersubjektivität* bezeichnet wird. Ein Verfahren ist intersubjektiv, wenn es – gleichgültig, wer es durchführt – bei ansonsten gleichen Bedingungen zu gleichen Ergebnissen führt. Nicht die gewonnene Erkenntnis selbst ist somit objektiv, sondern der Erkenntnisweg. Aus der Forderung nach Intersubjektivität ergibt sich die Notwendigkeit der *Offenlegung*, *Nachvollziehbarkeit* und *Wiederholbarkeit* wissenschaftlichen Vorgehens (vgl. Brosius/Koschel 2001: 22f.).

Operationalisierung. Hypothesen sind in Sprache gefasste Zusammenhänge. Deshalb muss die Bedeutung der darin verwendeten *Begriffe* für die weitere Untersuchung festgelegt und abgegrenzt werden (*Nominaldefinition*, vgl. Bortz/Döring [2]1995: 59f.). Dadurch wird der subjektive Interpretationsspielraum des Forschers eingeschränkt (Intersubjektivität) und eine Gleichbehandlung aller Untersuchungsobjekte erreicht (Systematik). Mit den Definitionen geht die Bildung von *Indikatoren* einher. Es wird festgelegt, welche konkrete Beobachtung als Kriterium dafür dient, ob ein bestimmtes Merkmal beim untersuchten Einzelfall vorliegt oder nicht, was besonders bei *Konstrukten* – abstrakten Merkmalen mit indirektem empirischem Bezug wie z.B. politischen Einstellungen (vgl. Prim/Tilmann 1989) – unerlässlich ist. Erst diese Operationalisierungen durch Definitionen und Indikatoren machen die Untersuchungsmerkmale messbar (vgl. Friedrichs [14]1990: 73f.).

Messung. Der Messvorgang ist kennzeichnend für quantitative Verfahren und bedeutet die *systematische Zuordnung von Zahlen* oder Symbolen zu den Merkmalen der Objekte (vgl. Friedrichs [14]1990: 97). Objekte mit gleichen Merkmalen erhalten dabei gleiche Werte, sodass eine *Strukturgleichheit* zwischen empirischen Beobachtungen und numerischen Werten besteht. Der *Wertebereich* ist zum einen abhängig von der Zahl der empirisch beobachtbaren *Ausprägungen*. So hat das Merkmal „Geschlecht“ nur zwei Ausprägungen, das Merkmal „Alter in Jahren“ kann hingegen mehr als hundert Ausprägungen haben (*isomorphe Abbildung*). Der Wertebereich ist zum anderen abhängig von der Differenziertheit der Messung: Misst man z.B. das Alter in Altersklassen (16-29 Jahre usw.), erhält man nur so viele verschiedene Messwerte wie zuvor festgelegte Klassen (*homomorphe Abbildung*). Das Messinstrument darf weder zu differenziert, noch zu grob sein. Abhängig davon können Messwerte unterschiedlicher Aussagekraft entstehen, so genannte *Skalenniveaus*. Man unterscheidet zwischen Nominal-, Ordinal, Intervall- und Ratioskalen (vgl. Friedrichs [14]1990: 98). Das zu wählende Skalenniveau ist abhängig vom Untersuchungsinteresse, der beabsichtigten Aussagegenauigkeit und dem Gegenstand.

Messungen müssen reliabel und valide sein. *Reliabilität* bedeutet Verlässlichkeit: Die Messung gleicher Ausprägungen muss auch zu gleichen Messwerten führen. Dies prüft man, indem man Messungen merkmalsgleicher Objekte vergleicht (*Paralleltest*) oder wiederholte Messungen an demselben Objekt vornimmt (*Test-Retest*). *Validität* bedeutet Gültigkeit: Das Instrument muss tatsächlich das messen, was es messen soll. Validität lässt sich nicht durch Tests prüfen, sondern nur durch sachlogische Erwägungen. Dabei kann man nach Inhalts-, Kriteriums- und Konstruktvalidität unterscheiden (zu den einzelnen Begriffen vgl. Brosius/Koschel 2001).

Auswahlverfahren. Die Menge der Objekte, auf die sich eine Untersuchung bezieht, bildet die *Grundgesamtheit*. Grundgesamtheiten können endlich und bekannt sein (z.B. alle Talkshowsendungen eines Jahres im ZDF), sie können jedoch auch unendlich und unbekannt sein (z.B. alle Homepages des Internet). Eine Untersuchung aller Elemente (*Vollerhebung*) ist meist ökonomisch und theoretisch unsinnig, daher analysiert man nur eine Auswahl der Fälle (*Teilerhebung*). Diese Auswahl muss ein verkleinertes strukturgleiches Abbild der Grundgesamtheit, also *repräsentativ*, sein. Dies erreicht man durch das Ziehen einer Zufallsstichprobe (*Randomverfahren*), wobei jedes Element der Grundgesamtheit die gleiche Chance hat, Element der Stichprobe zu werden. Jede Stichprobe hat einen Fehler, ihr Messwert weicht vom wahren Wert der Grundgesamtheit ab. Dieser *Stichprobenfehler* ist normalverteilt: Die meisten Stichproben ergeben geringe, wenige Stichproben aber auch starke Abweichungen vom wahren Wert. Für die Differenz zwischen Stichprobenwert und wahrem Wert kann man einen bestimmten Toleranzbereich festlegen, das so genannte *Konfidenzintervall*. Es wird nach wissenschaftlicher Konvention in der Regel so definiert, dass es exakt 95 Prozent aller möglichen Stichprobenmesswerte abdeckt. Daraus folgt im Umkehrschluss, dass die Wahrscheinlichkeit, dass der wahre Wert vom Messwert einer gegebenen Stichprobe um nicht mehr als dieses definierte Konfidenzintervall abweicht, bei 95 Prozent liegt (*zentrales Grenzwert-Theorem*, vgl. Bortz/Döring [2]1995: 627). Man kann also von der Stichprobe auf den wahren Wert schließen (*Repräsentationsschluss*), muss aber dabei in Kauf nehmen, dass sämtliche aufgrund von Stichprobenuntersuchungen gewonnenen Erkenntnisse mit einer *Irrtumswahrscheinlichkeit*, dem *Zufallsfehler*, behaftet sind (beim konventionellen Konfidenzintervall in der Größe von fünf Prozent). Entgegen weit verbreiteter Ansicht spielt für die Größe des Konfidenzintervalls und der Irrtumswahrscheinlichkeit das Verhältnis der Stichprobengröße zur Größe der Grundgesamtheit keine Rolle. Entscheidend ist lediglich die absolute Größe der Stichprobe (*Gesetz der großen Zahl*, vgl. Noelle-Neumann/Petersen [3]2000: 210f.).

Grundgesamtheiten sozialwissenschaftlicher Untersuchungen sind in der Regel nur *symbolisch* verfügbar (z.B. durch Karteien, Adressbücher oder Computerdateien). Diese symbolischen weichen von den wahren Grundgesamtheiten meist ab, weil sich Letztere permanent ändern. Sind diese Abweichungen zufällig, sind sie hinnehmbar; sind sie systematisch, entstehen *Auswahlfehler*, die einen Repräsentationsschluss nicht mehr gestatten. In der Praxis gibt es zahlreiche Unterformen der Zufallsauswahl wie z.B. *systematische Zufallsauswahlen* (Ziehung jedes n-ten Elements), *geschichtete Zufallsstichproben* (überproportionale Berücksichtigung zentraler Merkmale), *Clusterstichproben* (Auswahl von Klumpen, die der Grundgesamtheit besonders ähneln) oder *mehrstufige Verfahren* (verschiedene hintereinander gestaffelte Zufallsziehungen), z.B. *Random Walk*, *Schwedenschlüssel* oder *Last-Birthday-Methode* (zu den verschiedenen Verfahren vgl. Schumann 1997: 82f.; Brosius/Koschel 2001: 87f.; Noelle-Neumann/Petersen [3]2000: 238f.).

Die Repräsentativität von Stichproben hängt auch ab von der so genannten *Ausschöpfung* – also dem Anteil der Elemente, die tatsächlich untersucht werden konnten. Systematische Ausfälle können zu einer Verzerrung führen. Dies versucht die *Quotenstichprobe* zu umgehen, bei der Elemente anhand bestimmter soziodemografischer Merkmale (z.B. Alter, Geschlecht usw.) so ausgewählt werden, dass die Verteilung dieser Merkmale in der Stichprobe ihrer Verteilung in der Grundgesamtheit entspricht (vgl. Noelle-Neumann/Petersen [3]2000: 236). Ausfälle werden dann durch merkmalsgleiche Elemente (*statistische Zwillinge*) ersetzt. Das Quotenverfahren ist nicht durch die Wahrscheinlichkeitstheorie abgesichert, hat sich aber in der demoskopischen Praxis bewährt (vgl. Noelle-Neumann/Köcher 1997).

Befragung

In der Kommunikationsforschung gibt es vielfältige Anwendungsgebiete der Befragung: *Medienwirkungsstudien* erfassen Vor- und Einstellungen von Rezipienten, *Nutzungsstudien* erfragen Muster im Medienkonsum, *Kommunikatorstudien* konzentrieren sich auf Ansichten und Motive von z.B. Journalisten, Befragungen von z.B. Politikern oder Managern geben Aufschluss über Aspekte oder Probleme der Medienpolitik oder Medienökonomie. Nach *Standardisierungsgrad* lassen sich drei Formen der Befragung unterscheiden: Das *unstrukturierte Interview*, das Leitfadeninterview sowie die vollständig standardisierte Befragung (vgl. Bortz/Döring [2]1995: 217f.). Das unstrukturierte Interview hat die Form eines Gesprächs. Es existiert kein Fragebogen; Länge, Verlauf und Fragestellungen sind nicht vorgegeben, sondern wandeln sich mit den Antworten. Beim *Leitfaden-* (oder auch *Tiefeninterview*) enthält der Fragebogen zwar einen vorgegebenen Kanon von (meist offenen) Fragen, der Befragte kann aber zusätzliche Antworten geben, sodass das Interview individuell abläuft. Unstrukturierte oder Leitfadeninterviews sind qualitative Methoden, weil sie die Antworten nicht durch Messung quantifizieren. Dennoch sind sie für quantitative Untersuchungen von Bedeutung, weil sie in der Konzeptionsphase Hinweise für geplante standardisierte Operationalisierungen liefern können. Die *standardisierte Befragung* gilt als rein quantitative Methode. Fragenwortlaut und Reihenfolge sind strikt vorgegeben, ebenso die Vorgehensweise (z.B. des Interviewers). Dies ermöglicht es, eine große Zahl von Personen möglichst gleichartig zu befragen.

Bei standardisierten Befragungen unterscheidet man nach dem *Befragungsmodus*: Es gibt im Wesentlichen Face-to-Face-, schriftliche sowie telefonische Befragungen (vgl. Brosius/Koschel 2001: 130). Im *Face-to-Face-Modus* antwortet der Befragte einem Interviewer, der mit ihm den Fragebogen durchgeht. Dies ermöglicht eine besonders kontrollierte Durchführung. Zudem können *visuelle und spielerische Instrumente* (z.B. Bildblätter, grafische Skalen, Kartenspiele) eingesetzt werden, was die Operationalisierungsmöglichkeiten erweitert. Auch ist die Ausschöpfungsquote (ca. 60-70%) höher, weil wegen der Präsenz des Interviewers weniger Personen die Teilnahme verweigern oder abbrechen. Der Nachteil ist, dass das Verfahren zeitaufwendig und teuer ist, weil die Interviewer geschult und bezahlt werden müssen. Zudem sind Einflüsse des Interviewers nicht auszuschließen (*Interviewereffekte* wie z.B. das Suggerieren von Antworten oder das Auslösen von Zustimmungseffekten). Neuerdings gibt es auch das *CAPI-Verfahren* (*Computer Assisted Personal Interview*), bei dem Interviewer mit Notebooks ausgestattet sind, sodass die Daten vor Ort gleich eingelesen und multimediale Operationalisierungen (z.B. die Präsentation von Grafiken oder Videostreams) eingesetzt werden können (vgl. Knobloch/Knobloch 1999). Dies hat sich allerdings aus Kostengründen bislang nicht durchgesetzt.

Bei *schriftlichen Befragungen* wird der Bogen in der Regel mit der Post verschickt. Dies ist zwar billiger, hat aber gravierende Nachteile. Die Ausschöpfung ist deutlich geringer, da die Befragten keinen „Druck" verspüren, teilzunehmen. Der *Rücklauf* kann durch verschiedene Strategien gesteigert werden, wie z.B. durch telefonische Vorankündigung des Fragebogens, die persönliche Unterschrift des Untersuchungsleiters im Anschreiben, beigelegte frankierte Rückumschläge oder mehrfache Versendung des Fragebogens („*Nachfassen*"). Eine besondere Form des Nachfassens ist die *Total-Design-Methode*: Der Befragte erhält mit dem Fragebogen eine Postkarte, auf der er angeben kann, ob er teilnimmt und ob er den Fragebogen bereits ausgefüllt hat. Die Postkarte wird unabhängig vom Fragebogen zurückgeschickt. Dadurch ist es ohne Aufhebung der Anonymität möglich festzustellen, welche Befragten bereits geantwortet haben, sodass beim Nachfassen kein Streuverlust entsteht (vgl. Dillman 1978). Wendet man diese flankierenden Maßnahmen an, ist der Kostenvorteil schriftlicher Befragungen allerdings kaum noch spürbar. Weitere Nachteile schriftlicher Befragungen sind die mangelnde Kontrolle (z.B. von wem und in welcher Reihenfolge wird der Bogen ausgefüllt?) sowie die deutlich schlechteren Operationalisierungsmöglichkeiten. Dennoch sind sie bei bestimmten Grundgesamtheiten, die mit Interviewern kaum erreicht werden können (Politiker, Manager usw.), vorzuziehen. Eine neue Form schriftlicher Befragungen sind elektronische Fragebögen (*CSAQ = Computer Assisted Self-Administrated Questionnaire*). Sie werden per Diskette oder E-Mail verschickt oder stehen als eigene Seite im Internet (*Online-Befragungen*). Das ist zwar kostengünstig, ermöglicht aber keine repräsentativen Bevölkerungsumfragen: Zur Zeit sind rund ein Viertel aller Haushalte in Deutschland „online" (ARD/ZDF Medienkommission 2001: 4), darunter vor allem Jüngere und Höhergebildete. Zudem gibt es keine Verzeichnisse, die eine echte Stichprobenziehung ermöglichen würden. Online-Befragungen machen daher nur Sinn bei bekannten und klar umrissenen Grundgesamtheiten (Nutzer einer bestimmten Web-Site oder eines E-Mail-Dienstes). Zudem haben diese computergestützten

Formen zwar den Vorteil, dass multimediale Operationalisierungen möglich sind, aber den Nachteil mangelnder Kontrolle und geringen Rücklaufs (vgl. Janetzko 1999).

Telefonische Befragungen sind der mittlerweile häufigste Befragungsmodus (vgl. DFG 1999: 5). Ihre Beliebtheit – vor allem in der kommerziellen Nutzung – beruht auf mehreren Vorteilen: Telefonische Befragungen sind schnell durchzuführen, bei entsprechender Ausstattung innerhalb von 24 Stunden. Sie sind zudem aufgrund der zentralen Schulung und Kontrolle der Interviewer und der gesunkenen Telefongebühren kostengünstig. Der mittlerweile übliche Einsatz von computerunterstützten Interviewerplätzen (*CATI = Computer Assisted Telephone Interview*) hat diese Vorteile noch erhöht: Der Interviewer füllt den Fragebogen während des Telefongesprächs direkt am Bildschirm aus. Eingabefehler werden so auf ein Minimum reduziert, die Prozedur der nachträglichen Dateneingabe wird überflüssig. Zudem wählt der Computer nach einer systematischen Zufallsauswahl die Telefonnummern, sodass auch die vorherige Stichprobenziehung entfällt. Aber auch telefonische Befragungen haben gravierende Nachteile: Bestimmte Frageformen und Operationalisierungen wie Bildblätter und visualisierte Skalen (z.B. *semantische Differentiale*, vgl. Bortz/Döring [2]1995: 172) oder spielerische Hilfsmittel wie z.B. Kartenspiele sind nicht möglich. Dadurch wird das Interview schnell eintönig, was die ohnehin hohe Abbruchquote noch erhöht. Das gravierendste Problem ist allerdings die Repräsentativität der Stichprobe: Sie enthält nur Haushalte bzw. Personen, die einen Telefonanschluss haben. Zudem haben Inhaber von Mehrfachanschlüssen eine größere Chance, in die Stichprobe zu gelangen. Dazu kommt das Problem der Stichprobenziehung: Wählt man reine *Zufallstelefonnummern*, werden auch Fax- und Firmenanschlüsse angewählt, und kürzere Nummern haben eine höhere Ziehungschance. Zieht man die Stichprobe aus dem *Telefonbuch*, sind viele Anschlüsse gar nicht vertreten (z.B. alleinstehende Frauen oder Prominente mit Geheimnummern). In der Praxis hilft man sich mit Kombinationen: Aus dem Telefonbuch werden Privatanschlüsse ausgewählt, zu deren letzter Ziffer noch eine einstellige Zufallszahl hinzuaddiert wird (*Add-a-Digit*). Dennoch bleibt bei Telefonstichproben ein grundlegendes Unschärfeproblem bestehen (vgl. Brosius/Koschel 2001: 134f.).

Der schwierigste und fehleranfälligste Punkt bei Befragungen ist die Formulierung, Gestaltung und der *Aufbau des Fragebogens*. Dabei ist zwischen Programmfragen und Testfragen zu unterscheiden. *Programmfragen* sind die Forschungsfragen, über die der Fragebogen Aufschluss geben soll, die *Testfragen* sind die Fragen, die der Fragebogen dann tatsächlich enthält (vgl. Noelle-Neumann/Petersen [3]2000: 95). Die Glaubwürdigkeit der ›Bild-Zeitung‹ (Programmfrage) z.B. lässt sich aufgrund *sozialer Erwünschtheit* nicht mit der Testfrage „Glauben Sie der ›Bild-Zeitung‹?“ ermitteln. Die Forschungsfragen müssen also bei der Fragebogengestaltung in Testfragen *operationalisiert* werden. Diese müssen hohe Anforderungen erfüllen: Sie müssen verständlich und eindeutig sein, konkret, plastisch, treffend und alltagssprachlich formuliert, sie dürfen den Befragten nicht überfordern oder verärgern und dürfen nicht suggestiv oder zu intim sein (vgl. Bortz/Döring [2]1995: 224; Noelle-Neumann/Petersen [3]2000: 96f.). Bereits ein einzelnes Wort in einer Frage kann die Antworten verändern (vgl. Lamp 2001). Standardisierte Befragungen verwenden in der Regel *geschlossene Fragen*, d.h. dem Befragten werden die möglichen Antwortalternativen vorgegeben. Die Antworten sind dadurch nicht von der Eloquenz des Befragten abhängig und können direkt in Messwerte umgesetzt werden. Voraussetzung einer validen Messung ist dabei, dass die Antwortvorgaben auch das gesamte mögliche Antwortspektrum abdecken. *Offene Fragen* (ohne Antwortvorgaben) sind aufwändiger auszuwerten, weil die Befragten sich u.U. zu ganz unterschiedlichen Aspekten äußern und die Antworten dadurch zersplittern. Um sie zusammenzufassen, muss man sie nachträglich analysieren und wieder bestimmten Antwortkategorien zuordnen (vgl. Bortz/Döring ^{2}1995: 232). Bei der geschlossenen Frage entscheidet hingegen nicht der Forscher, sondern der Befragte, welcher Antwortkategorie er zugerechnet wird. Dies ist vermutlich valider. Bei der Frageformulierung sind auch das Skalenniveau und die Differenziertheit der Skala zu berücksichtigen. Nicht immer ist die differenziertere Messung die geeignetere.

Die Befragung ist eine *reaktive Methode*, d.h. der Untersuchungsvorgang kann den Untersuchungsgegenstand verändern (Diekmann 1997: 521; Scholl 1993). Eine Möglichkeit sind Auswirkungen der *Fragenreihenfolge.* So kann eine Frage (z.B. was man von der hohen Staatsverschuldung hält) auf die Antworten zur folgenden Frage (z.B. ob die Sozialhilfe gekürzt werden sollte) ausstrahlen (*Halo-Effekt*, vgl. Friedrichs ^{14}1990: 197). Auch bei der Vorlage von Listen oder Kartenspielen gibt es Reihenfolgeeffekte: Die ersten und letzten Vorgaben werden besser erinnert als die in der Mitte (*Primacy-Recency-Effekt*, vgl. Scheuring 1991). Durch die Fragefolge sind zudem *Kontrasteffekte* möglich, die artifiziell suggerieren, dass die nachfolgende Frage anders zu beantworten sei als die erste (vgl. z.B. Brosius 1995, Exp. 1 und 4). Zudem zeigen viele Befragte das Bestreben, einen möglichst positiven Eindruck zu hinterlassen. Dies führt zu *Konsistenzeffekten* (die Fragen werden stimmig beantwortet, um keinen wankelmütigen Eindruck zu machen) und zu Antworten sozialer Erwünschtheit (siehe oben). Viele dieser unerwünschten Effekte sind durch geschickten Aufbau des Fragebogens ausschaltbar. *Eisbrecherfragen* zu Beginn lockern die Interviewsituation, *Puffer- und Überleitungsfragen* können Ausstrahlungs- oder Kontrasteffekte minimieren, *Kontrollfragen* reaktives Antwortverhalten identifizieren. Zusammenfassend ist festzuhalten, dass die Gestaltung von Fragebögen großes Geschick, Sensibilität und Kreativität erfordert, um artifizielle Befunde so weit wie möglich zu verhindern. In kommerziellen Befragungen wird dem leider zu selten Rechnung getragen.

Befragungen können zu einem oder mehreren *Messzeitpunkten* durchgeführt werden. Solche *Mehrfachbefragungen* können jedesmal eine neue Stichprobe befragen. Dadurch lässt sich bei identischen Fragen ermitteln, ob sich Ansichten auf *Aggregatebene* geändert haben (*Trend*, z.B. ZDF-Politbarometer). Befragt man wiederholt die gleichen Personen (*Panel*), so ist ein eingetretener Meinungswandel auf *Individualebene* nachweisbar. Dieser Vorteil des Panels ist mit Nachteilen verbunden: Zum einen muss der permanente Befragtenschwund (*Panel-Mortalität*) durch statistische Zwillinge ausgeglichen werden, zum anderen wissen die Befragten, dass bald wieder eine Umfrage ins Haus steht, was u.U. ihre Antworten beeinflusst (*Panel-Effekt*). Allerdings sind Paneleffekte in der Literatur häufiger thematisiert als bislang empirisch nachgewiesen (vgl. Lazarsfeld/Berelson/Gaudet 1944; Maurer 2003). Eine weitere Sonderform der Befragung ist der experimentelle *Split-Ballot* (gegabelte Befragung, vgl. Abschnitt Experiment in diesem Beitrag).

Inhaltsanalyse

Die Inhaltsanalyse ist die am häufigsten angewandte (vgl. Merten ²1995: 13, 355) und fachspezifische Methode der Kommunikationswissenschaft „zur systematischen, intersubjektiv nachvollziehbaren Beschreibung inhaltlicher und formaler Merkmale von Mitteilungen" (Früh ⁵2001a: 25). Im Gegensatz zur hermeneutischen Textinterpretation zielt sie nicht auf singuläre Botschaften, sondern versucht, *große Mengen von Mitteilungen* nach identischen Regeln zu analysieren. Dadurch eignet sie sich für die empirische Erforschung von Massenkommunikation, da repräsentative Stichproben der Berichterstattung untersucht werden können. Ziel von Inhaltsanalysen ist es, Mitteilungen (i.d.R. Medienberichterstattung) zu beschreiben sowie *darüber hinausgehende Folgerungen* zu ziehen, z.B. *diagnostisch* auf Strategien, Motive und Einstellungen von Kommunikatoren (z.B. Galtung/Ruge 1965; Schulz 1976; Hagen 1994) oder *prognostisch* auf die Wirkung auf Rezipienten (z.B. Schneider/Schönbach/Semetko 1999; Schmitt-Beck 2000; Brosius/Esser 1995; Daschmann/Brosius 1997). Die Möglichkeiten und Grenzen dieser Methode werden im Folgenden am Beispiel der Analyse von schriftlichen Texten bzw. Zeitungsberichten dargestellt. Die Ausführungen gelten sinngemäß ebenso für alle anderen Kommunikationsformen, da Inhaltsanalysen prinzipiell auf alle schriftlichen, mündlichen, audiovisuellen oder nonverbalen (z.B. Frey/Bente 1989) Mitteilungen anwendbar sind.

Das konkrete Vorgehen lässt sich wie folgt skizzieren: Ein Forscher prüft z.B. die Hypothese, wonach der Politiker X in Zeitung A kompetenter dargestellt wird als in Zeitung B. Er wählt das *Untersuchungsmaterial* aus (z.B. eine zeitgleiche Stichprobe beider Blätter) und erstellt ein System von Regeln und Messvorschriften (*Codebuch*). Darin ist zunächst das *Aufgreifkriterium* festgelegt, also welche Berichte untersucht werden sollen (z.B. alle im Politikteil, in denen der Politiker X genannt ist). Die weiteren Vorschriften bestimmen, welche Merkmale der Berichte (*Selektionsinteresse*) wie gemessen werden sollen (*Klassifikationsinteresse*) und wie dies zu erfolgen hat (vgl. Früh ⁵2001a: 121; W. Schulz ³1997: 53). Diese Definitionen bezeichnet man als *Kategorien.* Die *Codierer* tragen die anhand des Codebuchs ermittelten Messwerte der einzelnen Kategorien in ein Formular ein (*Verschlüsselung*), den so genannten *Codebogen.* Die Codebögen werden dann in den Computer eingelesen und mithilfe statistischer Verfahren ausgewertet.

Inhaltsanalysen sind im Gegensatz zur Befragung *nicht reaktiv*, d.h. der Untersuchungsvorgang verändert den Untersuchungsgegenstand nicht (kontrovers: Merten/Großmann 1996). Dadurch sind Untersuchungen replizierbar, und es lassen sich auch vergangene Kommunikationsprozesse analysieren (vgl. Rosenberger 1998; Wilke 1984). Inhaltsanalysen können nur Ausschnitte der Berichterstattung betrachten: Die Texte werden nicht in ihrer Ganzheit erfasst, sondern das Vorhandensein bestimmter Merkmale wird gemessen. Aus dieser *Parzellierung* folgt, dass die ursprünglichen Inhalte nicht mehr rekonstruierbar sind. Dieser *Sinnverlust* wird Inhaltsanalysen oft vorgeworfen. Diese Kritik verkennt jedoch, dass diese Reduktion von Komplexität Voraussetzung ist, um Aussagen über große Mengen von Mitteilungen machen zu können. Wie bei allen quantitativen Methoden wird eben auch bei der Inhaltsanalyse die Möglichkeit der Beobachtung zahlreicher Fälle mit einem Verlust an Erkenntnistiefe des Einzelfalls erkauft.

Dem Ziel, die *Bedeutung von Texten* erfassen zu wollen, steht ein grundlegendes erkenntnistheoretisches Problem entgegen: Bedeutung ist den Texten nicht immanent, sondern wird ihnen von Aussageproduzenten und -rezipienten *zugeschrieben* (vgl. Früh [5]2001a: 98f.). Der Text selbst besteht nur aus schwarzen Flecken auf weißem Papier („black-marks-on-white", Berelson 1952: 19). Aus der *Subjektivität* von Bedeutungsrekonstruktionen folgt allerdings nicht, dass sie willkürlich und völlig individuell sind. Die Rekonstruktionsprozesse verschiedener Rezipienten verlaufen vielmehr regelhaft und folgen allgemeinen Gesetzmäßigkeiten. Dies macht sich die Inhaltsanalyse zunutze. Bereits in seiner ersten theoretischen Konzeption postulierte Berelson, der zu analysierende Inhalt müsse eine gemeinsame Plattform („common meeting-ground", Berelson 1952: 19) für Autor, Leser und Forscher darstellen. Die vom Forscher inhaltsanalytisch zugeschriebenen Bedeutungen müssten also mit den vom Kommunikator intendierten und den vom Publikum rezipierten Bedeutungen identisch sein. *Ziel der Messung* ist somit nicht „die" objektive Bedeutung eines Textes, sondern sein *intersubjektiv unstrittiger Gehalt.*

Nach Berelsons Ansicht existierte ein solcher intersubjektiv unstrittiger Gehalt nur für bestimmte sachliche Text- und Aussagetypen („manifest content [...] where understanding is simple and direct", Berelson 1952: 19), deren Bedeutung offenkundig, unmittelbar und unabhängig von Konnotationen („denotative communication material", Berelson 1952: 20) zu verstehen sei. „Latente" (verborgene bzw. hintergründige) Eigenschaften der Mitteilung seien hingegen nicht unstrittig wahrnehmbar und daher nicht messbar. Abgesehen von theoretischen Mängeln ist Berelsons Unterscheidung nicht praktikabel, weil der Anwendungsbereich von Inhaltsanalysen eng beschränkt wäre und weil die Ausklammerung von Konnotationen den Aussagen genau das nimmt, was sie bedeutsam macht.

Das Problem lässt sich lösen, wenn man manifesten bzw. intersubjektiv unstrittigen Gehalt nicht wie Berelson als Texteigenschaft, sondern *als wissenschaftliches Konstrukt* betrachtet (vgl. Kepplinger 1997). Der „common meeting-ground" wird durch das Messinstrument – also das Kategoriensystem – umrissen, das den subjektiven Interpretationsspielraum der Codierer eng beschränkt. Nach diesem Verständnis zählt als *manifester Gehalt alles, was durch die Vorgehensweise manifest, also intersubjektiv unstrittig messbar, gemacht wird.* Vorteil dieser Strategie ist, „dass prinzipiell alle Inhaltsaspekte codierbar sind, die sich intersubjektiv evident beschreiben lassen, sodass verschiedene Personen dieselben Passagen übereinstimmend interpretieren." (Früh [5]2001a: 108). Dieser Ausweitung des Anwendungsbereichs steht als Nachteil gegenüber, dass die durch die Inhaltsanalyse identifizierten Bedeutungen dann nicht zwangsläufig deckungsgleich mit der von Durchschnittslesern wahrgenommenen Textbedeutung sind (vgl. dazu die Befunde von Brosius/Ehmig 1988; Brosius/Staab 1989; Brosius/Staab/Gaßner 1991; Kepplinger/Tullius/Augustin 1994; Kepplinger/Daschmann 1997).

Die *Kategorien* einer Inhaltsanalyse sind die Operationalisierungen der Merkmale, die erhoben werden sollen. Damit sind sie das Herzstück der Untersuchung, ähnlich wie die Testfragen in einer Befragung. Die Differenziertheit und damit auch das Skalenniveau der Kategorien richten sich nach dem Untersuchungsinteresse. Es kann sich dabei um einfache grobe Klassifikationen mit nur zwei Ausprägungen handeln oder um komplexe, in verschiedene Haupt- und Unterkategorien differenzierte Klassifikationssysteme. Unabhängig von ihrer Differenziertheit müssen Kategorien zwei Bedingungen erfüllen: Sie müssen zum einen *trennscharf* sein, d.h. die Ausprägungen einer Kategorie müssen sich wechselseitig ausschließen. Sie müssen zum anderen *vollständig* sein, sodass die Ausprägungen das zu messende Merkmal umfassend beschreiben. Die Bildung von Kategorien kann entweder *theoriegeleitet* (also ausgehend vom Forschungsstand und den Hypothesen) oder *empiriegeleitet*, d.h. aufgrund „impressionistischer Durchsicht des Analysematerials" (W. Schulz [3]1997: 53), erfolgen (vgl. Früh [5]2001a: 199f.; Bilandzic/Koschel/Scheufele 2001; Früh 2001b).

Die *Validität und Reliabilität* der Untersuchung steht und fällt mit der Qualität der Kategoriendefinition. *Valide* sind Inhaltsanalysen, wenn sie das messen, was sie messen sollen. Voraussetzung dafür ist eine gelungene Operationalisierung, dass also die Kategorien vollständige und gültige Indikatoren für die zu erfassenden Merkmale bzw. Konstrukte darstellen. Dies lässt sich nur aufgrund sachlogischer Erwägungen entscheiden (vgl. Potter/Levine-Donnerstein 1999). Um *Reliabilität* zu gewährleisten, müssen die Kategoriendefinitionen den Bedeutungsrahmen eng umreißen, die dabei verwendeten Begriffe exakt und unstrittig durch *operationale Definitionen* festlegen und so den Interpretationsspielraum der Codierer einschränken. Das bedeutet nicht, dass Interpretationen der Codierer unerwünscht sind, sie sind vielmehr für das Erschließen von Bedeutungen, z.B. aufgrund des Kontextes, unverzichtbar. Der Interpretationsakt muss allerdings durch genaue Anweisungen so gelenkt werden, dass er bei allen Codierern vergleichbar verläuft. Sie sind keine „‘Codierroboter‘, sondern in bestimmter Weise instruierte Rezipienten" (Früh [5]2001a: 123). Weil Codierer die unvermeidbaren Spielräume des Codebuchs unterschiedlich nutzen, sind allerdings ihre Interpretationen nie völlig identisch. Die Zuverlässigkeit von Codierern wird daher mit *Reliabilitätstests* geprüft: Mehrere Codierer verschlüsseln das gleiche Material (*Intercoderreliabilität*) oder ein Codierer verschlüsselt das gleiche Material zu verschiedenen Zeitpunkten (*Intracoderreliabilität*). Ergebnis ist ein Koeffizient, der die Stärke der Übereinstimmung angibt (vgl. Lauf 2001). Um die Einflüsse der *Codierer* zu reduzieren, werden sie vorab *geschult* und mit dem Codebuch vertraut gemacht. Unerlässlich ist auch eine *Probecodierung*, wodurch notwendige Verbesserungen des Kategoriensystems erkennbar werden.

Computergestützte Inhaltsanalysen (CUI) ermöglichen es, als Dateien vorliegende Texte kostengünstig und schnell zu analysieren (vgl. Züll/Mohler 1992; W. Schulz [3]1997: 46f.). Der Computer sucht dabei nach Begriffen im Volltext oder in Schlagwortkatalogen der Texte. Es handelt sich dabei um eine Suche nach *Zeichenketten*, nicht nach Bedeutungen. Daraus ergeben sich enge praktische Grenzen der Anwendung. Es können nur Kategorien ermittelt werden, die sich durch Einzelwörter trennscharf operationalisieren lassen. Bedeutungsambivalenzen und Kontextabhängigkeiten müssen vermieden und alle grammatisch möglichen Beugungen und Kombinationen von Suchworten berücksichtigt werden, wozu u.U. aufwendige und komplexe „*Wörterbücher*" nötig werden. Die CUI ist zwar von größtmöglicher Reliabilität, hat aber Validitätsmängel, weil sie aufgrund des Ausklammerns von Bedeutung und Kontext u.U. Fälle erfasst, die der Kategoriendefinition nicht entsprechen. In der Praxis wird die CUI meist in Kombination mit der herkömmlichen Inhaltsanalyse eingesetzt. Der Computer wählt z.B. aufgrund eines eindeutigen Begriffs (z.B. Name des Politikers) alle relevanten Artikel aus, deren Bedeutungsaspekte dann von Codierern erfasst werden. In der Semantischen Struktur- und Inhaltsanalyse (SSI) von Früh wird der umgekehrte Weg beschritten: Die Texte werden durch konventionelle Codierung in eine formale Metasprache transformiert und anschließend mit eigens entwickelten Computerprogrammen analysiert (vgl. Früh

1989; zur computergestützten Inhaltsanalyse vgl. auch Bos/Tarnai 1998; Klingemann 1984; Geis 2001 und Züll/Alexa 2001).

Inhaltsanalysen werden oft *mit Befragungen kombiniert*, vor allem in der Rezeptions- und Wirkungsforschung, z.B. bei Untersuchungen zum Agenda-Setting (vgl. McCombs/Shaw 1972; Rössler 1997). In der Kombination dieser Methoden liegen zahlreiche Detailprobleme verborgen, z.B. die *Kontaktunterstellung* oder die *Deckungsgleichheit* von Begriffen und Operationalisierungen (vgl. Brosius 1994) sowie der Unterschied zwischen intersubjektiv gemessenem Gehalt und subjektivem Rezipientenverständnis (siehe oben). Weitere Kombinationsmöglichkeiten sind Vergleiche *externer Realitätsindikatoren* wie z.B. Statistiken mit Inhaltsanalysen (vgl. Funkhouser 1973; Kepplinger/Habermeier 1996; Brosius/Esser 1995; Kepplinger 1998) oder Kombinationen quantitativer Inhaltsanalysedaten mit Ergebnissen *qualitativer Rezeptionsstudien* (vgl. Jensen 1998; Kepplinger/Daschmann 1997).

Experiment

Experimente sind die einzigen Untersuchungsanordnungen, die *Kausalnachweise* ermöglichen (vgl. Schulz 1970). In der Kommunikationswissenschaft werden sie vor allem in der Wirkungsforschung (klassisch z.B. Hovland/Janis/Kelley 1953), aber auch in der Kommunikatorforschung eingesetzt (z.B. Kerrick/Anderson/Swales 1964; Buckalew 1969; Kepplinger/Knirsch 2000). *Grundidee* eines Experiments ist es, die gesamte Untersuchungssituation zu kontrollieren, um alle Störeinflüsse auszuschließen. Innerhalb dieser kontrollierten Situation wird dann eine Bedingung (die hypothetisch vermutete Ursache) variiert, um zu prüfen, welche Auswirkungen das Vorliegen bzw. Nicht-Vorliegen dieser Ursache hat (vgl. Zimmermann 1972: 35). Grundsätzlich lassen sich zwei Typen von Experimenten unterscheiden: Labor- und Feldexperimente.

Laborexperimente lösen die gesamte Untersuchungssituation aus der sozialen Realität heraus und rekonstruieren sie künstlich. Es handelt sich also um eine *Simulation* von Realität. Ein Naturwissenschaftler, der wissen will, bei welcher Temperatur das Tote Meer vereist, muss eben nicht warten, bis es im Nahen Osten Stein und Bein friert, sondern er stellt eine Probe des Salzwassers einfach in die Kühltruhe. Solche Simulationen können im Labor, aber auch in einem Hörsaal oder unter freiem Himmel stattfinden. Kennzeichnend für Laborexperimente ist nicht die Räumlichkeit, sondern die *Künstlichkeit*.

Der klassische Aufbau dieser Simulation ist in den Sozialwissenschaften das *Kontrollgruppendesign*: Zwei vergleichbare Gruppen von Versuchspersonen werden unter ansonsten identischen Bedingungen unterschiedlich behandelt. In der einen Gruppe (*Experimentalgruppe*) kommt die vermutete Ursache (*unabhängige Variable*) zum Einsatz, in der anderen Gruppe (*Kontrollgruppe*) nicht. Anschließend erfolgt die Messung der Merkmale, auf die eine Wirkung vorhergesagt wurde (*abhängige Variablen*). Unterschiede zwischen den Gruppen gelten dann und nur dann als Effekt der unabhängigen Variablen. Das skizzierte Design kann vielfach modifiziert werden. Hat die unabhängige Variable mehr als zwei Ausprägungen, können auch entsprechend viele Versuchsgruppen gebildet werden. Oft werden auch mehrere unabhängige Variablen (*Faktoren*) gleichzeitig getestet, wobei sämtliche Kombinationen ihrer Ausprägungen geprüft werden (*mehrfaktorielles Design*) oder nur ein Teil dieser Kombinationen (incomplete designs, Latin-Square-Design; vgl. Czienskowski 1996).

Bei Experimenten unterscheidet man zwischen *interner* und *externer Validität*. Die *interne Validität* ist gegeben, wenn die Untersuchung das misst, was sie messen sollte, d.h. wenn die vermutete Kausalbeziehung auch tatsächlich simuliert wurde. Unter *externer Validität* versteht man, ob die Ergebnisse der Untersuchung auf die Realität übertragbar sind. Die Bedingungen, die die interne Validität beeinflussen können, lassen sich in drei Bündel zusammenfassen: *Egalisierung* der Ausgangsbedingungen, *Operationalisierung* der unabhängigen und abhängigen Variablen sowie *Kontrolle* aller Bedingungen (vgl. Campbell/Stanley 1963).

Egalisierung meint, dass die Versuchsgruppen wirklich merkmalsgleich sind. Dies erreicht man meist durch *Random Assignment*. Die Versuchspersonen werden dabei per Zufall (Losverfahren o.ä.) auf die verschiedenen Bedingungen verteilt. Die Gruppen sind somit verschiedene Zufallsstichproben der Grundgesamtheit aller Teilnehmer. Daraus folgt, dass bei sämtlichen Merkmalen die Unterschiede zwischen den Gruppen mit 95-prozentiger Wahrscheinlichkeit eine bestimmte Größe (das Konfidenzintervall) nicht überschreiten (vgl. Lang 1996).

Bei der *Operationalisierung* der unabhängigen Variablen muss der Forscher entscheiden, in welcher Form sie präsentiert werden soll. Innerhalb des so genannten *Stimulusmaterials* müssen somit bestimmte Merkmale manipuliert, jedoch gleichzeitig alle anderen Merkmale konstant gehalten werden. Wer z.B. die Wirkung von Schnittgeschwindigkeiten bei Filmen untersuchen will, kann den Versuchsgruppen nicht völlig verschiedene Filme präsentieren, denn dann wäre nicht entscheidbar, welcher der Unterschiede (z.B. Bild, Text oder eben Schnittgeschwindigkeit) für die gemessene Wirkung verantwortlich ist. Um solche *Konfundierungen* auszuschließen (was nicht immer realisierbar ist, vgl. Brosius/Koschel 2001: 210), muss das Stimulusmaterial oft eigens produziert oder aufwändig bearbeitet werden. Die Verwendung von realen Medienstimuli ist daher nur bei wenigen Fragestellungen möglich (wie z.B. Reihenfolgeeffekte von Fernsehnachrichten, vgl. Brosius 1989a, 1989b). Für die Operationalisierung der abhängigen Variablen gelten die oben genannten Ausführungen zur Validität von Messinstrumenten: Es muss das gemessen werden, was gemessen werden soll. Die erhobenen Merkmale müssen also valide *Indikatoren für die hypothetisch vermuteten Wirkungen* sein (ein Gegenbeispiel ist das Bobo-Doll-Experiment, vgl. Bandura/Ross/Ross 1961, 1963; Kunczik 1998: 87).

Kontrollierte Bedingungen liegen vor, wenn sämtliche *Störeinflüsse* von Drittvariablen und somit Alternativerklärungen des beobachteten Effekts *ausgeschlossen* sind. Störvariablen sind auszuschalten, abzuschirmen oder konstant (für alle Gruppen vergleichbar) zu halten (vgl. Kish 1959). Weitere Fehlerquellen sind Reifungs-, Versuchsleiter-, Versuchspersonen- und Messeffekte (vgl. Campbell/Stanley 1963).

Reifungsprozesse sind Veränderungen der Versuchspersonen oder des Versuchsleiters, die aufgrund des zeitlichen Fortschreitens des Experiments auftreten. *Versuchsleitereffekte* (vgl. Rosenthal 1976, 1991) können vermieden werden, indem der Forscher nicht der durchführende Versuchsleiter ist und er diesen – genauso wie die Versuchspersonen – über die Hypothesen im Unklaren lässt (*Doppelblindverfahren*). Gleichzeitig ist das Verhalten des Versuchsleiters durch Schulung und Instruktion so weit wie möglich zu standardisieren. Versuchspersoneneffekte (*demand effects*) bezeichnen ein die Ergebnisse beeinflussendes Probandenverhalten, z.B. *Hawthorne-Effekte* (vgl. Diekmann 1997: 299) oder Hypothesenraten (vgl. Orne 1962, 1969).

Dies kann nur durch Verschleierung der Messungen und bewusste Täuschung der Versuchspersonen verhindert werden. Unter den Messeffekten ist vor allem der *Pretest-Effekt* bedeutsam, d.h. der Einfluss einer Vorhermessung auf die Nachhermessung (*Pretest-Posttest-Design*, Stouffer u.a. 1950). Deshalb werden bei Random Assignment meist keine Pretests eingesetzt (*Post-Test-Design*; zum mathematischen Nachweis der höheren Validität von Post-Test-Designs vgl. Zimmermann 1972). Sind Pretests unvermeidbar, bieten sich *maskierte Messungen* an (vgl. z.B. Gibson/Zillmann 1994 oder Zillmann u.a. 1996) oder das *Solomon-Design* (vgl. z.B. Daschmann 2001, Exp. 3).

Laborexperimente besitzen nur eingeschränkte externe Validität. Dies hat drei Ursachen: erstens die *Künstlichkeit des Stimulusmaterials*, zweitens die *künstliche Rezeptionssituation* sowie drittens die *Verwendung nicht repräsentativer Stichproben*. Für die externe Validität ist es unverzichtbar, dass die Versuchspersonen das künstliche Stimulusmaterial für „echt" halten. Dies kann nur erreicht werden, indem das Stimulusmaterial professionell erstellt wird, also in Stil und Layout realer Berichterstattung entspricht. Die Kontrolle sämtlicher Bedingungen schafft eine Rezeptionssituation, die von alltäglicher Mediennutzung weit entfernt ist. Das Publikum ist ein „*Captive Audience*", d.h. die Versuchspersonen können sich der Rezeption der präsentierten Inhalte nicht entziehen. Freiwilligkeit und Selektion werden somit ausgeklammert. Hinzu kommt die meist hohe Motivation der Versuchspersonen, die präsentierten Inhalte besonders aufmerksam zu verfolgen (siehe oben). Diese Effekte können nur reduziert werden, indem man die Situation so alltäglich wie möglich gestaltet und das Stimulusmaterial in ablenkende Präsentationen einbettet.

Laborexperimente werden aus utilitaristischen Gründen meist mit kleinen Gruppen (n = ca. 30) von Versuchspersonen, meist Studenten, durchgeführt. Natürlich sind solche Messwerte nicht repräsentativ. Die Intention von Experimenten ist allerdings auch nicht der Repräsentationsschluss, sondern die *Beobachtung von Gruppenunterschieden*. Gehen diese Unterschiede mit nur geringer Wahrscheinlichkeit (unter 5%) auf die zufällige Zusammenstellung der Gruppen zurück (dies ermitteln *Signifikanztests* wie *Chi-Quadrat-Test*, *t-test* oder *Varianzanalyse*) so besagt dies, dass mit 95-prozentiger Wahrscheinlichkeit die Gruppenunterschiede durch eine andere Ursache entstanden sind. Wenn ein Experiment optimal durchgeführt wurde, sodass *sämtliche* möglichen *Alternativerklärungen ausgeschlossen* werden können, bleibt jedoch von allen denkbaren Ursachen nur noch eine übrig: die unterschiedliche experimentelle Behandlung der Gruppen. Folglich kann man schließen, dass mit 95-prozentiger Wahrscheinlichkeit die angenommene Ursache für die gemessenen Wirkungen verantwortlich ist. Ein *signifikanter Gruppenunterschied* ist damit ein zuverlässiges *Maß für die Gültigkeit der Hypothesen* (vgl. Huber [3]2000; Lang 1996).

Unter den Laborexperimenten gibt es nur ein Untersuchungsdesign, bei dem die Messwerte verallgemeinerbar sind: der so genannte *Split-Ballot* (gegabelte Befragung). Hierbei wird im Rahmen einer Befragung eine repräsentative Bevölkerungsstichprobe in zwei (oder mehr) ebenfalls repräsentative Teilstichproben geteilt. Diese Gruppen erhalten unterschiedliche Fragebögen (in denen z.B. der Effekt unterschiedlicher Frageformulierungen getestet wird, vgl. z.B. Lamp 2001). Zeigen sich Gruppenunterschiede, so ist zum einen durch den Signifikanztest der *Kausalnachweis* führbar, zum anderen kann von den Messwerten mittels des üblichen Verfahrens auf die tatsächlichen Bevölkerungswerte *rückgeschlossen* werden. Gegabelte Befragungen vereinen also hohe interne wie externe Validität in sich, sind aber zum einen sehr teuer, zum anderen nur bei bestimmten Fragestellungen anwendbar (vgl. in der Journalismusforschung z.B. Kepplinger/Knirsch 2000; Wolling 1996; in der Wirkungsforschung z.B. Noelle-Neumann ^{4}1996).

Feldexperimente unterliegen der gleichen Logik und den gleichen Regeln wie Laborexperimente. Der Unterschied besteht in der Durchführung: Sowohl der Stimulus als auch die Messung sind *Teil der natürlichen Lebenswelt* der Versuchspersonen (dies gilt beim Split-Ballot nicht, weshalb er streng genommen zu den Laborexperimenten zählt). Das Problem der Künstlichkeit ist dadurch ausgeschaltet, Feldexperimente haben daher eine *hohe externe Validität*. Dafür ist jedoch ihre interne Validität oft nicht gesichert, denn durch die Feldsituation verliert der Forscher die Kontrolle über *Störvariablen*, sodass *kausale Fehlschlüsse* möglich sind (vgl. z.B. die Hawthorne-Untersuchung nach Roethlisberger/Dickson 1964).

Echte Feldexperimente sind in der Kommunikationsforschung ungemein schwierig, weil die *zufällige Zuweisung der Versuchspersonen* zu den Bedingungen meist nicht realisierbar ist. So lässt sich kaum experimentell im Feld beweisen, ob das Verfügen über einen Internetanschluss zu Veränderungen in der Nutzung der klassischen Medien führt. Für solche Fragestellungen wählt man daher den *quasi-experimentellen* Weg: Die Personen werden ex-post-facto zu ihren Nutzungsgewohnheiten befragt. Dabei wird auch erhoben, ob sie über einen Internetanschluss verfügen. Anhand dieses Merkmals werden dann zwei Gruppen gebildet (*Kontrastgruppenanalyse*). Nun kann man feststellen, ob sich Personen mit und ohne Internetanschluss in ihrer Nutzung klassischer Medien unterscheiden. Die Problematik solcher Quasi-Experimente liegt jedoch in der *Selbstselektion* der Probanden. Ob sie zur Experimental- oder Kontrollgruppe gehören, entscheidet nicht der Forscher, sondern sie selbst. Dadurch sind die Gruppen nur bedingt vergleichbar. In unserem Beispiel könnten sie sich möglicherweise in ihrem Informationsbedürfnis unterscheiden, was wiederum ihr Nutzungsverhalten und ihr Bedürfnis nach einem Internetzugang erklären würde. Ebenso könnten die Nutzungsdispositionen die Ursache, der Internetanschluss die Wirkung sein. Die Kausalität wäre also anders oder sogar genau entgegengesetzt als vermutet. Die beobachtete *Kovarianz* der Variablen (Internetzugang und Mediennutzung) hätte zwar hohe externe Validität, könne aber aufgrund mangelnder interner Validität nicht mehr als *Kausalität* interpretiert werden. Dies gilt für alle *quasi-experimentellen Designs*, z.B. für vergleichende Journalistenbefragungen (z.B. Patterson/Donsbach 1996; Köcher 1985, 1986), in denen z.B. die Nationalität die experimentelle Variable bildet, oder für quasi-experimentelle Inhaltsanalysen, die den Einfluss eines Faktors auf die Berichterstattung untersuchen (z.B. Kepplinger/Habermeier 1996; Barth/Donsbach 1992).

Liegen selbstselektierte Gruppen vor, hilft man sich in der Praxis häufig mit *Messwiederholungen* (Vorher-Nachher-Messungen), sodass sich vorab vorhandene Gruppenunterschiede herausrechnen sowie Einflüsse von Drittvariablen zwischen den Messungen an den Veränderungen der Kontrollgruppe ablesen lassen. Ein solches Design ist z.B. bei der Einführung des Kabelfernsehens in Deutschland 1984 durchgeführt worden (vgl. Noelle-Neumann/Schulz 1989). Eine ähnliche Strategie ist der Vorher-Nachher-Vergleich verschiedener, aber vergleichbarer Ortschaften mit unterschiedlicher Medienversorgung (z.B. Tichenor/Donohue/Olien 1970). Auch hier handelt es sich um Selbstselektion der Versuchspersonen, sodass der Kausalschluss nicht mehr gewährleistet ist.

Hier wird das grundsätzliche *Dilemma experimenteller Forschung* deutlich: Laborexperimenten fehlt es an externer, Feldexperimenten an interner Validität. Interne Validität erfordert extreme Künstlichkeit der Bedingungen, externe Validität erfordert möglichst natürliche Bedingungen. Diese Pole sind *unvereinbar*. Eine Steigerung der internen Validität kann zulasten der externen Validität gehen, eine Steigerung der externen Validität kann die interne Validität gefährden (z.B. Kepplinger/Gießelmann 1993). Bei experimenteller Forschung muss man deshalb zwischen *effektzentriertem* und *bedingungszentriertem* Erkenntnisinteresse unterscheiden. Effektzentrierte Forschung prüft im Labor, ob eine Kausalbeziehung tatsächlich nachweisbar ist, klammert jedoch die Frage aus, ob sich diese Kausalbeziehung in der Realität tatsächlich bemerkbar macht. Bedingungszentrierte Forschung prüft im Feld, ob und wie sich eine Beziehung zwischen Variablen in der Realität bemerkbar macht, kann jedoch die Frage nicht beantworten, ob die Variablen kausal verknüpft sind. Aussagekräftige experimentelle Forschung muss daher im Idealfall *programmatisch* verlaufen, mit zahlreichen *Replikationen* von Laborexperimenten, die die Existenz einer Kausalbeziehung nachweisen, und mit Feldexperimenten, die die Auswirkungen dieser Beziehung in der Realität prüfen (vgl. z.B. Daschmann 2003).

Desiderate und offene Fragen

Während die Inhaltsanalyse eine genuin kommunikationswissenschaftliche Methode ist, mangelt es in anderen Bereichen z.T. an *methodischer Eigenständigkeit*. Innovationen werden nach wie vor eher von Nachbardisziplinen übernommen als eigenständig entwickelt, so wie z.B. in jüngster Zeit aus der Psychologie die iterative Modellierung von Prozessen (z.B. Nerb/Spada/Wahl 1998) oder die Implementierung von Abläufen in neuronale Netze (z.B. Weber 2001). Aufgrund der interdisziplinären Stellung des Fachs ist hier ein Wandel kaum absehbar. Ein Schritt hin zu größerer methodischer Eigenständigkeit wäre allerdings durch *Revision und Qualifizierung* der bislang kommunikationswissenschaftlich geleisteten *Methodenmodifikationen* möglich. Denn die Vielfalt quantitativer Forschung hat in den letzten Jahrzehnten innerhalb der einzelnen Methoden zwar zu zahlreichen Differenzierungen und Innovationen geführt, gleichzeitig dadurch aber auch ein disparates Methodenprofil entstehen lassen. Vor allem im Bereich der Operationalisierung kommunikationswissenschaftlich bedeutsamer Konstrukte wie z.B. Tendenzen von Personendarstellungen (vgl. Engesser/Reinemann 2001: 219), Mediennutzung oder journalistisches Berufsverständnis fehlt es an Systematisierungen und Standardisierung (vgl. Wirth 2000; Hüning 2001; Schmid/Wünsch 2001). Oft wird hier das Rad von Untersuchung zu Untersuchung neu erfunden oder es findet nur „schulen-interner“ Austausch statt. Es erscheint dringend notwendig, den methodischen „State of the art“ zu bündeln und als Ausgangspunkt weiterer Innovationen zu fixieren. Dazu sind *Metaanalysen* sowie die Entdeckung bzw. Schaffung externer Indikatoren nötig, um die *Validität zentraler Konstrukte* prüfen zu können. Ziel dieser Anstrengungen wäre ein *Kanon anerkannter Operationalisierungen*, was die Durchführbarkeit und Vergleichbarkeit quantitativer Studien wesentlich erleichtern würde. Es ist selbstverständlich, dass solche Standardisierungen lediglich den Ist-Zustand methodischen Know-hows darstellen. Sie dürfen daher nur als Bündelung und Orientierung methodischer Anwendungen, nie jedoch als dogmatisches Hemmnis innovativen Vorgehens begriffen werden (vgl. DFG 1999).

Literatur

ARD/ZDF Medienkommission (Hrsg.) (2001): Massenkommunikation 2000. Images und Funktionen der Massenmedien im Vergleich. Eine Studie der ARD/ZDF Medienkommission. Frankfurt/Main.

Bandura, Albert/Ross, Dorothea/Ross, Sheila A. (1961): Transmission of aggression through imitation of aggressive models. In: Journal of Abnormal and Social Psychology, 63. Jg., S. 575-582.

Bandura, Albert/Ross, Dorothea/Ross, Sheila A. (1963): Imitation of filmmediated aggressive models. In: Journal of Abnormal and Social Psychology, 66. Jg., S. 3-11.

Barth, Henrike/Donsbach, Wolfgang (1992): Aktivität und Passivität von Journalisten gegenüber Public Relations. Eine Fallstudie am Beispiel von Pressekonferenzen zu Umweltthemen. In: Publizistik, 37. Jg., S. 151-165.

Berelson, Bernard (1952): Content analysis in communication research. Glencoe, IL.

Bilandzic, Helena/Koschel, Friederike/Scheufele, Bertram (2001): Theoretisch-heuristische Segmentierung im Prozeß der empiriegeleiteten Kategorienbildung. In: Wirth, Werner/Lauf, Edmund (Hrsg.): Inhaltsanalyse. Perspektiven, Probleme, Potentiale. Köln, S. 98-116.

Bortz, Jürgen/Döring, Nicola (^{2}1995): Forschungsmethoden und Evaluation für Sozialwissenschaftler. Berlin u.a.

Bos, Winfried/Tarnai, Christian (Hrsg.) (1998): Computerunterstützte Inhaltsanalyse in den empirischen Sozialwissenschaften. Theorie, Anwendung, Software. Münster.

Breed, Warren (1955): Social control in the newsroom: A functional analysis. In: Social Forces, 33. Jg., S. 326-335.

Brosius, Hans-Bernd (1989a): Influence of presentation features and news content on learning from television news. In: Journal of Broadcasting & Electronic Media, 33. Jg., S. 1-14.

Brosius, Hans-Bernd (1989b): Die Bebilderung von Fernsehnachrichten: Unter welchen Bedingungen ist sie von Vorteil? In: Rundfunk und Fernsehen, 37. Jg., S. 458-472.

Brosius, Hans-Bernd (1994): Agenda-Setting nach einem Vierteljahrhundert Forschung: Methodischer und theoretischer Stillstand? In: Publizistik, 39. Jg., S. 269-288.

Brosius, Hans-Bernd (1995): Alltagsrationalität in der Nachrichtenrezeption. Ein Modell zur Wahrnehmung und Verarbeitung von Nachrichteninhalten. Opladen.

Brosius, Hans-Bernd/Ehmig, Simone C. (1988): Beiträge oder Aussagen: Durch welche Informationseinheiten werden Konfliktbeurteilungen gesteuert? In: Publizistik, 33. Jg., S. 58-70.

Brosius, Hans-Bernd/Esser, Frank (1995): Eskalation durch Berichterstattung? Massenmedien und fremdenfeindliche Gewalt. Opladen.

Brosius, Hans-Bernd/Koschel, Friederike (2001): Methoden der empirischen Kommunikationsforschung. Wiesbaden.

Brosius, Hans-Bernd/Staab, Joachim Friedrich (1989): Messung und Wahrnehmung politischer Tendenzen in der Berichterstattung der Massenmedien. In: Publizistik, 34. Jg., S. 46-61.

Brosius, Hans-Bernd/Staab, Joachim Friedrich/Gaßner, Hans-Peter (1991): Stimulus und Stimulusmessung. Zur dynamisch-transaktionalen Rekonstruktion wertender Sach- und Personendarstellungen in der Presse. In: Früh, Werner (Hrsg.): Medienwirkungen: Das dynamisch-transaktionale Modell. Theorie und empirische Forschung. Opladen, S. 215-235.

Buckalew, James K. (1969): A Q-analysis of television news editor´s decisions. In: Journalism Quarterly, 46. Jg., S. 135-137.

Campbell, Donald T./Stanley, Julian C. (1963): Experimental and quasi-experimental designs for research. In: Gage, Nathaniel L. (Hrsg.): Handbook of research on teaching. Chicago, S. 171-246 [deutsche Übersetzung: Schwarz, Elisabeth (^{3}1973): Experimentelle und quasi-experimentelle Anordnungen in der Unterrichtsforschung. In: Ingenkamp, Karlheinz (Hrsg.): Handbuch der Unterrichtsforschung. Teil I: Theoretische und methodologische Grundlegung. Weinheim u.a., S. 445-631].

Charters, Werrett W. (1970): Motion pictures and youth. A summary. New York (zuerst 1933).

Clauß, Günter/Finze, Falk-Rüdiger/Partzsch, Lothar (^{3}1999): Grundlagen. Statistik für Soziologen, Pädagogen, Psychologen und Mediziner. Thun u.a.

Czienskowski, Uwe (1996): Wissenschaftliche Experimente: Planung, Auswertung, Interpretation. Weinheim.

Daschmann, Gregor (2001): Der Einfluß von Fallbeispielen auf Leserurteile. Experimentelle Untersuchungen zur Medienwirkung. Konstanz.

Daschmann, Gregor (2003): Labordaten versus Felddaten. Ein Beispiel für den Einsatz von Split-Ballot-Experimenten zur Validitätsüberprüfung von Laborexperimenten mit studentischen Stichproben. In: Wirth, Werner/Lauf, Edmund/Fahr, Andreas (Hrsg.): Forschungslogik und -design in der Kommunikationswissenschaft. Köln (in Vorbereitung).

Daschmann, Gregor/Brosius, Hans-Bernd (1997): Ist das Stilmittel die Botschaft? Fallbeispiele in deutschen Fernsehmagazinen. In: Rundfunk und Fernsehen, 45. Jg., S. 486-504.

Diekmann, Andreas (1997): Empirische Sozialforschung. Grundlagen, Methoden, Anwendungen. Hamburg.

Dillman, Don A. (1978): Mail and telephone surveys. The total design method. New York.

DFG (1999): Deutsche Forschungsgemeinschaft: Qualitätskriterien der Umfrageforschung: Denkschrift. Hrsg. von Max Kaase. Berlin.

Engesser, Evelyn/Reinemann, Carsten (2001): Können sich Aussagen und Beiträge widersprechen? Die Relevanz sozialpsychologischer Erkenntnisse zur Personenwahrnehmung für die inhaltsanalytische Tendenzmessung. In: Wirth, Werner/Lauf, Edmund (Hrsg.): Inhaltsanalyse. Perspektiven, Probleme, Potentiale. Köln, S. 218-233.

Frey, Siegfried/Bente, Gary (1989): Mikroanalyse medienvermittelter Informationsprozesse. Zur Anwendung zeitreihen-basierter Notationsprinzipien auf die Untersuchung von Fernsehnachrichten. In: Kaase, Max/Schulz, Winfried (Hrsg.): Massenkommunikation. Theorien, Methoden, Befunde. Opladen, S. 508-526.

Friedrichs, Jürgen ([14]1990): Methoden empirischer Sozialforschung. Opladen.

Früh, Werner (1989): Semantische Struktur- und Inhaltsanalyse (SSI). Eine Methode zur Analyse von Textinhalten und Textstrukturen und ihre Anwendung in der Rezeptionsanalyse. In: Kaase, Max/ Schulz, Winfried (Hrsg.): Massenkommunikation. Theorien, Methoden, Befunde. Opladen, S. 490-507.

Früh, Werner ([5]2001a): Inhaltsanalyse. Theorie und Praxis. Konstanz.

Früh, Werner (2001b): Kategorienexploration bei der Inhaltsanalyse. Basiswissengeleitete offene Kategorienbildung (BoK). In: Wirth, Werner/Lauf, Edmund (Hrsg.): Inhaltsanalyse. Perspektiven, Probleme, Potentiale. Köln, S. 117-139.

Funkhouser, G. Ray (1973): The issues of the sixties: An exploratory study in the dynamics of public opinion. In: Public Opinion Quarterly, 37. Jg., S. 62-75.

Galtung, Johan/Ruge, Mari H. (1965): The structure of foreign news. The presentation of the Congo, Cuba and Cyprus crises in four foreign newspapers. In: Journal of International Peace Research, 1. Jg., S. 64-90.

Geis, Alfons (2001): Konventionelle versus computergestützte Codierung offener Fragen. Ein Vergleich der Codierergebnisse. In: Wirth, Werner/Lauf, Edmund (Hrsg.): Inhaltsanalyse. Perspektiven, Probleme, Potentiale. Köln, S. 318-336.

Gerbner, George/Gross, Larry/Morgan, Michael/Signorielli, Nancy (1980a): The „mainstreaming" of America: Violence profile No. 11. In: Journal of Communication, 30. Jg., Nr. 3, S. 10-29.

Gerbner, George/Gross, Larry/ Signorielli, Nancy/Morgan, Michael (1980b): Aging with television: Images on televison drama and conceptions of social reality. In: Journal of Communication, 30. Jg., Nr. 1, S. 37-49.

Gibson, Rhonda/Zillmann, Dolf (1994): Exaggerated versus representative exemplification in news reports. Perception of issues and personal consequences. In: Communication Research, 21. Jg., S. 603-624.

Hagen, Lutz (1994): Informationsqualität von Nachrichten. Meßmethoden und ihre Anwendung auf die Ereignisberichterstattung der Nachrichtenagenturen AFP, AP, ddp/ADN, dpa und rtr. Opladen.

Hippler, Hans-J./Schwarz, Norbert/Sudman, Seymour (Hrsg.) (1987): Social information processing and survey methodology. New York u.a.

Holzkamp, Klaus (1972): Kritische Psychologie. Frankfurt/Main.

Hovland, Carl I./Janis, Irving L./Kelley, Harold H. (1953): Communication and persuasion. New York u.a.

Huber, Oswald ([3]2000): Das psychologische Experiment: Eine Einführung. Bern u.a.

Hüning, Wolfgang (2001): Standardisierung von Inhaltsanalysen für Fernsehnachrichten? Eine exemplarische Meta-Analyse zum Stand der Methode. In: Wirth, Werner/Lauf, Edmund (Hrsg.): Inhaltsanalyse. Perspektiven, Probleme, Potentiale. Köln, S. 13-30.

Janetzko, Dietmar (1999): Statistische Anwendungen im Internet. München.

Jensen, Klaus Bruhn (Hrsg.) (1998): News of the world: World cultures look at television news. London u.a.
Kepplinger, Hans Mathias (1997): Zum Charakter des manifesten Inhalts von Kommunikation. In: Medien Journal, 21. Jg., Nr. 3, S. 4-10.
Kepplinger, Hans Mathias (1998): Die Demontage der Politik in der Informationsgesellschaft. Freiburg/Breisgau u.a.
Kepplinger, Hans Mathias/Daschmann, Gregor (1997): Today's news – tomorrow's context: A dynamic model of news processing. In: Journal of Broadcasting & Electronic Media, 41. Jg., S. 548-565.
Kepplinger, Hans Mathias/Gießelmann, Thea (1993): Die Wirkung von Gewaltdarstellungen in der aktuellen Fernsehberichterstattung. In: Medienpsychologie, 5. Jg., S. 160-189.
Kepplinger, Hans Mathias/Habermeier, Johanna (1996): Ereignis-Serien. Was kann man nach spektakulären Vorfällen über die Wirklichkeit wissen? In: Mast, Claudia (Hrsg.): Markt – Macht – Medien. Publizistik zwischen gesellschaftlicher Verantwortung und ökonomischen Zielen. Konstanz, S. 261-272.
Kepplinger, Hans Mathias/Knirsch, Kerstin (2000): Gesinnungs- und Verantwortungsethik im Journalismus. Sind Max Webers theoretische Annahmen empirisch haltbar? In: Rath, Matthias (Hrsg.): Medienethik und Medienwirkungsforschung, Opladen, S. 11-44.
Kepplinger, Hans Mathias/Tullius, Christine/Augustin, Susanne (1994): Objektiver Inhalt und subjektives Verständnis aktueller Zeitungstexte. In: Medienpsychologie, 6. Jg., S. 302-322.
Kerrick, Jean S./Anderson, Thomas E./Swales, Luita B. (1964): Balance and the writer's attitude in news stories and editorials. In: Journalism Quarterly, 41. Jg., S. 207-215.
Kish, Leslie (1959): Some statistical problems in research design. In: American Sociological Review, 24. Jg., S. 328-338.
Klingemann, Hans-Dieter (Hrsg.) (1984): Computerunterstützte Inhaltsanalyse in der empirischen Sozialforschung. Frankfurt/Main.
Knobloch, Silvia/Knobloch, Martin (1999): Computergestützte Befragung. Der Computer in der Funktion von Interviewer und Fragebogen. In: Rundfunk und Fernsehen, 47. Jg., S. 61-77.
Köcher, Renate (1985): Spürhund und Missionar: Eine vergleichende Untersuchung über Berufsethik und Aufgabenverständnis britischer und deutscher Journalisten. Diss. Univ. München.
Köcher, Renate (1986): Bloodhounds or missionaries: Role definitions of German and British journalists. In: European Journal of Communication, 1. Jg., S. 43-64.
König, René (Hrsg.) ([3]1973): Handbuch der empirischen Sozialforschung. 12 Bde. Stuttgart.
Kromrey, Helmut (1998): Empirische Sozialforschung. Modelle und Methoden der Datenerhebung und der Datenauswertung. Opladen.
Kunczik, Michael (1998): Gewalt und Medien. Böhlau u.a.
Lamnek, Siegfried (1993): Qualitative Sozialforschung. Bd. 1: Methodologie. Weinheim.
Lamp, Erich (2001): Ist einer von drei gleich jedem Dritten? Der Einfluß numerischer Äquivalente auf die Wahrnehmung und Bewertung identischer Sachverhalte. In: ZA-Informationen, 49. Jg., S. 49-68.
Lang, Annie (1996): The logic of using inferential statistics with experimental data from nonprobability samples: Inspired by Cooper, Dupagne, Potter, and Sparks. In: Journal of Broadcasting & Electronic Media, 40. Jg., S. 423-430.
Lauf, Edmund (2001): „.96 nach Holsti". Zur Reliabilität von Inhaltsanalysen und deren Darstellung in kommunikationswissenschaftlichen Fachzeitschriften. In: Publizistik, 46. Jg., S. 57-68.
Lazarsfeld, Paul F./Berelson, Bernard/Gaudet, Hazel (1944): The people's choice. How the voter makes up his mind in a presidential campaign. New York u.a.
Lowery, Shearon A./DeFleur, Melvin L. ([3]1995): Milestones in mass communication research: Media effects. White Plains, NY.
Maurer, Marcus (2003): Kausalanalysen langfristiger Medienwirkung – Paneleffekt und Panelmortalität bei telefonischen Befragungen. In: Wirth, Werner/Lauf, Edmund/Fahr, Andreas (Hrsg.): Forschungslogik und -design in der Kommunikationswissenschaft. Köln (in Vorbereitung).
McCombs, Maxwell E./Shaw, Donald L. (1972): The agenda-setting function of mass media. In: Public Opinion Quarterly, 36. Jg., S. 176-187.
Merten, Klaus ([2]1995): Inhaltsanalyse. Einführung in Theorie, Methode und Praxis. Opladen.
Merten, Klaus/Großmann, Brit (1996): Möglichkeiten und Grenzen der Inhaltsanalyse. In: Rundfunk und Fernsehen, 44. Jg., S. 70-85.
Nerb, Josef/Spada, Hans/Wahl, Stefan (1998): Kognition und Emotion bei der Bewertung von Umweltschadensfällen: Modellierung und Empirie. In: Zeitschrift für Experimentelle Psychologie, 45. Jg., S. 251-269.

Noelle-Neumann, Elisabeth ([4]1996): Öffentliche Meinung. Die Entdeckung der Schweigespirale. Berlin (zuerst 1980).
Noelle-Neumann, Elisabeth/Köcher, Renate (Hrsg.) (1997): Allensbacher Jahrbuch der Demoskopie 1993-1997. München.
Noelle-Neumann, Elisabeth/Petersen, Thomas ([3]2000): Alle, nicht jeder. Einführung in die Methoden der Demoskopie. Berlin u.a.
Noelle-Neumann, Elisabeth/Schulz, Rüdiger (1989): Federal Republic of Germany: Social experimentation with cable and commercial television. In: Becker, Lee B./Schönbach, Klaus (Hrsg.): Audience response to media diversification. Coping with plenty. Hillsdale, NJ, S. 167-223.
Orne, Martin T. (1962): On the social psychology of the psychological experiment: With particular reference to demand characteristics and their implications. In: American Psychologist, 17. Jg., S. 776-783.
Orne, Martin T. (1969): Demand characteristics and the concept of quasi-controls. In: Rosenthal, Robert/Rosnow, Ralph L. (Hrsg): Artefacts in behavioral research. New York u.a., S. 143-179.
Patterson, Thomas E./Donsbach, Wolfgang (1996): News decisions. Journalists as partisan actors. In: Political Communication, 13. Jg., S. 455-468.
Popper, Karl R. ([10]1994): Logik der Forschung. Tübingen (zuerst 1934).
Potter, W. James/Levine-Donnerstein, Deborah (1999): Rethinking validity and reliability in content analysis. In: Journal of Applied Communication Research, 27. Jg., S. 258-284.
Prim, Rolf/Tilmann, Heribert (1989): Grundlagen einer kritisch-rationalen Sozialwissenschaft. Studienbuch zur Wissenschaftstheorie. Heidelberg.
Riffe, Daniel/Freitag, Alan (1997): A content analysis of content analyses: Twenty-five years of Journalism Quarterly. In: Journalism & Mass Communication Quarterly, 74. Jg., S. 515-524.
Roethlisberger, Fritz J./Dickson, William J. (1964): Management and the worker. Cambridge, MA.
Rosenberger, Bernhard (1998): Zeitungen als Kriegstreiber? Die Rolle der Presse im Vorfeld des Ersten Weltkriegs. Köln.
Rosenthal, Robert (1976): Experimenter effects in behavioral research. New York.
Rosenthal, Robert (1991): Meta-analytic procedure for social research. Beverly Hills, CA.
Rössler, Patrick (1997): Agenda-Setting: Theoretische Annahmen und empirische Evidenzen einer Medienwirkungshypothese. Opladen.
Scheuring, B. (1991): Primacy-Effekte, ein Ermüdungseffekt? Neue Aspekte eines alten Phänomens. In: Zeitschrift für Sozialpsychologie, 22. Jg., S. 270-274.
Schmid, Ingrid A./Wünsch, Carsten (2001): Definition oder Intuition? Die Konstrukte ‚Information' und ‚Unterhaltung' in der empirischen Kommunikationsforschung. In: Wirth, Werner/Lauf, Edmund (Hrsg.): Inhaltsanalyse. Perspektiven, Probleme, Potentiale. Köln, S. 31-48.
Schmitt-Beck, Rüdiger (2000): Alle reden davon, doch was ist dran? Medieneinflüsse auf Wahlentscheidungen im internationalen Vergleich. In: van Deth, Jan/Rattinger, Hans/Roller, Edeltraud (Hrsg.): Die Republik auf dem Weg zur Normalität. Wahlverhalten und politische Einstellungen nach acht Jahren Einheit. Opladen, S. 251-280.
Schneider, Melanie/Schönbach, Klaus/Semetko, Holli A. (1999): Kanzlerkandidaten in den Fernsehnachrichten und in der Wählermeinung. Befunde zum Bundestagswahlkampf 1998 und zu früheren Wahlkämpfen. In: Media Perspektiven, Nr. 5, S. 262-269.
Scholl, Armin (1993): Die Befragung als Kommunikationssituation. Zur Reaktivität im Forschungsinterview. Opladen.
Schulz, Rüdiger ([3]1997): Mediaforschung. In: Noelle-Neumann, Elisabeth/Schulz, Winfried/ Wilke, Jürgen (Hrsg.): Fischer Lexikon Publizistik/Massenkommunikation. Frankfurt/Main, S. 187-219.
Schulz, Winfried (1970): Kausalität und Experiment in den Sozialwissenschaften. Methodologie und Forschungstechnik. Mainz.
Schulz, Winfried (1976): Die Konstruktion von Realität in den Nachrichtenmedien. Analyse der aktuellen Berichterstattung. Freiburg/Breisgau u.a.
Schulz, Winfried ([3]1997): Inhaltsanalyse. In: Noelle-Neumann, Elisabeth/Schulz, Winfried/ Wilke, Jürgen (Hrsg.): Fischer Lexikon Publizistik/Massenkommunikation. Frankfurt/Main, S. 41-64.
Schumann, Siegfried (1997): Repräsentative Umfrage: praxisorientierte Einführung in empirische Methoden und statistische Analyseverfahren. München u.a.
Schweiger, Wolfgang (2001): Hypermedien im Internet. Nutzung und ausgewählte Effekte der Linkgestaltung. München.
Spöhring, Walter (1989): Qualitative Sozialforschung. Stuttgart.

Stouffer, Samuel A./Guttman, Louis/Suchman, Edward A./Lazarsfeld, Paul F./Star, Shirley A./Clausen, John E. (1950): Measurement and prediction. Princeton, NJ.

Tichenor, Philipp J./Donohue, George A./Olien, Clarice N. (1970): Mass media flow and differential growth in knowledge. In: Public Opinion Quarterly, 34. Jg., S. 159-170.

Weber, René (2001): Datenanalyse mittels neuronaler Netze am Beispiel des Publikumserfolgs von Spielfilmen. In: Zeitschrift für Medienpsychologie, 13. Jg., Nr. 4, S. 164-176.

White, David M. (1950): The „gate keeper": A case study in the selection of news. In: Journalism Quarterly, 27. Jg., S. 383-389.

Wilke, Jürgen (1984): Nachrichtenauswahl und Medienrealität in vier Jahrhunderten. Berlin.

Wilke Jürgen/Rosenberger, Bernhard (1991): Die Nachrichten-Macher. Zur Struktur und Arbeitsweise von Nachrichtenagenturen am Beispiel von AP und dpa. Köln u.a.

Wirth, Werner (2000): Methodenausbildung, Methodenstreit, Standards... In: Aviso, Nr. 26, Februar, S. 6-7.

Wirth, Werner/Lauf, Edmund (Hrsg.) (2001): Inhaltsanalyse. Perspektiven, Probleme, Potentiale. Köln.

Wirth, Werner/Lauf, Edmund/Fahr, Andreas (Hrsg.) (2003): Forschungslogik und -design in der Kommunikationswissenschaft. Köln (in Vorbereitung).

Wolling, Jens (1996): Wunsch versus Wirklichkeit. Normative und realistische Erwartungen an journalistisches Entscheidungsverhalten. In: Mast, Claudia (Hrsg.): Markt, Macht, Medien. Publizistik zwischen gesellschaftlicher Verantwortung und ökonomischen Zielen. Konstanz, S. 247-260.

Zillmann, Dolf (1982): Television viewing and arousal. In (o. Hrsg.): Television and social behavior. 2 Bde. Rockville.

Zillmann, Dolf (Hrsg.) (1989): Pornography: Research advances and policy considerations. Hillsdale, NJ, u.a.

Zillmann, Dolf/Gibson, Rhonda/Sundar, Shyam/Perkins, Joe W. (1996): Effects of exemplifications in news reports on the perception of social issues. In: Journalism and Mass Communication Quarterly, 73. Jg., S. 427-444.

Zimmermann, Ekkart (1972): Das Experiment in den Sozialwissenschaften. Stuttgart.

Züll, Cornelia/Alexa, Melina (2001): Automatisches Codieren von Textdaten. Ein Überblick über neue Entwicklungen. In: Wirth, Werner/Lauf, Edmund (Hrsg.): Inhaltsanalyse. Perspektiven, Probleme, Potentiale. Köln, S. 303-317.

Züll, Cornelia/Mohler, Peter Ph. (Hrsg.) (1992): Textanalyse. Opladen.

Medienpsychologie

Karin Böhme-Dürr

Begriff und Gegenstand

Ist die wissenschaftliche *Medienpsychologie* primär eine medien- bzw. kommunikationswissenschaftliche oder eine psychologische Teildisziplin? Bei Begriffszusammensetzungen bestimmt immer das zweite Substantiv die Wortbedeutung. Das „Schnittfeld Medienpsychologie" wird eindeutig von der Psychologie dominiert. In der Publizistik-/Kommunikations-/Medienwissenschaft hat die Medienpsychologie noch keinen autonomen Status, obwohl sie als eine ihrer Teildisziplinen begriffen wird. So ist sie in der Deutschen Gesellschaft für Publizistik- und Kommunikationswissenschaft (DGPuK) bislang nicht durch eine eigenständige Fachgruppe vertreten. Anders ist es dagegen in der Deutschen Gesellschaft für Psychologie (DGPs). Dort existiert seit 1999 eine Fachgruppe „Medienpsychologie", die „genuin psychologische Ansätze zur Erklärung von Mediennutzung und Medienwirkung in den Vordergrund" rückt (vgl. FGM 2001).

International ist „media psychology" sowohl in der Psychologie angesiedelt als auch in der Kommunikationswissenschaft. Obwohl die American Psychological Association (APA) allgemein formuliert „media psychology focuses on the roles psychologists play in various aspects of the media" und sich ihre Division „Media Psychology" lange Zeit fast nur auf das Verhalten von Psychologen in der Auseinandersetzung mit Medienunternehmen konzentrierte (Kirschner/Kirschner 1997), legt sie nun ihren fachlichen Schwerpunkt auf Medieneffekte („the impact of media on human behavior", vgl. APA 2001). Seit einigen Jahren wird die amerikanische Medienpsychologie „vornehmlich in kommunikationswissenschaftlichen Instituten" angeboten, und „medienpsychologische Veröffentlichungen findet man dort auch in kommunikationswissenschaftlichen Fachzeitschriften" (Trepte 1999: 200). Letzteres gilt auch für Deutschland.

Die psychologisch orientierte Medienpsychologie versteht sich als trans- und interdisziplinäres Aufgabengebiet. Transdisziplinär ist sie insofern, als sie nicht nur ein grundlagenwissenschaftliches, sondern auch ein anwendungsbezogenes bzw. technologisches Teilfach ist, das theoretisches Wissen und Forschungsergebnisse direkt auf die nicht-forschende Praxis bezieht. So geht es beispielsweise in der Medienpsychologie darum, die Verständlichkeit von Zeitungsartikeln oder die Glaubwürdigkeit von Informationen im Internet zu optimieren. Die medienpsychologische Praxis selbst, die insbesondere für Werbung und Bildung eine Rolle spielt, zielt nicht oder zumindest nicht primär auf Erkenntnisgewinnung ab und wird deshalb nicht als Wissenschaft begriffen.

Da psychologische Prozesse, die durch Medien hervorgerufen werden oder die sich auf Medien richten, im Kontext sich wechselseitig beeinflussender, mikro-, meso- und makrosozialer Faktoren stattfinden, ist die Medienpsychologie auf die Zusammenarbeit mit anderen Fächern angewiesen. Interdisziplinär hat sie – in Abhängigkeit von der jeweiligen Forschungsfrage – hauptsächlich Verbindungen mit all den Teilgebieten von Neurophysiologie, Linguistik, Pädagogik, Philosophie, Geschichtswissenschaft, Soziologie, Ökonomie, Rechtswissenschaft und Politikwissenschaft, die sich mit Massenmedien, interaktiven Medien, öffentlichen Kommunikationsprozessen und Medieninstitutionen auseinander setzen. Die Medienpsychologie arbeitet u.a. mit der Medienökonomie zusammen. Dabei werden z.B. die Rezipientenmotive erforscht, die sich auf monetär relevante Zeitungsauflagen oder Einschaltquoten auswirken. Auch im Medienrecht sind Kooperationen mit der Medienpsychologie möglich, z.T. sogar notwendig. Synergieeffekte zeigen sich etwa bei der Berücksichtigung entwicklungspsychologischer Befunde aus Untersuchungen mit fernsehenden Kindern für die Festsetzung von Werberichtlinien bei privaten TV-Sendern.

Ihren wichtigsten Partner sieht die psychologisch orientierte Medienpsychologie jedoch nicht in den genannten Fächern, sondern in einer wesensverwandten Disziplin: in der sozialwissenschaftlichen Publizistik- und Kommunikationswissenschaft. Enge Verbindungen oder Überlappungen zwischen beiden sind zum einen in den Forschungsarbeiten bemerkbar und zum anderen in den Institutionalisierungen an den Hochschulen. Die Literatur- und Kulturwissenschaften haben z.T. ebenfalls ein Modul „Medienpsychologie“ in ihre Curricula oder Studienordnungen aufgenommen oder wollen es noch aufnehmen, obwohl sie häufig weder Begriffs- noch Gegenstandsbestimmungen vornehmen. Derartige Etikettierungen sind deshalb möglich, weil „Wissenschaftskapitalisten“ (Bourdieu 1998) „nicht nur einen edlen Wettstreit um die bessere Erkenntnis“ führen, sondern „sich auch in einer ständigen Auseinandersetzung um Ressourcen aller Art“ befinden (Winterhoff-Spurk 2001: 5).

Intradisziplinär, d.h. innerhalb der Psychologie, befasst sich die Medienpsychologie mit Fernsehen, Film, Zeitungen, Zeitschriften, Audiomedien und interaktiven Medien (Videospielen, Telefon, Computer etc.). Sie stützt sich also auf den technologischen Medienbegriff (im Unterschied zu anderen Medienbegriffen, etwa dem sozial-kulturwissenschaftlichen, der u.a. menschliche Sprache als Medium einschließt, oder dem naturwissenschaftlichen, der z.B. Synapsen als Medien begreift, vgl. Böhme-Dürr 1997). Die Medienpsychologie ist rezipientenorientiert und stellt die Nutzungs- und Wirkungsforschung in den Vordergrund. Dabei wird den (individuellen) „*Wirkungen* der Medien auf dieses Denken, Fühlen und Verhalten/Handeln schon aufgrund ihrer gesellschaftlichen Relevanz“ die größte wissenschaftliche Aufmerksamkeit gezollt, „[a]ber auch die der Mediennutzung *vorausgehenden* sowie die sie *begleitenden* Kognitionen, Emotionen und Handlungen“ sind „bedeutsam“, wobei der Umgang mit den Medien nicht nur beschrieben, sondern auch erklärt wird (Vorderer/Trepte 2000: 707).

In keiner der bislang vorliegenden Gegenstandsmarkierungen der Medienpsychologie wird explizit auf die anderen traditionellen Forschungsbereiche der Publizistik- und Kommunikationswissenschaft: „Kommunikator-, Aussagen- und Medienforschung“ eingegangen (vgl. Trepte 1999; Vorderer/Trepte 2000; Winterhoff-Spurk 1995, 1998, 1999, 2001). Genuin psychologische Theorien sind aber auch in der Kommunikatorforschung gefragt – exemplarisch in Untersuchungen zur Arbeitszufriedenheit, zum Stress und zum Burnout von JournalistInnen (vgl. Bodin 2000) –, ebenso in der Aussagenforschung – etwa bei der Erforschung der Berichterstattung über xenophobische Ausschreitungen (vgl. Brosius/Scheufele 2001) und in der Medienforschung – z.B. bei Klassifikationen medienspezifischer Charakteristika des

Internets (vgl. Döring 1999). Sinnvoll wäre es zudem, außer den der Mediennutzung vorausgehenden und sie begleitenden Kognitionen, Emotionen und Handlungen auch die im Umgang mit Medien *nachfolgenden* Verhaltensweisen in einer Medienpsychologie zu berücksichtigen. Medienpsychologisch relevant ist beispielsweise die Frage, wie die Kandidaten des TV-Formats „Big Brother", die drei Monate völlig von der Außenwelt abgeschirmt waren, mit dem anschließenden Medienrummel oder dem Entzug der medialen Aufmerksamkeit umgegangen sind und wie sie sich in ihr gewohntes Umfeld wieder eingegliedert haben (vgl. Dolff/Keuneke 2001).

Forschungsentwicklung und zentrale Autoren/Autorinnen

Die systematische Medienpsychologie hat ihre Wurzeln in der Wirkungsforschung. Das erste genuin medienpsychologische Buch ist „Theorie der kinematographischen Projektionen" des Denkpsychologen Karl Marbe, einem Vertreter der Würzburger Schule, der auf der Grundlage von wahrnehmungspsychologischen Erkenntnissen Filmprojektoren technisch verbessern wollte (Marbe 1910). 1916 erschien in den USA „The photoplay: A psychological study" von Hugo Münsterberg. Seine Kernaussagen über Tiefen- und Bewegungswahrnehmung, Aufmerksamkeit, Gedächtnis, Vorstellungen und Gefühle beim Betrachten von Stummfilmen fasste der Wundt-Schüler und Harvard-Psychologe jedoch schon 1915 in dem Artikel „Why we go to the movies" zusammen.

Aufgrund der Furcht vor schädlichen Einflüssen von Medien auf die Bevölkerung konzentrierten sich die frühen medienpsychologischen Untersuchungen häufig auf negative Medienwirkungen, insbesondere bei Kindern und Jugendlichen (vgl. Wartella/Reeves 1985). Münsterberg sorgte sich um „Peril to childhood in the movies" und Geiger (1923) um „Effects of motion pictures on the mind and morals of the young". Eindrucksvoll lässt sich der Trend, schädliche Auswirkungen von Medien zu erforschen, auch anhand der „Payne Fund Studies" belegen. 19 Psychologen und Soziologen erkundeten zwischen 1929 und 1932 mit Inhaltsanalysen, Befragungen, Beobachtungen, Tagebuchanalysen und Elektrodenmessungen, wie Kinder und Jugendliche auf Kinofilme reagieren (vgl. Jowett/Jarvie/Fuller 1996). Die vermutlich einflussreichste Payne Fund-Studie war die von Blumer und Hauser (1933), in der es um die Wirkung von Gewaltdarstellungen ging. Die Untersuchung alarmierte die Öffentlichkeit, weil sie deutlich machte, dass das aggressive Verhalten von Leinwandgangstern jugendliche Zuschauer zur Imitation anregte, Altruismus dagegen kaum zum Vorbild genommen wurde.

Die meisten Studien zu Beginn des letzten Jahrhunderts erforschten Effekte von Kinofilmen. Doch ab den Dreißiger- und Vierzigerjahren interessierten sich Psychologen auch für Radiowirkungen (vgl. z.B. Eisenberg 1936; Longstaff 1936; DeBoer 1937, 1939; Jersild 1939; Witty/Garfield/Brink 1941; Herzog 1941, 1944). Das wohl bekannteste Forschungsprojekt zur Hörfunkrezeption ist Hadley Cantrils Untersuchung über die Panikreaktionen auf das am Vorabend vor Halloween, am 30. Oktober 1938 ausgestrahlte, als Nachrichtensendung getarnte Hörspiel „The war of the worlds" über die Invasion von Marsmenschen. Der Psychologieprofessor an der University of Princeton Hadley Cantril und seine Mitarbeiterinnen Hazel Gaudet und Herta Herzog beachteten vor allem Persönlichkeitsunterschiede zwischen den

Zuhörern, die verstört reagiert hatten, und denjenigen, die Realitätschecks vorgenommen hatten (vgl. Cantril 1982). Anders als in der Kinoforschung, aber ähnlich wie in anderen frühen radiopsychologischen Studien galt das Hauptinteresse Cantrils nicht dem Medium, ja nicht einmal den menschlichen Reaktionen auf dieses Medium, sondern „nur" der menschlichen Psyche. Ihn faszinierte das theoretische Konzept „Panik", eine ziel- und sinnlose Verhaltensweise, die immer dann auftritt, wenn narzisstisch besetzte Objekte oder Werte, in die man viel investiert hat, attackiert werden und die Bedrohung nicht eliminiert werden kann.

In den Vierzigerjahren begannen Psychologen, die Nutzung und Wirkung verschiedener Medien miteinander zu vergleichen. Nahezu alle diese intermediären Untersuchungen beleuchteten Unterschiede zwischen Kinofilm und Hörfunk (vgl. z.B. Witty/Garfield/Brink 1941; Preston 1941; Meine 1941; Sterner 1947). Ende der Vierziger- und Anfang der Fünfzigerjahre richtete sich in Aufsätzen die Aufmerksamkeit auf das „neue" Medium Fernsehen (vgl. z.B. Lewis 1949; Maccoby 1951, 1954; Seagoe 1952; Shayon 1952; Meerlo 1954; Munn 1958). Doch erst Ende der Fünfzigerjahre und in den Sechzigerjahren erschienen Bücher von Psychologen, die die medienspezifischen Effekte des Fernsehens empirisch-systematisch untersuchten (vgl. Himmelweit/Oppenheim/Vince 1958; Schramm/Lyle/Parker 1961; Furu 1962; Tsuji 1964).

Die amerikanische psychologische TV-Forschung nahm in den Siebzigerjahren rasant zu. Dies ist u.a. an den fünf Bänden über „Television and social behavior" erkennbar. Diese „State-of-the-art"-Berichte wurden alle von der US-Regierung in Auftrag gegeben (vgl. Comstock/Rubinstein 1972a; Murray/Rubinstein/Comstock 1972; Comstock/Rubinstein 1972b; Rubinstein/Comstock/Murray 1972; Comstock/-Rubinstein/Murray 1972). Mit dem Aufschwung der psychologischen Fernsehforschung ging die Kinofilm- und Hörfunkforschung zurück, obwohl sich die Frequenz der Kinobesuche nicht substanziell verändert und die Hörfunknutzung sogar zugenommen hatte (vgl. Wartella/Reeves 1985). Die Zuwendung zu Printmedien und deren Wirkungen waren nur selten Forschungsschwerpunkte der Medienpsychologie. Eine frühe Ausnahme ist die sieben Jahre währende, vom National Research Council finanzierte kulturpessimistische Studie des deutschstämmigen Fredric Wertham über den Einfluss von Sex- und Gewaltcomis auf Jugendliche (vgl. Wertham 1953).

In Deutschland hat es zwar schon in den Fünfziger- und Sechzigerjahren medienpsychologische Veröffentlichungen gegeben (vgl. Koch 1954; Stückrath/Schottmayer 1955, 1967; Maletzke 1959; Heinrich 1961; Foerster/Holz 1963; Bergler 1965), doch mit Ausnahme von Gerhard Maletzkes 1963 erschienener Monographie „Psychologie der Massenkommunikation" hatten sie nur wenig Nachhall. Eine universitäre Verankerung der Medienpsychologie erfolgte erst 1967, als sich Hertha Sturm an der Philosophischen Fakultät der Universität Freiburg/Breisgau mit einer Schrift über Psychologie und Massenkommunikation habilitierte, die 1968 unter dem Titel „Masse – Bildung – Kommunikation" erschien (Sturm 1968). In dieser interdisziplinären Kombination hatte es in der BRD zuvor noch keine Habilitation gegeben. 1974 erhielt Hertha Sturm den ersten medienpsychologischen Ruf und wurde Professorin für Psychologie und Kommunikationswissenschaft an der Universität München. Eine Pionierleistung war auch ihre Mitherausgabe der kosmopolitischen Fachzeitschrift für Medienpsychologie „Fernsehen und Bildung. Internationale Zeitschrift für Medienpsychologie und Medienpraxis" in den Jahren 1975-1982. Und noch ein Novum ist ihr zu verdanken: die Entwicklung eines kommunikations- und medienorientierten Aufbau-Studiengangs für examinierte Psychologen und Pädagogen an der Universität Koblenz-Landau.

Ende der Siebzigerjahre und in den Achtzigerjahren, also fast ein Jahrzehnt nach der Zunahme medienpsychologischer Forschung in den USA, wurde die Medienpsychologie auch in Deutschland verstärkt beachtet (vgl. z.B. Bergler/Six 1979; Kagelmann/Wenninger 1982). Ein sprunghafter Anstieg ist aber erst in den Achtziger- und Neunzigerjahren zu verzeichnen, erkennbar an Einzelpublikationen (vgl. z.B. Groebel/Winterhoff-Spurk 1989; Winterhoff-Spurk 1989), an der Enquete der DFG-Senatskommission zur Medienwirkungsforschung in der BRD (DFG 1986), am ARD-Forschungsdienst in ›Media Perspektiven‹ (Groebel/Gleich 1988), an der Institutionalisierung, d.h. an neuen medienpsychologischen Lehrstühlen/Professuren, Curricula, Forschungsgruppen und Instituten, sowie an medienpsychologischen Dissertationen und Habilitationen.

1988 erschien erstmalig die Fachzeitschrift ›Medienpsychologie‹, seit 2001 umbenannt in ›Zeitschrift für Medienpsychologie‹ (ZMP). Derzeit fungieren als Herausgeber Peter Vorderer (Hannover), als Mitherausgeber Margarete Boos (Göttingen), Peter Vitouch (Wien) und Gary Bente (Köln). Im Wissenschaftlichen Beirat sind Psychologen (z.B. Jo Groebel/Düsseldorf; Peter Winterhoff-Spurk/Saarbrücken), aber auch Kommunikationswissenschaftler (z.B. Klaus Schönbach/Amsterdam; Winfried Schulz/Nürnberg) vertreten. Zu den Beratern gehören zudem internationale Experten (Jennings Bryant und Dolf Zillmann/Tuscaloosa und Tom van der Voort/Leiden).

Die ›Zeitschrift für Medienpsychologie‹ hat wesentlich dazu beigetragen, dass sich dieses Forschungsfeld autark etablieren konnte. Ein weiterer Meilenstein ist die bereits erwähnte Etablierung einer Fachgruppe Medienpsychologie in der Deutschen Gesellschaft für Psychologie (DGPs) im Jahr 1999. Ihre Gründung war erforderlich geworden, da sich die medienpsychologischen DGPs-Kongreß-Beiträge seit 1989 verdreifacht hatten (vgl. Trepte 1999). Heute gibt es keinen Zweifel, dass die Medienpsychologie ein selbstständiges Anwendungsfach ist.

Welche Forschungstrends dominierten in den Neunzigerjahren in Deutschland? Basierend auf 650 medienpsychologischen Veröffentlichungen hat Trepte (1999) vier Variablen quantitativ analysiert: (1) Medium, (2) Erleben/Verhalten, (3) Stichprobe und (4) Herangehensweise. Ad (1): Nahezu ein Drittel der Publikationen bezog sich auf das Fernsehen. Fasst man Neue Medien, Internet und PC in einem Cluster zusammen, dann war ihr Anteil fast so hoch wie der des Fernsehens. Jede fünfte medienpsychologische Analyse verglich verschiedene Medien miteinander. Trotz z.T. zeitintensiver Nutzung sind andere Medien wie Hörfunk, Literatur/Buch, Zeitungen/Zeitschriften, Musik, Video, Film/Theater/Konzert und Intranet kaum erforscht worden. Ad (2): Fast ein Viertel aller Publikationen beschäftigte sich mit den Themen Lernen, Sozialisation und Erziehung. Es folgten Medieninhalte (ca. 10%), Rezeptionserleben (9%) und Nutzungsverhalten (ca. 7%). Auffallend selten wählten

Medienpsychologen der Neunzigerjahre Forschungsschwerpunkte, die schon einmal Konjunktur gehabt hatten: Medienwirkungen, spezifische (z.B. politische) Einstellungen, psychophysiologische Reaktionen und Medienbewertungen (alle unter 5%).

Der von Trepte durch eine Korrespondenzanalyse ermittelte Zusammenhang der Variablen Medium und Erleben/Verhalten lässt zwei Perspektiven erkennen. Die kommunikationswissenschaftliche Perspektive fokussierte inhaltlich die Mediennutzung. Dabei wurde der Rezipient oder Nutzer eher als Untersuchungsobjekt und nur selten als Subjekt gesehen. Bei der psychologischen Perspektive drehte es sich vor allem um Kommunikation/soziale Interaktion und Rezeptionserleben, also um parasoziale Beziehungen oder um Anschlusskommunikation (nach der Mediennutzung).

Ad (3): Die Variable Stichprobe erbrachte keine validen Ergebnisse, da 82,4% der Veröffentlichungen kaum Hinweise auf die Zusammensetzung der untersuchten Population enthielten. Kinder und Jugendliche waren in der Medienpsychologie der Neunzigerjahre die einzige näher spezifizierte Stichprobe. Ad (4): Auch bezüglich der Herangehensweise fehlten in den Titeln und Abstracts der Publikationen Informationen. Da zumeist lediglich Überblicke bzw. allgemeine Betrachtungen als solche explizit benannt werden, wurden sie am häufigsten beobachtet (in 21,3% der Fälle).

Theorien und Ansätze

Trotz des rasanten Anstiegs der deutschen medienpsychologischen Forschung in den letzten Jahren beklagt Trepte (1999: 215) „eine nicht ausreichende Auseinandersetzung mit Theorien und einen Mangel an Theorieentwicklung". International ist dieses Defizit nicht so deutlich. In den USA kann man sogar eine verstärkte Hinwendung zu Modellen und vernetzten Hypothesen erkennen. Beispiele sind die „Disposition"-Theorie (vgl. Zillmann 1996), der „Media Equation"-Ansatz (vgl. Reeves/Nass 1996) und die „Limited Capacity"-Theorie (vgl. Lang 1992). Auch in anderen Ländern sind medienpsychologische Theorien im Kommen, so etwa in Österreich (vgl. z.B. die „Emotional Gap-Hypothese" von Vitouch 1993) oder in den Niederlanden (zur „Evolutionstheorie der Medien" vgl. Groebel 1995). Medienpsychologische Forschung ist häufig theoriegeleitet. Allerdings sind viele Ansätze „nicht medienspezifisch", d.h. ihnen fehlt ein expliziter Bezug zu einem spezifischen Medium (z.B. Hörfunk oder TV).

Vorderer und Trepte (2000) betonen, dass die Medienpsychologie im Unterschied zur Publizistik- und Kommunikationswissenschaft „dezidiert" auf individuumszentrierte psychologische Theorien zurückgreift. Sie unterscheiden drei Perspektiven in der medienpsychologischen Theorieentwicklung: die sozialpsychologische, bei der die Wirkungsfrage zentral ist, die persönlichkeitspsychologische zur Erklärung der interindividuell unterschiedlichen Nutzung von Medien und die motivationspsychologische, die Gründe für eine konkrete Mediennutzung thematisiert. Zu diesen drei Perspektiven sollten drei weitere berücksichtigt werden: die allgemein-psychologische Perspektive, die Wahrnehmen, Denken, Sprechen und Fühlen als Voraussetzung für und Folge von medienspezifischen Erfahrungen betont, die entwicklungspsychologische, die medienbedingte Verhaltensveränderungen in der menschlichen Lebensspanne hervorhebt, und die klinische Perspektive, die anormale Reaktionen von Menschen auf Medieninhalte thematisiert, z.B. extreme Angst durch Schockfilme (vgl. z.B. Simons/Silveira 1994) oder „Internetsucht" (vgl. z.B. Young 1998).

Die ersten medienpsychologischen Forschungen erfolgten aus allgemein-psychologischer Perspektive (vgl. Marbe 1910; Münsterberg 1916), persönlichkeitspsychologischer Perspektive (vgl. Payne Fund Studies 1929-32, Cantril 1982) und vor allem auch aus entwicklungspsychologischer Perspektive (z.B. Payne Fund Studies 1929-32; Geiger 1923; Herzog 1944; Eisenberg 1936). In den Vierziger- und Fünfzigerjahren kamen dann aber die zentralen Impulse für die systematische Analyse individueller Medienwirkungen aus der Sozialpsychologie (vgl. Vorderer/Trepte 2000). Insbesondere Carl Hovland und seine Mitarbeiter an der Yale University erforschten Einstellungs- und Meinungsänderungen als zentrale Wirkungen persuasiver Kommunikation (vgl. Hovland/Janis/Kelley 1953). Obwohl sie „ein praktikables Forschungsprogramm" vorlegen konnten, das sich an der Lasswell-Formel („Who says what to whom, how, and with what effect?") orientierte und das den Einstellungswandel als Lernprozess begriff, hatten sie dennoch „keine systematische Theorie" (Schenk 1977: 33).

Auch in den entwicklungspsychologischen Medienwirkungsstudien Ende der Fünfziger- und Anfang der Sechzigerjahre (vgl. Himmelweit/Oppenheim/Vince 1958; Schramm/Lyle/Parker 1961; Furu 1962; Tsuji 1964) fehlen genuin-medienpsychologische Ansätze, obwohl etliche Untersuchungsfragen durchaus auf medienspezifische Unterschiede abzielten (z.B. in Himmelweits Untersuchung: Ändern sich Leseverhalten oder Radiokonsum durch das Fernsehen?). Die ersten systematischen, medienspezifischen Definitionen, Klassifikationen und für eine Theoriebildung grundlegenden „Kriterien" finden sich in den theoretischen Arbeiten von Gerhard Maletzke (1963) und Hertha Sturm (1968). Maletzkes Definition von „Massenkommunikation" gilt im deutschsprachigen Raum noch immer als Klassiker.

In der Persuasionsforschung ist seit Mitte der Fünfzigerjahre eine „'Kognitivierung' der Theoriebildung" (Vorderer/Trepte 2000) zu beobachten, d.h. rezipientenzentrierte, kognitive Verarbeitungsprozesse werden als bedeutsamer gesehen als der Einfluss medialer Botschaften. Bedeutsam sind in diesem Zusammenhang die Konsistenztheorien: das Kongruenz-Modell von Osgood und Tannenbaum (1955), die Dissonanztheorie (Festinger 1957), die Balance-Theorie von Heider (1958) und die Inokulationstheorie von McGuire (1964). Letztere nimmt an, dass sich Rezipienten mit immer stärkeren Gegenargumenten vor massiven Medienwirkungen „schützen". Alle diese Ansätze gehen davon aus, dass Individuen innerpsychische Inkonsistenzen minimieren wollen. Medien spielen dabei keine oder nur eine geringe Rolle. Sie rücken erst mit der konsistenztheoretischen Untersuchung von Wolfgang Donsbach (1991) in den Vordergrund, die die Frage stellte, ob die Wahl einer bestimmten Zeitung oder eines bestimmten Artikels als Dissonanzvermeidung gedeutet werden kann.

Motivationspsychologische Überlegungen wurden bereits in den Achtzigerjahren in kognitivistische Ansätze einbezogen, z.B. im „Elaboration Likelihood Model" von Petty und Cacioppo (1981). Ihr Ansatz unterstellt, dass sich Einstellungen entweder aufgrund gründlicher Informationsverarbeitung oder aufgrund oberflächlicher, heuristischer Prozesse verändern können, dass aber bei sorgfältiger Abwägung Einstellungsänderungen „widerstandsfähiger" sind und zukünftiges Verhalten besser vorhersagen. Voluntaristische Prozesse schließt auch Früh (1994) in sein kognitiv-konstruktivistisches (dynamisch-transaktionales) Modell ein. Medieninformationen sind für ihn Angebote für die Informationsverarbeitung, die nicht nur gefiltert wahrgenommen, sondern auch in Abhängigkeit von den Vorerfahrungen und habituellen Verarbeitungsstilen der Rezipienten ergänzt und umgedeutet werden. Früh zufolge wird die Informationselaboration entscheidend von der individuellen Bedeutsamkeit und damit vom Willen zur Bearbeitung bestimmt. Die motivationspsychologische Perspektive ist zudem in den Untersuchungen deutlich, die erkunden, warum junge Menschen im Fernsehen auftreten wollen (vgl. z.B. Bente/Fromm 1997; Hoffmann 1998).

Wirkungen von Medien auf die Persönlichkeit waren bereits in den Anfangsjahren der Medienpsychologie ein zentrales Forschungsfeld. Insbesondere Gefühle standen schon früh im Mittelpunkt des Interesses, so etwa in einer der Payne Fund Studies (Dysinger/Ruckmick 1933) oder in den Hörfunk-Untersuchungen von DeBoer (1937, 1939). Eigenständige medienspezifische Ansätze zu Gefühlswirkungen sind in der frühen amerikanischen Medienpsychologie jedoch nicht zu finden. Auch in der deutschen Medienpsychologie wurden trotz des relativ großen Interesses an emotionalen Medienwirkungen (vgl. z.B. Sturm/Haebler/Helmreich 1972; Sturm u.a. 1982) lange Zeit keine genuin-medienpsychologischen Theorien zum Einfluss von Medien auf Gefühle entwickelt. Dies änderte sich in den Neunzigerjahren. Die „Disposition Theory" von Zillmann (1996) ist das bekannteste Beispiel. Sie schreibt Mediennutzern hedonistische Gefühle zu sowie die Beibehaltung einer aktuellen positiven Stimmung oder eine Stimmungsverbesserung. Theoretische Weiterentwicklungen sozio-emotionaler Ansätze finden sich auch in den sechs Untersuchungen des DFG-Projektpaketes „Zur sozio-emotionalen Dimension beim Umgang mit Bildschirmmedien" (für einen Überblick vgl. Trepte 1999).

Die differenzialpsychologische Perspektive, die – wie bereits erwähnt - in den Payne Fund Studies (vgl. vor allem Peterson/Thurstone 1933) und in der Cantril-Untersuchung (Cantril 1982) eine große Rolle spielte, wurde in den Achtziger- und Neunzigerjahren reaktiviert. Forschungsarbeiten über Persönlichkeitsmerkmale von Akteuren oder Rezipienten waren in den Achtzigerjahren allerdings noch weitgehend theorielos (vgl. z.B. Jörg 1984; Luger 1985; Lull 1988), doch neuere Studien entwickeln differenzialpsychologische Ansätze. Vitouch (1993, 1995) z.B. unterteilt Mediennutzer in „Represser" und „Sensitizer". „Represser" meiden angsterregende Situationen, während „Sensitizer" vorbeugen, indem sie aktiv danach suchen, damit sie den unangenehmen Gefühlen aus dem Weg gehen können. Weitere Beispiele für das Interesse an Persönlichkeitsmerkmalen sind Untersuchungen, die sich an US-amerikanischen Theorien oder Annahmen orientieren und die den Einfluss von Persönlichkeitsmerkmalen auf die Art der Mediennutzung bzw. „parasoziale Beziehungen" zu Medienakteuren analysieren (vgl. z.B. Charlton/Neumann 1986; Vorderer/Knobloch 1996; Knobloch 1999; Paechter/Schweizer/Weidenmann 2000; Hartmann/Klimmt/Vorderer 2001; Klimmt 2001).

In den letzten Jahren ist ein neuer Theorietrend zu beobachten. Medienspezifische Strukturen und Funktionen werden vermehrt beachtet, so etwa in der „Perceived Reality-Forschung" (vgl. z.B. das mehrdimensionale Modell zu Realitäts-Fiktions-Unterscheidungen von Rothmund/Schreier/Groeben 2001). Mittlerweile ist in einigen Arbeiten der Aufforderungscharakter der Medienangebote sogar wichtiger als das Verhalten der Rezipienten. Dort wird Medienpsychologie als Teil der Mediensemiotik begriffen (auch wenn eine derartige Zuordnung von den Autoren nicht selbst vorgenommen wird). Beispielhaft dafür sind Untersuchungen zu psychologischen Implikationen von Webpräsentationen (vgl. z.B. Geser 1998; Gackenbach 1998; Döring 1999, 2001; Wallace 1999; Thimm 2000).

Methoden

Die Medienpsychologie versteht sich als empirisch arbeitende Teildisziplin, deren Fragestellungen deduktiv, induktiv oder auch auftragsbezogen sind. Sie setzt verschiedene Designs ein, vor allem (quasi-)experimentelle und longitudinale, sowie alle sozialwissenschaftlichen Erhebungs- und Auswertungsmethoden. Zu den „klassischen" Erhebungsmethoden gehören Beobachtungen, schriftliche sowie mündliche Befragungen und inhaltsanalytische Verfahren.

In keinem anderen interdisziplinären Teilbereich der Kommunikations- und Medienwissenschaft sind experimentelle Designs so häufig wie in der Medienpsychologie. Experimente haben den Vorteil, dass die Medienangebote, die „unabhängigen Variablen", und auch die Einteilung der Versuchspersonen – wie etwa die Zuordnung zu einer Experimentalgruppe – optimal kontrolliert werden können. Allerdings leiden Experimente zu Effekten von medialen Stimuli unter dem Paradox, dass sie die „freiwillige" Medienzuwendung überprüfen müssen. Aber nur dann, wenn sich der Rezipient aus eigenem Antrieb zu Zeiten, die er selbst bestimmt, für einen Medieninhalt interessiert, kann man davon ausgehen, dass der Medieninhalt für ihn relevant ist. Experimente sind primär in der Wirkungsforschung zu finden (vgl. z.B. Brosius 1995; Brosius/Schweiger/Rossmann 2000; Knobloch 2000), vor allem bei Werbewirkungsuntersuchungen (vgl. z.B. Woelke 2000; Fischer/Thußbas 2000).

Auch quasi-experimentelle Versuchsanordnungen, bei denen keine zufällige Zuordnung von Probanden zu Experimental- und Kontrollgruppen möglich ist, sind in der Medienpsychologie beliebt. Eines der bekanntesten Beispiele dafür ist die auch longitudinal angelegte Untersuchung von Williams (1986), in der in einer ersten Phase das Verhalten von Bewohnern eines kanadischen Ortes ohne Fernsehempfangsmöglichkeit („Notel" für „no television") mit dem von Bewohnern in zwei infrastrukturell ähnlichen Gemeinden mit Fernsehempfangsmöglichkeit („Unitel" und „Multitel") mit verschiedenen Verhaltenstests (z.B. Lesefähigkeiten), Befragungen (z.B. Kreativitätsaufgaben) und Beobachtungen (z.B. Freizeitverhalten) verglichen wurde. In der zweiten Phase, zwei Jahre nach Einführung des Fernsehens in „Notel", wurden die Bewohner aller drei Orte nochmals untersucht. Nur durch die Testwiederholungen und die zeitgleiche Erfassung der drei Gemeinden, durch die der Einfluss weiterer Variablen kontrolliert wurde, waren kausale Schlüsse – Fernsehen als Grund für Verhaltensänderungen – möglich. Doch sind nicht alle Längsschnittstudien Ursachenforschung, so z.B. die deskriptive Longitudinaluntersuchung von Neumann und Charlton (1989) zur Medienrezeption in der Familie.

Die Erhebungsmethode Beobachtung wird in der Medienpsychologie trotz der vielfältigen Interpretationsspielräume vonseiten des Beobachters „besonders häufig und gerne angewendet, wenn das offene Verhalten und Handeln im Umgang mit Medien im Blickpunkt der Analyse steht, vor allem für Verhaltensweisen, die den beobachteten Personen selbst wenig bewusst sind oder auch, wenn diese nur eingeschränkt auskunftsfähig oder -bereit sind“ (Vorderer/Trepte 2000). So eignet sich diese Methode besonders gut für Untersuchungen zum kindlichen Rezeptionsverhalten. Häufig wird dabei qualitativ geforscht, wie etwa in der Studie von Lemish (1987), die erfasste, wie Babys und Kleinkinder verbal und nonverbal Fernsehakteure imitieren. Im deutschsprachigen Raum haben vor allem Michael Charlton und seine Mitarbeiter mit ihrer subjektiven und kontextbezogenen „Strukturanalytischen Rezeptionsforschung“ kindliches Rezeptionsverhalten beobachtet (vgl. z.B. Charlton/Neumann 1986).

Auch die Erhebungsmethode Befragung kann qualitativ angelegt sein. Beispielsweise wurden in der bereits erwähnten Studie von Dolff und Keuneke (2001) die Big-Brother-Kandidaten in qualitativen Interviews, die mit zusätzlichen Elementen projektiver Fragetechniken und Skalierungsmethoden gemixt waren, zu ihrem subjektiven Erleben nach dem Verlassen im Container befragt. Die Befragung ist wahrscheinlich die in der Medienpsychologie am häufigsten angewandte Methode. Sie eignet sich für sozial-, motivations-, persönlichkeits- und allgemein-psychologische Fragestellungen zu Mediennutzung und Medienwirkung, zum Teil auch für entwicklungspsychologische Perspektiven (vom Kindergarten bis zum Greisenalter). Befragungen sind jedoch bei sprach- oder kommunikationsgestörten Gruppen oder bei Sprachinkompetenten unsinnig. Auch für die in der Medienpsychologie relativ raren klinischen Untersuchungen eignen sie sich nur bedingt, denn sie setzen neben Bewusstsein und Artikulationsfähigkeit auch die Äußerungswilligkeit von Befragten voraus.

Emotionale oder nonverbale Verhaltensweisen sind oft nicht bewusst, nicht klar beschreibbar und manchmal auch wegen mangelnder gesellschaftlicher Akzeptanz tabu. Außer dem Problem der sozialen Erwünschtheit haben postkommunikative Befragungen die zusätzliche Schwierigkeit, dass Erinnerungsverzerrungen auftreten können. Deshalb werden in Mediennutzungsstudien manchmal verschiedene Befragungsarten miteinander verglichen, z.B. (offene) Free-Recall- mit Recognition-Fragen (mit Antwortalternativen). Mitunter werden Befragungen mit anderen Methoden – wie Tagebuchaufzeichnungen und elektronischen Aufzeichnungen – kombiniert (vgl. Böhme-Dürr 1988). Eine relativ neue Entwicklung bei Befragungen ist der Einsatz von Computern, durch den die eingegebenen Daten kontrolliert und gleich ausgewertet werden können (vgl. Knobloch/Knobloch 1999). Im Kommen sind zudem Online-Umfragen, insbesondere Online-Panels. Letztere haben den Vorteil, dass „die Verweigerungs- und Abbruchquoten genau bestimmt werden können und Quer-, Trend- als auch Längsschnittdesigns umsetzbar sind“ (Batinic/Moser 2001: 45).

Die in der Kommunikations- und Medienwissenschaft so häufige Methode der Inhaltsanalyse ist zwar schon in den Payne-Fund-Studies zu finden (vgl. Dale 1935), doch wird sie in der Medienpsychologie vergleichsweise selten angewendet. Systematische Langzeitanalysen von Medieninhalten (Trendanalysen) werden allenfalls dann durchgeführt, wenn Aussagen über ihr Wirkungspotenzial oder ihre tatsächlichen Wirkungen interessieren (vgl. z.B. Dominick 1979; Greenberg 1982; Wilson u.a. 1997). Häufig fokussieren medienpsychologische Inhaltsanalysen Rollenbilder oder Images (vgl. z.B. Weigel/Loomis/Soja 1980; Barcus 1983; Bishop/Krause 1984; Halloran 1984).

In medienpsychologischen Untersuchungen mit Inhaltsanalysen sind in den letzten Jahren vor allem drei Entwicklungen zu beobachten: eine stärkere Berücksichtigung von gesellschaftlich-politischen Fragestellungen, bei denen Medien als Teil des sozialen Diskurses gesehen werden (vgl. z.B. Berth 1998; Weimer/Galliker 1999; Galliker/Pousaz 2000), sowie Mehrmethodenkombinationen, bei denen Inhaltsanalysen mit Befragungen und/oder Beobachtungen gekoppelt sind (vgl. z.B. Charlton u.a. 1995; Wirth/Brecht 1998; Frindte/Köhler 1998; Früh 2001). Ein weiterer inhaltsanalytischer Trend ist die Erfassung von Online-Nutzungsdaten in Form von Logfile-Analysen, durch die Registrierung von Page-Impressions oder Visits einer Homepage (vgl. Friedrichsen 1998).

Neben den klassischen Erhebungsmethoden Beobachtung, Befragung und Inhaltsanalyse werden in der Medienpsychologie in den letzten Jahren vermehrt psychophysiologische Methoden – z.B. die Galvanic Skin Response, kardiographische Verfahren, Pulsvolumen- oder Atemfrequenzmessungen – eingesetzt, zumeist, um emotionale Reaktionen auf Medieninhalte zu messen. Vorteile der Non-Self-Report-Daten sind die Ausschaltung von sozialer Erwünschtheit und anderer Störquellen sowie die direkte, prozessbegleitende Auswertbarkeit. Nachteile sind der kostenintensive, technische Aufwand und die umfangreichen Auswertungen. Für valide Aussagen über den Rezeptionsprozess werden zusätzlich zu den physiologisch erhobenen Daten postkommunikative Verbalisierungen hinzugezogen. Da die verbalen Daten nicht prozessbegleitend sind, wird zudem das introspektive „Think-Aloud"-Verfahren erprobt, bei dem Rezipienten aufgefordert werden, während des Medienkonsums alle Gedanken und Empfindungen spontan und ohne Erklärungen zu artikulieren (Vitouch/Tinchon/Janschek 1998). Allerdings eignet sich die Methode des lauten Denkens nicht oder nur wenig für den Umgang mit interaktiven und/oder konzentrationsfordernden Medien und damit auch nicht für Kommunikationsformen, die das Kurzzeitgedächtnis in starkem Maße in Anspruch nehmen (z.B. Chatten und Mudden).

Eine für die Medienpsychologie sehr fruchtbare, aber extrem aufwändige Auswertungsmethode ist das „zeitreihen-basierte Notationsverfahren" von Frey und Bente (1989), bei dem außer dem nonverbalen Verhalten von Fernsehakteuren auch medienspezifische Darstellungsformen (z.B. Einstellungsgrößen) und Inhalte von Sendungen erfasst und mit einem neuen Auswertungssystem analysiert werden. Derart gewonnene Mediendaten werden auch mit dem Aufmerksamkeitsverhalten von Rezipienten in Zusammenhang gebracht (vgl. Bente/Feist/Elder 1996).

Insgesamt zeigt sich, dass in der Medienpsychologie die Entwicklung der Erhebungs- und Auswertungsmethoden in den letzten Jahren stark vorangeschritten ist.

Zusammenfassung und Forschungsausblick

Obwohl sich die fast hundertjährige Medienpsychologie noch immer vorwiegend als psychologische Teildisziplin versteht, ist sie auch im Hinblick auf die Theorie-, Methoden- und Forschungsentwicklung zu einer der fruchtbarsten Teildisziplinen der Kommunikations- und Medienwissenschaft geworden. Ihr empirischer Ertrag ist wahrscheinlich größer als der der eng verwandten Medienpädagogik, die sich den Fragen der Aus-, Fort- und Weiterbildung durch und über Medien und der medialen Erziehung widmet. Anders als die Teildisziplinen Mediengeschichte, Medienpolitik und die immer stärker beachtete Medienökonomie, die soziale Prozesse auf den Meso- und Makroebenen untersuchen, beleuchtet die Medienpsychologie individuelles Verhalten. Dieses ist aber ohne Bezug auf Institutionen und Organisationen (Mesoebene) sowie historische, ökonomische oder (ideologisch-)politische Systeme (Makroebene) nicht möglich. Menschen werden immer von ihrer sozialen Umwelt beeinflusst, beeinflussen diese aber auch. Individuelle Verhaltensweisen sind somit Teil öffentlicher Kommunikationsprozesse, die allerdings mehr sind als die Summe individueller Verhaltensweisen.

In der Medienpsychologie hat sich die Theorieentwicklung in den vergangenen zwei, drei Dekaden deutlich langsamer vollzogen als die Methodenentwicklung. Sie übernahm zwar psychologische Theorien – paradigmatisch ist der „Media Equation"-Ansatz von Reeves und Nass (1996) – und konzipierte zudem eigene Ansätze, wie etwa die „Disposition"-Theorie (Zillmann 1996) oder die „Limited Capacity"-Theorie (Lang 1992), aber die Frage, was menschliches Verhalten ohne Medien grundsätzlich, sowohl strukturell als auch funktional, von dem mit Medien unterscheidet, ist bislang erst ansatzweise (vgl. z.B. Döring 1999), aber noch nicht systematisch geklärt worden.

Allerdings ist es nicht sinnvoll, menschliches Verhalten lediglich in nicht-medienbezogene versus medienbezogene Aktivitäten zu unterteilen. Auch die Dichotomie Realität-Medienrealität ist zu einfach, da Medien immer spezifische Eigenschaften haben, auf die Menschen in spezifischer Weise reagieren. Da jedes Medium bestimmte Merkmale hat, ist es präziser, wenn nicht von „*der* Medienrealität", sondern von „medienspezifischer Realität" oder von „Medienrealitäten" die Rede ist (vgl. Böhme-Dürr 2000).

Der Aufforderungscharakter eines Mediums für die menschliche Wahrnehmung und damit für das Verhalten unterscheidet sich *systematisch* von dem eines anderen Mediums. Fernsehen hat z.B. immer visuelle Zeichen, Hörfunk nicht. Die visuellen Zeichen beziehen sich dabei nicht allein auf menschliches Ausdrucksverhalten oder nonverbale Darstellungen von (künstlichen) Objekten und Naturphänomenen, sondern auch auf medienspezifische Gestaltungsmittel, also etwa Zooms, Kameraeinstellungen und -bewegungen oder mikro- und makrotypografische Einblendungen (z.B. Untertitel oder Senderlogos).

Bei den technologischen Medien besteht das Wahrnehmungsangebot zwar vor allem aus visuellen und verbalen Informationen, doch haptische und olfaktorische gewinnen an Bedeutung und wurden in der Medienpsychologie bislang noch nicht beachtet. Haptische Sinne werden z.B. bei Touchpads und Cybergloves gereizt, olfaktorische z.B. bei parfümierten Modezeitschriften und Duftcomputern. Gerade weil die nicht-visuellen, nicht-auditiven Stimuli zumeist nicht bewusst sind, haben sie ein großes Einflusspotenzial für die Emotionsverarbeitung (vgl. Marks 1978). Zwar hat die Medienpsychologie schon sehr früh erkannt, dass außer den Medienzeichen auch Vorerfahrungen, Schemata, Einstellungen, Images, emotionale Stimmungen und andere präkommunikative „mind sets" Medienwirkungen bestimmen, aber sie hat es bisher vernachlässigt, diese synästhetisch zu sehen. Informationswahrnehmung, -verarbeitung und -speicherung fungieren bezüglich unterschiedlicher Modalitäten korrelativ und assoziativ. So werden etwa bei der Verarbeitung von Bildern auch immer in mehr oder weniger starkem Maße andere Sinne (Riechen, Schmecken, Tasten, Hören) aktiviert (vgl. z.B. Stein/Meredith 1993; Calvert 2001). So kann ein Fernsehwerbespot für „duftenden" Kaffee den Geruchssinn stimulieren oder das Zeitschriftenbild eines nackten Körpers mit „seidiger" Haut den Tastsinn.

Die Schwerpunktverlagerung der Medienpsychologie auf die Rezeptionsforschung (Nutzung und Wirkung) hat dazu geführt, dass sie andere traditionelle Forschungsbereiche der Kommunikations- und Medienwissenschaft bislang kaum oder überhaupt nicht beachtet hat. Theorie- und Empiriedefizite gibt es nicht nur bei der Aussagen- oder bei der Medienforschung, sondern vor allem bei der Kommunikatorforschung. Da der öffentliche Diskurs von Kommunikatoren angeregt, gestaltet, begrenzt oder manchmal nicht in Gang gebracht wird, ist es wichtig zu wissen, wie und mit welchen psychischen Mechanismen Journalisten, PR-Experten und andere Meinungsmacher welche Informationen aufmerksam beachten und selegieren. Die in der Kommunikations- und Medienwissenschaft viel zitierten Nachrichtenfaktoren bieten keine hinreichende Erklärung. Aufmerksamkeitstheoretische Ansätze, die das Interesse von Individuen an Öffentlichkeitswirksamkeit thematisieren, sind gefragt. Sie könnten auch zur Klärung der ebenfalls von der Medienpsychologie nur selten beachteten postkommunikativen Verhaltensweisen (vgl. jedoch z.B. Bente/Fromm 1997; Dolff/Keuneke 2001) beitragen. Von einer stärkeren Integration in die Kommunikations- und Medienwissenschaft könnte die Medienpsychologie sicher profitieren.

Literatur

APA (American Psychological Association) (2001): Media psychology. APA Div 46, APA Annual Convention, San Francisco, CA, August 24-28, 2001.

Barcus, Francis Earle (1983): Images of life on children's television. New York.

Batinic, Bernard/Moser, Klaus (2001): Neue Befragungsmethoden für die Medienpsychologie: Online-Panels. In: Zeitschrift für Medienpsychologie, 13. Jg. (N.F., 1. Jg.), S. 45-49.

Bente, G./Feist, A./Elder, S. (1996): Person perception effects of computer-simulated male and female head movement. In: Journal of Nonverbal Behavior, 20. Jg., S. 213-228.

Bente, Gary/Fromm, Bettina (1997): Affektfernsehen. Motive, Angebotsweisen und Wirkungen. Opladen.

Bergler, Reinhold (1965): Ausdruckspsychologie und Werbeforschung. In: Bergler, Reinhold (Hrsg.): Psychologische Marktanalyse. Bern, S. 148-203.
Bergler, Reinhold/Six, Ulricke (1979): Psychologie des Fernsehens. Bern u.a.
Berth, Hendrik (1998): Wiedervereinigung und Angst. Inhaltsanalytische Untersuchungen. In: Zeitschrift für Politische Psychologie, 4. Jg., S. 313-324.
Bishop, J. M./Krause, J. M. (1984): Depictions of aging and old age on saturday morning television. In: The gerontologist, 24. Jg., S. 91-94.
Blumer, Herbert/Hauser, Philip M. (1933): Movies, delinquency and crime. New York.
Bodin, Michael (2000): Ausgebrannt ... Über den „Burnout" im Journalismus. Ursachen und Auswege. Wiesbaden.
Böhme-Dürr, Karin (1988): Schwierigkeiten bei der Erfassung von Mediennutzung und Medienbewertung. In: Deutsches Jugendinstitut (Hrsg.): Medien im Alltag von Kindern und Jugendlichen. München, S. 93-111.
Böhme-Dürr, Karin (1997): Technische Medien der Semiose. In: Posner, Roland/Robering, Klaus/Sebeok, Thomas A. (Hrsg.): Semiotik/Semiotics (= Handbücher zur Sprach- und Kommunikationswissenschaft, Bd. 13). Berlin, New York, S. 357-384.
Böhme-Dürr, Karin (2000): Fernsehen als Ersatzwelt. Zur Realitätsorientierung von Kindern. In: Oerter, Rolf/Hoppe-Graff, Siegfried (Hrsg.): Spielen und Fernsehen. Über die Zusammenhänge von Spiel und Medien in der Welt des Kindes. Weinheim, München. S. 133-153.
Bourdieu, Pierre (1998): Vom Gebrauch der Wissenschaft. Konstanz.
Brosius, Hans-Bernd (1995): Alltagsrationalität in der Nachrichtenrezeption. Ein Modell der Wahrnehmung und Verarbeitung von Nachrichteninhalten. Opladen.
Brosius, Hans-Bernd/Scheufele, Bertram (2001): Zwischen Eskalation und Verantwortung. Die Berichterstattung der Massenmedien und fremdenfeindliche Gewalt- und Straftaten. In: Zeitschrift für Politische Psychologie, 9. Jg., S. 99-112.
Brosius, Hans-Bernd/Schweiger, Wolfgang/Rossmann, Constanze (2000): Auf der Suche nach den Ursachen des Fallbeispieleffekts: Der Einfluß von Anzahl und Art der Urheber von Fallbeispielinformation. In: Medienpsychologie, 12. Jg., S. 153-175.
Calvert, Gemma A. (2001): Crossmodal processing in the human brain: insights from functional neuroimaging studies. In: Cerebral Cortex, 11. Jg., S. 1110-1123.
Cantril, Hadley (1982): The invasion from Mars: a study in the psychology of panic. Princeton, NJ.
Charlton, Michael/Neumann, Klaus (1986): Medienkonsum und Lebensbewältigung in der Familie. Methode und Ergebnisse der strukturanalytischen Rezeptionsforschung. Mit fünf Falldarstellungen. München.
Charlton, Michael/Neumann-Braun, Klaus/Aufenanger, Stefan/Hoffmann-Riem, Wolfgang (Hrsg.) (1995): Fernsehwerbung und Kinder. Bd. 2: Rezeptionsanalyse und rechtliche Rahmenbedingungen. Opladen.
Comstock, George A./Rubinstein, Eli A. (Hrsg.) (1972a): Television and social behavior, I. Media content and control. Washington, DC.
Comstock, George A./Rubinstein, Eli A. (Hrsg.) (1972b): Television and social behavior, III. Television and adolescent aggressiveness. Washington, DC.
Comstock, George A./Rubinstein, Eli A./Murray, John P. (Hrsg.) (1972): Television and social behavior, V. Television's effects: further explorations. Washington, DC.
Dale, Edgar (1935): Content of motion pictures. New York.
DeBoer, John J. (1937): Determination of children's interests in radio drama. In: Journal of Applied Psychology, 21. Jg., S. 456-463.
DeBoer, John J. (1939): Radio and children's emotions. In: School and Society, 50. Jg., S. 290-295.
DFG – Deutsche Forschungsgemeinschaft (Hrsg.) (1986): Medienwirkungsforschung in der Bundesrepublik Deutschland. Weinheim.
Dolff, Alexandra/Keuneke, Susanne (2001): Das subjektive Erleben der „Big Brother"-Kandidaten – Die Herausforderung ist die Zeit danach. In: Böhme-Dürr, Karin/Sudholt, Thomas (Hrsg.): Hundert Tage Aufmerksamkeit. Das Zusammenspiel von Medien, Menschen und Märkten bei „Big Brother". Konstanz, S. 177-200.
Dominick, Joseph R. (1979): The portrayal of women in prime-time, 1953-1977. In: Sex Roles, 5. Jg., S. 405-411.
Donsbach, Wolfgang (1991): Medienwirkung trotz Selektion. Einflußwirkungen auf die Zuwendung zu Zeitungsinhalten. Köln u.a.

Döring, Nicola (1999): Sozialpsychologie des Internet. Göttingen.
Döring, Nicola (2001): Persönliche Homepages im WWW. Ein kritischer Überblick über den Forschungsstand. In: Medien & Kommunikationswissenschaft, 49. Jg., S. 325-349.
Dysinger, Wendell S./Ruckmick, Christian A. (1933): The emotional responses of children to the motion picture situation. New York.
Eisenberg, Azriel L. (1936): Children and radio programs. New York.
Festinger, Leon (1957): A theory of cognitive dissonance. Evanston.
FGM (Fachgruppe Medienpsychologie) (2001): Medienpsychologie. 2. Tagung der Fachgruppe Medienpsychologie in der Deutschen Gesellschaft für Psychologie, 9.-11.9.2001 in Landau.
Fischer, Kirsten/Thußbas, Claudia (2000): Die Wirkung humoristisch-episodischer Elemente in der Fernsehwerbung auf Erinnerungsleistung und Markenbewertung – Eine experimentelle Studie. In: Medienpsychologie, 12. Jg., S. 51-68.
Foerster, Oskar/Holz, Hans-Joachim (1963): Fernsehen für Kinder und Jugendliche. München.
Frey, Siegfried/Bente, Gary (1989): Mikroanalyse medienvermittelter Informationsprozesse. Zur Anwendung zeitreihen-basierter Notationsprinzipien auf die Untersuchung von Fernsehnachrichten. In: Kaase, Max/Schulz, Winfried (Hrsg.): Massenkommunikation. Theorien, Methoden, Befunde. Opladen, S. 508-527.
Friedrichsen, Mike (1998): Marketingkommunikation auf dem Weg ins Internet. Werbewirkungsforschung und computervermittelte Kommunikation. In: Rössler, Patrick (Hrsg.): Online-Kommunikation: Beiträge zu Nutzung und Wirkung. Opladen, S. 207-226.
Frindte, Wolfgang/Köhler, Thomas (1998): The public construction of the self in computer-mediated communication. Papier vorgelegt zur 48. Jahrestagung der International Communication Association, Jerusalem, Israel.
Früh, Werner (1994): Realitätsvermittlung durch Massenmedien. Die permanente Transformation der Wirklichkeit. Opladen.
Früh, Werner (2001): Gewaltpotentiale des Fernsehangebots. Programmangebot und zielgruppenspezifische Interpretation. Opladen.
Furu, Takeo (1962): Television and children's life: a before-after study. Tokyo.
Gackenbach, Jayne (Hrsg.) (1998): Psychology and the internet. Intrapersonal, interpersonal, and transpersonal implications. San Diego.
Galliker, Mark/Pousaz, Oliver (2000): Der Realitätsbezug der Printmedien. Zur Wahrnehmung der Schweiz in der New York Times (1993-1999). In: Medienpsychologie, 12. Jg., S. 117-140.
Geiger, Joseph Roy (1923): Effects of motion pictures on the mind and morals of the young. In: International Journal of Ethics, 34. Jg., S. 69-83.
Geser, Hans (1998): „Yours virtually forever" – Elektronische Grabstätten im Internet. In: Imhof, Kurt/ Schulz, Peter (Hrsg.): Die Veröffentlichung des Privaten – Die Privatisierung des Öffentlichen. Opladen, Wiesbaden, S. 120-135.
Greenberg, Bradley S. (1982): Life on television: content analyses of U.S. TV drama. Norwood, NJ.
Groebel, Jo (1995). Medienpsychologie in Utrecht. In: Medienpsychologie, 7. Jg., S. 3-10.
Groebel, Jo/Gleich, Uli (1988): Vorbemerkungen zum ARD-Forschungsdienst. In: Media Perspektiven, 1, S. 43-44.
Groebel, Jo/Winterhoff-Spurk, Peter (Hrsg.) (1989): Empirische Medienpsychologie. Weinheim.
Halloran, James D. (1984): The family on television. Empirical study by content analysis in four countries. München.
Hartmann, Tilo/Klimmt, Christoph/Vorderer, Peter (2001): Avatare: Parasoziale Beziehungen zu virtuellen Akteuren. In: Medien & Kommunikationswissenschaft, 49. Jg., S. 350-368.
Heider, Fritz (1958): The psychology of interpersonal relations. New York.
Heinrich, Karl (1961): Filmerleben, Filmwirkung, Filmerziehung – Der Einfluß des Films auf die Aggressivität bei Jugendlichen. Hannover.
Herzog, Herta (1941): Children and their leisure time listening to the radio. New York.
Herzog, Herta (1944): What do we really know about daytime serial listeners? In: Lazarsfeld, Paul F./Stanton, Frank N. (Hrsg.): Radio research 1942-1943. New York, S. 3-33.
Himmelweit, Hilde T./Oppenheim, Abraham N./Vince, Pamela (1958): Television and the child. An empirical study of the effect of television on the young. London.
Hoffmann, Andrea Claudia (1998): Öffentlichkeit als Therapie? Zur Motivation von Daytime-Talk-Gästen. München.

Hovland, Carl I./Janis, Irving L./Kelley, Harold H. (1953): Communication and persuasion. New Haven, CO, London.
Jersild, Arthur T. (1939): Radio and motion pictures. Bloomington, IL.
Jörg, Sabine (1984): Unterhaltung im Fernsehen. Show-Master im Urteil der Zuschauer. München u.a.
Jowett, Garth S./Jarvie, Ian C./Fuller, Kathryn H. (1996): Children and the movies. Media influence and the Payne Fund controversy. Cambridge.
Kagelmann, H. Jürgen/Wenninger, Gerd (Hrsg.) (1982): Medienpsychologie in Schlüsselbegriffen. München.
Kirschner, Sam/Kirschner, Diana Adile (1997): Future direction for media psychology. In: Kirschner, Sam/Kirschner, Diana Adile (Hrsg.): Perspectives on psychology and the media. Washington, DC, S. 193-196.
Klimmt, Christoph (2001): Computer-Spiel: Interaktive Unterhaltungsangebote als Synthese aus Medium und Spielzeug. In: Zeitschrift für Medienpsychologie, 13. Jg. (N.F. 1. Jg.), S. 22-32.
Knobloch, Silvia (1999): Schicksal spielen: Interaktive Unterhaltung aus handlungstheoretischer und persönlichkeitspsychologischer Sicht. Phil. Diss., Hochschule für Musik und Theater Hannover.
Knobloch, Silvia (2000): Schicksal spielen. Interaktive Unterhaltung aus handlungstheoretischer und persönlichkeitspsychologischer Sicht. München.
Knobloch, Silvia/Knobloch, Martin (1999): Computergestützte Befragung. Der Computer in der Funktion von Interviewer und Fragebogen. In: Rundfunk und Fernsehen, 47. Jg., S. 61-78.
Koch, Manfred (1954): Fernsehen als neuer Umweltfaktor. In: Psychologische Rundschau, 5. Jg., S. 22-35.
Lang, Ann (1992): A limited capacity theory of television viewing. Papier vorgelegt zur Information Systems Division, ICA, Miami, FL.
Lemish, Daphne (1987): Viewers in diapers: the early development of television viewing. In: Lindlof, Thomas R. (Hrsg.): Natural audiences. Qualitative research of media uses and effects. Norwood, NJ, S. 53-57.
Lewis, P. (1949): TV and teenagers. In: Educational Screen, 28. Jg., S. 159-161.
Longstaff, Howard Porter (1936): Effectiveness of children's radio programs. In: Journal of Applied Psychology, 20. Jg., S. 264-279.
Luger, Kurt (1985): Medien im Jugendalltag. Wie gehen die Jugendlichen mit Medien um? Was machen die Medien mit den Jugendlichen? Wien u.a.
Lull, James (Hrsg.) (1988): World families watch television. Newbury Park u.a.
Maccoby, Eleanor E. (1951): Television: its impact on school children. In: Public Opinion Quarterly, 15. Jg., S. 421-444.
Maccoby, Eleanor E. (1954): Why do children watch television? In: Public Opinion Quarterly, 18. Jg., S. 239-244.
Maletzke, Gerhard (1959): Fernsehen im Leben der Jugend. Hamburg.
Maletzke, Gerhard (1963): Psychologie der Massenkommunikation. Hamburg.
Marbe, Karl (1910): Theorie der kinematographischen Projektionen. Leipzig.
Marks, Lawrence E. (1978): The unity of senses. New York.
McGuire, William J. (1964): Inducing resistance to persuasion. Some contemporary approaches. In: Berkowitz, Leonard (Hrsg.): Advances in experimental social psychology. New York, S. 191-229.
Meerlo, Joost A. (1954): Television addiction and reactive empathy. In: Journal of Nervous and Mental Diseases, S. 290-291.
Meine, Franklin J. (1941): Radio and press among young people. In: Lazarsfeld, Paul F./Stanton, Frank N. (Hrsg.): Radio research. New York.
Munn, Mark (1958): The effect on parental buying habits of children exposed to children's television programs. In: Journal of Broadcasting, 2. Jg., S. 253-258.
Münsterberg, Hugo (1916): The photoplay. A psychological study. New York, London.
Murray, John P./Rubinstein, Eli A./Comstock, George A. (Hrsg.) (1972): Television and social behavior, II. Television and social learning. Washington, DC.
Neumann, Karl/Charlton, Michael (1989): Strukturanalytische Rezeptionsforschung. Theorie, Methode und Anwendungsbeispiele. In: Baacke, Dieter/Kübler, Hans-Dieter (Hrsg.): Qualitative Medienforschung. Tübingen.
Osgood, Charles E./Tannenbaum, Percy H. (1955): The principle of congruity in the prediction of attitude change. In: Psychological Review, 62. Jg., S. 42-55.

Paechter, M./Schweizer, K./Weidenmann, B. (2000): Parasoziale Beziehungen zu einer Dozentin im Netz. In: Medienpsychologie, 12. Jg., S. 242-259.
Peterson, Ruth C./Thurstone, Louis L. (1933): Motion pictures and the social attitudes of children. New York.
Petty, Richard E./Cacioppo, John T. (1981): The elaboration likelihood of persuasion. In: Berkowitz, Leonard (Hrsg.): Advances in experimental social psychology. New York, S. 124-205.
Preston, M. (1941): Children's reactions to movie horrors and radio crime. In: Journal of Pediatrics, 19. Jg., S. 147-168.
Reeves, Byron/Nass, Clifford (1996): The media equation. How people treat computers, television, and new media like real people and places. Stanford, CA.
Rothmund, Jutta/Schreier, Margrit/Groeben, Norbert (2001): Fernsehen und erlebte Wirklichkeit I: Ein kritischer Überblick über die Perceived Reality-Forschung. In: Zeitschrift für Medienpsychologie, 13. Jg. (N.F. 1. Jg.), S. 33-44.
Rubinstein, Eli A./Comstock, George A./Murray, John P. (Hrsg.) (1972): Television and social behavior, IV: Television in day-today-life: patterns of use. Washington, DC.
Schenk, Michael (1977): Publikums- und Wirkungsforschung. Tübingen.
Schramm, Wilbur/Lyle, Jack/Parker, Edwin B. (1961): Television in the lives of our children. Stanford, CA.
Seagoe, May V. (1952): Children's television habits and preferences. In: Quarterly of Film, Radio and Television, 6. Jg., S. 143-152.
Shayon, Robert Lewis (1952): Television and our children. New York.
Simons, D./Silveira, W.R. (1994): Post-traumatic stress disorder in children after television programmes. In: British Medical Journal, Nr. 308, S. 389-390.
Stein, Barry E./Meredith, M. Alex (1993): The merging of senses. Cambridge, MA.
Sterner, Alice P. (1947): Radio, motion pictures and reading interests: a study of high school pupils. New York.
Stückrath, Fritz/Schottmayer, Georg (1955): Psychologie des Filmerlebens in Kindheit und Jugend. Hamburg.
Stückrath, Fritz/Schottmayer, Georg (1967): Fernsehen und Großstadtjugend. Braunschweig.
Sturm, Hertha (1968): Masse – Bildung – Kommunikation. Stuttgart.
Sturm, Hertha/Haebler, Ruth von/Helmreich, Reinhard (1972): Medienspezifische Lerneffekte. München.
Sturm, Hertha/Vitouch, Peter/Bauer, Herbert/Grewe-Partsch, Marianne (1982): Emotion und Erregung – Kinder als Fernsehzuschauer. Eine psychophysiologische Untersuchung. In: Fernsehen und Bildung, 16. Jg., S. 9-115.
Thimm, Caja (2000): Soziales im Netz. Sprache, Beziehungen und Kommunikationskulturen im Netz. Opladen.
Trepte, Sabine (1999): Forschungsstand der Medienpsychologie. In: Medienpsychologie, 11. Jg., S. 200-218.
Tsuji, Isao (1964): The effect of TV broadcast on children in isolated villages. Tokyo.
Vitouch, Peter (1993): Fernsehen und Angstbewältigung. Zur Typologie des Zuschauerverhaltens. Opladen.
Vitouch, Peter (1995): Die „Emotionale Kluft" – Schlüsselvariable für die Programmselektion. In: Franzmann, Bodo/Fröhlich, Werner D./Hoffmann, Hilmar/Spörri, Balz/Zitzlsberger, Rolf (Hrsg.): Auf den Schultern von Gutenberg. Medienökologische Perspektiven der Fernsehgesellschaft. Berlin, München, S. 138-149.
Vitouch, Peter/Tinchon, Hans-Jörg/Janschek, Eva (1998): Prozeßbegleitende Verfahren in der Medienpsychologie. In: Medienpsychologie, 10. Jg., S. 308-319.
Vorderer, Peter/Knobloch, Silvia (1996): Parasoziale Beziehungen zu Serienfiguren: Ergänzung oder Ersatz? In: Medienpsychologie, 8. Jg., S. 201-216.
Vorderer, Peter/Trepte, Sabine (2000): Medienpsychologie. In: Straub, Jürgen/Kochinka, Alexander/Werbig, Hans (Hrsg.): Psychologie in der Praxis. Anwendungs- und Berufsfelder einer modernen Wissenschaft. München, S. 705-736.
Wallace, Patricia (1999): The psychology of the internet. Cambridge.
Wartella, Ellen/Reeves, Byron (1985): Historical trends in research on children and the media: 1900-1960. In: Journal of Communication, 35. Jg. Nr. 2, S. 118-133.
Weigel, Russell H./Loomis, James W./Soja, Matthew J. (1980): Race relations on prime-time television. In: Journal of Personality and Social Psychology, 39. Jg., S. 884-893.

Weimer, Daniel/Galliker, Mark (1999): Die Darstellung der Kurden in deutschen und schweizerischen Tageszeitungen. In: Zeitschrift für Politische Psychologie, 7. Jg., S. 323-334.

Wertham, Frederick (1953): The seduction of the innocent. New York.

Williams, Tannis Macbeth (Hrsg.) (1986): The impact of television. A natural experiment in three communities. New York.

Wilson, Barbara u.a. (1997): National television violence study. Thousand Oaks u.a.

Winterhoff-Spurk, Peter (1989): Medienpsychologie: Befunde und Perspektiven eines expandierenden Forschungsfeldes. In: Psychologische Rundschau, 40. Jg., S. 18-31.

Winterhoff-Spurk, Peter (1995): Medienpsychologie an der Grenze: Forschung, Lehre und Praxis in Saarbrücken. In: Medienpsychologie, 7. Jg., S. 27-40.

Winterhoff-Spurk, Peter (1998): Psychologie und Medienpsychologie: Perspektiven einer langen Freundschaft? In: Medienpsychologie, 10. Jg., S. 231-239.

Winterhoff-Spurk, Peter (1999): Medienpsychologie. Eine Einführung. Stuttgart.

Winterhoff-Spurk, Peter (2001): Kassensturz – Zur Lage der Medienpsychologie. In: Zeitschrift für Medienpsychologie, 13. Jg. (N.F. 1. Jg.), S. 3-10.

Wirth, Werner/Brecht, M. (1998): Medial und personal induzierte Selektionsentscheidungen bei der Nutzung des World Wide Web. In: Rössler, Patrick (Hrsg.): Online-Kommunikation: Beiträge zu Nutzung und Wirkung. Opladen, S. 147-168.

Witty, P./Garfield, S./Brink, W. (1941): Interests of high school students in motion pictures and the radio. In: Journal of Educational Psychology, 32. Jg., S. 176-184.

Woelke, Jens (2000): Wie valide sind Werbewirkungstests? Der Einfluss des Testverfahrens auf Ergebnisse der Erinnerung und Bewertung. In: Medienpsychologie, 12. Jg., S. 176-195.

Young, K.S. (1998): Internet addiction: the emergence of a new clinical disorder. In: CyberPsychology and Behavior, 1. Jg., S. 237-242.

Zillmann, Dolf (1996): The psychology of suspense in dramatic exposition. In: Vorderer, Peter/Wulff, Hans Jürgen/Friedrichsen, Mike (Hrsg.): Suspense. Conceptualization, theoretical analyses, and empirical explorations. Mahwah, NJ, S. 199-231.

Medienpädagogik

Bernd Schorb

Medienpädagogik als Begleiter der Medienentwicklung

Der Begriff Medienpädagogik ist relativ jung, sein Gegenstandsbereich jedoch so alt wie die so genannten Massenmedien. Der Begriff Medienpädagogik entstand in den 70er-Jahren des letzten Jahrtausends verbunden mit der Einführung „neuer Medien", womit vor allen Dingen kommerzielle Medien im audiovisuellen und auditiven Bereich gemeint waren, aber auch neue Hardwareformate wie die Audio- und Videokassette. Umfassende gesellschaftliche Anerkennung erlangte Medienpädagogik in den Achtziger- bis Neunzigerjahren des letzten Jahrhunderts mit der Digitalisierung der Medien und ihrem Einbruch in alle Lebensbereiche, bedingt durch die Computerisierung von geistigen und körperlichen Tätigkeiten des Menschen.

Tatsächlich fand eine pädagogische Auseinandersetzung mit den Medien schon seit Mitte des 19. Jahrhunderts statt. Ausgangspunkt dieser Auseinandersetzung war die damals geschaffene Möglichkeit einer massenhaften Verbreitung der Medien. Zwar war der Buchdruck schon lange erfunden, aber erst die Automatisierung des Drucks im 19. Jahrhundert ließ es zu, Medien in einer solchen Auflage zu produzieren, dass sie tatsächlich von allen Bevölkerungsschichten genutzt und zu den später so genannten Massenmedien werden konnten. Parallel dazu war durch die Entwicklung des Schulsystems gewährleistet, dass auch die „unteren Schichten" zumindest die Grundkenntnisse in Lesen, Schreiben und Rechnen erworben hatten und somit den allgemeinen Vertrieb von Zeitungen und Büchern sichern konnten. Der Buchdruck, der Zeitungsdruck sowie in der Folge die Erfindungen von Fotografie und Film und deren ebenfalls breite Nutzung führten dazu, dass Überlegungen angestellt wurden, inwieweit die durch Medien verbreiteten Inhalte auf die Bevölkerung und insbesondere auf Kinder einen schädlichen Einfluss nehmen könnten. Als drittes Phänomen trat im 19. Jahrhundert die „Entdeckung" der Kindheit hinzu. Kinder waren jetzt nicht mehr junge, noch nicht ganz taugliche Erwachsene, sondern eine eigene gesellschaftliche Gruppe. Die Kindheit erhielt einen Eigenwert, es galt Kinder zu schonen, von Erwerbsarbeit zu befreien und ihnen einen Schonraum für ihre Entwicklung zu garantieren. Mit dem Aufkommen des Gedankens, Kinder seien heranwachsende, zu schützende Wesen, entstand auch der Jugendschutzgedanke, die Wurzel der Medienpädagogik. Nicht allein das körperliche Wohl, auch das geistige sollte vor Schäden bewahrt werden. Solche Überlegungen veranlassten beispielsweise die Brüder Grimm schon 1825, ihre Märchen „als kleinere Ausgabe in einem Bändchen [herauszugeben, d. Verf.], wobei zugleich die Bedenklichkeit derer berücksichtigt ist, welche nicht jedes Stück der größeren Sammlung für Kinder angemessen halten." (Grimm ^{5}1942: Vorwort).

Ihren ersten großen Aufschwung nahm die Medienpädagogik mit dem Aufkommen des Films als Erziehung zur richtigen Nutzung der Medien und empirisch als Erforschung der Wirkung der Medien. Neben das ursprüngliche Motiv des Schutzgedankens trat nun die Absicht, einen neuen Gegenstandsbereich, dessen Konsequenzen und Folgen man nicht absehen konnte, der wissenschaftlichen Analyse bezüglich ihrer Folgen für Heranwachsende zugänglich zu machen. Darüber hinaus sollten Möglichkeiten pädagogischen Handelns eröffnet werden, sowohl in der Minimierung negativer Folgen als auch in der Potenzierung positiver Lernangebote, nämlich in der Nutzung der Medien zur Verbesserung und Verstärkung von Lehr- und Lernprozessen. Ideengeschichtlich war die Medienpädagogik verbunden mit der Reformpädagogik und trat wie sie als Warner vor der Industrialisierung auf. Es wurde schon Anfang des 20. Jahrhunderts in ersten Forschungsansätzen untersucht, inwieweit die Medien den Menschen von der ihn umgebenden Realität entfremden. Und es wurden auch schon vereinzelt, vor allem von Adolf Reichwein, Schritte getan, Medien aktiv und kritisch-reflexiv zugleich zu nutzen (vgl. Degenhardt 2001). Medienpädagogik war von Anfang an auch Reaktion auf die ökomisch-technische Entwicklung der Gesellschaft, und dies ist sie bis heute geblieben.

Ansätze der Medienpädagogik

Aus diesen Ursprüngen entwuchsen zwei Richtungen der Medienpädagogik, die bis heute von Bedeutung sind. Die eine Richtung, die Bewahrpädagogik oder auch normative Medienpädagogik, ist eng verbunden mit dem Jugendschutz und mit Maßnahmen öffentlicher Stellen, insbesondere des Staates, gegen unliebsame mediale Inhalte. Diese Pädagogik wandte und wendet sich weiter gegen negative Folgen der Mediennutzung, besonders bei Kindern und Jugendlichen. Es sind vor allen Dingen zwei Inhaltsbereiche, in denen negative Folgen befürchtet wurden, nämlich der Bereich der Sexualität und der Bereich des Handelns, insbesondere des gewalttätigen Handelns. Während der Bereich der Sexualität nicht mehr von herausragender Bedeutung ist, gilt Gewaltdarstellungen bis heute eine große Aufmerksamkeit. In der Öffentlichkeit diskutiert werden die Folgen medialer Gewaltdarstellungen vor allem dann, wenn ein Heranwachsender eine Gewalttat begeht und in der öffentlichen Diskussion eine Verbindung dieses Heranwachsenden zur Rezeption von Medien hergestellt werden kann. Der normativen Medienpädagogik ging und geht es darum, auf der Basis eines gesellschaftlichen Konsenses die Grenzen zu definieren, die den Medienproduzenten gesetzt werden können und müssen, damit mediale Darstellung Kinder und Jugendliche nicht in ihrer Entwicklung stören oder diese fehlleiten.

Ein zweiter wichtiger Bereich der Medienpädagogik ist die funktionale Medienpädagogik, auch adaptive oder instruktionale Medienpädagogik genannt. Dieser Pädagogik, die vor allen Dingen im Bereich des institutionalisierten Lernens – Schule, Hochschule – angesiedelt ist, geht es darum, das Lernen mittels Medien zu verbessern. Schon mit dem Aufkommen des Films entstanden Modelle, wie dieses Medium zur Veranschaulichung im Unterricht eingesetzt werden kann. Einen ersten Aufschwung erlebte der Medieneinsatz zu Beginn der Terrorherrschaft des Nationalsozialismus. Hier wurden Unterrichtsfilme gedreht, die in allen möglichen Bereichen bis hin zur Rassenkunde die zu vermittelnden Lehrstoffe bebilderten und damit den Lernenden näher bringen und verständlich machen sollten. In den Sechzigerjahren des letzten Jahrhunderts, als in der Bundesrepublik Deutschland eine Bildungskatastrophe konstatiert wurde, bildete sich auf breiter Ebene eine Instruktionspädagogik heraus. Mittels Medieneinsatzes sollte der Unterricht optimiert werden, und erste Lernprogramme – meist in Buchform, selten auf damals noch leistungsschwachen teuren Rechnern – sollten die lehrergebundene Unterrichtung zumindest ergänzen (vgl. Alsleben u.a. 1967; Glaser 1971). Die instruktionale Medienpädagogik hat sich etabliert. Mit der Digitalisierung der Medien ist es möglich, Lernstoffe medial zu vermitteln und Lernprozesse medial zu steuern. Die Instruktionspädagogik beschränkt ihr Wirken auf die intentionale Verwendung von Medien im Lehr-Lernprozess. Die Bedeutung der Medien im Allgemeinen, also der Massenmedien ebenso wie der digitalen Individualmedien, ihre Folgen und Effekte, gerade auch für Lernen, Wahrnehmen, Entwickeln und Handeln bleiben unberücksichtigt.

Ein dritter Bereich der Medienpädagogik ist heute von großer Bedeutung, nämlich der der reflexiv-praktischen Medienaneignung (vgl. Schorb 1995). Dieser Bereich ist hervorgegangen aus der kritischen und aktiven Medienpädagogik, die um 1970 entstand. Ideologische Grundlage war die kritische Medientheorie (vgl. Baacke 1974), die in ihren Betrachtungen den Menschen als Subjekt der Medienentwicklung in den Mittelpunkt stellte und nicht mehr die mediale Botschaft und die als Postulat forderte, dass jedes Individuum einen gleichberechtigten Zugang zu den Medien haben müsse, als Kommunikator ebenso wie als Rezipient. Pragmatische Grundlage war die Entwicklung einer Medientechnik, insbesondere preiswerter tragbarer Ton- und Bildrekorder, die es auch finanziell und technisch ermöglichten, das genannte Postulat umzusetzen. Die reflexiv-praktische Medienpädagogik, die auch praktische Medienpädagogik oder aktive Medienarbeit genannt wird, versucht Medien in ihrer Funktion zu erhalten: als Mittler der Kommunikation in der Hand von Menschen. In der Konkretion bedeutet dies die Weitergabe von Medienkompetenz im umfassenden Sinne als kommunikative Kompetenz (vgl. Baacke 1973). Vermittelt werden soll hier, nicht primär, aber auch die technische Handhabung der Medien, verbunden mit einer reflektierenden Einschätzung der Funktion der Medien innerhalb der Gesellschaft. Die praktische und zugleich reflektierende Aneignung der Medien soll in einem Prozess des sozialen Lernens erfolgen, mit dem Ziel, die mittels Medien handelnden Individuen zu befähigen, ihre eigenen Interessen gemeinsam mit anderen zu entwickeln und zu artikulieren. Reflexiv-praktische Medienaneignung hat mit der Digitalisierung insofern eine Aufwertung erfahren, als der Computer und das Internet sich dafür eignen, dass Gruppen sich dort mit allen Medien, also den visuellen Medien, den auditiven, den schriftlichen und natürlich auch anderen symbolischen Medien artikulieren und einen Beitrag zu einer öffentlichen Kommunikation leisten können, an der tatsächlich die gesamte Öffentlichkeit, also jeder in der Gesellschaft – zumindest jeder, der Zugang zum Internet hat – teilnehmen kann. Weitere, heute schon historische, Arbeitsfelder dieser Medienpädagogik sind die Videoarbeit und die Arbeit mit Hörmedien, insbesondere mit Kindern und Jugendlichen (vgl. Anfang/Demmler/Lutz 2001; Schell ^{2}1993; Zacharias 2000). Bekannte Orte der Nutzung sind offene Kanäle oder Ausbildungskanäle, in denen jenseits öffentlich-rechtlicher und kommerzieller Massenmedien Gruppen der Bevölkerung, insbesondere von Kindern und Jugendlichen, die Möglichkeit erhalten, sich mittels Medien zu artikulieren (vgl. Eder/Roboom 2001).

Der dargestellte Überblick über die Aufgaben der Medienpädagogik und ihre Richtungen zeigt, dass Medienpädagogik durch ihre beiden Bezüge, nämlich auf der einen Seite den Bereich des Lernens – aber nicht nur des schulischen intentionalen, sondern auch des alltäglichen Lernens im Leben – und auf der anderen Seite durch das Leben verbunden mit den Medien als technischen Medien und als Träger von

Inhalten und Botschaften einen breiten Horizont in ihren Aufgabengebieten und damit auch in ihren Zuordnungen innerhalb wissenschaftlicher Disziplinen hat. So ist denn Medienpädagogik heute in verschiedenen Wissenschaftsbereichen vorfindlich, Medienpädagogen untersuchen beispielsweise unter soziologischen Aspekten die Bedeutung der Medien für die Sozialisation von Kindern und Jugendlichen bzw. eruieren, dass und inwieweit jugendliche Alltagswelten zu Medienwelten werden. Sie stellen fest, dass jugendliche Alltagswelten heute Medienwelten sind, dass also die immer noch vorhandene Trennung zwischen Virtualität und Realität sich nicht unbedingt in der Wahrnehmung oder im Handeln der Jugendlichen widerspiegelt, dass diese vielmehr in der virtuellen wie der realen als einer Welt leben (vgl. Vollbrecht 2002). In der Psychologie wird die Frage nach den Kognitionsabläufen gestellt, bei denen Medien Verstärker, aber auch Behinderer sein können. Insbesondere die Kognitionspsychologie steht in einer engen Verbindung zur Instruktionspädagogik. Hier wird unter funktionalen Aspekten versucht, die Medien als Lernbeschleuniger und -formierer einzusetzen. Unter individualpsychologischen Fragestellungen werden medieninduzierte Schädigungen untersucht und beispielsweise pathologische Erscheinungen in ihrem Zusammenhang mit und ihrem Verweis auf Medien analysiert (vgl. Kagelmann/Wenninger 1982). Genuin ist die Erziehungswissenschaft, eine der Disziplinen, die sich mit der Medienpädagogik auseinander setzt. Es ist festzuhalten und festzustellen, dass sich in den letzten Jahren insbesondere die Medienpädagogik, die sich auf die reine Instruktionspädagogik reduziert, in dieser Disziplin den Großteil der medienpädagogischen Beschäftigung ausmacht. Daneben jedoch gibt es zwei wichtige Bereiche, in denen Medienpädagogik in die Erziehungswissenschaften integriert ist. Das ist zum einen der Bereich der Lehr- und Lernvermittlung, im weiteren Sinne die Mediendidaktik. Hier wird mit Blick auf den Lernenden untersucht, inwieweit auf der einen Seite gestaltete Medien Lernen auslösen und verstärken und auf der anderen Seite Lernmaterialien und Lehr-Lernvorgänge Medien in der Weise mit einbeziehen und Medien in der Weise gestalten können und sollten, dass sie soziales Lernen, verbunden mit den Interessen der Lernenden, ermöglichen und erleichtern (vgl. Tulodziecki 1981). Ein weiterer Bereich, der traditionell der Medienpädagogik zugeordnet ist, ist das Gebiet der Medienkunde, auch Medienerziehung genannt. Hier geht es zum einen darum, die Kenntnisse über Medien, die unsere Gesellschaft ja konstituieren, zu verbreiten und verbreitern, und zum anderen die Heranwachsenden zu befähigen, auch als Rezipienten von Medien kritisch mit denselben umzugehen, also nicht nur dem Medienkonsum anheimzufallen, sondern auch die Medienrezeption dem bewussten Wollen und Handeln zu unterwerfen (vgl. Sobiech 1997). Neben diesen eher auf die erzieherische Praxis ausgerichteten Bereichen steht die medienpädagogische Empirie, die Forschung zur Medienaneignung der Subjekte. Die empirische Medienpädagogik ist ebenfalls in der Erziehungswissenschaft, stärker noch in der Kommunikationswissenschaft vertreten.

Höchst ausdifferenziert ist heute die medienpädagogische Forschung im Bereich der audiovisuellen und auch der sich immer weiter entwickelnden digitalen Medien. Fragestellungen, die von der Medienpädagogik im Bereich der audiovisuellen Medien betrachtet werden, lassen sich insgesamt bezeichnen als Projekt, den Anteil der Medien an der Ausformung von Denken und Handeln im Sozialisationsprozess herauszuarbeiten. Die Forschungssubjekte, die Medienpädagogik hier in erster Linie betrachtet, sind Kinder und Jugendliche unter der Fragestellung, wie diese sich Medien aneignen bzw. welchen Einfluss Medien auf den Prozess des Heranwachsens, die Persönlichkeitsbildung, die Ausformung von Wissen, Einstellungen und Handeln nehmen. Damit ist medienpädagogische Forschung Grundlagenforschung in dem Sinne, dass sie die Basis erforscht, auf der der Medienumgang der erwachsenen Bevölkerung aufbaut.

Methoden medienpädagogischer Forschung

Die Forschungen im Bereich der Medienpädagogik richten sich in erster Linie auf Kinder und Jugendliche, andere Zielgruppen wie Eltern, Alte (vgl. Kübler/Burkhardt/Graf 1991) oder Produzenten von medialen Angeboten (vgl. Schorb/Stiehler 1999) werden seltener untersucht. Neben ihrer Konzentration auf eine bestimmte Zielgruppe zeichnen sich medienpädagogische Forschungen auch dadurch aus, dass hier ein breites Repertoire an Methoden entwickelt wurde. Die Entwicklung von Untersuchungsmethoden im Bereich der Medienpädagogik dürfte zu den differenziertesten im sozialwissenschaftlichen Raume gehören. Die Forschung bedient sich dabei vor allen Dingen qualitativer verstehender Methoden, da sich die Anwendung quantitativer Methoden bei Kindern und Jugendlichen weitgehend ausschließt, allein schon wegen ihrer Bindung an die Fähigkeiten zu lesen und zu schreiben. Allerdings dort, wo Häufigkeiten und Mengen im Vordergrund stehen, im Bereich der Akzeptanz- und Nutzungsforschung beispielsweise, werden Methoden der quantitativen Erhebung angewendet, also bei Fragestellungen, die indirekt über die Medien selbst gemessen werden, etwa welche Personengruppen wie lange oder in welchen anderen messbaren Intensitäten sich welchen Medien zuwenden. Über diese Daten, die nicht nur, aber in Deutschland federführend durch einen medienpädagogischen Forschungsverbund erhoben werden, sind Aussagen beispielsweise darüber möglich, welche Medien durch welche Gruppen von Jugendlichen und Kindern genutzt werden, in welchem Alter sich Kinder und Jugendliche sich welchen medialen Inhaltsbereichen zuwenden und auch wie diese Entwicklung in der zeitlichen Abfolge, also von Jahr zu Jahr, verlaufen. Allerdings sind mit solchen Daten keine Aussagen möglich über die tatsächlichen Effekte der Medien im Kontext des Entwicklungsprozesses von Kindern und Jugendlichen. Der entscheidende Begriff hierbei ist der Prozess. Ein Prozess ist immer von mehreren Faktoren abhängig, die aufeinander einwirken und die nicht isoliert erfasst werden können, sondern Aussagen nur dann erlauben, wenn ihre gegenseitige Wirkung berücksichtigt wird. Ein weiteres Phänomen dieses Prozesses ist, dass er nicht zeitlich anzuhalten, also nicht statisch ist, und sich damit der reinen Deskription entzieht. Um Entwicklungsprozesse und Lernen mit, durch und unter Heranziehung der Medien beschreiben zu können, ist es notwendig, die Heranwachsenden selbst zu betrachten, sich anzusehen, wie diese sich in ihrem Lebensprozess Medien aneignen, wie diese medialen Aneignungsprozesse mit den personalen Aneignungsprozessen, also dem Einfluss der Sozialisationsinstanzen Eltern oder auch Schule, verbunden sind bzw. wie diese den medialen Einfluss moderieren. Es ist ferner zu beobachten, wie der Prozess medialer Sozialisation in der Zeit abläuft, da gerade in der Kindheit, die ja die Zeit des umfangreichsten Lernens im ganzen Leben eines Menschen ist, Lernprozesse schnell sind und kognitives aber auch affektives Lernen in kürzeren Zeiträumen sich weiter entwickelt, überholte Stadien durch neue abgelöst werden. Ein weiterer Grund für die Wahl qualitativer verstehender Erhebungs- und Auswertungsprozesse ist auf die Weise bezogen, in der Kinder sich ihre Welt aneignen. Lernen vollzieht sich im Kindesalter nicht in den gleichen Formen wie bei Erwachsenen, also über die Aneignung kognitiv aufbereiteter Wissensbestände, sondern primär im Spiel, in der handelnden, spielerischen Aneignung in der Wahrnehmung und vor allen Dingen in der interaktiven Kommunikation mit realen Personen. In der Konkretion bedeutet dies, dass ein breites Repertoire von Erfassungsmethoden für Kinder entwickelt wurde, das von der medialen Beobachtung des Handelns der Kinder reicht bis hin zu vor allen Dingen spielerischen Methoden, in denen die Kinder die Art und Weisen, in der sie Medien wahrnehmen, verarbeiten und beispielsweise im Malen oder im Bauen, also in gestalterische Formen umsetzen (vgl. Paus-Haase/Schorb 2000). Dies bedeutet zugleich, dass die Forscherinnen und Forscher in diesem Bereich spezielle Qualifikationen haben, die ebenso in Kenntnissen des kindlichen Entwicklungsprozesses bestehen wie in der Fähigkeit, mit Kindern auf eine Weise zu kommunizieren, die den Kindern die Artikulation ihrer eigenen Vorstellung erlaubt auf der Basis eines Vertrauensverhältnis zu den Befragenden. Die spezifischen Qualifikationen liegen auch der Auswertung der Materialien zugrunde. Gerade hier sind die Deutungsprozesse ja nicht durch z.B. Items der Befragung bereits fixiert und weitestgehend vorgegeben, sondern die Bedeutungen werden von den Kindern und Heranwachsenden allgemein im Prozess der Erhebung überhaupt erst generiert. Eine adäquate Interpretation, vor allen Dingen eine Interpretation, die der intersubjektiven Überprüfung zugänglich ist und jede qualifizierte medienpädagogische Forschung dokumentiert – sowohl ihre Methoden wie auch ihre Ergebnisse in breiter Form, damit sie die Validität der Interpretation intersubjektiv überprüfen lassen kann – bedarf ausgebildeter Forscherinnen und Forscher. Die Tatsache, dass für eine angemessene Erforschung der Medienaneignung von Kindern und Jugendlichen sowohl eigene Erfassungs- und Auswertungsmethoden vonnöten sind wie auch speziell ausgebildete Forscherinnen und Forscher, hat dazu geführt, dass sich innerhalb der Kommunikationswissenschaft, aber auch häufig in der Psychologie und Erziehungswissenschaft, die medienpädagogische Forschung als ein eigenständiger Strang darstellt. Forscher im kommunikationswissenschaftlichen Bereich, die das Medienwesen allgemein und speziell die Medienkonsumption, -rezeption und auch -produktion untersuchen, verfügen in der Regel weder über das Instrumentarium noch über die notwendigen Grundkenntnisse, um das Gleiche bei der Zielgruppe Kinder und Jugendliche zu tun. Auf der Basis einer differenzierten Forschungs- und Auswertungsmethodik und einer qualifizierten und höchst sorgfältigen Interpretation (vgl. Baacke/Kübler 1989; Bachmair/Mohn/Müller-Doohm 1985; merz 1987; Niesyto 2001; Paus-Haase/Schorb 2000) ist gerade in der Bundesrepublik Deutschland in den letzten 40 Jahren eine ganze Reihe von wegweisenden Forschungen durchgeführt worden. Ein Überblick über die wichtigsten Forschungsbereiche mag dies veranschaulichen.

Ergebnisse medienpädagogischer Forschung

Als zentraler Begriff zur Beschreibung der Fähigkeiten und Fertigkeiten, die ein Individuum für einen praktischen, kritisch-reflexiven Umgang mit Medien benötigt, hat in den letzten Jahren der Begriff Medienkompetenz Eingang in die Medienpädagogik gefunden (Schlußbericht der Enquete-Kommission Zukunft der Medien in

Wirtschaft und Gesellschaft 1997; Schell/Stolzenburg/Theunert 1999). Zentrale Aufgabe medienpädagogischer Forschung ist es zu ermitteln, in welcher Weise sich Medienkompetenz im Altersverlauf entwickelt, welche Faktoren die Ausbildung entsprechender Fähigkeiten und Fertigkeiten begünstigen und behindern, wie Medien also im Prozess des Heranwachsens mental und praktisch angeeignet werden. Entscheidend moderiert wird, so ein erstes Forschungsergebnis, dieser Prozess durch die personalen Bezüge der Kinder, durch die Hilfen, Erklärungen und Anregungen die sie vor allem von ihren Eltern erhalten. Im Umgang mit „ihren" Medien, zu denen neben dem Fernsehen noch das Bilderbuch und die Hörkassette gehören (vgl. Paus-Haase/Aufenanger/Matusch 2000; Pöttinger 1997), eignen sich die Kinder Wissen und Verhaltensweisen an, die von der Bedienung der Apparatur über die Unterscheidung von Realem und Präsentiertem bis hin zu ästhetischen Kriterien und Sehgewohnheiten reichen (vgl. Kübler/Swoboda 1998). So entwickelt sich beispielsweise die Fähigkeit, Zeichentrick- und Realfilme zu unterscheiden, schon mit dem dritten Lebensjahr, zur Unterscheidung zwischen fiktionalen und realen Darstellungen sind Kinder im Grundschulalter dann in der Lage, wenn die formalen Gestaltungskriterien in ihrer Unterschiedlichkeit erkennbar sind, und mit der Fähigkeit zur Abstraktion können Kinder im Sekundarschulalter komplexe filmische Handlungsstränge nachvollziehen (vgl. Theunert/Lenssen/Schorb 1995). In ähnlicher Weise vollzieht sich die Entwicklung von „Werbekompetenz", der Fähigkeit, Werbung im Unterschied von anderen Programmangeboten des Fernsehens zu erkennen sowie seine Absichten und Botschaften zu entschlüsseln. Ist diese Kompetenz anfangs eng an die Wahrnehmung der formalen Unterschiede von Programm- und Werbeblöcken geknüpft, so differenziert sie sich im Idealfall bis zur Pubertät so weit aus, dass Werbung nicht nur erkannt, sondern auch in ihren verschiedenen und oft versteckten Spielarten entdeckt und vor allem in ihrer Absicht entschlüsselt und bewertet werden kann. Allerdings ist diese Entwicklung nicht bei allen Kindern einheitlich, sondern abhängig vom Grad der Reflexionsanregung, den die Kinder erhalten (vgl. Charlton u.a.1995; von Ploetz 1999).

Medien dienen Kindern im Prozess des Heranwachsens als Vermittler von Wissen, ethisch-moralischer Orientierung und Handlungsvorbildern. Dabei richtet sich die thematische Orientierung der Kinder an entwicklungs- und altersbedingten Fragestellungen aus. So suchen beispielsweise Vorschulkinder in den Zeichentrickangeboten des Fernsehens nach Mustern, wie sie eine eigenständige soziale Position gegenüber Erwachsenen gewinnen können und orientieren sich an medialen Darstellungen, in denen Schwächere Stärkeren überlegen sind (vgl. Neuß 1999). Grundschulkinder nutzen das gleiche Fernsehangebot zur Bestimmung ihrer Geschlechterrolle und versuchen herauszufinden, welche Eigenschaften und Verhaltensweisen geschlechtertypisch und vor allem erfolgversprechend sind (vgl. Theunert/Schorb 1996). Soweit sich die Kinder im Sekundarschulalter nicht überhaupt von den Zeichentrickserien ab- und fiktionalen Serien mit realen Darstellern zuwenden, sind sie nurmehr an differenzierten Handlungsvorbildern interessiert. Die Protagonistinnen, denen sie sich zuwenden, müssen in einer Weise erfolgreich sein, die sie in ihrem eigenen realen Handlungskontext integrieren können, sich also beispielsweise durch Wissen, originelles Handeln oder Wortwitz auszeichnen, wie überhaupt Humor und Witz wichtige Träger medialer Botschaften sind, die von Kindern akzeptiert werden (vgl. Aufenanger/Lampert/Vockerodt 1996; Theunert/Gebel 2000).

Eine wichtige Unterscheidung in Akzeptanz und Wahrnehmung medialer Angebote spielt der Realitätsbezug, den die medialen Produkte aufweisen. Je näher die Darstellungen an die (altersbedingt unterschiedliche) Erfahrungswelt der Kinder herankommen, je mehr Kinder sich potenziell in das dargestellte Geschehen hineinversetzen können, desto intensiver setzen sie sich mit den dargestellten Inhalten auseinander. Entweder – und dies gilt vor allen Dingen für drastische Gewaltdarstellungen – belasten die Inhalte die Heranwachsenden und rufen Angst und Abwehr hervor, oder die angebotenen Handlungsmodelle werden, weil sie als erfolgreich präsentiert werden, zur Legitimation eigenen Handelns herangezogen. Abhängig von den Erfahrungen im primären Lebensumfeld, besonders dem Elternhaus, werden beispielsweise besonders von Jungen kampfbetonte Handlungsmuster dann positiv bewertet, wenn Anwendung physischer Gewalt zum eigenen Erlebnishintergrund gehört, wenn sie also diese selbst erfahren und/oder anwenden (vgl. Theunert u.a. 1992; Theunert [2]1996; Schorb 1996). So wie für Gewaltdarstellungen, das unter Wirkungsaspekten meist untersuchte Phänomen, ein Einfluss auf kindliches Handeln nur unter Einbezug des Darstellungskontextes und der Lebensumstände der rezipierenden Subjekte festgestellt werden kann, so lässt sich dies auch für die Wirkung von Werbung konstatieren. Nicht der einzelne Werbespot nimmt Einfluss auf das Denken und Handeln der Rezipienten, sondern die durch die Werbung als gesamtes Phänomen gesetzten Trends, beispielsweise Heranwachsende in einen Kosmos des Konsums einzubinden (vgl. Baacke/Sander/Vollbrecht 1993).

Der Familie kommt bei der Aneignung medialer Inhalte ebenso wie in der Einbettung der Medien in die Routine des Alltagshandelns eine zentrale Bedeutung zu. Gerade Fernseherziehung ist für Eltern jüngerer Kinder ein zentraler Bestandteil der häuslichen Erziehung, der häufig zu Konflikten führt und mit Unsicherheit sowie Wissensdefiziten seitens der Eltern bezüglich der Medienwirkungen verbunden ist (vgl. Schorb/Theunert 2001). Die Steuerung des Medienkonsums durch die Eltern insbesondere bei unterhaltenden Medieninhalten ist nur bei Vorschulkindern umfassend, bezieht sich jedoch meist nur auf Zulassung und Beschränkung, nicht auf die kommunikative Aufarbeitung der Inhalte, zumal diese Medien vorherrschend von den Kindern allein genutzt werden. Informationsmedien jedoch werden von Eltern und Kindern meist gemeinsam genutzt. In der Akzeptanz und Interpretation informativer Angebote des Fernsehens, von Nachrichten bis Infotainment, stimmen Eltern und Kinder weitgehend überein. Wiederum abhängig vom Alter und Entwicklungsstand der Kinder ist die Einordnung von Fernsehinformationen in die je eigene Weltsicht, die von der der Eltern geprägt wird. Je enger das Interesse der Eltern auf die eigene Nahwelt gerichtet ist und je deutlicher sie auf diesem Hintergrund Angebote des „Reality-TV" bevorzugen, desto eingeschränkter ist auch der Verstehens- und Verarbeitungskontext ihrer Kinder (vgl. Theunert/Schorb 1995). Auch die familiäre Kommunikation wird durch die Medien strukturiert. Das Fernsehen dient als Regulator des Familienalltags. Es löst innerfamiliäre Konflikte ebenso aus, wie es bei der Lösung von Konfliktfällen zur Moderation und als Legitimation zu deren Verdrängung eingesetzt wird (vgl. Rogge 1985). Aber nicht allein bei Konflikten in der Familie spielen die Medien eine zentrale Rolle, sie werden generell als Mittler zur familiären Interaktion und Kommunikation herangezogen. In Form „parasozialer Kommunikation" bieten Medien sowohl Inhalte und Anlässe familiärer Kommunikation und bieten zugleich Bezugspunkte für die Variation von Kommunikationsinhalten. So ist es sowohl möglich, sich auf die Medieninhalte in der Kommunikation zu beziehen, als auch sich auf die Medien selbst zurückzuziehen, sich aus der personalen Kommunikation zu begeben (vgl. Charlton/Neumann 1986).

Der Bezug auf Medien dient auch in der Gleichaltrigengruppe dazu, die Interaktion zu bestimmen. So kann die Einnahme der Rolle eines medialen Protagonisten dem Kind die Möglichkeit bieten, sein eigenes „handlungsleitendes Thema" den anderen Kindern zu vermitteln und ein entsprechendes Verhalten zu realisieren (vgl. Bachmair 1984). Langfristige Beobachtungen in Kindergärten haben gezeigt, dass Medienthemen unter dem Primat der eigenen Erfahrungen und des aktuellen sozialen Kontextes bearbeitet und situativ in spielerischem Handeln gestaltet und expliziert werden (vgl. Barthelmes/Feil/Furtner-Kallmünzer 1991).

Die sozialisatorische Bedeutung der Medien ist nicht auf das Kindesalter beschränkt. Die entsprechenden Untersuchungen bei Jugendlichen verweisen darauf, dass auch hier die Medien und ihre Einflüsse in einem engen Kontext mit alltäglichem Handeln stehen. So werden sie sowohl als Legitmatoren und bedingt auch als Verstärker für eigenes, auch gewalttätiges Handeln herangezogen und bestimmen die Weltsicht der Jugendlichen (vgl. Theunert [2]1996). Darüber hinaus bestimmen sie als Medienwelten, die keineswegs allen Jugendlichen in gleicher Weise offen stehen, die Handlungs- und Erfahrungsmöglichkeiten. Verdeutlichen lässt sich dies an Untersuchungen, die zu den nachmittäglichen Talkshows im Fernsehen (vgl. Paus-Haase u.a. 1999) bzw. zum Informationsverhalten Jugendlicher (vgl. Schorb/Theunert 2000) durchgeführt wurden. Sie bestimmen die Vorstellungen eines größeren Teils weiblicher, aber auch männlicher Jugendlicher bezüglich des Verhaltens innerhalb der Peergroup und werden als Manifestation der Normen, die das Zusammenleben innerhalb der Gesellschaft bestimmen, rezipiert. Quantitativ werden sie stärker rezipiert als klassische Informationsmedien wie Fernsehnachrichten.

Einen topografischen Blick auf jugendliche Medienwelten werfen Untersuchungen zur Medienökologie. Sie weisen darauf, dass der lokale Zugang zu Medien Unterschiede zwischen den Jugendlichen generiert und umgekehrt die Differenziertheit der Mediennutzung durch Jugendliche abhängig von ihrer Lebenswelt ist (vgl. Baacke u.a. 1989; Lange/Lüscher 1998). Medien konstituieren zum einen den Gruppenzusammenhalt Jugendlicher und geben damit gleichsam die Hülle für das jeweilige Handeln ab, zum anderen werden sie gezielt ausgewählt und differenziert, je nach ihrer Funktion für den je unterschiedlichen Lebens- und Erfahrungsbereich (vgl. Luger 1985). Da Jugendliche heute die Kompetenz haben (und haben müssen), sich in verschiedenen Erfahrungswelten zu bewegen, werden Medien einerseits zur Mitgestaltung dieser Welt genutzt, wie sie andererseits diese, beispielsweise im Bereich des Konsums, konstituieren (vgl. Voß-Fertmann 1995). Die Verschränkung medialer und realer Weltsicht und auch des betreffenden Handelns Jugendlicher als Selbstbild zu erfassen, wurde und wird mittels der Analyse von medialen Eigenproduktionen Jugendlicher unternommen. In der eigenen medialen Artikulation eröffnet sich den Jugendlichen die Möglichkeit, ihre Weltsicht in der Gesamtheit als rationale und affektive ebenso wie als bildliche und verbale zu artikulieren (vgl. Theunert/Diezinger/Schorb 1985; Niesyto 1991, 2001).

Ein spezifisches und neues Aktionsfeld, das ganzheitlich bearbeitet werden muss und für das wahrscheinlich nur die Medienpädagogik die entsprechenden Methoden entwickelt hat, ist das Internet als Medium, das eine neue Form nicht nur in seiner technischen Erscheinung, sondern auch in seinen Inhalten manifestiert, als es bereits in seiner Entstehung eine Verbindung aus Sozialem und Technischem darstellt (vgl.

Fasching 1997). Debatin (1999) verweist ebenfalls auf die Verwobenheit von technischen, sozialen und sozialisatorischen Implikaten des Internets, indem er schildert, dass und wie das Netz aus dem Virtuellen im Realen Probleme auslöst, die wiederum auf es selbst zurückspiegeln wie beispielsweise die Frage nach der Glaubwürdigkeit und Authentizität der dort angebotenen Informationen. Aber auch die Konstruktion des Netzes selbst hat soziale Implikate wie beispielsweise die Frage nach der Zugangsgleichheit nicht nur weltweit, sondern auch innerhalb der Gesellschaft oder auch nach den unterschiedlichen Möglichkeiten von Gruppen und Einzelnen bezüglich Verfügbarkeit und der inneren Gestaltung der Netze. Wenn wir aus den vorliegenden Forschungen wissen, welche Orientierungsmacht beispielsweise das Medium Fernsehen für Heranwachsende hat, so sind bei einem komplexen Medium wie dem Internet zumindest ähnlich weitreichende Sozialisationseffekte zu erwarten. Diese Wechselwirkungen insbesondere bei der Hauptnutzergruppe dieses neuen Mediums, nämlich den Jugendlichen, zu erfassen, dafür hat wiederum speziell die Medienpädagogik Instrumentarien entwickelt, und sie ist dabei, diese weiter zu entwickeln. So gibt es aus Einzelbeobachtungen Hinweise, wie die Bewegungen aus dem sozialen Bereich des Netzes in den sozialen Bereich der Realität etwa dort vor sich gehen, wo Kontakte bis hin zu solchen intimer Art im Netz angestrebt und angeknüpft werden, um dann in der materialen Welt realisiert zu werden (vgl. Bahl 1997). Darüber hinaus wurde und wird erforscht, welche Gruppen den Sozialraum des Netzes für sich in Addition zu realen Räumen oder gar in der Abgrenzung oder als Ersatz zu realen und sozialen Räumen nutzen. Eine wichtige Frage für die normative Medienpädagogik ist auch, inwieweit Jugendmedienschutz in und durch das Netz realisiert werden kann, nicht allein, aber auch unter dem Aspekt, dass beim Spielen im Netz virtuelles Gewalthandeln in einer nie gekannten realistischen Darstellung erprobt werden kann. Und schließlich ist eine wichtige zukünftige Fragestellung die der Konvergenz, nämlich die, inwieweit und ob das Netz Funktionen bisheriger Medien in sich aufnimmt und ob dies dazu führen kann, dass bisherige Medien verschwinden oder reduziert werden. Konvergenz wird heute meist unter technischen Aspekten betrachtet und häufig außerdem unter dem Aspekt der Weissagung, abgeleitet von den technischen Möglichkeiten. Die Beobachtung von Kindern und Jugendlichen und ihrem Umgang mit den verschiedenen Medien könnte jedoch plausible Hinweise darauf ergeben, wie diese später als Erwachsene mit eben diesen Medien umgehen und welche Bereiche welcher Medien also erhalten bleiben, ob Medien eher substitutiv aufeinander wirken, ob sie sich ergänzen und ob sie in additiver Weise verbunden sind. Insofern ergibt sich mit der Erforschung des Netzes ein neuer und weiter Raum für die Medienpädagogik.

Literatur

Alsleben, Kurd, u.a. (1967): Praxis und Perspektiven des programmierten Unterrichts. Quickborn.

Anfang, Günther/Demmler, Kathrin/Lutz, Klaus (2001): Erlebniswelt Multimedia. Computerprojekte mit Kindern und Jugendlichen. München.

Aufenanger, Stefan/Lampert, Claudia/Vockerodt, Yvonne (1996): Lustige Gewalt? Zum Verwechslungsrisiko realer und inszenierter Fernsehgewalt bei Kindern durch humoreske Programmkontexte. München.

Baacke, Dieter (1973): Kommunikation und Kompetenz. Grundlegung einer Didaktik der Kommunikation und ihrer Medien. München.

Baacke, Dieter (Hrsg.) (1974): Kritische Medientheorien. Konzepte und Kommentare. München.

Baacke, Dieter/Kübler, Hans Dieter (Hrsg.) (1989): Qualitative Medienforschung. Konzepte und Erprobungen. Tübingen.

Baacke, Dieter/Sander, Uwe/Vollbrecht, Ralf (1993): Kinder und Werbung. Stuttgart, Berlin, Köln.

Baacke, Dieter, u.a. (1989): Jugendliche im Sog der Medien. Medienwelten Jugendlicher und Gesellschaft. Opladen.

Bachmair, Ben (1984): Symbolische Verarbeitung von Fernseherlebnissen in assoziativen Freiräumen. 2 Bde. Kassel.

Bachmair, Ben/Mohn, Erich/Müller-Doohm, Stefan (Hrsg.) (1985): Qualitative Medien- und Kommunikationsforschung. Kassel.

Bahl, Anke (1997): Zwischen On- und Offline. Identität und Selbstdarstellung im Internet. München.

Barthelmes, Jürgen/Feil, Christine/Furtner-Kallmünzer, Maria (1991): Medienerfahrung von Kindern im Kindergarten. München.

Charlton, Michael/Neumann, Klaus (1986): Medienkonsum und Lebensbewältigung in der Familie. München, Weinheim.

Charlton, Michael, u.a. (1995): Fernsehwerbung und Kinder. Das Werbeangebot in der Bundesrepublik Deutschland und seine Verarbeitung durch Kinder. Opladen.

Debatin, Bernhard (1999): Ethik und Internet. Zur normativen Problematik von Online-Kommunikation. In: Funiok, Rüdiger/Schmälzle, Udo F./Werth, Christoph H. (Hrsg.): Medienethik – die Frage der Verantwortung. Bonn, S. 274-293.

Degenhardt, Armin (2001): „Bedenken, die zu überwinden sind ...“ Das neue Medium Film im Spannungsfeld reformpädagogischer Erziehungsziele. Von der Kinoreformbewegung bis zur handlungsorientierten Filmarbeit Adolf Reichweins. München.

Eder, Sabine/Roboom, Susanne (2001): Kinder und Jugendliche machen Rabbatz. Intensivierung der medienpädagogischen Arbeit mit Kindern und Jugendlichen in Offenen Kanälen. München.

Fasching, Thomas (1997): Internet und Pädagogik. Kommunikation, Bildung und Lernen im Netz. München.

Glaser, Robert (Hrsg.) (1971): Programmiertes Lernen und Unterrichtstechnologie. Befunde und Empfehlungen. Berlin.

Grimm, Brüder ([5]1941): Kinder- und Hausmärchen. 2 Bde. (Bd. 1/2). Marburg.

Kagelmann, H. Jürgen/Wenninger, Gerd (Hrsg.) (1982): Medienpsychologie. Ein Handbuch in Schlüsselbegriffen. München, Wien, Baltimore.

Kübler, Hans-Dieter/Burkhardt, Wolfgang/Graf, Angela (1991): Ältere Menschen und neue Medien – Rezeptionsstudie zum Medienverhalten und zur Medienkompetenz älteren Menschen in Hamburg und Umgebung. Berlin.

Kübler, Hans-Dieter/Swoboda, Wolfgang H. (1998): Wenn die Kleinen fernsehen. Die Bedeutung des Fernsehens in der Lebenswelt von Vorschulkindern. Berlin.

Lange, Andreas/Lüscher, Kurt (1998): Kinder und ihre Medienökologie. Eine Zwischenbilanz der Forschung unter besonderer Berücksichtigung des Leitmediums Fernsehen. München.

Luger, Kurt (1985): Medien im Jugendalltag. Wie gehen Medien mit Jugendlichen um – Was machen die Jugendlichen mit den Medien? Wien.

merz (Medien + Erziehung) (1987): Heftthema: Qualitative Medienforschung. Merz, Nr. 4.

Neuß, Norbert (1999): Symbolische Verarbeitung von Fernseherlebnissen in Kinderzeichnungen. Eine empirische Studie mit Vorschulkindern. München.

Niesyto, Horst (1991): Erfahrungsproduktion mit Medien. Selbstbilder, Darstellungsformen, Gruppenprozesse. Weinheim, München.

Niesyto, Horst (2001): Selbstausdruck mit Medien. Eigenproduktionen mit Medien als Gegenstand der Kindheits- und Jugendforschung. München.

Paus-Haase, Ingrid/Aufenanger, Stefan/Matusch, Uwe (2000): Hörfunknutzung von Kindern. Bestandsaufnahme und Entwicklungschancen des Kinderhörfunks im dualen System. Berlin.

Paus-Haase, Ingrid/Schorb, Bernd (Hrsg.) (2000): Qualitative Kinder- und Jugendmedienforschung. Theorie und Methoden: ein Arbeitsbuch. München.

Paus-Haase, Ingrid, u.a. (1999): Talkshows im Alltag von Jugendlichen. Der tägliche Balanceakt zwischen Orientierung, Amusement und Ablehnung. Opladen.

Ploetz, Anke von (1999): Werbekompetenz von Kindern im Kindergartenalter. Ein Experiment zum Erkennen von Werbung. München.

Pöttinger, Ida (1997): Lernziel Medienkompetenz. Theoretische Grundlagen und praktische Evaluation anhand eines Hörspielprojekts. München.

Rogge, Jan Uwe (1985): Heidi, Pac-Man und die Video-Zombies. Die Medienfreunde der Kinder und das Unbehagen der Eltern. Reinbek bei Hamburg.

Schell, Fred (²1993): Aktive Medienarbeit mit Jugendlichen. Theorie und Praxis. München.

Schell, Fred/Stolzenburg, Elke/Theunert, Helga (Hrsg.) (1999): Medienkompetenz. Grundlagen und pädagogisches Handeln. München.

Schlußbericht der Enquete-Kommission Zukunft der Medien in Wirtschaft und Gesellschaft (Hrsg.) (1997): Medienkompetenz im Informationszeitalter. Bonn.

Schorb, Bernd (1995): Medienalltag und Handeln. Medienpädagogik in Geschichte, Forschung und Praxis. Opladen.

Schorb, Bernd (1996): Kinder rezipieren, be- und verarbeiten Gewaltdarstellungen im Fernsehen. Ein Überblick aus vier Forschungsprojekten. In: Schorb, Bernd/Stiehler, Hans-Jörg (Hrsg.): Medienlust – Medienlast. München, S. 127-142.

Schorb, Bernd/Stiehler, Hans-Jörg (Hrsg.) (1999): Idealisten oder Realisten? Die deutschen Kinder- und JugendfernsehmacherInnen und ihre Subjektiven Medientheorien. München.

Schorb, Bernd/Theunert, Helga (Hrsg.) (2000): „Ein bisschen wählen dürfen." Jugend – Politik – Fernsehen. Eine Untersuchung zur Rezeption von Fernsehinformation durch 12- bis 17-Jährige. München.

Schorb, Bernd/Theunert, Helga (2001): Jugendmedienschutz – Praxis und Akzeptanz. Eine Untersuchung von Bevölkerung und Abonnenten des digitalen Fernsehens zum Jugendmedienschutz, zur Fernseherziehung und zum Jugendschutzinstrument Vorsperre. Berlin.

Sobiech, Dagobert (1997): Theorie und Praxis der Medienerziehung im Vergleich. Eine Analyse von Konzepten, Strukturen und Bedingungen. München.

Theunert, Helga (²1996): Gewalt in den Medien – Gewalt in der Realität. Gesellschaftliche Zusammenhänge und pädagogisches Handeln. München.

Theunert, Helga/Diezinger, Angelika/Schorb, Bernd (1985): Qualitativ orientierte Jugendforschung auf der Grundlage der Eigenproduktion von Filmen. In: Bachmair, Ben/Mohn, Erich/Müller-Doohm, Stefan (Hrsg.): Qualitative Medien- und Kommunikationsforschung. Kassel.

Theunert, Helga/Gebel, Christa (Hrsg.) (2000): Lehrstücke fürs Leben in Fortsetzung. Serienrezeption zwischen Kindheit und Jugend. München.

Theunert, Helga/Lenssen, Margrit/Schorb, Bernd (1995): „Wir gucken besser fern als ihr!" Fernsehen für Kinder. München.

Theunert, Helga/Schorb, Bernd (1995): „Mordsbilder" – Kinder und Fernsehinformation. Berlin.

Theunert, Helga/Schorb, Bernd (Hrsg.) (1996): Begleiter der Kindheit. Zeichentrick und die Rezeption durch Kinder. München.

Theunert, Helga, u.a. (1992): Zwischen Vergnügen und Angst – Fernsehen im Alltag von Kindern. Berlin.

Tulodziecki, Gerd (1981): Einführung in die Medienforschung. Köln.

Vollbrecht, Ralf (2002): Jugendmedien. Tübingen.

Voß-Fertmann, Thomas (1995). Synthesis und Wechselspiele. Eine neue Sichtweise der Mediennutzung Jugendlicher und ihrer Entfaltung in zwei Fallstudien. Frankfurt/Main, Berlin u.a.

Zacharias, Wolfgang (Hrsg.) (2000): Interaktiv. Medienökologie zwischen Sinnenreich und Cyberspace. Neue multimediale Spiel- und Lernumwelten für Kinder und Jugendliche. München.

Medienstrukturen: Presse

Rudolf Stöber

1 Print/Presse: Begriff und Struktur des Gegenstands

Die Presse ist auf der *Makro- wie Mikroebene*[1] nach wirtschaftlichen, publizistischen, politisch-rechtlichen und sozialen Gesichtspunkten strukturiert. Die ökonomische Makroebene bildet der Markt. Damit sind Strukturen gemeint, welche den Wettbewerb bestimmen, Konzentrationstendenzen (d.h. Wettbewerbsbegrenzungen) anstoßen und Marktzutritte zulassen oder verhindern. Die ökonomischen Wettbewerber stehen zugleich in einem publizistischen Wettbewerb, wobei primär publizistisch vergleichbare Pressegattungen (z.B. überregionale Abonnementszeitungen oder Wochenzeitungen) miteinander konkurrieren. Der publizistisch relevante Markt ist damit zugleich der ökonomisch relevante. Das politisch-administrative System ist zuvorderst an der publizistischen Leistungsfähigkeit der Presse interessiert und setzt mit Pressegesetzen und Wettbewerbsregelungen den Rahmen. Die Presse hat sich darüber hinaus entsprechend bestehenden politischen und ökonomisch-sozialen Interessen organisiert. So haben sich die Journalisten in Gewerkschaften und die Verlage in Verlegerverbänden zusammengeschlossen.

Die Mikroebene bezieht sich auf die Struktur der einzelnen Organisationen bzw. Wirtschaftsunternehmen, d.h. auf die Redaktionsstrukturen, auf die der Verlage und auf die Verhältnisse zwischen und Entscheidungsstrukturen in Redaktionen und Verlagsleitung. Die internen Strukturen folgen den Ordnungsprinzipien ökonomischer Rationalität, publizistischer Zweckmäßigkeit und müssen zudem den politisch-rechtlichen Rahmenbedingungen entsprechen. In allen drei genannten Gesichtspunkten lassen sich Strukturen und prozessuale Ordnungsprinzipien auf Einflüsse der Makroebene zurückführen.

Zentrale *Begriffe der Makroebene* sind Print und Presse. „Print" aus dem Englischen „to print" (= drucken) abgeleitet, bezeichnet eine Vielzahl von Techniken, mit denen Schriftzeichen und Abbildungen auf ein Trägermaterial aufgebracht werden. In der Kommunikationswissenschaft wird – seit den 1960er-Jahren zunehmend – von „Print" gesprochen, um Medien, die aus der Presse Gutenbergs abgeleitet sind, zu bezeichnen. Der Begriff „Presse" wird seit etwa der Mitte des 19. Jahrhunderts primär mit periodisch erscheinenden Druckerzeugnissen konnotiert (Druck-, Print-, Pressemedien). Man unterscheidet „Tagespresse" von „Wochenpresse", „Publikumspresse" und „Fachpresse", „Vereins-" oder „Verbandspresse" von „Parteipresse" etc.

---

1 Zur begrifflichen Klärung sei angemerkt, dass in diesem Beitrag Mikro- und Makroebene medienökonomisch verwandt werden: Die Makroebene bezeichnet den Markt, die Mikroebene den Betrieb/die Organisationseinheit. Davon ist die auf Kommunikationswirkungen gezielte Unterscheidung in Mikroebene (Kommunikatoren und Rezipienten), Mesoebene (Organisationen) und Makroebene (Großsysteme wie z.B. Staaten) zu unterscheiden.

Die wichtigsten Subkategorien der Presse sind Zeitung und Zeitschrift. „Zeitung" (seit dem späten 13. Jahrhundert), bedeutete ursprünglich Nachricht oder Neuigkeit. Auch Zeitschriften wurden ursprünglich als „Zeitung" bezeichnet. Der Presseforscher Walter J. Schütz definiert Tageszeitungen als „alle Periodika [...], die mindestens zweimal wöchentlich erscheinen und einen aktuellen politischen Teil mit inhaltlich unbegrenzter (universeller) Nachrichtenvermittlung enthalten." (Schütz 1999: 8) Die amtliche Pressestatistik definiert Zeitungen als „alle periodischen Veröffentlichungen [...], die in ihrem redaktionellen Teil der kontinuierlichen, aktuellen und thematisch nicht auf bestimmte Stoff- oder Lebensgebiete begrenzten Nachrichtenübermittlung dienen, also in der Regel mindestens die Sparten Politik, Wirtschaft, Zeitgeschehen, Kultur, Unterhaltung sowie Sport umfassen und im allgemeinen mindestens zweimal wöchentlich erscheinen. Die Sonntagszeitungen werden hier nicht einbezogen." (Statistisches Bundesamt 1975: 6)

„Zeitschrift" ist als Verbindung der Hauptworte „Schrift" und „Zeit" erstmalig Ende des 17. Jahrhunderts belegt. Der Begriff bezeichnete zunächst chronikartige Periodika. Zeitungen und Zeitschriften lassen sich mit den vier Kriterien Aktualität, Periodizität, Universalität und Publizität genauer beschreiben. Aktualität bezieht sich auf den Neuigkeitswert der Inhalte, Periodizität umschreibt die regelmäßige Erscheinungsweise, Universalität zielt auf die Breite der thematischen Berichterstattung, Publizität schließlich bezieht sich auf die Breite des Publikums. Publizität und Universalität hängen somit zusammen, Aktualität und Periodizität stehen ebenfalls in enger Wechselbeziehung. Neuere Entwicklungen auf dem Zeitschriftensektor – Zeitschriften zu Fernsehserien erscheinen nur in dem Sendezeitraum der Staffel – legen nahe, die „Kontinuität" als fünfte beschreibende Kategorie einzuführen (vgl. Vogel 1998). Während drei der Kriterien (Aktualität, Universalität, Publizität) auch zur Beschreibung anderer Massenmedien geeignet sind, unterscheidet die Presse sich durch Periodizität und Kontinuität von den elektronischen Massenmedien, da letztere kontinuierlich (seit den 1980er-Jahren rund um die Uhr) auf Sendung sind.

Mittels der vier Kriterien ist nur die Zeitung, nicht aber die Zeitschrift zu definieren. Die amtliche Pressestatistik definiert Zeitschrift daher zunächst negativ und dann aufzählend-beschreibend als „alle periodischen Druckwerke mit kontinuierlicher Stoffbearbeitung [...], die mit der Absicht eines zeitlich unbegrenzten Erscheinens mindestens viermal jährlich herausgegeben werden, soweit sie keine Zeitungen sind. Hierzu zählen insbesondere Publikumszeitschriften, wissenschaftliche Zeitschriften, andere Fachzeitschriften, Zeitschriften der Vereine, Verbände u.ä., überregionale, regionale oder lokale Wochenblätter, auch wenn sie die Bezeichnung ›Zeitung‹ führen, sowie Anzeigenblätter, Kunden- und Kennziffernzeitschriften, unabhängig davon, ob sie unentgeltlich abgegeben werden oder nicht." (Statistisches Bundesamt 1975: 6). Dem definitorischen Dilemma zu entrinnen, hat Andreas Vogel mit guten Argumenten vorgeschlagen, auf die Trennung in Zeitung und Zeitschrift vollständig zu verzichten und stattdessen die Vielzahl der Subkategorien induktiv zu analysieren (vgl. Vogel 1998: 20f.). Dem hat sich Bohrmann angeschlossen (vgl. Bohrmann 1999: 136).

Zentrale *Begriffe der Mikroebene* sind Verlag und Redaktion. Der Begriff „Verlag" bezeichnet ursprünglich die Unternehmung im allgemeinen Sinn, Verleger legen die Produktionskosten vor. Der Verlegerbegriff wird im deutschen Presserecht nicht näher erläutert, Löffler und Ricker definieren: „Verleger ist jeder Unternehmer, der das Erscheinen und Verbreiten von Druckwerken bewirkt." (Löffler/Ricker

[4]2000: 99) Dem kaufmännisch orientierten Verleger stehen Herausgeber, Journalisten und Redakteure zur Seite bzw. gegenüber. „Herausgeber", seit dem 19. Jahrhundert gebräuchlich, sind in Pressebetrieben weder zwingend noch eindeutig dem Verlag oder der Redaktion zuzuordnen. In manchen Konstruktionen (z.B. ›Die Zeit‹, Hamburg) steht ein Herausgebergremium zwischen Verlag und Chefredaktion, in anderen (z.B. ›Frankfurter Allgemeine Zeitung‹, Frankfurt/Main) fehlt die Chefredaktion und wird durch das Herausgebergremium ersetzt.

Eindeutig mit publizistischen Aufgaben sind die Journalisten und Redakteure befasst. Journalisten können neben- oder hauptberuflich arbeiten. Sie können in festem Anstellungsvertrag stehen oder in verschiedenen Abstufungen als „Freie", „Feste Freie" oder „Pauschalisten" an eine Redaktion gebunden sein. Freie Journalisten schreiben ohne Bindung für verschiedene Blätter, „Feste Freie" sind an bestimmte Blätter gebunden, „Pauschalisten" erhalten Pauschbeträge für fest vereinbarte Mitarbeitskontingente. Ihnen stehen in Redaktionen organisierte, festangestellte Redakteure gegenüber. „Redakteur" leitet sich von „redigieren", d.h. Texte bearbeiten, her. Die redaktionelle Bearbeitung journalistischer Texte wurde allmählich seit dem 17. Jahrhundert üblicher. Im Zuge des durch Wachstum bedingten Ausdifferenzierungsprozesses der Redaktionen bildeten sich Ressorts als Unterabteilungen.

Die Existenz von Redaktion und Redakteuren ist das entscheidende Kriterium für die Differenzierung zwischen Presse- und Buchverlagen. In Presseverlagen werden wesentliche Teile des publizistisch-inhaltlichen Angebots von Redaktionen selbst erstellt, in Buchverlagen wird (seit Gutenberg) die Inhalteproduktion traditionell zugekauft. Redaktionsähnliche Abschlussbearbeitungen sind in Buchverlagen den Lektoraten überantwortet (vgl. Stöber 2000: 195).

2 Forschungsentwicklung, Methoden, Ansätze und Theorien

Das Thema „Medienstrukturen" schließt von vornherein die Behandlung von Theorien im Sinne der Klärung von Gesetzmäßigkeiten aus. Entsprechend dominiert in der Forschung die Beschreibung und analytische Strukturierung des Gegenstands Presse. Die Erforschung der Pressestrukturen vollzog sich in verschiedenen Phasen. Die Aufmerksamkeit für das älteste Massenmedium intensivierte sich seit dem 16./17. Jahrhundert allmählich. Das Fach Zeitungswissenschaft ist zum Ausgangspunkt der heutigen Publizistik- und Kommunikationswissenschaft geworden. Alle Forschungsfelder, inklusive der Pressekonzentrationsforschung, der Marktzutrittsforschung und der Erforschung der inneren Pressefreiheit, wurden in ersten Anfängen schon seit dem späten 19. Jahrhundert untersucht.

Die bis heute umfassendsten *Gesamtdarstellungen* der Zeitung hat der Münchner Journalist und Zeitungswissenschaftler Otto Groth vorgelegt (1928-1930; 1960-1972). Insbesondere das ältere Werk stellt die Mikro- und Makrostrukturen der Zeitungspresse in Deutschland mustergültig dar. Für die Pressegeschichte sind die Werke von Kurt Koszyk (1966, 1972, 1986), Jürgen Wilke (2000) und vom Verfasser dieses Beitrags (Stöber 2000) zu konsultieren. Insbesondere Koszyk hat mit seinen pressehistorischen Arbeiten zur Presse im 20. Jahrhundert eigene intensive Quellenarbeit betrieben. In dem Band „Mediengeschichte der Bundesrepublik", herausgegeben von Jürgen Wilke (1999), werden einzelne Pressegattungen behandelt. Die umfassendste neuere Gesamtdarstellung der Presse der Bundesrepublik liegt von

Heinz Pürer und Johannes Raabe (1994) vor. Sie orientieren sich in der thematischen Breite an Groth. Auch sie behandeln innere und äußere Strukturen. Wesentlich knapper und die anderen Massenmedien ebenfalls betrachtend sind die in unregelmäßigen Abständen aktualisierten Darstellungen von Hermann Meyn (zuerst 1966, zuletzt 2001).

Die Themen des publizistischen wie ökonomischen Wettbewerbs sowie der inneren wie äußeren Pressefreiheit besitzen politische Implikationen und standen daher besonders in den politisch von Unruhe und Aufbruch gekennzeichneten späten 1960er-Jahren (Studentenunruhen) im Mittelpunkt des Interesses der Kommunikationsforschung. Die Diskussion der inneren Pressefreiheit hatte in den 1960er- und 1970er-Jahren ihren Höhepunkt (vgl. Branahl/Hoffmann-Riem 1975). *Pressekonzentrationsforschung* wurde seit den 1950er-Jahren insbesondere von Walter J. Schütz kontinuierlich betrieben. Sie wurde ergänzt um medienökonomische Fragestellungen, u.a. der Marktzutrittsforschung (vgl. Klaue/Knoche/Zerdick 1980; Kopper 1984; Heinrich 1994).

Daneben hat die Presseforschung der Bundesrepublik die älteren Ansätze aufgegriffen und fortentwickelt. So existierte in den 1950er- und 1960er-Jahren eine intensive *Erforschung der Zeitschriften*, die in umfassend angelegte Gesamtdarstellungen mündete (vgl. Kirchner ²1958; Haacke 1968/1982), in denen die historische Entwicklung der Gattung nachgezeichnet wurde. Erst in jüngster Zeit ist das Forschungsthema „Zeitschrift" wieder aufgegriffen worden (vgl. Vogel 1998).

Die methodischen Ansätze, die in den genannten Werken verfolgt werden, lassen sich als historisch-quellenkritische, medienbiografische, medienstatistische, medienökonomische und medienpolitische Ansätze verstehen. Die historisch-quellenkritische Bearbeitung ist die älteste. Daneben spielen quasi massenprosopografische Vorgehen, in denen eine Vielzahl von Einzelbiografien (sei es von Publizisten oder Pressetiteln) zusammengetragen werden, die begleitende Beobachtung – insbesondere in der Journalistik (vgl. Rühl ²1979) – und quantifizierende Erhebungen (Befragungen) zu einzelnen Berufsgruppen (vgl. Kepplinger 1979; Donsbach 1981; Weischenberg/Löffenholz/Scholl 1994) sowie inhaltsanalytische eine wichtige Rolle.

3 Wichtige Befunde zu Mikro- und Makrostrukturen der Presse

3.1 Mikrostrukturen

3.1.1 Organisationsstrukturen in Redaktionen

Die Presse ist traditionsgemäß in Verlagen organisiert, deren „Betriebsziel" die Herstellung von Zeitungen oder Zeitschriften ist. Von den verschiedenen Untereinheiten der Verlage sind die Redaktionen aus kommunikationswissenschaftlicher Sicht am interessantesten, weil in ihnen die zentralen kommunikativen Inhalte der Presse produziert werden.

Redaktionen sind *arbeitsteilige Organisationen*, die dazu tendieren, möglichst autonom zu arbeiten, ohne in den eigenen Entscheidungen völlig autonom zu sein. Es ist Sache des Verlegers, mit Entscheidungen über den Fortbestand einzelner Pressetitel auch Entscheidungen über Wohl und Wehe der Redaktionen zu treffen (vgl. auch den Beitrag Jarren in diesem Band).

Die Ressortausdifferenzierung ist bedingt durch Sachfragen, Organisationsfragen und die redaktionelle Größe. Historisch haben sich fünf klassische Ressorts (in der

Tagespresse) herausgebildet. Die ältesten drei sind die Ressorts für Politik, Wirtschaft und Feuilleton. Die späten Ressorts sind Sport und Lokales. Daneben gibt es in großen Blättern Ressorts für diverse Beilagen, für Vermischtes oder Lifestyle (vgl. Blöbaum 1994: 205-214; Stöber 2000: 163-195). Bei Zeitschriften existieren keine einheitlichen, an inhaltlichen Kriterien orientierten Gliederungen. Vielfach sind Zeitschriftenredaktionen nach formalen Tätigkeitsbereichen (Layout, Bildbearbeitung etc.) gegliedert (vgl. Blum u.a. 2001: 254-261).

In den Sozialwissenschaften werden die Mitarbeiter von Organisationen aus zwei Blickwinkeln betrachtet, einerseits als Personen, andererseits als Rolle bzw. Funktionsträger. In dieser doppelten Perspektive bringt sich jedes Individuum in die Entscheidungsprozesse ein: einerseits als Mensch mit all seinen individuellen Eigenschaften, andererseits als Funktionsträger, der den Rollenerwartungen gerecht werden muss (vgl. Rühl 1989: 254-262; Altmeppen 1999: 44-47; vgl. auch den Beitrag Jarren in diesem Band).

Aus dem Blickwinkel der Person sind in einer Redaktion spezifizierte Handlungsregeln, „auf Vorrat" hergestellte Strukturen, zu befolgen (vgl. Rühl 1989: 261). Die Regeln betreffen Sammlung, Auswahl und Verarbeitung von Material (Nachrichten, Berichte, Kommentare etc.). Jedoch sind im redaktionellen Alltag viele Eventualitäten weder vorhersehbar noch planbar. Zugleich sind Arbeitsabläufe nicht präzise aufeinander abstimmbar. Die wechselnden Umweltsituationen setzen eine Koordination der Handlungen voraus. Um sicherzustellen, dass die „kantigen" Individuen gemäß den Vorgaben der Redaktion arbeiten, ist ihre Anpassung an die redaktionelle Linie und ihre personelle Identifikation mit den Redaktionszielen, -hierarchien und -regeln notwendig. Wichtigstes Anpassungsinstrument ist die Kooptation, d.h. die selbstständige Mitarbeiterauswahl und Nachwuchsrekrutierung (vgl. Rühl 1980: 54-57).

Zugleich sind die Personen Funktionsträger. Die Redakteure sind einer Hierarchie untergeordnet, an deren Spitze ein Chefredakteur steht, dem der Chef vom Dienst zur Seite steht und als dessen inhaltlich verantwortliche „Abteilungsleiter" die Ressortchefs arbeiten. Der *Chefredakteur* wacht über die Blattlinie. Er leitet und überwacht die redaktionellen Arbeitsabläufe. Ihm obliegt die kurz- und mittelfristige Personalplanung und das Redaktions- und Personalmanagement. Der Chefredakteur vertritt die Redaktion gegenüber anderen Bereichen des Presseunternehmens, die Zeitung gegenüber der Öffentlichkeit und (idealiter) die Leserinteressen gegenüber Redaktion und Verlag. In den letzten Jahrzehnten vollzog die Rolle des Chefredakteurs eine Entwicklung vom Leitartikler zum Organisations- und Administrationsmanager (vgl. Blum u.a. 2001: 237-251).

Der *„Chef vom Dienst"* (CvD) ist eine Art Chefredakteur für den technischen und organisatorischen Bereich. Er verteilt den redaktionellen Raum, überwacht die Daten- und Textübermittlung und organisiert die Zusammenarbeit zwischen Redaktion, Anzeigen, Technik und Vertrieb. Der CvD überwacht die Produktion und ist für die Endfreigabe der Ausgabe zuständig. Bei außergewöhnlichen, insbesondere bei sich rasch verändernden Nachrichtenlagen trägt der CvD in der letzten Produktionsphase die Entscheidungen. Damit die Arbeit nicht in Routine verkommt, trägt der CvD bei vielen Zeitungen die Berichterstattung über Sonderereignisse (vgl. Pürer/Raabe 1994: 257-259).

Niedrigste Leitungsebene ist die der *Ressortleiter*, welche die (oben genannten) Ressorts leiten, managen und kontrollieren. Sie koordinieren die Arbeitsabläufe und sind für die Platzzuteilung zuständig. In den Ressorts wird die taktische Planung entwickelt, die den strategischen Entscheidungen der Redaktionsleitung entspricht (vgl. Mast 1995). In der Bundesrepublik haben Ressortleiter vielfach die strafrechtliche Verantwortung nach den jeweiligen Landespressegesetzen übernommen.

3.1.2 Organisationsstrukturen in Verlagen

Die Variationsbreite der Organisation von Verlagen ist noch größer als die von Redaktionen. Je nach Größe, Markt, in dem sich der Verlag bewegt, und Tradition des Unternehmens sind unterschiedliche Organisationsstrukturen denkbar (vgl. Vogel 1998: 222-226).

Bei etwas größeren Verlagen ist die *Zweilinienhierarchie* üblich. Die Aufgaben der Verlagsleitung betreffen die inhaltliche Grundsatzkompetenz (s.u. innere Pressefreiheit), die Koordination der redaktionellen, technischen und kaufmännischen Bereiche und die gesellschaftliche und politische Repräsentanz des Verlags in der Öffentlichkeit (vgl. Preusche 1987; Pürer/Raabe 1994: 246-255). Unterhalb des Verlegers bzw. Vorstands operieren in der ersten Linie Chefredaktion, Verlagsleitung und Verwaltung, darunter die verschiedenen Ressorts, Anzeigen und Vertrieb etc., bzw. Personalabteilung, Buchhaltung, Revision etc. Der Vorteil der Zweilinienhierarchie liegt in den klar abgegrenzten Kompetenzen, der Nachteil in den längeren Entscheidungswegen. Andere Verlage besitzen eine Matrix-Hierarchie, bei der Stabsfunktionen der Spitze angegliedert sind: Public Relations, Rechtsabteilung, Marktforschung, strategische Planung etc. Der Vorteil dieser Struktur liegt in schnelleren Lösungen, die nicht vom hierarchischen Denken eingeengt werden. Nachteilig wirkt sich der höhere Koordinationsaufwand auf. Heute ist in allen Großverlagen zumindest in Ansätzen eine Matrix-Hierarchie realisiert.

Noch mehr Selbstständigkeit offeriert die *Profit-Center-Organisation* den Unterabteilungen. Auch hier sind verschiedene Abstufungen anzutreffen. Im Extremfall kann der ursprüngliche Verlag zu einer Holding umgebaut werden, in der die vormals abhängigen Unterabteilungen selbstständig und damit auch finanziell verantwortlich werden. Diese Aufgliederung ist aber nur konsequent umzusetzen, soweit die nun selbstständigen Abteilungen über eine gesunde Mischung aus Ausgabe- und Einnahmebereichen verfügen.

Die Aufspaltung in selbstständige Einheiten lohnt sich nur für Objekte, die groß genug sind, für Titelfamilien oder für thematische Gruppen. Aber auch zu Holdings umgestaltete Verlage behalten in Teilen Merkmale der Matrix-Organisation bei. So empfiehlt sich zumeist der Fortbestand einer zentralen Vertriebs- oder Anzeigenabteilung.

Noch einen Schritt weiter geht das „*Outsourcen*". Dabei werden Aufgabenfelder, die bislang im Verlag bearbeitet wurden, an Fremdfirmen gegeben. Vorteil dieser geringeren Fertigungstiefe ist eine optimale Anpassung der Produktionskapazitäten an den Bedarf. Verlage, die beispielsweise im Lohndruck ihre Titel herstellen lassen (z.B. ›Der Spiegel‹), müssen sich nicht um die Auslastung ihrer Druckmaschinen kümmern. Andererseits ist Outsourcen immer mit Abgabe von Kompetenzen verbunden. Betrifft der Kompetenzverlust Kernbereiche, verliert der Verlag mittel- bis langfristig an Wettbewerbsfähigkeit. Verlage, die beispielsweise ihre strategische Titelplanung outsourcen würden, wären nicht mehr zu Innovationen fähig. Daher werden Kernkompetenzen selten ausgegliedert.

Da Zeitungen und Zeitschriften auf zwei Märkten operieren, dem Leser- und dem Anzeigenmarkt, kommt der *Anzeigenabteilung* des Verlags besondere ökonomische Bedeutung zu. Zu den Aufgaben der Abteilung gehören Akquisition und Verkauf der Anzeigen, die Bereitstellung von Marketingdaten, die Kontakte zu den Kunden, die Anzeigenverwaltung und die Koordination mit Redaktion sowie Satz- und Drucktechnik (vgl. Kausche 1987).

Die *Herstellung*, insbesondere der Druck, erfolgt entweder im Lohndruck oder im verlagseigenen Druck. Die technischen Entwicklungen der letzten Jahrzehnte haben eine zunehmende Reduktion der Fertigungsstufen ergeben (vgl. U. Schulze 1996).

Der *Vertrieb* verwaltet, betreut und akquiriert die Abonnenten, koordiniert die Auslieferung mit der Technik und der Redaktion. Als unterschiedliche Vertriebsmöglichkeiten existieren der Postzeitungsvertrieb, der eigene Vertrieb und der Vertrieb in Kooperation mit anderen Verlagen. Insbesondere in der Tagespresse ist der Zeitdruck immens; um alle Kunden rechtzeitig zu erreichen, müssen die entferntesten Orte zuerst beliefert werden. Zudem muss der Vertrieb variable Andruckzeiten und veränderliche Umfänge der Printprodukte abfedern. Alles muss so kostengünstig wie möglich geschehen (vgl. Schulz 1994: 55-64; Dorn/Vogel 2001: 205-239). Die Kosten- und Erlösstruktur der Abonnementszeitungen hat sich in den letzten Jahren wie folgt entwickelt (vgl. Media Perspektiven Basisdaten 2000: 47; BDZV 2001: 92):

Tabelle 1
Kosten- und Erlösstrukturen in Presseverlagen[2]

	1995	1996	1997	1998	1999	2000 alte Länder	2000 neue Länder
Kosten							
Herstellung	38,9	39,4	37,4	36,6	36,8	36,6	29,4
Redaktion	19,5	19,1	19,4	19,8	19,8	21,6	27,5
Vertrieb	21,2	21,0	21,6	21,7	21,7	20,6	21,5
Verwaltung	7,5	7,6	8,3	8,6	8,3	7,3	11,8
Anzeigen	13,0	12,9	13,4	13,4	13,4	14,0	9,8
Erlöse							
Vertrieb	34,8	36,0	37,6	37,1	36,2	35,5	48,9
Anzeigen/Beilagen	65,1	63,9	62,4	62,9	63,8	64,5	51,1

2 Die Daten basieren auf Erhebungen des BDZV. Für 2000 sind die Zeitungen nach alten und neuen Bundesländern getrennt ausgewiesen.

3.1.3 Die innere Pressefreiheit

Die Regelung der Abläufe in komplexen Organisationen ist nicht ohne Konfliktpotenzial. Die allgemeine Gültigkeit dieses Satzes wird in der Presse besonders an der Auseinandersetzung um die innere Pressefreiheit deutlich. Der Begriff hat im 20. Jahrhundert einen Verständniswandel durchgemacht. Bezeichnete er zunächst alles, was nicht die äußere Pressefreiheit gegenüber dem Staat betraf, und darunter insbesondere die Freiheit von wirtschaftlicher Einflussnahme auf den Verlag, so wird im heutigen Sprachgebrauch darunter das Verhältnis zwischen Verleger und Redaktion verstanden.

Zentral ist die *Kompetenzabgrenzung*: Während unstrittig ist, dass die Grundsatzkompetenz (die Entscheidung über die ökonomisch-strategische Ausrichtung und politische Linie des Blattes) beim Verleger und die positive und negative Detailkompetenz (die Entscheidungen über Auswahl und Behandlung der redaktionellen Themen) bei den Redakteuren liegt, wird die Richtlinienkompetenz von Verleger- wie Journalistenseite (für die Chefredaktion) beansprucht.

Die innere Pressefreiheit ist derzeit kein Thema für Auseinandersetzungen zwischen Verleger- und Journalistenorganisationen. Dennoch könnte es sich schnell wieder dazu entwickeln, weil sich das Thema ebenso für Grundsatzstreitigkeiten wie für sozialpolitische Auseinandersetzungen instrumentalisieren lässt. Seitens der Journalisten wird die innere Pressefreiheit unter dem Aspekt der Schutzmaßnahmen betrachtet: Sie sichere gegen negative Folgen der Pressekonzentration (Inserentenabhängigkeit) ab, die insbesondere gegeben sei, wenn in Monopolmärkten kein Wettbewerb mehr herrsche (s.u.). Innere Pressefreiheit trage zudem zur Verbesserung der Arbeitsbedingungen bei und sie stehe im Kontext umfassender gesellschaftlicher Mitbestimmung.

Doch stehen Hindernisse in Form der privatwirtschaftlichen Organisation einer größeren Freiheit der Journalisten entgegen. Insbesondere ist eine Güterabwägung zwischen den Interessen der Mitarbeiter an betrieblicher Mitbestimmung und dem Grundrecht auf Pressefreiheit nötig. Dazu hat das Bundesverfassungsgericht 1979 festgestellt, das Grundrecht der Pressefreiheit umfasse die Freiheit, die Tendenz einer Zeitung festzulegen und zu ändern (BVerfGE 52, 283): Pressebetriebe sind *Tendenzbetriebe.* Das Betriebsverfassungsgesetz regelt die Mitbestimmung in Betrieben und schließt nach Art. 118 BetrVG Tendenzbetriebe von der Mitbestimmungsregelung aus. Tendenzbetriebe sind Kirchen, Gewerkschaften, Parteien und Medien.

Zweimal hat es in der Pressegeschichte der Bundesrepublik Vorstöße gegeben, die innere Pressefreiheit auszugestalten. 1974 war ein Bundespresserahmengesetz diskutiert worden, das die Errichtung von Redaktionsvertretungen und Redaktionsstatuten vorsah (vgl. Branahl/Hoffmann-Riem 1975). Nach der Wiedervereinigung Deutschlands unternahm der Brandenburgische Landtag einen im Wesentlichen gescheiterten Vorstoß.

Die mehrfach erwähnten *Redaktionsstatute* sind ein Instrument der 1960er-Jahre. Ihr Ziel war die Moderierung der Konflikte, nicht deren Ausschaltung. Redaktionsstatute grenzen die Kompetenzen und Verpflichtungen aller Beteiligten genauer ein. Unter den großen Blättern sind die ›Süddeutsche Zeitung‹ und die ›Frankfurter Allgemeine Zeitung‹ die letzten mit vergleichbaren Vereinbarungen (vgl. Holtz-Bacha 1998: 78).

3.2 Makrostrukturen

3.2.1 Pressekonzentration

In der Tagespresse dominiert sowohl in Ost- wie in Westdeutschland die ehemalige Lizenzpresse, d.h. Titel, die unmittelbar nach dem Zweiten Weltkrieg von den Besatzungsmächten zugelassen wurden und die Umerziehung (reeducation) der Deutschen zu Demokraten unterstützen sollten. Die Presse der Gegenwart ist überparteilich und privatwirtschaftlich organisiert. Auch bei den Wochentiteln ist das Gewicht der Lizenzzeit überdeutlich, gering ist es hingegen bei den Zeitschriften. Weitere Charakteristika sind die hohe Titelzahl der Tageszeitungen und das große Zeitschriftenangebot (s.u.). In der Tagespresse dominiert die regionale Bindung. Hauptstadtpresse existiert im eigentlichen Wortsinne nicht, überregionale Pressetitel gibt es wenige. Parteipresse ist kaum noch existent, einen gewissen Ersatz an dezidierter Meinungsführung bieten die Wochenzeitungen und -magazine sowie auch die überregionale Presse. Trotz wachsender kumulierter Auflagenzahlen (bis in die 1980er-Jahre, danach Stagnation auf hohem Niveau) fand in den ersten Jahrzehnten der alten und im ersten Jahrfünft der neuen Bundesrepublik eine erhebliche Pressekonzentration statt. Zweimal wiederholte sich das Muster: erst Expansion, dann Konzentration.

Die *Konzentrationsforschung* nennt vier Arten der Unternehmensbeziehungen, die in abnehmender Dichte als Fusion, Konzern (Multimediakonzerne), Gemeinschaftsunternehmung (z.B. Redaktionsgemeinschaften) und als kooperatives Marktverhalten (z.B. Kooperation im Anzeigenwesen) benannt werden können. Die vier Arten unterscheiden sich nach Grad der Bindung, zeitlicher Dauer und Art der Wettbewerbsparameter (vgl. Heinrich 1994: 44-52, 115-117).

Die Wirtschaftswissenschaften unterscheiden nach Konzentrationsrichtung drei Formen, die generell in allen Wirtschaftzweigen zu beobachten sind. Von vertikaler Konzentration wird gesprochen, wenn Unternehmen unterschiedlicher Produktionsstufen eine Kooperation eingehen; von horizontaler, wenn Unternehmen auf gleicher Ebene integriert werden; von diagonaler, wenn sowohl horizontale als auch vertikale Konzentrationen zu beobachten sind bzw. wenn die Konzentration über den Printsektor hinaus auch elektronische Medien erfasst. Kommunikationsspezifisch lässt sich eine relative (z.B. Auflagenkonzentration) von einer absoluten Konzentration (z.B. Verschmelzung von Verlagen) unterscheiden (vgl. Heinrich 1994: 132-134).

Dabei lassen sich als Produktionsstufen die der technischen Produktionsanlagen (z.B. Druckereien), die der Produktion von Medieninhalten (Redaktionen), die der Sortimentsherstellung von Medieninhalten (Zeitung, Zeitschrift), die des Vertriebs der Massenmedien, die der Verbreitung der Software und die des Werbeverkaufs (vgl. Heinrich 1994: 122) unterscheiden.

Konzentration ist das Ergebnis eines Verdrängungswettbewerbs und hängt zusammen mit ökonomischen Problemen, die durch Kostenanstieg (z.B. durch Modernisierungskosten), sinkende Erlöse und mithin wachsende Risiken verursacht werden. Die Unternehmen reagieren darauf mit strategischen Überlegungen, die auf vier Ziele hinauslaufen:

- die Fixkosten zu senken,
- den Verbund zwischen Rezipienten- und Werbemarkt zu nutzen,
- Transaktionskosten zu sparen
- und Synergieeffekte zu erzeugen.

Fixkosten entstehen unabhängig vom Produktionsvolumen. Variable Kosten sind solche, die mit einem größeren Ausstoß steigen, bei fallendem sinken. Typisches Beispiel fixer Kosten sind die für die Redaktion, variabel sind Papier- und Druckkosten. Fixkostendegression anzustreben, das erste strategische Ziel, führt daher zu horizontaler Konzentration, z.B. indem Redaktionen zusammengelegt werden.

Den Verbund von Rezipienten- und Werbemarkt zu nutzen, ist ein zweites strategisches Ziel. Hier wirkt sich die Auflagen-Anzeigenspirale aus: Je höher die Auflage eines Titels ist, desto attraktiver ist das Blatt für die Werbewirtschaft, desto mehr Anzeigen werden geschaltet, desto größer sind die Gewinne. Diese Gewinne kann der Verlag in attraktivere Produkte investieren, indem beispielsweise die Redaktionen aufgestockt werden und daher das Blatt mittelfristig dem Lesepublikum interessantere Inhalte präsentiert. Das wirkt sich (theoretisch) in einer höheren Auflage aus. Hinzu kommt, dass der (relative) „Tausenderpreis", d.h. der Preis einer Anzeigenseite je Tausend verkaufter Exemplare, bei größeren Blättern niedriger ausfällt als bei kleineren. Auch das erhöht die Attraktivität der Marktführer für die Werbekunden.

Die dritte strategische Überlegung ist auf die *Einsparung von Transaktionskosten* ausgerichtet und führt daher zu vertikaler Konzentration. Dabei geht es darum, Verrechnungskosten zwischen den unterschiedlichen Produktionsstufen einzusparen, Kontraktkosten (bei Vertragsabschlüssen) oder Informationskosten zu sparen. Die interne Verrechnung spart außerdem Steuern.

Die vierte Zielvariante versucht *Verbundvorteile* zu erzielen und führt zu diagonaler Verflechtung. Hier gilt eine Kombination aus den Gründen vertikaler und horizontaler Konzentration. Typische Verbundvorteile sind bei der Einsparung von Recherchekosten, beim Bezug von Agenturmeldungen oder bei der Bereitstellung von Archiv- und Dokumentationsmaterial gegeben.

Als *Quellen zur Pressekonzentration* stehen Erhebungen der Wirtschaft, der Politik und der Wissenschaft zur Verfügung. Die kommunikationswissenschaftlichen Ansätze erfassen entweder die publizistischen Unterschiede (vgl. die Veröffentlichungen von Schütz seit 1956) oder die Marktanteile von Verlagsgruppen (vgl. Röper seit 1987; zuletzt Röper 2001). Doch da die Eigentumskonzentration nicht zwingend publizistische Konformität zur Folge hat, ist insbesondere die Erhebung publizistischer Unterschiede von Bedeutung.

Von den Daten der Wirtschaft sind die Auflagenangaben der „Informationsstelle zur Feststellung der Verbreitung von Werbeträgern" (IVW) die wichtigsten, die seit 1950 kontrollierte Auflagenangaben veröffentlicht, seit dem zweiten Jahrgang vierteljährlich.

Zentrale politische Quellen sind einzelne Drucksachen des Bundestags. Der erste wichtige ist der „Bericht der Kommission zur Untersuchung der Wettbewerbsgleichheit von Presse, Funk/Fernsehen und Film", der so genannte Michel-Bericht, Bonn 1967 erschienen (BT V/2120). Seit 1970 (BT VI/692) wurden in unregelmäßiger Folge bislang sechs Berichte der Bundesregierung über die Lage von Presse und Rundfunk in der Bundesrepublik herausgegeben, der bislang letzte ist 1998 (BT XIII/10560) erschienen.

Als *Ergebnisse der Pressekonzentrationsforschung* lassen sich zwei Konzentrationswellen festhalten. Wichtigster Indikator ist der Rückgang der „Publizistischen Einheiten" (PE). Der Presseforscher Walter J. Schütz hat diese Erhebungseinheit eingeführt, um alle Zeitungen und Ausgaben mit einem gemeinsamen Mantel (vier klassische Ressorts ohne Lokales) und einer gemeinsamen Vollredaktion zusammenfassen zu können. Von der PE werden die Ausgaben unterschieden, die sich durch Titel oder Lokalteil unterscheiden können (vgl. Schütz 2001: 603):

Tabelle 2
Pressekonzentration (publizistische Einheiten und Ausgaben)[3]

Jahr	Ausgaben	PE	Jahr	Ausgaben	PE
1954	1.500	225	1991	1.673	158
1976	1.229	121	1999	1.581	135
1989	1.344	119	2001	1.584	136

Eine weitere wichtige Kategorie zur strukturellen Beschreibung der Pressekonzentration zählt die „Einzeitungskreise" und misst dabei die lokalpublizistische Konkurrenz der Zeitungen mit unterschiedlichem Mantel in den Verwaltungseinheiten der Stadt- bzw. Landkreise. Die effektiv erhobene Zahl der Netto-Einzeitungskreise misst, „aus wie vielen im redaktionellen Mantel unterschiedlichen Ausgaben der Einwohner des betreffenden Gebietes seine Zeitungsauswahl treffen kann" (Schütz 1966: 444). Während in Ballungszentren die Zeitungsdichte noch immer recht groß ist – in neun Großstädten erschienen 1999 drei Abonnementszeitungen, in Berlin sechs – nahm die publizistische Versorgung in ländlichen Gebieten besonders schnell ab (vgl. Schütz 2000: 24f.; Schütz 2001: 624). Bei der folgenden Tabelle ist zu bedenken, dass verschiedene Kreisreformen die Anzahl Kreise änderten und bis 1989 die alte Bundesrepublik einschließlich Berlin (West), ab 1993 Gesamtdeutschland erfasst ist:

Tabelle 3
Pressekonzentration (Zeitungsdichte)[4]

Jahr	Netto-Einzeitungskreise absolute Zahl	Netto-Einzeitungskreise in Prozent	Kreise
1954	85	15,2	558
1964	121	21,4	566
1976	156	45,5	343
1985	157	47,9	328
1989	160	48,8	328
1993	296	54,5	543
1997	242	55,1	439
1999	244	55,5	440
2001	246	55,9	440

Weitere Maßzahlen messen die relative Konzentration bezogen auf die verkaufte Auflage, in der publizistischen Variante die Verlage als Herausgeber oder in der ökonomischen die Verlagsgruppe, d.h. Verlage, die mit mindestens 25% an anderen beteiligt sind. Die kumulierte Gesamtauflage der Tagespresse lag 1954 bei 13,4 Mio., stieg bis Anfang der 1990er-Jahre auf über 30 Mio. und ist bis 2000 auf 28,5

3 Die Daten werden von Walter J. Schütz seit 1954 auf Basis von Stichtagssammlungen erhoben, d.h. sie geben die Anzahl der Publizistischen Einheiten und der Ausgaben an, die an dem Tag der Erhebung zu zählen waren.

4 Zur Datenerhebung vgl. Fußnote 3.

Mio. zurückgegangen. Von dem langen Wachstum profitierten jedoch fast ausschließlich die großen Blätter.

Der Marktanteil der Zeitungen mit einer Auflage von mehr als 250.000 Exemplaren lag 1954 bei knapp 17%, 1999 bei über 50%. Mit Blick auf die verschiedenen Zeitungsgattungen gilt es jedoch zu differenzieren. Während die Kaufzeitungen bis Anfang der 1980er-Jahre überproportional wuchsen und seither den stärkste Auflagenrückgang erlitten – allein die ›Bild-Zeitung‹ erreichte 1982 über 5,4 Mio. Auflage, im 3. Quartal 2001 waren es eine knappe Mio. weniger –, blieb der Auflagenschwund der Abonnementszeitungen vergleichsweise bescheiden. Am stärksten verlieren seit der Vereinigung die großen ostdeutschen regionalen Abonnementszeitungen, die großen überregionalen Abonnementszeitungen legen hingegen noch immer leicht zu (vgl. Schütz 1999: 124-130; Schütz 2000: 11f.; Schütz 2001: 603-605).

Während die Zahl der Herausgeber-Verlage kontinuierlich abnahm (von 1954: 624 auf 2001: 356) hat sich an der Reihung der dominierenden Verlage wenig geändert. Seit Jahrzehnten ist Springer der größte Tageszeitungskonzern, gefolgt von der WAZ-Gruppe. Die zehn größten Zeitungsverlage halten einen gemeinsamen Marktanteil von mehr als 55%, der Axel-Springer-Verlag hält alleine über 23%. Besonders ausgeprägt ist die Konzentration bei den Kaufzeitungen, deren Markt zu 81% vom Axel-Springer-Verlag beherrscht wird (vgl. Media Perspektiven Basisdaten 2001: 52-56). Seit den 1970er-Jahren hat sich mit den Anzeigenblättern eine Pressegattung etabliert, die bei Titelzahl, Auflagenhöhe und Werbeeinnahmen auf hohem Niveau stagniert: 2001 1.336 Titel, über 90 Mio. Auflage und mehr als 3,5 Mrd. DM Umsatz (vgl. Media Perspektiven Basisdaten 2001: 57).

Gegenläufig ist der Trend der Zeitschriften. Die genaue Zahl der Zeitschriften wird nirgends erhoben. In den 1950er-Jahren lag die Zahl der Zeitschriften bei unter 6.000, in den 1970er-Jahren bei ca. 10.000, für die 1990er-Jahre werden ca. 20.000 geschätzt, von denen ein Zehntel in den IVW-Auflagelisten dokumentiert ist (vgl. Bohrmann 1999: 137-139; Noelle-Neumann/Schulz/Wilke [3]1994: 403). Bei den mit Auflage erfassten Zeitschriften ist ein starkes Wachstum feststellbar, die Publikumszeitschriften wurden 1975 in knapp 70 Mio., 2000 hingegen in über 130 Mio. Auflage verkauft (vgl. Media Perspektiven Basisdaten 2000: 45). Doch das Wachstum verteilt sich auf immer mehr Zeitschriften, sodass die durchschnittliche Auflage von 310.000 auf 150.000 sank. Die vier größten Verlage der auf das Massenpublikum zielenden Populärpresse (Gruner + Jahr, Burda, Bauer, Springer) gaben 1975 37 populäre Zeitschriften heraus, 2000 waren es 120. Deren Marktanteil lag 2000 bei knapp 59%, bei den 14-täglich und öfter erscheinenden sogar bei über 77% (vgl. Vogel 2000: 465-468). Die Fachzeitschriften können weder bei Auflagenhöhe noch bei Werbeeinnahmen mit den Publikumszeitschriften konkurrieren.

Die Pressekonzentration wird kritisch beobachtet, weil *Folgen für die publizistische Leistung* zu befürchten sind. Doch sind die Ergebnisse der Forschung nicht eindeutig. Einerseits reduziert sich gerade für lokale Monopolisten die Notwendigkeit zu aktueller, kritischer und investigativer Berichterstattung, andererseits waren viele der inzwischen eingegangenen kleinen Zeitungen publizistisch wenig leistungsfähig. Auch die Anzeigenabhängigkeit ist bei einer wirtschaftlich gesunden Presse tendenziell eher geringer als größer geworden. Negativ steht unstrittig zu Buche, dass die Macht der Konzerne durch die Pressekonzentration gewachsen ist. Sie drückt sich einerseits in Marktmacht gegenüber den Konkurrenzanbietern (Vertrieb, Anzeige) aus. Damit verringern sich die Marktzutrittschancen (vgl. Kopper 1984). Inhaltlich kann diese Macht eine harmonisierende Berichterstattung erzwingen (vgl. Noelle-Neumann/Ronneberger/Stuiber 1976: 181-197; Schütz 1999: 115f.).

Da die Medien demokratierelevant sind, ist als *Gegenmaßnahme* eine erheblich schärfere Konzentrationskontrolle eingeführt worden, als es für andere Wirtschaftszweige üblich ist. Ausgelöst wurde die Gesetzgebungstätigkeit durch Diskussionen in der Öffentlichkeit, die in zwei parlamentarischen Kommissionen kulminierten, der Michel- und der Günther-Kommission. Die nach dem Industriellen Elmar Michel benannte Sachverständigenkommission sollte Wettbewerbsgleichheit zwischen den Massenmedien untersuchen. Sie legte am 27. September 1967 ihren Abschlussbericht vor (BT V/ 2120) und stellte keine Wettbewerbsverzerrung zwischen den elektronischen und den Printmedien fest. Die Konkurrenz innerhalb der Presse sei größer als zwischen dieser und dem Rundfunk. Die Günther-Kommission, nach dem Vorsitzenden und Präsidenten des Bundeskartellamts Eberhard Günther benannt, legte ihren Endbericht am 14. Juni 1968 vor (BT V/ 3122). Sie machte darin Vorschläge zur Begrenzung der Marktanteile von Presseunternehmen, schlug eine Stützung bedrohter Verlage mit Krediten und öffentlichen Aufträgen vor und empfahl die Offenlegung der Besitzverhältnisse: Ab 20% Marktanteil müsse von einer Gefährdung, ab 40% von einer Beeinträchtigung der Pressefreiheit ausgegangen werden. Der größte Verlag (Springer) hätte nach Berechnung der Kommission mit 39,2% noch gerade die magische 40%-Grenze unterschritten (vgl. Jarren 1994: 117-120).

Die Gesetzgebung reagierte auf die Vorschläge zögerlich. Marktanteilsbegrenzungen sind grundgesetzwidrig. Erst am 1. April 1975 trat das Pressestatistikgesetz in Kraft. 1997 wurde es mit der Begründung aufgehoben, die Daten seien auch auf anderem Wege zu gewinnen. Wichtiger war das am 28. Juni 1976 verabschiedete „Dritte Gesetz zur Änderung des Gesetzes gegen Wettbewerbsbeschränkungen". Seinen Bestimmungen entsprechend kann das Kartellamt ab 25 Mio. DM gemeinsamem Jahresumsatz Fusionen von Presseunternehmen prüfen. Derzeit bedeutet das eine Auflage von zusammen ca. 25.000. Das Aufgreifkriterium ist 20mal schärfer als das für die übrigen Wirtschaftszweige. Obwohl das Statistikgesetz nur Entscheidungsgrundlagen bereitstellte und das Kartellrecht zum Mittel der Wettbewerbsregulierung greift, um publizistische Vielfalt zu sichern, und obwohl nur vereinzelt Fusionen untersagt wurden, kam zwischen 1976 und der Wiedervereinigung die Konzentration beinahe zum Erliegen. Auch nach der zwischenzeitlichen Marktbereinigung Anfang der 1990er-Jahre ist die Pressekonzentration derzeit wieder eingefroren. Es muss aber abgewartet werden, ob nicht der verschärfte intermediäre Wettbewerb sie wieder in Gang bringt.

3.2.2 Organisierte Interessen

Die bisherigen Abschnitte haben deutlich werden lassen, dass die in der Presse tätigen Personen und Unternehmungen teils ähnliche, teils divergierende Interessen verfolgen. Gemeinsam ist Presseunternehmen und Mitarbeitern das Interesse an möglichst geringer staatlicher Einflussnahme. Da die Berichterstattung, insbesondere die Sensationsberichterstattung der Boulevardpresse, in regelmäßigen Abständen die Öffentlichkeit nach Gesetzesverschärfung rufen lässt, haben Journalisten- und Verleger-Organisationen der Presse am 20. November 1956 den „*Deutschen Presserat*" gegründet. In den Presserat (Sitz in Bonn) entsenden der „Deutsche Journalisten-verband" (DJV), der „Bundesverband Deutscher Zeitungsverleger" (BDZV) und der „Verband Deutscher Zeitschriftenverleger" (VDZ) zusammen mit der 1960 beigetretenen „Deutschen Journalisten-Union", 1989 abgelöst durch die „IG Medien", zehn Journalisten und zehn Verleger. Diese 20 kooptieren weitere fünf Mitglieder. Die Tätigkeit ist ehrenamtlich. Ziele des Presserats sind die Sicherung der Informationsfreiheit, vor allem aber Bekämpfung von publizistischen Missständen, Wahrung des Ansehens der Presse, und darum indirekt Vorbeugung gegenüber einer Gesetzgebung, welche die Pressefreiheit einschränken könnte. Das schärfste Instrument des Presserats ist die öffentlich ausgesprochene Rüge. Da Rügen weitgehend folgenlos bleiben, wird der Presserat bisweilen gering geschätzt. Doch müssen die gerügten Blätter die Rüge abdrucken, und daher ist eine mäßigende Wirkung der Existenz des Presserats zu vermuten. Die zweite intendierte Wirkung hingegen ist kaum zu bestreiten, denn seit seiner Gründung konnten beinahe alle Pressegesetzverschärfungen verhindert werden. Die Tätigkeit des Presserats kollidiert nicht mit dem Zensurverbot des Art. 5 GG, da der Rat nur auf Antrag tätig wird, da seine Entscheidungen keine Verbindlichkeit besitzen und der da Presserat kein Gericht oder sonstige staatliche Institution ist (vgl. Wiedemann 1992).

Die Pressetätigen sind in *Journalistengewerkschaften und Verlegerverbänden* organisiert. Von den Gewerkschaften ist der am 10. Dezember 1949 gegründete DJV mit Sitz in Bonn die wichtigste. Er versteht sich als streikfähige Gewerkschaft, wurde vom Arbeitsministerium als solche 1951 anerkannt und ist föderalistisch organisiert. Derzeit gehören dem DJV über 36.000 Mitglieder an. Unmittelbarer Zweck des DJV sind (sozialpolitische) Verhandlungen mit den Verlegern (BDZV, VDZ) zum Abschluss von Tarif- und Ausbildungsverträgen. Daneben gewährt der DJV seinen Mitgliedern Dienst- und Sozialleistungen. Zudem nimmt er zu nationalen und internationalen Fragen der Kommunikations- und Medienpolitik Stellung. Im Unterschied zu anderen Mediengewerkschaften verzichtet der DJV auf ein allgemeinpolitisches Mandat (vgl. Engeroff 1991).

Wichtigster Konkurrent des DJV war die im März 2001 in der neuen vereinigten Dienstleitungsgewerkschaft „Ver.di" als Fachbereich aufgegangene „IG-Medien". Die Industriegewerkschaft wurde am 12. April 1989 als Zusammenschluss der „IG Druck und Papier", der „Gewerkschaft Kunst" und der „Deutschen Journalisten-Union" gegründet (vgl. Bleicher). Von den ca. 185.000 Mitgliedern sind 20.000 Journalisten.

Der wichtigste Verlegerverband ist der „Bundesverband Deutscher Zeitungsverleger", die am 15. Juli 1954 gegründete Spitzenorganisation der Verleger der politischen Tagespresse. Der BDZV wurde durch einen Zusammenschluss der Alt- und der Lizenzverleger-Verbände gegründet. Der Sitz ist seit dem August 2000 Berlin, vorher Bonn. Direkte Mitglieder sind nur die elf Landesverbände, denen wiederum 320 Tageszeitungsverlage angehören. Der BDZV ist Mitglied in der „Bundesvereinigung deutscher Arbeitgeberverbände", im „Zentralausschuss der Werbewirtschaft" (ZAW) und in der IVW sowie in weiteren Organisationen. Leistungen und Aufgaben ähneln denen der Gewerkschaften. Auch der BDZV engagiert sich medienpolitisch, entsendet in die Aufsichtsgremien des öffentlich-rechtlichen Rundfunks, ist Trägerverband des Presserats und pflegt internationale Beziehungen. Hinzukommen Serviceleistungen für die Mitglieder. In sozial- und tarifpolitischen Fragen bezieht der BDZV in der Regel Gegenpositionen zu den Gewerkschaften (vgl. V. Schulze [5]1984, 1994).

4 Desiderate der Forschung

Die Grundlagen einer Beschreibung der Strukturen der Presse sind arbeitsintensiv und erfordern klare statistische Kategorien. Da einige Jahrzehnte Presseforschung diese Grundlagen gelegt haben, sind Defizite kaum auszumachen. Die Strukturbeschreibung ist insgesamt als verlässlich zu bezeichnen.

Allerdings sind gewisse Abstriche dort zu machen, wo sich die Forschung bislang auf die Daten verlassen hat, die zu gewerblichen Zwecken erhoben wurden. Insbesondere die Daten der IVW-Listen genügen, was die Auflageerhebung betrifft, zwar den Anforderungen der Wirtschaft, aber die Listen erfassen weder alle Pressetitel noch ist, speziell im Bereich der Zeitschriften, die kategoriale Zuordnung zweifelsfrei. Hier sind von Vogel (1998) interessante Vorschläge zur Abänderung der Zuordnung gemacht worden.

Weniger brauchbar sind Forschungen zu den Folgen beobachtbarer Strukturveränderungen. Die Ergebnisse der Konzentrationsforschung widersprechen einander. Die Mischung aus ökonomischer Betrachtung und demokratietheoretischen Ansätzen, die sich zudem nie frei von normativen Einflüssen darstellen, lässt hier wohl auch keine Besserung erwarten.

Defizite der makrostrukturellen Forschung sind auch bei der Verbandsforschung auszumachen. Es fehlt an neutralen Untersuchungen, welche die Motive und Strategien der Presseverbände in gleicher Form herausarbeiten, wie dies für die Weimarer Republik geschehen ist (vgl. Stöber 1992). Die gewiss beachtenswerten Ergebnisse zur Verbandsforschung haben ausschließlich Verbandsvertreter erarbeitet; sie können daher nicht wertneutral sein.

Die Erforschung der Mikrostrukturen in Redaktionen und Verlagen müssten eine ältere Tradition der begleitenden Beobachtung wieder aufnehmen (vgl. Rühl [2]1979), denn es ist sehr zweifelhaft, ob mit Daten, die auf der Makroebene aggregiert sind, die Veränderungen der sich ausdifferenzierenden Medien adäquat zu erfassen sind.

Literatur

Altmeppen, Klaus-Dieter (1999): Redaktionen als Koordinationszentren. Beobachtungen journalistischen Handelns. Opladen.

BDZV (Hrsg.) (2001): Bundesverband Deutscher Zeitungsverleger: Zeitungen 2001. Berlin.

Bleicher, Heinrich (1991): Industriegewerkschaft Medien. In: Fischer, Heinz-Dietrich (Hrsg.): Medienverbände in Deutschland. Geschichte, Berufsaspekte, Politik. Berlin, S. 37-56.

Blöbaum, Bernd (1994): Journalismus als soziales System: Geschichte, Ausdifferenzierung und Verselbständigung. Opladen.

Blum, Roger/Bonfadelli, Heinz/Marr, Mirko/Wyss, Vinzenz (2001): Journalisten in der Schweiz. Eigenschaften, Einstellungen, Einflüsse. Konstanz.

Bohrmann, Hans (1999): Entwicklung der Zeitschriftenpresse. In: Wilke, Jürgen (Hrsg.): Mediengeschichte der Bundesrepublik Deutschland. Weimar, S. 135-145.

Branahl, Udo/Hoffmann-Riem, Wolfgang (1975): Redaktionsstatute in der Bewährung. Eine empirische Untersuchung über Redaktionsstatute in deutschen Zeitungen. Zugleich ein rechts- und sozialwissenschaftlicher Beitrag zur Pressereform. Baden-Baden.

Donsbach, Wolfgang (1981): Legitimationsprobleme des Journalismus. Gesellschaftliche Rolle der Massenmedien und berufliche Einstellungen von Journalisten. Freiburg/Breisgau, München.

Dorn, Margit/Vogel, Andreas (2001): Geschichte des Pressevertriebs in Deutschland. Mit einem Schwerpunkt auf der Entwicklung des Pressehandels. Baden-Baden.

Engeroff, Hubert (1991): Deutscher Journalisten-Verband. In: Fischer, Heinz-Dietrich (Hrsg.): Medienverbände in Deutschland. Geschichte, Berufsaspekte, Politik. Berlin, S. 25-36.

Fischer, Heinz-Dietrich (Hrsg.) (1987): Positionen und Strukturen bei Druckmedien. Festschrift für Dietrich Oppenberg. Düsseldorf, Wien, New York.

Fischer, Heinz-Dietrich (Hrsg.) (1991): Medienverbände in Deutschland. Geschichte, Berufsaspekte, Politik. Berlin.

Groth, Otto (1928-1930): Die Zeitung. Ein System der Zeitungskunde (Journalistik). 4 Bde. Mannheim, Berlin, Leipzig.

Groth, Otto (1960-1972): Die unerkannte Kulturmacht. Grundlegung der Zeitungswissenschaft (Periodik). 7 Bde. Berlin.

Haacke, Wilmont (1968/1982): Die politische Zeitschrift. 2 Bde. Stuttgart.

Heinrich, Jürgen (1994): Medienökonomie. Bd. 1: Mediensystem, Zeitung, Zeitschrift, Anzeigenblatt. Opladen.

Holtz-Bacha, Christina (1998): Redaktionsstatuten. Eine Bilanz nach 30 Jahren. In: Duchkowitsch, Wolfgang/Hausjell, Fritz/Hömberg, Walter/Kutsch, Arnulf/Neverla, Irene (Hrsg.): Journalismus als Kultur. Opladen, S. 73-81.

Jarren, Otfried (1994): Medien- und Kommunikationspolitik in Deutschland. Eine Einführung anhand ausgewählter Problemfelder. In: Jarren, Otfried (Hrsg.): Medien und Journalismus I. Opladen, S. 108-143.

Kausche, Carlheinz (1987): Der Anzeigenleiter als Akquisitionsfachmann. In: Fischer, Heinz-Dietrich (Hrsg.): Positionen und Strukturen bei Druckmedien. Festschrift für Dietrich Oppenberg. Düsseldorf, Wien, New York, S. 73-79.

Kepplinger, Hans Mathias (Hrsg.) (1979): Angepaßte Außenseiter: Was Journalisten denken und wie sie arbeiten. Freiburg/Breisgau.

Kirchner, Joachim ([2]1958): Das deutsche Zeitschriftenwesen – seine Geschichte und seine Probleme. Teil 1. Wiesbaden.

Klaue, Siegfried/Knoche, Manfred/Zerdick, Axel (Hrsg.) (1980): Probleme der Pressekonzentrationsforschung. Ein Expertenkolloquium an der FU Berlin. Baden-Baden.

Kopper, Gerd G. (Hrsg.) (1984): Marktzutritt bei Tageszeitungen – zur Sicherung von Meinungsvielfalt durch Wettbewerb (= Dortmunder Beiträge zur Zeitungsforschung, Bd. 39). München, New York, London, Paris.

Koszyk, Kurt (1966): Deutsche Presse im 19. Jahrhundert. Berlin.

Koszyk, Kurt (1972): Deutsche Presse 1914-1945. Berlin.

Koszyk, Kurt (1986): Pressepolitik für Deutsche 1945-1949. Berlin.

Löffler, Martin/Ricker, Reinhardt ([4]2000): Handbuch des Presserechts. München.

Mast, Claudia (1995): Journalismus oder Redaktionsmanagement? Professionalität im journalistischen Alltag heute. In: Schneider, Beate/Reumann, Kurt/Schiwy, Peter (Hrsg.): Publizistik. Beiträge zur Medienentwicklung. Festschrift für Walter J. Schütz. Konstanz, S. 409-419.

Meyn, Hermann (1966): Massenmedien in der Bundesrepublik Deutschland, Berlin (Neuauflage Konstanz 2001).

Noelle-Neumann, Elisabeth/Ronneberger, Franz/Stuiber, Heinz-Werner (1976): Streitpunkt lokales Pressemonopol. Düsseldorf.

Noelle-Neumann, Elisabeth/Schulz, Winfried/Wilke, Jürgen (Hrsg.) ([3]1994): Das Fischer Lexikon Publizistik Massenkommunikation. Frankfurt/Main.

Preusche, Helmut (1987): Der Verlagsleiter als Generalmanager. In: Fischer, Heinz-Dietrich (Hrsg.): Positionen und Strukturen bei Druckmedien. Festschrift für Dietrich Oppenberg. Düsseldorf, Wien, New York, S. 65-72.

Pürer, Heinz/Raabe, Johannes (1994): Medien in Deutschland. Bd. 1: Presse. München.

Media Perspektiven Basisdaten (2000): Daten zur Mediensituation in Deutschland. Hrsg. v. Christa-Maria Ridder. Frankfurt/Main.

Media Perspektiven Basisdaten (2001): Daten zur Mediensituation in Deutschland. Hrsg. v. Christa-Maria Ridder. Frankfurt/Main.

Röper, Horst (1987): Daten zur Konzentration der Tagespresse in der Bundesrepublik Deutschland im 1. Quartal 1987. In: Media Perspektiven, Nr. 7, S. 416-427.

Röper, Horst (2001): Formationen deutscher Medienmultis 1999/2000. In: Media Perspektiven, Nr. 1, S. 2-30.
Rühl, Manfred (^{2}1979): Die Zeitungsredaktion als organisiertes soziales System. Freiburg/Schweiz.
Rühl, Manfred (1980): Journalismus und Gesellschaft. Bestandsaufnahme und Theorieentwurf. Mainz.
Rühl, Manfred (1989): Organisatorischer Journalismus. Tendenzen der Redaktionsforschung. In: Kaase, Max/Schulz, Winfried (Hrsg.): Massenkommunikation. Theorien, Methoden, Befunde (= Kölner Zeitschrift für Soziologie und Sozialpsychologie, Sonderheft 30). Opladen, S. 253-269.
Schulz, Herbert (1994): Der Vertrieb regionaler Tageszeitungen. Verkaufen, Verteilen, Verwalten – ein Funktionsprofil. Bonn.
Schulze, Ulrich (1996): Die Zeitung ist ein Mobile. Herstellung, Technik und Produktion in der Zukunft. In: Maseberg, Eberhard/Reiter, Sibylle/Teichert, Will (Hrsg.): Führungsaufgaben in Redaktionen. Bd. 1: Materialien zum Redaktionsmanagement in Zeitungs- und Zeitschriftenverlagen. Gütersloh, S. 373-388.
Schulze, Volker (^{4}1985): Der Bundesverband Deutscher Zeitungsverleger. Düsseldorf.
Schulze, Volker (1994): Im Interesse der Zeitung. Zur Kommunikationspolitik des Bundesverbandes Deutscher Zeitungsverleger vom Ausgang der sechziger bis zum Beginn der neunziger Jahre. Frankfurt/Main.
Schütz, Walter J. (1956): Deutsche Tagespresse in Tatsachen und Zahlen. Ergebnisse einer Strukturuntersuchung des gesamten deutschen Zeitungswesens. In: Publizistik, 1. Jg., S. 31-48.
Schütz, Walter J. (1966): Die redaktionelle und verlegerische Struktur der deutschen Tagespresse. In: Publizistik, 11. Jg., S. 13-44.
Schütz, Walter J. (1999): Entwicklung der Tagespresse. In: Wilke, Jürgen (Hrsg.): Mediengeschichte der Bundesrepublik Deutschland. Weimar, S. 109-134.
Schütz, Walter J. (2000): Deutsche Tagespresse 1999. Ergebnisse der fünften gesamtdeutschen Zeitungsstatistik. In: Media Perspektiven, Nr. 1, S. 8-39.
Schütz, Walter J. (2001): Deutsche Tagespresse 2001. Trotz Bewegung im Markt keine wesentliche Erweiterung des publizistischen Angebots. In: Media Perspektiven, Nr. 12, S. 602-632.
Statistisches Bundesamt (Hrsg.) (1975): Fachserie 11: Bildung und Kultur. Reihe 5: Presse. Stuttgart, Mainz.
Stöber, Rudolf (1992): Pressefreiheit und Verbandsinteresse. Die Rechtspolitik des „Reichsverbands der Deutschen Presse" und des „Vereins Deutscher Zeitungs-Verleger" während der Weimarer Republik. Berlin.
Stöber, Rudolf (2000): Deutsche Pressegeschichte. Einführung – Systematik – Glossar. Konstanz.
Vogel, Andreas (1998): Die populäre Presse in Deutschland. Ihre Grundlagen, Strukturen und Strategien. München.
Vogel, Andreas (2000): Leichtes Wachstum der Großverlage. In: Media Perspektiven, Nr. 10, S. 464-478.
Weischenberg, Siegfried/Löffelholz, Martin/Scholl, Armin (1994): Merkmale und Einstellungen von Journalisten. Journalismus in Deutschland II. In: Media Perspektiven, Nr. 4, S. 154-167.
Wiedemann, Verena (1992): Freiwillige Selbstkontrolle der Presse. Eine länderübergreifende Untersuchung. Gütersloh.
Wilke, Jürgen (Hrsg.) (1999): Mediengeschichte der Bundesrepublik Deutschland. Weimar.
Wilke, Jürgen (2000): Grundzüge der Mediengeschichte. Von den Anfängen bis ins 20. Jahrhundert. Weimar.

Elektronische Medien

Klaus Beck

Einleitung

Zu den elektronischen Medien zählen neben Rundfunk, Online-Medien und Film die elektronischen Speichermedien: Schallplatte, Cassette, CD, Video, CD-ROM und DVD. Das besondere Augenmerk der Publizistik- und Kommunikationswissenschaft liegt auf den aktuellen Medien öffentlicher Kommunikation, insbesondere dem Rundfunk und den Online-Medien. Die audiovisuellen Speichermedien sind primär Gegenstand der Medienwissenschaft sowie zahlreicher Einzel-Medientheorien (siehe hierzu die Beiträge von Hickethier und Wulff in diesem Band), auf sie soll hier deshalb nicht vertiefend eingegangen werden.

Die Grundstrukturen des Rundfunks unterliegen einem Wandel, der durch technische, ökonomische und politische Prozesse bestimmt wird (siehe hierzu die Beiträge von Siegert, Sjurts und Vowe in diesem Band). Neben der Konvergenz der Verbreitungstechniken von Rundfunk und Telekommunikation (Digitalisierung) besteht ein wichtiges Kennzeichen der elektronischen Medien darin, dass ihre Verbreitung nicht an Landesgrenzen Halt macht. Deshalb gewinnen internationale Akteure stark an Einfluss (siehe hierzu den Beitrag von Kleinsteuber in diesem Band).

I Rundfunk

1 Hörfunk, Fernsehen, Rundfunktexte und Mediendienste

In der Wissenschaft versteht man unter „Rundfunk" Hörfunk, Fernsehen und Textdienste, die mithilfe von Rundfunktechnik an die Allgemeinheit verbreitet werden. Die verfassungsrechtliche Rundfunkdefinition ist eng an die Verbreitung geknüpft: „Rundfunk ist die für die Allgemeinheit bestimmte Veranstaltung und Verbreitung von Darbietungen aller Art in Wort, in Ton und in Bild unter Benutzung elektrischer Schwingungen ohne Verbindungsleitung oder längs oder mittels eines Leiters." (Rundfunkstaatsvertrag [RfStV]). Aufgrund der technischen Entwicklung, die immer wieder neue Verteiltechniken und Formen des Rundfunks ermöglicht, *muss der Rundfunkbegriff dynamisch sein:* Die Nutzung der so genannten Austastlücke des Fernsehsignals ermöglichte das Senden von *Videotext*, der zum Rundfunk gerechnet wurde. Der Zusatz „längs oder mittels eines Leiters" aus dem Jahre 1974 schließt *Kabelhörfunk und Kabelfernsehen* sowie *Kabeltext* ein. Im RfStV von 1991 wurde die „klassische" Rundfunkdefinition ergänzt: „Der Begriff schließt Darbietungen ein, die verschlüsselt verbreitet werden oder gegen besonderes Entgelt empfangbar sind, sowie Fernsehtext." Als rundfunkähnliche Dienste unterliegen die *„Mediendienste"* vergleichbaren gesetzlichen Bestimmungen wie der Rundfunk. Unter Mediendiensten werden im Mediendienste-Staatsvertrag der Länder (MDStV) von 1997 „an die Allgemeinheit gerichtete Informations- und Kommunikationsdienste in Text, Ton oder Bild" verstanden; gemeint sind Verteildienste für das Teleshopping

(„Fernseheinkauf"), Formen von Fernseh- und Radiotext sowie Abrufdienste auf der Basis von Datenbanken (Börsennotierungen etc.).

Die Abgrenzung des Rundfunkbegriffs ist von herausragender politischer und medienrechtlicher Bedeutung, denn alles was zum Rundfunk gehört, fällt in die Kompetenz der Bundesländer, während die gesamte Telekommunikation durch den Bund reguliert wird. In Art. 5 Abs. 1 des Grundgesetzes der Bundesrepublik wird neben der Pressefreiheit explizit „die *Freiheit der Berichterstattung durch Rundfunk* [...] gewährleistet." Rundfunk muss *staatsfern* organisiert werden, damit er seine öffentliche Aufgabe erfüllen kann. Durch das Bundesverfassungsgericht wird ihm eine besondere Bedeutung für die demokratische Willensbildung unterstellt: Rundfunk gilt als *„Medium und Faktor der Meinungsbildung"*, er hat eine „integrierende Funktion für das Staatsganze" zu erfüllen.

Aus kommunikationswissenschaftlicher Sicht sind vor allem diese Funktionen des Rundfunks in und für die Gesellschaft sowie die Strukturen, die sich zur Erfüllung dieser Aufgaben herausgebildet haben, bedeutsam: Bei Rundfunk handelt es sich um *öffentliche Kommunikation* („für die Allgemeinheit bestimmt") in Gestalt eines *Ablauf- oder Programm-Mediums*. Nicht alles, was über einen Fernsehschirm „flimmert", ist also Fernsehen: Ein Business-TV-Programm, das sich ausschließlich an Mitarbeiter oder Kunden einer Bank richtet und typischer Weise nur in den Räumlichkeiten des Unternehmens verbreitet wird, richtet sich nicht an die Öffentlichkeit, sein Beitrag zur Meinungsbildung der Allgemeinheit ist gering (vgl. ALM 2000: 304). Ein Pay-TV-Programm richtet sich hingegen an die Allgemeinheit, auch wenn der Empfang nicht unbeschränkt (sondern gegen Entgelt und mit Hilfe eines Decoders) möglich ist.

Zu unterscheiden ist zwischen Rundfunkveranstaltern, Sendern und Programmen: *Rundfunkveranstalter* sind juristische Personen, z.B. die öffentlich-rechtlichen Anstalten oder privatwirtschaftliche Anbieter wie RTL, die das Programm zusammenstellen und verantworten. Dabei können sie auf eigenproduziertes oder durch unabhängige *Programmproduzenten* angebotenes sowie auf dem Programmmarkt erhältliches Material zurückgreifen. Unter einem *Sender* versteht man hingegen eine technische Einrichtung, die für die Verbreitung des *Programms* sorgt.

Im Rundfunk wird zwischen Voll-, Sparten- und Fensterprogrammen unterschieden: *Vollprogramme* bieten vielfältige Informationen, Bildung, Beratung und Unterhaltung. *Spartenprogramme* beschränken sich auf ein inhaltlich engeres Spektrum, beispielsweise Nachrichten oder Musik. Sie richten sich in der Regel an bestimmte Zielgruppen. *Regionalprogramme* sind räumlich meist auf eine bestimmte Empfangsregion begrenzt und *Fensterprogramme* sind zeitlich auf wenige Stunden beschränkt und in ein anderes (Voll-)Programm eingebettet.

2 Die Entwicklung des Rundfunks nach 1945

Nach dem Zweiten Weltkrieg verlief die Entwicklung des Rundfunks in Ost- und Westdeutschland gegensätzlich: Während sich in Westdeutschland zunächst nach den Vorgaben der Alliierten der öffentlich-rechtliche Rundfunk und ab Mitte der 80er-Jahre ein „duales System" entwickelten (vgl. 3.), bildete sich in Ostdeutschland ein zentralistischer Staatsrundfunk heraus, der bis 1989 vollständig der Lenkung durch die SED unterlag (vgl. Geserick 1989). Das Modell der öffentlich-rechtlichen

Rundfunkanstalten ist das Ergebnis der Rundfunkpolitik der westlichen Alliierten, insbesondere Großbritanniens (BBC als Vorbild eines öffentlichen, gemeinnützigen und nicht-kommerziellen Rundfunks) und der USA (staatsferne, regionale Struktur) nach 1945 sowie der deutschen Rundfunkpolitik der folgenden Jahrzehnte. Vor dem Hintergrund der Erfahrungen mit dem zentralistischen staatsnahen Rundfunk der Weimarer Republik und dem nationalsozialistischen Propaganda-Rundfunk versuchten die westlichen Alliierten, einen *staatsfernen und föderalen Rundfunk in öffentlicher Verantwortung* aufzubauen, dessen demokratische Aufsichtsinstitutionen Gewähr für ein *pluralistisches Programm* bieten.

Im November 1950 begann das regelmäßige Fernsehversuchsprogramm und am 25. Dezember 1952 das *reguläre Fernsehprogramm*, das 1954 als „Deutsches Fernsehen" Gemeinschaftsprogramm der westdeutschen Rundfunkanstalten wurde. 1967 wurde in Westdeutschland das *Farbfernsehen* nach dem PAL-Verfahren eingeführt, während in der DDR nach der französischen SECAM-Norm gesendet wurde.

Die Ausstrahlung von Rundfunk erfolgte ursprünglich allein über *terrestrische Sender*, später traten *Kabel und Satellit* als Verbreitungstechniken hinzu. Damit sich verschiedene Sender nicht gegenseitig stören, müssen Sendefrequenz und -leistung festgelegt werden. Weil die Ausbreitung der Rundfunkwellen (wie der Satellitenempfang) nicht an Staatsgrenzen Halt macht, bedarf es zur Regulierung aufwändiger internationaler Verhandlungssysteme (*World Administrative Radio Conference*). Die Zunahme terrestrischer Programme verursachte eine Frequenzknappheit, die zunächst durch die Nutzung zusätzlicher UKW-Frequenzen gemildert wurde. Heute bieten Kabelnetze (lokal und regional) sowie Satellitentechnik (national und international) zusätzliche Frequenzen. Via *Direct Broadcasting Satellites* (DBS) ausgestrahlte Programme können seit Mitte der 80er-Jahre von Privathaushalten mittels einer Parabolantenne („Satelliten-Schüssel") direkt empfangen werden. Über die ASTRA-Satelliten können dank digitaler Kompression einige Hundert Fernseh- sowie Hörfunkprogramme verbreitet werden. 1999 wurden 56% der bundesdeutschen Kabelhaushalte über Breitbandkabelnetze, 32% über Satellit und nur noch 12% allein über terrestrische Sender mit Fernsehen versorgt (vgl. ARD 1999: 147).

3 Das „duale Rundfunksystem"

Zentrales Kennzeichen der heutigen Rundfunkstruktur in Deutschland ist das Nebeneinander zweier unterschiedlicher *Organisationstypen* von Rundfunkveranstaltern: Die erste Säule des „dualen Systems" stellen die *öffentlich-rechtlichen Anstalten* dar, die zweite Säule bilden die *privatrechtlich organisierten Hörfunk- und Fernsehveranstalter*, die seit 1984 entstanden sind. Die Etablierung dieses „dualen Systems" war von jahrzehntelangem, parteipolitisch aufgeladenem Streit begleitet, heute kann das System jedoch als allgemein akzeptiert gelten, obwohl sich einige der kritischen Prognosen der Gegner des kommerziellen Rundfunks, etwa die „Erosion der Gemeinwohlorientierung" (vgl. Jarren 1994; Eifert/Hoffmann-Riem 1999: 83) oder der Verlust von Programmqualitäten, als zutreffend erwiesen haben.

Die Grundzüge des „dualen Systems" mit den jeweils spezifischen Regulierungen für den öffentlich-rechtlichen und den privatrechtlichen Rundfunk sind im RfStV von 1991 in der jeweils letzten Fassung (derzeit: Fünfter Rundfunkänderungsstaatsvertrag, in Kraft seit Januar 2001) festgeschrieben.

Der Begriff „dual" suggeriert, dass es sich bei beiden Säulen um gleichartige oder zumindest gleichwertige Bausteine handelt, und der „System"-Begriff suggeriert, dass es sich um das Ergebnis gründlicher, nur an der Lösung von Sachproblemen orientierter Planung handelt. Beides ist beim „dualen Rundfunksystem" nicht der Fall (vgl. Jarren 1997), denn die *Strukturen und die Funktionen der öffentlich-rechtlichen Veranstalter unterscheiden sich grundlegend von denen der privaten.* Verfassungsrechtlich sind die öffentlich-rechtlichen Anstalten mit ihrem *Grundversorgungsauftrag* die Conditio sine qua non für die Existenz zusätzlicher privater Rundfunkangebote. Bundesverfassungsgericht, Landesmediengesetze und RfStV stellen an die Programme der privaten Veranstalter deutlich geringere Ansprüche als an die der öffentlich-rechtlichen Grundversorger. Allerdings muss auch der private Rundfunk „ein möglichst hohes Maß gleichgewichtiger Vielfalt" gewährleisten.

Neben den *Bundesländern* tritt seit Ende der 80er-Jahre verstärkt die *Europäische Union* als gestaltende Kraft im Rundfunk auf. Wesentliche Impulse für die Deregulierung des Rundfunks und die Programmaufsicht (Werbung, Jugendschutz) gehen auf die *Europäische Fernsehrichtlinie* von 1989 und ihre novellierte Fassung von 1997 zurück. Die Europäische Kommission ist wiederholt mit Fragen der Medienkonzentration sowie der Zulässigkeit der Gebührenfinanzierung des öffentlich-rechtlichen Rundfunks (Problem der Beihilfe) befasst gewesen und wird erwartbar an Bedeutung für die künftige Struktur des dualen Rundfunks gewinnen.

3.1 Der öffentlich-rechtliche Rundfunk

3.1.1 Die Organisation des öffentlich-rechtlichen Rundfunks

Rundfunk ist in der Bundesrepublik nach dem Grundgesetz und seiner Interpretation durch das Bundesverfassungsgericht (1. Rundfunkurteil 1961) Angelegenheit der Länder, weil Rundfunk als Kulturgut betrachtet wird. Der Bund besitzt lediglich Kompetenzen für die Rundfunktechnik und den Auslandsrundfunk, weil dieser der Repräsentation des Staatsganzen dient. Jedes Bundesland muss also die gesetzliche Grundlage für die Errichtung einer öffentlich-rechtlichen Rundfunkanstalt schaffen (*Landesrundfunkgesetz*) oder gemeinsam mit anderen Ländern einen *Staatsvertrag über eine gemeinsame Länderundfunkanstalt* schließen.

Auch das bundesweite *Zweite Deutsche Fernsehen* (ZDF) basiert auf einem Staatsvertrag aller 16 Bundesländer. Das ZDF wurde 1961 nach dem Scheitern der Pläne der Bundesregierung unter Adenauer, ein privatrechtlich organisiertes Bundesfernsehen zu errichten, gegründet und nahm seinen Sendebetrieb 1963 auf.

Die von den Westalliierten gegründeten Landesrundfunkanstalten – Bayerischer Rundfunk (BR), Hessischer Rundfunk (HR), Radio Bremen (RB), Süddeutscher Rundfunk (SDR), Nordwestdeutscher Rundfunk (NWDR) und Südwestfunk (SWF) bilden seit 1950 die *Arbeitsgemeinschaft der öffentlich-rechtlichen Rundfunkanstalten der Bundesrepublik Deutschland* (ARD). Hinzu kamen in den 50er-Jahren der Sender Freies Berlin (SFB) und der Saarländische Rundfunk (SR); der NWDR wurde in Norddeutschen Rundfunk (NDR) und Westdeutschen Rundfunk (WDR) geteilt. Die nach der politischen Wende neu gegründeten Anstalten Mitteldeutscher Rundfunk (MDR) und Ostdeutscher Rundfunk Brandenburg (ORB) sowie die Deutsche Welle (DW) gehören ebenfalls zur ARD. 1998 wurden SDR und SWF zu einer Anstalt, dem Südwestrundfunk (SWR) fusioniert, die Fusion von ORB und SFB ist geplant. Außer den 11 Landesrundfunkanstalten der ARD und dem ZDF sind auch die Deutsche Welle und das DeutschlandRadio öffentlich-rechtlich verfasst.

Seit 1962 sendet die *Deutsche Welle* als Rundfunkanstalt des Bundes Hörfunk-Programme für das Ausland, seit 1992 auch ein direkt empfangbares Fernsehprogramm. Die Anstalt wird aus dem Haushalt des Bundes finanziert und hat den gesetzlichen Auftrag, „den Rundfunkteilnehmern im Ausland ein umfassendes Bild des politischen, kulturellen und wirtschaftlichen Lebens in Deutschland [zu] vermitteln, und ihnen die deutschen Auffassungen zu wichtigen Fragen" darzustellen und zu erläutern (vgl. Gesetz über die Rundfunkanstalt des Bundesrechts „Deutsche Welle" v. 16.12.1997).

Das öffentlich-rechtliche *DeutschlandRadio*, 1994 aus Deutschlandfunk, Rundfunk im Amerikanischen Sektor (RIAS) und Deutschlandsender Kultur hervorgegangen, wird von ARD und ZDF gemeinsam getragen.

Im „dualen Rundfunksystem" kommt dem öffentlich-rechtlichen Rundfunk nach wie vor die Aufgabe der *Grundversorgung* zu: Darunter ist nicht nur die technische Vollversorgung der Bevölkerung mit Hörfunk und Fernsehen in Form eines Mindestprogramms gemeint, sondern umfassende *Information, Unterhaltung, Bildung und Beratung*. Die Vielfalt der Meinungen und die umfassende Information der Bürger muss von den öffentlich-rechtlichen Anstalten innerhalb ihres Programms gewährleistet werden (*Binnenpluralismus*).

Um diesen Funktionsauftrag zu erfüllen, darf der öffentlich-rechtliche Rundfunk mehrere Programme veranstalten, alle (neuen) Verbreitungstechniken nutzen und eine ausreichende Finanzierung beanspruchen. Dies ist mit der *Bestands- und Entwicklungsgarantie* gemeint, die dem öffentlich-rechtlichen Rundfunk in den Rundfunkstaatsverträgen seit 1987 eingeräumt wird.

Die *Grundstruktur* der einzelnen *öffentlich-rechtlichen Anstalten* unterscheidet sich nur unwesentlich, denn zur Wahrung der Staatsfreiheit agieren hier *Organe und Gremien der Selbstverwaltung* und der gesellschaftlichen Kontrolle: Der *Intendant* ist für das Programm der Anstalt verantwortlich. Oberstes Organ der Rundfunkanstalt ist jedoch der *Rundfunkrat*, ein Gremium mit Vertretern gesellschaftlich-relevanter Gruppen, die im Auftrage der Allgemeinheit (nicht der entsendenden Korporationen) die Programmgestaltung kontrollieren. Der Rundfunkrat einer Anstalt wählt oder setzt den Intendanten ab und steuert vor allem mit den Mitteln der Personal- und der Haushaltspolitik, während sich die Programmkontrolle auf eine nachträgliche Sanktionierung im Einzelfall beschränkt. Die meisten Rundfunkräte der ARD-Anstalten folgen dem pluralistischen Modell: Etwa zwei Drittel der Mitglieder werden von gesellschaftlich-relevanten Gruppen (die im jeweiligen Landesrundfunkgesetz bzw. Staatsvertrag festgelegt sind) weitgehend autonom bestimmt, die übrigen Vertreter stammen aus der Legislative oder der Exekutive des jeweiligen Bundeslandes. Der Fernsehrat des ZDF ist hingegen nach dem staatlich-politischen Modell aufgebaut: So wird ein hoher Anteil der Mitglieder des ZDF-Fernsehrates direkt von den Parteien und den Ministerpräsidenten delegiert bzw. ausgewählt. Die Größe dieser wichtigsten Aufsichtsgremien reicht von 16 (HR) bis zu 77 Mitgliedern beim ZDF. Es handelt sich um Laiengremien mit dem Anspruch gesellschaftlicher Repräsentanz; kritisiert werden jedoch seit langem die parteipolitische Polarisierung durch die Bildung von „Freundeskreisen" in den Aufsichtgremien und in der Folge der *Proporz* in der Personal- und Programmpolitik.

Drittes Selbstverwaltungsorgan einer Rundfunkanstalt ist der *Verwaltungsrat*, der für die technische und wirtschaftliche Beratung und Kontrolle des Intendanten und seiner Geschäftsführung verantwortlich ist. Es handelt sich um ein sachkundiges Entscheidungsgremium, dessen sechs bis 14 Mitglieder (ZDF) vollständig oder überwiegend vom Rundfunkrat gewählt werden (vgl. Verheugen 1999).

Bei den öffentlich-rechtlichen Rundfunkanstalten handelt es sich um hierarchisch organisierte, konzernartige Großunternehmen mit einer Vielzahl von privatwirtschaftlich arbeitenden Tochterunternehmen und entsprechend hohem Organisations- und Verwaltungsaufwand. Die öffentlich-rechtlichen Rundfunkanstalten beschäftigen derzeit insgesamt schätzungsweise rund 25.000 feste sowie etwa 100.000 freie Mitarbeiter (vgl. Buchwald 1999a: 405); allein der WDR verfügt über 4.350 feste und über 22.000 freie Mitarbeiter.

3.1.2 Die Finanzierung des öffentlich-rechtlichen Rundfunks

Der öffentlich-rechtliche Rundfunk wird ganz überwiegend aus *Gebühren* finanziert, die von allen erhoben werden, die ein Hörfunk- bzw. ein Fernsehempfangsgerät „zum Empfang bereithalten" – also unabhängig davon, ob sie öffentlich-rechtliche Programme nutzen. Einkommensschwache Rundfunkteilnehmer können auf Antrag von der Gebührenpflicht befreit werden. Die Rundfunkgebühr von derzeit 16,15 Euro setzt sich aus einer Grundgebühr für den Hörfunk (5.32 Euro) und ggf. einer Fernsehgebühr zusammen. Sie werden von der Gebühreneinzugszentrale (GEZ) eingezogen, die 2% an die Landesmedienanstalten abführt. DeutschlandRadio und ARTE erhalten jeweils einen Festbetrag, das ZDF rund 36% der Fernsehgebühren.

Die Gebührenhöhe wird in einem aufwändigen politischen Prozess festgesetzt: Zunächst kündigen die Rundfunkanstalten einen begründeten Bedarf an, der von der *Kommission zur Ermittlung des Finanzbedarfs der Rundfunkanstalten* (KEF), einer Gruppe von 16 Sachverständigen, unter Beachtung der Programmautonomie der Anstalten geprüft wird. Die KEF legt den Landesregierungen mindestens alle zwei Jahre einen Bericht mit Empfehlungen vor, auf dessen Grundlage alle 16 Bundesländer einen neuen Rundfunkgebührenstaatsvertrag (Bestandteil des RfStV) aushandeln. Erst wenn dieser von allen Landesparlamenten ratifiziert wurde, tritt die Gebührenerhöhung in Kraft. Die seit 1969 im Abstand weniger Jahre immer wieder notwendige Festsetzung der Rundfunkgebühr stellt ein zentrales rundfunkpolitisches Steuerungsinstrument der Landesparlamente dar.

Die Gebühreneinnahmen der Rundfunkanstalten sind aufgrund der verschieden großen Sende- und Gebühreneinzugsgebiete unterschiedlich hoch; innerhalb der ARD wurde deshalb ein *Finanzausgleich* vereinbart, dessen Nutznießer seit 1954 die kleinen ARD-Anstalten (SFB, RB, SR) waren. Der Finanzausgleich soll schrittweise abgeschafft werden, zumal die unterschiedliche Leistungsfähigkeit der Anstalten bei der Zulieferung zu Gemeinschaftsaufgaben im Fernsehvertrag der ARD berücksichtigt wird.

Als weitere Finanzierungsquellen des öffentlich-rechtlichen Rundfunks sind die *Werbung*, das *Sponsoring* sowie der *Handel mit Programmrechten* zu nennen. Der Rundfunkstaatsvertrag gestattet den öffentlich-rechtlichen Rundfunkveranstaltern die Ausstrahlung von Werbung in eingeschränktem Umfang: Werbung muss in der Regel in Blöcken zwischen den Sendungen eingefügt werden, Sendungen mit mehr als 45 Minuten Dauer dürfen einmal unterbrochen werden. Werbung ist nur im ersten Fernsehprogramm der ARD und im ZDF erlaubt, allerdings nur werktags bis 20 Uhr und in einem Umfang von 20 Minuten pro Tag sowie 12 Minuten pro Stunde. Alle anderen Fernsehprogramme öffentlich-rechtlicher Veranstalter sind werbefrei. Im Hörfunk darf bis zu 90 Minuten täglich geworben werden. Die Programme von DeutschlandRadio werden ausschließlich aus Gebühren und sonstigen Erträgen finanziert, Werbung ist untersagt.

Die Bedeutung der Werbefinanzierung ist seit der Etablierung privater Konkurrenz deutlich zurückgegangen: Die Werbeerlöse machen nur noch zwischen drei und fünf Prozent der Gesamterträge der ARD-Anstalten aus (vgl. Buchwald 1999a: 394). Betrugen beispielsweise die Werbefernsehumsätze von ARD und ZDF 1992 noch rund 1,3 Mrd. DM, so waren es 2000 nur noch etwas mehr als die Hälfte, obwohl der Werbefernsehmarkt insgesamt weiter stark gewachsen ist (vgl. Media Perspektiven Basisdaten 2000: 11 u. 84; Engländer 2001: 293).

Der Wettbewerb zwischen privaten und öffentlich-rechtlichen Anbietern um knappe Programm- und partiell auch Personalressourcen hat eine Kostenexplosion bei den Programmrechten, insbesondere für große Sportveranstaltungen und für Spielfilme, verursacht (vgl. Buchwald 1999b: 638).

3.1.3 Die Programme des öffentlich-rechtlichen Rundfunks

Die Programme der öffentlich-rechtlichen Anstalten unterliegen *Programmgrundsätzen* und *Richtlinien*, z.B. zum Kinder- und Jugendschutz, zur Gewaltdarstellung, zu Werbung und Sponsoring. Diese Richtlinien und Grundsätze werden durch die Gremien der Rundfunkanstalten beschlossen.

3.1.3.1 Die öffentlich-rechtlichen Hörfunkprogramme

Derzeit bieten die öffentlich-rechtlichen Anstalten 55 Hörfunkprogramme an. Mittlerweile verfügen alle Landesrundfunkanstalten über mindestens drei (RB), die meisten über vier bis fünf Programme, von denen einige in länderübergreifender Kooperation (insbesondere Berlin und Brandenburg) angeboten werden. Bei den Mehrländeranstalten NDR und MDR wird das erste Programm in drei *Landeswellen* (für die jeweiligen Bundesländer) gesplittet; in Baden-Württemberg, Rheinland-Pfalz und Bayern sowie in Nordrhein-Westfalen werden stundenweise *regionale bzw. lokale Fensterprogramme* eingeschaltet. Auch die öffentlich-rechtlichen Anstalten verbreiten *Formatradios*, die bestimmte Zielgruppen ansprechen sollen und hierfür eine spezifische Musik- und Informationsmischung sowie einen bestimmten Moderationsstil bieten. Verbreitet sind so genannte melodiebetonte Programme, *Informations- und Servicewellen*, *Kulturprogramme* mit hohem Wortanteil sowie spezielle *Jugendwellen*.

DeutschlandRadio betreibt zwei bundesweit empfangbare, 24-stündige Informations- und Kulturprogramme mit einem Wortanteil von etwa 80%, die laut Staatsvertrag von 1993 „einen objektiven Überblick über das Weltgeschehen, insbesondere ein umfassendes Bild der deutschen Wirklichkeit" sowie das „Geschehen in den Ländern und die kulturelle Vielfalt Deutschlands" vermitteln sollen. Die Deutsche

Welle sendet derzeit ein deutschsprachiges und 34 fremdsprachige Hörfunkprogramme für das Ausland.

3.1.3.2 Die öffentlich-rechtlichen Fernsehprogramme

Das *Gemeinschaftsprogramm der ARD* wird seit 1954 als bundesweites Fernsehvollprogramm mit regionalen Fenstern im Vorabendprogramm ausgestrahlt. Die Landesrundfunkanstalten der ARD gestalten insgesamt acht *„Dritte Fernsehprogramme"*, die seit Mitte der 60er-Jahre aufgebaut wurden und sich von Minderheiten- und Bildungsprogrammen zu Vollprogrammen mit regionaler Orientierung (Nachrichten, Sportberichterstattung) gewandelt haben (vgl. Brosius/Fahr/Vlasic 2000). Es handelt sich meist um 24-Stunden-Programme, die bundesweit via Kabel und Satellit sowie im ARD-Digital-Angebot verbreitet werden.

Das *ZDF* veranstaltet ein bundesweites Fernsehvollprogramm und ist an weiteren Fernsehprogrammen beteiligt: gemeinsam mit der Schweizerischen Radio- und Fernsehgesellschaft (SRG), dem Österreichischen Rundfunk (ORF) und der ARD an *3sat*, paritätisch mit der ARD am Ereignis- und Dokumentationskanal *Phoenix* und dem *Kinderkanal* (KI.KA). Ebenso wie die ARD ist das ZDF mit 25% am deutsch-französischen Gemeinschaftsprogramm *ARTE* (Association Relative à la Télévision Européene) beteiligt, einem in Kooperation mit dem französischen Veranstalter La Sept veranstalteten zweisprachigen Kulturprogramm.

Die *Deutsche Welle* strahlt weltweit DW-tv in deutscher, englischer und spanischer Sprache aus.

3.2 Der privat-rechtliche Rundfunk

3.2.1 Die Organisation des privat-rechtlichen Rundfunks

Die Veranstalter privat-rechtlichen Rundfunks sind *gewinnorientiert arbeitende Unternehmen unterschiedlicher Rechtsformen* und Größe. Die Rechtsgrundlagen privater Rundfunkveranstalter sind das jeweilige *Landesmediengesetz* des lizenzierenden Bundeslandes sowie der *Rundfunkstaatsvertrag der Länder*. Alle privaten Veranstalter benötigen eine *Zulassung* nach Landesrecht und sind hierfür gegenüber den *Landesmedienanstalten* (LMA) zu weitgehenden Auskünften, insbesondere bezüglich der Eigentumsverhältnisse, verpflichtet. In den Mediengesetzen sind ebenso wie im RfStV die *allgemeinen Programmgrundsätze* formuliert und es wird auf journalistische Grundsätze sowie die gesetzlichen Regelungen zum *Jugendschutz* hingewiesen. Der RfStV verpflichtet alle bundesweiten Anbieter zur Ernennung eines Jugendschutzbeauftragten. Für das Programm privater Veranstalter werden *Qualitätsansprüche* formuliert, die aus dem gemeinwohlorientierten Modell des öffentlich-rechtlichen Rundfunks abgeleitet, allerdings deutlich abgeschwächt sind. Der RfStV regelt auch *Werbung und Sponsoring* im privaten Rundfunk weitaus großzügiger als im öffentlich-rechtlichen Programm: Es gibt keine tages- oder wochenzeitlichen Beschränkungen, sondern lediglich eine Begrenzung der Dauer auf 20% der Sendezeit (Spotwerbung: 15%). Statt 20 Minuten täglich dürfen private Veranstalter also bis zu 288 Minuten Werbung senden, jedoch maximal 12 Minuten je Stunde. Festgelegt ist auch, wie häufig Sendungen (je nach deren Dauer und Typ) durch Werbung unterbrochen werden dürfen.

3.2.2 *Die Rundfunkaufsicht für den privat-rechtlichen Rundfunk*

Die Landesmedienanstalten (LMA) sind öffentlich-rechtlich organisierte Anstalten zur staatsfernen, *veranstalterexternen Kontrolle und Förderung* des privaten Rundfunks. Auftrag der LMA sind die Sicherung von Meinungsvielfalt und Jugendschutz, die Einhaltung der Programmgrundsätze und Werberegelungen sowie die Sicherung des diskriminierungsfreien Zugangs zum Rundfunk und den digitalen Technologien. Zu den Zielen der LMA gehörten zunächst vor allem die Lizenzierung, Ansiedlung und Förderung von Veranstaltern im jeweils eigenen Bundesland (*Standortpolitik*). Mittlerweile stehen *Programm- und Marktaufsicht* im Vordergrund. Ziel ist die „vielfaltssichernde Struktursteuerung" (Eifert/Hoffmann-Riem 1999): Die Vielfalt der Meinungen und Informationen soll durch eine relative Vielzahl unterschiedlicher Programme und Programmveranstalter gesichert werden (*Außenpluralismus*).

Die LMA initiieren und finanzieren kommunikationswissenschaftliche Forschungsprojekte, Fortbildungsmaßnahmen sowie Pilotprojekte zur Erprobung neuer Technologien. Ferner organisieren und fördern sie in den meisten Ländern Bürgermedien oder „Offene Kanäle" (vgl. 3.3).

Die Rundfunkaufsicht für den privaten Rundfunk ist durch die Landesmediengesetze *föderal organisiert*. Jedes Bundesland verfügt also über eine eigene Landesmedienanstalt, die für die von ihr lizenzierten Veranstalter zuständig ist; lediglich Berlin und Brandenburg haben eine gemeinsame Landesmedienanstalt.

Alle LMA besitzen zwei Organe: ein *Hauptorgan* in Gestalt einer Versammlung von Vertretern gesellschaftlich-relevanter Gruppen (nach dem Modell der Rundfunkräte) oder eines Rates mit wenigen Mitgliedern. Diese Hauptorgane sind für Grundsatzbeschlüsse, programmbezogene Fragen und die Lizenzfragen sowie Sanktionsmaßnahmen zuständig. Das zweite Organ der LMA ist der Direktor oder ein drei- bis vierköpfiger Vorstand. Diese *Exekutivorgane* besitzen sehr große Macht, zumal sie auf das gesamte Personal der Anstalt zurückgreifen können und ihre Funktion hauptamtlich ausüben. Finanziert werden die LMA durch einen zweiprozentigen Anteil an der Rundfunkgebühr, sodass ihre finanzielle Ausstattung nicht zuletzt aufgrund der regelmäßig steigenden Gebührenhöhe als sehr gut bezeichnet werden kann.

Die föderale Struktur der Rundfunkaufsicht stößt rasch an ihre Grenzen, denn die Veranstalter verstehen es, den Standortwettbewerb der Bundesländer zu nutzen. In der Praxis entscheiden nämlich – entgegen dem Gebot der Staatsferne – die Staatskanzleien über die Lizenzierung mit (vgl. Jarren/Schulz 1999: 131). Notwendig sind deshalb einheitliche Mindestanforderungen hinsichtlich der Programmaufsicht und eine *bundesweite Kooperation* hinsichtlich der Marktaufsicht. Eine gemeinsame Grundlage ist der RfStV, doch ist seine Regelungstiefe für die praktische Tätigkeit der LMA nicht ausreichend. Die LMA haben deshalb eine Reihe *gemeinsamer Richtlinien über Jugendschutz, Werbung und Sponsoring* erlassen und *gemeinsame Stellen* für die Umsetzung dieser Grundsätze in der Programmaufsicht eingerichtet (vgl. Holgersson 1995). Die bundesweite Kooperation der LMA ist mittlerweile in hohem Maße institutionalisiert, u.a. in Gestalt der *Arbeitsgemeinschaft der Landesmedienanstalten* (ALM), der *Konferenz der Direktoren der Landesmedienanstalten* (KDLM) und der *Kommission zur Ermittlung der Konzentration im Medienbereich* (KEK), einer sechsköpfigen Expertengruppe, die jährlich einen Bericht über die Konzentration im Mediensektor sowie über die Kapitalbeteiligungen der Medienkonzerne vorlegt (vgl. KEK 2000). Die LMA müssen die im RfStV vorgesehenen Maßnahmen zur Vielfaltsicherung umsetzen, falls die KEK eine „vorherrschende Meinungsmacht" feststellt. Dies ist der Fall, wenn „die einem Unternehmen zurechenbaren Programme im Durchschnitt eines Jahres einen Zuschaueranteil von 30 vom Hundert" erreichen oder dasselbe Unternehmen auf anderen medienrelevanten Märkten eine marktbeherrschende Stellung hat (*Zuschaumarktanteilsmodell*). Auf den Marktanteil angerechnet werden nur Programme, an denen ein Unternehmen mit mindestens 25% beteiligt ist – mit der Folge, dass bislang (und wohl auf absehbare Zeit) keiner der privaten Fernsehveranstalter die kritische Marktanteilsgrenze überschreitet: Selbst ein Marktführer wie RTL erreicht nicht mehr als 15% im Jahresdurchschnitt (vgl. KEK 2000: 96).

Im Bereich der Konzentrationskontrolle lässt sich daher *Regulierungsversagen* feststellen (vgl. Eifert/Hoffmann-Riem 1999: 88ff.), obwohl die *Unternehmenskonzentration im privaten Rundfunk* (vgl. 3.2.2) ein medienpolitisch schwer wiegendes Problem darstellt, zumal es sich hierbei um eine Erscheinungsform multimedialer (diagonaler) Konzentration handelt (siehe hierzu den Beitrag von Siegert in diesem Band). Springer/Kirch und Bertelsmann verfügen nicht nur über außergewöhnliche ökonomische Macht, sondern auch über erhebliches publizistisches Potenzial in verschiedenen Mediensektoren.

Die Steuerungswirkung der externen Rundfunkaufsicht für den privaten Rundfunk ist aus strukturellen Gründen (eingeschränkte Ermittlungsbefugnisse, unbestimmte Rechtsbegriffe, nachträgliche Programmkontrolle) insgesamt begrenzt. Die LMA verfügen über einen abgestuften Katalog von Sanktionen (von der Beschwerde über Bußgelder bis hin zu zeitweiligem oder endgültigem Lizenzentzug), doch es hat sich ein *informeller Regulierungsstil* herausgebildet.

Geringe Steuerungswirkung weisen auch die erst ansatzweise entwickelten *Selbstkontrollinstitutionen* im privaten Rundfunk auf: Die *Freiwillige Selbstkontrolle Fernsehen* (FSF) beurteilt nach den von der Freiwilligen Selbstkontrolle für den Kinofilm (FSK) entwickelten Jugendschutzkriterien diejenigen fiktionalen Fernsehangebote, die von den Veranstaltern vor der Ausstrahlung freiwillig zur Prüfung eingereicht werden. Ein sehr großer Teil der unter medienethischen und Jugendschutzgesichtspunkten als problematisch einzustufenden Sendungen unterliegen damit keiner institutionalisierten, veranstalterexternen Selbstkontrolle. Die Stellung der staatsvertraglich vorgeschriebenen *Jugendschutzbeauftragten* in den einzelnen Rundfunkunternehmen ist in Anbetracht der Publikumsattraktivität begrenzter Normverstöße und der hierdurch erzielbaren Werbeeinnahmen als eher schwach zu bewerten.

3.2.3 Die Finanzierung des privat-rechtlichen Rundfunks

Fast 90 Prozent der Einnahmen der privaten Hörfunkveranstalter stammen aus der *Werbung* (meist aus bundesweit geschalteter Spot-Werbung). Sponsoring (4,8%) und sonstige Einnahmen sowie Erlöse aus Produktionen sind hingegen nicht bedeutend. Haupteinnahmequelle der kommerziellen Fernsehveranstalter (mit Ausnahme von Pay-TV und Teleshopping) ist mit jährlich rund 7,5 Mrd. DM (Netto-Umsatz 2000) ebenfalls die Werbung. Die Marktführer sind RTL, SAT.1 und Pro7. Die Programme RTL, Sat.1, Pro7 und Kabel 1 erzielen zum Teil hohe Gewinne, während die meisten anderen Programme neben den hohen *Anlaufkosten* (z.B. DSF: 750 Mio., Vox: 700 Mio. DM) weitere Verluste hinnehmen müssen (vgl. Buchwald 1999b: 631; Bourgeois 1999: 442-485). Lokale Anbieter und das Ballungsraumfernsehen erzielen derzeit überwiegend Verluste (vgl. ALM 2000: 317).

Die Einkünfte aus *Sponsoring* werden auf 270 Mio. DM jährlich geschätzt und spielen damit gemessen an den Netto-Werbeumsätzen eine vergleichsweise geringe Rolle (vgl. ALM 2000: 284-285).

Seit 1992 gibt es in Deutschland *Pay-TV*, das seit dem Jahr 2001 vollständig im Besitz der Kirch-Gruppe ist (Premiere World). Die beiden *Teleshopping-Kanäle* finanzieren sich aus Transaktionserlösen, also Provisionen aus dem Verkauf der angepriesenen Waren an ihre rund 2 Mio. Kunden. Die Umsätze werden auf etwa 900 Mio. DM geschätzt (vgl. ALM 2000: 297).

Aufgrund ihres Unternehmensziels (Gewinnmaximierung), des hohen Kapitaleinsatzes in der langwierigen Anlaufphase und der Ertragssituation im privaten Rundfunk müssen die Unternehmen – im Gegensatz zum öffentlich-rechtlichen Rundfunk – besonderen Wert auf betriebliche Effizienz und damit auf die Kostenseite legen. Sie beschäftigen daher vergleichsweise mehr freie Mitarbeiter und weniger Angestellte (derzeit schätzungsweise 12.000; vgl. Buchwald 1999a: 405; Bourgeois 1999: 471 sowie DIW 2000). Die Unternehmen sind also klein, weisen flache Hierarchien auf und können in der Regel flexibel reagieren. Viele Unternehmensbereiche (insbesondere die Programmproduktion) sind ausgegliedert. Vor allem die Zweitverwertungsprogramme greifen in hohem Maße auf preiswertere Programmware, oftmals ältere Serien oder billig zu produzierende Formate zurück, um die Programmkosten zu minimieren.

3.2.4 Die Programme des privat-rechtlichen Rundfunks

3.2.4.1 Die privat-rechtlichen Hörfunkprogramme

In Deutschland werden rund 230 private Hörfunkprogramme verbreitet, davon jedoch nur 16 bundes- und 42 landesweit. Die Hörfunklandschaft unterscheidet sich aufgrund der Landesmediengesetze in den einzelnen Bundesländern erheblich: In den meisten Bundesländern senden ein oder mehrere *landesweite private Hörfunkprogramme*, während in Bayern, Baden-Württemberg, Nordrhein-Westfalen und Sachsen der *private Hörfunk lokal oder regional strukturiert* ist und durch landesweite Programme allenfalls ergänzt wird. Erhebliche ökonomische Probleme der lokalen und regionalen Anbieter waren Auslöser für Gesetzesnovellen und eine deutliche Reduzierung der Anzahl von Lokalradios. Die Vielzahl lokaler und regionaler Anbieter, die insbesondere in Bayern und Baden-Württemberg lizenziert wurden, sollte nach dem Modell des Außenpluralismus Vielfalt sichern. Tatsächlich haben sich neben wenigen branchenfremden Unternehmern (Telefonbuchverleger Oschmann) vor allem die lokalen Zeitungsverleger sowie größere Verlagskonzerne (Springer, Gong-Gruppe, Holtzbrinck mit den „Antenne"-Programmen) engagiert. Es entstanden zahlreiche *Doppelmonopole*. Um die Programmkosten der Lokalradios zu senken, haben viele Veranstalter übergreifende Senderverbünde, so genannte *Networks* (z.B. Radio 7) oder *Syndication-Firmen* (z.B. RUFA) gegründet, die wesentliche Programmteile zuliefern. Die intermediale Vielfaltsicherung und die erhoffte Belebung der lokalen Publizistik ist damit strukturell also keineswegs gesichert.

Die bundesweiten privaten Hörfunkprogramme (z.B. Klassik Radio, Radio Energy, Radio Melodie, RTL Oldiesender) sind in der Regel über Kabel und Satellit empfangbar und verfügen nur in einigen Regionen über zusätzliche terrestrische Frequenzen. Es handelt sich bei ihnen wie bei den meisten privaten Hörfunkprogrammen um *Formatradios*, die ein zielgruppengerechtes Programm nach genau definierten Regeln produzieren. „Musikfarbe", Moderation und alle anderen Gestaltungsmerkmale sind genau aufeinander abgestimmt und folgen im Sendeablauf einer so genannten Programmuhr, die vorgibt, wann welche Art von Musik, Information oder Moderation zu erfolgen hat. Die Musikauswahl erfolgt computergesteuert: Tempo, Lautstärke und Reihenfolge werden senderspezifisch festgelegt. Die aus den USA importierte Formatierung hat in Deutschland trotz der starken Zunahme an Programmen nicht zu einer Steigerung programmlicher Vielfalt geführt: Die meisten der 137 Formatradios folgen dem „Adult Contemporary"- oder dem Contemporary Hit Radio-Schema (vgl. ALM 2000: 419 sowie zum Formatradio grundlegend: Goldhammer 1995).

3.2.4.2 Die privat-rechtlichen Fernsehprogramme

In Deutschland senden rund 150 private Fernsehanbieter, doch unterscheiden sich diese ganz erheblich hinsichtlich ihrer Programme (Voll-, Sparten- Fensterprogramme), ihrer technischen und publizistischen Reichweiten (bundesweit, landesweit, regional oder lokal) sowie ihrer wirtschaftlichen Situation.

Im Jahr 2001 waren per Kabel und Satellit sowie in Teilgebieten auch terrestrisch insgesamt 22 bundesweite private Fernsehprogramme empfangbar, darunter sechs *Vollprogramme* (SAT.1, RTL, Pro 7, Kabel 1, RTL 2 und Vox) und 12 *Spartenprogramme*: fünf Musikkanäle (VIVA, VIVA 2, VH-1, MTV, Onyx), zwei Sportprogramme (DSF, Eurosport), drei Informations- und Nachrichtenprogramme (n-tv, N-24, Bloomberg TV), zwei Unterhaltungskanäle (tm3, Super RTL), ein Regionalprogramm (B.TV-Württemberg), zwei *Teleshopping-Kanäle* (H.O.T, Q.V.C.) sowie das *Pay-TV* Premiere World (vgl. ALM 2000: 232).

Seit Ende der 90er-Jahre herrscht im privaten Fernsehen ein *Duopol aus zwei Senderfamilien*, die großen deutschen Multimediakonzernen gehören (vgl. KEK 2000: 97-168): Die von der *Bertelsmann AG* und der CLT-UFA betriebene RTL-Familie mit dem Vollprogramm RTL und die *Kirch-Gruppe* mit dem Vollprogramm SAT.1. Um diese beiden, Mitte der 80er-Jahre gestarteten bundesweiten Fernsehvollprogramme gruppieren sich „Zweitverwertungsprogramme" sowie einige Spartenkanäle. Als *Zweitverwertungskanäle*, in denen Sendungen aus den Hauptprogrammen wiederholt werden, sind insbesondere RTL 2 und Kabel 1 zu nennen. Zur Kirch-Familie zählt die Pro 7 AG, zu der wiederum der Nachrichtensender N-24 gehört. Die Kirch-Senderfamilie (SAT.1, Kabel 1, Pro 7, N-24) wird durch einen weiteren Spartenkanal, das Deutsche Sport Fernsehen (DSF), Engagements im Ballungsraumfernsehen (München, Berlin, Hamburg) sowie das einzige deutsche Pay-TV Premiere World ergänzt. Kennzeichnend für die Kirch-Gruppe ist neben dieser horizontalen Diversifikation die vertikale Integration: Kirchs Stammgeschäft und der Schlüssel zum Erfolg im privaten Fernsehen ist der Handel mit Programmrechten. Auf dem Programmmarkt verfügt Kirch über einen sehr großen Bestand an Spielfilmen, Serien und Kinderprogrammen (rund 64.000 Programmstunden), internationale Sportrechte (Formel 1, Fußball) sowie diverse eigene Produktionsfirmen und sehr gute internationale Kontakte (insbesondere zu Berlusconis Mediaset). Nahezu die Hälfte des Konzernumsatzes von 4 Mrd. DM (1999) werden durch Produktion und Rechtehandel erzielt (vgl. Röper 2001: 10-16). Hinzu kommen – über Pro 7 – eine eigene Nachrichtenagentur (ADN/ddp) und über den Axel-Springer-Verlag Anteile an der Presse. Insbesondere die Boulevard- und die Programmpresse eignen sich dazu, „Synergien" durch Crossmedia-Marketing zu erzeugen. Allerdings laufen seit 2002 Insolvenzverfahren für wesentliche Teile der Kirch-Gruppe.

Die Marktstruktur mit den auf dem Publikums- und dem Werbemarkt gut eingeführten Sendefamilien sowie die Dominanz von Kirch und Bertelsmann auf dem Programmbeschaffungsmarkt, dessen Preisniveau weiter steigt, macht die Etablierung unabhängiger Vollprogramme de facto unmöglich. Die großen Senderfamilien sowie einige Spartenprogramme sind in Deutschland im Besitz von *Verlagsunternehmen* (Bertelsmann, WAZ, Springer), während das Engagement von branchenfremdem sowie ausländischem Kapital äußerst begrenzt ist. Dies gilt auch für Spartenprogramme wie das seit 1992 sendende Nachrichten- und Wirtschaftsfernsehen n-tv, an dem neben dem amerikanischen Medienkonzern AOL-Time Warner (über den CNN-Betreiber Turner) der Verlagskonzern Holtzbrinck (über seine Handelsblatt-Gruppe) beteiligt ist; Anteile an Super RTL hält der Disney-Konzern.

Durch eine „Platzbesetzungsstrategie" (und darin tatkräftig durch die öffentlich-rechtlichen Anbieter unterstützt) hinsichtlich der begrenzten Kabelkapazitäten ist es dem Duopol gelungen, sich auf dem Markt zu stabilisieren. Allenfalls in einigen Nischen können sich Spartenprogramme wie die Musikkanäle behaupten. Bei diesen Programmen, die überwiegend aus Werbung (für die Musik) bestehen, dürften Effekte des Crossmedia-Marketings eine ausschlaggebende Rolle spielen. Mit Home Order Television (H.O.T.) und Q.V.C. konnten sich in den letzten Jahren zwei Teleshopping-Veranstalter etablieren.

Neben den Veranstaltern von Voll- und Spartenprogrammen haben sich in der Bundesrepublik drei Anbieter von *Fensterprogrammen* etablieren können: DCTP (Alexander Kluge) bietet insbesondere die TV-Ableger der Qualitätspresse (Spiegel-TV, Stern-TV, Süddeutsche TV sowie Format NZZ), Kanal 4 und PRIBAG veranstalten andere Fensterprogramme, die aufgrund medienrechtlicher Vorgaben in den Vollprogrammen von RTL, SAT.1 und VOX zur Sicherung der Meinungs- und Informationsvielfalt durch unabhängige Programmveranstalter zu gestalten sind.

Darüber hinaus gibt es in Deutschland etwa 50 *lokale und regionale Fernsehveranstalter*, die entweder regionale Programmfenster (bei SAT.1 und RTL) ausstrahlen oder *Ballungsraumfernsehen* (in 12 Städten und Regionen) veranstalten. Diese mittelständischen Unternehmen sind zum Teil in Besitz regionaler Zeitungsverleger; das Ballungsraumfernsehen ist jedoch ökonomisch bislang nicht erfolgreich.

Die Programme der privaten Fernsehveranstalter – und als Folge einer fragwürdigen Programmpolitik tendenziell auch die von ARD und ZDF (Konvergenzthese) – weisen eine starke *Unterhaltungsorientierung* auf. Während der Anteil der Informationssendungen bei den öffentlich-rechtlichen mit über 47% (im Jahre 1999) deutlich über dem Informationsanteil von RTL (39%) oder gar von Kabel 1 (5,1%) liegt, wächst doch insgesamt der Anteil fiktionaler und nicht-fiktionaler Unterhaltung (vgl. Weiß/Trebbe 2000).

3.3 Nichtkommerzieller Rundfunk: Offene Kanäle, Bürger- und Hochschulfunk

Um die Partizipationsmöglichkeiten der Bürger im lokalen Bereich zu erhöhen, gab es seit der Zulassung privatrechtlichen Rundfunks Bestrebungen, statt eines dualen ein triales Rundfunksystem aufzubauen: Als bislang allenfalls rudimentäre „dritte Säule" fungieren nicht-kommerzielle Rundfunkanbieter und -programme. In den Kabelpilotprojekten initiiert und in einigen Landesmediengesetzen vorgesehene „Offene Kanäle" (OK) verfolgen das Ziel, den Bürgern einen direkten und aktiven Zugang zu Hörfunk und Fernsehen zu verschaffen. Die OK werden direkt oder indirekt (über Vereine) durch die Landesmedienanstalten finanziert, die meist auch Räume, Technik und schulendes Personal stellen. Es handelt sich letztlich also um gebührenfinanzierten Rundfunk.

Im September 2000 gab es in Deutschland 76 offene Kanäle mit sehr heterogenen Programmen, die professionellen Standards und den Hör- und Sehgewohnheiten des Publikums oftmals nicht entsprechen. Offene Fernsehkanäle werden ausschließlich in Kabelnetzen verbreitet (technische Reichweite: 6 Mio. Haushalte), offene Hörfunkkanäle sind häufig auch per UKW-Frequenz empfangbar (vgl. ALM 2000: 622ff.). Die hoch gesteckten politischen Erwartungen an diese Bürgermedien wurden nicht erfüllt, sodass über ihre Abschaffung oder Umwandlung diskutiert wird. Auch der nordrhein-westfälische Bürgerfunk (2-stündige Programmfenster im Lokalfunk), die bundesweit rund 40 *nicht-kommerziellen Radios* und die etwa 10 *Hochschulradios* (z.B. Mephisto, Leipzig) haben bislang in Deutschland keine publizistische Bedeutung erlangt, die mit den Community oder den University Radios in den USA zu vergleichen wäre (siehe auch Schaubild 1).

3.4 Fernseh- und Radiotext

Seit 1980 bieten ARD und ZDF Videotext an, der 1990 in den Regelbetrieb übernommen wurde. Auch die dritten Programme der ARD sowie SAT.1, RTL, RTL 2, Vox, Pro 7, Kabel 1 und n-tv veranstalten Fernsehtexte, die den privaten Veranstaltern zusätzliche Werbeeinnahmen von 76,5 Mio. DM einbringen (vgl. ALM 2000: 300-302). Die Angebote umfassen mehrere Hundert so genannte Tafeln (Bildschirmseiten mit bis zu vier Unterseiten), die in der Austastlücke des Fernsehsignals übertragen und per Fernbedienung aufgerufen werden können. Die Tafeln enthalten neben programmbegleitenden Informationen und der Videotextuntertitelung für Hörgeschädigte vor allem Nachrichten sowie Sport-, Wetter- und Wirtschaftsinformationen.

Auch im Hörfunk können zusätzliche Text- und Dateninformationen übertragen werden. Das RadioDatenSystem (RDS) wird zur Übermittlung der Senderkennung, für Wetter- und Verkehrsinformationen sowie als Werbeträger eingesetzt.

3.5 Digitaler Rundfunk

3.5.1 Digitaler Hörfunk

Digital Audio Broadcasting (DAB) bietet neben verbesserter Klang- und Empfangsqualität vor allem frequenzökonomische Vorteile. Seit 1996 wurden DAB-Pilot-

Schaubild 1
Grundstrukturen des deutschen Rundfunksystems

Rechtsgrundlagen	Grundgesetz (Art. 5) Rundfunkurteile des Bundesverfassungsgerichts Rundfunkstaatsvertrag		
	Landesrundfunkgesetze Staatsverträge		Landesmediengesetze
Funktionsprinzip	Binnenpluralismus	Außenpluralismus	(kosten)freier Zugang
Organisationsform	öffentlich-rechtlicher Rundfunk	privat-rechtlicher Rundfunk	offener Kanal
Organisationsziel	Grundversorgung, Kostendeckung	Gewinnmaximierung, gleichgewichtige Vielfalt	Verbreitung eigener Beiträge durch Bürger
Finanzierung	Rundfunkgebühr Werbung Sponsoring sonstige Erlöse (Bund: Deutsche Welle)	Werbung Sponsoring sonstige Erlöse Entgelte (Pay-TV)	Rundfunkgebühr (über die LMA) Eigenleistungen der Programmanbieter
Programme	Hörfunk 55 regionale (ARD) 2 bundesweite (DR) 35 internationale (DW) Fernsehen 8 regionale („Dritte"/ ARD) 2 bundesweite (ARD, ZDF) 4 Spartenprogramme Auslandsfernsehen (DW)	Hörfunk 172 lokale oder regionale 42 landesweite 16 bundesweite Fernsehen 6 bundesweite Voll-Progr. 12 Sparten-, 1 Regional-, 2 Teleshopping-, 1 Pay-TV 12 Ballungsraumfernsehen	40 nicht-kommerzielle Radios Bürgerfunk NRW (lokale Fenster) 10 Hochschulradios 76 offene Kanäle
Rundfunkaufsicht	Rundfunk- bzw. Fernsehrat und Verwaltungsrat	Landesmedienanstalten, ALM, KDLM, KEK, FSF	Landesmedienanstalt

projekte durch die EU gefördert; derzeit wird DAB flächendeckend eingeführt (vgl. ALM 2000: 472-479). Digitale Hörfunkprogramme werden erfolgreich über das ASTRA-Satellitensystem verbreitet, während die Telekom die 1989 begonnenen Versuche zum Digitalen Satelliten Rundfunk (DSR) 1999 mangels Hörerinteresse einstellen musste. Im terrestrischen Rundfunk soll DAB die bisherige UKW-Technik voraussichtlich bis zum Jahre 2010 ablösen.

Viele Hörfunkanbieter sind mittlerweile nicht mehr nur mit Image- und Programminformationen im *WorldWideWeb* vertreten, sondern verbreiten Hörfunkprogramme oder Programmbestandteile über das Internet-Protokoll (TCP/IP). Das WWW ist damit so etwas wie ein digitaler Weltempfänger geworden, der es zudem erlaubt, Spezialprogramme auch für sehr kleine Zielgruppen ökonomisch erfolgreich zu verbreiten.

3.5.2 Digitales Fernsehen

Digitales Fernsehen (Digital Video Broadcasting, DVB) wurde Ende 1999 bereits von 1,3 Mio. Fernsehhaushalten über Satellit (40%) oder Kabel (60%) empfangen. Der ASTRA-Satellit bietet 117 digitale Fernsehprogramme, Eutelsat sogar 150. In den Breitbandkabelnetzen der Telekom stehen 13 Kanäle für digitales Fernsehen zur Verfügung, auf denen insgesamt 81 Fernseh-, 25 Hörfunk sowie sieben Teleshopping-Programme oder Teledienste verteilt werden können. Die terrestrische Ausstrahlung von digitalem Fernsehen wird derzeit erprobt, voraussichtlich soll im Jahre 2010 die analoge Technik vollständig durch digitalen Rundfunk ersetzt werden (vgl. ALM 2000: 290-296).

ARD und ZDF verbreiten *digitales Bouquets* (ARD-Digital, ZDF.vision), die ganz überwiegend vorhandene Programmressourcen zeitversetzt oder nach Sparten neu gebündelt verwerten. Von privater Seite sind vor allem das Pay-TV Premiere World, das mehrere Kabelkanäle mit seinen sieben verschiedenen Programmpaketen füllt, sowie Special-Interest-Programme von MSG zu nennen (vgl. ALM 2000: 236-237; Breunig 2000; Paukens/Schümchen 2000).

II Audiovisuelle Speichermedien

1 Film

Trotz des Aufstiegs des Fernsehens zum wichtigsten audiovisuellen Medium hat der Kinofilm als ältestes Bewegtbildmedium überlebt, und zwar nicht nur als Programmressource für das Fernsehen, sondern als Teil einer *Verwertungskette*, die noch immer im Kino ihren Anfang nimmt. Anschließend erfolgt die Auswertung in Pay-per-View, Pay-TV, Video, werbefinanzierten oder öffentlich-rechtlichen Fernsehprogrammen.

Kennzeichnend für das Medium Film und die seit Beginn anhaltende gesellschaftliche und kulturkritische Diskussion ist die grundlegende Spannung zwischen *Film als Kunst und als Geschäft*. Diese beiden Pole sind Ausgangspunkt zahlreicher Filmtheorien sowie medienpolitischer Debatten, z.B. über die staatliche Filmförderung. Eine Vielzahl deutscher Filmproduktionen ist nur aufgrund *staatlicher Filmförderung* sowie der Kofinanzierung und *Koproduktion mit Fernsehanbietern*, insbesondere den öffentlich-rechtlichen Anstalten, möglich. Der Kunst- und Autorenfilm könnte ohne diese Maßnahmen neben dem publikumsattraktiven Unterhaltungskino nicht bestehen. Mit der *Freiwilligen Selbstkontrolle für den Kinofilm* (FSK) besteht eine vergleichsweise wirksame Selbstregulierungsinstitution, die insbesondere der Einhaltung des Jugendschutzes Rechnung trägt.

Unterschieden wird beim Film grundsätzlich zwischen den Produktionsstufen *Produktion, Verleih/Vertrieb und Abspiel.* Film ist ein kapitalintensives und riskantes Geschäft, was den Marktzutritt erschwert und zu einem hohen Grad an *Konzentration* auf allen Produktionsstufen geführt hat. Das deutsche Kinogeschäft wird ebenso wie die internationale Filmindustrie insgesamt von der Filmproduktion der großen, industriell arbeitenden Hollywood-Studios dominiert. Ihr Marktanteil beträgt in Deutschland rund 80%, während es die heimischen Produkte im mittelfristigen Durchschnitt nur auf etwa 10% Marktanteil bringen. Die Kinolandschaft wird immer stärker durch Kinoketten und Multiplexe geprägt, die 1999 schon über ein Drittel der Besuche und Umsätze auf sich vereinigten (vgl. Media Perspektiven Basisdaten 2000: 62-63). Die Anzahl der Kinos und der Sitzplätze sowie der Kinobesuch sind trotz des wachsenden Medienangebotes stabil bzw. leicht zunehmend (vgl. Neckermann 2000: 410).

2 Video, DVD und PVR

In Deutschland verfügen knapp zwei Drittel der Haushalte über einen Videorekorder (62,7%), womit eine Marktsättigung erreicht scheint. Im Vordergrund steht nicht das *zeitversetzte Fernsehen*, sondern die Nutzung von *Miet- und Kaufkassetten*. Allerdings sind die Zahl und der Umsatz der *Videotheken* stark rückläufig (vgl. Media Perspektiven Basisdaten 2000: 64). Offenbar handelt es sich bei Video (und DVD) um ein Übergangsmedium, das durch die Zunahme des Pay-TV und künftig vermutlich auch des Pay-per-View weiter an Bedeutung verlieren wird.

Die analoge Magnetbandaufzeichnung (Video) wird mittlerweile ergänzt und möglicherweise ersetzt durch die *Digital Versatile Disc* (DVD), die verbesserte Aufzeichnungs- und Wiedergabequalität, längere Haltbarkeit, höhere Aufzeichnungskapazität (z.B. für mehrsprachige Versionen, Untertitel und Zusatzinformationen) und selektiven Zugriff auf bestimmte Sequenzen bietet. Der digitale *Festplattenvideorekorder* (Personal Video Recorder, PVR) erlaubt eine längere Aufzeichnungsdauer (30 Stunden), die genrespezifische Programmierung und aktive Suche (z.B. über elektronische Suchprogramme) und vor allem das gleichzeitige Aufzeichnen und Abspielen.

III Online-Medien: Das World Wide Web als Medium öffentlicher Kommunikation

Zunehmende Bedeutung im System elektronischer Medien hat in den vergangenen Jahren das Internet, ein weltweiter Verbund von Computernetzen, erlangt. Dabei handelt es sich jedoch nicht um *ein* Medium, sondern um eine *technische Plattform* (TCP/IP), auf der sehr unterschiedliche Kommunikationsformen und Medien basieren. Das Internet muss also als *Hybridmedium* begriffen werden, das neben interpersonaler Kommunikation, Gruppen- und Organisationskommunikation auch öffentliche Kommunikation, vor allem mittels des *World Wide Web* (WWW) ermöglicht.

Dieser Dienst erlaubt den individuellen, hoch selektiven Abruf (Pull-Medium) von für die Allgemeinheit bereitgestellten *Hypermedia*-Dokumenten, die Texte, Töne, Steh- und Bewegtbilder enthalten können (vgl. dazu den Beitrag von Rössler in diesem Band).

Seit 1997 gibt es spezielle medienrechtliche Grundlagen für die Kommunikation in Computernetzen: den *Mediendienstestaatsvertrag der Länder* (MDStV) für rundfunkähnliche Dienste sowie das *Informations- und Kommunikationsdienste-Gesetz* (IuKDG) für die Teledienste. Beide Gesetzeswerke beruhen auf einer fragwürdigen Trennung von Formen der Online-Kommunikation, die vor allem den Kompetenzstreitigkeiten von Bund (Telekommunikation; IuKDG) und Ländern (Rundfunk; MDStV) geschuldet ist. Geregelt wird insbesondere, wer für den Inhalt von Angeboten verantwortlich ist. Zur Überprüfung der gesetzlichen Auflagen, vor allem des Jugendschutzes, wurde mit *jugendschutz.net* eine gemeinsame Behörde der Länder eingerichtet, und die Anbieter haben eine gesetzlich vorgesehene, aber weitgehend wirkungslose Selbstkontrolleinrichtung (*Freiwillige Selbstkontrolle Multimedia*) gegründet. International reguliert werden technische Standards sowie die Vergabe von Domain-Namen (Top Level Domains wie .de, .com). Hierbei haben sich Formen der *nicht-staatlichen Expertenregulierung* herausgebildet, wie beispielsweise die Internet Corporation for Assigned Names and Numbers (ICANN). Die deutschen Internet-Provider haben für die Vergabe von Domainnamen eine Genossenschaft (Denic) gegründet.

Wenige große kommerzielle Provider, wie der Marktführer T-Online, verfügen über sehr hohe Marktanteile, sodass sich ein *Konzentrationsprozess* abzeichnet (T-Online: 6,53 Mio. Teilnehmer, AOL/Compuserve 2,5 Mio.; Stand 2000). Zugleich handelt es sich bei der Frage nach dem *Zugang* zur Online-Kommunikation jedoch um eine medienpolitisch entscheidende Frage für die Partizipation in der „Informationsgesellschaft”. Onlinedienste (AOL, T-Online etc.) sind nicht nur Access und Service Provider, sondern zugleich bedeutende *Content Provider* (vertikale Integration).

Grundsätzlich kann jeder, der über die (im Vergleich zur Massenkommunikation geringen) ökonomischen, technologischen und kognitiven Kompetenzen verfügt, zum Inhalteanbieter im WWW werden. Im Gegensatz zum Rundfunk finden sich im WWW deshalb nicht nur professionelle Kommunikatoren, etwa aus dem Bereich der klassischen Print- und Rundfunkmedien, sondern zahlreiche Organisationen und Institutionen, die dort PR, Werbung oder Online-Handel (Electronic Commerce) betreiben. Hinzu kommen private Anbieter mit persönlichen Homepages. Strategische Bedeutung erlangen kommerzielle Betreiber von *Netzkatalogen, Suchmaschinen und Portalen*, die den Nutzern bei der Selektion und „Navigation” im Netz helfen (bzw. dies zumindest glaubwürdig versprechen).

Literatur

ALM (2000): Arbeitsgemeinschaft der Landesmedienanstalten in der Bundesrepublik Deutschland (Hrsg.): Privater Rundfunk in Deutschland 1999/2000. Jahrbuch der Landesmedienanstalten. München.

ARD (1999): ABC der ARD. Hrsg. von der Arbeitsgemeinschaft der öffentlich-rechtlichen Rundfunkanstalten der Bundesrepublik Deutschland (ARD). Baden-Baden.

ARD (2000): ARD-Jahrbuch 2000. Hrsg. von der Arbeitsgemeinschaft der öffentlich-rechtlichen Rundfunkanstalten der Bundesrepublik Deutschland (ARD). Hamburg.

Bourgeois, Isabel (1999): Privatrechtliches Fernsehen. In: Schwarzkopf, Dietrich (Hrsg.): Rundfunkpolitik in Deutschland. Wettbewerb und Öffentlichkeit. Bd. 1. München, S. 436-502.

Breunig, Christian (2000): Programmbouquets im digitalen Fernsehen. In: Media Perspektiven, Nr. 9, S. 378-394.

Brosius, Hand-Bernd/Fahr, Andreas/Vlasic, Andreas (2000): Die Dritten Programme der ARD. Entwicklung, Angebotsstruktur und Nutzung. Berlin.

Buchwald, Manfred (1999a): Öffentlich-rechtlicher Rundfunk: Institutionen – Auftrag – Programme. In: Schwarzkopf, Dietrich (Hrsg.): Rundfunkpolitik in Deutschland. Wettbewerb und Öffentlichkeit. Bd. 1. München, S. 316-407.

Buchwald, Manfred (1999b): Fernsehen im Wettbewerb. In: Schwarzkopf, Dietrich (Hrsg.): Rundfunkpolitik in Deutschland. Wettbewerb und Öffentlichkeit. Bd. 2. München, S. 615-642.

DIW (2000): Beschäftigte und wirtschaftliche Lage des Rundfunks in Deutschland 1997/98. Studie im Auftrag des Deutschen Institut für Wirtschaftsforschung (DIW) in Kooperation mit dem Hans-Bredow-Institut und der Arbeitgruppe Kommunikationsforschung München (AKM). Berlin.

Eifert, Martin/Hoffmann-Riem, Wolfgang (1999): Die Entstehung und Ausgestaltung des dualen Rundfunksystems. In: Schwarzkopf, Dietrich (Hrsg.): Rundfunkpolitik in Deutschland. Wettbewerb und Öffentlichkeit. Bd. 1. München, S. 50-116.

Engländer, Julia (2001): Der Werbemarkt 2000. In: Media Perspektiven, Nr. 6, S. 290-297.

Geserick, Rolf (1989): 40 Jahre Presse, Rundfunk und Kommunikationspolitik in der DDR. München.

Goldhammer, Klaus (1995): Formatradio in Deutschland. Konzepte, Techniken und Hintergründe der Programmgestaltung von Hörfunkstationen. Berlin.

Holgersson, Silke (1995): Fernsehen ohne Kontrolle? Zur Aufsichtspraxis der Landesmedienanstalten in den Bereichen Jugendschutz und Werbung. Opladen.

Jarren, Otfried (Hrsg.) (1994): Medienwandel – Gesellschaftswandel? 10 Jahre dualer Rundfunk in Deutschland: eine Bilanz. Berlin.

Jarren, Otfried (1997): Rundfunk und Rundfunkregulierung in Deutschland – Probleme, Defizite und Zukunftsaufgaben. In: Schatz, Heribert/Jarren, Otfried/Knaup, Bettina (Hrsg.): Machtkonzentration in der Multimediagesellschaft? Opladen, S. 203-215.

Jarren, Otfried/Schulz, Wolfgang (1999): Rundfunkaufsicht zwischen Gemeinwohlsicherung und Wirtschaftsförderung. In: Schwarzkopf, Dietrich (Hrsg.): Rundfunkpolitik in Deutschland. Wettbewerb und Öffentlichkeit. Bd. 1. München, S. 117-148.

KEK (2000): Jahresbericht der Kommission zur Ermittlung der Konzentration im Medienbereich (KEK). Berichtszeitraum 1. Juli 1999 bis 30. Juni 2000. Potsdam 2000.

Neckermann, Gerhard (2000): Kinobranche im Umbruch. In: Media Perspektiven, Nr. 9, S. 406-413.

Paukens, Hans/Schümchen, Andreas (2000): Digitales Fernsehen in Deutschland. Explorative Studie zur Entwicklung digitaler Pay-TV-Angebote. München.

Röper, Horst (2001): Formationen deutscher Medienmultis 1999/2000. In: Media Perspektiven, Nr. 1, S. 2-30.

Stuiber, Heinz-Werner (1998): Medien in Deutschland. Bd. 2: Rundfunk. 2 Teile. Konstanz.

Verheugen, Günter (1999): Wesen und Wirken der Rundfunk-Gremien in Deutschland. In: Berg, Hans Joachim (Hrsg.): Rundfunkgremien in Deutschland. Namen, Organe, Institutionen. Berlin, S. 115-130.

Weiß, Hans-Jürgen/Trebbe, Joachim (2000): Fernsehen in Deutschland 1998 – 1999: Programmstrukturen, Programminhalte, Programmentwicklungen. Berlin 2000.

Die Medienstruktur Österreichs

Thomas Steinmaurer

1 Einleitung

Die Medienstruktur Österreichs stellt sich schon auf den ersten Blick in vielerlei Hinsicht als ein Sonderfall dar. Einerseits ergibt sich das aus dem kleinstaatlichen Charakter des Landes mit seiner Anbindung an einen größeren gleichsprachigen Nachbarn, deren wesentliche Kennzeichen in der Abhängigkeit, Ressourcenknappheit, der Marktgröße und im Korporatismus zu finden sind. (Vgl. Fabris 1991) Andererseits verhielt sich die Medienpolitik über weite Strecken bestenfalls reaktiv und überließ anderen Akteuren, wie dem Verfassungsgerichtshof oder den Medien selbst, die Rolle einer aktiven Gestaltungskraft. Besonders im Rundfunksektor konnte sich die Medienpolitik sehr lange nicht dazu durchringen, ein duales System zu implementieren. Erst im Jahr 2001 wurde die vom Europäischen Gerichtshof für Menschenrechte 1993 eingemahnte Marktöffnung auch für das Fernsehen gesetzlich verankert. Im Printmediensektor haben sich dagegen die strukturellen Besonderheiten in den letzten Jahren sogar noch verschärft. Die für Europa beispiellos starke Pressekonzentration wird nicht nur durch eine sehr hohe Beteiligung bundesdeutscher Verlage getragen, sondern hat über den Tageszeitungsmarkt hinaus jüngst auch den Zeitschriftenmarkt erfasst.

Nach vielen Jahren der Verzögerung von Reformen erfolgten schließlich 2001 eine Reihe von gesetzlichen Neuregelungen im Rundfunksektor (ORF-Gesetz, Privatfernsehgesetz) und im Regulierungsbereich. Einer sich weiter verschärfenden Pressekonzentration konnte dagegen kein Einhalt geboten werden. Die historische Genese und Struktur für die Bereiche der Printmedien und des Rundfunks werden im Folgenden nachgezeichnet.

2 Presse

2.1 Historische Entwicklung

2.1.1 Phasen der österreichischen Pressegeschichte

Die Geschichte der Presse beginnt in Österreich mit dem Jahr 1621, als in Wien die ersten wöchentlichen „Ordinari Zeitungen" erschienen. Nach dieser ersten Phase der „reglementierten und zensierten Presse" (1621-1848) setzte die Entwicklung hin zur modernen Presse (1848-1918) ein. Daran anschließend lassen sich die weiteren zeitlichen Verläufe mit der Phase der Presseentwicklung innerhalb der „Ersten Republik" (1919-1933) und durch die im Ständestaat und im „Dritten Reich" (1934-1945)

Ich bedanke mich besonders bei meinem wissenschaftlichen Mitarbeiter Günther Brandstetter für Recherchen, die grafische und tabellarische Aufbereitung sowie diverse Berechnungen. Prof. Michael Schmolke danke ich für wertvolle Hinweise und Anregungen. Eine ausführliche Darstellung zur österreichischen Medienstruktur ist bei Steinmaurer (2002) zu finden.

erfolgten Einschnitte markieren. (Vgl. Schmolke 1995: 219-222) Die daran anschließende Zeitspanne des Wiederaufbaus und der Konsolidierung von 1945 bis in die Gegenwart soll nun näher beleuchtet werden.

2.1.2 Die Nachkriegsentwicklung

In der unmittelbaren Nachkriegszeit, als ein Mangel an Papier und kaum ausgebaute Vertriebsnetze die Produktionsbedingungen für Zeitungen und Zeitschriften noch stark einschränkten, war die Herausgabe einer Tageszeitung in der „Stunde Null" (Geretschlaeger 1998: 39) zunächst an die Erlaubnis der Besatzungsmächte in Form einer Lizenz bzw. eines „Permits" gebunden. (Vgl. Harmat 1999) Als erste Zeitung erschien im besetzten Österreich das ›Neue Österreich‹, ein „Dreiparteienblatt" (ÖVP, SPÖ, KPÖ) erstmals am 25. April 1945. Es folgten Zeitungen der Parteien (so z.B. die ›Arbeiter-Zeitung‹ der SPÖ) sowie weitere Titel der Besatzungsmächte (allen voran der sehr populäre ›Wiener Kurier‹ der Amerikaner) und erste, wenn auch zunächst unter alliierter Kontrolle herausgegebene parteiunabhängige Titel in Westösterreich. Darunter waren die ›Salzburger Nachrichten‹, die in Linz erscheinenden ›Oberösterreichischen Nachrichten‹ sowie die ›Tiroler Tageszeitung‹ mit Sitz in Innsbruck. Letztere wurden aber schon nach wenigen Wochen den österreichischen Eigentümern übertragen und stellten, wie im Fall der ›Salzburger Nachrichten‹, ein „Korrektiv zur Hauptstadtpresse" dar. In Wien erschien ab 1946 wieder das bürgerliche Traditionsblatt ›Die Presse‹, zunächst als Wochenzeitung und ab Oktober 1948 als Tageszeitung. (Vgl. Geretschlaeger 1998: 39) Insgesamt führte die für die unmittelbare Nachkriegszeit typische Angebots- und Nachfragedynamik auf dem Pressesektor schon Ende 1946 zu einer täglichen Druckauflage von 2,5 Mio. Exemplaren mit 36 publizistischen Einheiten. Pürer sieht die Phase des Wiederaufbaus mit dem Jahr 1949 als beendet an, als sowohl unabhängige wie parteigebundene Blätter, nicht zuletzt aufgrund einer „zurückhaltenden Berichterstattung" den Alliierten gegenüber, ihre „verlegerische und redaktionelle Autonomie" erhielten. (Vgl. Pürer 1990: 2)

Anschließend an diese erste Nachkriegsphase des Wiederaufbaus setzte in der Presselandschaft, die Anfang der Fünfzigerjahre aus Besatzungszeitungen, Parteiblättern und unabhängigen Blättern bestand, ein Konsolidierungs- und Konzentrationsprozess ein, der eine „erste Anpassung der Pressestruktur an Marktbedingungen" (Melischek/Seethaler 1999: 101) zur Folge hatte. Als Österreich im Jahr 1955 seine Unabhängigkeit wieder gewann, waren die Zeitungstitel der Besatzungsmächte entweder eingestellt oder an österreichische Eigentümer übergeben worden und in der Metropole Wien – gegenüber den Bundesländern – ein durch Vielfalt geprägter Tageszeitungsmarkt entstanden.

Die journalistische Kultur, die insbesondere im ›Wiener Kurier‹ der Amerikaner gepflegt wurde und ab Mitte der Fünfzigerjahre im unabhängigen ›Neuen Kurier‹ (ab 18. Oktober 1954) eine Fortsetzung fand, blieb in der Folge nicht ohne Einfluss auf die österreichische Zeitungskultur. Die Boulevardpresse begann allmählich in einem überaus hart geführten Konkurrenzkampf zu einem bestimmenden Faktor in der österreichischen Zeitungslandschaft zu werden. Zusätzlich führte der nunmehr einsetzende Konzentrationsprozess zu einem beträchtlichen Rückgang der Titelanzahl, bei steigender Auflage der verbliebenen Zeitungen, wobei insbesondere die

Parteizeitungen langsam vom Markt verdrängt wurden. Ihr Anteil an der Gesamtdruckauflage lag 1953 noch bei 50%, fiel 1971 auf nur noch rund 20% und hielt 1988 bei rd. 12%. (Vgl. Pürer 1990: 2ff.) Melischek und Seethaler sehen in dieser Zeit eine erste kritische Phase, in der „neben einer deutlichen Bewegung am Wiener Tageszeitungsmarkt [...] bereits eine bundesweite Umstrukturierung eingeleitet [wurde, d. Verf.], die einerseits in ökonomisch bedingten Umwandlungen von Parteiblättern der Bundesländer zu Ausgaben der Wiener ‚Zentralorgane' besteht und andererseits durch Gründung neuer Ausgaben der Wiener Parteizeitungen in den Bundesländern zu einer stärkeren Vernetzung mit der Metropole führt". (Melischek/Seethaler 1999: 117f.)

Die für Österreich einmalige „Erfolgsgeschichte" der 1959 wiedergegründeten ›[Neuen] Kronen-Zeitung‹ setzte Anfang der Siebzigerjahre ein, als sich das Boulevardblatt 1971 erstmals den Spitzenplatz mit einem Marktanteil von knapp 29% erkämpfte und diesen Rang in den folgenden 25 Jahren auf bis zu 43% (2000) ausbaute. (Vgl. Bruck/Melcher-Smejkal 1993) Mitte der Achtzigerjahre (1984) entfielen auf die zehn unabhängigen Tageszeitungen 83% und auf die acht verbleibenden Parteizeitungen 17%, bei einer Auflage von insgesamt 2,7 Mio. Exemplaren, wovon alleine die ›Neue Kronen-Zeitung‹ nicht weniger als 36,4% bestritt. (Vgl. Pürer 1990: 6ff.) Damit lag die ›Neue Kronen-Zeitung‹ unangefochten an der Spitze und dominierte nicht nur wirtschaftlich, sondern auch publizistisch den österreichischen Printmedien- bzw. Meinungsmarkt. Sie gehört mit ihrer überproportional hohen Reichweite bezogen auf die Gesamtbevölkerung zu den größten Tageszeitungen der Welt.

Im Sektor der Tageszeitungen war insbesondere zwischen 1967 und 1972 ein besonderer Konzentrationsdruck zu verzeichnen, da alleine in diesen sechs Jahren nicht weniger als fünf Titel ihr Erscheinen einstellen mussten. Dieses Zeitungssterben ging v.a. auch mit der zunehmenden Marktdurchdringung der beiden Boulevardzeitungen ›Kurier‹ und ›Neue Kronen-Zeitung‹ einher, die von Wien aus immer stärker in den Westen Österreichs zu expandieren begannen, ohne die jeweiligen starken Bundesländerblätter verdrängen zu können. Eine 1975 eingeführte Bundespresseförderung wurde zunächst sowohl wirtschaftlich stabilen wie instabilen Blättern gleichermaßen zugesprochen und ab 1984 durch eine zusätzliche „besondere Förderung" in z.T. nicht unbeträchtlichem Ausmaß für finanzschwache Titel mit besonderer Bedeutung für die politische Meinungsbildung ergänzt. (Vgl. Pürer 1990) Eine in Planung befindliche Reform der Presseförderung, die mit einem neuen Dreisäulenmodell die bislang oft kritisierte und ineffiziente Form der Förderung ablösen soll (vgl. Schmolke 1991), sieht eine Vertriebsförderung, eine operative Förderung sowie eine Struktur- und Innovationsförderung vor. (Vgl. Trappel 1998)

2.1.3 Die Presseentwicklung in den Achtziger- und Neunzigerjahren

Eine weitere Phase mit merklichen Veränderungen auf dem wirtschaftlich instabilen Printmedienmarkt setzte 1987 ein, als trotz staatlicher Förderungsmittel weitere Parteizeitungen eingestellt werden mussten und sich drei Tageszeitungen von ihren Parteien lösten und unabhängig wurden. Heute existieren noch drei tagesaktuelle Parteizeitungen in Österreich: die ›Salzburger Volkszeitung‹ und das Linzer ›Neue Volksblatt‹ der ÖVP sowie die ›Neue Kärntner Tageszeitung‹ der SPÖ. Insgesamt bestritten die Parteizeitungen, die im Vergleich zu anderen europäischen Ländern

Schaubild 1
Entwicklung der Druckauflage (Durchschnitt pro Tag) und publizistischen Einheiten 1946 bis 2001

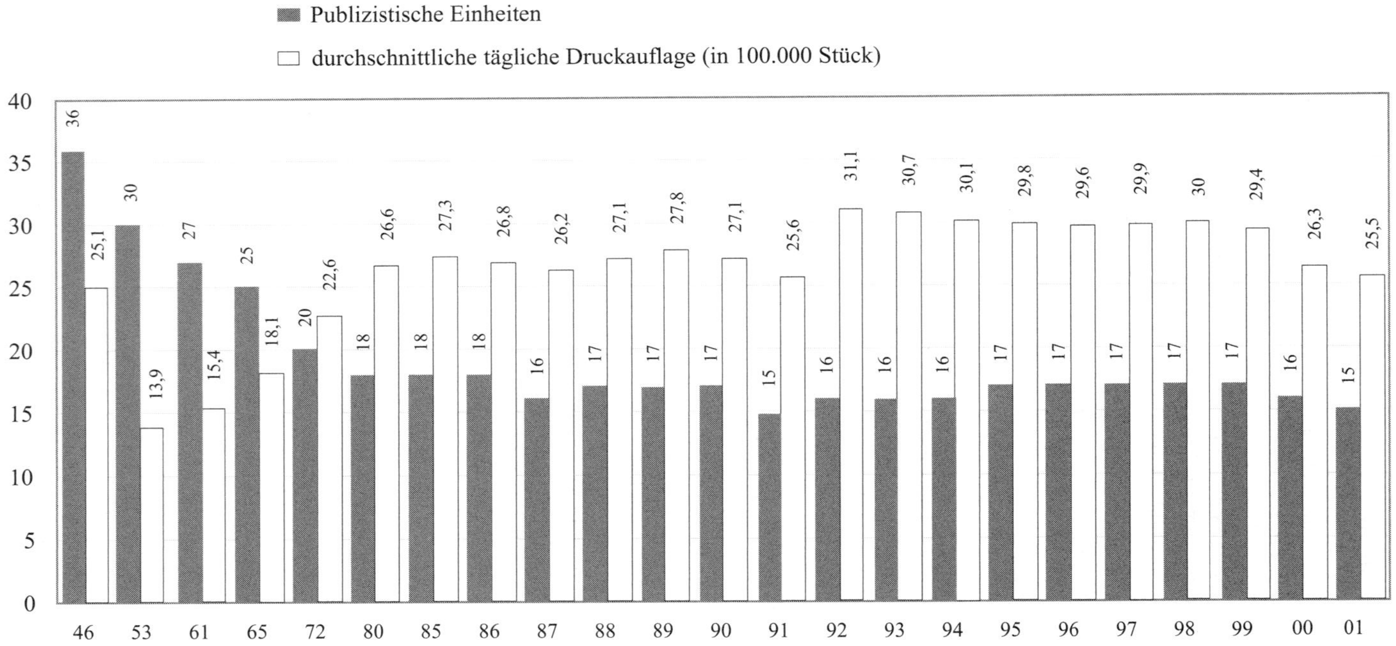

Quelle: Pressehandbuch 1986 bis 2001; Österreichische Auflagenkontrolle 4. Quartal 1994 und 1995 sowie 1. Quartal 2001; Pürer, Heinz: Praktischer Journalismus in Zeitung, Radio und Fernsehen, 1996, S. 418; MEDIACOM:PASS 1999 bis 2001; MA 1990 bis 2000; eigene Berechnungen (Summe Druckauflage der Erscheinungstage pro Woche dividiert durch die Anzahl der Erscheinungstage pro Woche).
1994 und 1995 – Daten 4. Quartal. 2001 – Daten 1. Quartal. Die ›Neue Zeit‹ wurde am 29.4.2001 eingestellt und ist daher in den Berechnungen für 2001 nicht mehr enthalten. Von Tageszeitungen, die nicht Mitglied der Österreichische Auflagenkontrolle sind, erfolgte die Schätzung der Druckauflage auf Basis der Reichweite laut Media-Analyse.

erst relativ spät vom Markt verdrängt wurden, 2000 nur noch einen Anteil von 2,5% der Gesamtdruckauflage.

Zu strukturell nachhaltigen Veränderungen auf dem österreichischen Tageszeitungsmarkt kam es Ende der Achtzigerjahre, als große bundesdeutsche Verlage, allen voran der Verlag der Essener ›Westdeutschen Allgemeinen Zeitung‹ (WAZ), damit begannen, sich am österreichischen Tageszeitungsmarkt zu beteiligen. In einem ersten Schritt erwarb die WAZ 1987 für den Betrag von 116 Mio. □ 45% (heute 50%) der Anteile an der ›Neuen Kronen-Zeitung‹ und ein Jahr danach ebenso 45% (heute 49,4%) an der zweitgrößten Zeitung, dem ›Kurier‹. (Vgl. Bruck/Melcher-Smejkal 1993: 74f.) Gemeinsam gründeten 1988 schließlich beide Zeitungen das Tochterunternehmen „Mediaprint", das seit Juli 1988 Druck, Vertrieb und Anzeigenakquisition dieser beiden führenden Tageszeitungstitel abwickelt. Mit der als „Elefantenhochzeit" bezeichneten Gründung der Mediaprint entstand der größte Printmedienverbund Österreichs, der unter seinem Dach auch Beteiligungen an einer Reihe von Zeitschriften (z.B. ›profil‹, ›trend‹) hält und an weiteren Druckunternehmen in Österreich beteiligt ist. „1996 kontrollierte dieser Medienkonzern auf der Produktionsstufe Druck 54% und auf der Produktionsstufe Vertrieb 51% des österreichischen Tagespressemarktes." (Melischek/Seethaler 1999: 133) Bezeichnend für die Situation in Österreich ist die Tatsache, dass die Gründung der Mediaprint bewusst noch vor einer geplanten Verschärfung des Kartellgesetzes (1994) durchgeführt wurde. Dieses medienpolitisch wichtige Instrument zur Verhinderung von Monopolstellungen wurde allerdings auch im Zuge einer späteren Expansionsphase im Bereich des Zeitschriftensektors von der (Medien)Politik abermals nicht dazu eingesetzt, um gegen die im europäischen Vergleich äußerst bedenkliche Verflechtungs- und Konzentrationsstruktur entsprechende Schritte zu unternehmen.

Nachdem nun im Jahr 1988 die WAZ ihren Einstieg am österreichischen Printmedienmarkt vollzogen hatte, folgten dieser Expansionsstrategie weitere Konzerne aus der Bundesrepublik Deutschland. Neben dem Markteintritt von Bertelsmann an der seit März 1989 erscheinenden TV-Beilage ›Tele‹ ermöglichte der Springer-Konzern die Neugründung der Qualitätszeitung ›Der Standard‹ (19. Oktober 1988) und übernahm 1989 zunächst 45% und 1991 65% am Bundesländerblatt ›Tiroler Tageszeitung‹. (Vgl. Pürer 1990; Bruck/Melcher-Smejkal 1993) Der Springer-Konzern trennte sich im Mai 1995 wieder von seinen Anteilen beim ›Standard‹, der 1998 den Verlag der ›Süddeutschen Zeitung‹ für eine Kooperation gewinnen konnte. Eine weitere Neugründung im Tageszeitungssektor erfolgte 1995 mithilfe des Engagements des schwedischen Bonnier-Konzerns am thematisch fokussierten ›Wirtschaftsblatt‹. Legt man die Beteiligung ausländischer Medienkonzerne anteilig auf die Druckauflage um, entfielen im Jahr 2000 27,3% der Gesamtdruckauflage auf die WAZ, 2,9% auf Springer, 2,2% auf den Verlag der Süddeutschen Zeitung und 1,1% auf den schwedischen Bonnier-Konzern.

Nicht zuletzt als Reaktion auf die von außen erfolgten Markteintritte kam es auch zu innerösterreichischen Kooperationen und Innovationen. So starteten im März 1989 die ›Salzburger Nachrichten‹ eine Bundesländerausgabe, und in Vorarlberg, dem westlichsten Bundesland, übernahmen ein Jahr später die ›Vorarlberger Nachrichten‹ 74% der kleineren ›Neuen Vorarlberger Tageszeitung‹ vom Grazer Styria-Konzern. Der erwarb wiederum im November 1991 51% und im Dezember 1999 die

Tabelle 1
Wichtigste Beteiligungen ausländischer Medienkonzerne auf dem österreichischen Medienmarkt

WAZ-Verlag	50% Neue Kronen-Zeitung
	49,4% Kurier
Springer-Verlag	65% Tiroler Tageszeitung
Bertelsmann	25% Tele
Süddeutsche Zeitung-Verlag	49% Standard
	74% Wirtschaftsverlag
	100% Ueberreuter Verlag
Bonnier	50% Wirtschaftsblatt
Gruner & Jahr	52,5% Verlagsgruppe News
Passauer Neue Presse	100% Oberösterreichischer Landesverlag
Bohmann	80% Verlag Radda+Dressler
Deutscher Fachverlag	100% Manstein Verlag
Gong-Verlag	49% Metro-Verlag

Quelle: Pürer (1990), eigene Recherchen, Stand Februar 2002

restlichen 49% am bürgerlichen Traditionsblatt ›Die Presse‹, die mit dem unmittelbaren Mitbewerber, dem ›Standard‹, auf dem Qualitätszeitungssektor in Konkurrenz steht. Ein zunächst deutliches Zeichen auf dem Boulevardmarkt setzte der ehemalige Mitherausgeber der ›Neuen Kronen-Zeitung‹ Kurt Falk, der mit Mitteln aus der WAZ-Beteiligung am 5. April 1992 die vierfarbige Tageszeitung ›Täglich Alles‹ gründete. Dieses Blatt versuchte v.a. mit einer aggressiven Preispolitik und betont boulevardesken Inhalten als Konkurrent zum Marktleader ›Neue Kronen-Zeitung‹ auf dem Markt Fuß zu fassen, musste aber nach mehreren Rückschlägen am 12. August 2000 eingestellt werden. Am 19. März 2001 kam schließlich auf dem Wiener Markt die Gratis-Tageszeitung ›U-Express‹ aus dem Haus ›Kronen-Zeitung‹ auf den Markt, die vorwiegend in U-Bahn-Stationen verteilt wird. Insgesamt stellt sich die Struktur des österreichischen Tageszeitungsmarktes Ende 2001 mit 15 publizistischen Einheiten (ohne ›U-Express‹) – auch im europäischen Kontext – als ein Markt mit geringer Vielfalt dar, auf dem laut Expertenmeinungen nur einige wenige Titel wirtschaftlich prosperieren.

2.1.4 Konzentrationstendenzen

Insgesamt wurden während der Phase der Zweiten Republik in Österreich 66 publizistische Einheiten gegründet und bis zum Jahr 2001 53 eingestellt. (Vgl. Melischek/Seethaler 1999: 115) Wien verfügt gegenwärtig mit sechs Tageszeitungen (gegenüber neun bis elf in den 50er- und 60er-Jahren) über die größte Titelvielfalt. Der Verlauf der gesamten Titel-Entwicklung zeigt drei kritische Phasen: unmittelbar nach Ende der Besatzungszeit, am Beginn der 70er-Jahre sowie Ende/Anfang der 80er-/90er-Jahre. „Mit Hilfe [einer] Äquivalenzzahl[1] [für Pressekonzentration, der Verf.] lässt sich sagen, dass die Konzentration bei den 1952 bzw. 1956 bestehenden

1 Melischek/Seethaler (1999) ziehen dafür die in der einschlägigen Forschung bewährten Maßzahlen der Konzentrationsrate und den Herfindahl-Hirschman-Index heran.

29-30 publizistischen Einheiten etwa so groß ist wie die Konzentration wäre, wenn es nur 16 gäbe, die über gleiche Anteile verfügten. Danach sinkt die Äquivalenzzahl kontinuierlich und erreicht 1971 einen seitdem nur noch gering unterschrittenen Wert, der jedoch den alarmierenden Zustand kennzeichnet, als ob kaum mehr als 5 publizistische Einheiten mit gleichen Anteilen vorhanden wären!" (Melischek/Seethaler 1999: 53f.)

Tabelle 2
Druckauflagen österreichischer Tageszeitungen 2000[1]

	durchschnittliche Auflage Montag bis Samstag (durchschnittliche Gesamtauflage in Tausend: 2.419)
Neue Kronen-Zeitung	1.035
Kleine Zeitung	293
Kurier	263
O.Ö. Nachrichten	132
Die Presse	126
Tiroler Tageszeitung	117
Der Standard	116
Salzburger Nachrichten	104
Vorarlberger Nachrichten	73
Wirtschaftsblatt	56
Neues Volksblatt (ÖVP)*	30
Wiener Zeitung*	25
Neue Kärntner Tageszeitung (SPÖ)*	23
Neue Vorarlberger Tageszeitung	14
Salzburger Volkszeitung (ÖVP)	12

Quelle: VÖZ, ÖAK.
** Verlagsangaben; ›Wiener Zeitung‹ Montag bis Freitag; ›Täglich Alles‹ wurde am 12.08.2000, die ›Neue Zeit‹ am 29.04.2001 eingestellt. Der ›U-Express‹ ist in dieser Aufzählung nicht berücksichtigt.*

In den 90er-Jahren liegen die Konzentrationsraten fast doppelt so hoch wie die Vergleichswerte für die Bundesrepublik Deutschland. Schon 1991 entfielen auf die Mediaprint 52% der Umsatzanteile, gefolgt vom Styria-Verlag (›Kleine Zeitung‹, ›Die Presse‹) mit 18%. Der Marktanteil lag für die Mediaprint in diesem Jahr bei 58% und jener der Styria bei 13%. Die marktspezifischen Kennwerte zur Pressekonzentration zeigen, dass – auch im Vergleich zu anderen Märkten – „Österreich schon Mitte der 60er Jahre zu jenen europäischen Ländern [zählte], deren Tagespressemarkt von einem hohen Grad an ökonomischer Konzentration gekennzeichnet war. Als Folge eines vergleichsweise besonders rasch fortschreitenden Konzentrationsprozesses weisen neuere Studien [...] Österreich zu Beginn der neunziger Jahre schließlich eine Spitzenstellung in Europa zu: bezogen auf den Marktanteil (nach Auflagen) der zwei größten ökonomischen Einheiten nur noch übertroffen von Irland [mit 75% vor 68% für Österreich], bezogen auf den Marktanteil des Marktleaders [54,5% für Österreich und 51% für Irland] sogar an erster Stelle." (Melischeck/Seethaler 1999: 134) Dieser Befund muss nach der nunmehr erfolgten Einstellung zweier weiterer Titel – nämlich von ›Täglich Alles‹ und ›Neuer Zeit‹ – als umso drastischer eingeschätzt werden.

Schaubild 2
Reichweiten österreichischer Tageszeitungen: 2001 (in %)

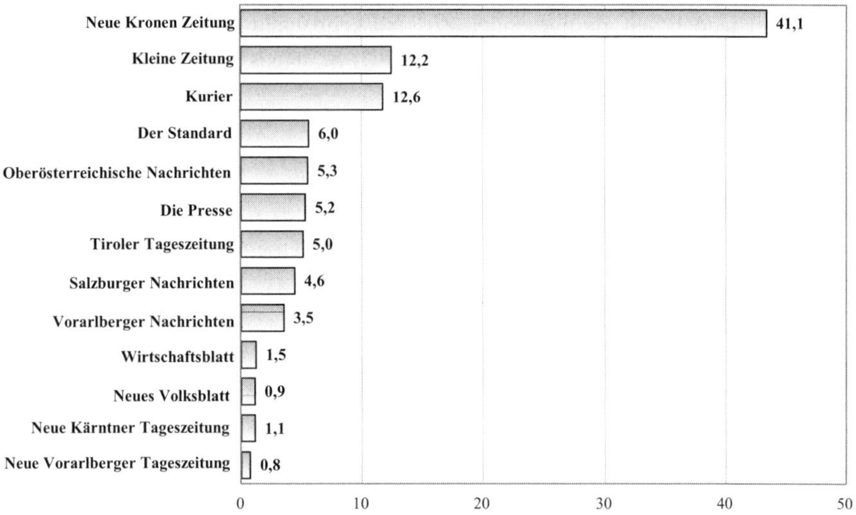

Keine Reichweitenerhebung für die ›Wiener Zeitung‹, und die ›Salzburger Volkszeitung‹
Quelle: MA 2001

2.2 Wochenzeitungen und Magazine

Auf dem Gebiet der Wochenzeitungen liegen in Österreich besondere Stärken auf Bundesländerebene. Die größten Anbieter innerhalb dieses Sektors sind die in 28 Ausgaben erscheinenden ›Niederösterreichischen Nachrichten‹ (NÖN), die ›Oberösterreichische Rundschau‹ (OÖR) mit 13 Ausgaben und einer Sonntags-Gratisausgabe sowie die in fünf Ausgaben vorliegende ›Salzburger Woche‹ als Beilage der ›Salzburger Nachrichten‹. Insgesamt entwickelte sich die Titelanzahl in den letzten zehn Jahren leicht ansteigend und hält derzeit bei rund 160 Einheiten, wobei in den letzten Jahren zusätzlich die wochenblattähnlichen Gratisblätter – wie etwa in den Bundesländern Salzburg und Burgenland – stark zugelegt haben. (Vgl. Geretschlaeger 1998)

Durch die Entwicklungen auf dem Magazinmarkt hat sich gerade in der jüngsten Vergangenheit, die über die Jahre in Österreich auf dem Tageszeitungssektor eingetretene Pressekonzentration noch weiter zugespitzt. War über lange Jahre hinweg der österreichische Markt im General-Interest-Sektor von bundesdeutschen Titeln mitversorgt worden, konnten erstmals in den Siebzigerjahren die von Oscar Bronner gegründeten Titel ›profil‹, ein typisches Nachrichtenmagazin nach dem Vorbild von ›Newsweek‹ oder ›Spiegel‹, und das Wirtschaftsmagazin ›trend‹ der Marktdominanz deutscher Verlage genuin österreichische Produkte erfolgreich gegenüberstellen. Es sollte auch nicht lange dauern, bis österreichische Produkte in den jeweiligen Special-Interest-Sparten erfolgreich Fuß fassen konnten. (Vgl. Geretschlaeger 1998: 11) Eine neue Phase der Marktentwicklung setzte Mitte der Achtzigerjahre mit der

Gründung der Illustrierten ›Die ganze Woche‹ ein, die mit einem sehr boulevardesken Konzept in kurzer Zeit einen großen Markterfolg erzielen konnte und im Jahr 2000 auf knapp 20% Reichweite kam.

Auf dem Magazinsektor führten schließlich die Neugründungen der „Verlagsgruppe News" zu nachhaltigen Veränderungen. Mit der am 15. Oktober 1992 erstmals erschienenen Nachrichtenillustrierten ›News‹, die durch eine Beteiligung des Springer-Konzerns am Unternehmen im Ausmaß von 50% möglich wurde, begann sich eine neue Form des Magazinjournalismus, die von Kritikern als „Fernsehen zum Umblättern" bezeichnet wurde, zu etablieren und marktdominant zu werden. Im November 1995 kam im gleichen Verlag die TV-Programmzeitschrift ›tv-media‹ heraus. Im März 1998 beteiligte sich schließlich, nach dem völligen Rückzug des Springer-Verlags, mehrheitlich der größte deutsche Zeitschriftenverlag „Gruner & Jahr" mit zunächst 75% an der „Verlagsgruppe News". Bald folgte das Nachrichtenmagazin ›Format‹, das als Konkurrenzprodukt zum lang eingeführten ›profil‹ erstmals am 5. Oktober 1998 erschien. Bezogen auf die Reichweite dominieren die Titel des Verlags der Brüder Fellner den Markt: Im Jahr 2001 führten die Zeitschrift ›News‹ mit 19,3% und das ›tv-media‹ mit 16,7% klar die Reichweitenliste an, dahinter lag das ›profil‹ mit 9,4% und mit 7,1% das ›Format‹.

Nach einer weiteren Neulancierung eines Titels im Jahr 2000, dem ›E-Media‹, kam es schließlich am 4. September 2000 zu einer umstrittenen wirtschaftlichen Kooperation zwischen News-Gruppe und ›profil‹ und damit zu einer Verbindung von Mediaprint-Gruppe und News-Gruppe, in denen sich jeweils verschiedene verlegerische Interessen bündeln. Über die News-Beteiligungsgesellschaft mbH halten nunmehr Gruner & Jahr errechnete 52,5% und die Gebrüder Fellner 17,5% an der Verlagsgruppe News. Die restlichen 30% besitzt die Zeitschriften Verlagsbeteiligungs-AG (ZVB) des Kurier-Konzerns. (Vgl. Steinmaurer 2002) Damit gingen auch die WAZ-Gruppe und der Bertelsmann Konzern auf ihrem österreichischen Operationsfeld engere Kooperationen ein. Der von vielen kritisierte Zusammenschluss wurde vom Kartellgericht nur unter den Auflagen einer Bestandsgarantie für das Magazin ›profil‹ bis 2006 und der Wahrung der redaktionellen Unabhängigkeit genehmigt. Von Kritikern wurde diese Kooperation zu Recht als eine weitere unzumutbare Verschärfung der Marktmacht des damit entstandenen Medienverbunds bewertet.

3 Rundfunk

3.1 Frühgeschichte des Rundfunks in Österreich

Die Geschichte des institutionell verankerten Rundfunks beginnt in Österreich im Jahre 1924, als am 1. Oktober die „Radio-Verkehrs-AG", kurz RAVAG, den Betrieb eines Radiosenders aufnahm. Nach einer ersten Aufschwungphase in den Zwanzigerjahren geriet der Rundfunk allerdings zusehends in Regierungsabhängigkeit und wurde immer wieder in die innenpolitischen Wirren mit hineingezogen. So wurde etwa im Jahr 1934 im Zuge eines Putschversuchs illegaler Nationalsozialisten, bei dem der Bundeskanzler Engelbert Dollfuß ermordet wurde, auch das Funkhaus der RAVAG für einige Stunden von Putschisten besetzt gehalten. Mit dem Anschluss Österreichs an Hitler-Deutschland im Jahr 1938 wurde die RAVAG der „Reichsrundfunkgesellschaft" eingegliedert, wobei die Sender Salzburg und Innsbruck dem

Reichssender München und der Sender Vorarlberg dem Reichssender Stuttgart unterstellt wurden. Die Zentrale in Wien meldete sich noch am Tage des Anschlusses, am 12. März 1938, als „Deutsch-österreichischer Rundfunk" und bildete als solche im Status eines Reichssenders die ostmärkische Außenstelle der Reichsrundfunkgesellschaft. (Vgl. Steinmaurer 2000)

3.2 Die Nachkriegsentwicklung

Die nach dem Krieg einsetzende Phase des Wiederaufbaus führte für den Rundfunk aufgrund der Unterteilung Österreichs in vier Besatzungszonen zunächst zu einer Aufgliederung in vier Sendergruppen. Die Besatzungsmächte versuchten dabei mit unterschiedlichen Konzepten den im Kompetenzbereich der öffentlichen Verwaltung stehenden Rundfunk nach ihren medienpolitischen Zielen auszurichten. Vorarlberg und Tirol bildeten unter französischer Besatzung die „Sendergruppe West", die Bundesländer Salzburg und Oberösterreich wurden vom amerikanischen Sender „Rot-Weiß-Rot" versorgt, Steiermark und Kärnten wurden unter französischer Besatzung zur „Sendergruppe Alpenland" zusammengefasst und „Radio Wien", das als einziger Sender tatsächlich der „öffentlichen Verwaltung" unterstand, wurde von den Sowjets mit den Mitteln einer Zensur- und Interventionspolitik gelenkt. Kurz vor Ende der Besatzungszeit kam es 1954 zu einer Rezentralisierung des Rundfunks, die im Vorfeld von Wien gegen die Interessen einiger Bundesländer höchstgerichtlich durchgefochten wurde. Damit wurde der Rundfunk, anders als in der Bundesrepublik Deutschland, wieder zur Bundessache erklärt. In der Folge setzte die Rückgabe der ersten Sender an das damalige „österreichische Rundspruchwesen" ein.

Nach dem Abzug der Alliierten und nachdem Österreich die Unabhängigkeit erlangt hatte, wurde der Ausbau eines UKW-Netzes vorangetrieben und am 1. August 1955 der Start eines Fernsehversuchsprogramms gefeiert. Zwei Jahre danach ging am 1. Januar 1957 das Versuchsprogramm in einen regelmäßigen Betrieb über. Institutionell wurde das Rundspruchwesen im selben Jahr in die „Österreichische Rundfunk Gesellschaft mbH" eingebracht. Die streng nach dem politischen Proporzsystem ausgerichtete Besetzung der leitenden Positionen führte in der Folge allerdings sehr rasch zu starken strukturellen Mängeln in den Leitungsstrukturen, die sich nicht zuletzt in der mangelnden Qualität des Programms und in einer wachsenden Unzufriedenheit des Publikums niederschlugen.

3.3 Der Österreichische Rundfunk und seine Reformierung

Da sich die angesprochenen Strukturschwächen des Rundfunks nicht durch Reformen von innen lösen ließen, strengten parteiunabhängige Tages- und Wochenzeitungen ein Rundfunk-Volksbegehren an, dessen Ziel eine Stärkung der Unabhängigkeit des Rundfunks im Sinne einer Entpolitisierung war. Es mag allerdings auch den Printmedien daran gelegen haben, die schnell wachsenden Medien Hörfunk und Fernsehen in ihren Möglichkeiten der Erwirtschaftung von Werbeeinnahmen eingeschränkt zu sehen. Das 1964 durchgeführte und erste Volksbegehren der Zweiten Republik erbrachte rund 830.000 Unterstützungserklärungen und führte schließlich 1966 zu einem neuen Rundfunkgesetz. Diese erste Rundfunkreform des nunmehr als „ORF" bezeichneten Österreichischen Rundfunks (GmbH) schuf mit der Neustrukturierung der Organisation die Position eines Generalintendanten mit sehr umfassenden Entscheidungsbefugnissen. Es brachte auf der Ebene des Programms die Festlegung auf zwei eigenständige Fernseh- und drei Hörfunkprogramme und eine Ausweitung des Informationsanteils.

Eine 1974 durchgeführte zweite große Reform führte wieder zu einem stärker von Gremien geleiteten Rundfunk und zu einer Änderung der Rechtsform von einer GmbH in eine Anstalt öffentlichen Rechts. Die beiden damals beschlossenen Gesetze bildeten in der Folge für eine lange Zeitspanne die rechtliche Grundlage der Rundfunkstruktur Österreichs: Das „Bundesverfassungsgesetz über die Sicherung der Unabhängigkeit des Rundfunks" definierte die öffentliche Aufgabe des Rundfunks und schrieb die Grundprinzipen der Objektivität, Unparteilichkeit der Berichterstattung, die Berücksichtigung der Meinungsvielfalt und Ausgewogenheit der Programme sowie auch die Zuständigkeit des Bundes fest. Das „Bundesgesetz über die Aufgaben und Einrichtungen des Österreichischen Rundfunks" regelte die Struktur sowie die Programme des ORF und definierte ihn als einzigen Anbieter von Hörfunk- und Fernsehprogrammen in Österreich. Eines der Hörfunkprogramme war im Sinne der föderalen Struktur von in den Bundesländern angesiedelten Landesstudios zu gestalten. Der ORF wurde darüber hinaus verpflichtet, für den Aufbau und Betrieb der Sendeanlagen aufzukommen. (vgl. Steinmaurer 2000, 2002)

In weiteren Reformschritten wurden anstatt zweier jeweils für einen Fernsehkanal zuständigen Fernsehintendanten die Positionen des Programm- und Informationsintendanten geschaffen. Das oberste Leitungsgremium des ORF, das aus nunmehr 35 Mitgliedern zusammengesetzte Kuratorium, war für die Bestellung des Intendanten (auf vier Jahre) und anderer Führungspositionen (Landesintendanten, Direktoren etc.) sowie für die Festlegung finanzieller und programmlicher Richtlinien zuständig. Dieses Gremium spiegelte aufgrund seiner Zusammensetzung die Kräfteverhältnisse des politischen Parteienspektrums wider und war daher immer auch der Ort partei- und rundfunkpolitischer Auseinandersetzung. Daneben vertrat die aus 35 Mitgliedern bestehende Hörer- und Sehervertretung die Interessen des Publikums, und eine aus 17 Mitgliedern bestehende Kommission wachte über die Einhaltung des Rundfunkgesetzes. Diese Gremien bildeten bis zur Umwandlung des ORF in eine Stiftung im Jahr 2001 die Leitungs- bzw. Kontrollstruktur des ORF.

Anfang der Neunzigerjahre setzte die Anpassung des Rundfunkgesetzes an die Fernsehrichtlinie der Europäischen Union (1993) ein, in deren Rahmen dem ORF auch eine schrittweise Ausdehnung der Werbezeiten zugestanden wurde. Innovationen im Bereich des Programmangebots wurden über die Jahre hinaus weitergeführt: So erfolgte Mitte der Achtzigerjahre die Beteiligung am Satellitenkanal „3Sat" (1. Dezember 1984) und der Start des Lokalfernsehens in den einzelnen Bundesländern mit einer abendlichen Nachrichtensendung („[Bundesland] heute" ab 2. Mai 1988). Darüber hinaus startete ab 1. Dezember 1997 das digitale Fernseh-Spartenprogramm „TW 1", ein Tourismus- und Wetterkanal. Die gesamten ORF-Programme sind seit dem 31. August 2000 digital über Satellit (ORF Digital) verfügbar, und seit dem 1. Juni 2000 beteiligt sich der ORF mit einem Programmfenster an BR-alpha. In den letzten Jahren wurden die beiden Fernsehsender des ORF hinsichtlich ihrer Programmformatierung klar ausgerichtet: Während „ORF 1" vorwiegend publikumsattraktive Programmangebote für eine werberelevante Zielgruppe der 14- bis 49-Jährigen anbietet, ist das zweite Programm vorwiegend auf öffentlich-rechtliche

Kernthemen für eine eher ältere Zielgruppe mit stark österreichbezogenen Programmanteilen formatiert.

Das Ziel all dieser Ausbau- und Innovationsvorhaben bestand nicht zuletzt in der Stärkung des Unternehmens gegenüber den Wettbewerbern, die seit vielen Jahren über terrestrische Einstrahlung und in der Folge über die zunehmende Verbreitung des Kabel- und Satellitenempfangs auf dem österreichischen Rundfunkmarkt präsent sind. Derzeit sind rund 83% der Haushalte mit Kabel und/oder Satellit ausgestattet, wobei der ORF mit seinen beiden Fernsehprogrammen in diesen Haushalten über die letzten fünf Jahre hinweg einen Marktanteil von etwas über 48% erreichen konnte. Seine unmittelbaren Konkurrenten, die deutschen Privatsender RTL, Sat1 und Pro7, konnten in diesem Zeitraum jeweils Marktanteile zwischen 6 und 8% erreichen.

Tabelle 3
Marktanteile der Sender in Haushalten mit Kabel- und/oder Satelliten-Empfang (83% der Haushalte) (in Prozent)

	1996	1997	1998	1999	2000	2001
ORF1	20	19	21	20	20	20
ORF2	29	30	29	28	28	28
ORF gesamt	48	48	50	48	48	48
Ausland gesamt	52	51	50	51	51	51
RTL	9	8	8	8	7	7
SAT1	7	7	7	7	6	6
PRO7	7	8	7	7	6	6
Kabel1	3	3	3	4	5	4
RTL2	4	4	4	4	4	3
VOX	4	3	2	2	2	3
ARD	3	3	3	3	3	4
ZDF	3	3	3	3	3	3
3SAT	1	1	1	1	1	1

Quelle: Teletest, Basis: Bevölkerung ab 12 Jahre

Die wirtschaftliche Entwicklung des ORF war in den letzten Jahren von steigenden Umsatzzahlen gekennzeichnet. Im Jahr 2001 betrug der Umsatz 833 Mio. □, wobei er über Gebühren 375 Mio. □ (45% Anteil an den Umsatzerlösen) und etwas weniger, nämlich 348 Mio. □ (41,7% der Anteile am Umsatz), über Werbeeinnahmen einnahm. Diese beide Erlösquellen machen 87% der gesamten Umsatzerlöse für den ORF aus. Gemessen am Gesamtwerbeaufkommen im Jahr 2001 lagen die Aufwendungen für Fernsehwerbung gesamt (einschließlich der „Werbefenster" bundesdeutscher Anbieter im Kabelbereich) hinter jenen für die Tageszeitungen an zweiter Stelle, gefolgt von den Illustrierten und Magazinen.

3.4 Auf dem Weg zu einer dualen Rundfunkstruktur

Innerösterreichische Konkurrenten erhielt der ORF im Vergleich zur europäischen Entwicklung der Dualisierung der Rundfunkssysteme erst sehr spät durch das Regionalradiogesetz im Jahr 1993. Die Zulassung von Privatfernsehen erfolgte 1997 im

Kabelbereich sowie 2001 in Form eines neuen Gesetzes über die Zulassung von terrestrisch verbreitetem Privatfernsehen.

Tabelle 4
Anteile am Werbevolumen nach Werbeträgern 2001 (in %)
(Gesamtsumme: 2,008 Mrd. □)

Tageszeitungen	28,4%
Fernsehen	23,1%
Illustrierte/Magazine	17,5%
Hörfunk	8,1%
regionale Wochenzeitungen	7,0%
klassischer Prospekt	6,9%
Plakat	6,2%
Fachzeitschriften	2,8%

Quelle: Focus Media Research

3.4.1 Die Marktöffnung für Privatradios und die Gründung der „KommAustria"

Der erste konkrete Schritt in Richtung einer Marktöffnung für private Anbieter wurde im Sommer 1993 gesetzt, als nach langen Diskussionen und nach Einmahnung der Liberalisierungsnotwendigkeit auch vonseiten des Europäischen Menschenrechtsgerichtshofs am 9. Juli vom Nationalrat ein Regionalradiogesetz beschlossen wurde. Dieses Gesetz sah zunächst die Zulassung von zehn regionalen privaten Hörfunkanbietern vor. Im Zuge des Lizenzierungsverfahrens erhoben allerdings eine Reihe im Verfahren unberücksichtigt gebliebener Lizenzwerber Einspruch gegen die im Gesetz für die Frequenzverteilung getroffenen Regelungen, die daraufhin auch der Verfassungsgerichtshof für rechtswidrig befand. Damit kam es für den Großteil der Privatradios, die im September 1995 auf Sendung gehen sollten, zu einer weiteren Verzögerung des Sendestarts. Lediglich zwei Anbieter, die sich mit den Einspruchsparteien über den Weg der Einräumung einer Minderheitsbeteiligung rasch einigen konnten, nahmen im Herbst 1995 den Sendebetrieb auf: Am 22. September startete in Graz die „Antenne Steiermark" und in Salzburg am 17. Oktober „Radio Melody". Erst durch eine Novellierung des Regionalradiogesetzes im Mai 1997 konnte die Zulassung der restlichen acht Regionalanbieter und einer ganzen Reihe von Lokalradios, darunter auch nicht-kommerzielle und zwei Minderheitenradios (in Kärnten und im Burgenland), erfolgen. Der Großteil von ihnen ging am 1. April 1998 „on Air". An den Regional- und Lokalradios durften sich zu diesem Zeitpunkt laut Regionalradiogesetz Inhaber einer Tages- oder Wochenzeitung Anteile im Ausmaß von maximal 26% an einem Anbieter und bis zu jeweils 10% an Sendern in zwei weiteren Bundesländern beteiligen. Die Werbezeit, die vorerst auf 15% der täglichen Sendezeit beschränkt blieb, wurde zu Beginn des Jahres 1999 von 90 auf 120 Minuten und im Juni 2000 auf 172 Minuten (auf das jeweilige Niveau des ORF) ausgedehnt.

Durch den Marktzutritt der Regional- und Lokalradios kam es zu der über lange Jahre hinausgezögerten Dualisierung im Hörfunkbereich und damit zu einer deutlichen Marktbelebung. Der Großteil der Anbieter positionierte sich in direkter Konkurrenz zum nationalen Marktführer Ö3, der mit einem Marktanteil von 38% (Hörer ab 10 Jahre) bzw. 50% (Hörer von 14 bis 49 Jahre) doch klar seine Marktführerschaft verteidigen konnte. Im Jahr 2001 erreichten die vier ORF-Programme zusammen 83 bzw. 78% der Marktanteile (Hörer ab 10 Jahre/Hörer 14 bis 49 Jahre), insgesamt 15% bzw. 19% (Hörer ab 10 Jahre/Hörer 14 bis 49 Jahre) entfielen in Summe auf die inländischen Privatradios. Ein wettbewerbsintensiver Markt hat sich in der Bundeshauptstadt Wien entwickelt, wo im ersten Halbjahr 2002 die Privatradios zusammen 29% gegenüber dem ORF-Kanal Ö3 mit 43% in der werberelevanten Zielgruppe der 14- bis 49-Jährigen erreichen konnten.

Zu einer weiteren Neustrukturierung des Rundfunksektors kam es im April 2001 mit einer notwendig gewordenen Neufassung des Regionalradiogesetzes und der Errichtung einer neuen Regulierungsbehörde für Medien, der „KommAustria". Das neue Privatradiogesetz hebt die bislang gültige Unterscheidung in Lokal- und Regionalradios auf und definiert nunmehr Versorgungsgebiete als Senderäume. Die neue Regelung für Beteiligungen hebt die bisher geltenden Beschränkungen von 26% (+ 2 mal 10%) auf und orientiert sich an Versorgungsgebieten und an der Anzahl der empfangbaren Programme eines Medienverbundes. Demnach darf ein Betreiber an mehreren Privatradios bis zu 100% beteiligt sein, sofern sich die Versorgungsgebiete nicht überschneiden. Entsteht dadurch eine österreichweite Kette eines Anbieters, dürfen diesem Betreiber keine weiteren Lizenzen mehr zugesprochen werden. Die angesprochenen Änderungen „bewirken im Ergebnis aber auch eine generelle Stärkung des Privatradiosektors, bedingt durch die Möglichkeit des bundesweiten Hörfunks und die Einschränkungen der Beteiligungsbeschränkungen, sowie der erweiterten Übernahmemöglichkeit von Programmen anderer Veranstalter. Das wird nach allgemeiner Erwartung dazu führen, dass Printmedieninhaber noch viel stärker und in konzentrierter Form auf das elektronische Medium Radio greifen können, als ihnen das bisher möglich war." (Dillenz 2001: 65)

Eine entscheidende Novität hängt mit der Behebung des eigentlichen „Geburtsfehlers" (vgl. Dillenz 2001: 65) des alten Regionalradiogesetzes und zwar mit der Installierung einer neuen Regulierungsbehörde zusammen. Diese neue Regulierungsbehörde führt in der „Rundfunk und Telekom Regulierungs-GmbH" (RTR GmbH) die bereits mit dem Telekommunikationsgesetz von 1997 geschaffene Telekommunikationskontroll-Behörde und die neue Medienbehörde „KommAustria" im Sinne einer konvergenten Regulierungsinstanz zusammen. Ihr obliegt die Regulierung des Privatrundfunksektors und des Telekomunikations-Marktes. Ein Bundeskommunikationssenat dient als Berufungsbehörde, der auch die Rechtsaufsicht über den ORF ausübt. Auch wenn mit der Schaffung dieser Medienbehörde ein wichtiger Schritt im Sinne einer Modernisierung der Regulierung des Kommunikationssektors erreicht werden konnte, haftet ihr der Makel mangelnder Unabhängigkeit an, da es mangels einer verfassungsändernden Parlamentsmehrheit nicht gelungen ist, sie als weisungsfreie öffentlich-rechtliche Anstalt – etwa im Vergleich zu den Landesmedienanstalten in Deutschland – zu etablieren.

3.4.2 *Liberalisierung des Fernsehmarktes*

Wie bereits im Zuge der Marktöffnung im Hörfunkbereich wurde auch die Einführung eines dualen Systems im Fernsehbereich immer wieder von höchstgerichtlichen Instanzen – hier v.a. durch den Europäischen Gerichtshof für Menschenrechte – moniert. Die Medienpolitik blieb jedoch trotz der eingeforderten Liberalisierungsnotwendigkeit über viele Jahre untätig und verhielt sich allenfalls reaktiv. 1997 erfolgte schließlich mit dem Beschluss des Kabel- und Satellitenrundfunkgesetzes eine erste Marktöffnung, wodurch Kabel-TV-Betreiber die Möglichkeit erhielten, selbstständig produziertes Programm mit Werbeeinschaltungen anzubieten. Zum größten Anbieter in diesem Sektor entwickelte sich der Sender „ATV", der neben einer Vielzahl kleinerer Anbieter in den Bundesländern, in seinem Hauptmarkt Wien und in einem Großteil der Kabelnetze in den Bundesländern eingespeist ist.

Die Zulassung für terrestrisch verbreitetes Privatfernsehen in Richtung einer vollen Dualisierung des Rundfunksystems ließ allerdings noch auf sich warten, obwohl schon 1993 der Europäische Gerichtshof für Menschenrechte in seinem Urteil vom 24. November 1993 (im Fall „Lentia" u.a.) die damals in Österreich geltende Situation als nicht mit dem Art. 10 der Europäischen Menschenrechtskonvention (EMRK), dem Recht auf freie Meinungsäußerung (das auch die Rundfunkfreiheit enthält), vereinbar erklärte. Erst mit der gesetzlichen Zulassung der Veranstaltung von aktivem Kabelrundfunk (ab 1. August 1996) war nach einem Urteil des Europäischen Gerichtshofs für Menschenrechte vom 21. September 2000 diese doch erhebliche Rechtswidrigkeit zumindest für den Raum Wien nicht mehr gegeben.

3.4.3 *Die Dualisierung des Rundfunksystems und die Reformierung des ORF*

Nachdem ein im Oktober 1998 erstmals zur Vorlage gebrachtes Privatfernsehgesetz zu keiner Beschlussfassung gebracht werden konnte, erfolgten erst 2001 mit der Verabschiedung eines neuen „ORF-Gesetzes" und eines Privatfernsehgesetzes weitreichende Schritte. Kennzeichnend für die Diskussion in der Implementierungsphase der Gesetze war die fast ausschließliche Konzentration auf das ORF-Gesetz, während das Privatfernsehgesetz vergleichsweise geringe Aufmerksamkeit in der politischen Auseinandersetzung fand. Im Zentrum der medienpolitischen Debatte über den ORF stand einerseits die Frage der Entpolitisierung des Unternehmens, die durch die „Politikerklausel", d.h. den Ausschluss politischer Funktionäre aus dem Leitungsgremium, erreicht werden sollte. Kritiker und Kenner der österreichischen Situation qualifizieren allerdings dieses Instrument nur als eine scheinbare Entpolitisierung, da die Beschickung „unabhängiger" Experten in den nunmehr neu eingerichteten Stiftungsrat mehrheitlich nach wie vor in der Hand der Politik liegt. Ein zweiter umstrittener Punkt lag in der Auseinandersetzung um die Kürzungen für Sonderwerbeformen und -zeiten für den ORF, deren Begrenzung nicht zuletzt im Interesse der Zeitungsherausgeber lag. Die durch Beschluss des Nationalrats vom 5. Juli 2001 geschaffenen gesetzlichen Bestimmungen überführen den ORF in eine Stiftung, präzisieren den öffentlich-rechtlichen Auftrag und bringen Einschränkungen bei den Sonderwerbeformen mit sich.

Das ebenfalls am 5. Juli 2001 im Nationalrat beschlossene neue Privatfernsehgesetz sieht die Errichtung einer bundesweiten analogen Fernsehfrequenz und die Zulassung von regionalen/lokalen analogen terrestrischen Frequenzen vor. In diesen

Ballungsraum-Gebieten für Wien, Linz und Salzburg hat der ORF die zeitweise Nutzung seiner dortigen Frequenzen privaten Fernsehanbietern zur Verfügung zu stellen. Darüber hinaus hat der Gesetzgeber jene Frequenzen, die nicht für eine private analoge nationale TV-Kette oder von Ballungsraumanbietern beansprucht werden, für den Ausbau des digitalen terrestrischen Fernsehens reserviert, das ab 2003 einen Testbetrieb in Graz starten wird. Für den analogen terrestrischen Bereich besagt eine „Reichweitenregelung" im Privatfernsehgesetz, dass Medienunternehmen mit einer Reichweite über 30% (im Bereich der Verbreitungsgebiete von Radio, Kabel, Tages- und Wochenpresse) keine Lizenz für die Veranstaltung von Privatfernsehen erhalten dürfen. Grundsätzlich werden die Lizenzen für die Dauer von zehn Jahren erteilt, wobei maximal 49% der Anteile unter dem Einfluss von Betreibern aus Nicht-EU-Staaten liegen dürfen. Die Werbezeitenregelung sieht eine Beschränkung der Werbezeit auf 15% der täglichen Sendezeit vor, wobei eine Ausweitung auf 20% unter Berücksichtigung von Teleshopping-Angeboten eingeräumt wird. Sendungen, die aus eigenen Teilen bestehen (z.B. bei Sportübertragungen), dürfen Fernsehwerbung enthalten, Kino- und Fernsehfilme können innerhalb des Zeitraums von 45 Minuten einmal unterbrochen werden. Die Medienbehörde „KommAustria" erteilte schließlich am 1. Februar 2002 der „ATV Privatfernseh-GmbH" die bundesweite Lizenz für terrestrisches Privatfernsehen. Der Sender, an dem der Münchner Filmhändler Herbert Kloiber 33% der Anteile hält, wird voraussichtlich Mitte 2003 auf Sendung gehen. (Vgl. Steinmaurer 2002) Am 30. Juli 2002 wurden abschließend die Lizenzen an die Privatfernsehanbieter in den Ballungsräumen Wien, Linz und Salzburg vergeben.

Laut Expertenmeinungen ist der österreichische Privatfernsehmarkt für die neuen Anbieter neben dem ORF als wirtschaftlich besonders riskant einzustufen. Dies belegten auch zwei Studien, die – im Vorfeld der Debatte zum neuen ORF-Gesetz entstanden – von einem eklatant hohen Finanzierungsaufwand für die privaten Anbieter ausgehen. Denn die „damit verbundenen Kosten – auch in Bezug auf die knappen Ressourcen und ihre Verteilung auf alle Werbeträger – stehen in ebenso ungünstigem Verhältnis zu dem erwartbaren Nutzen wie die erforderlichen Investitionen". (Trappel 2001: 34f.) Immerhin vollzog Österreich mit der Verabschiedung des Privatfernsehgesetzes im Jahr 2001, wenn auch mit großer Verspätung und als letztes Land in Europa, den Übergang in ein duales Rundfunksystem.

Literatur

Bruck, Peter A./Melcher-Smejkal (1993): Printmedien. In: Institut für Publizistik und Kommunikationswissenschaft der Universität Salzburg (Hrsg.): Medienbericht 4. Massenmedien in Österreich. Wien, S. 57-91.

Dillenz, Walter (2001): Elektronische Medien: Entwicklungsschub in Österreich. In: MediaLex, Nr. 2, S. 64-65.

Fabris, Hans Heinz (1991): Österreich und die europäische Medienentwicklung. In: Trappel, Josef: Medien, Macht, Markt. Medienpolitik westeuropäischer Kleinstaaten. Wien, S. 11-18.

Fidler, Harald/Merkle, Andreas (1999): Sendepause. Medien und Medienpolitik in Österreich. Oberwart.

Geretschlaeger, Erich (1998): Massenmedien in Österreich. Wien.

Harmat, Ulrike (1999): Die Medienpolitik der Alliierten und die österreichische Tagespresse 1945-1955. In: Melischek, Gabriele/Seethaler, Josef: Die Wiener Tageszeitungen. Eine Dokumentation. Bd. 5: 1945-1955. Frankfurt/Main u.a., S. 57-96.

Knoche, Manfred (1997): Medienpolitik als Konzentrationsförderungspolitik. In: Medien Journal, 21. Jg., Nr. 2, S. 14-25.

Melischek, Gabriele/Seethaler, Josef (1999): Zur Pressekonzentration in Österreich nach 1945. In: Melischek, Gabriele/Seethaler, Josef (Hrsg.) Die Wiener Tageszeitungen. Eine Dokumentation. Bd. 5: 1945-1955. Frankfurt/Main u.a., S. 97-158.

Pürer, Heinz (1990): Presse in Österreich. Wien.

Ring, Wolf-Dieter (2001): Entwicklung eines dualen Fernsehsystems in Österreich. Gutachterliche Stellungnahme. München, Wien.

Schmolke, Michael (1991): Von der „schlechten Presseförderung" in Österreich. In: Wirtschaftspolitische Blätter, 15. Jg., S. 337-346.

Schmolke, Michael (1995): Presse. In: Bamberger, Richard u.a.: (Hrsg.) Österreich-Lexikon. Bd. 2. Wien, S. 219-222.

Steinmaurer, Thomas (2000): Das Rundfunksystem Österreichs. In: Hans-Bredow-Institut (Hrsg.): Internationales Handbuch für Hörfunk und Fernsehen. Baden-Baden, S. 494-511.

Steinmaurer, Thomas (2002): Konzentriert und verflochten. Österreichs Mediensystem im Überblick. Mit Beiträgen von Elfriede Scheipl und Andreas Ungerböck. Innsbruck, Wien.

Trappel, Josef (1998): Prognos-Bericht: Weißbuch zur Presseförderung in Österreich. Erarbeitet im Auftrag des Bundeskanzleramtes. Basel.

Trappel, Josef (2001): Fernsehmarkt Österreich. Prognos-Bericht. Basel. (Unveröff. Gutachten)

Verband Österreichischer Zeitungen (2001): Pressehandbuch 2001. Medien und Werbung in Österreich. Wien.

Medienstrukturen der Schweiz

Roger Blum

1 Ansätze und Forschungsstand

Mediensysteme können mit systemtheoretischen, ökonomischen und politökonomischen Ansätzen analysiert werden (vgl. Blum 2001: 8-9; Haas 1990: 1). Für die Schweiz hat Ulrich Saxer den systemtheoretischen Ansatz gewählt und jeweils untersucht, welche spezifischen Leistungen das Mediensystem für das Gesamtsystem erbringt (vgl. Saxer 1990a, 1990b, 1993). Florian Fleck hat den ökonomischen Ansatz verwendet und wirtschaftliche Gesetzmäßigkeiten deutlich gemacht (vgl. Fleck 1987). Und Werner Meier hat mit dem Ansatz der politischen Ökonomie die Kosten der durch Globalisierung vorangetriebenen Kommerzialisierung und Medienkonzentration aufgezeigt (vgl. Meier 1997a, 1997b). Die Erforschung des schweizerischen Mediensystems leidet vor allem darunter, dass es bislang keine kontinuierliche offizielle Medienstatistik gibt (vgl. Rathgeb 1999: 163). Erst 2001 hat das Bundesamt für Statistik einen ersten Anlauf für eine Pressestatistik unternommen (vgl. Modetta 2001). Daten beschaffen daher einerseits die Werbewirtschaft für ihre eigenen Zwecke, anderseits die Wissenschaft, die aber teilweise vor schier unüberwindlichen Hürden steht, da viele Zahlen als „geheim" gelten (vgl. Bellwald/Hättenschwiler/Würsch 1991; Rathgeb 1999). Die Strukturmerkmale und Strukturprobleme sind indessen mehrfach erforscht und dargestellt worden (vgl. Saxer 1990b; Bonfadelli/Meier 1994; Marr u.a. 2001: 275-286; Blum 2001: 25-68). Zunehmend wendet sich die Forschung auch Problemen der Regulierung zu.

2 Strukturmerkmale des schweizerischen Mediensystems

2.1 Die Sprachenvielfalt

Die Schweiz besteht aus vier Sprachkulturen: Das Land gliedert sich in einen deutschsprachigen Teil im Zentrum, Norden und Osten (65 Prozent der Bevölkerung), einen französischsprachigen Teil im Westen (19 Prozent), einen italienischsprachigen Teil im Süden (8 Prozent) sowie einen rätoromanischen Teil (0,5 Prozent) innerhalb des Kantons Graubünden. Die restlichen 7,5 Prozent der Bevölkerung sprechen andere Sprachen, die durch Immigranten in die Schweiz getragen worden sind. Die vier traditionellen Sprachen sind Landes- und Amtssprachen. Die Sprachregionen sind geografisch voneinander abgetrennt, und von wenigen Städten auf der Sprachgrenze (wie Biel, Fribourg) abgesehen, existieren keine sprachlich gemischten Gebiete.

Jede Sprachregion bildet somit einen eigenen Medienmarkt, denn Sprachgrenzen sind nach wie vor Mediengrenzen. Dies bedeutet, dass die Medien eher segregativ als integrativ wirken (vgl. Meier/Schanne 1994: 36-48; Wuerth 1999a, 1999b: 343-344 und 349-351; Blum 1999). Jede Sprachregion verfügt über eigene Medien. Dabei ist allein die Deutschschweiz in der Lage, alle Medien aus eigener Kraft hervorzubringen. Vor allem die italienische und die rätoromanische Schweiz mit etwas mehr als 300.000 bzw. 30.000 Einwohnern profitieren von einem Ausgleich, den die Schweizerische Radio- und Fernsehgesellschaft (SRG) und Nachrichtenagenturen herstellen: Die SRG produziert für die italienische Schweiz zwei Fernsehprogramme und drei Radioprogramme und für die rätoromanische Schweiz annähernd ein Radio-Vollprogramm und ein Fernseh-Teilprogramm, die nur finanziert werden können, weil ein Teil der in der Deutschschweiz aufgebrachten Gebühreneinnahmen dafür verwendet werden: Statt der über 70 Prozent in der Deutschschweiz eingesammelten Gebühren erhalten die deutschsprachigen SRG-Programme nur 40 Prozent. Die Schweizerische Depeschenagentur (SDA) übersetzt Nachrichten ins Italienische. Und der Bund sowie der Kanton Graubünden finanzieren eine spezielle rätoromanische Nachrichtenagentur (ANR). So ist es möglich, dass die vier Sprachregionen vergleichsweise gut mit Medien ausgestattet sind.

Tabelle 1
Ausstattung der Sprachregionen mit Medien

Medien	*Deutsch-schweiz*	*Suisse romande*	*Svizzera italiana*	*Rumantschia*	*Total*
Agenturen	2	2	1	1	6
SRG-TV-Programme	2	2	2	0,1	6,1
private TV-Programme	18 (+46*)	3 (+26*)	1 (+2*)	-	22 (+74*)
SRG-Radio-Programme	5	4	3	1	13
private Radio-Programme	34	15	2	1	52
Tageszeitungen	47	12	3	1	63
nicht tägliche Zeitungen	79	40	9	4	132
Wochen-Zeitungen	2	-	-	-	2
Sonntags-Zeitungen	2	2	2	-	6
Nachrichten-Magazine	1	1	-	-	2

In Klammern Zahl der bloßen Infokanäle und lokalen Videoverbreiter.

2.2 Die Auslandabhängigkeit

Drei der vier schweizerischen Sprachregionen schließen an gleichsprachige Nachbarländer an: Die deutschsprachige Schweiz an Deutschland, Österreich und Liechtenstein, die Suisse romande an Frankreich und die Svizzera italiana an Italien. Insofern unterscheidet sich dic Schweiz deutlich von sprachlichen Inseln wie Ungarn, Rumänien, Griechenland, Albanien, Malta, Portugal oder Finnland. Drei der Nachbarländer zur Schweiz, nämlich Deutschland, Frankreich und Italien, sind zudem markant größer und von den Ressourcen her in der Lage, attraktive und vielfältige Medienleistungen zu erbringen. Außerdem strahlen sie als Wiege der jeweiligen Sprache und über die „Kulturhauptstädte" Berlin, Paris und Rom/Mailand auf den kleineren Nachbarn aus. In der enorm stark verkabelten Schweiz werden in den Kabelnetzen zwischen 30 und 50 Fernsehprogramme angeboten, darunter 20-40 ausländische. Daraus folgt, dass in der Mediennutzung eine starke Auslandabhängigkeit besteht und dass die schweizerischen Sprachregionen mit dem jeweils gleichsprachigen Ausland einen gemeinsamen Medienmarkt bilden, vor allem einen Publikumsmarkt, teilweise aber auch einen Werbemarkt. Die Schweizerinnen und Schweizer konsumieren mehr ausländische Fernsehprogramme als einheimische und lesen mehr ausländische Zeitschriften als helvetische (vgl. Bonfadelli/Meier 1994: 72-80). In keinem anderen europäischen Land ist die Nutzungsdauer der einheimischen Fernsehsender so gering wie in der Schweiz.

Tabelle 2
Nutzungsdauer pro Kopf der Bevölkerung der Fernsehprogramme in der Schweiz

Programme	*Deutschschweiz*	*Suisse romande*	*Svizzera italiana*
SRG	46 Min. (33,6 %)	55 Min. (34,6 %)	58 Min. (33,7 %)
Schweizer Private	8 Min. (5,8 %)	1 Min. (0,6 %)	2 Min. (1,2 %)
Schweiz total	*54 Min. (39,4 %)*	*56 Min. (35,2 %)*	*60 Min. (34,9 %)*
Ausland: Öff.-rechtliche	24 Min. (17,5 %)	37 Min. (23,3 %)	41 Min. (23,8 %)
Ausland: Private	59 Min. (43,1 %)	66 Min. (41,5 %)	71 Min. (41,3 %)
Ausland total	*83 Min. (60,6 %)*	*103 Min. (64,8 %)*	*112 Min. (65,1 %)*

Basis = Bevölkerung über 3 Jahre.
Quelle: SRG-Forschungsdienst, Jahresbericht 2000

2.3 Die föderalistische Kleinräumigkeit

Die sprachregionalen Medienmärkte der Schweiz werden durch die föderalistische Gliederung nochmals aufgesplittert: Da die Schweiz mit ihren 7,2 Millionen Einwohnern an sich schon ein Kleinstaat ist, ergeben sich durch die föderalistische Struktur mit 26 Kantonen, 185 Bezirken und über 3.000 Gemeinden erst recht winzige Einheiten. Das lokale und kantonale Bewusstsein verlangte indessen im 19. Jahrhundert, dass nicht nur jeder Landkanton und jede Kleinstadt, sondern jedes Tal und jeder Distrikt ihre Zeitung hatten. Auch die Gründung von Lokalradios im 20. Jahrhundert folgte annähernd diesem Muster (vgl. Blum 1999). Auf diese Weise ist die Schweiz ein Land von Zwergmedien geworden: 65 Radioprogramme bestreichen ein Gebiet von 41.000 qkm, von denen 10.500 qkm unproduktiv und nur 2.500 qkm besiedelt sind. 140 Zeitungen erscheinen mit einer Auflage von höchstens 15.000 Exemplaren (vgl. Marr u.a. 2001: 278-280). Es ist klar, dass die journalistischen Spielräume solcher Zwergmedien mit in der Regel ganz kleinen Redaktionen ziemlich eng sind. Die Folge ist, dass sie sich auf Verlautbarungsjournalismus und ausschließlich auf den lokalen Raum konzentrieren müssen.

Der Föderalismus bewirkte zudem, dass die Schweiz keine Medienmetropole kennt wie Großbritannien mit London, Frankreich mit Paris oder Österreich mit Wien, sondern ähnlich wie Deutschland und Italien über mehrere Medienstädte verfügt. Zwar ist Zürich mit Abstand die wichtigste, aber Fernsehsender, große Medienhäuser, Nachrichtenagenturen oder die Redaktionen wichtiger Printmedien sitzen auch in Bern, Genf, Lausanne, Basel, Baden und Lugano.

2.4 Die Politikverhaftung

Schweizer Medien sind außerdem geprägt durch die Folgen der lange währenden Politikverhaftung. Bis weit ins 20. Jahrhundert hinein dominierten Parteizeitungen, und es gab, der helvetischen Parteienvielfalt entsprechend, deren viele (vgl. Hosang 1974; Blum 1993; Meier/Schanne 1994: 25-29; Blum 2001: 45-51). Generalanzeiger und überparteiliche Wochenzeitungen blieben deutlich in der Minderzahl. Den Forumscharakter verkörperten zunächst nur das Radio (ab 1923) und das Fernsehen (ab 1953). Die Politikverhaftung der überwiegenden Mehrheit der Zeitungen etablierte drei Besonderheiten: Erstens war das Mediensystem auf Außenpluralismus angelegt; die Zeitungen berichteten gefärbt und verschafften dem eigenen Lager und dem politischen Gegner nicht gleich lange Spieße. Zweitens beschränkten sie sich weitgehend auf Informations- und Meinungsjournalismus; die investigative Umsetzung der Kritik- und Kontrollfunktion fand kaum statt. Und drittens wurde Journalismus häufig als Nebentätigkeit betrieben, in der Doppelfunktion Parteisekretär-Journalist, Anwalt-Journalist oder gar Regierungsmitglied-Journalist; die Professionalisierung der Medienarbeit setzte erst spät ein (vgl. Marr u.a. 2001: 280-285).

Nach der Revolte von 1968, als sich alte Bindungen aufzulösen begannen, setzte auch in der Schweiz der Entkoppelungsprozess zwischen Stimmberechtigten und Parteien und zwischen Zeitungen und Parteien ein. Gesellschaftswandel und ökonomischer Druck zwangen die Zeitungen, sich zu öffnen oder gar mit dem Blatt des politischen Gegners zu fusionieren. Heute gibt es keine Tageszeitungen mehr, die sich explizit einer Partei verpflichtet fühlen; selbst die ›Neue Zürcher Zeitung‹, die sich zu den liberalen Ideen und zum schweizerischen Freisinn bekennt, ist institutionell nicht an die Partei gebunden. Der Außenpluralismus ist vom Binnenpluralismus abgelöst worden, und die Medien unterscheiden sich nicht mehr vor allem durch politische Standorte, sondern durch unterschiedliche Zielgruppenansprachen und verschiedene journalistische Konzepte. Doch wirkt die Politikverhaftung nach: Personelle Verflechtungen mit dem politischen System bestehen nach wie vor, der journalistische Grundtenor der Medien ist eher auf Konkordanz als auf investigativ-aggressive Distanz eingestellt, und vor allem Zwergmedien haben den Professionalisierungsprozess noch vor sich.

3 Die Medienkonzentration

Die Medienkonzentration setzte in der Schweiz in den Sechzigerjahren des 20. Jahrhunderts ein und erlebte in den Siebziger- und Neunzigerjahren die größten Schübe. Sie trat in der horizontalen, vertikalen und diagonalen Form auf und führte zu sowohl ökonomischen und publizistischen als auch zu nur publizistischen oder nur ökonomischen Konzentrationen (vgl. Nussberger 1971; Knoche 1978; Stark 1987;

Meier 1997a: 232; Rathgeb 1999: 164-166). Fusionen betrafen vor allem Zeitungen, doch auch die privaten Radios und Fernsehstationen suchen heute vermehrt die Kooperation. Schon früh bildeten Printmedien Inseratepools. Die Konzentration hatte vornehmlich drei eher negative Auswirkungen: Erstens verschwand die Parteipresse und damit ein Stück Meinungsvielfalt, und nicht alle Medien beherrschen die Kunst des Binnenpluralismus (vgl. Kägi/Kellenberger 1996). Zweitens entstanden regionale Pressemonopole: In 107 von 185 Bezirken des Landes, also in 58 Prozent, herrschen inzwischen Monopol- oder Quasimonopol-Situationen (vgl. Blum 2001: 66-68), und in all diesen Regionen fehlt dem Publikum eine Alternative, zumal oft auch noch die lokalen Radio- und Fernsehanbieter zum gleichen Unternehmen gehören, Alternativblätter das Monopol kaum herausfordern (vgl. Meyer/Sterchi 1997) und Radio und Fernsehen kaum eigene Themen beisteuern (vgl. Graf/Kradolfer 1997). Drittens bildeten sich – für helvetische Verhältnisse – große Medienkonzerne heraus, die über beträchtliche Macht verfügen, da sie multimedial tätig sind:

Tabelle 3
Große Medienkonzerne der Schweiz

Unternehmen	*Typ*	*Aktivitäten*	*Umsatz 2000*
Publigroupe (Lausanne)	Publikumsaktiengesellschaft	Werbevermittlung Print, Internet, Forschung, Beteiligungen	1.807 Mio. Euro
SRG (Bern)	Privater Verein mit öffentlichem Auftrag	Radio, Fernsehen, Internet, Film, Forschung	1.013 Mio. Euro
Ringier AG (Zürich)	Familienunternehmen	Print, Fernsehen, Buch, Film, Internet, Ausland	679 Mio. Euro
Tamedia AG (Zürich)	Familienunternehmen	Print, Fernsehen, Radio, Buch, Video, Internet	548 Mio. Euro
Edipresse (Lausanne)	Familienunternehmen	Print, Buch, Kiosk, Internet, Fernsehen, Ausland	486 Mio. Euro
NZZ-Gruppe (Zürich)	Publikumsaktiengesellschaft	Print, Buch, Fernsehen, Internet	355 Mio. Euro
Basler Medien-Gruppe (Basel)	Familienunternehmen	Print, Fernsehen, Buch, Internet	341 Mio. Euro
Espace Media Groupe (Bern)	Familienunternehmen	Print, Buch, Fernsehen, Radio, Internet	139 Mio. Euro
AZ-Medien Gruppe (Baden)	Aktiengesellschaft	Print, Buch, Fernsehen, Radio, Internet	120 Mio. Euro

Positive Effekte der Medienkonzentration zeigen sich in der Professionalisierung und Qualitätssteigerung der Medienproduktion, die dem Publikum zugute kommen. Außerdem kam insofern eine neue Vielfalt zustande, als große Medienkonzerne neue Produkte lancierten, die eine sprachregionale Verbreitung fanden (Nachrichtenmagazine, Sonntagszeitungen, Wirtschaftszeitungen, Online-Angebote).

4 Die Nachrichtenlieferanten

Nachrichtenlieferanten im schweizerischen Mediensystem sind in erster Linie die klassischen Nachrichtenagenturen (vgl. Blum/Hemmer/Perrin 1995). Die 1894 von den Zeitungsverlegern gegründete Schweizerische Depeschenagentur (SDA) betreibt eine Vollagentur in drei Sprachen mit einer 130köpfigen Redaktion. Für die Auslandnachrichten stützt sie sich hauptsächlich auf dpa (Deutschland), AFP (Frankreich), Reuters (Großbritannien) und ANSA (Italien). Im Inland unterhält sie auch Regionaldienste. Ferner bietet sie Spezialdienste an, so beispielsweise den Schweizer Feuilletondienst, den Original-Text-Service (OTS), die Swiss Graphic News (SGN), den interaktiven Online-Dienst (ELIAS) oder das Volltextarchiv (ELSA). Als Tochterunternehmen betreibt sie die Sportinformation (si.). Kaum ein Medium verzichtet auf die Dienste der SDA.

Als Binnenkonkurrenz agiert seit 1981 Associated Press (AP), nachdem es vorher United Press International (UPI) und dem Deutschen Depeschendienst (DDP) nicht gelungen war, sich in der Schweiz dauerhaft zu etablieren. Auch der ursprünglich rechtsbürgerliche Pressedienst Schweizerische Politische Korrespondenz (SPK), der Ende der Achtzigerjahre mit Unterstützung der Wirtschaft zur normalen Nachrichtenagentur mutierte, musste schließlich aufgeben. AP arbeitet mit rund 25 Leuten und konzentriert sich als Zweitagentur auf die zweisprachige Berichterstattung über nationale Ereignisse aus Politik, Wirtschaft und Gesellschaft. Die Auslandnachrichten bezieht AP Schweiz von AP Frankfurt und AP Paris. Die wichtigeren Medien haben neben der SDA auch den Dienst von AP abonniert. Ein kleines Büro, das sich vor allem auf Wirtschaftsnachrichten konzentriert, unterhält in der Schweiz auch Reuters. Als Bildagenturen spielen Keystone, AP und Reuters die Hauptrolle (vgl. Blum 2001: 69-71).

5 Die Printmedien

5.1 Die Rahmenbedingungen

Seit der Proklamation der Pressefreiheit (1798, dann wieder 1830) hatte die Presse in der Schweiz großen Freiraum. Die Bundesverfassung gewährleistet in Artikel 17 „die Freiheit von Presse, Radio und Fernsehen sowie anderer Formen der öffenlichen fernmeldetechnischen Verbreitung von Darbietungen und Informationen". Zensur ist verboten. In Artikel 93 wird der Gesetzgeber angehalten, bei der Regulierung von Radio und Fernsehen auf die Stellung und Aufgabe anderer Medien, vor allem der Presse, Rücksicht zu nehmen. Die Presse genießt folglich nicht nur große Freiheit, sondern auch Schutz (vgl. Meier 1997a: 231). Außerdem wird sie indirekt gefördert: Die Post steuert jährlich 67 Millionen Euro zur Verbilligung der Zeitungstransporte bei. Allerdings ist immer wieder umstritten, wie viel die Post beitragen sollte und wem diese Verbilligung zugute kommen soll (vgl. Saxer 1992; Wuerth 1999b: 347). Einen öffentlichen Auftrag im Sinne eines Service public hat indessen der Gesetzgeber der Presse nie erteilt. Hingegen schreibt das Bundesgericht der Presse eine öffentliche Aufgabe zu.

5.2 Die Zeitungen

Die Schweiz gehört nach wie vor zu den zeitungsreichsten Ländern der Welt. Allerdings hat sich seit dem Zweiten Weltkrieg die Zahl der Titel durch den Konzentrationsprozess halbiert, die Gesamtauflage hingegen mehr als verdoppelt (von 2 Millionen auf über 4 Millionen Exemplare). Auch mit rund 200 Titeln ist die Zeitungsdichte noch hoch. Doch die Zahl der publizistischen Einheiten ist deutlich niedriger: Vor allem bei den Tageszeitungen und vorwiegend in der Deutschschweiz erscheinen immer mehr Titel innerhalb von gleichen überregionalen Mänteln:

Tabelle 4
Titel und publizistische Einheiten unter den Abonnementszeitungen

Sprachregionen	*Tageszeitungen*		*nicht tägliche Zeitungen*		*total*	
	Titel	publizistische Einheiten	Titel	publizistische Einheiten	Titel	publizistische Einheiten
Deutsche Schweiz	47	25	79	77	126	102
Suisse romande	12	10	40	40	52	50
Svizzera italiana	3	3	9	9	12	12
Svizza rumantscha	1	1	4	4	5	5
total	*63*	*39*	*132*	*130*	*195*	*169*

Tabelle: Roger Blum.
Quelle: Katalog der Schweizer Presse 2001.

Zeitungen können nach der Erwerbbarkeit, nach der Erscheinungsweise und nach dem Konzept kategorisiert werden (vgl. Blum 2001: 27-31).

5.2.1 Erwerbbarkeit

Zu unterscheiden sind Abonnementszeitungen und Gratiszeitungen. Die *Abonnementszeitungen* werden entweder im Abonnement oder gegen Entgelt auf der Straße (Kiosk, Boxen) abgesetzt. In der Deutschschweiz dominiert der Abonnementsbezug, in der französischsprachigen Westschweiz hat der Straßenverkauf einen größeren Stellenwert. Die Boulevardzeitung ›Blick‹ setzt ihre Auflage je zur Hälfte im Abonnement und auf der Straße ab. Am Sonntag herrscht der Verkauf über Boxen vor. Bei den *Gratiszeitungen* ist zwischen der klassischen und der neuen Form zu differenzieren. In der klassischen Form werden Zeitungen in einem definierten Gebiet unverlangt und unentgeltlich in alle Haushaltungen verteilt. Dies geschieht beispielsweise mit städtischen Anzeigenblättern wie ›Zürich-Express‹, ›Baselstab‹ oder ›Anzeiger Region Bern‹. In der neuen Form werden Zeitungen in einer bestimmten Region durch Kolporteure oder in Kästen an Pendlerinnen und Pendler verteilt. Dies geschah mit dem schwedischen Blatt ›Metropol‹ und dem norwegischen Produkt ›20 Minuten‹, die beide zuerst in Schweizer Städte vorstießen, um dann von hier aus in weiteren europäischen Regionen Fuß zu fassen. Die Gratiszeitungen neuen Typs verfügen über einen beträchtlichen redaktionellen Teil, konzentrieren sich aber auf kurze Nachrichten und stützen sich stark auf Agenturen.

5.2.2 *Erscheinungsweise*

Auseinander zu halten sind Tageszeitungen, nicht tägliche Zeitungen, Wochenzeitungen und Sonntagszeitungen. *Tageszeitungen* erscheinen wöchentlich mindestens fünf Mal. Schweizerische Tageszeitungen, die zugleich Abonnementszeitungen sind, liegen gegenwärtig alle schon am frühen Morgen vor; als Abendzeitung erscheint lediglich die Gratiszeitung ›Berner Bär‹. *Nicht tägliche Zeitungen* erscheinen ein- bis viermal wöchentlich und konzentrieren sich stark auf die Lokalinformation. Meist handelt es sich um ganz kleine Zeitungen, die Randgebiete oder regionale Nischen bedienen. *Wochenzeitungen* existieren nur in der Deutschschweiz (›Die Weltwoche‹, ›WochenZeitung‹). Sie verzichten auf die Lokalinformation, sind überhaupt an keinerlei Pflichtstoff gebunden, sondern kümmern sich stark um die Vertiefung aktueller Themen. *Sonntagszeitungen* erscheinen ebenfalls ohne Lokalteile, verschaffen aber neben aktuellen Themen aus Politik, Wirtschaft, Kultur und Gesellschaft vor allem dem Sport großes Gewicht.

5.2.3 *Konzept*

Bei den Konzepten lassen sich Boulevardzeitungen (popular papers), „klassische" Zeitungen mit nationaler Beachtung (quality papers), Regionalzeitungen und Lokalzeitungen ausdifferenzieren. Dabei existieren auch Mischformen. Die *Boulevardzeitungen* sind in der Deutschschweiz deutschen oder österreichischen und britischen Beispielen ähnlich. Die Westschweiz orientiert sich mehr an Frankreich. Doch verzichten ›Blick‹ und ›Sonntagsblick‹ (Deutschschweiz) sowie ›Le Matin‹ und ›Le Matin-Dimanche‹ (Romandie) auf Lokalteile. Wie anderswo, dominieren Themen aus den Bereichen Gesellschaft, Kriminalität, Sex und Sport, ohne dass Politik, Wirtschaft und Kultur ganz fehlen würden. Die *quality papers* geben umgekehrt den Bereichen Politik, Wirtschaft, Kultur und Wissenschaft mehr Gewicht. Bei den Tageszeitungen unter ihnen handelt es sich um Komplettzeitungen, die sich durch einen hohen Spezialisierungsgrad der Redaktion auszeichnen. Die wichtigsten quality papers der Schweiz sind ›Neue Zürcher Zeitung‹ (Zürich), ›Tages-Anzeiger‹ (Zürich), ›Le Temps‹ (Genf), ›Basler Zeitung‹ (Basel), ›Der Bund‹ (Bern), ›Die Weltwoche‹ (Zürich), ›WochenZeitung‹ (Zürich), ›Mittelland Zeitung‹ (Baden) und ›Corriere del Ticino‹ (Lugano), wobei die Grenze zu den Regionalzeitungen fließend ist. *Regionalzeitungen* zeichnen sich dadurch aus, dass sie das Angebot einer Komplettzeitung anstreben, aber vor allem im Regionalteil mit Eigenleistungen aufwarten, sonst aber stark auf Agenturen zurückgreifen müssen. Jene, die zu den quality papers aufschließen, bieten auch beträchtliche Eigenleistungen in den überregionalen Teilen. Dies ist vor allem der Fall bei den jeweils größten Regionalzeitungen in Bern, Luzern, Fribourg, St. Gallen, Chur, Lausanne und Genf. *Lokalzeitungen* schließlich verzichten weitgehend auf überregionalen Stoff.

Die größten Zeitungen der Schweiz sind im Vergleich mit anderen Ländern nicht groß. Selbst die wichtigsten Boulevardzeitungen überschreiten das Drittel einer Million Auflage nicht. Umso erstaunlicher ist, welche publizistischen Leistungen diese doch mit relativ knappen Ressourcen versehenen Zeitungen erbringen. Auffällig ist auch, dass die größten Zeitungen vor allem aus der Deutschschweiz und vornehmlich aus fünf Medienunternehmen stammen: Ringier, Tamedia, NZZ-Gruppe, Edipresse und Basler Medien-Gruppe:

Tabelle 5
Die größten publizistischen Einheiten unter den Kaufzeitungen der Schweiz

Titel	*Sprache und Periodizität*	*Medienunternehmen*	*Auflage*	*Leserzahl*
1. ›Sonntags-Blick‹	dt., sonntags	Ringier	334.693	1.003.000
2. ›Blick‹	dt., werktags	Ringier	314.179	742.000
3. ›Tages-Anzeiger‹	dt., werktags	Tamedia	279.912	616.000
4. ›Le Matin-Dimanche‹	frz., sonntags	Edipresse	220.451	613.000
5. ›SonntagsZeitung‹	dt., sonntags	Tamedia	220.102	752.000
6. ›Mittelland Zeitung‹	dt., werktags	AZ-Medien	194.000*	370.000*
7. ›Berner Zeitung‹	dt., werktags	Espace Media	180.000*	338.000*
8. ›Neue Zürcher Zeitung‹	dt., werktags	NZZ-Gruppe	169.118	308.000
9. ›Die Südostschweiz‹	dt., werktags	Südostschweiz	138.709	232.000
10. ›Neue Luzerner Zeitung‹	dt., werktags	Luzerner Ztg. AG/NZZ	133.476	273.000
11. ›Basler Zeitung‹	dt., werktags	Basler Medien Gr.	115.409	218.000
12. ›St. Galler Tagblatt‹	dt., werktags	NZZ-Gruppe	110.463	220.000
13. ›Die Weltwoche‹	dt., donnerstags	Basler Medien Gr., ab 2002 Jean Frey	92.337	339.000
14. ›24 heures‹	frz., werktags	Edipresse	80.619	232.000
15. ›Tribune de Genève‹	frz., werktags	Edipresse	78.402	195.000
16. ›Der Bund‹	dt., werktags	NZZ-Gruppe	68.175	155.000
17. ›Le Matin‹	frz., werktags	Edipresse	66.393	274.000
18. ›Le Temps‹	frz., werktags	(Edipresse)	52.432	121.000
19. ›dimanche.ch‹	frz., sonntags	Ringier	50.000	115.000

** Zahlen geschätzt.*
Quellen: Katalog der Schweizer Presse 2001, WEMF 2000.

Nicht überraschend ist, dass unter den 19 größten publizistischen Einheiten nur sechs französischsprachige Titel figurieren und italienische oder rätoromanische Zeitungen ganz fehlen.

5.3 Die Zeitschriften

In der Schweiz existieren mindestens 6.000 Zeitschriften (vgl. Rathgeb 1999: 170-172), und zwar Nachrichtenmagazine (›Facts‹, ›L'Hebdo‹), Publikumszeitschriften (›Schweizer Illustrierte‹, ›L'Illustré‹, ›Schweizer Familie‹, ›Glückspost‹, ›Beobachter‹, ›Tele‹ usw.), Special-Interest-Zeitschriften, Verbandszeitschriften, Personalzeitschriften, wissenschaftliche Zeitschriften, PR-Zeitschriften usw. Die Wissenschaft muss auch die Special-Interest-Zeitungen, die vor allem im Bereich Wirtschaft existieren (›Cash‹, ›Handels-Zeitung‹, ›Finanz + Wirtschaft‹) zu den Zeitschriften rechnen, da sie inhaltlich nicht universal sind. Noch sind die Zeitschriften ungenügend erforscht. Vor allem ist zentral, dass im Kioskverkauf 82 Prozent der angebotenen Zeitschriftentitel aus dem Ausland stammen (vgl. Bonfadelli/Meier 1994: 73).

5.4 Die Finanzierung der Printmedien

Die Printmedien verschaffen sich ihre Einnahme über den Verkaufspreis (Abonnemente und Einzelverkauf) sowie über Anzeigen. Bei Tageszeitungen stammen etwa zwei Drittel der Erlöse aus Anzeigen (vgl. Meier 1997a: 232). Dies macht die Presse stark von der Konjunktur abhängig, denn in wirtschaftlichen Krisenphasen geht die Werbung zurück. Außerdem verliert die Presse Anteile im Werbemarkt an die elektronischen Medien. Im Jahr 2000 erwirtschafteten die Printmedien 1.813 Millionen Euro im Werbemarkt; das sind 68 Prozent des Bruttogesamtaufwandes der kommerziellen Werbung in der Schweiz (vgl. Blum 2001: 51-56). Einige große Medienunternehmen beschaffen sich ihre Werbeaufträge selber, aber maßgeblich zuständig für die Anzeigenvermittlung ist die Publigroupe, die über einen Marktanteil von zwei Dritteln verfügt und so gewissermaßen ein Monopol innehat. Die Publigroupe ist denn auch der größte Medienkonzern der Schweiz überhaupt (vgl. Blum 2001: 72).

5.5 Die Kontrolle der Printmedien

Die Printmedien leisten ihren Service public freiwillig. In der Schweiz engagieren sie sich traditionell recht intensiv in der Parlaments-, Abstimmungs- und Wahlberichterstattung. Wenn sie jedoch diese Aufgabe nicht mehr erfüllen wollen, kann sie niemand dazu zwingen. Immerhin bekennen sich die Medienverantwortlichen in der Schweiz praktisch durchwegs zu den Grundsätzen journalistischer Ethik, über die der Schweizer Presserat wacht. Außerdem haben einige Medienhäuser Ombudsstellen eingerichtet (so vor allem Edipresse, Tamedia und AZ-Medien).

6 Die elektronischen Medien

6.1 Die Rahmenbedingungen

Die Gesetzgebung über Radio und Fernsehen ist Bundessache. Artikel 93 der Bundesverfassung formuliert eine Art Leistungsauftrag, wonach die elektronischen Medien zur „Bildung und kulturellen Entfaltung, zur freien Meinungsbildung und zur Unterhaltung" beizutragen haben. Sie müssen die Ereignisse sachgerecht darlegen und die Vielfalt der Ansichten angemessen zum Ausdruck bringen. Die Verfassung gewährleistet ihre Unabhängigkeit und die Autonomie ihrer Programmgestaltung (vgl. Meier 1997a: 233). Und natürlich gilt Artikel 17, der die Medienfreiheit verankert, auch für Radio und Fernsehen. Doch reguliert das Radio- und Fernsehgesetz die Aufgaben der Veranstalter, insbesondere der SRG, ziemlich weitgehend. Jeder Veranstalter braucht eine Konzession der Regierung. Das neue Radio- und Fernsehgesetz, das etwa 2004 in Kraft treten soll, will indessen die privaten Veranstalter weitgehend aus dem Korsett staatlicher Vorschriften entlassen.

Die Verbreitung von Radio und Fernsehen ist nur möglich, wenn die entsprechenden Infrastrukturen zur Verfügung stehen. Da die Schweiz über wenig flaches Land verfügt, sondern mehrheitlich gebirgig ist, sodass Signale nicht überall empfangen werden können, wurde sie früh stark verkabelt. Heute sind 90 Prozent der Haushalte an das Kabelnetz angeschlossen. Die der amerikanischen NTL Inc. gehörende Cablecom ist die größte Kabelnetzbetreiberin. Sie bedient 51 Prozent der Haushalte und erzielte 1999 einen Umsatz von 384 Millionen Euro. Zur Cablecom gehören auch die Gerätevertreiberin Rediffusion und der Content-Anbieter Swissonline. Cablecom entscheidet weitgehend, was dem Publikum in der Schweiz über die Kabel angeboten wird. Die übrigen Netzbetreiber sind kleine, lokale Gesellschaften (vgl. Blum 2001: 81-82).

6.2 Die SRG

Die SRG entstand 1931 als Zusammenschluss der verschiedenen regionalen Radiogenossenschaften. Sie ist bis heute ein privatrechtlicher Verein, der einen öffentlichen Auftrag erfüllt (vgl. Meier 1997a: 233-235). Sie hat eine schwierige Doppelfunktion zu bewältigen: Einerseits lastet auf ihr die Hauptverantwortung des Service public, der in der Schweiz nicht nur bedeutet, dass alle Landesteile rein technisch mit Radio- und Fernsehprogrammen versorgt werden, sondern auch, dass in den Programmen den Besonderheiten eines mehrsprachigen Landes mit föderalistischer Struktur und direkter Demokratie Rechnung getragen wird. Anderseits ist die SRG ein Unternehmen, das sich im Markt gegen hauptsächlich ausländische Konkurrenz (aus Deutschland, Österreich, Frankreich und Italien) behaupten muss. Auch hier erstaunt, welches Angebot die SRG im Vergleich zu den mit viel größeren Ressourcen ausgestatteten Sendern ARD, ZDF, ORF, France 2 oder RAI zustande bringt (vgl. Meier/Bonfadelli/Schanne 1993; Bonfadelli/Meier/Schanne1998; Schanne 2001).

Die SRG betreibt sechs Radiostudios (in Zürich, Bern, Basel, Genf, Lausanne und Lugano) sowie vier Regionalstudios (in Aarau, Luzern, St. Gallen und Chur) und produziert 14 Radioprogramme (vgl. Rathgeb 1999: 175-180): auf Deutsch, Französisch und Italienisch je auf Information, auf Kultur und auf Unterhaltung ausgerichtete Programme (1., 2. und 3. Programm), auf Deutsch das digitale Jugendprogramm „Virus", auf Deutsch und Französisch je ein Mittelwellen-Musikprogramm, dann das rätoromanische Programm sowie das Kurzwellenprogramm „Schweizer Radio International" (SRI), das in den fünf Sprachen Deutsch, Französisch, Italienisch, Englisch und Arabisch sendet. Neuerdings ist SRI auf dem Internet präsent (www.swissinfo.org), und dort in acht Sprachen (zusätzlich noch in Spanisch, Portugiesisch und Japanisch). Ins erste Programm der Deutschschweiz eingebaut sind auch sechs Regionaljournale mit je eigenen Redaktionen. Die Hauptprogramme im Inland werden unterschiedlich stark rezipiert, am schwächsten in der Suisse romande, am stärksten in der Svizzera italiana:

Tabelle 6
24-Stunden-Marktanteile der SRG-Radioprogramme

Programme	*Deutschschweiz*	*Suisse romande*	*Svizzera italiana*
1. Programm	35,2 %	27,4 %	54,4 %
2. Programm	1,8 %	2,2 %	2,2 %
3. Programm	8,4 %	4,2 %	12,7 %
total	*45,4 %*	*33,8 %*	*69,3 %*

Quelle: www.srg-ssr.ch. Die Marktanteile beziehen sich auf das Jahr 2000.

Die Fernsehprogramme produziert die SRG in Zürich, Genf und Lugano (sowie in Chur). Sie strahlt je zwei Programme auf Deutsch, Französisch und Italienisch aus und ein Teilprogramm auf Rätoromanisch. Die SRG ist an 3sat, TV5 und Eurosport beteiligt. Eine Tochterfirma der SRG ist Swiss TXT, die Anbieterin der Teletext-Informationen mit Sitz in Biel. Mit ihren eigenen Fernsehprogrammen erzielt die SRG Marktanteile, mit denen sie in allen Sprachregionen der stärkste Anbieter ist, doch erreichen die ausländischen Sender zusammen je einen höheren Marktanteil:

Tabelle 7
24-Stunden-Marktanteile der SRG-Fernsehprogramme

Programme	*Deutschschweiz*	*Suisse romande*	*Svizzera italiana*
1. Programm	25,3 %	26,8 %	25,3 %
2. Programm	7,2 %	5,4 %	6,0 %
total	*32,5 %*	*32,2 %*	*31,3 %*

Quelle: www.srg-ssr.ch. Die Marktanteile beziehen sich auf das Jahr 2000.

6.3 Die privaten Anbieter

Die Öffnung des Marktes für einheimische private Anbieter von Radio- und Fernsehprogrammen erfolgte in der Schweiz in drei Schritten: 1983 wurden Lokalradios zugelassen. Damals entstand die Idee des Drei-Ebenen-Modells, das den lokalen Raum den Privaten, den sprachregionalen und nationalen der SRG und den internationalen sowohl der SRG wie Privaten zuwies. 1993 erhielten auch lokale Fernsehanbieter eine Konzession. Und 1998 wandte sich die Schweizer Regierung vom Drei-Ebenen-Modell ab, indem sie auch sprachregionale Fernsehprogramme konzessionierte (vgl. Meier/Schanne 1994: 65-69; Meier 1997a: 238, Trappel 2001: 311). Damit führte sie im Prinzip das duale System ein.

Dabei ist stets zu beachten, dass für das Publikum das System längst dual war, weil es seit den Sechzigerjahren des 20. Jahrhunderts kommerzielle Radioprogramme (Europe Nr. 1, Radio Luxembourg, Radio Monte Carlo) und seit den Achtzigerjahren zunehmend kommerzielle Fernsehprogramme (RTL, Sat.1, Italia 1, Canale 5, TF 1) empfangen konnte. Dual war das System bloß nicht in Bezug auf schweizerische Inhalte. Seit der Markt dereguliert ist, stiegen zunächst neue Akteure ins Radio- und Fernsehgeschäft ein. Pionier war Roger Schawinski, der mit einem Piratensender vom italienischen Pizzo Groppera aus die Zulassung privaten Radios richtig ertrotzte. Doch zunehmend haben sich die klassischen Medienunternehmen auch dieser Sparte bemächtigt. So kontrollieren Tamedia (Zürich), NZZ (St. Gallen und Bern), AZ-Medien (Aargau), Espace Media (Bern), Luzerner Zeitungs AG (Luzern) und Südostschweiz Presse (Chur) private lokale Radiostationen und – außer der NZZ – auch lokale Fernsehsender. NZZ, Ringier und Basler Medien-Gruppe betreiben zusammen die Firma „Presse-TV", die Sendungen auf dem zweiten Deutschschweizer Kanal der SRG ausstrahlt.

Insgesamt existieren 52 autonome private Radioprogramme und 22 autonome private Fernsehprogramme (ohne die bloßen Infokanäle). Vor allem einige der Radiosender haben sich gut etabliert. Auf sprachregionaler Ebene wurde das Schweizer Programmfenster von RTL/Pro 7 nach kurzem Gastspiel wieder eingestellt. Zunächst suchten sich drei schweizerische Sender zu behaupten: Tele 24 der Belcom Mediengruppe (Roger Schawinski), TV 3 von Tamedia und SBS Broadcasting sowie Teleticino, doch Ende 2001 gaben Tele 24 und TV 3 aus wirtschaftlichen Gründen auf. Tele 24 produzierte nur wenige Programmstunden, die regelmäßig wiederholt wurden. Das Schwergewicht lag auf Talkshows sowie Spielen und auf der Information. Der Sender erzielte im Jahr 2000 am Hauptabend einen Marktanteil von 2,6 Prozent. TV 3 gestaltete ein Vollprogramm mit Quizsendungen, Talkshows und Formaten wie „Robinson" und „Big Brother" und verzichtete konzessionswidrig auf eine eigentliche Informationssendung. Der Sender holte sich einen Marktanteil von

3,5 Prozent (vgl. Trappel 2001: 312). Teleticino will sich dynamisch an der sozialen und politischen Debatte beteiligen. Das Schwergewicht liegt auf Informationen, Talkshows und Diskussionen.

6.4 Die Finanzierung von Hörfunk und Fernsehen

Hörfunk und Fernsehen werden durch Empfangsgebühren, Werbung und Sponsoring finanziert (vgl. Meier 1997a: 235-236). Die SRG beschafft sich ihre Einnahmen hauptsächlich durch die Gebühren. Diese werden von der Regierung festgesetzt und durch die Firma Billag im Auftrag des Bundes bei den Radiohörerinnen und Fernsehzuschauern eingezogen. Die Gebühren betragen (2001) 285 Euro pro Haushalt und Jahr und zählen zu den höchsten in Europa. Etwa ein Viertel der Gebühren wird für die Swisscom (Sendeanlagen), die Forschung und die Unterstützung privater Veranstalter reserviert. Im Jahr 2000 flossen der SRG aus den Gebühren 707 Millionen Euro (70 Prozent der Einnahmen) zu. In ihren Fernsehprogrammen darf die SRG limitiert auch Werbung ausstrahlen. Daraus erzielte sie Einnahmen von 203 Millionen Euro (20 Prozent). Die Werbung für die SRG wird durch die Tochterfirma Publisuisse akquiriert. Und sowohl Radio- wie Fernsehsendungen der SRG können gesponsert werden. Dies brachte nochmals 23 Millionen Euro ein (2 Prozent). Die privaten Veranstalter beschaffen sich ihre Einnahmen entweder praktisch ausschließlich durch Werbung (kommerzielle Programme) oder mithilfe von Mitglieder- oder Gönnerbeiträgen (alternative Programme). Radiostationen in Randgebieten oder ohne kommerzielle Absichten erhalten Subventionen aus dem Gebührentopf (Gebührensplitting).

6.5 Die Kontrolle von Hörfunk und Fernsehen

Die Grundsätze journalistischer Ethik gelten auch für die elektronischen Medien. Darum sind beim Schweizer Presserat auch Beschwerden gegen Radio- und Fernsehsendungen möglich. Zusätzlich sieht aber die Bundesverfassung in Artikel 93 vor, dass Programmbeschwerden einer unabhängigen Beschwerdeinstanz vorgelegt werden können. Das Radio- und Fernsehgesetz hat deshalb einen eigentlichen Instanzenzug eingerichtet, der mit Ombudsstellen bei den einzelnen Medien oder in den Sprachregionen beginnt und über die Unabhängige Beschwerdeinstanz (UBI) bis zum Bundesgericht führt (vgl. Meier 1997a: 233-234). Je weiter nach oben eine Beschwerde gelangt, desto rechtsverbindlicher werden die Entscheide. Im Zusammenhang mit dem neuen Radio- und Fernsehgesetz wird diskutiert, inwieweit diese Fremdregulierung abgebaut werden könnte. Die SRG wird im Übrigen programmlich zusätzlich durch ihre Regionalgenossenschaften und den Publikumsrat kontrolliert (vgl. auch Jarren u.a. 2001).

7 Übrige Medien

7.1 Buch

Auch der Buchmarkt ist geprägt durch die Aufsplitterung in vier Sprachkulturen. Die Schweiz ist ein Land der Kleinverlage (vgl. Rathgeb 1999: 173-175). Die Buchproduktion ist beachtlich, vor allem im Bereich der Sachbücher. Aber auch hier ist die Konkurrenz der gleichsprachigen Nachbarländer übermächtig, sichtbar in jeder Schweizer Buchhandlung. Im Zwischenbuchhandel ist das Schweizerische Buchzentrum in Hägendorf bei Olten Marktführer.

7.2 Film

Noch schwieriger ist die Lage für den Schweizer Film (vgl. Rathgeb 1999: 187-191). Die Bundesverfassung sieht darum in Artikel 71 vor, dass die Schweizer Filmproduktion und die Filmkultur durch den Bund gefördert werden kann. Auch die Filmproduzenten sind Klein- und Mittelbetriebe. Neben Bund, Kantonen und Gemeinden tritt hauptsächlich die SRG als Förderin hervor. Eine wichtige Rolle für die Promotion des einheimischen Filmschaffens spielen Festivals, beispielsweise die Solothurner Filmtage. Das Verleihgeschäft, das von den vier Unternehmen 20th Century Fox Film, UIP, Warner Bros und Buena Vista beherrscht wird, ist hingegen stark durch amerikanische Großfilme geprägt. Die Kinos haben sich von ihrem Niedergang der Sechziger- bis Achtzigerjahre des 20. Jahrhunderts erholt: Das Publikum kommt wieder.

7.3 Video

Der SRG-Forschungsdienst erhebt regelmäßig die Daten der Videonutzung. Schlecht erforscht ist indessen der Videomarkt an sich. Auch hier gilt, wie für das Kino, dass die Nutzung ausländischer (und vor allem amerikanischer) Produkte überwiegt – trotz der international bekannten Schweizer Videokünstlerin Pippilotti Rist. Im Übrigen gelten die diesbezüglichen Ausführungen von Klaus Beck in diesem Band auch für die Schweiz.

7.4 Online-Dienste

Zunehmend werden aktuelle Nachrichten über das Internet angeboten, teils in Verbindung mit traditionellen Medien (wie: www.swissinfo.org, www.tages-anzeiger.ch), teils unabhängig davon (www.bluewin.ch, www.yellowworld.ch). Die Online-Dienste stützen sich stark auf Nachrichtenagenturen, bieten aber oft Dossiers zu aktuellen Themen an sowie unterhaltende Inhalte und Links (vgl. Blum 2001: 39). 1997 nutzten in der Schweiz erst 7 Prozent der Bevölkerung das Internet mehr oder weniger regelmäßig. Dieser engere Nutzerkreis erhöhte sich bis 2001 auf 38 Prozent, der weiteste Nutzerkreis auf 52 Prozent. Laut WEMF/Nielsen/NetRatings nutzen 3,2 Millionen Schweizer mindestens einmal monatlich das Internet, laut Netbase/PublicaData 3,1 Millionen. Die aktiven Nutzer waren im Mai 2001 durchschnittlich 5 Stunden und 36 Minuten online. Der Nutzerkreis besteht aus 58,8 Prozent Männern und 41,2 Prozent Frauen (vgl. www.infoweek.ch/news/n_single.cfm?ID=4123 und www.infoweek.ch/news/n_single.cfm?ID=4172)

Quellen und Literatur

AG für Werbemedienforschung (Hrsg.) (1990 ff.): Qualitative Media-Studie (QMS) MACH-Basis. Zürich.

Bellwald, Waltraut/Hättenschwiler, Walter/Würsch, Roman (1991): Blätterwald Schweiz. Zahlen und Fakten zur Zeitungsstruktur. Zürich.

Blum, Roger (1993): Der schwarze und der rote Hase: Parteiblätter ohne Chancen in der Schweiz. In: Schweizer Monatshefte, Nr. 1, S. 33-41.

Blum, Roger (1994): Macht und Ohnmacht der Medien in der Schweiz. In: Widerspruch, Nr. 28, S. 2-5.

Blum, Roger (1999): Sprachenvielfalt und Föderalismus. In: Zoom Kommunikation & Medien, Nr. 12/13: Der Fernsehboom, S. 50-55.

Blum, Roger (2001): Mediensysteme. Skript zur Vorlesung. Bern.

Blum, Roger/Hemmer, Katrin/Perrin, Daniel (1995): Die AktualiTäter. Nachrichtenagenturen in der Schweiz. Bern.

Bollinger, Ernst (1986): La presse suisse. Les faits et les opinions. Lausanne.

Bonfadelli, Heinz/Meier, Werner A. (1994): Kleinstaatliche Strukturprobleme einer europäischen Medienlandschaft. Das Beispiel Schweiz. In: Jarren, Otfried (Hrsg.): Medienwandel – Gesellschaftswandel. 10 Jahre dualer Rundfunk in Deutschland. Eine Bilanz. Berlin, S. 69-90.

Bonfadelli, Heinz/Meier, Werner A./Schanne, Michael (1998): Öffentlicher Rundfunk und Kultur. Die SRG zwischen gesellschaftlichem Auftrag und wirtschaftlichem Kalkül. Zürich.

Catrina, Werner/Blum, Roger/Lienhard, Toni (1993): Medien zwischen Geld und Geist. 1893-1993 100 Jahre Tages-Anzeiger. Zürich.

Eidgenössisches Justiz- und Polizeidepartement (Hrsg.) (1982): Medien-Gesamtkonzeption. Bericht der Expertenkommission für eine Medien-Gesamtkonzeption. Bern.

Fleck, Florian (1987): Zum Forschungsstand der Medienökonomie. In: Fleck, Florian/Saxer, Ulrich/Steinmann, Matthias (Hrsg.): Massenmedien und Kommunikationswissenschaft in der Schweiz. Zürich, S. 81-93.

Graf, Barbara/Kradolfer, Edi (1997): Medienkonzentration und publizistischer Wettbewerb. Der Einfluss von Radio und Fernsehen auf den öffentlichen Diskurs in den Städten Bern, Solothurn und Basel. Bern (Forschungsbericht).

Haas, Hannes (Hrsg.) (1990): Mediensysteme. Struktur und Organisation der Massenmedien in den deutschsprachigen Demokratien. Wien.

Haller, Michael/Jäggi, Max/Müller, Roger (Hrsg.) (1981): Eine deformierte Gesellschaft. Die Schweizer und ihre Massenmedien. Basel.

Hosang, Balz C. (1974): Parteien und Presse. Die Beziehungen zwischen den politischen Parteien und der politischen Presse. Ein Beitrag zum Problem der Meinungsbildung durch die politische Presse im Kanton Zürich. Bern u.a.

Jarren, Otfried/Donges, Patrick/Künzler, Matthias/Schulz, Wolfgang/Held, Thorsten/Jürgens, Uwe (2001): Der schweizerische Rundfunk im Netzwerk. Möglichkeiten der Absicherung und Bindung der SRG an die Gesellschaft. Zürich.

Kägi, Matthias/Kellenberger, Marco (1996): Quasimonopol und Binnenpluralismus. Schweizerische Forumszeitungen unter der Lupe. Bern (Facharbeit).

Knoche, Manfred (1978): Einführung in die Pressekonzentrationsforschung. Berlin.

Marr, Mirko/Wyss, Vinzenz/Blum, Roger/Bonfadelli, Heinz (2001): Journalisten in der Schweiz. Eigenschaften, Einstellungen, Einflüsse. Konstanz.

Meier, Werner A. (1997a): Switzerland. In: Ostergaard, Bernt Stubbe (Hrsg.): The media in Western Europe. The Euromedia handbook. London u.a.

Meier, Werner A. (1997b): Globaler Medienwandel aus politökonomischer Perspektive. In: Medienwissenschaft Schweiz, Nr. 2/1996 – 1/1997, S. 70-85.

Meier, Werner A./Bonfadelli, Heinz/Schanne, Michael (1993): Medienlandschaft Schweiz im Umbruch. Vom öffentlichen Kulturgut Rundfunk zur elektronischen Kioskware. Basel u.a.

Meier, Werner A./Schanne, Michael (1994): Medien-„Landschaft" Schweiz. Zürich.

Meyer, Salomé/Sterchi, Andrea (1997): Der Zuger Pressezirkus. Pressekonzentration und publizistische Vielfalt im Kanton Zug. Bern (Facharbeit).

Modetta, Caterina (2001): Entwicklung der Pressevielfalt 1980-1999. Bundesamt für Statistik. Kultur und Lebensbedingungen 16. Neuenburg.

Nussberger, Ulrich (1971): Die Mechanik der Pressekonzentration. Berlin.

Publicitas (Hrsg.) (1996): Medienatlas Schweiz. CD-ROM. Basel.

Publicom (Hrsg.) (1996): Kommunikations- und Wirtschaftsräume in der Schweiz. Zürich.

Rathgeb, Jürg (1999): Medienlandschaft Schweiz. In: Bonfadelli, Heinz/Hättenschwiler, Walter (Hrsg.): Einführung in die Publizistikwissenschaft. Zürich, S. 159-196.

Saxer, Ulrich (1990a): Der gesellschaftliche Ort der Massenkommunikation. In: Haas, Hannes (Hrsg.): Mediensysteme. Struktur und Organisation der Massenmedien in den deutschsprachigen Demokratien. Wien, S. 8-20.

Saxer, Ulrich (1990b): Funktionen, Strukturen und Probleme des schweizerischen Mediensystems. In: Haas, Hannes (Hrsg.): Mediensysteme. Struktur und Organisation der Massenmedien in den deutschsprachigen Demokratien. Wien, S. 48-63.

Saxer, Ulrich (1992): Presse – Post – Presseförderung: Pressedefinitionen und postalische Transporttarifpolitik. Expertise. Zürich.

Saxer, Ulrich (1993): Medien und Politik in der Schweiz. In: Schanne, Michael/Schulz, Peter (Hrsg.): Journalismus in der Schweiz. Fakten, Überlegungen, Möglichkeiten. Aarau, S. 81-104.

Schanne, Michael (1993): Medien-„Landschaft" Schweiz: Zahlen und Fakten. In: Schanne, Michael/Schulz, Peter (Hrsg.): Journalismus in der Schweiz. Fakten, Überlegungen, Möglichkeiten. Aarau, S. 237-255.

Schanne, Michael (2001): Bericht über den gesellschaftlichen Nutzen der SRG SSR idée suisse. Bern.

Schulthess-Eberle, Hildegard (Hrsg.) (1969ff.): Impressum. Schweizerisches Medien-Handbuch. Äugstertal.

Schweizerische Kartellkommission (1993): Pressekonzentration. In: Veröffentlichungen der Schweizerischen Kartellkommission und des Preisüberwachers, Nr. 4, S. 11-87.

Stark, Hans (1987): Dimensionen der Pressekonzentration. In: Fleck, Florian/Saxer, Ulrich/Steinmann, Matthias F. (Hrsg.): Massenmedien und Kommunikationswissenschaft in der Schweiz. Zürich, S. 95-104.

Trappel, Josef (2001): Fernsehen in Österreich und der Schweiz: Wenig Licht im deutschen Marktschatten. In: Media Perspektiven, Nr. 6, S. 306-314.

Union romande des éditeurs de journaux et périodiques (Hrsg.) (1996): Presse romande: du miracle à la réalité. Neuchâtel.

Verband Schweizerischer Werbegesellschaften (Hrsg.) (1925ff.): Katalog der Schweizer Presse. Zeitungen, Amtsblätter, Anzeiger, Publikumszeitschriften. Zürich.

Verband Schweizerischer Werbegesellschaften (Hrsg.) (1964ff.): Verbreitungsdaten der Schweizer Presse. Zeitungen, Amtsblätter, Anzeiger, Kantone, Bezirke, Poststellen. Zürich.

Wuerth, André (1999a): Die SRG und ihr Integrationsauftrag. Wandel – Gründe –Konsequenzen. Bern.

Wuerth, André (1999b): Mediensystem und politische Kommunikation. In: Klöti, Ulrich/Knoepfel, Peter/Kriesi, Hanspeter/Linder, Wolf/Papadopoulos, Yannis (Hrsg.): Handbuch der Schweizer Politik. Zürich, S. 337-384.

Mediensysteme im internationalen Vergleich

Hans J. Kleinsteuber

1 Begriff und Gegenstand

Mit dem Systemvergleich werden mehrere aufeinander bauende Herangehensweisen beschrieben. In einer ersten Stufe geht es um die Auseinandersetzung mit Medienverhältnissen außerhalb des eigenen, vertrauten Horizonts, auf der zweiten Stufe folgt der tatsächliche Vergleich verschiedener Systeme. Wird dieser Vergleich methodisch reflektiert durchgeführt, erreichen wir die dritte Stufe einer komparativen Methode, auf der vierten und letzten Stufe entstehen in Auswertung und Interpretation eines systematischen Vergleichs komparative Theorien. Mit diesen unterschiedlichen Stufen des Vergleichs beschäftigt sich dieser Beitrag.

Alltagssprachlich bezieht sich der Vergleich auf mindestens zwei Gegenstände, die miteinander ins Verhältnis gesetzt werden, dabei dürfen sie offensichtlich weder gleich sein (sie sollen nur „vergleichbar" sein), noch dürfen sie sich total unterscheiden (man kann „nicht Äpfel mit Birnen vergleichen"). Der Vergleich folgt bestimmten Methoden und Herangehensweisen, die teilweise auch aus anderen Bereichen bekannt sind, teilweise spezifisch für den Vergleich sind. Als wissenschaftliche Methode schaut der Vergleich auf eine beachtliche Geschichte zurück, in der Kommunikationswissenschaft wurde er dagegen erst in den letzten Jahrzehnten als Beitrag von herausragender Bedeutung entdeckt, wie ein Blick auf die Forschungsentwicklung unterstreicht.

In diesem Beitrag stehen (nationale) Mediensysteme im Zentrum. Sie lassen sich als ganze Systeme (die Makroebene, z.B. Kommunikationsverfassungen) analysieren, aber auch einzelne Institutionen oder Akteure (Mesoebene, z.B. ein Markt, ein Anbieter, ein Gesetz) können im Mittelpunkt stehen. Ebenso eignen sich einzelne Personen (Mikroebene, z.B. der Rezipient oder der Kommunikator) für eine vergleichende Betrachtung, ohne dass dies hier berücksichtigt wird.

2 Forschungsentwicklung im Fach

Seit den frühen Hochkulturen wird über andere Kulturen kommuniziert; interkulturelle Kommunikation begleitet die Menschwerdung. In einer ersten Phase ging es vor allem darum, in Geschichten von der Ferne die Neugierde der Zurückgebliebenen zu befriedigen (so der griechische Fernreisende Herodot) oder die Höherwertigkeit der eigenen Kultur zu bestätigen (europäische Kolonialisten). Ein systematisches Nachdenken über die Leistungen komparativer Herangehensweisen begann im 19. Jahrhundert (John Stuart Mill, siehe unten), und vergleichende Fragestellungen wurden im 20. Jahrhundert in vielen Disziplinen bearbeitet und sind inzwischen fester Bestandteil verschiedener Fächer (z.B. Rechtsvergleich, vergleichende Sprachwissenschaft). Speziell innerhalb der Sozialwissenschaften wurden differenzierte Methoden und Herangehensweisen entwickelt (Vergleich von Gesellschaftssystemen, vergleichende Geschichtswissenschaft), wobei sich der systematisierte Systemvergleich vor allem in der Politikwissenschaft fest etabliert hat (comparative government).

Die Kommunikationswissenschaft ist im Verbund der Disziplinen ein Spätankömmling, deshalb kann sie auf bereits entwickelten Fragenstellungen und Techniken aus verwandten Fächern bauen. Als einer der Ersten interessierte sich Walter Lippmann (1922) für die „Bilder in unseren Köpfen", die sich Menschen aus verschiedenen Ländern von einander machen. Er entwickelte zur Erklärung der Zusammenhänge das Konzept des Stereotypen, der klischeehaften, simplifizierten Sicht der Völker untereinander, deren Unvermeidlichkeit, aber auch deren Notwendigkeit er beschrieb. Nach isolierten Einzelstudien, oft mit dem Focus auf Propaganda oder internationale Medienwirkung, begannen in den 50er-Jahren in den USA wissenschaftlich begründete vergleichende Studien. In einer historischen und inhaltsanalytischen Auswertung der „Prestigepresse" in fünf Staaten (USA, Großbritannien, Frankreich, Deutschland, Russland) für den Zeitraum der Jahrhundertwende bis etwa 1949 wird nach politischen Symbolen und deren Verwendung gefahndet. Hauptthese der Studie ist, dass Editorials in der Prestigepresse eng mit der Meinung der Eliten zu Fragen der auswärtigen Politik korrelieren. (vgl. de Sola Pool 1970). In den 50er-Jahren lag erstmals statistisches Material zur globalen Verbreitung von Medien vor (erstellt u.a. von UN/UNESCO), das zur Grundlage vergleichender Studien gemacht werden konnte. Daniel Lerner (1958) entwarf auf der Basis statistischer Auswertungen eine Theorie der gesellschaftlichen Modernisierung und benannte Faktoren, bei denen Massenkommunikation (neben Urbanisierung, Literalität etc.) eine zentrale Rolle spielen. In diese Richtung zielten weitere Ansätze von „modernization through communication", die nahe legten, Erfahrungen in den fortgeschrittenen Staaten zur Richtschnur für die forcierte Entwicklung in der Unterentwicklung zu nehmen.

Raymond B. Nixon (1960) interessierte sich für die Korrelation von Informationsfreiheit mit Lebensumständen und fand in vergleichenden Studien, dass Freiheit eng mit hohem Einkommen, hoher Lesefähigkeit und hoher Zeitungsdichte einhergeht. Viele dieser frühen Studien beziehen die USA als Referenzland ein und lassen erkennen, dass die (amerikanischen) Autoren in ihrem Heimatland besonders fortschrittliche und richtungsweisende Strukturen vorzufinden meinen, was nicht ohne Widerspruch blieb. In den 60er- und 70er-Jahren entstanden unter dem Etikett des Medienimperialismus kritische Sichtungen, die internationale Abhängigkeiten und Hegemonien in den Vordergrund stellten. (vgl. Schiller 1976) Basierend auf UNESCO-Aufträgen entstanden zudem vergleichende Untersuchungen zu Nachrichtenströmen, die den USA eine massive Vorherrschaft attestierten, Europa in einer Mittellage sahen und eine sehr hohe Abhängigkeit der Dritten Welt vorrechneten. (vgl. Varis 1984) In diesem Kontext wurde vergleichende Forschung auch politisch wirkungsmächtig, weil sie die große Debatte vor der UNESCO begleitete, in der es um das Konzept des „free flow of information" (vertreten von der Ersten Welt) versus das Konzept einer „new international information order" (sozialistischer Block und Dritte Welt) ging. Der Konflikt ist heute überwunden, führte aber u.a. zum dauerhaften Austritt der USA aus dieser Weltorganisation. Nie wieder, so scheint es retrospektiv, wurden komparativ gewonnene Argumente so sehr zum Gegenstand erbitterter Kontroversen.

Die Systematik der komparativen Teildisziplin entfaltete sich erst allmählich. Viele frühe Studien verglichen ohne Problembewusstsein, ohne sich über Aussagekraft und Grenzen des Approaches besondere Gedanken zu machen. Von der Begrifflichkeit her gibt es eine vergleichende kommunikationswissenschaftliche Forschung etwa ab den 1970er-Jahren, ausgehend von den USA und vor allem verbreitet über die Weltorganisationen der Kommunikationswissenschaftler (International Association for Media and Communication Research, IAMCR und International Communication Association, ICA) und der sich in ihnen vernetzenden Wissenschaftler mit zunehmend globaler Perspektive.

Eine frühe und weit verbreitete Einführung in Comparative Communiation Research stammt von Alex S. Edelstein (1982). Mit ihm und weiteren Autoren wird thematisiert, was „cross-national" und „cross-cultural studies" überhaupt zu leisten vermögen. Bereits Edelstein verwies darauf, dass unter bestimmten Umständen der Focus auf Staaten unzureichend ist, da sich Mediennutzungen und Einschätzungen unter ähnlichen Bevölkerungsgruppen (mit ähnlichem Bildungsstand, ähnlicher Beschäftigung, ähnlichem Alter, gleichem Geschlecht) grenzüberschreitend als hochgradig ähnlich erweisen, auch wenn die Staaten in anderer Hinsicht (z.B. sozioökonomischer Entwicklungsstand) deutlich differieren. So entstehen Sachverhalte, die in der vom Nationalstaat ausgehenden Makro-Perspektive nicht angemessen dargestellt werden können.

Die europäische Kommunikationswissenschaft konnte auf amerikanischen Vorarbeiten aufbauen, als sie sich etablierte. Sie ergab sich aus europäischen Kooperationsprojekten und reflektierte die Notwendigkeit, für eigene, grenzüberschreitende Forschung einen plausiblen Rahmen zu entwickeln. Eine derartige Studie nimmt die Redewendung „comparatively speaking ..." auf und betont, dass diese Teildisziplin so etwas, wie eine „extended and extendable frontier", also noch zu erschließendes Neuland sei, wobei ihr vor allem die Rolle zukomme, Raum und Zeit-Grenzen zu überwinden, die sich bei der Generalisierung von Theorien, Annahmen und Vorschlägen zeigen. (vgl. Blumler/McLeod/Rosengren 1992: 3)

Erst in den letzten Jahren ist auch in Deutschland das wissenschaftlich strukturierte Interesse an ausländischen Erfahrungen gewachsen, festzumachen etwa an den unverkennbaren „Amerikanisierungen" im deutschen Rundfunk (kommerzielles TV, Format Radio) aber auch an der Zunahme auswärtiger Einflüsse, vermittelt über EU-Politik (Fernsehen ohne Grenzen-Gesetzgebung, europäische Eigenproduktionsquoten). Ein Deutschland, das sich in einer rasch wandelnden und zunehmend globalisierenden Medienlandschaft orientieren und identifizieren will, wird die bisher gepflegte nationale Nabelschau rasch aufgeben müssen.

3 Die verwendeten Methoden und Theorien des Vergleichs

Der Vergleich im hier verstandenen Sinne besteht immer aus der wissenschaftlich gestützten Suche nach Beständen von Gemeinsamkeiten und Unterschieden in den Untersuchungsobjekten. Die damit verbundene methodische Herangehensweise geht – zumindest in außerdeutschen Sprachen – regelhaft auf den lat. Stamm „comparatio" (= Vergleichung) zurück; „comparison", so heißt es in einem Nachschlagewerk, bezeichnet „an examination of two or more objects to find likenesses or differences among them" (Websters Encyclopedic Dictionary). Der erste Wissenschaftler, der den Vergleich konzeptionell durchdacht und systematisch begründet hat, war der britische Philosoph John Stuart Mill. Er unterschied definitorisch die Frage nach der

Gemeinsamkeit („method of agreement") von der nach der Differenz („method of difference"). (vgl. Mill 1872: 648-651) Was hier unterstrichen wird, zählt zu den Fundamenten jedes wissenschaftlichen Vergleichs, der zumindest zweierlei Kriterien wird genügen müssen:

- Die verglichenen Gegenstände dürfen weder völlig gleich, noch völlig unterschiedlich sein und
- sie müssen immer auf beides – Gemeinsamkeit und Differenz – gleichzeitig befragt werden.

Legen wir diese systematischen Überlegungen zugrunde, so wird deutlich, dass der deutsche Terminus Vergleich mit seiner einseitigen Betonung auf „gleich" den Zusammenhang nur unzureichend beschreibt; präziser ist der Terminus komparative Kommunikationsforschung.

3.1 Der Gegenstand des Vergleichs

Nach gängigem Verständnis beschäftigt sich vergleichende Kommunikationsforschung mit Untersuchungs-Gegenständen („units of analysis"), zwischen denen eine politische Grenze liegt. Das mag für die große Mehrzahl der Forschungs-Designs gelten und in der Vergangenheit vertretbar gewesen sein. Mit dem Bedeutungsverlust des Nationalstaats wird sich dieses Prinzip zunehmend auflösen, wird die Bedeutung der Meso- und Mikro-Ebenen gegenüber der Makro-Ebene zunehmen. Selbstverständlich ist es auch möglich, Unterkategorien von Staaten miteinander zu vergleichen, z.B. Regional-TV oder Zeitungsredaktionen. Ebenso kann ein Vergleich auf funktionale Äquivalente bauen, also die Aufgabenstellung in den Mittelpunkt einer vergleichenden Sichtweise stellen: Mit dieser Zielsetzung gibt es Sinn, z.B. eine auswärtige nationale Rundfunkaufsichtsbehörde mit den deutschen Landesmedienanstalten auf Länderebene zu vergleichen, auch wenn sie eigentlich auf verschiedenen Ebenen des Staates angesiedelt sind. Ebenso kann es sinnvoll sein, „vergleichbare" Einheiten in den Mittelpunkt zu stellen, also z.B. einzelne deutsche Bundesländer mit ganzen Staaten zu vergleichen: Die Niederlande und Nordrhein-Westfalen verfügen – grob gerechnet – z.B. über ähnliche Flächen- und Bevölkerungsgröße.

Wer das Feld komparativer Arbeit umreißt, wird auch Grenzen markieren müssen: Ist es sinnvoll, Politiken des vereinten Europas (EU) mit denen der Mitgliedsstaaten zu vergleichen? Ich meine nicht, weil der Einzelstaat zugleich Teil eines größeren Ganzen ist und sich in einem komplexen Mehrebenensystem die verschiedenen Ebenen ständig wechselseitig beeinflussen. Eine andere Frage ist, ob auch Vergleiche in der Zeitdimension in die Teildisziplin komparativer Medienanalyse fallen: Vergleiche etwa der Anfänge des Radio- mit denen des Fernsehzeitalters innerhalb eines gegebenen Raumes mögen sinnvoll sein, folgen allerdings ganz anderen Regeln und sollten hier ausgeklammert bleiben.

Eine typische vergleichende Analyse läuft über mehrere Stationen, beginnt mit der kontextuellen Beschreibung („contextual description"), geht mit klassifizierender Einordnung weiter („classification"), testet Hypothesen („hypothesis-testing") und endet (als eine Option) in Vorhersagen („predictions"). (vgl. Landman 2000: 5-10) Eine etwas andere Herangehensweise beginnt mit den Staaten oder Regionen („cases"), definiert darauf die Untersuchungsgegenstände („units of analysis") und bestimmt darauf die Variablen, die im Zentrum des Vergleichs stehen. Hier wiederum ist zwischen unabhängigen Variablen zu unterscheiden (z.B. Bildung, Einkommen) und abhängigen Variablen (z.B. Medienkonsum, Computerkenntnis). (vgl. Landman 2000: 16f.) Ein besonderes Problem stellen Analysen nur eines Staates bzw. Gegenstandes dar; hier wird davon ausgegangen, dass von dem eigenen als einem Basissystem geschlossen, folglich implizit verglichen wird („single-country studies as comparison"). Nur so wird verständlich, dass z.B. Frankreich als „Quotenreich" interpretiert wird, weil Eigenproduktionsquoten in Deutschland unbekannt sind. (vgl. Machill 1997) In Kanada wäre dies kaum aufgefallen, dort werden Quoten seit Jahrzehnten praktiziert.

3.2 Die Zuordnungen im Vergleich

Vergleichsszenarien müssen, das ergab obige Definition, aus mindestens zwei miteinander ins Verhältnis zu setzenden Systemen (oder entsprechend Gegenständen innerhalb der Systeme) bestehen. In der Praxis lassen sich ganz unterschiedliche Quellen und Zuordnungen komparativer Forschung feststellen:

- handbuchartige Darstellungen von Mediensystemen nach festen Vorgaben, die für den Leser schnelle Vergleichsmöglichkeit ermöglichen (etwa: Hans-Bredow-Institut 2000);
- globale Darstellungen von Mediensystemen, zumeist mit exemplarisch ausgewählten Einzelsystemen aus verschiedenen Regionen (etwa der Klassiker: Head 1985);
- regionale Vielländer-Darstellungen mit Handbuchcharakter oder Cross-cultural-Vergleichen, die sich auf Weltregionen konzentrieren (etwa: Euromedia Research Group für Westeuropa; ERG 1997);
- Szenarien mit verschiedenen Systemen im Vergleich (vgl. Hoffmann-Riem 1996);
- Vergleiche von zwei Systemen, meist klar strukturiert mit 1:1 Zuordnungen (vgl. Gellner 1990);
- Darstellungen nur eines Systems aus der impliziten Perspektive eines anderen (des deutschen) Systems, wobei Fragestellungen oft aus Erfahrungen des eigenen Systems abgeleitet und Beobachtungen auf das eigene System rückbezogen werden (vgl. Machill 1997).

Alle genannten Vorgehensweisen sind mit spezifischen Chancen und Problemen verbunden. Vielländer-Studien schaffen einen breiten Überblick, sind allerdings nur zu bewältigen, wenn die Zahl der Variablen klein bleibt. Analysen nur weniger oder eines einzelnen Systems ermöglichen weitaus mehr Tiefe (mehr Variablen), doch kann die Einordnung in größere Zusammenhänge verloren gehen. Eine mittlere Linie gehen in diesem Zusammenhang Regionalstudien (area studies), die auf der Annahme basieren, dass innerhalb einer Region (Westeuropa, Lateinamerika) erhebliche Gemeinsamkeiten bestehen, die eine übergreifende Darstellung rechtfertigen. Diese Suche nach Übereinstimmungen kann sich auch von geografischen Kriterien abkoppeln, z.B. die Probleme von Kleinstaaten oder Transitionssystemen in den Mittelpunkt stellen. Schließlich werden mit abnehmender Bedeutung des Nationalstaats und zunehmender Multikulturalisierung auch ganz neue Szenarien denkbar, etwa der Einbezug mehrstaatlicher Euroregionen oder der Vergleich zwischen Migrantengruppen im Heimatland mit denen in Gaststaaten.

3.3 Muster vergleichender Herangehensweisen

In Anlehnung an das bisher Gesagte lassen sich einige typische Herangehensweisen herausdestillieren. In ihnen werden in der komparativen Forschung häufig wiederkehrende Muster in einen größeren Zusammenhang gestellt. Dazu zählen:

- Konkordanz: Dabei wird die inhaltliche Nähe von Vergleichsobjekten in den Mittelpunkt gestellt, etwa wenn Rundfunksysteme in der Public-Service-Tradition gemeinsam analysiert werden; sie unterscheiden sich grundsätzlich von kommerziellen Anbietern, die wiederum untereinander Ähnlichkeiten aufweisen (vgl. Raboy 1996).
- Differenz: Hierbei stehen Unterschiede im Vordergrund, die durch wissenschaftliche Herangehensweise belegt werden sollen, dazu zählen z.B. die oben erwähnten Nachrichtenflussanalysen oder neuere Arbeiten zum „digital divide", mit denen die große Kluft zwischen Nord und Süd betont werden soll.

Die bisher genannten Kategorien erweisen sich als statisch, weil sie dynamische Prozesse des Überspringens von Grenzen und eines globalen Lernens nicht einbeziehen. Deshalb erweisen sich weitere Grundmuster von Approaches als sinnvoll.

- Diffusion: Ein Modell ist in einem Land entstanden, wird darauf wegen seiner Vorbildlichkeit in anderen Ländern freiwillig übernommen. Als Ausgangsmodell von Public Service gilt die britische BBC, heute findet sich dieses Modell in ganz Europa, Kanada, Japan und anderswo.
- Dependenz: Modelle werden ohne Entscheidungsfreiheit unter hegemonialen Bedingungen weitergegeben. Typische Beispiele sind koloniale oder strukturelle Abhängigkeiten, etwa die der Kolonien von den Mutterstaaten oder des ehemaligen sozialistischen Lagers von der Sowjetunion.
- Temporanz: Gesellschaftliche Veränderungsprozesse verlaufen zwar oft ähnlich, gleichwohl zeitverschoben. Wer in Deutschland wissen wollte, was mit dem privat-kommerziellen Rundfunk auf das Land zukommt, konnte dies in den USA studieren, das ab 1985 realisierte duale Rundfunksystem bestand bereits seit 1955 in Großbritannien.
- Performanz: Wenn es ein Problem zu lösen gilt, erweist sich der gezielte Blick auf die Erfahrungsbestände anderer oft als hilfreich, z.B. um die politische Praxis mit Informationen zu bereichern. Wer Akteneinsichtsgesetzgebung plant, kann deren Praxis in den USA beobachten (als Freedom of Information-Gesetzgebung), wer Eigenproduktionsquoten im Fernsehen für sinnvoll hält, kann sich deren praktische Umsetzung seit 1968 in Kanada anschauen.

3.4 Typenbildung und komparative Theorien

Vergleichende Forschung ist methodisch eng mit der Entwicklung von Typen und Theorien verbunden. Beiden gemeinsam ist, dass eine Reihe von Vergleichsobjekten auf Konkordanz hin befragt, Differenzen ausgeklammert und übergreifende Gemeinsamkeiten zur Charakterisierung herausgestellt werden. Bei der Typenbildung können Differenzen auch zur Bestimmung mehrerer, sich deutlich unterscheidender Typen genutzt werden. Eine oft verwandte Typologie stellt die vom dualen Rundfunksystem dar, in dem Anbieter nach der Art ihrer Organisation und Finanzierung als Public-Service- bzw. privatkommerzielle Sender einsortiert werden. Diese Typologie lässt sich zum trialen System erweitern, in das zusätzlich nicht-kommerzielle

Bürgermedien als eigenständige Kategorie aufgenommen werden. Ähnliches gilt für die Unterscheidung zwischen Mediensystemen unter freiheitlichen Bedingungen und solchen, die unter Zensur stehen.

Bei der Theoriebildung werden aus Einzelbeobachtungen und Typologien Gemeinsamkeiten gezogen, die dann zur Grundlage von verallgemeinernden Aussagen gemacht werden. Theorien bieten in Form von Abstraktionen Annahmen über Zusammenhänge und suchen sie zu begründen. Charakteristische komparative Theorien sind die der Informations- oder Mediengesellschaft, der Regulierung oder der Öffentlichkeit. Sozialwissenschaftler (wie Karl W. Deutsch 1987) haben immer wieder betont, dass ein Großteil der tatsächlich geleisteten Theoriearbeit aus komparativer Herangehensweise geboren ist; mehr noch, sie betonen, dass Theoriebildung ohne zumindest eine vergleichende Komponente nicht möglich ist.

3.5 Zu komparativen Methoden

Vergleichende Forschung basiert im Prinzip auf denselben quantitativen und qualitativen Methoden, wie wir sie von Fragestellungen im nationalen Kontext kennen. Allerdings wird zumeist auf eigene Datenerhebung verzichtet, weiter verbreitet ist die Sekundäranalyse bereits vorhandener Datenbestände aus den analysierten Ländern. Im Einzelnen sind folgende Herangehensweisen zu finden:

Literatur- und Medienanalyse: Originaltexte wie Verfassungs- und Gesetzestexte, Regierungsdokumente oder Geschäftsberichte werden oft zur Grundlage von Vergleichen gemacht. Wichtig ist, dass – wenn irgend möglich – die Landessprache beherrscht wird. Eine wichtige Quelle sind wissenschaftliche Studien, erstellt im Referenzland. Dabei sind transkulturelle Irritationen zu beachten: Schon Übersetzungen bergen die Gefahr von Missverständnissen. Konzepte können sich trotz gleich lautender Begrifflichkeit deutlich unterscheiden: Der Begriff Regulierung wird z.B. national unterschiedlich interpretiert, Öffentlichkeit ist ein Begriff nur der deutschen Sprache, oder ein deutsches Wort wie Anstalt ist nicht übersetzbar.

Inhaltsanalysen: Die inhaltliche Analyse von Texten (Bildern, Symbolen etc.) basiert meist auf einem Vergleich; diesen grenzüberschreitend anzulegen, bietet sich an. Es entstehen dabei methodische Probleme, etwa der Sprach- und Sinnunterschiede, aber auch der Kontexte: Ein Land wie Deutschland, in dem eine starke Boulevardpresse den Zeitungsmarkt prägt, lässt sich nur schwer mit Japan vergleichen, in dem diese fehlt.

Auswertung statistischer Daten: Inzwischen liegen z.T. umfassende Datensätze vor, erstellt von internationalen Organisationen (etwa der UNESCO) oder regionalen Institutionen (z.B. der Europäischen Union), die sich für vergleichende Analysen eignen. Allerdings ist hier Vorsicht anzumahnen, oft werden nationale Statistiken nach unterschiedlichen Kriterien erstellt und suggerieren eine Sicherheit, die nicht existiert.

Auswertung von Reichweiten- und Zuschauererhebungen, Meinungsbefragungen: Hier liegt reichhaltiges Datenmaterial vor, allerdings können Messverfahren zwischen Staaten erheblich variieren.

Experteninterviews: Die leitfadengestützte Befragung von Experten (z.B. Kommunikatoren, Politikern, Wissenschaftlern) in anderen Ländern ist mit relativ geringem Aufwand zu bewerkstelligen und kann interessante Ergebnisse erbringen. Sie eignet sich insbesondere, um bei ähnlichen Gegenständen kulturelle Unterschiede hervorzuheben, die bei Auswertung aggregierter Daten möglicherweise untergegangen sind.

4 Darstellung und Vergleich von Mediensystemen: einige zentrale Ansätze

Es folgen einige charakteristische Ansätze komparativer Forschung, die einen Überblick über die Variationsbreite verwandter Ansätze, darauf bauender Theorien und methodischer Probleme geben sollen.

4.1 Der Vergleich von Medienaufsicht und Regulierung

Ein in der vergleichenden Forschung gut bestelltes Feld ist das der Medienaufsicht bzw. der Regulierung von Medien. Der Begriff Regulierung verweist bereits auf transkulturelle Wurzeln, wurde er doch schon in der US-Verfassung verwandt. In demselben Staat findet sich auch eine lange Tradition der Regulierung, was dazu führte, dass eine bereits im Jahre 1934 etablierte Behörde, die Federal Communications Commission (FCC), seither die Regulierung von elektronischen Medien und des Telekommunikationssektors verantwortet. Alle später geschaffenen Regulierungssysteme im Bereich der angloamerikanischen Common-Law-Tradition, z.B. 1949 in Australien oder 1968 in Kanada, gehen unmittelbar auf Erfahrungen mit dieser Kommission zurück. Wir finden also eine klassische Situation der Diffusion und Temporanz vor. In Maßen gilt dies auch für Europa, wo Regulierungsstrukturen überwiegend erst in den 80er-Jahren etabliert wurden, allerdings mit nur geringer Berücksichtigung internationaler Erfahrungen. In den deutschen (und kontinentaleuropäischen) Sprachgebrauch sickerte eine Vorstellung von Regulierung erst seit den 70er-Jahren ein, womit oft eine Orientierung am amerikanischen Modell signalisiert werden sollte, ohne dass dies eingelöst werden konnte.

Aufsichtstrukturen zeichnen sich durch eine funktionale Nähe in den verschiedenen Ländern aus, auch wenn sie nationalen Erfordernissen und Traditionen entsprechend sehr unterschiedlich angelegt sein können: In Deutschland führt der Rundfunkföderalismus zu der weltweit einzigartigen Struktur von 15 Landesmedienanstalten (LMA), die funktional erledigen, was in allen anderen Staaten bei einer Behörde liegt. Der komparative Blick unterstreicht die weltweite Einzigartigkeit der deutschen Situation. Eine komparative Studie zu „Regulating media" analysiert den Prozess der Lizenzierung und der Rundfunkaufsicht in sechs Staaten (USA, Deutschland, Großbritannien, Frankreich, Kanada, Australien). (vgl. Hoffmann-Riem 1996) Die zweistufig aufgebaute Studie beginnt mit Länderbeschreibungen und verarbeitet darauf die nationalen Analysen in mehreren vergleichenden Kapiteln. Als zentrale Botschaft wird aus dem Vergleich gezogen, dass es im Gleichtakt einen internationalen Paradigmenwechsel in der Regulierungspolitik gab, festzumachen an Prozessen wie „vom Treuhänder- zum Markt-Modell" oder „von der kulturellen zur ökonomischen Legitimation des Rundfunksystems". (vgl. Hoffmann-Riem 1996: 340f.) Diese Entwicklung von Paradigmen folgt der Logik, nach übergreifenden Gemeinsamkeiten („method of agreement") zu fragen und daraus verallgemeinernde Aussagen zu treffen, die als Vorstufe zur Theoriebildung gesehen werden können. Allerdings berücksichtigt das Design auch Differenzen, indem drei Länder mit langer

Tradition eines funktionierenden privaten Sektors (USA, Kanada, Australien) mit dreien in der europäischen Public-Service-Tradition einbezogen werden, wobei zwischen beiden Typen offensichtliche Unterschiede auszumachen sind. (vgl. Hoffmann-Riem 1996: 5)

Das Regulierungsthema bietet auch ein aktuelles Beispiel für Temporanz. Die amerikanische FCC mit integrierter Kommunikationsregulierung ist auf die derzeit laufenden Konvergenz-Prozesse besonders gut vorbereitet. Wer in Deutschland Trennungen überwinden will – zwischen den LMA und der Regulierungsbehörde für Telekommunikation und Post (RegTP) –, wird gut daran tun, sich an internationalen Erfahrungen zu orientieren. In Deutschland wird seit einigen Jahren über die Integration von Regulierungsinstanzen in einen Kommunikationsrat nachgedacht.

4.2 Medienpolitik im Vergleich

Medienpolitik soll in diesem Zusammenhang wie folgt definiert werden; sie umfasst die drei zentralen Funktionsbereiche jedes politischen Systems und bezieht diese auf Medien:

- *polity:* die System-Funktion, bestehend insbesondere aus der Kommunikationsverfassung und zentralen Institutionen;
- *politics:* die Input-Funktion, bei der es um medienbezogene Interessen und Einflussnahmen geht, durch Parteien, Verbände, Berufsorganisationen etc.;
- *policies:* die Output-Funktion, hier steht die Gestaltung des Politikfeldes Medien, durch Gesetzgebung, Lizenzvergabe, Standortpolitik etc., im Mittelpunkt.

Diese Funktionsbereiche lassen sich in ihrer Gesamtheit und in verschiedenen Bestandteilen vergleichen. In einer strengen 1:1-Systematik tat dies z.B. Winand Gellner mit seiner „Ordnungspolitik im Fernsehwesen: Bundesrepublik Deutschland und Großbritannien" (Gellner 1990). 1:1 meint, dass beide Staaten nach einheitlichen Kriterien (jeweils getrennte Kapitel zu Grundzügen des bestehenden Systems, medienpolitischen Diskussionen etc.) dargestellt wurden, während eine vergleichende Auswertung erst zum Schluss erfolgt.

In den letzten Jahren hat sich ein erhebliches Volumen der vergleichenden Forschung auf Aspekte der Europäischen Union und der europäischen Medienpolitik konzentriert. Hier handelt es sich um eine Großregion, folglich kann diese Europabezogene Forschung in die Tradition der Aera Studies eingefügt werden. Ein komparativer Ansatz wird nicht bei den Aktionen der Brüsseler Kommission ansetzen, sondern nach den Quellen europäischer Politik in den Mitgliedsstaaten suchen, die dann auf europäischer Ebene gebündelt und aggregiert werden. Die Euromedia Research Group (ERG), eine seit zwanzig Jahren kooperierende Verbindung von Wissenschaftlern, folgt dieser Struktur europäischer Politik, indem sie zweigleisig fährt. Einerseits erstellt sie regelmäßig ein Handbuch der (west)europäischen Mediensysteme (vgl. ERG 1997), andererseits baut sie auf diesen Kenntnissen auf und vergleicht europäische Entwicklungen nach bestimmten Handlungsfeldern (Technik, Public Service, Programm, Internet etc.), stellt dabei also Cross-National-Research in den Mittelpunkt. (vgl. McQuail/Siune 1998)

Da europäische Politik häufig eine Politik des „kleinsten gemeinsamen Nenners" darstellt, insbesondere, wenn es um Harmonisierung nationalen Rechts geht, sind komparative Ansätze nahe liegend. In vielen europäischen Untersuchungen (z.B. das medienpolitisch richtungsweisende „Grünbuch über die Errichtung des gemeinsamen Marktes für den Rundfunk, insbesondere über Satellit und Kabel": „Fernsehen ohne Grenzen" der Kommission der Europäischen Gemeinschaften von 1984) wird der Ist-Stand in den Mitgliedsstaaten beschrieben und nach richtungsweisenden Erfahrungen ausgewertet. Die Erhebung konzentrierte sich auf die wirtschaftlichen Funktionen des Fernsehens und ignorierte deren kulturelle Seite, die sich naturgemäß weitaus differenter darstellt. So wurde praxisbezogen (Performanz) mit einem verengten komparativen Fokus konkrete Medienpolitik gemacht.

In einer anderen Untersuchung zur europäischen Medienpolitik werden aus den vorherrschenden Strömungen in den Staaten (und folglich auch bei der EU) zwei Hauptrichtungen herausdestilliert, die untereinander im Konflikt stehen: „libertarian/free market" und „social responsiblity". (Humphreys 1996: 297) Der erstgenannte Typ orientiert sich an den gewachsenen europäischen Printmärkten und ihrer privatwirtschaftlichen Verfassung, Letzterer an der spezifisch europäischen Tradition staatlicher Verantwortung für öffentliche Dienstleistungen. Unverkennbar wird hier die vergleichende Betrachtung mit dem Ziel vorgenommen, konträre Typen zu benennen, die „method of difference" steht im Vordergrund. Der Autor betont, dass es vor allem unterschiedliche nationale Politikkonzepte im Rundfunkbereich waren, die zu dieser Divergenz der Modelle führte.

4.3 Public Service und kommerzieller Rundfunk

Heute ist die Rundfunksituation in Europa (und in Teilen der übrigen Welt) von einem dualen Rundfunksystem geprägt, bestehend aus den zwei Säulen eines öffentlichen und eines kommerziellen Rundfunks. In historischer Perspektive gesehen entstanden die beiden Modelle getrennt voneinander in der Zwischenkriegszeit: Der kommerzielle Rundfunk, durch Werbung finanziert und in gewinnorientiert arbeitenden Unternehmen produziert, auf dem Territorium der USA; das Modell einer öffentlichen Treuhänderschaft in Teilen Europas (insbesondere Großbritannien und Skandinavien), durch Gebühren finanziert und in einer staatsfernen Organisation produziert. Das kommerzielle Modell breitete sich früh in Teilen der Welt (Kanada, Australien, Lateinamerika) aus, Europa erreichte es in großem Stil erst in den 80er-Jahren. Wer hinter die „Erfolgsstory" des kommerziellen Sendens schauen will, muss sich offensichtlich mit den USA beschäftigen, wo fast alle Businesskonzepte entstanden. Die Übernahme amerikanischer Markt- und Regulierungsmodelle hat im Sinne der Dependenz zu neuen Abhängigkeiten Europas in vielen Medienbereichen (Sendeunternehmen, Programme, Werbung etc.) geführt, wobei Großbritannien das amerikanische Einfallstor in Richtung Europa darstellt. (vgl. Tunstall 1999)

Die Vorstellung eines Rundfunks in öffentlicher Trägerschaft ist eine genuin europäische Entwicklung, die wiederum in andere Teile der Welt ausstrahlte (Kanada, Australien, Japan). Dabei gilt als Gattungsbegriff die britische Bezeichnung Public Service (franz. Service Public), darauf verweisend, dass die traditionsreiche britische BBC so etwas wie das Urmodell darstellt. Deswegen wird auch häufig eine Definition der britischen Broadcasting Research Unit von 1985 zum Public Service zugrunde gelegt, die aus insgesamt acht Prinzipien besteht, darunter als erstes z.B. „universal accessibility". (vgl. BRU 1985) Public Service ist seinem Ursprung nach ein komparativer Begriff, gewonnen aus der Beschreibung vieler im Einzelnen recht unterschiedlicher Systeme, deren Gemeinsamkeiten sich erst aus der Gesamtsicht erschließt. Auf jeden Fall ist Public Service nicht nur ein deskriptiver Begriff, sondern lässt auch normative Elemente anklingen, etwa, wenn er als konstitutiv für demokratische Systeme bezeichnet wird. (vgl. Raboy 1996) Hier kann beobachtet werden, wie über verschiedene Schritte der Abstraktion schließlich so etwas wie eine Theorie von Public Service entsteht.

Ertragreich ist aber auch die umgekehrte Sichtweise. Erst wenn man den komparativ gewonnenen Begriff von Public Service zugrunde legt, zeigen sich die Konturen der deutschen Besonderheit: Steht überall sonst die Funktionsbestimmung oder Widmung derartiger Anbieter im Vordergrund, so ist es bei uns die Zuordnung als „öffentlich-rechtliche Anstalt", also eine Definition aus juristischer Sicht. Dieser Sachverhalt korrespondiert mit der Beobachtung, dass in keinem anderen Vergleichsland rechtliche Sichtweisen (bis hin zum Bundesverfassungsgericht) eine derartige Bedeutung für die Ausgestaltung der Rundfunkordnung haben wie in Deutschland – ein Beispiel dafür, wie der komparative Blick auch das Verständnis der eigenen „Nahwelt" erhöht. (vgl. Kleinsteuber 1997)

4.4 Politische Kommunikation

Politische Kommunikation ist oft Gegenstand vergleichender Analysen gewesen, weil hier Strategien und Interpretationen schon immer die Landesgrenzen mit Leichtigkeit übersprangen. Deutsche Politiker verfolgen seit Jahrzehnten amerikanische Wahlkämpfe, um aus ihnen lernen zu können. Die letzten deutschen Wahlgänge wurden regelmäßig in der Publizistik von der Frage begleitet, ob sich Deutschland „amerikanisiere", also ob im Sinne der Diffusion dortige Wahlkampfstrategien hier kopiert werden. Nun sind sicherlich Wahlkampftechniken übernommen worden, gleichwohl ergibt die vergleichende Perspektive so deutliche Unterschiede von Parteiensystem und Wahlverfahren, dass eine Amerikanisierungs-These pauschal nicht aufrechtzuerhalten ist. (vgl. Kamps 2000) Ähnliches ergaben schon frühere Vergleiche mit Großbritannien. (vgl. Semetko u.a. 1991)

Eine andere Fragestellung ist die, wie sich Wähler in Wahlkampfzeiten informieren? Berühmt wurde hier die bereits Jahrzehnte alte Theorie vom Two-Step-Flow (nach Lazarsfeld/Berelson/Gaudet 1944)), wonach der Prozess der Meinungsbildung zweistufig erfolge und Opinion Leader eine hervorgehobene Rolle spielen. In einem vergleichenden Forschungsdesign werden insbesondere Daten von Wahlstatistiken ausgewertet (Deutschland – Ost/West, USA, Großbritannien, Spanien), um die Wirkung interpersoneller und massenmedialer Informationseinflüsse bemessen zu können. Als Ergebnis wird betont, dass unter bestimmten Bedingungen personelle Informationseinflüsse weiterhin eine große Bedeutung haben; deren Gewicht erweist sich als hoch, wenn die Prägekraft von Prädisposition nachlässt und die Wechselbereitschaft der Wähler zunimmt. Nach dieser Untersuchung war Wechselwählerschaft vor allem in Ostdeutschland, in Spanien und in den USA zu konstatieren, hier war folglich der Einfluss interpersoneller Kommunikation erheblich. In Westdeutschland und Großbritannien zeigten die Wähler dagegen größere Parteitreue und folglich weniger Orientierung am Opinion Leader. (vgl. Schmitt-Beck 2000)

Bei einem anderen Ansatz wird der Vergleich politischer Kulturen mit dem politischer Kommunikation verknüpft, sodass ein Verbund entsteht, bei dem Normen und Rollen in der Kommunikation erforscht werden können, welche die Interaktion zwischen politischen Sprechern und Journalisten bestimmen. Für die empirische Untersuchung wurden halbstrukturierte Interviews mit den Beteiligten – Sprechern und Journalisten – in den USA und Deutschland geführt. Die Auswertung ergab, dass sich amerikanische Kommunikatoren klarer auf professionelle Rollen besinnen und stärker medienorientiert verhalten, während in Deutschland eher korrektes Verhalten, Offenheit und Aufrichtigkeit im Vordergrund stehen und auch die bestimmende Position der (verfassungsmäßig geschützten) Parteien andere Formen der Interaktion entstehen lässt. (vgl. Pfetsch 2001).

4.5 Die Zukunft der Kommunikation: Information Highways

Bei erster Annäherung könnte man annehmen, dass Techniken an sich neutral sind, folglich weltweit vereinheitlicht auftreten und deshalb für vergleichende Untersuchungen denkbar ungeeignet sind. Das ist nicht der Fall. Interpretiert man Technik als menschliche Artefakte und als Ergebnisse gesellschaftlicher Prozesse, so zeigt sich, dass es in globaler Perspektive große Variationsbreiten gibt. Sowohl die Techniken selbst als auch die Art ihrer Nutzung und ihrer Interpretation unterscheiden sich erheblich zwischen Ländern.

Die Metapher eines Information Superhighway war vom damaligen amerikanischen Vizepräsidenten Al Gore 1993 als Begriff für das Projekt National Information Infrastructure geprägt worden. Gore ging es vor allem darum, staatliche Mindestvorgaben für die digitale Infrastruktur zu formulieren, die dann von der Privatwirtschaft zu errichten sei. (vgl. Kleinsteuber 1996) In der internationalen Rezeption – also in einem Prozess der Diffusion – wurden Varianten deutlich. So adaptierte Kanada den Begriff (ohne das amerikanische „Super"), verwandte aber viel Kraft darauf zu sichern, dass Canadian Content in den Netzen nicht zu kurz kommt. In Australien ging es vor allem darum, die geografische Randlage des Inselkontinents über digitale Anbindung zu beenden. Während in den USA das Bild des Highway Interaktivität unterstreichen sollte, wurde im (auto-besessenen) Deutschland die Datenautobahn oft mit beschleunigtem Datentransport identifiziert. Insgesamt ist unverkennbar, dass ein „social shaping" des Info Highway stattfand, was unterstreicht, wie sehr ähnliche Techniken national different gesehen und interpretiert werden. (vgl. Kubicek/Dutton/Williams 1997)

4.6 Transformation von Mediensystemen

Eine spezifische Großregion mit in sich ähnlicher Medienentwicklung stellte der Staatenkreis des ehemaligen realen Sozialismus dar. Ausgehend von der Sowjetunion war in Abhängigkeit, also Dependenz, ein Mediensystem entstanden, dass sich „Propaganda und Agitation" für die kommunistische Partei auf die Fahnen schrieb und Kritik an den Herrschenden nicht duldete. Diese Verhältnisse markierten die Ausgangssituation in den Staaten Osteuropas, die um das Jahr 1989 kommunistische Herrschaft abschüttelten und sich auf den Weg hin zu einer postkommunistischen, demokratischeren Medienordnung begaben. Ähnliche Ausgangssituationen schufen vergleichbare Veränderungsprozesse, die mit dem Begriff der Transformation, verstanden als eine Modernisierung im Sinn eines bewussten und geplanten Aufholprozesses, beschrieben werden können. Transformation ist dabei selbst ein komparatives Konzept, entstanden aus der Analyse früherer Demokratisierungsprozesse, insbesondere in Südeuropa und Lateinamerika. Es liegt auf der Hand, dass in diesen Wandlungsprozessen Medien eine zentrale Rolle spielen, sie transformieren sich selbst, werden vielfältiger und kommerzieller, agieren aber auch selbst als Modernisierer oder Bremser. Wer hier Muster zu bestimmen versucht, wird an einer länderweisen Aufarbeitung der Transformation in Osteuropa nicht vorbeikommen, etwa um benennen zu können, in welchen Phasen der Wandlung die Medien welche Rolle übernehmen. (vgl. Thomaß/Tzankoff 2001) Natürlich werden im Ergebnis auch massive Unterschiede (Differenz) sichtbar: So gelang Polen die Transformation hin zu einem dem Westen vergleichbaren Mediensystem relativ gut, während in Russland mächtige Oligarchen unter Führung des Präsidenten die Medien wieder an die Kette zu legen vermochten. Ganz anders wiederum erfolgte der Wandel der Medien im (früheren) Jugoslawien, wo sie sich als Instrument der ethnischen Diffamierung missbrauchen ließen und autokratische Regime stabilisierten.

4.7 Zum Vergleich von Medientheorien

Lassen sich Theorien im Rahmen der komparativen Medienforschung vergleichen? Sicherlich dann, wenn man einen Bezug zwischen theoretischen Ansätzen und den kulturellen Umgebungen vermutet, in denen sie entstanden sind. In dieser Perspektive wird auch der Theorievergleich sinnvoll sein, soweit er eingebettet bleibt in einem Bewusstsein transkultureller Unterschiede und der damit einhergehenden Problemlagen. Die asiatische Kommunikationswissenschaft lebte jahrzehntelang vor allem vom Import westlicher Denkansätze und von deren weitgehend kritiklosen Adaption. Erst der Blick auf die eigenen Denktraditionen erlaubt es, aus der Fremde rezipierte Ansätze von eigenen Ideen zu trennen. So entsteht eine distinkte, asiatische Perspektive, wird es möglich, die Eigenheiten der gesprochenen indischen Sprache, das symbolische System des I Ching als integrierte Kommunikation oder die Anregungen aus Islam und Taoismus konstruktiv umzusetzen. (vgl. Dissanayake 1993) Ein Vergleich der japanischen und amerikanischen Kommunikationsmodi führt z.B. zu der These, dass deren massive Unterschiede mit den beiden Hirnhälften des Menschen und deren sehr unterschiedlichen Weise, Informationen zu verarbeiten, in Zusammenhang gebracht werden können. (vgl. Yoshikawa 1993) Die Spiegelung westlicher Denktraditionen in anderen Kulturen und der Re-Import neuer Einsichten unterstreicht diese kreative Seite jeder komparativen Forschung.

Theorieansätze entwickeln erfahrungsgemäß dann eine besondere Dynamik, wenn sie über Kulturgrenzen hinweg adaptiert werden. Dies sei am Beispiel der im deutschsprachigen Raum hinreichend bekannten Öffentlichkeitstheorie von Jürgen Habermas verdeutlicht. Die 1962 geschriebene Studie zum Strukturwandel der Öffentlichkeit – basierend auf einem Vergleich von Großbritannien, Frankreich und Deutschland – wurde erst 1989 in die englische Sprache übersetzt, dann aber international in großem Umfang rezipiert und weiterentwickelt. Mit der Übersetzung von Öffentlichkeit als Public Sphere erhielt der Begriff ganz neue Konnotationen, wurde z.B. vielfältig mit dem öffentlichen Raum verwoben, in dem sich erst demokratisches Leben entfalten könne; ebenso ergibt sich eine begriffliche Nähe zu Public Service, der als natürlicher Ort zur Stärkung von kritischen Diskursen im Sinne der Public Sphere gesehen wird (etwa: Raboy 1996: 6). Mit der transkulturellen Weitergabe Habermas'scher Ideen entstehen neue Sinnzusammenhänge, die so selten in

Deutschland gedacht wurden. Mehr noch, die eigentümliche Übersetzung von Öffentlichkeit durch ein Kunstwort unterstreicht, dass es in anderen (west)europäischen Sprachkreisen weder einen passenden Begriff noch ein vertieftes Verständnis für das gibt, was Öffentlichkeit meint – ein Terminus, der deutsches Denken seit mehr als zwei Jahrhunderten beschäftigt. Es ergibt sich, dass nicht nur wichtige Theorieansätze komparativer Herkunft sind, sondern dass transkulturelle Diffusion auch zu ganz neuen Einsichten führt, die erst vergleichend erschlossen werden können. Dies sind Zusammenhänge, auf die auch ethnografische Ansätze aus den Cultural Studies hinweisen.

5 Fazit: Die wichtigsten Befunde und Desiderate sowie offene Fragen

Vergleichende Medienforschung befindet sich in Deutschland noch in den Anfängen. In Studiengängen und Lehrbüchern ist ihr Stellenwert gering. Dieses Defizit geht einher mit einer insgesamt geringen internationalen Ausrichtung der Kommunikationsforschung und einem wenig entwickelten instrumentellen methodischen Repertoire, was komparative Ansätze anbetrifft. In Deutschland sind in den vergangenen Jahren eine Reihe Studien vorgelegt worden, die komparativen Anspruch stellen, aber vor allem im Nacherzählen von Common Sense und stereotyper Enge verharren. Angesichts zunehmender Globalisierung, dem Bedeutungszuwachs von transkultureller Kommunikation und der Verdichtung wissenschaftlicher Kooperation wird sich dieses Defizit vermindern müssen.

Komparative Fragestellungen verlangen vom Forscher erhebliche Leistungen. Die Kenntnis des eigenen Systems ist selbstverständliche Voraussetzung, Sprach- und Länderkenntnisse sind notwendig, ein Gespür für die vielen kulturellen Nuancierungen rund um die Welt ein großer Vorteil. Andererseits bieten komparative Ansätze auch große Bereicherung. Ihnen liegt die Vorstellung zugrunde, dass die Welt eine Art gigantisches Labor darstelle, in dem ganz verschiedene Lebensweisen, Modelle und Visionen verwirklicht werden; der komparative Forscher vermag darin zu lesen wie in einem Weltkompendium und seine Neugier auf Anderes, Fremdes und auch Vertrautes zu stillen. „Border Crossing" erweist sich als unbedingte Notwendigkeit, um gegenüber den großen technologisch und wirtschaftlich vorangetriebenen Globalisierungstendenzen nicht – trotz aller globaler Kommunikation – in ein „Cultural Lag" zu verfallen, das die sowieso schon schwierige gegenseitige Verständigung über Kulturgrenzen hinweg noch weiter erschwert. (vgl. Dallmayr 1999)

Literatur

Blumler, Jay G./McLeod, Jack M./Rosengren, Karl Erik (Hrsg.) (1992): Comparatively speaking: Communication and culture across space and time. Newbury Park, CA.

BRU – Broadcasting Research Unit (1985): The public service idea in British broadcasting. London.

Dallmayr, Fred (Hrsg.) (1999): Border crossing. Lanham, MD.

Deutsch, Karl W. (1987): Prologue: Achievements and challenges of 2000 years of comparative research. In: Dierkes, Meinolf/Weiler, Hans N./Berthoin Antal, Ariane (Hrsg.): Comparative policy research. Learning from experience. Aldershot, S. 5-12.

Dissanayake, Wimal (1993): Communication theory. The Asian perspective. Singapur.

Edelstein, Alex S. (1982): Comparative communication research. Beverly Hills, CA.

ERG – Euromedia Research Group (1997): The media in Western Europe. The Euromedia handbook. London.

Gellner, Winand (1990): Ordnungspolitik im Fernsehen: Bundesrepublik Deutschland und Großbritannien. Frankfurt/Main.

Habermas, Jürgen (1962): Strukturwandel der Öffentlichkeit. Neuwied (engl. Übersetzung: Structural transformation of the public sphere. Cambridge 1989).

Hans-Bredow-Institut (Hrsg.) (2000): Internationales Handbuch für Hörfunk und Fernsehen 2000/2001. Baden-Baden (erscheint zweijährlich).

Head, Sydney W. (1985): World broadcasting systems. A comparative analysis. Belmont, CA.

Hoffmann-Riem, Wolfang (1996): Regulating media. The licensing and supervision of broadcasters in six countries. New York, London.

Humphreys, Peter J. (1996): Mass media and media policy in Western Europe. Oxford, Providence.

Kamps, Klaus (Hrsg.) (2000): Trans-Atlantik – Trans-Portabel? Die Amerikanisierungsthese in der politischen Kommunikation. Wiesbaden.

Kleinsteuber, Hans J. (Hrsg.) (1996): „Der Information Superhighway". Amerikanische Visionen und Erfahrungen. Opladen.

Kleinsteuber, Hans J. (1997): Public Broadcasting im ungleichen Wettbewerb. Ein internationaler Vergleich. In: Cippitelli, Claudia/Schwanebeck, Axel (Hrsg.): „Das Beste Fernsehen der Welt" – Public Television im Zeitalter der Entgrenzung. Frankfurt/Main, S. 43-69.

Kleinsteuber, Hans J. (Hrsg.) (2001): Aktuelle Medientrends in den USA. Wiesbaden.

Kommission der Europäischen Gemeinschaften (Hrsg.) (1984): Fernsehen ohne Grenzen. Grünbuch über die Errichtung des gemeinsamen Marktes für den Rundfunk, insbesondere über Satellit und Kabel. Luxemburg.

Kubicek, Herbert/Dutton, William H./Williams, Robin (Hrsg.) (1997): The social shaping of Information Highways. Frankfurt/Main, New York.

Landman, Todd (2000): Issues and methods in comparative politics. An introduction. London.

Lazarsfeld, Paul F./Berelson, Bernard/Gaudet, Hazel (1944): The people's choice. How the voter makes up his mind in a presidential campaign. New York.

Lerner, Daniel (1958): The passing of traditional society: Modernizing the Middle East. New York.

Lippmann, Walter (1922): Public opinion. New York.

Machill, Marcel (1997): Frankreich Quotenreich: Nationale Medienpolitik und europäische Kommunikationspolitik im Kontext nationaler Identität. Berlin.

McQuail, Denis/Siune, Karen (Hrsg. for the Euromedia Research Group) (1998): Media policy: Convergence, concentration and commerce. London.

Mill, John Stuart (1872): A system of logic. London.

Nixon, Raymond B. (1960): Factors related to freedom in national press systems. In: Journalism Quarterly, 37. Jg., S. 3-17.

Pfetsch, Barbara (2001): Political communication culture. In: Harvard International Journal of Press/Politics, 6. Jg., S. 46-67.

Pool, Ithiel de Sola (1970): The prestige press. A comparative study of political symbols. Cambridge, MA (in Zusammenarbeit mit Harold D. Lasswell und Daniel Lerner, Originalstudien 1951/52).

Raboy, Marc (Hrsg.) (1996): Public broadcasting for the 21st century. Luton.

Schiller, Herbert I. (1976): Communication and cultural domination. New York.

Schmitt-Beck, Rüdiger (2000): Politische Kommunikation und Wahlverhalten. Wiesbaden.

Semetko, Holli A./Blumler, Jay G./Gurevitch, Michael/Weaver, David H. (1991): The formation of campaign agendas. A comparative analysis of party and media roles in recent American and British elections. Hillsdale, NJ.

Thomaß, Barbara/Tzankoff, Michaela (Hrsg.) (2001): Medien und Transformation in Osteuropa. Wiesbaden.

Tunstall, Jeremy (1999): The Anglo-American media connection. Oxford.

Varis, Taio (1984): The international flow of television programs. In: Journal of Communication, 34. Jg., Nr. 1, S. 143-152.

Yoshikawa, Muneo Jay (1993): Japanese and American modes of communication and implication for managerial and organizational behaviour. In: Dissanayake, Wimal (Hrsg.): Communication theory. The Asian perspective. Singapur, S. 150-182.

Medienrecht: Rechtsgrundlagen öffentlicher Kommunikation

Wolfgang Schulz / Uwe Jürgens

Die Bedeutung von Recht für öffentliche Kommunikation kann vor allem aus zwei Perspektiven beobachtet werden. Zum einen wird in einer Makrobetrachtung deutlich, wie Recht auf die Funktionsweise öffentlicher Kommunikation Einfluss nimmt, indem etwa die Freiheit öffentlicher Kommunikation auch kontrafaktisch z.B. gegen Vermachtungen im Kommunikationsprozess durchgesetzt wird. Es wäre allerdings verkürzt zu sagen, dass Recht hier lediglich der instrumentellen Durchsetzung kommunikationspolitischer Vorstellungen über die Voraussetzungen öffentlicher Kommunikation dient. Vielmehr lässt sich gerade im Medienbereich die Wirkmacht der Eigenlogik des Rechtssystems nachweisen, an der sich auch medienpolitische Vorstellungen abarbeiten müssen. So zeigt etwa die Rechtsprechung des Bundesverfassungsgerichts (BVerfG), die die Entwicklung der Rundfunkordnung nicht unmaßgeblich geprägt hat (vgl. dazu vertiefend Hoffmann-Riem 1994a, 1995), rechtsdogmatische Entwicklungslinien, die in die Weimarer Zeit zurückreichen und ihrerseits die medienpolitischen Programme beeinflusst haben. Damit wird das Verhältnis vom Rechtssystem zum System der Massenmedien (oder Publizistik) beschrieben. Zum anderen wird aufseiten der Handlungsebene, vor allen Dingen bei journalistisch-professionellen Veröffentlichungsentscheidungen, rechtliche Steuerung wirksam, etwa indem Recht die Grenzen zwischen „privat" und „öffentlich" zu stabilisieren trachtet und Einfluss darauf nimmt, ob und unter welchen Voraussetzungen Informationen über das Privatleben von Personen publiziert werden dürfen. Der folgende Beitrag beschränkt sich – andere Perspektiven sind sicher denkbar – auf diese beiden Dimensionen und gibt vorab einen Überblick über die theoretischen und methodischen Grundlagen rechtlicher Befassung mit diesen Problemen.

1 Begriff und Gegenstand: Rechtlicher Blick auf Öffentliche Kommunikation im Wandel

Es ist umstritten, von welchem Zeitpunkt an Recht sich etwa gegenüber Politik so verselbstständigt, dass von einer genuin rechtlichen Perspektive auf öffentliche Kommunikation überhaupt gesprochen werden kann. Geht man allgemeiner von normativen Vorstellungen zu öffentlicher Kommunikation aus, so zeigt sich aber eine Entwicklungslinie bei der Behandlung dieses Gegenstandes, die von der Rechtswissenschaft heute weitergezeichnet wird (vgl. hierzu und zum Folgenden vertiefend Hoffmann-Riem/Schulz 1998):

Während in ersten Reflexionen über den Schutz der freien Rede in der Antike die Meinung des einzelnen Individuums noch als etwas Einseitig-befangenes begriffen wird, das im Interesse einer allgemein-gültigen Sicht der Dinge überwunden werden muss (vgl. Held 1986: 12ff.), entfaltet sich im 17. Jahrhundert in Anerkennung individueller Vernunft der Bürger die Überzeugung, dass die Gedanken- und die Äußerungsfreiheit grundsätzlich allen Menschen zugestanden werden müsse. Dennoch verliert die Zensur nicht ihre Bedeutung als maßgebliches rechtliches Steuerungsinstrument öffentlicher Kommunikation (vgl. Gornig 1988: 63ff.). Erst zu Zeiten der Aufklärung wird der Bürger als freies Rechtssubjekt verstanden. Damit einher geht eine Aufwertung der Bedeutung öffentlicher Kommunikation hin zur Anerkennung ihrer maßgeblichen Relevanz insbesondere für die politische Willensbildung. Der Bedeutungszuwachs der Massenkommunikation schließlich führt zur rechtlichen Anerkennung ihrer Autonomie durch Abschaffung der Zensur und Absicherung der Pressefreiheit in Verfassungen und Pressegesetzen (vgl. Gornig 1988: 76ff.). Die in dieser Zeit beginnenden Versuche, den Willensbildungsprozess normativ abzusichern und für potenzielle Konfliktfälle Kollisionsregeln vorzusehen, die einen angemessenen Ausgleich zwischen den betroffenen Rechtsgütern ermöglichen, sind noch heute Grundlage des verfassungsrechtlichen und verfassungsgerichtlichen Leitbilds öffentlicher Kommunikation (Modell bürgerlicher Öffentlichkeit). Dabei spielt die kantische Philosophie eine zentrale Rolle, deren Vorstellung von Staat und Gesellschaft das Verfassungsverständnis auch in diesem Punkt prägt (vgl. Schulz 1996). Nach dem Übergang zur sozialen Massendemokratie wurde dieses Bild allerdings durch eine veränderte Akzentsetzung von ihrer individuellen Dimension hin zur sozialen, gesellschaftspolitischen und demokratietheoretischen Dimension von Kommunikation (vgl. verfassungsrechtlich vor allem Smend 1928: 44ff. sowie gesellschaftstheoretisch Habermas ^{7}1990) fortentwickelt.

Die bürgerliche Gesellschaft ist nunmehr dabei, sich in eine postmoderne Informations- und Wissensgesellschaft zu wandeln, oder hat diese Wende bereits vollzogen (vgl. Willke 1995, aus verfassungsrechtlicher Sicht z.B. Vesting 1994: 20ff.). Mit der Ausdifferenzierung und Segmentierung der Gesellschaft einher geht eine Auflösung der Öffentlichkeit in unterschiedliche Teilöffentlichkeiten, die durch Vielfalt der Angebote und Nutzungsmuster sowie insgesamt eine Pluralisierung der Lebensformen bestimmt sind (vgl. Gerhards/Neidhardt 1992; Hoffmann-Riem ^{2}1994b: 195f.; empirisch Hasebrink/Krotz 1993; Hasebrink 1997: 262 ff.). Ebenso kennzeichnend sind eine Kommerzialisierung, Professionalisierung und teils aber wieder Amateurisierung der Massenkommunikation. Gerade die durch elektronische Medien erzeugte Öffentlichkeit ist nicht mehr vorrangig eine politischer Meinungen, die im Widerstreit miteinander zu politischer Willensbildung führen sollen, sondern eine Öffentlichkeit unterschiedlicher Rollen, Konsumorientierungen, Geschmacksprägungen usw. Weil (Medien-)Öffentlichkeit nicht auf einen im engeren Sinne politischen Bereich beschränkt werden kann, sondern potenziell alles durchwirkt, kann auch die verfassungsnormative Verbürgung des Art. 5 GG nicht auf eine politische Kommunikation im engeren Sinne begrenzt bleiben.

2 Verwendete Methoden und Theorien – Rechtliche Leitbilder politischer Kommunikation

Rechtswissenschaft ist – anders als andere in diesem Handbuch vertretene Disziplinen – keine erklärende Wissenschaft, sondern soll auf der Grundlage von Rechtstexten die Zuordnung zum Code Recht / Unrecht ermöglichen. Dazu bedient man sich in der Rechtswissenschaft nach methodischer Grundübereinkunft verschiedener Auslegungsregeln: Interpretiert wird unter Rückgriff auf Wortsinn, Systematik,

Entstehungsgeschichte und vor allem Sinn und Zweck der Norm (vgl. allgemein Larenz [6]1991: 320ff.). Gerade auf verfassungsrechtlicher Ebene und in Bereichen, die wie Massenmedien gesellschaftspolitisch umstritten sind, wirken außergesetzliche präskriptive Modelle und Zielvorstellungen besonders nachhaltig auf die Rechtsfindung ein (vgl. Brugger 1991: 4f.; allgemein zum Vorverständnis Esser [2]1972 und grundlegend Müller [7]1997: Rn. 27ff.). Maßgeblicher Orientierungspunkt der Auslegung der Kommunikationsfreiheiten bleibt die Interpretations- und Konkretisierungsleistung des BVerfG, dessen Grundkonzeption im Folgenden kurz vorgestellt werden soll:

Das Gericht versteht insbesondere die Massenkommunikationsfreiheiten nicht als allein liberal gedachte Eingriffsabwehr des Individuums gegenüber staatlichem Handeln, sondern als Ausprägungen eines modernen Grundrechtsverständnisses als „Programmnormen", die den Gesetzgeber verpflichten, eine Freiheitsordnung erst zu erschaffen („Gewährleistung durch Ausgestaltung") und die die Judikative verpflichten, das Wertesystem der Grundrechte bei der Auslegung einfachen Rechts zu berücksichtigen („Mittelbare Drittwirkung"). Letzteres bedeutet im Ergebnis, dass Grundrechte nicht nur gegen den Staat, sondern auch gegen private Akteure, die die Freiheit gefährden, gewendet werden können. Dass Grundrechte auch eine für das Konzept der „Gewährleistung durch Ausgestaltung" notwendige objektiv-rechtliche Komponente besitzen, die unabhängig von individueller konkreter Betroffenheit eines einzelnen Individuums einen Handlungs- (Schutz-, Gewährleistungs-)auftrag an den Staat beinhaltet, ist mittlerweile weitgehend anerkannt (vgl. statt vieler K. Hesse [20]1999: Rn. 279ff.; Böckenförde 1974: vgl. kritisch bis ablehnend zu diesem Konzept Kull 1981; Bullinger 1983: 161ff.; Bremer 1995; Starck [4]2000: Rn. 8ff., 12f.; Engel 1993).

Die verfassungsgerichtliche Rechtsprechung wird neben der Grundrechtsdogmatik maßgeblich auch von Annahmen über die Funktion von Medien und ihre Bedeutung für das Individuum und die Gesellschaft beeinflusst (vgl. zu ihren Wurzeln im Konzept der bürgerlichen Öffentlichkeit oben). Die oben skizzierten Veränderungen in Richtung einer postmodernen Informations- und Wissensgesellschaft legen den Schluss nahe, dass sich mittlerweile die realen Strukturen von dem verfassungsrechtlichen Leitbild nicht unerheblich entfernt haben (in diese Richtung vgl. Jarren 1994: 191ff.). Diese Feststellung kann allerdings nicht ohne weiteres argumentativ gegen das BVerfG gewendet werden, da normative Leitvorstellungen nicht schlicht reale Bedingungen affirmieren können, sondern vielmehr einen Zielwert vorgeben, der durch rechtliche Gestaltung angestrebt werden soll. Um ein Auseinanderklaffen von Leitbild und Realität durch dysfunktionale irreale Zielvorstellungen zu vermeiden, wird nach neuen Konzepten gesucht (zur Forderung eines vorrangig prozeduralen Medienrechts vgl. Vesting 1997a) bzw. die Fortentwicklung des Gewährleistungskonzeptes ausgerichtet auf durch Gesellschafts- und Medienwandel veränderte Bedingungen begonnen (vgl. Schulz/Held/Kops 2002).

Das theoretische Modell des BVerfG erweist sich in vielerlei Hinsicht als hinreichend flexibel, um weiterhin normativ Sinn zu machen und insbesondere den Wandel der Medien zu (kommerzialisierten) Unterhaltungsmedien einzubeziehen. So hat das Gericht von vornherein auch rein unterhaltende Beiträge dem Schutz der Medienfreiheit zugeordnet und den staatlichen Gewährleistungsauftrag auch auf die unterhaltenden Elemente des Rundfunks bezogen, mit Blick auf Kollisionen mit anderen Schutzgütern ihren Schutz aber je nach Nähe zur politischen Kommunikation differenziert (vgl. BVerfGE 59, 231, 258; Jarass 1985: 195f.).

3 Grundzüge der Medienregulierung in Deutschland

Unter besonderer Berücksichtigung der auf diesen Prämissen ruhenden Rechtsprechung des BVerfG soll im Folgenden der bestehende Regulierungsrahmen skizziert werden, wobei zum Teil die Ausführungen zu den theoretischen Grundlagen weiter konkretisiert werden. Das „Medienrecht" wird dabei einerseits in dem Bereich vorgestellt, der maßgeblich auf dem skizzierten besonderen Verfassungsverständnis ruht: dem der Strukturierung öffentlicher Kommunikation durch Recht (in juristischer Dogmatik und Terminologie: Ausgestaltung), und in dem anderen Bereich, der sich eher mittelbar von ihm beeinflusst zeigt: dem der Grenzziehung für Themen öffentlicher Kommunikation, z.B. Jugend- und Persönlichkeitsschutz (juristisch: Schrankensetzung im Sinne von Art. 5 Abs. 2 GG).

3.1 Verfassungsrechtliche Strukturierung öffentlicher Kommunikation

Die Verfassung schützt in Art. 5 Abs. 1 GG öffentliche Kommunikation durch verschiedene Freiheitsgarantien. Der kommunikative Inhalt und der Vorgang der Individualkommunikation ist in Art. 5 Abs. 1 S. 1 GG (Meinungs- und Informationsfreiheit) geschützt, die Spezifika öffentlicher Kommunikation durch Massenmedien in Satz 2 (Presse-, Rundfunk- und Filmfreiheit).

Das BVerfG beschreibt die Konstruktion des objektiv-rechtlichen Gehalts der Grundrechte hinsichtlich der Massenmedienfreiheiten gern mit dem Topos „dienende Freiheit" (BVerfGE 57, 295, 320). Die in diesem Begriff enthaltene funktionale Vorstellung von der Medienfreiheit beruht auf einem Grundrechtsverständnis, das die objektiv-rechtliche Komponente des Freiheitsrechts in den Vordergrund rückt. Zu dienen haben die Freiheiten des Art. 5 Abs. 1 S. 2 GG insoweit, als ihre Ausübung Rahmenbedingungen voraussetzt, die einen freien individuellen und öffentlichen Meinungsbildungsprozess sichern. Dies kann als Leitziel der verfassungsgerichtlichen Interpretation der Rundfunkfreiheit verstanden werden. Der Staat erhält eine besondere Aufgabe zur „Gewährleistung" dieser Freiheit als nicht nur normativ verbürgte, sondern auch real wirksam zu haltende. Diese Aufgabenverwirklichung wird in der juristischen Terminologie als „Ausgestaltung" der Medienordnung beschrieben (vgl. dazu Hoffmann-Riem 1995: Rn. 16ff.; Rossen 1988: S. 285ff.).

Die Bestimmung des zur Verwirklichung des verfassungsgerichtlichen Leitziels Erforderlichen beruht ganz maßgeblich auf dem Leitbild der verfassungsgerichtlichen Entscheidungen (vgl. oben). Nach Auffassung des Gerichts wird mit der Freiheit der Meinungsäußerung und -verbreitung nicht nur das menschliche Bedürfnis nach Weitergabe der Ergebnisse eigener Gedankenarbeit befriedigt (vgl. zu diesem Herzog 1992, Art. 5 Rn. 51ff.); die Freiheiten des Art. 5 GG erfüllen auch eine politische Funktion; sie sind für eine freiheitliche demokratische Staatsordnung „schlechthin konstituierend", weil sie „die ständige geistige Auseinandersetzung, den Kampf der Meinungen, der ihr Lebenselement ist", erst ermöglichen (BVerfGE 7, 198, 208). Sie sollen die Mitwirkung des Einzelnen am politischen Prozess durch seine Beteiligung an der Willensbildung sichern (BVerfGE 5, 85, 204f.). Die Meinungsbildungsfreiheit wird – wie das Gericht vor allem mit Blick auf die Medienfreiheiten formuliert hat – zum zentralen Bezugspunkt einer freien Kommunikationsordnung (vgl. insbesondere BVerfGE 57, 295, 320f.). Vor diesem Hintergrund erklärt sich, dass das Gericht die Relevanz der individuellen Kommunikationsfreiheiten wie kaum ein anderes Grundrecht immer nahezu emphatisch hervorgehoben hat. Es rechnet die Meinungsfreiheit zu den „vornehmsten Menschenrechten überhaupt" (BVerfGE 7, 198, 208).

Natürlich nicht minder bedeutsam ist die Rolle der Massenmedien: Ihnen kommt in der von der Literatur übernommenen Terminologie des BVerfG die Stellung als „Medium und Faktor" im Kommunikationsprozess zu. Besonders deutlich wird das verfassungsrechtliche Bild von Kommunikation und Öffentlichkeit in der ›Spiegel‹-Entscheidung (BVerfGE 20, 162, 174f.): „Eine freie, nicht von der öffentlichen Gewalt gelenkte, keiner Zensur unterworfene Presse ist ein Wesenselement des freiheitlichen Staates; insbesondere ist eine freie, regelmäßig erscheinende politische Presse für die moderne Demokratie unentbehrlich. Soll der Bürger politische Entscheidungen treffen, muß er umfassend informiert sein, aber auch die Meinungen kennen und gegeneinander abwägen können, die andere sich gebildet haben. Die Presse hält diese ständige Diskussion in Gang; sie beschafft die Informationen, nimmt selbst dazu Stellung und wirkt somit orientierend in der öffentlichen Auseinandersetzung. In ihr artikuliert sich die öffentliche Meinung; die Argumente klären sich in Rede und Gegenrede, gewinnen deutlichere Konturen und erleichtern so dem Bürger Urteil und Entscheidung. In der repräsentativen Demokratie steht die Presse zugleich als ständiges Verbindungs- und Kontrollorgan zwischen dem Volk und seinen gewählten Vertretern in Parlament und Regierung. Sie faßt die in der Gesellschaft und ihren Gruppen unaufhörlich sich neu bildenden Meinungen und Forderungen kritisch zusammen, stellt sie zur Erörterung und trägt sie an die politisch handelnden Staatsorgane heran, die auf diese Weise ihre Entscheidungen auch in Einzelfragen der Tagespolitik ständig am Maßstab der im Volk tatsächlich vertretenen Auffassungen messen können."

In dieser Passage wird deutlich, dass die Verfassung in der Auslegung des BVerfG eine Vorstellung von Öffentlichkeit zugrunde gelegt hat, in der das Politische eine zentrale Rolle spielt, wenn das Konzept – wie schon oben bei der Skizzierung des Leitbildes dargestellt – auch keineswegs auf Politik beschränkt bleibt. Die Sicherung von Kommunikationsvielfalt wird daher der zentrale Zielwert in der pluralen Demokratie (BVerfGE 57, 295, 320). In dem Grundsatz der Staatsfreiheit kommt ergänzend zum Ausdruck, dass zwischen der Gesellschaft, in der der Wille gebildet wird, und den staatlichen Organen, deren Handeln legitimiert und kontrolliert werden soll, eine Trennung bestehen muss. Dieses Bild, das natürlich nur einen Teil der verfassungsrechtlichen Vorstellung von Öffentlichkeit darstellt, stimmt weitgehend mit dem überein, was allgemein als bürgerliche Öffentlichkeit bezeichnet wird (vgl. Stock 1985: 30, 173; zur Form bürgerlicher Öffentlichkeit vgl. insbesondere Habermas [7]1990: 54ff.).

Aus den Vorgaben des Art. 5 GG hat das BVerfG ein differenziertes Ordnungsmodell für massenmediale Kommunikation erarbeitet. Die Zielvorstellung des Ordnungsmodells ist dabei für alle verschiedenen Typen von Massenmedien identisch: Sie haben den Prozess freier individueller und öffentlicher Meinungsbildung zu gewährleisten. Das diese Zielvorstellung sichernde Konzept ist dabei aber variabel, für den klassischen Rundfunkbereich jedoch vom Gericht in einer besonderen Tiefe vorgezeichnet (zu den verschiedenen Stadien der Rechtsprechung des Gerichts zum Rundfunksektor vgl. Hoffmann-Riem 1994a).

„Ob" und „Wie" einer spezifischen gesetzlichen Gewährleistung hängen insbesondere davon ab, inwieweit von bestimmten Akteuren im Kommunikationsprozess Verzerrungen im Hinblick auf die kommunikative Chancengleichheit zu befürchten sind. Dies wurde und wird vom Bundesverfassungsgericht im Hinblick auf die Rolle des Rundfunkveranstalters angenommen. Dass dem Gewährleistungsauftrag unterstellte Massenmedien wie Presse und Rundfunk trotz gleicher Formulierung in Art. 5 Abs. 1 S. 2 GG verschiedenen – einfachgesetzlichen – Systemvorgaben unterliegen (dürfen), kann daher als Beispiel für die Notwendigkeit angesehen werden, insbesondere Verfassungsnormen stets vor dem Hintergrund des tatsächlichen Gepräges des Realbereiches hin auf die Erreichung des Zielwerts zu interpretieren. Presse- und Rundfunkfreiheit sind in ihrer verfassungsrechtlichen Struktur gleich (BVerfGE 20, 162, 174 ff.), können sich aber in den Regulierungsansätzen und -instrumenten unterscheiden, die erforderlich sind, um die Medien- und Meinungsbildungsfreiheit zu gewährleisten.

Ihren Grund haben die unterschiedlichen Vorgaben zur Ausgestaltung darin, dass das Gericht anders als bei der Presse beim Rundfunk wenig Vertrauen darin hat, dass sich eine freie Kommunikationsordnung in einem markt-ökonomisch geprägten Umfeld von selbst einstellt. Während das BVerfG in frühen Entscheidungen zur Begründung dieser unterschiedlichen Ansätze auf eine „Sondersituation" des Rundfunks verwies (BVerfGE 12, 205, 261; 31, 314, 326; bereits modifiziert in 57, 295, 322), argumentiert es heute vorwiegend mit der angenommenen besonderen gesellschaftlichen Wirkung und Bedeutung dieses Mediums (BVerfGE 90, 60, 87), die Regulierungen zur Verhinderung einseitigen Machteinsatzes erforderlich machen. Wie in dieser Hinsicht der Bereich der Online-Dienste zu beurteilen ist, muss auf der Grundlage dieser Konzeption für unterschiedliche Typen von Diensten extrapoliert werden (vgl. die Beiträge in Kops/Schulz/Held 2001).

3.1.1 Rundfunk

Das Leitbild freier öffentlicher und individueller Kommunikation soll über den Auftrag zur Schaffung einer „positiven Ordnung", die für materielle, verfahrensmäßige und organisatorische Voraussetzungen der Funktionsfähigkeit der Rundfunkordnung sorgt (BVerfGE 57, 295, 321; 73, 118, 166), durch konkrete gesetzliche Regulierung in Realität umgesetzt werden: Rundfunkveranstaltung ist in der Folge nur dann zulässig, wenn zuvor gesetzlich sichergestellt ist, dass eine Kommunikationsordnung entsteht, die einen freien öffentlichen Kommunikationsprozess ermöglicht.

Dem verfassungsrechtlichen Konzept entsprechend, aber auch den gesellschaftlichen Realitäten folgend, setzt die Strukturierung dieses Prozesses nicht bei individuellen Kommunikatoren, sondern bei den Massenmedien als Faktoren und Medien der Meinungsbildung an – und damit auf der Ebene von Organisationen. Die rechtliche Regulierung darf aber nicht Selbstzweck sein, sondern nur Mittel zur Erfüllung des verfassungsrechtlichen Ziels. Das BVerfG geht bislang davon aus, dass im Bereich der Presse der allgemeine privatwirtschaftliche Ordnungsrahmen ausreicht (vgl. unten), während im Bereich des Rundfunks eine medienspezifische Ausgestaltung durch den (Landes-)Gesetzgeber erforderlich ist, die wiederum intern ausdifferenziert ist (Prinzip der so genannten abgestuften Regulierung; so werden Online-Dienste, die verfassungsrechtlich Rundfunk darstellen, und reine Teleshoppingsender, die für die gesellschaftliche Meinungsbildung weniger relevant sind, als Mediendienste behandelt und weit gehend nach dem Marktmodell reguliert).

Dem Schutz der freien Meinungsbildung und insbesondere dem Ziel der Verhinderung einer vorherrschenden Meinungsmacht im Rundfunk dienen zahlreiche und differenzierte Regelungen im Rundfunkrecht, also für bundesweit verbreiteteten Rundfunk die Vorgaben aus dem Rundfunkstaatsvertrag der Länder (RStV), für landesweite Veranstaltungen die Vorgaben der Landesmediengesetze (vgl. dazu die Beiträge in: Die Landesmedienanstalten 1995; Hoffmann-Riem 1995: Rn. 188ff.; A. Hesse [2]1999: Kap. 5 Rn. 238ff.).

Sicherungen der Rundfunkordnung sollen verhindern, dass einzelne Veranstalter oder aber andere gesellschaftliche Kräfte die Öffentlichkeit in ihrem Sinne steuern. Sicherungen sind zum einen binnenplurale Ordnungsmodelle, Konstruktionen also, bei denen das Programm eines Veranstalters die in der Gesellschaft vorhandenen Meinungen in möglichster Breite zum Ausdruck kommen lässt. Dies wird durch organisatorische Vorkehrungen, insbesondere durch die Installation plural besetzter Gremien, unterstützt, denen Einfluss auf die Programmgestaltung eingeräumt wird (BVerfGE 60, 53, 66f.; 83, 238, 333f. sowie Bethge 1991: 39ff.).

Beim außenpluralen Modell dagegen wird darauf vertraut, dass eine Vielzahl unterschiedlicher Programmangebote in der Summe zu einer vielfältigen, insgesamt ausgewogenen Berichterstattung führen. Soweit sich dies nicht von allein herstellt, sind strukturelle Sicherungen gefordert, beispielsweise derart, dass Konzentrationsprozessen effektiv entgegengewirkt wird (Vorschriften zur Sicherung der Meinungsvielfalt, §§ 25 ff. RStV).

Die Strukturierung der deutschen Rundfunkordnung beruht bekanntlich auf einer Kombination beider Modelle (so genanntes duales System; zur Kritik am Begriff vgl. Eifert 1999). Binnenplural konstruiert wurde der öffentlich-rechtliche Rundfunk in der Bundesrepublik Deutschland, Vielfalt soll in der zweiten Säule vorwiegend außenplural erreicht werden (wenn auch die Ordnung privaten Rundfunks – in unterschiedlichen Bundesländern unterschiedlich stark – begrenzte binnenplurale Elemente enthält). Private und öffentlich-rechtliche Säule sind eng miteinander verzahnt (zur Entstehung des dualen Systems vgl. Hoffmann-Riem/Eifert 1999: 50ff.). Durch das Nebeneinander unterschiedlicher Produktionslogiken setzt der Gesetzgeber auf eine „strukturelle Diversifizierung" zur Gewährleistung der verfassungsrechtlichen Ziele (zum Begriff Hoffmann-Riem [3]2001: Rn. 221 ff.).

Für das Verständnis des Zusammenspiels der Säulen im dualen System ist der umstrittene und missverständliche Begriff der „Grundversorgung" zentral (vgl. Hoffmann-Riem 2000: 238ff.). Grundversorgung meint, dass die gesamte Bevölkerung mit Programmen versorgt wird, die in der vollen Breite dem klassischen Rundfunkauftrag entsprechen, also insbesondere Information, Bildung und Unterhaltung umfassen, sodass das Programm darauf zielt, alle Kommunikationsinteressen der Gesellschaft zu befriedigen und auf diese Weise Meinungsvielfalt in der verfassungsrechtlich gebotenen Weise herzustellen (vgl. BverfGE 73, 118, 157f.; 74, 297, 325). Erfüllt der öffentlich-rechtliche Rundfunk diesen Grundversorgungsauftrag, kommt dies privaten Veranstaltern zugute: An die Breite ihres Programmangebots und die Sicherung gleichgewichtiger Vielfalt durch sie müssen nicht gleich hohe Anforderungen gestellt werden wie im öffentlich-rechtlichen Rundfunk (vgl.

BverfGE 73, 118, 155f.; 83, 238, 297; zum Zusammenspiel der Säulen vgl. Hoffmann-Riem 2000: 292ff.), sodass innerhalb der Säule der Privaten das außenplurale Modell verfassungsrechtlichen Anforderungen entspricht. Der Vielfaltssicherung dient auf der Seite der privaten Veranstalter ein das allgemeine Kartellrecht ergänzendes System medienspezifischer Konzentrationskontrolle (vgl. hierzu A. Hesse ^{2}1999: 5. Kap. Rn. 91ff.).

Öffentlich-rechtliche Anstalten sind allerdings nicht auf die Grundversorgung beschränkt (jenseits dieses Bereiches muss die Programmveranstaltung für beide Säulen der dualen Rundfunkordnung aber zu „gleichen Bedingungen" möglich sein (BverfGE 74, 297, 333, 340, 345); für die Beschreibung des Aktivitätsspielraums öffentlich-rechtlicher Anstalten hat sich der Begriff des „Funktionsauftrags" durchgesetzt. Andersherum sind auch private Veranstalter nicht an der Grundversorgung gehindert. Die insbesondere unter dem Druck neuer technischer Möglichkeiten erforderliche Anpassung bzw. Neujustierung der Aufgabenbereiche dieser Säulen ist dabei immer wieder Anlass prinzipiellen Streits, seit Ende der 90er-Jahre wurde sie insbesondere mit Blick auf die Aktivitäten der öffentlich-rechtlichen Anstalten im Online-Bereich diskutiert.

Neben derartigen strukturellen Vorgaben finden sich in den Rundfunkgesetzen zum Teil auch Regelungen, die Vielfaltsziele direkt sichern sollen und an Programminhalte anknüpfen; sie haben allerdings nur begrenzte praktische Bedeutung (das Gegenteil wird von Juristen allerdings häufig noch unterstellt, vgl. z.B. Laschet 1994: 28f.; Bosmann 1989: 6ff.). Aufgegeben werden Programmgrundsätze, die die Achtung oder sogar die Förderung der freiheitlich demokratischen Grundordnung fordern, zur Wahrung religiöser Überzeugungen anhalten und das Programm auf die Menschenwürde verpflichten, ebenso wie Rechtsnormen, die auf journalistische Fairness abzielen oder die verlangen, auch Minderheiteninteressen zu berücksichtigen. Solche Regeln sind nicht nur wegen ihrer hohen Unbestimmtheit, sondern auch mit Rücksicht auf das Gebot der Staatsfreiheit nur höchst begrenzt rechtlich implementierbar (vgl. Holgersson 1995; Hoffmann-Riem 1996). Damit sind sie nicht gänzlich unbedeutend; beispielsweise können sie als Bezugspunkte in Debatten über Programmqualität bedeutsam werden (vgl. Schulz 1995: 352).

3.1.2 Presse, Film und Online-Medien

Die Regulierung der Presse und Online-Medien (Tele- und Mediendienste) in Deutschland orientiert sich dagegen allein am Markt- / Konkurrenzmodell. Hier wird die Verwirklichung des Zielwertes der Verfassung, freie öffentliche und individuelle Meinungsbildung zu ermöglichen, ökonomischen Marktprozessen anvertraut. Detaillierte strukturelle, ausgestaltende Vorgaben finden sich für diesen Bereich daher (bisher) nicht; genutzt werden zum Teil Maßnahmen der Anreizsteuerung etwa durch Subventionen. Staatliche Förderung findet ihre verfassungsrechtlichen Grenzen aber in dem Grundsatz der Staatsfreiheit der Medien sowie in Anforderungen an die Funktionsfähigkeit des jeweils vom Gesetzgeber eingerichteten Mediensystems (BVerfGE 80, 124, 133ff.). Es gibt jedoch auch im Kommunikationsbereich Möglichkeiten finanzieller Förderung. Zu den indirekten Förderungen gehören z.B. staatliche Entlastungen, so die Gewährung des ermäßigten Umsatzsteuersatzes für die Presse. Auch können die allgemein für Wirtschaftsunternehmen vorgesehenen Förderprogramme Medienunternehmen zugute kommen; bei der konkreten Ausgestaltung ist allerdings darauf zu achten, dass nicht mittelbar gegen den Grundsatz der staatlichen Inhaltsneutralität verstoßen oder die Förderung gar als eine Art Wohlverhaltensprämie eingesetzt wird.

3.1.3 Medienprivilegien – Journalistische Sonderrechte

Neben der Strukturierung des jeweiligen Medienmarktes kommt selbstverständlich auch der der journalistischen Tätigkeit eine erhebliche Rolle zu. Dazu zählen auch aus der verfassungsrechtlich abgesicherten öffentlichen Aufgabe der Medien folgende Privilegien (vgl. dazu Schulz/Korte 2001; Branahl [3]2000: 29 ff.), so z.B. das Zeugnisverweigerungsrecht im Bezug auf Informanten und Beschränkungen der Durchsuchungsbefugnisse von Strafverfolgungsbehörden in Redaktionen (BVerfGE 20, 162; 77, 65). Besondere Bedeutung für die alltägliche Arbeit hat das Auskunftsrecht der Medien gegenüber Behörden. Sämtliche Privilegien können im Rahmen dieses Beitrages nicht vorgestellt werden (vgl. dazu Schulz/Korte 2001), beispielhaft soll hier daher nur die Ausgestaltung der Auskunftsrechte skizziert werden.

Der Staat muss, um die öffentliche Aufgabe der Medien – die insbesondere auch in der Herstellung von Transparenz und der öffentlichen Kontrolle der staatlichen Gewalt liegt – zu ermöglichen, Medienvertretern in Angelegenheiten öffentlichen Interesses Auskunft erteilen. Dies ergibt sich zwar aus Verfassungsrecht, einen Anspruch haben Medienvertreter allerdings nur im Rahmen der einfachen Gesetze (BVerwGE 70, 310, 311f.). Auskunftsberechtigt sind Vertreter der Presse, aber auch privater und öffentlich-rechtlicher Rundfunkanstalten einschließlich der Hilfsunternehmen (für Hamburg beispielsweise verankert in § 4 Hamburgisches Pressegesetz) und auch Vertreter bestimmter journalistisch-redaktioneller Mediendienste (§ 15 Mediendienste-Staatsvertrag [MDStV]). Auch freien Journalisten steht ein Auskunftsrecht zu; allerdings kann von ihnen ein Legitimationsschreiben der Redaktion verlangt werden, damit der Kreis der Auskunftsberechtigten überschaubar bleibt. Das Auskunftsrecht besteht nur gegenüber Behörden, nicht gegenüber Privaten oder Unternehmen.

Der Inhalt des Auskunftsanspruchs wird, in den jeweiligen Landesgesetzen mit leichten Unterschieden, begrenzt. So kann insbesondere bei schwebenden Verfahren sowie berechtigten privaten oder öffentlichen Belangen eine Auskunft verweigert werden. Steht also beispielsweise der Schaden, der durch die Mitteilung eines in den Behördenakten niedergelegten Betriebsgeheimnisses einem Unternehmen entsteht, außer Verhältnis zu dem durch die Preisgabe der Information befriedigten öffentlichen Interesse, so kann (ggf. muss) die Behörde die Auskunft verweigern (vgl. Soehring [3]2000: Rn. 4.22ff.).

3.1.4 Strukturbildende Rechtsgrundlagen der Kommunikationsberufe

Strukturbildende Effekte weisen schließlich auch die weiteren medienspezifischen bzw. medienspezifisch modifizierten Regelungen auf. Dazu zählen das Presserecht im engeren Sinne, das Rundfunkrecht und spezielle Rechtsgrundlagen für Online-Medien (Teledienstegesetz, Mediendienstestaatsvertrag) eine Rolle. Diese medienrechtliche Spezialgesetzgebung liegt weitgehend in der Kompetenz der Länder, sodass sich die Rechtsgrundlagen von Bundesland zu Bundesland unterscheiden können. Durch die Rechtsprechung sind die allgemeinen zivil- und strafrechtlichen Normen – auch vor dem Hintergrund des verfassungsrechtlichen Schutzes von Presse und Rundfunk – medienspezifisch modifiziert worden (Presserecht im weiteren Sinne). Durch ihre Leitfunktion und Auswirkungen auf journalistische Handlungsrationalitäten zum Beispiel bei der Bildberichterstattung kommen auch ihnen mittelbar strukturbildende Effekte zu, ihre Hauptfunktion kann aber in der Steuerung journalistischen Handelns erblickt werden (siehe unten 3.2).

3.2 (Verfassungs-)Rechtliche Schrankensetzung öffentlicher Kommunikation

Weder die individuellen Gewährleistungen noch die Massenmedienfreiheiten werden von der Verfassung allerdings ausschließlich privilegiert oder grenzenlos garantiert. Sowohl die Freiheiten des Satz 1 als auch die des Satz 2 können beschränkt werden. Art. 5 Abs. 2 GG erlaubt Beschränkungen dieser Freiheiten durch allgemeine – d.h. sich weder gegen die Meinungsfreiheit an sich noch gegen bestimmte Meinungen als solche richtende – Gesetze, Bestimmungen zum Schutze der Ehre und des Jugendschutzes (vgl. dazu Branahl [3]2000: Kap. 3 ff.). Daneben können auch andere Grundrechte oder Verfassungsgüter die Kommunikationsfreiheiten beschränken. Soweit also kommunikative Tätigkeiten den Schutz des Art. 5 Abs. 1 GG genießen, dürfen sie nur im Rahmen dieser Schranken – die wiederum im Lichte der Bedeutung der Kommunikationsfreiheiten auszulegen sind – begrenzt werden. Für die Fälle, in denen die Nutzung der Kommunikationsfreiheiten mit den nicht auf die Funktionsfähigkeit der Kommunikationsordnung bezogenen Rechten Dritter – etwa Persönlichkeitsrechten, Urheberrechten usw. – kollidiert, kann der Gesetzgeber den Kommunikationsfreiheiten Schranken setzen (Art. 5 Abs. 2 GG). Absolut verboten ist aber jede Zensur (Art. 5 Abs. 1 Satz 3 GG); darunter versteht das BVerfG nur staatliche Vorzensur (BVerfGE 33, 52, 71), das heißt nach herrschender Auffassung alle einschränkenden Maßnahmen vor der Herstellung oder Verbreitung eines Werkes und insbesondere das Abhängigmachen von behördlicher Vorprüfung und Genehmigung seines Inhalts (vgl. BVerfGE 33, 52, 72 und statt vieler Jarass/Pieroth [5]2000: Art. 5 Rn. 63ff.).

Schrankensetzungen sind mit Blick auf alle Verbürgungen des Art. 5 Abs. 1 S. 1 und 2 denkbar. Das Schutzkonzept des Art. 5 GG ist dabei aber so zu verstehen, dass die Freiheiten des Satz 2 sich auf die organisatorischen Rahmenbedingungen der medialen Tätigkeit beziehen. Eine Schranke der Rundfunkfreiheit zum Schutz der Beweissicherung stellt zum Beispiel § 13 des Hamburgischen Mediengesetzes (HmbMedienG) dar. Ist hingegen die Zulässigkeit eines bereits konkretisierten Inhalts Streitgegenstand, misst sich die Zulässigkeit allein nach den Vorgaben der Meinungsäußerungsfreiheit (Art. 5 Abs. 1 S. 1 GG) einschlägig (vgl. Engels/Schulz 1997: 455ff.), gleich ob sie individuell, durch Pressepublikationen oder via Rundfunk verbreitet wurde.

Verfassungsrechtliche Grenzen im Sinne praktischer Konkordanz bestehen insbesondere im Hinblick auf das Persönlichkeitsrecht der von öffentlicher Kommunikation Betroffenen. Dieses verfassungsrechtliche Persönlichkeitsrecht ist in vielen Spezialgesetzen einfachgesetzlich konkretisiert worden. Im Folgenden soll dies vor allem am Beispiel der Steuerungswirkung beschrieben werden, die das Recht im Hinblick auf das Öffentlichwerden von Privatem beansprucht.

3.2.1 Der verfassungsrechtliche Persönlichkeits- und Ehrschutz

Das allgemeine Persönlichkeitsrecht jedes Menschen wird von der Verfassung im Art. 2 Abs. 1 in Verbindung mit Art. 1 Abs. 1 GG geschützt. Geschützt wird dadurch das „Person-Sein" (Jarass 1989: 859; Degenhart 1992: 361), und zwar zum einen im Sinne des Schutzes der Privatsphäre passiv, als Recht, in Ruhe gelassen zu werden (BVerfGE 27, 1, 6) und zum anderen aktiv im Sinne der Möglichkeit autonomer personaler Darstellung und Entfaltung. Dass insbesondere diese Komponenten durch öffentliche Berichterstattung beeinträchtigt werden können, liegt auf der Hand. Auch der Schutz der Ehre – also der bereits im Person-Sein angelegte Anspruch auf Achtung durch die anderen sowie das persönlich erworbene Ansehen – wird von diesem Verfassungsgrundsatz umfasst. Daneben ist der Ehrschutz auch in Art. 5 Abs. 2 GG als Schranke der Kommunikationsfreiheiten vorgegeben. Der Schutz von Persönlichkeit und Ehre wird in zahlreichen, medienspezifisch modifizierten Bestimmungen des Straf- und Zivilrechtes sichergestellt. Die Beschränkung kommunikativer Äußerungen mit Rücksicht auf den Persönlichkeitsschutz entspricht dem in der Menschenwürde und dem Recht der Persönlichkeitsentfaltung abgesicherten Schutz der Selbstbestimmung der Menschen darüber, wie sie sich in der Öffentlichkeit darstellen (BVerfGE 65, 1, 41f.), der Ehrschutz garantiert den jedem Menschen zustehenden sozialen Geltungsanspruch.

3.2.1.1 Beispiel: Ehrschutz gegen Beleidigungen und Verleumdungen

Kollisionen zwischen Ehrschutz und Kommunikationsfreiheiten treten angesichts der oben skizzierten Schutzbereichsabgrenzung (Art. 5 Abs. 1 S. 2: Rahmenbedingungen der medialen Betätigung; Art. 5 Abs. 1 S. 1: konkretisierte Äußerungen) in aller Regel als Kollision zwischen der Meinungsäußerungsfreiheit und dem Achtungsanspruch Einzelner auf. Besondere praktische Bedeutung haben hier die strafrechtlichen Normen über Verleumdung und Beleidigung erlangt. Zunächst ist die Kollisionslage positiv festzustellen. Dazu muss es sich nicht nur um eine Beeinträchtigung des Achtungsanspruches aus Art. 2 Abs. 1 in Verbindung mit Art. 1 Abs. 1 GG handeln, die entsprechende Äußerung muss auch dem Schutzbereich der Meinungsäußerungsfreiheit unterfallen, damit es zu einer rechtlich aufzulösenden Kollision von Verfassungsgütern kommt. Dafür ist bedeutsam, ob die belastende Äußerung eine Tatsachenbehauptung oder ein Werturteil ist. Handelt es sich um eine bewusst oder erwiesen unwahre Tatsachenbehauptung, kann der Äußernde den Schutz des Art. 5 GG für sich nicht in Anspruch nehmen. Sowohl wahre und nicht erwiesen unwahre Tatsachenbehauptungen als auch Werturteile genießen dagegen grundsätzlich den Schutz von Art. 5 Abs. 1 S. 1 GG, wenngleich Rechtsprechung und -wissenschaft für sie unterschiedliche Abwägungsparameter entwickelt haben. Aus beiden Gründen ist die Unterscheidung dieser Kategorien von hervorgehobener Bedeutung: Wertungen sind einer gerichtlichen Klärung als „wahr" oder „richtig" nicht zugänglich. Solche Meinungsäußerungen stehen deshalb unter besonderem verfassungsrechtlichen Schutz (BVerfGE 42, 113, 171; 61, 1, 7), da sie für den demokratischen Willensbildungsprozess unverzichtbar sind (vgl. Grimm 1995: 1698). Dennoch sind sie nicht unbegrenzt zulässig, wie etwa die Strafbarkeit der Beleidigung (§ 185 StGB) zeigt. Bei der so genannten Schmähkritik, einer Äußerung, die auf die Herabsetzung des Betreffenden zielt und bei der andere argumentative Absichten in den Hintergrund treten, überwiegt verfassungsrechtlich der Schutz der Persönlichkeit, eine derartige Kritik kann daher ohne konkrete Abwägung als Beleidigung strafbar sein (vgl. Grimm 1995: 1703ff.). Wer sich selbst in den politischen Meinungskampf begibt und insoweit öffentlich auftritt, muss gegebenenfalls „scharfe und abwertende Kritik" hinnehmen (BVerfGE 54, 129, 138): „Recht zum Gegenschlag". Im Einzelfall kommt es aber auch hier auf eine Abwägung mit Blick auf die durch den Äußernden oder die Medien verfolgten kommunikativen Interessen auf der einen und auf die Intensität der Ehrkränkung des Betroffenen auf der anderen Seite an (vgl. dazu unten 3.2.2).

Wie ausgeführt, ist der Schutz von Tatsachenbehauptungen zunächst einmal nicht von ihren Auswirkungen auf andere, sondern von ihrem Wahrheitsgehalt abhängig. Ob Äußerungen erwiesen oder bewusst unwahr sind, wird nach den Regeln des bürgerlichen bzw. des Strafrechts über die Beweislast festgestellt. Die allgemeinen Beweislastregeln sind aber so anzuwenden, dass sie nicht zu einer verfassungswidrigen Beeinträchtigung des Kommunikationsprozesses führen, etwa dadurch, dass das Risiko des Kommunikators beim Aufdecken von Tatsachen zu hoch geschraubt wird (vgl. dazu BVerfGE 54, 208, 219f.). Der Bedeutung freier Rede in öffentlichen Auseinandersetzungen muss Rechnung getragen werden (s. BVerfGE 12, 113, 125f.; 24, 278, 282f., 285). Schwierig ist der Umgang mit den nicht erweislich wahren Äußerungen. Auf die Schwierigkeiten reagiert die Rechtsprechung durch abgestufte Anforderungen an die Nachforschungs-, Prüfungs- bzw. Sorgfaltspflichten der Äußernden (BVerfGE 12, 113, 130; BGHZ 65, 325, 333f.), ggf. durch eine Pflicht zur Darstellung des Grades verbleibender Ungewissheit. Dem Verletzten kann eine Mitwirkungsobliegenheit bei der Sachverhaltsaufklärung aufgebürdet werden (BVerfGE 54, 148, 157). Auch die Äußerung wahrer Tatsachen ist jedoch nicht grenzenlos zulässig. So besteht zum Beispiel an den Mitteilungen aus der Intimsphäre Dritter, auch wenn sie wahr sind, kein legitimes Interesse (vgl. mit weiteren Beispielen Grimm 1995: 1702 und zu den weiteren Abwägungskriterien unten 3.2.2).

3.2.1.2 Beispiel: Bildnisschutz

Wohl bekanntestes Beispiel besonderer Persönlichkeitsrechte ist das Recht am eigenen Bild (vgl. umfassend dazu Branahl ^{3}2000: 150ff.). Aus diesem Grunde und weil die Struktur des Bildnisschutzes maßstabsetzend auch für die anderen besonderen wie auch das allgemeine Persönlichkeitsrecht wurde (ausführlich zu den verschiedenen Ausprägungen des Persönlichkeitsschutzes vgl. Soehring ^{3}2000: § 12ff.; Prinz/Peters 1999), soll es im Folgenden in der gebotenen Kürze dargestellt werden (vgl. ausführlich zum Recht am eigenen Bild Schulz/Jürgens 1999). An dieser Materie lässt sich prototypisch der Abwägungsprozess illustrieren, mit dem die rechtliche Dogmatik die Veröffentlichungsentscheidungen zu beeinflussen sucht, um in praktischer Konkordanz der Grundrechtspositionen zu bestimmen, wann Persönliches veröffentlicht werden darf.

Der verfassungsrechtliche Persönlichkeitsschutz umfasst auch das Recht, die Darstellung der eigenen Person anderen gegenüber grundsätzlich selbst zu bestimmen. Eine besondere Form der Darstellung der Person – und von Art. 2 Abs. 1 in Verbindung mit Art. 1 Abs. 1 GG gegenständlich mit erfasst – ist die Abbildung der Person. Die Veröffentlichung von Bildnissen ist – anders als andere Formen identifizierender Berichterstattung – grundsätzlich nur mit Einwilligung des Betreffenden zulässig ist (§ 22 Kunsturhebergesetz [KUG]). Ausnahmen von diesem Grundsatz, die nach der verfassungsrechtlich gebotenen Abwägung mit anderen Rechtsgütern erforderlich sind, werden im KUG vorstrukturiert. So gibt § 23 Abs. 1 KUG Fälle vor, in denen Interessen der Allgemeinheit für eine Veröffentlichung auch ohne Einwilligung oder gegen den artikulierten Willen des Abgebildeten sprechen; § 23 Abs. 2 KUG normiert für diese Fälle aber wiederum eine Pflicht zur Einzelfallabwägung in Form einer „Ausnahme der Ausnahme“ für bestimmte entgegenstehende Interessen des Abgebildeten.

Bildnisse sind Abbildungen, die Personen erkennbar wiedergeben (BGHZ 26, 349, 351). Die Erkennbarkeit kann durch einen Augenbalken ausgeschlossen werden, wird es aber nicht in jedem Fall. Entscheidend ist allein, ob die abgebildete Person für ihren Bekanntenkreis erkennbar dargestellt wurde. Zu berücksichtigen sind auch Kontextinformationen, wie die Nennung des Namens des Abgebildeten oder die Bekanntheit der Abbildung. Zur Veröffentlichung von Bildnissen ist nach § 22 S. 2 KUG grundsätzlich die Einwilligung des Abgebildeten erforderlich. Sie ist nicht an eine bestimmte Form gebunden und kann schriftlich oder mündlich, durch Zeichen oder schlüssiges Handeln erfolgen. Der Widerruf einer einmal erteilten Einwilligung ist nicht ohne weiteres möglich (vgl. zu den – umstrittenen – Voraussetzungen Schulz/Jürgens 1999: 667ff.). Die Veröffentlichung kann aber auch unabhängig von einer Einwilligung des Abgebildeten nach dem Ausnahmekatalog des § 23 Abs. 1 KUG zulässig sein.

Bedeutendste Ausnahme vom Einwilligungserfordernis sind die „Bildnisse aus dem Bereiche der Zeitgeschichte” (§ 23 Abs. 1 Nr. 1 KUG). Das Bild selbst muss aber keinen zeitgeschichtlich relevanten Vorgang darstellen, nur die Abbildung der Person muss von zeitgeschichtlichem Interesse sein (Steffen in Löffler ^{4}1997: § 6 LPG Rn. 129). Unterschieden wird hierfür in der Praxis zwischen absoluten und relativen Personen der Zeitgeschichte (vgl. Neumann-Duesberg 1960). Absolute Personen der Zeitgeschichte sind Menschen, die aus der Masse der Mitmenschen herausragen und deswegen dauerhaft im Blickpunkt der Öffentlichkeit stehen (vgl. Soehring ^{3}2000: Rn. 21.3.). Eine solche herausragende Position wurde in der Rechtsprechung u.a. für Politiker, Sportler oder Musiker angenommen. Relative Personen der Zeitgeschichte treten nur in Zusammenhang mit einem oder auch mehreren, aber bestimmten Geschehen in das Blickfeld der Öffentlichkeit (vgl. Soehring ^{3}2000: Rn. 21.5ff.). Relative Personen der Zeitgeschichte sind insbesondere Straftäter. Bei Verbrechens- oder Unfallopfern wird im Regelfall kein berechtigtes öffentliches Interesse an Bildberichterstattung bestehen (vgl. Wenzel ^{4}1994: Rn. 8.10). Große Bedeutung kommt auch der Frage zu, inwieweit Begleiter absoluter Personen der Zeitgeschichte als relative Personen der Zeitgeschichte anzusehen sind und wann ihre Bildnisse veröffentlicht werden können (vgl. dazu Engels/Schulz 1998: 574ff.; BVerfG, 1 BvR 758/97 vom 26.4.2001, Absatz-Nr. 17 ff., http://www.bverfg.de/ und AfP 2001, 212ff.). Ebenfalls von der Einwilligungspflicht des Abgebildeten ausgenommen sind gemäß § 23 Abs. 1 Nr. 2 Bildnisse, auf denen die Abgebildeten nur als „Beiwerk" erscheinen (Beispiel: Bei einem Bergpanorama sind am Rande Wanderer erkennbar). Ohne Einwilligung der Abgebildeten können auch Bilder von Versammlungen, Aufzügen oder ähnlichen Vorgängen und ihren Teilnehmern veröffentlicht werden. Die Abbildung muss die Menschenansammlung als solche zum Gegenstand haben. Versammlungen im Sinne des § 23 Abs. 1 Nr. 3 sind (politische) Demonstrationen, aber auch Empfänge, Bälle, Sportveranstaltungen und Vernissagen (vgl. Frömming/Peters 1996: 961). Einzelne Personen dürfen nicht aus der Anonymität der Masse herausgelöst werden.

Nach diesen für die Veröffentlichungsfreiheit sprechenden Fällen des § 23 Abs. 1 KUG erfolgt die abschließende Abwägung zwischen Berichterstattungsinteresse und Persönlichkeitsschutz (§ 23 Abs. 2 KUG). Hier kann der Abgebildete die Verletzung besonderer Interessen geltend machen. Die Abwägung erfolgt zwischen diesen Interessen einerseits und dem durch die Kommunikationsfreiheiten geschützten Informationsinteresse (bzw. dem Interesse der Kunst bei § 23 Abs. 1 Nr. 4 KUG) andererseits. Für diese Abwägung können aus der Rechtsprechung des BVerfG sowohl mit Blick auf den Persönlichkeitsschutz als auch den Ehrschutz allgemeine Vorgaben herausgearbeitet werden (vgl. zur Abwägung in § 23 Abs. 2 KUG insbesondere Engels/Schulz 1998).

3.2.2 Kriterien der Abwägung widerstreitender Interessen

Rechtliche Grenzen für Berichterstattung gibt es in den allgemeinen Regeln zum Schutz von Ehre und Persönlichkeit (aus der zahlreichen Literatur vgl. nur Löffler/Ricker ^{3}1994: Kap. 41-44 sowie 53, 54; Wenzel ^{4}1994: Kap. 5.; Heinz 1992). Wie weit das Persönlichkeitsrecht konkret reicht, lässt sich regelmäßig nur im Zuge einer Abwägung zwischen dem Kommunikationsrecht einerseits und dem Persönlichkeitsschutz andererseits ermitteln. Bei der Abwägung im Einzelfall kann durchschlagen, dass eine im öffentlichen Leben stehende Person betroffen ist oder dass ein Thema besondere politische Brisanz besitzt. Dass das BVerfG den Wert freier Kommunikation so hoch schätzt und in der Folge auch bei der Abwägung mit anderen Rechten – insbesondere mit kollidierenden Persönlichkeitsrechten – stark zu Buche schlagen lässt (dies hat dem BVerfG insbesondere Anfang der Neunzigerjahre heftige Kritik eingetragen, die auf den Vorwurf einer Aushöhlung des Ehrschutzes zugunsten der Meinungsfreiheit hinauslief, vgl. z.B. Kreile 1994; dagegen Barton 1995; Vesting 1997b; aus der Sicht des BVerfG Grimm 1995), hat seinen Grund wiederum in Annahmen über Funktionsbedingungen kommunikativer Entfaltung in einer Demokratie, insbesondere in den liberal-staatlichen Vorstellungen über die Wahrheitsfindung durch freien kommunikativen Diskurs und damit letztlich in dem oben beschriebenen verfassungsrechtlichen Leitbild.

Verfassungsrechtliche Überlegungen können die Entscheidung dieser Streitigkeiten steuern, indem sie Kriterien zur Verfügung stellen, die bei der Abwägung zu beachten sind. Gerade die Kommunikationsfreiheiten wirken in die einfachgesetzlichen Normen der Rechtsordnung ein, sodass diese – besonders wo Wertungsspielräume für Gerichte bestehen – im Lichte der Grundrechte auszulegen sind (BVerfGE 7, 198, 205f.; 73, 261, 269; vgl. dazu Jarass/Pieroth ^{5}2000: Art. 1 Rn. 25). Im Lichte der Grundrechte bedeutet hier selbstverständlich im Lichte aller betroffenen Grundrechte, insbesondere also der Kommunikationsfreiheiten (Art. 5 GG) und des verfassungsrechtlichen Persönlichkeitsschutzes (Art. 2 Abs. 1 in Verbindung mit Art. 1 Abs. 1 GG). Das BVerfG hat aus diesen Grundrechten Parameter entwickelt, die sämtliche Abwägungen steuern.

3.2.2.1 Abwägungsvorgaben aus den Kommunikationsfreiheiten

Art. 5 GG schützt – wie oben dargestellt – abgesehen von den erwiesen oder bewusst unwahren Tatsachenbehauptungen sämtliche kommunikativen Äußerungen unabhängig von ihrer gesellschaftlichen Bedeutung; das BVerfG hat aber deutlich gemacht, dass die Möglichkeit der Grundrechtsbeschränkungen von dem Beitrag abhängt, den öffentliche Meinungskundgaben zur Willensbildung leisten. Der Grundrechtsschutz reicht also im Ergebnis für Publikationen, die kein ernsthaftes Informationsinteresse befriedigen, nicht so weit, wie für „seriöse" Presse (BVerfGE 34, 269, 283; 50, 234, 240; 66, 116, 134). Differenzierungen des Schutzes sind auch zwischen Tatsachenbehauptungen und Werturteilen zulässig: Die Kundgabe einer Bewertung beinhaltet einen starken Bezug zur Persönlichkeit des Einzelnen, der nahe legt, dass diese Form von Äußerungen weitergehendem Schutz unterliegen kann. Soweit es um die Behauptung von Tatsachen geht, kann der Gesetzgeber an ihren Wahrheitsgehalt anknüpfen, bei unbeweisbaren Tatsachenbehauptungen darf aber das rechtliche Risiko nicht so verteilt werden, dass die Funktion der freien Medienberichterstattung gefährdet wird (vgl. BVerfGE 7, 198, 208; 61, 1, 11; 54, 208, 219; 93, 266, 295).

Sprachliche Äußerungen sind häufig mehrdeutig. Auch bei der Frage, welcher Sinn der Äußerung für eine rechtliche Bewertung zugrunde gelegt wird, wirkt sich der Grundrechtsschutz aus: So hat das BVerfG in der umstrittenen Entscheidung zum Aufkleber mit dem Tucholsky-Zitat „Soldaten sind Mörder" deutlich gemacht, dass zumindest eine strafrechtliche Verurteilung wegen einer Äußerung nicht infrage kommt, wenn es auch eine nicht völlig fern liegende Deutungsmöglichkeit gibt, die, wenn man sie zugrunde legt, nicht zu einer Strafbarkeit der Äußerung führt (BVerfGE 93, 266, 296). Art. 5 Abs. 1 fordert also nicht nur eine grundrechtsfreundliche Auslegung der gesetzlichen Regelungen, sondern auch der Äußerungen selbst.

3.2.2.2 Abwägungsvorgaben aus dem Persönlichkeitsrecht

Wie bereits ausgeführt bezieht sich der verfassungsrechtliche Persönlichkeitsschutz auf die Darstellung der eigenen Person in der Öffentlichkeit. Ebenso wie der Schutz der Kommunikationsfreiheiten in seiner Intensität davon abhängig ist, ob die betreffende Äußerung dem Kernbereich der Meinungsäußerungsfreiheit zuzuordnen ist, und damit zunimmt, gilt dieses auch für die Persönlichkeitsrechte. Je stärker eine Thematisierung den Kernbereich des Persönlichkeitsrechts berührt, desto stärker ist die Schutzintensität der Persönlichkeitsrechte. Im Interesse der leichteren Operationalisierbarkeit der Schutzbedürftigkeit ist die Rechtsprechung teilweise dazu übergegangen, verschiedene Sphären des Schutzes zu unterscheiden (vgl. Löffler/Ricker ^{3}1994: Kap. 41-44 sowie 53, 54; Wenzel ^{4}1994: Kap. 5; Heinz 1992; Jarras 1989), nämlich die so genannte Intimsphäre, die Geheimsphäre, die Privatsphäre sowie die Sozial- bzw. Öffentlichkeitssphäre (vgl. Wenzel ^{4}1994: Rn. 5. 29ff.). Innerhalb jeder einzelnen Sphäre kommt es wiederum auf Einzelabwägungen an, bei denen auf der Seite des Betroffenen der Grad des Eingriffs in sein Persönlichkeitsrecht und auf der anderen Seite das Informationsinteresse der Öffentlichkeit steht. Für Letzteres – und hier ergibt sich wieder eine Besonderheit für den Bereich politischer Kommunikation – spielt neben der Bedeutung des Themas die Stellung der Person in der Öffentlichkeit eine Rolle. Ausgehend vom Recht am eigenen Bild hat sich auch hier die Figur der absoluten bzw. relativen Person der Zeitgeschichte durchgesetzt.

Bei der Thematisierung unterschiedlicher Lebensbereiche absoluter Personen der Zeitgeschichte dürfen daher zum einen ohne ihre Zustimmung ihre Abbildungen verbreitet werden (auch hier gibt es Grenzen, z.B. bei der Verwendung für Werbezwecke, BGHZ 20, 345 (349f.); Wenzel ^{4}1994: Rz. 8. 34ff.). Zum anderen wirkt sich ihre Prominenz auch bei der Abwägung in Bezug auf Veröffentlichungen aus ihrem Leben meist zugunsten einer Veröffentlichung aus. Auch bei absoluten Personen der Zeitgeschichte ist der Intimbereich aber rechtlich absolut geschützt. Jenseits der Intimsphäre hängt die Möglichkeit, über eine Person zu berichten, von einer Interessensabwägung ab. Bei der Privatsphäre einer Person, also dem Bereich, der typischerweise nur dem engeren Bekanntenkreis zugänglich ist, kommt es auf eine Abwägung zwischen Berichterstattungsinteresse und Persönlichkeitsrecht an. Zu dieser Sphäre zählen Gesundheits- oder Drogenprobleme, Einkommens- und Vermögensverhältnisse und familiäre Verhältnisse. Räumlich gilt für die Privatsphäre das für das Recht am Bild Gesagte gleichfalls hier – der Schutz beschränkt sich nicht auf die eigenen vier Wände.

Auch bei Informationen aus weniger privaten Bereichen der Lebensführung ist der Rückgriff auf die beim Recht am eigenen Bild entwickelte Differenzierung in relative und absolute Personen der Zeitgeschichte hilfreich. Berichterstattungen aus der so genannten Sozialsphäre, dem Bereich also, in dem der Betreffende mit anderen Menschen interagiert, ohne sich in die Privatsphäre zurückgezogen zu haben, aber auch ohne dabei auf eine öffentliche Präsentation seines Handelns bedacht zu sein, werden sich absolute Personen der Zeitgeschichte grundsätzlich gefallen lassen müssen. Bei relativen Personen der Zeitgeschichte muss ein Interesse an der Berichterstattung nachgewiesen werden (siehe oben). Vorgänge, die mit vollem Wissen der Beteiligten im Rampenlicht der Öffentlichkeit stattfinden („Öffentlichkeitssphäre"), können unbeschränkt Gegenstand der Berichterstattung sein. Die Sphären sind als Hilfskonstruktionen selbstverständlich nicht eindeutig abgrenzbar: Die verschiedenen Sphären fließen ineinander über, und auch Vorgänge, die ursprünglich der Intimsphäre zuzuordnen waren, können über soziale Berührungspunkte – wie z.B. dem Resultieren eines Kindes aus einer sexuellen Beziehung – in andere Sphären gezogen werden; dies gilt auch für Vorgänge, die bereits in erheblichem Maße an die Öffentlichkeit geraten sind und an denen ein Informationsinteresse besteht.

3.2.3 Die Frage der Verantwortlichkeit

Bei Medienprodukten stellt sich die Frage, wer für rechtswidrige Veröffentlichungen zur Verantwortung gezogen werden kann. Zivilrechtlich haftbar ist demnach grundsätzlich nur derjenige, der aufgrund seiner persönlichen Mitwirkung für eine Publikation individuelle Verantwortung trägt; die strafrechtliche Haftung bemisst sich grundsätzlich nach den Regeln über Täterschaft und Teilnahme (§§ 25ff. StGB).

Gewisse Haftungsbeschränkungen gelten demgegenüber im Bereich der so genannten Verbreiterhaftung. Als bloßer „Verbreiter" einer Äußerung ist anzusehen, wer die Aussagen eines Dritten lediglich wiedergibt, ohne sie zugleich als Gegenstand eigener Überzeugung darzustellen. Das bloße Verbreiten einer Äußerung ist zu unterscheiden vom Behaupten. Hierunter versteht man die Darstellung eines bestimmten Tatbestandes als Gegenstand eigener Feststellung oder Überzeugung (Soehring [3]2000: Rn. 16.3). Von einem Behaupten ist allerdings auch dann auszugehen, wenn der Äußernde sich eine fremde Aussage „zu Eigen macht". Wann dies anzunehmen ist, kann nur im Einzelfall entschieden werden. Letztlich kommt es darauf an, ob sich aus der Perspektive des Rezipienten der Äußernde mit dem Inhalt seiner Aussage identifiziert oder ob er sich davon distanziert.

Die oben dargestellten Grundsätze gelten im Online-Bereich mit spezifischen Ausprägungen. Wesentliche Modifikationen enthalten das Teledienstegesetz (TDG) und der MDStV. Diese Vorschriften enthalten besondere Regelungen hinsichtlich der Verantwortlichkeit von Dienste-Anbietern für die Verbreitung von Inhalten. Der Begriff der Verantwortlichkeit ist dabei umfassend, nämlich als das Einstehenmüssen für alle Rechtsfolgen, die das Recht an bestimmte Sachverhalte knüpft. Dabei wird grundsätzlich in zweierlei Weise differenziert: Zum einen kommt es darauf an, ob es sich um eigene oder um fremde Informationen handelt; zum anderen wird darauf abgestellt, ob die fremden Informationen für einen Nutzer gespeichert werden oder ob die fremden Informationen lediglich durchgeleitet werden und nur der Zugang zur Nutzung vermittelt wird. Für eigene Inhalte, die zur Nutzung bereitgehalten werden, haften Anbieter nach den allgemeinen Gesetzen. Für fremde gespeicherte Inhalte haften Anbieter dagegen nur bei Kenntnis und nicht erfolgtem unverzüglichen Löschungsbemühen nach Kenntniserlangung. Für fremde Inhalte, zu denen lediglich der Zugang vermittelt wird, haften Anbieter schließlich nicht, sofern sie die Übermittlung nicht veranlasst, den Adressaten der übermittelten Informationen nicht ausgewählt und die übermittelten Informationen nicht ausgewählt oder verändert haben (vgl. Köhler/Arndt [3]2001: Rn. 400ff.).

4 Offene Fragen – Die Fortführung der Presse- und Rundfunkordnung im Zeitalter der Konvergenz

Auf beiden betrachteten Ebenen – der Makroebene der Herstellung von Öffentlichkeit für Themen und der Mikroebene der Veröffentlichungsentscheidungen im Bezug auf Privates – arbeitet sich die Rechtswissenschaft vor allem an Veränderungen des Realbereichs ab.

Die durch technische Konvergenz bedingte Vielfalt an unterschiedlichen Typen von Diensten etwa im Internet evoziert die Frage, welche Konsequenzen im Hinblick auf das verfassungsrechtliche Konzept zu ziehen sind. Stellt sich nun endlich – wie von Kritikern der Position des Bundesverfassungsrichts zum Gewährleistungsauftrag des Staates schon lange unterstellt – Vielfalt quasi von selbst her, sodass freie öffentliche Kommunikation nicht mehr regulatorisch stabilisiert werden muss? Oder bedarf es einer Neujustierung des Gewährleistungskonzeptes, die auch neue Dienste mit einbezieht? (vgl. dazu Schulz/HeldKops: 2002).

Bei der Frage persönlichkeitsrechtlicher Grenzen medialer Veröffentlichungen haben sich Rechtswissenschaft und Rechtsprechung auf grundlegende gesellschaftliche Veränderungen einzustellen, die das Verhältnisses von Privat und Öffentlich in der Gesellschaft betreffen. So ist bei den Abwägungsentscheidungen in der Rechtsprechung ein Trend zu beobachten: Während die Gerichte früher dazu neigten, die Kriterien der Abwägung allgemeinverbindlich zu formulieren, gehen sie in Ansätzen dazu über, auch milieubezogen oder in Bezug auf unterschiedliche gesellschaftliche Teilsysteme zu differenzieren (vgl. Ladeur 1993: 531ff.).

In beiden Fällen zeigt sich die besondere Rolle des Rechts, das zunehmend Beobachtungen der Realität in die eigene Entwicklung integrieren muss, um regulieren zu können, durch sein Wirken aber natürlich auch die beobachtete Realität verändert. Diese Paradoxie wird im Medienrecht besonders deutlich, sodass Rechtswissenschaft hier Einsichten gewinnen kann, deren Bedeutung über diese Teildisziplin hinausreicht.

Literatur

Barton, Dirk Michael (1995): Pressefreiheit und Persönlichkeitsschutz. In: Archiv für Presserecht, 26. Jg., S. 452-464.

Bethge, Herbert (1991): Pluralismus und Kontrollgremien. In: Kohl, Helmut (Hrsg.): Die Freiheit des Rundfunks nach dem Nordrhein-Westfalen-Urteil des BVerfG. Baden-Baden, S. 39-55.

Böckenförde, Wolfgang (1974): Grundrechtstheorie und Grundrechtsinterpretation. In: Neue Juristische Wochenschrift, 27. Jg., S. 1529-1538.

Bosmann, Wieland (1989): Programmgrundsätze für den privaten Rundfunk. In: Zeitschrift für Urheber- und Medienrecht, 33. Jg., S. 6-16.

Branahl, Udo ([3]2000): Medienrecht. Opladen.

Bremer, Eckhard (1995): „Freiheit durch Organisation?" Ausgestaltung der Rundfunkordnung als Problem der Grundrechtsinterpretation, Grundrechtstheorie und Ordnungstheorie. In: Mestmäcker, Ernst-Joachim (Hrsg.): Kommunikation ohne Monopole II – Ein Symposium über Ordnungsprinzipien im Wirtschaftsrecht der Telekommunikation und der elektronischen Medien. Baden-Baden, S. 311-348.

Brugger, Winfried (1991): Rundfunkfreiheit und Verfassungsinterpretation. Heidelberg.

Bullinger, Martin (1983): Elektronische Medien als Marktplatz der Meinungen. In: Archiv des öffentlichen Rechts, 108. Jg., S. 161-215.

Degenhard, Christoph (1992): Das allgemeine Persönlichkeitsrecht. In: Juristische Schulung, 32. Jg., S. 361-368.

Die Landesmedienanstalten (Hrsg.) (1995): Die Sicherung der Meinungsvielfalt. Berlin.

Eifert, Martin (1999): Die Zuordnung der Säulen des Dualen Rundfunksystems. In: Zeitschrift für Urheber- und Medienrecht, 43. Jg., S. 595-603.

Engel, Christoph (1993): Privater Rundfunk vor der europäischen Menschenrechtskonvention. Baden-Baden.

Engels, Stefan/Schulz, Wolfgang (1997): Presse ohne Öffentlichkeit? Anmerkungen zum Beschluß des Bundesverfassungsgerichts vom 8.10.1996 1 BvR 1183/90. In: Archiv für Presserecht, 28. Jg., S. 455-458.

Engels, Stefan/Schulz, Wolfgang (1998): Das Bildnis aus dem Bereich der Zeitgeschichte – Anmerkungen zur Dogmatik des Bildnisschutzes. In: Archiv für Presserecht, 29. Jg., S. 574-583.

Esser, Josef ([2]1972): Vorverständnis und Methodenwahl in der Rechtsfindung. Frankfurt/Main.

Frömming, Jens/Peters, Butz (1996): Die Einwilligung im Medienrecht. In: Neue Juristische Wochenschrift, 49. Jg., S. 958-962.

Gebhardt, Hartwig (1994): Organisierte Kommunikation als Herrschaftstechnik. Zur Entwicklungsgeschichte staatlicher Öffentlichkeitsarbeit. In: Publizistik, 39. Jg., S. 175-189.

Gerhards, Jürgen/Neidhard, Friedhelm (1992): Strukturen und Funktion moderner Öffentlichkeit. WZB FS III 90-101. Berlin.

Gornig, Gilbert-Hanno (1988): Äußerungsfreiheit und Informationsfreiheit als Menschenrechte. Berlin.

Grimm, Dieter (1995): Die Meinungsfreiheit in der Rechtsprechung des BVerfG. In: Neue Juristische Wochenschrift, 48. Jg., S. 1697-1705.

Habermas, Jürgen ([7]1990): Strukturwandel der Öffentlichkeit. Frankfurt/Main (Neuauflage 2001).

Hain, Karl-Eberhard (1993): Rundfunkfreiheit und Rundfunkordnung. Baden-Baden.

Hasebrink, Uwe (1997): „Ich bin viele Zielgruppen" – Anmerkungen zur Debatte um die Fragmentierung des Publikums aus kommunikationswissenschaftlicher Sicht. In: Scherer, Helmut/Brosius, Hans-Bernd: Zielgruppen, Publikumssegmente, Nutzergruppen. München.

Hasebrink, Uwe/Krotz, Friedrich (1993): Wie nutzen Zuschauer das Fernsehen? In: Media Perspektiven, Nr. 11/12, S. 515-527.

Heinz, Karl Eckhart (1992): Zur Rechtsprechung des Bundesgerichtshofs über die Verletzung von „Persönlichkeitsrechten". In: Archiv für Presserecht, 23. Jg., S. 234-242.

Held, Karl (1986): Die Zweideutigkeit der Doxa und die Verwirklichung des modernen Rechtsstaats. In: Schwartländer, Johannes/Willoweit, Dietmar (Hrsg.): Meinungsfreiheit – Grundgedanke und Geschichte in Europa und USA. Kehl am Rhein, S. 9-29.

Herzog, Roman (1992): Art. 5 Abs. 1, 2. In: Maunz, Theodor/Dürig, Dieter: Grundgesetz. Loseblattsammlung. München.

Hesse, Albrecht ([2]1999): Rundfunkrecht. Die Organisation des Rundfunks in der Bundesrepublik Deutschland. München.

Hesse, Konrad ([20]1999): Grundzüge des Verfassungsrechts. Nachdruck der 20. Auflage (1995). Heidelberg.

Hoffmann-Riem, Wolfgang (1994a): Stadien des Rundfunk-Richterrechts. In: Jarren, Otfried (Hrsg.): Medienwandel – Gesellschaftswandel. Berlin, S. 17-33.

Hoffmann-Riem, Wolfgang ([2]1994b): Kommunikations- und Medienfreiheit. § 7. In: Benda, Ernst/Maihofer, Werner/Vogel, Hans-Jochen (Hrsg.): Handbuch des Verfassungsrechts. Berlin, S. 191-262.

Hoffmann-Riem, Wolfgang (1995): Öffentliches Wirtschaftsrecht der Kommunikation und Medien. In: Schmidt, Reiner (Hrsg.): Öffentliches Wirtschaftsrecht – Besonderer Teil. Berlin, New York, S. 563-690.

Hoffmann-Riem, Wolfgang (1996): Regulating media. New York.

Hoffmann-Riem, Wolfgang (2000): Regulierung der dualen Rundfunkordnung. Baden-Baden.

Hoffmann-Riem, Wolfgang ([3]2001): Kommentierung zu Art. 5 GG. In: Denninger, Erhard/Hoffmann-Riem, Wolfgang/Schneider, Hans-Peter/Stein, Ekkehart: Kommentar zum Grundgesetz für die Bundesrepublik Deutschland (AK-GG). Neuwied.

Hoffmann-Riem, Wolfgang/Eifert, Martin (1999): Die Entstehung und Ausgestaltung des dualen Rundfunksystems. In: Schwarzkopf, Dietrich (Hrsg.): Rundfunkpolitik in Deutschland. Bd. 1. München.

Hoffmann-Riem, Wolfgang/Schulz, Wolfgang (1998): Politische Kommunikation – Rechtswissenschaftliche Perspektiven. In: Sarcinelli, Ulrich/Jarren, Otfried/Saxer, Ulrich (Hrsg.): Handbuch Politische Kommunikation. Wiesbaden, Opladen.

Holgersson, Silke (1995): Fernsehen ohne Kontrolle. Zur Aufsichtspraxis der Landesmedienanstalten. Opladen.

Jarass, Hans D. (1985): Freiheit der Massenmedien. Baden-Baden.

Jarass, Hans D. (1989): Das allgemeine Persönlichkeitsrecht im Grundgesetz. In: Neue Juristische Wochenschrift, 42. Jg., S. 857-862.

Jarass, Hans D./Pieroth, Bodo ([5]2000): Grundgesetz für die Bundesrepublik Deutschland. Kommentar. München.

Jarren, Otfried (1994): Medien und Öffentlichkeitswandel im modernen Staat. In: Archiv für Presserecht, 25. Jg., S. 191-196.

Köhler, Markus/Arndt, Hans W. ([3]2001): Recht des Internet. Heidelberg.

Kops, Manfred/Schulz, Wolfgang/Held, Thorsten (2001): Von der dualen Rundfunkordnung zur dienstespezifisch diversifizierten Informationsordnung? Baden-Baden.

Kreile, Martin (1994): Ehrenschutz und Meinungsfreiheit. In: Neue Juristische Wochenschrift, 47. Jg., S. 1897-1905.

Kull, Edgar (1981): Rundfunkgleichheit statt Rundfunkfreiheit. In: Archiv für Presserecht, 12. Jg., S. 378-391.

Ladeur, Karl-Heinz (1993): Meinungsfreiheit, Ehrschutz und die Veränderung der Öffentlichkeit in der Massendemokratie. In: Archiv für Presserecht, 24. Jg., S. 531-536.

Larenz, Karl ([6]1991): Methodenlehre der Rechtswissenschaft. Berlin, Heidelberg, New York.

Laschet, Remo (1994): Programmgrundsätze für den kommerziellen Rundfunk. Frankfurt/Main.

Löffler, Martin ([4]1997): Presserecht. München.

Löffler, Martin/Ricker, Reinhart ([3]1994): Handbuch des Presserechts. München.

Müller, Friedrich ([7]1997): Juristische Methodik. Berlin.

Neumann-Duesberg, Horst (1960): Bildberichterstattung über absolute und relative Personen der Zeitgeschichte. In: Juristenzeitung, 15. Jg., S. 114-118.

Prinz, Matthias/Peters, Butz (1999): Medienrecht: die zivilrechtlichen Ansprüche. München.

Rossen, Helge (1988): Freie Meinungsbildung durch den Rundfunk. Baden-Baden.

Schulz, Wolfgang (1995): Kampf der Fiktionen: Paragraphen gegen reitende Leichen. Grenzen regulativer und Chancen kontextualer Steuerung von Fernsehinhalten am Beispiel von Gewaltdarstellungen. In: Friedrichsen, Mike/Vowe, Gerhard (Hrsg.): Gewaltdarstellungen in den Medien. Opladen, S. 349-367.

Schulz, Wolfgang (1996): Gewährleistung kommunikativer Chancengleichheit als Freiheitsverwirklichung. Objektivrechtliche Grundrechtsgehalte im Gewährleistungsgefüge von Art. 5 I GG im Lichte der Kantischen Rechtsphilosophie. Baden-Baden.

Schulz, Wolfgang/Held, Thorsten/Kops, Manfred (2002): Perspektiven der Gewährleistung freier öffentlicher Kommunikation. Baden-Baden.

Schulz, Wolfgang/Jürgens, Uwe (1999): Das Recht am eigenen Bild. In: Juristische Schulung, 39. Jg., S. 664-668 (Teil 1) und S. 770-776 (Teil 2).

Schulz, Wolfgang/Korte, Benjamin (2001): Medienprivilegien in der Informationsgesellschaft. In: Kritische Vierteljahresschrift für Gesetzgebung und Rechtswissenschaft, 84. Jg., S. 113-145.

Smend, Rudolf (1928): Das Recht der freien Meinungsäußerung. In: Veröffentlichungen der Vereinigung der Deutschen Staatsrechtslehrer. Bd. 4. S. 44-74.

Soehring, Jörg (^{3}2000): Presserecht. Stuttgart.

Starck, Christian (^{4}2000): Kommentierung zu Artikel 5 GG. In: Mangoldt, Hermann von/Klein, Friedrich/Starck, Christian (Hrsg.): Das Bonner Grundgesetz. Bd. 1 (Art. 1-19 GG). München.

Stock, Martin (1985): Medienfreiheit als Funktionsgrundrecht. Baden-Baden.

Vesting, Thomas (1994): Von der liberalen Grundrechtstheorie zum Grundrechtspluralismus. In: Grabenwarter, Christoph/Hammer, Stefan/Pelzl, Alexander/Schulev-Steindl, Eva/Wiederin, Ewald (Hrsg.): Allgemeinheit der Grundrechte und Vielfalt der Gesellschaft. Stuttgart, Baden-Baden, S. 9-24.

Vesting, Thomas (1997a): Prozedurales Rundfunkrecht. Baden-Baden.

Vesting, Thomas (1997b): Soziale Geltungsansprüche in fragmentierten Öffentlichkeiten. In: Archiv des öffentlichen Rechts, 122. Jg., S. 337-371.

Wenzel, Karl-Egbert (^{4}1994): Das Recht der Wort- und Bildberichterstattung. Stuttgart.

Willke, Helmut (1995): Steuerung der Wissensgesellschaft. In: Zeitschrift für Rechtssoziologie, 16. Jg., S. 141-162.

Entscheidungsverzeichnis

Die Fundstellen der Entscheidungen beziehen sich auf die amtlichen Entscheidungssammlungen des Mohr-Siebeck-Verlages aus Tübingen. Ein Überblick über die wichtigsten Entscheidungen des BVerfG zu den Kommunikationsfreiheiten findet sich bei den Lehrangeboten von Wolfgang Schulz als elektronische Publikation mit der URL <www.ikm-recht.de> ebenso wie weitere Verweise zu den Entscheidungen selbst.

BVerfGE 5, 85 – KPD-Verbot
BVerfGE 7, 198 – Lüth
BVerfGE 12, 113 – Schmid-Spiegel
BVerfGE 12, 205 – 1. Rundfunkentscheidung (Deutschland-Fernsehen)
BVerfGE 20, 162 – Spiegel
BVerfGE 24, 278 – GEMA
BVerfGE 27, 1 – Mikrozensus
BVerfGE 31, 314 – 2. Rundfunkentscheidung (Umsatzsteuer)
BVerfGE 33, 52 – Zensur
BVerfGE 34, 269 – Soraya
BVerfGE 42, 113 – Deutschland-Magazin
BVerfGE 50, 234 – Kölner Volksblatt
BVerfGE 54, 129 – Kunstkritik
BVerfGE 54, 148 – Eppler
BVerfGE 54, 208 – Böll
BVerfGE 57, 295 – 3. Rundfunkentscheidung (FRAG)
BVerfGE 59, 231 – Freie Mitarbeiter
BVerfGE 60, 53 – Rundfunkrat
BVerfGE 61, 1 – Wahlkampf / CSU: NPD Europas
BVerfGE 65, 1 – Volkszählung
BVerfGE 66, 116 – Springer / Wallraff

BVerfGE 73, 118 – 4. Rundfunkentscheidung (Niedersachsen-Urteil)
BVerfGE 73, 261 – Sozialplan
BVerfGE 74, 297 – 5. Rundfunkentscheidung (Baden-Württemberg-Beschluß)
BVerfGE 77, 65 – Beschlagnahme von Filmmaterial / ZDF-Beschluß
BVerfGE 80, 124 – Postzeitungsdienst
BVerfGE 83, 238 – 6. Rundfunkentscheidung (Nordrhein-Westfalen-Urteil)
BVerfGE 90, 60 – 8. Rundfunkentscheidung (Rundfunkgebühren)
BVerfGE 93, 266 – „Soldaten sind Mörder“
BVerwGE 70, 310 – Programmförderung beim Südwestfunk
BGHZ 20, 345 – Paul Dahlke
BGHZ 26, 349 – Herrenreiter
BGHZ 65, 325 – Warentest

Medieninformatik

Claudia Linnhoff-Popien / Hans-Bernd Brosius

Die Publizistik- und Kommunikationswissenschaft hat als Integrationswissenschaft (vgl. Brosius 2001) zahlreiche Bezüge zu Nachbardisziplinen. Dies zeigt sich auch an den Beiträgen dieses Handbuchs, die in der zweiten Sektion zum größten Teil aus so genannten Bindestrichdisziplinen (Medienpsychologie, Medienpolitik, Medienökonomie etc.) bestehen. Damit kommt auch zum Ausdruck, dass sich Gegenstandsbereiche der Kommunikationswissenschaft zum Teil aus Differenzierungen der Nachbarfächer entwickelt haben. Diese Bindestrichdisziplinen befinden sich, was ihre Ansiedlung im Grenzbereich der jeweiligen Fächer betrifft, in ganz unterschiedlichem Zustand. Während beispielsweise die Medienpsychologie (vgl. den Beitrag Böhme-Dürr in diesem Handbuch) seit längerem etabliert ist, einen eigenen Bestand an methodischen und theoretischen Zugängen zu Kommunikations- und Medienphänomenen erarbeitet hat, eine eigene Fachzeitschrift etabliert hat und über einen eigenen Bestand von Wissenschaftlern verfügt, die im Grenzbereich beider Disziplinen qualifiziert sind, sind andere Teilgebiete noch weniger weit gediehen.

Eine der jüngsten Teildisziplinen dieser Art ist die Medieninformatik, die im Grenzbereich zwischen Kommunikationswissenschaft und Informatik angesiedelt sein könnte, sich zur Zeit aber selbst in der Informatik erst noch etablieren muss. Im Zeitalter hin zu Systemen, in denen *jede* beliebige Information, *jeder* Dienst über *jedes* nur denkbare Netz *jederzeit* verfügbar ist, ist die Konzeption, Gestaltung und Analyse multimedialer Techniken, die mittels moderner Konzepte der Informatik verarbeitet werden und in großflächigen Netzen übertragbar sind, richtungweisend für das sich gerade erst entwickelnde Feld der Medieninformatik. Dieses Zusammenwachsen von modernen Informatikanwendungen, digitaler Telekommunikation und Multimedia wird neben Medieninformatik auch als Mediamatik oder Telematik bezeichnet.

Aufgrund der Besonderheiten der noch jungen Teildisziplin ist der folgende Beitrag etwas anders aufgebaut als die übrigen, vor allem weil sich ein Fundus an eigenständigen Theorien und Methoden der Medieninformatik noch nicht klar konturiert hat. Auch liegen noch wenige Forschungsergebnisse vor, die für eine Medieninformatik einschlägig wären, obwohl sich natürlich zahlreiche Befunde und Ergebnisse der allgemeinen Informatik und ihrer etablierten Teilgebiete auf den Gegenstandsbereich der Medieninformatik übertragen lassen, z.B. aus den Bereichen der Browser-Entwicklung, der Modellierung von multimedialen Datenbankstrukturen, der Bildverarbeitung, um nur einige zu nennen. Parallel dazu hat sich im Bereich der Kommunikationswissenschaft unter dem Stichwort „Online-Kommunikation" ein beachtlicher Fundus an Studien entwickelt, die sich den Strukturen, den Inhalten, der Nutzung und der Wirkung von online verfügbaren medialen Angeboten zuwenden. Der Beitrag von Rössler (in diesem Handbuch) fasst die entsprechenden theoretischen Ansätze und Ergebnisse zusammen. Will man eine Abgrenzung zwischen den Gegenstandsbereichen der Medieninformatik und der Online-Kommunikation ziehen, dann bezieht sich Online-Kommunikation stärker auf die Erscheinungsformen und Prozesse der individuellen, sozialen und gesellschaftlichen Kommunikation, die über Online-Medien erfolgen, wobei eine strukturelle Ähnlichkeit zur Kommunikation über andere (herkömmliche) Massenmedien gegeben ist. Entsprechend arbeitet der Bereich der Online-Kommunikation mit den klassischen Theorien und Methoden der Kommunikationswissenschaft (vgl. Beck/Vowe 1997; Rössler 1999; Beck/Schweiger 2001). Medieninformatik bezieht sich stärker auf die technischen und organisatorischen Bedingungen computerbasierter Medien- und Kommunikationssysteme. Dabei wird in der Regel ein relativ breiter, technisch ausgerichteter Medienbegriff verwendet. Dieser unterscheidet sich deutlich von dem in der Kommunikationswissenschaft in der Regel vertretenen, institutionell ausgerichteten Medienbegriff.

1 Medieninformatik in der Lehre

Bevor wir uns dem Gegenstandsbereich der Medieninformatik schwerpunktmäßig aus der Perspektive der Informatik nähern, wollen wir eine Bestandsaufnahme der bisherigen institutionellen Verankerung des Faches an deutschen Hochschulen liefern. Dies ist ein schwieriges Unterfangen, weil der Bereich an Fachhochschulen und Universitäten gleichermaßen boomt und unsere Aufstellung (vgl. Tabelle 1) vermutlich beim Erscheinen des Handbuchs nicht mehr aktuell sein wird. Medieninformatik-Studiengänge wurden und werden mit dieser expliziten Bezeichnung in den letzten Jahren an vielen Universitäten und Fachhochschulen eingeführt. Dabei ist es sehr schwer zu beurteilen, ob sich hinter den einzelnen Angeboten ein vergleichbares und damit fest etabliertes Curriculum verbirgt oder ob die unterschiedliche sachliche und organisatorische Anbindung nicht ganz verschiedene Angebote hervorbringt. Sucht man im Internet nach Studienangeboten zur Medieninformatik, so stößt man auf 14 Angebote von Fachhochschulen und 10 Angebote von Universitäten, die jeweils bereits etabliert sind oder deren Start unmittelbar bevorsteht. Schon die Anbindung an die verschiedenen Fakultäten und Fachbereiche zeigt, dass sich vermutlich keine durchgängige Systematik der Studieninhalte und der Forschungsschwerpunkte ergeben wird, sondern wie so häufig in der Hochschulentwicklung offenbar gerade verfügbare Ressourcen genutzt wurden, um die neuen, attraktiv klingenden Studiengänge personell zu unterfüttern.

Das gegenwärtige und zukünftige Berufsfeld für Medieninformatiker ist sehr vielgestaltig und sicherlich starken Veränderungen unterworfen. Ein klassisches Berufsbild, wie etwa im Bereich des Journalismus, findet sich bisher kaum. Man kann ganz allgemein sagen: Medieninformatiker/innen finden dort Arbeit, wo Computer zur Herstellung, Verbreitung oder Unterstützung von Medienprodukten eingesetzt werden. Neben den traditionellen Medienbereichen wie Presse, Film und Fernsehen sind mit dem Internet und den digitalen Medien wie CD-ROM zusätzliche, für das Berufsbild sogar genuine Tätigkeitsfelder entstanden. Medieninformatiker/innen befassen sich im späteren Berufsleben mit folgenden Aufgaben (vgl. hierzu Virtuelle Fachhochschule Deutschlands 2002):

- Entwicklung und Pflege von Internetauftritten von Firmen und Institutionen;
- Konzeption und Realisierung von interaktiven Internetauftritten;

- Aufbau, Erweiterung und Pflege von multimedialen Datenbanken (z.B. Internet-Shopping);
- Programmierung von multimedialen Oberflächen mit Autorensystemen oder Programmiersprachen (z.B. Java, C++ oder Visual Basic);
- Implementierung von Computergrafiken und -animationen mit Standard-Software oder spezieller, kostenintensiver Hard- und Software für die Filmindustrie;
- Aufgaben in Audio- und Video-Studios;
- Mitarbeit an komplexen CBT-Produktionen im Verlagswesen sowie bei Lernsoftware in Schulbuchverlagen;
- Entwicklungen im Bereich der Daten-Übertragungstechnik in Industrie und Forschung, z.B. Computeroperationen in der Medizin, Bildübertragungen via Satellit oder Glasfaserkabel;
- Übertragung von Content aus dem Bereich der klassischen Medien in digitale Medien;
- Entwicklung und Unterstützung von Software, mit der digital verfügbarer Content für verschiedene Endgeräte angepasst wird;
- Entwicklung von Internet-Software im Allgemeinen.

Das Studium zeichnet sich im Bereich der Fachhochschulen durch eine interdisziplinäre Ausbildung mit Anteilen aus der Informatik, Nachrichtentechnik, Mediengestaltung, Medientechnik und Betriebswirtschaft aus (vgl. Virtuelle Fachhochschule Deutschlands 2002). Unverzichtbar ist die Erarbeitung einer soliden technischen und betriebswirtschaftlichen Kompetenz, um flexibel in den sich schnell ändernden Berufsbildern einsetzbar zu bleiben. Ebenfalls viel Gewicht liegt auf der Entwicklung von Teamfähigkeit, denn Unternehmen erwarten heute von ihren Mitarbeiter/innen, dass sie gut in einem Team arbeiten können. Wünschenswert (und an einzelnen Standorten verwirklicht) ist die Vermittlung von sozialwissenschaftlichen und pädagogischen Grundkenntnissen, die die Lücke zwischen technischer Realisierung und Akzeptanz von Produkten schließen sollen. Solche Kenntnisse sind vor allem von kommunikationswissenschaftlichen Studienangeboten zu erwarten. Medieninformatiker sollten über solides Wissen im Bereich der Struktur und Organisation besitzen, über die Rolle von Kommunikatoren informiert sein sowie Nutzungs- und Wirkungsbedingungen von massenmedial verbreiteter Information kennen, sodass sie jederzeit die potenziellen Nutzer einer Technologie kennen wie auch ihre gesamtgesellschaftlichen Konsequenzen beurteilen können.

Eine direkte Kooperation zwischen Kommunikationswissenschaft und Informatik ist in den meisten Fällen wohl nicht geplant, zumal an vielen Universitäten und Fachhochschulen, die Medieninformatik eingerichtet haben, keine Institute für Kommunikationswissenschaft, Publizistikwissenschaft oder Medienwissenschaft vorhanden sind. Die Universität München ist nach unserer Kenntnis die derzeit einzige Institution, an der Informatik und Kommunikationswissenschaft zusammen einen Studiengang Medieninformatik betreiben (seit WS 2001). Drei Viertel des Studiums bestehen aus klassischen Informatikmodulen, wobei vor allem im Hauptstudium ein Schwerpunkt auf multimediale Entwicklungen und Anwendungen gelegt wird. Ein Viertel des Studiums besteht aus kommunikationswissenschaftlichen Inhalten, vor allem aus dem Bereich der Nutzung und Wirkung der Massenmedien. Die ersten Erfahrungen zeigen zum einen, dass Medieninformatik noch einer Begriffsklärung harrt und sich ein eigenständiger Kanon an Methoden, Theorien und Gegenstandsbereichen noch nicht endgültig herauskristallisiert hat, und zum Zweiten, dass die

Kluft zwischen einer naturwissenschaftlich-technischen und einer sozialwissenschaftlichen Herangehensweise an ein so diffuses Konstrukt wie „Medien" vergleichsweise groß ist.

2 Medieninformatik in der Forschung

Eine systematische Forschungssynopse geben zu wollen, ist für den Bereich Medieninformatik sicherlich verfrüht. Wir wollen daher eher exemplarisch einen aktuellen Forschungsbereich darstellen, der die methodische und theoretische Entwicklung in diesem Feld beschreiben kann. Wir konzentrieren uns entsprechend auf den Bereich des Digitalen Fernsehens, das medieninformatikbezogen als eine interaktive Architektur betrachtet wird, die konkret als Multimedia Home Platform (MHP) realisiert wird.

Nach dem Zeitalter der „Single Islands", d.h. der großen Zentralrechner, die in Rechenzentren standen und von vielen Benutzern über Terminals gleichzeitig bedient werden konnten, ist mit dem Internet die Periode eines Globalen Verteilten Systems angebrochen. Das Internet hat sich dabei kooperativ entwickelt. Weltweit waren anfangs Hunderte, heute Millionen von Wissenschaftlern, Technikern und schließlich auch reinen Nutzern mit Begeisterung dabei, ihr Wissen zu investieren und dieses Netz aufzubauen bzw. in Anspruch zu nehmen. Über internationale Aufrufe konnten Ansprüche an das Netz und seine Zugänge geltend gemacht und die Entwicklung neuer Netzfunktionen forciert werden.

Das Wissen existiert nun verteilt – aus vielen einzelnen Dokumenten zusammengesetzt. Von zahlreichen Autoren wird es verwaltet und fortgeschrieben. Zentrale Lösungen sind dabei undenkbar. Jeder einzelne Kunde im Netz kann sein Wissen anbieten. Ständig erscheinen neue Seiten im World Wide Web, die wie Mosaiksteinchen das Wissen der Menschheit bereichern und vervollständigen. Wer zugreifen will, braucht nur einen Rechner und eine Einstiegsadresse, von der aus er sich weiterhangelt – durch das Netz surft. Dabei kann der Nutzer den Ort des Zugriffs ändern, allerdings ohne sich dies bewusst zu machen. Das auf der Erde verteilte Wissen ist ortstransparent geworden. Arbeitsergebnisse und Forschungsstände werden über das Netz transparent. Dabei wird Wissenschaft nicht mehr primär hierarchisch geführt, sondern öffnet neuen Denkweisen den Weg. Statt Papier und traditionellen Verlagen gibt es elektronische Dokumente, und aktuell kann online auf diese zugegriffen werden. So werden die aktuellsten Arbeiten über das Netz verfügbar, und es ist nicht verwunderlich, dass größte Teile der wissenschaftlichen Informationen über das Netz bezogen werden. Das Netz hat Wissenschaftler auch dazu gebracht, Ergebnisse, die noch nicht den Reifegrad einer klassischen Veröffentlichung haben, zumindest im Team zugänglich zu machen.

Aus Sicht der Informatik besteht dieses Globale Verteilte System aus Milliarden von so genannten Objekten, die migrieren können, das heißt, sich im Netz bewegen können. Solche Objekte können Notebooks sein, Elektronische Dokumente, Softwarebausteine und vieles andere. In einem prinzipiell ortsunabhängigen System stellt sich dabei die Frage, wo sich ein bestimmtes Objekt zu einem bestimmten Zeitpunkt befindet? Dazu gibt es beispielsweise den Ansatz einer zweistufigen Namenshierarchie. Ein verteilter Namensdienst verwaltet hierarchisch organisierte, nutzerdefinierte Namensräume. Traditionell kann ein Name immer auf eine Adresse abgebildet werden. Um eine Ortsunabhängigkeit zu realisieren, erfolgt in diesem Fall jedoch die Abbildung eines Namens auf ein so genanntes Objekthandle, das als Objektreferenz dient. In einer zweiten Stufe wird ein Lokalisierungsdienst verwendet. Dieser ordnet dem Objekthandle einen Kontaktpunkt zu, das heißt, eine Netzwerkadresse und ein Protokoll, über das die Kommunikation stattfinden kann. Derartige Ansätze bestimmen heutige Entwicklungen, allerdings gibt es auch zahlreiche Fragestellungen, an deren Lösung weltweit gearbeitet wird.

Die Fortführung der hinzukommenden Flexibilität, Mobilität und Verteiltheit spiegelt sich in der Vision „Any information, any service, any network, anywhere at any time" wider. Leider ist es jedoch noch nicht ganz so einfach, jede beliebige Information und jeden beliebigen Dienst rund um die Welt zu jeder Zeit verfügbar zu machen, wie es auf den ersten Blick vielleicht den Anschein haben mag. Informationen können in der klassischen Form von Texten und Bildern vorliegen – allerdings auch als Töne oder Bewegtbilder. Netze müssen kompatibel gemacht werden, und in einem stetig wachsenden System muss Skalierbarkeit gesichert werden, d.h. mit beliebig wachsender Nutzerzahl muss das Netz immer noch stabil arbeiten. Um dieser Vision ein Stück näher zu kommen, sind neue Konzepte zu entwickeln. Im Folgenden sollen drei verschiedene Richtungen vorgestellt werden, die schrittweise einen wesentlichen Impuls zur Umsetzung dieser Vision liefern.

Zunächst wollen wir Konzepte der modernen Informatik betrachten. Einen zweiten Trend stellt die Digitalisierung der Telekommunikation dar und die sich daraus ergebende Möglichkeit der Integration von Daten- und Telekommunikation. Und als dritten Impuls wollen wir die Konvergenz von modernen Informationstechnologien, Telekommunikation und Multimedia betrachten.

2.1 Moderne Informatikkonzepte

Auf dem Weg zu Globalen Vereilten Systemen hat die Softwaretechnik in den letzten drei Jahrzehnten erhebliche Fortschritte gemacht. Die Akzeptanz von programmiersprachlichen Konzepten wie der Prozedur, dem Modul und der Schnittstelle schuf die Voraussetzungen für grundlegende Mechanismen Verteilter Systeme. Konsequenzen waren der entfernte Prozeduraufruf und die objektorientierte Modellierung der Verteilten Systeme. Darauf basierend entstand das Konzept des Migrierenden Objekts. Aus Sicht der Anwendung spricht man auch von einem Agenten. Man versteht darunter ein Stück Software, das autonom im Auftrag eines Benutzers und in Zusammenarbeit mit anderen Agenten eine bestimmte Aufgabe ausführt. Während herkömmliche Techniken zur Erfüllung einer Aufgabe über verschiedene Rechner oder Objekte hinweg einen Dialog zwischen zwei Komponenten so lange wie nötig ausführen, besitzt ein Agent den Vorteil, dass er auf den Zielrechner migrieren kann und dort im Dialog an der Erfüllung der Aufgabe arbeitet, bis diese erledigt ist. Dann kehrt der Agent bzw. das Ergebnis des Auftrages wieder auf den Quellrechner zurück. Der Vorteil dieses Agenten-Konzeptes besteht darin, dass es die Datenmenge, die in dem entsprechenden Netz anfällt, niedrig hält. Typische Anwendungsfelder dieser Mobilen Agenten sind Verteilte Suchdienste, Konferenzdienste, Verwaltung von Daten im Mobilfunkbereich.

2.2 Digitalisierung der Telekommunikation

Informationen werden im Kommunikationsprozess stets physisch bewegt, um räumliche Distanzen zu überwinden. Informationstheoretisch werden dadurch entfernte Kopiervorgänge ausgelöst. Findet solcher Informationstransfer nun über weite Strecken statt, d.h. handelt es sich dabei um sehr ferne Kommunikationspartner, so spricht man von Telekommunikation. Die Übertragung zwischen den verschiedenen Endstellen kann mit ganz unterschiedlichen Übertragungsverfahren auf ganz unterschiedliche Art und auch über ganz verschiedene physikalische Medien erfolgen. Handelt es sich bei den Endgeräten um Computer, so werden Rechnernetze genutzt. Betrachten wir Telefone, so erfolgt der Zugang zum analogen oder digitalen Telefonnetz bzw. über Funk. Das Kabelfernsehen ist schließlich ein Beispiel dafür, dass eine Sendung auch mittels Broadcasting verschickt, d.h. an verschiedene Empfänger übertragen werden kann (vgl. Haaß 1997; Siegmund [4]1999).

Informationen, die über ein Telekommunikationsnetz transportiert werden, können sehr unterschiedlich sein – sie können als Sprach-, Bild- oder Dateninformationen auftreten. Die meisten Netze wurden so konzipiert, dass sie lediglich eine Kommunikationsform übertragen. Die Fähigkeit des Netzes, Informationen einer bestimmten Art zu übertragen, wurde dann als Dienst bezeichnet: Telefondienst, Datendienst, Breitbanddienst sind nur einige Beispiele.

In der Vergangenheit wurde für fast jeden Dienst ein eigenes Netz eingerichtet. Jedes Netz war für die Abwicklung des jeweiligen Dienstes optimiert. Alle Einrichtungen im Netz waren auf die Übermittlung von Nachrichten dieser bestimmten Art ausgerichtet. Das analoge Fernsprechnetz beispielsweise war auf die Übertragung von analogen, elektrischen Signalen zwischen 300 und 3.400 Hz ausgerichtet, andere Dienste im Fernsprechnetz (Fax oder Modem) mussten sich diesen Rahmenbedingungen anpassen. Die resultierende Vielfalt von Netzen, Netzschnittstellen und Endgerätetypen wird nun im Zusammenhang mit dem Internet durch ein Netz abgelöst werden, das möglichst alle Arten von Nachrichten gleich behandelt (vgl. Siegmund [2]2001).

Für diesen Zweck bietet sich eine Konvertierung in digitale Information an, eine Entwicklung in Richtung auf eine Dienste-Integration. Voraussetzung und charakterisierend für diese Technologien ist, dass die elektronischen Bauelemente immer leistungsfähiger und gleichzeitig immer platzsparender werden. Hinzu kommt, dass die Preise der Bauelemente trotz höherer Leistungsfähigkeit fallen. Daraus leitete sich eine technologische Entwicklung ab, in der immer mehr Komponenten digitalisiert werden. Nun basierten sowohl die Rechnerkommunikation als auch die Telekommunikation darauf, Informationen in Form von binären Zeichen darzustellen, zu verarbeiten und zu übertragen, wobei eine Folge solcher Zeichen eine Nachricht ergibt. Diese Digitalisierung der Telekommunikation schuf die Basis für das Zusammenwachsen mit der Informatik – der Wissenschaft von der systematischen Verarbeitung von Informationen mit Hilfe von Digitalrechnern.

Der Begriff Telematik wurde bereits im Jahre 1978 von den beiden französischen Wissenschaftlern Simon Nora und Alain Minc im Rahmen eines Berichts über die politische und wirtschaftliche Stellung Frankreichs geprägt, wobei die beiden zu dem Schluss kamen, dass die Telematik der Schlüssel ist, die wirtschaftliche und politische Stellung Frankreichs langfristig zu behaupten und auszubauen. Heute versteht man unter der Telematik im Allgemeinen die Kombination von Telekommunikation und Informatik (vgl. auch Beck/Glotz/Vogelsang 2000). Das Zusammenwachsen dieser beiden Disziplinen ist durch die Digitalisierung der Telekommunikation geradezu nahe liegend. Es ergibt sich eine Vernetzung unterschiedlichster Kommunikationsmedien zu einem interaktiven System mittels neuester Computertechnologien. Diese Vernetzung kann sich dann in verschiedensten Anwendungsbereichen widerspiegeln.

Eines der Anwendungsfelder der Telematik ist die so genannte Verkehrstelematik. Damit sollen gegenwärtige und zukünftige Verkehrsprobleme gelöst werden. Die Maßnahmen dienen dazu, die Mobilität zu erhalten, zu verbessern und die Verkehrssicherheit zu erhöhen.

Seit Ende der 80er-Jahre entwickelten sich insbesondere aus der EU-Industrieforschung erste Pilotprojekte und Feldversuche – heute sind bereits Produkte auf dem Markt. Ein Beispiel für einen Bereich innerhalb der Verkehrstelematik sind die Verkehrsbeeinflussungssysteme. Sie sind insbesondere in Ballungsgebieten Westeuropas zu finden. Dabei unterscheidet man Verkehrsleitsysteme und Verkehrslenksysteme. Verkehrsleitsysteme beeinflussen den Verkehr auf den einzelnen Fahrstreifen mittels automatisch in Anhängigkeit vom Verkehrszustand ferngesteuerter Wechselsignale. Über Sensoren werden Daten erfasst, an eine oder mehrere Zentralen übermittelt und aufgrund statistischer Erfahrungen interpretiert. D.h. man ordnet den Daten charakteristische Verkehrszustände zu – und dann erfolgt eine gezielte Ansteuerung von Signalen, die vor Gefahren schützen sollen bzw. die Geschwindigkeit für jeden Fahrstreifen regeln sollen. Verkehrslenksysteme dagegen unterstützen die Verkehrsteilnehmer bei ihrer Routenwahl, z.B. in Form von Parkleitsystemen.

Seit Mitte der 90er-Jahre wurden verschiedene Telematikdienste entwickelt. Möglichst schnelle Rettung am Unfallort und damit die Rettung von Menschenleben ist beispielsweise der Kerngedanke eines Telematikdienstes, der von deutschen Automobilherstellern entwickelt wurde (vgl. beispielsweise Bayerische Motoren Werke 2002). Der Service basiert auf der intelligenten Vernetzung des Navigationssystems mit dem Mobiltelefon. Dadurch wird es vor allem in Notfällen möglich, ohne Zeitverzögerung manuell oder vollautomatisch den Rettungsdienst zu alarmieren und den Helfern gleichzeitig die exakte Ortsangabe zu übermitteln. Dank dieser Fähigkeiten wird auch die Pannenhilfe beschleunigt. Vorteile gegenüber einem Handy-Ruf bestehen darin, dass der Fahrer häufig nur ungenaue Ortsangaben machen kann, sodass das Auffinden des Fahrzeugs erschwert wird. Eine automatische Notrufauslösung ist per Handy sogar vollkommen sinnlos, da keine genauen Positionsangaben übermittelt werden können. Bis der Fahrer die nächste Notrufsäule erreicht, verstreicht sogar noch mehr Zeit. Der Pannenruf im Sinne des Telematikdienstes wird durch eine manuelle Betätigung eines Menüpunktes des Navigationssystems ausgelöst. Es wird eine SMS über das GSM-Netz mit der aktuellen Position des Fahrzeugs übertragen. Anschließend wird eine Sprechverbindung zum jeweiligen Bereitschaftsdienst aufgebaut.

2.3 Medieninformatik als Konvergenz von moderner Informatik, digitaler Telekommunikation und Multimedia

Zur Informatik und Telekommunikation kommt nun noch ein dritter Aspekt hinzu – die Neuen Medien. Ende 1997 wurde von der EU hierzu ein so genanntes Grünbuch zu europäischen Kommunikationspolitik am Weg zur Informationsgesellschaft (International Telecommunication Union 1997) veröffentlicht. Dabei kommt der technischen Konvergenz von verschiedenen Diensten und Endgeräten im Sinne einer Multimedia-Umgebung eine besondere Rolle zu, wobei unter Multimedia die Integration von Bild, Ton, Text und Daten verstanden wird – mehrere dieser Medien kommen quasi gleichzeitig zum Einsatz. Diese Kombination von Moderner Informatik, digitaler Telekommunikation und Neuer Medien wird als Mediamatik oder Medieninformatik bezeichnet.

Schwerpunkte zahlreicher Arbeiten der vergangenen Jahre fokussieren das digitale Fernsehen und das Internet. In einer Studie der International Telecommunication Union (1997) wird das Internet als revolutionäre Möglichkeit für Veränderungen innerhalb der Telekommunikation angesehen. Die Anwendungen über heterogene Übertragungsmedien haben dabei alle etwas gemeinsam: Es sind interaktive, digitale Informationsdienste, die in Echtzeit angeboten werden, wobei unterschiedliche Techniken und Protokolle sowie Zahlungsmodalitäten zugrunde liegen.

Die Nutzung der Netze in der Wissenschaft und Forschung ist durch eine immer stärkere Betonung der Möglichkeiten und Anwendungen des entfernt-interaktiven Arbeitens geprägt (Deutsches Forschungsnetz e.V. 1995). Hierzu einige Beispiele:

- Telearbeit und Telekooperation umfassen Anwendungen der verteilten, kooperativen Gruppenarbeit, zum Beispiel bei der Erstellung von Publikationen, zur Durchführung gemeinsamer Forschungsprojekte zwischen räumlich verteilten Wissenschaftlern. Diese Form der Anwendung kann auch Konferenzen über den Personal Computer am Arbeitsplatz beinhalten, wobei gleichzeitig eine Übertragung von Texten, Grafiken, Bewegtbildern und Sprache der Teilnehmer erfolgen kann. Sind beispielsweise Großrechner oder teure Geräte lokal nicht verfügbar, so können diese über das Netz entfernt genutzt werden. Ein weiterer Vorteil der Telearbeit besteht in Heimarbeitsplätzen – von zu Hause können Daten und Computerleistungen am Arbeitsplatz genutzt werden.
- Teleengineering umfasst Anwendungen im Maschinenbau und in konstruierenden Branchen. Diese Technologie schließt die entfernte Unterstützung für Konstruktionszeichnungen und Architektenentwürfe ein.
- Teleconferencing und Teleconsulting sind eher als orthogonale Varianten des Telearbeitens zu betrachten, die mit verschiedenen Anwendungsfeldern kombinierbar sind. Primär dienen sie dem Ziel, den Rat eines oder mehrerer Experten bezüglich einer bestimmten Fragestellung einzuholen.
- Beim Telelearning, Teleteaching und der Teleausbildung besteht die Möglichkeit, eine Kooperation mit verschiedenen externen Einrichtungen durchzuführen, zentral erstellte Vorlesungs- und Seminarmaterialien können aufgezeichnet und verteilt abgerufen werden.
- Die Telemedizin ermöglicht die Bereitstellung medizinischer Informationssysteme für Ärzte und Patienten. Zwischen den Arztpraxen können Informationen ausgetauscht werden, Patientendaten und Laborbefunde sind einschließlich Bild und Ton speicherbar. Ferner ist es denkbar, dass entfernte Spezialisten bei Ope-

rationen Unterstützung geben oder Daten für die Medizinerausbildung genutzt werden. Eng damit im Zusammenhang steht die so genannte Telecare, also Betreuung und Pflege von älteren, aber auch behinderten oder pflegebedürftigen Menschen, die einer Überwachung bedürfen oder zumindest im Notfall in der Lage sein müssen, entsprechende Hilfe anzufordern.
- Teleshopping ermöglicht die Realisierung elektronischen Handels. Dabei bieten Verkäufer ihre Waren über das Internet an, und Käufer können direkt elektronisch ordern. Hierbei sind Preisvergleich und Produktbandbreite für den Käufer besonders nützlich. Lediglich die fehlende Möglichkeit des für eine Entscheidung unter Umständen nützlichen In-die-Hand-Nehmens ist unter Umständen von Nachteil.
- Telebanking umfasst das Kontomanagement über das Internet. Dabei werden Transaktionen über das eigene Girokonto oder Depot getätigt, Aktien online gehandelt oder Informationen über die aktuelle Marktsituation eingeholt. Diese Informationen stehen oft in Echtzeit zur Verfügung.

2.4 Eine Anwendung im Bereich Medieninformatik: Die Multimedia Home Platform

Das Fernsehen ist heute eines der bedeutendsten Medien der Informationsgesellschaft. Historisch gesehen geht es auf die analoge Kodierung von Bildern und Tönen zurück – aufgrund der riesigen Datenmengen war an eine digitale Übertragung der Informationen zunächst nicht zu denken. Dies änderte sich in Ansätzen Mitte der 90er-Jahre, als erste kommerzielle Übertragungen auf der Basis digital kodierter Audio- und Videodaten stattfanden. Durch effiziente Algorithmen für die Datenkomprimierung lassen sich bestehende Übertragungsmedien relativ gut ausnutzen, und eine Übertragung mehrerer Kanäle wird möglich. Ein weiterer Vorteil der digitalen Übertragung besteht im Bereich des Pay-TV-Marktes. Eine Verschlüsselung der Daten sorgt dafür, dass diese nur dem zahlenden Publikum zur Verfügung gestellt werden können. Technisch bietet das digitale Übertragungsverfahren hier entscheidende Vorteile bezüglich der Verschlüsselung und ist damit gegen Missbrauch erheblich besser geschützt.

Bei vorhandener Übertragungskapazität soll das Fernsehen nun dadurch an Attraktivität gewinnen, dass zusätzlich zu den eigentlichen Programmen noch weitere Daten und aktuelle Informationen übertragen werden. Diese zusätzliche Datenübertragung ist bei der ursprünglich analogen Übertragung in Form von Untertiteln, Laufbändern und Videotext realisiert worden. Allerdings ist eine verlustfreie Übertragung analoger Zusatzdaten recht langsam. Damit können nur relativ wenige Daten für den Videotext etc. übertragen werden. Digitale Übertragungswege bieten den Vorteil, dass sie in der Regel sehr hohe Bandbreiten zur Verfügung stellen. Zudem ist die verlustfreie Übertragung durch Fehlererkennungs- und Fehlerkorrekturverfahren einfacher. Deshalb können bei der digitalen Datenübertragung mehr Daten zusätzlich zu den primären Audio- und Videodaten übertragen und somit neue Anwendungsmöglichkeiten erschlossen werden (vgl. Hetzer 2001). Eine vergleichsweise neue Technik, die sich auf der Basis dieser technischen Möglichkeiten entwickelt hat, ist das so genannte interaktive Fernsehen. Der Kunde – ehemals nur Konsument im Sinne eines passiven Fernsehzuschauers – wird nun zum aktiven inhaltlichen Programmgestalter. Damit soll das Programm für den Kunden attraktiver gemacht werden, wobei man zwei Formen von Interaktivität unterscheidet. Unter der lokalen Interaktivität versteht man die primitivere Form der Interaktion. Dem Zuschauer wird eine Interaktivität quasi nur vorgetäuscht, wobei jedoch keine Rückkopplung zum Programmanbieter vorhanden ist. Durch eine bereitgestellte Menge von strukturierten Daten und Informationen kann navigiert werden. Die Selektion der Informationen ist dabei das Ergebnis eines jeweiligen Zuschauerwunsches, wobei auf Eingaben reagiert wird. Der weit verbreitete Videotext ist eine solche Möglichkeit. Das digitale Fernsehen bietet jedoch zahlreiche Alternativen, diese Form von Informationsauswahl wesentlich attraktiver und umfangreicher zu gestalten. Im Gegensatz dazu versteht man unter echter Interaktivität alle Formen von Interaktion, bei der Daten auch den Programmanbieter erreichen. Sowohl bei lokaler als auch bei echter Interaktivität werden zusätzlich zu den Audio- und Videodaten der Fernsehsender weitere Daten als „Content" versendet. Diese zusätzlichen Daten müssen in nutzerfreundlichen Formen darstellbar sein. Im Gegensatz zu der lokalen Interaktivität ist bei der echten Interaktivität jedoch ein Rückkanal notwendig, zum Beispiel über Modem (vgl. hierzu auch Goertz 1995). Mit wachsender Internetverbreitung und verbesserten Zugangsmöglichkeiten, d.h. Einzug dieses Mediums in quasi jedes Fernsehwohnzimmer, sollte auch ein Zusammenwachsen von Internet und Fernsehen vollzogen werden. Diese technische Entwicklung ermöglicht ganz neue Einsatz- und Wertschöpfungsgebiete. So ist es denkbar, Gebühren nach tatsächlich geschauten Sendeminuten abzurechnen, oder beim Homeshopping direkt über das Medium Fernsehen ein ausgewähltes Produkt zu bestellen.

Nachfolgend wollen wir uns mit dem digitalen Fernsehen beschäftigen, wobei eine enge Anlehnung an die Multimedia Home Platform (MHP), ein Projekt des Digital Video Broadcasting (DVB) Konsortiums, erfolgt (Multimedia Home Platform 2000, 2001). Dieses Projekt wurde 1997 begonnen und im Jahr 2000 in einer Version 1.0 zur offiziellen Standardisierung an das European Telecommunications Standards Institute (ETSI) weitergeleitet. Beim digitalen Fernsehen handelt es sich um ein Broadcastmedium, d.h. es gibt einen Sender und viele Empfänger, die alle die gleichen Informationen vom Sender erhalten. Auf der Senderseite befindet sich der Broadcaster, also ein Programmanbieter im Sinne einer öffentlich-rechtlichen Sendeanstalt oder eines privaten Pay-TV-Anbieters. Über ein Übertragungsmedium, z.B. Satellit oder Kabel, verbreitet der Broadcaster seine Informationen an die Empfänger, die über Empfangsplattformen diese Daten entgegennehmen und in einer Ausführungsumgebung geeignet weiterverarbeiten. Die Rückkommunikation wird technisch als Punkt-zu-Punkt-Verbindung oder Unicast realisiert.

Die digitale Fernsehübertragung einschließlich zusätzlicher Contentdaten funktioniert wie folgt: Auf der Senderseite werden die zu übertragenden Audio- und Videosignale als Datenströme mittels des MPEG-Standards (MPEG = Abkürzung für: Motion Picture Experts Group) komprimiert und anschließend paketiert, d.h. in Pakete fester Länge unterteilt. Es entstehen Packetized Elementary Streams (PES). Daten, die für Zusatzinformationen oder Interaktionen übertragen werden müssen, werden ebenfalls durch Unterteilung in Pakete fester Länge zu einem PES transformiert. Mehrere PES-Ströme werden dann in einem Multiplexer zu einem so genannten Transportstrom gemixt, der ggf. auch mehrere Audio- und Videoprogramme einschließlich zugehöriger Daten enthält. Die Anzahl und Größe der zu übertragenden Ströme ist abhängig von der Bandbreite, die für den Transportstrom zur Verfügung steht. Auf der Empfängerseite läuft dieses Verfahren in entgegengesetzter Richtung ab. Aus einem Transportstrom lassen sich verschiedene PES-Ströme herausfiltern und nach Umwandlung durch einen MPEG-Decoder wieder als Bild- oder Tondaten darstellen bzw. als Content weiter verarbeiten.

Hinsichtlich der Anwendungen muss nun eine Besonderheit beachtet werden. Bei der Broadcast-Kommunikation werden Daten immer identisch an alle Empfänger gesendet. Damit geht einher, dass beim Einschalten einer Eingangsplattform eine Anwendung nicht on-demand, also bei Bedarf sofort angefordert werden kann. Trotzdem sollen Anwendungen sehr schnell verfügbar sein. Als Kompromiss werden Anwendungen häufig zyklisch übertragen. Dies ist in umso kürzeren Zeitabständen möglich, wenn die Anwendungen möglichst klein gehalten werden. Neben der Multimedia Home Platform gibt es zahlreiche andere Projekte, die eine Verknüpfung von Informatik, multimedialen Strömen und einer Übertragung über weite Strecken in verschiedensten Netzen betrachten (vgl. Imhoff/Linnhoff-Popien 2001; Samulowitz/Michahelles/Linnhoff-Popien 2001).

3 Ausblick

Die Medieninformatik stellt einen Gegenstandsbereich dar, in dem die Berufsfelder sich schneller entwickeln als die akademische Institutionalisierung der Disziplin. Die Qualifikationen von Absolventen, die in medieninformatik-typischen Berufen arbeiten, sind wenig standardisiert und starken Veränderungen unterworfen. Die trägen akademischen Institutionen erkennen die Bedeutung des Gegenstandsbereiches, tun sich aber gerade in Zeiten knapper Ressourcen schwer, auf die Bedürfnisse des Arbeitsmarktes und die technologischen Veränderungen adäquat zu reagieren. Die Informatikerin und der Kommunikationswissenschaftler spüren mehr als sie es wissen, dass sich hier eine neue Teildisziplin auftut, die für die Publizistik- und Kommunikationswissenschaft in Zukunft von Bedeutung sein wird. Die konkrete Ausformung dieses Forschungsfeldes ist allerdings erst in Ansätzen zu erkennen. Fraglich ist vor allem, wie sich naturwissenschaftliche, technische und sozialwissenschaftliche Herangehensweisen in einem Methoden- und Theorieninventar manifestieren werden. Die Kombination von Informatik und Kommunikationswissenschaft erscheint nichtsdestotrotz vielversprechend.

Literatur

Bayerische Motoren Werke (2002): Der BMW ASSIST – Notruf, Bereitschaftsdienst, Verkehrsinfo, Auskunftsdienste. Elektronische Publikation. URL: http://www.bmw.com/bmwd/products/equip/telematics/index.html (abgerufen am 6. März 2002).

Beck, Klaus/Glotz, Peter/Vogelsang, Gregor (2000): Die Zukunft des Internet: internationale Delphi-Befragung zur Entwicklung der Online-Kommunikation. Konstanz.

Beck, Klaus/Schweiger, Wolfgang (Hrsg.) (2001): Attention please! Online-Kommunikation und Aufmerksamkeit. München.

Beck, Klaus/Vowe, Gerhard (Hrsg.) (1997): Computernetze. Ein Medium öffentlicher Kommunikation? Berlin.

Brosius, Hans-Bernd (2001): Eigenständigkeit versus Transdisziplinarität der Medienforschung. In: Hasebrink, Uwe/Matzen, Christiane (Hrsg.): Forschungsgegenstand Öffentliche Kommunikation. Funktionen, Aufgaben und Strukturen der Medienforschung. Baden-Baden, S. 123-136.

Deutsches Forschungsnetz e.V. (1995): Empfehlungen zur Bereitstellung leistungsfähiger Kommunikationsnetze für die Wissenschaft. Elektronische Publikation. URL: http://www.dfn.de/dfn/erklaerungen/wiss-rat/netze.html (abgerufen am 6. März 2002).

Goertz, Lutz (1995): Wie interaktiv sind die Medien? Auf dem Weg zu einer Definition von Interaktivität. In: Rundfunk und Fernsehen, 43. Jg., S. 477-493.

Haaß, Wolf-Dieter (1997): Handbuch der Kommunikationsnetze. Einführung in die Grundlagen und Methoden der Kommunikationsnetze. Berlin.

Hetzer, Hanno (2001): Sicherheitsanforderungen in digitalen Broadcastmedien am Beispiel der Multimedia Home Platform. (Unveröffentlichte Diplomarbeit Univ. München).

Imhoff, Frank/Linnhoff-Popien, Claudia (2001): Internet-based Teleteaching using the IP-based German Broadband Science Network. International Conference on Intelligent Multimedia and Distance Education. Fargo, ND, USA, June 1-3, 2001.

International Telecommunication Union (1997): Challenges to the Network: Telecommunications and the Internet. Elektronische Publikation. URL: http://www.itu.int/ti/publications/inet_97/inet_97.htm (abgerufen am 6. März 2002).

Multimedia Home Platform (2000): Revision 16. Digital Video Broadcasting. 17.4.2000, auch European Telecommunications Standards Institute ETSI-TS 101 812 V1.1.1, 2000.

Multimedia Home Platform (2001): Draft Multimedia Home Platform 1.0.1 Document TM 2208r5, TAM232r21. Digital Video Broadcasting.

Rössler, Patrick (Hrsg.) (1999): Online-Kommunikation. Beiträge zur Nutzung und Wirkung. Wiesbaden.

Samulowitz, Michael/Michahelles, Florian/Linnhoff-Popien, Claudia (2001): Adaptive interaction for enabling pervasive computing services. ACM International Workshop on Data Engineering for Wireless and Mobile Access, Santa Barbara, California, USA, May 20, 2001.

Siegmund, Gerd (^{4}1999): Technik der Netze. Heidelberg.

Siegmund, Gerd (^{2}2001): Intelligente Netze. Technik, Dienste, Vermarktung. Heidelberg.

Virtuelle Fachhochschule Deutschlands (2002): Berufsbild des Medieninformatikers. Elektronische Publikation. URL: http://www.oncampus.de/studienangebot/berufsbild-mi-m.html (abgerufen am 19.2. 2002).

Tabelle
Medieninformatik-Studiengänge (Stand September 2001)

Fachhochschulen (nach Städten alphabetisiert)

Uni/FH	URL	Beginn/Fachbereich
FH Augsburg	http://www.fh-augsburg.de/multimedia/uebersicht/index.html	1996 Fachbereiche Informatik und Gestaltung
TH Berlin	http://www.tfh-berlin.de/FB_VI/stud/gang/md/motivation.shtml	
Hochschule Dresden	http://wwwmi.informatik.htw-dresden.de/start.php	1995
FH Erfurt	http://www.fh-erfurt.de/ai/index.html	Angewandte Informatik
FH Flensburg	http://www.iti.fh-flensburg.de/index.html	Informatik, Fachbereich Technik
FH Friedberg	http://www.fh-friedberg.de/fachbereiche/mi/medienin.htm	Fachbereiche Elektrotechnik und Mathematik
FH Fulda	http://www.informatik.fh-fulda.de/texte/studium/mi.html	1997/1998 Fachbereich Angewandte Informatik
FH Furtwangen	http://www.mi-lab.fh-furtwangen.de/navigation/ex_main.phtml?dm	1993 Fachbereiche Digitale Medien
FH Gelsenkirchen	http://www.fh-ge.de/html/medieninformatik.html	1993 Fachbereich Angewandte & Medieninformatik
FH Offenburg	http://info.mi.fh-offenburg.de/html/vorlesungen.html	Fachbereich Informatik
FH Osnabrück	http://www.et.fh-osnabrueck.de/	Fachbereich Elektrotechnik und Informatik
FH Rhein-Sieg	http://www2.inf.fh-rhein-sieg.de/mi/	1997
FH Stuttgart	http://www.medieninformatik.hdm-stuttgart.de/	1996
FH Wedel	http://www.fh-wedel.de/s-angebot/mi/medieninformatik.html	Fachbereich Informatik
FH Wolfenbüttel	http://www.fh-wolfenbuettel.de/se/zsb/i/38.html	Fachbereich Informatik

Universitäten (nach Städten alphabetisiert)

Uni/FH	URL	Beginn/Fachbereich
Uni Bremen	http://medien.informatik.uni-bremen.de/top3.htm	1999/2000
Uni Dresden	http://www-mmt.inf.tu-dresden.de/medieninformatik/inside/studium/ziele/index.htm	Fakultät Informatik
Uni Düsseldorf	http://www.phil-fak.uni-duesseldorf.de/infowiss/kovo_ws2001-02/stundenplan.htm	Philosophische Fakultät, Studienschwerpunkt "Logik, Sprache, Information" Lehr-Verbund mit der Computerlinguistik
Hochschule für Musik und Theater Hannover	http://www.ijk.hmt-hannover.de/index1.html	Institut für Journalistik und Kommunikationsforschung
Uni Karlsruhe	http://www.uni-karlsruhe.de/~szm/	1998 Fakultät für Geistes- und Sozialwissenschaften, Studienzentrum für Multimedia
Uni Konstanz	http://www.inf-wiss.uni-konstanz.de/CURR/stplan/gegenstand.html	Fachbereich: Informationswissenschaft Mathematisch-naturwissenschaftliche Sektion
Uni München	http://www.informatik.uni-muenchen.de/studium-medieninformatik/ http://www.informatik.uni-muenchen.de/medieninformatik/Medieninformatik.html	2001/2002 Institut für Informatik in Zusammenarbeit mit dem Institut für Kommunikationswissenschaft (ZW) und der Fakultät für Betriebswirtschaft
Uni Regensburg	http://www.uni-regensburg.de/Fakultaeten/phil_Fak_IV/index.html	2002 Philosophische Fakultät IV, Informationswissenschaft
Uni Siegen	http://pi.informatik.uni-siegen.de/kelter/dpo/mi/	Beginn geplant 2001 Fachbereich Informatik
Uni Tübingen	http://www-ti.informatik.uni-tuebingen.de/~fsi/infodisk/wsi/fsi/studium/medien.htm	1997/1998 Vertiefungsfach im Rahmen des Studiengangs Informatik
Uni Ulm	http://www.informatik.uni-ulm.de/mi/	2000/2001 Fakultät: Informatik

Teil 3

Kommunikationswissenschaftliche Forschungsgebiete und -gegenstände

Medienkultur

Knut Hickethier

Ausgangspunkt

Innerhalb der Medienwissenschaft, die sich seit Ende der Sechzigerjahre aus den Literaturwissenschaften und der Theaterwissenschaft heraus als ein eigenständiges Fach entwickelt hat (zur Fachgeschichte vgl. Hickethier 2001a), ist es in den Neunzigerjahren teilweise zu einer Neuakzentuierung gekommen, indem stärker der kulturwissenschaftliche Akzent betont wurde. Auch in Abgrenzung gegenüber anderen medienwissenschaftlichen Spezialisierungen, die sich in den letzen Jahren verstärkt herausgebildet haben (z.B. Wirtschaftskommunikation, Öffentlichkeitsarbeit, Medienökonomie), hat sich der Begriff der „Medienkultur“ und in der Folge auch vereinzelt der Begriff der „Medienkulturwissenschaft“ etabliert (z.B. Schmidt 1992; Schönert 1999; Hickethier 1999a; Hepp ^{2}2001). Im Folgenden geht es um eine genauere Bestimmung des Medienkulturbegriffs, wie er als ein Ansatz für die weitere Selbstverständigung innerhalb der Medienwissenschaft genutzt werden kann. Ausgangspunkt ist hier die Tradition der Textorientierung in der Medienwissenschaft, die deshalb auch die Aspekte der Medienanalyse, der Medientheorie und der Mediengeschichte zum eigenen Fundament gemacht hat. Diese Grundpositionen müssen hier nicht weiter erörtert werden (vgl. Bohn/Müller/Ruppert 1988; Korte/Faulstich 1988).

Was meint „Kultur“?

Die Vieldeutigkeit des Kulturbegriffs mit seinen Gegenbegriffen „Natur“, „Technik“ und „Zivilisation“, mit seinen unterschiedlichen Dimensionierungen im Umfang der durch ihn gestifteten Gemeinschaft, der Gewohnheiten und Lebenspraxen, der gesellschaftlichen Institutionen, der manifestierten Produkte und Artefakte zielt letztlich auf zwei grundsätzlich konträre Modelle: einerseits auf das Konstrukt eines weitgehend homogenen Raums des Miteinanders der Menschen, bei dem alles Fremde ausgegrenzt wird, und andererseits auf die Vorstellung einer aus der Differenzierung des Selbstverständnisses, der Werte und Praktiken resultierenden Vielfältigkeit und Pluralität, die dem Einzelnen weitreichende Freiheiten der individuellen Ausgestaltung des eigenen Lebens lassen. Es geht also um eine Identitätsstiftung durch Kultur, und es liegt nahe, dass dafür auch die Medien als Mittel der Kommunikation, des Gedächtnisses und der Erinnerung eine entscheidende Rolle spielen.

Medien – und damit sind vor allem die technisch-apparativen Medien sowie die Printmedien gemeint – sind heute der zentrale Ort der kulturellen Identitätsbildung und Sinnstiftung. In ihnen werden heute – durchaus auch kontrovers – unter anderem Weltdeutungen in unterschiedlichen Dimensionen (von der Erklärung von Alltagsvorgängen bis zur weltpolitischen Einschätzung) verhandelt und entschieden.

Indem alle in einer Kultur Lebenden an dieser in den medialen Diskursen stattfindenden Welterklärung teilhaben, kommt der Teilnahme an der medialen Kommunikation die Funktion zu, die früher Gottesdienste mit ihren fest gefügten Liturgien ausübten: die Integration des Einzelnen in die Gemeinschaft, das Kollektiv. Dabei kreuzen sich vielfältige Strömungen: von der lokalen An- und Einbindung bis zur Globalisierung und Internationalisierung von Kultur sowie den daraus resultierenden Tendenzen der Vermischung und Neuformulierung (Hybridisierung, Kreolisierung etc.) von Kultur (vgl. Wagner 2001: 17f.).

Kultur als Text und Handlung

Für das Verständnis von Kultur ist die Dichotomie von „Text" und „Handlung" bestimmend. „*Kultur als Text*" ist dabei umfassend zu verstehen, sodass damit auch „Artefakte" gemeint, also alle gestalteten Produkte des Menschen (im Sinne von „Monumenten") eingeschlossen sind. Besondere Aufmerksamkeit gilt dabei den Künsten und der Kunst insgesamt. Kultur als Text und als Artefakt ist dabei – wie bei allen Texten – etwas Abgeschlossenes, Materialisiertes. Medienkultur als Medienwissenschaft untersucht Medienproduktionen auf ihre Strukturen und Formen hin, auf die in ihnen eingeschriebenen Traditionen und Muster, auf die sich in der Medienproduktion herausbildenden Genres, Gattungen und Formate, weil sich in der Gestaltung, in der ästhetischen Struktur der medialen Angebote kulturelle Traditionen in ihrer ganzen Vielschichtigkeit einschreiben. Diese Einschreibungen in den Medienprodukten transparent und bewusst und damit auch planbar zu machen, ist wesentliches Ziel und zentraler Zweck der Lehre im Bereich „Medienkultur".

„*Kultur als Handlung*" ist ursprünglich das Ritual, also die Handlung in einer genau festgelegten Form, dann auch die Routine im Sinne einer immer wiederkehrenden Handlung und schließlich Interaktion in einem sehr weiten Sinn. Hier ist nicht immer nur Abgeschlossenes (im Sinne von z.B. medial fixierten Handlungen) gemeint, sondern es besteht auch eine Gleichzeitigkeit von Produktion und Teilhabe, sodass andere Formen von Einbindung der Menschen (als Rezipienten) möglich sind. Der daran anknüpfende Begriff ist dann „*Kultur als Praxis*", der nicht mehr die Differenz von Produktion und Rezeption aufrechterhält, sondern den kulturellen Praktiken der in einer Kultur Lebenden ein eigenes Gewicht beimisst.

Diese gegensätzliche *Materialität von Kultur* (Text und Handlung zu sein) erzeugt Konzepte unterschiedlichen Vorgehens, weil durch sie Kultur zum einen als textanalytisches und kunstanalytisches Objekt von den Geisteswissenschaften her, zum anderen als Handlung und als Praxis von den Sozialwissenschaften her erschließbar gemacht wird. Häufig sind in der Kultur Text und Handlung jedoch eng miteinander verzahnt: Texte bilden die Basis für bestimmte Handlungen, aus den Handlungen erwachsen wiederum bestimmte Texte, und diese wiederum sind Teil einer kulturellen Praxis.

Texte (also z.B. literarische oder elektronische Werke) auf ihre Bedeutung für eine Kultur hin zu befragen und zu erforschen, ist seit langem zentrale Aufgabe der Literatur- und Medienwissenschaften. Es geht dabei um ein „Verstehen" der Texte in ihrem kulturellen Kontext, auch um die Art und Weise, wie Leser den Text gebrauchen. Es geht also um den „Text in der Kultur" bzw. „Text dieser Kultur", wie es der Semiotiker Roland Posner einmal genannt hat, hier allerdings mit Blick auf eine kultursemiotische Analyse von Texten (Posner 1991: 46; im Bereich der Medien vgl. Bentele 1981).

Texte als Ausdruck der Kultur zu lesen, sie als Ergebnis kultureller Praxis zu verstehen, nach den spezifischen Lesarten zu suchen, sind deshalb keine neue Verfahren, sondern in den Literatur- und Kunstwissenschaften seit den Siebzigerjahren als *sozial- und kulturgeschichtliche Verfahren* etabliert. Es werden Kontexte ermittelt, in denen die Medienprodukte als Medientexte funktionieren und in denen diese durch die Mediennutzer eine besondere Bedeutung erhalten. Der Text ist dann in der Regel auf diese Kontexte bezogen, dadurch werden funktionale Zusammenhänge deutlich, bekommen spezifische Zeichenverwendungen einen Sinn (vgl. exemplarisch Fischer 1986; Berg u.a. 1981). Texte können auch als *Dokumentationen von kulturellen Handlungen* gelesen werden, d.h. in den Texten wird danach gesucht, was über kulturelle Prozesse einer Zeit sichtbar wird.

Das Konzept „Text als Kultur", wie es sich in den Neunzigerjahren entwickelt hat, zielt stärker darauf, „literarische Texte" in einer interkulturellen Betrachtungsweise auf die in ihnen enthaltenen Formen und Strategien der Selbst- und Fremderfahrung hin zu befragen (vgl. Bachmann-Mehdick 1996: 12). In der Ausweitung des Textbegriffs auf mediale Produktionen ist damit ein spezifischer analytischer Ansatz für die medienwissenschaftliche Film- und Fernsehanalyse sowie für die Analyse anderer medialer Produktionen gegeben.

Folgenreich ist die Umkehrung: kulturelle Handlungen nicht in den Texten aufzusuchen, sondern die *kulturellen Handlungen selbst als Text* zu verstehen und zu lesen. Kultur wird dabei als eine „Konstellation von Texten" verstanden, „die – über das geschriebene oder gesprochene Wort hinaus – auch in Ritualen, Theater, Gebärden, Festen usw. verkörpert sind. Solche Ausdrucksformen sind höchst aufschlussreich, wenn es darum geht, das Netzwerk historischer, sozialer, geschlechtsspezifischer Beziehungen im Licht ihrer kulturellen Vertextung bzw. Symbolisierung zu rekonstruieren. Ziel ist es, im Horizont der Metapher von Kultur als Text Zugang zu den Selbstbeschreibungsdimensionen einer Gesellschaft zu finden" (Bachmann-Mehdick 1996: 10).

Mit diesem Ansatz wird also die kulturelle Handlung als eine spezielle Art von Text aufgefasst, der „lesbar" ist, wobei hier von mindestens zwei unterschiedlichen Lesarten ausgegangen wird: Zum einen muss der in den kulturellen Handlungen Involvierte den Ablauf der Handlungen kennen und im Sinne von Kenntnis und Beherrschung der Handlungsform verstehen, um diese erfolgreich vollziehen zu können; zum anderen muss der von außen auf die Handlung Schauende diese Handlung ebenfalls „lesen" können. Das scheinbar bloße Kommunikationsereignis wird in diesem letzteren Sinne als eine „Kunstform" (Geertz 1983: 246) gelesen, „die dem Paradigma westlicher Literatur und Kunst nicht nachsteht" (Bachmann-Mehdick 1996: 24).

Die Provokation dieses Ansatzes erschließt sich erst, wenn man weiß, dass es bei Clifford Geertz, der diesen Ansatz beispielhaft vorgeführt hat, zunächst um das verstehende „Lesen" indonesischer Kulturpraktiken, insbesondere um die Interpretation des balinesischen Hahnenkampfes, geht. D.h. ästhetische Gestaltungskategorien wie „Dramaturgie", „Eröffnung", „Exposition", „Konflikt" etc. werden bei der Beschreibung des Hahnenkampfes und seiner gesellschaftlichen Funktionen angewendet, aber auch Themen und Motive wie „Tod, Männlichkeit, Wut, Stolz, Verlust, Gnade und Glück" (Geertz 1983: 246), also letztlich philologische Kategorien. Sie dienen der Beschreibung eines Ereignisses einer fremden, nicht-westlichen Kultur und damit deren Erschließung durch eine von außen kommende (zumeist westliche) Betrachtungsweise.

Von einem kulturellen Geschehen wird auf diese Weise eine *„dichte Beschreibung“* (Geertz 1983: 10) hergestellt, die Geertz deshalb als „dicht“ bezeichnet, weil in die Beschreibung bereits eine Interpretation eingegangen ist. Denn nur so kann das Ereignis überhaupt (aus einer Sicht von außen) als ein sinnhaftes Geschehen, als Bedeutung verstanden werden.

Bei einer solchen „dichten Beschreibung“ besteht jedoch die Gefahr, dass das kulturelle Ereignis vorschnell auf eine bestimmte kulturelle Interpretation, auf eine *einzige* Bedeutung hin verengt wird und dass damit andere Aspekte und Lesarten vernachlässigt werden (zur Kritik an Geertz und der ethnologischen Interpretation vgl. Crapanzano 1996). Auch wenn aus kulturwissenschaftlich-ethnografischer Sicht die Textorientierung eher problematisch ist, weil sie den prozessualen Charakter von Kultur zugunsten einer Produktorientierung vernachlässigt, bietet der Ansatz, von einer „Textualität“ von Kultur auszugehen, einen Einstieg für eine *kulturorientierte Medienanalyse*, weil sie in den zeitbasierten Medien den prozessualen Aspekt in neuer Form zum Thema machen kann.

Am Konzept „Kultur als Text“ anknüpfend wird die kulturelle Handlung auch in ihrer Prozesshaftigkeit betrachtet, am kulturellen Geschehen also der *Aspekt des „Performativen“* genauer herausgestellt. Die kulturelle Handlung wird dabei als eine „Aufführung“ gesehen, in der es theatrale und narrative Aspekte gibt, Protagonisten etc. Das damit verbundene Modell des „performativen Textes“ hat sich bislang vor allem in der Theaterwissenschaft durchgesetzt, weil es dort als Beschreibungsansatz für die Zeitstruktur von Aufführungen verwendet werden konnte, während es im Bereich der audiovisuellen Medien (Film und Fernsehen) bislang kaum Anwendung fand. Die zeitliche Strukturierung war hier ohnehin immer ein Reflexionsgegenstand der Medienwissenschaft.

Die ethnografische Methode ist nun kein Verfahren, das allein der Ethnologie vorbehalten bleibt, sondern hat zu Übertragungen auf die Betrachtung der eigenen Kultur geführt. Der *ethnografische Blick auf die eigene Kultur* ist letztlich ein künstlich angenommener: Als Beobachter begebe ich mich in eine künstliche Distanz, um in dieser angenommenen Rolle das bislang Vertraute der eigenen Kultur als etwas Fremdes, Rätselhaftes zu erleben und darüber deren Mechanismen zu erkennen.

Diese Methode einer „Ethnografie des Inlands“ zu betreiben, ist seit den Achtzigerjahren zu einer Form der Distanz schaffenden Analyse der kulturellen Verhältnisse geworden. Michael Rutschky hat sie z.B. in essayistischer Weise erprobt. Das „Inland als Ausland“ zu betrachten, diene dazu, „näher an die Dinge heran“ zu kommen (Rutschky 1984). Als Methode einer *„Binnenethnografie“* führt sie dazu, die Besonderheiten der eigenen Kultur zu erkennen. Der Kulturwissenschaftler Klaus P. Hansen hat sie als Verfahren ebenfalls eindrucksvoll beschrieben (Hansen ^{2}2000: 32ff.).

Der ethnografische Blick ist also als ein *analytisches Verfahren* zu verstehen, um einen komplexen kulturellen Vorgang, der zunächst aufgrund der eigenen Zugehörigkeit zur Kultur als bekannt und vertraut erscheint, plötzlich „fremd“ wirken zu lassen. Durch die so gewonnene analytische Distanz und ein dabei zu entwickelndes Erstaunen über das Beobachtete können neue Einsichten entwickelt werden und neue Erkenntnisse über kulturelle Vorgänge entstehen.

Den Blick systematisch auf kulturelle Prozesse und Phänomene zu werfen mit der Möglichkeit, diese unterschiedlich zu lesen und zu verstehen, ist das Ziel der sozialwissenschaftlichen Richtung der Cultural Studies, wie sie seit den Sechzigerjahren am Centre for Contemporary Cultural Studies (CCCS) in Birmingham entwickelt worden ist (vgl. Lindner 2000).

Im Zentrum der Arbeiten der Cultural Studies – wenn man diese Forschungsrichtung einmal grob vereinfacht – stehen die Bedingungen der kulturellen Selbstvergewisserung von gesellschaftlichen Gruppen, dann auch von Einzelnen in ihrem Lebenszusammenhang, in Alltag und in ihren kulturellen Repräsentationen. Cultural Studies untersuchen die kulturellen Kontexte und den unterschiedlichen Gebrauch, den gesellschaftliche Gruppen von allgemeinen kulturellen Angeboten machen. Dabei besteht die Tendenz, die Alltagsverhältnisse von sozial benachteiligten Gruppen in den Vordergrund zu rücken. Jugendliche Subkulturen, die Arbeiterklasse, Geschlechterverhältnisse, ethnische Gruppen standen deshalb im Mittelpunkt des wissenschaftlichen Interesses (vgl. auch Bromley/Göttlich/Winter 1999).

Eine der grundlegenden Annahmen der Cultural Studies ist, dass es zwar umfassende Angebote einer Massenkultur gibt, dass diese jedoch immer auf unterschiedliche Interessen und Zielsetzungen unterschiedlicher gesellschaftlicher Gruppen treffen und deshalb auch unterschiedliche kulturelle Praxisformen nach sich ziehen. Die Basisannahme der Existenz unterschiedlicher Kulturen nebeneinander innerhalb eines Kulturraums kann die Voraussetzung sein für die Erforschung von interkulturellen Zusammenhängen zwischen den Kulturpraktiken verschiedener Bevölkerungsgruppen. Die Cultural Studies gehen damit von einem letztlich pluralistischen Kulturbegriff aus.

Die Auffassungen der Cultural Studies wurden in Deutschland bereits in den Siebzigerjahren zur Kenntnis genommen (vgl. Ästhetik und Kommunikation 1976, Nr. 24; zeitgleich auch Reiss/Zielinski 1976) und haben vor allem die neueren Ansätze der Volkskunde/Europäischen Ethnologie, der Kultursoziologie und der entstehenden Medienwissenschaft beeinflusst. Dies geschah zumeist, ohne dass sie als besonderes Konzept ausgewiesen wurden, da sie gerade in ihrem umfassenden Verständnis von kultureller Produktion und Rezeption als von der Sache her als selbstverständlich erachtet wurden. In den Neunzigerjahren wurde die Rezeption der Cultural Studies vor allen in den Sozialwissenschaften von einer jüngeren Generation von Wissenschaftlern neu eingefordert (vgl. überblickgebend Bromley/Göttlich/Winter 1999; auch Krotz 1992; Müller 1993; Hasebrink/Krotz 1996; Göttlich/Mikos/Winter ^{2}2001).

Aspekte der Medienkultur

Kultur ist ein Doppelcharakter eigen: Sie ist der *Rahmen* für einzelne kommunikative Vorgänge als auch *das im Rahmen Befindliche*. Die Medien und die mit ihnen verbundene Kommunikation thematisieren selbst wiederum Kultur, machen sie also zu ihrem Inhalt. Medienkultur bedeutet: Kultur ist *öffentlich* und determiniert in ihrem öffentlichen Charakter auch die Bedingungen des Privaten, indem sie die dort geltenden Spielregeln festlegt (z.B. welcher Umgang zwischen den Geschlechtern gepflegt wird, wie das Verhältnis der Eltern zu den Kindern ist, in welchen Formen sich Sexualität und Normalität ausprägen, wie sich der Alltag organisiert). Kultur stützt sich deshalb auf *Kommunikation*, weil sie diese Regeln durch Diskurse festlegt und das Verhalten der Menschen durch Diskurse steuert.

Dazu bedient sie sich der *Texte* und *Zeichen* sowie der *Medien*. Die Medien sind Instanzen der Thematisierung von Kultur, aber sie sind selbst auch Teil der Kultur, indem sie nicht nur Kultur zum Thema (von Darstellung und Kritik) machen, sondern selbst Kultur „produzieren" und Kultur sind. Das Fernsehen thematisiert z.B. nicht nur die Erörterung der Körperlichkeit in den schauspielerischen Prozessen im Theater, indem es darüber berichtet, sondern stellt durch die mediale Entkörperlichung des Gezeigten in seiner Angebotsform selbst einen eigenen Beitrag dazu dar. Darin liegt die Bedeutung der Medien für den Kulturprozess generell: Medien sind nicht nur „Mittler" (Agenturen) und Beobachtungsinstanzen (Kritik), sondern auch selbst gestaltender Teil der Kultur.

Indem dieser „aktive" Anteil der Medien an der Kultur zunimmt, ihre Strategien und ihre Repräsentationsformen wiederholt neue Gestalt annehmen, werden die Medien immer stärker zum zentralen Ort von Kultur. Es wird deshalb von einer „*Medialisierung*" der Kultur gesprochen, was etwas irreführend ist, denn Kultur war immer schon an Medien gebunden. Wenn deshalb heute von einer „Medialisierung" die Rede ist, dann wird damit die wachsende Bedeutung der technisch-apparativen Medien (Film, Fernsehen, Radio, Internet, CD, DVD u.a.m.) und ihr Einfluss auf die traditionalen Kulturformen gemeint. Diese herausgehobene Position der technisch-apparativen Medien innerhalb der kulturellen Prozesse der letzten Jahrzehnte wird mit dem Begriff der „*Medienkultur*" verdeutlicht und erhält einen theoretisch-analytischen Rahmen innerhalb der wissenschaftlichen Arbeit.

Medienkultur und Medienanthropologie

Die technikorientierte Sicht der Medien, die diese lange Zeit ausschließlich als Produkte der industriellen Technik und damit im Gegensatz zur Kultur als etwas „Geistigem" gesehen hat, hat seit den Zwanzigerjahren des 20. Jahrhunderts immer wieder beklagt, dass die Medien die Kultur zerstören und damit den Menschen von sich selbst entfremden. Das Fernsehen beispielsweise verhindere letztlich das Sehen der Menschen, das Radio führe zur Degeneration des Sprechens. Günter Anders, hier stellvertretend für die Kulturkritik zitiert, schrieb 1956: „Da uns die Geräte das Sprechen abnehmen, nehmen sie uns auch die Sprache fort; berauben sie uns unserer Ausdrucksfähigkeit, unserer Sprachgelegenheit, ja unserer Sprachlust – genau so wie uns Grammophon- und Radiomusik unserer Hausmusik beraubt" (Anders 1956: 107).

Gegenüber dieser – hier nur verkürzt angesprochenen – technikbezogenen Kritik der Medien, die auf eine Kritik einer kulturellen „Entfremdung" abzielt, ist in den letzten Jahren eine auf den Menschen bezogene Richtung der Medientheorie entstanden, die den Zusammenhang von Wahrnehmung und Medien herausgestellt und die Medien als eine *Verlängerung der menschlichen Wahrnehmungsorgane* versteht. So wie das Auto dem menschlichen Bedürfnis entspringt, sich schneller fortzubewegen, als es die eigenen Füße erlauben, so können die Medien als Verlängerung der Sinne verstanden werden. Dabei geht es vor allem um das Sehen und Hören. Das Radio kann also als „Sinnesprothese" des Ohrs verstanden werden, um zu hören, was anderswo an einem entfernten Ort gerade geschieht. Es steht dann in einer

Apparatelinie mit dem Telefon. Das Fernsehen kann als eine Art von „Sehhilfe" verstanden werden, als ein Instrument zu sehen, was sich an anderer Stelle der Welt ereignet. Seine Gerätelinie ist dann konsequenterweise die der Brille, des Fernglases, des Fernrohrs und des Teleskops. Medien erscheinen hier also als Instrumente, um eine als Mangel empfundene Ausstattung des menschlichen Körpers zu beseitigen, die Medien dienen damit also der Vervollkommnung des Menschen.

Ebenso entspringen dann auch die anderen Medien ureigenen Bedürfnisse des Menschen: Dinge, Aussagen, visuelle Ereignisse über ihre Zeitlichkeit, also ihr Entstehen und Vergehen, hinaus zu erhalten, sie quasi „unsterblich" zu machen und sie sich damit immer wieder ansehen und anhören zu können. Die Idee der *Speicherung von Ereignissen* in der Form ihrer schriftlichen Beschreibung und Erzählung, der Fixierung des Sprechens in akustischen Medien, die Fixierung des Gesehenen in Bildern und dann in bewegten Bildern resultieren folgerichtig aus einem dem Menschen eigenen Verlangen, das einmal erzeugte Wissen aufgrund der Begrenztheit des individuellen Gedächtnisses (als einem internen Wissensspeicher) nicht zu verlieren.

Die Entwicklung der Medien ist – einem solchen Konzept folgend – ein Teil der *kulturellen Konstitution des Menschen.*

Hier setzt nun die Historische Anthropologie ein, die sich mit der Konstitution des Menschen befasst und als *Kulturanthropologie* darauf zielt, „menschliche Lebens-, Ausdrucks- und Darstellungsformen zu beschreiben, Gemeinsamkeiten und Differenzen herauszuarbeiten, Ähnlichkeiten und Unterschiede in Einstellungen und Deutungen, Imaginationen und Handlungen zu analysieren und so ihre Vielfalt und Komplexität zu erforschen" (Wulf 1997: 13). So wie die Sprache und die Künste zu den universellen Voraussetzungen der Menschwerdung gehören und diese sich in ihnen manifestieren (vgl. Frey 1994), so sind auch Medien konstitutiv für den Menschen, wenn wir sie als Werkzeuge und Repräsentationsinstanzen wahrnehmen. Die Erweiterung der menschlichen Wahrnehmung durch die kulturelle Erzeugung von Medien ist also nicht primär als eine den individuellen Menschen, sondern als eine das Gattungswesen Mensch betreffende zu verstehen. Nicht jeder Einzelne muss deshalb individuell nach eigener Entscheidung in die Ferne mithilfe des Fernsehens sehen können, sondern dieses „In-die-Ferne-Sehen" wird gesellschaftlich organisiert. Medienanthropologie ist also letztlich kulturell fundiert (einen eher naturalistischen als kulturalistischen Ansatz bietet Schwender 2001).

Eine solche Vorstellung der Medien als Verlängerung der menschlichen Wahrnehmungsorgane steht also im deutlichen Gegensatz zu der Auffassung vom Kulturverfall durch den Medieneinsatz, von der Zerstörung des Menschen durch die Medien. Formulierte sich die Kulturkritik an den Medien als eine kritische Position gegenüber den Medien, so ist der medienanthropologische Ansatz letztlich eher *apologetisch* ausgerichtet, weil er die Medien als eine zwangsläufige Weiterentwicklung des Menschen ansieht, die grundsätzlich nicht negativ einzuschätzen ist.

Die mediale Erweiterung der Wahrnehmungsorgane erfolgt über die Technik, heute insbesondere über die *elektronischen und digitalen Techniken*, wobei sich die technische Repräsentation und Präsentation Verfahren und Apparaturen bedient, die dem Benutzer in der Regel in ihrer technischen Struktur nicht transparent sind. Sie sind Ergebnis akkumulierten menschlichen Wissens und des Einsatzes allgemeiner gesellschaftlicher Ressourcen. Die Entwicklung der Techniken zu Medien unterliegt damit auch der gesellschaftlichen Organisation.

Eine Darstellung der Medien im Rahmen der Historischen Anthropologie hat Friedrich Kittler vorgelegt und sie als eine Geschichte der *Medientechnik* dargestellt, die von Schrift und Buchdruck über Telegraph und Analogtechnik zur Digitaltechnik reicht und darauf zielt, dass in nicht allzu ferner Zukunft „die technische Signalverarbeitung an die Grenzen physikalischer Machbarkeit stößt" und dann „die Geschichte der Kommunikationstechniken buchstäblich abgeschlossen" wird (Kittler 1997: 660). Innerhalb eines Ansatzes zur Historischen Anthropologie, die auf „Vielfalt und Komplexität" (Wulf 1997: 13) der Kultur setzt, zeichnet Kittler einen linear gehaltenen einsträngigen Weg der Kommunikationsmedien. Als Endpunkt sieht er die Kommunikationstechniken „ohne Referenz auf den oder die Menschen" von künstlichen Intelligenzen benutzt – als eine Aufhebung und ein Ende auch der Medienanthropologie. Nicht alle technikbezogenen Überlegungen zur Medienanthropologie müssen jedoch derart pessimistisch enden, auch haben sich alle früheren Endzeitvisionen nicht bewahrheitet.

Die Linearität des Kittler'schen Ansatzes resultiert daraus, dass er die Ebenen der *medialen Texte und Handlungen* ebenso wie die Ebene der *kulturellen Praktiken* systematisch ausblendet. Wenn ein technologischer Schub innerhalb einer historischen Phase zu einem Ende kommt, muss dies nicht ein Ende der Mediengeschichte bedeuten, weil andere Aspekte, z.B. die institutionelle Fassung der Techniken, die Kombination von Techniken, die soziale Ausdifferenzierung der kulturellen Praktiken, in den Vordergrund treten können und damit weitere Veränderungen der Kommunikation erzeugen können.

Entscheidender noch ist, dass die Techniken nicht selbstständig auftreten, sondern *gesellschaftlich institutionalisiert* sind. Dies hat teilweise selbst wiederum technische Ursachen. Das Fernsehen z.B. sendete anfangs nur terrestrisch innerhalb des UKW-Frequenzbandes, und deshalb konnten im Umkreis von ca. 150 km Durchmesser nur ca. 5-6 Programme ausgestrahlt werden, also in Bezug auf eine individuelle Programmausstrahlung durch jeden einzelnen Medienbenutzer viel zu wenig. Die Ausstrahlung wird also gesellschaftlich verwaltet und damit der Zugang beschränkt. Das Medium wird damit zu einer Programmveranstaltung – und damit findet eine mediale Verlängerung der Wahrnehmung auf eine kulturell organisierte Weise statt.

Aus kulturanthropologischer Sicht ließe sich einwenden, die Kausalität sei umkehrbar: nicht die technische Mangelverwaltung (der wenigen vorhandenen Sendefrequenzen) sei Ursache der gesellschaftlichen Organisation der Medien und damit der Kontrolle durch die Institutionen der Macht, sondern weil man das Medium gesellschaftlich kontrollieren wolle, habe man die technische Verbreitung via UKW-Frequenz forciert und nicht etwa die Vermittlung z.B. via Telefonnetz (was technisch durchaus bei der Einführung des Programmfernsehens denkbar war und auch schon erprobt wurde). Dann würde nicht eine technische „Logik" als Motor der Entwicklung gelten können, sondern außertechnische Interessen hätten die Entwicklung der Medientechnik angetrieben. Für eine solche, für die Theoriebildung einschneidende Differenz (im zweiten Fall würde die Existenz eines medientechnischen Aprioris bestritten werden) spricht vieles, wenn sich der Blick auch auf die mit der Durchsetzung von Medien verbundenen Ökonomie richtet (vgl. dazu Hickethier 2002).

Die mediale Strukturierung von Zeit und Raum

Medien, als Instrumente der Erweiterung der den Menschen gegebenen Sinne verstanden, zielen – allgemein gesehen – darauf, die räumlichen und zeitlichen Bindungen des Menschen partiell aufzuheben, ihm zumindest mithilfe der Medien die Möglichkeiten zu geben, Zeit und Raum unter bestimmten Bedingungen zu beeinflussen und vor allem deren die Wahrnehmung begrenzende Wirkungen tendenziell aufzuheben. Dies wird nur möglich durch den Zeichengebrauch, also die Stellvertreterfunktion der Zeichen, die zwar das Hier und Jetzt real nicht verändert, wohl aber über Zeichen das Abwesende anwesend machen kann.

Die mediale Darstellung von Zeit und Raum verändert nicht das reale, körperliche Hier und Jetzt des Menschen, sondern stellt eine ästhetische Erfahrung von Zeit und Raum dar. Der Film fixiert Bewegungsabläufe auf einem Träger und speichert sie damit in Einzelbildern (18, 24 oder 25 Bilder pro Sekunde). Er „verortet" damit ein Geschehen als Zeichengestalt und hebt damit die *Ortsbindung* des vormedialen Geschehens auf. Die Aufnahme einer Militärparade Kaiser Wilhelms II. vor dem Berliner Schloss Anfang des 20. Jahrhunderts wird als Film überall zeigbar, die Einmaligkeit dieses Vorgangs wird durch die filmische Reproduktion und Vervielfachung durch zahlreiche Kopien und deren Aufführung in den unterschiedlichen Kinos aus der Ortsbindung herausgenommen. Die Veränderungen in der Raumrepräsentation wirken sich auf die Raumvorstellungen der Mediennutzer aus, die mediale Kommunikation konstituiert eigene Kommunikationsräume, die zu eigenen Kulturräumen werden (vgl. auch Ronneburger 1990).

Gleichzeitig wird die *Zeitlichkeit* verändert. Der zeitliche Ablauf der Parade Kaiser Wilhelms II. wird komprimiert auf eine Filmeinheit und zu einem Strukturelement eines Produkts. Der Betrachter muss für die Erfahrung der filmischen Zeit eine Eigenzeit aufwenden, Filmzeit und Wahrnehmungszeit werden enggeführt. Dadurch kommt es zum Erlebnis von Gegenwärtigkeit der Militärparade (die real schon längst in der Vergangenheit liegt).

Weil die im Film ablaufende Zeit eine Produktzeit ist, kann sie auch verändert und bearbeitet werden. Der Betrachter kann z.B. eine völlig neue sinnliche Erfahrung machen, wenn der Film und damit das abgebildete Geschehen rückwärts läuft. Der Film kann auch schneller abgespielt werden, wodurch sich das Geschehen auf eine mechanische Weise beschleunigt, es kann sich verlangsamen. Weil der Film durch Schnitt und Montage verändert werden kann, können komplexe Zeitfiguren (Rückblenden, Vorgriffe) erzeugt werden. Die Zeit wird damit im Film zu einem ästhetisch gestaltbaren Element. Filmgeschichte ist nicht zuletzt auch eine der veränderten Zeitbearbeitung, die bis zur rasanten Beschleunigung der Zeit im Videoclip führt, zu neuen Gleichzeitigkeitserfahrungen (z.B. durch die Form der Parallelmontage usw.).

Die ästhetische Zeit wird zum einen als *Irritation* des auf die Umwelt gerichteten Zeit-Raum-Gefühls der Betrachters, seines In-der-Welt-Seins erfahren, zum anderen aber auch als *Bestätigung*: Eben weil die ästhetisch gestaltete Zeit als eine mediale Zeit erfahren wird, die die Differenz von Medium und Realität bestätigt. Indem der Film eine bis dahin ästhetisch nicht erlebte Gestaltung der Zeit erlaubt, etabliert er sich als Ort, an dem gesellschaftlich neue Möglichkeiten erprobt werden. Der Mensch kann sein Verhalten in der Welt spielerisch erkunden bzw. sich durch Stellvertreter (die Figuren in den Filmen) in Grenzsituationen führen lassen.

Das *Fernsehen* nimmt die filmischen Raum-/Zeitstrukturen auf und erweitert sie um neue mediale Möglichkeiten, die sich nicht auf der Ebene der Fixierung von zeitlichen Abläufen in einem Produkt bewegen. Fernsehen beschleunigt den Transport der audiovisuellen Einheiten von der Produktion zur Rezeption, hebt die beim Film noch vorhandenen Differenzen zwischen Abgabe und Empfang quasi auf. Musste der Film als Produkt wie andere Produkte auch die Verkehrswege als Transportbahnen der Warenproduktion gebrauchen, schafft sich das Fernsehen seine eigenen Transportwege und beschleunigt den Transport bis zur Gleichzeitigkeit von Aufnahme und Ausstrahlung. Damit erzeugt es (in seinen Live-Berichten) den Eindruck einer (medialen) Teilhabe an einem Geschehen an einem anderen Ort. Der Betrachter erlebt sich teilnehmend – während er zuhause, in seiner gewohnten Umwelt sitzt.

Eine neue *mediale Ubiquität* stellt sich ein, der Zuschauer kann medial sowohl in Washington, London und Paris sein, ohne den Ort, an dem er sich befindet, zu verlassen. Diese Konstruktion ist als eine paradoxale Konstruktion mehrfach auch in ihren Folgen beschrieben worden. Der Kulturwissenschaftler Jonathan Crary hat z.B. daraus die These abgeleitet, das Fernsehen und mehr noch der Computer wirkten sich – gerade weil sie das mediale Schweifen durch die Welten erlaubten – als „antinomadische Verfahren" aus und führten zu einer Fixierung des Menschen an einen Ort. Sie seien „Methoden des Aufmerksamkeitsmanagements, die mit Teilung und Sedentarisierung [Sesshaftmachung – KH] arbeiten und die Körper kontrollierbar und nützlich machen, gerade wenn sie die Illusion der Auswahl und der ‚Interaktivität' verbreiten" (Crary 2002: 66).

Das Fernsehen kann die neue mediale Form der Teilhabe, die sich als Live-Erfahrung formuliert, jedoch auch noch kombinieren mit den filmischen Möglichkeiten der Vergegenwärtigung vergangenen Geschehens. Dadurch vermischen sich Gegenwart und Vergangenheit, aber nicht so, wie es die Kulturkritik, etwa von Günter Anders (1956), angenommen hat, dass dadurch das reale Raum-Zeitgefühl aufgehoben werde. Der Eindruck der realen Raum-Zeit-Kontinuität wird bestätigt, die Teilhabe an den Raum-Zeit-Konstruktionen des Fernsehens erscheint als eine *verdichtete und gesteigerte Form von Leben und Welterfahrung*, die als stimulierend verstanden wird. Die audiovisuellen Medien erscheinen auf diese Weise als eine neue gesteigerte menschliche Welt.

Die Modellierung des Menschen durch die Medien

Wenn die Medien Teil der kulturellen Konstitution des Menschen sind, kann – weitergehend – auch von einer Modellierung des Menschen durch die Medien gesprochen werden. Das Dispositiv als eine Form der Machtausübung führt nicht nur zu einer Disziplinierung der Körper, wie es Foucault für das 18. und 19. Jahrhundert beschrieben hat, sondern über die Medien und die Apparate des Sehens auch zur Disziplinierung der Wahrnehmung. Man kann die Anordnungen von Darbietung und Betrachtung auch als Formen der Aufmerksamkeitserzwingung ansehen, wobei schon in Kirche und Theater solche Konstruktionen erprobt wurden.

Wenn also der Mensch als kulturelles Wesen durch die Medien modelliert wird (und die Medien sind dabei nicht die einzigen kulturellen Instanzen), müssen sich diese medialen Modellierungen auch konkret benennen lassen. Zunächst ist es die durch die Medien vermittelte Anschauung von der Welt und vom Menschen als Gattungswesen und als Individuum, die ganz wesentlich die Modellierung bestimmt. Wir erfahren uns selbst im Spiegel der Medien, wobei die Medien nur in übersetzter, in kultureller Form wirklich Spiegel sind. In den zahllosen Medienproduktionen geht es immer um ein Bild des Menschen, um sein Handeln, seine Eigenschaften, sein Selbstverständnis, das uns wieder und wieder vorgeführt wird – und an dem wir als Mediennutzer ein ganz beträchtliches Interesse haben. Es liegt auf der Hand, dass bei dem ungeheuren Medienkonsum (gegenwärtig durchschnittlich ca. acht Stunden täglich, davon allein ca. drei Stunden Fernsehen und drei Stunden Radiohören) unsere Welterfahrung zu großen Teilen über die Medien stattfindet.

Daneben gibt es einen Katalog an *medialen Effekten;* er lässt sich in seinen unterschiedlichen Dimensionen gliedern und ist zum anderen offen, weil sich auch Effekte aus Veränderungen ergeben, die selbst als Folge medialer Effekte entstehen. Die Einführung des Buchdrucks im 15. Jahrhundert führte z.B. nicht nur zu einer Verbreitung des vorher nur handschriftlich überlieferten Wissens, sondern machte in der Folgezeit auch das Geheimwissen der Berufsgilden öffentlich. Er verhalf der Volkssprache zur Anerkennung, beförderte das „stille Lesen“ gegenüber dem Vorlesen und wertete orale und taktile Informationen ab (vgl. Giesecke 1998: 33). Der Buchdruck verbesserte die öffentliche Verwaltung, die Wissenschaft, führte zu einer Ausdifferenzierung von literarischen Formen usw. (vgl. Herwig 2001: 36f.).

Auf der strukturellen Ebene lassen sich folgende Effekte stichwortartig zusammentragen:

1. Die Medien konstruieren das *Zeitgefühl*, sie tragen insbesondere in der Moderne zur Durchsetzung einer linearen Zeitauffassung bei. Sie greifen zyklische Zeitformen und transformieren diese in lineare Strukturen (etwa in den Programmstrukturen). Sie verankern die Erfahrung der zeitlichen Begrenzung und der daraus entstehenden Notwendigkeit von Komprimierung von Vorgängen, der Ballung von Information in begrenzten Zeiteinheiten sowie der *Normierung von Zeit*. Die Medien werden zu „sozialen Zeitgebern“ (Neverla 1990), es entstehen neue, von den Individuen auch direkt erlebte Spannungen zwischen den real bestehenden und den im Subjekt internalisierten („gefühlten“) Zeitstrukturen, „Zeitverlust“, „Zeitgewinn“, „Zeitnot“ werden zu neuen Begriffen in der Zeiterfahrung (vgl. Neverla 1991, 1992; Hickethier 1990)
2. Sie etablieren die *Zeichenhaftigkeit von Welterfahrung* als eine Gewissheit. Welt als medial vermittelte ist eine durch und durch aus Zeichen bestehende Welt. Zwar wurde immer schon die Welt daraufhin betrachtet, ob sie Anzeichen für eine mögliche Gefahr enthielt, doch in der gegenwärtigen Medienkultur werden die Zeichen vielfach nicht mehr nur als Zeichen, sondern auch als das Bezeichnete, als Bedeutung und Realität zugleich genommen. Jonathan Crary hat darauf hingewiesen, dass um die Jahrhundertwende zum 20. Jahrhundert die Möglichkeit der „rein visuellen Wahrnehmung“ entdeckt wurde, also das Zeichenhafte sich bei einigen Menschen nicht mehr zu einem „Realitätseindruck“ zusammenfügte (Crary 2002: 83), und er verweist auf eine in dieser Zeit stattfindende Veränderung der kulturellen Wahrnehmung.
3. Durch die Anordnung der technisch-apparativen Medien wird eine *verstärkte Aufmerksamkeitssteuerung* erzeugt. Die Medien fokussieren die Wahrnehmung in einer tief greifenden Weise. Sie führen zu einer dauerhaften Aufmerksamkeitsbindung über einen längeren Zeitraum und dies auch bei einem vielteiligen und in sich fragmentierten Angebot. Vom Kino mit seiner Fixierung des Zu-

schauers in Sitzreihen, der Abdunklung des Kinoraums wird der Blick des Zuschauers diszipliniert. Das Fernsehen und mehr noch der Computer gehen von dieser Blickdisziplinierung aus, führen sie weiter, indem sie die Kinoerfahrung als internalisierte kulturelle Praxis voraussetzen. Zwischen der Aufmerksamkeitsweckung und -bündelung einerseits und der Zerstreuung bzw. Ablenkung besteht ein graduelles Feld von Möglichkeiten, sie stellen keinen sich ausschließenden Gegensatz dar. Aufmerksamkeitsweckung selbst wird umgekehrt zu einem zentralen Prinzip der Medien (vgl. Franck 1998; Hickethier/Bleicher 2002).

4. Medien dienen der *Formierung von Emotionalität*. Kulturgeschichtlich geht es seit dem 18. Jahrhundert um die Kontrolle und Beherrschbarkeit der Affekte und ihre Überführung in steuerbare Emotionen. Medien stimulieren Emotionen, binden diese damit an mediale Produkte, sodass die Medien nicht nur erregen, sondern auch beruhigen können. Darin liegt eine wesentliche Modellierungsleistung der Medien, weil sie mit der Bindung von Emotionen an Medienkonsum auch die Ausschaltung der Emotionen in anderen Bereichen des Lebens (Arbeit, Verkehr, Verwaltung) ermöglichen. Das Fernsehen mit seinem Angebot an fiktionalen Formen (vom Spielfilm über den Fernsehfilm und die Serie bis zu den Unterhaltungsformen der Sportübertragungen, Gameshows und Talkrunden) liefert ein breites Spektrum ständiger vom Zuschauer selbst gewählter Emotionsstimulierung. Die Medien werden deshalb auch als Instrumente eines „Mood Management" verstanden.
5. Medien sortieren Welt in *Wichtiges und Unwichtiges*, sie schaffen damit Hierarchien in der Weltwahrnehmung durch die Wahl ihrer Themen, sie bieten Akzentsetzungen und Bewertungen an. Sie schaffen damit eine „Ordnung der Dinge" und der Ereignisse, sie strukturieren damit auch die vormediale Welt selbst.
6. Medien geben in ihren Darbietungen Beschreibungen und Darstellungen von Menschen in ihrem Verhalten, sie liefern damit *Modelle und Muster von Verhaltensweisen*, wie man sich in der Welt zu verhalten hat, um (in einem sehr weit gefassten Sinne) erfolgreich zu sein. Medien strukturieren damit die „Angemessenheit" bzw. „Unangemessenheit" des individuellen Verhaltens. Dies geschieht nicht nur in den offen sachbezogenen und dokumentarischen Formen, sondern ebenso (und teilweise) wirkungsvoller in den fiktionalen Formen (z.B. Spielfilmen).
7. Medien übernehmen damit *Sozialisationsfunktionen* für die Heranwachsenden, aber sie steuern auch das erwachsene Publikum in seiner Orientierung und seinem Verhalten in der Umwelt. Sie steuern damit die Prozesse der gesellschaftlichen Anpassung (auch dort, wo sie Spielräume gewähren) und liefern damit eine fortdauernde *Kulturalisation* der Menschen in einer Gesellschaft. Dabei kann es durchaus zu ungewünschten Ergebnissen und zu einer durch den gesteigerten Medienkonsum dysfunktionalen Weltwahrnehmung kommen.

Die Subjekte in den Medienanordnungen sind jedoch nicht willenlos und nur Marionetten im Gefüge der technisch-apparativen Anordnung. Sie können der geforderten Aufmerksamkeit auch ein anderes Verhalten entgegensetzten, können diese *subversiv* unterlaufen durch die eigensinnige Vergabe ihrer Aufmerksamkeit, abweichend von den Produzenten-Intentionen, bzw. durch eigene Veränderungen der Situationsbedingungen der medialen Kommunikation. Die mediale Schulung der Aufmerksamkeit kann sich also den gesellschaftlichen Kontrollen entziehen und *uner-*

wünschte Effekte erzeugen (z.B. Vernachlässigung gesellschaftlich erwünschten Wissens oder der Schreib-, Lese- und Rechenfähigkeit zugunsten von Unterhaltungswissen, wie z.B. der Kenntnis von Figuren und Verhaltensweisen in medialen Produkten).

Individualisierung und Entkörperlichung der Umwelt

Die Entwicklung der Medien zielt auf eine *Individualisierung des Mediengebrauchs*. Von den kollektiven Rezeptionsformen (Theater- und Kinoveranstaltung) geht der Weg zur individuellen Rezeption, bei der das Publikum zunächst bei Radio und Fernsehen ein „disperses“ (Maletzke) ist, dann aber auch diese Imaginierung von zeitgleich mitnutzenden Einzelnen im Computer- und Internetgebrauch aufgehoben wird. Dass das Subjekt diese Vereinzelung nicht als Isolation und Entfremdung erfährt, hängt nicht nur mit den massenmedial immer wieder neu erzeugten Glücksversprechen zusammen, sondern auch damit, dass Sozialität immer häufiger auch als eine medial hergestellte erfahren wird.

Zur medialen Modellierung des Menschen gehört die *Entkörperlichung* von Selbstdefinition und Kommunikation durch die Medien. Schon das Buch und das stille Lesen bedeutet eine Verschiebung der Weltwahrnehmung hin zur symbolischen Darstellung, wie viel mehr dann erst wirken Kino, Radio und Fernsehen in dieser Weise. Die Welt wird im intensivierten Medienkonsum der Moderne mehr und mehr als Zeichen und Zeichenuniversum wahrgenommen. Dies ist Resultat einer Veränderung der Umwelt insgesamt, die in ihrer Komplexität vielfach nicht mehr anders erfassbar ist. Das Individuum erhält damit gegenüber der Umwelt aber auch eine neue Souveränität. Es ist nicht mehr gebunden an die Materialität der Dinge, an das Hier und Jetzt von Geschehnissen. Medien heben den „iron cage“ (Rolf Lindner) von Kulturverhältnissen auf, „verflüssigen“ sie und erweitern damit auch die Möglichkeiten des Individuums. Der medial erweiterte Mensch ist nicht ärmer, sondern reicher in seinen kulturellen Möglichkeiten.

Die Einheit des Subjekts

Die medial erzeugten Effekte zeichnen sich dadurch aus, dass sie nicht wirklich eindeutig und vor allem nicht linear ableitbar sind. Die These von der Fragmentierung der Subjekte durch die fragmentierten Angebote der Medien geht z.B. von einer solchen linearen Übertragung einer Angebotsstruktur auf die Subjektstruktur aus. Eine solche plane Übertragung, wie sie auch viele Wirkungstheoreme der Medienforschung enthalten, ist jedoch nicht gegeben. Gegenüber den Angeboten fragmentierter Weltdarstellung kann sich das Subjekt gerade in seiner Identität erfahren, sei es in der Form der gelangweilten Ablehnung der Vielzahl der Angebote, sei es auf der zappenden Suche nach dem „richtigen“, dem erwünschten Angebot, das es dann vielleicht gar nicht gibt. Gerade in der Vielfalt des medial Differierenden erfährt das Subjekt auch seine Differenz gegenüber dem medialen Schein.

Die Fanbeziehungen vieler Zuschauer zu einer bestimmten Serienwelt (von der „Lindenstraße“ bis zu „Star Trek“) bedeuten ein Ausschließen der anderen Serienwelten, bedeuten eine Herstellung einer weitgehend homogenen medialen Erlebenswelt. Das Präferieren bestimmter Unterhaltungsgenres, die Bevorzugung einiger

Programme für die eigene Orientierung in den Weltnachrichten, die Fixierung auf einen Showmaster oder Fernsehstar – es gibt zahlreiche Formen der Mediennutzung, die Vielfalt und Fragmentierungen zu reduzieren, die medialen Angebote auch homogener zu gestalten und damit mit sich selbst in Übereinstimmung zu bringen.

Allen medialen Konstruktionen zum Trotz kann sich der Mediennutzer immer auch konträr zu den medialen Angeboten verhalten, kann subversiv die Zurichtungs- und Disziplinierungsbemühungen der Medien unterlaufen.

Mediale Spiegelungen

Die Übernahme von Formen und Inhalten der länger bestehenden Medien (z.B. Literatur und Theater) durch die später entstandenen (z.B. Film und Fernsehen) lässt sich als Notbehelf (Mangel an eigenen Stoffen), aus der Erprobung und Erkundung der eigenen medialen Möglichkeiten in der Auseinandersetzung mit den vorhandenen erfolgreichen Mustern oder als schlichte ökonomische Verwertungsoptimierung (Risikominderung durch Anknüpfen an Bekanntem) erklären. Die Inhalte der Medien seien immer andere Medien, hatte Marshall McLuhan (1994: 22) erklärt.

Es handelt sich bei solchen *Intermedialitätsprozessen* jedoch nicht um eine „Simulation" eines anderen Mediums, wie vereinzelt angenommen wird. Betrachtet man den Zusammenhang genauer und löst ihn aus dem Kontext der Medieneinführung, so ist hier von einer medialen Spiegelung zu reden.

Das Aufgreifen erfolgreicher oder Erfolg versprechender Formen und Inhalte anderer Medien führt zu medial neuen Darbietungen eines schon vertrauten Inhalts. Die jeweils neuen Medien erzählen und präsentieren ihn jedoch sinnlich neu und anders. Der Film nach der Literatur erzählt z.B. die literarische Geschichte als filmische Geschichte visuell und audiofon neu, das Radiostück nach dem Theatertext und der Theateraufführung präsentiert selbst in der um das Visuelle reduzierten akustischen Darbietung eine neue Form, die die Vorstellungswelt der Hörer anders als die der Theaterbesucher stimuliert. In der heutigen verdichteten Medienwelt findet der mediale Wechsel nicht nur in einer Richtung (von den älteren zu den neueren Medien) statt, sondern in tendenziell alle Richtungen: Die Buchversion nach dem Film, der Fernsehserie oder der Theateraufführung usw. ist heute eine kulturelle Selbstverständlichkeit.

Mediengeschichtlich lässt sich zeigen, dass der Reiz der frühen Filme darin bestand, etwas Bekanntes medial neu gefasst zu sehen: der bekannte Realitätsausschnitt nun als Film, die Varieté-Nummer nun als Filmsketch, der wiederum im Varieté gezeigt wurde und dort als Höhepunkt und „Rausschmeißer" diente. Die *mediale Brechung* ist zunächst ein Reiz des neuen Mediums, die Transformation der Formen und Inhalte in das neue Medium führt jedoch auch zu neuen Formen: So erzeugt z.B. das serielle Prinzip im Kino andere Formen (Kinofilmserien) als im Fernsehen („Daily Soaps" mit dokumentarischer Beimischung zur „Doku Soap" und mit der Vermischung mit Showelementen zur „Reality Soap" wie bei „Big Brother").

Der mediale Wechsel erlaubt vielfältige sinnliche Nuancen und Variationen in der Gestaltung eines Stoffes und bietet damit über die Selbstbestätigung hinaus eine Möglichkeit der sinnlichen Erweiterung der Erfahrung und der Orientierung in der Welt. Kulturanthropologisch zeigt sich darin ein Grundprinzip der kulturellen Kommunikation: Die Wiederholung der Darbietung und Erzielung dient der *Selbstverge-*

wisserung des eigenen kulturellen Zusammenhalts, der mediale Wechsel macht sichtbar, dass sich die Inhalte, Themen und Formen trotz der Innovation neuer Medien nicht grundlegend verändert haben. Über solche mediale Erfahrungen wird kulturelle Kontinuität erzeugt.

Die Medien als Kulturagenturen

Gegenüber den zumeist nur punktuellen Begegnungen des Menschen mit den Künsten in vergangenen Jahrhunderten stehen die Menschen heute täglich in einem zeitlich umfangreichen Kontakt mit den Medien. Mehr als drei Stunden täglich wenden sie sich dem Fernsehen zu, noch länger dem Radio. Andere Medien ergänzen diesen Mediengebrauch. Dadurch entsteht eine starke Verdichtung der Medienangebote innerhalb der Lebensumwelt der Menschen. Medien sind nicht nur auf das Individuum bezogen, wie es die These von der Erweiterung der Sinne durch die Medien vermuten lässt. Medien sind Agenturen der Gesellschaft, mit der sich die Gesellschaft als Gesellschaft selbst erhält: *Der Mensch wird durch sie als kulturelles und soziales Wesen geformt.*

Medien stellen die Welt als Zeichengestalten, als Texte dar, sie erzeugen *Diskurse*, formulieren durch sie, wie Welt zu sehen ist. Joshua Meyrowitz hat aus den Befunden zahlreicher empirischer Untersuchungen über den Fernsehgebrauch in den USA drei zentrale Linien medialer Modellierung herausgearbeitet. Danach haben sich dort vor allem langfristige strukturelle Verschiebungen in den Weltbildern der Menschen ergeben, weil das Fernsehen für viele Menschen Einblicke in ihnen bislang unbekannte und unzugängliche Lebensbereiche ermöglicht hat. Kindern sei über das Fernsehen ein früher Zugang zur Welt der Erwachsenen erschlossen worden, deshalb hätten sich die Grenzen zwischen Erwachsenenwelt und Kinderwelt verwischt. Ebenso sei den Frauen, die früher zu Hause und abgeschieden von der Öffentlichkeit der Männer lebten, nun ein Einblick in diese Öffentlichkeiten gewährt worden. Dies habe zur Emanzipationsbewegung der Frauen in den Sechzigerjahren beigetragen. Schließlich habe es durch die größere Nähe, die das Fernsehen zu den Politikern erzeuge, auch eine Entauratisierung der Politik bewirkt (vgl. Meyrowitz 1987). Doch auch diese von Meyrowitz gezeigten Tendenzen haben gegenläufige Resultate hervorgebracht, die eine neue Form von Kindheit sichtbar werden lassen, die die Geschlechterverhältnisse zwar verändert, aber ihre Spannungen nicht aufgehoben haben und die eine neue Form gezielter Aurabildung der Politik mithilfe der Medien entstehen ließen.

Als Mittel zur *Identitätsbildung* und damit auch der Abgrenzung der Identität von der Umwelt dienen die Medien der Selbstidentifizierung des Menschen. Sie ermöglichen darüber hinaus die *Konstruktion von Welt* durch den Menschen, also die Fähigkeit des Menschen, sich der verändernden Umwelt anzupassen und diese wiederum selbst zu verändern und sie seinen Wünschen und Vorstellungen anzupassen. Diese beiden Funktionen haben die Medien mit den Künsten gemeinsam (vgl. Frey 1994: 323ff.).

Medien, insbesondere die technisch-apparativen Medien der Massenkommunikation, sind jedoch umfassender als die Künste, da sie darüber hinaus auch die konkrete *Orientierung des Menschen* innerhalb seiner Lebensumwelt ermöglichen, sein Alltagshandeln mitbestimmen und nicht zuletzt auch seinen Alltag selbst strukturieren helfen (vgl. Hickethier 1999b).

Medien sind jedoch keine von den Menschen unabhängigen Apparate und Institutionen, sondern sie werden selbst wiederum von Menschen organisiert, und es werden die Angebote von Menschen produziert und vermittelt, die selbst auch wiederum als Rezipienten die Medien nutzen.

Die Modellierung der Menschen durch die Medien erfolgt in den technisch-aparativen Medien primär über die Form der *Unterhaltung*. Gerade weil sie nicht in der Form der Unterweisung und Belehrung auftreten, sondern Emotionssteuerung zumeist in der Form der Narration, also durch das Erzählen von Geschichten betreiben, weil die Informationsvergabe auf Verständlichkeit und Kurzweiligkeit setzt, sind die Medien so erfolgreich. Der Mediengebrauch erfolgt zudem auf der Basis der *Freiwilligkeit*. Der modellierende und disziplinierende Charakter der Medien wird dadurch verdeckt, dass der Gebrauch der Medien von den Menschen selbst bestimmt wird und der kulturelle Zwang verdeckt bleibt.

Die drei Funktionen der Medien (Erzeugung, Vermittlung, Speicherung) lassen sich differenziert beschreiben: Die mediale Produktion von Bildern von Welt erzeugt auch spezifische mediale Weltbilder. Für den Vermittlungsvorgang wählen die Medien aus den vorhandenen (gespeicherten) Weltbildern gezielt aus, um damit kommunikative Absichten zu verwirklichen. Das auf diese Weise hergestellte Angebot fordert zu einem unterschiedlichen Gebrauch der Bilder heraus und hat unterschiedliche Folgen bei den Adressaten (wobei diese nicht immer intendiert sein müssen).

Durch die wachsende Zunahme an medialen Angeboten entsteht eine *mediale Repräsentanz*, wobei sich diese – da die Medien Teil der Welt sind – selbst wiederum in wachsendem Umfang auf Medien bezieht. Da mit der gesellschaftlichen Ausbreitung der Medien immer mehr gesellschaftliche Bereiche medialisiert, also in Form von Medienangeboten „aufbereitet" werden, kommt es zu einer medialen Verdichtung innerhalb der durch die Menschen wahrgenommenen Umwelt. Damit ist letztlich ein immer größerer Teil der Wirklichkeit medial strukturiert, es entsteht eine letztlich mediale Konstruktion von Welt insgesamt.

Unter dem Stichwort der *Kulturalisierung* haben vor allem amerikanische Kommunikationsforscher eine Differenz zwischen den in den medialen Diskursen erzeugten Weltbildern und der Realität ermittelt. So wird z.B. von vielen Amerikanern aufgrund der Fernsehberichterstattung aber auch der Fernsehunterhaltung die Kriminalität umfangreicher eingeschätzt als sie tatsächlich ist, gibt es von der Realität abweichende Einschätzungen ganzer Berufsgruppen und vor allem von gesellschaftlichen Minderheiten (vgl. Gerbner/Gross 1976).

Insbesondere für die Einschätzung der eigenen Kultur selbst, des Dazugehörens und des Ausschließens sind die Diskurse der Medien bestimmend, indem sie bestimmte „Redefiguren" permanent wiederholen und damit zu „Redegewissheiten" werden lassen. Was wir als *„Fremdheit"* empfinden und ob wir es neugierig erfahren wollen oder strikt ablehnen, ist ein Ergebnis der Medien und der in ihnen vorgenommenen Begriffsbildungen, der Bilder, die vermittelt werden, und der Assoziationsfelder. Die Medien gehen dabei heute vielfach unreflektiert vor, betreiben das Geschäft der Diskriminierung teilweise aber auch aus Kalkül, um Leser oder Zuschauer zu gewinnen. Sie bestätigen und verfestigen damit Vorurteile. Ob in den Medien von „Einwanderung" oder von „Zuwanderung" gesprochen wird, macht einen Unterschied. Auch dass z.B. in den Medien von einer „Ausländerkriminalität" gesprochen wird, erzeugt beim Publikum Ausländerangst. Deutlich lassen sich auf diese Weise Diskriminierungen erkennen, die selbst bei einer Differenz zwischen den individuellen Erfahrungen und den medialen Bildern funktionieren (z.B. nach dem Muster „Der Jude, den ich kenne, ist ganz nett, aber die Juden sind eine Bedrohung der Welt") und die langfristig Aggressivität schürt. Medien sind deshalb auch für vorhandene Feindbilder verantwortlich (vgl. Pörksen 2000).

Die Diskurse der Medien erzeugen also ein *kollektives Wissen*, sie vermitteln Spezialwissen aus den Spezialdiskursen der Wissenschaft, der Künste, der Technik u.a. an eine allgemeine Öffentlichkeit und beeinflussen damit das Alltagsbewusstsein der Menschen.

Indem diese Vermittlung medialer Weltbilder immer umfassender wird, verhalten sich die Mediennutzer immer selektiver. Aus der Menge des Angebotenen wählen sie aus und bestimmen damit immer stärker ihre Medienrezeption nach Kriterien vormedialer Interessen und ihrer je individuellen Lebensorganisation. Zwar kann ein Publikum nur aus dem ihm Angebotenen auswählen (und insofern bestimmen die Anbieter auch das Spektrum der Wahlmöglichkeiten), dennoch gewinnt der Mediennutzer mit der Vervielfachung der Angebote eine von den Anbietern nicht wieder rückholbare *Souveränität im Mediengebrauch*.

Dabei kommt es zwangsläufig zu von den Angebotsherstellern und -vertreibern *nicht intendierten Nutzungen* der Medienangebote, denn die Vervielfachung der Angebote orientiert sich nicht primär an den ausdifferenzierten kulturellen Interessen unterschiedlicher Bevölkerungsgruppen, sondern in der Regel an verwertungsorientierten Interessen (Gewinnerzeugung). In der Rezeption formulieren sich deshalb eigene kulturelle Praktiken heraus, die, setzen sie sich bei einem großen Publikum durch, Veränderungen in den Angeboten nach sich ziehen können.

Die Medien (insbesondere die audiovisuellen technisch-apparativen Medien Film und Fernsehen) neigen dazu, sich an *großen Mehrheiten* zu orientieren und dabei Minderheiten zu vernachlässigen. Zwar ist richtig, dass Kultur immer an Medien gebunden ist, doch bedeutet dies nicht, dass alle kulturellen Gruppierungen auch in gleicher Weise Zugang zu den gesellschaftlich dominierenden Massenmedien haben. Die technisch-apparativen Medien sind also in ihren Angeboten nicht in jedem Fall ein Spiegel einer Kultur, sondern dokumentieren häufig nur einen breiten kulturellen Konsens. Dies gilt vor allem für die hochgradig gesellschaftlich institutionalisierten Medien, weniger für die Medien, deren Produktion gesellschaftlich wenig Ressourcen erfordert und deren Produktionsmittel auch vielen Einzelnen zugänglich sind (z.B. Flugblatt).

Medien erleichtern großen Bevölkerungsgruppen den Zugang zu kulturellen Produktionen der symbolischen Repräsentanz (insbesondere in den künstlerischen Formen), indem sie „ältere", zumeist ortsgebundene Formen der Kultur (z.B. Theaterinszenierungen, Konzerte etc.) in ortsungebundene transformieren. Dabei bleibt deren medialer Status nicht derselbe. Die mit dieser Vergrößerung der Reichweite verbundene „*Demokratisierung*" von Kultur ist damit erkauft, dass die Medien die ortsgebundenen Formen der Kultur in der Regel einem *Transformationsprozess* unterwerfen (z.B. Theater im Fernsehen ist nicht mehr Theater, sondern primär Fernsehen. Das Fernsehen zeigt und dokumentiert die Theateraufführung, es hebt dabei die raumzeitliche Einmaligkeit des theatralen Vorgangs auf und vermittelt diesen auf eine fernsehspezifische Weise, also in Kameraoperationen aufgelöst und neu zusammengesetzt).

Medien dienen dabei in aller Regel der Integration von Gruppen und ganzen Gesellschaften, indem sie ihre Nutzer mit bestimmten Auffassungen von Welt beschäftigen. Daraus können weitgehend einheitliche Vorstellungen von der Welt erwachsen, aber auch ganz unterschiedliche, teilweise sogar gegenläufige Weltanschauungen. Medien dienen deshalb der *Stabilisierung von gesellschaftlichen Systemen*, sie erhalten und stärken institutionalisierte Macht und fördern individuelle Bekanntheit, Prominenz und Startum. Sie können jedoch auch gesellschaftliche Systeme erschüttern und institutionalisierte Macht *subversiv unterwandern* und damit infrage stellen. Der Untergang der Deutscher Demokratischen Republik (DDR) war zumindest zu einem Teil auch der Existenz der westlichen Medien innerhalb der DDR zu verdanken, die immer das Bild einer möglichen anderen Welt im Bewusstsein der DDR-Zuschauer hielten.

Regionale Medienkulturen und Medienglobalisierung

Medien ist von ihrer technischen Struktur her generell eine vereinheitlichende Tendenz zu eigen. In der Entwicklung der technisch-apparativen Medien war diese Tendenz zur Vereinheitlichung jedoch keineswegs durchgängig und einheitlich vorhanden, sondern sie wurde von gegenläufigen Entwicklungen durch die Einbindung der Medientechniken in soziale Institutionen und in spezifische kulturelle Praktiken konterkariert. Erst in dieser kulturellen Fassung der Technik entwickelten sich aus den technischen Erfindungen gesellschaftlich prägende Medien.

Der *Film* etablierte sich ab 1895 zunächst als ein *globales Medium*, das nach dem raschen Ende von technisch unausgereiften Konkurrenztechniken (zuletzt Skladanowskys „Bioskop") von der Apparatur der Brüder Lumiére und deren weltweitem Einsatz durch die französische Firma Pathé bestimmt wurde. Betrieben wurde hier mit den zeitlich kurzen filmisch-fotografischen Darstellungen (in bewegten Bildern) ein internationaler Austausch an Weltdarstellungen. Die Operateure der Firma Pathé, die von Frankreich aus die Filme weltweit (schon 1896/97 auch in China) verbreiteten, produzierten in der Regel in den Ländern, in denen sie ihre Filme zeigten, selbst wiederum neue Aufnahmen, die sie dann umgekehrt in Europa vorführten.

Die weitere Entwicklung des Films etwa ab 1905/07 führte dann jedoch zu einer stärkeren *Regionalisierung des Films* durch die Ausbildung von national operierenden Filmproduktionen (zumeist in den größeren westlichen Industrieländern) und zu einer stärkeren lokalen Einbindung in die bestehenden Kulturen durch den Bau von festen Filmtheatern. Die Bindung des Films an die nationalen Kulturräume wurde durch die politische und ökonomische Umstrukturierung verfestigt (in der Regel während des Ersten Weltkriegs) und durch die staatliche Indienstnahme und die Übernahme von Propagandaaufgaben für die Krieg führenden Staaten verstärkt (beispielhaft für das Deutsche Reich durch die 1917 gegründete Ufa, deren Gründung von der militärischen Führung initiiert war). Diese nationale Einbindung des Films wurde mit der Transformation des Stummfilms zum Tonfilm Ende der Zwanzigerjahre (Ausrichtung auf einen Sprachraum) weiter gesteigert.

Die Globalisierung des Films war trotz verstärkter Anstrengungen der amerikanischen Filmindustrie (Hollywood) – die aufgrund ihrer Ausrichtung auf eine von ihrer Herkunft her multinationale Bevölkerung in den USA für eine globale Produktion die weltweit besten Voraussetzungen mitbrachte – nur partiell erfolgreich (vgl. Hickethier 2001b). Neben dem Hollywood-Film existieren heute immer noch – wenn auch mit unterschiedlichem ökonomischem Gewicht – zahlreiche *regionale und nationale Filmkulturen*. Die indische Filmindustrie z.B., deren Produkte auch in Afrika stark rezipiert werden, produziert heute mehr Filme als Hollywood, ebenso auch die europäische Filmwirtschaft, wenn man Europa schon als eine kulturelle Einheit begreifen will.

Die gleichwohl vorhandene Dominanz des amerikanischen Films in Europa seit den Zwanzigerjahren hat wesentlich zur Durchsetzung amerikanischer Kulturformen und -praktiken beigetragen, weil der Film durch seine mediale Veranschaulichung von anderswo gelebten Leben zahlreiche kulturelle Stimuli bietet. Daneben haben sich aber auch nationale Filmformen gehalten und treten auch immer wieder neu in Konkurrenz zum amerikanischen Film.

Der *Hörfunk* ist aufgrund seiner technischen Struktur der Verbreitung von akustischen Darbietungen über Radiowellen im Äther (anfangs Mittel- und Langwelle) sowie seiner immateriellen Produktstruktur ebenfalls international angelegt, wobei eine Globalisierung in der Hand weniger Unternehmen durch die bereits zu Beginn (in den Zwanzigerjahren) betriebene *staatliche Kontrolle und Beherrschung* der Rundfunkinstitutionen verhindert wurde. Beim Rundfunk hatten die gesellschaftlichen Machtinstanzen bereits ihre beim Film gemachten Erfahrungen für die Begrenzung und Abwehr von Globalisierungstendenzen nutzen können.

Die Bindung des Hörfunks an die gesprochene Sprache führte weiterhin zu einer stärkeren regionalen Ausrichtung auf die sprachlich bestimmten Kulturräume. Eine endgültige *Regionalisierung des Hörfunks* fand mit seiner technischen Ausrichtung auf die UKW-Ausstrahlung hin statt, die neben der höheren sinnlichen Qualität der gesendeten Angebote auch eine Angebotsvermehrung und -differenzierung (mehrere Programme nebeneinander) ermöglichte und damit eine Differenzierung im regionalen und lokalen Bereich erlaubte. Hörfunk ist heute von seiner Informationsvergabe her vor allem ein lokales und regionales Medium.

Internationales Moment im Hörfunk blieb weiterhin seine starke Musikausrichtung, die wiederum zu einer Durchsetzung und Ausbreitung einer globalen und internationalen Musikkultur beitrug. Trotz musikalischer Dominanz in vielen Programmen bleibt die Orientierung auf den Sprachraum für große Bevölkerungsgruppen weiterhin bestimmend. Beim Hörfunk können die Verquickungen globaler, internationaler, regionaler und lokaler Kulturen exemplarisch studiert werden.

Das *Fernsehen* wiederum begann zunächst auf der *regionalen Ebene* (aufgrund seiner technischen Ausrichtung auf die im UKW-Bereich liegenden Fernsehübertragungsfrequenzen), wobei ein begrenzter grenzüberschreitender Effekt (spill over) von Anfang an bestand und z.B. die spezifische Mediensituation in der DDR determinierte.

Durch den Aufbau technischer Verbindungsnetze (Richtfunkstrecken, später Satellitenübertragungssysteme, Kabelnetze) wurde eine stärkere *Internationalisierung* erreicht, wobei es sich auch hier um eine von den nationalen Medieninstitutionen (staatlich, öffentlich-rechtlich, kommerziell) kontrollierte Entwicklung handelte, die diese Internationalisierung lange Zeit auch durch mediale Transformationen (Adaption, Synchronisation, Voice over, Untertitelung, Formatangleichung etc.) kaschiert und abschwächt hat.

Zur Internationalisierung tragen auch der Programmaustausch zwischen den verschiedenen nationalen Fernsehsystemen sowie der Programmein- und -verkauf bei, wobei hier teilweise auf filmische Produktformen und -strategien zurückgegriffen wird (z.B. erfolgt der globale Vertrieb von amerikanischen Fernsehserien seit den Fünfzigerjahren über die Vergabe von Lizenzen der *filmisch* produzierten Serienfolgen, die als Filme und nicht als Sendungen über die elektronischen Netze vertrieben werden).

Globalisierungstendenzen lassen sich im Fernsehen auf der ökonomischen Ebene bei der Reduktion staatlicher Bindungen und Einflussbegrenzung öffentlich-rechtlich konstruierter Medien mit dem Entstehen weltweit operierender Medienkonzerne (Sony/Time-Warner, Murdoch, Bertelsmann, Berlusconi, Kirch u.a.) beobachten. Gleichwohl bleibt (bislang noch) die Unterschiedlichkeit nationaler und regionaler Fernsehkulturen erhalten, nicht zuletzt deshalb, weil sie sich tief in die bestehenden regionalen Kulturen eingeschrieben haben.

Am Fernsehen lassen sich besonders gut *Formen der kulturellen Vermischung* beobachten. Seit Anfang der Neunzigerjahre haben deshalb Christian W. Thomsen (1989), Irmela Schneider (1990) und Angela Krewani (2001) wiederholt auf den Aspekt der Hybridisierung im Fernsehen hingewiesen.

Das *Internet* ist von vornherein als ein international operierendes Medium angelegt, wobei eine zentrale Globalisierungsinstanz (also eine Steuerung durch wenige Medienkonzerne) nicht erkennbar ist, allenfalls eine Steuerung über die Technik (den „protected mode" – Friedrich Kittler) gegeben ist. Globalisierung durch weltweite Nutzung von Angeboten sowie regionale und lokale Ausrichtung gehen hier eine eigene Verbindung ein und schaffen neue Formen der medialen Kommunikation (E-Mails, Chatrooms etc.), sodass hier von einer ganz neuen und in ihrer Entwicklung genau zu beobachtenden Vermischung gesprochen werden kann. Diese Entwicklung steht jedoch noch am Anfang.

Die zunächst augenfällige Tendenz zur Vereinheitlichung und medialen Überformung von Kultur durch die Medien – so zeigt der kurze Durchgang – ist durchaus widersprüchlich und wirkt sich nicht generell als eine inhaltliche Homogenisierung aus. Stattdessen ist eine Angebotsvielfalt und -differenzierung zu beobachten, wie sie bis zur Mitte des 20. Jahrhunderts in keiner Kultur vorhanden war.

Gleichwohl hat es auf der Ebene der *Strukturierung von Wahrnehmung und Medienrezeption* eine Standardisierung gegeben:

- in der Ausrichtung der kulturellen Praktiken auf die technischen Apparaturen;
- in der Zeit- und Raumwahrnehmung (in der Erfahrung von Langsamkeit und Schnelligkeit, in der Ubiquität der Bilder, der Teilhabe an kulturellen Ereignissen etc.);
- in der symbolischen Repräsentation von Welt durch technisch erzeugte Bilder und Töne, durch allgemeine Formbestimmungen (Gattungen, Genres, Formate).

Im internationalen Zusammenhang bedeutet die Einführung der Medien in heute allen Ländern der Welt eine *kulturelle Transformation*. Denn die Medien sind von ihrer Technologie her westlichen Ursprungs, in ihrer Formung als Programmmedien und in den Formen ihrer gesellschaftlichen Institutionalisierung ebenfalls Ergebnis westlicher Kulturtraditionen und der Moderne.

Auch wenn deshalb andere kulturelle Inhalte in den unterschiedlichen nationalen und regionalen Mediensystemen (z.B. im Fernsehen) vermittelt werden, findet mit der Medialisierung der Kulturen außerhalb des westlichen Kulturraums eine kulturelle Vermischung statt. Fundamentalisten (z.B. die Taliban in Afghanistan) haben deshalb wiederholt die Existenz von Fernsehen und anderen Medien in ihrem Machtbereich unterbunden, weil sie hofften, durch eine solche mediale Abschottung des eigenen Landes gegenüber dem Rest der Welt alte traditionale Kultur erhalten bzw. wieder neu etablieren zu können. Dabei haben sie verkannt, dass solche Medienstrukturen wiederum eng verbunden sind mit einer modernen Struktur einer arbeitsteilig produzierenden Gesellschaft, für die die Medien spezifische Qualifikationen einüben: ein auf Konkurrenz und Innovation ausgerichtetes Denken, eine gesteigerte Gegenwartsbeachtung (Aktualität), eine Verhaltensflexibilität und Mobilität, sich auf wechselnd benötigte Verhaltens- und Gestaltungsmuster einlassen zu können usw. (vgl. zu dem durch die Medien verursachten kulturellen Wandel am Beispiel der Fernsehrezeption Hickethier 2000).

Medienkultur als Programm

Medienkultur stellt eine *Konzeption* dar, einerseits an und in den Medien die Kultur bildenden Aspekte zu thematisieren, andererseits Kultur als eine durch die Medien erzeugte zu verstehen und an der Kultur vor allem ihre medialen Dimensionen zu untersuchen.

Medienkultur als Forschungskonzept untersucht die *Medialität der einzelnen Medien*, ihre Ästhetik, ihre Technik, ihren institutionellen Charakter und ihre Funktionen für die Gesellschaft; sie geht dabei von der Zeichenhaftigkeit und Textualität der Medienproduktionen aus, sieht die Medien selbst als eine Welt von Zeichen und Texten an, die in ihren Zusammenhängen (Gattungen, Genres, Programmen etc.) beschreibbar sind. Sie sieht diese Welt in ihrer Spannung zwischen Struktur und paradigmatischem Fall.

Medienkultur untersucht die *Relationen, Übergänge und Brüche zwischen den verschiedenen Medien* sowohl in ihren systematischen als auch historischen Dimensionen, sie thematisiert also die Aspekte der Intermedialität wie ebenso, weitergehend, die Aspekte der Interkulturalität.

Medienkultur untersucht die *Relationen zwischen den Medien und Mediensystemen und den nicht-medialen Rahmenbedingungen, den Kommunikationssituationen und den medialen Folgen*, sie thematisiert also den Gebrauch der Medien sowohl auf der Produzenten- als auch auf der Rezipientenseite.

Literatur

Anders, Günther (1956): Die Antiquiertheit des Menschen. München.

Ästhetik und Kommunikation, 7. Jg. (1976), Nr. 24: Themenheft: Freizeit im Arbeiterviertel. Berlin.

Bachmann-Mehdick, Doris (1996): Kultur als Text. Die anthropologische Wende in den Literaturwissenschaften. Frankfurt/Main.

Bentele, Günter (Hrsg.) (1981): Semiotik und Massenmedien. München.

Berg, Jan, u.a. (1981): Sozialgeschichte der deutschen Literatur von 1918 bis zur Gegenwart. Frankfurt/Main.

Bohn, Rainer/Müller, Eggo/Ruppert, Rainer (Hrsg.) (1988): Ansichten einer künftigen Medienwissenschaft. Berlin.

Bromley, Roger/Göttlich, Udo/Winter, Carsten (Hrsg.) (1999): Cultural Studies. Grundlagentexte zur Einführung. Lüneburg.

Crapanzano, Vincent (1996): Das Dilemma des Hermes: Die verschleierte Unterwanderung der ethnographischen Beschreibung. In: Bachmann-Medick, Doris (Hrsg.): Kultur als Text. Frankfurt/Main, S. 161-193.

Crary, Jonathan (2002): Aufmerksamkeit. Wahrnehmung und moderne Kultur. Frankfurt/Main.

Fischer, Ludwig (Hrsg.) (1986): Literatur in der Bundesrepublik Deutschland bis 1967. München (= Hansers Sozialgeschichte der deutschen Literatur, Bd.10).

Franck, Georg (1998): Ökonomie der Aufmerksamkeit. München.

Frey, Gerhard (1994): Anthropologie der Künste. München.

Geertz, Clifford (1983): Dichte Beschreibung. Beiträge zum Verstehen kultureller Systeme. Frankfurt/Main.

Gerbner, George/Gross, Lynne S. (1976): The scary world of tvs heavy viewer. In: Psychology today, Nr. 4, S. 41-45.

Giesecke, Michael (1998): Der Buchdruck in der frühen Neuzeit. Frankfurt/Main (zuerst 1991).

Göttlich, Udo/Mikos, Lothar/Winter, Rainer (Hrsg.) (^{2}2001): Die Werkzeugkiste der Cultural Studies. Perspektiven, Anschlüsse und Interventionen. Bielefeld.

Hansen, Klaus P. (^{2}2000): Kultur und Kulturwissenschaft. Tübingen (zuerst 1995).

Hasebrink, Uwe/Krotz, Friedrich (Hrsg.) 1996: Die Zuschauer als Fernsehregisseure? Zum Verständnis individueller Zuwendungs- und Rezeptionsmuster. Baden-Baden, Hamburg.

Hepp, Andreas (^{2}2001): Medienkultur als „Nationalkultur“ im Wandel: Cultural Studies und die Perspektive einer transkulturellen Medienforschung im deutschsprachigen Raum. In: Göttlich, Udo/Mikos, Lothar/Winter, Rainer (Hrsg.): Die Werkzeugkiste der Cultural Studies. Perspektiven, Anschlüsse und Interventionen. Bielefeld, S. 243-282.

Herwig, Henriette (2001): Wendepunkte der Mediengeschichte und ihre Auswirkungen auf das Lesen und die Literatur. In: Hess-Lüttich, Ernest W. (Hrsg.): Autoren, Automaten, Audiovisionen. Neue Ansätze zur Medienästhetik und Telesemiotik. Wiesbaden, S. 35-56.

Hickethier, Knut (1990): Die Zeit und das Fernsehen. In: Ästhetik und Kommunikation, 20. Jg., Nr. 73/74, S. 137-144.

Hickethier, Knut (1999a): Medienkultur und Medienwissenschaft. In: Pias, Claus (Hrsg.): (me'dien)i, dreizehn vortraege zur medienkultur. Weimar, S. 199-220.

Hickethier, Knut (1999b): Orientierungsvermittlung, Verhaltensmodellierung, Sinnstiftung – Zu den gesellschaftlichen Funktionen der Medien. In: Medien + Erziehung, 43. Jg., Nr. 6, S. 348-351.

Hickethier, Knut (2000): Fernsehen, Modernisierung und kultureller Wandel. In: Flach, Sabine/Grisko, Michael (Hrsg.): Fernsehperspektiven. Aspekte zeitgenössischer Medienkultur. München (= Schriftenreihe LPR Hessen, Bd. 9), S. 18-36.

Hickethier, Knut (2001a): Medienkultur und Medienwissenschaft. Das Hamburger Modell. Vorgeschichte, Entstehung, Konzept. Hamburg (= Hamburger Hefte zur Medienkultur, Nr. 1).

Hickethier, Knut (2001b): Hollywood, der europäische Film und die kulturelle Globalisierung. In: Wagner, Bernd (Hrsg.): Kulturelle Globalisierung. Zwischen Weltkultur und kultureller Fragmentierung. Frankfurt/Main, Essen, S. 113-131.

Hickethier, Knut (2002): Gibt es ein medientechnisches Apriori? Technikdeterminismus und Medienkonfigurationen in historischen Prozessen. In. Stöber, Rudolf u.a. (Hrsg.): Mediengeschichte und sozialer Wandel (in Vorbereitung).

Hickethier, Knut/Bleicher, Joan K. (Hrsg.) (2002): Aufmerksamkeit, Medien und Ökonomie. Münster u.a. (= Beiträge zur Medienästhetik und Mediengeschichte, Bd. 13).

Kittler, Friedrich (1997): Kommunikationsmedien. In: Wulf, Christoph (Hrsg.): Vom Menschen. Handbuch Historische Anthropologie. Weinheim, Basel, S. 649-660.

Korte, Helmut/Faulstich, Werner (Hrsg.) (1988): Filmanalyse interdisziplinär. Göttingen (= LiLi. Zeitschrift für Literaturwissenschaft und Linguistik, Beiheft 15).

Krewani, Angela (2001): Hybride Formen. New British Cinema – Television Drama – Hypermedia. Trier (= Horizonte, Bd. 30).

Krotz, Friedrich (1992): Kommunikation als Teilhabe. Der ‚Cultural Studies Approach'. In: Rundfunk und Fernsehen, 40. Jg., S. 317-342.

Lindner, Rolf (2000): Die Stunde der Cultural Studies. Wien (= Edition Parabasen).

McLuhan, Marshall (1994): Die magischen Kanäle. Dresden, Basel (engl. Understanding media. New York 1964, deutsche Erstausgabe Düsseldorf 1968).

Meyrowitz, Joshua (1987): Die Fernsehgesellschaft. Weinheim, Basel.

Müller, Eggo (1993): Pleasure and Resistance. John Fiskes Beitrag zur Populärkulturtheorie. In: Montage/AV, 2. Jg., Nr. 1, S. 52-66.

Neverla, Irene (1990): Der soziale Zeitgeber Fernsehen. In: Medien & Zeit, 5. Jg., Nr. 1, S. 3-11.

Neverla, Irene (1991): Fernsehen als Medium einer Gesellschaft in Zeitnot. In: Media Perspektiven, Nr. 3, S. 194-205.

Neverla, Irene (1992): Fernseh-Zeit. Zuschauer zwischen Zeitkalkül und Zeitvertreib. München.

Pörksen, Bernhard (2000): Die Konstruktion von Feindbildern. Wiesbaden.

Posner, Roland (1991): Kultur als Zeichensystem. Zur semiotischen Explikation kulturwissenschaftlicher Grundbegriffe. In: Assmann, Aleida/Harth, Dietrich (Hrsg.): Kultur als Lebenswelt und Monument. Frankfurt/Main, S. 37-74.

Reiss, Erwin/Zielinski, Siegfried (1976): Internationaler Medienzusammenhang. Am Beispiel des Rundfunks in England, Frankreich und Deutschland. In: Berns, Jörg Jochen, u.a.: Masse/Medien/Politik. Berlin: Argument (= Argument-Sonderbände AS 10), S. 150-201.

Ronneburger, Franz (1990): Wandel von Raumvorstellungen durch Medienkommunikation. In: Publizistik, 35. Jg., S. 257-266.

Rutschky, Michael (1984): Zur Ethnographie des Inlands. Frankfurt/Main.

Schmidt, Siegfried J. (1992): Medien, Kultur: Medienkultur. Ein konstruktivistisches Gesprächsangebot. In: Schmidt, Siegfried J. (Hrsg.): Kognition und Gesellschaft. Frankfurt/Main, S. 425-450.

Schneider, Irmela (Hrsg.) (1990): Film, Fernsehen & Co. Zur Entwicklung des Spielfilms in Kino und Fernsehen. Heidelberg (= Reihe Siegen, Bd. 101: Medienwissenschaft).

Schönert, Jörg (1999): ‚Kultur' und ‚Medien' als Erweiterungen zum Gegenstandsbereich der Germanistik in den neunziger Jahren. In: Lecke, Bodo (Hrsg.): Literatur und Medien im Studium und Deutschunterricht. Frankfurt/Main, S. 43-64.

Schwender, Clemens (2001): Medien und Emotionen. Evolutionspsychologische Bausteine einer Medientheorie. Wiesbaden.

Thomsen, Christian W. (Hrsg.) (1989): Cultural transfer or electronic imperialism? The impact of American television programs on European television. Heidelberg (= Reihe Siegen, Bd. 90: Medienwissenschaft).

Wagner, Bernd (2001): Kulturelle Globalisierung: Weltkultur, Globalität und Hybridisierung. In: Wagner, Bernd (Hrsg.): Kulturelle Globalisierung: zwischen Weltkultur und kultureller Fragmentarisierung. Frankfurt/Main, Essen, S. 9-38.

Wulf, Christoph (Hrsg.) (1997): Vom Menschen. Handbuch Historische Anthropologie. Weinheim, Basel.

Politische Kommunikation

Winfried Schulz

1 Begriff und Gegenstand

Die Erforschung politischer Kommunikation orientiert sich zumeist an einer der beiden Grundfragen: 1. Auf welche Weise beeinflusst oder bedingt die gesellschaftliche Kommunikation Strukturen und Prozesse der Politik? 2. Auf welche Weise bestimmt oder bedingt Politik die gesellschaftliche Kommunikation? Dass darüber hinaus Begriff und Forschungsgegenstand der politischen Kommunikation in der Wissenschaftlergemeinschaft unterschiedlich aufgefasst werden, resultiert aus Unterschieden im Verständnis von sowohl Politik wie auch Kommunikation.

Die Forschung zur politischen Kommunikation richtet sich vorwiegend auf Massenkommunikation, speziell auf die politische Rolle der Massenmedien, und zwar der publizistischen Medien Presse und Rundfunk, insbesondere des Fernsehens (z.B. Schönbach 1998; Negrine 1996). Dabei wird oft ein Antagonismus zwischen Medien und Politik konstruiert und nach der Abhängigkeit des einen vom anderen gefragt, allerdings häufiger nach Einflüssen oder Wirkungen der Medien auf die Politik (z.B. Graber 1993) als umgekehrt (z.B. Schatz 1982). Auch die Vorstellung, Medien und Politik seien interdependent bzw. lebten in einem symbiotischen Verhältnis miteinander, hat ihre Anhänger (Alemann 1997; Saxer 1981). Die Gegenüberstellung von Medien*system* und politischem (oder politisch-administrativem) *System* ist besonders dem politikwissenschaftlichen steuerungs- und systemtheoretischen Denken adäquat. Kommunikationswissenschaftliche Autoren orientieren sich mit Vorliebe am Kommunikationsprozess, wie ihn die so genannte Lasswell-Formel beschreibt: vom Kommunikator ausgehend über Mitteilung und Medium wird nach deren Rezeption und Wirkung beim Publikum gefragt (z.B. Donsbach 1993). Autoren mit politikwissenschaftlichem Hintergrund strukturieren das Forschungsfeld gern mit Hilfe der Kategorien *polity*, *politics* und *policy* (z.B. Jarren/Grothe/Rybarczyk 1993; Kaase 1998a). In der Polity-Dimension werden Massenmedien als Institution der politischen Beteiligung unter dem Aspekt ihrer Verfasstheit betrachtet, in der Politics-Dimension als Mittel der Beeinflussung öffentlicher Meinungs- und Willensbildungsprozesse, in der Policy-Dimension als ein Politikfeld, nämlich einer Medien- oder Kommunikationspolitik (vgl. Marcinkowski 1993: 13).

Bei der Erforschung nicht-medialer politischer Kommunikation richtet sich das Interesse vor allem auf politische Sprache und Rhetorik wie auch auf Formen symbolischen Handelns, die auf den ersten Blick nicht als Kommunikation wahrgenommen werden, aber doch kommunikative und politische Funktionen erfüllen können – wie politische Rituale, Demonstrationen oder Gewaltakte – und daher auch als „symbolische Politik" bezeichnet werden (vgl. Edelman 1964; Sarcinelli 1987). Grenzen zwischen politischer Kommunikation und politischem Handeln sind ohnehin schwer zu ziehen. Manche Autoren sehen sogar eine Identität von Politik und

Kommunikation oder Kommunikation als Medium der Politik (z.B. Deutsch 1963; Meadow 1980).

Besonders wenn Politik aus dem Blickwinkel politischer Institutionen gesehen wird, wie das in der Politikwissenschaft (zumal in Deutschland) Tradition hat, rückt die Frage nach der Verfasstheit von Kommunikation in der Gesellschaft in das Blickfeld, speziell die Frage nach der (Rechts-)Ordnung der Massenmedien. Auf Kommunikationspolitik oder – enger: Medienpolitik – bezieht sich ein bedeutender Teil wissenschaftlicher Aktivität, wie es, entsprechend der wachsenden Bedeutung der Medien, auch ein immer wichtigeres Politikfeld wird (vgl. den Beitrag Vowe dazu in diesem Handbuch). Der Topos von den Medien als „Vierter Gewalt" (neben Legislative, Exekutive und Judikative) einerseits und das enorm angewachsene medienrechtliche Normenwerk andererseits illustrieren das. In diesem Kontext spielt auch die international vergleichende Untersuchung von Mediensystemen eine bedeutende Rolle (vgl. Kleinsteuber 1993 sowie den Beitrag Kleinsteuber in diesem Band).

Wird Politik aus der Perspektive politischer Akteure und dabei insbesondere aus der des Staatsbürgers untersucht, wie es für die angelsächsische Herangehensweise typisch ist, so ist die Rolle von Kommunikation in Prozessen der politischen Meinungs- und Willensbildung ein zentrales Thema, speziell der Einfluss der Massenmedien auf die Meinung der Bürger und auf die öffentliche Meinung im Staat (beispielhaft dafür Glasser/Salmon 1995). Politische Akteure zum Bezugspunkt einer Begriffsbestimmung von politischer Kommunikation zu machen, ist plausibel, wenn man einen soziologischen Begriff des Akteurs verwendet und darunter – neben Individuen – auch kollektive Akteure versteht wie Gruppen, Verbände, Organisationen. Akteure handeln dann in einer politischen Rolle, wenn sie daran beteiligt sind, allgemein verbindliche Entscheidungen herbeizuführen oder durchzusetzen. Typische politische Akteure sind Parteien, Parlamente, Interessengruppen, Regierungen, Staaten und ihre jeweiligen Mitglieder bzw. Repräsentanten. Zu den typischen politischen Akteuren zählen selbstverständlich auch Individuen in ihren politischen Rollen als Staatsbürger oder Wähler. Man kann daher im Anschluss an McNair schlicht sagen, dass politische Kommunikation die Kommunikation ist, die von politischen Akteuren ausgeübt wird, die an sie gerichtet ist, oder die politische Akteure und ihr Handeln beinhaltet (McNair 1995: 4).[1]

2 Historisches Erbe und aktuelle Themen

Die Entwicklung der politischen Kommunikationsforschung ist zum großen Teil deckungsgleich mit der allgemeinen Geschichte der Kommunikationswissenschaft. Drei der in US-amerikanischer Fachperspektive als „Founding Fathers" bezeichneten vier Wissenschaftler haben sich ausschließlich oder überwiegend mit Themen der politischen Kommunikation befasst, nämlich Harold D. Lasswell, Paul F. La-

1 McNair betont als differentium specificum darüber hinaus, dass politische Kommunikation intentional und zweckgerichtet sei. Dies zählt jedoch eher zum genus proximum, also zum Merkmal jeder Art von sozialer Kommunikation. Kommunikation – und damit auch politische Kommunikation – ist immer an Adressaten gerichtet und verfolgt den Zweck der Verständigung oder Beeinflussung. Daher spielt in der Kommunikationsforschung allgemein wie auch speziell in der Erforschung politischer Kommunikation die Frage nach dem Erfolg oder Effekt dieser Absicht eine zentrale Rolle.

zarsfeld und Carl I. Hovland.[2] Lasswell, von Haus aus Politikwissenschaftler, untersuchte mit umfangreichen empirischen Analysen politische Sprache und Propaganda im Ersten und Zweiten Weltkrieg sowie im Kalten Krieg. Er hatte wesentlichen Einfluss auf die Entwicklung der quantitativen Inhaltsanalyse als systematisches Forschungsinstrument, indem er relativ leicht beobachtbare Textmerkmale als Indikatoren für nicht oder nur schwer zu beobachtende politische Absichten und Entwicklungen interpretierte (vgl. Lasswell 1941; Lasswell/Leites 1949). Die von Lazarsfeld geleitete Erie County-Studie begründete die empirische Wahlforschung und gilt mit einer Fülle von theoretischen und methodischen Innovationen – wie etwa der Panel-Umfrage – als „Klassiker" der politischen Kommunikationsforschung schlechthin (Lazarsfeld/Berelson/Gaudet 1944). Hovland schließlich widmete sich der Suche nach Regeln persuasiver Wirkung und setzte zur Entwicklung einer „wissenschaftlichen Rhetorik" die Methode des kontrollierten Experiments ein (vgl. Hovland/Lumsdaine/Sheffield 1949; Hovland/Janis/Kelley 1953). Er übertrug eine seit der Antike behandelte Fragestellung auf die – damals – neuen Medien Film und Radio.

Das neue Medium Radio, von dem man starke Einflüsse auf die Politik vermutete, war auch ein wichtiger Anlass für die Erie County-Studie der Forschungsgruppe um Lazarsfeld. Im Laufe der Jahrzehnte rückte mit der Medienentwicklung das jeweils neue Medium ins Zentrum des Forschungsinteresses; nach Film und Radio in den Dreißigerjahren waren es schließlich das Fernsehen seit den Fünfzigerjahren und das Internet seit den Neunzigerjahren. Schon das Aufkommen der Massenpresse Ende des 19. Jahrhunderts regte erste wissenschaftliche Untersuchungen an (vgl. Speed 1893), die man zur (Vor-)Geschichte der politischen Kommunikationsforschung rechnen kann. Das Thema „neue Medien und Politik" ist insofern ein altes Thema auf der Forschungsagenda.

Die Bedeutung der amerikanischen „Founding Fathers" für die Kommunikationswissenschaft ist nicht unumstritten (vgl. etwa Robinson 1988). Doch für die politische Kommunikationsforschung lässt sich ihre Pionierleistung nicht übersehen. Sie erstreckte sich – außer auf die Methodenentwicklung – auf die Erschließung von Themenfeldern, die seitdem zu den am häufigsten bearbeiteten Gegenständen der politischen Kommunikationsforschung gehören: politische Sprache und Persuasion, Kriege und Konflikte, Meinungsbildung und Wahlen. Allerdings ließe sich noch eine Reihe weiterer Pioniere für die erste Hälfte des 20. Jahrhunderts nennen, die wichtige Beiträge zur politischen Kommunikationsforschung geleistet haben, so vor allem der amerikanische Publizist Walter Lippmann (1922) und der deutsche Soziologe Ferdinand Tönnies (1922).[3] Ihr Beitrag war theoretischer Natur zu einem Thema, das später vor allem durch die Arbeiten von Habermas, Luhmann und Noelle-

---

2 Kurt Lewin, der vierte „Gründungsvater" oder „innovator", wie es bei Berelson genauer heißt, hat sich selbst nicht mit politischer Kommunikation befasst, ihre Erforschung aber über seine Schüler angeregt.

3 Natürlich wird mit diesem knappen Hinweis der Vielfalt an frühen Einflüssen auf die Entwicklung der politischen Kommunikationsforschung in Europa wie in den USA überhaupt nicht Rechnung getragen. Der Aufsatz von Horst Reimann und der Band von Hanno Hardt enthalten dazu weitere relevante Fakten (vgl. Reimann 1989; Hardt 1979). Zur Entwicklung in den USA enthält der von Dennis und Wartella (1996) herausgegebene Band eine Reihe von Beiträgen, darunter auch einen Aufsatz von Kurt Lang über die europäischen Wurzeln amerikanischer Denkschulen. Der Verbindung der amerikanischen mit der europäischen Entwicklung, für die der aus Wien emigrierte Paul Felix Lazarsfeld eine Schlüsselrolle einnahm, ist im Übrigen ein Tagungsband der Deutschen Gesellschaft für Publizistik- und Kommunikationswissenschaft gewidmet (vgl. Langenbucher 1990).

Neumann weite Beachtung fand: Öffentlichkeit und Öffentliche Meinung (vgl. Habermas 1962, [5]1971; Luhmann 1970; Noelle-Neumann 1980b).

In Deutschland ist politische Kommunikation seit jeher ein stark beachtetes Feld. Eine Äußerlichkeit macht das deutlich: Fast alle der in den ersten Nachkriegsjahrzehnten neu entstandenen Professuren und Institute trugen (und tragen teils noch heute) die Bezeichnung „Publizistik", die traditionelle Bezeichnung für politischen Journalismus.[4] Die meisten der Wissenschaftler, die an diesen Instituten arbeiteten und das Fach prägten, widmeten sich schwerpunktmäßig der politischen Kommunikation: etwa Fritz Eberhard und Harry Pross in Berlin, Franz Ronneberger in Nürnberg, Otto B. Roegele in München, Elisabeth Noelle-Neumann in Mainz. Die Genannten waren auch selbst im politischen Journalismus tätig (vgl. auch Kutsch/Pöttker 1997).

Zu einzelnen der hier genannten Themenfelder werden im Folgenden die Forschungsaktivitäten beispielhaft verdeutlicht.

2.1 Historische und aktuelle Ereignisse

Es liegt in der Natur ihres Gegenstandes, dass politische Ereignisse die Agenda der politischen Kommunikationsforschung bestimmen. In der zweiten Hälfte des 20. Jahrhunderts waren es vor allem die historischen Brüche durch das Nazi-Regime, die deutsche Teilung in der Ära des Ost-West-Konflikts und die Wiedervereinigung 1990, die jeweils Forschungsthemen generierten; sie beendeten im Übrigen auch akademische Karrieren und begründeten neue. Für die deutsche politische Kommunikationsforschung der Neunzigerjahre war die Wiedervereinigung eines der wichtigsten Themen. Einige Untersuchungen beziehen sich unmittelbar auf den Prozess der revolutionären Wende in der DDR, etwa auf die Entwicklung der Meinungs- und Pressefreiheit (vgl. Kutsch 1990), auf die Rolle der Medien bei der Wende (vgl. Ludes 1991) und bei den Wahlen unmittelbar vor und nach der Wiedervereinigung (vgl. Lutz u.a. 1991), darunter zwei methodisch aufwändige Untersuchungen zur Medienwirkung (vgl. Kepplinger/Brosius/Dahlem 1994; Semetko/Schönbach 1994). Andere Studien betrachten das Entstehen von Gemeinsamkeiten und den Fortbestand von Unterschieden zwischen Ost- und Westdeutschland, etwa in der Berichterstattung der Medien (vgl. Pfetsch/Voltmer 1994; Scherer u.a. 1997), in der politischen Orientierung der Journalisten (vgl. Mahle 1993) oder im politischen Alltagsgespräch (vgl. Schulz/Friedrichsen 1995).

Die neueren politischen Entwicklungen haben verständlicherweise die Bedeutung der früheren historischen Einschnitte in den Hintergrund treten lassen. Dennoch sind die unmittelbare Nachkriegszeit und vor allem die Nazi-Zeit noch immer Forschungsthemen in der Gegenwart. Die historische Erfahrung erklärt auch die Sensibilität für das aktuelle Thema Rechtsradikalismus. Wie die Medien mit Fremdenfeindlichkeit und den Aktivitäten von Neo-Nazis umgingen und welche Folgen die Art der Berichterstattung hatte, wurde zum Gegenstand einer Reihe empirischer Studien (vgl. etwa Brosius/Esser 1995; Friedrichsen/Schulz/Wolling 1995; Weiß u.a. 1995).

---

4 Publizisten werden einflussreiche politische Journalisten – vor allem Kommentatoren – genannt (altertümlich: politische Tagesschriftsteller). Zum semantischen Feld gehören Begriffe wie Publizität, Öffentlichkeit, öffentliche Meinung, öffentliche Aufgabe.

Kriege und kriegerische Konflikte gehören zu den Ereignissen, die schon immer Untersuchungen zur politischen Kommunikation anregten. Während in der frühen Kommunikationsforschung, beginnend mit Lasswells und Hovlands Arbeiten zur Propaganda im Ersten bzw. Zweiten Weltkrieg, die Wissenschaft nicht selten in den Dienst der Kriegführung gestellt wurde, überwiegen in der jüngeren Vergangenheit die kritischen Untersuchungen. Der Vietnamkrieg – apostrophiert als der erste Krieg, der (dank Fernsehen) im Wohnzimmer stattfand – lenkte die Aufmerksamkeit auf die Frage nach dem Realitätsgehalt der Kriegsberichterstattung und ihrer Wirkung auf die öffentliche Meinung (vgl. Hallin 1986). Unter diesem Aspekt wurde in der jüngeren Vergangenheit die Rolle der Medien im Golfkrieg und bei den Balkan-Kriegen thematisiert (vgl. ewa Bentele 1993; Imhof/Schulz 1995; Reljic 1998; Eilders/Lüter 2000).

Nicht zuletzt ziehen immer wieder auch innenpolitische Konflikte, Krisen und Skandale das Interesse der Forschung auf sich. Anlässe für Untersuchungen zur Rolle der Massenmedien in Konfliktsituationen waren so unterschiedliche Ereignisse wie die Demonstration gegen den Vietnamkrieg in London am 27. Oktober 1968 (vgl. Halloran/Elliott/Murdock 1970), die Watergate-Affäre 1972 in den USA (vgl. Lang/Lang 1983), in Deutschland die Ölkrise 1973/74 (vgl. Kepplinger/Roth 1978), die Entlassung des Generals Kießling 1984 (vgl. Mathes 1989) oder die Volkszählung 1987 (vgl. Scherer 1997). Entsprechend der Priorität des Ökologie-Themas auf der politischen Agenda werden umwelt- und technologiepolitische Konflikte von deutschen Autoren stark beachtet (vgl. Berens 2001; Donsbach/Gattwinkel 1998; Kepplinger/Hartung 1995). An der Berichterstattung über den Nicaragua-Konflikt 1984 entwickelte Kepplinger seine Theorie publizistischer Konflikte, in deren Zentrum das Konzept der „instrumentellen Aktualisierung" steht (vgl. Kepplinger u.a. 1989).

2.2 Wahlen und politisches Marketing

Wahlkampagnen gelten allgemein als prototypische Situation, um Beziehungen zwischen Medien und Politik aufzuklären. In einer Bilanz der politischen Kommunikationsforschung machen Nimmo und Swanson (1990) eine deutliche Dominanz des „voter persuasion paradigm" aus, wie sie es nennen. In der Tat sind Wahlen der am häufigsten untersuchte Ereigniskontext für politische Kommunikation. Dafür gibt es plausible politische wie auch forschungsökonomische Gründe. Wahlkampagnen gehören zu den für das politische System besonders folgenreichen Ereignissen, sie sind terminierbar und überschaubar und haben damit ein für empirische Untersuchungen günstiges Format (Schönbach 1998). Es ist daher nicht verwunderlich, dass viele Methoden und Modelle der politischen Kommunikationsforschung im Kontext von Wahlen entwickelt und überprüft wurden.

Beispielhaft dafür ist die innovative Fülle der Erie County-Studie anlässlich der amerikanischen Präsidentschaftswahl 1940, die den Beginn dieses Forschungszweigs markiert (vgl. Lazarsfeld/Berelson/Gaudet 1944). Konzepte, die zum Grundbestand der Kommunikationsforschung gehören, haben hier ihren Ursprung: das Gesetz der *selektiven Wahrnehmung* von Kommunikationsinhalten, die These minimaler Medienwirkung, auch *Verstärker-Hypothese* genannt, der *Bandwagon*-Effekt, das *Meinungsführer*-Konzept und das Modell des Zwei-Stufen-Flusses der

Kommunikation. Die Autoren entdeckten auch, dass die „Prädispositionen" der Wähler – indiziert durch wenige demografische Merkmale – gut geeignet sind, das Wahlverhalten zu prognostizieren. Die Wahlsoziologie erklärte dies später mit dem Konzept der *cleavages*, d.h. den gesellschaftlichen Konfliktlinien, an denen sich Parteien und Wähler ausrichten.

Von der amerikanischen Wahlkampagnenforschung gingen immer wieder wichtige Impulse auf die internationale Forschung aus, so beispielsweise von der Chapel Hill-Studie anlässlich der Präsidentschaftswahl 1968, die das *Agenda-Setting*-Konzept lancierte (vgl. McCombs/Shaw 1972). Die im amerikanischen Kontext entwickelten Fragestellungen bestimmen inzwischen die Kommunikationsforschung weltweit: Wer setzt und besetzt die Themen der Kampagne? Welche Kandidaten-Images projizieren die Medien? Wie erfolgreich sind die Parteien bzw. Kandidaten mit ihrer Strategie und welche Unterstützung haben sie dabei von den Medien? Welche Rolle spielen die professionellen Kampagnenmanager und *spin doctors*? Welche Wirkung hat das *negative campaigning*, eine auf die Bekämpfung und Herabsetzung des politischen Gegners abzielende Strategie? Wie effektiv ist die „politische Kampagne" und die Wahlwerbung in den Medien im Vergleich zur persönlichen Wähleransprache durch Hausbesuche (*canvassing*), durch Telefon- und E-Mail-Kontakte, oder postalisch zugesandtes Material (*direct mailing*)? Dazu liegt eine Fülle von Veröffentlichungen vor (um nur einige neuere beispielhaft zu nennen: Jarren/Bode 1996; Holtz-Bacha 1999, 2002; Klingemann/Voltmer 1998; Noelle-Neumann/Kepplinger/Donsbach 1999; Ruß-Mohl 1999; Schmitt-Beck 2000; Schulz 1998). Dass dabei im internationalen Vergleich Übereinstimmungen mit den Verhältnissen in den USA – wie auch die Übernahme amerikanischer Praktiken (vgl. Plasser 2000) – festzustellen sind, wird häufig als globale Amerikanisierung von Wahlkämpfen interpretiert. Diese Deutung bzw. Etikettierung ist freilich umstritten (vgl. Negrine/Papathanassopoulos 1996; Swanson/Mancini 1996; Vowe/Wolling 2000; Blumler/Gurevitch 2001).

Ein Kennzeichen des Wandels von Wahlkämpfen – wie auch von politischer Öffentlichkeitsarbeit außerhalb von Wahlkampfzeiten – ist ihre Professionalisierung. Die Kampagnenplanung stützt sich zunehmend auf den Rat von Experten und auf Erkenntnisse der politischen Kommunikationsforschung. Daraus entsteht eine Nachfrage der Parteien und Regierungen nach wissenschaftlichem Know-how, das für politisches Marketing und Public Relations verwertbar ist. Bedient wird sie durch eine inzwischen stattliche Literatur, die auch – beabsichtigt oder unbeabsichtigt – Erkenntnisse für administrative Zwecke liefert (z.B. Bentele 1998; Bertelsmann Stiftung 1996; Kunczik 1996; Pfetsch 1998; Maarek 1995). Das Ergebnis des Transfers von Erkenntnissen der Kommunikationsforschung in die politische Praxis lässt sich gut an den Publikationen von Praktikern ablesen, etwa der Wahlkampfmanager der Parteien wie Peter Radunski (CDU), Albrecht Müller oder Malte Ristau (SPD) (vgl. Müller 1999; Radunski 1996; Ristau 2000). Einige Kommunikationsforscher sind auch selbst als Berater von Parteien und Regierungen tätig. Am bekanntesten wurde die Beratungstätigkeit von Elisabeth Noelle-Neumann für die Christlich-Demokratische Union (CDU) bzw. für die von ihr geführten Regierungen, die auch in Veröffentlichungen dokumentiert ist (vgl. Noelle-Neumann 1980a). Mit ihren Wahlstudien hat sie nicht nur die deutsche Forschung beeinflusst, sondern zeitweise auch den politischen Diskurs (vgl. dazu Kaase 1989). Darüber hinaus gehört ihre „Theorie der Schweigespirale" (Noelle-Neumann 1980b), die sie vor allem auf Ergebnisse aus Wahlkämpfen stützt, zu den wenigen deutschen Beiträgen, die von der internationalen Wissenschaftlergemeinschaft zur Kenntnis genommen werden. Die internationale Resonanz des Konzepts übersteigt sogar die Beachtung in Deutschland bei weitem.

2.3 Medienrealität und Medienwirkung

Der Einfluss der Massenmedien auf politische Prozesse, auf politische Einstellungen und politisches Verhalten ist ein Kernthema der politischen Kommunikationsforschung. Es spielt in Deutschland eine ähnlich große Rolle wie in anderen europäischen Ländern und wie in den USA. Fast alle der schon erwähnten Wahlstudien haben eine mehr oder weniger ausgeprägte Wirkungsperspektive. Einer der am häufigsten verwendeten Ansätze ist dabei die *Agenda-Setting*-Hypothese. Diesem Konzept zufolge besteht eine Wirkung der Massenmedien darin, das Bevölkerungsurteil über die Wichtigkeit politischer Themen zu bestimmen (vgl. auch unten Abschnitt 4). Was im deutschen Schrifttum meist *Thema* genannt wird, heißt im angelsächsischen *issue*, es geht also um kontroverse Themen oder Probleme. Die meisten Untersuchungen wenden das Konzept auf Wahlkämpfe an, wenn die Parteien um die Themendefinition und -kompetenz ringen. Einerseits sind die Parteien dabei von der Definitionsmacht der Massenmedien abhängig, andererseits verstehen sie es aber auch, die Medien für ihre Ziele zu instrumentalisieren (vgl. Semetko u.a. 1991; Schulz 1996).

Hervorzuheben sind drei Studien, die das Konzept auf politische Situationen anwenden, die nicht oder nicht primär durch Wahlen geprägt sind. So verfolgen Kepplinger und Mitarbeiter die Entwicklung von mehr als einem Dutzend Themen (darunter das Tschernobyl-Thema) über den Zeitraum des gesamten Jahres 1986 und überprüfen mit Zeitreihenanalysen verschiedene Agenda-Setting-Modelle (vgl. Kepplinger u.a. 1989). Schenk und Rössler verbinden das Agenda-Setting-Konzept mit der Analyse sozialer Netzwerke und untersuchen in den Zeiten des politischen Umbruchs im Winter 1989/90 den Einfluss der Massenmedien und persönlicher Kommunikation auf die Meinungsbildung (vgl. Schenk/Rössler 1994). Mit einer empirischen Analyse der Berichterstattung des ›Hamburgischen unpartheyischen Correspondenten‹ über die Amerikanische Revolution (1773-83) rekonstruiert Wilke historische Agenda-Setting-Effekte der deutschen Presse (vgl. Wilke 1995).

Die Frage nach der politischen Wirkung der Massenmedien wird von der Wissenschaft schon längst nicht mehr so naiv und undifferenziert behandelt, wie das nach wie vor in der öffentlichen Diskussion der Fall ist. Für die empirische Forschung ist sie in sehr viele spezifischere Fragestellungen aufgelöst worden und verbirgt sich mitunter auch in Konzepten, denen man das auf den ersten Blick nicht ansieht. So untersuchen Autoren wie Sarcinelli unter dem Stichwort „Politikvermittlung" die Frage nach dem Einfluss der Massenmedien unter dem Aspekt der Darstellung und Herstellung von Politik durch Kommunikation (Sarcinelli 1998). Eine ähnliche Stoßrichtung hat das Konzept der „Mediatisierung", das amerikanische Autoren in die Kommunikationsforschung eingeführt haben (vgl. Altheide/Snow 1988).[5] In der Tradition des symbolischen Interaktionismus meint *Medialisierung* –

5 Auch Habermas verwendete den Begriff schon in seiner viel beachteten Untersuchung zum Strukturwandel der Öffentlichkeit. Habermas verwendet den Begriff in zwei Bedeutungen. Er bezieht ihn zum einen auf einen historischen Vorgang im Sinne von: einer übergeordneten Machtinstanz *unmit-*

wie es besser heißen sollte[6] – die Prägung der von Massenmedien berichteten Inhalte nach Maßgabe einer Medienlogik, d.h. nach medienspezifischen Selektionsregeln und Darstellungsformaten, meint darüber hinaus auch die Prägung der Wirklichkeit aufgrund einer Wechselwirkung oder Reziprozität zwischen Medien und Ereignissen. Dabei interessiert auch, auf welche Weise es den politischen Akteuren gelingt, durch die Inszenierung von Ereignissen und durch „Issue-Management" die Medienlogik für ihre politischen Ziele zu instrumentalisieren (vgl. dazu Kaase 1998b; Mazzoleni/Schulz 1999).

Auch hinter der Frage nach der Beziehung zwischen politischer Realität und Medienrealität, die Ausgangspunkt vieler inhaltsanalytischer Untersuchungen ist, verbirgt sich meist die Frage nach der Wirkung der Massenmedien. Dieser Ansatz ist in der deutschen Kommunikationsforschung wie auch international stark verbreitet. So gehen Untersuchungen über das Bild des Auslands in den Medien meist explizit oder implizit von der Annahme aus, dass sich die Mediendarstellung auf das Image fremder Staaten und auf die internationalen Beziehungen auswirkt (z.B. Hagen u.a. 1998; Wilke 1993). Wenn sie an Lippmann und an die Nachrichtenwertforschung anknüpfen, ist der Bezug zum Medialisierungskonzept offensichtlich (z.B. Kamps 1998). Während der Medialisierungsansatz im Kern unterstellt, dass den Massenmedien die Tendenz zur Prägung und Verzerrung von Wirklichkeit immanent (und damit unvermeidbar) ist, geht es der *News-Bias*-Forschung primär um die Aufdeckung von (vermeidbarem) Fehlverhalten – genauer: um ein Fehlverhalten der Journalisten bei einer bestimmten Politikdarstellung. Eine Vielzahl von Untersuchungen legt dazu empirische Belege vor, zum Teil im Vergleich mit medienunabhängigen Daten über die Realität (zusammenfassend: Schulz 1989). Trendstudien zeigen eine Zunahme negativer Berichterstattung der Medien in Europa und in den USA (vgl. Patterson 1993; Westerståhl/Johansson 1994; Kepplinger 1998). Dass die mediale Darstellung von Politik auch Folgen für das Politikbild und das politische Verhalten der Bevölkerung hat, ist eine plausible Annahme. Die empirischen Befunde aus den USA sind dazu allerdings widersprüchlich (vgl. Putnam 1995; Cappella/Jamieson 1996; Bennett 1998; Norris 2000), und auch die Forschung in Deutschland kann die Frage nicht eindeutig klären (vgl. Wolling 1999, darin insbes. Kap. 2.8).

In der Regel postulieren die zuvor erwähnten Studien eine Beziehung zwischen Medieninhalten und deren Nutzung auf der einen Seite und bestimmten Indikatoren

telbar machen, wenn er z.B. von der „Mediatisierung der ständischen Autoritäten durch die Landesherren" spricht (Habermas 1962, [5]1971: 31). In dieser Bedeutung hat der Begriff mit Medien nichts zu tun. Zum anderen setzt er ihn auch im Sinne der *Vermittlung* von Meinungen und Interessen durch politische wie auch durch „publizistische Institutionen" ein (Habermas 1962, [5]1971: 268, 282). In dieser Verwendung scheint er dem in der Politikwissenschaft gebräuchlichen Begriff ähnlich zu sein, wie ihn z.B. auch Sarcinelli verwendet.– Den Hinweis auf Habermas verdanke ich Gerhard Vowe.

6 Der im Schrifttum gebräuchliche Terminus „Mediatisierung" (im Angelsächsischen „mediation") ist in dreifacher Hinsicht anfällig für Missverständnisse. Erstens ist der Begriff schon belegt und bezeichnet die Herstellung der Reichsunmittelbarkeit zahlreicher Kleinterritorien durch den Reichsdeputationshauptschluss zu Beginn des 19. Jahrhunderts. Zweitens ist er phonetisch sehr nah am Begriff der „Mediation", dem Verfahren der Konfliktschlichtung durch Einschalten eines neutralen Vermittlers. Drittens ist man geneigt, an die in systemtheoretischer Modellierung demokratischer Prozesse übliche Unterscheidung von Vermittlungssystemen zu denken, zu denen Parteien, Interessengruppen und vielfach auch die Massenmedien gerechnet werden; mitunter ist dies von den Autoren auch beabsichtigt (so bei Habermas, vgl. Anmerkung 5). Da er schon mit anderen Bedeutungen belegt und zudem noch mehrdeutig ist, eignet sich der Begriff der „Mediatisierung" schlecht, auch noch den hier gemeinten Sinn auszudrücken.

der politischen Orientierung auf der anderen, ohne den Charakter dieser Beziehung im Detail aufzuklären. Untersuchungen zur Rezeption politischer Nachrichten könnten das fehlende Bindeglied liefern und leisten, was ein von Früh gewählter Titel zum Ausdruck bringt: „Looking into the black box" (Früh/Wirth 1992). Auch Arbeiten von Brosius und Findahl lassen das Potenzial der Rezeptionsforschung erkennen, ohne dass es bisher allerdings zu einer befriedigenden Fusion der Ansätze gekommen wäre (vgl. Brosius 1995; Findahl 2001).

3 Methoden

Wie schon angedeutet, hatten die amerikanischen Pioniere Lasswell, Lazarsfeld und Hovland auch entscheidenden Anteil an der Entwicklung der wichtigsten Erhebungsmethoden der politischen Kommunikationsforschung: Inhaltsanalyse, Befragung und Experiment. Es sind dies zugleich die Standardinstrumente nicht nur der Kommunikationswissenschaft, sondern der Sozialwissenschaften generell. Die Entwicklung dieser Methoden steht also in engem Zusammenhang mit Fragen der politischen Kommunikation (vgl. auch die Beiträge von Daschmann und Krotz in diesem Band).

Erste Ansätze der quantitativen Inhaltsanalyse lassen sich schon im 19. Jahrhundert finden, und mit der Verbreitung der Massenpresse und des Films zu Beginn des 20. Jahrhunderts nahm das Interesse daran zu, die Inhalte der neuen Medien zu beschreiben (vgl. Berelson 1952: 21ff.; Merten 1983: 35ff.). Erst Lasswell entwickelte mit seinen Propaganda-Analysen, die er sprachpsychologisch fundierte, einen inferenziellen Ansatz, der Inhaltsanalysen empirisch ergiebig und theoretisch fruchtbar macht.[7] Inhalte und Stil von Kommunikationsmaterial dienen ihm als Indikatoren für politische Ideologien, Ziele und Absichten (vgl. Lasswell/Leites 1949). Mit Zeitreihenanalysen der Häufigkeit politischer Symbole in Medien zeigt er beispielsweise, wie sich an der Verwendung der Schlüsselbegriffe „Deutschland" in der ›Pravda‹ und „Rußland" im ›Völkischen Beobachter‹ eine politische Umorientierung im Jahr 1939 abzeichnete, die in den Hitler-Stalin-Pakt mündete (vgl. Lasswell 1941). Die Symbol-Analysen Lasswells bereiteten die computerunterstützten Inhaltsanalysen des bahnbrechenden General Inquirer-Projekts vor, darunter auch Analysen politischer Kommunikation z.B. in den chinesisch-sowjetischen Beziehungen der Fünfziger- und Sechzigerjahre oder der Reden von amerikanischen Präsidentschaftskandidaten (vgl. Stone u.a. 1966). Ein moderner deutscher Nachfahre des General Inquirer ist das Analyseprogramm TEXTPACK (vgl. Züll/Mohler 1992).

Die Analyse von politischer Sprache und Rede mit quantitativen und qualitativen Methoden hat in der US-amerikanischen Kommunikationsforschung eine relativ große Bedeutung (zusammenfassend: Graber 1976; Bitzer 1981; Corcoran 1990). Die Beachtung des Themas ist auf die besondere Rolle des Präsidenten im politischen System der USA zurückzuführen. Die Formel „the rhetorical presidency" kennzeichnet diese Rolle und ihren Wandel, nämlich den Bedeutungszuwachs kom-

---

7 Der Vollständigkeit halber sei vermerkt, dass Max Weber mit seinem auf dem ersten Deutschen Soziologentag 1910 in Frankfurt/Main entworfenen Projekt einer Soziologie des Zeitungswesens nicht nur an eine Deskription der Zeitungsinhalte dachte, sondern u.a. auch Rückschlüsse auf die von den Zeitungen hergestellte Öffentlichkeit und auf die von ihnen ausgeübte Macht ziehen wollte (vgl. Weber 1924: 435). Wie das gesamte Projekt wurden auch diese Ansätze einer inferenziellen Inhaltsanalyse nicht verwirklicht.

munikativer Macht bei einem Verlust an konstitutioneller Macht (Stuckey/Antczak 1998). Wie in den USA zahlreiche Speech-Departments so widmen sich auch in Deutschland einige Sprachwissenschaftler der Analyse von politischer Sprache, wenn auch häufiger mit den ihnen gemäßen linguistischen Methoden als mit der quantitativen Inhaltsanalyse (vgl. etwa Klein 1998).

Auf politische Nachrichten in den publizistischen Medien wird dagegen in erster Linie die quantitative Inhaltsanalyse angewandt, seltener sprach- bzw. diskursanalytische Verfahren. Das Interesse richtet sich dabei meist auf das vermittelte Politikbild, auf das Image der dargestellten Akteure, auf etwaige Verzerrungen der Wirklichkeit oder auf die publizistische Qualität der Berichterstattung. Der Informationsdienst ›Medien-Tenor‹ liefert entsprechende Ergebnisse gegen Entgelt. Obwohl inzwischen auch oft das Fernsehen (selten allerdings der Hörfunk) in solche Untersuchungen einbezogen ist, beschränken sie sich doch in der Regel auf die Analyse von Sprache bzw. Text. Umso bemerkenswerter sind einige Ansätze zur Analyse politischer Bilder und der nonverbalen Komponenten des Fernsehens (vgl. etwa Kepplinger 1987; Frey 1999).

Wie die Inhaltsanalyse gehört die Befragung zu den Standardinstrumenten der Datenerhebung in der politischen Kommunikationsforschung. Von den verschiedenen Varianten der Methode hat die repräsentative Bevölkerungsumfrage die größte Bedeutung sowohl in wissenschaftlicher als auch in praktischer Hinsicht, weil sie auf Grundlage einer relativ kleinen Stichprobe Verallgemeinerungen für große Aggregate zulässt, etwa auf die Gesamtbevölkerung eines Staates oder sogar, wie im Falle der Eurobarometer-Umfragen, auf die Gesamtbevölkerung der Europäischen Union.

Um verallgemeinern zu können, ist eine Abstraktion vom Individuum und die Beschränkung auf Aussagen über Merkmale notwendig, und das korrespondiert mit der „Perspektive der Herrscher, Heerführer, der Bürokratie" (Noelle-Neumann/Petersen 2000: 54), also mit der Sicht politischer Akteure und Institutionen, wenn diese z.B. die Themenpräferenzen und das Problembewusstsein der Bürger, deren Unterstützung des politischen Systems, die Beurteilung der Regierungstätigkeit oder einzelner Politiker ermitteln wollen. Für die praktische Politik, insbesondere im Vorfeld von Abstimmungen und Wahlen, ist die Umfrage eine wichtige Informationsgrundlage. Nicht minder wichtig sind die Daten für die wissenschaftliche Forschung. So bilden z.B. Umfragedaten über Themenpräferenzen der Bevölkerung einen zentralen Bestandteil von Agenda-Setting-Studien. Umfragen zum politischen Interesse, zum Wahlverhalten, zur Mediennutzung, zu Wissen und Vorstellungen der Bevölkerung spielen etwa unter dem Aspekt der politischen Partizipation wie auch in der politischen Wirkungsforschung eine bedeutende Rolle. Große Datenarchive wie das Zentralarchiv für Empirische Sozialforschung an der Universität zu Köln machen die Daten für die wissenschaftliche Analyse zugänglich (auch von privaten Markt- und Meinungsforschungsinstituten erhobene Daten).

Lazarsfeld, Berelson und Gaudet (1944) leiteten die Erie County-Studie mit dem Kapitel „A new research method" ein. Das wirklich Neue ihres Vorgehens war die wiederholte Befragung derselben Personen, insgesamt sieben Mal im Monatsabstand vor dem Wahltermin. Dieses als „Panel" bezeichnete Design ist wie kein anderes geeignet, um *Prozesse* der Meinungsbildung und den Einfluss von politischer Kommunikation nachvollziehen und erklären zu können. Trotz dieser Vorzüge ist das Verfahren nach der Erie County-Studie in der akademischen Forschung nur selten und kaum wieder in einer so elaborierten Weise eingesetzt worden. Nachdem es in der Markt- und Mediaforschung privater Institute längst als Standarddesign etabliert war (vgl. Hansen 1982), macht seit den Siebzigerjahren auch die politische Kampagnenforschung gelegentlich vom Panel Gebrauch (vgl. Scherer 1997; Noelle-Neumann/Kepplinger/Donsbach 1999).

Auch die experimentelle Methode wurde schon in der „Pionierzeit" für die politische Kommunikationsforschung erschlossen, und zwar von Carl Hovland und Mitarbeitern mit einer Vielzahl von Medienwirkungsstudien in dem von der amerikanischen Regierung im Zweiten Weltkrieg geförderten Forschungsprogramm „The American soldier" (Hovland/Lumsdaine/Sheffield 1949). Seitdem hat sich der von Hovland begründete Forschungszweig weiterentwickelt und mit experimentellen Studien eine Vielzahl von Hypothesen zur politischen Persuasion überprüft. Das Interesse an der experimentellen Methode wuchs mit dem Einfluss der Kognitionspsychologie auf die Kommunikationsforschung in den Sechziger- und Siebzigerjahren, gelegentlich auch als „Paradigmenwechsel" (Schönbach 1998) oder „kognitive Revolution" apostrophiert. Es liegt nahe, Fragen nach den von Rezipienten generierten Wissenselementen, Vorstellungen und Wirklichkeitskonstruktionen durch kontrollierte Experimente zu untersuchen (vgl. etwa Brosius 1995). Experimentelle Studien erweiterten den Agenda-Setting-Ansatz um Aspekte von *Framing* und *Priming* (vgl. Iyengar/Kinder 1987, 1986). Neuere Beispiele sind Experimente, bei denen außer kognitiven auch physiologische Messungen vorgenommen wurden, so zur Überprüfung der Wissenskluft-Hypothese (vgl. Grabe u.a. 2000) (siehe unten) und zur Wirkung des Fernsehens auf das Image von Politikern (vgl. Frey 1999).

In Deutschland kommt Elisabeth Noelle-Neumann das Verdienst zu, auf die besonderen Vorzüge des kontrollierten Experiments, des klassischen naturwissenschaftlichen Designs zur Untersuchung von Kausalhypothesen, hingewiesen zu haben (vgl. Noelle-Neumann 1965). Das Experiment ist zwar vielfältig anwendbar, in erster Linie bietet es sich jedoch zur Untersuchung von Medienwirkungen an. Noelle-Neumann hat vor allem das in repräsentative Bevölkerungsumfragen eingebaute Feldexperiment favorisiert und diese Variante routinemäßig bei den verschiedensten Untersuchungen zur politischen Kommunikation verwendet. Denn das experimentelle Design ist nicht, wie oft irrtümlich angenommen wird, auf Laborbedingungen beschränkt. Es lässt sich auch unter „natürlichen" Bedingungen als so genanntes Feldexperiment einsetzen (vgl. Petersen 2002).

4 Modelle und Metaphern

Viele der Modelle, die zum theoretischen Arsenal der Kommunikationswissenschaft gehören, beziehen sich auf Prozesse oder Aspekte der politischen Kommunikation. Das gilt beispielsweise für die *Agenda-Setting*-Hypothese, die zu den am meisten beforschten und – auch unter Laien – bekanntesten Konzepten gehört (Forschungsüberblicke u.a. bei Brosius 1994; Eichhorn 1996; McCombs/Shaw/Weaver 1997; Rogers/Dearing 1988; Rössler 1997; Weaver 1996; Weaver/McCombs/Shaw 1998). Die Agenda-Setting-These behauptet, vereinfacht gesagt, dass die Massenmedien über die unterschiedliche Beachtung politischer Themen und Probleme deren politische Relevanz bestimmen. Das geschieht zum einen dadurch, dass sich die Bürger anhand der Berichterstattung ein Urteil darüber bilden, wie wichtig die Themen sind; dies beeinflusst wiederum ihre eigenen Themenpräferenzen. Zum anderen wird auch die Agenda der von Parteien, Parlamenten und Regierungen bearbeiteten Probleme von den Medien beeinflusst. Die Prioritäten auf der politischen Agenda werden dabei teils unter dem direkten Eindruck der Medienberichte gesetzt, teils sind sie eine Reaktion auf das medial beeinflusste Urteil der Bürger. Diese systemische Perspektive auf Thematisierungsvorgänge wird auch als *Agenda-Building* bezeichnet (vgl. Cobb/Elder 1972; Mathes/Pfetsch 1991).

Die in der Agenda-Setting-Hypothese implizite konstruktivistische Annahme, dass die Medien das Bild der Welt vorgeben und so maßgeblich die soziale Konstruktion der Wirklichkeit beeinflussen, wurde schon von Walter Lippmann 1922 in seinem einflussreichen Buch „Public opinion" vertreten (vgl. Lippmann 1922). Es ist eine Grundannahme der theoretischen Modelle, die seit Jahrzehnten den Mainstream der politischen Kommunikationsforschung ausmachen. Man kann dazu etwa die von George Gerbner vertretene *Kultivationsthese* zählen, die behauptet, dass sich die vom Fernsehen präsentierte Wirklichkeit als eine „elektronische Umwelt" vor die Realitätswahrnehmung der Menschen schiebt und aufgrund ihrer typischen Verzerrungen den Eindruck „kultiviert", die Welt sei schlecht und bedrohlich (vgl. Gerbner/Gross 1976; Gerbner 2000). Als politische Folge tritt dann verstärkt der Ruf nach Recht und Ordnung auf, von dem konservative bzw. rechte Parteien profitieren. Dieser Kategorie von Modellen, die mitunter als Dependenztheorien bezeichnet werden, kann man auch die *Theorie der Schweigespirale* zurechnen. Nach der von Elisabeth Noelle-Neumann entwickelten These führt ein verzerrtes Bild der Wirklichkeit in den Medien dazu, dass sich die Bürger über die wahre Meinungsverteilung in der Gesellschaft täuschen, weil die Medienrealität als „quasi-statistische" Quelle ihrer Urteilsbildung dient. Durch eine dynamische Wechselwirkung zwischen einer in den Medien verzerrten Meinungsverteilung, deren Wahrnehmung, dem sozialen Verhalten der Mediennutzer und der Wahrnehmung dieses Verhaltens kommt es zu einem tatsächlichen Meinungswandel in der Gesellschaft (vgl. Noelle-Neumann 1980b).

Zur großen internationalen Beachtung dieser These trug – trotz ernst zu nehmender Zweifel an ihrer empirischen Evidenz – die Veranschaulichung der Dynamik öffentlicher Meinungsbildung mit der Metapher der Schweigespirale entscheidend bei. Ähnliche Prozesse beschreiben auch Kurt und Gladys Lang in ihrer Analyse der Watergate-Affäre und schon als *Landslide Effect* in ihrer berühmten McArthur Day-Untersuchung (Lang/Lang 1953; Lang/Lang 1983), noch früher die Autoren der Erie County-Studie als *Activation Effect* (Lazarsfeld/Berelson/Gaudet 1944: chapter VIII). Eine moderne Variante ist der von Phillips Davison (1983) so benannte *Third Person-Effekt*, demzufolge Menschen eher für andere als für sich selbst eine Wirkung z.B. der politischen Medienberichterstattung annehmen und an dieser Annahme ihr Verhalten ausrichten. Kennzeichen der meisten dieser Modelle und Metaphern ist es, dass sie Variablen der Mikro- und Makroebene verknüpfen, dass sie neben realen, d.h. beobachtbaren Merkmalen der Wirklichkeit auch „virtuelle" Merkmale in Form von subjektiven Vorstellungen oder Annahmen einbeziehen, dass sie ferner den Faktor Zeit und dabei auch positive Rückkopplungen (Selbstverstärkungen) berücksichtigen. Selten wird diese komplexe Struktur so gut verdeutlicht wie es McLeod und Chaffee (1972) mit ihrer Darstellung eines Koorientierungsmodells und Früh/Schönbach (1982) mit ihrem dynamisch-transaktionalen Ansatz getan haben. Die hier erwähnten Beispiele sind Belege gegen die mitunter von flüchtigen

Beobachtern geäußerte Kritik, es fehle der (politischen) Kommunikationsforschung an Theorien und speziell an Makrotheorien.

Metaphorische Etikettierungen wurden auch für andere theoretische Konzepte der politischen Kommunikationsforschung gewählt. Ein Beispiel ist die schon erwähnte Agenda-Setting-These, die Themenrepertoires der Gesellschaft, der Medien und der Rezipienten als „Tagesordnung" (agenda) begreift und damit deren wesentliche Kennzeichen auf den Punkt bringt: Die Agenda ändert sich zeitabhängig (z.B. von Tag zu Tag), sie gibt eine Rangordnung vor und diese Rangordnung dient als Indikator für politische Relevanz. Ein anderes Beispiel ist das *Meinungsführer*-Konzept. In seiner Erstfassung, die ebenfalls auf die Erie County-Studie zurückgeht, betont es die Dynamik und den sozialen Kontext politischer Meinungsbildung. Die Formel vom *Two-Step-Flow* für denselben Sachverhalt brachte das etwas besser, wenn auch immer noch ungenau zum Ausdruck (vgl. Lazarsfeld/Berelson/Gaudet 1944: chapter XVI). Medieninhalte entfalten ihren politischen Einfluss oft erst in der Vermittlung über den persönlichen Meinungsaustausch, also in einem Zwei- oder Mehrstufenprozess. Die neuere Forschung hat dabei teils die sozialen Netzwerke im Blick, die den Kommunikationsfluss strukturieren, teils die Merkmale der Schlüsselpersonen in diesen Netzwerken, also die Meinungsführer oder „Influentials" und ihre „Persönlichkeitsstärke" (vgl. Schenk 1995; Noelle-Neumann/Haumann/Petersen 1999). Auch diese Modelle haben dynamische und makrotheoretische Komponenten.

Das gilt weit ausgeprägter noch für die *Hypothese der wachsenden Wissenskluft*. Die Erstfassung, wie sie an der University of Minnesota entwickelt wurde, postuliert als einen allgemeinen gesellschaftlichen Trend die Vergrößerung von Wissensunterschieden zwischen höheren und niedrigeren sozialen Schichten infolge zunehmenden Informationsangebots durch Massenmedien. Außer für Wissenschaftsinformation wird dies in erster Linie für politische Information („public affairs") angenommen (vgl. Tichenor/Donohue/Olien 1970). Die starke Beachtung der These innerhalb und außerhalb der Kommunikationswissenschaft ist, außer auf die geschickte metaphorische Etikettierung, wohl auch auf ihre Affinität zu einer vertrauten Denkfigur zurückzuführen, wie sie aus der Marx'schen Verelendungstheorie bekannt ist. Trotz der starken Beachtung und Beforschung der These ist ihre empirische Gültigkeit strittig (vgl. Bonfadelli 1994; Wirth 1997). Das liegt auch daran, dass sie meist mit Querschnittdesigns untersucht und damit auf die schlichte Tatsache reduziert wird, dass es eine Ungleichverteilung des Wissens in der Gesellschaft gibt. Dies lässt sich empirisch leicht belegen, aber der eigentlich behauptete Trend erfordert Langzeitstudien.

Eine Gemeinsamkeit der hier angesprochenen Ansätze besteht darin, dass sich die – wenngleich oft metaphorisch formulierten – Modelle empirisch überprüfen lassen und üblicherweise auch überprüft werden. Zunehmend werden dabei Langzeitstudien, Mehrmethoden- und Mehrebenenansätze sowie multivariate statistische Analyseverfahren angewandt, um auch komplexere Modelle zu operationalisieren. Der in der Literatur noch immer kolportierte Vorbehalt gegenüber einer „mechanistischen" und auf wenige Variablen reduzierten Vorgehensweise geht zumindest an den Möglichkeiten und oft auch an den Tatsachen der empirisch-nomothetisch orientierten Forschung vorbei. Der Vorbehalt dient u.a. zur Begründung einer ganzheitlich orientierten, systemischen Betrachtungsweise, die eher auf sprachlogische Stringenz und Plausibilität der Argumentation als auf die empirische Beobachtung setzt.[8] Die begriffliche Esoterik, die daraus meist resultiert, und der Bezug auf abstrakte Systemmodelle machen diese Ansätze weit weniger anschaulich als die oft um Metaphorik bemühten empirisch-nomothetischen Modelle.

Auf *Systemmodelle* wird bei der Analyse politischer Kommunikation vor allem zurückgegriffen, um die Beziehungen zwischen Politik und Massenkommunikation – oder, wie es in diesem Kontext im Allgemeinen heißt: zwischen dem politischen System und dem Massenkommunikationssystem – aufzuklären. Auch dieser Ansatz wurde schon von einem der amerikanischen „Gründerväter" entwickelt, nämlich von Lasswell in seinem (wegen der darin formulierten so genannten Lasswell-Formel) viel zitierten Aufsatz über die Struktur und Funktion von gesellschaftlicher Kommunikation (vgl. Lasswell 1948). Angeregt von systemtheoretischen Analysen in der Biologie postulierte Lasswell drei gesellschaftliche Funktionen von Kommunikation: 1. die Umwelt beobachten (surveillance), 2. Bezüge zwischen gesellschaftlichen Teilbereichen herstellen (correlation) und 3. das soziale Erbe weitergeben (transmission). Diesen ordnete er drei Gruppen von „Spezialisten" zu, die Leistungen zur Erfüllung der Funktionen erbringen, nämlich 1. Diplomaten und Auslandskorrespondenten, 2. Journalisten und Redner (editors, journalists and speakers) und 3. Erzieher in Familien und Schulen.

Diese Sichtweise ist typisch für *systemische Analysen*, wenn auch das begriffliche Instrumentarium im Laufe der Zeit weiterentwickelt und teilweise modifiziert wurde. Einflussreicher als die biologische waren dabei andere Varianten der Systemtheorie, insbesondere die von Talcott Parsons und Robert K. Merton für die Soziologie sowie von David Easton, Gabriel Almond und Karl Deutsch für die Politikwissenschaft adaptierten Varianten. Diese Entwicklungen wurden in der amerikanischen Kommunikationsforschung um 1960 aufgegriffen (vgl. Riley/Riley 1959; Wright 1960). Wenig später veröffentlichte Ronneberger einen viel beachteten Aufsatz über die „politischen Funktionen der Massenkommunikationsmittel", und die Politikwissenschaftler Wildenmann und Kaltefleiter brachten eine kleine Broschüre mit fast demselben Titel heraus (vgl. Ronneberger 1964; Wildenmann/Kaltefleiter 1965). Beide Publikationen befassen sich mit der Frage, welche Leistungen die Massenmedien für die Politik erbringen, allerdings ohne die Möglichkeiten einer systemtheoretischen Analyse auch nur annähernd auszuschöpfen.

Charakteristisch für die frühen systemtheoretischen Analysen ist, dass der Funktionsbegriff normativ schillert, sodass mitunter schwer zu unterscheiden ist, ob Aussagen zu den Funktionen von (Massen-)Kommunikation deskriptiv oder präskriptiv gemeint sind, also als Aussagen darüber, was ist, oder darüber, was sein sollte. Erst Rühl erschloss das Instrumentarium adäquat und wandte es in seiner Analyse einer Zeitungsredaktion an (Rühl 1969a). In einem 1969 erschienenen Aufsatz kontrastiert er verschiedene Varianten der Systemtheorie und entscheidet sich für den damals noch wenig bekannten, später aber sehr populären „funktional-strukturellen Ansatz" Luhmanns (vgl. Rühl 1969b). Marcinkowski wendet diesen Ansatz in einer neueren, theoretisch ambitionierten Analyse des deutschen Massenmediensystems und speziell der Rundfunkpolitik an (vgl. Marcinkowski 1993). Ebenfalls an Luhmann, aber auch an andere soziologische und politikwissenschaftliche Theorievarianten knüpft Saxer in seiner Darstellung des Systemzusammenhangs von Politik und Medien an. Er akzentuiert dabei die „kommunikative Dimension des Politischen" und, in der

8 Vgl. dazu Burkart (1998: 369), der den Vorbehalt allerdings nur referiert.

neueren Veröffentlichung, die „Funktionalität" von Kommunikation für demokratische Informationsgesellschaften (vgl. Saxer 1981, 1998). In der deutschen Publizistikwissenschaft spielen Untersuchungen zur *politischen Funktion* der Massenmedien – in Fortsetzung der Re-Education-Bemühungen nach 1945 – eine wichtige Rolle. Bezeichnend ist Langenbuchers Mitte der Achtzigerjahre herausgegebenes „Studienbuch" zur politischen Kommunikation, dessen Beiträge überwiegend diesem Thema gewidmet sind (vgl. Langenbucher 1986).[9]

Dass in der Literatur neben den erwähnten mehr oder weniger elaborierten systemischen Analysen politischer Kommunikation eine „metaphorische Übertragung systemtheoretischer Begrifflichkeit" (Marcinkowski 1993: 24) ohne klaren theoretischen Bezug weit verbreitet ist, zeigt immerhin, dass auch das Systemkonzept als Metapher taugt. Aussagen im systemtheoretischen Kontext müssen nicht notwendigerweise metaphorisch oder gar abstrakt und unverbindlich sein. Das demonstrieren beispielsweise Chaffee (1975) mit der Untersuchung politischer Informationsvermittlung und Kepplinger (1985) mit der Analyse des Verhältnisses zwischen Regierung und Massenmedien, die jeweils breit mit Ergebnissen empirischer Forschung angereichert sind. Die systemische Perspektive ist durchaus mit der an Variablenbeziehungen orientierten Forschung vereinbar, wie auch die Überblickspublikationen von Kraus und Davis (1976) sowie Meadow (1980) zeigen, die sich am Input-Output-Modell der politikwissenschaftlichen Systemtheorie orientieren.[10]

5 Abgrenzung und Offenheit

Angesichts der wissenschaftsgeschichtlichen Bedeutung und der gegenwärtigen Prosperität des Forschungsfeldes ist schwer zu verstehen, dass es kaum Politikwissenschaftler gibt, die sich schwerpunktmäßig mit politischer Kommunikation befassen oder gar die Entwicklung dieses Gebiets bestimmten. Selbst in der Wahlforschung verliefen jahrzehntelang die Aktivitäten parallel und fast ohne wechselseitige Wahrnehmung von Politik- und Kommunikationswissenschaft. Kaase erklärt das Desinteresse der Politikwissenschaft u.a. mit einer spezifischen Fachblindheit für die Allgegenwart der Massenmedien, „die als soziale Selbstverständlichkeiten offenbar unterhalb der für Forschung notwendigen Aufmerksamkeitsschwelle verblieben" (vgl. Kaase 1998a: 100). Erst in jüngerer Zeit zeichnet sich eine Umorientierung ab, wie sie aus den Reihen der Politkwissenschaftler neben Max Kaase auch schon Heribert Schatz eingefordert hat (vgl. Kaase 1986; Schatz 1978).

Eine parallele Entwicklung vollzieht sich in den USA und international. Bezeichnend sind dafür die programmatischen Beiträge prominenter amerikanischer Politikwissenschaftler zum „Symposium: Media and Politics" in der Zeitschrift ›PS: Political Science & Politics‹ (29 Jg., 1996, Nr. 1) sowie die Institutionalisierung der Zusammenarbeit von Politik- und Kommunikationswissenschaftlern in speziellen Sek-

9 Ganz ähnlich war schon Langenbuchers Auswahl für seinen 1974 herausgegebenen Sammelband „Zur Theorie der politischen Kommunikation" (Langenbucher 1974). Aber auch in der frühen US-amerikanischen Journalismusforschung gehörte das Thema „The press and society", wie Schramm in seinem Rückblick in den Fünfzigerjahren konstatiert, schon zu den drei Hauptströmungen der Forschung (vgl. Schramm 1957). Inzwischen hat es auch international einen hohen Rang.

10 Vgl. auch die Bemühungen um eine Revitalisierung dieses Modells von Pfetsch (1998) und Schulz (1997: 32ff.).

tionen ihrer Fachgesellschaften. In Deutschland sind das der Arbeitskreis „Politik und Kommunikation" der Deutschen Vereinigung für Politische Wissenschaft (DVPW) und die Fachgruppe „Kommunikation und Politik" der Deutschen Gesellschaft für Publizistik- und Kommunikationswissenschaft (DGPuK), in den USA bzw. international die Political Communication Section der International Communication Association (ICA) und der American Political Science Association (APSA).

Zur gegenseitigen Wahrnehmung der Disziplinen trägt die von den genannten APSA- und ICA-Sektionen getragene Zeitschrift ›Political Communication‹ bei, deren Qualität und Bedeutung seit Übernahme durch den Verlag Taylor & Francis 1997 gewonnen hat.[11] Zwar dominieren auch in dieser Zeitschrift – wie im Forschungsfeld allgemein – amerikanische Autoren. Doch seit etwa Mitte der Neunzigerjahre unter der Herausgeberschaft von Doris Graber und verstärkt unter der von David Swanson (seit 1999) ist ein stärkeres Bemühen um Internationalisierung erkennbar. Ausdruck dieser Bemühungen sind ein international besetztes Editorial Board, sind z.B. auch Übersichtsbeiträge über die politische Kommunikationsforschung in Großbritannien, Frankreich und Deutschland (vgl. Cayrol/Mercier 1998; Franklin 1995; Schulz 1997). Sie zeigen Unterschiede zwischen den nationalen Wissenschaftskulturen, aber auch Gemeinsamkeiten entsprechend dem allgemeinen Internationalisierungstrend in der Kommunikationswissenschaft. Aufschlussreich ist in dieser Hinsicht auch eine einschlägige italienische Veröffentlichung (vgl. Mazzoleni 1998).

Die Gemeinsamkeiten können zu einem Gutteil der „Amerikanisierung" der politischen Kommunikationsforschung zugeschrieben werden. Blumler und Co-Autoren nennen den ausgeprägten Bezug auf amerikanische Forschungsansätze „dependence" und „derivativeness" (was wohl eine höfliche Umschreibung von Eklektizismus sein soll; vgl. Blumler/Dayan/Wolton 1990: 270). Darüber hinaus meinen die Autoren aber auch ein spezifisches Profil der westeuropäischen Forschung zu erkennen, charakterisiert u.a. durch die These mächtiger Medien, durch dynamische, zeitbezogene Forschungsansätze, durch eine Makro-Perspektive auf das politische System und das Mediensystem sowie auf die Beziehungen zwischen beiden, durch normatives Engagement, schließlich auch durch nationale Abgrenzungen. Diese Merkmale beschreiben treffend die politische Kommunikationsforschung in Deutschland. Sie ist insofern typisch für den europäischen Ansatz.

Was die nationale Abgrenzung anbelangt, so ist sie allerdings sehr ungleichmäßig. Auf der einen Seite gibt es eine große Offenheit gegenüber Einflüssen aus den USA. Die US-amerikanische Szene wird genau beobachtet; viele jüngere wie auch einige ältere Wissenschaftler sind regelmäßig zu Kongress-, Studien- und Forschungsaufenthalten in den USA. Erkennbar ist allerdings auch, dass sich die ursprünglich ziemlich einseitige Orientierung, die Blumler und Co-Autoren mit den Begriffen „dependence" und „derivativeness" kennzeichnen, in eine wechselseitige Beziehung wandelt. Dazu tragen gemeinsame Forschungsprojekte und Personenmobilität in beide Richtungen bei; noch mehr sind Publikationen deutscher Autoren in englischer Sprache eine wichtige Voraussetzung für die Wahrnehmung außerhalb der Landesgrenze. An der Rezeption von Autoren wie Habermas und Noelle-Neumann, deren Arbeiten zur politischen Kommunikation jenseits des Atlantiks re-

11 Die Zeitschrift erscheint bereits seit 1980, bis 1992 unter dem Titel ›Political Communciation and Persuasion‹.

lativ stark beachtet werden, lässt sich das gut nachvollziehen. Auf der anderen Seite gibt es zu den romanischen Ländern kaum Beziehungen oder auch nur eine wechselseitige Wahrnehmung. Frankreich, Italien und Spanien sind weiße Flecken auf der kognitiven Landkarte der politischen Kommunikationsforschung in Deutschland (wie im Übrigen auch im angelsächsischen Raum). Sprachbarrieren sind nach wie vor mächtiger als die oft beschworenen oder gefeierten Europäisierungs- und Internationalisierungstrends.

Literatur

Alemann, Ulrich von (1997): Parteien und Medien. In: Gabriel, Oscar W./Niedermayer, Oskar/Stöss, Richard (Hrsg.): Parteiendemokratie in Deutschland. Bonn, S. 478-494.

Altheide, David L./Snow, Robert P. (1988): Toward a theory of mediation. In: Anderson, James A. (Hrsg.): Communication Yearbook 11. Newbury Park, CA, S. 194-223.

Bennett, W. Lance (1998): The uncivic culture: Communication, identity, and the rise of lifestyle politics. In: PS: Political Science and Politics, 31. Jg., Nr. 4, S. 741-761.

Bentele, Günter (1993): Krieg: Journalismus und Wahrheit. Zum Verhältnis von Kriegsrealität, Medienrealität und symbolischer Politik im Golfkrieg. In: Bonfadelli, Heinz/Meier, Werner A. (Hrsg.): Krieg, Aids, Katastrophen. Gegenwartsprobleme als Herausforderung der Publizistikwissenschaft. Festschrift für Ulrich Saxer. Konstanz, S. 121-147.

Bentele, Günter (1998): Politische Öffentlichkeitsarbeit. In: Sarcinelli, Ulrich (Hrsg.): Politikvermittlung und Demokratie in der Mediengesellschaft. Beiträge zur politischen Kommunikationskultur. Opladen, S. 124-145.

Berelson, Bernard (1952): Content analysis in communication research. Glencoe, IL.

Berens, Harald (2001): Prozesse der Thematisierung in publizistischen Konflikten. Ereignismanagement, Medienresonanz und Mobilisierung der Öffentlichkeit am Beispiel von Castor und Brent Spar. Opladen.

Bertelsmann Stiftung (Hrsg.) (1996): Politik überzeugend vermitteln. Wahlkampfstrategien in Deutschland und den USA. Gütersloh.

Bitzer, Loyd F. (1981): Political rhetoric. In: Nimmo, Dan D./Sanders, Keith R. (Hrsg.): Handbook of political communication. Beverly Hills, CA, S. 225-248.

Blumler, Jay G./Dayan, Daniel/Wolton, Dominique (1990): West European perspectives on political communication: Structures and dynamics. In: European Journal of Communication, 5. Jg., S. 261-284.

Blumler, Jay G./Gurevitch, Michael (2001): „Americanization" reconsidered: UK-US campaign communication comparisons across time. In: Bennett, W. Lance/Entman, Robert (Hrsg.): Mediated politics. Communication in the future of democracy. Cambridge, MA, S. 380-403.

Bonfadelli, Heinz (1994): Die Wissenskluft-Perspektive. Massenmedien und gesellschaftliche Information. Konstanz.

Brosius, Hans-Bernd (1994): Agenda-Setting nach einem Vierteljahrhundert Forschung: Methodischer und theoretischer Stillstand? In: Publizistik, 39. Jg., S. 269-288.

Brosius, Hans-Bernd (1995): Alltagsrationalität in der Nachrichtenrezeption. Ein Modell zur Wahrnehmung und Verarbeitung von Nachrichteninhalten. Opladen.

Brosius, Hans-Bernd/Esser, Frank (1995): Eskalation durch Berichterstattung? Massenmedien und fremdenfeindliche Gewalt. Opladen.

Burkart, Roland (1998): Kommunikationswissenschaft. Grundlagen und Problemfelder. Umrisse einer interdisziplinären Sozialwissenschaft. Wien.

Cappella, Joseph N./Jamieson, Kathleen Hall (1996): News frames, political cynicism, and media cynicism. In: Jamieson, Kathleen Hall (Hrsg.): The media and politics. Thousand Oaks, CA, S. 71-84.

Cayrol, Roland/Mercier, Arnaud (1998): Political communication scholarship in France. In: Political Communication, 15. Jg., S. 383-421.

Chaffee, Steven R. (1975): The diffusion of political information. In: Chaffee, Steven R. (Hrsg.): Political communication. Beverly Hills, CA, S. 85-128.

Cobb, Roger W./Elder, Charles D. (1972): Participation in American politics: The dynamics of agenda-building. Boston, MA.

Corcoran, Paul E. (1990): Language and politics. In: Swanson, David L./Nimmo, Dan (Hrsg.): New directions in political communication. A resource book. Newbury Park, CA, S. 51-85.
Davison, W. Phillips (1983): The Third-Person-Effect in communication. In: Public Opinion Quarterly, 47. Jg., S. 1-15.
Dennis, Everette E./Wartella, Ellen (Hrsg.) (1996): American communication research. The remembered history. Mahwah, NJ.
Deutsch, Karl W. (1963): The nerves of government. Models of political communication and control. New York.
Donsbach, Wolfgang (1993): Inhalte, Nutzung und Wirkung politischer Kommunikation. In: Österreichische Zeitschrift für Politikwissenschaft, 22. Jg., S. 389-407.
Donsbach, Wolfgang/Gattwinkel, Dietmar (1998): Öl ins Feuer. Die publizistische Inszenierung des Skandals um die Rolle der Ölkonzerne. Dresden.
Edelman, Murray (1964): The symbolic uses of politics. Urbana, IL.
Eichhorn, Wolfgang (1996): Agenda-Setting-Prozesse. Eine theoretische Analyse individueller und gesellschaftlicher Themenstrukturierung. München.
Eilders, Christiane/Lüter, Albrecht (2000): Research note: Germany at war. Competing framing strategies in German public discourse. In: European Journal of Communication, 15. Jg., S. 415-428.
Findahl, Olle (2001): News in our minds. In: Renckstorf, Karsten/McQuail, Denis/Jankowski, Nicholas (Hrsg.): Television news research: Recent European approaches and findings. Berlin, S. 111-127.
Franklin, Bob (1995): Political communication scholarship in Britain. In: Political Communication, 12. Jg., S. 223-242.
Frey, Siegfried (1999): Die Macht des Bildes. Der Einfluß der nonverbalen Kommunikation auf Kultur und Politik. Bern.
Friedrichsen, Mike/Schulz, Wolfram/Wolling, Jens (1995): Die Republikaner als Medienereignis. In: Publizistik, 40. Jg., S. 129-151.
Früh, Werner/Schönbach, Klaus (1982): Der dynamisch-transaktionale Ansatz. Ein neues Paradigma der Medienwirkungen. In: Publizistik, 27. Jg., S. 74-88.
Früh, Werner/Wirth, Werner (1992): Looking into the black box: Intolerance of ambiguity and dynamic-transactional processes in the development of issue-related images. In: European Journal of Communication, 7. Jg., S. 541-569.
Gerbner, George (2000): Die Kultivierungsperspektive: Medienwirkungen im Zeitalter von Monopolisierung und Globalisierung. In: Schorr, Angela (Hrsg.): Publikums- und Wirkungsforschung. Ein Reader. Wiesbaden, S. 101-121.
Gerbner, George/Gross, Larry (1976): Living with television: The violence profile. In: Journal of Communication, 26. Jg., Nr. 2, S. 173-199.
Glasser, Theodore L./Salmon, Charles T. (Hrsg.) (1995): Public opinion and the communication of consent. New York.
Grabe, Maria Elizabeth/Lang, Annie/Zhou, Shuhua/Bolls, Paul David (2000): Cognitive access to negatively arousing news: An experimental investigation of the knowledge gap. In: Communication Research, 27. Jg., S. 3-26.
Graber, Doris A. (1976): Verbal behavior and politics. Urbana, IL.
Graber, Doris A. (1993): Political communication: Scope, progress, promise. In: Finifter, Ada W. (Hrsg.): Political science. The state of the discipline. Washington D.C., S. 305-332.
Habermas, Jürgen (1962, [5]1971): Strukturwandel der Öffentlichkeit. Untersuchungen zu einer Kategorie der bürgerlichen Gesellschaft. Neuwied, Berlin.
Hagen, Lutz/Berens, Harald/Zeh, Reimar/Leidner, Daniela (1998): Ländermerkmale als Nachrichtenfaktoren. In: Holtz-Bacha, Christina/Scherer, Helmut/Waldmann, Norbert (Hrsg.): Wie die Medien die Welt erschaffen und wie die Menschen darin leben. Opladen, S. 59-82.
Hallin, Daniel C. (1986): The uncensored war: the media and Vietnam. New York.
Halloran, James D./Elliott, Philip/Murdock, Graham (1970): Demonstrations and communication: A case study. Middlesex.
Hansen, Jochen (1982): Das Panel. Zur Analyse von Verhaltens- und Einstellungswandel. Opladen.
Hardt, Hanno (1979): Social theories of the press. Early German & American perspectives. Beverly Hills, CA.
Holtz-Bacha, Christina (1999): Wahlkampf 1998 – Modernisierung und Professionalisierung. In: Holtz-Bacha, Christina (Hrsg.): Wahlkampf in den Medien – Wahlkampf mit den Medien. Ein Reader zum Wahljahr 1998. Opladen, Wiesbaden, S. 9-23.

Holtz-Bacha, Christina (2002): Massenmedien und Wahlen: Die Professionalisierung der Kampagnen. In: Aus Politik und Zeitgeschichte. Beilage 15-16 zur Wochenzeitung ›Das Parlament‹, S. 23-28.

Hovland, Carl I./Janis, Irving L./Kelley, Harold H. (1953): Communication and persuasion. Psychological studies of opinion change. New Haven, CT.

Hovland, Carl I./Lumsdaine, Arthur A./Sheffield, Fred D. (1949): Experiments on mass communication. Princeton, NJ.

Imhof, Kurt/Schulz, Peter (1995): Medien und Krieg – Krieg in den Medien. Zürich.

Iyengar, Shanto/Kinder, Donald R. (1986): More than meets the eye: Television news, priming, and public evaluations of the president. In: Comstock, George (Hrsg.): Public communication and behavior. Orlando, S. 135-171.

Iyengar, Shanto/Kinder, Donald R. (1987): News that matters: television and American opinion. Chicago, IL.

Jarren, Otfried/Bode, Markus (1996): Ereignis- und Medienmanagement politischer Parteien. Kommunikationsstrategien im „Superwahljahr" 1994. In: Bertelsmann Stiftung (Hrsg.): Politik überzeugend vermitteln. Wahlkampfstrategien in Deutschland und den USA. Gütersloh, S. 65-114.

Jarren, Otfried/Grothe, Thorsten/Rybarczyk, Christoph (1993): Medien und Politik – eine Problemskizze. In: Bertelsmann Stiftung (Hrsg.): Beziehungsspiele – Medien und Politik in der öffentlichen Diskussion. Fallstudien und Analysen. Gütersloh, S. 9-44.

Kaase, Max (1986): Massenkommunikation und politischer Prozeß. In: Kaase, Max (Hrsg.): Politische Wissenschaft und politische Ordnung. Analysen zur Theorie und Empirie demokratischer Regierungsweise. Festschrift zum 65. Geburtstag von Rudolf Wildenmann. Opladen, S. 357-374.

Kaase, Max (1989): Fernsehen, gesellschaftlicher Wandel und politischer Prozess. In: Kaase, Max/Schulz, Winfried (Hrsg.): Massenkommunikation. Theorien, Methoden, Befunde. Opladen, S. 97-117.

Kaase, Max (1998a): Politische Kommunikation – Politikwissenschaftliche Perspektiven. In: Jarren, Otfried/Sarcinelli, Ulrich/Saxer, Ulrich (Hrsg.): Politische Kommunikation in der demokratischen Gesellschaft. Opladen, Wiesbaden, S. 97-113.

Kaase, Max (1998b): Demokratisches System und die Mediatisierung von Politik. In: Sarcinelli, Ulrich (Hrsg.): Politikvermittlung und Demokratie in der Mediengesellschaft. Beiträge zur politischen Kommunikationskultur. Opladen, S. 24-51.

Kamps, Klaus (1998): Nachrichtengeographie. Themen, Strukturen, Darstellung: ein Vergleich. In: Kamps, Klaus/Meckel, Miriam (Hrsg.): Fernsehnachrichten. Prozesse, Strukturen, Funktionen. Opladen, S. 275-302.

Kepplinger, Hans Mathias (1985): Systemtheoretische Aspekte politischer Kommunikation. In: Publizistik, 30. Jg., S. 247-264.

Kepplinger, Hans Mathias (1987): Darstellungseffekte. Experimentelle Untersuchungen zur Wirkung von Pressefotos und Fernsehfilmen. Freiburg/Breisgau, München.

Kepplinger, Hans Mathias (1998): Die Demontage der Politik in der Informationsgesellschaft. Freiburg/Breisgau, München.

Kepplinger, Hans Mathias/Brosius, Hans-Bernd/Dahlem, Stefan (1994): Wie das Fernsehen Wahlen beeinflußt. Theoretische Modelle und empirische Analysen. München.

Kepplinger, Hans Mathias/Brosius, Hans-Bernd/Staab, Joachim/Linke, Günter (1989): Instrumentelle Aktualisierung. Grundlagen einer Theorie publizistischer Konflikte. In: Kaase, Max/Schulz, Winfried (Hrsg.): Massenkommunikation. Theorien, Methoden, Befunde. Opladen, S. 199-220.

Kepplinger, Hans Mathias/Gotto, Klaus/Brosius, Hans-Bernd/Haak, Dietmar (1989): Der Einfluß der Fernsehnachrichten auf die politische Meinungsbildung. Freiburg/Breisgau, München.

Kepplinger, Hans Mathias/Hartung, Uwe (1995): Störfall-Fieber. Wie ein Unfall zum Schlüsselereignis einer Unfallserie wird. Freiburg/Breisgau, München.

Kepplinger, Hans Mathias/Roth, Herbert (1978): Kommunikation in der Ölkrise des Winters 1973/74. Ein Paradigma für Wirkungsstudien. In: Publizistik, 23. Jg., S. 537-556.

Klein, Josef (1998): Politische Kommunikation – Sprachwissenschaftliche Perspektiven. In: Jarren, Otfried/Sarcinelli, Ulrich/Saxer, Ulrich (Hrsg.): Politische Kommunikation in der demokratischen Gesellschaft. Opladen, Wiesbaden, S. 186-210.

Kleinsteuber, Hans J. (1993): Mediensysteme in vergleichender Perspektive. Zur Anwedung komparativer Ansätze in der Medienwissenschaft: Probleme und Beispiele. In: Rundfunk und Fernsehen, 41. Jg., S. 317-338.

Klingemann, Hans-Dieter/Voltmer, Katrin (1998): Politische Kommunikation als Wahlkampfkommunikation. In: Jarren, Otfried/Sarcinelli, Ulrich/Saxer, Ulrich (Hrsg.): Politische Kommunikation in der demokratischen Gesellschaft. Opladen, S. 396-405.
Kraus, Sidney/Davis, Dennis (1976): The effects of mass communication on political behavior. University Park, PA.
Kunczik, Michael (1996): Images of nations and international public relations. Hillsdale, NJ.
Kutsch, Arnulf (Hrsg.) (1990): Publizistischer und journalistischer Wandel in der DDR. Vom Ende der Ära Honecker bis zu den Volkskammerwahlen im März 1990. Bochum.
Kutsch, Arnulf/Pöttker, Horst (Hrsg.) (1997): Kommunikationswissenschaft – autobiographisch. Zur Entwicklung einer Wissenschaft in Deutschland. Opladen.
Lang, Gladys E./Lang, Kurt (1983): The battle for public opinion. The president, the press, and the polls during Watergate. New York.
Lang, Kurt/Lang, Gladys E. (1953): The unique perspective of television and its effect: A pilot study. In: American Sociological Review, 18. Jg., S. 2-12.
Langenbucher, Wolfgang R. (Hrsg.) (1974): Zur Theorie der politischen Kommunikation. München.
Langenbucher, Wolfgang R. (Hrsg.) (1986): Politische Kommunikation. Grundlagen, Strukturen, Prozesse. Wien.
Langenbucher, Wolfgang R. (Hrsg.) (1990): Paul F. Lazarsfeld. Die Wiener Tradition der empirischen Sozial- und Kommunikationsforschung. München.
Lasswell, Harold D. (1941): The world attention survey. In: Public Opinion Quarterly, 5. Jg., S. 456-462.
Lasswell, Harold D. (1948): The structure and function of communication in society. In: Bryson, Lyman (Hrsg.): The communication of ideas: a series of addresses. New York, S. 37-51.
Lasswell, Harold D./Leites, Nathan (1949): Language of politics. Studies in quantitative semantics. Cambridge, MA.
Lazarsfeld, Paul F./Berelson, Bernard R./Gaudet, Hazel (1944): The people's choice. How the voter makes up his mind in a presidential campaign. New York.
Lippmann, Walter (1922): Public opinion. New York.
Ludes, Peter (1991): Die Rolle des Fernsehens bei der revolutionären Wende in der DDR. In: Publizistik, 36. Jg., S. 201-216.
Luhmann, Niklas (1970): Öffentliche Meinung. In: Politische Vierteljahresschrift, 11. Jg., S. 2-28.
Lutz, Brigitta/Scherer, Helmut/Schulz, Winfried/Kecke, Anita/Wagner, Helga (1991): Politische Kommunikation im Umbruch. Zur Rolle der Zeitungen im ersten freien Kommunalwahlkampf in Leipzig. In: Publizistik, 36. Jg., S. 428-445.
Maarek, Philippe J. (1995): Political marketing and communication. London.
Mahle, Walter A. (Hrsg.) (1993): Journalisten in Deutschland. Nationale und internationale Vergleiche und Perspektiven. München.
Marcinkowski, Frank (1993): Publizistik als autopoietisches System. Politik und Massenmedien. Eine systemtheoretische Analyse. Opladen.
Mathes, Rainer (1989): Medienwirkungen und Konfliktdynamik in der Auseinandersetzung um die Entlassung von General Kießling. Eine Fallstudie und ein Drei-Ebenen-Modell. In: Kaase, Max/Schulz, Winfried (Hrsg.): Massenkommunikation. Theorien, Methoden, Befunde. Opladen, S. 441-458.
Mathes, Rainer/Pfetsch, Barbara (1991): The role of the alternative press in the agenda-building process: Spill-over effects and media opinion leadership. In: European Journal of Communication, 6. Jg., S. 33-62.
Mazzoleni, Gianpietro (1998): La comunicazione politica. Bologna.
Mazzoleni, Gianpietro/Schulz, Winfried (1999): „Mediatization" of politics: A challenge for democracy? In: Political Communication, 16. Jg., S. 247-261.
McCombs, Maxwell E./Shaw, Donald L. (1972): The agenda-setting function of mass media. In: Public Opinion Quarterly, 36. Jg., S. 176-187.
McCombs, Maxwell E./Shaw, Donald L./Weaver, David (Hrsg.) (1997): Communication and democracy. Exploring the intellectual frontiers in agenda-setting theory. Mahwah, NJ.
McLeod, Jack M./Chaffee, Steven R. (1972): The construction of social reality. In: Tedeschi, James T. (Hrsg.): The social influence processes. Chicago, IL, S. 50-99.
McNair, Brian (1995): An introduction to political communication. London.
Meadow, Robert G. (1980): Politics as communication. Norwood, NJ.
Merten, Klaus (1983): Inhaltsanalyse. Einführung in Theorie, Methode und Praxis. Opladen.

Müller, Albrecht (1999): Von der Parteiendemokratie zur Mediendemokratie. Beobachtungen zum Bundestagswahlkampf 1998 im Spiegel früherer Erfahrungen. Opladen.

Negrine, Ralph (1996): The communication of politics. London.

Negrine, Ralph/Papathanassopoulos, Stylianos (1996): The „Americanization" of political communication. A critique. In: Press/Politics, 1. Jg., Nr. 2, S. 45-62.

Nimmo, Dan/Swanson, David L. (1990): The field of political communication: Beyond the voter persuasion paradigm. In: Swanson, David L./Nimmo, Dan (Hrsg.): New directions in political communication. A resource book. Newbury Park, CA, S. 7-47.

Noelle-Neumann, Elisabeth (1965): Die Rolle des Experiments in der Publizistikwissenschaft. In: Publizistik, 10. Jg., S. 239-250.

Noelle-Neumann, Elisabeth (1980a): Wahlentscheidung in der Fernsehdemokratie. Freiburg/Breisgau, Würzburg.

Noelle-Neumann, Elisabeth (1980b): Die Schweigespirale. Öffentliche Meinung – unsere soziale Haut. München.

Noelle-Neumann, Elisabeth/Haumann, Wilhelm/Petersen, Thomas (1999): Die Wiederentdeckung der Meinungsführer und die Wirkung der persönlichen Kommunikation im Wahlkampf. In: Noelle-Neumann, Elisabeth/Kepplinger, Hans Mathias/Donsbach, Wolfgang (Hrsg.): Kampa. Meinungsklima und Medienwirkung im Bundestagswahlkampf 1998. Freiburg/Breisgau, München, S. 181-214.

Noelle-Neumann, Elisabeth/Kepplinger, Hans Mathias/Donsbach, Wolfgang (Hrsg.) (1999): Kampa. Meinungsklima und Medienwirkung im Bundestagswahlkampf 1998. Freiburg/Breisgau, München.

Noelle-Neumann, Elisabeth/Petersen, Thomas (2000): Alle, nicht jeder. Einführung in die Methoden der Demoskopie. Berlin.

Norris, Pippa (2000): A virtuous circle. Political communications in postindustrial societies. Cambridge.

Patterson, Thomas E. (1993): Out of order. New York.

Petersen, Thomas (2002): Das Feldexperiment in der Umfrageforschung. Frankfurt/Main.

Pfetsch, Barbara (1998): Strukturbedingungen der Inszenierung von Politik in den Medien: die Perspektive von politischen Sprechern und Journalisten. In: Niedermayer, Oskar/Westle, Bettina (Hrsg.): Demokratie und Partizipation. Festschrift für Max Kaase. Wiesbaden, S. 211-234.

Pfetsch, Barbara/Voltmer, Katrin (1994): Geteilte Medienrealität? Zur Thematisierungsleistung der Massenmedien im Prozess der deutschen Vereinigung. In: Klingemann, Hans-Dieter/Kaase, Max (Hrsg.): Wahlen und Wähler. Analysen aus Anlass der Bundestagswahl 1990. Opladen, S. 509-542.

Plasser, Fritz (2000): American campaign techniques worldwide. In: Press/Politics, 5. Jg., Nr. 4, S. 33-54.

Putnam, Robert D. (1995): Bowling alone: America's declining social capital. In: Journal of Democracy, 6. Jg., Nr. 1, S. 65-78.

Radunski, Peter (1996): Politisches Kommunikationsmanagement. Die Amerikanisierung der Wahlkämpfe. In: Bertelsmann Stiftung (Hrsg.): Politik überzeugend vermitteln. Wahlkampfstrategien in Deutschland und den USA. Gütersloh, S. 33-52.

Reimann, Horst (1989): Die Anfänge der Kommunikationsforschung. Entstehungsbedingungen und gemeinsame europäisch-amerikanische Entwicklungslinien im Spannungsfeld von Soziologie und Zeitungswissenschaft. In: Kaase, Max/Schulz, Winfried (Hrsg.): Massenkommunikation. Theorien, Methoden, Befunde. Opladen, S. 28-45.

Reljic, Dusan (1998): Killing Screens. Medien in Zeiten von Konflikten. Düsseldorf.

Riley, John W., Jr./Riley, Matilda White (1959): Mass communication and the social system. In: Merton, Robert K. (Hrsg.): Sociology today. Problems and prospects. New York, S. 537-578.

Ristau, Malte (2000): Wahlkampf in der Mediendemokratie. Die Kampagne der SPD 1997/98. In: Klein, Markus/Jagodzinski, Wolfgang/Mochmann, Ekkehard u.a. (Hrsg.): 50 Jahre empirische Wahlforschung in Deutschland. Wiesbaden, S. 465-476.

Robinson, Gertrude J. (1988): „Here be dragons": Problems in charting the U.S. history of communication studies. In: Communication, 10. Jg., S. 97-119.

Rogers, Everett M./Dearing, James W. (1988): Agenda-setting research: Where has it been, where is it going? In: Anderson, James A. (Hrsg.): Communication Yearbook, Bd. 11. Newbury Park, CA, S. 555-594.

Ronneberger, Franz (1964): Die politischen Funktionen der Massenkommunikationsmittel. In: Publizistik, 9. Jg., S. 291-304.

Rössler, Patrick (1997): Agenda-Setting. Theoretische Annahmen und empirische Evidenzen einer Medienwirkungshypothese. Opladen.

Rühl, Manfred (1969a): Die Zeitungsredaktion als organisiertes soziales System. Bielefeld.

Rühl, Manfred (1969b): Systemdenken und Kommunikationswissenschaft. In: Publizistik, 14. Jg., S. 185-206.

Ruß-Mohl, Stephan (1999): Spoonfeeding, Spinning, Whistleblowing. Beispiel USA: wie sich die Machtbalance zwischen PR und Journalismus verschiebt. In: Rolke, Lothar/Wolff, Volker (Hrsg.): Wie die Medien die Wirklichkeit steuern und selbst gesteuert werden. Opladen, S. 163-176.

Sarcinelli, Ulrich (1987): Symbolische Politik. Zur Bedeutung symbolischen Handelns in der Wahlkampfkommunikation der Bundesrepublik Deutschland. Opladen.

Sarcinelli, Ulrich (Hrsg.) (1998): Politikvermittlung und Demokratie in der Mediengesellschaft. Beiträge zur politischen Kommunikationskultur. Opladen.

Saxer, Ulrich (1981): Publizistik und Politik als interdependente Systeme. Zur politischen Funktionalität von Publizistik (1). In: Media Perspektiven, Nr. 7, S. 501-514.

Saxer, Ulrich (1998): System, Systemwandel und politische Kommunikation. In: Jarren, Otfried/Sarcinelli, Ulrich/Saxer, Ulrich (Hrsg.): Politische Kommunikation in der demokratischen Gesellschaft. Opladen, Wiesbaden, S. 21-64.

Schatz, Heribert (1978): Zum Stand der politikwissenschaftlich relevanten Massenkommunikationsforschung in der Bundesrepublik Deutschland. In: Bermbach, Udo (Hrsg.): Politische Wissenschaft und politische Praxis. Opladen, S. 434-454.

Schatz, Heribert (1982): Interessen- und Machtstrukturen im Interaktionsfeld von Massenmedien und Politik. In: Schatz, Heribert/Lange, Klaus (Hrsg.): Massenmedien und Politik. Aktuelle Probleme und Entwicklungen im Massenkommunikationssystem der Bundesrepublik Deutschland. Frankfurt/Main, S. 6-20.

Schenk, Michael (1995): Soziale Netzwerke und Massenmedien. Untersuchungen zum Einfluß der persönlichen Kommunikation. Tübingen.

Schenk, Michael/Rössler, Patrick (1994): Das unterschätzte Publikum. Wie Themenbewußtsein und politische Meinungsbildung im Alltag von Massenmedien und interpersonaler Kommunikation beeinflußt werden. In: Neidhardt, Friedhelm (Hrsg.): Öffentlichkeit, öffentliche Meinung, soziale Bewegungen. Opladen, S. 261-295.

Scherer, Helmut (1997): Medienrealität und Rezipientenhandeln. Zur Entstehung handlungsleitender Vorstellungen. Wiesbaden.

Scherer, Helmut/Schulz, Winfried/Hagen, Lutz/Zipfel, Theodor A./Berens, Helmut (1997): Die Darstellung von Politik in ost- und westdeutschen Tageszeitungen. Ein inhaltsanalytischer Vergleich. In: Publizistik, 42. Jg., S. 413-438.

Schmitt-Beck, Rüdiger (2000): Politische Kommunikation und Wählerverhalten. Ein internationaler Vergleich. Opladen.

Schönbach, Klaus (1998): Politische Kommunikation – Publizistik- und kommunikationswissenschaftliche Perspektiven. In: Jarren, Otfried/Sarcinelli, Ulrich/Saxer, Ulrich (Hrsg.): Politische Kommunikation in der demokratischen Gesellschaft. Opladen, Wiesbaden, S. 114-137.

Schramm, Wilbur (1957): Twenty years of journalism research. In: Public Opinion Quarterly, 21. Jg., S. 91-107.

Schulz, Winfried (1989): Massenmedien und Realität. Die „ptolemäische" und die „kopernikanische" Auffassung. In: Kaase, Max/Schulz, Winfried (Hrsg.): Massenkommunikation. Theorien, Methoden, Befunde. Opladen, S. 135-149.

Schulz, Winfried (1996): Resonance effects in television news. A study of the success of the chancellor candidates´ strategies during the 1990 German Bundestag elections. In: European Journal of Communication, 11. Jg., S. 33-55.

Schulz, Winfried (1997): Communication scholarship in Germany. In: Political Communication, 14. Jg., S. 113-146.

Schulz, Winfried (1998): Wahlkampf unter Vielkanalbedingungen. Kampagnenmanagement, Informationsnutzung und Wählerverhalten. In: Media Perspektiven, Nr. 8, S. 378-391.

Schulz, Wolfram/Friedrichsen, Mike (1995): Das Thema „deutsche Wiedervereinigung" im politischen Alltagsgespräch. In: Klingemann, Hans-Dieter/Erbring, Lutz/Diederich, Nils (Hrsg.): Zwischen Wende und Wiedervereinigung. Analysen zur politischen Kultur in West- und Ost-Berlin 1990. Opladen, S. 333-347.

Semetko, Holli A./Blumler, Jay G./Gurevitch, Michael/Weaver, David H. (1991): The formation of campaign agendas. A comparative analysis of party and media roles in recent American and British elections. Hillsdale, NJ.

Semetko, Holli A./Schönbach, Klaus (1994): Germany's 'Unity Election': Voters and the media. Cresskill, NJ.

Speed, John Gilmer (1893): Do newspapers now give the news? In: Forum, 15. Jg., S. 705-711.

Stone, Philip J./Dunphy, Dexter C./Smith, Marshall S./Ogilvie, Daniel M. (Hrsg.) (1966): The general inquirer. Cambridge, MA.

Stuckey, Mary E./Antczak, Frederick J. (1998): The rhetorical presidency: Deepening vision, widening exchange. In: Communication Yearbook, 21. Jg., S. 405-441.

Swanson, David L./Mancini, Paolo (Hrsg.) (1996): Politics, media, and modern democracy. An international study of innovations in electoral campaigning and their consequences. Westport, CT.

Tichenor, Phillip P./Donohue, George A./Olien, Clarice N. (1970): Mass media flow and differential growth in knowledge. In: Public Opinion Quarterly, 34. Jg., S. 159-170.

Tönnies, Ferdinand (1922): Kritik der öffentlichen Meinung. Berlin.

Vowe, Gerhard/Wolling, Jens (2000): Amerikanisierung des Wahlkampfs oder Politisches Marketing? Zur Entwicklung der politischen Kommunikation. In: Kamps, Klaus (Hrsg.): Trans-Atlantik – Trans-Portabel? Die Amerikanisierungsthese in der politischen Kommunikation. Opladen, S. 57-92.

Weaver, David (1996): Media agenda setting and elections: 1970s-1990s. In: Paletz, David L. (Hrsg.): Political communication research: Approaches, studies, assessments. Bd. 2. Norwood, NJ, S. 211-224.

Weaver, David/McCombs, Maxwell E./Shaw, Donald L. (1998): International trends in agenda-setting research. In: Holtz-Bacha, Christina/Scherer, Helmut/Waldmann, Norbert (Hrsg.): Wie die Medien die Welt erschaffen und wie die Menschen darin leben. Für Winfried Schulz. Opladen, Wiesbaden, S. 189-203.

Weber, Max (1924): Gesammelte Aufsätze zur Soziologie und Sozialpolitik. Tübingen.

Weiß, Hans-Jürgen/Feike, Martina/Freese, Walter/Funk, Peter/Trebbe, Joachim (1995): Gewalt von Rechts – (k)ein Fernsehthema? Opladen.

Westerståhl, Jörgen/Johansson, Folke (1994): Foreign news: News values and ideologies. In: European Journal of Communication, 9. Jg., S. 71-89.

Wildenmann, Rudolf/Kaltefleiter, Werner (1965): Funktionen der Massenmedien. Frankfurt/Main.

Wilke, Jürgen (1993): Internationale Beziehungen und Massenmedien. In: Bonfadelli, Heinz/Meier, Werner A. (Hrsg.): Krieg, Aids, Katastrophen. Gegenwartsprobleme als Herausforderung für die Publizistikwissenschaft. Festschrift für Ulrich Saxer. Konstanz, S. 175-191.

Wilke, Jürgen (1995): Agenda setting in a historical perspective. The coverage of the American Revolution in the German press (1773-83). In: European Journal of Communication, 10. Jg., S. 63-86.

Wirth, Werner (1997): Von der Information zum Wissen. Die Rolle der Rezeption für die Entstehung von Wissensunterschieden. Ein Beitrag zur Wissenskluftforschung. Opladen.

Wolling, Jens (1999): Politikverdrossenheit durch Massenmedien? Der Einfluß der Medien auf die Einstellungen der Bürger zur Politik. Opladen, Wiesbaden.

Wright, Charles R. (1960): Functional analysis and mass communication. In: Public Opinion Quarterly, 24. Jg., S. 605-620.

Züll, Cornelia/Mohler, Peter Ph. (Hrsg.) (1992): Textanalyse. Anwendungen der computerunterstützten Inhaltsanalyse. Beiträge zur 1. TEXTPACK-Anwenderkonferenz. Opladen.

Internationale Kommunikation

Miriam Meckel / Klaus Kamps

1 Einführung: Begriffe und Definitionen

Die Kommunikationswissenschaft fasst unter „internationale Kommunikation" ein heterogenes Forschungsfeld, das sich vornehmlich folgenden Gegenständen widmet: dem staatenübergreifenden Vergleich von Rundfunk-, Fernseh- und Mediensystemen (vgl. dazu den Beitrag Kleinsteuber in diesem Band), den Formen, Funktionen und Effekten von Kommunikation zwischen Staaten, einschließlich Propaganda, dem internationalen Journalismus, der internationalen Nachrichtenberichterstattung, der Auslandsberichterstattung, den Programm- und Informationsflüssen, der Rolle von supranationalen Organisationen auf Kommunikation in und zwischen Staaten sowie den kommunikativen Aspekten der Globalisierung. Damit findet der Ausdruck „internationale Kommunikation" im Zusammenhang mit vielfältigen Kommunikationsvorgängen aus Politik, Wirtschaft und Gesellschaft Gebrauch: Vom diplomatischen Kamingespräch, der Kriegsberichterstattung, der täglichen Nachrichtenberichterstattung über Geschehen in und aus anderen Ländern, dem Informationstransfer auf dem globalen Börsenparkett bis hin zum Einfluss internationaler Medien und Mediensysteme – um nur einige Aspekte zu nennen. Sowohl theoretisch als auch forschungspraktisch sind dabei begriffliche Abgrenzungsprobleme zwischen *interkultureller*, *transnationaler* und *transkultureller* Kommunikation zu beachten.

In einem engen Sinne bezieht sich „*internationale* Kommunikation" allein auf Kommunikationsvorgänge bei der Herstellung von Beziehungen zwischen Nationen (vgl. Faul 1990: 145). *Transnational* sind Kommunikationsprozesse dann zu nennen, wenn es um den Aufbau von Strukturen geht, die „von nationalen Verhältnissen und Beziehungen abstrahiert [...] zu bezeichnen wären" (Faul 1990: 145). Mithin bezieht sich die erste Definition auf die Integration nationaler Verschiedenartigkeit im Sinne von wechselseitigen und reflexiven Austauschprozessen, während die zweite Definition auf „die Schaffung von Neuem (Institutionalisiertem) unter Assimilierung differenzierter Strukturen" abhebt (Kriener/Meckel 1996: 12). Eine weitere, ergänzende Unterscheidung ist zu treffen, wenn das Suffix „-kultur" das Suffix „-national" ersetzt (inter*kulturell*, trans*kulturell*). Kultur als Programm der Gesellschaft dient der komplexen und zugleich dynamischen Kodierung von Koordinierungs- und Koorientierungsschemata (vgl. Schmidt 1994: 84f.). Eine zentrale Komponente dieser Dynamik und damit des Wandels ist die Beobachtung von Eigenarten, Besonderheiten und Differenzen von und zu Kulturprogrammen anderer Gesellschaften. In diesem Sinne sollte, wenn nicht auf die klassische Trias der Nation – Volk, Staat, Gebiet – Bezug genommen wird, von inter*kultureller* bzw. trans*kultureller* Kommunikation die Rede sein. Gleichwohl bilden jenseits dieser Differenzierungen in der Praxis der Kommunikationswissenschaft diese Begriffe zusammen das Gerüst des Forschungsfeldes „internationale Kommunikation". Diese Weitläufigkeit schuldet sich nicht zuletzt der für Kommunikationsprozesse häufig wenig oder nicht zweckmäßigen Referenzkategorie „Nation".

2 Theoretische Annäherungen

2.1 Das Konzept der Globalisierung

Globalisierung ist kein Phänomen allein des ausgehenden 20. oder beginnenden 21. Jahrhunderts. Dennoch scheinen weltweite wirtschaftliche, politische und kulturelle Verflechtungen die außerordentliche Begriffskarriere, die „Globalisierung" in der letzten Dekade durchlaufen hat, zu rechtfertigen. Kommunikationstechnologien und kommunikative Vernetzungs- und Austauschprozesse haben dabei die besondere Dynamik des Globalisierungsprozesses geleitet: „Die Raummatrix der Welt enthält erstens keine weißen Flecken mehr und ermöglicht zweitens im Prinzip Orientierungsmöglichkeiten für jeden, gleichgültig an welchem Punkt auf dem Globus er oder sie sich befinden mag" (Altvater/Mahnkopf ^{2}1997: 39). Zentral für den Globalisierungsbegriff ist für die meisten Kommentatoren die Annahme eines sich auf der Grundlage von Deregulierung und Liberalisierung beschleunigenden Prozesses *ökonomischer Interdependenzen*, der etablierte gesellschaftliche Steuerungsmechanismen (vor allem: Volkswirtschaft, Nationalstaat) dem Anpassungsdruck einer neuen, nun globalen Ökonomie aussetzt. Voraussetzung für diesen Trend sind die Entwicklungen der Informations- und Kommunikationstechnologien, insbesondere der Mikroelektronik. Sie erlauben die Reduktion der Raum- und Zeitproblematik und machen damit *Dienstleistungs*technologien möglich, mit denen hochkomplexe Kommunikations-, Produktions- und globale Vermarktungspotenziale gesteuert und geldwirtschaftlich gesichert werden können (vgl. Windfuhr 1997). Der Wirkungskreis von Globalisierung erstreckt sich mithin nicht allein auf Politik, Wirtschaft oder Kultur als separierbare Entitäten, sondern umfasst notwendigerweise den Kontext trans- und internationaler Kommunikation.

Allgemeine Annäherungen an den Meta-Begriff Globalisierung betonen zumeist den „Bedeutungsverlust geografischer Zuschreibungen und Abgrenzungen sowie der damit verbundenen Konsequenzen für Gesellschaften oder Gemeinschaften" (Meckel 2001: 23). Auch beschränken sich zahlreiche Überlegungen zum Globalisierungsbegriff auf ökonomische Veränderungsprozesse. Den überzeugendsten Versuch, den Begriff systematisch und differenzierter zu operationalisieren, hat wohl Ulrich Beck (1997) vorgelegt. Er unterscheidet drei Ausprägungen eines Phänomens, das generell unter „Globalisierung" gefasst wird: Globalismus, Globalität und schließlich Globalisierung selbst. Unter *Globalismus* subsumiert Beck zunächst „die Auffassung, daß der Weltmarkt politisches Handeln verdrängt oder ersetzt, d.h. die Ideologie des Neoliberalismus" (Beck 1997: 26). Unter *Globalität* fasst er hingegen die Erkenntnis, dass die Menschen längst in einer Weltgesellschaft leben, „und zwar in dem Sinne, daß die Vorstellung geschlossener Räume fiktiv wird" (Beck 1997: 28). Drittens schließlich rekurriert er auf *Globalisierung* und meint damit „Prozesse, in deren Folge die Nationalstaaten und ihre Souveränität durch transnationale Akteure, ihre Machtchancen, Orientierungen, Identitäten und Netzwerke unterlaufen und querverbunden werden" (Beck 1997: 28f.). Die in dieser Systematisierung – Ökonomie, geografische Enträumlichung sowie Interaktion und Vernetzung – zweifellos vorhandene Interpretationsmarge lässt sich über einen kommunikationstheoretischen Zugang durch die Lösung von der für Kommunikation traditionellen Transportmetapher weiter reduzieren. Der *Prozess* der Globalisierung beschränkt sich eben nicht auf Grenzüberschreitungen in bi- oder multinationaler Ausprägung, „sondern eröffnet mit dem Weltkontext eine völlig neue, von nationalstaatlichen Orientierungen und deren Grenzziehungen abstrahierte Idee, die mehr ist als die Summe aller Teile der bisher erkannten Internationalisierungsprozesse" (Meckel 2001: 26).

Damit geht es in dieser Perspektive nicht vorrangig um den optionalen Austausch oder Transfer von Informationen gleichsam als Kulturgüter, die von A nach B „transportiert" oder „vermittelt" werden; vielmehr impliziert sie die Herausbildung von übergeordneten Strukturen und Funktionalitäten, die mehr sind als lediglich größer dimensionierte und weiter verzweigte Internationalisierungsprozesse. Fraglich muss dabei bleiben, ob sich, analog zu einer *Weltwirtschaftsordnung*, eine derartig synergetische Strukturierung grenzüberschreitender Kommunikations- und Informationsprozesse in dem seit den 60er-Jahren von Marshall McLuhan (hier: 1995) prominent promovierten „globalen Dorf" als Ordnungsmodell einer Weltkommunikationsordnung manifestiert – womit sich die Globalisierungsdiskussion in mancher Hinsicht an die anders gelagerte, ältere Auseinandersetzung zur Weltinformationsordnung ankoppelt.

2.2 Das Konzept der Neuen Weltinformationsordnung

Das Konzept der *Neuen Weltinformationsordnung* ist nicht ursprünglich der Globalisierungsdebatte zuzuordnen, wenngleich sie sich zum Teil dort widerspiegelt. Bereits Ende der 60er-Jahre führte die UNESCO eine eindringliche Diskussion um die Bedingungen und Strukturen der internationalen Nachrichtenberichterstattung. Als Unterorganisation der UN setzte sich die UNESCO nicht zuletzt deshalb mit dem Thema auseinander, weil sich im Artikel 19 der UN-Menschenrechtserklärung von 1948 folgende Formulierung einer (eben auch grenzüberschreitenden) Informationsfreiheit findet: „Everyone has the right to freedom of opinion and expression; this right includes freedom to hold opinions without interference, and to seek, receive and impart informations and ideas through any media and regardless of frontiers".

Debattiert wurde einerseits die unterstellt einseitige und negative Berichterstattung westlicher Medien über Entwicklungsländer, andererseits die Kontrolle des internationalen Informationsmarktes durch Nachrichtenagenturen westlicher Industriestaaten. Die Forderung einiger Entwicklungsländer nach einer *New World Information and Communication Order* (NWICO) koppelte sich zugleich eng an die Revision der globalen Wirtschaftsstrukturen. Analog zur ökonomischen Abhängigkeit – so der zentrale Vorwurf – seien die Entwicklungsländer gebunden an die Nachrichtenprodukte der industriellen Welt. Zudem fände im Rahmen der gegebenen Strukturen keine *inter*nationale Kommunikation statt, vielmehr sei die Berichterstattung der dominierenden westlichen Agenturen einseitig und „insgesamt unsensibel gegenüber den Weltordnungen außerwestlicher Kulturen und stecke häufig voller ‚abendländischer' Vorurteile und Stereotypen" (Kleinsteuber 1994: 564). Insbesondere werde aus Staaten, die nicht der westlichen Welt zuzurechnen sind, nur im Falle akuter Krisen, Kriege oder Katastrophen berichtet (vgl. Kamps 1998: 277).

In der Konsequenz einer überproportional negativen Berichterstattung, so die Argumentationskette, entstünde eine „Image"-Kluft. Journalisten der industriellen

Welt würden nicht über positive Entwicklungen berichten; solche eher langwierigen Prozesse blieben von den durch Tagesaktualität dominierten Medien unbeachtet. Vielmehr bevorzugten sie das Dramatische, Ungewöhnliche, ja Bizzare. Demgegenüber forderten die Entwicklungsländer mehr Berichte über entwicklungspolitische Problematiken, deren Hintergründe und Lösungsperspektiven – selbst unter dem Preis einer Einschränkung der freien Informationswahl der Nachrichtenjournalisten. Kurz: Man wollte die Welt *aus der eigenen Perspektive* informieren und mit dieser Art des Zugangs zu Medieninhalten für internationale Verständigung sorgen. 1976 diskutierte die UNESCO-Konferenz in Nairobi eine *Neue Weltinformationsordnung* und beauftragte den ehemaligen irischen Außenminister Sean MacBride als Vorsitzenden einer Kommission zur Ausarbeitung eines empfehlenden Berichts. Der 1980 veröffentlichte UNESCO-Bericht der „MacBride-Kommission" (*Many voices, one world: Toward a more just and more efficient world information and communication order*) forderte eine der Moralität verpflichtete internationale Nachrichtenberichterstattung. Die zentrale Formulierung des Berichts liest sich als *balancierte Informationsordnung*. Diese wurde in der Folge Gegenstand einer der heftigsten politischen Debatten innerhalb der UNESCO. 1984 traten schließlich die USA, begleitet von Großbritannien und Singapur, aus der UNESCO aus – nicht nur, aber auch, weil die UN-Organisation sich nicht den amerikanischen Vorstellungen eines in jeder Hinsicht freien Informationsflusses anschließen konnte. Aus der Sicht der USA stellte es bereits einen inakzeptablen Eingriff in journalistische Tätigkeit dar, wenn die jeweiligen Regierungen definieren könnten, was konkret eine *balancierte* Berichterstattung sei.

Ausgehend von der Grundprämisse, dass Medien einen erheblichen Einfluss auf die Wahrnehmung anderer Länder und Kulturen ausüben, spielt in der Diskussion um eine neue Weltinformationsordnung seither – in konjunkturellen Phasen – die Frage nach der Dominanz vor allem der US-amerikanischen Medien und Informationskultur eine zentrale Rolle. Während diese Debatten sich weitgehend in unilateralen Einflussstrukturen bewegen und/oder eng an ökonomische Dependenzmodelle halten (z.B. die G-8-Charta aus dem Jahr 2000), konzentrieren sich jüngere, nicht zuletzt durch die Globalisierungsdebatte angeregte theoretische Zugänge auf komplexere Zusammenhänge und Prozesse.

2.3 Amerikanisierung, Modernisierung und kulturelle Homogenisierung

Amerikanisierung – als Wahlkampfbegriff im Turnus medienrelevant – ist eigentlich kein Begriff der Kommunikationsforschung, sondern eine einflussreiche Metapher der europäischen Kulturkritik, die bereits im 19. Jahrhundert ihren ahnungsvollen Blick über den Atlantik lenkte. Mindestens seit den 20er-Jahren markiert *Amerikanisierung* eine lange Liste positiv wie negativ konnotierter, emotional zumeist überfrachteter Topoi. Im Bereich Massenkommunikation finden sich erste Ansätze einer „Amerikanisierungs"-Diskussion in der beschriebenen Auseinandersetzung um eine *New World Information and Communication Order* (vgl. Schiller 1976). Gegenwärtig trifft der Amerikanisierungsbegriff in der öffentlichen Debatte unter dem Signum des Kulturtransfers zumeist im Wahlkampfkontext neue, gleichfalls scharfe Akzente. In diesem engeren Sinne impliziert Amerikanisierung die Vorstellung, „daß die Elemente, die den modernen Wahlkampf bestimmen, als ‚Importartikel' übernommen wurden und [...] Anzeichen einer weltweiten ‚Kolonialisierung' durch die USA sind" (Schulz 1997: 194). Als Kategorialelemente einer solchen wahlkampfbezogenen Amerikanisierung wären hier in erster Linie zu nennen: Professionalisierung, Entideologisierung, Inszenierung, Personalisierung.

Fraglich bleibt gleichwohl, ob derartige Kategorien eines unterstellten „amerikanischen" Wahlkampfs konzeptionell als einseitiger, gerichteter Konvergenzprozess zu begreifen sind, der sich vor allem dadurch auszeichnet, dass amerikanische Vorbilder imitiert werden. Zwei weitere Erklärungsmodelle erweitern den Interpretationshorizont erheblich: Modernisierung, kulturelle Homogenisierung. Nach der *Modernisierungsthese* sind Form und Agens der politischen Selbstdarstellung und Medienberichterstattung nicht Ausdruck und Horizont einer „Amerikanisierung", sondern Effekt und Faktor einer weitläufigeren sozialen Differenzierung. Als zentrales Merkmal dieser Modernisierung ist die ständig zunehmende gesellschaftliche Komplexität zu nennen. Diese Komplexität wird über die Pluralisierung der Werte, Säkularisierung und Individualisierung zudem gesteigert durch eine sozial-strukturelle Fragmentierung, „der eine ‚symbolische' Fragmentierung der Gesellschaft entspricht: immer mehr und immer kleinere soziale Mikrostrukturen entwickeln ihre eigenen Realitäten" (Schulz 1997: 195). Damit geht die Modernisierungsthese davon aus, dass die unter der Amerikanisierung gefassten Veränderungen vor allem endogene Ursachen haben, also Konsequenzen eines permanenten Strukturwandels in Politik, Gesellschaft und Mediensystem sind, der nicht allein die amerikanische Gesellschaft ergriffen hat. Zu einer Orientierung an amerikanischen Akteuren oder Handlungsschemata könnte es gleichwohl kommen – insofern sei der Amerikanisierungsbegriff nicht gänzlich irreführend –, weil die Modernisierung in den USA aus einer Reihe von Gründen am weitesten fortgeschritten ist. Gleichwohl, dies ist der zentrale Unterschied, sind die Vereinigten Staaten nach der Modernisierungsthese nicht die Quelle der Veränderung, sondern lediglich „role-model" (vgl. Donges 2000: 36) im Zuge eines allgemeineren Wirkungsprozesses moderner Gesellschaften.

Das Konzept der *kulturellen Homogenisierung* (manchmal auch: Standardisierung) geht schließlich davon aus, „dass es einen symmetrischen und freien Austausch von Werten, Normen und Praktiken zwischen verschiedenen Kulturen gibt" (Donges 2000: 36). Im Wahlkampfkontext beispielsweise würden die Akteure nicht, wie es der Amerikanisierungsbegriff impliziert, amerikanische Praktiken und Methoden eins-zu-eins kopieren (etwa in der Unterhaltungskultur), vielmehr würden sie sich verschiedenen Quellen zuwenden – einem „common pool of ressources" (Negrine/Papathanassopoulos 1996: 47). Dabei dominiert nicht die Imitation (Amerikanisierung) oder die Adaption an weitläufigere soziale und gesellschaftliche Prozesse (Modernisierung), sondern der multilaterale, wechselseitige Transfer von Handlungslogiken. In der Folge eines permanenten Transfers von *erfolgreichen* Handlungslogiken sei schließlich ein allgemeiner Homogenisierungs- oder eben Standardisierungsprozess zu verzeichnen.

3 Empirische Problemfelder

3.1 Nachrichtengeografie und Auslandsberichterstattung

Die oben beschriebene Kontroverse um eine *New World Information and Communication Order* lenkte die Aufmerksamkeit der Kommunikationsforschung auch in

Europa nachhaltig auf die Thematisierungs- und Darstellungskriterien der internationalen Nachrichtenberichterstattung. Kaum einem anderen Thema wird in der internationalen Kommunikationsforschung seither so viel Interesse entgegengebracht, wie den Maßstäben und Konditionen internationaler Nachrichten (und dem Vorwurf der quantitativ unausgewogenen, qualitativ verzerrten Auslandsberichterstattung). Die Tradition dieses empirischen Forschungsschwerpunktes reicht indes weiter zurück in die – der Kriegspropaganda zugewandten – Wurzeln der internationalen Kommunikationsforschung: Unter dem Eindruck der vehementen, unverhohlenen Propaganda des Ersten Weltkrieges richtete sich die Aufmerksamkeit der jungen Disziplin „Kommunikationsforschung" auf den Einfluss von manifesten Inhalten auf die Konstruktion von Weltbildern.

Einem an Propaganda orientierten Erkenntnisinteresse verdankt die Sozialwissenschaft und damit die Kommunikationswissenschaft dann auch eine Weiterentwicklung ihres Methodeninventars. Insbesondere die USA stellten während des Zweiten Weltkrieges erhebliche Forschungsmittel zur Analyse politischer Persuasion zur Verfügung. „Inter-National" blieb diese Forschung dabei gleichwohl einzig in dem Sinne, als sie sich auf Kommunikations- und Informationsprozesse *in anderen Ländern* konzentrierte. Gleichfalls über US-amerikanische Forschungsanstrengungen erhielt die internationale Kommunikationsforschung in der Nachkriegszeit neuerlichen Aufschwung. Dabei erfolgte ein forschungspraktischer Perspektivenwechsel, als man sich nunmehr explizit der Auslandsberichterstattung zuwandte, also Kommunikations- und Informationsprozessen *über andere Länder*.

In der Retrospektive erscheint es dann durchaus folgerichtig und konsequent, dass sich eine kleinere Studie, die sich mit der Nachrichtenberichterstattung über Vorgänge und Ereignisse in anderen Ländern beschäftigte, für die Kommunikationswissenschaft insgesamt als wegweisend erwies: In „The structure of foreign news" formulierten Galtung und Ruge (1965) einen Katalog an Nachrichtenwerten, der u.a. in seiner theoretischen Grundkonzeption beanspruchte, Fokus, Form und Agens von Auslandsberichterstattung zu erklären. Medien, so eine Prämisse von Galtung und Ruge, mögen zwar nicht einzig für unsere Vorstellungen von anderen und über andere Länder verantwortlich sein, „but the regularity, ubiquity and perseverence of news media will in any case make them first-rate-competitors for the number-one position as international image-former" (Galtung/Ruge 1965: 64).

Im Untertitel dieser Arbeit klang bereits die dann Ende der 60er-Jahre anschwellende Debatte über die internationale Nachrichtenberichterstattung an: „The presentation of the Congo, Cuba and Cyprus crises in four Norwegian newspapers". In der Folge wandten sich zahlreiche, meist inhaltsanalytisch-vergleichende Studien den Fragen nach Anlass, Form und Umfang der Auslandsberichterstattung zu. Einer traditionellen Geografie wurde eine *Nachrichtengeografie* gegenübergestellt.

Diese Studien korrigierten zunächst den nahe liegenden Vorwurf national-zentristischer Einseitigkeit, als sie zeigten, dass weltweit das Nationale im Nachrichtenfokus stand bzw. steht. Auch ist offenbar nicht nur in Industrieländern die eigene geografische Region der zentrale Bezugspunkt der Nachrichtenberichterstattung. Winfried Schulz (1983: 283) bezeichnet dieses Phänomen als „universellen Regionalismus". Fasst man die Arbeiten in diesem Kontext zusammen, so bleibt festzuhalten: Das „globale Dorf" ist danach vor allem ein *nationales*, mitunter *regionales* Dorf; zwar mag *Welt*berichterstattung ein viel propagiertes Ziel der Nachrichtenmedien sein, sie berichten aber eher nation- und kulturgebunden, aus einer auf ihr

Land konzentrierten, nicht globalen Perspektive, die die Welt durchaus hierarchisch in Regionen, Länder und Kulturen von zum Teil weit auseinander klaffenden Nachrichtenwerten einteilt. Informationsgenres vermitteln dabei nicht nur einen kleinen Ausschnitt des Weltgeschehens, zeigen Zentren und Peripherien des Globus auf, sondern sie verdeutlichen vor allem die Position des eigenen Landes in Relation zu diesem Geschehen. In einer Welt globaler Interdependenzen – kulturell, wirtschaftlich, politisch – bleibt es nach dem derzeitigen Stand der Nachrichtenforschung damit zweifelhaft, ob Nachrichtenmedien über Auslandsberichterstattung nationale Grenzen mehr als nur symbolisch überwinden.

3.2 Internationale Programmflüsse

Bekannter als diese Diskussion um eine „Weltinformationsordnung" dürfte eine Auseinandersetzung sein, in der es ausdrücklich um „Hollywood ante portas" geht: die Frage nach Umfang, Reichweite und Effekt der Einfuhr amerikanischer Film- und Fernsehprodukte – einem älteren Topos der Amerikanisierungsdebatte. Schon Mitte der 20er-Jahre sprachen sich die Regierungen von Deutschland, Großbritannien, Frankreich und Italien dafür aus, den Import von Hollywood-Erzeugnissen zu quotieren. In Frankreich dominierte zeitweise sogar die Vorstellung, amerikanischen Filmvertrieben deren Produkte nur im Austausch mit französischen Werken abzunehmen. Das Quoten-System scheiterte schließlich, die Idee aber, die Einfuhr amerikanischer (Pop-)Kultur-Produkte zu limitieren, wird regelmäßig neu thematisiert. Dass der Einfluss amerikanischer Medienprodukte und -formate im Medienalltag auch der Bundesrepublik Deutschland gegenwärtig nur schwer zu übersehen ist, verdankt sich in mancher Hinsicht schlicht dem Umstand, dass die Vereinigten Staaten historisch die Vorreiterrolle in der Entwicklung und privatwirtschaftlichen Anwendung von Kommunikationstechnologien übernommen haben. In der Folge beherrscht „Hollywood [...] den Markt der Kinofilme, insbesondere im Bereich der Großproduktionen, der *blockbusters*, amerikanische Produktionsgesellschaften sind die wichtigsten auswärtigen Lieferanten von Fernsehserien und *movies made for TV* [...]" (Wenzel 1998: 7; Hervorhebung im Original).

In den 70er- und 80er-Jahren zogen dann populäre Serien wie „Dallas" die Aufmerksamkeit von Kommentatoren und Kritik auf sich. Nahezu als Neuauflage der Debatte um eine Weltinformationsordnung verstärkte sich im Zuge der Einführung des dualen Rundfunksystems in Europa unter dem negativ konnotierten Signum eines „Kulturtransfers" eine ältere Debatte um Pro und Contra des Imports amerikanischer Film- und Fernsehprogramme, die Modell stünden für kulturelle wie lebensweltliche An- und Einsichten der eher trivialeren Art: „Wir sind Zeugen der Entstehung einer weltweiten Globalkultur, die im wesentlichen amerikanisch inspiriert ist, in der Mehrzahl von amerikanischen Firmen beherrscht wird und für die die amerikanische Populärkultur die maßgeblichen Modelle und Materialien liefert" (Fluck 1998: 13). Anknüpfend an die Kulturimperialismusthesen von Schiller (1976) und anderen Autoren der 70er-Jahre, begriff man auch in Europa die USA als „Invasoren" der nationalen Fernsehkulturen. Tatsächlich zeigen ländervergleichende Programmflussstudien (vgl. Meckel 1994: 47f.), dass die USA nur sehr wenig Programme importieren und zugleich mit weitem Abstand vor Europa als der größte Fernsehprogrammexporteur fungieren. Umgekehrt machen die Programmanteile

Westeuropas und Lateinamerikas im US-Programm einen verschwindend geringen Anteil aus. Im Ergebnis weisen die Daten – mögen sie jeweils als Momentaufnahmen und in ihrer Vergleichbarkeit teilweise problematisch sein – jedenfalls auf eine eindeutige Tendenz hin: Die internationalen Informations- und Kommunikationsflüsse waren Mitte der 80er-Jahre nicht ausgeglichen. Und derzeit ist noch immer davon auszugehen, dass die dargelegten Import-Export-Verhältnisse sich nicht wesentlich geändert haben.

Der Frage, ob ein bestimmtes Programmangebot immer und überall, also auch in unterschiedlichen kulturellen Umfeldern, unter den gleichen Bedingungen und mit den gleichen Wirkungen rezipiert wird, sind verschiedene Studien nachgegangen. So haben Katz und Liebes (1990) beispielhaft an der US-Serie „Dallas" gezeigt, dass sich das typische amerikanische Fernsehfictionprogramm durch eine ausgeprägte Offenheit und Abstraktion hinsichtlich seines kulturellen Kontextes auszeichnet. Diese Ergebnis überrascht kaum, da US-Fictionprogramme nicht zuletzt im Hinblick auf den weltweiten Export produziert werden, sodass zugunsten einer *universality of appeal* Abstriche bei der Prägnanz kulturell-kontextueller Kodierungen gemacht werden müssen. Eine weitere in diesem Kontext angelegte Vergleichsstudie (Biltereyst 1991) der Rezeption amerikanischer und nationaler Fictionprogramme (in Flandern) kommt zu dem Ergebnis, dass nationalen Fictionprogrammen (in diesem Fall: Sitcoms) sowohl auf der referenziellen als auch auf der meta-linguistischen Ebene hohe normative Werte zugewiesen werden, während die Rezipienten amerikanische Programme eher als wertfrei ansehen. Was aber heißt: Während nationale Fictionprogramme durchaus als Mittel der persönlichen Auseinandersetzung mit Fragen der jeweils im Umfeld existierenden politischen, kulturellen oder sozialen Themen fungieren, können amerikanische Programme diese Funktion kaum übernehmen.

4 Trends im Forschungsfeld internationale Kommunikation

4.1 Transkulturelle Medienkommunikation 1: Globalisierung von Strukturen

Bei der Globalisierung von Medienkommunikation geht es seltener um Integration und Inhalte, häufiger dagegen um übergeordnete, transkulturelle Strategien der Gestaltung von Thematisierungs- und Vermarktungsprozessen (vgl. Meckel 2001: 174ff.). Das Beispiel der Fusion von Time Warner und AOL zeigt, wie weit Konvergenzprozesse im Gedanken an Cross-Media-Konzepte derweil gediehen sind und wie stark die Etablierung transkultureller Angebots- und Nutzungsstrukturen im Sinne der Verlängerung und Reflexivität von Wertschöpfungsketten bei der Debatte um Internationalisierung respektive Globalisierung im Vordergrund steht. Kulturelle Konflikte sind im Zuge einer expansiven Globalisierungsstrategie gerade im Mediensektor unvermeidbar, wobei Lösungsansätze für weltweit agierende Unternehmen in der Regel *nicht* im Aushandeln kultureller Differenzen liegen. Die Transkulturalität einer Globalisierung der Medien erschöpft sich zuweilen in der Erkenntnis, dass Medienunternehmen primär die ökonomischen Potenziale ausländischer Märkte im Auge behalten und mit kulturellen Differenzen daher eher adaptiv als konfrontativ umgehen (müssen).

Anders verhält es sich mit Medienangeboten, die konkret auf die Aushandlung von kulturellen Differenzen hin angelegt sind. Dies gilt z.B. für den europäischen Kulturkanal Arte und den europäischen Nachrichtenkanal Euronews. Beide Kanäle entstanden Anfang der 90er-Jahre vor der Überlegung, Medien ließen sich als Mittler kultureller Kontexte und als Vermittler zwischen kulturellen Differenzen, also als Faktoren im europäischen *Integrations*prozess einsetzen. Dass diese Vorstellung nicht einfach Wirklichkeit wurde, belegt die bis heute marginale Akzeptanz der Programme. Betrachtet man diese Entwicklung in Hinblick auf die Anforderungen transkultureller Medienkommunikation, so ergeben sich einige Problemdimensionen.

Nicht rein national ausgerichtete Medienangebote unterliegen in der Regel der Steuerung durch Institutionen oder Unternehmen, die in jeweils unterschiedlichen national-kulturellen Kontexten verankert sind. Bei der *Koordinierung von Steuerungsmechanismen* kommen nicht nur die verschiedenen nationalen Kulturen zum Tragen (z.B. bei Arte), sie führen in der Regel auch zu Auseinandersetzungen um Einflussgrößen und Entscheidungsspielräume. Im *Redaktionsprozess* solcher Medien muss eine Reihe zusätzlicher Herausforderungen bewältigt werden. Dazu gehört die Koordination verschiedener thematischer Präferenzen, die aus unterschiedlichen Journalismuskulturen resultieren, die Organisation der Sprachtransformation, die wiederum kulturellen Präferenzen für Synchronisation, Voice over oder Untertitel unterliegt, und eine Personalführung, die den Besonderheiten internationaler Teams Rechnung tragen muss. Das *Themenmanagement* unterliegt anderen Voraussetzungen als bei national agierenden Medien und Redaktionen. Wenn französische Winzer aus Protest gegen Billigimporte Wein an der italienischen Grenze ausschütten oder wenn deutsche Umweltschützer gegen Rücktransporte aus der französischen Wiederaufbereitungsanlage La Hague protestieren, sieht die nationale Berichterstattung jeweils sehr unterschiedlich aus. Dies setzt voraus, dass differente Sichtweisen mit ihren Auswirkungen auf die journalistische Thematisierung (Platzierung, Länge etc.) redaktionell vermittelt und für die journalistische Umsetzung handhabbar gemacht werden.

4.2 Transkulturelle Medienkommunikation 2: Globalisierung von Formaten

Ein Beispiel dafür, wie die konsequente und langfristige Ausrichtung von Medienangeboten als Reaktion auf Globalisierungsprozesse gelingen kann, ist die Angebotspalette des Nachrichtensenders CNN. Die gleichzeitige nationale und internationale Expansionsstrategie, die konsequente Diversifizierung des Nachrichtenangebots in verschiedenen Kanälen mit inhaltlicher Spezifizierung (CNN Headline News, CNN International, CNN Radio, CNN Financial Network, CNN Online), die damit verbundene Verlängerung und Vernetzung der Wertschöpfungsketten, die Rationalisierung der Nachrichtenproduktion nach Geboten der Effektivität und Effizienz, die Beteiligungen an nationalen Medienunternehmen und nicht zuletzt eine durchdachte Regionalisierungsstrategie haben es ermöglicht, dass CNN sich auf den einzelnen regionalen Märkten jeweils eine ökonomisch und publizistisch bedeutsame Position erobern konnte. Nationale Verankerungen wurden in den vergangenen Jahren durch Sonderprogramme sowie vereinzelt durch die Auswahl regionaler Moderatoren umgesetzt. Die redaktionellen Standards werden dabei immer in der USA-Zentrale in

Atlanta gesetzt und bis in jedes Spezial- und Regionalangebot „durchdekliniert". Auch ist CNN darauf ausgerichtet, jeweils durch schnelle journalistische Reaktion einen hohen Aktualitätsstandard zu halten. Wie dieser Anspruch umgesetzt wird, ist Sache der Journalistinnen und Journalisten vor Ort. Die „Just-in-time"-Produktion verlangt die „Just-in-time"-Reaktion und Verfügbarkeit der Mitarbeiter und resultiert bei Misslingen auch schon einmal in der „Just-in-time"-Kündigung.

Mit welchen Problemen sich das Schmieden strategischer Allianzen als Reaktion auf Globalisierungsprozesse im redaktionellen Prozess niederschlägt, zeigt sich seit Anfang 2000 auch am Zeitungsmarkt. Um im weltweiten Nachrichtenwettbewerb mithalten und nicht zuletzt dem Fernsehen mit seinem Vorteil der Schnelligkeit und Bildorientierung etwas entgegensetzen zu können, bemühen sich Zeitungsverlage zunehmend um Kooperation. Die Zusammenarbeit zwischen der europäischen und deutschen ›Financial Times‹, zwischen dem ›Wall Street Journal‹ und dem ›Handelsblatt‹ sowie zwischen dem ›Herald Tribune‹ und der ›Frankfurter Allgemeinen Zeitung‹ sind drei Beispiele für diese Entwicklung und die mit ihr verbundenen Probleme.

So groß die strategischen Vorteile im Markt durch solche Kooperationen sein mögen, so groß ist auch der zusätzliche Bedarf an Konfliktlösungsstrategien, die das stete Austarieren von Konfliktpotenzialen und Widersprüchen zum Ziel haben. Im Bereich der journalistischen Medienproduktion stellt dies noch immer eine Ausnahme dar, da nonfiktionale Produkte dem Globalisierungsdruck nicht vergleichbar unterliegen, wie dies bei Fiktionprogrammen der Fall ist. Um einzelne Programme in möglichst vielen Ländern verkaufen oder vermarkten zu können und auf diesem Wege die Wertschöpfungskette von Beginn an global anzulegen, folgt der internationale Markt der Film- und Fernsehproduktion weitgehend dem Konzept des „Formatting": Programme werden in allen Konzeptions- und Produktionsschritten auf transnationale Vermarktung hin angelegt und dabei nach bestimmten, kommerziell Erfolg versprechenden Mustern gestaltet. Dies setzt die konsequente Beobachtung und Analyse des internationalen Marktes voraus und schließt die Entwicklung und Adaptionsfähigkeit alter und neuer Formate sowie die Konzentration auf Marketingfragen im redaktionellen Entscheidungsprozess mit ein.

Die Entwicklung von Medienmärkten, medienunternehmerischem Handeln und die Formatierung von Medienprodukten wird wesentlich durch den Globalisierungsprozess geprägt. Er bezeichnet weniger die Aushandlung kultureller Differenzen oder deren Integration im Sinne kommunikativer und organisatorischer Vermittlungsprozesse als die Durchsetzung eines rationalisierten und ökonomischen Prinzipien unterworfenen Denkens und Handelns in allen Medienkontexten. Es ist eben nicht der intensivierte Aushandlungsprozess kultureller Differenzen im Sinne der Interkulturalität, der in Zeiten der Globalisierung im Vordergrund steht, sondern die Frage nach optimalen, grenzüberschreitenden Vermarktungsstrategien mit dem Ziel der Gewinnmaximierung. Insofern haben sich die Schwerpunkte im Themen- und Forschungskontext „internationale Kommunikation" in den vergangenen Jahrzehnten durchaus sichtbar verlagert.

Literatur

Altvater, Elmar/Mahnkopf, Birgit (²1997): Grenzen der Globalisierung. Ökonomie, Ökologie und Politik in der Weltgesellschaft. Münster.

Beck, Ulrich (1997): Was ist Globalisierung? Irrtümer des Globalismus – Antworten auf Globalisierung. Frankfurt/Main.

Biltereyst, Daniel (1991): Resisting American hegemony: a comparative analysis of the reception of domestic and US fiction. In: European Journal of Communication, 6. Jg., S. 469-497.

Donges, Patrick (2000): Amerikanisierung, Professionalisierung, Modernisierung? Anmerkungen zu einigen amorphen Begriffen. In: Kamps, Klaus (Hrsg.): Trans-Atlantik, Trans-Portabel? Die Amerikanisierungsthese in der politischen Kommunikation. Wiesbaden, S. 27-40.

Faul, Erwin (1990): Europäische Staatenwesen und „Neue Medien" – Neuorientierung oder Desorientierung der Fernsehpolitik. In: Zeitschrift für Kulturaustausch, 40. Jg., Nr. 2, S. 139-153.

Fluck, Winfried (1998): „Amerikanisierung" der Kultur. Zur Geschichte der amerikanischen Populärkultur. In: Wenzel, Harald (Hrsg.): Die Amerikanisierung des Medienalltags. Frankfurt/Main, New York, S. 13-52.

Galtung, Johan/Ruge, Mari Holmboe (1965): The structure of foreign news. The presentation of the Congo, Cuba and Cyprus crisis in four Norwegian newspapers. In: Journal of Peace Research, 2. Jg., S. 64-91.

Kamps, Klaus (1998): Nachrichtengeographie. Themen, Strukturen, Darstellung: ein Vergleich. In: Kamps, Klaus/Meckel, Miriam (Hrsg.): Fernsehnachrichten. Prozesse, Strukturen, Funktionen. Opladen, Wiesbaden, S. 275-294.

Kamps, Klaus (1999): Politik in Fernsehnachrichten. Struktur und Präsentation internationaler Ereignisse – Ein Vergleich. Baden-Baden.

Katz, Elihu/Liebes, Tamar (1990): Interacting with Dallas: Cross-cultural readings of American tv. In: Canadian Journal of Communication, 14. Jg., Nr. 1, S. 45-65.

Kleinsteuber, Hans J. (1994): Nationale und internationale Mediensysteme. In: Merten, Klaus/Schmidt, Siegfried J. /Weischenberg, Siegfried (Hrsg.): Die Wirklichkeit der Medien. Eine Einführung in die Kommunikationswissenschaft. Opladen, S. 544-569.

Kriener, Markus/Meckel, Miriam (1996): Internationale Kommunikation. Begriffe, Probleme, Referenzen. In: Meckel, Miriam/Kriener, Markus (Hrsg.): Internationale Kommunikation. Eine Einführung. Opladen, S. 11-18.

McLuhan, Marshall (1995): Die Gutenberg Galaxis. Das Endes des Buchzeitalters. Bonn u.a. [zuerst 1962].

Meckel, Miriam (1994): Fernsehen ohne Grenzen? Europas Fernsehen zwischen Integration und Segmentierung. Opladen.

Meckel, Miriam (2001): Die globale Agenda. Kommunikation und Globalisierung. Wiesbaden.

Negrine, Ralph/Papathanassopoulos, Stylianos (1996): The „americanization" of political communication. A critique. In: Press/Politics, 1. Jg., Nr. 2, S. 45-62.

Schiller, Herbert I. (1976): Communication and cultural domination. New York.

Schiller, Herbert I. (1988): Disney, Dallas und der elektronische Informationsfluß. Die weltweite Kommerzialisierung der Kultur. In: Media Perspektiven, Nr. 12, S. 782-790.

Schmidt, Siegfried J. (1994): Kognitive Autonomie und soziale Orientierung. Konstruktivistische Bemerkungen zum Zusammenhang von Kognitionen, Kommunikation, Medien und Kultur. Frankfurt/Main.

Schulz, Winfried (1983): Nachrichtengeographie. Untersuchungen über die Struktur der internationalen Berichterstattung. In: Rühl, Manfred/Stuiber, Heinz-Werner (Hrsg.): Kommunikationspolitik in Forschung und Anwendung. Düsseldorf, S. 281-291.

Schulz, Winfried (1997): Politische Kommunikation. Theoretische Ansätze und Ergebnisse empirischer Forschung. Opladen, Wiesbaden.

Wenzel, Harald (1998): Einleitung. In: Wenzel, Harald (Hrsg.): Die Amerikanisierung des Medienalltags. Frankfurt/Main, New York, S. 7-12.

Windfuhr, Michael (1997): Globalisierung. In: Nohlen, Dieter (Hrsg.): Lexikon der Politik. Bd. 4: Die östlichen und südlichen Länder. München, S. 229-236.

Werbekommunikation

Guido Zurstiege / Siegfried J. Schmidt

1 Publizistik- und kommunikationswissenschaftliche Werbeforschung

Auch wenn die Publizistik- und Kommunikationswissenschaft bis heute keinen kohärenten Bestand an Werbetheorien im engeren Sinn hervorgebracht hat, bildet Werbeforschung im weiteren Sinn verstanden als *Persuasionsforschung* bzw. (seit den 30er-Jahren) als *Werbeträgerforschung* einen Forschungsbereich der Publizistik- und Kommunikationswissenschaft, der sich allerdings als eigenständige Disziplin (vergleichbar etwa mit der Journalistik) noch nicht institutionell etabliert hat.

Bereits in der Phase der akademischen Institutionalisierung der Zeitungskunde, dem Vorläufer der heutigen Publizistik- und Kommunikationswissenschaft, lässt sich eine lebhafte Diskussion um den Stellenwert des Anzeigenwesens und die Notwendigkeit seiner Erforschung beobachten. Die bis heute wohl bekannteste Position dieser frühen fachlichen Auseinandersetzung kommt in Karl Büchers 1917 formulierter einschlägiger Zeitungsdefinition zum Ausdruck: „[D]ie Zeitung [ist] ein Erwerbsunternehmen, das Annoncenraum als Ware erzeugt, die nur durch einen redaktionellen Teil verkäuflich wird." (Bücher 1926: 377) Büchers kritische Haltung steht für einen weit verbreiteten Vorbehalt gegenüber der Werbung, der sich in der Literatur schon früh durchgängig finden lässt (siehe etwa Münsterberg 1912: 151; Sombart 1908 oder Sampson 1874: 1).

Dieser Vorbehalt beruht im Wesentlichen auf der Annahme, dass im Unterschied zum Journalismus, der einer öffentlichen, am Gemeinwohl orientierten Aufgabe verpflichtet ist, die Werbung ihre Kreativität offensiv in den Dienst kommerzieller Privatinteressen stellt. Fast ein Jahrhundert nach Bücher bringt Niklas Luhmann den gleichen Vorbehalt einmal mehr auf den Punkt: Die Werbung, so Luhmann, nimmt vor den Augen eines Massenpublikums gewissermaßen die Todsünde der Massenmedien auf sich, indem sie offen ihre Motive deklariert und dabei ihre Mittel verdeckt (vgl. Luhmann ^{2}1996: 85). Sie ist, so scheint es, das kommerziell erzwungene *Rauschen im Programm* (vgl. Rühl 1999: 62), das man wohl oder übel in Kauf nehmen muss, will man in den Genuss der eigentlichen *höherwertigeren* Medienangebote gelangen.

Dass die Werbung mehr ist als bloßes Rauschen im Programm, ist zwar inzwischen von verschiedenen akademischen Disziplinen wie etwa der Psychologie, der Soziologie, der Geschichtswissenschaft oder der Betriebswirtschaftslehre gut belegt worden, allerdings fehlt es bislang an einer systematischen Erschließung dieser theoretisch und methodisch heterogenen Forschungsarbeiten in der Publizistik- und Kommunikationswissenschaft. Angesichts der Vielfalt von Fragestellungen, in denen die Werbung abwechselnd als Projektionsfläche kollektiver Mentalitäten, als Sozialisationsinstanz, als Wirtschaftsfaktor oder als Triebfeder der Dynamik im Mediensystem konzipiert wird, muss die Werbeforschung als ein interdisziplinäres Forschungsvorhaben angelegt sein. Das Ziel einer theoretischen Integration liegt dabei weniger in einer erschöpfenden Darstellung aller Einzelperspektiven als vielmehr in der Konstruktion einer Beobachtungsplattform, von der aus die bisherigen Geschichten, Theorien und Methodologien der Werbeforschung analysiert und sinnvoll aufeinander bezogen werden können.

2 Begriff und Gegenstand

Begriffliche Klärungsversuche beginnen in der Regel mit einer differenziellen Etymologie der beiden Begriffe *Reklame* und *Werbung*. „Reklame" im semantischen Kontext von „Dagegenschreien" und „Widersprechen" erwies sich seit dem ausgehenden 19. Jahrhundert immer weniger als adäquate Bezeichnung für einen immer selbstbewusster auftretenden Geschäftszweig, der sich eben nicht mehr als reine Marktschreierei, sondern zunehmend mal als gekonnte *Alltagskunst* (etwa: Jules Chéret, Henri Toulouse-Lautrec), mal als lern- und lehrbare *Psychotechnik* oder *Soziotechnik* verstand (zu einer umfassenden Geschichte der Werbung siehe Reinhardt 1993). Der seit Anfang des 20. Jahrhunderts gebräuchlichere Begriff „Werbung" verweist auf Bedeutungszusammenhänge des sich Drehens, sich Umtuns und sich Bemühens und gehört damit in die bekannte Metaphorik des Balztanzes.

Ausgehend von einer so verstandenen Begriffsgeschichte lassen sich zunächst einmal zwei unterschiedliche Perspektiven auf den Prozess der Werbekommunikation unterscheiden. Jeder dieser Perspektiven lässt sich wiederum eine Reihe von Kriterien zuordnen, die die semantischen und pragmatischen Grenzen der Werbekommunikation zuverlässig rastern.

Werbung, verstanden als das Bewerben eines spezifischen Angebots, verweist auf die Konkurrenzsituation, aus der heraus ein Angebot für sich Aufmerksamkeit reklamiert. Werbung versucht dabei nicht nur in der Konkurrenz mit anderen Medienangeboten die Aufmerksamkeit der Rezipienten folgenreich zu binden, sondern sie steht zuallererst in einem internen Wettbewerb mit anderen werblichen Medienangeboten. Werbung muss also als Werbung erkennbar sein und erkannt werden, um die Aufmerksamkeit ihrer Rezipienten folgenreich binden zu können. Wie bei jeder anderen Kommunikationsform sind auch im Rahmen werblicher Kommunikation Produktions-, Distributions- und Rezeptionsprozesse durch Schemata geprägt.

War es im Mittelalter vor allem der Markt, der in diesem Sinn einen überschaubaren raumzeitlichen Rahmen manifester Aufmerksamkeitsansprüche bildete, übernehmen in heutiger Zeit vor allem die Medien diese Rolle. Wie auf dem mittelalterlichen Markt artikulieren sich auch in den modernen Medien unterschiedliche Aufmerksamkeitsansprüche, die nur dann folgenreich voneinander unterschieden werden können, wenn sie sich eindeutig voneinander abgegrenzen lassen. Entsprechend bildet die strikte Trennung zwischen dem redaktionellen und dem nicht-redaktionellen Teil im Programm der Medien nicht nur die Existenzgrundlage des Journalismus, sondern erweist sich gleichermaßen auch als eine wesentliche Voraussetzung gelingender Werbekommunikation.

Werbung verstanden als das Umwerben eines spezifischen Adressatenkreises referiert, wie gesagt, auf die Metaphorik des Balztanzes und beruht in diesem Sinn auf einem kalkulierten Grenzgang zwischen *Schmeicheln* und *Imponieren*. Ersteres definiert den Status des Umworbenen, Letzteres den Status des Werbenden. Beides zusammen verweist auf eine doppelte Ausblendungsregel, die die Grundlage jeder werblichen Kommunikation bildet: Die Werbung verspricht erstens nur denen die Erfüllung ihrer Wünsche, die sich Wunscherfüller finanziell leisten können (*soziale Ausblendungsregel*). Sie stellt dabei zweitens all das in den Hintergrund, was die Attraktivität der beworbenen Leistung und die Integrität des Werbenden in irgendeiner Weise mindern könnte (*sachliche Ausblendungsregel*) (vgl. Schmidt/Spieß 1994: 18).

Jeder Rezipient kann die Erfahrung machen, dass Werbeversprechen auf mehr Glück oder Zufriedenheit, auf mehr Erfolg oder Attraktivität durch den Konsum des Beworbenen niemals endgültig eingelöst werden. Die Wahrheit der Werbung, so hat John Berger (1998) betont, liegt daher aus Sicht der Rezipienten weniger in der tatsächlichen Erfüllung der Werbeversprechen als vielmehr in der Bedeutung, die diese Versprechen im Hinblick auf die Wünsche und Sehnsüchte der Rezipienten besitzen. Die Produzenten werblicher Medienangebote stehen immer dann vor einer besonderen Herausforderung, wenn der Konsum des Beworbenen *riskant,* weil z.B. gesundheitsrelevant, geld- oder zeitintensiv ist. Denn dies bedeutet, dass weniger die Sehnsüchte und Wünsche der Umworbenen Teilnahmeentscheidungen begründen, als vielmehr die Glaubwürdigkeit und die Verlässlichkeit der Teilnahmeappelle selbst. Weil aber die Werbung aus sich heraus kein Vertrauen in die Glaubwürdigkeit ihrer Appelle rechtfertigt, bleibt den Werbetreibenden in diesem Fall nichts anderes übrig, als die eigenen Appelle durch zusätzliche Versprechen (*Geld zurück*) abzusichern oder den Authentizitätstest zu externalisieren, also etwa glaubwürdige Presenter, Testimonials, unabhängige Testinstitute oder die Fachpresse ins Feld zu führen.

Werbekommunikation ist immer *exklusive* Kommunikation, die zwar Teilnahmebereitschaft herzustellen versucht, dabei aber die Fähigkeit zur Teilnahme stets voraussetzt. Die Werbung orientiert sich an spezifischen Zielgruppen, die sich im Zuge der Kommerzialisierung medienvermittelter Kommunikation (Schmidt/Spieß 1996) in immer stärkerem Maße zu einem entscheidenden Bindeglied zwischen dem Medien- und dem Werbesystem entwickelt haben. Explizite Kenntnisse über Art und Zusammensetzung des Publikums stellen daher aus Sicht der kommerziellen Medien die Geschäftsgrundlage und damit die Voraussetzung der eigenen Existenzsicherung dar. Die Konstruktion lukrativer Zielgruppen durch die Entwicklung immer wieder neuer Medienformate ist aus diesem Grund eine wesentliche Triebfeder der Dynamik im Mediensystem. Aus Sicht der Rezipienten bieten die zielgruppengerechten Wunschwelten der Werbung ein schier unerschöpfliches Reservoir sozialer Distinktionspotenziale, die durch demonstrativen Konsum (*conspicuous consumption* nach dem Verständnis von Thorstein Bunde Veblen) bzw. dessen Vermeidung zu einem wesentlichen Instrument des individuellen Identitätsmanagements in modernen Gesellschaften geworden ist (vgl. Willems/Kautt 1999). Weil die Werbung nur jene Distinktionspotenziale erfolgreich vermarkten kann, die im Trend des jeweiligen Zeitgeists liegen, fungiert sie als ein besonders sensibler Indikator, an dem sich die Wünsche und Sehnsüchte lukrativer Zielgruppen ablesen lassen. Daher stellt die Geschichte der Werbung eine wichtige Quelle der Geschichtsschreibung dar, wenn man die Selektionslogik der Werbung versteht und berücksichtigt.

3 Der Werbemarkt

Ohne Zweifel ist die Werbung ein einflussreicher Kulturfaktor moderner Gesellschaften. Dies nicht zuletzt deswegen, weil nahezu alle Medien in immer stärkerem Maße auf die Finanzierung ihres Programms durch Werbung setzen und so für eine flächendeckende Streuung werblicher Medienangebote sorgen. Jener Teil der Medienwirtschaft, der aus Gründen der eigenen Existenzsicherung auf die Finanzierung durch Werbung setzt, muss darum bemüht sein, möglichst klar definierte und kaufkräftige Zielgruppen anzusprechen, um diese lukrativen Zielgruppen potenziellen Werbekunden anzubieten. Zielgruppentypologien fungieren in diesem Sinn als Interface zwischen dem Medien- und dem Werbesystem.

Tabelle 1
Netto-Werbeeinnahmen erfassbarer Werbeträger 2000

Werbeträger	Netto-Werbeeinnahmen in Mio. Euro	Werbemarkt-Anteil in Prozent
Tageszeitungen	6.556,55	28
Fernsehen	4.705,15	20
Werbung per Post	3.383,49	15
Publikumszeitschriften	2.247,32	10
Anzeigenblätter	1.791,87	8
Fachzeitschriften	1.210,00	5
Verzeichnis-Medien	1.242,95	5
Hörfunk	732,93	3
Außenwerbung	746,23	3
Wochen-/Sonntagszeitungen	277,63	1
Filmtheater	175,12	1
Online-Angebote	153,39	-
Zeitungssupplements	67,59	-
gesamt	23.290,22	100

Quelle: ZAW-Jahrbuch Werbung in Deutschland 2001

Tabelle 2
Monetäre Entwicklung der Netto-Werbeeinnahmen in Mio. Euro

Werbeträger	1997	1998	1999	2000
Fernsehen	+276,76	+238,62	+275,84	+387,60
Tageszeitungen	+97,65	+310,71	+198,13	+490,12
Publikumszeitschriften	+47,45	+74,65	+137,54	+240,81
Werbung per Post	+106,76	+159,42	+120,51	+73,64
Hörfunk	+11,66	+3,43	+91,73	+36,40
Online-Angebote	+10,23	+12,78	+51,13	+76,43
Verzeichnis-Medien	+1,53	+20,96	+29,14	+15,85
Fachzeitschriften	+26,59	+56,24	+28,12	+20,22
Wochen-/Sonntagszeitungen	+16,82	+7,82	+12,02	+16,31
Filmtheater	+2,81	+9,30	+6,90	+2,75
Zeitungssupplements	-7,26	-15,85	-18,97	-5,73
Anzeigenblätter	+136,92	+85,49	-19,43	+49,54
Außenwerbung	-18,30	+50,31	k.V.m.	+64,52

Quelle: ZAW-Jahrbuch Werbung in Deutschland 2001

Tabelle 3
Netto-Werbeeinnahmen erfassbarer Werbeträger in Deutschland in Mio. Euro

Gebiet	Deutschland							
Werbeträger	1997	Prozent	1998	Prozent	1999	Prozent	2000	Prozent
Tageszeitungen[1]	5.557,59	+ 1,8	5.868,30	+ 5,6	6.066,43	+ 3,4	6.556,55	+ 8,1
Fernsehen[2]	3.803,09	+ 7,8	4.041,71	+ 6,3	4.317,55	+ 6,8	4.705,15	+ 9,0
Werbung per Post[3]	3.029,92	+ 3,7	3.189,34	+ 5,3	3.309,85	+ 3,8	3.383,49	+ 2,2
Publikumszeitschriften[4]	1.794,33	+ 2,7	1.868,98	+ 4,2	2.006,51	+ 7,4	2.247,32	+ 12,0
Anzeigenblätter[5]	1.676,42	+ 8,9	1.761,91	+ 5,1	1.742,33	– 1,1	1.791,87	+ 2,8
Fachzeitschriften[7]	1.105,41	+ 2,5	1.161,66	+ 5,1	1.189,78	+ 2,4	1.210,00	+ 1,7
Verzeichnis-Medien[6]	1.177,00	+ 0,1	1.197,96	+ 1,8	1.227,10	+ 2,4	1.242,95	+ 1,3
Hörfunk[8]	601,27	+ 2,0	604,70	+ 0,6	690,93	+ 14,3	732,93	+ 6,1
Außenwerbung[9]	512,52	– 3,4	562,83	+ 9,8	681,71	–*	746,23	+ 9,5
Wochen-/Sonntagszeitungen[1]	241,48	+ 7,5	249,30	+ 3,2	261,32	+ 4,8	277,63	+ 6,2
Filmtheater[10]	156,14	+ 1,8	165,45	+ 6,0	172,36	+ 4,2	175,12	+ 1,6
Online-Angebote[11]	12,78	+ 400	25,56	+ 100	76,69	+ 200	153,39	+ 100
Zeitungssupplements[1]	108,14	– 6,3	92,29	– 14,7	73,32	– 20,6	67,59	– 7,8
Gesamt	19.776,09	+ 3,7	20.790,00	+ 5,1	21.815,88	+ 4,9	23.290,22	+ 6,8

Netto – nach Abzug von Mengen- und Malrabatten sowie Mittlerprovisionen, sofern nicht anders bezeichnet; vor Skonti, ohne Produktionskosten
**) Wegen Präzisierung der Erhebungsmethode mit dem Vorjahr nicht vergleichbar*
Quellen:
1) Bundesverband Deutscher Zeitungsverleger (BDZV)
2) ARD-Werbung Sales & Services, ZDF-Werbefernsehen, Verband Privater Rundfunk und Telekommunikation (VPRT), IP Deutschland, RTL, RTL 2, SuperRTL, SAT.1, Pro 7, Kabel 1, DSF sowie VOX, n-tv
3) Streukosten von Prospekten, Werbebriefen und Druckschriften nach den Verkehrszahlen der Deutschen Post AG
4) Fachverband Die Publikumszeitschriften im Verband Deutscher Zeitschriftenverleger e.V.
5) Bundesverband Deutscher Anzeigenblätter (BVDA)
6) Verband Deutscher Auskunfts- und Verzeichnismedien e.V., Erhebung bei Mitgliedern und Hochrechnung, nach Skonti, vor Mehrwertsteuer, inklusive rund 10 Prozent Mehrwertsteuer
7) Fachverband Fachpresse im Verband Deutscher Zeitschriftenverleger e.V.
8) ARD-Werbung Sales & Services, RMS Verein zur Förderung der Gattung Funk, Verband Privater Rundfunk und Telekommunikation (VPRT)
9) Hochrechnung des Fachverbandes Außenwerbung (FAW) und des ZAW
10) FDW Werbung im Kino e.V., Erhebung bei Mitgliedern
11) Gemeinsame Hochrechnung von Bundesverband Deutscher Zeitungsverleger, Verband Deutscher Zeitschriftenverleger und Verband Privater Rundfunk und Telekommunikation
Quelle: ZAW-Jahrbuch Werbung in Deutschland 2001

Mit der Ausweitung des Programmangebots seit der Einführung des privaten Rundfunks ist zwar der zur Verfügung stehende Werberaum um ein Vielfaches ausgeweitet worden, dies allerdings um den Preis einer gestiegenen Komplexität im Entscheidungsfeld (vgl. Kramer 2001). Es wird also für die Mediaplaner der Werbe- und Mediaagenturen zunehmend schwieriger, die geeigneten Medien/-Formate für die Ansprache spezifischer Zielgruppen zu finden. Bezeichnenderweise rangieren wohl auch aus diesem Grund im Jahr 2000 erstmalig die Massemedien selbst auf Platz eins der werbestärksten Branchen in Deutschland (vgl. Tabelle 4).

Tabelle 4
*Die werbestärksten Branchen in Deutschland**

Branchen Rangfolge 2000	2000 in Mio. Euro	1999 in Mio. Euro	Vergleich 2000/1999 in Prozent	Rangfolge 1999
1. Massen-Medien	1.706,98	1.367,20	+ 24,8	2
2. Auto-Markt	1.564,86	1.622,33	- 3,6	1
3. Telekommunikations-Netze	1.412,02	1.183,13	+ 19,4	3
4. Handels-Organisationen	1.164,64	967,88	+ 20,3	4
5. Schokolade Süßwaren	654,04	627,36	+ 4,2	5
6. Banken + Sparkassen	572,25	493,91	+ 15,8	7
7. Pharmazie Publikumswerbung	557,05	525,61	+ 6,0	6
8. Finanz-Anlagen + Beratung	494,33	182,02	+ 171,5	21
9. Spezial-Versender	463,70	368,64	+ 25,8	9
10. Unternehmens-Werbung	444,31	278,41	+59,8	11

** Rangfolge der Brutto-Medien-Investitionen 2000, Werte gerundet.*
Quelle: Nielsen-Werbeforschung S+P (Hamburg), ZAW-Jahrbuch Werbung in Deutschland 2001

Angesichts der zunehmenden Fragmentarisierung des Mediensystems müssen immer höhere Budgets eingesetzt und immer mehr Entscheidungsparameter berücksichtigt werden. Dies hat zur Folge, dass sich neben den traditionellen, quantitativ ausgerichteten Media-Strategien in immer stärkerem Maße qualitative Strategien (Creative Media) in der Praxis durchsetzen. Die verstärkte Nutzung so genannter Sonderwerbeformen (vgl. etwa Spitzer 1996), die stärkere Beeinflussung des redaktionellen Umfelds oder die Erschließung neuer Werbeträger und -formen sind Ausdruck dieser Entwicklung. Zwar verzichten Creative-Media-Strategien zunächst auf die flächendeckende Streuung werblicher Medienangebote, sie erreichen aber durch die kommerzielle Erschließung immer neuer gesellschaftlicher Nischen in der Summe aller Maßnahmen das genaue Gegenteil.

4 Effektive Inszenierungen: Werbewirkungsforschung

„Kaum eine andere mediale Kommunikationsform wird so ausgiebig und detailliert untersucht wie die Werbung" (Spanier 2000: 13). Auch wenn vor allem die wirtschaftspsychologischen Institute Hauptakteure dieser Forschungen sind, während sich die deutschsprachige Publizistik- und Kommunikationswissenschaft in den vergangenen Jahren hier in deutlicher Zurückhaltung geübt hat (vgl. Brosius/Fahr

1996: 11; Schmidt/Zurstiege 2000), ist dieser Beobachtung Julia Spaniers zuzustimmen. Im Zentrum der Forschungsbemühungen steht vor allem die Untersuchung von Werbewirkungen; das Forschungsziel besteht in der großen Mehrheit aller Fälle darin, *effektivere* Persuasionsstrategien zu ermitteln.

Während heute die Werbewirkungsforschung und die Massenkommunikationsforschung weitgehend getrennt voneinander erfolgen, bildete in den Anfängen die Erforschung individueller Wirkungen persuasiver Medienangebote den Kern der publizistik- und kommunikationswissenschaftlichen Forschung (vgl. Schenk 1989). Eine der bis heute einflussreichsten Forschungstraditionen ist aus den pragmatisch orientierten Arbeiten des *Yale Communication Research Program* hervorgegangen. Unter der Leitung des Sozialpsychologen Carl Iver Hovland wurden hier im Rahmen streng kontrollierter Experimente die Wirkungen persuasiver Kommunikationsstimuli in Abhängigkeit von bestimmten unabhängigen Variablen im Bereich der Quelle, der Aussage und des Mediums untersucht.

Schaubild 1
Unabhängige Variablen im Forschungsprogramm der Yale-Gruppe

Quelle/Kommunikator	Botschaft („message")	Kanal/Medium
Glaubwürdigkeit Attraktivität Macht	Appelle: Angst; Humor; rational/emotional; Sex Inhalt: Bild/Text Struktur der Aussage; einseitig/zweiseitig; Climax/Anticlimax; Wiederholung	verschiedene Medienkombinationen Umfeld der Werbung

Quelle: Schenk (1989: 449)

Es ist vielfach darauf hingewiesen worden, dass das Forschungsprogramm der Yale-Gruppe zu einer kontraproduktiven Parzellierung des Kommunikationsprozesses geführt habe. Dennoch haben die Arbeiten der Yale-Gruppe die Werbewirkungsforschung nachhaltig geprägt. Dies betrifft vor allem die bis heute in der Werbewirkungsforschung weit verbreiteten experimentellen Untersuchungsdesigns.

Die meistens ad hoc gewonnenen Ergebnisse der Werbewirkungsforschung lassen sich mit der folgenden Frage auf den Punkt bringen: „Wie muss eine Werbebotschaft gestaltet sein und in welcher Kontaktdosis muss sie verabreicht werden, damit sie bei spezifischen Zielgruppen, die sich durch ein spezifisches Set an Prädispositionen (Alter, Geschlecht, sozioökonomischer Status, Involvement etc.) auszeichnen, messbare Einstellungs- und Wissensveränderungen in bezug auf die beworbene Leistung und/oder das präsentierte Werbemedienangebot ergibt?" (Schmidt/Zurstiege 2000: 318f.; kursiv im Original).

Die Gestaltung der Werbemittel, das Involvement definierter Zielgruppen sowie die messbaren kognitiven und affektiven Wirkungen bilden damit die wichtigsten Eckpunkte der Werbewirkungsforschung, die vor allem in der Markt- und Konsumentenpsychologie akademisch verankert ist. Während sich die Marktpsychologie im weitesten Sinne mit der Evaluation und Optimierung absatzpolitischer Instrumente des *Marketing-Mix* (vgl. dazu Schweiger/Schrattenecker [3]1992: 23-40) befasst, stehen im Zentrum der Konsumentenpsychologie all jene Verhaltensweisen, die auf die Erlangung und die Nutzung wirtschaftlicher Güter gerichtet sind (vgl. Wiswede ^{5}1995: 298).

Werbewirkungen und Werbeerfolg: Unter Werbewirkungen werden im Allgemeinen die durch ein werbliches Medienangebot verursachten Reaktionen bei den Mitgliedern einer definierten Zielgruppe verstanden. Dabei wird in der Forschung im Wesentlichen zwischen außerökonomischen und ökonomischen Wirkungen unterschieden. Die außerökonomischen Wirkungen werden üblicherweise in kommunikativ-psychologischen Reaktionsgrößen wie etwa Erinnerungsleistungen oder Einstellungsveränderungen gemessen. Die ökonomischen Wirkungen werden auf der Grundlage ökonometrischer Methoden in konativen Reaktionsgrößen wie etwa dem beobachtbaren Kaufverhalten gemessen. Auf begrifflicher Ebene entsprechen die kommunikativ-psychologischen Wirkungen den *Werbewirkungen* im engeren Sinn, während die außerökonomischen Wirkungen gewöhnlich als *Werbeerfolg* bezeichnet werden (vgl. Mäßen 1998: 7).

Die umfassendste Beschreibung von Werbewirkungsprozessen bieten die so genannten Stufenmodelle, auch Kaskaden- oder Hierarchiemodelle genannt (siehe auch den Beitrag von Brosius in diesem Band). Das wohl bekannteste Modell dieser Art, das von Lewis bereits 1898 entwickelte AIDA-Modell, geht von einer Hierarchie der Werbewirkung aus, die stufenweise durchlaufen wird und an deren Ende (im Idealfall) jeweils die Kaufhandlung des Rezipienten steht (vgl. Haase 1989: 221). Rezipienten nehmen zunächst einmal eine Werbebotschaft wahr (Attention), im Anschluss daran bildet sich ein gewisses Interesse, sich mit der Werbebotschaft auseinander zu setzen (Interest), worauf sich eine Einstellung gegenüber dem beworbenen Produkt bildet (Desire), die schließlich im Kauf des Produkts resultiert (Action). Stufenmodelle beziehen sich also sowohl auf Werbewirkungen als auch auf den Werbeerfolg im engeren Sinn.

Problematisch sind Stufenmodelle vor allem deswegen, weil sie zum Teil widersprüchliche Aussagen darüber machen, ob zur Beeinflussung einer gewünschten Kaufhandlung alle Prozessstufen durchlaufen werden müssen oder nicht (vgl. Schenk/Donnerstag/Höflich 1990: 17). Darüber hinaus gehen die meisten Stufenmodelle implizit von der Annahme aus, dass die durchlaufenen Stufen der Werbewirkung klar voneinander abgrenzbare Prozesse darstellen. In der Forschung der vergangenen Jahre hat sich hingegen gezeigt, dass Werbewirkungsprozesse innerhalb eines hochkomplexen, interdependenten Wirkungsgeflechts erfolgen (vgl. Spanier 2000: 33). Die deutliche Kritik hat dazu geführt, dass sich vor allem die akademische Forschung von Stufenmodellen zur Erklärung von Werbewirkungsprozessen inzwischen weitgehend abgewandt hat.

Involvement: Während Stufenmodelle der Werbewirkung inzwischen nur noch eine heuristische und ordnende Funktion erfüllen und in diesem Sinn für die Werbewirkungsforschung einen ähnlichen Zweck erfüllen wie das bekannte Wortmodell Harold D. Lasswells für die publizistik- und kommunikationswissenschaftliche Forschung, erweist sich das von Herbert E. Krugman Mitte der 60er-Jahre formulierte „Low-Involvement-Konzept“ bis heute als eines der einflussreichsten Werbewirkungsmodelle (zu den sozialpsychologischen Vorläufern dieser Tradition siehe etwa Sherif/Hovland 1961). „Involvement“ beschreibt die Ich-Beteiligung, die Motivation eines Rezipienten im Prozess der Werberezeption. Krugman unterscheidet dabei zwischen zwei Formen der Rezipienten-Beteiligung: „One way is characterized by lack of personal involvement, which, while perhaps more common in response to commercial subject matter, is by no means limited to it. The second is characterized by a high degree of personal involvement. By this we do *not* mean attention, interest, or excitement but the number of conscious 'bridging experiences', connections, or personal references per minute that the viewer makes between his own life and the stimulus. This may vary from none to many." (Krugman 1965: 355)

Krugmans These lautet, dass sich die Höhe des Involvements zwar nicht unmittelbar auf die persuasiven Wirkungen eines werblichen Medienangebots auswirkt, dafür jedoch den weiteren Verlauf des Wirkungsprozesses maßgeblich beeinflusst. Begegnet ein Rezipient einem Medienangebot mit einem vergleichsweise hohen Involvement, so Krugman, hat dies zur Folge, dass dieses Medienangebot zwar mit hoher Wahrscheinlichkeit bewusst wahrgenommen wird, jedoch besteht dabei auch immer die Gefahr, dass der Rezipient dabei Selektionsstrategien anwendet, um neue Informationen mit bereits vorhandenen Wissensbeständen und Einstellungen zu verbinden. Begegnet ein Rezipient einem Medienangebot hingegen mit einem vergleichsweise geringen Involvement, so wie dies typischerweise für den Fall werblicher Medienangebote angenommen wird, ist es zwar relativ unwahrscheinlich, dass dieses Medienangebot bewusst wahrgenommen wird, dafür ist es aber auch unwahrscheinlicher, dass der Rezipient Selektionsstrategien anwendet, etwa um kognitive Dissonanzen zu vermeiden. Ein vergleichsweise niedriges Involvement führt auf diese Weise langfristig zu indirekten Wirkungen, indem Kritikpotenziale der Rezipienten umgangen und der Wissenshorizont des Rezipienten allmählich erweitert wird. Unter der Bedingung eines niedrigen Involvements treten also bereits konative Wirkungen auf, noch bevor eine Einstellungsänderung beim Rezipienten stattgefunden hat. Die in den klassischen Stufenmodellen der Werbewirkung postulierte Hierarchie verschiedener Wirkungsstufen wird im Low-Involvement-Konzept Krugmans also nicht aufgegeben, sondern gewissermaßen lediglich auf den Kopf gestellt.

Ausgehend von diesen Grundannahmen werden in der Praxis Handlungsempfehlungen formuliert, mit deren Hilfe insbesondere niedrig-involvierte Rezipienten werblicher Medienangebote besonders effektiv zu beeinflussen sind. So wird immer wieder darauf hingewiesen, dass die Wahl möglichst kurzer Mitteilungen ebenso erfolgversprechend sei wie der Einsatz von Bildern, die häufige Wiederholung von Werbebotschaften oder deren Platzierung in den niedrig-involvierenden Medien Fernsehen und Hörfunk (vgl. Schenk/Donnerstag/Höflich 1990: 31f.). Für die Höhe des Involvements sind damit neben den individuellen Prädispositionen der Rezipienten stimulus- und situationsspezifische Faktoren ausschlaggebend (vgl. Spanier 2000: 36). Gregor Halff (1998: 37ff.) verweist jedoch in diesem Zusammenhang auf die Diskrepanz zwischen dem analytischen Potenzial des Involvement-Ansatzes und seiner empirischen Umsetzung.

Stimulus- und situationsspezifische Faktoren: Wie zu Beginn dieses Abschnitts erwähnt, hat sich ein Großteil der akademischen wie der kommerziellen Werbewirkungsforschung darauf spezialisiert, die persuasive Effektivität der Werbung zu messen und, wo möglich, zu erhöhen. Nirgendwo zeigt sich dies so deutlich wie bei der Erforschung möglichst *effektiver* Inszenierungsformen der Werbung. Der Fundus an verifizierten Gestaltungselementen und -strategien ist daher inzwischen kaum noch zu überblicken, was eine erschöpfende Klassifizierung und Systematisierung nahezu unmöglich macht (vgl. Mäßen 1998: 62f.). In der Forschung wird grob zwischen *formalen* und *inhaltlichen* Inszenierungsstrategien unterschieden.

Unter den formalen Strategien werden u.a. Effekte der Darbietungs-Frequenz, der Platzierung sowie der Kombination verschiedener Kommunikationsinstrumente (also etwa: Sprachen, Bilder, Notationssysteme) subsumiert. Frequenz-Effekte werden im Wesentlichen mit Blick auf effektive Kontaktdosen (vgl. etwa Andresen 1990), selbstreferenzielle Bezüge (vgl. etwa Fahr 1996) und die Wirkung von Wiederholungen (vgl. etwa Mayer 1993) untersucht. Platzierungseffekte betreffen vor allem die möglichst effektive Positionierung eines werblichen Kommunikationsgebots im Programmumfeld eines Mediums (vgl. etwa Stipp 2001; Mattenklott/Bretz/Wolf 1997) sowie die Frage, welches Medium welchen werblichen Zwecken am besten dient (vgl. etwa Ha 1995; Leest 1996; Pechtl 1998; Wild 1995 und 1996). Die Effekte der Kombination verschiedener Kommunikationsinstrumente betreffen hauptsächlich die Frage nach den persuasiven Potenzialen von Wort-Bild-Musik-Kombinationen in werblichen Medienangeboten (vgl. etwa Kroeber-Riel 1993; LaBarbara/Weingard/Yorkston 1998; Gorn u.a. 1991; Messaris 1996). Die Erforschung inhaltlicher Inszenierungsstrategien orientiert sich im Wesentlichen an der Wirkung stark *aktivierender* (im Verständnis von Werner Kroeber-Riel) Gestaltungselemente wie beispielsweise Humor (vgl. etwa Moser 1994), Erotik (vgl. etwa Brosius/Fahr 1996: 41ff.) oder Furcht (vgl. etwa LaTour/Snipes/Bliss 1996) in werblichen Medienangeboten.

Auch wenn man der Werbewirkungsforschung heute sicherlich nicht mehr den Vorwurf machen kann, sie reduziere Werbewirkungen auf ein lineares und monokausales Reiz-Reaktions-Schema, bleibt kritisch anzumerken, dass die zu beobachtende Proliferation an Forschungen in nahezu allen hier nur skizzierten Forschungsbereichen zu einer aus forschungsökonomischen Gründen kontraproduktiven *Zersiedelung* des Forschungsfeldes geführt hat. Das bedeutet: Die meisten der empirischen Befunde können zwar mit einigem Recht für bestimmte Aspekte Gültigkeit beanspruchen, indessen erweist sich die Integration verschiedener Forschungsergebnisse in einem übergeordneten theoretischen Rahmen als ausgesprochen problematisch. Darüber hinaus hat sich die akademische wie die kommerzielle Werbewirkungsforschung mit der Selbstverpflichtung auf die Suche nach mehr persuasiver Effektivität auf eine folgenschwere Verengung ihrer Forschungsperspektive eingelassen, indem auf diese Weise der Bereich der deutlich vernachlässigten nicht-intendierten Wirkungen werblicher Kommunikation weiterhin ausgeklammert bleibt.

Literatur

Andresen, Thomas (1990): „Guck' doch mal hin!" Anzeigenkontakte in der Werbewirkungsforschung. In: Jahrbuch der Absatz- und Verbrauchsforschung, 36. Jg., Nr. 2, S. 164-187.

Berger, John (1998): Sehen. Das Bild der Welt in der Bilderwelt. Reinbek bei Hamburg (zuerst engl. 1972).

Brosius, Hans-Bernd/Fahr, Andreas (1996): Werbewirkung im Fernsehen. Aktuelle Befunde der Medienforschung. München.

Bücher, Karl (1926): Die deutsche Tagespresse und die Kritik. In: Bücher, Karl: Gesammelte Aufsätze zur Zeitungskunde. Tübingen, S. 309-390.

Fahr, Andreas (1996): Tandemspots – Booster der Werbewirkung? In: Planung und Analyse, 23. Jg., Nr. 5, S. 56-59.

Gorn, Gerald J./Goldberg, Marvin E./Chattopadhyay, Amitava/Litvack, David (1991): Music and information in commercials: Their effects with an elderly sample. In: Journal of Advertising Research, 31. Jg., Nr. 5, S. 23-32.

Ha, Louisa (1995): Weniger ist mehr? Zu den Auswirkungen der Ballung von Werbung in Zeitschriften. In: Planung und Analyse, 22. Jg., Nr. 5, S. 18-26.

Haase, Henning (1989): Werbewirkungsforschung. In: Groebel, Jo/Winterhoff-Spurk, Peter (Hrsg.): Empirische Medienpsychologie. München, S. 215-246.

Halff, Gregor (1998): Die Malaise der Medienwirkungsforschung. Transklassische Wirkungen und klassische Forschung. Opladen.

Kramer, Monika (2001): Mediaagenturen – Zum Management von Aufmerksamkeitsverknappung. In: Zurstiege, Guido/Schmidt, Siegfried J. (Hrsg.): Werbung, Mode und Design. Opladen, Wiesbaden, S. 91-101.

Kroeber-Riel, Werner (1993): Bildkommunikation. Imagerystrategien für die Werbung. München.

Krugman, Herbert E. (1965): The impact of television advertising: Learning without involvement. In: Public Opinion Quarterly, 29. Jg., S. 349-356.

LaBarbara, Priscilla A./Weingard Peter/Yorkston, Eric A. (1998): Matching the message to the mind: Advertising imagery and consumer processing styles. In: Journal of Advertising Research, 38. Jg., Nr. 5, S. 29-43.

LaTour, Michael S./Snipes, Robin/Bliss, Sara J. (1996): Don't be afraid to use fear appeals: An experimental study. In: Journal of Advertising Research, 36. Jg., Nr. 2, S. 59-67.

Leest, Uwe (1996): Werbewahrnehmung und Werbeakzeptanz im Internet. In: Planung und Analyse, 23. Jg., Nr. 6, S. 24-25.

Luhmann, Niklas (^{2}1996): Die Realität der Massenmedien. Opladen.

Mäßen, Andrea (1998): Werbemittelgestaltung im vorökonomischen Prozeß. Metaanalytische Befunde. Wiesbaden.

Mattenklott, Axel/Bretz, Johannes/Wolf, Doris (1997): Fernsehwerbespots im Kontext von Filmen: die kommunikative Wirkung von Filmunterbrechung, Art der Werbespots und Filmgenre. In: Medienpsychologie, 9. Jg., S. 41-56.

Mayer, Hans (1993): Differentielle Effekte der Wiederholung von Werbemaßnahmen. In: Jahrbuch der Absatz- und Verbrauchsforschung, 39. Jg., Nr. 4, S. 338-348.

Messaris, Paul (1996): Visual persuasion. The role of images in advertising. Thousand Oaks, London, New Delhi.

Moser, Klaus (1994): Die Wirkung unterschiedlicher Arten humoriger Werbung. In: Jahrbuch der Absatz- und Verbrauchsforschung, 40. Jg., Nr. 2, S. 199-214.

Münsterberg, Hugo (1912): Psychologie und Wirtschaftsleben. Ein Beitrag zur angewandten Experimental-Psychologie. Leipzig.

Pechtl, Hans (1998): Wahrnehmung, Image und Aufmerksamkeitswirkung von TV-Werbung. Methodische Überlegungen und inhaltliche Ergebnisse zu einem zwei-Länder-Vergleich. In: Jahrbuch der Absatz- und Verbrauchsforschung, 44. Jg., Nr. 1, S. 65-86.

Reinhardt, Dirk (1993): Von der Reklame zum Marketing. Geschichte der Wirtschaftswerbung in Deutschland. Berlin.

Rühl, Manfred (1999): Publizieren und Publizistik – kommunikationswissenschaftlich beobachtet. In: Publizistik, 44. Jg., S. 58-74.

Sampson, Henry (1874): A history of advertising from the earliest times. Illustrated by anecdotes, curious specimens and biographical notes. London.

Schenk, Michael (1989): Perspektiven der Werbewirkungsforschung. In: Rundfunk und Fernsehen, 37. Jg., S. 447-457.

Schenk, Michael/Donnerstag, Joachim/Höflich, Joachim R. (1990): Wirkungen der Werbekommunikation. Köln.

Schmidt, Siegfried J./Spieß, Brigitte (1994): Die Geburt der schönen Bilder. Fernsehwerbung aus der Sicht der Kreativen. Opladen.

Schmidt, Siegfried J./Spieß, Brigitte (1996): Die Kommerzialisierung der Kommunikation. Fernsehwerbung und sozialer Wandel 1956-1989. Frankfurt/Main.

Schmidt Siegfried J./Zurstiege, Guido (2000): Über die (Un-)Steuerbarkeit kognitiver Systeme. Kognitive und soziokulturelle Aspekte der Werbewirkungsforschung. In: Hejl, Peter M./Stahl, Heinz K. (Hrsg.): Management und Wirklichkeit. Das Konstruieren von Unternehmen, Märkten und Zukünften. Heidelberg, S. 297-331.

Schweiger, Günter/Schrattenecker, Gertraud (^{3}1992): Werbung: Eine Einführung. Stuttgart.

Sherif, Muzafer/Hovland, Carl Iver (1961): Social judgment: Assimilation and contrast effects in communication and attitude change. New Haven, CT.

Sombart, Werner (1908): Die Reklame. In: Der Morgen, 2. Jg., Nr. 10, S. 281-286.

Spanier, Julia (2000): Werbewirkungsforschung und Mediaentscheidung. Förderung des Informationstransfers zwischen Wissenschaft und Praxis. München.

Spitzer, Gerald (1996): Sonderwerbeformen im TV. Kommunikations-Kooperationen zwischen Fernsehen und Wirtschaft. Wiesbaden.

Stipp, Horst (2001): Werben, wo die Stars sind. In: Tele Images. Fachmagazin für Werbung, Media, Research. Frühjahr 2001, S. 46-51.

Wild, Christoph (1995): Qualitäten der Radiowerbung. Ergebnisse einer Grundlagenstudie zur Werbewirkung des Hörfunks. In: Media Perspektiven, Nr. 6, S. 258-266.

Wild, Christoph (1996): Wie Fernsehkampagnen wirken: ARD/ZDF-Studie „Qualitäten der Fernsehwerbung" III. In: Media Perspektiven, Nr. 1, S. 41-54.

Willems, Herbert/Kautt, York (1999): Korporalität und Medialität: Identitätsinszenierungen in der Werbung. In: Willems, Herbert/Hahn, Alois (Hrsg.): Identität und Moderne. Frankfurt/Main, S. 298-362.

Wiswede, Günter (^{2}1995): Einführung in die Wirtschaftspsychologie. München, Basel.

Zurstiege, Guido (2001): KDW – Mediale Balztänze zwischen Kunst, Design und Werbung. In: Zurstiege, Guido/Schmidt, Siegfried J. (Hrsg.) (2001): Werbung, Mode und Design. Opladen, Wiesbaden, S. 223-239.

Online-Kommunikation

Patrick Rössler

Die Entwicklung und Verbreitung neuer Kommunikationstechnologien verlangt nach wissenschaftlich gesicherten Erkenntnissen, um den Einfluss der Innovation auf Individuum und Gesellschaft abschätzen zu können. Im Folgenden werden zunächst *Medienkonvergenz* und die Entwicklung von *Hybridmedien* als die wesentlichen Herausforderungen an die Kommunikationsforschung bestimmt, daraus spezifische *Kennzeichen von Online-Kommunikation* abgeleitet (Abschnitt 1) und anschließend der *Theorie-, Methoden- und Forschungsstand* in ausgewählten Problemfeldern zusammengefasst (Abschnitte 2-4). Dabei werden vorwiegend deutsche Forschungsarbeiten berücksichtigt, denn zum einen zeigt die Durchsicht der einschlägigen Literatur, dass Online-Kommunikation im deutschen Sprachraum vergleichsweise intensiv beforscht wird, und zum anderen muss ironischerweise gerade die Analyse der globalen Netze häufig auf regionale Gegebenheiten rekurrieren, um sinnvolle Bezüge zum sozialen Kontext der Online-Kommunikation herstellen zu können.

1 Online-Kommunikation und öffentliche Kommunikation

1.1 Versuch einer Definition: Zwischen Abgrenzung und Konvergenz

Unter *„Online-Kommunikation"* wird primär die Gesamtheit netzbasierter Kommunikationsdienste verstanden, die den einzelnen Kommunikationspartner via Datenleitung potenziell an weitere Partner rückkoppeln und ein ausdifferenziertes Spektrum verschiedenartiger Anwendungen erlauben. Geprägt von der Terminologie in der angloamerikanischen Forschung hat sich inzwischen auch der Terminus „computervermittelte Kommunikation" (computer-mediated communication) eingebürgert, der einen weitgehend ähnlichen Gegenstandsbereich adressiert (vgl. Beck 1999: 128f.). Da aus kommunikationswissenschaftlicher Sicht freilich weniger der Computer als die technisch erforderliche Komponente interessiert, sondern vielmehr der Aspekt der Vernetzung zwischen den Kommunikationspartnern in unterschiedlichen Kommunikationsmodi, wird im Weiteren von „Online-Kommunikation" (OK) gesprochen.[1] Sie umfasst in ihrem Kernbereich zunächst alle mit dem *Internet* verbundenen Anwendungen; darüber hinaus aber auch die auf anderen Plattformen

1 Diese Definition schließt andererseits reine datenverarbeitende Software-Anwendungen ebenso aus wie die Nutzung einfacher CD-ROMs oder Computerspiele. Allerdings weisen einige Phänomene im Grenzbereich (vernetzbare Spielekonsolen, hypertext-ähnlich strukturierte CD-ROM-Anwendungen) durchaus vergleichbare Charakteristika auf und verdienen deswegen Beachtung, obwohl sie streng genommen nicht auf ein Rechnernetzwerk zurückgreifen. Angesichts des rapiden technologischen Fortschritts in diesem Bereich empfiehlt es sich, die Inklusion oder Exklusion einzelner Phänomene weniger nach vordergründigen technizistischen, denn anhand anwendungsbezogener Kriterien vorzunehmen.

beruhenden Dienste der Datenfernübertragung (DFÜ), außerdem die abgegrenzten Netzbereiche, die sich an Teilöffentlichkeiten richten („Intranet") – und zunehmend jene ursprünglich massenmedialen Angebote, die durch digitale Übertragungswege über einen Rückkanal verfügen und damit in variierendem Maße Interaktion ermöglichen (z.B. Teleshopping, Video-on-Demand). Schnittstellen ergeben sich seit kurzem genauso mit dem Telekommunikationssektor, wenn neue Handy-Generationen über eine Netzanbindung verfügen oder kurze Textbotschaften (Short Message Service; SMS) im Sinne einer „E-Mail für das Handy" via Internet verschickt werden können (vgl. Höflich/Rössler 2001).

Diese weitreichende und in ihren Randbereichen bewusst offen gehaltene Definition verweist bereits auf ein zentrales Charakteristikum, das die Behandlung von OK als eigenständiges Forschungsfeld rechtfertigt: In technischer Hinsicht sind massive *Konvergenzprozesse* zu beobachten, die letztlich auf eine Integration bislang distinkter Medientechnologien durch OK abzielen. Klassische Massenmedien wie Tageszeitungen oder das Fernsehen sollen ebenso wie die eigentlichen netzspezifischen Angebotsformen über die Computernetze verbreitet und damit in eine gemeinsame Nutzeroberfläche eingegliedert werden (vgl. z.B. Latzer 1997; Baldwin/McVoy/Steinfield 1996). Spannender als die (aus ökonomischer wie rezeptionstheoretischer Sicht zweifellos bedeutsamen) Spekulationen, welches Endgerät sich letztlich durchsetzen wird – der Computer oder der Fernseher – erscheint aus kommunikationswissenschaftlicher Perspektive freilich die hierbei unvermeidliche Verschmelzung von massenmedialen und interpersonalen Kommunikationsmodi in verschiedenen *Hybridmedien* (Höflich 1997). Die bekannte Frage, ob es sich bei der OK und ihren Modi also um Massen- oder Individualkommunikation handele (vgl. z.B. ausführlich Weischenberg 1998: 50ff.), lässt sich immer seltener eindeutig beantworten, denn auch einzelne Anwendungen erlauben zumeist sowohl eine eher massenhafte wie eine eher individuelle Adressierung (z.B. persönliche E-Mails vs. Mailinglisten, siehe unten). Und genau diese fließende, situations- und diensteabhängige Konfiguration begründet schließlich – gemeinsam mit einschlägigen Inhalten aus der Medien- oder politischen Kommunikation – die eigenständige Behandlung von OK in der vorliegenden Gesamtdarstellung öffentlicher Kommunikation.

1.2 „Das Internet" und der Medienbegriff

Entgegen dem weit verbreiteten Sprachgebrauch handelt es sich damit bei der OK oder speziell „dem Internet" keineswegs um ein Medium in dem Sinne, wie der Begriff ansonsten umgangssprachlich für die traditionellen Massenmedien (Tageszeitung, Fernsehen usw.) verwendet wird. Hilfreich ist an dieser Stelle die Unterscheidung von *Medien 1. Ordnung* im Sinne rein technischer Vermittlungssysteme; diese repräsentieren ein technisches Artefakt, das verschiedene Nutzungsweisen erlaubt und hinsichtlich seiner Inhalte nicht festgelegt ist, sondern sie ständig neu konstruiert. Zu *Medien 2. Ordnung* im Sinne einer „sozialen Bedeutungsproduktion und -vermittlung" (Schmid/Kubicek 1994: 403) werden diese Artefakte durch die Art und Weise, in der Anbieter und Nutzer von ihnen Gebrauch machen (vgl. Rössler 1998b: 19ff.). Wenngleich diese Unterscheidung nicht immer trennscharf sein mag, so verdeutlicht sie in ihrem Kern, weshalb „das Internet" in seiner Gesamtheit gerade *kein* Medium darstellt – zumindest keines 2. Ordnung, auf die sich die Kommunikationsforschung üblicherweise bezieht.

Sinnvoller Gegenstand von Forschungsarbeiten ist demzufolge weniger die OK als pauschales und empirisch schwer fassbares Allgemeinphänomen, sondern vielmehr die Analyse ihrer einzelnen *Kommunikationsmodi* oder „configurations of communication" (vgl. Dobal/Werner 1997: 114; Morris/Ogan 1996: 42). Im Mittelpunkt stehen dabei sehr häufig die abruforientierten Angebote im World Wide Web (WWW); außerdem der Versand elektronischer Nachrichten (E-Mail), der Austausch in Diskussionsforen (Newsgroups, Usenet) und Mailinglisten sowie die textbasierte Interaktion mit anderen Nutzern (Chat), auch in virtuellen Räumen (MUDs; vgl. hier und im Folgenden Döring 1999: 33-137 für eine ausführlichere Beschreibung dieser Modi). In ihrer Gesamtheit formieren die unterschiedlichen Modi dann den *Cyberspace* als weltumspannenden Kommunikationsraum, der technisch auf den einzelnen Protokollen für die rechnerbasierte Datenübertragung beruht. Beliebte Systematisierungsansätze für die Modi rekurrieren (1) auf den beteiligten Personenkreis (man-to-man- vs. man-to-machine-Interaktion); (2) auf die Struktur der Kommunikationsbeziehungen (one-to-one vs. one-to-many vs. many-to-one vs. many-to-many-Interaktion); (3) auf die Dynamik der Rückkoppelung (synchron vs. asynchron); (4) auf die Aufdringlichkeit der Modi (push- vs. pull-Medien; vgl. Weischenberg 1998) oder (5) auf die ihnen zugrunde liegende Medialität (textbasierte vs. multimediale Anwendungen).

Als eine zentrale Beschreibungsdimension hat sich für kommunikationswissenschaftliche Überlegungen der *Grad der Interaktivität* erwiesen, da er die Verortung der neuen Kommunikationsangebote gerade in Relation zu den traditionellen Massenmedien ermöglicht und das Spezifikum der rückgekoppelten Kommunikation adressiert. Dabei lässt sich ein Interaktivitäts-Kontinuum zugrunde legen, das zumindest vier Stufen kontrastiert: von (0) Medien, denen interaktive Elemente vollkommen fehlen über (1) reaktive bzw. responsive Medien, die mitunter weitgehende Angebotsalternativen bereitstellen, aus denen der Nutzer auswählen kann (Interselektivität) und (2) transaktive Medien, die vorprogrammierte Routinen auslösen und Nutzeingaben erwarten (z.B. Telebanking, Teleshopping) bis hin zu (3) Medien für persönliche Interaktionen, in denen ein individueller Austausch von Informationen erfolgt (vgl. Beck 1999: 137f. sowie weitere Typologien bei Höflich 1997: 95 oder McMillan/Downes 1998: 17 aus Nutzerperspektive). Es sei betont, dass Online-Medien in diesem Sinne niemals per se interaktiv sind, sondern lediglich Interaktivitätspotenziale bereitstellen können, deren Realisation vom jeweiligen Nutzer abhängt (vgl. z.B. Goertz 1995; Zipfel 1998: 29). Wieder gilt, dass die einzelnen Modi der OK diese Potenziale in unterschiedlichem Maß vorsehen können, vom Multiple-Choice-Clickstream im WorldWideWeb bis zur persönlichen E-Mail oder der Chat-Konversation in Echtzeit (vgl. Rössler 1998b: 32ff.).

2 Forschungstradition zur Online-Kommunikation

Trotz ihrer vergleichsweise kurzen Vergangenheit liegen bereits „historische" Darstellungen zur OK vor, die zumeist die technische Vorgeschichte der Computernetze und den Diffusionsverlauf des Internet dokumentieren (vgl. z.B. Kreuzberger 1997). In der Regel wird hier auf die Wurzeln der Datenfernübertragung (DFÜ) im militärischen Kontext verwiesen, aus denen sich zunächst ein wissenschaftliches Kommunikationsnetzwerk entwickelte, das sich ab 1990 zunehmend auch für die private und kommerzielle Nutzung öffnete. Diese Marktdurchdringung wurde durch das Engagement traditioneller Massenmedien im Netz beschleunigt und von einer enormen medialen Koorientierung flankiert: Das Internet avancierte selbst zum Thema der medialen Diskurse, in denen (einer Metaanalyse zufolge) die Kontrastierung von technikeuphorischen und -skeptischen Argumenten inzwischen der eher praxisnahen Einbindung in das Alltagsleben gewichen ist (vgl. Rössler 2001a).

Nach den ersten, meist technikorientierten Abhandlungen behandelten frühere Texte häufig das Spannungsfeld zwischen einerseits euphorischen Netzphilosophien, die in den frei zugänglichen und kaum kontrollierbaren Datennetzen die Wiege einer basisdemokratischen Zivilgesellschaft zu erkennen glaubten; und andererseits den Orwellschen Phantasien von einem Überwachungsstaat, der die digitalen Spuren seiner Bevölkerung bis in den letzten Winkel des Cyberspace verfolgen kann (vgl. hierzu etwa den frühen Reader „Kursbuch Internet" von Bollmann/Heibach 1996). Wesentlicher als dieser oft zu rhetorischen Zwecken verwendete Antagonismus scheint allerdings der *Bezug zwischen virtueller Realität und „Real Life"*, der in beiden Positionen implizit hergestellt wird und für die Erforschung wie die Erklärung von OK von substanzieller Bedeutung ist: Netzwelt und „wirkliche" Welt existieren keineswegs unabhängig voneinander, sondern sind auf allen Ebenen miteinander verwoben – schließlich stellt die Beschäftigung mit OK auch immer noch eine Handlung in der Wirklichkeit dar, und Handlungen im Cyberspace besitzen durchaus manifeste Auswirkungen auf das „Real Life": Die „Doppelung der Realität in virtuelle und wirkliche Wirklichkeit ist für das Verständnis des Transformationsprozesses entscheidend", der unsere Gesellschaft zu Beginn des 21. Jahrhunderts kennzeichnet (Bühl [2]2000: 497f.). Unablässig verweisen Angebote, Handlungen und Geschehnisse im Netz auf die soziale Realität, es findet ein kontinuierlicher Austausch zwischen den Kommunikationsräumen statt.

Die *kommunikationswissenschaftliche Forschung* befasst sich bereits seit Mitte der Neunzigerjahre intensiver mit den zahlreichen Facetten der OK. Insbesondere die in der (im Frühjahr 1996 gegründeten) Fachgruppe Computervermittelte Kommunikation der Deutschen Gesellschaft für Publizistik- und Kommunikationswissenschaft (DGPuK) organisierten Forscher bemühen sich um theoretische Konzepte ebenso wie um empirisch überprüfbare Erklärungsmodelle, die der Komplexität des Untersuchungsgegenstands Rechnung tragen. Zu den jährlichen Fachgruppentagungen erschienene Sammelbände (vgl. Beck/Vowe 1997; Prommer/Vowe 1998; Rössler/Wirth 1999; Beck/Schweiger 2001) und weitere thematisch organisierte Reader (vgl. etwa Dernbach/Rühl/Theis-Berglmair 1998; Hagen 1998; Neverla 1998; Rössler 1998a; Wirth/Schweiger 1999; Altmeppen/Bucher/Löffelholz 2000; Thiedeke 2000) dokumentieren, dass die Annäherung an die neue Kommunikationsumwelt hierzulande im Wesentlichen durch Einzelbeiträge und Ad-hoc-Studien und weniger durch breit angelegte Gesamtdarstellungen erfolgt.

Als wichtige Pionierarbeit im Forschungsfeld OK gilt die Studie von Wetzstein u.a. (1995), die die Welt der „Datenreisenden" schon anhand privater Mailboxnetze untersuchten – sowohl gegenstandsnah hinsichtlich einzelner Spezialkulturen des Netzes (z.B. soziale Bewegungen, „rechte" Szene, Kult- und Fangruppen) als auch zu übergreifenden Fragestellungen (z.B. elektronische Demokratie, Computerkriminalität). Bereits diese Arbeit verdeutlichte die vielfältigen *Schnittstellen zu Nachbar-*

disziplinen, die jedoch häufig durch deren eher technikzentriertes Verständnis von Netzen (als Medien 1. Ordnung) begründet sind; so etwa zur Politikwissenschaft (vgl. z.B. Kamps 1999; Gellner/von Korff 1998), Psychologie (vgl. z.B. Batinic ²2000; Döring 1999), Soziologie (vgl. z.B. Gräf/Krajewski 1997; Bühl ²2000), Rechtswissenschaft (vgl. z.B. Köhler/Arndt ²2000) oder Didaktik (vgl. z.B. Gertsch ²2000; Kammerl 2000). Diese verfügen dann zwar meist über eigenständige Zugänge zum Forschungsfeld OK, ihre Befunde tragen jedoch häufig auch zu einem besseren Verständnis von Kommunikationsprozessen bei, etwa durch Analysen zu Regulierung, Datensicherheit oder gruppendynamischen Prozessen (für eine interdisziplinäre Annäherung vgl. die Beiträge in Berghaus 1999). Beispielsweise legte der Soziologe Achim Bühl eine umfassende Darstellung des Phänomens OK vor (1997, überarbeitete Neuauflage ²2000), die aus gesellschaftstheoretischer Perspektive Technologie, Ökonomie, Sozialstruktur, Politik/Öffentlichkeit, Recht, Ökologie, Kultur, Geschlechterverhältnis und Individuum in der virtuellen Gesellschaft beleuchtet. Solche Gesamtdarstellungen sind freilich zur Ausnahme geworden, Regelfall scheint vielmehr – aufgrund der Kommerzialisierung der Netzwelt – eine *Marktforschung* im Sinne der Erzeugung aktueller „Wasserstandsmeldungen" zur Internetnutzung, die Online-Anbieter als Referenzgrößen zur Ermittlung von Werbepreisen dringend benötigen (für eine Übersicht zu Methoden und Nutzungsstudien vgl. Welker 1998; Decker 2001).

3 Theoretische Annäherungen an das Feld der Online-Kommunikation

Mit der zunehmenden Verbreitung einer neuen Kommunikationsumgebung stellt sich zunächst die Frage, ob sich das bestehende theoretische Repertoire des Fachs weiterhin zur Anwendung (in diesem Fall auf Online-Medien) eignet. Trotz der offenkundigen Spezifika der neuen Kommunikationsmodi scheint eine radikale Abkehr von den bisher verfügbaren Ansätzen nicht erforderlich (vgl. Brosius 1997: 42; analog Hagen 1998: 9).[2] Eine *systematische Überprüfung* dieses Inventars liegt bislang nicht vor, obwohl bereits Kriterien für eine mögliche Vorgehensweise vorgeschlagen wurden (vgl. Rössler 1998b: 37f.). Erste Forschungsergebnisse beziehen sich insbesondere auf die Adaption der Uses-and-Gratifications-Forschung und der Wissenskluft-Hypothese (siehe unten). Besonders nahe liegend scheint ferner (nicht alleine der Netzmetapher wegen) die Verknüpfung mit der Forschung zum Mehrstufenfluss von Kommunikation und zu sozialen Netzwerken (vgl. Höflich 1996: 20; Gräf 1997; Rössler 1998b: 31ff.). Insgesamt legen die erwähnten Spezifika von OK Bezüge zu prozessorientierten Paradigmata wie beispielsweise dem dynamisch-transaktionalen Ansatz (vgl. Früh 2001: 31ff.) nahe, die allerdings eine enorme Stär-

2 Aus psychologischer Perspektive zählt Döring (1999: 209-232) insgesamt zehn theoretische Modellierungen auf, die jeweils unterschiedliche Facetten von OK ansprechen: (1) Kanalreduktion; (2) Herausfiltern sozialer Hinweisreize; (3) rationale Medienwahl; (4) normative Medienwahl; (5) interpersonale Medienwahl; (6) soziale Informationsverarbeitung; (7) Simulation; (8) Imagination; (9) Digitalisierung; (10) Kulturraum. Diese einzelnen Ansätze integriert sie in ein „Medienökologisches Rahmenmodell" (Döring 1999: 244), das die jeweilige Nutzungssituation in den Mittelpunkt stellt und mit Fragen der Medienwahl, der jeweiligen Medienumgebung und dem persönlichen Kommunikationsverhalten verknüpft, die kurz- bzw. langfristige soziale Effekte von OK erklären sollen.

kung der Inter-Transaktionen zwischen den Kommunikationspartnern berücksichtigen müssen (ausführlich Rössler 1998b: 26).

Dementsprechend wurde auch das Feldschema der Massenkommunikation von Maletzke (1963: 41) als ein grundsätzlicheres theoretisches Konzept durch Burkart und Hömberg (1997) in ein *Modell elektronisch mediatisierter Gemeinschaftskommunikation* übertragen (siehe dazu Schaubild 5 bei Burkart, S. 186 in diesem Band; vgl. ähnliche Überlegungen bei Friedrichsen 1998: 209). Wichtigste Modifikation ist hierbei der Wegfall der ursprünglichen Rollen von Kommunikator und Rezipient, die – neutraler – durch „Beteiligte" am Kommunikationsprozess ersetzt werden. Dies verweist zum einen darauf, dass ein Rollentausch im Cyberspace nicht nur wesentlich einfacher möglich ist, sondern in der Kommunikationsumgebung bereits grundsätzlich angelegt ist; zum anderen löst sich der Begriff des Publikums in dem der „elektronischen Gemeinschaft" auf. Der weitgehend deliberative Zugang zum Internet, der auch für Angebote in eher massenmedial geprägten OK-Modi zutrifft, fordert den klassischen Kommunikatorbegriff früherer Ansätze heraus: Zwar fungieren unterschiedliche Gruppen von Online-Kommunikatoren als Gatekeeper, wenn sie Inhalte für die Publikation im Netz auswählen („Stoffauswahl/Gestaltung"); aber sie werden dabei normativ von teilweise anderen Kriterien geleitet als Journalisten im klassischen Sinn (vgl. Rössler 1999, 2001b).

Eine zweite erhebliche Modifikation des Modells betrifft das Element des (Massen-)Mediums, das in der aktuelleren Variante überhaupt nicht mehr aufscheint: Alle Beteiligten konstituieren gemeinsam die jeweilige Medienanwendung, die einzelnen Aussagen werden von „organisierten Beteiligten" (z.B. Netzbetreiber) in eine Kommunikationsstruktur überführt und allen Beteiligten bereitgestellt. Dabei ist freilich zu betonen, dass wesentliche Teile der Online-Nutzung immer noch eher durch massenmediale Zuwendungsmuster geprägt sind (etwa durch die Web-Ableger klassischer Medienanbieter, siehe unten), dieses Modell hingegen auf elektronische Gemeinschaften abzielt, die sich durch Netzkommunikation konstituieren (vgl. grundlegend Höflich 1996; ferner Thiedeke 2000). Inwieweit es sich dabei tatsächlich noch um *öffentliche* Kommunikation handelt, auf die das vorliegende Handbuch fokussiert, lässt sich selbst hinsichtlich der einzelnen Modi oft nur im Einzelfall bestimmen: beispielsweise kann eine E-Mail öffentlich (z.B. über eine Mailing-Liste) oder privat sein; Diskussionen in Chat-Kanälen können so lange von außen verfolgt werden, bis sich zwei Teilnehmer in ein elektronisches Separee zurückziehen; und auch MUDs sind prinzipiell für jeden zugänglich, es entwicklen sich jedoch schnell festgefügte soziale Strukturen und persönliche Beziehungen (vgl. Döring 1999). Eine Möglichkeit, diese Variabilität der netzbasierten Hybridmedien zu fassen, besteht in der Definition distinkter *Computerrahmen*, wie sie sich durch den Gebrauch von OK konstituieren und in einem rekursiven Sinne diesen selbst wieder präformieren. Der Begriff des Rahmens wird dabei in Anlehnung an Erving Goffman verwendet, der zum einen „dominante" vs. „klare" Rahmen unterscheidet, zum anderen die institutionalisierten, erwartbaren und mithin vorgegebenen Rahmen von dem Prozess einer Praxis der Rahmung (vgl. ausführlicher Höflich 1998: 53ff.).

Wie der Begriff der Hybridmedien bereits verdeutlicht, können die einzelnen Computerrahmen in den OK-Modi verschmelzen. Damit verändern sich sowohl die interpersonale als auch die Massenkommunikation, die einander im *„Integrationsmedium Internet"* gleich auf einer Reihe von Ebenen näher rücken: bei der Integration ganzer Märkte und Branchen über den Prozess der Digitalisierung, bei der

Integration klassischer Einzelmedien im Sinne von „Multimedia" und vielleicht am bedeutsamsten bei der Integration spezifischer Formen von Kommunikation durch das Individuum (vgl. Krotz 1998: 116ff.). Aus Sicht eines einzelnen Online-Angebots kann letztere Integration intern erfolgen (durch das Angebot verschiedener Kommunikationsformen auf derselben Plattform, z.B. Mailkontakt, Diskussionsforum und Livechat auf einer Website), aber auch extern (durch die Verknüpfung verschiedener Angebote, z.B. die Verlinkung von Websites). Zentrales Organisationsprinzip ist dabei die Hypertextualität von OK, die die Netzstruktur von Online-Angeboten erst ermöglicht (vgl. Schweiger 2001).

Die Integration von ganzen Märkten und Branchen dürfte sich am auffälligsten im Bereich des digitalen Fernsehens vollziehen, wo Ruhrmann und Nieland bereits 1997 vermuteten, dass „die Vernetzung und die individuelle Teilnahme im Internet [...] sowohl die technische als auch die soziale Grundlage für eine neue Qualität von Interaktivität bei der Nutzung audiovisueller Medien" bieten (Ruhrmann/Nieland 1997: 82). Eine weitere interessante Verschmelzung der Plattformen verkörpert der Short Message Service für Handys (SMS), der von seiner Medialität her als mobile Form der E-Mail verstanden werden kann und außerdem institutionalisierte Schnittstellen zum Internet aufweist: SMS-Botschaften können über das Netz abgesendet und dort empfangen werden (vgl. ausführlich Höflich/Rössler 2001). Diese Integrationsprozesse stellen gerade auch die Rechtsprechung vor erhebliche Probleme, da die überholten Unterscheidungen zwischen Presse, Rundfunk und Tele- bzw. Datenkommunikation im Zeitalter der „Mediamatik" (Latzer 1997) zunehmend nutzloser werden. Ein nennenswerter Teil der theoretischen Auseinandersetzung bezieht sich deswegen auf das normative Für und Wider sowie auf die faktischen Möglichkeiten zur *Regulierung von OK*. Problemfelder sind insbesondere Aspekte der Meinungsfreiheit, des Urheberrechts, von Datenschutz und -sicherheit, Verschlüsselung sowie dem Schutz der (jugendlichen) Nutzer vor unerwünschten Inhalten (vgl. zusammenfassend Beck 1999: 141ff.). An dieser Stelle manifestiert sich einmal mehr das Spannungsverhältnis zwischen „Real Life" und Cyberspace, wenn sich die klassischen nationalen Rechtsmittel als unzureichend erweisen, um die unbegrenzte Öffentlichkeit eines weltumspannenden Kommunikationsraums zu regulieren; gefragt sind stattdessen dem Charakter von OK angepasste Initiativen (vgl. etwa Waltermann/Machill 2000).

4 Das Netz als Gegenstand und Mittel empirischer Forschung

Aus methodischer Sicht entfalten sich mit der zunehmenden Verbreitung von OK zwei Dimensionen, je nachdem, ob das Netz selbst *Gegenstand* oder *Erhebungsinstrument* einer empirischen Studie darstellt. Das heißt, relevante Arbeiten können sich (1) auf OK-fremde Themen beziehen, aber das Netz zur Datenerhebung verwenden (z.B. für psychologische Erhebungen oder zur Rekonstruktion medialer Diskurse); oder sich (2) auf OK-relevante Gegenstände beziehen, aber auf Datenerhebungen außerhalb des Cyberspace beruhen (z.B. Telefonumfragen zur Internet-Nutzung oder eine Inhaltsanalyse der Fernsehberichterstattung über das Internet); oder (3) OK-relevante Themen durch netzbasierte Erhebungen beleuchten (z.B. Online-Befragungen von Web-Kommunikatoren oder Logfile-Auswertung zum Navigationsverhalten der User). In diesem Abschnitt werden getreu dieser Logik zunächst einige generelle Überlegungen zur netzbasierten Datenerhebung vorgestellt, und anschließend ausgewählte Ergebnisse der größer und deskriptiv angelegten Netz-Surveys vorgestellt. Studien mit dezidiert kommunikationswissenschaftlicher Fragestellung behandelt der darauf folgende Abschnitt.

Forschern und Instituten eröffnen die schnellen und kostengünstigen Modi der OK neue Möglichkeiten, Daten zu generieren; in der *Umfrageforschung* beispielsweise „lassen sich mit vergleichsweise geringem finanziellen Aufwand innerhalb kurzer Zeiträume Befragungen mit extrem hohen Fallzahlen realisieren" (Bandilla 1999: 9), die auf Basis von E-Mail-Anschreiben, Newsgroup-Postings und über das WWW bereitgestellten Fragebogen erfolgen können (vgl. Hauptmanns 1999: 23ff.; Pötschke/Simonson 2001).[3] Auch ermöglicht das Netz vergleichsweise komfortabel die Realisierung experimenteller Versuchsanlagen (vgl. Reips 1999). Als weitere Vorteile nennt Döring (1999: 207ff.) unter anderem die Bereitstellung digitaler Daten (Automatisierbarkeit der Auswertung), die Ansprache einer großen und internationalen Population selbst für spezialisierte Fragestellungen, erweiterte Freiheitsgrade für die Teilnehmer (Freiwilligkeit, zeitliche und räumliche Autonomie) und umfangreiche Möglichkeiten zur nonreaktiven Datenerhebung (Nutzungsprotokolle, digitale Archive). Demgegenüber werden als Nachteile erwähnt die Verführung zu schlechten Ad-hoc-Studien, eine erhöhte Gefahr von Datenmissbrauch und Datenschutzverletzungen oder ethische Bedenken wegen der Beobachtung ohne Einwilligung der Betroffenen. Als gravierendstes Problem müssen freilich die geringen Kontrollmöglichkeiten von Auswahlverfahren wie Erhebungssituation gelten: Zufallsstichproben sind im Netz aufgrund mangelnder Informationen über die sich schnell wandelnde Grundgesamtheit kaum machbar, weshalb gerne selbstselektierte Samples verwendet werden, deren Verzerrungen kaum zu korrigieren sind (vgl. Bandilla 1999: 12ff.). Doch selbst bei einer individuellen Ansprache von Zielpersonen besteht keinerlei Gewähr, dass sich tatsächlich die betreffende Person (mit der gewünschten Netz-Identität) beteiligt. Ob entsprechende Erhebungen zu validen Ergebnissen gelangen, hängt zudem davon ab, ob die (demografisch immer noch nicht repräsentativ zusammengesetzte, siehe unten) Netzpopulation überhaupt geeignet ist, Aussagen zum Gegenstand der Forschung zu treffen.

Am ehesten scheint dies wohl dann gegeben, wenn OK selbst untersucht werden soll. Aufgrund der technischen Spezifika und der weniger streng normierten Kommunikationssituation stößt jedoch bereits die Umsetzung des *Standardrepertoires aus der Marktforschung* (wie etwa einer Kontaktmessung als Erhebung vergleichsweise simpler Internet-Nutzungsvariablen) an methodische Grenzen (vgl. ausführlich Muz 1998; Werner 1999). Mit der steigenden Bedeutung des Internet für die werbetreibende Industrie intensivieren sich freilich die Aktivitäten auch kommerzieller Forschungsinstitute, exakte Daten zu Demografie und Netznutzung der User zu ermitteln (vgl. Übersicht und Klassifikation bei Welker 1998 sowie ausführlich Wingert 1998). Als länger eingeführte Online-Befragungen gelten in Deutschland

3 Zur Entwicklung und Optimierung webbasierter Fragebogentools liegen bereits eine Reihe von Erfahrungen aus Methodenstudien vor (vgl. hierzu die verschiedenen Beiträge in Batinic u.a. 1999: bes. 93-177).

W3B[4] und international GVU[5] (vgl. Bandilla/Hauptmanns 1998), wichtige Offline-Befragungen sind der GfK-Online-Monitor (Bronold 1999: 42ff.) und die ARD/ZDF-Online-Studie: Seit 1997 führt eine Projektgruppe der öffentlich-rechtlichen Rundfunkanstalten in jährlichem Turnus ihre Studie durch, in der ein bevölkerungsrepräsentatives Sample der bundesdeutschen Online-Nutzer telefonisch befragt wird.[6] Während die soziodemografischen Merkmale in Studien bis 1998 ein eindeutiges Bild des Nutzers entwarfen – männlich, jung, hochgebildet, berufstätig – war ab 1999 ein erster Trend zu einem Strukturwandel auszumachen, mit erheblichen Zuwachsraten unter Rentnern, niedrigeren Bildungssegmenten und weiblichen Nutzern. Dennoch kann auch mittelfristig davon ausgegangen werden, „dass die Teilnahme bzw. Nichtteilnahme an dem Medium Internet weiterhin abhängig ist von den klassischen Faktoren Alter, formaler Bildungsgrad und Berufstätigkeit" (van Eimeren/Gerhard/Frees 2001: 384). Im Mittelpunkt der regelmäßigen Online-Aktivitäten stehen das Versenden und Empfangen von E-Mails, die zielgerichtete Informationssuche, das ziellose Surfen im Internet, der Abruf aktueller Nachrichten, das Downloaden von Dateien sowie Homebanking (vgl. van Eimeren/Gerhard/Frees 2001: 387).

Die Nutzung des World Wide Web verteilt sich auf eine scheinbar endlose Zahl von Angeboten, wobei sich allerdings einzelne Sites einer größeren Beliebtheit erfreuen als andere. Die Informationsgemeinschaft zur Festellung der Verbreitung von Werbeträgern (IVW) e.V., die in Deutschland für die Auflagenermittlung von Printmedien zuständig ist, erhebt auch für mehrere Hundert gemeldete Online-Angebote die Zahl der Besuche (Visits). Regelmäßig stehen hier Netzableger klassischer Massenmedien (z.B. RTL World, Focus Online mit Auto-Scout, SAT.1 Online oder Spiegel online) mit an der Spitze der abgerufenen Seiten (vgl. IVW 2001; für aktuelle Daten vgl. <http://www.ivw.de/data/index.html>).

Auch für die übrigen Kommunikationsmodi im Internet[7] seien einige statistische Angaben erwähnt, die die zwischenzeitlich erreichte *Größenordnung* des Kommunikationsraums Cyberspace verdeutlichen: Ende 2000 waren weltweit etwa 891,1 Millionen E-Mail-Accounts registriert, davon 439,6 Millionen (49 %) in den USA (vgl. Messaging Online 2001). Nach den Berechnungen von Hinner (1998: 51, 91ff.) waren alleine bei den vier größten IRC-Netzwerken, die Chat-Kanäle zur Verfügung stellen, durchschnittlich 108.000 Nutzer weltweit online. Im Usenet waren zur selben Zeit etwa 50.000 Newsgroups verfügbar, davon allerdings höchstens geschätzte

---

4 Durchgeführt von den Marktforschern Fittkau & Maaß GmbH, Sample Herbst 2000 (11. Welle): 69.655 Teilnehmer, erreichbar unter: <http://www.w3b.de> [6.3.2001].

5 Durchgeführt von dem Georgia Institute of Technology, Sample Herbst 1998 (10. Welle): Mehr als 20.000 Teilnehmer, verteilt auf unterschiedliche Fragbogen, erreichbar unter: <http://www.gvu.gatech.edu> [6.3.2001], dort sind auch alle Datensätze der bisherigen Umfragen als SPSS-Files frei verfügbar.

6 Dieselbe Projektgruppe führt auch eine „Offliner"-Studie unter Nichtnutzern von Online-Kommunikation durch, die Zugangsbarrieren, Einstellungen zum Internet und Veränderungspotenzial erhebt (vgl. Grajczyk/Mende 2001; Oehmichen 2002).

7 Über die nachfolgenden Kennzahlen hinaus liegen auch zu diesen Kommunikationsmodi speziellere Studien vor, etwa zu Mailing-Listen (vgl. Stegbauer/Rausch 1999; Hofmann 1999), zum Usenet (vgl. Rössler 1998c), zur E-Mail (vgl. Stegbauer 1995), zu Chats (vgl. Debatin 1998) oder zu MUDs (vgl. Utz 1999).

10.000 aktiv: Es besteht ein sensibles Gleichgewicht zwischen „Postern" – jenen, die sich aktiv am Diskurs beteiligen – und „Lurkern" (passiven Nur-Lesern), denn eine kritische Masse an aktiver Beteiligung darf in einer Newsgroup nicht unterschritten werden, da sie sonst selbst für Lurker uninteressant wird und „stirbt" (vgl. Rössler 1998c: 117).

Während die Nutzung von OK aufgrund ihrer ökonomischen Relevanz auch für die kommerzielle Forschung attraktiv ist, steckt die systematische Beschreibung von deren Inhalten theoretisch und methodisch noch in den Kinderschuhen. Die standardisierte *Inhaltsanalyse*, in der Forschung zu klassischen Medien längst Teil des empirischen Standardrepertoires, stößt bei ihrer Anwendung im Kontext der OK auf eine ganze Reihe von Problemen (vgl. Rössler 1997b; Rössler/Wirth 2001). Dies betrifft in operativer Hinsicht u.a. die Archivierung der Inhalte, die Organisation des Codierprozesses und die Durchführung von Realibilitätstests; in theoretischer Hinsicht ist die Definition der Analyseeinheiten heikel, und die interaktiv generierten Kommunikationsinhalte bedingen geradezu, dass das ursprünglich als non-reaktiv verstandene Verfahren auch reaktive Elemente integriert, um dem Charakter der Kommunikationsmodi gerecht zu werden. Bisherige Studien sind deutlich Webzentriert und behandelten u.a. Shopping-Angebote (vgl. Dahm/Rössler 1997) oder deutsche Top-Unternehmen (vgl. Bruns/Marcinkowski/Schierl 1997) aus verschiedenen Branchen, Websites zur Fußball-WM (vgl. Heddergott/Loosen 2000), Autohersteller im Netz (vgl. Rössler/Eichhorn 1999) oder Online-Zeitungen (vgl. Zürn 2000).

5 Analysefelder: Kommunikationswissenschaftliche Studien und ihre Ergebnisse

5.1 Nutzungsmuster und -motive

Einen Forschungsschwerpunkt aus kommunikationswissenschaftlicher Sicht stellen sicherlich jene Studien dar, die die Zuwendung der User zur OK aus der Tradition des *Uses-and-Gratifications*-Ansatzes zu erklären versuchen (vgl. z.B. Weinreich 1998). Vor einer leichtfertigen Übertragung klassischer Modellvorstellungen muss dabei freilich gewarnt werden: Anders als bei der Zuwendung zu Medien der klassischen Massenkommunikation wie etwa dem Fernsehen lassen sich die Gratifikationen aus interaktionsintensiven Modi der OK nicht aus der Medienzuwendung alleine erhalten. Gerade bei der technisch vermittelten interpersonalen OK sind Handlungsmotive oder gesuchte Gratifikationen auf mindestens einen weiteren Beteiligten am Kommunikationsprozess gerichtet (vgl. Höflich 1996: Modell S. 102). Qualitative Studien aus einer frühen Stufe der Internet-Diffusion identifizierten mit dem „Nutz-Spaß" bereits eine Motivdimension, die klassische Gratifikationen wie Information oder Unterhaltung vermischt: „Was nützt, macht Spaß und umgekehrt!" (Grüne/Urlings 1996: 495) Die täglichen Beweise, dass man die komplexe Technik beherrscht, vermittelt beispielsweise bei WWW-Recherchen auch die Befriedigung einer erfolgreichen Transaktion, und beim virtuellen Flanieren auf den Seiten des Weißen Hauses fühlt man sich informiert und unterhalten zugleich.

Die engen Bezüge zwischen den Motiven zur Nutzung verschiedener Modi von OK und traditionellen Kommunikationsmedien verdeutlicht eine amerikanische Studie von Flanagin und Metzger (2001), die insgesamt 21 Gratifikationsitems für neun „channels" erhoben: Neben Face-to-face-Kommunikation, Telefon, Zeitungen, Fernsehen und Büchern/Magazinen wurden auch E-Mail sowie Informationserschließung, Informationsbereitstellung und Konversation via Internet abgefragt. Festzuhalten ist insbesondere der für die Kommunikationsforschung wesentliche Befund, dass eine Clusteranalyse auf Basis der Gratifikationen diese „Kanäle" nicht nach technologischen, sondern nach kommunikativen Gesichtspunkten ordnet. So gruppieren sich E-Mail und Internet-Konversationen gemeinsam mit dem Telefon zur *mediatisierten interpersonalen Kommunikation*, während Informationserschließung und Informationsbereitstellung gemeinsam mit den übrigen Anwendungen zu einem Cluster *Massenkommunikation* gehören. Lediglich die Face-to-face-Kommunikation ließ sich nicht zuordnen und generierte einen eigenen Cluster der unmediatisierten interpersonalen Kommunikation (vgl. Flanagin/Metzger 2001: 165f.).

Der unmittelbare Vergleich der Gratifikationleistungen von Fernseh- und Webangebot am Beispiel des Showformats Big Brother zeigt, dass Infotainment, Orientierung und Zeitvertreib als gemeinsame Motivdimensionen relevant sind. Gleichzeitig geben unterschiedliche Nutzertypen zwar unterschiedliche Motivlagen an, für einen spezifischen Typ erfüllen TV und Webversion aber ähnliche Bedürfnisse, weshalb in diesem Fallbeispiel beide als funktionale Alternativen zu begreifen sind, die ergänzend genutzt werden, aber grundsätzlich substituierbar sind (vgl. Trepte/Baumann/Borges 2000: 557ff.). Und zumindest ihrer eigenen Einschätzung nach nehmen Online-User Reduktionseffekte insbesondere auf ihre Fernsehnutzung, aber in geringerem Maße auch auf ihre Nutzung von Zeitungen und des Radios wahr (vgl. Oehmichen/Schröter 2000: 363) – eine Erkentnis, die tendenziell auch durch Sekundäranalysen von Substitutions- und Komplementärbeziehungen in anderen Studien gestützt wird (vgl. Hagen 1998). Neuere Untersuchungen zum Medienwahlverhalten, die das Internet berücksichtigen, verweisen auf distinkte Handlungsschemata, die zielorientiert auch die Nutzung von OK einschließen (vgl. Welker 2001).

5.2 Einflussfaktoren auf die Rezeption

Als eine wichtige Determinante von OK, insbesondere hinsichtlich ihrer Verschränkung mit der traditionellen Massenkommmunikation, hat sich dementsprechend die wahrgenommene *Glaubwürdigkeit* der Inhalte erwiesen (vgl. Rössler/Wirth 1999). Bei pauschalen Einschätzungen schneidet „das Internet" hier noch ungünstiger ab als die übrigen Massenmedien, wenngleich differenziertere Untersuchungen über wenig dramatische Unterschiede unter Nutzern wie Nicht-Nutzern berichten (vgl. Schweiger 1999). Innerhalb des World Wide Web gilt eine journalistische Identität des Anbieters als Garant für die Glaubwürdigkeit der Inhalte, wobei positive Transfer-Effekte von der „Dachmarke" eines Real-World-Anbieters auf seinen Web-Ableger zu beobachten sind (vgl. Rössler/Ognianova 1999).

Auch das für die Kommunikationswissenschaft zentrale Konzept der *Selektion* bzw. Selektivität gewinnt mit Blick auf die OK neue Relevanz, da Auswahlprozesse angesichts einer allseits befürchteten Informationsüberflutung der Nutzer nicht nur gefordert, sondern für Modi wie das World Wide Web, dessen Nutzung als eine Abfolge einzelner Selektionsentscheidungen betrachtet werden kann, geradezu konstitutiv sind (vgl. hierzu die Beiträge in Wirth/Schweiger 1999). Die Forschung erstreckt sich über Angebots- wie Nutzungsaspekte etwa von WWW-Suchmaschinen wie von Bannerwerbung; zahlreiche Befunde können hier unter dem Stichwort *Usability* subsumiert werden, die praxeologisch die Optimierung von Bildschirmdarstellungen zum Zwecke der Aufmerksamkeitsattraktion meint und insbesondere von Web-Designern nachgefragt wird (vgl. z.B. Bruns/Marcinkowski/Schierl 1997; Schweiger/Reisbeck 1999; Wandke/Hurtienne 1999).

Generell stellt sich die Frage, ob aufgrund des Pull-Charakters von OK, bei der vom Nutzer erwartet wird, dass er sich die Medieninhalte selbst erarbeitet (im Gegensatz zum Push-Charakter bisheriger massenmedialer Angebote), nicht von grundsätzlich anderen Zuwendungsmodellen ausgegangen werden muss. Die Grundidee einer Ökonomie der *Aufmerksamkeit*, wie sie Franck (1998) in seinem theoretischen „Entwurf" skizziert, birgt auch für die Analyse von OK geeignete Anknüpfungspunkte. Denn Aufmerksamkeit ist „nicht nur eine notwendige Voraussetzung für die Wahrnehmung konkreter Angebote und die anschließende Selektion sowie eine notwendige Grundlage von Rezeptionsprozessen; das Streben nach Aufmerksamkeit ist darüber hinaus offenbar ein bedeutendes Motiv für das Medienhandeln unterschiedlicher Online-Kommunikatoren" (Rössler/Beck 2001: 141). Dennoch erscheint die Übertragung der eher universalen Grundthese Francks nicht unproblematisch, da die „Medialisierung von Aufmerksamkeit" und die Realisierung der verschiedenen Formen der Aufmerksamkeitskapitale (Ruhm, Prestige, Ansehen usw.) gerade im Falle der OK äußerst vielschichtig erfolgt (vgl. hierzu die Beiträge in Beck/Schweiger 2001).

5.3 Journalismus und Internet

Im selben Maße, in dem klassische Medienanbieter auch in der OK eine zentrale Rolle spielen (siehe oben), stellte die Kommunikationsforschung Fragen nach den Auswirkungen der neuen Kommunikationstechnologie auf den *Journalismus* (vgl. ausführlich die Beiträge in Altmeppen/Bucher/Löffelholz 2000).[8] Dabei sind zumindest zwei Perspektiven zu unterscheiden: zum einen die Veränderungen im traditionellen Berufsbild durch die Verfügbarkeit von OK, und zum anderen natürlich die Bedeutung journalistischer Inhalte im Netz und deren Rückwirkungen auf die klassischen Angebote. Unbestritten scheint, dass OK zunehmend den Arbeitsalltag von Journalisten restrukturiert, denn es eröffnet neue Recherchewege, Möglichkeiten zur Kontaktaufnahme und den Zugang zu einem scheinbar unendlichen Informationspool. Gleichzeitig wandeln sich die Produktionsroutinen, wenn Manuskripte per Datenübertragung schnell vom Verfasser in die Zentralredaktion übermittelt werden können, und von Journalisten heute selbstverständlich Kompetenzen im Umgang mit Redaktionssystemen und digitalem Text und Layout erwartet werden (vgl. z.B. Mast/Popp/Theilmann 1997; Neuberger u.a. 1997; Altmeppen 1998; Dernbach/Rühl/Theis-Berglmair 1998; Schulz/Leidner 1998; Friedrichsen u.a. 1999).

Über die Distributionsplattform Internet sucht gleichzeitig eine Vielzahl neuer Medienangebote ihre Nutzer, von Online-Zeitungen über Internet-Radios bis zum

8 Im Gegensatz zur umfangreichen Forschung über die Wechselbeziehung zwischen OK und Journalismus wurde die Relevanz des Internet für die Öffentlichkeitsarbeit („Online Relations"; vgl. Kaltwasser/Altmeppen 2001) bislang kaum systematisch untersucht.

Web-TV, wobei die Anbieter zum Teil aus der traditionellen Medienlandschaft bekannt sind, zum Teil aber auch Neugründungen im Netz ohne Pendant in der Real World existieren. Analysen legen nahe, dass die meisten dieser massenmedial orientierten Angebote bislang nur ansatzweise die multimedialen Möglichkeiten ausschöpfen, die das Netz ihnen bietet, und stattdessen zumeist die Konzepte der klassischen Massenmedien technisch und strukturell fortschreiben (vgl. z.B. Klettke u.a. 1998; Spott/Riß/Zeh 1998; Bucher/Barth 1998). Der empirischen Forschung zufolge sind „die Internet-Aktivitäten von Presse und Rundfunk noch kaum mehr als ein Anhängsel des Mutter-Mediums. Von einer Renaissance des Journalismus im Internet kann gegenwärtig deshalb noch nicht die Rede sein" (Neuberger 2000: 40). Vor einer besonderen Herausforderung scheint die Tageszeitungsbranche zu stehen, die den „Wandel von Textmedium zum Multimedium" nur mühsam und – mit Blick etwa auf die lokalen Anzeigenmärkte – unter größeren finanziellen Verlusten vollzieht (vgl. Bucher/Püschel 2001). Die Frage, ob Journalisten angesichts der leichten Zugänglichkeit von Informationen im Internet-Zeitalter überflüssig würden, wird jedoch übereinstimmend verneint: Gerade angesichts der neuen Unübersichtlichkeit sind Journalisten besonders wichtig, um dem Bürger Orientierung in der Informationsvielfalt zu stiften (vgl. Dernbach 1998).

5.4 Gesellschaftliche Bedeutung des Internet

Die zunehmende Verbreitung des Internet wurde auch aus der Perspektive der *politischen Kommunikation* mit Erwartungen und Befürchtungen gleichermaßen verfolgt. Einerseits bietet OK neue Potenziale für die politische Information, Artikulation und Mobilisierung, verbessert die Infratruktur von Organisationen und erhöht so die Responsivität des politischen Systems ebenso wie die Partizipation der Bürger (vgl. Scherer 1998). Diesen positiven Entwicklungen im Sinne einer zunehmenden Demokratisierung der Gesellschaft („elektronische Demokratie"; vgl. die Beiträge in Kamps 1999; Hagen 1998) stehen mögliche Dysfunktionalitäten durch die Exklusivität der Nutzung aufgrund technischer Barrieren, Orientierungsverlust durch die Informationsflut online oder die Fragmentierung der Internet-Öffentlichkeit gegenüber (vgl. Gellner/von Korff 1998; Marschall 1997, 1999). Einen Analyserahmen für die Wechselwirkungen zwischen politischem System, klassischen und Online-Medien und dem Medienpublikum/Usern stellt etwa der Agenda-Setting-Ansatz bereit (Rössler 1997a). Studien im Kontext der Institutionenforschung bzw. des Wahlkampfes untersuchten, inwieweit politische Akteure von den neuen kommunikativen Optionen der OK Gebrauch machten. Dem unbestritten enormen politischen Potenzial insbesondere des World Wide Web stand beispielsweise im Bundestagswahlkampf 1998 eine „entmystifizierende Diagnose für die politische Nutzung des Netzes [gegenüber]. Die Netzelite wird kaum ihrem Namen gerecht: Es ist weder elitär noch rational, per Zufall auf Informationen zu stoßen, um die Spezifika der konsumierten Information nicht zu wissen, das – wenn auch nicht unbedingt befriedigende – Angebot der Parteien zu ignorieren" (Gellner/Strohmeier 1999: 105).

Schon in den frühen Phasen des Internet-Booms wurden mögliche negative Effekte des neuen „Informationsmediums" thematisiert, die eine zunehmend einseitige Wissensverteilung in der Gesellschaft befürchten, was an die Tradition der Knowledge-Gap-Forschung anknüpft (vgl. z.B. Bonfadelli 1994). *Wissensklüfte* hatten sich in der Vergangenheit immer wieder in Abhängigkeit vom sozioökonomischen Status gezeigt; da auch der Zugang zur computervermittelten Kommunikation u.a. von den finanziellen Möglichkeiten der Nutzer abhängt, wird gefolgert, dass nationale und internationale Informationseliten ihre privilegierte Stellung durch die Teilnahme an OK verstärken und in Relation weiter ausbauen können (vgl. z.B. Schulz 1997: 7; Schmutzer 1997: 229). Neben dem finanziellen Faktor wird dies durch die erhöhten Anforderungen an die kommunikative Kompetenz potenzieller Teilnehmer verstärkt, die sich im Einzelnen auf kognitive, selektive, informationstechnische und evaluative Kompetenzen bezieht (vgl. Krotz 1995: 455f.). Eine gleichmäßige und rasche Ausbreitung des Online-Marktes in alle Bevölkerungsschichten könnte möglicherweise entstehende Klüfte einebnen, sie ist allerdings – obwohl den genannten Nutzungszahlen zufolge voranschreitend – keineswegs gesichert (vgl. Zimmer 1996: 130). Allerdings konnten Studien zu den Folgen der Informatisierung von Gesellschaften zeigen, dass kein Automatismus zwischen einer Erhöhung des Informationsinputs und der Vergrößerung von Wissensklüften besteht. Eine weitere Informationsexpansion aufgrund der computervermittelten Kommunikation kann deswegen nicht zwangsläufig mit einem weiteren Auseinanderdriften von „information rich" und „information poor" gleichgesetzt werden (Jäckel 1994: 20).

6 Schlussbemerkung

Generell besitzen *Prognosen* über die weitere Entwicklung des Internet und der OK angesichts der Dynamik und Transitorik vieler Phänomene eine geringe Halbwertszeit und sind – gerade wenn sie sich auf technische Charakteristika beziehen – hochgradig spekulativ. Eine seriöse Abschätzung auf Basis einer internationalen Delphi-Erhebung kommt zu der ernüchternden Schlussfolgerung, dass zwar tiefer greifende Strukturveränderungen (z.B. Zunahme von Medienintegration und technisch vermittelter interpersonaler Kommunikation, Veränderungen von Wertschöpfungsketten und Beschäftigungsverhältnissen) zu erwarten sind; spektakuläre Visionen wie die einer Substitution des „Real Life" durch das „Digital Life" werden dagegen aus kommunikationswissenschaftlicher Sicht nicht bestätigt (vgl. Beck/Glotz/Vogelsang 2000). Das im Zusammenhang mit der OK gerne zitierte „Gesetz" von Riepl (1913), wonach neue Medienanwendungen die älteren nicht vollständig verdrängen würden, scheint sich auf absehbare Frist auch für das Internet und seine Kommunikationsmodi zu bestätigen.

Literatur

Altmeppen, Klaus-Dieter (1998): Multimedia: Ein neuer Journalismus? In: Neverla, Irene (Hrsg.): Das Netz-Medium. Opladen, S. 197-218.

Altmeppen, Klaus-Dieter/Bucher, Hans-Jürgen/Löffelholz, Martin (Hrsg.) (2000): Online-Journalismus. Perspektiven für Wissenschaft und Praxis. Opladen.

Baldwin, Thomas F./McVoy, D. Steven/Steinfield, Charles (1996): Convergence. Integrating media, information & communication. Thousand Oaks, New Delhi.

Bandilla, Wolfgang (1999): WWW-Umfragen – Eine alternative Datenerhebungstechnik für die empirische Sozialforschung? In: Batinic, Bernad/Werner, Andreas/Gräf, Lorenz/Bandilla, Wolfgang (Hrsg.): Online Research. Göttingen, S. 9-19.

Bandilla, Wolfgang/Hauptmanns, Peter (1998): Internetbasierte Umfragen als Datenerhebungstechnik für die empirische Sozialforschung? In: ZUMA-Nachrichten, Nr. 43, S. 36-53.

Batinic, Bernad (Hrsg.) ([2]2000): Internet für Psychologen. Göttingen.

Batinic, Bernad/Werner, Andreas/Gräf, Lorenz/Bandilla, Wolfgang (Hrsg.) (1999): Online Research. Methoden, Anwendungen und Ergebnisse. Göttingen.

Beck, Klaus (1999): Computer-mediated communication. In: Brosius, Hans-Bernd/Holtz-Bacha, Christina (Hrsg.): German Communication Yearbook. Creskill, S. 127-157.

Beck, Klaus/Glotz, Peter/Vogelsang, Gregor (2000): Die Zukunft des Internet. Internationale Delphi-Befragung zur Entwicklung der Online-Kommunikation. Konstanz.

Beck, Klaus/Schweiger, Wolfgang (Hrsg.) (2001): Attention please! Online-Kommunikation und Aufmerksamkeit (= Internet Research, Bd. 1). München.

Beck, Klaus/Vowe, Gerhard (Hrsg.) (1997): Computernetze – ein Medium öffentlicher Kommunikation? Berlin.

Berghaus, Margot (Hrsg.) (1999): Interaktive Medien – interdisziplinär vernetzt. Opladen.

Bollmann, Stefan/Heibach, Christiane (Hrsg.) (1996): Kursbuch Internet. Anschlüsse an Wirtschaft und Politik, Wissenschaft und Kultur. Mannheim.

Bonfadelli, Heinz (1994): Die Wissenskluft-Perspektive. Massenmedien und gesellschaftliche Information. Konstanz.

Bronold, Roland (1999): Mediengerechte Online-Forschung: Das GfK Online-Forschungsprogramm. In: Batinic, Bernad/Werner, Andreas/Gräf, Lorenz/Bandilla, Wolfgang (Hrsg.): Online Research. Göttingen, S. 39-45.

Brosius, Hans-Bernd (1997): Multimedia und digitales Fernsehen: Ist eine Neuausrichtung kommunikationswissenschaftlicher Forschung notwendig? In: Publizistik, 42. Jg., S. 37-45.

Bruns, Thomas/Marcinkowski, Frank/Schierl, Thomas (1997): Marktkommunikation deutscher Unternehmen im Internet. Eine quantitative Inhaltsanalyse ausgewählter Web-Sites (= pro online papiere 1). Duisburg: Gerhard-Mercator-Universität.

Bucher, Hans-Jürgen/Barth, Christof (1998): Rezeptionsmuster der Online-Kommunikation. Empirische Studie zur Nutzung der Internetangebote von Rundfunkanstalten und Zeitungen. In: Media Perspektiven, Nr. 10, S. 517-523.

Bucher, Hans-Jürgen/Püschel, Ulrich (Hrsg.) (2001): Die Zeitung zwischen Print und Digitalisierung. Opladen.

Bühl, Achim ([2]2000): Die virtuelle Gesellschaft des 21. Jahrhunderts. Sozialer Wandel im digitalen Zeitalter. Opladen (zuerst 1997).

Burkart, Roland/Hömberg, Walter (1997): Massenkommunikation und Publizistik. Eine Herausforderung für die kommunikationswissenschaftliche Modellbildung. In: Fünfgeld, Hermann/Mast, Claudia (Hrsg.): Massenkommunikation. Ergebnisse und Perspektiven. Opladen, S. 71-88.

Dahm, Hermann/Rössler, Patrick (1997): Marktplatz der Sensationen? Deutsche Anbieter von Online-Shopping im Test. In: Media Spectrum, Nr. 3, S. 32-36.

Debatin, Bernhard (1998): Analyse einer öffentlichen Gruppenkonversation im Chat Room: Referenzformen, kommunikationspraktische Regularitäten und soziale Strukturen in einem kontextarmen Medium. In: Prommer, Elizabeth/Vowe, Gerhard (Hrsg.): Computervermittelte Kommunikation. Konstanz, S. 13-37.

Decker, Dominik (2001): Marktforschung mit dem internet. Einsatzmöglichkeiten, Grenzen und Entwicklungspotenziale. Marburg.

Dernbach, Beatrice (1998): Braucht die Multimedia-Gesellschaft Berufskommunikatoren? Aufgaben und Anforderungen im Wandel. In: Dernbach, Beatrice/Rühl, Manfred/Theis-Berglmair, Anna Maria (Hrsg.): Publizistik im vernetzten Zeitalter. Opladen, S. 53-67.

Dernbach, Beatrice/Rühl, Manfred/Theis-Berglmair, Anna Maria (Hrsg.) (1998): Publizistik im vernetzten Zeitalter. Berufe – Formen – Strukturen. Opladen.

Dobal, Raoul/Werner, Andreas (1997): Das World Wide Web aus funktionaler Sicht. In: Ludes, Peter/Werner, Andreas (Hrsg.): Multimedia-Kommunikation. Opladen, S. 105-122.

Döring, Nicola (1999): Sozialpsychologie des Internet. Die Bedeutung des Internet für Kommunikationsprozesse, Identitäten, soziale Beziehungen und Gruppen. Göttingen.

Eimeren, Birgit van/Gerhard, Heinz/Frees, Beate (2001): ARD/ZDF-Online-Studie 2001: Internetnutzung stark zweckgebunden. In: Media Perspektiven, Nr. 8, S. 382-397.

Flanagin, Andrew J./Metzger, Miriam J. (2001): Internet use in the contemporary media environment. In: Human Communication Research, 27. Jg., S. 153-181.

Franck, Georg (1998): Ökonomie der Aufmerksamkeit. Ein Entwurf. München, Wien.

Friedrichsen, Mike (1998): Marketingkommunikation auf dem Weg ins Internet? Werbewirkungsforschung und computervermittelte Kommunikation. In: Rössler, Patrick (Hrsg.): Online-Kommunikation. Opladen, S. 207-226.

Friedrichsen, Mike/Ehe, Ralf/Janneck, Tom/Wysterski, Martin (1999): Journalismus im Netz. Zur Veränderung der Arbeits- bzw. Selektionsprozesse von Journalisten durch das Internet. In: Wirth, Werner/Schweiger, Wolfgang (Hrsg.): Selektion im Internet. Opladen, S. 125-145.

Früh, Werner (2001): Der dynamisch-transaktionale Ansatz. Ein integratives Paradigma für Medienrezeption und Medienwirkungen. In: Rössler, Patrick/Hasebrink, Uwe/Jäckel, Michael (Hrsg.): Theoretische Perspektiven der Rezeptionsforschung. München, S. 11-34.

Gellner, Winand/von Korff, Fritz (Hrsg.) (1998): Demokratie und Internet. Baden-Baden.

Gellner, Winand/Strohmeier, Gerd (1999): Netzwahlk(r)ampf. Die Wahlkommunikation im Internet. In: Holtz-Bacha, Christina (Hrsg.): Wahlkampf in den Medien – Wahlkampf mit den Medien. Opladen, S. 86-108.

Gertsch, Christian A. (^{2}2000): Lernen und lehren mit Internet. Neusäß.

Goertz, Lutz (1995): Wie interaktiv sind die Medien? Auf dem Weg zu einer Definition von Interaktivität. In: Rundfunk und Fernsehen, 43. Jg., S. 477-493.

Gräf, Lorenz (1997): Locker verknüpft im Cyberspace. Einige Thesen zur Änderung sozialer Netzwerke durch die Nutzung des Internet. In: Gräf, Lorenz/Krajewski, Michael (Hrsg.): Soziologie des Internet. Frankurt/Main, New York, S. 99-124.

Gräf, Lorenz/Krajewski, Michael (Hrsg.) (1997): Soziologie des Internet. Frankurt/Main, New York.

Grajczyk, Andreas/Mende, Annette (2001): Nichtnutzer von Online: Internet für den Alltag (noch) nicht wichtig. ARD/ZDF-Offline-Studie 2001. In: Media Perspektiven, Nr. 8, S. 398-409.

Grüne, Heinz/Urlings, Stephan (1996): Motive der Online-Nutzung. Ergebnisse der psychologischen Studie „Die Seele im Netz“. In: Media Perspektiven, Nr. 9, S. 493-498.

Hagen, Lutz M. (1998): Nutzung von Online-Medien zur politischen Information. Einführung und Überblick. In: Hagen, Lutz M. (Hrsg.): Online-Medien als Quellen politischer Information. Opladen, S. 7-19.

Hauptmanns, Peter (1999): Grenzen und Chancen von quantitativen Befragungen mit Hilfe des Internet. In: Batinic, Bernad/Werner, Andreas/Gräf, Lorenz/Bandilla, Wolfgang (Hrsg.): Online Research. Göttingen, S. 21-38.

Heddergott, Kai/Loosen, Wiebke (2000): Ins Netz gegangen? Eine Inhaltsanalyse im Umfeld der Fußball-WM 1998 im World Wide Web. In: Brosius, Hans-Bernd (Hrsg.): Kommunikation über Grenzen und Kulturen. Konstanz, S. 209-224.

Hinner, Kajetan (1998): Gesellschaftliche Auswirkungen moderner Kommunikationstechnologien am Beispiel des Internet. Berlin.

Höflich, Joachim R. (1996): Technisch vermittelte interpersonale Kommunikation. Grundlagen, organisatorische Verwendungen, Konstitution „elektronischer Gemeinschaften”. Opladen.

Höflich, Joachim R. (1997): Zwischen massenmedialer und technisch vermittelter interpersonaler Kommunikation – der Computer als Hybridmedium und was die Menschen damit machen. In: Beck, Klaus/Vowe, Gerhard (Hrsg.): Computernetze – ein Medium öffentlicher Kommunikation? Berlin, S. 85-104.

Höflich, Joachim R. (1998): Computerrahmen und die undifferenzierte Wirkungsfrage – oder: Warum erst einmal geklärt werden muß, was die Menschen mit dem Computer machen. In: Rössler, Patrick (Hrsg.): Online-Kommunikation. Opladen, S. 47-64.

Höflich, Joachim R./Rössler, Patrick (2001): Mobile schriftliche Kommunikation – oder: E-Mail für das Handy. Die Bedeutung elektronischer Kurznachrichten (Short Message Service) am Beispiel jugendlicher Handynutzer. In: Medien & Kommunikationswissenschaft, 49. Jg., S. 437-461.

Hofmann, Jeanette (1999): „Let a thousand proposals bloom” – Mailing-Listen als Forschungsquelle. In: Batinic, Bernad/Werner, Andreas/Gräf, Lorenz/Bandilla, Wolfgang (Hrsg.): Online Research. Göttingen, S. 179-199.

IVW (2001): Messung der Werbeträgerleistung von Online-Medien. Elektronische Publikation. URL: <http://www.ivw.de/verfahren/einf.htm> (6.3.2001).

Jäckel, Michael (1994): Auf dem Weg in die Informationsgesellschaft? Informationsverhalten und die Folgen der Informationskonkurrenz. In: Jäckel, Michael/Winterhoff-Spurk, Peter (Hrsg.): Politik und Medien. Berlin, S. 11-31.

Kaltwasser, Brigitte/Altmeppen, Klaus-Dieter (2001): Online Relations. Status-Quo und Perspektiven der interaktiven Öffentlichkeitsarbeit. In: Public Relations Forum, Nr. 4, S. 192-195.

Kammerl, Rudolf (2000): Computergestütztes Lernen. München.
Kamps, Klaus (Hrsg.) (1999): Elektronische Demokratie? Perspektiven politischer Partizipation. Opladen.
Klettke, Sascha/Link, Philip/Remberg, Stefanie/Wöbking, Mathias (1998): Der digitale Zeitungskiosk. Eine Typologisierung von Online-Tageszeitungen. In: Neverla, Irene (Hrsg.): Das Netz-Medium. Opladen, S. 263-276.
Köhler, Markus/Arndt, Hans-Wolfgang (^{2}2000): Recht des Internet. Heidelberg.
Kreuzberger, Thomas (1997): Internet. Geschichte und Begriffe eines neuen Mediums. Wien.
Krotz, Friedrich (1995): Elektronisch mediatisierte Kommunikation. Überlegungen zur Konzeption zukünftiger Forschungsfelder der Kommunikationswissenschaft. In: Rundfunk und Fernsehen, 43. Jg., S. 445-462.
Krotz, Friedrich (1998): Digitalisierte Medienkommunikation: Veränderungen interpersonaler und öffentlicher Kommunikation. In: Neverla, Irene (Hrsg.): Das Netz-Medium. Opladen, S. 113-136.
Latzer, Michael (1997): Mediamatik – Die Konvergenz von Telekommunikation, Computer und Rundfunk. Opladen.
Maletzke, Gerhard (1963): Psychologie der Massenkommunikation. Theorie und Systematik. Hamburg.
Marschall, Stefan (1997): Politik „online" – Demokratische Öffentlichkeit dank Internet? In: Publizistik, 42. Jg., S. 304-324.
Marschall, Stefan (1999): Das Internet als globaler Raum öffentlicher medialer Kommunikation? In: Donges, Patrick/Jarren, Otfried/Schatz, Heribert (Hrsg.): Globalisierung der Medien? Opladen, S. 195-209.
Mast, Claudia/Popp, Manuela/Theilmann, Rüdiger (1997): Journalisten auf der Datenautobahn. Qualifikationsprofile im Multimedia-Zeitalter. Konstanz.
McMillan, Sally/Downes, Edward (1998): Interactivity: A qualitative exploration of definitions and models. Paper presented at the Annual ICA Conference 1998, Jerusalem.
Messaging Online (2001): Year-End 2000 Mailbox Report. Elektronische Publikation. URL: <http://www.messagingonline.com/> (6.3.2001).
Morris, Merrill/Ogan, Christine (1996): The internet as mass medium. In: Journal of Communication, 46. Jg., Nr. 1, S. 39-50.
Muz, Alexandra (1998): Nutzung von Medieninhalten im Internet. Methodische Ansätze für ihre Erfassung. Diplomarbeit, Univ. München.
Neuberger, Christoph (2000): Renaissance oder Niedergang des Journalismus. Ein Forschungsüberblick zum Online-Journalismus. In: Altmeppen, Klaus-Dieter/Bucher, Hans-Jürgen/Löffelholz, Martin (Hrsg.): Online-Journalismus. Opladen, S. 15-48.
Neuberger, Christoph/Tonnemacher, Jan/Biebl, Matthias/Duck, André (1997): Die deutschen Tageszeitungen im World Wide Web. In: Media Perspektiven, Nr. 12, S. 652-662.
Neverla, Irene (Hrsg.) (1998): Das Netz-Medium. Kommunikationswissenschaftliche Aspekte eines Mediums in Entwicklung. Opladen.
Oehmichen, Ekkehardt (2002): Offliner 2001 – Internetverweigerer und potenzielle Nutzer. In: Media Perspektiven, Nr. 1, S. 22-33.
Oehmichen, Ekkehardt/Schröter, Christian (2000): Fernsehen, Hörfunk, Internet: Konkurrenz, Konvergenz oder Komplement? In: Media Perspektiven, Nr. 8, S. 359-368.
Pötschke, Manuela/Simonson, Julia (2001): Online-Erhebungen in der empirischen Sozialforschung: Erfahrungen mit einer Umfrage unter Sozial-, Markt- und Meinungsforschern. In: ZA-Information, Nr. 49, S. 6-28.
Prommer, Elizabeth/Vowe, Gerhard (Hrsg.) (1998): Computervermittelte Kommunikation. Öffentlichkeit im Wandel. Konstanz.
Reips, Ulf (1999): Theorie und Techniken des Web-Experimentierens. In: Batinic, Bernad/Werner, Andreas/Gräf, Lorenz/Bandilla, Wolfgang (Hrsg.): Online Research. Göttingen, S. 277-295.
Riepl, Wolfgang (1913): Das Nachrichtenwesen des Altertums. Mit besonderer Rücksicht auf die Römer. Leipzig, Berlin.
Rössler, Patrick (1997a): Die Definitionsmacht für Themen des politischen Diskurses in einer veränderten Kommunikationswelt. Agenda-Setting und die Individualisierungstendenzen im Online-Zeitalter – ein Szenario. In: Schatz, Heribert/Jarren, Otfried/Knaup, Bettina (Hrsg.): Machtkonzentration in der Multimediagesellschaft? Opladen, S. 78-97.

Rössler, Patrick (1997b): Standardisierte Inhaltsanalysen im WorldWideWeb. Überlegungen zur Anwendung der Methode am Beispiel einer Studie zu Online-Shopping-Angeboten. In: Beck, Klaus/Vowe, Gerhard (Hrsg.): Computernetze – ein Medium öffentlicher Kommunikation? Berlin, S. 245-267.

Rössler, Patrick (Hrsg.) (1998a): Online-Kommunikation. Beiträge zu Nutzung und Wirkung. Opladen.

Rössler, Patrick (1998b): Wirkungsmodelle: die digitale Herausforderung. Überlegungen zu einer Inventur bestehender Erklärungsansätze der Medienwirkungsforschung. In: Rössler, Patrick (Hrsg.): Online-Kommunikation. Opladen, S. 17-46.

Rössler, Patrick (1998c): Information und Meinungsbildung am elektronischen „Schwarzen Brett". Kommunikation via Usenet und mögliche Effekte im Licht klassischer Medienwirkungsansätze. In: Prommer, Elizabeth/Vowe, Gerhard (Hrsg.): Computervermittelte Kommunikation. Konstanz, S. 113-139.

Rössler, Patrick (1999): „Wir sehen betroffen: die Netze voll und alle Schleusen offen..." NETSELEKT – eine Befragung zur Auswahl von Web-Inhalten durch Online-Gatekeeper. In: Wirth, Werner/Schweiger, Wolfgang (Hrsg.): Selektion im Internet. Opladen, S. 97-123.

Rössler, Patrick (2001a): Between online heaven and cyberhell: The framing of „the internet" by traditional media coverage. In: New Media & Society, 3. Jg., S. 49-66.

Rössler, Patrick (2001b): Re-inventing journalism? Keeping the gates in the internet environment. Roles and functions of web communicators. Paper presented at the 51st Annual ICA Conference, Washington.

Rössler, Patrick/Beck, Klaus (2001): Aufmerksamkeitskalküle bei verschiedenen Modi der Online-Kommunikation. In: Beck, Klaus/Schweiger, Wolfgang (Hrsg.): Attention please! München, S. 141-158.

Rössler, Patrick/Eichhorn, Wolfgang (1999): WebCanal – ein Instrument zur Beschreibung von Angeboten im World Wide Web. In: Batinic, Bernad/Werner, Andreas/Gräf, Lorenz/Bandilla, Wolfgang (Hrsg.): Online Research. Göttingen, S. 263-276.

Rössler, Patrick/Ognianova, Ekaterina (1999): Die journalistische Identität als Qualitätskriterium im World Wide Web. Ein Experiment zur Glaubwürdigkeit des Markenartikels Journalismus. In: Rössler, Patrick/Wirth, Werner (Hrsg.): Glaubwürdigkeit im Internet. München, S. 111-122.

Rössler, Patrick/Wirth, Werner (Hrsg.) (1999): Glaubwürdigkeit im Internet. Fragestellungen, Modelle, empirische Befunde. München.

Rössler, Patrick/Wirth, Werner (2001): Inhaltsanalysen im World Wide Web. In: Wirth, Werner/Lauf, Edmund (Hrsg.): Inhaltsanalyse. Köln, S. 280-302.

Ruhrmann, Georg/Nieland, Jörg-Uwe (1997): Interaktives Fernsehen. Entwicklung, Dimensionen, Fragen, Thesen. Opladen.

Scherer, Helmut (1998): Partizipation für alle? Die Veränderung des Politikprozesses durch das Internet. In: Rössler, Patrick (Hrsg.): Online-Kommunikation. Opladen, S. 171-188.

Schmid, Ulrich/Kubicek, Herbert (1994): Von den „alten" Medien lernen. Organisatorischer und institutioneller Gestaltungsbedarf interaktiver Medien. In: Media Perspektiven, Nr. 8, S. 401-408.

Schmutzer, Rupert (1997): Vorstellungen über die Merkmale und die Folgen von neuen Medien. In: Gräf, Lorenz/Krajewski, Michael (Hrsg.): Soziologie des Internet. Frankfurt/Main, New York, S. 216-234.

Schulz, Winfried (1997): Neue Medien – Chancen und Risiken. Tendenzen der Medienentwicklung und ihre Folgen. In: Aus Politik und Zeitgeschichte, Beilage 42 zur Wochenzeitung ›Das Parlament‹, S. 3-12.

Schulz, Winfried/Leidner, Daniela (1998): Das Netz als Quelle. Die Nutzung von Internet und Online-Diensten durch publizistische Medien. In: Hagen, Lutz (Hrsg.): Online-Medien als Quellen politischer Information. Opladen, S. 169-199.

Schweiger, Wolfgang (1999): Medienglaubwürdigkeit – Nutzungserfahrung oder Medienimage? Eine Befragung zur Glaubwürdigkeit des World Wide Web im Vergleich mit anderen Medien. In: Rössler, Patrick/Wirth, Werner (Hrsg.): Glaubwürdigkeit im Internet. München, S. 89-110.

Schweiger, Wolfgang (2001): „Klick mich..." – Eine Analyse der Nutzung informationsorientierter Hypermedien und ausgewählter Effekte der Linkgestaltung. München.

Schweiger, Wolfgang/Reisbeck, Monika (1999): Bannerwerbung im Web. Zum Einfluss der Faktoren Animation und Platzierung auf die Selektion. In: Wirth, Werner/Schweiger, Wolfgang (Hrsg.): Selektion im Internet. Opladen, S. 221-248.

Spott, Markus/Riß, Martin/Zeh, Reimar (1998): Nutzung von Online-Zeitungen. Betrachtungen am Fallbeispiel SzonNet. In: Hagen, Lutz (Hrsg.): Online-Medien als Quellen politischer Information. Opladen, S. 130-168.

Stegbauer, Christian (1995): Electronic Mail und Organisation: Partizipation, Mikropolitik und soziale Integration von Kommunikationsmedien. Göttingen.

Stegbauer, Christian/Rausch, Alexander (1999): Die Konstitution sozialer Netzwerke durch Threads. In: Batinic, Bernad/Werner, Andreas/Gräf, Lorenz/Bandilla, Wolfgang (Hrsg.): Online Research. Göttingen, S. 201-212.

Thiedeke, Udo (Hrsg.) (2000): Virtuelle Gruppen. Charakteristika und Problemdimensionen. Opladen.

Trepte, Sabine/Baumann, Eva/Borges, Kai (2000): „Big Brother": Unterschiedliche Nutzungsmotive des Fernseh- und Webangebots? In: Media Perspektiven, Nr. 12, S. 550-561.

Utz, Sonja (1999): Untersuchungsformen in MUDs. In: Batinic, Bernad/Werner, Andreas/Gräf, Lorenz/Bandilla, Wolfgang (Hrsg.): Online Research. Göttingen, S. 305-318.

Waltermann, Jens/Machill, Marcel (Hrsg.) (2000): Verantwortung im Internet. Selbstregulierung und Jugendschutz. Gütersloh.

Wandke, Hartmut/Hurtienne, Jörn (1999): Psychologische Analysen und Gestaltungsvorschläge zur Informationsauswahl im World Wide Web. In: Wirth, Werner/Schweiger, Wolfgang (Hrsg.): Selektion im Internet. Opladen, S. 271-292.

Weinreich, Frank (1997): Moderne Agoren. Nutzungsweisen und Perspektiven von Mailbox-Systemen. Wiesbaden.

Weinreich, Frank (1998): Nutzen- und Belohnungsstrukturen computergestützter Kommunikationsformen. Zur Anwendung des Uses and Gratifications Approach in einem neuen Forschungsfeld. In: Publizistik, Nr. 43, S. 130-142.

Weischenberg, Siegfried (1998): Pull, Push und Medien-Pfusch. Computerisierung – kommunikationswissenschaftlich revisited. In: Neverla, Irene (Hrsg.): Das Netz-Medium. Opladen, S. 37-61.

Welker, Martin (1998): Online-Nutzung und -Nutzer in Deutschland. Ein Überblick über methodische Anlagen empirischer Forschung. In: Prommer, Elizabeth/Vowe, Gerhard (Hrsg.): Computervermittelte Kommunikation. Konstanz, S. 87-111.

Welker, Martin (2001): Determinanten der Internet-Nutzung. Eine explorative Anwendung der Theorie des geplanten Verhaltens zur Erklärung der Medienwahl (= Internet Research, Bd. 2). München.

Werner, Andreas (1999): Kontaktmessung im WWW. In: Batinic, Bernad/Werner, Andreas/Gräf, Lorenz/Bandilla, Wolfgang (Hrsg.): Online Research. Göttingen, S. 213-225.

Wetzstein, Thomas/Dahm, Hermann/Steinmetz, Linda/Lentes, Anja/Schampaul, Stephan/Eckert, Roland (1995): Datenreisende. Die Kultur der Computernetze. Opladen.

Wingert, Bernd (1998): Zum Stand der privaten Nutzung von Online-Diensten (= Wissenschaftliche Berichte FZKA 6152). Karlsruhe: Forschungszentrum.

Wirth, Werner/Schweiger, Wolfgang (Hrsg.) (1999): Selektion im Internet. Empirische Analysen zu einem Schlüsselkonzept. Opladen.

Zimmer, Jochen (1996): Online-Dienste auf dem Weg zum Massenmedium? Entwicklung und Nutzung von Online-Diensten in Deutschland. In: Jäckel, Michael/Winterhoff-Spurk, Peter (Hrsg.): Mediale Klassengesellschaft? München, S. 109-132.

Zipfel, Theodor (1998): Online-Medien und politische Kommunikation im demokratischen System. In: Hagen, Lutz (Hrsg.): Online-Medien als Quellen politischer Information. Opladen, S. 20-53.

Zürn, Matthias (2000): Print- und Onlinezeitungen im Vergleich. In: Media Perspektiven, Nr. 7, S. 319-325.

Medienmanagement

Insa Sjurts

1 Einleitung

In den letzten Jahren wird das Thema Medien zunehmend aus einer wirtschaftswissenschaftlichen Perspektive analysiert und diskutiert. Dabei geht es um die Unternehmen und ihre Strategien, die Produkte bzw. Inhalte und die Märkte, die (neuen) technischen Übertragungskanäle und schließlich um die Regulierung der Aktivitäten der Medienproduzenten (vgl. u.a. Heinrich 1999 und [2]2001; Sjurts 1996a; Herman/McChesney 1997; Zerdick u.a. [3]2001; Kiefer 2001). Aber auch vonseiten der Publizistik- und Kommunikationswissenschaft wird neben der publizistischen Dimension neuerdings die Bedeutung ökonomischer Fragen bei der Analyse von Medien thematisiert (vgl. Rühl 1993a und 1993b; Altmeppen 1996; Theis-Berglmair 2000).

Mit der raschen Ausweitung der Diskussion um die ökonomischen Aspekte von Medien auch in der Publizistik- und Kommunikationswissenschaft sowie in der (Wirtschafts-)Informatik hat allerdings die Präzision im Gebrauch der einschlägigen wirtschaftswissenschaftlichen Begriffe und Kategorien nicht Schritt gehalten. So werden etwa Medienökonomie, Medienwirtschaft und Medienmanagement teils umgangssprachlich synonym oder abweichend vom standardisierten ökonomischen Sprachgebrauch mit „recht eigenwilliger" inhaltlicher Ausprägung verwendet, ohne dass dies auch nur ansatzweise begründet würde. Die negativen Konsequenzen für die Klarheit bei der ökonomischen Analyse von Medien und Medienunternehmen liegen auf der Hand.

Deshalb wird im Folgenden zunächst Medienmanagement in den Wirtschaftswissenschaften konzeptionell verortet sowie begrifflich und inhaltlich präzisiert. Danach kann die wirtschaftswissenschaftliche und – soweit einschlägig – die publizistik- und kommunikationswissenschaftliche Literatur zum Medienmanagement systematisch vorgestellt und aus wirtschaftswissenschaftlicher Perspektive diskutiert werden. Theorieleitend für die Medienökonomie und das Medienmanagement ist der Konsument und damit der Nutzen, den das Wirtschaftsgut Medienprodukt stiftet. Wendet man das Kriterium des *Konsumentennutzens* auf das allgemeine instrumentelle Verständnis von Medien in der Kommunikationswissenschaft und der Kommunikationstechnik (Shannon/Weaver 1949; Merten 1977; Burkart [3]1998; Hiebel 1999) an, dann fokussiert der *wirtschaftswissenschaftliche Begriff* von *Medien* primär den *Inhalt* und sekundär den *Träger* des Signals. Den originären Nutzen stiftet hier der Medieninhalt durch Information, Unterhaltung oder Werbung. Der Träger kann darüber hinaus etwa durch Farbe, Design oder spezifische technische Finessen einen (derivativen) Zusatznutzen bieten.

2 Medienmanagement als wirtschaftswissenschaftliche Disziplin

2.1 Medienökonomie und Medienmanagement

Gegenstand der *Medienökonomie* ist die ökonomische Analyse der Bedingungen journalistischer Produktion, der Distribution und des Konsums von Medieninhalten und Medienträgern (so auch Heinrich 1999 und [2]2001). Entsprechend der in den Wirtschaftswissenschaften üblichen Einteilung lässt sich auch in der Medienökonomie zwischen mikro- und makroökonomischen Fragen und Entscheidungen differenzieren. An diese Basisunterscheidung kann – wie Schaubild 1 zeigt – bei der begrifflichen und inhaltlichen Zuordnung und Analyse medienökonomischer Probleme angeknüpft werden.

Schaubild 1
Medienprobleme aus wirtschaftswissenschaftlicher Perspektive

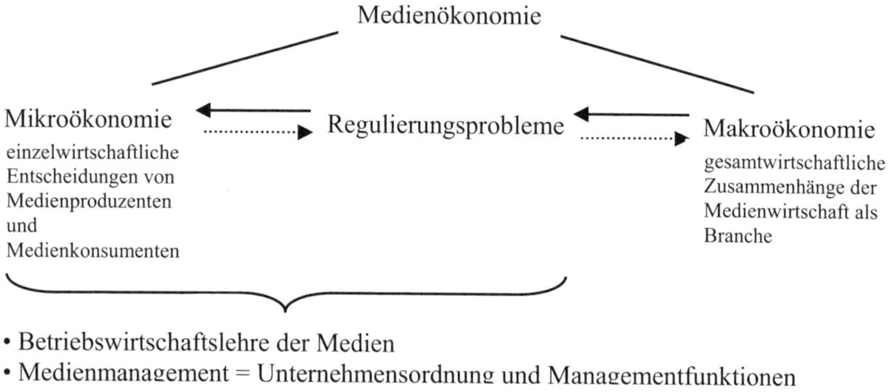

Die *makroökonomische* Analyse im Rahmen der Medienökonomie bezieht sich auf die Strukturen und volkswirtschaftlichen Prozesse der *Medienwirtschaft* als *Branche*. Klassisch sind hier Untersuchungen zum Konzentrationsgrad in den Medienteilmärkten etwa für Zeitungen und Zeitschriften (vgl. Greiffenberg/Zohlnhöfer 1984; Röper 1998, 2000; Schütz 2000) oder für die Fernsehproduktion (vgl. Pätzold/Röper 1999). Auch die Diskussion zum Marktversagen und zur Regulierung der Medienwirtschaft ist primär gesamtwirtschaftlicher Art (vgl. Hoffmann-Riem 1991; McQuail/Siune 1998; Pätzold/Röper 1998; Kübler 1999; Altes 2000). Schließlich ist die aktuelle Debatte um die Konvergenz von Medien, Informationstechnologie und Telekommunikation in technologischer und industrieller Hinsicht hier zu verorten, soweit sie sich auf die jeweiligen Branchen insgesamt bezieht. Leitidee und Hypothese ist hier, dass diese drei Branchen zu einer umfassenden Branche *Informationswirtschaft* zusammenwachsen würden (vgl. Backhaus/Stadie/Voeth 1997; Herman/McChesney 1997; Stipp 1998; Hassan 2000; Oehmichen/Schröter 2000).

Der *Mikroökonomie* zuzuordnen sind zum einen die (einzelwirtschaftlichen) *Entscheidungen* der *Produzenten* und *Konsumenten* der Medienwirtschaft und zum anderen die spezifischen *Regulierungsprobleme* und Fragen der *Unternehmensordnung* bei den öffentlichen und privaten Unternehmen der Medienwirtschaft (so auch

Heinrich 1999 und [2]2001). Diese einzelwirtschaftlichen Entscheidungen und Regulierungsfragen lassen sich einer *Betriebswirtschaftslehre der Medien* zuweisen.

Für die begriffliche und inhaltliche Zuordnung der Probleme und Aufgaben in der Betriebswirtschaftslehre der Medien ist es zweckmäßig, sich am idealtypischen Zusammenhang der betrieblichen Funktionen zu orientieren, wie er in der *Betriebswirtschaftslehre* Konsens ist (vgl. statt vieler Bitz u.a. [4]1999; Bea/Dichtl/Schweitzer [8]2000; Schierenbeck [15]2000). Auf Medienunternehmen bezogen hat dann *Medienmanagement* eine prozessuale und eine institutionelle Dimension.

Prozessual interpretiert, zielt Medienmanagement auf die *Steuerung* der Handlungen im Realgüterprozess (Beschaffung, Produktion, Absatz), im Wertumlaufprozess (Investition und Finanzierung) und im internen und externen Rechnungswesen, das der Dokumentation, Information und Vorbereitung von Entscheidungen im Realgüter-, Wertumlauf- und Managementprozess von Medienunternehmen dient (vgl. Schaubild 2).

Schaubild 2
Idealtypischer Zusammenhang der betrieblichen Funktionen

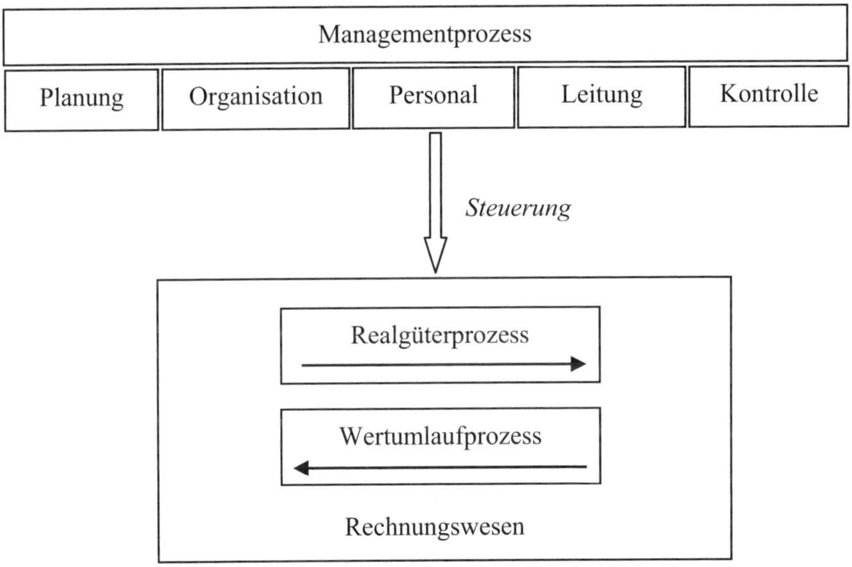

Der *Managementprozess* umfasst nach der klassischen Einteilung der Management- bzw. Führungsfunktionen die Planung, die Realisation mit den Teilfunktionen Organisation, Personal und Leitung sowie die Kontrolle (vgl. Koontz/O'Donnell/Weihrich [8]1984; Stoner/Freeman [4]1989; Rue/Byars [8]1997; Staehle [8]1999; Steinmann/Schreyögg [5]2000). Insoweit ist dann nicht nachvollziehbar, warum etwa die Sachfunktion Marketing bzw. Absatz als Teil des Medienmanagements definiert wird (so aber Pringle/Starr/McCavitt [3]1995; Albarran 1997; Siegert 2000; Wirtz 2000). Dies hat zur widersinnigen Konsequenz, dass das Marketing den Absatz bzw. sich selbst steuert oder man die Sachfunktion Absatz als Teil des Realgüterprozesses eliminieren müsste, um diesen Widerspruch zu vermeiden. Zu ähnlich verwirrenden Ergebnissen gelangt man, wenn man weitere Funktionen und Aktivitäten aus dem Realgüter- oder Wertumlaufprozess oder dem internen Rechnungswesen, wie etwa „Qualitätsmanagement" oder „Kostenmanagement", unter Medienmanagement subsumiert (so bei Willis/Willis [3]1993; Fink 1996; Brown/Quaal 1998; Meckel 1999; Karmasin/Winter 2000a).

Institutionell interpretiert, ist Management bzw. Unternehmensführung als Entscheidungszentrum gemeint. Gegenstand der Managementlehre bzw. einer Lehre von der Unternehmensführung sind danach die Organisation der Unternehmensführung sowie die Unternehmenspolitik auf weite Sicht, Organisationsfragen der Gesamtunternehmung und die zentralen Personalentscheidungen als „echte Führungsentscheidungen" (vgl. Gutenberg 1962). Überträgt man diese institutionelle Perspektive auf das Medienmanagement, dann ist jedenfalls die *Führungsorganisation* von *Medienunternehmen* als Teil der *Unternehmensordnung* den prozessorientierten Teilfunktionen hinzuzufügen. Die herausgehobenen Führungsentscheidungen sind in den klassischen Managementfunktionen bereits enthalten.

2.2 Medienprodukte als Wirtschaftsgüter

Um die spezifischen Eigenschaften von Medienprodukten aus wirtschaftswissenschaftlicher Sicht herauszuarbeiten, kann man an die Klassifikation von Wirtschaftsgütern in der ökonomischen Theorie (vgl. Nelson 1970; Blankart [2]1994; Zimmermann/Henke [7]1994) anknüpfen.

Danach lassen sich zunächst *private* und *öffentliche Güter* unterscheiden (vgl. Heinrich [2]2001; Kiefer 2001). Medienprodukte sind, wenn, wie beim öffentlich-rechtlichen Fernsehen oder beim privaten Free-TV, *keine Ausschließbarkeit* und *keine Rivalität* beim *Konsum* gegeben ist, als öffentliche Güter zu bezeichnen. *Normativ* lässt sich hier weiter von *meritorischen Gütern* sprechen, wenn der Konsum dieser Medienprodukte von politischen Entscheidungsträgern oder anderen Instanzen für wünschenswert gehalten wird. Dies ist ein zentraler Ansatzpunkt für die Politik der Regulierung in der Medienbranche. So kann z.B. versucht werden, durch steuerliche Anreize (Halbierung der Mehrwertsteuer) den Konsum bestimmter bildungs- oder staatspolitisch für besonders wertvoll beurteilter Medienprodukte anzuregen. Konkurrieren dagegen die Konsumenten beim Konsum eines Medienproduktes und ist tatsächliche und/oder rechtliche Ausschließbarkeit gegeben, wie das bei den Printprodukten der Fall ist, dann handelt es sich hier um ein *privates Wirtschaftsgut*.

Von besonderer Bedeutung für das Medienmanagement ist weiter die Unterscheidung privater und öffentlicher Güter nach dem Kriterium der *ex-ante Qualitätsbewertung* (Nelson 1970). Von einem *Suchgut* spricht man, wenn dessen Qualität bereits vor dem Konsum vom Konsumenten beurteilt werden kann, wie dies bei standardisierten Massenprodukten des täglichen Bedarfs regelmäßig der Fall ist. Ist eine Qualitätsbewertung erst nach dem bzw. beim Konsum des Gutes möglich, dann spricht man von so genannten Erfahrungsgütern. Medienprodukte sind demnach regelmäßig *Erfahrungsgüter*, da vorab, ohne deren Konsum, ihre Qualität nicht beurteilt werden kann. Will man etwa die Qualität einer Information oder einer Fernsehsendung beurteilen, dann muss man diese kennen. Es entsteht die paradoxe Situation: Kennt man die Information, dann braucht man sie nicht mehr zu kaufen (vgl. Arrow 1971).

Ferner ist es für Medienprodukte bedeutsam, nach der *Zeitelastizität* von Wirtschaftsgütern zu unterscheiden. Güter mit geringer Zeitelastizität, die also auch nach einer längeren Frist für den Konsumenten noch Nutzen stiften, bezeichnet man als Gebrauchsgüter. Verbrauchsgüter dagegen zeichnen sich durch hohe Zeitelastizität aus, sie sind „schnell verderbliche" Ware. Entsprechend ihrer Aktualität können Medienprodukte beide Ausprägungen annehmen. Bei Informationen in einem Lexikon, sei es als Buch oder als CD ROM, oder einem Spielfilm handelt es sich typischerweise um ein *Gebrauchsgut*. Tageszeitungen oder etwa die Liveübertragung eines Sportereignisses oder Konzerts im Rundfunk sind wegen ihrer hohen Zeitelastizität klassische Beispiele für *Verbrauchsgüter*. Werden die Verbrauchsgüter archiviert, sodass auch späterer Konsum wieder möglich wird, dann können Verbrauchsgüter den Charakter von Gebrauchsgütern annehmen.

Schließlich lassen sich Güter noch danach unterscheiden, ob der Konsum zu einem realen Verbrauch des Gutes führt, wie etwa beim Genuss von Lebensmitteln, oder bloß immaterieller Art ist. Der Konsum von Medienprodukten, gleichgültig ob es sich um Produkte der klassischen oder der neuen Medien handelt, bleibt immer *immateriell*.

Die Klassifikation bzw. Einsicht, dass es sich bei Medienprodukten um Erfahrungsgüter und zugleich häufig auch um Verbrauchsgüter handelt, erklärt sowohl den hohen Innovationsdruck in der Medienbranche als auch das spezifische Risiko der Medienproduktion. Die Hersteller von Medienprodukten sind wegen der nur beschränkten Wiederholbarkeit der Informationen, Unterhaltung und Werbung zur fast permanenten Kreation neuer Inhalte gezwungen. Sie haben dabei idealtypisch immer nur eine Chance, ihr (neues) Produkt am Markt anzubieten und können dies – risikoverschärfend – wegen der erfahrungsgutspezifischen Eigenart von Medienprodukten auch nur schwer vorab testen. Für die Printmedien gilt dies wegen der besseren Simulationsmöglichkeit in geringerem Umfang, für TV-Sendungen dagegen umso mehr (vgl. Ladeur 1998).

2.3 Medienmärkte

Die Produkte der privaten und öffentlichen Medienunternehmen werden, wie alle Wirtschaftsgüter, auf Märkten den Konsumenten angeboten, um Erlöse zu erzielen. Dies gilt auch für den öffentlich-rechtlichen Rundfunk, da bzw. wenn dieser auf dem Werbemarkt Erlöse erzielt und auf dem Rezipientenmarkt für sein Contentangebot, sofern es von den Konsumenten durch den Besitz eines Rundfunkgerätes gewählt wird, Rundfunkgebühren geltend macht. Wegen der Wahlfreiheit des Konsumenten handelt es sich bei den Gebühren, ökonomisch betrachtet, um (administrative) Preise. Die Medienbranche unterscheidet sich von anderen Branchen nun dadurch, dass das gleiche Produkt zugleich auf mehreren Märkten gehandelt werden kann (vgl. Picard 1989; Heinrich ²2001; Albarran 1996; vgl. auch den Beitrag von Siegert in diesem Band). Als klassische Medienmärkte unterscheidet man den Rezipientenmarkt, auf dem Medieninhalte angeboten werden, und den Werbemarkt, auf dem der Zugang zur Aufmerksamkeit der Rezipienten der Werbewirtschaft als Produkt offeriert wird. Dabei können Medienprodukte nur in einem der beiden Medienmärkte präsent sein oder in beiden zugleich. Beispiele für Medienprodukte mit einfacher Marktpräsenz sind Gratiszeitungen und Free-TV, da sie jeweils nur im Werbemarkt angeboten werden, sowie das Pay-TV, das nur auf den Rezipientenmarkt zielt und dort Erlöse generiert. Zeitungen und Zeitschriften sind typischerweise Medienprodukte mit zweifacher Marktpräsenz, da sie sowohl Erlöse am Rezipientenmarkt als auch am Werbemarkt generieren. Aus dieser gleichzeitigen Präsenz auf zwei Märkten resultiert, dass solche Medienprodukte nicht nur in Kuppelproduktion hergestellt werden, sondern darüber hinaus einen Erlösverbund darstellen. Das bedeutet für Medienunternehmen, dass sie bei ihren Entscheidungen die Interdependenz der beiden Medienmärkte berücksichtigen müssen. Eine programmatische Änderung des Content bei einer Tageszeitung etwa beeinflusst also nicht nur die Nachfrage auf dem Rezipientenmarkt, sondern zugleich auch die Nachfrage auf dem Werbemarkt. Weitere Medienmärkte werden durch die Mehrfachverwertung von Content in unterschiedlichen Distributionskanälen, also durch Windowing bzw. Versioning, erschlossen (vgl. Shapiro/Varian 1998; Zerdick u.a. [3]2001). Durch das Internet sind als Märkte hinzugekommen der Verkauf von Internetnutzerdaten (Data-Mining) und die Einnahme von Provisionen für die Kundenweiterleitung per Link. Ferner lassen sich vor- und nachgelagerte Medienteilmärkte segmentieren. Typische Contentproduzenten sind selbstständige Autoren, Fotografen, die Filmindustrie oder auch Nachrichtenagenturen. Nachrichtenagenturen betätigen sich aber auch als Rechtehändler. Klassische Gegenstände des Rechtehandels sind die Rechte an Sportveranstaltungen und an Spielfilmen.

3 Medienmanagement in der wirtschaftswissenschaftlichen und in der publizistik- und kommunikationswissenschaftlichen Literatur

3.1 Unternehmensordnung: Spezifische Probleme

Bei der Theorie und Politik der Unternehmensordnung (Regulierung) geht es zum einen um das *Legitimationsproblem*, d.h. welche Interessengruppen die Zielsetzung und Politik des Unternehmens bestimmen (sollen), und zum anderen um das *Organisationsproblem*, also wie die formale Entscheidungsstruktur der Unternehmen zu gestalten ist bzw. gestaltet werden soll, damit die legitimierten Interessengruppen ihre Ziele effizient bilden und durchsetzen können (vgl. Gerum [8]2000). Das Legitimationsproblem wird für Medienunternehmen zum einen für die klassische Frage kapitalistische Unternehmung versus Mitbestimmung und zum anderen ausführlich unter den Stichworten Außenpluralität und Binnenpluralität thematisiert.

Für die privaten Medienunternehmen werden die klassische *eigentümerorientierte* Verlegerkonstruktion, Genossenschaftsmodelle wie etwa die ›Tageszeitung‹ sowie Varianten der Kapitalbeteiligung von Mitarbeitern (z.B. ›Der Spiegel‹, Bertelsmann) unter legitimatorischen und organisatorischen Aspekten diskutiert (vgl. Heinrich [2]2001; Sjurts 1996a). Für die *Mitbestimmung* in privaten Medienunternehmen ist deren Beschränkung (§ 118 Abs. 1 BetrVG) wegen des Tendenzcharakters dieser Unternehmen und zum Schutz der verlegerischen Freiheit charakteristisch (vgl. Fitting u.a. [20]2000). Die Diskussion um Redaktionsstatute zwischen Verlegern und Journalisten zielt auf die „innere Pressefreiheit", die sich auf das Legitimations- und das Organisationsproblem in Medienunternehmen bezieht (vgl. Hoffmann-Riem 1972; Branahl/Hoffmann-Riem 1975; Branahl 1994).

Zur Sicherung der Meinungsvielfalt (Legitimations-/Organisationsproblem) wurden in der Praxis verschiedene Ordnungsmodelle – *Binnen-* versus *Außenpluralität* – realisiert, die auch zu grundsätzlicher Diskussion immer wieder Anlass geben (vgl. Schuster 1990; Karmasin 1998; Bender 1999; Held/Schulz 1999; Papier/Möller 1999). Für den öffentlich-rechtlichen Rundfunk gilt das binnenpluralistische Modell. Die Aufsichtsgremien, Rundfunk- und Verwaltungsrat, sind danach mit Vertretern aller gesellschaftlich relevanten Gruppen zu besetzen. Für Presseunternehmen dagegen wurde das außenpluralistische Modell vom Gesetzgeber präferiert, da die Angebotsvielfalt eine hinreichende Garantie für die freie Meinungsbildung darstelle. Beim privaten Rundfunk gelten situationsabhängige Regelungen. Bis zu einer Grenze von 30% Zuschaueranteil für einen Veranstalter geht der Rundfunkstaatsvertrag von einer hinreichenden Meinungsvielfalt des Angebots im privaten Rundfunks aus. Hier gilt also das außenpluralistische Modell. Wird die 30%-Grenze von einem Veranstalter überschritten, dann besteht die Vermutung vorherrschender Meinungsmacht. Der Zukauf weiterer Sender bzw. die Lizenzierung zusätzlicher Programme ist für den betreffenden Veranstalter nicht mehr möglich. Ferner wird der Veranstalter für die bestehenden Rundfunkprogramme gezwungen, Meinungsvielfalt herzustellen. Dies kann durch Beteiligungsverkauf oder Sendezeit für Dritte (außenpluralistische Lösung) oder binnenpluralistisch durch Einrichtung eines Programmbeirates geschehen.

3.2 Die Managementfunktionen im Einzelnen

3.2.1 Planung

3.2.1.1 Diskussionsschwerpunkte

Aufgabe der Managementfunktion Planung ist es – allgemein formuliert –, darüber nachzudenken, was erreicht werden soll und wie man es am besten erreichen kann. In der strategischen Planung geht es um die Bestimmung der *Ziele,* die Entwicklung der *Handlungsoptionen* und die *Wahl* zwischen diesen. Die operative Planung mit ihren Programmen und (Einzel-)Maßnahmen beschränkt sich beim Übergang von den langfristigen auf die kurzfristigen Ziele nicht nur auf die Realisation des strategisch Geplanten, sondern dient auch der eigenständigen Ausschöpfung der Erlös- und Renditepotenziale.

In der wirtschaftswissenschaftlichen Literatur ist das dominante Interesse an der *Unternehmensstrategie* von Medienunternehmen auffällig. Dies lässt sich mit der zunehmenden Dynamik und Komplexität der Umwelt erklären, mit der die Medienunternehmen konfrontiert sind. Die Deregulierung der Rundfunkmärkte und die Konvergenz von Medien, Informationstechnologie und Telekommunikation stellen eine strategische Herausforderung mit großen Risiken und Chancen für die Medienunternehmen dar (vgl. Sjurts 2000a). Newcomer verändern durch Produkt- und Prozessinnovation, schlanke Organisation und Netzwerkstrukturen die gängigen strategischen Konzepte (Basisstrategien, strategisches Verhalten, strategischer Weg). Fragen nach der Zukunft der traditionellen Medienmärkte, der strategischen Bedeutung der neuen elektronischen Medien und der geeigneten Wettbewerbsstrategien hierfür rücken in den Mittelpunkt des Interesses.

Ferner hat die Deregulierung und Digitalisierung der Medienmärkte in der deutschsprachigen publizistik- und kommunikationswissenschaftlichen Literatur zu einer

Diskussion über das Verhältnis von *ökonomischen* und *publizistischen Zielen* unter dem Schlagwort „Ökonomisierung der Medien" geführt. Es wird zumeist implizit befürchtet, dass die publizistischen Inhalte sich an den ökonomischen Zwängen auszurichten hätten und sich eine Art ökonomischer Imperialismus gegenüber der Publizistik- und Kommunikationswissenschaft breit mache (vgl. etwa Karmasin 1998; Knoche 1999 und 2001; Meier/Jarren 2001). Diese Debatte erstaunt jedoch aus ökonomischer Sicht in mehrfacher Weise. Medienprodukte, die sich an ein breites Publikum wenden, sind nicht nur *Kulturgüter*, sondern immer zugleich auch *Wirtschaftsgüter*. Die inhaltliche publizistische Dimension kann von dem Umstand, dass Medienprodukte nicht kostenlos produziert werden können, wohl kaum abstrahieren, es sei denn, man behauptet, die Welt der Medien sei eine Welt ohne Kosten, Preise und Einkommen. Was die vermeintliche Vorherrschaft der ökonomischen vor den publizistischen Zielen anbetrifft, so gilt es weiter zu sehen, dass der Erfolg in Märkten von der Qualität bzw. dem Preis-Leistungs-Verhältnis der konkurrierenden Produkte abhängt. Insoweit sind die publizistischen Inhalte und die ökonomischen Ziele unauflöslich interdependent.

3.2.1.2 Strategische Planung

Dem dominanten Interesse in der wirtschaftswissenschaftlichen Literatur entsprechend werden die *Strukturen der Medienteilmärkte* und die *Strategien der Wettbewerber* in diesen Märkten analysiert. Die Studien orientieren sich überwiegend an der marktorientierten Strategielehre (vgl. Porter 1980), bei der die Wettbewerbssituation bzw. der Wettbewerbsvorteil einer Unternehmensstrategie aus deren Wirkung auf die Triebkräfte des Wettbewerbs (potenzielle neue Konkurrenten, Rivalität, Lieferanten- und Abnehmermacht, Substitutionsprodukte) resultiert. Bisweilen wird jedoch auch auf Denkmuster der ressourcenbasierten Strategielehre (vgl. Wernerfelt 1984; Barney 1991) Bezug genommen. Nachhaltige Wettbewerbsvorteile ergeben sich danach vor allem daraus, dass Ressourcen nicht oder nur schwer imitierbar und substituierbar sind. Auf Medienunternehmen bezogen bedeutet dies, dass insbesondere die Humanressourcen, seien es die Personen (z.B. Schauspieler, Moderatoren) selbst oder ihre spezifischen Fähigkeiten und ihr Wissen (Journalisten), und die historisch gewachsene Unternehmenskultur strategische Ressourcen darstellen, die Wettbewerbsvorteile stiften (vgl. Sjurts 1996a).

Eine umfassende Analyse der (klassischen) Medienteilmärkte Zeitungen, Zeitschriften, Hörfunk und Fernsehen einschließlich der intermediären Verflechtungen für Deutschland bietet die Studie von Sjurts (1996a und ²2002a). Daneben wurden insbesondere für Deutschland und die USA strategische Analysen für einzelne Teilmärkte durchgeführt, so zum Printmarkt (vgl. Schroeder 1994; Fink 1996; Sjurts 1997), zum Hörfunk (vgl. Sjurts 1996b; Brown/Quaal ³1998) und zum Fernsehen (vgl. Owen/Wildman 1992; Wirtz 1994; Pagenstedt 1996; Brown/Quaal ³1998; Neumann 1998; Sjurts 2000c). Die von den Wettbewerbern verfolgten Strategiemuster waren nicht nur durch die jeweiligen Marktstrukturen, sondern insbesondere durch die unternehmensspezifischen Ressourcen geprägt. Insoweit lassen sich für diese Teilmärkte keine generalisierenden Feststellungen etwa zu besonders erfolgsträchtigen strategischen Handlungsmustern treffen. In jüngster Zeit prüft man insbesondere die strategischen Konsequenzen des Internet für die Wettbewerbssituation in den klassischen Medienteilmärkten, wobei die Erwartungen und Empfehlungen breit streuen (vgl. Chyi/Sylvie 1998; Goldhammer/Zerdick 1999; Neuberger/Tonnemacher 1999; Gerpott/Schlegel 2000; Henkel 2000; Neuberger 2000; Barth/Münch 2001). Das Internet wird diskutiert sowohl als Substitut für die klassischen Medien als auch als komplementärer Distributionskanal.

Ferner wurden die größten Medienunternehmen der Welt mit ihrer Genese und nach ökonomischen Kriterien erhoben (vgl. Compaine/Gomery 2000; Hachmeister/Rager 2000) und deren *Strategien* im nationalen und *internationalen Wettbewerb* analysiert (vgl. Sjurts 1998, 2000a und 2002b). Dabei kristallisierte sich eine hohe strategische Uniformität im globalen Medienmarkt heraus. Fast alle großen Wettbewerber verfolgen eine Kombination aus Differenzierungsstrategie, innovativem Verhalten und externem Wachstum. Bei der Internationalisierung allerdings werden sowohl die globale Strategie als auch die multinationale Strategie verfolgt.

Als neuer Diskussionsschwerpunkt beginnt sich die Analyse des technischen *Konvergenzprozesses* der Medien-, Informationstechnologie- und Telekommunikationsbranche und hier insbesondere der strategischen Optionen und konkreten Unternehmensstrategien der (potenziellen) Wettbewerber aus diesen Branchen herauszukristallisieren (vgl. Gerpott [3]1998; Markus 1999; Sjurts 2000a, 2000b und 2002b; Thielmann 2000). Die Herausforderung durch die technologische Konvergenz hat zu einer auffälligen Veränderung im strategischen Repertoire der Unternehmen dieser drei Branchen geführt. Während früher die Weltkonzerne klar den strategischen Alleingang präferierten, verfolgen gerade die im Konvergenzprozess aktivsten Wettbewerber heute eine kollektive Unternehmensstrategie. *Kollektives strategisches Handeln* dient hier dazu, Ressourcenprobleme (technologisches Know-how) und/oder marktliche Probleme (Marktkenntnis für den Markteintritt) durch Kooperation zu beiderseitigem Vorteil zu lösen. Dabei nehmen die Unternehmen trotz der damit verbundenen Reibungsverluste und Kosten auch die Kombination von Kooperation und Konkurrenz (*Coopetition*) in Kauf (vgl. Sjurts 2000d).

Im strategischen Kontext finden sich weiter zahlreich Fallstudien und Porträts zu einzelnen Medienunternehmen in überwiegend eher populärwissenschaftlicher Manier. Dabei werden die jeweilige Unternehmens- bzw. Erfolgsgeschichte dargestellt und die zentralen Erfolgsfaktoren herauszuarbeiten versucht (vgl. Jakobs/Müller 1990; von Keller/Pfänder/Wunderle 1994; Horsman 1997). Dies gilt auch für den Konvergenzprozess (vgl. Cusumano/Selby 1995; Stross 1996).

3.2.1.3 Operative Planung

Zur *operativen Planung* in privaten und öffentlichen Medienunternehmen, die der Steuerung der Aktivitäten in den betrieblichen Sachfunktionen dient, finden sich nur ganz selten Arbeiten, die systematisch die Kernfragen von Produktion und Kosten sowie Absatz und Vertrieb der klassischen Medienprodukte analysieren (vgl. Heinrich 1999 und [2]2001). Daneben werden vor allem für öffentliche Medienunternehmen einzelne und spezifische Planungsfragen, wie etwa der Finanzplanung, untersucht (vgl. Seidel 1983; Kemmer 1986; Weinstock 1991; Seidel/Libertus 1993).

3.2.2 Organisation

Bei der Managementfunktion Organisation geht es um die Realisierung des Geplanten. Dem dient vor allem die Generierung *organisatorischer Strukturen*, durch die in vertikaler und horizontaler Hinsicht die Kompetenzen und Weisungsbefugnisse sowie die Informationswege und Kommunikationssysteme festgelegt werden. Bedeutsam für die Verhaltenssteuerung ist ferner die *Organisationskultur*.

In den Beiträgen zu organisationsspezifischen Problemen der Medienunternehmen konzentriert man sich zum einen auf allgemeine aufbau- und ablauforganisatorische Fragen bei Medienunternehmen (vgl. Heinrich 1999 und ²2001; vgl. auch den Beitrag von Jarren in diesem Band). Von besonderem aktuellem Interesse ist hier der organisatorische Wandel von *funktionalen Organisationsstrukturen* hin zur *Spartenorganisation* in privaten Presseunternehmen als Folge der Diversifikation. Zum anderen wird insbesondere die Organisation der *Zeitungsredaktion* diskutiert (vgl. Moss 1998; Meckel 1999). Als typische Organisationsmuster werden verrichtungsorientierte, objektorientierte und prozessorientierte Modelle sowohl nach organisationstheoretischen Effizienzkriterien als auch im Lichte situativer Aspekte wie Aufgabe und Umwelt analysiert. Was die Unternehmenskultur in der Medienbranche anbelangt, so wurde die der *Unterhaltungsindustrie* als „tough guy/macho culture" bzw. „Alles-oder-nichts-Kultur" charakterisiert (vgl. Deal/Kennedy 1982). Mit dem hohen Risiko und schnellen Feedback würden als zentrale Merkmale der Organisationskultur Individualität, Leistungsbetonung, Aggressivität und Dynamik korrespondieren.

An der Schnittstelle von Strategie und Organisation werden zwei Themen analysiert. Zum einen geht es um die Spartenorganisation als *Profit-Center*, die als Motivations- und Kontrollinstrument gegenüber den Führungskräften untersucht wird (vgl. Heinrich 1999). Der Vorteil dieser Organisationslösung wird in der Entscheidungsautonomie für die Manager einerseits und Zurechenbarkeit der Ergebnisse und damit Verantwortung andererseits gesehen. Verbunden damit ist jedoch das Problem der Fixierung auf kurzfristigen Erfolg.

Zum anderen wird die Entscheidung zwischen *Inhouse-Produktion* und *Outsourcing* aus transaktionskostentheoretischer Sicht als Make-or-buy-Kalkül geprüft (vgl. Heinrich 1999). Generelle Aussagen lassen sich hier wegen der Situationsabhängigkeit der Entscheidung nicht treffen. Einen Spezialfall bildet das redaktionelle Outsourcing, das anhand der Kriterien Prozess-, Ressourcen-, Markt- und Delegationseffizienz sowie der Motivationseffizienz diskutiert wird (vgl. Moss 1998). Je geringer die Zeitelastizität des redaktionellen Inhalts ist, desto vorteilhafter sei hier Outsourcing. Bei hoher Zeitelastizität bzw. hoher Aktualität gelte das Gegenteil. In diesem Kontext finden sich, allerdings ohne theoretischen Anspruch, auch Fallstudien und Praxisberichte aus Rundfunkunternehmen (vgl. Isadi 1999; Schwarz 1999; Winter 1999; Ehlers 2000).

3.2.3 Personal und Leitung

Für die Realisierung des Geplanten bedarf es einer anforderungsgerechten Besetzung der durch die Organisation geschaffenen Stellen. Über die *Personalauswahl* hinaus hat sich die *Führungsfunktion Personal* auch mit der weiteren Entwicklung (*Leistungsbeurteilung*) und Erhaltung (*Entlohnung*) der Humanressourcen zu befassen. Sie wird dabei von der Sachfunktion Personal (Personalabteilung) unterstützt, hat sich aber auch an deren personalpolitischen Richtlinien zu orientieren. Schließlich ist es die Aufgabe der Vorgesetzten, die nachhaltige Orientierung der Mitarbeiter an den (geplanten) Organisationszielen im Aufgabenvollzug sicherzustellen (*Führungsfunktion Leitung*).

In der spärlichen medienspezifischen Literatur hierzu, die ganz überwiegend von Publizistik- und Kommunikationswissenschaftlern stammt, lässt sich im Zeitablauf eine Verschiebung der Interessenschwerpunkte beobachten. Früher standen Fragen, die sich aus der medientypischen Mitarbeiterstruktur mit dem traditionell hohen Anteil an *freien Mitarbeitern* und befristeten Arbeitsverträgen ergeben, im Vordergrund (vgl. Fünfgeld 1989; von Hartlieb 1993). Heute geht es um die Konsequenzen der *neuen Technologien* und der Vereinheitlichung der Medieninhalte (Formatjournalismus) für die Qualifikation der Mitarbeiter und den Personalbedarf (vgl. Weischenberg 1981; Altmeppen 1997 und 1998; Meckel 1999; Altmeppen/Donges/Engels 2000). Ausgehend vom Wettbewerb infolge der Deregulierung, die zu Formatjournalismus führe, und den Möglichkeiten der Digitalisierung und Datenkompression wird die Entwicklung auf dem Arbeitsmarkt für Medienberufe abzuschätzen versucht. Im Einzelnen geht es neben der Qualifikation um die organisatorischen, technischen, zeitlichen und entgeltpolitischen Konsequenzen für Mitarbeiter und Unternehmen. Schließlich werden auch *Anreizsysteme* für Journalisten analysiert. Dies zielt sowohl auf die Entlohnung bzw. Ergebnisbeteiligung als auch auf den Führungsstil etwa durch Management by Objectives (vgl. Willis/Willis 1993; Heinrich 1999 und ²2001; Fink 1996; Brown/Quaal ³1998). Zur Führung von Journalisten werden vor allem Strukturen und Probleme der Kommunikation und Leitung im Team Redaktion diskutiert (vgl. Fink 1996; Diekmann/Ottinger/Teichert 1997; Meckel 1999; Sohn u.a. ²1999).

3.2.4 Kontrolle

Den Managementprozess schließt die Führungsfunktion Kontrolle als Zwillingsfunktion der Planung ab. Hier geht es um den *Soll-Ist-Vergleich* und die *Abweichungsanalyse* als Ausgangspunkt für den nächsten Managementzyklus. Während in der Managementliteratur die Führungsfunktion Kontrolle schon fast traditionell vernachlässigt wird (vgl. Sjurts 1995), wird der Kontrolle in der medienspezifischen, wirtschaftswissenschaftlichen Literatur überraschend viel Aufmerksamkeit gewidmet. Dies resultierte ursprünglich vor allem aus den *Rechenschaftspflichten* der öffentlich-rechtlichen Medienunternehmen infolge der Gebührenfinanzierung. Heute folgt das hohe Interesse an Kontrollfragen aus der *Verschärfung des Wettbewerbs* durch den Markteintritt neuer Wettbewerber sowie durch Substitutionsprodukte infolge des technischen Fortschritts (Internet, mobile Kommunikation).

Den Diskussionsschwerpunkt bildet allerdings immer noch die Kontrolle im Bereich des öffentlich-rechtlichen Rundfunks (vgl. Eichhorn/von Loesch 1983; Fleck 1987; Weinstock 1991; Kayser 1993; Seidel/Libertus 1993; Heinrich 1999). Dabei geht es sowohl um die Mengen- als auch und vor allem um die Qualitätskomponente der Leistung der Anbieter. Als Elemente eines sinnvollen Kontrollsystems für öffentliche Rundfunkanbieter werden postuliert: die Produktionskosten, die Akzeptanz beim Publikum (Reichweite) sowie die publizistische Qualität. Auch für private Medienunternehmen des Printsektors (vgl. Willis/Willis 1993; Fink 1996; Ludwig 1998) und des Rundfunks (vgl. Brown/Quaal ^{3}1998; Heinrich 1999) werden diese Kriterien herangezogen.

Zunehmend läuft die Diskussion zu Kontrollproblemen in privaten und öffentlichen Medienunternehmen unter dem Stichwort *„Controlling"*, sei es als Anglizismus, sei es als Modevokabel der Managementpraxis. Substanziell unterscheiden sich nämlich die meisten Untersuchungen kaum von den klassischen Fragen der (Kosten-)Kontrolle. Man knüpft an die diversen Wertschöpfungsaktivitäten, etwa in Produktion oder Vertrieb, und versucht, hierfür geeignete Effizienzkriterien und aussagekräftige Kennzahlen zu entwickeln (vgl. Sieben/Schneider 1982; Bea/Kötzle/Barth 1985; Seidel/Libertus 1993; Becker/Winschuh/Geisler 1998; Frey/Geisler 1999).

Die Idee, *Controlling* als *eigenständige Führungsfunktion* zu begreifen, die bei dynamischer Umwelt durch gesamtsystembezogene, aggregierte Informationen die klassischen Funktionen des Managementprozesses koordinieren soll (vgl. Sjurts 1995), findet in der Medienliteratur erste Resonanz. Es wurde bereits versucht, spezifische Kennzahlensysteme für Rundfunkunternehmen zu entwickeln (vgl. Pagenstedt/Schwerzel 1994; Schwertzel 1997; Drees/Koppensteiner 1999).

4 Fazit und Ausblick

Versucht man den Diskussionsstand zum Medienmanagement zu resümieren, so ist zum einen die mangelnde Präzision im Gebrauch der einschlägigen wirtschaftswissenschaftlichen Begriffe und Kategorien auffällig, was nicht zur Klarheit der Analyse beiträgt. Zum anderen ist die wirtschaftswissenschaftliche und die publizistik- und kommunikationswissenschaftliche Literatur in der Themenwahl eher phänomenorientiert und insoweit selektiv. Man fokussiert stark die jeweils aktuellen spezifischen Probleme der Unternehmen in den Medienteilmärkten Zeitung, Zeitschrift, Hörfunk und Fernsehen sowie neuerdings in den entsprechenden Teilmärkten im Internet. Dies ist im Sinne der Praxisrelevanz von Wissenschaft sicher positiv zu bewerten. Andererseits leiden darunter der systematische Zugriff und die theoretische Analyse. Diese Feststellung ist unabhängig davon, ob man von der ökonomischen Theorie und/oder von der (allgemeinen) Managementlehre als Grundlage des Medienmanagements ausgeht. Insoweit muss man ein gewisses theoretisches Defizit in der Literatur zum Medienmanagement konstatieren. Dieses Ergebnis spiegelt die Tatsache wider, dass Medienmanagement und Medienökonomie noch relativ junge Teildisziplinen mit stark interdisziplinärem Charakter darstellen. Dies ist Aufgabe und Anreiz zugleich.

Literatur

Albarran, Alan B. (1996): Media economics. Ames, IA.

Albarran, Alan B. (1997): Management of electronic media. Belmont, CA u.a.

Altes, Bärbel (2000): Paradigmenwechsel in der europäischen Fusionskontrolle? In: Media Perspektiven, Nr.11, S. 482-490.

Altmeppen, Klaus-Dieter (1996): Märkte der Medienkommunikation. Publizistische und ökonomische Aspekte von Medienmärkten und Markthandeln. In: Altmeppen, Klaus-Dieter (Hrsg.): Ökonomie der Medien und des Mediensystems. Grundlagen, Ergebnisse und Perspektiven medienökonomischer Forschung. Opladen, S. 251-272.

Altmeppen, Klaus-Dieter (1997): Der Wandel journalistischer Arbeit zwischen neuen Medientechnologien und ökonomischer Rationalität der Medien. In: Industrielle Beziehungen, 4. Jg., Nr. 1, S. 11-37.

Altmeppen, Klaus-Dieter (1998): Multimedia: Ein neuer Journalismus? Arbeitsmarkt, Tätigkeitsfelder und Qualifikationsbedarf. In: Neverla, Irene (Hrsg.): Das Netz-Medium. Opladen, S. 197-218.

Altmeppen, Klaus-Dieter/Donges, Patrick/Engels, Kerstin (2000): Transformationen im Journalismus. Entdifferenzierung der Organisationen und Qualifikationen im Formatjournalismus. In: Publizistik, 45. Jg., S. 200-218.

Arrow, Kenneth J. (1971): Essays in the theory of risk-bearing. Amsterdam u.a.

Backhaus, Klaus/Stadie, Ekkehard/Voeth, Markus (1997): Standortfaktor Telekommunikation und Multimedia. Münster.

Barney, Jay B. (1991): Firm resources and sustained competitive advantage. In: Journal of Management, 17. Jg., S. 99-120.

Barth, Christof/Münch, Thomas (2001): Webradios in der Phase der Etablierung. In: Media Perspektiven, Nr. 1, S. 43-50.

Bea, Franz Xaver/Dichtl, Erwin/Schweitzer, Marcell (Hrsg.) ([8]2000): Allgemeine Betriebswirtschaftslehre. Bd. 1: Grundfragen. Stuttgart.

Bea, Franz Xaver/Kötzle, Alfred/Barth, Maria (1985): Ansätze für eine zielorientierte Unternehmensführung in öffentlich-rechtlichen Rundfunkanstalten. In: Zeitschrift für öffentliche und gemeinwirtschaftliche Unternehmen, 8. Jg., S. 137-153.

Becker, Wolfgang/Winschuh, Christoph/Geisler, Rainer (1998): Deckungsbeitragsrechnungen für das Controlling privater Fernsehsender. In: Kostenrechnungspraxis, 42. Jg., S. 357-362.

Bender, Gunar (1999): Cross-Media-Ownership. Heidelberg.

Bentele, Günter/Beck, Klaus (1994): Information – Kommunikation – Massenkommunikation: Grundbegriffe und Modelle der Publizistik- und Kommunikationswissenschaft. In: Jarren, Otfried (Hrsg.): Medien und Journalismus 1. Opladen, S. 16-53.

Bitz, Michael u.a. ([4]1999) (Hrsg.): Vahlens Kompendium der Betriebswirtschaftslehre. Bd. 2. München.

Blankart, Charles B. ([2]1994): Öffentliche Finanzen in der Demokratie. München.

Branahl, Udo (1994): Der Kampf um die innere Pressefreiheit. In: Reiter, Sibylle (Hrsg.): Zukunft oder Ende des Journalismus. Gütersloh, S. 142-154.

Branahl, Udo/Hoffmann-Riem, Wolfgang (1975): Redaktionsstatute in der Bewährung. Baden-Baden.

Brown, James A./Quaal, Ward L. ([3]1998): Radio-television-cable management. Boston, MA u.a.

Burkart, Roland ([3]1998): Kommunikationswissenschaft. Wien.

Chyi, Hsiang Iris/Sylvie, George (1998): Competing with whom? Where? And how? A structural analysis of the electronic newspaper market. In: Journal of Media Economics, 11. Jg., Nr. 2, S. 1-18.

Compaine, Benjamin M./Gomery, Douglas (2000): Who owns the media? Mahwah, NJ.

Cusumano, Michael C./Selby, Richard W. (1995): Microsoft secrets: How the world's most powerful software company creates technology, shapes markets, and manages people. New York.

Deal, Terrence E./Kennedy, Allan A. (1982): Corporate cultures. Reading, MA.

Diekmann, Thomas/Ottinger, Leonhard/Teichert, Will (Hrsg.) (1997): Führungsaufgaben in Redaktionen II. Gütersloh.

Drees, Joachim/Koppensteiner, Roland (1999): Privates Fernsehen. In: Schneider, Beate/Knobloch, Silvia (Hrsg.): Controlling-Praxis in Medienunternehmen. Neuwied, S. 70-90.

Ehlers, Renate (2000): Öffentlich-rechtlicher Rundfunk und Multimedia. In: Media Perspektiven, Nr. 8, S. 369-373.

Eichhorn, Peter/Loesch, Achim von (Hrsg.) (1983): Rundfunkökonomie (= Zeitschrift für öffentliche und gemeinwirtschaftliche Unternehmen, Beiheft 5). Baden-Baden.

Fink, Conrad C. (1996): Strategic newspaper management. Boston, MA u.a.

Fitting, Karl/Kaiser, Heinrich/Heither, Friedrich/Engels, Gerd ([20]2000): Betriebsverfassungsgesetz – Handkommentar. München.

Fleck, Florian H. (Hrsg.) (1987): Planung, Aufsicht und Kontrolle von Rundfunkunternehmen. Stuttgart u.a.

Frey, Beatrix/Geisler, Rainer (1999): Funktionen und Instrumente des Controllings. In: Schneider, Beate/Knobloch, Silvia (Hrsg.): Controlling-Praxis in Medienunternehmen. Neuwied, S. 21-46.

Fünfgeld, Hermann (1989): Zur Personalwirtschaft von öffentlich-rechtlichen Rundfunkanstalten. In: Schenk, Michael/Donnerstag, Joachim (Hrsg.): Medienökonomie. München, S. 209-222.

Gerpott, Torsten ([3]1998): Wettbewerbsstrategien im Telekommunikationsmarkt. Stuttgart.

Gerpott, Torsten/Schlegel, Maike (2000): Online-Zeitungen: Charakteristika und Anwendungspotenziale eines neuen Medienangebots. In: Medien & Kommunikationswissenschaft, 48. Jg., S. 335-353.

Gerum, Elmar ([8]2000): Unternehmensordnung. In: Bea, Franz Xaver/Dichtl, Erwin/Schweitzer, Marcell (Hrsg.): Allgemeine Betriebswirtschaftslehre. Bd. 1: Grundfragen. Stuttgart, S. 220-301.
Goldhammer, Klaus/Zerdick, Axel (1999): Rundfunk online. Berlin.
Greiffenberg, Horst/Zohlnhöfer, Werner (1984): Pressewesen. In: Oberender, Peter (Hrsg.): Marktstruktur und Wettbewerb. München, S. 577-627.
Gutenberg, Erich (1962): Unternehmensführung – Organisation und Entscheidung. Wiesbaden.
Hachmeister, Lutz/Rager, Günther (2000): Wer beherrscht die Medien? Die 50 größten Medienkonzerne der Welt. München.
Hartlieb, Horst von (1993): Arbeitsverhältnisse bei Film und Fernsehen. In: Richardi, Reinhard/Wlotzke, Otfried (Hrsg.): Münchener Handbuch zum Arbeitsrecht. Bd. 2: Individualarbeitsrecht II. München, S. 1259-1268.
Hassan, Robert (2000): The space economy of convergence. In: Convergence – The Journal of Research into New Media Technologies, 6. Jg., Nr. 4, S. 18-35.
Heinrich, Jürgen (1999): Medienökonomie. Bd. 2: Hörfunk und Fernsehen. Opladen.
Heinrich, Jürgen ([2]2001): Medienökonomie. Bd. 1: Mediensystem, Zeitung, Zeitschrift, Anzeigenblatt. Opladen.
Held, Thorsten/Schulz, Wolfgang (1999): Überblick über die Gesetzgebung für elektronische Medien 1994 bis 1998: Aufbau auf bestehenden Regelungsstrukturen. In: Rundfunk und Fernsehen, 47. Jg., S. 78-117.
Henkel, Christiane (2000): Das Internet als Herausforderung für Verlage. Wiesbaden.
Herman, Edward S./McChesney, Robert W. (1997): The global media. The new missionaries of corporate capitalism. London, Washington D.C.
Hiebel, Hans H. (1999): Technik und Leistung, Entstehung und Geschichte neuzeitlicher Medien. In: Hiebel, Hans H. u.a. (Hrsg.): Große Medienchronik. München, S. 9-24.
Hoffmann-Riem, Wolfgang (1972): Redaktionsstatute im Rundfunk. Baden-Baden.
Hoffmann-Riem, Wolfgang (1991): Rundfunkrecht neben Wirtschaftsrecht. Baden-Baden.
Horsman, Mathew (1997): Sky High: The inside story of BskyB. London.
Isadi, Alexander (1999): Auslagerung von Aufgaben und Leistungserstellung durch Dritte im Rundfunk. In: Media Perspektiven, Nr. 1, S. 14.
Jakobs, Hans-Jürgen/Müller, Uwe (1990): Augstein, Springer & Co. Zürich, Wiesbaden.
Karmasin, Matthias (1998): Medienökonomie. Graz, Wien.
Karmasin, Matthias/Winter, Carsten (Hrsg.) (2000a): Grundlagen des Medienmanagements. München.
Karmasin, Matthias/Winter, Carsten (2000b): Einleitung: Kontexte und Aufgabenfelder von Medienmanagement. In: Karmasin, Matthias/Winter, Carsten (Hrsg.): Grundlagen des Medienmanagements. München, S. 15-39.
Kayser, Horst J. (1993): Controlling für Rundfunkanstalten. Baden-Baden.
Keller, Eugen von/Pfänder, Gabriela/Wunderle, Gernot (1994): Erfolgreiche Medienmacher in Europa. Wien.
Kemmer, Paul (1986): Zielkonzeption und Rechnungssystem von Rundfunkanstalten. Baden-Baden.
Kiefer, Marie-Luise (1993): Fernsehen: Kultur vs. Kommerz. In: Bonfadelli, Heinz/Meier, Werner A. (Hrsg.): Krieg, Aids, Katastrophen... Gegenwartsprobleme als Herausforderung der Publizistikwissenschaft, Festschrift für Ulrich Saxer. Konstanz, S. 15-42.
Kiefer, Marie-Luise (1999): Privatisierung und Kommerzialisierung der Medienwirtschaft als zeitgeschichtlicher Prozeß. In: Wilke, Jürgen (Hrsg.): Massenmedien und Zeitgeschichte. Konstanz, S. 705-717.
Kiefer, Marie Luise (2001): Medienökonomik. München, Wien.
Knoche, Manfred (1999): Das Kapital als Strukturwandler der Medienindustrie – und der Staat als sein Agent? In: Knoche, Manfred/Siegert, Gabriele (Hrsg.): Strukturwandel der Medienwirtschaft im Zeitalter digitaler Kommunikation. München, S.149-193.
Knoche, Manfred (2001): Kapitalisierung der Medienindustrie aus politökonomischer Sicht. In: Medien und Kommunikationswissenschaft, 49. Jg, S. 177-194.
Koontz, Harold/O'Donnell, Cyril/Weihrich, Heinz ([8]1984): Management. New York u.a.
Kübler, Friedrich (1999): Medienkonzentrationskontrolle im Streit. In: Media Perspektiven, Nr. 7, S. 379-385.
Ladeur, Karl-Heinz (1998): Die vertikale Integration von Film-, Fernseh- und Video-Wirtschaft als Herausforderung der Medienregulierung. In: Rundfunk und Fernsehen, 46. Jg., S. 5-23.
Ludwig, Johannes (1998): Zur Ökonomie der Medien: Zwischen Marktversagen und Querfinanzierung. Opladen, Wiesbaden.

Markus, Dirk (1999): Strategische Kooperationen in der Multimediaindustrie. Frankfurt/Main.
McQuail, Denis/Siune, Karen (Hrsg.) (1998): Media policy. Convergence, concentration and commerce. London, Thousand Oaks, New Delhi.
Meckel, Miriam (1999): Redaktionsmanagement. Opladen.
Meier, Werner A./Jarren, Otfried (2001): Ökonomisierung und Kommerzialisierung von Medien und Mediensystem. In: Medien und Kommunikationswissenschaft, 49. Jg., S. 145-158.
Merten, Klaus (1977): Kommunikation. Eine Begriffs- und Prozessanalyse. Opladen.
Moss, Christoph (1998): Die Organisation der Zeitungsredaktion. Opladen.
Nelson, Phillip (1970): Information and consumer behavior. In: Journal of Political Economy, 78. Jg., S. 311-329.
Neuberger, Christoph (2000): Massenmedien im Internet 1999. In: Media Perspektiven, Nr. 3, S. 102-109.
Neuberger, Christoph/Tonnemacher, Jan (Hrsg.) (1999): Online – die Zukunft der Zeitung? Opladen.
Neumann, Ingo (1998): Pay-TV in Deutschland. Wiesbaden.
Oehmichen, Ekkehardt/Schröter, Christian (2000): Fernsehen, Hörfunk, Internet: Konkurenz, Konvergenz oder Komplement? In: Media Perspektiven, Nr. 8, S. 359-368.
Owen, Bruce M./Wildman, Steven S. (1992): Video economics. Cambridge, MA, London.
Pagenstedt, Georg (1996): Strategische Planung für die Anbieter von Abonnementfernsehen. Wiesbaden.
Pagenstedt, Georg/Schwerzel, Uwe (1994): Controlling für öffentlich-rechtliche und private Fernsehanbieter. Arbeitspapiere des Instituts für Rundfunkökonomie an der Universität zu Köln, Nr. 8, Januar.
Papier, Hans-Jürgen/Möller, Johannes (1999): Presse- und Rundfunkrecht. In: Wilke, Jürgen (Hrsg.): Mediengeschichte der Bundesrepublik Deutschland. Bonn, S. 449-468.
Pätzold, Ulrich/Röper, Horst (1998): Maßnahmen der Vielfaltssicherung im Rundfunk. In: Media Perspektiven, Nr. 6, S. 278-286.
Pätzold, Ulrich/Röper, Horst (1999): Fernsehproduktionsvolumen in Deutschland 1998. In: Media Perspektiven, Nr. 9, S. 447-468.
Picard, Robert G. (1989): Media economics. Newbury Park, London, New Delhi.
Porter, Michael E. (1980): Competitive strategy. New York u.a.
Pringle, Peter K./Starr, Michael F./McCavitt, William E. (^{3}1995): Electronic media management. Boston, MA, London.
Röper, Horst (1998): Konzentration im Zeitschriftenmarkt leicht rückläufig. In: Media Perspektiven, Nr. 7, S. 337-351.
Röper, Horst (2000): Zeitungsmarkt 2000: Konsolidierungsphase beendet? In: Media Perspektiven, Nr. 7, S. 297-309.
Rue, Leslie W./Byars, Lloyd L. (^{8}1997): Management. Skills and application. Chicago u.a.
Rühl, Manfred (1993a): Marktpublizistik. In: Publizistik, 38. Jg., S. 125-152.
Rühl, Manfred (1993b): Ökonomie und publizistische Leistungen. In: Bonfadelli, Heinz/Meier, Werner A. (Hrsg.): Krieg, Aids, Katastrophen... Gegenwartsprobleme als Herausforderung der Publizistikwissenschaft, Festschrift für Ulrich Saxer. Konstanz, S. 307-326.
Schierenbeck, Henner (^{15}2000): Grundzüge der Betriebswirtschaftslehre. München u.a.
Schroeder, Michael (1994): Internationale Markt- und Managementstrategien für Print-Medien. München.
Schuster, Detlev (1990): Meinungsvielfalt in der dualen Rundfunkordnung. Berlin.
Schütz, Walter J. (2000): Deutsche Tagespresse 1999. In: Media Perspektiven, Nr. 1, S. 8-29.
Schwarz, Marius (1999): Make or buy? Die wirtschaftliche Konzeption eines Privatsenders. In: Media Perspektiven, Nr. 1, S. 35-36.
Schwertzel, Uwe (1997): Benchmarking für Rundfunkveranstalter. Berlin
Seidel, Norbert (1983): Betriebliche Planungssysteme öffentlich-rechtlicher Rundfunkanstalten – dargestellt am Beispiel des Westdeutschen Rundfunks. In: Eichhorn, Peter/Loesch, Achim von (Hrsg.): Rundfunkökonomie (= Zeitschrift für öffentliche und gemeinwirtschaftliche Unternehmen, Beiheft 5). Baden-Baden, S. 120-130.
Seidel, Norbert/Libertus, Michael (1993): Rundfunkökonomie. Wiesbaden.
Shannon, Claude E./Weaver, Warren (1949): The mathematical theory of communication. Urbana, IL.
Shapiro, Carl/Varian, Hal (1998): Information rules. Boston, MA.
Sieben, Günter/Schneider, Willi (1982): Überlegungen zu einem Controlling-Konzept für Rundfunkanstalten. In: Betriebswirtschaftliche Forschung und Praxis, 34. Jg., S. 236-251.
Siegert, Gabriele (2000): Medienmanagement als Marketingmanagement. In: Karmasin, Matthias/Winter, Carsten (Hrsg.): Grundlagen des Medienmanagements. München, S. 173-195.

Sjurts, Insa (1995): Kontrolle, Controlling und Unternehmensführung – Theoretische Grundlagen und Problemlösungen für das operative und strategische Management. Wiesbaden.

Sjurts, Insa (1996a): Die deutsche Medienbranche. Eine unternehmensstrategische Analyse. Wiesbaden.

Sjurts, Insa (1996b): Differenzierung durch Standardisierung – Unternehmensstrategie im Hörfunkmarkt. In: Zeitschrift Führung + Organisation, 65. Jg., S. 350-355.

Sjurts, Insa (1997): Strategische Gruppen und Unternehmenserfolg im Zeitschriftenmarkt. In: Wirtschaftswissenschaftliches Studium, 26. Jg., S. 261-264.

Sjurts, Insa (1998): Strategien der größten Medienunternehmen der Welt. In: Hans-Bredow-Institut (Hrsg.): Internationales Handbuch für Hörfunk und Fernsehen. Baden-Baden, Hamburg, S. 28-38.

Sjurts, Insa (2000a): Chancen und Risiken im globalen Medienmarkt – Die Strategien der größten Medien-, Telekommunikations- und Informationstechnologiekonzerne. In: Hans-Bredow-Institut (Hrsg): Internationales Handbuch für Hörfunk und Fernsehen. Baden-Baden, Hamburg, S. 28-41.

Sjurts, Insa (2000b): Die Fusion AOL-Time Warner: Eine strategietheoretische Erklärung. In: Zeitschrift Führung + Organisation, 69. Jg., S. 128-138.

Sjurts, Insa (2000c): Wettbewerb und technologischer Fortschritt im deutschen Fernsehmarkt 2000: Eine unternehmensstrategische Analyse. In: Kruse, Jörn (Hrsg.): Ökonomische Perspektiven des Fernsehens in Deutschland. München, S. 123-147.

Sjurts, Insa (2000d): Kollektive Unternehmensstrategie. Wiesbaden.

Sjurts, Insa (^{2}2002a): Strategien in der Medienbranche. Wiesbaden.

Sjurts, Insa (2002b): Integration der Wertschöpfungsketten im globalen Medienmarkt. In: Hans-Bredow-Institut (Hrsg.): Internationales Medienhandbuch 2002/2003. Baden-Baden (im Druck).

Sohn, Ardyth Broadrick u.a. (^{2}1999): Media management – A casebook approach. Mahwah, NJ, London.

Staehle, Wolfgang H. (^{8}1999): Management. München.

Steinmann, Horst/Schreyögg, Georg (^{5}2000): Management. Wiesbaden.

Stipp, Horst (1998): Wird der Computer die traditionellen Medien ersetzen? In: Media Perspektiven, Nr. 2, S. 76-82.

Stoner, James A. F./Freeman, R. Edward (^{4}1989): Management. Englewood Cliffs, NJ.

Stross, Randall E. (1996): The Microsoft way: The real story and how the company outsmarts competition. Reading, MA u.a.

Theis-Berglmair, Anna Maria (2000): Aufmerksamkeit und Geld, schenken und zahlen. Zum Verhältnis von Publizistik und Wirtschaft in einer Kommunikationsgesellschaft – Konsequenzen für die Medienökonomie. In: Publizistik, 45. Jg., S. 310-329.

Thielmannn, Bodo (2000): Strategisches Innovationsmanagement in konvergierenden Märkten. Wiesbaden.

Weinstock, Alexander (1991): Effizienzorientierte Unternehmungsführung öffentlich-rechtlicher Rundfunkanstalten. Köln.

Weischenberg, Siegfried (1981): Zwischen Taylorisierung und professioneller Orientierung. Perspektiven künftigen Kommunikatorenhandelns. In: Rundfunk und Fernsehen, 29. Jg., S. 151-167.

Wernerfelt, Birger (1984): A resource-based view of the firm. In: Strategic Management Journal, 5. Jg., S. 171-180.

Willis, Jim/Willis, Diane B. (1993): New directions in media management. Boston, MA u.a.

Winter, Michael (1999): Outsourcing und Leistungserstellung durch Dritte beim ZDF. In: Media Perspektiven, Nr. 1, S. 26-29.

Wirtz, Bernd W. (1994): Neue Medien, Unternehmensstrategien und Wettbewerb im Medienmarkt. Frankfurt/Main.

Wirtz, Bernd W. (2000): Medien- und Internetmanagement. Wiesbaden.

Zerdick, Axel u.a. (^{3}2001): Die Internet-Ökonomie. Strategien für die digitale Wirtschaft. Berlin u.a.

Zimmermann, Horst/Henke, Klaus-Dirk (^{7}1994): Finanzwissenschaft. München.

Risikokommunikation

Georg Ruhrmann

Über das Risiko kommuniziert man heute in unterschiedlichen wissenschaftlichen Disziplinen. Der Begriff bezeichnet Vorstellungen von drohenden Schäden, die mit einer bestimmten Wahrscheinlichkeit eintreten können, insbesondere wenn es um die Kalkulation von Gewinnen oder Verlusten geht, wie die klassische Studie aus der Unternehmenstheorie „Risk, uncertainty and profit" von Francis Knight (1921) zeigt. Finanz- und Wirtschaftswissenschaften versuchen durch „Risikoanalysen", Schäden und ihre Wahrscheinlichkeit durch Quantifizierbarkeit beherrschbar zu machen (vgl. Arrow 1981; Alexander 1998). Später verwenden u.a. auch Ingenieurwissenschaften Risiko-Konzepte, um unerwartete und unerwünschte Nebenfolgen technischer Prozesse identifizierbar zu machen. Als Beipiele seien nur die Kernenergie (vgl. Peters 1994), die Gentechnologie (vgl. Ruhrmann 1998) sowie die Klimafolgen (vgl. Meijnders/Midden/Wilke 2001) genannt, die zunächst im Mittelpunkt des naturwissenschaftlichen und dann des öffentlichen und in Folge dessen auch des sozialwissenschaftlichen Interesses standen. Nachlassende Akzeptanz von Technikfolgen, „schleichende Glaubwürdigkeitskrise", „Vertrauensschwund" sowie „Protestbewegungen" lau(te)ten die Stichwörter (vgl. Luhmann 1991). Hinzu kamen Fragen nach dem grundsätzlichen Verstehen und (Selbst-)Verständnis von Wissenschaft und Techniken der Öffentlichkeit (vgl. Peters 1994; Dierkes/von Grote 2000). Es war der *öffentliche* Diskurs über technologische, ökonomische und auch soziale Risiken, der die soziologische Beschäftigung mit „Risikokommunikation" beförderte (vgl. Peters 1994; Bonß 1995). Da der kommunikative Aspekt in der gesellschaftlichen Auseinandersetzung um Risiken eine wesentliche und zunächst eher vernachlässigte Rolle spielt, fällt der Kommunikationswissenschaft eine herausforderungsreiche Aufgabe zu (vgl. Peters 1994; Ruhrmann 1996; Starr 2000).

Ziel der folgenden Ausführungen ist es, ausgehend von Dimensionen der Risikowahrnehmung basale Prozesse und Strukturen von Risikokommunikation und Risikoberichterstattung zu beschreiben und als Forschungsbereich vorzustellen.

1 Risikowahrnehmung

Der Begriff der Risikowahrnehmung („risk perception") hat sich in den letzten zwanzig Jahren in der wissenschaftlichen Diskussion durchgesetzt. Dominierten zunächst kognitionspsychologische Ansätze, so gewannen später auch sozialpsychologische, soziologische und vereinzelt auch kommunikationswissenschaftliche Konzepte an Bedeutung (vgl. Siegrist/Cvetkovich 2000; Siegrist/Cvetkovich/Roth 2000).

1.1 Psychometrische Forschung

Die psychometrische Forschung versucht zu ermitteln, welche Faktoren die Bewertung eines Risikos beeinflussen (vgl. Slovic 1987). Empirisch gewonnene Bewertungen von Risiken lassen sich in einem Zwei-Faktoren-Modell zusammenfassen. Die Faktoren repräsentieren subjektive Kategorien der Risikobewertung:

Der Faktor *Schrecklichkeit („dread risk")* charakterisiert die dem Risiko zugeschriebenen emotionalen Bewertungsmerkmale „unkontrollierbar", „furchtbar" und „tödlich". Nach- und Vorteile von als riskant eingeschätzten Ereignissen bzw. Entscheidungen gelten als „ungerecht verteilt": Die Anwohner einer zentralen Müllverbrennungsanlage haben vor allem mit Lärmbelästigungen der anfahrenden Lastwagen und möglicherweise mit Geruchsbelästigungen zu tun; die möglichen Vorteile einer zentralisierten kostengünstigereren Entsorgung wirken dagegen nur gering.

Der zweite Faktor *(Un-)Bekanntheit („unknown risk")* repräsentiert die kognitive Bewertung des Unwissens über ein Risiko. Dieses wird als „nicht wahrnehmbar", als „unerforscht" und „neuartig" beurteilt. Dieser Faktor wurde häufig der Kernenergie-Industrie etwa im Umgang mit radioaktivem Material sowie „Restmüll" oder auch der Gentechnologie zugeschrieben, insbesondere wenn es um die Frage ging, ob und wie sich mit „neuer" genetischer Information versehene Laborstämme von Bakterien verhalten, wenn sie gewollt oder auch ungewollt freigesetzt werden und sich im Freiland „unkontrolliert" vermehren (vgl. Ruhrmann 1992b, 1998).

Durch die Natur ausgelöste oder natürlichen Quellen zugeschriebene Risiken gelten als harmloser im Vergleich zu „künstlich" bzw. technisch produzierten Risiken. Zahnärzte beruhigen Patienten, die Röntgenaufnahmen nicht mögen, mit dem Hinweis, die individuelle Strahlenbelastung einer Hochgebirgswanderung in den Alpen sei höher. Ein zentrales Motiv menschlichen Handelns ist die Beeinflussung und Steuerung einer unsicheren Situation. Ein „kontrollierbares" Risiko wird als weniger gravierend eingeschätzt als ein unkontrollierbares Risiko. Autofahrer fühlen sich beispielswiese normalerweise hinter dem Steuer sicherer als ihre Beifahrer. Schließlich werden freiwillig übernommene Risiken geringer eingestuft, unkritischer bewertet und eher akzeptiert als unfreiwillig erfahrene Risiken. Diese werden als eine Gefahr, der man ausgeliefert ist, empfunden (vgl. Luhmann 1991). Man denke nur an Sportarten wie Boxen oder Autorennen, in denen die Akteure ihre Gesundheit oder gar ihr Leben aufs Spiel setzen.

1.2 Heuristiken der Risikowahrnehmung

Die Risikoforschung hatte über lange Zeit hinweg die unbewusste, intuitive Wahrnehmung von Risiken vollständig ignoriert. Wiederholt wurde behauptet, dass so genannte Laien aufgrund ihrer Risikowahrnehmung eher zu „irrationalen" Urteilen neigen: Bestimmte Risiken würden stark überschätzt, wie beispielsweise sehr niedrig konzentrierte Giftstoffe in der Nahrung; die eigene Ernährungsweise hingegen würde jedoch kaum problematisiert. Auch das Risiko, an Aids zu sterben, würde stark überschätzt. Dagegen würde das Krebsrisiko – etwa durch aktives und passives Rauchen – ignoriert bzw. untertrieben.

In kognitionspsychologischen Analysen kann gezeigt werden, wie Beobachter zu vereinfachenden Risikourteilen kommen (vgl. Tversky/Kahnemann 1974). Als Ergebnis zeigt sich: Der Beobachter formt Vorurteile über die Folgen von Risiken zu neuen repräsentativen Bildern und Vorstellungen. Je bedrohlicher in diesem Sinne die potenziellen Schäden erscheinen, desto aufmerksamer werden sie verfolgt. Die ihnen zugeschriebenen Merkmale werden bei der weiteren individuellen Interpretation durch den Beobachter in Richtung von Schrecklichkeit und Unbekanntheit weiter verstärkt. Aus einer wissenschaftlich-probabilistischen Sicht werden somit manche Risiken „überschätzt", wie beispielsweise die Folgen von Hochtechnologien. Andere Risiken im Bereich der Ernährung, der Gesundheit oder der Ökologie hingegen werden unterschätzt und sogar ignoriert: Hier ist es nicht so „leicht", einzelnen Risikodimensionen schreckliche und unerwartete Ursachen und Wirkungen zuzuschreiben. Beobachter ordnen Ereignissen eine verbindliche Eintrittswahrscheinlichkeit zu. Diese Einschätzungen sind relativ konservativ und werden im Nachhinein selten revidiert (vgl. Kahneman/Slovic/Tversky 1982).

Drei Heuristiken der Risikowahrnehmung lassen sich folgendermaßen charakterisieren (vgl. Morgan/Henrion 1993):

1. Während Experten in der Regel alle bekannten Risiken quantitativ vergleichen, ziehen Laien häufig Vergleiche zwischen den jeweils schwersten Risiken (Zugänglichkeitsheuristik).
2. Nach einer Periode relativer Sicherheit, in der keine Zwischenfälle aufgetreten sind, werden verstärkt Unsicherheiten erwartet (Regressionslogik).
3. Beobachter kategorisieren Risiken nach Ursachen und Wirkungen und rechnen sie dabei einem Verursacher oder Entscheider zu (Kausalattribution).

Die neuere Forschung interessiert sich zunehmend für den internationalen und interkulturellen Vergleich von Risikowahrnehmungen. Versucht wurde, auch sozialpsychologische Konzepte heranzuziehen, um weitere Einsichten in die Genese, Struktur und Robustheit von Risikobewertungen zu gewinnen. Außerdem hat man die „subjektiven" Konzepte, Annahmen und Interpretationen von Experten im Unterschied zu Laien analysiert (vgl. Peters 1994; Ruhrmann 1996). Dabei werden weitere Variablen aus dem Themenkomplex „Vertrauen" berücksichtigt, dessen Bedeutung in der Debatte um Risiken erst ansatzweise analysiert wurde (vgl. Sjöberg 2001). Aufgrund der Komplexität der behandelten Themen ist die Akzeptanz von Hochtechnologien in der Bevölkerung nicht in erster Linie von wissenschaftlichem und technologischem Wissen abhängig, sondern von dem Vertrauen in die verantwortlichen Akteure. Dieser Zusammenhang, dass es nämlich um Akzeptanz durch Vertrauen und nicht durch Wissen geht, wird im Konzept von „public understanding of science", das auf intensive Wissensvermittlung setzt, verkannt. Zieht man dann noch in Betracht, dass Vertrauen selbst auch nicht auf genügend rationalem Wissen beruht, sondern gerade in Situationen des Zuwenig-Wissens relevant wird, lautet die Formel für Akzeptanz: Vertrauen statt Wissen (vgl. Kohring 2001).

2 Risikokommunikation

Vor allem staatliche Organisationen begannen ab Anfang der 70er-Jahre, Risikokommunikation organisatorisch und wissenschaftlich zu institutionalisieren (vgl. Gutteling/Wiegman 1996; Johnson 1999). In den USA geschah dies bereits zu Beginn der 70er-Jahre, in Deutschland erst Anfang der 90er-Jahre. Auch in der Bundesrepublik verlief die Diskussion Anfang der 80er-Jahre zunächst kontrovers zwischen Vertretern eines eher analytischen und eines eher normativen Konzeptes von

Risikokommunikation (vgl. Ruhrmann 1991; Görke 1999). Heinz Bonfadelli (2000) sowie Lucie Hribal (2001) haben versucht, relevante Fragestellungen der Risikokommunikation sowie den journalistischen Umgang mit Risiken zu systematisieren.

2.1 Definition

Risikokommunikation kann als ein Prozess beschrieben werden, der die Unsicherheit und Ungewissheit über zukünftige Schäden problematisiert. Wie lassen sich die Wahrscheinlichkeit und die Schädlichkeit bzw. die Schadensdimensionen erfassen? Wie soll über Risiko- und Umweltwissen kommuniziert werden? Zugleich handelt es sich um einen Versuch zumeist wirtschaftlich organisierter Akteure, mithilfe von Kommunikationsmitteln die Akzeptanz riskanter Entscheidungen zuverlässig(er) zu erreichen. Als Folgen von Risikokommunikation werden häufig Zweifel an der Zweckmäßigkeit der angestrebten Ziele laut (vgl. Otway/Wynne 1989). Dies betrifft vor allem die öffentliche Thematisierung „hypothetischer" Risiken, die nicht eindeutig definiert werden können, weil die Eintrittswahrscheinlichkeit extrem klein und die potenzielle Schadenshöhe extrem groß ist.

Zeitknappheit, Ungewissheit und widersprüchliche Effekte von Risikokommunikation können als Kommunikationsrisiken angesehen werden. In der Zeitdimension wird die Unbestimmbarkeit von zukünftigen Schäden erlebbar. „Einerseits kann es zu einem künftigen Schaden kommen – oder nicht [...]. Andererseits, und zusätzlich, hängt das, was künftig geschehen kann, auch von der gegenwärtig zu treffenden Entscheidung ab" (Luhmann 1991: 25). In der Sachdimension kommt die Ungewissheit offener Sicherheitsfragen zur Sprache. Und in der Sozialdimension wird die Unterschiedlichkeit der Entscheider- und Betroffenenperspektiven sichtbar: Über eine angemessene Verwendung von jeweiligem (Fach)Wissen kann zwischen Experten und Laien häufig keine „Verständigung" erzielt werden. Doch was dies im Einzelnen heißt, bleibt weiterhin Gegenstand der empirischen Forschung (vgl. Rowe/Wright 2001). Als Konsequenz daraus werden bisher gerade von Entscheidern Machtfragen und legitimierbare Machtansprüche gestellt. Weitere Kommunikationskonflikte zwischen Entscheidern und Betroffenen sind damit vorprogrammiert. Beispielhaft seien hier die öffentlichen Anhörungen im Rahmen von Genehmigungsverfahren gentechnischer Anlagen in Deutschland genannt.

2.2 Leistungen

Risikokommunikation verfolgt aus der Sicht von Entscheidern das Ziel, Motivationen der Bevölkerung für die Mitarbeit an Schutzvorrichtungen (vgl. Neuwirth/Dunwoody/Griffin 2000) oder Publikumsakzeptanz für riskante Entscheidungen zu erreichen. Gestritten wird dabei über die Definition, Messung und Bewertung des Risikos, wobei zwischen den Auffassungen und Wahrnehmungen von Experten und Laien große Unterschiede bestehen (vgl. Lazo/Kinnell/Fisher 2000). Um hier zu Einigungen zu kommen, braucht man in der Regel viel Zeit. Öffentliche Anhörungsverfahren bieten einen enstprechenden Rahmen. Doch im Falle von Katastrophen entsteht besonderer Zeitdruck, da sofort entschieden und gehandelt werden muss. Dies haben Studien zur Krisenkommunikation von Unternehmungen (vgl. Kepplinger/Hartung 1995) sowie von staatlichen Behörden (vgl. Ruhrmann/Kohring 1996) gezeigt. Risikokommunikation macht langfristig bewusst, dass bedrohliche Entwicklungen – dazu zählen im Wesentlichen auch (anthropogen verursachte) unkontrollierte ökologische Fehlentwicklungen – als Folge riskanter Entscheidungen durch soziale Akteure zu begreifen sind (vgl. Ruhrmann 2001).

In Bezug auf Politik dient Risikokommunikation dazu, Anhaltspunkte über die Zumutbarkeit von Risiken bzw. die zu erwartenden ökonomischen Einschränkungen zu identifizieren. Dabei wird von den Entscheidern sowie von organisierten Kommunikatoren versucht, bestimmte Normen zur Angemessenheit von Risikoaussagen und Forderungen zu ermitteln, zu legitimieren und durchzusetzen. Dies geschieht beispielsweise in der Gesundheitspolitik durch eine langfristig angelegte Politik der Stärkung von Eigeninitiative und privater Absicherung zusätzlicher Risiken. Formuliert werden dabei Leitbilder, die dreißig Jahre vorher eben nicht modern und opportun waren. Insbesondere angesichts von Erfahrungen mit unerwünschten Entwicklungen in Politik und Wirtschaft erwartet die Öffentlichkeit von Staat und Unternehmen, die riskante Entscheidungen treffen, Handlungsanweisungen und Verhaltensmaßnahmen zur Vermeidung weiterer Folgerisiken. Man denke nur an die vielfältigen Maßnahmen zum „sozialverträglichen" Abbau von Beschäftigung im Zuge von Unternehmenskonzentrationen. Risikokommunikation bewältigt Unsicherheit symbolisch, indem die Positionen der beteiligten Akteure markiert und verschiedene Foren und Formen der Konfliktaustragung und Konsensfindung institutionalisiert werden (vgl. Beckmann/Keck 1999; Joss 2000).

3 Medial vermittelte Risikoberichterstattung

In der Öffentlichkeit wird die Leistung der Medien normalerweise über die Kritik an den Medien in die Debatte eingeführt. Die durchweg normativ gehaltene Kritik an der Risiko- und Umweltberichterstattung der Massenmedien fällt dabei vielfältig aus (vgl. Singer 1990; Kepplinger 1991; Bonfadelli 2000) und wird nachfolgend referiert. Die einzelnen Kritiken indes können an dieser Stelle nicht im Einzelnen geprüft werden.

3.1 Normative Medienkritik: Mängel der Berichterstattung

Ähnlich wie die Laien überschätzen aus der Sicht empirisch orientierter Forscher auch Journalisten die Eintrittswahrscheinlichkeit seltener Risiken etwa im Bereich der Kernenergie oder der Gentechnologie. Medien berichten, vor allem ereignisbezogen, über bereits eingetretene Schäden, etwa im Falle von Naturkatastrophen und Unfällen. Vernachlässigt werden dadurch längerfristige Entwicklungen und hypothetisch relevante Risikokontexte. Etwa bei der Frage, was mit genetisch veränderten Bakterien (so genannten Laborstämmen) geschieht, die sich nach ihrer unbeabsichtigten Freisetzung wider Erwarten doch besonders gut vermehren. Oder bei dem Problem, was denn wirklich geschieht, wenn ein terroristischer Anschlag auf ein Atomkraftwerk zu einer unkontrollierten Kernschmelze führen würde. Journalisten jedenfalls übertreiben – so die Kritik der empirischen Forschung – bei seltenen Risiken die Höhe der möglichen Schäden, indem sie diese als sehr „gefährlich", „schrecklich" und/oder „unkontrollierbar" schildern. Ein zentraler Vorwurf einer Reihe von Studien lautet: Die Medien berichten nicht ausgewogen, meistens würden sie die

Positionen der Kritiker und Gegner ausführlicher darstellen als die Meinungen der Experten und Befürworter. Hinzu komme ein aufbauschender, wertender Stil der Berichterstattung, der eine emotionalisierte öffentliche Diskussion geradezu begünstige. Beklagt wird zudem eine personalisierende Darstellung der Journalisten, die häufig komplexes Zeitgeschehen nach dem Verursacherprinzip verantwortlichen Experten und Entscheidern zurechneten oder aber den Nachrichtenwert eines Risikos nach der Zahl der (potenziellen) Opfer bestimmten (vgl. Sandman 1987).

Insbesondere Naturwissenschaftler, aber auch Vertreter der Wirtschaft kritisieren schließlich die wissenschaftlich nicht „korrekte“ Risikodarstellung der Massenmedien (vgl. Singer 1990). Aus Expertensicht komme es häufig zu einer mitunter auch politisierenden Bewertung wissenschaftlicher Sachverhalte (vgl. Jarren/Weßler 1998) – wie auch Studien zur politischen Kommunikation in einem größeren Rahmen zeigen (vgl. Donges/Jarren 2001), was in der Regel zu deren negativen Bewertung führe, langfristig sogar zu Akzeptanzproblemen. Journalisten – so wird auch kritisiert – dichotomisierten die Risikobewertung, sie bewerteten eine Entscheidung als nützlich oder als riskant. Unterstützt würde diese Tendenz durch eine Berichterstattung, die häufig nur prominente Experten oder Gegenexperten, Befürworter oder Gegner zu Wort kommen ließe und kompliziertere Zwischenpositionen vernachlässigte.

Hans Mathias Kepplinger kommt in einer umfangreichen Analyse der Darstellung von Technikfolgen zu dem Schluss, dass eine instrumentelle Akutalisierung (bestimmter, nämlich der politisch präferierten Experten) vorliege. Noch bedeutender als dieser Befund ist die Einsicht, dass die journalistische Darstellung und Bewertung seit Mitte der 70er-Jahre immer negativer ausfällt. Kepplinger führt dies vor allem auch auf die Einstellungen der Journalisten selbst zurück. Die seinerzeit von Ruhrmann 1991 detailliert vorgetragene Kritik an der Studie von Kepplinger bezieht sich u.a. methodisch auf die Vernachlässigung der Wissenschaftsberichterstattung. Theoretisch wird vor allem die bereits Anfang der 90er-Jahre nicht mehr angemessene Vorstellung von Presse als Widerspiegelung von Wirklichkeit infrage gestellt, insbesondere wenn es um die Vergleiche wertender Aussagen von Journalisten und physikalischen Messungen als Indikatoren einer extramedialen Realität geht (vgl. auch Bonfadelli 2000: 269).

3.2 Charakteristika der Risikoberichterstattung

Wie lassen sich diese kritisierten „Mängel“ der Berichterstattung in einem größeren kommunikationswissenschaftlichen sowie kognitionspsychologischen Zusammenhang erklären? Zunächst kann man von zeitlichen Beschränkungen journalistischen Handelns ausgehen: Die Schnelligkeit journalistischen Auswahlhandelns nach Katastrophen ist ein prominentes Thema der Nachrichtenforschung (vgl. Ruhrmann/Woelke 1998). Die Kommunikationsforschung interessiert sich allgemein zunehmend für die organisatorische Komplexität der redaktionellen Produktion, für die Mechanismen und Prozesse der sozialen Kontrolle innerhalb von Medienorganisationen mit ihren sachlichen und technischen Beschränkungen (vgl. Jarren 2001). Diese Befunde müssten für den Fall der Risikokommunikation eingehender betrachtet werden (vgl. Chess 2001). Schließlich werden die vermeintlichen „Bedürfnisse“

des Publikums nach Aufklärung und Information, aber auch nach Sensationen und Unterhaltung analysiert (vgl. Görke 2001).

Journalistische Risikoberichterstattung lässt sich ebenfalls durch kognitive Strategien (Heuristiken) charakterisieren, deren Funktion es ist, intuitive Wahrnehmung und vereinfachende Bewertungen von Ereignissen zu ermöglichen und diese Bewertungen unter Zeitdruck als Risiken darzustellen. Gemäß diesem kognitionstheoretischen Ansatz zeigt sich, dass Journalisten eher über eingetretene Schadensereignisse als über Prozesse der Risikogenese berichten (vgl. Ruhrmann 1992a). Ferner berichten sie eher über technische Risikodetails als über soziale Risikofolgen. Medien berichten eher aktuell über die vergleichsweise seltenen und außergewöhnlichen Risiken als über die wahrscheinlicheren „Alltags"-Risiken, die keinen Nachrichtenwert aufweisen. Wenn Journalisten über außergewöhnliche Risiken berichten, betonen sie die Schwere und die Wahrscheinlichkeit möglicher Schäden. Berichten sie indes über alltägliche (Durchschnitts-)Risiken, vernachlässigen sie die Schwere und die Wahrscheinlichkeit möglicher Schäden. In der Regel wird versucht, Risiken kausal nach dem Verursacherprinzip zu bewerten und darzustellen. Außerdem zeigt sich: Journalisten vergleichen eher außergewöhnliche Risiken der Hochtechnologie (miteinander) als normale Risiken des Alltagslebens. Über riskante Entwicklungen wird erst dann berichtet, wenn konkrete Personen betroffen sind und die Schäden auffallen. Journalisten berichten eher über Risiken in der geografischen Nähe bzw. in der verwandten westlichen Kultur als über Risiken in entfernten Regionen und in fremden Kulturen. Risiken werden personalisiert dargestellt: Gesucht und gefunden werden verantwortliche „Täter" und betroffene „Opfer" (vgl. Ruhrmann 2001).

3.3 Risikoberichterstattung als Wirklichkeitskonstruktion

Eine Reihe kommunikationswissenschaftlicher Studien beschreibt Risikoberichterstattung mehr oder weniger explizit als Wirklichkeitskonstruktion: Journalisten erzeugen selektiv eine spezifische soziale Wirklichkeit technischer Risiken, ihrer Eigenschaften, Ursachen und Wirkungen (vgl. Singer/Phyllis 1987; Wilkins/Patterson 1987; Tulloch/Lupton 1997; Lundgren/McMakin 1998: 233ff.; Görke 1999).

Unterscheiden lassen sich verschiedene Kriterien der Wirklichkeitskonstruktion, die für die journalistische Berichterstattung folgendermaßen beschrieben werden können: Ein Aspekt von Umweltproblemen wird je nach seiner Relevanz unterschiedlich eingeschätzt und als entsprechend „aktuell" berichtet. Je prägnanter dabei Experten einzelne Aussagen formulieren, desto eher kann darüber aktuell berichtet werden. Wenn Aussagen in einen bestimmten Themen- oder Wissenskontext oder in einen Frame (vgl. Scheufele 1999) passen, werden sie vermutlich eher als ein „wirkliches" Thema eingeschätzt (vgl. Görke/Kohring/Ruhrmann 2000). Sachverhalte, die als Ursache oder als Wirkung von anderen Ereignissen erlebt werden können, werden von Journalisten eher als „wirklich" angesehen als Ereignisse, etwa im Bereich von nachhaltigen Entwicklungen, die sich (noch) nicht in einem solchen Kausalschema interpretieren lassen (vgl. Ruhrmann 2001). Für „wirklich" werden solche Ereignisse gehalten, die unmittelbar sinnlich erfahrbar oder sichtbar sind. Vorhersagbare technische Risiken können als wirklicher beschrieben werden als ökologische Risiken, die noch unerkennbar sind. Ferner kann angenommen werden, dass solche Ereignisse und Probleme als wirklich eingeschätzt werden, auf die wiederholt von verschiedenen Experten hingewiesen wurde. Wenn man Risikobewertung sogar wissenschaftlich prüfen und wie in der Wirtschaft als politisch relevant unterstellen kann, gilt das Risiko als wirklich. Einige Forscher haben begonnen, die Validität auch konstruktivistisch formulierter Leistungsansprüche des modernen Journalismus zu überprüfen (vgl. Wilkins/Patterson 1991; Hansen 1991; Tulloch/Lupton 1997; Kohring/Görke 2000).

Insgesamt ist zu konstatieren, dass die journalistische Berichterstattung über eine eigene Rationalität und damit auch eigensinnige Selektivität verfügen kann und deshalb nicht allein nach den Maßstäben anderer gesellschaftlicher Handlungsbereiche be- und verurteilt werden kann (vgl. Ruhrmann/Kohring/Görke 1997; Görke 1999; Kohring 2001).

4 Perspektiven

Wie eingangs bemerkt, haben bisherige Studien weitgehend den Prozesscharakter von Risikokommunikation ignoriert. So fehlen tragfähige Organisationsanalysen über das Risikoverhalten von und in Unternehmen, die zeigen können, wie das Entscheiden mit Risiken überlagert ist, wie riskante Entscheidungen bewältigt werden (vgl. Luhmann 1991) und was man daraus für journalistische Redaktionen im Hinblick auf die Behandlung riskanter Sachverhalte lernen könnte.

4.1 Kommunikationsforschung

Durchzuführen sind längerfristig angelegte visuelle Inhaltsanalysen der Darstellung riskanter Entwicklungen. Notwendig sind auch international vergleichende Inhaltsanalysen (vgl. Hampel u.a. 1998; Kohring/Görke/Ruhrmann 1999; Görke/Kohring/Ruhrmann 2000). Interessant ist zudem die Analyse der ökonomischen und/oder journalistischen Auswahlkriterien von Werbung und Unterhaltung, vor allem aber in Serien, Shows und Spielfilmen mit Blick auf Risiken (vgl. Görke 2001). Durch geeignete Methoden sind ferner kognitive und emotionale Rezeptionsschemata zu erfassen (vgl. Ruhrmann/Woelke 1998). Lohnenswert ist es, diese Interpretationen auch im Kontext unterschiedlicher Lebens- und Konsumstile innerhalb psychografisch zu rekonstruierender sozialer Milieus im Zusammenhang mit der Fernsehrezeption zu erheben. Zu fragen ist, wie eine immer größere Informiertheit im Sinne der Wissensklufthypothese nur bestimmte Gruppen mit der Frage der Risikobewertung oder Risikoakzeptanz konfrontiert (vgl. Bonfadelli 2000: 261ff.; Johnson 1999: 335ff.). Akzeptanz kann dabei als eine Zielvariable mit einem sehr komplexen Bedingungsgeflecht unabhängiger Variablen in einem Prozessmodell verstanden werden.

4.2 Medienpraxis

Aufgrund von Medienanalysen lassen sich auch Überlegungen zu einer „verbesserten“ Risikokommunikation geben, die allerdings nicht als Patentrezepte misszuverstehen sind (vgl. Powell/Leiss 1998; Nelkins 1998; Lundgren/McMakin 1998; Rowan 1998; Friedman/Trimble 1998; Ruhrmann 2001). Ein Hinweis betrifft den Auf- und Ausbau von Medienkompetenz der Entscheider und Kommunikatoren (vgl. Gutteling/Wiegman 1996; Nelkins 1998). Zu überlegen wäre überdies, Programmangebote für ökologische Kommunikation auch bei privat-kommerziellen TV-Sendern auszubauen. Jedenfalls löst Risikowissen im Kontext attraktiver Medienangebote Vorurteile besser als moralische Appelle. Die vorgehenden Überlegungen bedürfen der intensiven kommunikationswissenschaftlich angeleiteten Diskussion, gerade weil Fragen nach Nebenfolgen journalistischen Handelns selbst zu einem Kommunikationsrisiko werden können.

Literatur

Alexander, Carol (Hrsg.) (1998): Risk management and analysis. 2 Bde. New York.

Arrow, Kenneth J. (1981): Futures markets. Some theoretical perspectives. In: Journal of Future Markets, 1. Jg., Nr. 2, S. 107-115.

Beckmann, Jens/Keck, Gerhard (1999): Beteiligungsverfahren in Theorie und Anwendung. Stuttgart.

Bonfadelli, Heinz (2000): Medienwirkungsforschung II. Anwendungen in Politik, Wirtschaft und Kultur. Konstanz.

Bonß, Wolfgang (1995): Vom Risiko. Unsicherheit und Ungewißheit in der Moderne. Hamburg.

Chess, Caron (2001): Organizational theory and the stages of risk communication. In: Risk Analysis, 21. Jg., Nr. 1, S. 179-188.

Dierkes, Meinolf/von Grote, Claudia (Hrsg.) (2000): Between understanding and trust. The public science and technology. Amsterdam.

Donges, Patrick/Jarren, Otfried (2001): Politische Kommunikation. In: Jarren, Otfried/Bonfadelli, Heinz (Hrsg.): Einführung in die Publizistikwissenschaft. Bern, Stuttgart, Wien, S. 417-438.

Friedman, Sharon M./Trimble, Walter T. (1998): Environmental emergencies and risk reporting: Learning by computer simulation. In: Göpfert, Winfried/Bader, Renate (Hrsg.): Risikoberichterstattung und Wissenschaftsjournalismus. Stuttgart, S. 155-168.

Görke, Alexander (1999): Risikojournalismus und Risikogesellschaft. Sondierung und Theorieentwurf. Opladen.

Görke, Alexander (2001): Entertainment as public communication: A system-theoretic approach. In: Poetics, 29. Jg., S. 209-224.

Görke, Alexander/Kohring, Matthias/Ruhrmann, Georg (2000): Gentechnologie in der Presse. Eine internationale Langzeitanalyse von 1973 bis 1996. In: Publizistik, 45. Jg., S. 20-37.

Gutteling, Jan M./Wiegman, Oene (1996): Exploring risk communication. Dordrecht.

Hampel, Jürgen/Ruhrmann, Georg/Kohring, Matthias/Görke, Alexander (1998): Germany. In: Durant, John/Bauer, Martin/Gaskell, George (Hrsg.): Biotechnology in the public sphere. A European sourcebook. London, S. 63-76.

Hansen, Anders (1991): The media and social construction of enviroment. In: Media, Culture and Society, 13. Jg., Nr. 4, S. 443-458.

Hribal, Lucie (2001): Risikokommunikation. In: Jarren, Otfried/Bonfadelli, Heinz (Hrsg.): Einführung in die Publizistikwissenschaft. Bern, Stuttgart, Wien, S. 439-460.

Jarren, Otfried (2001): Medien als Organisationen – Medien als soziale Systeme. In: Jarren, Otfried/Bonfadelli, Heinz (Hrsg.): Einführung in die Publizistikwissenschaft. Bern, Stuttgart, Wien, S. 137-160.

Jarren, Otfried/Weßler, Hartmut (1998): Wissenschaft in den Medien als Politisierungsprozess. Überlegungen zu einer Neuorientierung in der Wissenschaftskommunikationsforschung. In: Duchkowitsch, Wolfgang/Hausjell, Fritz/Hömberg, Walter/Kutsch, Arnulf/Neverla, Irene (Hrsg.): Politik als Kultur. Analysen und Essays. Opladen, S. 189-199.

Johnson, Branden B. (1999): Ethical issues in risk communication: Continuing the discussion. In: Risk Analysis, 19. Jg., Nr. 3, S. 335-348.

Joss, Simon (2000): Die Konsensuskonferenz in Theorie und Anwendung. Stuttgart.

Kahneman, Daniel/Slovic, Paul/Tversky, Amos (Hrsg.) (1982): Judgement under uncertainty. Heuristics and biases. Cambridge, MA.

Kepplinger, Hans Mathias (1991): Aufklärung oder Irreführung? Die Darstellung von Technikfolgen in der Presse 1965 – 1986. In: Krüger, Jens/Ruß-Mohl, Stephan (Hrsg.): Risikokommunikation, Technikakzeptanz, Medien, Kommunikationsrisiken. Berlin, S. 109-143.

Kepplinger, Hans Mathias/Hartung, Uwe (1995): Störfall-Fieber. Wie ein Unfall zum Schlüsselereignis einer Unfallserie wird. Freiburg/Breisgau.

Knight, Francis (1921): Risk, uncertainty and profit. Chicago.

Kohring, Matthias (2001): Vertrauen in Medien – Vertrauen in Technologie. Stuttgart

Kohring, Matthias/Görke, Alexander (2000) Genetic engineering in the international media: an analysis of opinion-leading magazines. In: New Genetics and Society, 19. Jg., S. 345-363.

Kohring, Matthias/Görke, Alexander/Ruhrmann, Georg (1999): Das Bild der Gentechnik in den internationalen Medien – eine Inhaltsanalyse meinungsführender Zeitschriften. In: Hampel, Jürgen/Renn, Ortwin (Hrsg.): Gentechnik in der Öffentlichkeit. Wahrnehmung und Bewertung einer umstrittenen Technologie. Frankfurt/Main, New York, S. 292-316.

Lazo, Jeffrey K./Kinnell, Jason C./Fisher, Ann (2000): Expert and layperson perceptions of ecosystem risk. In: Risk Analysis, 20. Jg., Nr. 2, S. 179-193.

Luhmann, Niklas (1991): Soziologie des Risikos. Berlin, New York.

Lundgren, Regina/McMakin, Andrea (1998): Risk communication. A handbook for communicating environmental, safety, and health risk. Columbus, OH.

Meijnders, Anneloes L./Midden, Cees J. H./Wilke, Henk A. M. (2001): Role of negative emotion in communication about CO_2 risks. In: Risk Analysis, 21. Jg., Nr. 5, S. 955-966.

Morgan, M. Granger/Henrion, Max (1993): Uncertainty. A guide to dealing with uncertainty in quantitative risk and policy analysis. Cambridge.

Nelkins, Dorothy (1998): Reporting risk – The case of silicone breast implants. In: Göpfert, Winfried/Bader, Renate (Hrsg.): Risikoberichterstattung und Wissenschaftsjournalismus. Stuttgart, S. 169-178.

Neuwirth, Kurt/Dunwoody, Sharon/Griffin, Robert J. (2000): Protection motivation and risk communication. In: Risk Analysis, 20. Jg., Nr. 5, S. 721-734.

Otway, Harry/Wynne, Brian (1989): Risk communication: Paradigm and paradox. In: Risk Analysis, 9. Jg., Nr. 2. S. 141-145.

Peters, Hans-Peter (1994): Wissenschaftliche Experten in der öffentlichen Kommunikation über Technik, Umwelt und Risiken. In: Neidhardt, Friedhelm (Hrsg.): Öffentlichkeit, öffentliche Meinung, soziale Bewegungen (= Kölner Zeitschrift für Soziologie und Sozialpsychologie, Sonderheft 34). Opladen, S. 162-190.

Powell, Douglas/Leiss, William (1998): Mad cows and mother´s milk. Montreal, London, Buffalo.

Rowan, Katherine E. (1998): How to explain complex causes and relationships: Conceptual tools for diagnosing and solving readers´ likely difficulties comprehending scientific ideas. In: Göpfert, Winfried/Bader, Renate (Hrsg.): Risikoberichterstattung und Wissenschaftsjournalismus. Stuttgart, S. 117-133.

Rowe, Gene/Wright, George (2001): Differences in expert and lay judgements of risk: Myth or reality? In: Risk Analysis, 21. Jg., Nr. 2, S. 341-356.

Ruhrmann, Georg (1991): Analyse von Technik- und Risiko-Berichterstattung. Defizite und Forschungsperspektiven. Kommentar zu Kepplinger. In: Krüger, Jens/Ruß-Mohl, Stephan (Hrsg.): Risikokommunikation, Technikakzeptanz, Medien, Kommunikationsrisiken. Berlin, S. 145-174.

Ruhrmann, Georg (1992a): Risikokommunikation. In: Publizistik, 37. Jg., S. 5-24.

Ruhrmann, Georg (1992b): Genetic engineering in the press. A review of research and results of a content analysis. In: Durant, John (Hrsg.): Biotechnology in public. A review of recent research. London, S. 169-201.

Ruhrmann, Georg (1996): Gefahren – Versäumnisse? Wie Experten und Laien mit Risiken umgehen. In: Universitas, 51. Jg., Nr. 604, S. 955-964.

Ruhrmann, Georg (1998): Media and „the distortion of reality" in the public understanding of science. In: Dierkes, Meinolf/Grothe, Claudia von (Hrsg.): Public understanding of science. Notes on two perspectives for examing public understanding of science and technology. Berlin, S. 57-69.

Ruhrmann, Georg (2001): „Medienrisiken". Medialer Risikodiskurs und Nachhaltigkeitsdebatte. In: Zeitschrift für Umweltpolitik und Umweltrecht, 24. Jg., Nr. 2, S. 263-284.

Ruhrmann, Georg/Kohring, Matthias (1996): Staatliche Risikokommunikation bei Katastrophen. Informationspolitik und Akzeptanz. Bonn.

Ruhrmann, Georg/Kohring, Matthias/Görke, Alexander (1997): Medienberichterstattung über Umweltthemen. In: Medien Journal, 21. Jg., Nr. 3, S. 11-19.

Ruhrmann, Georg/Woelke, Jens (1998): Rezeption von Fernsehnachrichten im Wandel. Desiderate und Perspektiven der Forschung. In: Kamps, Klaus/Meckel, Miriam (Hrsg.): Fernsehnachrichten. Prozesse, Strukturen, Funktionen. Opladen, S. 103-111.

Sandman, Peter M. (1987): Environmental risk and the press. New Brunswick, NJ.

Scheufele, Dietram A. (1999): Framing as a theory of media effects. In: Journal of Communication, 49. Jg., Nr. 1, S. 103-122.

Siegrist, Michael/Cvetkovich, George (2000): Perception of hazards: The role of social trust and knowledge. In: Risk Analysis, 20. Jg., Nr. 5, S. 713-719.

Siegrist, Michael/Cvetkovich, George/Roth, Claudia (2000): Salient value similarity, social trust, and risk/benefit perception. In: Risk Analysis, 20. Jg., Nr. 3, S. 353-362.
Singer, Eleanor (1990): A question of accuracy: How journalists and scientists report research on hazards. In: Journal of Communication, 40. Jg., Nr. 4, S. 102-116.
Singer, Eleanor/Phyllis, Endreny (1987): Reporting hazards: Their benefits and costs. In: Journal of Communication, 37. Jg., Nr. 3, S. 24-40.
Sjöberg, Lennart (2001): Limits of knowledge and the limited importance of trust. In: Risk Analysis, 21. Jg., Nr. 1, S. 189-198.
Slovic, Paul (1987): Perception of risk. In: Science, Nr. 236, S. 280-285.
Starr, Chauncey (2000): The ultimate uncertainty – Intergenerational planning. In: Risk Analysis, 20. Jg., Nr. 6, S. 793-800.
Tulloch, John/Lupton, Deborah (1997): Television, AIDS and risk. A cultural studies approach to health communication. St. Leonards (Australia).
Tversky, Amos/Kahneman, Daniel (1974): Judgement under uncertainty. Heuristics and biases. In: Science, Nr. 185, S. 1124-1131.
Wilkins, Lee/Patterson, Philip (1987): Risk analysis and the construction of news. In: Journal of Communication, 37. Jg., Nr. 3, S. 80-92.
Wilkins, Lee/Patterson, Philip (Hrsg.) (1991): Risky business. Communicating issues of science, risk and public policy. New York.

Feministische Medienforschung

Johanna Dorer / Elisabeth Klaus

1 Gegenstandsbestimmung und Forschungsentwicklung

Feministische Medienforschung – der Begriff umfasst sowohl die kommunikationswissenschaftliche Frauen- als auch Geschlechterforschung[1] – beinhaltet die kritische Analyse der Geschlechterverhältnisse in Bezug auf sämtliche Forschungsfelder der Kommunikationswissenschaft. Die feministische Kritik und Forschung richtet sich dabei zum einen auf den Prozess der öffentlichen Kommunikation in den Bereichen Medienproduktion, Medieninhalte und Medienrezeption, zum anderen auf Teilgebiete der Kommunikationsforschung wie Mediengeschichte, Medientheorien, Öffentlichkeitstheorien, Medienpädagogik, Medienpsychologie, politische und internationale Kommunikation. Indem Geschlechterverhältnisse in allen Bereichen öffentlicher Kommunikation wirksam werden, ist feministische Medienforschung kein abgrenzbarer Forschungsbereich, sondern nach allen Richtungen offen.

Feministische Medienforschung ist aber auch interdisziplinär angelegt und überschreitet die kommunikationswissenschaftlichen Fachgrenzen. Vor allem der Rekurs auf unterschiedliche feministische Theorien trägt dazu bei, die verbreitete Blindheit der Medienforschung gegenüber Fragen der Geschlechterverhältnisse und die androzentrische Ausrichtung von Modellen und Begrifflichkeiten unter Anwendung verschiedener Analyseansätze aufzuzeigen.

Die geschlechterkritische Perspektive in der Kommunikationswissenschaft lässt sich dabei auf unterschiedlichen Ebenen festmachen:

- Erstens hinterfragt sie theoretische Modelle und empirische Befunde zum gesellschaftlichen Kommunikationsprozess auf ihre Geschlechterblindheit,
- zweitens untersucht sie die Auswirkungen der androzentrischen Ausrichtung in Theorie und Empirie auf die kommunikationswissenschaftliche Wissensproduktion sowie die Weiterentwicklung von Theorien und Modellen und
- drittens entwickelt sie auf Basis feministischer Theorien neue Konzepte und Modelle von gesellschaftlichen Kommunikationsprozessen.
- Ein wesentliches Ziel feministischer Medienforschung ist es, überholte Modellvorstellungen der Mainstreamforschung durch geschlechtersensitive Theorien und Modelle zu ersetzen.

Der Beginn der feministischen Medienforschung ist im Umfeld der Neuen Frauenbewegung angesiedelt, wo in den Siebzigerjahren die ersten empirischen Studien zur Darstellung der Frau in den Medien (vgl. Küchenhoff 1975; Fabris/Kreuzhuber 1976; Leinfellner 1983) und zur beruflichen Situation von Journalistinnen (vgl. Ne-

---

1 Die Begriffe Frauenforschung (Women´s Studies) und Geschlechterforschung (Gender Studies) verweisen auf je unterschiedliche feministische Zugänge und bezeichnen eine Entwicklung innerhalb der feministischen Theoriebildung. Unabhängig davon wird der Begriff kommunikationswissenschaftliche Geschlechterforschung auch synonym für feministische Medienforschung bzw. feministische Kommunikationswissenschaft verwendet.

verla/Kanzleiter 1984) entstanden. Doch bis auf wenige Ausnahmen fand hierzulande feministische Medienforschung noch lange Zeit im außeruniversitären Bereich oder im Rahmen studentischer Abschlussarbeiten statt, während im angloamerikanischen Raum dieses Forschungsfeld bereits zunehmend institutionell verankert und mit Lehrstühlen ausgestattet wurde. In den Neunzigerjahren setzte dann auch im deutschsprachigen Raum eine rege Forschungstätigkeit ein, und es begannen sich vielfältige Strukturen für eine feministische Medienforschung herauszubilden. (Vgl. Dorer/Geiger 2002a) Erste Bibliografien (Fröhlich/Holtz-Bacha 1993; Röser 1993; Klaus/Saure 2001), Einführungswerke (Angerer/Dorer 1994a; Fröhlich/Holtz-Bacha 1995) und eine umfangreiche Aufarbeitung des derzeitigen Forschungsstandes (Klaus 1998) entstanden, ebenso wie eine Fülle an empirischen Einzelstudien.

2 Theorien und Methoden

Grundlegend für die feministische Medienforschung sind feministische Theorien, wie sie vor allem in den Sozial- und Geisteswissenschaften diskutiert werden. Trotz unterschiedlicher theoretischer und methodischer Zugangsweisen wird heute allgemein davon ausgegangen, dass der Geschlechterdualismus ein Ergebnis von sozialen und historischen Prozessen darstellt und daher die Geschlechterdifferenz ein kulturelles Konstrukt und nicht ein Effekt eines natürlichen Unterschieds ist, das heißt, dass Geschlecht heute anti-essentialistisch gedacht wird. (Vgl. Butler 1995; Nagl-Docekal 1999; Becker-Schmidt/Knapp 2000) Das System der Zweigeschlechtlichkeit wird dabei als eine asymmetrische Geschlechterbeziehung in unterschiedlichen sozialen Praxen immer wieder neu hergestellt. Die Herstellung/Konstruktion dieser hierarchischen Struktur erfolgt im Wesentlichen in Prozessen des Handelns (doing gender), welchen Bedeutungszuweisungen zugrunde liegen, die vor allem von kulturellen Übereinkünften/Normen geprägt sind. Die Bedeutungskonstruktion erfolgt dabei in einem ständigen Prozess des Aushandelns und Bestätigens, der in den Rahmen der bestehenden Machtverhältnisse eingebunden ist. „Weiblichkeit“ und „Männlichkeit“ sind so betrachtet keine fixen Identitäten, sondern Verweise bzw. Bezugnahmen auf geschlechtlich codierte Bedeutungsfelder. Indem Medien zu allgegenwärtigen, kulturellen Institutionen unserer Gesellschaft wurden, sind sie im besonderen Maße an der Konstruktion von gesellschaftlichen Geschlechterdefinitionen, medialen Geschlechterpositionierungen und diskursiven Geschlechteridentitäten bzw. Subjektpositionierungen beteiligt. (Vgl. Ang/Hermes 1994)

In der feministischen Medienforschung wurden Geschlechterverhältnisse lange Zeit unter dem Aspekt der Mediensozialisation und nicht als kontextgebundener, situationsabhängiger Konstruktionsprozess eines „doing gender“ untersucht. Sowohl die Berufsfeldforschung, die u.a. Ausbildungs-, Rekrutierungs- und Karrierestrategien untersucht, als auch die Studien zum Medientext, die die sozialisierende Funktion der geschlechterstereotypen Darstellung der Medien thematisieren, konnten auf diese Art und Weise zwar das Ergebnis der Geschlechterkonstruktion und ihre hierarchische Struktur feststellen, selten aber den Konstruktionsmodus selbst erklären.

Die neueren feministischen Ansätze, aber auch die Unzulänglichkeiten gängiger Methoden zur Erforschung des Konstruktionsprozesses, haben in den letzten Jahren zu einer Schwerpunktverlagerung in der angloamerikanischen, aber auch der deutschsprachigen feministischen Medienwissenschaft geführt. Nicht mehr die textzentrierte

Sichtweise steht nun im Vordergrund, sondern eine publikumsorientierte Analyse. Dabei werden einerseits Rezeptions- und Aneignungsprozesse untersucht, andererseits Text und Publikum im Sinne der Cultural Studies als analytische und interpretatorische Einheit verwoben und in ihrer Wechselwirkung und Kontextgebundenheit untersucht. Diese Analysen bedienen sich nicht nur neuer methodischer Verfahren wie etwa der Diskursanalyse, der Erinnerungsarbeit oder Oral History, sondern geben allgemein den qualitativen Methoden den Vorzug. (Vgl. Röttger 1994; Haug/Hipfl 1995; Marci-Boehncke/Werner/Wischermann 1996; Bechdolf 1999; Röser 2000; u.a.) Verbunden mit dieser Entwicklung ist eine verstärkte Hinwendung zu populären TV-Sendungen wie Soap Operas, Videoclips, Unterhaltungsfilmen und Talkshows.

Eine theoretische Verortung der feministischen Medienforschung im Rahmen der feministischen Theorien sowie eine theoriegeleitete Systematisierung wurden von Angerer und Dorer (1994b) sowie von Klaus (1998) vorgenommen. Die unterschiedlichen Ansätze und Fragestellungen in der feministischen Medienforschung können auf zwei Ebenen betrachtet werden, die sich aus der doppelten Anforderung an den Feminismus, sowohl feministische Theorie/Forschung als auch politische Praxis zu umfassen, ergeben. Auf der erkenntnistheoretischen Ebene lässt sich demnach eine Entwicklung der feministischen Medienforschung nachzeichnen, die einem Paradigmenwechsel von den Standpunkttheorien in Richtung Poststrukturalismus/Postmoderne folgt. Die damit einhergehende Verschiebung feministischer Basiskategorien markiert auch gleichzeitig die (historische) Entwicklung von Frauenforschung (Women´s Studies) hin zur Geschlechterforschung (Gender Studies). Auf politischer Ebene lassen sich die unterschiedlichen Ansätze in der feministischen Medienforschung den drei Grundströmungen des liberalen, radikalen und sozialistischen/marxistischen Feminismus zuordnen. (Vgl. Angerer/Dorer 1994b) Eine ähnliche, sowohl an erkenntnistheoretischen als auch an politischen Paradigmen orientierte theoretische Verortung feministischer Medienforschung unternimmt Klaus. Sie unterscheidet zwischen Gleichheitsansatz, Differenzansätzen und Geschlechterforschung. Dabei handelt es sich um jene drei grundlegenden Orientierungen, die einander ergänzen und gleichzeitig die historische Entwicklung innerhalb der feministischen Theoriebildung markieren. In der bis dato umfassendsten Forschungssynopse nimmt Klaus eine Systematisierung der empirischen Befunde der deutschen feministischen Medienforschung nach diesem Klassifikationsschema vor. (Vgl. Klaus 1998)

Die verschiedenen Ansätze in der feministischen Medienforschung lassen sich überblicksartig folgenden drei Modellen mit unterschiedlichem Erkenntnisinteresse zuordnen. Es handelt sich dabei um strukturelle, diskursive/konstruktivistische und dekonstruktivistische Modellvorstellungen:

- Zum einen wird die Geschlechterdifferenz bezüglich der Medienproduktion und Medienkonsumtion als das Ergebnis dieses Medienprozesses untersucht,
- zum anderen wird versucht, den Prozess des „doing gender" selbst empirisch zu fassen, indem die diskursiven Konstruktionen der Geschlechterdefinitionen, Geschlechterpositionierungen und Geschlechteridentitäten in ihrer Vielfältigkeit untersucht werden und
- drittens wird vor allem in Bezug auf die neuen Medientechnologien die Kategorie Geschlecht (Sex) selbst dekonstruiert, das heißt, binäre Oppositionen werden infrage gestellt, Körperlichkeit wird als diskursives Produkt betrachtet und

der Zusammenhang von Sex, Gender, sexuellen Praktiken und Begehren als kontingent aufgezeigt.

3 Zentrale Forschungsgebiete und Befunde

Eine wichtige Aufgabe der frühen feministischen Medienforschung bestand in der Bereitstellung von Daten, die Diskriminierungen von Frauen in allen Medienbereichen und in allen Teilen des Medienprozesses belegten. Vor diesem Hintergrund entstanden die ersten Studien zur Situation von Journalistinnen in den Medienbetrieben wie auch zu den Inhalten der Medien. Von Anfang an versuchte die feministische Medienforschung aber über Zustandsbeschreibungen hinaus, die Minderbewertung von Frauen theoretisch einzuordnen, zu verstehen und letztlich auch zu verändern. Zwei Fragestellungen, die quer zu den traditionellen Forschungsgebieten – Medieninhalte, Medienproduktion und Medienrezeption – liegen, haben dabei besondere Aufmerksamkeit gefunden: Zum einen die Frage von Sexismus und Gewalt gegen Frauen (vgl. Geisel 1995; Röser 2000; Scarbath u.a. 1994, Funk 2002; u.a.) und zum anderen die Suche nach feministischen Alternativen zum bestehenden Mediensystem. (Vgl. Geiger 1996, 1998; Gesierich ^{2}1993; Lünenborg 1990; Wischermann 1983, 1998; u.a.)

In den vorliegenden Untersuchungen wird vielfach auf Mesotheorien aus anderen Disziplinen zurückgegriffen, wie etwa Sozialisationstheorien (von Becker 1980), soziologische Arbeitsmarkttheorien (Neverla/Kanzleiter 1984) oder psychologische Modelle (Schulz 2000). Makrotheorien spielen insbesondere in Bezug auf die feministischen Theorien, aber auch auf sprachtheoretische und linguistische Ansätze (Gräßel 1991; Wodak/Lalouschek/Menz, 1989) eine Rolle. Seit den Neunzigerjahren finden vor allem die mit den unterschiedlichsten Kultur- und Gesellschaftstheorien operierenden Cultural Studies zunehmend breite Beachtung. Hinzu kam auch eine kritische Auseinandersetzung mit originär kommunikationswissenschaftlichen Konzepten wie etwa der Nachrichtenwerttheorie oder den Modellen der Gewaltwirkungsforschung (Prenner 1995; Röser 2000).

3.1 Medienproduktion

Seit den Achtzigerjahren ist die Diskriminierung von Frauen im Journalismus in allen deutschsprachigen Ländern gut belegt (vgl. Neverla/Kanzleiter 1984; Baldes 1984; Bosshart u.a. 1988; Jentzsch/Schilcher 1987). Neverla und Kanzleiter erklärten die untergeordnete Positionierung von Frauen im Rahmen soziologischer Arbeitsmarkttheorien, wonach Frauen vor allem im sekundären Arbeitsmarkt eine Beschäftigung fanden. Der Journalismus zeichnet sich demnach durch eine vertikale Segmentation aus, die Frauen auf die unteren Plätze der nach Einkommen, Prestige und Karrierechancen ausdifferenzierten Berufspyramide verweist. Das Wirken der vertikalen Segmentation wurde durch neuere Studien nicht nur für alle Medienbereiche, sondern auch für viele Länder Westeuropas bestätigt. (Vgl. Lünenborg 1997; für Deutschland: Schulz/Amend 1993; Weischenberg u.a. 1994; für die Schweiz: Marr u.a. 2001: 90-95; für Österreich: Angerer/Lummerding 1995; Dorer/Geiger 2002b)

Neverla und Kanzleiter konstatierten auch eine horizontale Segmentation, derzufolge Männer in den Kernbereichen des Berufes, Frauen dagegen in seinen Randbereichen überproportional vertreten sind. Bis heute gilt, dass der Anteil von Journalistinnen bei den privaten Sendeanstalten und bei den Publikumszeitschriften höher ist als im öffentlich-rechtlichen Rundfunk und bei den Tageszeitungen oder Nachrichtenagenturen. Während sie in den Frauen-, Familien-, Gesundheits- und Gesellschaftsressorts häufig in der Mehrheit sind, sind sie in den Politik-, Wirtschafts- und Sportredaktionen unterdurchschnittlich beschäftigt. Offensichtlich tragen Geschlechterstereotype weiterhin dazu bei, Männer und Frauen im Journalismus unterschiedlich zu positionieren. Zugleich ist aber vor dem Hintergrund einer dekonstruktivistischen Forschungsperspektive die Begrenztheit dieser Erkenntnis deutlich geworden. Werden nicht die prozentualen Anteile, sondern die absoluten Zahlen der Beschäftigten fokussiert, dann zeigt sich, dass die große Mehrzahl der Journalistinnen wie ihre männlichen Kollegen in den Kernbereichen und klassischen Ressorts arbeitet. Nur der Sport bildet hier noch eine gravierende Ausnahme und zeigt, wie nachhaltig Geschlechterkonstruktionen wirken, die Männlichkeit in Differenz zu Weiblichkeit an Körperlichkeit und Wettkampf binden. (Vgl. dazu auch Angerer 1995)

In den letzten 30 Jahren ist die Zahl und der Anteil von Frauen, die in den verschiedenen Öffentlichkeitsberufen arbeiten, kontinuierlich angewachsen. Das hat zu der Frage Anlass gegeben, welche Folgen der höhere Frauenanteil für den Journalismus und die Öffentlichkeitsarbeit hat. Vor allem im Bereich der Öffentlichkeitsarbeit wurde, anknüpfend an die US-amerikanische Diskussion, von einer „Feminisierung“ gesprochen und damit ein kausaler Zusammenhang zwischen einem höheren Frauenanteil und negativen Veränderungen des Berufsfeldes impliziert. (Vgl. Fröhlich 1992) Dagegen ist eingewendet worden, dass die „Feminisierungs“-Debatte die Bedeutung und Funktion des Positionierungsfaktors „Geschlecht“ verkennt. (Vgl. Lüdtke 2001; Röttger 2001) Danach sind es nicht die Frauen, die den Journalismus oder die Öffentlichkeitsarbeit verändert haben, sondern die seit den Achtzigerjahren zu beobachtenden Veränderungen im Mediensystem haben eine stärkere Einbeziehung von Frauen ermöglicht und erfordert. Unbestritten ist, dass mit der Privatisierung und Ökonomisierung europäischer Mediensysteme und der Entwicklung stärker unterhaltungs- und publikumsorientierter Journalismuskonzepte Frauen neue Berufsmöglichkeiten erhalten haben. Welche Chancen und Risiken das für Frauen in Medienberufen beinhaltet, ist Teil einer noch offenen Debatte. (Vgl. van Zoonen 1998; Lünenborg 1997)

Intensiv hat sich vor allem die deutsche feministische Medienforschung damit auseinander gesetzt, welche Folgen die Konstruktion der Zweigeschlechtlichkeit für die journalistische Arbeit von Männern und Frauen hat. Unter der Fragestellung „Gibt es einen weiblichen Journalismus?“ wurde in JournalistInnenerhebungen nach Unterschieden im Antwortverhalten von Männern und Frauen gesucht oder in qualitativ angelegten Studien nach den spezifischen Berufserfahrungen und der Arbeitsweise von Journalistinnen gefragt. (Vgl. Keil 1992; Klaus u.a. 1993; Neverla/Kanzleiter 1984; Schulz/Amend 1993; Sitter 1998; u.a.) Diese Untersuchungen zeigten zwar manchmal partielle Unterschiede, erbrachten aber keinen Nachweis für systematische Differenzen im Selbstverständnis oder in der Arbeitsweise von Journalisten und Journalistinnen. Diese stellen demnach keine unterscheidbaren professionellen Gruppen dar. Theoretisch setzte sich die Erkenntnis durch, dass die Suche nach

Geschlechterdifferenzen immer auch jene Unterscheidungen voraussetzt und somit aufrechterhält, die die Geschlechterungleichheit begründen. Während die biografisch angelegte oder qualitativ orientierte Journalistinnenforschung weiterhin ihre Berechtigung behält, um nach den Handlungsperspektiven von Journalistinnen zu fragen, so werden ihre Ergebnisse heute überwiegend im Rahmen dekonstruktivistischer Geschlechterforschung (in Hinblick auf die Frage, wie der Geschlechterdualismus und die heterosexuelle Norm [re]produziert werden) verortet. (Vgl. Keil 2000; Schulz 2000)

In der deutschen Journalismusforschung gilt seit den Neunzigerjahren die konstruktivistische Systemtheorie als ein wichtiges Paradigma. Aufgrund der konsequenten Ablehnung individuenzentrierter Erklärungsansätze kam sie den Problemstellungen der feministischen Medienforschung zunächst entgegen und wurde entsprechend mehrfach zur Erklärung des Wirkens der Genderkategorie im Journalismus herangezogen. Dabei wurden jedoch zugleich die Grenzen einer theoretischen Perspektivierung deutlich, die das Geschlecht als sekundäres Differenzierungsmerkmal setzt und Machtfragen wie überhaupt sozialen Interessen für die Medienproduktion nur einen geringen Stellenwert zuspricht. (Vgl. Klaus 2000; Lünenborg 2001) Deshalb werden heute verstärkt andere Ansätze zur Erklärung des journalistischen Handlungsraums gefordert, wie sie etwa mit Foucaults Ausarbeitung eines Dispositivs der Macht (vgl. Dorer 2000) oder den Überlegungen der Cultural Studies (vgl. Lünenborg/Klaus 2000) zur medialen Bedeutungsproduktion vorliegen.

3.2 Medieninhalte

Die verschiedenen Medienprodukte wurden in den Anfängen feministischer Medienforschung zunächst im Hinblick auf ihre Inhalte analysiert. Dabei dominierte die Reflexionshypothese, derzufolge die Medien zur gesellschaftlichen Minderbewertung von Frauen entscheidend beitrugen. Die in der Kommunikationswissenschaft ebenso populäre Spiegelhypothese stieß dagegen in der feministischen Medienforschung auf keine Resonanz, da sie die Medien von einer aktiven Rolle im Rahmen gesellschaftlicher Bedeutungsproduktion freispricht und so eine Suche nach Alternativen versperrt. Beiden Ansätzen ist gemeinsam, dass sie nach der Realitätsnähe der Mediendarstellung fragen. Einen programmatischen Charakter erhielt der von Tuchman 1980 in deutscher Übersetzung erschienene Aufsatz „Die Verbannung von Frauen in die symbolische Nichtexistenz durch die Massenmedien“, der auch die Ergebnisse der zahlreichen deutschsprachigen Studien treffend zusammenzufassen schien. (Vgl. Fabris/Kreuzhuber 1976; Huhnke 1996; Küchenhoff u.a. 1975; Leinfeller 1983; Schmerl 1984, ^{2}1989; Weiderer ^{2}1995; u.a.) Als Folge dieses Erklärungsmusters wurden jedoch manchmal Veränderungen in den Medieninhalten, wie etwa die heute viel häufigere Darstellung von berufstätigen Frauen im Fernsehen, übersehen oder als unbedeutend gewertet (z.B. bei Weiderer ^{2}1995). Eine weitere Konsequenz der Orientierung an der Reflexionshypothese bestand in der Dominanz der Inhaltsanalyse, deren Ergebnisse dann mit verschiedenen sozialen Indikatoren verglichen wurden, um die „Realitätsnähe“ der Medien zu überprüfen (z.B. Externbrinck 1992). Schon früh wurden diese inhaltsanalytischen Studien aber durch Untersuchungen ergänzt, die sprachliche oder visuelle Repräsentationstechniken fokussierten und damit nach den weniger offensichtlichen Mechanismen fragten, durch die Medien die Geschlechterdifferenz (re-)produzieren. (vgl. Mühlen-Achs 1993; Mühlen-Achs/Schorb 1995; Gräßel 1991; Kotthoff 1993)

Vor allem in der Beschäftigung mit jenen medialen Formen, die überwiegend Frauen ansprechen, wurde die einfache Repräsentationslogik zunehmend kritisiert. Die Frauenzeitschriften galten seit Beginn der neuen Frauenbewegung als diejenigen Medienprodukte, die Frauen besonders gut in ihre weibliche Rolle hinein sozialisierten. Auch in Bezug auf die Soap Operas folgte die feministische Medienforschung zunächst der verbreiteten negativen Bewertung der populären „Frauengenres". Dass Frauen sich gerade solchen Produkten zuwenden, die sie angeblich besonders drastisch auf ihren angestammten Platz verweisen, warf jedoch Fragen auf, die zu neuen Forschungsansätzen führten. Zunächst zeigten Längsschnittanalysen, dass Frauenzeitschriften durchaus Veränderungen im weiblichen Lebenszusammenhang reflektieren und frauenpolitische Themen häufiger und intensiver aufgreifen als andere Medienprodukte. (Vgl. Feldmann-Neubert 1991; Röser 1992) Die Soap-Opera-Forschung lenkte das Augenmerk weitergehend darauf, dass Medientexte vieldeutig und polysem sind und aus diesem Grund mithilfe der traditionellen Inhaltsanalyse nicht angemessen beschrieben werden können. (Frauen und Film 42/1987; Klaus 1998: 321-373) Die Soap-Opera-Forschung leitet deshalb die erst in den Neunzigerjahren erfolgte Hinwendung der feministischen Medienforschung zur Publikumsforschung ein.

Zusammenfassend lässt sich festhalten, dass die Medien zwar heute vielfältigere Frauenbilder präsentieren und insbesondere die Berufstätigkeit der Frauen nicht länger ausblenden. Dennoch belegen die zahlreichen empirischen Studien, unter ihnen ein erheblicher Anteil an Grauer Literatur, dass Medien Frauen- und Männerräume entlang traditioneller Geschlechterkonstruktionen erschaffen und Veränderungen im Lebenszusammenhang von Frauen nur äußerst selektiv präsentieren. Bei der Suche nach den Ursachen richtete sich das Interesse zunehmend auf die Regeln und Normen der journalistischen Aussagenproduktion allgemein und die Nachrichtenwertfaktoren insbesondere. Während die einen diese um einen Androzentrismusfaktor erweitert wissen wollen (Prenner 1995), sehen andere darin lediglich ein vermeintlich zwar objektives, in Wahrheit aber hochsubjektives Instrument zur Fortsetzung der Geschlechterungleichheit (Huhnke 1995). Auf der Basis eines zunehmend differenzierteren Genderkonzeptes zeigten sich weitere als wertneutral geltende Klassifikationen, insbesondere der Dualismus von Information und Unterhaltung (Klaus 1996), als mit dem Geschlecht verwoben. Solche Überlegungen verknüpfen das Forschungsfeld der Medieninhalte bzw. Medientexte mit dem ihrer Produktion und ihrer Rezeption.

3.3 Rezeptionsforschung

Die feministische Medienforschung wandte sich erst recht spät den Rezipientinnen zu, war sie doch von der Macht der Medien als (negative) Sozialisationsagenten überzeugt. Entsprechend ist vor allem die Distanz von Frauen zu vielen Medienangeboten und ihre Kritik an der Berichterstattung kontinuierlich dokumentiert (vgl. Bosshart u.a. 1988; Kaiser 1989; Röser/Kroll 1995; Röttger 1994; Werner/Rinsdorf 1998; u.a.). Das Forschungsdefizit wurde noch dadurch verschärft, dass zwar in der angewandten Medienforschung die Variable „Geschlecht" traditionell eine wichtige

Rolle spielt und in allen bedeutenden Studien routinemäßig ausgewiesen wird, in der Medienwirkungsforschung aber kaum Beachtung fand. Besonders überrascht das für den Bereich der Wahrnehmung und Rezeption von Gewaltdarstellungen und ihren Folgen. Hier liegen inzwischen eine Reihe von Untersuchungen vor, deren Ergebnisse die Geschlechterblindheit der dominanten Modelle der Gewaltwirkungsforschung belegen. (Vgl. Effinger 1995; Luca 1993; Röser 2000; Theunert u.a. ^{2}1994; u.a.)

Erst mit dem Übergang von der Wirkungs- zur Rezeptionsforschung und vom Gleichheits- zum Differenzansatz wandte sich die feministische Medienforschung der Mediennutzung systematisch zu. Im Mittelpunkt standen zunächst Fragen nach geschlechtsspezifischen Unterschieden im Rezeptionsverhalten und nach den spezifischen Medienpräferenzen von Frauen. (Vgl. Cornelißen 1994; Marci-Boehncke/Werner/Wischermann 1996; Röser/Kroll 1995; u.a.) Zunehmend rückte jedoch das alltägliche Medienhandeln in den Vordergrund. Eine Initialfunktion kam dabei den in deutscher Sprache erschienen Soap-Opera-Studien zu, die die eigenständige und partiell auch widerständige Bedeutungsproduktion der Zuschauerinnen dokumentierten. (Vgl. Ang 1986; Seiter u.a. 1989) Indem das Vergnügen der Zuschauerinnen an den Soap Operas legitimiert wurde, erhielten auch die von Frauen im Vergleich zu Männern bevorzugten Genres eine Neubewertung. Medienkonsum wird seitdem als in den Alltag und die lebensspezifischen Aufgaben der Rezipierenden eingebundenes soziales Handeln verstanden. Methodisch stellt diese Konzeptionierung von Publikumsaktivitäten eine Herausforderung dar, die im Rahmen der feministischen Medienforschung intensiv diskutiert worden ist. (Vgl. Marci-Boehncke/Werner/Wischermann 1996) Theoretisch fundiert wird die Annahme eines alltagseingebetteten Medienhandelns durch die Verwendung kultur- oder handlungstheoretischer Modelle, wie der strukturanalytischen Rezeptionsforschung oder den heute überwiegend Anwendung findenden Cultural Studies (vgl. dazu Angerer/Dorer 1996; Cornelißen 1998; Klaus/Röser/Wischermann 2001). Eine zusammenfassende Übersicht über die theoretischen Ansätze und empirischen Aufgabenstellungen im Bereich „Fernsehgebrauch und Geschlecht" hat Cornelißen (1998) vorgelegt.

Die frühen Studien betonten die Differenzen im Medienhandeln von Frauen und Männern, indem sie von Frauengenres und spezifischen weiblichen Aneignungsweisen ausgingen. Bereits Cornelißens Rezeptionsstudie (1994) zeigte aber, dass neben geschlechtergebundenen Aneignungsweisen gemeinsame Rezeptionsmuster von Frauen und Männern überwogen. Wie in der Frage nach dem „weiblichen" Journalismus weist die Suche nach einem „weiblichen" Publikum und „weiblichen" Genres die Gefahr auf, die Geschlechterdifferenz festzuschreiben, statt sie zu hinterfragen und ihre Grenzen zu verschieben. Die Verbindung von Ansätzen der Cultural Studies mit poststrukturalistischen feministischen Theorien hat demzufolge in den letzten Jahren zu einer Neuorientierung der Rezeptions- und Publikumsforschung geführt. Der Umgang mit Medien wird danach als Mittel zur persönlichen Darbietung, Herstellung und Festschreibung der Geschlechterdifferenz im Rahmen bestehender und durch Medien vermittelter Machtverhältnisse gesehen. Röser (2000) kann zeigen, dass Männer und Frauen aufgrund ihrer spezifischen Lebenserfahrungen wie auch strukturierter Gewaltverhältnisse unterschiedlich auf Mediengewalt reagieren, die jeweiligen Aneignungsweisen aber kontextabhängig sind und sich nicht polar gegenüberstehen. „Puzzling Gender" hat Bechdolf (1999) ihre Studie zum Musikvideokonsum weiblicher und männlicher Jugendlicher genannt und damit treffend die

Aufgaben und Herausforderungen beschrieben, vor denen die feministische Publikumsforschung steht.

3.4 Filmforschung

Sowohl in der feministischen Fernsehforschung als auch in der feministischen Filmforschung sind lange Zeit textzentrierte Analyseverfahren vorherrschend gewesen. Es ging dabei in erster Linie um Repräsentationskritik, das heißt um eine Kritik an der sexistischen und stereotypen Darstellung der Frau in Film und Fernsehen. Während die feministische Fernsehforschung Sexismus und stereotype Geschlechterdarstellungen vorwiegend mit Inhaltsanalysen erforscht, stehen in der feministischen Filmtheorie vor allem Interpretationsverfahren der Narrationstheorie, Semiotik und Psychoanalyse – zunehmend auch die Psychoanalyse Lacan'scher Prägung – im Vordergrund. Themen der Achtzigerjahre waren vor allem der weibliche Körper, Sexualität und lesbische Pornographie. (Vgl. Koch 1989; Sykora 1990; Hohenberger/Jurschick 1994; Braidt/Jutz 2002; Braun 2000)

Die zentrale Frage der feministischen Filmtheorie ist, wie Bedeutungen im Film produziert werden, insbesondere wie Bedeutungen durch das Verhältnis von Blick und Bild hergestellt werden. Anfangs richtete sich die Filmkritik vor allem darauf aufzuzeigen, dass der Film als Inszenierung des Blicks dem Mann die aktive Position in Form eines begehrenden und kontrollierenden Blicks zuschreibt, der Frau in doppelter Weise die passive Position – sowohl als Objekt des männlichen Blicks als auch als Zuschauerin – zuordnet. Die visuelle Ökonomie wird demnach durch das geschlechterhierarchische Arrangement des Bildes gesteuert.

Sowohl in der feministischen Filmarbeit als auch in der Filmtheorie kam es in den Achtzigerjahren zu einer Wende. Nicht mehr konventionelle Blick- und Bildmuster wurden thematisiert und kritisiert, sondern der Schwerpunkt verlagerte sich auf die Inszenierung eines feministischen Blicks und auf die Erprobung alternativer Blick- und Bildpositionen. Damit wurde den gesellschaftlichen Normen und Vorstellungen von „weiblichem" Vergnügen eine kompromisslose Inszenierung von Blick- und Schaulust, die sich über zwangsheterosexuelle Grenzen hinwegsetzt, entgegengestellt. In einer Überschreitung von Geschlechtergrenzen wird der Blick wie auch das Bild als feministisches Begehren inszeniert. Die möglichen Subjektpositionen, die durch das Bild und den Blick thematisiert werden, sind dabei vielfältig und lassen sich nicht mehr auf eine „weibliche" Subjektposition reduzieren.

Während sich die feministische Filmtheorie vorwiegend am Text und der Bedeutungskonstruktion durch das Bild-Blick-Verhältnis orientiert und nur implizit den/die Zuseher/in berücksichtigt, indem sie die Schaulust und das Begehren thematisiert, hat die feministische Fernsehforschung, in einer Verbindung von Ansätzen der feministischen Filmtheorie und Cultural Studies, die Position des Publikums stärker in den Blickpunkt gerückt. (Vgl. Haug/Hipfl 1995; Angerer/Dorer 1996; Warth 1996) In diesen neueren Rezeptionsstudien werden sowohl die radikale Kontextualität der Cultural Studies, als auch die theoretischen Ansätze wie Psychoanalyse, Semiotik und Poststrukturalismus, wie sie die feministische Filmtheorie verwendet, angewandt. Zentrale Frage ist dabei, wie Kinofilme, Fernsehfilme oder Musikvideos an der Konstruktion von Subjektpositionen beteiligt sind und wie die im Text codierten Geschlechterpositionierungen vom Publikum abgelehnt, uminterpretiert oder angenommen werden. (Vgl. Bechdolf 1999; Hipfl 1997). Die aktive Beteiligung der Rezipientinnen an der Bedeutungsproduktion von Filmtexten ist vor allem an jenen Filmgenres untersucht worden, die als typisch „weibliche“ Filmgenres codiert sind. Die gemeinsame Arbeit von Forscherin und Rezipientinnen mit Erinnerungstexten, die sie über Filmerlebnisse selbst verfasst haben, kann in einem dekonstruktivistischen Verfahren die Konstruktionsmechanismen von Geschlechteridentitäten sichtbar machen. Gleichzeitig eröffnet diese empirische Methode handlungspolitisches Potenzial und verbindet damit feministische Medientheorie mit feministischer Praxis. (Haug/Hipfl 1995)

Eine theoretische Weiterentwicklung film- und fernsehtheoretischer Ansätze verfolgt Hipfl (1997, 1998, 2001), indem sie die Bedeutung der Phantasie und des Begehrens, basierend auf Lacan und postmodernen Theorien, auf den Prozess der Medienkonsumtion hin untersucht. Unter einem stärker kontextuellen Bezug sind feministische Filmanalysen vor allem zum Thema sexuelle Belästigung entstanden. Haug/Wittich-Neven (1997) beziehen in ihrer Analyse sowohl Diskursanalysen von Medien, qualitativ-interpretative Film- und Fernsehanalysen, die die Geschlechterkonstruktion offen legen, Filmerfahrungen von Zuseherinnen mit der Methode der Erinnerungsarbeit sowie gesellschaftspolitische Diskursanalysen mit ein.

In den letzten Jahren hat damit die feministische Fernsehforschung begonnen, sowohl die theoretischen als auch die methodischen Ansätze der feministischen Filmtheorie auf vielfältige Weise zu integrieren und im Sinne eines rezipient/inn/en-orientierten Verstehens weiterzuentwickeln.

3.5 Neue Kommunikationstechnologien/Internet

In der feministischen Medienforschung sind neue Kommunikationstechnologien und Internet noch ein sehr junges Forschungsfeld. Dennoch gibt es bereits eine rege Forschungstätigkeit zu diesem Thema. Die Konstruktion der Zweigeschlechtlichkeit erfolgt bereits im öffentlichen Diskurs, in der Art und Weise, wie in den Medien über das Internet, die NutzerInnen, NetzbetreiberInnen, die Themen im Netz etc. berichtet wird.

Wie die Geschlechterkonstruktion im Netz durch den Zugang, die Aneignung der Technologie, das geschlechterhierarchische Nutzungs- und Online-Verhalten sowie die Verwendung geschlechterdifferenter Kommunikationsstile und das Spiel mit unterschiedlichen Identitätskonzeptionen erfolgt, wird umfangreich diskutiert. (Vgl. Dickel 1995; Tangens 1996; Dorer 1997, 2000; Gerstendörfer 1998; Lummerding 1999) Die Nutzungsgewohnheiten bei Computerspielen und der Umgang der Mütter mit ihren gameboy-spielenden Kindern sind weitere Aspekte, die die Einschreibung der Geschlechterhierarchie in die neuen Technologien veranschaulichen. (Vgl. Böck/Weish 1996; Pater 1996) Eine andere Annäherung an die Frage der Geschlechtercodierung bietet die historische Perspektive. In einem mehr vergleichend historischen Ansatz können Analogien in den Aneignungspraxen von verschiedenen Technologien wie Hörfunk oder Video im familiären und häuslichen Kontext ausgemacht werden. (Vgl. Klaus 1997, 1998; Schmidt/Pater 1997) Die verschiedenen Betrachtungsweisen zu neuen Technologien zeigen, dass keineswegs von einem Technodeterminismus ausgegangen werden kann, sondern dass Technik als eine Zuschreibungspraxis zu verstehen ist, die aus der Verkettung unterschiedlicher Diskurse wie etwa des Gender-, Ökonomie- oder Politikdiskurses entspringt. (Vgl. Dorer 2001)

4 Ausblick

Gerade in den letzten Jahren hat sich die feministische Medienforschung als differenzierter, an unterschiedlichen Modellen und Methoden orientierter Forschungsbereich entwickelt. Dennoch ist der Nachholbedarf groß. Zu lange wurden Forschungsfragen, die die hierarchische Geschlechterproduktion berücksichtigen, ignoriert. Die zukünftigen Forschungsfragen sind somit vielfältig.

Sowohl die Auseinandersetzung mit feministischen Theorien als auch die Weiterentwicklung methodischer Ansätze in Richtung Erinnerungsarbeit, ethnografische und diskursanalytische Forschung sind notwendig. Gefragt sind zunehmend Forschungskonzeptionen, die sich vermehrt dem Prozesscharakter zuwenden, das heißt die derzeit isoliert untersuchten Stadien des Medienprozesses wieder zusammenzudenken, die Inhalte von Medienproduktion wieder verstärkt mit dem Rezeptionsprozess in Beziehung zu setzen, nicht nur mediale Kommunikationsprozesse, sondern auch Sprache als Code für geschlechterhierarchische Zuordnungspraxen mit einzubeziehen. Auf diese Weise können die alltäglich gewordenen „articulations" im Sinne Stuart Halls hinterfragt und neue Denkmöglichkeiten eröffnet werden.

Damit eröffnet sich auch ein Forschungsfeld, das das Konzept des alltäglichen „doing gender" verstärkt mit Fragen der Macht, verstanden als Kräfteverhältnisse, die Diskursen eingeschrieben sind, verbindet und dem Aspekt, wie diese Kräfteverhältnisse in einer Verkettung der Diskurse über Gender, „Rasse"/Ethnizität und Klasse/Schicht im medialen Prozess wirksam werden, stärkere Beachtung schenkt. Bislang gibt es kaum feministische Studien, die hegemoniale Beziehungen in Bezug auf Klassendifferenz und ausländische RezipientInnen thematisieren. (Vgl. Busch/Hipfl/Robins 2001) Modelle widerständiger Medienproduktions- und Medienrezeptionsprozesse hätten dann die Verwobenheit dieser Diskurse mit dem Gender-Diskurs zu berücksichtigen.

Diese Forschungsrichtung wird in den nächsten Jahren sicher vermehrt in den Blick feministischer Forschung gelangen, wenngleich feministische Medienforscherinnen noch immer viel zu wenig von den Ressourcen und einer institutionellen Einbindung an eine Universität profitieren.

Literatur

Ang, Ien (1986): Das Gefühl „Dallas". Zur Produktion des Trivialen. Bielefeld.

Ang, Ien/Joke, Hermes (1994): Gender and/in Media Consumption. In: Angerer, Marie-Luise/Dorer, Johanna (Hrsg.): Gender und Medien. Theoretische Ansätze, empirische Befunde und Praxis der Massenkommunikation. Ein Textbuch zur Einführung.Wien, S. 114-133.

Angerer, Marie-Luise (Hrsg.) (1995): The body of gender: Körper/Geschlechter/Identitäten (= Passagen-Philosophie). Wien.

Angerer, Marie-Luise/Dorer, Johanna (Hrsg.) (1994a): Gender und Medien. Theoretische Ansätze, empirische Befunde und Praxis der Massenkommunikation. Ein Textbuch zur Einführung. Wien.

Angerer, Marie-Luise/Dorer, Johanna (1994b): Auf dem Weg zu einer feministischen Kommunikations- und Medientheorie. In: Angerer, Marie-Luise/Dorer, Johanna (Hrsg.): Gender und Medien. Theoretische Ansätze, empirische Befunde und Praxis der Massenkommunikation. Ein Textbuch zur Einführung. Wien, S. 8-23.

Angerer, Marie-Luise/Dorer, Johanna (1996): Gendered Genres and Gendered Audiences. Genealogie der feministischen Rezeptions- und Fernsehforschung. In: Marci-Boehncke, Gudrun/Werner, Petra/Wischermann, Ulla (Hrsg.): BlickRichtung Frauen. Theorien und Methoden geschlechtsspezifischer Rezeptionsforschung. Weinheim, S. 61-77.

Angerer, Marie-Luise/Lummerding, Susanne (1995): Frauen in der österreichischen Medien- und Kulturindustrie. Wien.

Baldes, Ingrid (1984): Journalistin. Ein Traumberuf? Seminar für Politikwissenschaft der Universität Zürich. Zürich.

Bechdolf, Ute (1999): Puzzling Gender. Re- und De-Konstruktion von Geschlechterverhältnissen im und beim Musikfernsehen. Weinheim.

Becker, Barbara von (1980): Berufssituation der Journalistin. Eine Untersuchung der Arbeitsbedingungen und Handlungsorientierungen von Redakteurinnen bei einer Tageszeitung (= Fachserie Wirtschafts- und Sozialwissenschaften). München.

Becker-Schmidt, Regina/Knapp, Gudrun-Axeli (2000): Feministische Theorien zur Einführung. Hamburg.

Böck, Margit/Weish, Ulrike (1996): Geschlecht und Computerspiel. In: Sic. Forum für feministische Gangarten, 3. Jg., Nr. 17, S. 24-26, sowie elektronische Publikation,
URL: http://mailbox.univie.ac.at/johanna.dorer/Dorer1997.html

Bosshart, Louis u.a. (1988): Frauen und Massenmedien in der Schweiz – Eine Bestandsaufnahme (= Beiträge zur Kommunikations- und Medienpolitik). Aarau, Frankfurt/Main, Salzburg.

Braidt, Andrea/Jutz, Gabriele (2002): Theoretische Ansätze und Entwicklungen in der feministischen Filmtheorie. In: Dorer, Johanna/Geiger, Brigitte (Hrsg.): Feministische Medien- und Kommunikationswissenschaft. Ansätze, Befunde und Perspektiven der aktuellen Entwicklung. Wiesbaden, S. 292-306.

Braun, Christina von (2000): Medienwissenschaft. In: Braun, Christina von/Stephan, Inge (Hrsg.): Gender Studies. Eine Einführung. Stuttgart u.a., S. 300-312.

Busch, Brigitte/Hipfl, Brigitte/Robins, Kevin (Hrsg.) (2001): Bewegte Identitäten. Medien in transkulturellen Kontexten. Klagenfurt, Celovec.

Butler, Judith (1995): Körper von Gewicht. Berlin.

Cornelißen, Waltraud (unter Mitarbeit von Renate Engbers) (1994): Klischee oder Leitbild? Geschlechtsspezifische Rezeption von Frauen- und Männerbildern im Fernsehen. Opladen.

Cornelißen, Waltraud (1998): Fernsehgebrauch und Geschlecht. Zur Rolle des Fernsehens im Alltag von Frauen und Männern. Opladen, Wiesbaden.

Dickel, Helga (1995): Computervermittelte Kommunikation. Online-Erfahrungen und neue Möglichkeiten der Vernetzung von Frauen. In: beiträge zur feministischen theorie und praxis, 18. Jg., Nr. 40, S. 105-118.

Dorer, Johanna (1997): Gendered Net. Ein Forschungsüberblick über den geschlechtsspezifischen Umgang mit neuen Kommunikationstechnologien. In: Rundfunk und Fernsehen, 45. Jg., S. 19-29.

Dorer, Johanna (2000): Geschlechterkonstruktionen im Internet. In: Medien und Zeit, 15. Jg., Nr. 2, S. 40-51.

Dorer, Johanna (2001) Internet und Geschlechterordnung: Expertinnen im Gespräch. In: Medien & Kommunikationswissenschaft, 49. Jg., S. 44-61.

Dorer, Johanna/Geiger, Brigitte (2002a): Entwicklung und Profilbildung feministischer Kommunikations- und Medienwissenschaft. In: Dorer, Johanna/Geiger, Brigitte (Hrsg.): Feministische Medien- und Kommunikationswissenschaft. Ansätze, Befunde und Perspektiven der aktuellen Entwicklung. Wiesbaden, S. 5-20.

Dorer, Johanna/Geiger, Brigitte (2002b): Development and status quo of the professional situation of women in Austrian journalism. An overview. In: Fröhlich, Romy/Lafky, Sue A. (Hrsg.): Gender, culture and journalism. Mellen Press (in Druck).

Effinger, Sabine (1995): Eine andere Welt: Frauen, Männer und Gewaltwahrnehmung. Eine Untersuchung zur geschlechtsspezifischen Rezeption von Gewaltinhalten in Medien (= Frauen und Massenmedien, Bd. 5). Bochum.

Externbrinck, Anne (1992): Nur eine Mutter weiß allein, was lieben heißt und glücklich sein. Eine Kritik zur Darstellung der Frauen in der Lindenstraße. In: Fröhlich, Romy (Hrsg.): Der andere Blick. Aktuelles zur Massenkommunikation aus weiblicher Sicht. Bochum, S. 103-122.

Fabris, Hans H./Kreuzhuber, Herta (1976): Das internationale Jahr der Frau 1975 und die Darstellung von Frauenthemen in den österreichischen Massenmedien. Wien.

Feldmann-Neubert, Christine (1991): Frauenleitbild im Wandel, 1948-1988. Von der Familienorientierung zur Doppelrolle. Weinheim.

Frauen und Film (42/1987) [mit verschiedenen Beiträgen zur Soap-Opera-Rezeption, zumeist Übersetzungen aus dem Englischen].

Fröhlich, Romy (1992): Die Feminisierung der Kommunikationsberufe in den USA und Deutschland. In: medium, 22. Jg., Nr. 1, S. 70-73.

Fröhlich, Romy/Holtz-Bacha, Christina (1993): Frauen und Massenkommunikation. Eine Bibliographie. Bochum.

Fröhlich, Romy/Holtz-Bacha, Christina (unter Mitarbeit von Jutta Velte) (1995): Frauen und Medien. Opladen.

Funk, Sabine (2002): Ver-rückte Tatsachen. Die Darstellung sexueller Gewalt gegen Kinder in den Medien. In: Dorer, Johanna/Geiger, Brigitte (Hrsg.): Feministische Medien- und Kommunikationswissenschaft. Ansätze, Befunde und Perspektiven der aktuellen Entwicklung. Wiesbaden, S. 124-137.

Geiger, Brigitte (1996): Feministische Presse zwischen Autonomie, Markt und Förderung. In: Mast, Claudia (Hrsg.): Markt – Macht – Medien. Konstanz, S. 353-362.

Geiger, Brigitte (1998): Das Frauenvolksbegehren als Medienereignis. In: Kogoj, Traude (Hrsg.): Lauter Frauen. Hintergründe und Perspektiven des Frauenvolksbegehrens. Wien, S. 180-201.

Geisel, Kerstin (1995): „Die Schöne und das Biest" – wie die Tagespresse über Vergewaltigung berichtet (= Medien und Geschlechterforschung, Bd. 5). Münster.

Gerstendörfer, Monika (1998): Informationstechnologie und die digitale Konstruktion von Frauenkörpern. In: Metis. Zeitschrift für historische Frauenforschung und feministische Praxis, 7. Jg., Nr. 13, S. 51-63.

Gesierich, Karen (^{2}1993): Frauenprogramme im bundesdeutschen Fernsehen (= Studien zum Theater, Film und Fernsehen, Bd. 15). Frankfurt/Main, Bern, New York, Paris.

Gräßel, Ulrike (1991): Sprachverhalten und Geschlecht. Eine empirische Studie zu geschlechtsspezifischem Sprachverhalten in Fernsehdiskussionen (= Aktuelle Frauenforschung, Bd. 12). Pfaffenweiler.

Haug, Frigga/Hipfl, Brigitte (Hrsg.) (1995): Sündiger Genuss? Filmerfahrungen von Frauen. Hamburg.

Haug, Frigga/Wittich-Neven, Silke (Hrsg.) (1997): Lustmolche und Köderfrauen. Politik um sexuelle Belästigung am Arbeitsplatz. Hamburg.

Hipfl, Brigitte (1997): Inszenierung des Begehrens. Zur Rolle der Phantasien im Umgang mit Medien. In: Hepp, Andreas/Winter, Rainer (Hrsg.): Kultur – Medien – Macht. Opladen, S. 143-158.

Hipfl, Brigitte (1998): Die verlorengegangene Dimension der Cultural Studies. Fantasie als Ideologie in den Medien. In: Beinzinger, Dagmar/Eder, Sabine/Luca, Renate/Röllecke, Renate (Hrsg.): Wyberspace. Mädchen und Frauen in der Medienlandschaft. Bielefeld, S. 29-46.

Hipfl, Brigitte (2001): Medien-Identitäten: Identifikationen, Imaginationen, Phantasien. In: Busch, Brigitte/Hipfl, Brigitte/Robins, Kevin (Hrsg.): Bewegte Identitäten. Medien in transkulturellen Kontexten. Klagenfurt, Celovec, S. 47-70.

Hohenberger, Eva/Jurschick, Karin (Hrsg.) (1994): Blaue Wunder. Neue Filme und Videos von Frauen 1984 – 1994. Hamburg.

Huhnke, Brigitta (1995): Stammtischgebaren unter grauen Medienmännern. Patriarchale Strukturen in der Fernsehwelt: oder warum für die Realtät von Mädchen und Frauen kaum Platz ist. In: Frankfurter Rundschau, Nr. 269 vom 18.11., S. 15.

Huhnke, Brigitta (1996): Macht, Medien und Geschlecht. Eine Fallstudie zur Berichterstattungspraxis der dpa, der taz sowie der Wochenzeitungen Die Zeit und Der Spiegel von 1980-1995 (= Studien zur Kommunikationsforschung, Bd. 7). Opladen.

Jentzsch, Daniele/Schilcher, Gabriele (1987): Ein Leben ohne Lobby? Journalistinnen in Österreich. Die Berufliche Situation der Journalistinnen 1945 – 1985. In: Medien Journal, 11. Jg., Nr. 1, S. 21-28.

Kaiser, Ulrike (1989): „Sie werden an uns vorbeigeschrieben...". Leserinnenkritik an Tageszeitungen. In: Schmerl, Christiane (Hrsg.): In die Presse geraten. Darstellung von Frauen in der Presse und Frauenarbeit in den Medien. Köln, Wien, S. 77-100.

Keil, Susanne (1992): Gibt es einen weiblichen Journalismus? In: Fröhlich, Romy (Hrsg.): Der andere Blick. Aktuelles zur Massenkommunikation aus weiblicher Sicht. Bochum, S. 37-54.

Keil, Susanne (2000): Einsame Spitze? Frauen in Führungspositionen im öffentlich-rechtlichen Rundfunk. Münster, Hamburg.

Klaus, Elisabeth (1996): Der Gegensatz von Information ist Desinformation, der Gegensatz von Unterhaltung ist Langeweile. In: Rundfunk und Fernsehen, 44. Jg., S. 402-417.

Klaus, Elisabeth (1997): Revolutioniert Multimedia die Geschlechterbeziehung? In: Feministische Studien, 15. Jg., Nr. 1, S. 7-20.

Klaus, Elisabeth (1998): Kommunikationswissenschaftliche Geschlechterforschung. Zur Bedeutung der Frauen in den Massenmedien und im Journalismus. Opladen.
Klaus, Elisabeth (2000): Jenseits von Individuum und System. Journalismustheorien in der Perspektive der Geschlechterforschung. In: Löffelholz, Martin (Hrsg.): Theorien des Journalismus. Ein diskursives Handbuch. Wiesbaden, S. 333-350.
Klaus, Elisabeth („Lissi")/Engler, Angelika/ Godbersen, Alexa/Lehmann, Annette/Meyer, Anja (Hrsg.) (1993): „Wir waren ja die Trümmerfrauen in diesem Beruf". Medienfrauen der ersten Stunde. Dortmund.
Klaus, Elisabeth/Röser, Jutta/Wischermann, Ulla (Hrsg.) (2001): Gender Studies und Kommunikationswissenschaft. Wiesbaden.
Klaus, Elisabeth/Saure, Marina (2001): Bibliographie kommunikationswissenschaftlicher Geschlechterforschung 1968-2000. In: Klaus, Elisabeth/Röser, Jutta/Wischermann, Ulla (Hrsg.): Gender Studies und Kommunikationswissenschaft. Wiesbaden, S. 268-275, sowie elektronische Publikation: URL: http://www.zim.uni-goettingen.de/puk/download/klaus/klaus_literat.pdf
Koch, Gertrude (1989): Was ich erbeute, sind Bilder. Zum Diskurs der Geschlechter im Film. Basel, Frankfurt/Main.
Kotthoff, Helga (1993): Kommunikative Stile, Asymmetrie und „Doing Gender". Fallstudien zur Inszenierung von Expert(inn)entum in Gesprächen. In: Feministische Studien, 11. Jg., Nr. 2, S. 79-95.
Küchenhoff, Erich (1975): Die Darstellung der Frau und die Behandlung von Frauenfragen im Fernsehen. Stuttgart u.a.
Leinfellner, Christine (1983): Das Bild der Frau im TV. Salzburg.
Luca, Renate (1993): Zwischen Ohnmacht und Allmacht. Unterschiede im Erleben medialer Gewalt von Mädchen und Jungen. Frankfurt/Main, New York.
Lüdtke, Dorothea (2001): „Feminisierung" und Professionalisierung der PR: US-amerikanische Konzeptualisierungen eines sozialen Wandels. In: Klaus, Elisabeth/Röser, Jutta/Wischermann, Ulla (Hrsg.): Gender Studies und Kommunikationswissenschaft. Wiesbaden, S. 163-186.
Lummerding, Susanne (1999): Objekt@? Cyberspace als Museum. In: Pazzini, Karl-Josef (Hrsg.): Unschuldskomödien. Museum & Psychoanalyse. Wien, S. 131-149.
Lünenborg, Margret (1990): Weibliche Identität und feministische Medienöffentlichkeit. Eine Oral-History-Studie mit Journalistinnen in feministischen Medien und Redaktionen (= Beiträge zur Frauenforschung. Dortmunder Examensarbeiten, Bd. 5). Dortmund.
Lünenborg, Margret (1997): Journalistinnen in Europa. Eine international vergleichende Analyse zum Gendering im sozialen System Journalismus. Opladen.
Lünenborg, Margret (2001): Geschlecht als Analyseperspektive in der Journalismusforschung. Potentiale und Defizite. In: Klaus, Elisabeth/Röser, Jutta/Wischermann, Ulla (Hrsg.): Gender Studies und Kommunikationswissenschaft. Wiesbaden, S. 124-143.
Lünenborg, Margret/Klaus, Elisabeth (2000): Der Wandel des Medienangebots als Herausforderung an die Journalismusforschung: Plädoyer für eine kulturorientierte Annäherung. In: Medien & Kommunikationswissenschaft, 48. Jg., S. 188-211.
Marci-Boehncke, Gudrun/Werner, Petra/Wischermann, Ulla (Hrsg.) (1996): BlickRichtung Frauen. Theorien und Methoden geschlechtsspezifischer Rezeptionsforschung. Weinheim.
Marr, Mirko/Wyss, Vinzenz/Blum, Roger/Bonfadelli, Heinz (2001): Journalisten in der Schweiz: Eigenschaften, Einstellungen, Einflüsse. Konstanz.
Mühlen Achs, Gitta (1993): Wie Katz und Hund. Die Körpersprache der Geschlechter. München.
Mühlen Achs, Gitta/Schorb, Bernd (Hrsg.) (1995): Geschlecht und Medien. München.
Nagl-Docekal, Herta (1999): Feministische Philosophie. Ergebnisse, Probleme, Perspektiven, Frankfurt/Main.
Neverla, Irene/Kanzleiter, Gerda (1984): Journalistinnen. Frauen in einem Männerberuf. Frankfurt/Main.
Pater, Monika (1996): Zwischen Resignation und Organisation der Freizeit. In: Hömberg, Walter/Pürer, Heinz (Hrsg.): Medientransformation. Konstanz, S. 261-277.
Prenner, Andrea (1995): Zur Konstruktion von Männerrealität in den Nachrichtenmedien. Bochum.
Röser, Jutta (1992): Frauenzeitschriften und weiblicher Lebenszusammenhang. Themen, Konzepte und Leitbilder im sozialen Wandel. Opladen.
Röser, Jutta (1993): Frauen – Medien – Forschung. Graue Literatur 1980 – 1992. Eine kommentierte Bibliographie. Münster.
Röser, Jutta (2000): Fernsehgewalt im gesellschaftlichen Kontext. Eine Cultural Studies-Analyse über Medienaneignung in Dominanzverhältnissen. Wiesbaden.

Röser, Jutta/Kroll, Claudia (1995): Was Frauen und Männer vor dem Bildschirm erleben: Rezeption von Sexismus und Gewalt im Fernsehen. Studie im Auftrag des Ministeriums für die Gleichstellung von Frau und Mann des Landes Nordrhein-Westfalen (= Dokumente und Berichte des Ministeriums für die Gleichstellung von Frau und Mann des Landes Nordrhein-Westfalen, Bd. 32). Düsseldorf.

Röttger, Ulrike (1994): Medienbiographien von jungen Frauen. Münster.

Röttger, Ulrike (2001): Public Relations und Gendering: Theoretische Perspektiven und aktuelle Befunde zur Öffentlichkeitsarbeit als Organisationsfunktion. In: Klaus, Elisabeth/Röser, Jutta/Wischermann, Ulla (Hrsg.): Gender Studies und Kommunikationswissenschaft. Wiesbaden.

Scarbath, Horst/Gorschenek, Margareta/Grell, Petra (unter Mitarbeit von Olaf Janzen und Etta D. Ehlers) (1994): Sexualität und Geschlechtsrollenklischees im Privatfernsehen. „Ihr seid ja wirklich leicht zu befriedigen“. Inhaltsanalytische Fallstudien des Instituts für Interdisziplinäre Kultur- und Medienforschung. Im Auftrag der Hamburgischen Anstalt für Neue Medien (= Schriftenreihe der Hamburgischen Anstalt für neue Medien, Bd. 9). Berlin.

Schmerl, Christiane (1984): Das Frauen- und Mädchenbild in den Medien (= Alltag und Biographien von Mädchen, Bd. 5). Opladen.

Schmerl, Christiane (Hrsg.) (^{2}1989): In die Presse geraten. Darstellungen von Frauen in der Presse und Frauenarbeit in den Medien. Köln.

Schmidt, Uta/Pater, Monika (1997): „Adriennes Hochantenne“. Geschlechtsspezifische Aspekte medialer Durchsetzungsprozesse am Beispiel des Rundfunks. In: Feministische Studien, 15. Jg., Nr. 1, S. 21-33.

Schulz, Ute (2000): Journalistinnen im Schulterschluss? Motivationen der Entscheidungen für oder gegen kollektives Frauenhandeln. Wiesbaden.

Schulz, Ute/Amend, Heike (1993): Gebremste Karriere. Die berufliche Situation von Berliner Journalistinnen (= Berlin-Forschung, Bd. 27). Berlin.

Seiter, Ellen/Borchers, Hans/Kreutzner, Gabriele/Warth, Eva-Maria (Hrsg.) (1989): Remote control. Television, audiences, and cultural power. Routledge.

Sitter, Carmen (1998): „Die eine Hälfte vergisst man(n) leicht!“ Zur Situation von Journalistinnen unter besonderer Berücksichtigung des 20. Jahrhunderts. Pfaffenweiler.

Sykora, Katharina (1990): „zart oder bitter, aber aggressiv“. Feministische Filmgeschichte, Filmkritik und Filmtheorie. In: Arbeitsgemeinschaft interdisziplinäre Frauenforschung (Hrsg.): Feministische Erneuerung von Wissenschaft und Kunst. Pfaffenweiler, S. 156-170.

Tangens, Rena (1996): Ist das Internet männlich? Über Androzentrismus im Netz. In: Bollmann, Stefan/Heibach, Christine (Hrsg.): Kursbuch Internet. Mannheim, S. 355-378.

Theunert, Helga/Pescher, Renate/Best, Petra/Schorb, Bernd (^{2}1994): Zwischen Vergnügen und Angst – Fernsehen im Alltag von Kindern (= Schriftenreihe der Hamburgischen Anstalt für neue Medien, Bd. 5). Berlin.

Warth, Eva (1996): Rethinking Audiences. Theoretische und empirische Ansätze zur Film- und Fernsehrezeption. In: Mitteilungen des Studienkreises Rundfunk und Geschichte, 22. Jg., Nr. 2-3, S. 119-128.

Weiderer, Monika (^{2}1995): Das Frauen- und Männerbild im Deutschen Fernsehen. Eine inhaltsanalytische Untersuchung der Programme von ARD, ZDF und RTLplus (= Medienforschung, Bd. 4). Regensburg.

Weischenberg, Siegfried/Keuneke, Susanne/Löffelholz, Martin/Scholl, Armin (1994): Frauen im Journalismus. Gutachten über die Geschlechterverhältnisse bei den Medien in Deutschland. Im Auftrag der Industriegewerkschaft Medien. Stuttgart: IG Medien Fachgruppe Journalismus (dju/SWJV).

Werner, Petra/Rinsdorf, Lars (1998): Ausgeblendet? – Frauenbild und Frauenthemen im nordrhein-westfälischen Lokalfunk (= Studie im Auftrag der Landesanstalt für Rundfunk und Neue Medien Nordrhein-Westfalen). Opladen.

Wischermann, Ulla (1983): Frauenfrage und Presse. Frauenarbeit und Frauenbewegung in der illustrierten Presse des 19. Jahrhunderts. München.

Wischermann, Ulla (1998): Frauenpublizistik und Journalismus. Vom Vormärz bis zur Revolution von 1848. Weinheim.

Wodak, Ruth/Lalouschek, Johanna/Menz, Florian (1989): Sprachbarrieren. Die Verständigungskrise der Gesellschaft. Wien.

Zoonen, Liesbet van (1998): One of the girls?: The changing gender of journalism. In: Carter, Cynthia/Branston, Gill/Allen, Stuart (Hrsg.): News, gender and power. London, New York, S. 33-46.

Organisationskommunikation

Anna M. Theis-Berglmair

1 Begriff und Gegenstand

„Organisationskommunikation" steht für ein Forschungsfeld, welches sich aus der Verbindung von Organisationsforschung und Kommunikationswissenschaft entwickelt hat. Gegenstand des Interesses sind Kommunikationsprozesse, die wesentlich durch die Organisation als Einflussgröße geprägt sind, dergestalt, dass die Beteiligten primär organisationsbezogen handeln, sei es in ihrer Eigenschaft als Mitglied oder als Repräsentant einer Organisation. Diese weit gefasste Gegenstandsbeschreibung schränkt den Forschungsbereich nicht von vornherein auf interne Kommunikationsprozesse ein, obwohl der auf organisationsinterne Gegebenheiten gerichtete Blick die Orientierung des Forschungsfeldes nach wie vor stark prägt. Eine definitorische Einengung der Organisationskommunikation auf interne Phänomene scheint für die Zukunft aber nicht besonders vielversprechend zu sein, zumal sie auch in der Vergangenheit nicht zwingend angestrebt wurde. So plädieren beispielsweise Roberts u.a. (1977) für eine Multi-Ebenen-Definition der Organisationskommunikation, welche sowohl Prozesse auf der Mikro-, als auch auf der Meso- und der Makroebene berücksichtigen solle. Auf der *Mikroebene* steht die Kommunikation zwischen einzelnen Personen oder Abteilungen im Fokus der Betrachtung (z.B. vertikale und laterale Kommunikation), auf der *Mesoebene* wird die Kommunikation zwischen einzelnen Abteilungen oder verschiedenen Organisationen zum Thema. Die *Makroebene* dagegen bezieht sich auf Kommunikationsprozesse zwischen Organisationen und ihrem gesellschaftlichen Umfeld. Für die letztgenannte Ebene hat sich der Terminus „Public Relations" bzw. „Öffentlichkeitsarbeit" weithin durchgesetzt (siehe dazu den Beitrag von Günter Bentele in diesem Band).

Während sich Public Relations als weitgehend eigenständiges Forschungsfeld losgelöst und unabhängig von der Organisationskommunikation entwickelt hat, gestaltet es sich im Zuge der Etablierung eines umfassenden, integrierten Kommunikationsmanagements, wie es von vielen Organisationen und Unternehmen gegenwärtig angestrebt wird, immer schwerer, interne und externe Kommunikationsprozesse völlig getrennt voneinander zu behandeln, geschweige denn eindeutig abzugrenzen, wo das „Innen" einer Organisation aufhört und das „Außen" beginnt. Das lässt für die Zukunft stärkere Berührungspunkte zwischen beiden Forschungsbereichen erwarten.[1] Hier ist die theoretische Forschung aufgefordert, nachzuziehen und konzeptionelle Neuorientierungen vorzunehmen. Ein erster Schritt dazu ist mit der Differenzierung der Organisationskommunikation nach unterschiedlichen Analyse-

1 Insofern ist die Etablierung einer Fachgruppe „Public Relations *und* Organisationskommunikation" der Deutschen Gesellschaft für Publizistik- und Kommunikationswissenschaft (DGPuK) eine durchaus zukunftsgerichtete Entscheidung. Auch in der Praxis sind die Grenzen der Teilbereiche längst gefallen: Public Relations Agenturen haben das Thema „interne Organisationskommunikation" längst in ihren Aufgabenkatalog aufgenommen.

ebenen vollzogen, die es erlaubt, das Zusammenwirken kommunikativer Prozesse auf verschiedenen Ebenen zu thematisieren und zu analysieren, was bei einer strikten Abgrenzung einzelner Forschungsgegenstände und -bereiche nicht möglich wäre. Abgesehen von derartigen Zukunftsvisionen zeigt der Blick in die Geschichte der Organisationskommunikation jedoch, dass sich der Forschungsbereich von der Mikroebene her entwickelt hat und diesen nach wie vor als zentralen Forschungsgegenstand betrachtet.

2 Forschungsentwicklung in den USA und in Deutschland

Was für die Kommunikationswissenschaft im Allgemeinen kennzeichnend ist, spiegelt sich auch in der Organisationskommunikation wider, nämlich die ausgeprägte Interdisziplinarität des Forschungsfelds. Entsprechend vielfältig sind die Bezüge zu den bereits länger etablierten sozialwissenschaftlichen Fachdisziplinen, die sich mit dem Phänomen Organisation auseinander setzen. Für die Anbindung des Forschungsfelds an die Kommunikationswissenschaft erweist sich die Art der Institutionalisierung des Fachs an den Universitäten und Hochschulen als entscheidend. In den USA, wo die Kommunikationswissenschaft in den Universitäten in Form von „departments of journalism" und „departments of speech communication" verankert ist, bieten sich vergleichsweise gute Chancen für die Entwicklung einer Organisationskommunikation, die überwiegend in den letztgenannten Departments angesiedelt ist. Seit den 70er-Jahren des 20. Jahrhunderts kann das Forschungsfeld eine beachtliche Dynamik verzeichnen. Wegweisend ist Charles Reddings Publikation über „Communication within the organization", welche im Jahre 1972 veröffentlicht wird und die bis zu diesem Zeitpunkt vorhandenen Studien und Erkenntnisse in einem ersten Überblick zusammenfasst. Bereits 15 Jahre später stehen die Autoren von Handbüchern vor dem Problem, aus einer schier unüberschaubaren Menge an Themen auszuwählen und das Forschungsfeld überhaupt noch sinnvoll zu begrenzen (Jablin u.a. 1987). Die Riege der Forscher, die sich mit Themen der Organisationskommunikation beschäftigt, ist beachtlich. Über Jahre hinweg stellt die „organizational communication" eine der größten Divisions der International Communication Association (ICA) dar.[2]

Mit der Zahl der Forscher wächst auch die Vielfalt der behandelten Themen. Sie reichen von Informationsverzerrungen und Gatekeeping, Verhandlungsstrategien und -taktiken, Entscheidungsfindung, Mitarbeiter-Vorgesetzten-Interaktion bis hin zu Kommunikationsstrukturen und -netzwerken. Die Heterogenität der Themen erschwert die Profilierung des Forschungsbereichs sowie die Abgrenzung zu Fragen, die innerhalb der Organisationspsychologie behandelt werden. Entsprechend umstritten ist der Terminus „organizational communication" in der anglo-amerikanischen Forschergemeinschaft: „Because the term ‚organizational communication' has been so often used in different ways, its efficiency for theoretical purposes is greatly

---

2 Von 1970 bis 2000 liegt der Anteil der in der Division 4 (Organizational Communication) eingetragenen Mitglieder der International Communication Association (ICA) bei ca. 25% (1974 sogar bei über 50%). Heute teilen sich die Divisions „Organizational Communication" und „Communication and Technology" mit je 17% eingetragener Mitglieder den zweiten Platz vor der Division „Mass Communication" der ICA. Diese Daten basieren auf einer Aufstellung von Joshua Barbour, University of Illinois, übermittelt durch die Vorsitzende der Division 4, Patrice Buzzanell, Purdue University, USA.

reduced" stellen Roberts und Kollegen im Jahre 1977 fest (Roberts u.a. 1977: 503). Die in den Achtzigerjahren publizierten Handbücher (Goldhaber [4]1986; Jablin u.a. 1987; Goldhaber/Barnett 1988) sind daher in erster Linie bestrebt, die Vielfalt der Ansätze, Themen und Fragestellungen zu bündeln und theoretisch zu verankern, um auf diesem Wege dem Forschungsfeld zu einer prägnanteren Identität zu verhelfen (vgl. Redding 1985). Begünstigt wird dies durch theoretische Entwicklungen in der Organisationsforschung, speziell das Aufkommen von Ansätzen, die dem Faktor Kommunikation ein größeres Gewicht beimessen.[3] Auch Veränderungen in der Arbeitswelt, die sich als Folge einer verstärkten Globalisierung, eines verschärften Wettbewerbs und eines multikulturellen Managements einstellen, schärfen die Aufmerksamkeit für kommunikative Prozesse. Theoretische und praktische Erfordernisse stärken ein Zusammendenken von Organisation und Kommunikation und führen zu Fragestellungen, die – im Unterschied zu den Anfängen der Organisationskommunikation – deutlich ausgeprägtere kommunikationswissenschaftliche Bezüge aufweisen.[4]

In Deutschland, wo die Institutionalisierung des Fachs in Form einer primär an Massenmedien und Massenkommunikation orientierten Publizistik-, Medien- und/oder Kommunikationswissenschaft erfolgt, ergeben sich zunächst nur wenige Anhaltspunkte für eine Verbindung zwischen Organisation und Kommunikation, der Begriff „Organisationskommunikation" bleibt lange Zeit unbekannt und unbeachtet.[5] Allenfalls im Kontext einer system- und entscheidungstheoretisch fundierten Redaktionsforschung (Rühl 1969, 1989; Hienzsch 1990) wird theoretischen Organisationsansätzen einige Aufmerksamkeit gezollt. Gleichwohl bleiben wissenschaftliche Studien zur organisierten Form der Aussagenproduktion bis heute rar, und nur wenige Forscher greifen die Tradition der „Nürnberger Schule" um Franz Ronneberger und Manfred Rühl auf, diesen Aspekt der Massenkommunikation konsequent als Organisationsprozess zu untersuchen. Viel zu selten wird hierbei auch neueren theoretischen Ansätzen Rechnung getragen (vgl. Kastl 1994; siehe dazu den Überblick in Theis-Berglmair 1999). Davon zu unterscheiden sind diejenigen Studien, die sich unabhängig von einem massenmedialen Kontext unterschiedlichen Formen der institutionellen Kommunikation widmen. Sie thematisieren vor allem Sprachhandeln in verschiedenen organisatorischen Kontexten wie beispielsweise Schule, Krankenhaus oder Behörden und sind zum Teil linguistisch, teilweise auch sozialpsychologisch oder soziologisch ausgerichtet (siehe hierzu den Überblick bei Koerfer 1994). Entsprechend unterschiedlich gestaltet sich die disziplinäre Zuordnung und die Begrifflichkeit, unter der diese Arbeiten Eingang in die Literatur gefunden haben. Das erschwert nicht nur ihre Auffindbarkeit, sondern auch die Nutzung ihrer Erkenntnisse für eine Organisationskommunikation.

Während diese insgesamt stark handlungstheoretisch ausgerichteten Arbeiten interpersonelle Kommunikationsprozesse in Organisationen zum Thema haben, finden

---

3 Siehe dazu den Überblick bei Theis (1994).

4 Noch 1977 stellen Roberts und Kollegen fest, dass „researchers interested in organizations frequently confound communication in them with a host of other phenomena such as leadership and control" (Roberts u.a. 1977: 501).

5 Häufiger zu finden ist der Begriff der „Unternehmenskommunikation", der aber meist im Zusammenhang mit spezifischen Unternehmensstrategien formuliert wird. Im Vergleich dazu ist der Organisationsbegriff der umfassendere, schließlich weisen alle Unternehmen irgendeine Organisationsform auf, aber nicht jede Organisation ist eine Unternehmung.

in der von Massenmedien geprägten Kommunikationsforschung auch Organisationen in ihrer Rolle als Kommunikatoren Beachtung. Seit in den Siebzigerjahren ein steigender Anteil von PR-Material in publizistischen Produkten empirisch nachgewiesen wurde, treten Organisationen als Produzent von potenziell veröffentlichungsrelevantem Nachrichtenmaterial zunehmend ins Visier der Forscher. Dabei interessieren aber weniger die Organisationen als solche als vielmehr die Frage nach dem Verhältnis von Journalismus und Public Relations (vgl. Baerns 1985; Bentele/Liebert/Seeling 1997). Vom Gegenstand einer Organisationskommunikation sind derartige Fragestellungen aber noch weit entfernt, zumal die Studien in der Regel keine *organisations*theoretische Fundierung erfahren. Wo dies jedoch der Fall ist, ergeben sich interessante Implikationen sowohl für die Beziehung zwischen Journalisten und PR-Akteuren (vgl. Theis 1992a) als auch für das Verhältnis zwischen dem organisationsinternen Stellenwert von PR-Abteilungen und der Pressearbeit ihrer Repräsentanten (vgl. Röttger 2000). Gerade diese Beispiele verweisen auf das große analytische Potenzial einer Multi-Ebenen-Definition von Organisationskommunikation.

3 Problemfelder einer Organisationskommunikation

Während der Bezug auf organisationstheoretische Grundlagen im Hinblick auf die Analyse massenmedialer Aussagenproduktion und die theoretische Fundierung von Öffentlichkeitsarbeit vielversprechende Resultate zeitigen, erweist sich die Beschäftigung mit einer „intern" ausgerichteten Organisationskommunikation seitens der etablierten Kommunikationswissenschaft nach wie vor als begründungsbedürftig. Auf den ersten Blick scheint sich für eine primär an Massenmedien orientierte Disziplin keine Notwendigkeit zu ergeben, auch noch diesen, in sich selbst schwer abgrenzbaren Forschungsbereich in ihren Aufmerksamkeitshorizont zu integrieren, zumal interpersonelle Kommunikation im organisatorisch-institutionellen Kontext ohnehin von einigen anderen Disziplinen aufgegriffen wird. In den letzten Jahren sind jedoch die kommunikativen Anforderungen an Organisationen nicht nur im Hinblick auf ihre Repräsentation nach außen, sondern auch hinsichtlich ihres Funktionierens nach innen gestiegen. Das hängt zum Teil, wenn auch nicht ausschließlich, mit der Entwicklung der technischen Kommunikationsinfrastruktur, der Protokolle des Datenaustauschs und der Kompressionstechnologie zusammen. Technische Verbreitungsmittel, welche vormals ausschließlich für Massenkommunikation Verwendung fanden, werden seit einigen Jahren und mit zunehmender Tendenz im organisatorischen Kontext eingesetzt. Firmenfernsehen, Business TV und Videos ergänzen die bereits länger existierenden Printmedien (z.B. Mitarbeiterzeitschriften), das Internet erfährt eine Ergänzung durch das organisationsinterne Intranet. Diese Entwicklungen machen den Forschungsgegenstand der Organisationskommunikation auch für eine bislang vorwiegend an klassischer Massenkommunikation ausgerichtete Kommunikationswissenschaft interessant. Während jene sich auch heute noch zuweilen an einzelnen Verbreitungsmedien orientiert und folglich eine Zeitungs- von einer Radio- und Fernsehforschung unterscheidet, verweist der Medieneinsatz in Organisationen auf die jeweils unterschiedlichen Kontexte, in welche technische Kommunikationsmedien eingebunden sind. Der Kontext Massenkommunikation ist dabei mit anderen Funktionalitäten und Erfordernissen verbunden als der Kontext Organisation. So gesehen könnte der Blick auf den Medieneinsatz in Organisationen dazu beitragen, die Tätigkeitsfelder einer künftigen Kommunikationswissenschaft zu präzisieren und deutlicher voneinander abzugrenzen.

Die Problemfelder einer Organisations*kommunikation* liegen auf der technischen, der semantischen und der pragmatischen Ebene. *Technische* Aspekte betreffen im Wesentlichen Fragen des Informationstransfers: Kommt es überhaupt zu einer Verbindung zwischen Sender und Empfänger? Unter welchen Bedingungen kann diese Verbindung als gegeben vorausgesetzt werden und wann nicht? Wie wird in einer Organisation der Informationstransfer sichergestellt? Wie sieht der (vertikale/laterale) Informationsfluss aus? Wo gibt es lockere, wo feste Informationsverbindungen? Auf der Ebene der *Semantik* ergeben sich z.B. Fragen nach dem Bedeutungsgehalt von Begriffen und Informationen in unterschiedlichen Organisationseinheiten und Ländern. Wieviel an Gemeinsamkeit der Bedeutungszumessung muss in einer Organisation gegeben sein? Wie werden gemeinsam geteilte Bedeutungen in Organisationen produziert? Welche Phänomene erfahren in Organisationen eine Thematisierung und welche Begriffe werden dafür verwendet? In welchen Kontext werden Informationen bzw. Daten gestellt? An speziellen Programmen für eine unterschiedliche, bereichsspezifische Daten*interpretation* wird derzeit gearbeitet. Wie stellen sich Organisationen nach außen dar? Welche Selbstinterpretationen finden sich in den Darstellungen? Auf dieser Ebene sind auch Fragen der interkulturellen Organisationskommunikation zu verorten, wenngleich derartige Prozesse nicht ausschließlich auf der Mikro-, sondern auch auf der Mesoebene zu analysieren sind (vgl. Theis 1992b). Die *pragmatische* Ebene bezieht sich auf informationelle Veränderungen und die dadurch initiierten Anschlusshandlungen: Welche Notwendigkeiten und Erfordernisse werden aufgrund einer Information erkannt? Welche Anschlusskommunikationen ergeben sich daraus? Darüber hinaus ergeben sich Fragen, die im Zusammenhang mit dem Mitteilungsverhalten selbst stehen und die im Wesentlichen die Wahl des Mediums und des Kanals betreffen. Angesichts der zunehmenden Verbreitung technischer Kommunikationsmittel in Organisationen gewinnt dieser Problembereich künftig an Bedeutung: Wann bedarf es der Face-to-face Kommunikation? Wann wird telefonische Kommunikation vorgezogen? Was ist über E-Mail kommunikativ zu klären? Welche Bedeutung kommt der Mitarbeiterzeitung, dem Firmenfernsehen oder dem Intranet zu? Auf dem Gebiet der organisatorischen Medienverwendung dominieren derzeit Studien, welche die Potenziale einer Face-to-Face-Kommunikation mit denjenigen einer computervermittelten Kommunikation vergleichen. Sie zeigen u.a., dass computervermittelte Gruppenentscheidungsprozesse sich durch eine große Sachlichkeit und Aufgabenbezogenheit auszeichnen und dass hier den Teilnehmern größere Chancen zu einer kommunikativen Beteiligung geboten werden als in der Face-to-Face-Situation. Andererseits dauert es bei computervermittelten Entscheidungsprozessen länger, bis die Gruppenmitglieder einen Konsens erzielen (vgl. dazu den Überblick bei Teufel u.a. 1995 sowie Boos/Jonas/Sassenberg 2000). Auch wenn der vernetzte Computer die Sensibilität für kommunikationswissenschaftliche Fragestellungen etwas gefördert hat, muss das Feld der organisatorischen Medienverwendung bis dato als empirisch und theoretisch noch weitgehend unerschlossen betrachtet werden. Impulse für die weitere Forschung sind jedoch von der weithin zu beobachtenden Entwicklung hin zu einem umfassenden Kommunikationsmanagement zu erwarten.

4 Theorien und Methoden

Die aufgezeigten Problemfelder finden keineswegs eine *systematische* Entsprechung in theoretischen Ansätzen oder empirischen Studien zur Organisationskommunikation. Das Thema Kommunikation spielt in der organisationswissenschaftlichen Literatur über Jahre hinweg keine besondere Rolle, obwohl eine funktionierende Kommunikation in diversen praktisch orientierten Handbüchern als durchweg wichtig erachtet wird. Guetzkows Feststellung: „It may not be accidental that research in communication has lagged behind studies concerning other features of organizational life, such as authority, division of work, and status" (Guetzkow 1965: 569) kennzeichnet die Situation sehr treffend. Weder die (Organisations-)Theorie noch die empirische Forschung thematisieren Kommunikation in nennenswerter Weise. Von daher ist es kaum verwunderlich, dass empirische Studien in diesem Bereich so gut wie nie auf der Grundlage expliziter kommunikations- oder organisationstheoretischer Grundlagen entworfen werden. Die Mehrzahl der frühen Studien beschäftigt sich mit quantitativen Aspekten der Kommunikation, etwa der Häufigkeit vertikaler und horizontaler Kommunikation (vgl. dazu Porter/Roberts 1976). Daneben existieren eher soziologisch ausgerichtete Informationsflussstudien, welche sich den Kommunikationsnetzwerken widmen (siehe dazu Goldhaber 1974; Thayer 1967; Ziegler 1968), sowie sozialpsychologisch ausgerichtete Informationsflussstudien, die sich – oft im Hinblick auf Arbeitsmotivation und -zufriedenheit – mit Informationsverfälschungen und -verzerrungen beschäftigen und dabei in der Regel die Dyade Vorgesetzter-Mitarbeiter vor Augen haben (vgl. Roberts/O'Reilly 1974; Read 1962). Das zur Anwendung kommende Instrumentarium reicht von einfachen Befragungen und Laborstudien bis hin zu Netzwerkanalysen. Über die Jahre hinweg kommt auf diese Weise eine ganze Reihe einzelner Fallstudien zusammen, die aber weitgehend unverbunden nebeneinander stehen und die aufgrund der unterschiedlichen methodischen Ausrichtung kaum miteinander vergleichbar sind.

Der immer wieder kritisierte Theorieverzicht der Studien (vgl. Redding/Tompkins 1988) ist auch damit zu begründen, dass traditionelle Organisationsansätze das Thema Kommunikation nicht nennenswert berücksichtigen. Allenfalls die in den Sechzigerjahren formulierte verhaltenswissenschaftliche Entscheidungstheorie bietet erstmals Anknüpfungspunkte, die über den Transfergedanken von Kommunikation hinausreichen. So weisen March und Simon (1967: 167) auf interpretationsbedingte Veränderungen hin, die Mitteilungen bei der Weitergabe in Organisationen erfahren, besonders dort, wo das Hierarchieprinzip ausgeprägt ist und die Karriereaspirationen der Mitarbeiter hoch sind. Derartige Beobachtungen unterminieren die impliziten Annahmen eines mechanistisch konzipierten Modells, wonach Informationen für alle Mitglieder identisch und Organisationen ähnlich einer Maschine von einem Zentrum aus vollständig steuerbar sind. Darüber hinaus wird erstmals den semantischen und pragmatischen Aspekten von Kommunikation Rechnung gezollt, also dem Faktum, dass Botschaften diversen positions- und interessenabhängigen Interpretationen unterzogen werden, eine Beobachtung, die unter dem Einfluss des symbolischen Interaktionismus als Kontextabhängigkeit der Symbolinterpretation bezeichnet werden wird.

Der Symbolbegriff hält jedoch erst in den Achtzigerjahren Einzug in die Organisationsforschung, vornehmlich über die Konzeption von Organisationen als Kulturen (vgl. Smircich 1983; Allaire/Firsirotu 1984). Fortan gilt die Aufmerksamkeit der

Forscher verstärkt solchen bislang vernachlässigten Phänomenen wie Geschichten, Legenden, Vokabularien, Jargons und Metaphern, welche als Elemente einer Kultur begriffen und empirisch erfasst werden. Eng verbunden damit ist die Vorstellung einer einheitlichen „corporate identity", welche sowohl nach außen als auch nach innen kommuniziert werden muss. Mit den Organisationskulturansätzen werden Identitätsfragen erstmals auch auf der Mesoebene thematisiert, was die kommunikative Selbstdarstellung durch Symbolgebrauch forciert und neue Tätigkeitsbereiche für Kommunikationswissenschaftler eröffnet. Gleichwohl folgen die meisten Kulturansätze eher den traditionellen Vorstellungen. Das gilt besonders für die Frage nach der (normativen) Integration und Steuerung von Organisationen (durch Symbole), die beide als gegeben bzw. als machbar vorausgesetzt werden.[6]

Im Rückblick besehen markieren Organisationskulturansätze nur den Anfang eines generellen Umdenkens in der Organisationsforschung, welches verstärkt seit den Achtzigerjahren einsetzt. Viele neuere Ansätze brechen mit der Vorstellung von Organisationen als kohärenten, normativ integrierten Gebilden, die als bewusstes Produkt zweckrationaler menschlicher Gestaltungsarbeit aufzufassen seien, wie es in den auch heute noch weit verbreiteten rationalen Konzeptionen zum Ausdruck kommt. An die Stelle derartiger Reifizierungsversuche tritt die Vorstellung, dass man es bei Organisationen weniger mit einem abgeschlossenen Ganzen als mit einem Prozess der wechselseitigen Konstitution von Handeln und Struktur zu tun habe, Systeme mithin keine vom Handeln der Akteure losgelöste Existenz aufweisen. Diese Vorstellung durchdringt sowohl das Werk von Giddens (1988) als auch die primär organisationsbezogenen Arbeiten von Weick (1985) sowie von Crozier und Friedberg (1979). Eine Prozessorientierung spiegelt sich auch in neueren Systemansätzen wider (vgl. Probst/Scheuss 1984), die von der Vorstellung Abschied nehmen, Organisationen seien allein das Ergebnis bewusster Gestaltung und deshalb zumindest für die Führungsspitze als zentraler Kontrollinstanz transparent und jederzeit steuerbar. Derartigen Machbarkeitserwägungen werden durch die Erkenntnis, dass man es bei Organisationen mit hochkomplexen sozialen Phänomenen zu tun habe, die weitgehend durch Selbstorganisation zustande kommen und aufrechterhalten werden, deutliche Grenzen gesetzt. Neuere Systemansätze stellen die Möglichkeit einer vollkommenen Kontrolle und Beherrschung von sozialen Systemen infrage und negieren folglich auch die Existenz eines klar identifizierbaren Zentrums, das über alle zur Entscheidung notwendigen Informationen verfügen würde (vgl. Malik 1984: 45ff.).

Ihren Ausdruck finden die veränderten Vorstellungen in unterschiedlichen Metaphern und Begrifflichkeiten: Organismus, Gehirn, Kultur, politisches System oder permanente Transformation ersetzen die lange dominante Maschinenmetapher. Neue Organisationsformen werden mit Begriffen wie „Adhocracy" (Mintzberg 1979), „Virtuelle Organisation" (Davidow/Malone 1992) oder einer „non-" bzw. „postbürokratischen Organisation" (Heckscher/Donnellon 1994) belegt, die aber weniger als theoretisch ausgearbeitete Konzepte zu verstehen sind, denn als gedankliche Konstrukte mit ausgeprägt heuristischer Funktion, was letztlich von der Dynamik in diesem Feld zeugt.

---

6 Hinsichtlich der Möglichkeit, eine Organisationskultur bewusst zu schaffen, gibt es die größten Auffassungsunterschiede zwischen einzelnen Organisationskulturansätzen.

Vor dem Hintergrund dieser theoretischen Umorientierungen steigt der Stellenwert einer Organisationskommunikation, nicht weil diese ehemals weniger bedeutsam gewesen wäre, sondern weil nun technische, semantische und pragmatische Aspekte gleichermaßen für die (Selbst-)Steuerung von Organisationen relevant werden. Steuerung bezieht sich dabei nicht länger auf die Festlegung und Kontrolle der (formalen) Kommunikationskanäle, sondern schließt Interpretations- und Thematisierungsfragen ebenso ein wie die unterschiedliche Kontextualisierung von Informationen. Diese Aspekte werden beispielsweise bei der Bearbeitung von mehrdeutigen Situationen relevant, bei denen es zunächst einmal darum geht, die anstehenden Probleme überhaupt zu definieren. Folglich muss ein Großteil der kommunikativen Aktivitäten darauf gerichtet sein, „jene Konkretheit zu produzieren, die man im Bereich der einfachen, simplen Probleme bereits als gegeben voraussetzen kann" (Malik 1984: 263). Hier zeigt sich, dass Kommunikationsprozesse nicht allein der Informations- oder Wissens*übermittlung* dienen, sondern darüber hinaus auch der Wissens*produktion*.

5 Desiderate einer Organisationskommunikation

Wenn „Organisationskommunikation" sich als ein Forschungsfeld charakterisieren lässt, das sich aus der Verbindung von Organisationsforschung und Kommunikationswissenschaft entwickelt, ist festzustellen, dass aus der Perspektive der Organisationsforschung das Feld in den letzten zwanzig Jahren recht gut bestellt worden ist. Das gilt nicht im gleichen Maße für die Kommunikationsforschung. Ihr fehlender Beitrag wird besonders dort bemerkbar, wo es um den Einsatz unterschiedlicher Kommunikationsmedien in Organisationen geht. Bislang existieren kaum theoretisch fundierte Ansätze, auf deren Basis sich ein Kommunikationsmanagement entwickeln ließe, welches sowohl unterschiedliche Kommunikationsebenen als auch die denkbaren technischen Verbreitungsmittel (d.h. das Mitteilungsverhalten) integrieren soll. Dieses Faktum fällt umso mehr ins Gewicht, als selbst neuere Organisationsansätze in diesem Punkt erstaunlich wenig konkrete Anhaltspunkte bieten. Das führt zu einem kaum reflektierten, oft orientierungslosen und teilweise unproduktiven Einsatz von Kommunikationsmedien im Organisationskontext.[7]

Ein möglicher Ansatzpunkt zur Übertragung kommunikationswissenschaftlicher Denkweisen in die Organisationskommunikation basiert auf der Erkenntnis, dass viele Organisationen heute mit ähnlichen Problemen zu tun haben, die für moderne Gesellschaften insgesamt charakteristisch sind: Bewältigung von Komplexität und Intransparenz, Steuerungsprobleme und Integrationsnotwendigkeiten. Die Lösungsmöglichkeit auf gesellschaftlicher Ebene liegt in der Ausdifferenzierung einzelner funktionaler Teilsysteme. Als ein solches Teilsystem vermag die Publizistik durchaus einen Beitrag zur Integration zu erbringen. Integration vollzieht sich dabei weniger über die Herstellung eines allumfassenden Wertekonsenses, sondern vermittels der Publikation von Themen, bei denen allgemeine Akzeptanz unterstellt werden kann.

7 Die in der Praxis vorgeschlagenen Strategien enthalten z.T. auch bestandsgefährdende Vorschläge, etwa dergestalt, dass mit dem Einsatz des Intranets die Hoffnung verknüpft wird, dass die oberste Führungsperson künftig direkt die Mitarbeiter an der Basis ansprechen könne. Die damit verbundene Entautorisierung der unmittelbaren Vorgesetzten der Mitarbeiter wirft erhebliche Folgeprobleme auf.

Als Form der *ungerichteten Kommunikation* vermag Massenkommunikation auch einen Beitrag zur Komplexitätsbewältigung zu leisten. Wenn man unter „Komplexität" die Folgelastigkeit eines Entscheidungsfelds versteht, wird schnell einsichtig, dass die Konsequenzen von Entscheidungen in funktional differenzierten Gesellschaften immer weniger von einer einzigen Gruppe, geschweige denn von einer einzigen Person überblickt werden können. Das Öffentlichmachen von Entscheidungen und die Reaktion der davon Betroffenen kann dazu beitragen, dass potenzielle, vorher nicht bedachte Folgen deutlich werden.[8]

Selbst wenn sich die Funktionsprinzipien der Massenkommunikation nicht ohne weiteres auf die Mesoebene übertragen lassen, stellt die kommunikative Bewältigung von Komplexität und Integration auch für Organisationen eine dringlicher werdende Herausforderung dar, der schon länger mit der Produktion von internen Öffentlichkeiten begegnet wird. Seit einiger Zeit werden die bereits länger etablierten Printprodukte wie Mitarbeiterzeitungen und -zeitschriften durch elektronische (Business-TV) und interaktive Medien (Intranet) ergänzt.[9]

Das bedeutet aber nichts anderes, als dass Organisationen zunehmend vor die Notwendigkeit gestellt sind, neben den traditionell gerichteten (und kontrollierten!) Kommunikationsströmen zunehmend Formen ungerichteter Kommunikation zuzulassen, und das vermehrt auch im internen Bereich. Das Zulassen ungerichteter Kommunikation und die Produktion interner Teilöffentlichkeiten stellt eine enorme Herausforderung für das Management von Organisationen dar, da mit diesen Kommunikationsformen der Mythos der totalen Steuerbarkeit von Organisation und Kommunikation letztlich untergraben wird.[10]

Selbst wenn derartige Vorstellungen und Lösungsansätze (noch) keine breite Unterstützung finden, könnten neue Kommunikationstechnologien in dieser Hinsicht eine im wahrsten Sinne des Wortes „bahnbrechende" Wirkung haben: „Innovations such as organizational websites can be used to increase information giving to clients and customers, to increase information gathering from clients and customers, and to increase the overall (nondirectional) flow of information between organizations and others" (Flanagin 2000: 623). Auf diese Weise könnte in Zukunft ein organisationsinterner ungerichteter oder auch „teilfreier" Informationsfluss für den Organisationserfolg ebenso wichtig werden, wie ein „free flow of information" für komplexe Gesellschaften.

Eine organisationsinterne Öffentlichkeit ist erforderlich, um in hoch komplexen Organisationen die erforderliche Anschlusskommunikation (z.B. zwischen einzelnen Abteilungen oder Niederlassungen) auf Dauer sicherzustellen. Damit solche selbstkoordinierenden Aktivitäten zustande kommen können, bedarf es einer verstärkten Reflexion und Darstellung des eigenen Tuns einer Organisation, einer Abteilung oder einer Arbeitsgruppe, aus der sich dann wiederum weitere Kommunikations-

8 Daraus ergeben sich andererseits auch die immer wieder zu beobachtenden Blockaden durch gesellschaftliche Interessensgruppen.

9 Mitunter kommt es hier zu einer Überstrapazierung eines einzigen Medientyps etwa dergestalt, dass Innovationen nicht mehr face-to-face vermittelt werden, sondern über Videos und Mitarbeiterzeitungen oder, was noch problematischer ist, über die örtliche oder die überlokale Presse. Auf diese Problematik verweisen beispielsweise Larkin/Larkin (1994).

10 Auch Gerüchte und andere Formen informeller Kommunikation stellen in traditionellen Organisationskonzeptionen gerade aufgrund ihrer Nicht-Steuerbarkeit ein Problem dar und sind den Anhängern dieser Ansätze folglich auch ein Dorn im Auge.

erfordernisse ergeben. Die in Organisationen traditionell eingesetzten Kommunikationsmedien und -typen eröffnen hierfür unterschiedliche Möglichkeiten. Das jüngst hinzu gekommene Intranet bietet zumindest in technischer Hinsicht bessere Voraussetzungen sowohl für Selbstdarstellungen nach „außen"[11] als auch für die sich daraus ergebenden Anschlusskommunikationen sowie für interne Abstimmungs- und Koordinierungsprozesse. Ob durch den vernetzten Computer andere, „ältere" Medien unbedeutender werden oder eine Funktionsverschiebung erfahren, ist eine im Rahmen der Organisationskommunikation zu behandelnde Frage, zu deren Klärung die Kommunikationswissenschaft einiges beitragen könnte. Überhaupt sollte sich deren Engagement im Rahmen einer Organisations*kommunikation* verstärkt darauf richten, das Potenzial der in Organisationen eingesetzten Kommunikationsmedien in technischer, semantischer und pragmatischer Hinsicht zu analysieren und die besondere Bedeutung einer „internen" Organisationsöffentlichkeit herauszuarbeiten. Das sollte auch einer primär an Massenkommunikation orientierten Kommunikationswissenschaft nicht allzu schwer fallen.

Literatur

Allaire, Yvan/Firsirotu, Mihaela E. (1984): Theorie of organizational culture. In: Organization Studies, 5. Jg., S. 195-226.

Baerns, Barbara (1985): Öffentlichkeitsarbeit oder Journalismus. Zum Einfluß im Mediensystem. Köln.

Bentele, Günter/Liebert, Tobias/Seeling, Stefan (1997): Von der Determination zur Intereffikation. Ein generiertes Modell zum Verhältnis von Public Relations und Journalismus. In: Bentele, Günter/Haller, Michael (Hrsg.): Aktuelle Entstehung von Öffentlichkeit. Akteure – Strukturen – Veränderungen. Konstanz, S. 225-250.

Boos, Margarete/Jonas, Kai J./Sassenberg, Kai (Hrsg.) (2000): Computervermittelte Kommunikation in Organisationen. Göttingen u.a.

Crozier, Michel/Friedberg, Erhard (1979): Macht und Organisation. Die Zwänge kollektiven Handelns. Königstein/Ts.

Davidow, William H./Malone, Michael S. (1993): Das virtuelle Unternehmen. Der Kunde als Ko-Produzent. Frankfurt/Main, New York.

Flanagin, Andrew (2000): Social pressures on organizational website adoption. In: Human Communication Research, 26. Jg., S. 618-646.

Giddens, Anthony (1988): Die Konstitution der Gesellschaft. Frankfurt/Main, New York.

Goldhaber, Gerald M. (1974): Organizational communication. Dubuque, IO.

Goldhaber, Gerald M. (^{4}1986): Organizational communication. Dubuque, IO.

Goldhaber, Gerald M./Barnett, George A. (Hrsg.) (1988): Handbook of organizational communication. Norwood, NJ.

Guetzkow, Harold (1965): Communication in organizations. In: March, James G. (Hrsg.): Handbook of organizations. Chicago, S. 534-573

Heckscher, Charles/Donnellon, Anne (Hrsg.) (1994): The post-bureaucratic organization. New perspectives on organizational change. Thousand Oaks u.a.

Hienzsch, Ulrich (1990): Journalismus als Restgröße. Redaktionelle Rationalisierung und publizistischer Leistungsverlust. Wiesbaden.

Jablin, Frederic M./Putnam, Linda L./Roberts, Karlene H./Porter, Lyman W. (Hrsg.) (1987): Handbook of organizational communication. Newbury Park u.a.

Kastl, Jörg Michael (1994): Gesellschaftliche Komplexität und redaktionelle Routine. Zur Funktion und Sozialisation freier Mitarbeiter. Opladen.

Koerfer, Armin (1994): Institutionelle Kommunikation. Zur Methodologie und Empirie der Handlungsanalyse. Opladen.

---

11 An diesem Beispiel zeigt sich besonders deutlich das begrenzte Potenzial einer Differenzierung der Organisationskommunikation nach „innen" und „außen". In vielen Fällen stellt das „Außen" eine andere Abteilung dar und nicht etwas außerhalb der Organisation Liegendes.

Krone, Kathleen J./Jablin, Frederic M./Putnam, Linda L. (1987): Communication theory and organizational communication: Multiple perspectives. In: Jablin, Frederic M./Putnam, Linda L./Roberts, Karlene H./Porter, Lyman W. (Hrsg.) Handbook of organizational communication. An interdisziplinary perspective. Newbury Park u.a., S. 18-40.

Larkin, Thomas J./Larkin, Sandar (1994): Communicating change. How to win employee support for new business directions. New York.

Malik, Ferdinand (1984): Strategie des Managements komplexer Systeme. Bern, Stuttgart.

March, James G./Simon, Herbert Alexander (1967): Organizations. New York.

Mintzberg, Henry (1979): The structuring of organizations. Englewood Cliffs.

Morgan, Gareth (1986): Images of organizations. Beverly Hills, London, New Delhi.

Porter, Lyman W./Roberts, Karlene H. (1976): Communication in organizations. In: Dunnette, Marvin D. (Hrsg.): Handbook of industrial and organizational psychology. Chicago, S. 1553 ff.

Probst, Gilbert J. B./Scheuss, Ralph-Werner (1984): Die Ordnung von sozialen Systemen: Resultat von Organisieren und Selbstorganisation. In: Zeitschrift Führung und Organisation, 8. Jg., S. 480-488.

Read, William H. (1962): Upward communication in industrial hierarchies. In: Human Relations, 15. Jg., S. 3-15.

Redding, William C. (1972): Communication within the organization: An interpretive review of theory and research, New York.

Redding, William C. (1985): Stumbling toward identity. The emergence of organizational communication as a field of study. In: McPhee, Robert D./Tompkins, Phillip K. (Hrsg.): Organizational communication: Traditional themes and new directions. Beverly Hills, London, New Delhi, S. 15-54.

Redding, William C./Tompkins, Phillip K. (1988): Organizational communication – past and present tenses. In: Goldhaber, Gerald M./Barnett, George A. (Hrsg.): Handbook of organizational communication. Norwood, NJ, S. 5-33.

Roberts, Karlene H./O'Reilly, Charles A. (1974): Failures in upward communication: Three possible culprits. In: Academy of Management Journal, 17. Jg., S. 205-215.

Roberts, Karlene H./O'Reilly, Charles A./Bretton, Gene E./Porter, Lyman W. (1977): Organization theory and organizational communication: A communication failure? In: Human Relations, 27. Jg., Nr. 5, S. 501-524.

Röttger, Ulrike (2000): Public Relations: Organisation und Profession: Öffentlichkeitsarbeit als Organisationsfunktion. Eine Berufsfeldstudie. Wiesbaden.

Rühl, Manfred (1969): Die Zeitungsredaktion als organisiertes soziales System. Bielefeld.

Rühl, Manfred (1989): Organisatorischer Journalismus. Tendenzen der Redaktionsforschung. In: Kaase, Max/Schulz, Winfried (Hrsg.): Massenkommunikation. Theorien, Methoden, Befunde (= Kölner Zeitschrift für Soziologie und Sozialpsychologie, Sonderheft 30). Opladen, S. 253-269.

Shannon, Claude E./Weaver, Warren (1969): The mathematical theory of information. Urbana, IL.

Smircich, Linda (1983): Organizations as shared meanings. In: Pondy, Louis R./Frost, Peter J./Morgan, Gareth/Dandridge, Thomas C. (Hrsg.): Organizational symbolism. Greenwich, S. 55-68.

Teufel, Stephanie/Sauter, Christian/Mühlherr, Thomas/Bauknecht, Kurt (1995): Computerunterstützung für die Gruppenarbeit. Bonn u.a.

Thayer, Lee (1967): Communication and organization theory. In: Dance, Frank E. X. (Hrsg.): Human communication theory. New York u.a., S. 70-115.

Theis, Anna M. (1984): Massenmedien und politische Steuerung: Aufklärungskampagnen im Kontext staatlicher Interventionspolitik. Augsburg.

Theis, Anna M. (1992a): Inter-Organisationsbeziehungen im Mediensystem: Public Relations aus organisationssoziologischer Perspektive. In: Publizistik, 37. Jg., S. 25-36.

Theis, Anna M. (1992b): Weltgesellschaft und interkulturelle Organisationskommunikation: Kontrolle von Kultur oder Kultur als Kontrolle? In: Reimann, Horst (Hrsg.): Transkulturelle Kommunikation. Opladen, S. 263-286.

Theis, Anna M. (1994): Organisationskommunikation. Theoretische Grundlagen und empirische Forschungen. Opladen.

Theis-Berglmair, Anna M. (1999): Die Grundlagen der Organisationsforschung in der Medienwissenschaft. In: Leonhard, Joachim-Felix/Ludwig, Hans-Werner/Schwarze, Dietrich/Straßner, Erich (Hrsg.): Medienwissenschaft. Ein Handbuch zur Entwicklung der Medien und Kommunikationsformen. Berlin, New York, S. 70-82.

Weick, Karl E. (1985): Der Prozeß des Organisierens. Frankfurt/Main.

Ziegler, Rolf (1968): Kommunikationsstruktur und Leistung sozialer Systeme. Meisenheim.

Lokale Kommunikation

Michael Haller

1 Begriff und Gegenstand

Forschungsgeschichtlich wurde „lokale Kommunikation" (LK) zunächst politisch (gestützt auf Grundgesetz Art. 28 Abs. 2) als eine die kommunale Selbstverwaltung stärkende und politische Partizipation befördernde Funktion verstanden (vgl. Verba 1967; Dunckelmann 1975). Die Medienwissenschaften erweiterten diesen Ansatz, indem sie den lokalen Medien, in erster Linie der Lokalpresse, vor allem Funktionen der Sozialisation (vgl. Langenbucher 1971: 166), der soziokulturellen Orientierung und Integration zuschrieben (vgl. Ronneberger 1971). Unter dem Eindruck der insbesondere durch den lokalen Rundfunk erweiterten Medien wurde in den 80er-Jahren LK dann als strukturfunktionaler Begriff gefasst und als „Überbrückung von unterschiedlichen Distanzen (Raum, Zeit, Status) zwischen Menschen mittels materialer und symbolischer Interaktion angesehen, die innerhalb eines bestimmbaren geographischen Raums stattfindet und diesen als Handlungs- und Erlebnisraum konstituiert." (Jarren 1985: 20).

Angesichts der wachsenden Vielfalt subjektiv empfundener Nahwelten (vgl. Ronneberger 1990), soziokultureller Ausdifferenzierung sowie der trans- und crossmedialen Erweiterung lokaler Kommunikationsformen wird LK heute als ein offenes System oder als Netzwerk beschrieben, dem zwei Hauptmerkmale zukommen:

1. Lokale Kommunikation bezeichnet Kommunikationsprozesse in einem a.) räumlich begrenzten, b.) gegenüber dem Umland demografisch verdichteten sowie c.) allgemein zugänglichen Gebiet. Damit werden *räumliche Dimensionen* hervorgehoben.
2. Lokale Kommunikationsprozesse erzeugen einen durch symbolische Interaktionen zwischen Menschen und Organisationen *vernetzten Kommunikationsraum*.

1.1 Die räumlichen Dimensionen

a.) Die räumliche Begrenzung: Das Wort *Lokales* leitet sich ab vom Lateinischen „locus" (= Ort, Platz, Stelle); im allgemeinen Sprachgebrauch ist es als Adjektiv gebräuchlich im Sinne von „örtlich beschränkt, für einen bestimmten Ort od. Bereich geltend" (Duden 1999: 2454). Als Substantiv bezeichnet es die auf den lokalen Raum bezogenen Themen der Massenmedien, traditionell auch die Bezeichnung für „den Lokalteil der Zeitung" (Duden 1999: 2454).
Die räumlichen Grenzen der LK sind an die Verbreitung (Presse) bzw. Reichweite (Rundfunk) der lokalen Massenmedien im geografischen Raum gebunden.

b.) Der demografisch verdichtete Raum: Siedlungen sind meist topografisch determiniert und besitzen eine auf ein Zentrum ausgerichtete Infrastruktur sowie eine das räumlich-soziale Zusammenleben organisierende Verwaltung (politische

Gemeinde, Samtgemeinden, Kreise, kreisfreie Städte, Stadtstaaten u.ä., in der Schweiz auch: Stadtkantone). In Ballungsgebieten umfasst das Lokale eine ganze Stadtregion mitsamt Randzonen und Teilen des Umlands (vgl. Hamm 1982: 65-86). Dort kann es sich binnenstrukturell ausdifferenzieren (sublokale Kommunikation, etwa nach Stadtgebieten). In Abgrenzung zum Begriff der „Region" bezeichnet das Lokale den physisch erfahrbaren Raum des *alltäglichen Lebens* (Wohnen-Arbeit-Freizeit).

c.) Allgemeine Zugänglichkeit: Der LK werden solche Kommunikationsprozesse zugerechnet, die für alle Personen oder Personengruppen grundsätzlich offen stehen und ihnen damit das prägende Merkmal *öffentlich* verleihen. Ihnen gegenüber gilt die private Sphäre (Person, Familie und Arbeit) als abgeschirmt; sie steht nur einem bezeichneten (zugelassenen) Personenkreis offen. Fällt die öffentliche Kommunikation mit dem Verwaltungsgebiet (etwa: politische Gemeinde) zusammen, spricht man von *kommunaler Öffentlichkeit* (vgl. Helmke/Nassmacher 1976: 183; Jarren 1984: 80).

Die allgemeine Zugänglichkeit bezieht sich erstens auf öffentliche Räume, Straßen und Plätze; sie ermöglicht die soziale Interaktion zwischen den Bürgern (Modell Marktplatz); sie beinhaltet auch die Möglichkeit der öffentlichen Meinungsäußerung sowie – in politischer Hinsicht – den Vollzug der Versammlungsfreiheit und des Demonstrationsrechts. Hier wird über interpersonale Kommunikation eine *Präsenzöffentlichkeit* hergestellt.

Zum Zweiten bezieht sich allgemeine Zugänglichkeit auf die kommunalen Amtsgeschäfte. Historisch aus dem Begehren nach Offenlegen geheimer Gerichts- und Kabinettverhandlungen hervorgegangen (vgl. Habermas 1962: 112-127), gehört heute die Öffentlichkeit der Rechtsprechung wie der Legislativ-Verhandlungen (Beispiel Gemeinderat) zu den Grundfesten der demokratischen Ordnung; sie wird mit dem *Öffentlichkeitsprinzip* staatlichen Handelns begründet (abweichend hiervon: die dem Geheimhaltungsprinzip folgenden Behördengeschäfte in der Schweiz). Auf dieses Prinzip stützt sich in Deutschland das in mehreren Bundesländern 1998 eingeführte Informationsfreiheitsgesetz.

Drittens gilt die allgemeine Zugänglichkeit für die publizistischen Informationsmedien. Hierzu gehören die Bereitstellung bzw. Distribution von Druckmedien sowie die Empfangbarkeit des lokalen Rundfunks im gesamten lokalen Raum (wie: Straßen- und Kioskverkauf, Hauszustellung, Postwurf, Plakatwände, Funk- sowie terrestrische Übertragung). Dieser dritte Typ gründet in der Informationsfreiheit und konstituiert *Medienöffentlichkeit.* Diese wendet sich an ein *disperses Publikum*, das indessen durch spezifische Kompetenzerfordernisse (wie: Sprachkenntnisse, Alphabetisierung u.ä.) qualifiziert sein muss.

Indem LK in dieser dreifachen Hinsicht öffentlich geschieht, bewirkt sie, dass keine Person oder Personengruppe per se von der Teilnahme ausgeschlossen ist. Jeder im lokalen Raum agierende Bürger hat die Chance, sich an der LK zu beteiligen: aktiv im Bereich der Präsenzöffentlichkeit, meist passiv im Zusammenhang der Medienöffentlichkeit, teils-teils im Kontext interaktiver Onlinemedien. Diese Modi des Beteiligtseins werden in den Sozialwissenschaften unter dem Begriff der *Partizipation* zusammengefasst.

1.2 Vernetzte Kommunikationsräume

Mit der demografischen Verdichtung zu Siedlungsräumen bzw. Gemeinden und Städten steigt der Bedarf nach Kommunikation über Vorgänge in der Alltagswelt der örtlichen Bevölkerung. Zur lokalen Alltagswelt zählen die Bereiche des Wohnens, der Arbeit wie auch des Konsums unter Einschluss von Kultur und Freizeit.

Im Zusammenwirken dieser Bereiche entsteht Urbanität (vgl. Friedrichs 1980: 329ff.) als „ein soziales Urphänomen“ (König 1956a: 20): Die Bewohner sehen sich in einem Wirkungszusammenhang und erzeugen in politischer, sozialer, kultureller und wirtschaftlicher Hinsicht „ein raumbezogenes soziales Gebilde“ (Wallner 1979: 209). Dieses besitzt erstens eine Struktur, es befördert zweitens soziale Interaktionen und es schafft drittens Bindungen (vgl. König 1956b: 1). Alle drei Elemente bewirken sowohl ein Bewusstsein des *Zusammenhangs* (Zugehörigkeit) wie auch der *Abgrenzung* zu anderen lokalen Räumen. Der lokale Raum kann für seine Bewohner zum Bezugsrahmen einer soziokulturell geprägten Identität werden, die als historisch gewachsene, lokal oder regional begrenzte Mentalität erlebt wird.

Unter dieser sozialen Perspektive lässt sich LK als ein Komplex sozialer Interaktionen zwischen Menschen und Institutionen beschreiben, „die in einem mehr oder weniger lokal begrenzten Raum und in derart mannigfaltigen wirtschaftlichen, sozialen und kulturellen Bindungen zusammenleben, dass ein wesentlicher Teil ihrer Bedürfnisse und Interessen innerhalb dieses Rahmens befriedigt werden kann.“ (Aschenbrenner u.a. 1965: 5). Indem diese Bedürfnisse und Interessen über die Medien des lokalen Raums öffentlich kommuniziert werden, erzeugen sie einen *Kommunikationsraum* bzw. Kommunikationsräume (zuerst Kieslich 1972: 96).

Lokale Kommunikationsräume sind soziokulturell geprägt und an lokale Mediensysteme gebunden, fallen aber nicht zusammen mit dem Angebot bzw. der Reichweite einzelner Medien (Lokalteil der Presse o.ä.). Ihre Ausdehnung ist vielmehr abhängig von demografischen, soziografischen wie auch organisations- und strukturpolitischen Größen. So kann das Lokale als Kommunikationsraum mit den politischen Gemeindegrenzen, mit Ballungsräumen (Agglomerationen) wie auch mit topografisch begrenzten Kleinregionen (wie: Talschaften) zusammenfallen.

2 Zur Theorie der Lokalen Kommunikation

Zur bisherigen Forschung der LK lassen sich mehrere theoretische Zugänge (Konzepte) unterscheiden. Dies sind vor allem *normative Konzepte, funktionstheoretische Konzepte, Netzwerk-Konzepte* und *empirisch-analytische Funktionskonzepte.*

Normative Konzepte: Nach Maßgabe demokratietheoretischer Prinzipien sollen die Massenmedien, auch die lokalen, die Informations- und Meinungsvielfalt gewährleisten (BVerfG-Rechtsprechung; Landespressegsetze). Dieser politikzentrierten Perspektive liegt die Auffassung zugrunde, dass der Meinungs- und Willensbildungsprozess der Bürger auf eine Vielfalt an Informations- und Meinungsangeboten angewiesen sei (Medienvielfalt in inhaltlicher Hinsicht). Damit verbunden ist die Forderung nach einer umfassenden *Informationsleistung* der lokalen Medien; dank dieser Leistung vermag die LK Öffentlichkeit herzustellen und zu repräsentieren („öffentliche Aufgabe“). Aus diesem Postulat lassen sich medienpolitische Erfordernisse etwa zur Sicherung der publizistischen Vielfalt ableiten (vgl. Stammler 1971; Branahl 1981; Löffler/Ricker 1986).

Funktionstheoretische Konzepte: Lokale Kommunikationsräume können als komplexe, gegenüber der Umwelt strukturell geschlossene Systeme verstanden werden, deren Medien komplexitätsreduzierende, im Effekt systemsichernde Funktionsleistungen zu erbringen haben (wie: soziale Integration). Die lokalen Medien haben nach diesem Konzept nicht nur politische, sondern ebenso soziale, wirtschaftliche und kulturelle *Vermittlungsfunktionen* zu erfüllen, die als Leistungsprofil sowohl an die Medienberufe wie an die Medienangebote angelegt werden können (vgl. Ronneberger/Stuiber 1976; Saxer 1978).

Netzwerk-Konzepte: Unter kommunikationstheoretischem Blickwinkel ist der lokale Raum von vielfältigen unvermittelten wie mediengebundenen Kommunikationsmustern durchsetzt, die rückgekoppelt und zeitgleich ablaufen (interpersonale, gruppenbezogene, massenmediale Modi). LK lässt sich darum als ein soziales Netzwerk (Handlungszusammenhänge) symbolisch interagierender Akteure verstehen. Der Funktionszweck des Netzwerks liegt in der Gewinnung von Handlungssicherheit; die lokalen Medien haben demnach eine auf den Lebensalltag der Akteure bezogene *Orientierungsfunktion* zu erfüllen (vgl. Schenk 1984; Haller 1995).

Empirisch-analytische Funktionskonzepte: In der Publizistikwissenschaft sind in den letzten Jahrzehnten weitere Konzepte meist auf der Basis empirischer Fallstudien entstanden, die sich zwar keinem Theoriekonzept zuordnen lassen, aber für die Theorieentwicklung bedeutsam sind. Sie beschreiben den Funktionskontext der LK

a.) als politische Kommunikation zwischen Bürgern, Behörden, Organisationen, Parteien und als einflussreich eingestuften Einzelpersonen (Eliten) zum Zweck der politischen Partizipation wie auch der Konfliktregelung in öffentlichen Angelegenheiten (vgl. Wolz 1979; Begemann 1982; Kurp 1994);

b.) als nutzerzentrierte, auf Sozialisation und Unterhaltung gerichtete Medienkommunikation (vgl. Teichert 1982; Trebbe 1996);

c.) als Dienstleistungssystem zum Austausch von Informations- und Unterhaltungsangeboten nach dem Funktionsmodell des Marktplatzes (vgl. Rager 1991; Weiß/Rudolph 1993).

„Lokale Kommunikation ist demnach kein ganzheitlicher (homogener) Prozess, der als Regelvorgang zwischen bestimmten Kommunikatoren und bestimmten Rezipienten abläuft; er umfasst vielmehr eine Vielzahl kommunikativer Interaktionen, die sich in unterschiedlichen Segmenten des kommunalen Lebens abspielen." (Jonscher 1995:15).

3 Zur Entwicklung der lokalen Massenmedien

Bis ins 19. Jahrhundert waren in den städtischen Gesellschaften die öffentlichen Plätze der Ort einer formell zelebrierten LK durch das Bürgertum (vgl. Sennett 1983); Informationsmedien blieben bedeutungslos.

Lokalmeldungen gelangten eher sporadisch und zufällig in die Spalten der „Intelligenzblätter". Dies lag zum einen an der weitgehenden Einflusslosigkeit der Bürger auf die Kommunalpolitik, zum andern am staatlichen Anzeigenmonopol und rigiden Zensurwesen der Zentralbehörden. Mit der Aufhebung des Intelligenzzwangs (d.h. Freigabe des Anzeigenmarktes) und dem Wegfall der Stempelsteuern, dann mit dem Reichspreßgesetz von 1874 waren die institutionellen Voraussetzungen für eine Intensivierung der Lokalberichterstattung geschaffen. In der Folge übernahm die Tageszeitung die Trägerrolle für eine informatorische LK.

Schaubild 1
Institutionelles Modell der lokalen Kommunikation als „kommunale Öffentlichkeit"

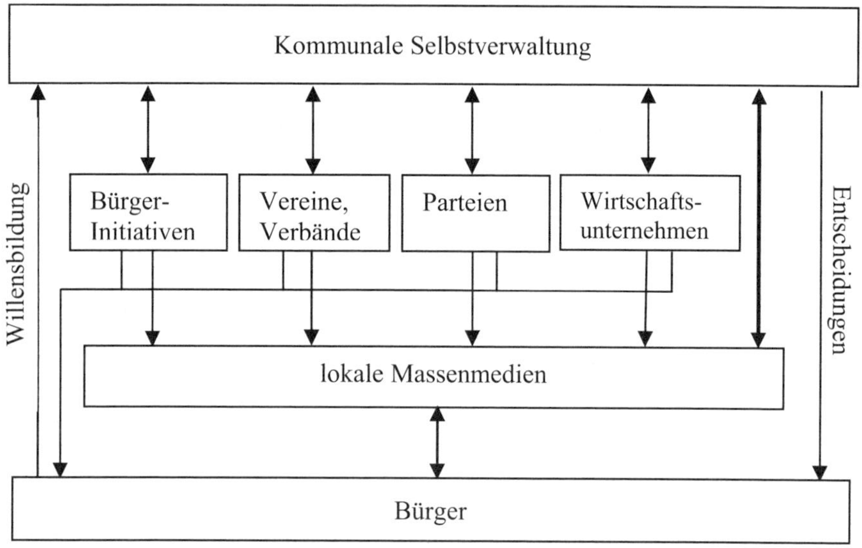

Quelle: Kurp (1994: 31)

Ebenso nachhaltig wirkte der soziale Wandel im Fortgang der Industrialisierung. Diese hatte im ausgehenden 19. Jahrhundert umfassende Verstädterungsprozesse ausgelöst. Die aus den Landgebieten zugezogene Bevölkerung entwickelte in der unübersichtlichen, anonymen Stadtwelt ausgeprägte Informationswünsche. In jener Zeit entstand die so genannte Generalanzeiger-Presse: anzeigenreiche, in hohen Auflagen im preisgünstigen Rotationsdruck hergestellte Blätter, die mitunter auch unentgeltlich auf den Straßen verteilt wurden. Erstmals wurden Lokalressorts mit hauptberuflichen Berichterstattern geschaffen. Zwar bezogen sich ihre lokalen Nachrichten überwiegend auf Prominenz, Unglücke, Kuriosa und Verbrechen. Doch sie verfolgten das für die Herausbildung einer kommunalen Öffentlichkeit maßgebliche Konzept eigenständiger Informationsbeschaffung. Indem „ein vom Anspruch her an den Interessen der Bewohner orientierter lokaler Journalismus entstand, wurde auf dieser Ebene die Voraussetzung für eine funktionierende kritische Öffentlichkeit geschaffen" (Requate 1995: 387f.). Die Blätter rühmten sich der Unparteilichkeit und Objektivität – und steigerten unter dem Druck des Wettbewerbs (Straßenverkauf) ihre Aktualität. Selbst in kleineren Städten etablierte sich nun der Lokaljournalismus mit seiner „Funktion als kommunikatives Bindeglied der Einwohnerschaft einer Stadt und als Sprachrohr der verschiedenen kommunalen Vereinigungen." (Requate 1995: 389).

Die lokale Politikberichterstattung entfaltete sich erst in den Jahren vor dem Ersten Weltkrieg. Zwar kam dann in der Weimarer Zeit die Tagespresse mit ihren Lokalteilen regelrecht zur Blüte (im Jahre 1933 erschienen an 2.000 Verlagsorten rund 4.700 Titel); auch hatten sich in der Provinz zahlreiche Heimatzeitungen festgesetzt. Doch fehlte mehr als 80 Prozent von ihnen eine solide ökonomische Basis, was sie in die Abhängigkeit von Parteien und von Großkunden trieb (vgl. Requate 1995: 98).

Während der Zeit des Nationalsozialismus wurden mithilfe des Schriftleitergesetzes (ab 1.1.1934 in Kraft) und zahlreicher „Anordnungen" und „Bescheide" bis 1944 mehr als 4.000 Lokal- und Regionalzeitungen stillgelegt bzw. nationalsozialistischen Verlagen übereignet (vgl. Koszyk 1972; Frei 1980). Die verbliebenen Heimatblätter wurden auf die nationalsozialistische Ideologie verpflichtet und deren bis dahin hohe Glaubwürdigkeit ruiniert. Aufarbeitungen zeigen, dass die Provinzzeitungen detaillierte Tagesanweisungen von den Landesstellen des Propagandaministeriums auszuführen hatten (vgl. Bohrmann/Toepser-Ziegert 1984-2001).

In der Bundesrepublik Deutschland blieb die historisch begründete *Lokalgebundenheit* der Tageszeitung erhalten. Nach Aufhebung des Lizenzzwangs (September 1949) kam es zu zahlreichen Neugründungen durch so genannte Altverleger, die bis 1945 Zeitungen besessen hatten. Es gibt keine Hinweise, dass bei diesem Neuaufbau Fragen der lokalen Presseversorgung (Größe der Verbreitungsgebiete, Angebotsvielfalt) oder der redaktionellen Unabhängigkeit (wie: innere Pressefreiheit) größere Beachtung fanden. Die neuen Lizenzträger bestimmten die Grundlinie der Zeitung, ihre Erwerbsquellen sowie die Zusammensetzung ihrer Redaktion – und wurden durch den so genannten Tendenzschutz vor Einsprache durch die Belegschaft geschützt. „Nach verbreiteter Ansicht war damit die Chance der deutschen Presse verpasst, tradierte Missstände in der Berichterstattung, die ihre Ursachen in dominierenden Verlegerinteressen haben, zu beseitigen." (Jonscher 1995: 116).

Die Zeitungsverlage investierten in den ökonomisch attraktiven lokalen Medienmarkt; 1954 existierten in Deutschland 225 so genannte Publizistische Einheiten (= Vollredaktionen nach der Definition von Walter J. Schütz), die 1.500 verschiedene Lokalausgaben betreuten (vgl. Schütz 1994: 174).

In der Deutschen Demokratischen Republik (DDR) richtete die Staatsführung 1952 nach Gründung der 14 Verwaltungsbezirke von den SED-Bezirksleitungen herausgegebene Bezirksorgane ein, die dann zu hochauflagigen *Bezirkszeitungen* mit eigenständigen Kreisausgaben ausgebaut wurden. Ende der 80er-Jahre existierten 14 Bezirkszeitungen mit 211 Lokalausgaben, die in ihren Verbreitungsgebieten eine Alleinstellung inne hatten (vgl. Grubitzsch 1990). Diese feingliedrige Struktur erzeugte eine sehr hohe Zeitungsdichte (hinter Japan an zweiter Stelle).

Mit dem Ziel, die Volksverbundenheit mit dem SED-Parteiensystem zu stärken, wurde von den 70er-Jahren an die lokale Publizistik konzeptionell wie auch im Angebot ausgebaut. Das Ausbildungskonzept der Sektion Journalistik an der Karl-Marx-Universität Leipzig umschrieb diese erweiterte Aufgabe folgendermaßen: „Der Lokaljournalismus [...] hebt vor allem das für die Menschen in ihren unmittelbaren Lebensbereichen Überschaubare, Kontrollierbare, Beeinflussbare hervor. Er schafft den Bürgern ein öffentliches Forum, das geeignet ist, Erscheinungen des gesellschaftlichen Lebens im örtlichen Bereich sowohl der Würdigung als auch konstruktiver Kritik zu unterziehen." (Wörterbuch der sozialistischen Journalistik ^{2}1981).

Auch wenn diese Konzeption dem Lokaljournalismus mehr zuschrieb, als nur Agitator und Propagandist der Partei der Arbeiterklasse zu sein, wie es die offizielle marxistisch-leninistische Norm vorsah, so blieb die Rolle auf systemimmanente Zuständigkeiten (Vermittler zwischen Bevölkerung und Partei) beschränkt. Immerhin wuchs zwischen Lokaljournalismus und Leserschaft eine Verbundenheit, die auch über die Zeit des Systemwechsels und der Wende nach 1989 hinaus Bestand hatte.

In der Bundesrepublik Deutschland (BRD) wurde im Fortgang der 50er-Jahre das in Art. 5 GG verankerte Prinzip der Meinungs- und Informationsfreiheit demokratietheoretisch fundiert und medienpolitisch unter den Begriff *Pressevielfalt* gefasst. Er besagt, dass demokratische Meinungs- und Willensbildung auf eine Vielfalt an Medienangeboten notwendig angewiesen sei; der sich abzeichnende Prozess der Pressekonzentration gefährde die Grundpfeiler der Demokratie.

Aufgrund des Schwunds an Vollredaktionen (von 1954 bis 1969 von 225 auf 149) setzte die Bundesregierung eine „Pressekommission" ein, die in ihrem Schlussbericht (3. Juli 1968) auch auf den Konzentrationsprozess im Lokalen einging und eine Marktanteilsbegrenzung der Presseeigentümer forderte. Doch ungeachtet der daraufhin unternommenen medienpolitischen Vorstöße setzte sich der Konzentrationsprozess v.a. unter den auflagenschwachen Lokalzeitungen weiter fort. In der Folge lebten 1976 bereits 20,1 Mio. Einwohner in so genannten Ein-Zeitungs-Kreisen (= kreisfreie Städte bzw. Landkreise, in denen nur eine Lokal-/Regionaltageszeitung erscheint), vier Mal mehr als 1954 (vgl. Schütz 1994: 174).

Nach der Wiedervereinigung blieb in den neuen Bundesländern trotz des Eigentümerwechsels bei den SED-Zeitungen die dortige Pressestruktur unverändert, bei allerdings starkem Auflagenrückgang (zwischen 1989 und 2001 Rückgang um 61 Prozent); die während der Wendezeit zahlreich unternommenen Neugründungen verschwanden (bis auf drei Lokalzeitungen) wieder vom Markt.

Im Jahr 2001 wurden für ganz Deutschland 136 publizistische Einheiten (1991: 158) mit 1.584 verschiedenen Lokalausgaben (1991: 1.673) gezählt – eine weiterhin auf kleinräumige Abdeckung bezogene Struktur. Offenbar bemühen sich die Zeitungsverlage, „mit der weiteren Aufgliederung in zusätzliche, vom Verbreitungsgebiet her noch kleiner geschnittene orts- oder teilortsbezogene Ausgaben ihre Leser-Blatt-Bindung weiter zu stärken." (Schütz 2001: 616).

Ungeachtet dieses Titelschwunds bei den Abonnementzeitungen hat sich das lokale Medienspektrum seit den 70er-Jahren deutlich erweitert. Zum Angebot der Lokal- und Regionalzeitungen hinzu kamen Anzeigenblätter, Stadt- und Stadtteilmagazine sowie illegale Radiosender und Szeneblätter (lokale Druckmedien mit einem auf Zielgruppen bezogenen Angebot und einer begrenzten Verbreitung), darunter auch so genannte Alternative Medien, die als „Experten des Alltags" zu den etablierten Medien eine „Gegenöffentlichkeit" herzustellen suchten (vgl. Weichler 1987), aber Ende der 80er Jahre wieder an Bedeutung verloren.

Im Zuge der so genannten Deregulierung wurde von 1984 an die lokale Medienausstattung um den werbefinanzierten *Hörfunk* erweitert, wobei die einzelnen Bundesländer unterschiedliche Konzepte umsetzten, was Frequenzplan, Senderdichte, Reichweiten, Programmrichtlinien und Eigentumsverhältnisse betrifft. Mitte der 90er-Jahre war in praktisch allen Bundesländern die Ausstattung mit lokalen Programmen bei einer Versorgung von bis zu 90 Prozent der Bevölkerung erreicht (Beispiel Bayern: ab 1994 existierten 57 lokale Hörfunkprogramme in 38 Sendegebieten mit einem „Versorgungsgrad" von 90% – vgl. BLM 1994: 158).

Zur selben Zeit wurden terrestrische TV-Frequenzen für *lokale Fernsehprogramme* versuchsweise freigegeben; das erste Testprogramm (Sendefenster von täglich 2 Stunden) lief ab Januar 1984 in Ludwigshafen. 1987 konnten für hundert Städte der Bundesrepublik Erstfrequenzen für lokale TV-Sender abgegeben werden, 1989 waren es 219 Frequenzen; in den 90er-Jahren kamen zahlreiche Kabelsysteme hinzu. 1989, zur Zeit der Maueröffnung, waren in der Bundesrepublik 86 werbefinanzierte Sender in Betrieb, 85 weitere im Aufbau begriffen. Wie beim Hörfunk, so wurden die Betreiber auf die Vermittlung lokaler/regionaler Nachrichten verpflichtet, doch entstand auch hier eine Vielfalt an Konzepten und Organisationsformen. In mehreren Bundesländern können zudem lokale Programmanbieter Hörfunk- und Fernsehproduktionen über Kabel verbreiten, so vor allem in Brandenburg und Sachsen. Sie sind werbefinanziert und bieten ihre lokalen Informationsangebote meist über Endlosschleifen an.

In Städten und Agglomerationen, die über ein Zuschauerpotenzial von mehr als 1 Mio. Menschen („technische Reichweite“) verfügen, wurde in den 90er-Jahren das so genannte Ballungsraumfernsehen eingeführt (in München, Hamburg und Berlin, in den Großräumen Nürnberg-Fürth-Erlangen, Mannheim, Karlsruhe, Stuttgart und Saarbrücken sowie als Senderverbund in Sachsen). Es sind überwiegend Programme, die auf regionale Großräume zugeschnitten sind (vgl. ALM 2001: 210ff.).

Noch nicht absehbar ist die Entwicklung lokaler *Online-Medien*, die sich teils auf nutzwertige Informationen im lokalen Dienstleistungsbereich (kommerziell betriebene lokale Portale), teils auf lokale Nachrichten (Zeitungsverlage), teils auf lokale Gruppenkommunikation ausrichten. Durch *crossmediale Vernetzungen* sind neue Formen von LK (Beispiel im Jahr 2001: http//:www.berlin-online.de) im Entstehen.

4 Zur Geschichte der LK-Forschung

Die Kommunikations- und Medienwissenschaft hat sich erst im letzten Drittel des vorigen Jahrhunderts der LK zugewandt. Damals interessierten sich vor allem die Politik- und die Sozialwissenschaften für Strukturen und Funktionsweisen lokaler Kommunikation (insbesondere im Rahmen von Funktionsanalysen der „kommunalen Selbstverwaltung“). Fragen des Zusammenhangs zwischen Gemeindeorganisation, lokaler Öffentlichkeit, Wertewandel und politischer Partizipation standen im Vordergrund – und lieferten normativ verstandene Forschungsfragen nach Aufgabe und Funktion lokaler Massenmedien. Eine Kernthese ging vom Zerfall der Öffentlichkeit als desintegrativ wirkender Prozess aus. Man wollte wissen, ob die lokale Medienkommunikation zur Segmentierung des Publikums in unverbundene Teilöffentlichkeiten führe (vgl. Zoll 1972; Zoll u.a. 1974). Die Lokalpresse, so lautete eine These, müsse das Konfliktpotenzial des sozialen und politischen Systems zur Darstellung bringen. „Auf der Basis einer partizipatorischen Demokratievorstellung“ wurden Analysen des Einflusses der Bevölkerung auf den Entscheidungs- und Nichtentscheidungsprozess untersucht (Zoll u.a. 1974: 102). Am Beispiel der Stadt Wertheim konnte nachgewiesen werden, dass die Berichterstattung „uniform und zum Teil identisch“ sei, dass die Lokalpresse oftmals Konflikte unterdrücke, gegenüber den politischen Entscheidungsträgern als „Sprachrohr“ fungiere und insofern ein enormes „Politikdefizit“ aufweise (Zoll u.a. 1974: 201).

Andere Studien bestätigten diese Befunde (u.a. Rager 1982: 166), die von der Kritikfunktion der Lokalpresse gegenüber dem politischen System als „normative Aufgabe“ ausgingen (Begemann 1982: 11), dabei jedoch das Strukturproblem publizistischer Vielfalt außer Acht ließen.

Die seit den 60er-Jahren geführte medienpolitische Diskussion über Umstände und Folgen der Pressekonzentration warf die Frage nach der Informationsbreite und Meinungsvielfalt der lokalen Presse auf: Kann die Lokalzeitung trotz ihrer Alleinstellung die demokratietheoretisch begründete, in der Rechtsprechung wie auch in den Landespressegesetzen festgeschriebene öffentliche Aufgabe erfüllen?

Ende der 60er-Jahre nahm sich die Publizistikwissenschaft dieser Frage an und wählte redaktionelle Meinungsäußerungen (Kommentare und Kritiken) als Indikatoren. Sie kam zu widersprüchlichen Befunden: Einerseits wurden Auswirkungen des Konzentrationsprozesses auf die Meinungsvielfalt aufgezeigt (vgl. Knoche/Schulz 1969; Dorsch 1978), andererseits wurden diese Auswirkungen in Abrede gestellt (vgl. Stofer 1975; Noelle-Neumann 1976). Ende der 80er-Jahre wurde dieselbe Frage am Beispiel der Lokalpresse in Mainz untersucht, nachdem dort 1987 die Monopolzeitung eine lokale Konkurrenz erhalten hatte. Die Studie stellte „nur geringfügige Unterschiede“ fest, zu denen allerdings eine „stärkere Politisierung der Lokalberichterstattung“ gehörte (Staab 1989: 476).

Dass Zeitungsvielfalt unter bestimmten Rahmenbedingungen vor allem das Nachrichtenangebot erweitert, erbrachte eine Studie zum Presseangebot in Villingen-Schwenningen, wo zum Zeitpunkt der Untersuchung vier Tageszeitungen mit eigenständigen Lokalteilen erschienen. Es zeigte sich, dass im Bereich Kommunalpolitik und lokale Wirtschaft etwa synchron berichtet, in den Bereichen Kultur und Freizeit hingegen überwiegend exklusiv informiert wird und durch das plurale Presseangebot eine Informationsvielfalt entsteht (vgl. Haller/Mirbach 1995).

Andere Untersuchungen gingen von der durch die elektronischen Medien erzeugten Pluralität an lokalen Informationsangeboten aus. Eine Studie in Dortmund ergab, dass die neuen elektronischen Lokalmedien in ihren Berichten keine Erweiterung der Themen und Handlungsträger brachten; Unterschiede zeigten sich indessen in der Selektionsleistung (Hamm u.a. 1989: 47-69).

Einwände gegen die Aussagekraft solcher Befunde hatten methodische Gründe: Inhaltsanalytische Daten verleiten dazu, Medienaussagen aus dem lokalen Informationsprozess herauszulösen und isoliert zu interpretieren – eine Betrachtungsweise, die die Multimedialität und Komplexität der LK nicht zu erfassen vermag (vgl. Saxer 1980; Haller 1995).

Einen Lösungsansatz aus diesem Dilemma öffnete ein in den 70er-Jahren entwickelter kommunikationssoziologischer Ansatz, der LK aus dem Zusammenspiel zwischen „Sozialsystem“ und „Kommunikationssystem“ erklärt. Ziel war es, „Gemeinde und lokale Presse als ein Ganzes zu betrachten“ und den Wirkungszusammenhang über fünf Variablen zu erfassen: Sozialstruktur, Kommunikationsstruktur, organisierte Interessensstruktur, demokratische Normen, Zeitungsstruktur (Ronneberger/Stuiber 1976: 85).

Dieses Strukturgebilde fällt nicht mit dem räumlichem Raum zusammen, sondern erzeugt einen „Kommunikationsraum“ als Interaktionsfeld der lokalen Akteure. Allerdings ließ sich dieser Raum, da weder geografisch noch soziodemografisch eingrenzbar, empirisch nicht näher umgrenzen (vgl. Jarren 1988: 340).

Das funktional verstandene Konzept der „Region als publizistische Aufgabe" (Teichert 1982) kehrte die Problemstellung um und ging von den individuellen Bedürfnissen aus, die durch Medienkommunikation an die soziale Umwelt zu vermitteln seien. Unter diesem Blickwinkel wurde den Medien die Funktion sozialer Integration zugewiesen; inhaltanalytisch sollte der „Integrationsgehalt" der Medienangebote aufgezeigt werden (Meister 1984).

5 Methoden und Konzepte der neueren LK-Forschung

Die auf den Topos „Kommunikationsraum" gerichtete Sichtweise bewirkte, dass LK nicht mehr mit Gemeindegrenzen identifiziert oder isoliert mit Medienaussagen in eins gesetzt, sondern „in" der LK die lokalen Medien als Veranstalter unter vielen Veranstaltern des öffentlichen Informationsprozesses begriffen werden. Modellstrukturen der LK ließen sich skizzieren und für empirische Forschungen operationalisieren (vgl. Jarren 1986).

Diese neue Perspektive bedingte eine Ausweitung der Forschungsmethoden: Zur Inhaltsanalyse hinzu treten Erhebungen zur lokalen Medienausstattung; zur Soziodemografie der Bevölkerung; über das Informationsverhalten lokaler Gruppen und Einrichtungen; über die Mediennutzung der Bevölkerung; über die Medienzugänge lokaler Eliten; über die redaktionelle Informationsverarbeitung in den Lokalmedien.

Dank solch methodenkomplexer Ansätze konnten die Einflusssphäre lokaler Eliten durchleuchtet wie auch Strategien der Informationsbeschaffung bzw. -verhinderung aufgezeigt, die Interaktionsformen von Veranstaltern und die Rollen verschiedener Nachrichtengeber beschrieben werden (vgl. Fritsch 1983; Grimme 1991; Haller 1995; Schneider/Möhring/Stürzebecher 2000).

Unter dem Eindruck einer „publizistischen Unterversorgung" des kommunalen Raums ist auch die flankierende Kommunikationsleistung alternativer und partialer Medien (wie: Stadtmagazine, Partei- und Kirchenblätter) erforscht worden, mit dem Ergebnis, dass „die neuen lokalen und sublokalen Druckmedien [...] zwar am Informationsvermittlungsprozess beteiligt" seien, jedoch in erster Linie „der internen Selbstverständnisdiskussion innerhalb der herausgebenden Gruppe" dienten und darum keinen nennenswerten Beitrag zur Besserversorgung der kommunalen Öffentlichkeit leisteten (Jarren 1984: 273ff.).

Denselben Ansatz verfolgen Untersuchungen „städtischer Kommunikationssysteme", die unter Einbezug von Wirtschaftsunternehmen und Freizeiteinrichtungen (beispielhaft: Gollmer 1985: 133-155) bzw. Akteursgruppen die Medienfunktionen herausarbeiten. Die Frage nach dem (partizipationsbefördernden) Wandel lokaler Kommunikationsstrukturen stellte sich mit der Einführung des werbefinanzierten lokalen Rundfunks (vgl. Kurp 1994). Eine ebenfalls methodenkomplex angelegte Untersuchung der Informationsprozesse zwischen Urhebern (Bürger, Veranstalter und institutionelle Akteure) und ihren lokalen Medien in drei Schweizer Städten ergab ein vielschichtiges Bild: Zum einen hätten die „Lokalradios das lokale Kommunikationsgeschehen nachhaltig erweitert und seine Funktionalität im Hinblick auf soziale Orientierung gesteigert". Zum andern erwies sich der Lokaljournalismus „abhängig von stadtgesellschaftlichen Organisationsformen der Gruppen und Interessen". Interpersonale, organisierte und mediale Kommunikation verknüpften sich zu einem kommunikativen *Netzwerk*, das „die Medienkommunikation mehr [prägt] als etwa die journalistischen Rollen oder die Struktur des Mediensystems." (Haller/Davatz/Peter 1995: 221).

Schaubild 2
Netzwerk-Modell des Kommunikationsraums „lokale Öffentlichkeit"

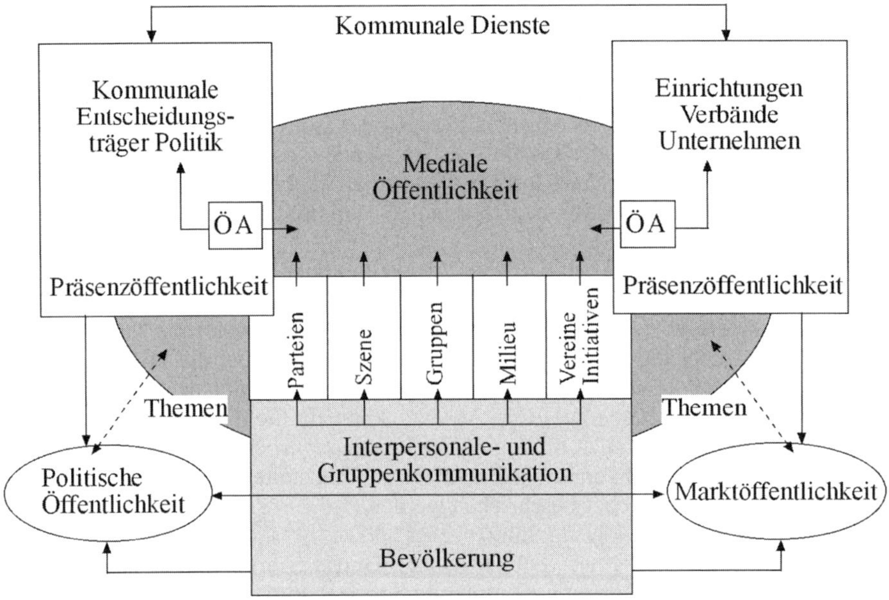

Kommunale Dienste: Ver- und Entsorgung; Schule/Bildung; Gesundheit; Verkehr; öffentliche Ordnung; Stadtplanung.
Marktöffentlichkeit: Umschlagplatz (Angebot/Nachfrage) nutzwertiger sowie gratifikatorischer Informationen.
Mediale Öffentlichkeit: Zeitungen; Anzeigenblätter; Flugblätter; Werbemitteilungen (Plakate); Hörfunk- und Lokalfernsehprogramme; Websites mit lokalen Angeboten.
ÖA = PR/Öffentlichkeitsarbeit.
Politische Öffentlichkeit: Entscheidungen des politischen Systems; Willensbildung des Staatsbürgers.
Präsenzöffentlichkeit: Verhandlungen; öffentliche Veranstaltungen; Publikum auf öffentlichen Plätzen.

Haller (2002)

6 Desiderate

In der aktuellen LK-Forschung ist das alte Theorem der Medienvielfalt durch dasjenige der Infrastruktur öffentlicher Kommunikationssysteme als Träger der LK ersetzt. Tatsächlich wurden im Fortgang der 90er-Jahre verschiedentlich die lokalen Medienausstattungen kartiert (Medienatlas) und Untersuchungen zum Informationsprozess zwischen lokalen Akteuren als Kommunikationspartnern vorgelegt (wie: Bentele/Liebert/Reinemann 1998).

Von der Kommunikations- und Medienforschung noch nicht geklärt ist auch die Frage, ob sich soziale und mediale Kommunikationsstrukturen sinnvoll zu einem Leistungssystem (mit seinen Teilsystemen Journalismus, PR, Gruppenkommunikation) modellieren lassen oder vielmehr als erheblich offeneres Netzwerk zu denken sind, dem allerdings empirisch messbare Funktionsleistungen noch zuzuschreiben wären.

Ungeklärt ist indessen, wie die öffentliche Kommunikation im Alltag der Bürger als strukturierende Größe gefasst und erforscht werden soll. So fehlen Erkenntnisse über den (im Hinblick auf die Online-Nutzung relevanten) Funktionszusammenhang zwischen interpersonaler, gruppenbezogener und öffentlicher Medienkommunikation im lokalen Kommunikationsraum.

Literatur

Alemann, Ulrich von (1975): Demokratisierung der Gesellschaft. In: Aus Politik und Zeitgeschichte. Beilage 7 zur Wochenzeitung „Das Parlament", S. 4.

Arbeitsgemeinschaft der Landesmedienanstalten in der Bundesrepublik Deutschland (ALM) (1999): Programmbericht zur Lage und Entwicklung des Fernsehens in Deutschland 1998/99. Berlin.

Arbeitsgemeinschaft der Landesmedienanstalten in der Bundesrepublik Deutschland (ALM) (2001): Programmbericht zur Lage und Entwicklung des Fernsehens in Deutschland 2000/01. Konstanz.

Aschenbrenner, Katrin, u.a. (1965): Großstadt und Dorf als Typen der Gemeinde. Opladen.

Bayerische Landeszentrale für neue Medien (BLM) (1994): BLM Jahrbuch 1993/94. Private Rundfunkangebote in Bayern. München.

Begemann, Marianne (1982): Zur politischen Funktion der Lokalpresse. Ein gemischt normativ-empirischer Erklärungsansatz. Münster.

Bentele, Günter/Liebert, Tobias/Reinemann, Carsten (1998): PR in der Kommunalen Verwaltung. Die Presse- und Öffentlichkeitsarbeit der Stadtverwaltungen Leipzig und Halle/S. Unveröff. Abschlußberichte des Projekts „Bestandsaufnahme, Informationsfluß und Resonanz kommunaler Presse- und Öffentlichkeitsarbeit in Leipzig." Leipzig.

Bohrmann, Hans/Toepser-Ziegert, Gabriele (Hrsg.) (1984-2001): Edition und Dokumentation der NS-Presseweisungen der Vorkriegszeit. 1933-1939. 7 Bde. in 19 Teilen. München.

Branahl, Udo (1981): Öffentliche Aufgabe. In: Koszyk, Kurt/Pruys, Karl Hugo (Hrsg.): Handbuch der Massenkommunikation. München, S. 211-214.

Dorsch, Petra E. (1978): Lokalkommunikation. Ergebnisse und Defizite der Forschung. In: Publizistik, 23. Jg., S. 189-201.

Duden (1999): Das große Wörterbuch der deutschen Sprache in 10 Bänden. Hrsg. vom Wissenschaftlichen Rat der Dudenredaktion. Mannheim.

Dunckelmann, Henning (1975): Lokale Öffentlichkeit. Eine gemeindesoziologische Untersuchung. Stuttgart.

Ellwein, Thomas/Zoll, Ralf (1982): Wertheim. Politik und Machtstruktur einer deutschen Stadt. München.

Frei, Norbert (1980): Nationalsozialistische Eroberung der Provinzpresse. Gleichschaltung, Selbstanpassung und Resistenz in Bayern. Stuttgart.

Friedrichs, Jürgen (1980): Stadtanalyse. Soziale und räumliche Organisation der Gesellschaft. Opladen.

Fritsch, Michael (1983): Informationsquellen im lokalen Bereich: Probleme der Materialbeschaffung, -bearbeitung und -verwendung in den Außenredaktionen einer nordrhein-westfälischen Regionalzeitung. Bonn.

Gollmer, Martin (1985): Städtische Kommunikationssysteme. In: Schweizerische Vereinigung für Politische Wissenschaft (Hrsg.): Schweizerisches Jahrbuch für politische Wissenschaft 1985. Bern.

Grimme, Eduard W. P. (1991): Zwischen Routine und Recherche. Eine Studie über Lokaljournalisten und ihre Informanten. Opladen.

Grubitzsch, Jürgen (1990): Presselandschaft der DDR im Umbruch. In: Media Perspektiven, Nr. 3, S. 140-155.

Habermas, Jürgen (1962): Strukturwandel der Öffentlichkeit. Untersuchungen zu einer Kategorie der bürgerlichen Gesellschaft. Darmstadt, Neuwied.

Haller, Michael (1995): Das lokale Informationsgeschehen. In: Haller, Michael/Davatz, Felix/Peters, Matthias (1995): Massenmedien, Alltagskultur und Partizipation. Zum Informationsgeschehen in städtischen Gesellschaften. Basel, Frankfurt/Main, S. 125-222.

Haller, Michael/Davatz, Felix/Peters, Matthias (1995): Massenmedien, Alltagskultur und Partizipation. Zum Informationsgeschehen in städtischen Gesellschaften. Basel, Frankfurt/Main.

Haller, Michael/Mirbach, Thomas (1995): Medienvielfalt und kommunale Öffentlichkeit. München.

Hamm, Bernd (1982): Einführung in die Siedlungssoziologie. München.

Hamm, Ingrid, u.a. (1989): Lokale Kommunikation in Dortmund. Journalistisches Handeln, publizistisches Angebot und „Politische Kultur" nach der Einführung lokalen Rundfunks. In: Rundfunk und Fernsehen, 46. Jg., S. 47-69.

Helmke, Werner/Nassmacher, Karl-Heinz (1976): Organisierte und nicht-organisierte Öffentlichkeit in der Kommunalpolitik. In: Frey, Rainer (Hrsg.): Kommunale Demokratie. Bonn.

Herrmann, Caroline (1993): Im Dienste der örtlichen Lebenswelt. Lokale Presse im ländlichen Raum. Opladen.

Jarren, Otfried (1984): Kommunale Kommunikation. Eine theoretische und empirische Untersuchung kommunaler Kommunikationsstrukturen unter besonderer Berücksichtigung lokaler und sublokaler Medien. München.

Jarren, Otfried (1985): Kommunikationsstrukturen und Lokalmedien auf dem Lande. In: Aus Politik und Zeitgeschichte. Beilage 35 zur Wochenzeitung „Das Parlament", S. 19-29.

Jarren, Otfried (1986): Kommunikationsraumanalyse – ein Beitrag zur empirischen Kommunikationsforschung? In: Rundfunk und Fernsehen, 41. Jg., S. 310-330.

Jarren, Otfried (1988): Medien, Kommunikation und Raum. Die empirische Kommunikationsraumanalyse in der Publizistik- und Kommunikationswissenschaft – Anmerkungen zum Forschungsstand. In: Studienkreis Rundfunk und Geschichte, 14. Jg., S. 339-352.

Jonscher, Horst (1995): Lokale Publizistik. Theorie und Praxis der örtlichen Berichterstattung. Ein Lehrbuch. Opladen.

Kieslich, Günter (1972): Lokale Kommunikation. Ihr Stellenwert im Zeitgespräch der Gesellschaft. In: Publizistik, 17. Jg., S. 95-101.

Knoche, Manfred/Schulz, Winfried (1969): Folgen des Lokalmonopols von Tageszeitungen. Eine vergleichende Inhaltsanalyse des Lokalteils von Monopol- und Wettbewerbszeitungen. In: Publizistik, 14. Jg., S. 289-315.

König, René (1956a): Die Gemeinde im Blickfeld der Soziologie. In: Peters, Hans (Hrsg.): Handbuch der kommunalen Wissenschaft und Praxis. Berlin.

König, René (1956b): Einige Bemerkungen zur Soziologie der Gemeinde. In: Kölner Zeitschrift für Soziologie und Sozialpsychologie. Sonderheft 1: Soziologie der Gemeinde, S. 1-11.

König, René (1958): Grundformen der Gesellschaft: Die Gemeinde. Reinbek.

Koszyk, Kurt (1972): Deutsche Presse 1914-1945. Berlin.

Kurp, Matthias (1994): Lokale Medien und kommunale Eliten. Partizipatorische Potentiale des Lokaljournalismus bei Printmedien und Hörfunk. Opladen.

Langenbucher, Wolfgang R. (1971): Der Lokalredakteur als Sozialisator und Sozialisand im Prozess der Lokalkommunikation. In: Ronneberger, Franz (Hrsg.): Sozialisation durch Massenkommunikation. Der Mensch als soziales und personales Wesen. Stuttgart, S. 151-171.

Löffler, Martin/Ricker, Reinhard (1986): Handbuch des Presserechts. München.

Meister, Ulla (1984): Integration eines Kommunikationsraumes. Chancen und Grenzen einer Regionalzeitung für die Gestaltung eines gemeinsamen Bewußtseins. Nürnberg.

Möhring, Wiebke (2001): Die Lokalberichterstattung in den neuen Bundesländern. Orientierung im gesellschaftlichen Wandel. München.

Noelle-Neumann, Elisabeth (1976): Folgen lokaler Zeitungsmonopole. Ergebnisse einer Langzeitstudie. In: Noelle-Neumann, Elisabeth/Ronneberger, Franz/Stuiber, Heinz-Werner: Streitpunkt lokales Pressemonopol. Düsseldorf.

Pätzold, Ulrich/Röper, Horst (1992) Probleme des intermedialen Wettbewerbs im Lokalen. In: Media Perspektiven, Nr. 10, S. 641-655.

Pürer, Heinz/Raabe, Johannes (1994): Medien in Deutschland. Bd. 1. München.

Rager, Günther (1982): Publizistische Vielfalt im Lokalen. Eine empirische Analyse. Tübingen.

Rager, Günther (1991): Über die Zukunft der Zeitung. Ergebnisse einer Repräsentativbefragung in Dortmund. In: Rager, Günther/Weber, Bernd (Hrsg.): Zukunft der Zeitung. Dortmund, S. 4-19.
Requate, Jörg (1995): Journalismus als Beruf. Entstehung und Entwicklung des Journalistenberufs im 19. Jahrhundert. Deutschland im internationalen Vergleich. Göttingen.
Ronneberger, Franz (1971): Konzentration und Kooperation in der deutschen Presse aus kommunikationspolitischer Sicht. In: Publizistik, 16. Jg., S. 5-38.
Ronneberger, Franz (1990): Wandel von Raumvorstellungen durch Medienkommunikation. In: Publizistik, 35. Jg., S. 257-266.
Ronneberger, Franz/Stuiber, Heinz-Werner (1976): Lokale Kommunikation und Pressemonopol. In: Noelle-Neumann, Elisabeth/Ronneberger, Franz/Stuiber, Heinz-Werner: Streitpunkt lokales Pressemonopol. Düsseldorf, S. 59-167.
Rühl, Manfred (1993): Kommunikation und Öffentlichkeit. Schlüsselbegriffe zur kommunikationswissenschaftlichen Rekonstruktion der Publizistik. In: Bentele, Günter/Rühl, Manfred (Hrsg.): Theorien öffentlicher Kommunikation. Konstanz
Saxer, Ulrich (1978): Lokale Kommunikation. In: Media Perspektiven, Nr. 5, S. 367-379.
Saxer, Ulrich (1980): Lokale Kommunikation – Bilanz der Forschung. In: Langenbucher, Wolfgang (Hrsg.): Lokalkommunikation. Analysen, Beispiele, Alternativen. München.
Schenk, Michael (1984): Soziale Netzwerke und Kommunikation. Tübingen
Schneider, Beate/Möhring, Wiebke/Stürzebecher, Dieter (Hrsg.) (2000): Ortsbestimmung. Lokaljournalismus in den neuen Ländern. Konstanz.
Schütz, Walter J. (1994): Deutsche Tagespresse 1993. In: Media Perspektiven, Nr. 4, S. 168-198.
Schütz, Walter J. (1999): Medienpolitik. Dokumentation der Kommunikationspolitik in der Bundesrepublik Deutschland von 1945 bis 1990. Konstanz.
Schütz, Walter J. (2001): Deutsche Tagespresse 2001. In: Media Perspektiven, Nr. 12, S. 602-632.
Sennett, Richard (1983): Verfall und Ende des öffentlichen Lebens. Die Tyrannei der Intimität. Frankfurt/Main (zuerst englisch 1977).
Staab, Joachim Friedrich (1989): Marktstellung und lokales Informationsangebot regionaler Abonnementszeitungen. Eine Inhaltsanalyse der Lokalberichterstattung der Mainzer „Allgemeinen Zeitung“ und der „Mainzer Rhein Zeitung“. In: Publizistik, 34. Jg., S. 467-477.
Stammler, Dieter (1971): Die Presse als soziale und verfassungsrechtliche Institution. Eine Untersuchung zur Pressefreiheit nach dem Bonner Grundgesetz. Berlin.
Stofer, Werner (1975): Auswirkungen der Alleinstellung auf die publizistische Aussage der „Wilhelmshavener Zeitung“. Nürnberg.
Teichert, Will (1982): Die Region als publizistische Aufgabe. Ursachen, Fallstudien. Befunde. Hamburg.
Trebbe, Joachim (1996): Der Beitrag privater Lokalradio- und Lokalfernsehprogramme zur publizistischen Vielfalt. Eine Pilotstudie am bayerischen Sendestandort Augsburg. München.
Verba, Sidney (1967): Democratic participation. In: Annals of the American Academy of Political and Social Science. Bd. 373, S. 53-78.
Wallner, Ernst E. (1979): Soziologie. Heidelberg.
Weichler, Kurt (1987): Die anderen Medien. Theorie und Praxis alternativer Kommunikation. Berlin.
Weiß, Ralph/Rudolph, Werner (1993): Die lokale Welt im Radio. Information und Unterhaltung als Beiträge zur kommunalen Kommunikation. Opladen.
Wilking, Thomas (1990): Strukturen lokaler Nachrichten. Eine empirische Untersuchung von Text- und Bildberichterstattung. München.
Wolz, Dieter (1979): Die Presse und die lokalen Mächte. Eine empirische sozialwissenschaftliche Untersuchung über Pressekonkurrenz und Herrschaft in der Gemeinde. Düsseldorf.
Wörterbuch der sozialistischen Journalistik (^{2}1981). Verantwortlich für die Redaktion: Wolfgang Böttger. Leipzig.
Zoll, Ralf (1972): Gemeinde als Alibi. Materialien zur politischen Soziologie der Gemeinde. München.
Zoll, Ralf, u.a. (1974): Wertheim III. Kommunalpolitik und Machtstruktur. München.

Register

Autorenverzeichnis

Klaus Beck, M.A., Dr. phil., geb. 1963, Dozentur für Theorie und Soziologie der öffentlichen Kommunikation mit dem Schwerpunkt Medienethik des Instituts für Kommunikations- und Medienwissenschaft der Universität Leipzig. Arbeitsgebiete: Kommunikations- und Medientheorie, Medienökonomie, Medienethik und computervermittelte Kommunikation.

Günter Bentele, Dr. phil., geb. 1948, Lehrstuhlinhaber des Lehrstuhls für Öffentlichkeitsarbeit/PR an der Universität Leipzig. Arbeitsgebiete: Öffentlichkeitsarbeit/Public Relations, Kommunikationstheorie, Mediennutzungs- und Kommunikationsraumforschung; Kommunikatorforschung und Ethik von Kommunikationsberufen.

Roger Blum, Dr. phil., geb. 1945, Professor für Medienwissenschaft am Institut für Medienwissenschaft der Universität Bern. Arbeitsgebiete: politische Kommunikation, Journalismusforschung, Mediengeschichte, Mediensysteme, Medienpolitik.

Karin Böhme-Dürr, Dr. phil., Ph.D. (Niederlande), Dipl.-Psych., M.A. (USA), geb. 1949, Professorin und Inhaberin des Lehrstuhls für Medienwissenschaft an der Universität Düsseldorf. Arbeitsgebiete: internationale Kommunikation, Medienpsychologie, Mediensemiotik, Kinder und Medien.

Heinz Bonfadelli, Dr. phil., geb. 1949, Professor für Publizistikwissenschaft am IPMZ – Institut für Publizistikwissenschaft und Medienforschung der Universität Zürich. Arbeitsgebiete: Publikumsforschung, Medienwirkungsforschung, Risikokommunikation, Medieninhaltsforschung, Heranwachsende und Medien.

Hans-Bernd Brosius, Dr. phil., geb. 1957, Professor für Kommunikationswissenschaft am Institut für Kommunikationswissenschaft (Zeitungswissenschaft) der Ludwig-Maximilians-Universität München. Arbeitsgebiete: empirische Kommunikationsforschung, Medienwirkung, Methoden der Kommunikationswissenschaft.

Roland Burkart, Dr. phil., geb. 1950, Außerordentlicher Universitätsprofessor am Institut für Publizistik- und Kommunikationswissenschaft der Universität Wien. Arbeitsgebiete: Kommunikationstheorie, Medienwirkungsforschung, Public Relations/Öffentlichkeitsarbeit und Konfliktkommunikation. Unternehmensberatung in PR-Fragen. Initiator des „Public Relations Transfer Centers" (http://www.prtc.at).

Gregor Daschmann, M.A., Dr. phil., geb. 1962, Wissenschaftlicher Assistent am Institut für Publizistik der Johannes Gutenberg-Universität Mainz, derzeit Vertreter einer Professur am Institut für Journalistik und Kommunikationsforschung der Hochschule für Musik und Theater Hannover. Arbeitsgebiete: Medienwirkungsforschung, Rezeptionsforschung, Methoden der Kommunikationswissenschaft, Medienpsychologie.

Johanna Dorer, Mag., Dr. phil., geb. 1957, Assistenzprofessorin am Institut für Publizistik- und Kommunikationswissenschaft der Universität Wien. Arbeitsgebiete: feministische Medienforschung, Medientheorie, neue Medientechnologie, Öffentlichkeitsarbeit/Public Relations, Methoden der Kommunikationswissenschaft, nichtkommerzielle Medien, Cultural Studies und Medienkultur, Medienpolitik.

Michael Haller, Dr. phil., geb. 1945, Professor für Allgemeine und Spezielle Journalistik am Institut für Kommunikations- und Medienwissenschaft der Universität Leipzig. Arbeitsgebiete: Journalistik, Kommunikationsräume, Printjournalismus, Medienethik, Qualitätsforschung,

Uwe Hasebrink, Dr. phil., geb. 1958, Professor für Empirische Kommunikationswissenschaft an der Universität Hamburg und Direktor des Hans-Bredow-Instituts für Medienforschung. Arbeitsgebiete: Nutzungs-, Rezeptions- und Wirkungsforschung, europäische Medienentwicklung, Qualität von Medienangeboten.

Knut Hickethier, Dr. phil., geb. 1945, Professor für Medienwissenschaft, Fachbereich Sprach-, Literatur- und Medienwissenschaft der Universität Hamburg. Arbeitsgebiete: Medienwissenschaft, Film- und Fernsehanalyse, Filmgeschichte und -theorie, Fernsehgenres, Hörspiel und Radiofeature, Theorie und Geschichte der Medienwissenschaft, Film- und Fernsehkritik.

Kurt Imhof, Dr. phil., geb. 1956, Professor für Publizistikwissenschaft und Soziologie am IPMZ – Institut für Publizistikwissenschaft und Medienforschung sowie am Soziologischen Institut der Universität Zürich. Arbeitsgebiete: Strukturwandel der Öffentlichkeit und der Medien, Öffentlichkeitstheorie, Medien- und Kommunikationsgeschichte, Methoden der Kommunikationswissenschaft.

Otfried Jarren, Dr. phil., geb. 1953, Professor für Publizistikwissenschaft am IPMZ – Institut für Publizistikwissenschaft und Medienforschung der Universität Zürich. Arbeitsgebiete: Medien und gesellschaftlicher Wandel, Mediensystem und Medienstrukturen, Medien und politische Kultur, politische Kommunikation, Kommunikations- und Medienpolitik.

Uwe Jürgens, geb. 1971, wissenschaftlicher Mitarbeiter am Hans-Bredow-Institut, Institut für Medienforschung. Arbeitsgebiete: Persönlichkeitsschutz, Recht der neuen Medien, Marktzutrittsregulierung (insbesondere im Rundfunk- und Telekommunikationsrecht).

Klaus Kamps, Dr. phil., geb. 1965, Leiter der Gruppe Medien und Telekommunikation in der Staatskanzlei Düsseldorf. Arbeitsgebiete: internationale Kommunikation, politische Kommunikation, Medienpolitik.

Elisabeth Klaus, Dr. phil., geb. 1955, Hochschullehrerin am Zentrum für interdisziplinäre Medienwissenschaft der Georg-August-Universität Göttingen. Arbeitsgebiete: kommunikationswissenschaftliche Geschlechterforschung, empirische Kommunikationsforschung, Cultural Studies, Öffentlichkeitstheorien.

Hans J. Kleinsteuber, Dr. rer. pol., geb. 1943, Professor für Politische Wissenschaft und für Journalistik an der Universität Hamburg. Arbeitsgebiete: Medienpolitik, Medienökonomie und Medientechnik in Deutschland und in vergleichender Perspektive mit Schwerpunkten Nordamerika und Europa, globale Kommunikation und Reisejournalismus.

Friedrich Krotz, Dr. phil., geb. 1950, Professor für Kommunikationssoziologie/-psychologie am Institut für Kommunikationswissenschaft der Westfälischen Wilhelms-Universität Münster. Arbeitsgebiete: Medienpolitik, Mediennutzung und -rezeption,

Medieninhalte, neue Medien, interkulturell angelegte kommunikationswissenschaftliche Forschung, Methoden.

Claudia Linnhoff-Popien, Dr. rer. nat., geb. 1966, Professorin für Informatik am Institut für Informatik der Ludwig-Maximilians-Universität München. Arbeitsgebiete: Verteilte Systeme, Ubiquitous Computing, Teleteaching, Medieninformatik.

Martin Löffelholz, Dr. phil., geb. 1959, Professor für Medienwissenschaft am Institut für Medien- und Kommunikationswissenschaft der Technischen Universität Ilmenau. Arbeitsgebiete: Kommunikatorforschung (Journalismus, Öffentlichkeitsarbeit), Medieninnovationsforschung, Krisen- und Kriegskommunikation, transkulturelle Kommunikation.

Miriam Meckel, Dr. phil., geb. 1967, Professorin für Publizistik- und Kommunikationswissenschaft am Institut für Kommunikationswissenschaft der Westfälischen Wilhelms-Universität Münster; Staatssekretärin für Europa, Internationales und Medien im Geschäftsbereich des Ministerpräsidenten des Landes Nordrhein-Westfalen. Arbeitsgebiete: Redaktionsorganisation, Redaktionsmanagement, Medienökonomie, internationale Kommunikation, Fernsehpraxis, Journalismus, Informationsgesellschaft.

Patrick Rössler, Dr. rer. soc., geb. 1964, Professor für Kommunikationssoziologie und -psychologie an der Universität Erfurt. Arbeitsgebiete: empirische Kommunikationsforschung, Medienwirkungen, Analyse unterhaltsamer Darstellungsformen, computervermittelte Kommunikation.

Georg Ruhrmann, Dr. rer. soc., geb. 1955, Professor und Inhaber des Lehrstuhls für Grundlagen der medialen Kommunikation und der Medienwirkung an der Friedrich-Schiller-Universität Jena. Arbeitsgebiete: Kommunikationsforschung, Medienwirkungsforschung, Risikokommunikation, Migration und Medien.

Siegfried J. Schmidt, Dr. phil., geb. 1940, Professor für Kommunikationstheorie und Medienkultur am Institut für Kommunikationswissenschaft der Westfälischen Wilhelms-Universität Münster. Arbeitsgebiete: Medien- und Kommunikationstheorie, Medienkultur, Medienkunst, Konstruktivismus.

Bernd Schorb, Dr. phil., geb. 1947, Professor für Medienpädagogik und Weiterbildung am Institut für Kommunikations- und Medienwissenschaft der Universität Leipzig. Arbeitsgebiete: Medienpädagogik, Jugend und Medien, vergleichende internationale Medieninhaltsforschung, Rezipientenforschung, qualitative Medienforschung.

Winfried Schulz, Dr. rer. pol., Dr. h.c., geb. 1938, Professor für Kommunikations- und Politikwissenschaft an der Friedrich-Alexander-Universität Erlangen-Nürnberg. Arbeitsgebiete: kommunikationswissenschaftliche Theorien und Methoden, Medienwirkungsforschung, politische Kommunikation, Qualität der Medienberichterstattung.

Wolfgang Schulz, Dr. jur., geb. 1963, Mitglied des Direktoriums des Hans-Bredow-Instituts, Institut für Medienforschung, zugleich dessen Geschäftsführer. Arbeitsgebiete: Probleme der rechtlichen Regulierung von Medieninhalten, Recht neuer Kommunikationsmedien und Rechtsgrundlagen journalistischer Arbeit, rechtsphilosophische Grundlagen der Kommunikationsfreiheiten, systemtheoretische Beschreibung des publizistischen Systems.

Gabriele Siegert, Dr. rer. pol., geb. 1963, Professorin für Publizistikwissenschaft mit dem Schwerpunkt Medienökonomie am IPMZ – Institut für Publizistikwissenschaft und Medienforschung der Universität Zürich. Arbeitsgebiete: Medienökonomie, Medienmanagement, Online-Kommunikation.

Insa Sjurts, Dr. rer. pol., geb. 1963, Professorin für Allgemeine Betriebswirtschaftslehre, insbesondere Medienmanagement am Internationalen Institut für Management der Universität Flensburg. Arbeitsgebiete: Medienmanagement, strategische Unternehmensführung, Organisationstheorie, Controlling und internes Rechnungswesen. Mitglied der Kommission zur Ermittlung der Konzentration im Medienbereich (KEK).

Thomas Steinmaurer, Dr. phil., geb. 1963, Assistenzprofessor am Institut für Kommunikationswissenschaft der Universität Salzburg. Arbeitsgebiete: Theorie, Geschichte und Zukunft des Fernsehens, Rundfunkstruktur in Österreich, österreichische Medien- und Kommunikationslandschaft, medialer und gesellschaftlicher Wandel.

Rudolf Stöber, Dr. phil., geb. 1959, Professor und Inhaber des Lehrstuhls für Kommunikationswissenschaft an der Otto-Friedrich-Universität Bamberg. Arbeitsgebiete: Kommunikationsgeschichte, Öffentlichkeit und öffentliche Meinung, neue Medien.

Anna M. Theis-Berglmair, Dr. rer. pol., geb. 1955, Professorin für Kommunikationswissenschaft/Schwerpunkt Journalistik an der Otto-Friedrich-Universität Bamberg. Arbeitsgebiete: allgemeine Publizistik, Journalistik, Public Relations, Organisationskommunikation, neue Kommunikationstechnologien, medienökonomische Fragestellungen, interkulturelle Kommunikation.

Gerhard Vowe, Dr. phil., geb. 1953, Professor für Politik und Medien am Institut für Medien- und Kommunikationswissenschaft der Technischen Universität Ilmenau. Arbeitsgebiete: Medienpolitische Regulierung und Veränderung der politischen Kommunikation durch das Internet.

Jürgen Wilke, Dr. phil., geb. 1943, Professor für Publizistikwissenschaft am Institut für Publizistik der Johannes Gutenberg-Universität Mainz. Arbeitsgebiete: Medienstruktur und Mediengeschichte, Nachrichtenwesen, internationale Kommunikation.

Guido Zurstiege, Dr. phil., geb. 1968, wissenschaftlicher Assistent am Institut für Kommunikationswissenschaft der Westfälischen Wilhelms-Universität Münster. Arbeitsgebiete: kommunikationswissenschaftliche Werbeforschung.